# Guide
## Camping
## Caravaning
# France
## 2003

**3 000** terrains sélectionnés
**729** équipés pour les camping-cars
**1 900** avec chalets, bungalows, mobile homes

---

**3,000** selected sites
**729** with camper van facilities
**1,900** with chalets, bungalows, mobile homes

---

**3 000** ausgewählte Plätze
**729** ausgestattet für Wohnwagen
**1 900** mit Chalets, Bungalows, Mobil-Homes

---

**3.000** campings
**729** geschikt voor campers
**1.900** met huisjes, bungalows, stacaravans

D0817327

MICHELIN

**2**

Comme chaque année, les inspecteur
du guide Camping
Caravaning Michelin
vous propose une
sélection actualisée
de 3 000 terrains
pour tous les
budgets.

Outre le rapport
qualité-prix, des
critères précieux ont
été pris en compte :
la qualité de
l'environnement,
des équipements et
services, la gentilless
de l'accueil, la
richesse des loisirs et
animations proposés

Par ailleurs, vous
souhaitez trouver
plus facilement le
terrain de vos future
vacances ?

Le guide Camping
Caravaning Michelin
a été repensé pour
vous et s'enrichit
désormais d'une
nouvelle présentation
pour chaque adresse
les pictogrammes or
été regroupés afin
de visualiser plus
rapidement les
services et prestation
proposés... et choisi
en toute tranquillité

**Bonne lecture et
bonnes vacances**

This year, and every year, the inspectors for the Michelin Camping Caravaning Guide present you with an updated selection of 3,000 campgrounds for all budgets.

In addition to identifying value for money, other pertinent criteria have been used : the quality of the environment, facilities and services, the warmth of the welcome, the choice of leisure activities and special events on offer.

Are you looking for an easy way to find the perfect campground for your next holiday?

The Michelin Camping Caravaning Guide has been redesigned with you in mind : for each location given, the pictograms have been placed together so that you can identify all of the services offered at a glance and make an informed choice!

**Good reading and happy holidays!**

Wie jedes Jahr haben die Inspektoren des Michelin Guide Camping Caravaning 3 000 Plätze in verschiedenen Preisklassen für Sie ausgewählt und aktualisiert.
Neben dem Preis-Leistungsverhältnis wurde auf folgende Kriterien besonders Wert gelegt : Lage, Qualität der Anlagen, Service, Empfang sowie Freizeit- und Unterhaltungsangebot. Mit dieser neuen Ausgabe finden Sie den idealen Campingplatz für Ihren Urlaub noch leichter!

Der Michelin Guide Camping Caravaning wurde komplett neu gestaltet : Durch eine übersichtlichere Anordnung der Symbole werden unsere Leserinnen und Leser auf einen Blick über das Service-Angebot informiert und können ihren Campingplatz problemlos auswählen!

**Wir wünschen Ihnen einen schönen Urlaub!**

Michelin presenteert zijn gids Camping Caravaning 2003 met een herziene selectie van 3.000 kampeerterreinen. Onze inspecteurs stelden een gids samen die een keuze biedt voor elk budget.

Bij de beoordeling is niet alleen gekeken naar de verhouding prijs-kwaliteit, maar ook naar de ligging en omgeving, naar de installaties en voorzieningen, naar de ontvangst en naar de mogelijkheden voor recreatie en amusement.

Gaat u binnenkort op vakantie en wilt u op een eenvoudige manier een kampeerterrein vinden?

Michelin maakt het u met de nieuwe presentatie van de gids Camping Caravaning 2003 makkelijk : bij elk adres staan de pictogrammen nu bij elkaar. Op die manier ziet u in een oogopslag of het comfort en de voorzieningen overeenkomen met wat u zoekt.

**Wij wensen u een fijne kampeervakantie!**

4

5

# Comment utiliser ce guide

## Trois choix possibles

**1**

**Par départements**
Le tableau des localités classées par départements vous permettra de choisir dans une région donnée, parmi tous les terrains que nous recommandons, ceux qui disposent d'aménagements particuliers.

**2**

**Par l'atlas**
L'atlas, en repèrant les localités possédant au moins un terrain sélectionné, vous permettra d'établir rapidement un itinéraire. Il signale aussi les villes possédant un camping ouvert à l'année ou les terrains que nous trouvons particulièrement agréables dans leurs catégories.

**3**

**Par localités**
La nomenclature alphabétique permet de se reporter à la localité de son choix, de découvrir les terrains que nous avons sélectionnés et au détail de leurs installations.

## How to use this guide

## Choose in three ways

**1**

**By "département"**
The table of localities, classified by "départements" (administrative district), lists all the camping sites that we recommend in a given area, and shows those which have particular facilities.

**2**

**From the maps**
The maps mark the places with at least one selected site and make it easy to work out a route. The maps also show the town with sites that are open throughout the year or which we consider above average within a given category.

**3**

**By place name**
Under the name of a given place in the alphabetical section are listed the sites we have selected and the facilities available.

6

# Benutzung des Führers

## Drei Möglichkeiten

### 1

**Auswahl nach Departements**

Das nach Departements geordnete Ortsregister ermöglicht Ihnen, in einer bestimmten Gegend einen Platz nach Ihren Vorstellungen auszuwählen.

### 2

**Auswahl nach Übersichtskarten**

Anhand der Übersichtskarten können Sie rasch eine Route zusammen stellen, die Orte enthält, die mindestens einen empfohlenen Campingplatz besitzen.

### 3

**Auswahl nach Orten**

Mit Hilfe des alphabetischen Verzeichnisses wählen Sie einen Ort und finden dort die von uns ausgewählten Plätze mit allen Angaben zu deren Ausstattung.

# Het gebruik van deze gids

## Drie opzoekmethoden

### 1

**Per departement**

De lijst van de plaatsen, gerangschikt per departement, zal u in staat stellen in de betreffende streek een keuze te maken uit alle terreinen die wij aanbevelen: terreinen die beschikken over een speciale accomodatie.

### 2

**Met de Kaarten**

Op de kaarten zijn de plaatsen aangegeven met tenminste één geselecteerd kampeerterrein, zodat u snel uw reisroute kunt uitstippelen.
Op deze kaarten zijn ook de plaatsen aangegeven die over een kampeerterrein beschikken dat het gehele jaar geopend is of kampeerterreinen die wij in hun categorie bijzonder fraai vinden.

### 3

**Per plaats**

De plaats van uw keuze kunt u terugvinden in de alfabetische plaatsnamenlijst met de door ons geselecteerde terreinen en hun accomodatie.

# Mode, d'emploi

# Reading the entries

Informations pratiques sur la localité et référence des publications Michelin
Practical information for each location and cross-reference to Michelin publications
Praktische Hinweise zu dem Ort und anderen Michelin Publikationen
Praktische inlichtingen over de plaats en verwijzing naar de Michelin-uitgaven

Classement Michelin des terrains
Michelin classification of selected sites
Michelin Klassifizierung des Campingplatzes
Classificatie van de kampeerterreinen volgens Michelin

Coordonnées, situation et fonctionnement du terrain
Addresses, locations and facilities
Adresse, Lage und Ausstattung des Campingplatzes
Telefoon- en faxnummer, ligging en service van het kampeerterrein

Descriptif du terrain
Description of the site
Beschreibung des Campingplatzes
Beschrijving van het kampeerterrein

Confort, services et loisirs proposés
Comfort, service and leisure facilities available
Komfort, Serviceangebot und Freizeitmöglichkeiten
Comfort, voorzieningen en ontspanningsmogelijkheden

Tarifs haute saison
Peak season rates
Tarif in der Hochsaison
Tarieven hoogseizoen

Types de locations proposées et tarifs
Hire options and rates
Optionen und Preise
Huurmogelijkheden en tarieven

# Gebrauchs-anweisung

# Gebruiks-aanwijzing

## BAGNERES-DE-LUCHON

31110 H.-Gar. **14** - **343** B8 G. Midi Pyrénées – 3 094 h. – alt. 630 – Sports d'hiver : à Superbagnères :
1 440/2 260 m ✆ 1 ⚡ 14 ⚡.
🚩 Office du Tourisme, 18 allée d'Etigny ✆ 05 61 79 21 21, Fax 05 61 79 11 23, *luchon@luchon.com*.
Paris 824 – Bagnères-de-Bigorre 94 – St-Gaudens 46 – Tarbes 97 – Toulouse 140.

⚠ **Pradelongue** 30 mars-sept.
✆ 05 61 79 86 44, *camping.pradelongue@free.fr*, Fax
05 61 79 18 64 ⊠ 31110 Moustajon – N : 2 km par D 125ᶜ,
rte de Moustajon, près du magasin Intermarché –
**R** conseillée
4 ha (135 empl.) plat, herbeux, pierreux
**Tarif :** 🔲 2 pers. 🔌 (10A) 17,50 – pers. suppl. 4,50 – frais
de réservation 11,50
**Location** ⚡ : 🏠 215 à 475 – bungalows toilés
🏠 (13 empl.) – 11,50

⚠ **Les Myrtilles** fermé nov.
✆ 05 61 79 89 89, *myrtilles.aubruchet@wanadoo.fr*, Fax
05 61 79 09 41 ⊠ 31110 Moustajon – N : 2,5 km par D 125ᶜ,
à Moustajon, bord d'un ruisseau – **R** conseillée
2 ha (100 empl.) plat, herbeux
**Tarif :** 🔲 2 pers. 🔌 (10A) 17,40 – pers. suppl. 3,50 – frais
de réservation 14
**Location :** 🏠 138 à 305 – 🏠 245 à 427 – gîte d'étape,
studios, bungalows toilés

⚠ **Le Pyrénéen** Permanent
✆ 05 61 79 59 19, Fax 05 61 79 75 75 – S : 0,6 km par D 27
et chemin, bord de la Pique – **R** conseillée
1,1 ha (75 empl.) plat, pierreux, herbeux
**Tarif :** 🔲 3 pers. 🔌 (10A) 17,25 – pers. suppl. 3,60
**Location :** 🏠 198 à 980

À prox. : 🐾 🐴

À prox. : 🐎 (centre équestre)  snack

À prox. : 🐾 (2 km)

Emplacement aménagé pour les camping-cars -
nombre d'emplacements - redevance journalière pour l'emplacement
Sites equipped for campervans - number of sites - daily fee per site
Stellplatz für Wohnmobile - Anzahl der Stellplätze -
Tagespreis/Stellplatz
Serviceplaats voor campingcars - aantal plaatsen -
dagtarief voor de plaats

Pour les légendes détaillées se reporter aux pages 10 à 16
For detailed legends see pages 10 to 16
Einzelheiten der Zeichenerklärung siehe Seite 17 bis 23
Gedetailleerde verklaring van de tekens, zie blz. 17 en 23

# Signes Conventionnels

## TERRAINS

### Catégories

| | |
|---|---|
| ⚠⚠⚠⚠ | très confortable, parfaitement aménagé |
| ⚠⚠⚠ | confortable, très bien aménagé |
| ⚠⚠ | bien aménagé, de bon confort |
| ⚠ | assez bien aménagé |
| ⚠ | simple mais convenable |

● **Les terrains sont cités par ordre de préférence dans chaque catégorie. Notre classification indiquée par un nombre de tentes (⚠⚠⚠⚠ ... ⚠) est indépendante du classement officiel établi en étoiles par les préfectures.**

### Ouvertures

| | |
|---|---|
| juin-septembre | terrain ouvert du début juin à fin septembre |
| saison | ouverture probable en saison |
| Permanent | terrain ouvert toute l'année |

● **Les dates de fonctionnement des locations sont précisées lorsqu'elles diffèrent de celles du camping. Exemple : Location (avril-sept.) : 🏠**

### Sélections particulières

| | |
|---|---|
| ❄ | caravaneige — campings spécialement équipés pour les séjours d'hiver (chauffage, branchements électriques de forte puissance, salle de séchage etc.). |

### Agrément et tranquillité

| | |
|---|---|
| ⚠⚠⚠⚠...⚠ | particulièrement agréable pour le cadre, la qualité et la variété des services proposés. |
| 🦢 🦢 | terrain très tranquille, isolé — tranquille surtout la nuit |
| ≪ ≪ | vue exceptionnelle — vue intéressante ou étendue |

### Situation et fonctionnement

| | |
|---|---|
| ☎ | Téléphone |
| ✉ | Adresse postale |

# Conventional Signs

## CAMPING SITES

### Categories

| | |
|---|---|
| ⚠⚠⚠⚠ | Very comfortable, ideally equipped |
| ⚠⚠⚠ | Comfortable, very well equipped |
| ⚠⚠ | Well equipped, good comfort |
| ⚠ | Reasonably comfortable |
| ⚠ | Quite comfortable |

● **Camping sites are listed in order of preference within each category. The classification we give (⚠⚠⚠⚠ ... ⚠) is totally independent of the official star classification awarded by the local "préfecture".**

### Opening periods

| | |
|---|---|
| juin-septembre | Site open from beginning June to end September |
| saison | Mainly open in season only |
| Permanent | Site open all year round |

● **Opening dates for rented accommodation are given where they are different from the camping site opening dates: Exemple: Location (avril-sept.): 🏠**

### Special features

| | |
|---|---|
| ❄ | Winter caravan sites – These sites are specially equipped for a winter holiday in the mountains. Facilities generally include central heating, high power electric points and drying rooms for clothes and equipment. |

### Peaceful atmosphere and setting

| | |
|---|---|
| ⚠⚠⚠⚠...⚠ | Particularly pleasant setting, quality and range of services available. |
| 🦢 🦢 | Quiet isolated site – Quiet site, especially at night |
| ≪ ≪ | Exceptional view – Interesting or extensive view |

# Signes Conventionnels

| | |
|---|---|
| N-S-E-O | Direction : Nord – Sud – Est – Ouest (indiquée par rapport au centre de la localité) |
| o━┳ | Présence d'un gardien ou d'un responsable pouvant être contacté 24 h sur 24 mais ceci ne signifie pas nécessairement une surveillance effective. |
| ✗ | Accès interdit aux chiens — En l'absence de ce signe, la présentation d'un carnet de vaccination à jour est obligatoire. |
| ℗ | Parking obligatoire pour les voitures en dehors des emplacements |
| R | Réservation conseillée ou indispensable |
| ℞ | Pas de réservation |
| ⅁Ⅎ | Cartes Bancaires acceptées (Eurocard, MasterCard, Visa) |
| c̃ᵥ | Chèques-vacances acceptés |

## Caractéristiques générales

| | |
|---|---|
| 3 ha | Superficie en hectares |
| 60 ha/ campables | Superficie totale (d'un domaine) et superficie du camping proprement dit |
| (90 empl.) | Capacité d'accueil : en nombre d'emplacements |
| ⊏⊐ | Emplacements nettement délimités |
| ♀ ♀♀ ♀♀♀ | Ombrage léger — moyen — fort (sous-bois) |

## Confort

| | |
|---|---|
| Ⓜ | terrain d'équipement sanitaire moderne |
| ▥ | Installations chauffées |
| ♿ | Installations sanitaires accessibles aux handicapés physiques |
| 🚿 ⚱ | Installations avec eau chaude : Douches – Lavabos |

# Conventional Signs

### Location and access

| | |
|---|---|
| ☎ | Telephone |
| ✉ | Postal address |
| N-S-E-O | Direction from nearest listed locality: North – South – East – West |
| o━┳ | 24 hour security – a warden will usually live on site and can be contacted during reception hours, although this does not mean round-the-clock surveillance outside normal hours |
| ✗ | No dogs. In all other cases a current vaccination certificate is required. |
| ℗ | Cars must be parked away from pitches |
| R | Advance booking recommended or essential |
| ℞ | Reservations not accepted |
| ⅁Ⅎ | Credit cards accepted (Eurocard, MasterCard, Visa) |
| c̃ᵥ | Chèque-vacances accepted |

### General characteristics

| | |
|---|---|
| 3 ha | Area available (in hectares; 1ha = 2.47 acres) |
| 60 ha/ 3 campables | Total area of the property and area used for camping |
| (90 empl.) | Capacity (number of spaces) |
| ⊏⊐ | Marked off pitches |
| ♀ ♀♀ ♀♀♀ | Shade – Fair amount of shade – Well shaded |

### Comfort

| | |
|---|---|
| Ⓜ | Site with modern facilities |
| ▥ | Heating installations |
| ♿ | Sanitary installations for the physically handicapped |
| 🚿 ⚱ | Sites with running hot water: showers – wash basins |
| ⊟ | Individual wash rooms or wash basins with or without hot water |

# Signes Conventionnels

| | |
|---|---|
| 🔲 | Lavabos en cabines individuelles (avec ou sans eau chaude) |
| ⚬ | Salle de bains pour bébés |
| 🛁 ⚬ | Éviers ou lavoirs avec eau chaude — Postes distributeurs d'eau chaude |
| ⚬ ⚬ ⚬ | Branchements individuels : Électricité – Eau – Évacuation |

## Services

| | |
|---|---|
| 🚐 | Aire de services pour camping-cars |
| 🚐 (10 empl.)-11 | Emplacements aménagés pour camping-cars – nombre d'emplacements – redevance journalière pour l'emplacement. |
| 🔲 | Lave-linge, laverie |
| 🛒 ⚬ | Supermarché — Magasin d'alimentation |
| 🍷 ✕ | Bar (licence III ou IV) — Restauration |
| 🍴 | Plats cuisinés à emporter |

## Loisirs

| | |
|---|---|
| 🏛 | Salle de réunion, de séjour, de jeux |
| 😊 | Animations diverses (sportives, culturelles, détente) |
| 🏃 | Club pour enfants |
| 🚴 ⚬ | Salle de remise en forme — Sauna |
| 🛝 | Jeux pour enfants |
| 🚲 ⚬ | Location de vélos — Tir à l'arc |
| ✂ ✂ | Tennis : de plein air – couvert |
| ⛳ | Golf miniature |
| ⚬ | Au bord de l'eau avec possibilité de baignade |
| 🏊 🏊 | Piscine : couverte – de plein air |
| ⚬ | Bains autorisés ou baignade surveillée |

# Conventional Signs

| | |
|---|---|
| ⚬ | Baby changing facilities |
| 🛁 ⚬ | Laundry or dish washing facilities – Running water |
| ⚬ ⚬ ⚬ | Each bay is equipped with electricity – water – drainage |

**Facilities**

| | |
|---|---|
| 🚐 | Service bay for camper vans |
| 🚐 (10 empl.)-11 | Sites equipped for campervans – number of sites – daily fee per site. |
| 🔲 | Washing machines, laundry |
| 🛒 ⚬ | Supermarket – Food shop |
| 🍷 ✕ | Bar (serving alcohol) – Eating places (restaurant, snack-bar) |
| 🍴 | Take away meals |

## Recreational facilities

| | |
|---|---|
| 🏛 | Common room – Games room |
| 😊 | Miscellaneous activities (sports, culture, leisure) |
| 🏃 | Children's club |
| 🚴 ⚬ | Exercice room – Sauna |
| 🛝 | Playground |
| 🚲 ⚬ | Cycle hire – Archery |
| ✂ ✂ | Tennis courts: open air – covered |
| ⛳ | Mini golf |
| ⚬ | Waterside location with swimming area |
| 🏊 🏊 | Swimming pool: covered – open air |
| ⚬ | Bathing allowed or supervised bathing |
| ⚬ | Water slide |
| 🐟 | Fishing |
| ⛵ | Sailing (school or centre) |
| 🐎 | Pony trekking, riding |

● **The majority of outdoor leisure facilities are only open in season and in peak periods opening does not necessarily correspond to the opening of the site.**

12

# Signes Conventionnels

# Conventional Signs

| | |
|---|---|
| 🛝 | Toboggan aquatique |
| 🎣 | Pêche |
| ⛵ | Voile (école ou centre nautique) |
| 🐎 | Promenade à cheval ou équitation |

● **La plupart des services et certains loisirs de plein air ne sont généralement accessibles qu'en saison, en fonction de la fréquentation du terrain et indépendamment de ses dates d'ouverture.**

| | |
|---|---|
| *A proximité* | Nous n'indiquons que les aménagements ou installations qui se trouvent dans les environs. |

**Tarifs en €**

Redevances journalières :

| | |
|---|---|
| 👤 1,20 | par personne |
| 🚗 1 | pour le véhicule |
| ▣ 1,50/1,80 | pour l'emplacement (tente/caravane) |
| ⚡ 1 (4A) | pour l'électricité (nombre d'ampères) |

Redevances forfaitaires :

| | |
|---|---|
| ▣ 2 pers. | emplacement pour |
| ⚡ (10A) 12 | 2 personnes, véhicule et électricité compris |

● **Les prix ont été établis en automne 2002 et s'appliquent à la haute saison (à défaut, nous mentionnons les tarifs pratiqués l'année précédente). Dans tous les cas, ils sont donnés à titre indicatif et susceptibles d'être modifiés si le coût de la vie subit des variations importantes.**

● **Le nom des campings est inscrit en caractères maigres lorsque les propriétaires ne nous ont pas communiqué tous leurs tarifs.**

● **Certaines prestations (piscine, tennis) de même que la taxe de séjour peuvent être facturées en sus.**

● **Les enfants bénéficient parfois de tarifs spéciaux ; se renseigner auprès du propriétaire.**

| | |
|---|---|
| *A proximité* | We only feature facilities in close proximity to the camping site |

**Charges in €**

Daily charge:

| | |
|---|---|
| 👤 1,20 | per person |
| 🚗 1 | per vehicle |
| ▣ 1,50/1,80 | per pitch (tent/caravan) |
| ⚡ 1 (4A) | for electricity (by no of amperes) |

Rates included:

| | |
|---|---|
| ▣ 2 pers. | pitch for 2 people |
| ⚡ (10A) 12 | including vehicle and electricity |

● **We give the prices which were supplied to us by the owners in Autumn 2002 (if this information was not available we show those from the previous year). In any event these should be regarded as basic charges and may alter due to fluctuations in the cost of living.**

● **Listings in light typeface indicate that not all revised tariff information has been provided by the owners.**

● **Supplementary charges may apply to some facilities (swimming pool, tennis) as well as for long stays.**

● **Special rates may apply for children – ask owner for details.**

Renting and charges

| | |
|---|---|
| 🚐 | Caravan hire or mobile homes without bath rooms |
| *198 à 335* | Weekly rates, low season 198, high season 335, for up to 4 persons |
| 🏠 | Mobile home hire |
| *274 à 488* | Weekly rates, low season 274, high season 488, for up to 6 persons |
| 🏡 | Bungalow/Chalet hire |
| *305 à 595* | Weekly rates, low season 305, high season 595, for up to 6 persons |
| 🛏 | Rooms to rent – ask owner for full details |

# Signes Conventionnels

## Conventional Signs

### Locations et tarifs

| | |
|---|---|
| 🚐 | Location de caravanes ou mobile homes sans sanitaires |
| 198 à 335 | Prix à la semaine, basse saison 198 et haute saison 335, pour 4 personnes maximum |
| 🚐 | Location de mobile homes |
| 274 à 488 | Prix à la semaine, basse saison 274 et haute saison 488, pour 6 personnes maximum |
| 🏠 | Location de bungalows ou chalets |
| 305 à 595 | Prix à la semaine, basse saison 305 et haute saison 595, pour 6 personnes maximum |
| 🛏 | Location de chambres. S'adresser au propriétaire pour tous renseignements |

### LOCALITÉS

| | |
|---|---|
| 23 700 | Numéro de code postal |
| 12 343 B8 | Numéro de page d'atlas (P. 52 à 68) – N° de la carte Michelin et coordonnées de carroyage |
| G. Bretagne | Localité décrite dans Le Guide Vert Michelin Bretagne |
| Rennes 47 | Distance en kilomètres |
| 1 050 h. | Population |
| alt. 675 | Altitude de la localité |
| ♨ | Station thermale |
| ✉ 05000 Gap | Code postal et nom de la commune de destination |
| 1 200/1 900 m | Altitude de la station et altitude maximum atteinte par les remontées mécaniques |
| 2 🚠 | Nombre de téléphériques ou télécabines |
| 14 🎿 | Nombre de remonte-pentes et télésièges |
| 🎿 | Ski de fond |

### LOCALITIES

| | |
|---|---|
| 23 700 | Postal code number |
| 12 343 B8 | Maps page number (pp 52 to 68) – Michelin map number and fold |
| G. Bretagne | Place described in the Michelin Green Guide Brittany |
| Rennes 47 | Distance in kilometres |
| 1 050 h. | Population |
| alt. 675 | Altitude (in metres) |
| ♨ | Spa |
| ✉ 05000 Gap | Postal number and name of the postal area |
| 1 200/1 900 m | Altitude (in metres) of resort and highest point reached by lifts |
| 2 🚠 | Number of cable-cars |
| 14 🎿 | Number of ski and chair-lifts |
| 🎿 | Cross country skiing |
| ⛴ | Maritime services |
| 🛈 | Tourist information Centre |

### KEY TO THE LOCAL MAPS

#### Camping

| | |
|---|---|
| (▲) | Locality with at least one camping site selected in the guide |
| ▲ | Location of camping site |

#### Roads

| | |
|---|---|
| ▬▬▬ | Motorway |
| ═══ | Dual carriageway with motorway characteristics |
| ❶ ❷ | Numbered junctions: complete, limited |
| ═══ | Major road |
| ═══ | Secondary road network |
| ─── | Other road |
| ──┼ | One-way road – Toll barrier |
| ─ ─ ─ | Cycle track – Cart track, footpath |

14

# Signes Conventionnels

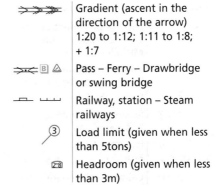

# Conventional Signs

| | |
|---|---|
| ⟁ | Transports maritimes |
| 🛈 | Information touristique |

## LÉGENDE DES SCHÉMAS

### Ressources camping

| | |
|---|---|
| (🛆) | Localité possédant au moins un terrain sélectionné |
| △ | Terrain de camping situé |

### Voirie

| | |
|---|---|
| ▬▬▬ | Autoroute |
| ══════ | Double chaussée de type autoroutier |
| ❶ ❷ | Echangeurs numérotés : complet, partiel |
| ═══════ | Route principale |
| ═══════ | Itinéraire régional ou de dégagement |
| ═══════ | Autre route |
| ═══════ | Sens unique – Barrière de péage |
| — — – | Piste cyclable – Chemin d'exploitation, sentier |
| ⟫⟫⟫⟫ | Pentes (Montée dans le sens de la flèche) 5 à 9 % – 9 à 13 % – 13 % et plus |
| ⟫⟳⊞△ | Col – Bac – Pont mobile |
| ▭⌐ | Voie ferrée, gare – Voie ferrée touristique |
| ③ | Limite de charge (indiquée au-dessous de 5 tonnes) |
| ⊡8 | Hauteur limitée (indiquée au-dessous de 3 m) |

### Curiosités

| | |
|---|---|
| 🛉 ♱ ⚰ | Eglise, chapelle – Château |
| ⌖ 🜊 ⋂ | Phare – Monument mégalithique – Grotte |
| ⋰ ▲ | Ruines – Curiosités diverses |
| ☀ ⥤ | Table d'orientation, panorama – Point de vue |

| | |
|---|---|
| ⟫⟫⟫➤ | Gradient (ascent in the direction of the arrow) 1:20 to 1:12; 1:11 to 1:8; + 1:7 |
| ⟫⟳⊞△ | Pass – Ferry – Drawbridge or swing bridge |
| ▭⌐ | Railway, station – Steam railways |
| ③ | Load limit (given when less than 5tons) |
| ⊡8 | Headroom (given when less than 3m) |

15

## SIGHTS OF INTEREST

| | |
|---|---|
| 🛉 ♱ ⚰ | Church, chapel – Castle, château |
| ⌖ 🜊 ⋂ | Lighthouse – Megalithic monument – Cave |
| ⋰ ▲ | Ruins – Miscellaneous sights |
| ☀ ⥤ | Viewing table, panoramic view – Viewpoint |

## LANDMARKS

| | |
|---|---|
| ◱ | Towns having a plan in the Michelin Red Guide |
| 🛈 ⊙ | Tourist Information Centre – General Post Office |
| 🛉 ♱ ⌐ | Church, chapel – Castle, château |
| ⋰ ▪ ⌶ | Ruins – Statue or building – Water tower |
| ⊞ ✿ | Hospital – Factory or power station |
| ☆ ⟈ ⌖ | Fort – Dam – Lighthouse |
| ⵜ ⵜⵜⵜ | Wayside cross – Cemetery |
| ✈ ⌁ ⊜ | Airport – Airfield – Gliding airfield |
| ▭ ⚑ ⊛ | Stadium – Golf course – Racecourse |
| 🏇 ✴ ⛸ | Horse riding – Zoo – Skating rink |
| •-○-• ▬ | Cable-car or chairlift – Forest or wood |

# Signes Conventionnels

## Conventional Signs

**Repères**

| | |
|---|---|
| | Localité possédant un plan dans le Guide Rouge Michelin |
| 🄑 ⊗ | Information touristique – Bureau de poste principal |
| 🄷 ⚲ ⌂ | Eglise, chapelle – Château |
| ⸚ ▪ 🏛 | Ruines – Monument – Château d'eau |
| ⊞ ✿ | Hôpital – Usine |
| ☆ ☾ ⌔ | Fort – Barrage – Phare |
| ✝ ♱♱♱ | Calvaire – Cimetière |
| 🛪 🏕 ⛷ | Aéroport – Aérodrome – Vol à voile |
| ▭ ⸝ 🏇 | Stade – Golf – Hippodrome |
| 🏇 ⚥ ⛸ | Centre équestre – Zoo – Patinoire |
| •-◦-◦-▪ | Téléphérique ou télésiège – Forêt ou bois |
| ⊠ ⊡ ≈ | Piscine de plein air, couverte – Baignade |
| ◆ ⚓ ✗ | Base de loisirs – Centre de voile – Tennis |
| ☵ | Centre commercial |

| | |
|---|---|
| ⊠ ⊡ ≈ | Outdoor or indoor, Swimming pool – Bathing spot |
| ◆ ⚓ ✗ | Outdoor leisure park/centre – Sailing – Tennis courts |
| ☵ | Shopping centre |

● En cas de contestation ou de différend, lors d'un séjour sur un terrain de camping, au sujet des prix, des conditions de réservation, de l'hygiène ou des prestations, efforcez-vous de résoudre le problème directement sur place avec le propriétaire du terrain ou son représentant.

● Faute de parvenir à un arrangement amiable, et si vous êtes certain de votre bon droit, adressez-vous aux Services compétents de la Préfecture du département concerné.

● En ce qui nous concerne, nous examinons attentivement toutes les observations qui nous sont adressées afin de modifier, le cas échéant, les mentions ou appréciations consacrées aux camps recommandés dans notre guide, mais nous ne possédons ni l'organisation, ni la compétence ou l'autorité nécessaires pour arbitrer et régler les litiges entre propriétaires et usagers.

● If during your stay in a camping site you have grounds for complaint concerning your reservation, the prices, standards of hygiene or facilities offered, try in the first place to resolve the problem with the proprietor or the person responsible.

● If the disagreement cannot be solved in this way, and if you are sure that you are within your rights, it is possible to take the matter up with the Prefecture of the "département" in question.

● We welcome all suggestions and comments, be it criticism or praise relating to camping sites recommended in our guide. We do, however stress the fact that we have neither facilities, nor the authority to deal with matters of complaint between campers and proprietors.

# Zeichenerklärung    # Tekens

| CAMPINGPLÄTZE | TERREINEN |
|---|---|

## Kategorie

| | |
|---|---|
| ⋀⋀⋀⋀ | Sehr komfortabel, ausgezeichnet ausgestattet |
| ⋀⋀⋀ | Komfortabel, sehr gut ausgestattet |
| ⋀⋀⋀ | Mit gutem Komfort ausgestattet |
| ⋀⋀ | Ausreichend ausgestattet |
| ⋀ | Einfach, aber ordentlich |

● **Die Reihenfolge der Campingplätze innerhalb einer Kategorie entspricht unserer Empfehlung.**
Unsere **Klassifizierung, durch eine entsprechende Anzahl von Zelten ( ⋀⋀⋀⋀ … ⋀ ) ausgedrückt, ist unabhängig von der offiziellen Klassifizierung durch Sterne, die von den Präfekturen vorgenommen werden.**

## Öffnungszeiten

| juin-septembre | Campingplatz geöffnet von Anfang Juni bis Ende September |
|---|---|
| saison | Während der Hauptreisezeit (Saison) geöffnet. |
| Permanent | Campingplatz ganzjährig geöffnet. |

● **Vermietungszeit: Sie wird extra angegeben, wenn sie sich von der Öffnungszeit des Campingplatzes unterscheidet. Beispiel: Location (avril-sept.):** 🏠

## Besondere Merkmale

| | |
|---|---|
| ❄ | Diese Gelände sind speziell für Wintercamping in den Bergen ausgestattet (Heizung, Starkstromanschlüsse, Trockenräume usw.). |

## Besonders schöne und ruhige Lage

| | |
|---|---|
| ⋀⋀⋀…⋀ | Besonders schöne Lage, gutes und vielfältiges Serviceangebot. |
| ⤳⤳ | Ruhiger, abgelegener Campingplatz-Ruhiger Campingplatz, besonders nachts |

## Categorie

| | |
|---|---|
| ⋀⋀⋀⋀ | Buitengewoon comfortabel, uitstekende inrichting |
| ⋀⋀⋀ | Comfortabel, zeer goede inrichting |
| ⋀⋀⋀ | Goed ingericht, geriefelijk |
| ⋀⋀ | Behoorlijk ingericht |
| ⋀ | Eenvoudig maar behoorlijk |

● **De terreinen worden voor iedere categorie opgegeven in volgorde van voorkeur.**
**Onze classificatie wordt aangegeven met een aantal tenten ( ⋀⋀⋀⋀ … ⋀ ). Zij staat los van de officiële classificatie die wordt uitgedrukt in sterren.**

## Openingstijden

| juin-septembre | Terrein geopend van begin juni tot eind september |
|---|---|
| saison | Tijdens het seizoen geopend |
| Permanent | Terrein het gehele jaar geopend |

● **Wanneer de data voor het verhuren verschillen van die van het kampeerterrein, dan worden zij gepreciseerd. Bijv. Location (avril-sept.):** 🏠

## Bijzondere kenmerken

| | |
|---|---|
| ❄ | Geselecteerd caravaneige – Deze terreinen zijn speciaal ingericht voor winterverblijf in de bergen (verwarming, electriciteitsaansluiting met hoog vermogen, droogkamer, enz.). |

## Aangenaam en rustig verblijf

| | |
|---|---|
| ⋀⋀⋀…⋀ | Bijzonder aangenaam vanwege de omgeving, de kwaliteit en de diversiteit van de voorzieningen. |
| ⤳⤳ | Zeer rustig, afgelegen terrein – Rustig, vooral 's nachts |
| ≤≤ | Bijzonder mooi uitzicht – Interessant uitzicht of vergezicht |

# Zeichenerklärung

# Tekens

| | |
|---|---|
| ≪≪ | Eindrucksvolle Aussicht – Interessante oder weite Sicht |

## Lage und Dienstleistungen

| | |
|---|---|
| ☎ ✉ | Telefon – Postanschrift |
| N-S-E-O | Richtung: Norden – Süden – Osten – Westen (Angabe ab Ortszentrum) |
| ⚷ | Eine Aufsichtsperson kann Tag und Nacht bei Bedarf erreicht werden: Dies bedeutet jedoch nicht, dass der Platz bewacht ist. |
| 🐕 | Hunde nicht erlaubt – wenn dieses Zeichen nicht vorhanden ist muss ein gültiger Impfpass vorgelegt werden. |
| ℗ | Parken nur auf vorge-schriebenen Parkplätzen außerhalb der Stellplätze |
| R | Reservierung empfehlens-wert oder erforderlich. |
| R̶ | Keine Reservierung |
| GB | Akzeptierte KreditKarten (Eurocard, MasterCard, Visa) |
| c̶v̶ | "Chèques vacances" wer-den akzeptiert. |

## Allgemeine Beschreibung

| | |
|---|---|
| 3 ha | Nutzfläche (in Hektar) |
| 60 ha/ 3 campables | Gesamtfläche (eines Geländes) und Nutzfläche für Camping |
| (90 empl.) | Anzahl der Stellplätze |
| ▭ | Abgegrenzte Stellplätze |
|  | Leicht schattig – ziemlich schattig – sehr schattig |

## Komfort

| | |
|---|---|
| M | Campingplatz mit moder-ner sanitärer Ausstattung |
| ▥ | Beheizte sanitäre Anlagen |
| ♿ | Sanitäre Einrichtungen für Körperbehinderte |

## Ligging en service

| | |
|---|---|
| ☎ ✉ | Telefoon – Postadres |
| N-S-E-O | Richting : Noord – Zuid – Oost – West (gezien vanuit het centrum van de plaats) |
| ⚷ | Er is een bewaker of een toezichthouder aanwezig die 24 uur per dag bereik-baar is. Dit betekent echter niet noodzakelijkerwijs dat er sprake is van een daad-werkelijke bewaking. |
| 🐕 | Honden niet toegelaten – Bij afwezigheid van dit teken dient men een recent vaccinatieboekje te kunnen tonen. |
| ℗ | Verplichte parkeerplaats voor auto's buiten de staanplaatsen |
| R | Reserveren raadzaam of noodzakelijk. |
| R̶ | Reservering niet mogelijk |
| GB | Creditcards worden geac-cepteerd (Eurocard, MasterCard, Visa) |
| c̶v̶ | Reischeques worden geac-cepteerd |

## Algemene kenmerken

| | |
|---|---|
| 3 ha | Oppervlakte in hectaren |
| 60 ha/ 3 campables | Totale oppervlakte (van een landgoed) en opper-vlakte van het eigenlijke kampeerterrein |
| (90 empl.) | Maximaal aantal staan-plaatsen |
| ▭ | Duidelijk begrensde staan-plaatsen |
|  | Weinig tot zeer schaduwrijk |

## Comfort

| | |
|---|---|
| M | Terrein met moderne sani-taire voorzieningen |
| ▥ | Verwarmde installaties |
| ♿ | Sanitaire installaties voor lichamelijk gehandicapten |

18

# Zeichenerklärung

# Tekens

| | |
|---|---|
| 🗹 😃 | Einrichtungen mit Warmwasser: Duschen – Waschbecken |
| 🗒 | Individuelle Waschräume (mit oder ohne Warmwasser) |
| 😃 | Wickelraum |
| 😃 🗻 | Waschgelegenheit (Geschirr oder Wäsche) – Wasserstelle |
| ☺ 🗻 🗲 | Individuelle Anschlüsse: Strom – Wasser – Abwasser |

### Dienstleistungen

| | |
|---|---|
| 🚐 | Service-Einrichtungen für Wohnmobile (Stroman-schluss, Ölwechsel) |
| 🚐 (10 empl.)-11 | Stellplatz für Wohnmobile – Anzahl der Stellplätze – Tagespreis/Stellplatz. |
| 🗑 | Miet-Waschmaschinen |
| 🛒 🗔 | Supermarkt – Lebensmittelgeschäft |
| 🍸 🍴 | Bar mit Alkoholausschank – Restaurant, Snack-Bar |
| 🍳 | Fertiggerichte zum Mitnehmen |

### Freizeitmöglichkeiten

| | |
|---|---|
| 🏠 | Gemeinschaftraum, Aufenthaltsraum, Spielhalle ... |
| 🎭 | Diverse Freizeitangebote (Sport, Kultur, Entspannung) |
| 🤸 | Kinderspielraum |
| 🏋 🧖 | Fitness-Center – Sauna |
| 🛝 | Kinderspielplatz |
| 🚲 🏹 | Fahrradverleih – Bogenschießen |
| 🎾 🎾 | Tennisplatz – Hallentennisplatz |
| ⛳ m | Minigolfplatz |
| 🏖 | Am Strand mit Bademöglichkeit |
| 🏊 🏊 | Hallenbad – Freibad |
| 🏊 | Baden erlaubt, teilweise mit Aufsicht |

| | |
|---|---|
| 🗹 😃 | Installaties met warm water: Douches – Wastafels |
| 🗒 | Individuele wasgelegen-heid of wastafels (met of zonder warm water) |
| 😃 | Wasplaats voor baby's |
| 😃 🗻 | Afwas- of waslokalen – Stromend water |
| ☺ 🗻 🗲 | Individuele aansluitingen : Elektriciteit – Watertoevoer en-afvoer |

### Voorzieningen

| | |
|---|---|
| 🚐 | Serviceplaats voor cam-pingcars |
| 🚐 (10 empl.)-11 | Serviceplaats voor cam-pingcars – aantal plaatsen – dagtarief voor de plaats. |
| 🗑 | Wasmachines, waslokaal |
| 🛒 🗔 | Supermarkt – Kampwinkel |
| 🍸 🍴 | Bar (met vergunning) – Eetgelegenheid (restau-rant, snackbar) |
| 🍳 | Dagschotels om mee te nemen |

### Ontspanning

| | |
|---|---|
| 🏠 | Zaal voor bijeenkomsten, dagverblijf of speelzaal |
| 🎭 | Diverse activiteiten (sport, cultuur, ontspanning) |
| 🤸 | Kinderopvang |
| 🏋 🧖 | Fitness – Sauna |
| 🛝 | Kinderspelen |
| 🚲 🏹 | Verhuur van fietsen – Boogschieten |
| 🎾 🎾 | Tennis: overdekt – open-lucht |
| ⛳ m | Mini-golf |
| 🏖 | Aan de waterkant met mogelijkheid tot zwemmen |
| 🏊 🏊 | Zwembad : overdekt – openlucht |
| 🏊 | Vrije zwemplaats of zwemplaats met toezicht |
| 🛝 | Waterglijbaan |

# Zeichenerklärung

| | |
|---|---|
| 🛝 | Wasserrutschbahn |
| 🎣 | Angeln |
| ⛵ | Segeln (Segelschule oder Segelclub) |
| 🐎 | Reiten |

● Die meisten dieser Freizeitmöglichkeiten stehen nur in der Hauptsaison zur Verfügung oder sie sind abhängig von der Belegung des Platzes. Auf keinen Fall sind sie identisch mit der Öffnungszeit des Platzes.

| *A proximité* | Wir geben nur die Einrichtungen an, welche sich in Nähe des Platzes befinden. |
|---|---|

**Preise in €**

Tagespreise:

| 🧍 1,20 | pro Person |
|---|---|
| 🚗 1 | für das Auto |
| Ⓔ 1,50/1,80 | Platzgebühr (Zelt/Wohnwagen) |
| ⚡ 1 (4A) | Stromverbrauch (Anzahl der Ampere) |

Pauschalgebühren:

| Ⓔ 2 pers. | Stellplatz für 2 Personen, Fahrzeug und Strom |
|---|---|
| ⚡ (A) 12 | |

● Die Preise wurden uns im Herbst 2002 mitgeteilt, es sind Hochsaisonpreise (falls nicht, sind die Preise des Vorjahres angegeben). Die Preise sind immer nur als Richtpreise zu betrachten. Sie können sich bei steigenden Lebenshaltungskosten ändern.

● Der Name eines Campingplatzes ist dünn gedruckt, wenn der Eigentümer uns keine Preise genannt habt.

● Für einige Einrichtungen (Schwimmbad, Tennis) sowie die Kurtaxe könen separate Gebühren erhoben werden.

● Für Kinder erhält man im Allgemeinen spezielle Kindertarife, erkundigen Sie sich beim Eigentümer.

Vermietung und Preise

| 🏠 | Vermietung von Wohnwagen oder Wohnmobil ohne Sanitäreinrichtung |
|---|---|

# Tekens

| | |
|---|---|
| 🎣 | Hengelsport |
| ⛵ | Zeilsport (school of watersportcentrum) |
| 🐎 | Tochten te paard, paardrijden |

● De meeste voorzieningen en bepaalde recreatiemogelijkheden in de open lucht zijn over het algemeen alleen toegankelijk tijdens het seizoen. Dit is afhankelijk van het aantal gasten op het terrein en staat los van de openingsdata.

| *A proximité* | Wij vermelden alleen de faciliteiten of voorzieningen die zich in de omgeving van de camping bevinden. |
|---|---|

**Tarieven in €**

Dagtarieven:

| 🧍 1,20 | per persoon |
|---|---|
| 🚗 1 | voor het voertuig |
| Ⓔ 1,50/1,80 | voor de staanplaats (tent, caravan) |
| ⚡ 1 (4A) | voor elektriciteit (aantal ampères) |

Vaste tarieven:

| Ⓔ 2 pers. | Staanplaats voor 2 personen, voertuig en elektriciteit inbegrepen |
|---|---|
| ⚡ (10A) 12 | |

● De prijzen zijn vastgesteld in het najaar van 2002 en gelden voor het hoogseizoen (indien deze niet beschikbaar zijn, vermelden wij de tarieven van het afgelopen jaar).

● De prijzen worden steeds ter indicatie gegeven en kunnen gewijzigd worden indien de kosten voor levensonderhoud belangrijke veranderingen ondergaan.

● Wanneer de naam van de camping niet in vetgedrukte letters staat, betekent dit dat de eigenaar niet alle tarieven heeft doorgegeven.

● Bepaalde faciliteiten (zwembad, tennisbaan), evenals de toeristenbelasting, kunnen extra in rekening worden gebracht.

Voor kinderen geldt soms een speciaal tarief; informatie hierover bij de eigenaar.

# Zeichenerklärung

# Tekens

|  |  |
|---|---|
| *198 à 335* Wochenpreise, Vorsaison 198 und Hochsaison 335, für maximal 4 pers. | **Verhuur en tarieven** |

## German (left column)

| | |
|---|---|
| *198 à 335* | Wochenpreise, Vorsaison 198 und Hochsaison 335, für maximal 4 pers. |
| 🚐 | Vermietung von Wohnmobilen |
| *274 à 488* | Wochenpreise, Vorsaison 274 und Hochsaison 488, für maximal 6 pers. |
| 🏠 | Vermietung von Bungalows und Chalets |
| *305 à 595* | Wochenpreise, Vorsaison 305 und Hochsaison 595, für maximal 6 pers. |
| 🛏 | Vermietung von Zimmern. Erkundigen Sie sich beim Eigentümer nach den Bedingungen |

### ORTE

| | |
|---|---|
| 23 700 | Postleitzahl |
| **12** **343** B8 | Seitenangabe der Übersichtskarte (S. 52-68) – Nr. der Michelin-Karte und Falte |
| G. Bretagne | Im Grünen Michelin-Reiseführer "Bretagne" beschriebener Ort |
| Rennes 47 | Entfernung in Kilometern |
| 1 050 h. | Einwohnerzahl |
| alt. 675 | Höhe |
| ♨ | Heilbad |
| ✉ 05000 Gap | Postleitzahl und Name des Verteilerpostamtes |
| 1 200/1 900 m | Höhe des Wintersportgeländes und Maximal-Höhe, die mit Kabinenbahn oder Lift erreicht werden kann |
| 2 🚡 | Anzahl der Kabinenbahnen |
| 14 🎿 | Anzahl der Schlepp-oder Sessellifte |
| 🎿 | Langlaufloipen |
| ⛴ | Schiffsverbindungen |
| 🛈 | Informationsstelle |

## Dutch (right column)

**Verhuur en tarieven**

| | |
|---|---|
| 🚐 | Verhuur van caravans – Stacaravans zonder sanitair |
| *198 à 335* | Prijs per week, laagseizoen 198 en hoogseizoen 335, voor maximaal 4 personen. |
| 🚐 | Verhuur van stacaravans |
| *274 à 488* | Prijs per week, laagseizoen 274 en hoogseizoen 488, voor maximaal 6 personen. |
| 🏠 | Verhuur van bungalows of huisjes |
| *305 à 595* | Prijs per week, laagseizoen 305 en hoogseizoen 595, voor maximaal 6 personen. |
| 🛏 | Verhuur van kamers. De eigenaar kan u meer informatie hierover verstrekken. |

### PLAATSEN

| | |
|---|---|
| 23 700 | Postcodenummer |
| **12** **343** B8 | Bladzijdenummer kaart (blz. 52 t/m 68) – Nummer Michelinkaart en vouwbladnummer |
| G. Bretagne | Zie de Groene Michelingids Bretagne |
| Bourges 47 | Afstanden in kilometers |
| 1 050 h. | Aantal inwoners |
| alt. 675 | Hoogte |
| ♨ | Kuuroord |
| ✉ 05000 Gap | Postcode en plaatsnaam bestemming |
| 1 200/1 900 m | Hoogte van het station en maximale hoogte van de mechanische skiliften |
| 2 🚡 | Aantal kabelbanen |
| 14 🎿 | Aantal skiliften en stoeltjesliften |
| 🎿 | Langlaufen |
| ⛴ | Bootverbinding |
| 🛈 | Informatie voor toeristen |

 Zeichenerklärung

 Tekens

## KARTENSKIZZEN

### Campingplätze

| | |
|---|---|
| (⬤) | Ort mit mindestens einem ausgewählten Campingplatz |
| ⚠ | Lage des Campingplatzes |

### Straßen

| | |
|---|---|
| ▬▬▬ | Autobahn |
| ▬▬▬ | Schnellstraße (kreuzungsfrei) |
| ❶  ❷ | Nummerierte: Anschlussstelle Autobahneinfahrt- und/oder -ausfahrt |
| ▬▬▬ | Hauptverkehrsstraße |
| ▬▬▬ | Regionale Verbindungsstraße oder Entlastungsstrecke |
| ▬▬▬ | Andere Straße |
| ▬▬╪▬ | Einbahnstraße – Gebührenstelle |
| _ _ _ | Radweg – Wirtschaftsweg, Pfad |
| ≫≫≫ | Steigungen, Gefälle (Steigung in Pfeilrichtung 5-9 %, 9-13 %, 13 % und mehr) |
| ≫≔ Ⓑ ⚠ | Pass – Fähre – Bewegliche Brücke |
| ▭ ╌ | Bahnlinie und Bahnhof – Museumseisenbahn-Linie |
| ③ | Höchstbelastung (angegeben bis 5t) |
| 2⁸ | Zulässige Gesamthöhe (angegeben bis 3m) |

### Sehenswürdigkeiten

| | |
|---|---|
| ⌂ ✝ ⌘ | Kirche, Kapelle – Schloss, Burg |
| ⌂ ⌂ ∩ | Leuchtturm – Menhir, Megalithgrab – Höhle |
| ⁖ ▲ | Ruine – Sonstige Sehenswürdigkeit |
| ☀ ≽ | Orientierungstafel, Rundblick – Aussichtspunkt |

## VERKLARING TEKENS OP SCHEMA'S

### Kampeerterreinen

| | |
|---|---|
| (⬤) | Plaats met minstens één geselecteerd terrein in de gids |
| ⚠ | Ligging kampeerterrein |

### Wegen en spoorwegen

| | |
|---|---|
| ▬▬▬ | Autosnelweg |
| ▬▬▬ | Dubbele rijbaan van het type autosnelweg |
| ❶  ❷ | Genummerde knooppunten : volledig, gedeeltelijk |
| ▬▬▬ | Hoofdweg |
| ▬▬▬ | Regionale of alternatieve route |
| ▬▬▬ | Andere weg |
| ▬▬╪▬ | Eenrichtingsverkeer – Tol |
| _ _ _ | Fietspad – Bedrijfsweg, voetpad |
| ≫≫≫ | Hellingen (pijlen in de richting van de helling) 5 tot 9 %, 9 tot 13 %, 13 % of meer |
| ≫≔ Ⓑ ⚠ | Pas – Veerpont – Beweegbare brug |
| ▭ ╌ | Spoorweg, station – Spoorweg toeristentrein |
| ③ | Maximum draagvermogen (aangegeven onder 5 ton) |
| 2⁸ | Vrije hoogte (aangegeven onder 3 m) |

### Bezienswaardigheden

| | |
|---|---|
| ⌂ ✝ ⌘ | Kerk, kapel – Kasteel |
| ⌂ ⌂ ∩ | Vuurtoren – Megaliet – Grot |
| ⁖ ▲ | Ruïnes – Andere bezienswaardigheden |
| ☀ ≽ | Oriëntatietafel, panorama – Uitzichtpunt |

### Ter oriëntatie

| | |
|---|---|
|  | Plaats met een plattegrond in de Rode Michelingids |
| ⒊ ✉ | Informatie voor toeristen – Hoofdpostkantoor |

# Zeichenerklärung

# Tekens

### Orientierungspunkte

|  |  |
|---|---|
| 🖼 | Ort mit Stadtplan im Roten Michelin-Führer |
| 🅱 ✉ | Informationsstelle – Hauptpost |
| 🏛 ⛎ ⬜ | Kirche, Kapelle – Schloss, Burg |
| ⚬⚬ ▪ 🏛 | Ruine – Denkmal – Wasserturm |
| 🔲 ✿ | Krankenhaus – Fabrik |
| ☆ ☪ 🗼 | Festung – Staudamm – Leuchtturm |
| ✝ ⱻⱻⱻ | Bildstock – Friedhof |
| ✈ 🛩 ⛵ | Flughafen – Flugplatz – Segelflugplatz |
| ⬭ ⌐ ⊛ | Stadion – Golfplatz – Pferderennbahn |
| 🐎 Ɏ ⛸ | Reitanlage – Zoo – Schlittschuhbahn |
| •◦◦• | Seilschwebebahn oder Sessellift – Wald oder Gehölz |
| ⩍ ⩊ ⩐ | Freibad – Hallenbad – Strandbad |
| ◆ ⌑ ⚔ | Freiziteinrichtungen – Segelzentrum – Tennisplatz |
| 🛒 | Einkaufszentrum |

● Falls bei Ihrem Aufenthalt auf dem Campingplatz Schwierigkeiten bezüglich der Preise, Reservierung, Hygiene o. ä. auftreten, sollten Sie versuchen, diese direkt an Ort und Stelle mit dem Campingplatzbesitzer oder seinem Vertreter zu regeln.

● Wenn Sie von Ihrem Recht überzeugt sind, es Ihnen jedoch nicht gelingt, zu einer allseits befriedigenden. Lösung zu kommen, können Sie sich an die entsprechende Stelle bei der zuständigen Präfektur wenden.

● Unsererseits überprüfen wir sorgfältig alle bei uns eingehenden Leserbriefe und ändern gegebenenfalls die Platzbewertung im Führer. Wir besitzen jedoch weder die rechtlichen Möglichkeiten noch die nötige Autorität, um Rechtsstreitigkeiten zwischen Platzeigentümern und Platzbenutzern zu schlichten.

|  |  |
|---|---|
| 🏛 ⛎ ⬜ | Kerk, kapel – Kasteel |
| ⚬⚬ ▪ 🏛 | Ruïnes – Monument – Watertoren |
| 🔲 ✿ | Ziekenhuis – Fabriek |
| ☆ ☪ 🗼 | Fort – Stuwdam – Vuurtoren |
| ✝ ⱻⱻⱻ | Calvarie – Begraafplaats |
| ✈ 🛩 ⛵ | Luchthaven – Vliegveld – Zweefvliegen |
| ⬭ ⌐ ⊛ | Stadion – Golf – Renbaan |
| 🐎 Ɏ ⛸ | Manege – Dierentuin – Schaatsbaan |
| •◦◦• | Kabelbaan of stoeltjeslift – Bos |
| ⩍ ⩊ ⩐ | Zwembad : openlucht, overdekt – Zwemgelegenheid |
| ◆ ⌑ ⚔ | Recreatieoord – Zeilvereniging – Tennisbaan |
| 🛒 | Winkelcentrum |

● Indien er tijdens uw verblijf op een kampeerterrein een meningsverschil zou ontstaan over prijzen, reserveringsvoorwaarden, hygiëne of dienstverlening, tracht dan ter plaatse met de eigenaar van het terrein of met zijn vervanger een oplossing te vinden.

● Mocht u op deze wijze niet tot overeenstemming komen, terwijl u overtuigd bent van uw goed recht, dan kunt u zich wenden tot de prefectuur van het betreffende departement.

● Van onze kant bestuderen wij zorgvuldig alle opmerkingen die wij ontvangen, om zo nodig wijzigingen aan te brengen in de omschrijving en waardering van door onze gids aanbevolen terreinen. Onze mogelijkheden zijn echter beperkt en ons personeel is niet bevoegd om als scheidsrechter op te treden of geschillen te regelen tussen eigenaren en kampeerders.

23

# Tableau des Localités

# Table of Localities

## CLASSEMENT DÉPARTEMENTAL

Vous trouverez dans le tableau des pages suivantes un classement par départements de toutes les localités citées dans la nomenclature.

## CLASSIFIED BY "DÉPARTEMENTS"

You will find in the following pages a classification by "département" of all the localities listed in the main body of the guide.

### Légende

| | |
|---|---|
| 01 – AIN | Numéro et nom du département |
| 🔲 à 🔳 | Pages d'atlas situant les localités citées |
| Le Havre | (Localité en rouge) Localité possédant au moins un terrain agréable sélectionné ( △ ... ⚠ ) |
|  | Localité possédant un terrain au bord de l'eau avec possibilité de baignade |
|  | Localité possédant au moins un terrain très tranquille |
| L | (Location) Localité dont un terrain au moins propose des locations |
|  | Localité possédant au moins un terrain avec piscine (de plein air, couverte) |
| 🚐 | Localité possédant au moins un terrain avec une aire de services pour camping-cars |
| 🎭 | Localité dont un terrain au moins propose des animations |

### Key

| | |
|---|---|
| 01 – AIN | Number and name of a « département » |
| 🔲 to 🔳 | Pages of the maps showing the « département » boundaries and listed localities |
| Le Havre | (Name of the locality printed in red) Locality with at least one selected pleasant site ( △ ... ⚠ ) |
| | Locality with at least one selected waterside location with swimming area |
| | Locality with at least one selected very quiet, isolated site |
| L | (Location) Locality with at least one selected site offering renting |
| | Locality with at least one selected site with a swimming pool (open air, indoor) |
| 🚐 | Locality with at least one selected site with a service bay for camper vans |
| 🎭 | Locality with at least one selected site offering some form of activities |

● **Se reporter à la nomenclature (classement alphabétique général des localités pour la description complète des camps sélectionnés et utiliser les cartes détaillées à 1/200 000 pour situer avec précision les localités possédant au moins un terrain sélectionné (◑).**

● **Refer to the body of the guide where localities appear in alphabetical order, for a complete description of the selected camping sites. To locate a locality (◑) with at least one selected camping site, use the detailed maps at a scale of 1 : 200 000.**

# Ortsregister

# Lijst van Plaatsnamen

## NACH DEPARTEMENTS GEORDNET

Im folgenden Ortsregister werden alle im Führer erwähnten Orte nach Departements geordnet aufgelistet.

### Zeichenerklärung

| | |
|---|---|
| 01 – AIN | Nummer und Name des Departementes |
| **1** bis **17** | Seite des Kartenteils, auf welcher der erwähnte Ort zu finden ist |
| Le Havre | (Ortsname in Rotdruck) Ort mit mindestens einem besonders schönen Campingplatz ( ⚠ ... ⚠⚠⚠ ) |
| ⚠ | Ort mit mindestens einem Campingplatz am Strand mit Bademöglichkeit |
| 🐾 | Ort mit mindestens einem sehr ruhigen Campingplatz |
| L | (Location) Ort mit mindestens einem Campingplatz mit Vermietung |
| ⌇ ⌇ | Ort mit mindestens einem Campingplatz mit Frei- oder Hallenbad |
| 🚐 | Ort mit mindestens einem Campingplatz mit Service-Einrichtungen für Wohnmobile. |
| 🎭 | Mindestens ein Campingplatz am Ort mit Animation |

## INDELING PER DEPARTEMENT

In deze lijst vindt u alle in de gids vermelde plaatsnamen, ingedeeld per departement.

### Verklaring van de tekens

| | |
|---|---|
| 01 – AIN | Nummer en naam van het departement |
| **1** bis **17** | Bladzijden van de kaarten waarop de betreffende plaatsen te vinden zijn |
| Le Havre | (Plaatsnaam rood gedrukt) Plaats met minstens één geselecteerd fraai terrein ( ⚠ ... ⚠⚠⚠ ) |
| ⚠ | Plaats met minstens één terrein aan de waterkant met mogelijkeid tot zwemmen |
| 🐾 | Plaats met minstens één zeer rustig terrein |
| L | (Location) Plaats met minstens één terrein met huurmogelijkheden |
| ⌇ ⌇ | Plaats met minstens één terrein met zwembad (openlucht, overdekt) |
| 🚐 | Plaats met minstens één terrein met serviceplaats voor campingcars. |
| 🎭 | Plaats met minstens één Kampeerterrein dat over activiteiten beschikt. |

● **Die vollständige Beschreibung der ausgewählten Plätze finden Sie im alphabetisch geordneten Hauptteil des Führers. Benutzen Sie zur Auffindung eines Ortes mit mindestens einem ausgewählten Campingplatz (◑) die Abschnittskarten im Maßstab 1 : 200 000.**

● **Raadpleeg voor een volledige beschrijving van de geselecteerde terreinen de algemene alfabetische opgave van plaatsen en gebruik de deelkaarten schaal 1 : 200 000 om een plaats met minstens één geselecteerd terrein (◑) te lokaliseren.**

Ortstabelle · Lijst van Plaatsnamen

27

| | Pages | △ | 🦢 | Location | 🏊 ou | 🚐 | 🎭 |
|---|---|---|---|---|---|---|---|
| St-Trojan-les-Bains | 518 | — | — | L | — | — | — |
| nzac | 306 | — | — | L | 🏊 | — | — |
| ndrais | 316 | — | — | — | — | — | — |
| arans | 343 | — | — | — | 🏊 | — | — |
| s Mathes | 350 | — | — | L | 🏊 | 🚐 | 🎭 |
| édis | 356 | — | — | L | 🏊 | — | — |
| eschers-sur-Gironde | 360 | — | — | L | 🏊 | — | 🎭 |
| osnac | 377 | — | — | — | — | — | — |
| ns | 422 | — | — | — | 🏊 | — | — |
| nt-l'Abbé-d'Arnoult | 425 | — | — | L | 🏊 | — | — |
| chefort | 445 | — | — | L | 🏊 | — | — |
| Rochelle | 445 | — | — | L | 🏊 | 🚐 | 🎭 |
| nce-les-Bains | 448 | — | — | L | 🏊 | — | 🎭 |
| Ronde | 448 | — | — | — | 🏊 | — | — |
| yan | 453 | — | — | L | 🏊 | 🚐 | 🎭 |
| -Augustin-sur-Mer | 464 | — | 🦢 | L | 🏊 | 🚐 | — |
| -Christophe | 469 | — | — | — | — | — | — |
| -Georges-de-Didonne | 478 | △ | — | L | — | 🚐 | 🎭 |
| -Jean-d'Angély | 486 | — | — | L | — | 🚐 | — |
| -Just-Luzac | 497 | — | — | L | 🏊 | 🚐 | 🎭 |
| -Laurent-de-la-Prée | 498 | — | — | L | 🏊 | — | 🎭 |
| -Nazaire-sur-Charente | 506 | — | — | L | 🏊 | 🚐 | — |
| -Palais-sur-Mer | 507 | — | — | — | — | — | — |
| -Savinien | 516 | — | — | L | 🏊 | — | — |
| -Seurin d'Uzet | 517 | — | — | — | — | — | — |
| -Sornin | 517 | — | — | — | — | — | — |
| intes | 524 | — | — | — | 🏊 | — | — |
| ors | 555 | — | — | — | — | — | — |

**8 CHER 6 10 11**

| | Pages | △ | 🦢 | Location | 🏊 ou | 🚐 | 🎭 |
|---|---|---|---|---|---|---|---|
| bigny-sur-Nère | 114 | — | — | — | 🏊 | — | — |
| urges | 153 | — | — | — | 🏊 | — | — |
| Chapelle-d'Angillon | 191 | — | — | — | — | — | — |
| âteaumeillant | 194 | — | — | L | — | — | — |
| un-sur-Auron | 245 | — | — | — | 🏊 | — | — |
| Guerche-sur-l'Aubois | 284 | — | — | L | — | — | — |
| rs | 305 | — | — | L | — | — | — |
| nery | 336 | — | — | — | — | 🚐 | — |
| -Amand-Montrond | 461 | — | — | — | 🏊 | — | — |
| -Satur | 515 | — | — | L | 🏊 | — | — |
| e-Montaine | 523 | — | — | — | — | — | — |

**19 CORRÈZE 10 13**

| | Pages | △ | 🦢 | Location | 🏊 ou | 🚐 | 🎭 |
|---|---|---|---|---|---|---|---|
| Argentat | 107 | △ | — | L | 🏊 | 🚐 | 🎭 |
| Aubazine | 113 | — | — | L | — | 🚐 | 🎭 |
| Auriac | 116 | △ | 🦢 | — | — | — | — |
| Beaulieu-sur-Dordogne | 132 | △ | 🦢 | — | 🏊 | — | — |
| Beynat | 141 | △ | — | L | — | — | — |
| Bort-les-Orgues | 149 | — | 🦢 | — | — | — | — |
| Camps | 167 | — | 🦢 | L | — | — | — |
| Chamberet | 187 | — | 🦢 | — | — | — | — |
| Chauffour-sur-Vell | 200 | — | 🦢 | L | 🏊 | — | — |
| Corrèze | 213 | — | — | — | 🏊 | — | — |
| Donzenac | 244 | — | — | L | 🏊 | — | — |
| Liginiac | 326 | — | — | L | — | — | — |
| Lissac-sur-Couze | 327 | — | — | L | — | — | — |
| Marcillac-la-Croisille | 344 | — | — | L | — | — | — |
| Masseret | 349 | — | — | L | — | — | — |
| Meyssac | 363 | — | — | L | 🏊 | — | — |
| Neuvic | 389 | △ | — | L | — | — | — |
| Palisse | 400 | — | 🦢 | L | — | — | — |
| Reygades | 441 | — | 🦢 | L | 🏊 | — | — |
| St-Pantaléon-de-Lapleau | 507 | — | 🦢 | — | — | 🚐 | — |
| St-Pardoux-Corbier | 508 | — | — | — | — | — | — |
| Seilhac | 536 | — | — | L | — | 🚐 | — |
| Soursac | 548 | △ | — | L | — | — | — |
| Treignac | 564 | — | — | L | — | 🚐 | — |
| Uzerche | 568 | — | — | L | — | — | — |
| Viam | 579 | — | — | — | — | 🚐 | — |

**2A CORSE-DU-SUD 17**

| | Pages | △ | 🦢 | Location | 🏊 ou | 🚐 | 🎭 |
|---|---|---|---|---|---|---|---|
| Ajaccio | 76 | — | — | L | — | — | — |
| Belvédère-Campomoro | 137 | — | — | L | — | — | — |
| Bonifacio | 147 | — | 🦢 | L | 🏊 | 🚐 | 🎭 |
| Cargèse | 172 | — | — | L | — | — | — |
| Évisa | 254 | — | — | — | — | — | — |
| Favone | 257 | — | — | — | — | — | — |
| Figari | 259 | — | — | L | — | — | — |
| La Liscia (Golfe de) | 275 | — | — | L | — | — | — |
| Olmeto | 394 | — | — | L | — | — | — |
| Piana | 407 | — | — | — | — | — | — |
| Pinarellu | 408 | △ | 🦢 | — | — | 🚐 | — |
| Ruppione (plage de) | 456 | — | — | L | — | — | — |
| Porticcio | 427 | — | — | L | 🏊 | — | — |
| Portigliolo | 427 | — | 🦢 | L | — | — | — |
| Porto | 428 | — | — | L | — | — | — |
| Porto-Vecchio | 428 | △ | — | L | 🏊 | 🚐 | 🎭 |

32

Table of Localities

Tableau des Localités

34

**25 DOUBS 7 8 12**

| | Pages | ⛺ | 🦢 | Location | 🏊 ou 🎿 | 🚐 | 🎭 |
|---|---|---|---|---|---|---|---|
| Chalezeule | 186 | — | — | — | 🏊 | 🚐 | — |
| Les Hôpitaux-Neufs | 290 | — | — | — | — | 🚐 | — |
| Huanne-Montmartin | 291 | — | — | L | 🏊 | — | 🎭 |
| L'Isle-sur-le-Doubs | 302 | — | — | — | — | — | — |
| Labergement-Ste-Marie | 310 | — | — | L | — | — | — |
| Levier | 325 | — | — | — | 🏊 | — | — |
| Maiche | 339 | — | — | L | 🏊 | — | — |
| Malbuisson | 341 | ⛺ | — | L | 🏊 | 🚐 | — |
| Mandeure | 342 | — | — | — | — | — | — |
| Montagney | 369 | — | — | — | — | — | — |
| Ornans | 397 | — | — | L | 🏊 | — | — |
| Pontarlier | 423 | — | — | L | — | 🚐 | — |
| Quingey | 436 | — | — | — | — | — | — |
| Rougemont | 453 | — | — | — | 🏊 | 🚐 | 🎭 |
| St-Hippolyte | 485 | — | — | L | — | — | — |
| St-Point-Lac | 511 | — | — | — | — | — | — |

**26 DRÔME 12 16**

| | Pages | ⛺ | 🦢 | Location | 🏊 ou 🎿 | 🚐 | 🎭 |
|---|---|---|---|---|---|---|---|
| Bourdeaux | 151 | — | — | L | 🏊 | — | — |
| Bourg-de-Péage | 152 | — | — | L | 🏊 | — | — |
| Buis-les-Baronnies | 161 | — | 🦢 | L | 🏊 | — | — |
| Chabeuil | 185 | — | 🦢 | L | 🏊 | — | — |
| Charmes-sur-L'herbasse | 192 | — | — | — | — | — | — |
| Châteauneuf-de-Galaure | 194 | — | — | — | 🏊 | — | — |
| Châteauneuf-du-Rhône | 194 | — | — | — | — | — | — |
| Châtillon-en-Diois | 198 | ⛺ | — | — | — | — | — |
| Crest | 229 | — | — | L | 🏊 | — | — |
| Die | 237 | — | — | L | 🏊 | — | — |
| Dieulefit | 238 | — | — | L | 🏊 | — | — |
| Grane | 278 | — | — | — | 🏊 | — | — |
| Grignan | 281 | — | — | L | 🏊 | — | — |
| Lachau | 313 | — | — | — | — | — | — |
| Lens-Lestang | 323 | — | — | — | — | — | — |
| Lus-la-Croix-Haute | 336 | — | — | L | 🏊 | — | — |
| Menglon | 358 | — | — | L | 🏊 | — | — |
| Mirabel-et-Blacons | 366 | ⛺ | — | L | 🏊 | — | — |
| Miscon | 366 | — | 🦢 | — | — | — | — |
| La Motte-Chalancon | 377 | — | — | — | — | — | — |
| Nyons | 393 | — | — | — | — | — | — |
| Pierrelongue | 408 | — | — | L | 🏊 | — | — |
| Le Poët-Laval | 420 | — | — | — | 🏊 | — | — |
| Pommerol | 422 | — | 🦢 | — | — | — | — |
| Recoubeau-Jansac | 439 | — | — | L | 🏊 | — | — |
| Romans-sur-Isère | 447 | — | — | — | — | — | — |

| | Pages | ⛺ | 🦢 | Location | 🏊 ou 🎿 | 🚐 |
|---|---|---|---|---|---|---|
| Sahune | 459 | — | — | — | 🏊 | — |
| St-Donat-sur-l'Herbasse | 473 | — | — | — | 🏊 | — |
| St-Ferréol-Trente-Pas | 475 | — | — | L | 🏊 | — |
| St-Jean-en-Royans | 493 | — | — | — | 🏊 | 🚐 |
| St-Martin-en-Vercors | 503 | — | — | — | — | — |
| St-Nazaire-en-Royans | 506 | — | — | — | — | — |
| St-Nazaire-le-Désert | 506 | — | — | — | 🏊 | — |
| St-Vallier | 519 | — | — | — | — | — |
| Tain-l'Hermitage | 549 | — | — | — | 🏊 | 🚐 |
| Tulette | 567 | — | 🦢 | L | 🏊 | — |
| Vassieux-en-Vercors | 574 | — | 🦢 | — | — | — |
| Vercheny | 576 | — | — | L | 🏊 | — |
| Vinsobres | 590 | — | — | L | 🏊 | 🚐 |

**27 EURE 5 6**

| | Pages | ⛺ | 🦢 | Location | 🏊 ou 🎿 | 🚐 |
|---|---|---|---|---|---|---|
| Les Andelys | 81 | — | — | — | 🏊 | — |
| Le Bec-Hellouin | 134 | — | 🦢 | — | — | — |
| Bernay | 139 | — | — | — | 🏊 | 🚐 |
| Bourg-Achard | 151 | — | — | — | 🏊 | — |
| Fiquefleur-Équainville | 260 | — | — | L | 🏊 | — |
| Le Gros-Theil | 283 | — | 🦢 | — | 🏊 | — |
| Louviers | 334 | — | — | L | 🏊 | — |
| Lyons-la-Forêt | 338 | — | — | — | 🏊 | — |
| Pont-Authou | 423 | — | — | — | — | — |
| Poses | 428 | — | — | — | — | — |
| St-Georges-du-Vièvre | 478 | — | — | — | 🏊 | — |
| Toutainville | 560 | — | — | — | — | — |

**28 EURE-ET-LOIR 5 6**

| | Pages | ⛺ | 🦢 | Location | 🏊 ou 🎿 | 🚐 |
|---|---|---|---|---|---|---|
| Arrou | 111 | — | — | — | — | — |
| La Bazoche-Gouet | 132 | — | — | — | — | — |
| Bonneval | 148 | — | — | — | 🏊 | 🚐 |
| Brunelles | 160 | — | — | — | 🏊 | 🚐 |
| Cloyes-sur-le-Loir | 206 | — | — | L | 🏊 | — |
| Courville-sur-Eure | 226 | — | — | — | 🏊 | — |
| Fontaine-Simon | 262 | — | — | — | 🏊 | — |
| Illiers-Combray | 300 | — | — | — | 🏊 | — |
| Maintenon | 340 | — | — | — | 🏊 | — |
| Nogent-le-Rotrou | 391 | — | — | — | — | — |
| St-Rémy-sur-Avre | 514 | — | — | — | — | — |
| Senonches | 538 | — | — | — | 🏊 | — |

38

Ortstabelle · Lijst van Plaatsnamen

45

| | Pages | ⛰ | 🚣 | Location | ❄ ou 🏊 | 🚐 | 🎭 |
|---|---|---|---|---|---|---|---|
| s Allues | 79 | — | — | — | — | — | — |
| Bâthie | 130 | — | — | — | — | — | — |
| aufort | 132 | — | — | — | — | 🚐 | — |
| urget-du Lac | 154 | ⛰ | — | L | 🏊 | 🚐 | — |
| urg-St-Maurice | 154 | — | — | L | 🏊 | 🚐 | — |
| amans | 156 | — | — | — | — | — | — |
| ides-les-Bains | 159 | — | — | L | — | 🚐 | — |
| alles-les-Eaux | 186 | — | — | — | — | — | — |
| anaz | 190 | — | — | L | 🏊 | — | — |
| Châtelard | 196 | — | — | — | — | — | — |
| indrieux | 202 | — | — | — | — | 🚐 | — |
| umet | 261 | — | — | — | — | — | — |
| ndry | 316 | — | — | — | 🏊 | — | — |
| nslevillard | 317 | — | — | — | — | — | — |
| scheraines | 324 | ⛰ | — | L | — | — | — |
| s Marches | 344 | — | — | L | 🏊 | — | — |
| arthod | 347 | — | — | — | — | — | — |
| odane | 367 | — | — | — | — | — | — |
| ontmélian | 373 | — | — | — | — | — | — |
| alognan-la-V. | 430 | — | — | L | 🏊 | 🚐 | — |
| Rochette | 446 | — | — | — | — | — | — |
| Rosière 1850 | 451 | — | — | L | — | — | — |
| uffieux | 456 | — | — | L | 🏊 | — | — |
| -Jean-de-Couz | 487 | — | 🚣 | — | — | — | — |
| -Pierre-d'Albigny | 510 | — | — | — | — | — | — |
| ez | 536 | — | — | — | — | — | — |
| llières-Sardières | 544 | — | — | — | — | — | — |
| rmignon | 551 | — | — | L | — | — | — |
| Toussuire | 560 | — | — | L | — | 🚐 | — |
| alloire | 571 | — | — | — | 🏊 | 🚐 | — |
| llarembert | 583 | — | — | — | — | — | — |

## 74 HAUTE-SAVOIE 12

| | Pages | ⛰ | 🚣 | Location | ❄ ou 🏊 | 🚐 | 🎭 |
|---|---|---|---|---|---|---|---|
| mphion-les-Bains | 80 | — | — | L | 🏊 | 🚐 | — |
| NNECY (Lac d') | 85 | — | — | — | — | — | — |
| Alex | 77 | — | — | — | — | — | — |
| Bout-du-Lac | 155 | ⛰ | — | L | 🏊 | — | — |
| Doussard | 245 | ⛰ | — | L | 🏊 | — | 🎭 |
| Duingt | 245 | — | — | L | — | 🚐 | — |
| Lathuile | 319 | — | — | L | 🏊 | — | — |
| St-Jorioz | 494 | ⛰ | — | L | 🏊 | — | — |
| Sévrier | 541 | — | — | L | 🏊 | 🚐 | — |
| rgentière | 108 | — | — | — | — | — | — |
| Balme-de-Sillingy | 124 | — | 🚣 | L | 🏊 | 🚐 | — |
| namonix | 188 | — | — | L | — | 🚐 | — |
| nâtel | 196 | — | — | — | 🏊 | 🚐 | 🎭 |
| hêne-en-Semine | 201 | — | — | — | 🏊 | — | — |
| hoisy | 202 | — | 🚣 | — | 🏊 | — | — |
| Clusaz | 206 | — | — | L | 🏊 | 🚐 | — |

| | Pages | ⛰ | 🚣 | Location | ❄ ou 🏊 | 🚐 | 🎭 |
|---|---|---|---|---|---|---|---|
| Contamine-Sarzin | 211 | — | — | L | 🏊 | — | — |
| Les Contamines-Montjoie | 211 | — | — | L | — | — | — |
| Cusy | 233 | — | 🚣 | — | — | — | — |
| Excenevex | 254 | — | — | — | — | 🚐 | — |
| Les Gets | 273 | — | — | — | — | — | — |
| Le Grand-Bornand | 276 | — | — | L | 🏊 | 🚐 | — |
| Groisy | 282 | — | — | — | — | 🚐 | — |
| Lugrin | 335 | — | — | L | 🏊 | — | — |
| Megève | 356 | — | — | — | — | — | — |
| Morzine | 377 | — | — | L | — | 🚐 | — |
| Neydens | 390 | — | — | L | 🏊 | 🚐 | — |
| Le Petit-Bornand-les-G. | 406 | — | — | — | — | — | — |
| Présilly | 430 | — | — | — | — | 🚐 | — |
| Rumilly | 456 | — | — | L | 🏊 | 🚐 | — |
| St-Ferréol | 475 | — | — | — | — | — | — |
| St-Gervais-les-Bains | 480 | — | — | — | — | 🚐 | — |
| St-Jean-d'Aulps | 487 | — | — | — | — | — | — |
| Sallanches | 526 | — | — | L | — | — | 🎭 |
| Sciez | 535 | — | — | L | — | — | — |
| Seyssel | 541 | — | — | — | — | — | — |
| Taninges | 550 | — | — | — | — | 🚐 | — |
| Vallorcine | 572 | — | — | — | — | — | — |
| Verchaix | 576 | — | — | — | — | — | — |

## 75 PARIS 1 5 6

| | Pages | ⛰ | 🚣 | Location | ❄ ou 🏊 | 🚐 | 🎭 |
|---|---|---|---|---|---|---|---|
| Paris | 401 | — | — | L | — | 🚐 | — |

## 76 SEINE-MARITIME 1 5 6

| | Pages | ⛰ | 🚣 | Location | ❄ ou 🏊 | 🚐 | 🎭 |
|---|---|---|---|---|---|---|---|
| Aumale | 116 | — | — | — | — | 🚐 | — |
| Bazinval | 131 | — | — | — | — | — | — |
| Blangy-sur-Bresle | 146 | — | — | — | — | — | — |
| Cany-Barville | 170 | — | — | — | 🏊 | — | — |
| Dieppe | 237 | — | — | — | 🏊 | 🚐 | — |
| Étretat | 254 | — | — | — | — | 🚐 | — |
| Le Havre | 287 | — | — | — | — | — | — |
| Incheville | 301 | — | — | — | — | — | — |
| Martigny | 347 | — | — | L | 🏊 | — | — |
| Offranville | 393 | — | — | L | — | — | — |
| Quiberville | 435 | — | — | — | — | 🚐 | — |
| St-Aubin-sur-Mer | 463 | — | — | — | — | 🚐 | — |
| St-Martin-en-Campagne | 503 | — | — | L | — | — | — |
| St-Valéry-en-Caux | 518 | — | — | L | 🏊 | — | — |
| Touffreville-sur-Eu | 557 | — | — | — | — | — | — |
| Toussaint | 560 | — | — | — | — | — | — |
| Le Tréport | 565 | — | — | L | — | — | — |
| Veules-les-Roses | 578 | — | — | — | — | 🚐 | — |
| Vittefleur | 592 | — | — | — | 🏊 | — | — |

Ortstabelle   Lijst van Plaatsnamen

51

**1**

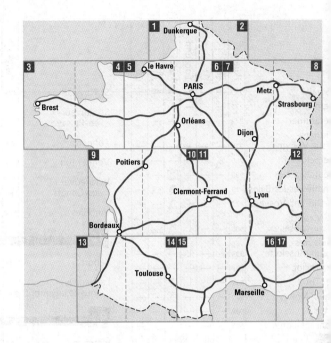

## TABLEAU D'ASSEMBLAGE
### ATLAS KEY MAP
### SEITENEINTEILUNG
### OVERZICHTSKAART

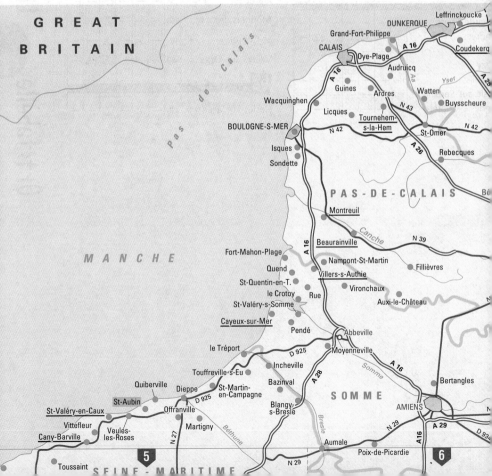

GREAT BRITAIN

Pas de Calais

MANCHE

Leffrinckoucke
DUNKERQUE
Grand-Fort-Philippe
CALAIS
Oye-Plage
Audruicq
Coudekerq
A 16
Yser
A 25
Guines
Ardres
Watten
Buysscheure
Wacquinghen
Licques
Tournehem-s-la-Hem
N 43
N 42
BOULOGNE-S-MER
St-Omer
N 42
Isques
A 26
Sondette
Rebecques

PAS-DE-CALAIS
Bé

Montreuil
Canche
N 39
A 16
Beaurainville
Fort-Mahon-Plage
Nampont-St-Martin
Fillièvres
Quend
Villers-s-Authie
St-Quentin-en-T.
Vironchaux
le Crotoy
Rue
Auxi-le-Château
St-Valéry-s-Somme
Cayeux-sur-Mer
Pendé
Abbeville
le Tréport
Moyenneville
D 925
A 16
Touffreville-s-Eu
Incheville
Somme
Bertangles
Quiberville
Bazinval
St-Martin-en-Campagne
Dieppe
SOMME
St-Valéry-en-Caux
St-Aubin
D 925
Blangy-s-Bresle
AMIENS
Vittefleur
Offranville
A 28
A 29
Cany-Barville
Veules-les-Roses
Martigny
N 27
Bresle
Béthune
N 29
A16
D 934
Aumale
Toussaint
Poix-de-Picardie
N 29

**5**

SEINE - MARITIME

**6**

## LÉGENDE

Localité possédant au moins un terrain de camping sélectionné
Localité possédant un schéma dans le guide
Région possédant un schéma dans le guide
Localité possédant au moins un terrain agréable sélectionné
Localité possédant au moins un terrain sélectionné ouvert toute l'année
Localité repère

## LEGEND

● Apt — Town with at least one selected camping site
■ Carnac — Town with a plan in the guide
*Ile de Ré* — Region with a local map in the guide
Moyaux — Town with at least one selected camping site classified as pleasant
Lourdes — Town with at least one selected camping site open all the year round
LILLE — Town appearing as reference point only

## ZEICHENERKLÄRUNG

Ort mit mindestens einem ausgewählten Campingplatz
Ort mit Stadtplan oder Übersichtskarte im Führer
Gebiet mit Übersichtskarte im Führer
Ort mit mindestens einem ausgewählten und besonders angenehmen Campingplatz
Ort mit mindestens einem ganzjährig geöffneten Campingplatz
Orientierungspunkt

## VERKLARING

● Apt — Plaats met tenminste één geselekteerd kampeerterrein
■ Carnac — Plaats met schema in de gids
*Ile de Ré* — Gebied met schema in de gids
Moyaux — Plaats met tenminste één fraai geselekteerd kampeerterrein
Lourdes — Plaats met tenminste één gedurende het gehele jaar geopend kampeerterrein
LILLE — Plaats ter oriëntering

**Pour situer exactement une localité,**
utilisez la carte Michelin à 1 / 200 000.

**To find a locality,**
use a Michelin 1 / 200 000 map.

**Zur Lokalisierung eines Campingplatzes**
benutzen Sie bitte die Michelin-Karte im Maßstab 1:200 000.

**Om precies de ligging van een plaats te bepalen**
gebruik de Michelin kaart 1 / 200 000.

BELGIQUE

TOURCOING
LILLE
ROUBAIX
A 22
A 25
Lys
A 1
A 27

St-Amand-les-Eaux
A 21
Lens
Douai
Scarpe
A 23
Valenciennes
A 26
ARRAS
Escaut
A 2
Aubencheul-au-Bac
N O R D
Cambrai
Maubeuge
Sambre
N 2
N 43
Prisches
Willies
Avesnes-s-Helpe
Floyon
le Nouvion-en-Thiérache
Péronne
A 26
N 29
ST-QUENTIN
Seraucourt-le-Grand
Oise
Vervins
N 2
N 43
Bourg-Fidèle
les Mazures
Haulmé
Meuse
Semois
CHARLEVILLE-MÉZIÈRES
Signy-l'Abbaye
A 34
A 203
Sedan
A I S N E
A R D E N N E S
la Fère

0 — 50 km
0 — 30 miles

**6**   **7**

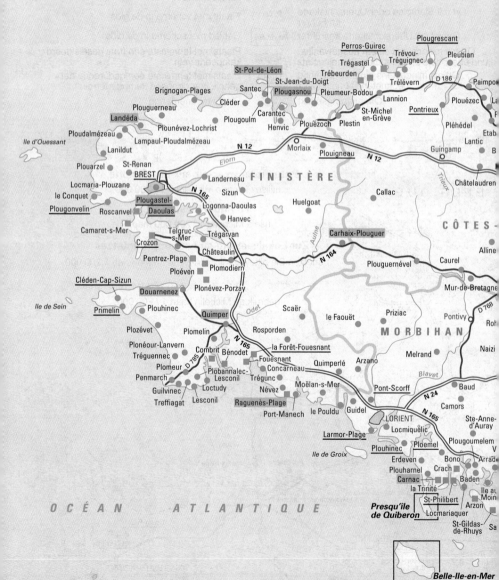

**3**

M A N C H E

Plougrescant
Perros-Guirec
Trévou-
Tréguignec          Pleubian
Trégastel
St-Pol-de-Léon          Trébeurden
St-Jean-du-Doigt          Trélévern          Paimpo
Brignogan-Plages          Santec          Plougasnou          Pleumeur-Bodou          D 186
Cléder          Lannion          Plouézec          La
Plouguerneau          Carantec          St-Michel
Landéda          Plougoulm          en-Grève          Pontrieux
Ploudalmézeau          Plounévez-Lochrist          Henvic          Plouézoch          Plestin          Pléhédel          Etab
Lampaul-Ploudalmézeau          Guingamp          Lantic
Île d'Ouessant          N 12          Morlaix          B
Lanildut          St-Renan          N 12          Plouigneau          N 12          Châtelaudren
Plouarzel          BREST          Landerneau
Locmaria-Plouzane          FINISTÈRE
le Conquet          N 165          Sizun          Callac          CÔTES-
Plougonvelin          Roscanvel          Plougastel-
Camaret-s-Mer          Daoulas          Huelgoat          Alline
Telgruc-          Logonna-Daoulas
Crozon          s-Mer          Hanvec          Carhaix-Plouguer          Caurel
Pentrez-Plage          Trégarvan          Plouguernével
Cléden-Cap-Sizun          Ploéven          Châteaulin          N 164          Mur-de-Bretagne
Plomodiern          D 768
Douarnenez          Plonévez-Porzay          Pontivy          Ro
Île de Sein          Primelin          Plouhinec          Quimper          Scaër          le Faouët          Priziac          MORBIHAN
Plozévet          Odet          Rosporden          Naizi
Plonéour-Lanvern          Plomelin          N 165          Melrand
Tréguennec          Combrit          la Forêt-Fouesnant          Arzano
Plomeur          D 785          Bénodet          Fouesnant          Quimperlé          Blavet          Baud
Penmarch          Plobannalec-          Concarneau          Camors
Guilvinec          Lesconil          Trégunc          Moëlan-s-Mer          Pont-Scorff          N 24
Treffiagat          Loctudy          Névez          Baden
Lesconil          Raguenès-Plage          le Pouldu          Guidel          N 165          Ste-Anne-
Port-Manech          LORIENT          d'Auray
Larmor-Plage          Locmiquélic          Plougoumelem          V
Plouhinec          Ploemel          Bono          Arrad
OCÉAN     ATLANTIQUE          Île de Groix          Erdeven          Crach          Baden
Plouharnel          Île au
Carnac          la Trinité          Moin
Presqu'île          St-Philibert          Arzon
de Quiberon          Locmariaquer          St-Gildas-
de-Rhuys          Sa

**Belle-Île-en-Mer**

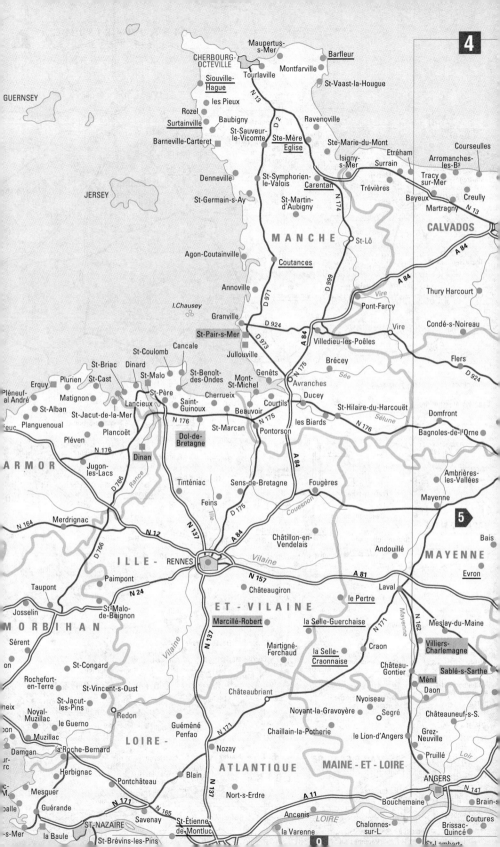

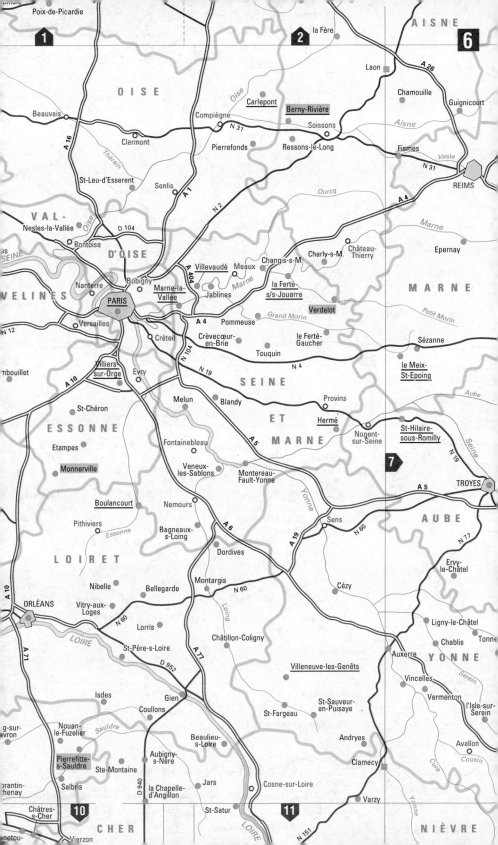

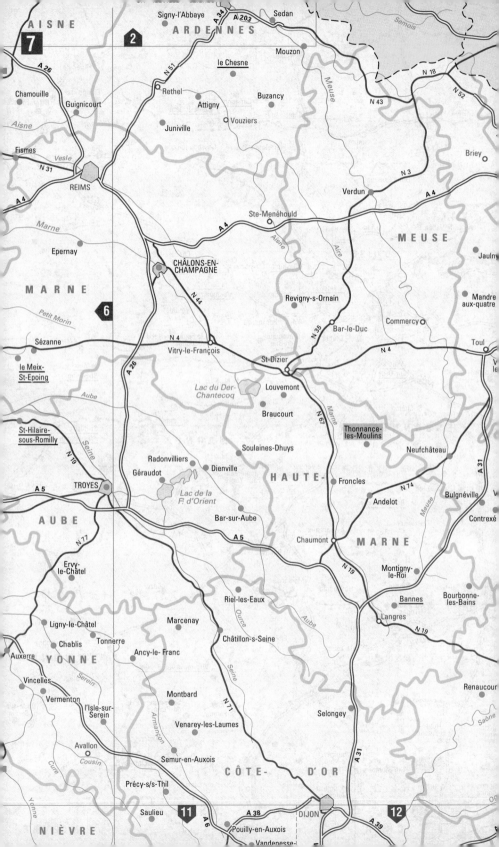

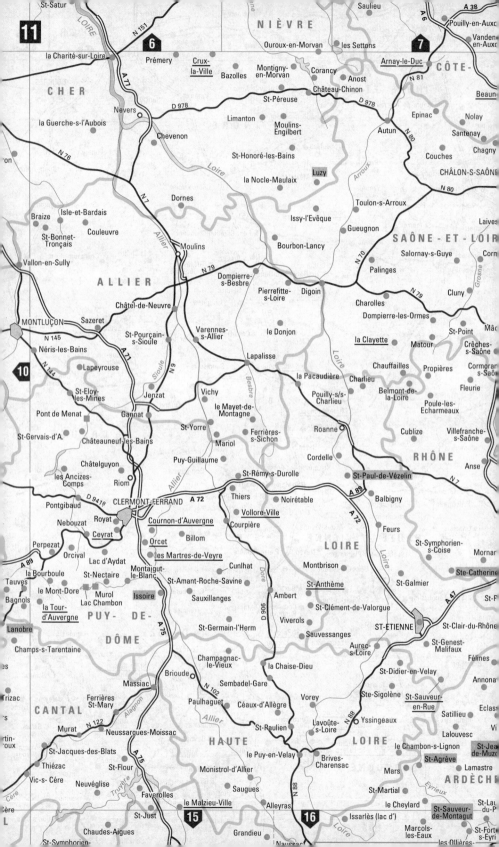

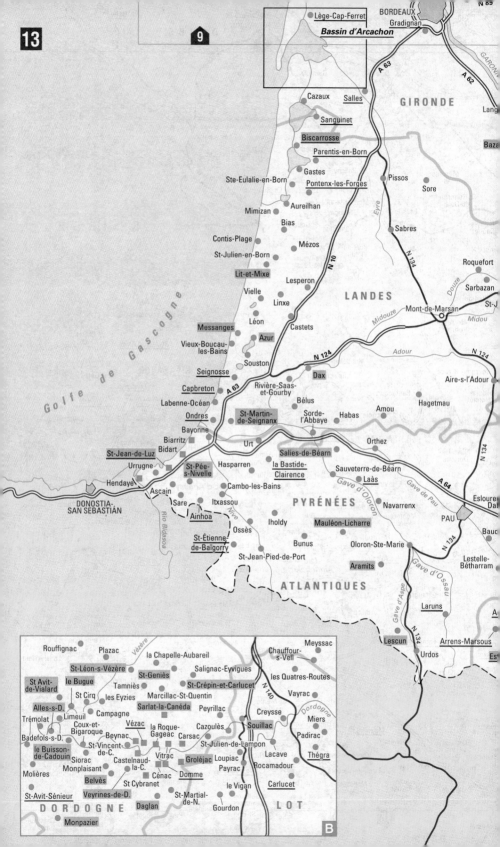

# Renseignements
**sur les terrains sélectionnés**

# Particulars
**of selected camping sites**

# Beschreibung
**der ausgewählten Campingplätze**

# Gegevens
**over de geselekteerde terreinen**

## Les ABRETS

38490 Isère **12** – **333** G4 – 2 804 h. – alt. 398.

**1** Syndicat d'Initiative, place Eloi-Cuchet ℰ 04 76 32 11 24, Fax 04 76 32 28 38.

Paris 514 – Aix-les-Bains 44 – Belley 31 – Chambéry 38 – Grenoble 49 – La Tour-du-Pin 13 – Voiron 23.

▲▲▲ **Le Coin Tranquille** avril-oct.
ℰ 04 76 32 13 48, contact@coin-tranquille.com, Fax 04 76 37 40 67 – E : 2,3 km par N 6, rte du Pont-de-Beauvoisin et rte à gauche – **R** conseillée
4 ha (180 empl.) plat, herbeux
**Tarif :** ▣ 2 pers. 🔌 (6A) 27 – pers. suppl. 6 – frais de réservation 16
**Location** (mars-1er déc.) : 🏠 315 à 690

## ABZAC

33230 Gironde **9** – **335** K4 – 1 472 h. – alt. 30.

Paris 530 – Bergerac 63 – Blaye 51 – Bordeaux 55 – Coutras 4 – Mussidan 45.

▲ **Le Paradis** avril-sept.
ℰ 05 57 49 05 10, campingleparadis@free.fr, Fax 05 57 49 18 88 – SE : 1,5 km par D 247, à 300 m de la N 89, bord de l'Isle et d'un lac – Places limitées pour le passage – **R** conseillée
5 ha (90 empl.) plat, herbeux
**Tarif :** ▣ 2 pers. 🔌 (6A) 16,80 – pers. suppl. 4

## Les ADRETS-DE-L'ESTEREL

83600 Var **17** – **340** P4 – 1 474 h. – alt. 295.

**1** Office du Tourisme, place de la Mairie ℰ 04 94 40 93 57, Fax 04 94 19 36 69, lesadrets.esterel.tourisme@wanadoo.fr.

Paris 887 – Cannes 26 – Draguignan 44 – Fréjus 17 – Grasse 31 – Mandelieu-la-Napoule 15 – St-Raphaël 18.

▲ **Les Philippons** avril-sept.
ℰ 04 94 40 90 67, info@philipponscamp.com, Fax 04 94 19 35 92 – en deux parties distinctes – E : 3 km par D 237, rte de l'Eglise d'Adrets « Cadre sauvage sous les oliviers, eucalyptus, chênes lièges » – **R** conseillée
5 ha (150 empl.) en terrasses, plat, peu incliné, accidenté, herbeux
**Tarif :** ▣ 2 pers. 🔌 (6A) 19,50 – pers. suppl. 4,60 – frais de réservation 8
**Location** (vacances de fév.-15 nov.) : 🏠 250 à 580

## AGAY

83530 Var **17** – **340** Q5 G. Côte d'Azur.

**1** Syndicat d'Initiative, place Charles-Giannetti ℰ 04 94 82 01 85, Fax 04 94 82 74 20, agay.tourisme@wanadoo.fr.

Paris 886 – Cannes 34 – Draguignan 43 – Fréjus 12 – Nice 66 – St-Raphaël 9.

▲▲▲ **Esterel Caravaning** avril-4 oct.
ℰ 04 94 82 03 28, contact@esterel-caravaning.fr, Fax 04 94 82 87 37 – réservé aux caravanes, NO : 4 km – **R** conseillée
12,5 ha (495 empl.) en terrasses, peu incliné, pierreux
**Tarif :** ▣ 2 pers. 🔌 (5A) 36 – pers. suppl. 8 – frais de réservation 30
**Location** : 🛖 210 à 760

▲▲▲ **Vallée du Paradis** 15 mars-15 oct.
ℰ 04 94 82 16 00, info@camping-vallee-du-paradis.com, Fax 04 94 82 72 21 – NO : 1 km, bord de l'Agay « Cadre boisé au pied du Massif de l'Esterel » – **R** conseillée
3 ha (213 empl.) plat, herbeux
**Tarif :** (Prix 2002) ▣ 1 à 4 pers. 🔌 (10A) 33 – pers. suppl. 6 – frais de réservation 23
**Location** 🐾 : 🛖 275 à 639

▲▲▲ **Les Rives de l'Agay** mars-1er nov.
ℰ 04 94 82 02 74, reception@lesrivesdelagay.fr, Fax 04 94 82 74 14 – NO : 0,7 km, bord de l'Agay et à 500 m de la plage – **R** conseillée
1,4 ha (96 empl.) plat, herbeux, sablonneux
**Tarif :** ▣ 4 pers. 🔌 (6A) 28,50 – pers. suppl. 5 – frais de réservation 16
**Location** : 🛖 – studios

▲▲ **Azur Rivage** Pâques-sept.
  ℰ 04 94 44 83 12, Fax 04 94 44 84 39 – à Anthéor-Plage,
  É : 5 km « Près de la plage » – **R** indispensable
  1 ha (66 empl.) plat, en terrasses, peu incliné, pierreux
  **Tarif** : (Prix 2002) 🔲 *1 à 4 pers.* 🔋 *38 – pers. suppl. 5 – frais
  de réservation 17*
  **Location** : 🚐 *290 à 610*
  🚐

▲ **Royal-Camping** 2 fév.-27 oct.
  ℰ 04 94 82 00 20, Fax 04 94 82 00 20 – S : 1,5 km –
  **R** conseillée
  0,6 ha (45 empl.) plat, herbeux, gravier
  **Tarif** : 🔲 *3 pers.* 🔋 *(6A) 28 – pers. suppl. 5 – frais de réser-
  vation 17*
  **Location** : 🚐 *235 à 545*

▲ **Agay-Soleil** 15 mars-3 nov.
  ℰ 04 94 82 00 79, *camping-agay-soleil@wanadoo.fr*, Fax
  04 94 82 88 70 – E : 0,7 km – **R** conseillée
  0,7 ha (53 empl.) plat, peu incliné, terrasses, sablonneux
  **Tarif** : (Prix 2002) 🔲 *2 pers.* 🔋 *(6A) 27,80 - pers. suppl. 5,60*
  **Location** : 🚐

*Donnez-nous votre avis
sur les terrains que nous recommandons.*

*Faites-nous connaître vos observations et vos découvertes.*

---

## AGDE

34300 Hérault **16** – **339** F9 G. Languedoc Roussillon – 17 583 h. – alt. 5.
🛈 Office du Tourisme, 1 place Molière ℰ 04 67 94 29 68, Fax 04 67 94 03 50.
Paris 757 – Béziers 24 – Lodève 58 – Millau 118 – Montpellier 57 – Sète 25.

▲▲ **Le Rochelongue** avril-sept.
  ℰ 04 67 21 25 51, Fax 04 67 94 04 23 – S : 4 km, à Roche-
  longue, à 500 m de la plage – **R** conseillée
  2 ha (100 empl.) plat, gravillons, herbeux
  **Tarif** : 🔲 *2 pers.* 26 – pers. suppl. 5,50
  **Location** : 🚐 *230 à 510* – 🏠 *260 à 526*

⚠️ **Neptune** avril-sept.
  📞 04 67 94 23 94, *info@campingneptune.com*, Fax 04 67
  94 48 77 ✉ 34309 Agde Cedex – S : 2 km, près de l'Hérault
  « Décoration arbustive et florable » – **R** conseillée
  2,1 ha (165 empl.) plat, herbeux
  **Tarif :** 🖥 *2 pers. (6A) 24,50 – pers. suppl. 5 – frais de réservation 16*
  **Location** ⚏ : 🚐 *165 à 690*

⚠️ **La Mer** 25 avril-25 sept.
  📞 04 67 94 72 21, *campinglamer@wanadoo.fr*, Fax 04 67
  94 72 21 – S : 4,3 km, rte de Rochelongue, à 200 m de la
  plage – **R** conseillée
  2 ha (119 empl.) plat, herbeux, sablonneux
  **Tarif :** 🖥 *2 pers. (ⱨ) 19,80 – pers. suppl. 3,70*
  **Location :** 🏠 *228 à 579*

⚠️ **Les Romarins** 15 avril-25 sept.
  📞 04 67 94 18 59, *contact@romarins.com*, Fax 04 67 94
  18 59 ✉ 34304 Agde Cedex – S : 3 km, près de l'Hérault –
  **R** conseillée
  1,8 ha (120 empl.) plat, herbeux, sablonneux
  **Tarif :** 🖥 *2 pers. (ⱨ) (6A) 22,85 – pers. suppl. 5,85 – frais de réservation 18*
  **Location :** 🚐 *245 à 550*

**au Cap-d'Agde**  SE : 5 km par D 32[E10] – ✉ 34300 Le Cap-d'Agde.
🛈 Office du Tourisme, 📞 04 67 01 04 04, Fax 04 67 26 22 99

⚠️ **La Clape** 29 mars-sept.
  📞 04 67 26 41 32, *clape@capdagde.com*, Fax 04 67 26
  45 25 – près de la plage (accès direct), hors schéma –
  **R** conseillée
  7 ha (450 empl.) plat, herbeux, pierreux
  **Tarif :** 🖥 *1 ou 2 pers. (ⱨ) (6A) 24 – pers. suppl. 5 – frais de réservation 20*
  **Location** ⚏ : 🚐 *253 à 555 – 🏠 301 à 634,50*

---

## AGEN

47000 L.-et-G. **14** – **336** F4 G. Aquitaine – 30 553 h. – alt. 50.
🛈 Office du Tourisme, 107 boulevard Carnot 📞 05 53 47 36 09, Fax 05 53 47 29 98, *otsi.agen@wanadoo.fr*.
Paris 663 – Auch 74 – Bordeaux 141 – Pau 163 – Toulouse 116.

⛰️ **Château d'Allot** (location exclusive de 50 mobile
  homes) 26 avril-27 sept.
  📞 05 53 68 33 11, *gb@grandbleu.fr*, Fax 05 53 68 33 11
  ✉ 47550 Boé – S : 10 km par D 305, puis D 17 rte de Layrac
  et à gauche avant le pont de la Garonne, A 62, sortie n° 7,
  Agen, puis Layrac par RN 21 et Agen par D 17, à droite du
  pont de la Garonne – **R** conseillée
  12 ha/3 campables plat, herbeux, plan d'eau
  **Location :** 🚐 *196 à 714*

⛰️ **Pont du Casse** (location exclusive de 12 chalets)
  📞 05 53 67 96 41 ✉ 47480 Pont-du-Casse – NE : 7 km par
  D 656 rte de Cahors et à droite direction St-Ferréol « Site
  agréable autour du centre équestre »
  34 ha/2 campables plat, vallonné, herbeux
  **Location :** 🏠

⚠️ **Le Moulin de Mellet** avril-15 oct.
  📞 05 53 87 50 89, *moulin.mellet@wanadoo.fr*, Fax 05 53
  47 13 41 ✉ 47450 St-Hilaire-de-Lusignan – NO : 8 km par
  N 113 et à droite par D 107 rte de Prayssas – **R** conseillée
  3,5 ha (48 empl.) plat, herbeux, ruisseau, petit étang
  **Tarif :** 🖥 *2 pers. (ⱨ) 13 – pers. suppl. 3,40*

---

## AGON-COUTAINVILLE

50230 Manche **4** – **303** C5 – 2 510 h. – alt. 36.
🛈 Office du Tourisme, place du 28 Juillet 📞 02 33 76 67 30, Fax 02 33 76 67 31, *office.tourisme.agon@wanadoo.fr*.
Paris 349 – Barneville-Carteret 52 – Carentan 43 – Cherbourg 81 – Coutances 13 – St-Lô 42.

⚠️ **Municipal le Marais** juil.-août
  📞 02 33 47 05 20, *martinetmarais@wanadoo.fr*, Fax 02 33
  47 90 85 – sortie Nord-Est, près de l'hippodrome – **R**
  2 ha (148 empl.) plat, herbeux
  **Tarif :** (Prix 2002) 🖥 *2 pers. (ⱨ) (5A) 12,85 - pers. suppl. 3,05*

---

**À prox. :** (Neptune) ...

**À prox. :** golf, base nautique, parc d'attractions aquatiques (La Mer)

**À prox. :** golf, base nautique, parc d'attractions aquatiques (Les Romarins)

snack – réfrigérateurs – **À prox. :** (La Clape)

parcours de santé (Château d'Allot)

poneys – **À prox. :** golf (Pont du Casse)

**À prox. :** golf, école de voile (Municipal le Marais)

72

△ ***Municipal le Martinet*** avril-oct.
✆ 02 33 47 05 20, *martinetmarais@wanadoo.fr*, Fax 02 33 47 90 85 – sortie Nord-Est, près de l'hippodrome – ℞
1,5 ha (122 empl.) plat, herbeux
**Tarif :** (Prix 2002) ▣ *2 pers.* ⚡ *(5A) 12,55 – pers. suppl. 3,05*
🚐

> 🔑 GB ✂ ♀ (0,5 ha) ♿ 🚿 ⊕ ▭ ☺
> 🛝
> À prox. : golf, école de voile 🛒 🎾 ⛳
> 🏇

## AGOS-VIDALOS

65 H.-Pyr. – 342 L6 – rattaché à Argelès-Gazost.

## AIGREFEUILLE-D'AUNIS

17290 Char.-Mar. 9 – 324 E3 – 2 944 h. – alt. 20.
ℹ Office du Tourisme, 4 place de la Renaissance ✆ 05 46 27 53 87, Fax 05 46 35 54 92, *mairie-aigrefeuille@mairie-augrefeuille.fr.*
Paris 457 – Niort 50 – Rochefort 22 – La Rochelle 22 – Surgères 16.

△△ ***La Taillée*** 14 juin-août
✆ 05 46 35 50 88, *vacances@lataillee.com*, Fax 05 46 35 50 88 – à l'Est du bourg, près de la piscine – ℞
1,8 ha (83 empl.) plat, herbeux
**Tarif :** ▣ *2 pers.* ⚡ *(6A) 15,40 – pers. suppl. 3,70*
**Location** *(5 avril-6 sept.) – ✈ : gîtes*

> 🔑 GB ✂ ♀♀ ♿ 🚿 ⊕ ▣ ⛺ ☂
> ☺ ▣ 🏠 🛝 ⛳
> À prox. : 🏊

## AIGUEBELETTE (Lac d')

73 Savoie 12 – 333 G. Alpes du Nord.

### Lépin-le-Lac

– 255 h. – alt. 400 – ✉ 73610 Lépin-le-Lac.
ℹ Office du Tourisme, place de la Gare ✆ 04 79 36 00 02, Fax 04 79 36 00 02, *aiguebelette.tourisme@wanadoo.fr.*
Paris 555 – Belley 36 – Chambéry 23 – Les Échelles 17 – Le Pont-de-Beauvoisin 12 – Voiron 33.

△ ***Le Curtelet*** 15 mai-sept.
✆ 04 79 44 11 22, Fax 04 79 44 11 22 – NO : 1,4 km – **R** conseillée
1,3 ha (94 empl.) peu incliné, herbeux
**Tarif :** ▣ *2 pers.* ⚡ *(4A) 13,15 – pers. suppl. 3,30 – frais de réservation 10*

> Ⓜ ⋞ 🔑 juil.-août ✂ ♀ ♿ 🚿 ☂ ☺
> ▣ 🍷 🛝 ⛵
> À prox. : 🎾 ⛳

### Novalaise-Lac

– 1 234 h. – alt. 427 – ✉ 73470 Novalaise.
Paris 552 – Belley 24 – Chambéry 21 – Les Échelles 24 – Le Pont-de-Beauvoisin 17 – Voiron 40.

△△ ***Le Grand Verney*** avril-oct.
✆ 04 79 36 02 54, *camping-le.grand.verney@wanadoo.fr*, Fax 04 79 36 06 60 – SO : 1,2 km, au lieu-dit le Neyret – Places limitées pour le passage – **R** conseillée
2,5 ha (112 empl.) plat, peu incliné et en terrasses, herbeux
**Tarif :** (Prix 2002) ▣ *2 pers.* ⚡ *(6A) 14,30 – pers. suppl. 3,60*
**Location :** 🚐 *275 à 475*

> ⋞ 🔑 ✂ ♀ ♿ 🚿 ⊕ ▣ ☂ ☺ ⛱
> 🍸 ▣ 🏊

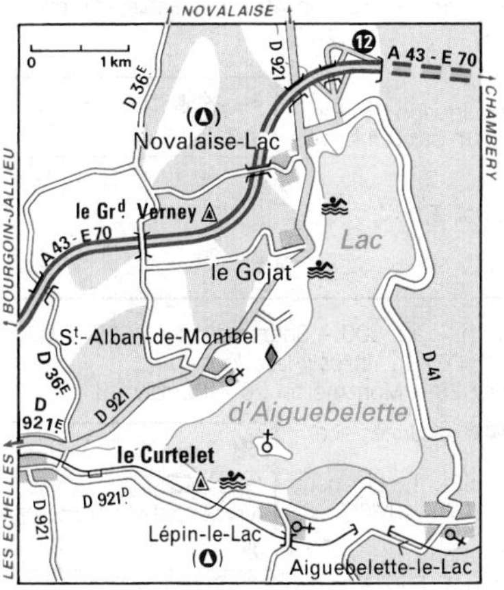

**St-Alban-de-Montbel** – 418 h. – alt. 400 – ⊠ 73610 St-Alban-de-Montbel.

Paris 552 – Belley 32 – Chambéry 21 – Grenoble 75 – Voiron 33.

▲▲ **Base de Loisirs du Sougey** mai-15 sept.
*𝒫* 04 79 36 01 44, info@camping-sougey.com, Fax 04 79
44 19 01 – NE : 1,2 km, à 300 m du lac – **R** conseillée
4 ha (159 empl.) plat, terrasses, herbeux, gravillons, incliné
**Tarif :** ▣ *2 pers.* ⓖ *(10A) 21,30 – pers. suppl. 3,20 – frais
de réservation 15*

M ⊶ GB 🛒 ⊏ 🔥 🏠 ⚂ 🗑 ☺ ⏚
☺ ⛵ ⛟ 🏢 🍽 ⚓ 🚴
À prox. : pédalos ♟ pizzeria ⚓ ⚔ ≋

---

## AIGUES-MORTES

30220 Gard 🔟 – 🟦🟦🟦 K7 G. Provence – 4 999 h. – alt. 3.

🅱 Office du Tourisme, Porte de la Gardette *𝒫* 04 66 53 73 00, Fax 04 66 53 65 94, OT.aiguesmortes@wan
adoo.fr.

Paris 749 – Arles 49 – Montpellier 38 – Nîmes 42 – Sète 56.

▲▲▲ **La Petite Camargue** 26 avril-21 sept.
*𝒫* 04 66 53 98 98, petite.camargue@yellovillage.com,
Fax 04 66 53 98 80 – O : 3,5 km par D 62, rte de Montpellier,
accès à la plage par navettes gratuites « Entrée fleurie » –
**R** conseillée
42 ha/10 campables (575 empl.) plat, herbeux, sablonneux
**Tarif :** ▣ *2 pers.* ⓖ *36 – pers. suppl. 7 – frais de réservation
30*
**Location** ✗ : 🚐 *150 à 810*
🚐

⊶ GB 🛒 ⊏ 🔟 (5 ha) 🔥 🏠 ⚂ 🗑
⚂ 🏢 🍽 ♟ 🍽 ⚓
☺ ⛵ 🐎 discothèque ⚔ 🚴 ⚓
✗ ≋ 🐎
À prox. : ▨

---

## AIGUES VIVES

09600 Ariège 🔟🔟 – 🟦🟦🟦 J7 – 462 h. – alt. 425.

Paris 788 – Carcassonne 63 – Castelnaudary 46 – Foix 36 – Lavelanet 9 – Pamiers 34 – Quillan 40.

▲▲ **La Serre** mars-nov.
*𝒫* 05 61 03 06 16, camping.la.serre@libertysurf.fr, Fax
05 61 01 83 81 – à l'Ouest du bourg « Vastes emplacements
arborés, face aux Pyrénées » – **R** conseillée
5 ha (40 empl.) en terrasses, peu incliné à incliné, accidenté,
herbeux
**Tarif :** ▣ *2 pers.* ⓖ *(5A) 21 – pers. suppl. 5*
**Location** *(fermé déc.) :* 🚐 *200 à 290 –* 🏠 *360 à 530*
🚐 *(6 empl.)*

🛶 ≤ ⊶ 🛒 ⊏ 🔟 🏢 🔥 🏠 ⚂ 🗑
☺ 🏢 🍽 ⚔ 🚴 🐎

---

## AIGUÈZE

30 Gard – 🟦🟦🟦 M3 – voir à Ardèche (Gorges de l').

---

## L'AIGUILLON-SUR-MER

85460 Vendée 🟨 – 🟦🟦🟦 I10 G. Poitou Vendée Charentes – 2 175 h. – alt. 4.

🅱 Office du Tourisme, avenue de l'Amiral-Courbet *𝒫* 02 51 56 43 87, Fax 02 51 56 43 91, otsi.aiguillon@wo
rldonline.fr.

Paris 462 – Luçon 20 – Niort 88 – La Rochelle 51 – La Roche-sur-Yon 49 – Les Sables-d'Olonne 49.

Schéma à la Tranche-sur-Mer

▲ **Cléroca** juil.-août
*𝒫* 02 51 27 19 92, camping.lacleroca@wanadoo.fr, Fax
02 51 27 19 92 ⊠ 85580 Grues – NO : 2,2 km par D 44, rte
de Grues – **R** indispensable
1,5 ha (60 empl.) plat, herbeux
**Tarif :** ▣ *2 pers.* ⓖ *(5A) 12,70 – pers. suppl. 3,05*

⊶ 🛒 🔥 🏠 ⚂ 🗑 ≋ ☺ 🏢 🍽
⚔

---

## AILLON-LE-JEUNE

73340 Savoie 🔟🔟 – 🟦🟦🟦 J4 G. Alpes du Nord – 261 h. – alt. 900 – Sports d'hiver : 900/2 000 m ✦24 🎿.

🅱 Office du Tourisme, *𝒫* 04 79 54 63 65, Fax 04 79 54 61 11, infos@lesaillons.com.

Paris 568 – Aix-les-Bains 36 – Annecy 36 – Chambéry 28 – Montmélian 26 – Rumilly 38.

▲ **C.C.D.F. Jeanne et Georges Cher** vacances sco-
laires et saison
*𝒫* 04 79 54 60 32, Fax 04 79 54 62 88 – SE : 1,8 km par
D 32, à l'entrée de la station, à 50 m d'une rivière –
**R** conseillée
1 ha (40 empl.) non clos, plat, pierreux, herbeux
**Tarif :** ▣ *2 pers.* ⓖ *(10A) 19,50 – pers. suppl. 3,50*

❄ ≤ ⊶ 🛒 🏢 🔥 🏠 ⚂ 🗑 ≋
☺ 🏢 🍽
À prox. : piste de bi-cross ♟ snack ✗
🐎

## AINHOA

64250 Pyr.-Atl. **13** – **342** C5 G. Aquitaine – 539 h. – alt. 130.
Paris 794 – Bayonne 27 – Biarritz 28 – Cambo-les-Bains 11 – Pau 126 – St-Jean-de-Luz 26.

⚠ **Xokoan** Permanent
        *&#x1F4DE;* 05 59 29 90 26, Fax 05 59 29 73 82 – à Dancharia, SO :
2,5 km, puis à gauche avant la douane, bord d'un ruisseau
(frontière) – **R**
0,6 ha (30 empl.) plat, peu incliné, herbeux
**Tarif :** *2 pers.* &#x1F50C; *(10A) 13,30 – pers. suppl. 5*
**Location :** 🚐 *380 –* ⊨ *(hôtel)*
🚐

⚠ **Aire Naturelle Harazpy** 15 juin-sept.
        *&#x1F4DE;* 05 59 29 89 38, Fax 05 59 29 89 38 – au Nord-Ouest du
bourg, accès par place de l'église – **R**
1 ha (25 empl.) peu incliné, terrasses, herbeux
**Tarif :** *2 pers.* &#x1F50C; *(10A) 13,30 – pers. suppl. 5*
🚐

## AIRE-SUR-L'ADOUR

40800 Landes **13** – **335** J12 G. Aquitaine – 6 205 h. – alt. 80.
🅱 Office du Tourisme, place Gén.-de-Gaulle *&#x1F4DE;* 05 58 71 64 70, otsi.aire@wanadoo.fr
Paris 725 – Auch 84 – Condom 68 – Dax 87 – Mont-de-Marsan 32 – Orthez 59 – Pau 54 – Tarbes 72.

⚠ **S.I. les Ombrages de l'Adour** 15 avril-sept.
        *&#x1F4DE;* 05 58 71 75 10, Fax 05 58 71 64 70 – près du pont, der-
rière les arènes, bord de l'Adour
2 ha (100 empl.) plat, herbeux
**Tarif :** *(Prix 2002)* &#x1F50C; *2 pers.* &#x1F50C; *(10A) 10,98 – pers. suppl. 3,05*
**Location :** 🚐 *91,47 à 121,96*
🚐

*Pas de publicité payée dans ce guide.*

## AIRVAULT

79600 Deux Sèvres **9** – **322** F4 G. Poitou Vendée Charentes – 3 234 h. – alt. 119.
🅱 Syndicat d'Initiative, 48 rue des Halles *&#x1F4DE;* 05 49 64 70 13.
Paris 341 – Bressuire 31 – Loudun 31 – Mirebeau 27 – Parthenay 25 – Thouars 23.

⚠⚠ **Courte Vallée** 12 avril-12 oct.
        *&#x1F4DE;* 05 49 64 70 65, camping@caravanningfrance.com, Fax
05 49 64 70 65 – NO : 1,5 km par D 121, rte de St-Généroux
et rue à gauche, à proximité du Thouet, accès conseillé par
D 725 et le pont de Soulieures – **R** conseillée
3,5 ha (41 empl.) plat, peu incliné, herbeux
**Tarif :** &#x1F50C; *2 pers.* &#x1F50C; *(8A) 25 – pers. suppl. 6*

## AIX-EN-PROVENCE

13100 B.-du-R. **16** – **340** H4 G. Provence – 123 842 h. – alt. 206.
🅱 Office du Tourisme, 2 place du Général-de-Gaulle *&#x1F4DE;* 04 42 16 11 61, Fax 04 42 16 11 62, infos@aixenpro
vencetourism.com.
Paris 757 – Aubagne 39 – Avignon 82 – Manosque 56 – Marseille 31 – Salon-de-Provence 37 – Toulon 84.

⚠⚠ **Chantecler** Permanent
        *&#x1F4DE;* 04 42 26 12 98, chantecler@wanadoo.fr, Fax 04 42 27
33 53 – Par centre ville : SE : 2,5 km, accès par cours Gam-
betta, avenue du Val St-André « De la pinède vue sur la
Montagne-Ste-Victoire » – **R** conseillée
8 ha (240 empl.) plat à peu incliné et en terrasses, pierreux,
herbeux
**Tarif :** &#x1F50C; *2 pers.* &#x1F50C; *(5A) 21 – pers. suppl. 5,40*
**Location :** 🚐 *400 à 560*
🚐

## AIXE-SUR-VIENNE

87700 H.-Vienne **10** – **325** D6 G. Berry Limousin – 5 566 h. – alt. 204.
🅱 Office du Tourisme, 46 avenue du Président-Wilson *&#x1F4DE;* 05 55 70 19 71, Fax 05 55 70 48 30.
Paris 400 – Châlus 21 – Confolens 60 – Limoges 12 – Nontron 55 – Rochechouart 30 – St-Yrieix-la-Perche 39.

⚠ **Municipal les Grèves** 15 juin-15 sept.
        *&#x1F4DE;* 05 55 70 12 98, Fax 05 55 70 43 00 – av. des Grèves,
bord de la Vienne – **R** conseillée
3 ha (80 empl.) plat, herbeux
**Tarif :** &#x1F50C; *2 pers.* &#x1F50C; *11,30 – pers. suppl. 3*

73100 Savoie 🔟🔟 – 🟥🟥🟥 I3 G. Alpes du Nord – 24 683 h. – alt. 200 – ♨ (mi janv.-mi déc.).
🛈 Office du Tourisme, place Maurice-Mollard ℘ 04 79 88 68 00, Fax 04 79 88 68 01, *accueil@aixlesbains.com*.
Paris 540 – Annecy 34 – Bourg-en-Bresse 111 – Chambéry 18 – Lyon 107.

⟁⟁⟁ *International du Sierroz* 15 mars-15 nov.
℘ 04 79 61 21 43, *campingsierroz@aixlesbains.com*, Fax
04 79 61 21 43 – NO : 2,5 km, bd Robert-Barrier « Cadre
agréablement boisé, près du lac » – ℞
5 ha (290 empl.) plat, herbeux, gravier
**Tarif :** 🔲 *2 pers.* 🛱 *(10A) 17,20 – pers. suppl. 3,25*
🔁 *(36 empl.) – 10,70*

⟁⟁ *Alp'Aix* 19 avril-sept.
℘ 04 79 88 97 65, *camping.alp.aix@wanadoo.fr*
NO : 2,5 km, 20 bd du Port-aux-Filles « Cadre verdoyant et
ombragé, proche du lac » – ℞ conseillée
1,2 ha (90 empl.) plat, herbeux, gravillons
**Tarif :** 🔲 *2 pers.* 🛱 *(6A) 12,85 – pers. suppl. 2,75 – frais de
réservation 10*
**Location** ⚶ : 🛖 *294 à 357*

**à Grésy-sur-Aix** NE : 4 km par N 201 et D 911 – 2 374 h. – alt. 350 – ✉ 73100 Grésy-sur-Aix :

⟁ *Municipal Roger Milesi*
℘ 04 79 88 28 21 – O : 2 km, accès par N 201, rte d'Annecy
et chemin à gauche, au lieu-dit Antoger
0,5 ha (40 empl.) plat, herbeux, pierreux

85190 Vendée 🔟 – 🟥🟥🟥 G7 – 5 344 h. – alt. 62.
🛈 Office du Tourisme, Rond-Point de la Gare ℘ 02 51 94 62 72, Fax 02 51 94 62 72.
Paris 439 – Challans 25 – Nantes 60 – La Roche-sur-Yon 18 – Les Sables-d'Olonne 36.

⟁ *La Forêt*
℘ 02 51 34 78 12 – SE : 1,5 km par D 948, rte de la Roche-
sur-Yon et chemin à gauche
2,5 ha (92 empl.) plat, herbeux, bois attenant
**Location :** 🛖

2A Corse-du-Sud – 🟥🟥🟥 B8 – voir à Corse.

73200 Savoie 🔟🔟 – 🟥🟥🟥 L3 G. Alpes du Nord – 17 411 h. – alt. 344.
🛈 Office du Tourisme, 17 place de l'Europe ℘ 04 79 32 04 22, Fax 04 79 32 87 09.
Paris 580 – Annecy 45 – Chambéry 52 – Chamonix-Mont-Blanc 64 – Grenoble 82.

**à Venthon** NE : 3 km par D 925, rte de Beaufort – 587 h. – alt. 520 – ✉ 73200 Venthon :

⟁ *Les Marmottes* 15 mai-15 sept
℘ 04 79 32 57 40 – au bourg « Cadre boisé face aux
montagnes » – ℞
1,6 ha (80 empl.) plat et peu incliné, herbeux
**Tarif :** 🔲 *2 pers.* 🛱 *13,60 – pers. suppl. 3,25*

09310 Ariège 🔟🔟 – 🟥🟥🟥 I8 – 141 h. – alt. 560.
Paris 802 – Andorra-la-Vella 74 – Ax-les-Thermes 15 – Foix 30 – Lavelanet 45.

⟁ *Municipal la Coume* Permanent
℘ 05 61 64 98 99, Fax 05 61 64 98 99 – au bourg, à 100
m de l'Ariège – Places limitées pour le passage – ℞ conseillée
1 ha (53 empl.) peu incliné, en terrasses, herbeux
**Tarif :** 🔲 *2 pers.* 🛱 *(10A) 9,35 – pers. suppl. 2,30*

*Terrains agréables :*
*ces terrains sortent de l'ordinaire par leur situation,*
*leur tranquillité, leur cadre et le style de leurs aménagements.*

**Leur catégorie est indiquée dans le texte par les signes habituels**
*mais en rouge ( ⟁⟁⟁ ... ⟁ ).*

76

## ALENÇON

61000 Orne **5** – **310** J4 G. Normandie Cotentin – 29 988 h. – alt. 135.
**〇** Office du Tourisme, place de la Magdeleine *℘* 02 33 80 66 33, Fax 02 33 80 66 32, *alencon.tourisme@wa nadoo.fr.*
Paris 191 – Chartres 120 – Évreux 119 – Laval 90 – Le Mans 54 – Rouen 149.

△△△ **Municipal de Guéramé** Permanent
*℘* 02 33 26 34 95, Fax 02 33 26 34 95 – au Sud-Ouest de la ville, par bd périphérique, rte de Guéramé **« Cadre agréable, au bord de la Sarthe » – R** conseillée
1,5 ha (84 empl.) plat et en terrasses, herbeux, gravillons
**Tarif :** (Prix 2002) 🔲 *2 pers.* (ᵍ) *11,21*
🔄

## ALÉRIA

2B H.-Corse – **345** G7 – voir à Corse.

## ALÈS

30100 Gard **16** – **339** J4 G. Languedoc Roussillon – 41 037 h. – alt. 136.
**〇** Office du Tourisme, place de la Mairie *℘* 04 66 52 32 15, Fax 04 66 52 57 09.
Paris 710 – Avignon 73 – Montpellier 70 – Nîmes 46 – Valence 150.

**à Cendras** NO : 5 km par D 916 – 2 022 h. – alt. 155 – ✉ 30480 Cendras :
**〇** Office du Tourisme, place de la Mairie *℘* 04 66 30 21 93, Fax 04 66 30 48 91

△△△ **La Croix Clémentine** 29 mars-14 sept.
*℘* 04 66 86 52 69, *clementine@clementine.fr*, Fax 04 66 86 54 84 – NO : 2 km par D 916 et D 32 à gauche **« Cadre agréable et boisé »**
10 ha (250 empl.) plat et en terrasses, pierreux, herbeux
**Tarif :** 🔲 *2 pers.* (ᵍ) *(10A) 23,80 – pers. suppl. 7 – frais de réservation 8*
**Location :** ☎ *259 à 511*

*Ask your bookseller for the catalogue of* **MICHELIN** *publications.*

77

## ALEX

74 H.-Savoie – **328** K5 – voir à Annecy (Lac d').

## ALLÈGRE-LES-FUMADES

30 Gard **16** – **339** K3 – 623 h. – alt. 135 – ✉ 30500 St-Ambroix.
**〇** Office du Tourisme, immeuble La Romaine.
Paris 700 – Alès 16 – Barjac 101 – La Grand-Combe 27 – St-Ambroix 14.

△△△△ **Domaine des Fumades** 17 mai-7 sept.
*℘* 04 66 24 80 78, *domaine.des.fumades@wanadoo.fr*, Fax 04 66 24 82 42 – accès par D 241, à proximité de l'Établissement Thermal, bord de l'Alauzène – **R** indispensable
15 ha/6 campables (230 empl.) plat et peu incliné, herbeux, pierreux
**Tarif :** 🔲 *2 pers.* (ᵍ) *(4A) 28 – pers. suppl. 6 – frais de réservation 25*
**Location :** 🔄 *310 à 645 –* ☎ *350 à 750*

## ALLEMONT

38114 Isère **12** – **333** J7 G. Alpes du Nord – 600 h. – alt. 830.
**〇** Office du Tourisme, la Fonderie *℘* 04 76 80 71 60, Fax 04 76 80 79 48.
Paris 613 – Le Bourg-d'Oisans 11 – Grenoble 49 – St-Jean-de-Maurienne 60 – Vizille 29.

△ **Municipal le Plan**
*℘* 04 76 80 76 88, Fax 04 76 79 80 28 – au pied du barrage du Verney, près de l'Eau d'Olle, alt. 730
1,5 ha (101 empl.) plat, gravier, pierreux, herbeux

△ **Le Grand Calme** Permanent
*℘* 04 76 80 70 03, *hotel-ginies@wanadoo.fr*, Fax 04 76 80 73 13 – au Sud du bourg, sur D 526, près de l'Eau d'Olle, alt. 720 – **R** conseillée
3 ha (130 empl.) plat, herbeux
**Tarif :** 🔲 *2 pers.* (ᵍ) *12,60 – pers. suppl. 2,90*
**Location :** 🛏 *(hôtel)*

## ALLES-SUR-DORDOGNE

24480 Dordogne **13** – **329** G6 – 302 h. – alt. 70.
Paris 532 – Bergerac 37 – Le Bugue 11 – Les Eyzies-de-Tayac 21 – Périgueux 53 – Sarlat-la-Canéda 41.

⚠️ **Port de Limeuil** mai-sept.
    &#x2118; 05 53 63 29 76, didierbonvallet@aol.com, Fax 05 53 63
04 19 – NE : 3 km sur D 51ᴱ, près du pont de Limeuil, au
confluent de la Dordogne et de la Vézère – **R** conseillée
7 ha/4 campables (90 empl.) plat, herbeux, sablonneux
**Tarif :** 🅴 2 pers. 🅖 (5A) 21,55 – pers. suppl. 4,50 – frais de
réservation 15
🚐

## ALLEVARD

38580 Isère **12** – **333** J5 G. Alpes du Nord – 2 558 h. – alt. 470 – ♨ (mai-oct.).
🛈 Office du Tourisme, place de la Résistance &#x2118; 04 76 45 10 11, Fax 04 76 97 59 32, office@allevard-les-ba
ins.com.
Paris 595 – Albertville 50 – Chambéry 34 – Grenoble 41 – St-Jean-de-Maurienne 67.

⚠️ **Clair Matin** mai-sept.
    &#x2118; 04 76 97 55 19, Fax 04 76 45 87 15 – sortie Sud-Ouest
par D 525, rte de Grenoble à droite – **R** conseillée
5,5 ha (200 empl.) plat, peu incliné et en terrasses, herbeux
**Tarif :** 🅴 2 pers. 🅖 (6A) 18,25 – pers. suppl. 2,60
**Location :** 🛖 149 à 262 – 🛖 219 à 480
🚐

**à la Ferrière** S : 12 km par D 525ᴬ – 191 h. – alt. 926 – ✉ 38580 La Ferrière :

⚠️ **Neige et Nature** juin-15 sept. et 15 déc.-mars
    &#x2118; 04 76 45 19 84, contact@neige-nature.fr
à l'Ouest du bourg, bord du Bréda, alt. 900 « Site agréable »
– **R** conseillée
1,2 ha (45 empl.) plat, peu incliné, terrasses, herbeux
**Tarif :** 🅴 2 pers. 🅖 (10A) 15,30 (hiver 19,50) – pers. suppl.
4,10 (hiver 4,50)
**Location :** 🛖 275

*Benutzen Sie immer die neuesten Ausgaben*
*der MICHELIN-Straßenkarten und -Reiseführer.*

## ALLEYRAS

43580 H.-Loire **11** – **331** E4 – 232 h. – alt. 779.
Paris 551 – Brioude 70 – Langogne 43 – Le Puy-en-Velay 32 – St-Chély-d'Apcher 59.

⚠️ **Municipal** mai-sept.
    &#x2118; 04 71 57 56 86 – NO : 2,5 km, à Pont-d'Alleyras, accès
direct à l'Allier, alt. 660
0,9 ha (60 empl.) plat et peu incliné, terrasse, herbeux
**Tarif :** 🅴 2 pers. 🅖 (6A) 9,30 – pers. suppl. 2,50
**Location :** huttes

## ALLINEUC

22460 C.-d'Armor **3** – **309** E5 – 545 h. – alt. 190.
Paris 456 – Lamballe 42 – Loudéac 21 – Pontivy 37 – Rostrenen 43 – St-Brieuc 26.

⚠️ **Municipal de Bosméléac** 15 juin-15 sept.
    &#x2118; 02 96 28 87 88, mairieallineuc@wanadoo.fr, Fax 02 96
28 80 97 – SO : 3 km par D 41, rte d'Uzel et à droite rte du
barrage « Près d'un plan d'eau »
1 ha (49 empl.) plat, peu incliné, herbeux, pierreux
**Tarif :** (Prix 2002) 🅴 2 pers. 🅖 9,70 – pers. suppl. 2,30

## ALLONNES

49650 M.-et-L. **5** – **317** J5 – 2 498 h. – alt. 28.
Paris 302 – Angers 64 – Azay-le-Rideau 43 – Chinon 28 – Noyant 29 – Saumur 13.

⚠️ **Le Pô Doré** avril-oct.
    &#x2118; 02 41 38 78 80, Fax 02 41 38 78 81 – NO : 3,2 km par
D 10, rte de Saumur et chemin à gauche
2 ha (90 empl.) plat, herbeux
**Tarif :** 🅴 2 pers. 🅖 (10A) 19 – pers. suppl. 3,20
**Location :** 🛖 220 à 430

## Les ALLUES

73550 Savoie 🖫🖫 – 🖫🖫🖫 M5 – 1 570 h. – alt. 1 125.
Paris 646 – Albertville 36 – Annecy 80 – Bourg-St-Maurice 37 – Méribel-les-Allues 7 – Moûtiers 10.

⚠ **Le Martagon** 15 déc.-avril et juil.-août
𝒫 04 79 00 56 29, Fax 04 79 00 44 92 – réservé caravanes et camping-cars, S : 3,3 km par D 90, rte de Méribel, au Raffort, près du Doron, à 100 m des télécabines, alt. 1 310 « Situation dominante » – **R** conseillée
0,5 ha (15 empl.) plat, terrasse, pierreux
**Tarif :** 🔲 *3 pers.* (ᵢ) *(10A) 27,60 – pers. suppl. 4,60*

## ALRANCE

12430 Aveyron 🖫🖫 – 🖫🖫🖫 I6 – 468 h. – alt. 750.
Paris 667 – Albi 64 – Millau 52 – Rodez 37 – St-Affrique 39.

⚠ **Les Cantarelles** mai-sept.
𝒫 05 65 46 40 35, cantarelles@wanadoo.fr, Fax 05 65 46 40 35 – S : 3 km sur D 25, bord du lac de Villefranche-de-Panat « Situation agréable en bordure du lac » – **R** conseillée
3,5 ha (165 empl.) plat, peu incliné, herbeux
**Tarif :** 🔲 *2 pers.* (ᵢ) *(6A) 15,70 – pers. suppl. 3,50*
**Location** ✄ : 🚐 *340 à 666*

## AMBERT

63600 P.-de-D. 🖫🖫 – 🖫🖫🖫 J9 G. Auvergne – 7 420 h. – alt. 535.
🅑 Office du Tourisme, 4 place de Hôtel-de-Ville 𝒫 04 73 82 61 90, Fax 04 73 82 48 36, ambert.Tourisme@wanadoo.fr.
Paris 442 – Brioude 63 – Clermont-Ferrand 78 – Montbrison 47 – Le Puy-en-Velay 71 – Thiers 54.

⚠ **Municipal les Trois Chênes** 8 mai-29 sept.
𝒫 04 73 82 34 68, tourisme-ambert@wanadoo.fr, Fax 04 73 82 34 68 – S : 1,5 km par D 906, rte de la Chaise-Dieu, près de la Dore « Agréable cadre verdoyant » – **R** conseillée
3 ha (120 empl.) plat, herbeux
**Tarif :** 🔲 *2 pers.* (ᵢ) *(10A) 13,10 – pers. suppl. 2,90*
**Location** (permanent) : 🏠 *165 à 425*

## AMBON

56190 Morbihan 🖫 – 🖫🖫🖫 P9 – 1 006 h. – alt. 30.
Paris 468 – Muzillac 8 – Redon 46 – La Roche-Bernard 23 – Sarzeau 20 – Vannes 22.

⚠ **Du Bédume** avril-oct.
𝒫 02 97 41 68 13, campingdubedume@free.fr, Fax 02 97 41 56 79 – SE : 6 km par rte de Béthahon « Près de la plage (accès direct) » – **R** indispensable
4,5 ha (200 empl.) plat, herbeux
**Tarif :** 🔲 *2 pers.* (ᵢ) *18,50 – pers. suppl. 3,70*
**Location :** 🚐 *199 à 550*

⚠ **Les Peupliers** avril-oct.
𝒫 02 97 41 12 51, Fax 02 97 41 12 51 – sortie par D 140, rte de Damgan puis Ouest 0,8 km par chemin à droite – **R** conseillée
4 ha (165 empl.) plat, peu incliné, herbeux
**Tarif :** 🔲 *2 pers.* (ᵢ) *15,68 – pers. suppl. 3,80*
**Location :** 🚐 *190 à 460*

⚠ **Le Kermadec** 15 juin-15 sept.
𝒫 02 97 41 15 90 – SO : 2,5 km par D 140, rte de Damgan et rte à droite – **R** conseillée
1,2 ha (35 empl.) plat, herbeux
**Tarif :** 🔲 *2 pers.* (ᵢ) *(10A) 12,14 – pers. suppl. 2,30*
**Location :** 🚐 *153 à 260 –* 🚐 *214 à 450 –* 🏠 *183 à 382*

## AMBRIÈRES-LES-VALLÉES

53300 Mayenne 🖫 – 🖫🖫🖫 F4 – 2 841 h. – alt. 144.
🅑 Office du Tourisme, Base de Vaux 𝒫 02 43 04 90 25, Fax 02 43 08 93 28.
Paris 249 – Alençon 60 – Domfront 22 – Fougères 52 – Laval 42 – Mayenne 13 – Mortain 69.

⚠ **Municipal de Vaux** avril-20 sept.
𝒫 02 43 04 90 25, otsiambrieres@wanadoo.fr, Fax 02 43 08 93 28 – SE : 2 km par D 23, rte de Mayenne et à gauche, à la piscine « Agréable parc boisé au bord de la Varenne (plan d'eau) » – **R** conseillée
1,5 ha (61 empl.) plat et en terrasses, herbeux, gravillons
**Tarif :** (Prix 2002) 🔲 *2 pers.* (ᵢ) *(10A) 11,40 – pers. suppl. 2,30*
**Location :** 🚐 *160 à 275 –* 🏠 *206 à 343*

## L'AMÉLIE-SUR-MER

33 Gironde – 335 E2 – rattaché à Soulac-sur-Mer.

## AMOU

40330 Landes 13 – 335 G13 – 1 481 h. – alt. 44.
🛈 Office de Tourisme, 90 place de la Técouère, ℘ 05 58 89 02 25, Fax 05 58 89 02 25.
Paris 764 – Aire-sur-l'Adour 51 – Dax 31 – Hagetmau 17 – Mont-de-Marsan 48 – Orthez 14 – Pau 50.

⌂ **Municipal la Digue** avril-oct.
℘ 05 58 89 00 22, Fax 05 58 89 22 67 – au Sud du centre bourg par D 346, rte de Bonnegarde et chemin à droite devant la piscine, au stade, bord du Luy
0,6 ha (33 empl.) plat, peu incliné, herbeux
**Tarif :** 🔲 2 pers. 🔌 9 – pers. suppl. 2

parcours sportif
À prox. : canoë 🏊

## AMPHION-LES-BAINS

74 H.-Savoie 12 – 328 M2 G. Alpes du Nord – ✉ 74500 Évian-les-Bains.
🛈 Office de tourisme, rue des Tilleuls ℘ 04 50 70 00 63, Fax 04 50 70 03 03.
Paris 573 – Annecy 80 – Évian-les-Bains 4 – Genève 40 – Thonon-les-Bains 6.

⋏⋏ **La Plage** 24 déc.-2 nov.
℘ 04 50 70 00 46, info@camping-dela-plage.com, Fax 04 50 70 84 45 – à 200 m du lac Léman – **R** conseillée
0,7 ha (43 empl.) plat, herbeux
**Tarif :** 🔲 2 pers. 🔌 (10A) 22,90 – pers. suppl. 6,10 – frais de réservation 11
**Location :** 🚐 375 à 640 – bungalows toilés, studios
🚐

(petite piscine)
À prox. : 🛥 ✂ 🌊 parcours sportif

*Ce guide n'est pas un répertoire de tous les terrains de camping mais une sélection des meilleurs camps dans chaque catégorie.*

## ANCELLE

05260 H.-Alpes 17 – 334 F5 – 600 h. – alt. 1 340 – Sports d'hiver : 1 350/1 807 m ⚡13 ⛷.
🛈 Syndicat d'Initiative, ℘ 04 92 50 83 05, Fax 04 92 50 89 89.
Paris 670 – Gap 18 – Grenoble 106 – Orcières 18 – Savines-le-Lac 34.

⋏⋏ **Les Auches** 15 déc.-15 nov.
℘ 04 92 50 80 28, info@lesauches.com, Fax 04 92 50 84 58 – sortie Nord par rte de Pont du Fossé et à droite – Places limitées pour le passage – **R** conseillée
2 ha (90 empl.) peu incliné, terrasses, herbeux
**Tarif :** 🔲 2 pers. 🔌 (2A) 17,25 – pers. suppl. 4,20
**Location :** 🏠 234 à 545 – studios

## ANCENIS

44150 Loire-Atl. 4 – 316 I3 G. Châteaux de la Loire – 6 896 h. – alt. 13.
🛈 Office du Tourisme, 27 rue du Château ℘ 02 40 83 07 44, Fax 02 40 83 07 44.
Paris 348 – Angers 55 – Châteaubriant 49 – Cholet 49 – Laval 100 – Nantes 41 – La Roche-sur-Yon 108.

⌂ **L'Île Mouchet** avril-12 oct.
℘ 02 40 83 08 43, efberthelot@wanadoo.fr, Fax 02 40 83 16 19 – sortie Ouest par bd Joubert et à gauche avant le stade, près de la Loire – **R** conseillée
3,5 ha (130 empl.) plat, herbeux
**Tarif :** 🔲 2 pers. 🔌 12,60 – pers. suppl. 2,20
**Location :** bungalows toilés
🚐

juil.-août (petite piscine)
À prox. : parcours sportif ✂ 🌊

## Les ANCIZES-COMPS

63770 P.-de-D. 11 – 326 D7 G. Auvergne – 1 910 h. – alt. 710.
🛈 Office du Tourisme, rue du Pont-du-Bouchet ℘ 04 73 86 86 19, Fax 04 73 86 83 71.
Paris 389 – Clermont-Ferrand 35 – Pontaumur 17 – Pontgibaud 19 – Riom 32 – St-Gervais-d'Auvergne 17.

⌂ **Comps-les-Fades** juin-15 sept.
℘ 04 73 86 81 64, sogeval@wanadoo.fr, Fax 04 73 34 70 94 – N : 1,8 km par D 62 et rte de Comps à gauche – **R** conseillée
2,3 ha (90 empl.) peu incliné, herbeux
**Tarif :** (Prix 2002) 🔲 2 pers 🔌 (5A) 11 – pers. suppl. 2,30 – frais de réservation 10
**Location :** 🏠 146 à 441

À prox. : 🎠 🌊 ✂ 🏊

## ANCY-LE-FRANC

89160 Yonne **7** – **319** H5 G. Bourgogne – 1 174 h. – alt. 180.
**🛈** Office du Tourisme, 57-59 Grande-Rue *ℰ* 03 86 75 03 15, Fax 03 86 75 03 15.
Paris 216 – Auxerre 54 – Châtillon-sur-Seine 38 – Montbard 29 – Tonnerre 18.

   ▲ **Municipal** 15 juin-15 sept.
     *ℰ* 03 86 75 13 21 – sortie Sud par D 905, rte de Montbard,
     face au château, bord d'un ruisseau et près d'un étang –
     **R** conseillée
     0,5 ha (30 empl.) plat, herbeux
     **Tarif :** ▣ *2 pers.* (½) *8 – pers. suppl. 2*

     À prox. : 💥

## ANDELOT

52700 H.-Marne **7** – **313** L4 – 1 024 h. – alt. 286.
**🛈** Syndicat d'Initiative, *ℰ* 03 25 01 33 31.
Paris 288 – Bologne 13 – Chaumont 23 – Joinville 34 – Langres 57 – Neufchâteau 35.

   ▲ **Municipal du Moulin** 15 juin-15 sept.
     *ℰ* 03 25 01 33 31, Fax 03 25 03 77 54 – N : 1 km par D 147,
     rte de Vignes-la-Côte, bord du Rognon « Cadre agréable en
     bordure de rivière » – **R**
     1,9 ha (56 empl.) plat, herbeux
     **Tarif :** (Prix 2002) ▣ *2 pers.* (½) *10,20 - pers. suppl. 2,50*

     *ATTENTION...*
     *ces éléments ne fonctionnent généralement qu'en saison,*
     *quelles que soient les dates d'ouverture du terrain.*

## Les ANDELYS

27700 Eure **5** – **304** I6 G. Normandie Vallée de la Seine – 8 455 h. – alt. 28.
**🛈** Office du Tourisme, rue Philippe-Auguste.
Paris 93 – Beauvais 62 – Évreux 38 – Gisors 30 – Mantes-la-Jolie 54 – Rouen 39.

**à Bouafles** S : 4 km par D 313 – 682 h. – alt. 19 – ✉ 27700 Bouafles :

   ▲▲ **Château de Bouafles** fermé 15 déc.-15 janv.
     *ℰ* 02 32 54 03 15, Fax 02 32 54 03 15 –, réservé aux cara-
     vanes – sortie Nord par D 313, bord de la Seine – Places
     limitées pour le passage « Dans un cadre de verdure soigné
     et agréable » – **R** conseillée
     9 ha (191 empl.) plat, herbeux, gravier
     **Tarif :** ▣ *2 pers.* (½) *(16A) 15,80 - pers. suppl. 4,60*

     À prox. : (centre équestre)

## ANDORRE (Principauté d')

**14** – **343** G. Languedoc Roussillon – 61 599 h. – alt. 1 241.
**🛈** Office de Tourisme à Andorre-la-Vieille, r. du Dr-Vilanova *ℰ* (00-376) 82 02 14, Fax (00-376) 82 58 23,
*sindicatdiniciativa@andorra.ad.*

### Canillo Andorra-la-Vella 13.

   ▲ **Santa-Creu** 15 juin-15 sept.
     *ℰ* (00-376) 85 14 62, Fax (00-376) 85 14 62 – au bourg,
     bord du Valira del Orient (rive gauche)
     0,5 ha peu incliné et terrasse, herbeux
     **Tarif :** ▣ *2 pers.* (½) *(3A) 11,80 - pers. suppl. 2,95*

   ▲ **Jan-Ramon** 15 juin-15 sept.
     *ℰ* (00-376) 85 14 62, Fax (00-376) 85 14 62 – NE : 0,4 km
     par rte de Port d'Envalira, bord du Valira del Orient (rive gau-
     che)
     0,6 ha plat, herbeux
     **Tarif :** ▣ *2 pers.* (½) *(3A) 11,80 - pers. suppl. 2,95*

### La Massana Andorra-la-Vella 6.

   ▲▲▲ **La Xixerella** nov.-sept.
     *ℰ* (00-376) 83 66 13, *campingxixerella@andorra.ad,*
     Fax (00-376) 83 91 13 – NO : 3,5 km par rte de Pal, bord d'un
     ruisseau, alt. 1 450 – **R** conseillée
     5 ha plat, peu incliné, en terrasses, pierreux, herbeux
     **Tarif :** (Prix 2002) ▣ *2 pers.* (½) *19,75 – pers. suppl. 4*
     **Location** *(permanent)* – 💥 : 🏠 *510 à 546 – appartements*

     snack discothèque (juil. seulement)
     À prox. : ✗

**Ordino** Andorra-la-Vella 8.

▲▲▲ **Borda d'Ansalonga** fermé mai-15 juin

     🖉 (00-376) 85 03 74, campingansalonga@andorra.aol,
Fax (00-376) 86 45 34 – NO : 2,3 km par rte du Circuit de
Tristaina, bord du Valira del Nord – **R** conseillée
3 ha plat, herbeux
**Tarif :** (Prix 2002) 🔲 2 pers. ⚡ (6A) 15,60 – pers. suppl. 3
**Location :** appartements

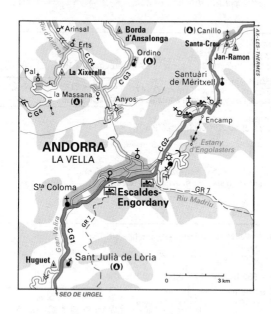

**Sant-Julia-de-Loria** Andorra-la-Vella 7.

▲▲ **Huguet** Permanent
     🖉 (00-376) 84 37 18, renepujol@hot-mail.com, Fax (00-376) 84 37 18 – sortie Sud, bord du Gran Valira (rive droite)
1,5 ha plat, terrasses, herbeux, gravillons

&lt; ⚷ saison 🌳 peupleraie 🏛 🔥 🍺
🍴 🍴 ☺ 🏠 🚿
À prox. : 🍷 snack

---

## ANDOUILLÉ

53240 Mayenne **4** – **310** E5 – 1 926 h. – alt. 103.
Paris 284 – Fougères 42 – Laval 15 – Mayenne 23 – Rennes 85 – Vitré 48.

  ▲ **Municipal le Pont** 29 mars-oct.
     🖉 02 43 01 18 10, mairie.and53@wanadoo.fr, Fax 02 43 68 77 77 – par D 104, rte de St-Germain-le-Fouilloux, attenant
au jardin public, bord de l'Ernée – **R**
0,8 ha (31 empl.) plat, herbeux
**Tarif :** (Prix 2002) 🔲 2 pers. ⚡ 4,60 – pers. suppl. 1,20
**Location** (permanent) : 🏠 143,30 à 253,92

À prox. : parcours de santé 🚿

---

## ANDRYES

89480 Yonne **6** – **319** D6 – 406 h. – alt. 162.
Paris 205 – Auxerre 39 – Avallon 41 – Clamecy 10 – Cosne-sur-Loire 49.

  ▲▲ **Au Bois Joli** avril-sept.
     🖉 03 86 81 70 48, Fax 03 86 81 70 48 – SO : 0,8 km par rte
de Villeprenoy « Cadre boisé » – **R** conseillée
5 ha (100 empl.) incliné et en terrasses, herbeux, pierreux
**Tarif :** 🔲 2 pers. ⚡ (6A) 17,40 – pers. suppl. 3,20
**Location :** 🏠 167,69 à 472,59
🏕 (20 empl.) – 13,74

30140 Gard **16** – **339** I4 G. Languedoc Roussillon – 2 913 h. – alt. 135.
**B** Office du Tourisme, Plan-de-Brie *ℰ* 04 66 61 98 17, Fax 04 66 61 79 77, *anduze@ot-anduze.fr*.
Paris 721 – Alès 14 – Florac 68 – Lodève 85 – Montpellier 60 – Nîmes 46 – Le Vigan 52.

△△△ **L'Arche** avril-sept.
*ℰ* 04 66 61 74 08, *resa@camping-arche.fr*, Fax 04 66 61
88 94 – NO : 2 km, bord du Gardon **« En bordure des pit-**
**toresques gorges du Gardon »** – **R** conseillée
5 ha (250 empl.) plat, peu incliné et terrasses, herbeux
**Tarif :** ▣ *2 pers.* ⓙ *(10A) 20,50 – pers. suppl. 4 – frais de*
*réservation 14*
**Location** ⚡ : ☎ *210 à 636*

△△ **Les Fauvettes**
*ℰ* 04 66 61 72 23, Fax 04 66 61 72 23 – NO : 1,7 km
7 ha/3 campables (133 empl.) plat, peu incliné et en ter-
rasses, herbeux
**Location :** ▣ – ☎

△△ **Le Malhiver** mai-15 sept.
*ℰ* 04 66 61 76 04, Fax 04 66 61 76 04 – SE : 2,5 km, accès
direct au Gardon – **R** conseillée
2,26 ha (97 empl.) plat, herbeux
**Tarif :** (Prix 2002) ▣ *2 pers.* ⓙ *(6A) 23 – pers. suppl. 3,70*
*– frais de réservation 15*
**Location** ⚡ : ▣

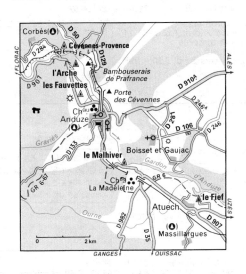

**à Corbès** NO : 5 km – 113 h. – alt. 200 – ⊠ 30140 Corbès :

△△ **Cévennes-Provence** 20 mars-oct.
*ℰ* 04 66 61 73 10, *marais@camping-cevennes-provence.fr*,
Fax 04 66 61 60 74 – au Mas-du-Pont, bord du Gardon de
Mialet et près du Gardon de St-Jean **« Terrasses ombragées**
**dominant les pittoresques gorges du Gardon »** – **R** conseillée
30 ha/15 campables (230 empl.) plat, accidenté et en ter-
rasses, herbeux
**Tarif :** ▣ *2 pers.* ⓙ *(10A) 19,30 – pers. suppl. 3,80 – frais*
*de réservation 9,50*
**Location :** ☎ *310 à 475*
▣

**à Massillargues-Atuech** SE : 7,5 km – 419 h. – alt. 156 – ⊠ 30140 Massillargues :

△△ **Le Fief** avril-sept.
*ℰ* 04 66 61 87 80 – N : 1,5 km, à Atuech, par D 982, près
d'un étang (accès direct) – **R** conseillée
5,5 ha (112 empl.) plat, herbeux
**Tarif :** (Prix 2002) ▣ *1 ou 2 pers.* ⓙ *(6A) 16,92 – pers. suppl.*
*3,05*
**Location :** ▣ *152,45 à 356,70 –* ▣ *182,94 à 457,35*

49000 M.-et-L. **4** – **317** F4 G. Châteaux de la Loire – 141 404 h. – alt. 41 – Base de loisirs.
**Office du Tourisme**, 7 place Kennedy *℘* 02 41 23 50 00, Fax 02 41 23 50 09, *accueil@ angers-tourisme.com.*
Paris 295 – Caen 247 – Laval 80 – Le Mans 97 – Nantes 88 – Saumur 67 – Tours 108.

**Lac de Maine** 25 mars-10 oct.
*℘* 02 41 73 05 03, *camping@ lacdemaine.fr,* Fax 02 41 73 02 20 – SO : 4 km par D 111, rte de Pruniers, près du lac (accès direct) et à proximité de la Base de Loisirs « Décoration arbustive » – **R** conseillée
4 ha (163 empl.) plat, herbeux, gravillons
**Tarif :** ▦ *2 pers.* ⚡ *(10A) 16,40 – pers. suppl. 2*
**Location** ⚒ : *bungalows toilés*

**aux Ponts-de-Cé** S : 6,5 km (hors schéma) – 11 032 h. – alt. 25 – ✉ 49130 les Ponts-de-Cé

**Île du Château** avril-sept.
*℘* 02 41 44 62 05, *ile-du-chateau@ wanadoo.fr,* Fax 02 41 44 62 05 – sur l'île du château, près de la Loire – **R** conseillée
2,3 ha (138 empl.) plat, herbeux, jardin public attenant
**Tarif :** ▦ *2 pers.* ⚡ *(6A) 13,60 – pers. suppl. 2,60*

46140 Lot **14** – **337** D5 – 329 h. – alt. 98.
Paris 590 – Cahors 26 – Gourdon 41 – Sarlat-la-Canéda 53 – Villeneuve-sur-Lot 52.

**Base Nautique Floiras** avril-15 oct.
*℘* 05 65 36 27 39, *campingfloiras@ aol.com,* Fax 05 65 21 41 00 – à Juillac, bord du Lot – **R** conseillée
1 ha (25 empl.) non clos, plat, herbeux
**Tarif :** ▦ *2 pers.* ⚡ *(10A) 15,50 – pers. suppl. 3,50 – frais de réservation 12*

81260 Tarn **15** – **338** H9 – 588 h. – alt. 750.
**Syndicat d'Initiative**, route Saint-Pons *℘* 05 63 74 59 13, Fax 05 63 74 59 13.
Paris 737 – Béziers 78 – Carcassonne 74 – Castres 36 – Lodève 99 – Narbonne 78.

**Le Manoir de Boutaric** Pâques-15 sept.
*℘* 05 63 70 96 06, *manoir@ boutaric.com,* Fax 05 63 70 96 05 – au Sud du bourg, rte de Lacabarède « Parc agréable autour d'un manoir du 19ᵉ siècle » – **R** conseillée
3,3 ha (178 empl.) plat et peu incliné, terrasse, herbeux
**Tarif :** ▦ *2 pers.* ⚡ *(5A) 25 – pers. suppl. 5,50 – frais de réservation 14*
**Location :** 🛏 *244 à 565 –* 🏠 *260 à 640 –* 🛏 *(hôtel)*

85750 Vendée **9** – **316** H9 G. Poitou Vendée Charentes – 1 314 h. – alt. 10.
**Office du Tourisme**, 5 square du Dr-Prévost *℘* 02 51 97 56 39, Fax 02 51 97 56 39, *ot.angles@ wanadoo.fr.*
Paris 453 – Luçon 23 – La Mothe-Achard 38 – Niort 86 – La Rochelle 58 – La Roche-sur-Yon 32 – Les Sables-d'Olonne 38.

**Moncalm et l'Atlantique** (en deux parties distinctes)
5 avril-27 sept.
*℘* 02 51 97 55 50, *camping-apv@ wanadoo.fr,* Fax 02 51 28 91 09 – au bourg, sortie vers la Tranche-sur-Mer et rue à gauche – Places limitées pour le passage – **R** conseillée
11 ha (500 empl.) plat, herbeux, pierreux
**Tarif :** ▦ *2 pers.* ⚡ *25 – pers. suppl. 5 – frais de réservation 25*
**Location :** 🛏 *145 à 480 –* 🛏 *175 à 690 –* 🏠 *310 à 770*

**Le Clos Cottet** 5 avril-20 sept.
*℘* 02 51 28 90 72, *info@ camping-closcottet.com,* Fax 02 51 28 90 50 – S : 2,2 km par rte de la Tranche-sur-Mer, près de la D 747 « Autour d'une ferme soigneusement restaurée » – **R** conseillée
4,5 ha (196 empl.) plat, herbeux, petit étang
**Tarif :** ▦ *2 pers.* ⚡ *(10A) 18 – pers. suppl. 4 – frais de réservation 17*
**Location :** 🛏 *305 –* 🛏 *144 à 528 –* 🏠 *214 à 606 – bungalows toilés*

24 Dordogne – **329** H3 – rattaché à Lanouaille.

17 Char.-Mar. – **324** D3 – rattaché à la Rochelle.

## ANNECY (Lac d')

74 H.-Savoie **12** – **328** G. Alpes du Nord.
🛈 Office de Tourisme, Clos Bonlieu, 1 r. Jean-Jaurès ℘ 04 50 45 00 33 Fax 04 50 51 87 20, *ancytour@noos.fr.*

**Alex** – 574 h. – alt. 589 – ⊠ 74290 Alex.
Paris 544 – Albertville 42 – Annecy 14 – La Clusaz 20 – Genève 49.

▲ **La Ferme des Ferrières** juin-sept.
℘ 04 50 02 87 09, Fax 04 50 02 80 54 – O : 1,5 km par
D 909, rte d'Annecy et chemin à droite – **R** conseillée
5 ha (200 empl.) peu incliné à incliné, herbeux
**Tarif :** 🔲 2 pers. 🔌 (5A) 11,60 – pers. suppl. 2,20

**Bout-du-Lac** ⊠ 74210 Faverges.
Paris 553 – Albertville 28 – Annecy 17 – Megève 43.

▲▲▲ **International du Lac Bleu** 18 avril-27 sept.
℘ 04 50 44 30 18, *lac-bleu@nwc.fr*, Fax 04 50 44 84 35 –
rte d'Albertville « Situation agréable au bord du lac (plage) »
– **R** conseillée
3,3 ha (221 empl.) plat, herbeux, pierreux
**Tarif :** (Prix 2002) 🔲 2 pers 🔌 (8A) 24,30 – pers. suppl. 5
**Location :** 🚐 310 à 630 – 🛏 – studios et appartements

**Doussard** – 2 070 h. – alt. 456 – ⊠ 74210 Doussard.
🛈 Syndicat d'initiative – Mairie ℘ 04 50 44 81 69, Fax 04 50 44 81 75.
Paris 555 – Albertville 27 – Annecy 20 – La Clusaz 36 – Megève 42.

▲▲▲ **Campéole la Nublière** mai-28 sept.
℘ 04 50 44 33 44, *nubliere@wanadoo.fr*, Fax 04 50 44
31 78 – N : 1,8 km « Situation agréable au bord du lac
(plage) » – **R** conseillée
9,2 ha (467 empl.) plat, herbeux, pierreux
**Tarif :** 🔲 2 pers. 🔌 (6A) 19,90 – pers. suppl. 4,50 – frais de
réservation 16
**Location** (permanent) : 🚐 308 à 607 – 🏠 381 à 640 –
bungalows toilés

▲▲ **La Serraz** mai-20 sept.
℘ 04 50 44 30 68, *info@campinglaserraz.com*, Fax 04 50
44 81 07 – au bourg, sortie Est près de la poste « Au pied
des montagnes » – **R** conseillée
3,5 ha (197 empl.) plat, herbeux
**Tarif :** 🔲 2 pers. 🔌 23 – pers. suppl. 5 – frais de réservation 23
**Location :** 🚐 228 à 637

▲ **Simon de Verthier** mai-sept.
℘ 04 50 44 36 57 – NE : 1,6 km, à Verthier, près de l'Eau
Morte – **R** conseillée
1 ha (26 empl.) plat, herbeux
**Tarif :** 🔲 2 pers. 🔌 10 – pers. suppl. 2

**Duingt** – 635 h. – alt. 450 – ⊠ 74410 Duingt.
🛈 Syndicat d'initiative – Mairie, ℘ 04 50 68 67 07, Fax 04 50 77 03 17.
Paris 548 – Albertville 33 – Annecy 12 – Megève 48 – St-Jorioz 3.

▲ **Municipal les Champs Fleuris** 17 mai-6 sept.
℘ 04 50 68 57 31, Fax 04 50 77 03 17 – O : 1 km – **R**
1,3 ha (112 empl.) plat et peu incliné, terrasses, herbeux
**Tarif :** 🔲 3 pers. 🔌 (10A) 16,60 – pers. suppl. 3,80
**Location :** 🚐 330 à 442

▲ **Le Familial** avril-20 oct.
℘ 04 50 68 69 91, *camping.lefamilial@laposte.net*, Fax
04 50 68 69 91 – SO : 1,5 km – **R** conseillée
0,5 ha (40 empl.) plat et peu incliné, herbeux
**Tarif :** 🔲 2 pers. 🔌 (6A) 13,40 – pers. suppl. 2,20
**Location** 🦢 avril-sept. : 🚐 244 à 440

85

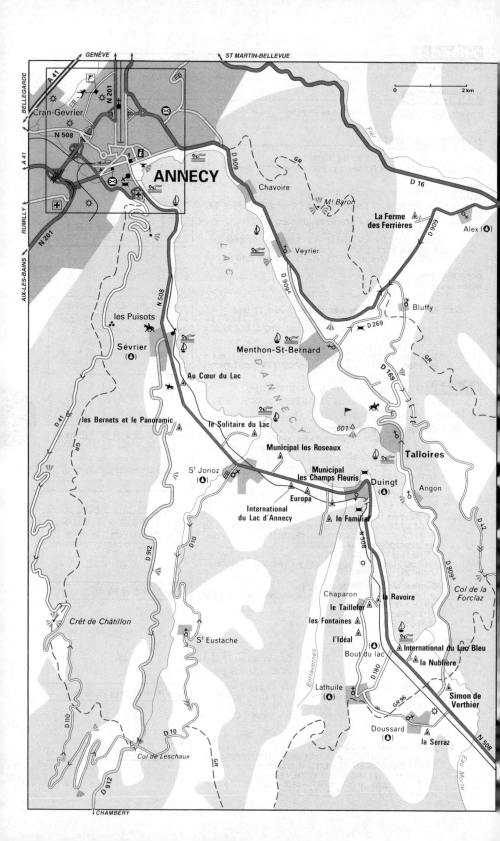

**Lathuile** – 668 h. – alt. 510 – ⊠ 74210 Lathuile.

Paris 554 – Albertville 29 – Annecy 18 – La Clusaz 38 – Megève 45.

**La Ravoire** 15 mai-15 sept.
℘ 04 50 44 37 80, info@camping-la-ravoire.fr, Fax 04 50 32 90 60 ⊠ 74210 Doussard – N : 2,5 km « Beau cadre de verdure au bord du lac » – **R** conseillée
2 ha (110 empl.) plat, herbeux
**Tarif :** ▣ 2 pers. (½) (5A) 26,70 – pers. suppl. 5,65
**Location** (fermé de nov. au 24 déc.) – ⚅ : ☎ 380 à 670

**Les Fontaines** 15 mai-15 sept.
℘ 04 50 44 31 22, info@campinglesfontaines.com, Fax 04 50 44 87 80 – N : 2 km, à Chaparon
3 ha (170 empl.) plat, peu incliné, en terrasses, herbeux
**Tarif :** ▣ 2 pers. (½) 19 – pers. suppl. 4,70 – frais de réservation 16
**Location** (Pâques-sept.) – ⚅ : 🚐 200 à 250 – ☎ 260 à 580

**L'Idéal** mai-sept.
℘ 04 50 44 32 97, camping-ideal@wanadoo.fr, Fax 04 50 44 36 59 – N : 1,5 km – **R** conseillée
3,2 ha (300 empl.) plat et peu incliné, herbeux
**Tarif :** ▣ 2 pers. (½) 22,20 – pers. suppl. 4,70 – frais de réservation 8
**Location** (19 avril-sept.) : 🚐 200 à 510

**Le Taillefer** mai-sept.
℘ 04 50 44 30 30 ⊠ 74210 Doussard – N : 2 km, à Chaparon – **R** conseillée
1 ha (32 empl.) plat, incliné, en terrasses, herbeux
**Tarif :** ▣ 2 pers. (½) (6A) 16 – pers. suppl. 2,80

**St-Jorioz** – 4 178 h. – alt. 452 – ⊠ 74410 St-Jorioz.

🛈 Office du Tourisme, 92 route de l'Église ℘ 04 50 68 61 82, Fax 04 50 68 96 11, info@ot-saintjorio.fr.

Paris 545 – Albertville 36 – Annecy 9 – Megève 51.

**Europa** 5 mai-14 sept.
℘ 04 50 68 51 01, info@camping-europa.com, Fax 04 50 68 55 20 – SE : 1,4 km « Bel ensemble aquatique » – **R** conseillée
3 ha (210 empl.) plat, herbeux, pierreux
**Tarif :** ▣ 2 pers. (½) (6A) 26,20 – pers. suppl. 5,35 – frais de réservation 16
**Location** ⚅ : 🚐 305 à 607 – ☎ 351 à 690

**Le Solitaire du Lac** avril-sept.
℘ 04 50 68 59 30, Fax 04 50 68 59 30 – N : 1 km « Situation agréable près du lac (accès direct) » – **R** conseillée
3,5 ha (200 empl.) plat, herbeux
**Tarif :** ▣ 2 pers. (½) (5A) 18,50 – pers. suppl. 3,90
**Location** ⚅ : 🚐 300 à 647

**International du Lac d'Annecy** 17 mai-20 sept.
℘ 04 50 68 67 93, Fax 04 56 72 57 24 – SE : 1 km – **R** conseillée
2,5 ha (163 empl.) plat, herbeux, pierreux
**Tarif :** ▣ 2 pers. (½) (6A) 20,05 – pers. suppl. 3,60 – frais de réservation 16
**Location** ⚅ : 🚐 550

**Municipal les Roseaux** mai-sept.
℘ 04 50 68 66 59 – NE : 1,5 km, à 150 m du lac – **R** conseillée
0,6 ha (49 empl.) plat, herbeux, pierreux
**Tarif :** (Prix 2002) ▣ 1 ou 2 pers. (½) (5A) 14 – pers. suppl. 3

**Sévrier** – 2 980 h. – alt. 456 – ⊠ 74320 Sévrier.

🛈 Office du Tourisme, 2000 route d'Albertville ℘ 04 50 52 40 56, Fax 04 50 52 48 66, sevrier@wanadoo.fr.

Paris 541 – Albertville 40 – Annecy 6 – Megève 55.

**Les Bernets et le Panoramic** mai-sept.
℘ 04 50 52 43 09, Fax 04 50 52 73 09 – S : 3,5 km – En deux parties distinctes « Situation surplombant le lac »
3 ha (233 empl.) plat, incliné, herbeux
**Tarif :** ▣ 2 pers. (½)(3A) 20,80 – pers. suppl. 3,30 – frais de réservation 16
**Location :** 🚐 300 à 530 – ☎ 300 à 600

ANNECY (Lac d')

### ▲ *Au Coeur du Lac* 4 avril-sept.
*ℰ* 04 50 52 46 45, Fax 04 50 19 01 45 – S : 1 km « Situation agréable près du lac (accès direct) »
1,7 ha (100 empl.) en terrasses et peu incliné, herbeux, gravillons
**Tarif :** ⊞ *2 pers.* (ℹ) *(4A) 18,80 – pers. suppl. 3,20*
⊞ *(30 empl.) – 18,80*

Ⓜ ⪦ ⚡ ⚲ 21 juin-24 août sur le camping et en permanence dans locations ⚏ ⚛ ⚲ ▥ ⚒ ⚘ ⚛ ⚙ ⚛
⚛ ⚛ ⚛ ⚛ ⚛ ⚛ ⚛
À prox. : ⚛ ⚲ ⚛

---

## ANNONAY

07100 Ardèche **11** – **331** K2 G. Vallée du Rhône – 18 525 h. – alt. 350.
**🛈** Office du Tourisme, place des Cordeliers *ℰ* 04 75 33 24 51, Fax 04 75 32 47 79, *Annonay-Tour@inforout es-ardeche.fr.*
Paris 535 – Grenoble 107 – St-Étienne 43 – Tournon-sur-Rhône 37 – Valence 56 – Vienne 45 – Yssingeaux 57.

### ▲ *Municipal de Vaure* avril-oct.
*ℰ* 04 75 33 73 73, *s-sport@mairie-annonay.fr*, Fax 04 75 69 32 75 – sortie Nord, rte de St-Étienne, attenant à la piscine et près d'un parc
2,5 ha (78 empl.) plat et peu incliné, herbeux
**Tarif :** (Prix 2002) ⊞ *2 pers.* (ℹ) *(10A) 10,45 – pers. suppl. 2,05*

⪦ ⚡ ⚲ ⚛ ⚛ ▥ ⚛ ⚛ ⚘ ⚙ ⚛ ⚛
⚛ ⚛ ⚛
À prox. : ⚛ ⚛ ⚛

---

## ANNOVILLE

50660 Manche **4** – **303** C6 – 474 h. – alt. 28.
Paris 337 – Barneville-Carteret 58 – Carentan 48 – Coutances 14 – Granville 21 – St-Lô 43.

### ▲ *Municipal les Peupliers* juin-8 sept.
*ℰ* 02 33 47 67 73 – SO : 3 km par D 20 et chemin à droite, à 500 m de la plage – **R**
2 ha (100 empl.) plat, sablonneux, herbeux
**Tarif :** ⊞ *2 pers.* (ℹ) *9,75 – pers. suppl. 2,25*

⚛ ⚡ ⚲ ⚛ ⚛ ⚙ ⚙ ⚛ ⚛ ⚛
⚛ m

---

*Utilisez le guide de l'année.*

**88**

## ANOST

71550 S.-et-L. **11** – **320** E7 G. Bourgogne – 746 h. – alt. 454.
Paris 274 – Autun 24 – Château-Chinon 20 – Luzy 49 – Saulieu 33.

### ▲ *Municipal Pont de Bussy* mai-sept.
*ℰ* 03 85 82 79 07, *anost.morvan@wanadoo.fr*, Fax 03 85 82 74 75 – O : 0,5 km par D 88, rte d'Arleuf, bord d'un ruisseau et près d'un petit plan d'eau – **R** conseillée
1,5 ha (45 empl.) plat et peu incliné, herbeux
**Tarif :** ⊞ *2 pers.* (ℹ) *10,50 – pers. suppl. 3,50*

⚡ saison ⚏ ⚲ ⚛ ⚛ ⚙ ▥ ⚛ ⚙ ⚛
⚛ ⚛ ⚛
À prox. : terrain omnisports ⚲ ⚘

---

## ANOULD

88650 Vosges **8** – **314** J3 – 2 960 h. – alt. 457.
Paris 408 – Colmar 43 – Épinal 45 – Gérardmer 16 – St-Dié 12.

### ▲ *Les Acacias* fermé 11 oct.-nov.
*ℰ* 03 29 57 11 06, *contact@acaciascamp.com*, Fax 03 29 57 11 06 – sortie Ouest par N 415, rte de Colmar et chemin à droite – en deux camps distincts – **R**
2,5 ha (84 empl.) plat, herbeux, terrasses
**Tarif :** (Prix 2002) ⊞ *2 pers.* (ℹ) *(10A) 14,10 – pers. suppl. 3*
**Location :** ⌂ *255 à 390*
⊞ *(4 empl.) – 14,10*

⚡ juin-sept. ⚲ ⚛ ⚲ ▥ ⚛ ⚙ ⚘
⚛ ⚛ ⚙ ⚛ ⚛ snack ⚛ ⚛ (petite piscine)

---

## ANSE

69480 Rhône **11** – **327** H4 – 4 458 h. – alt. 170.
**🛈** Office du Tourisme, place du 8-mai-1945 *ℰ* 04 74 60 26 16, Fax 04 74 67 29 74.
Paris 437 – L'Arbresle 18 – Bourg-en-Bresse 57 – Lyon 30 – Mâcon 51 – Villefranche-sur-Saône 7.

### ▲ *Les Portes du Beaujolais* mars-oct.
*ℰ* 04 74 67 12 87, *campingbeaujolais@wanadoo.fr*, Fax 04 74 09 90 97 – sortie Sud-Est, rte de Lyon et 0,6 km par chemin à gauche avant le pont, au confluent de l'Azergues et de la Saône
7,5 ha (198 empl.) plat, herbeux
**Tarif :** ⊞ *2 pers.* (ℹ) *(6A) 18,67 – pers. suppl. 4,80*
**Location :** ⚏ *301 à 374 – ⌂ 333 à 508*
⊞

⚡ ⚲ ⚏ ⚛ ⚲ (tentes) ⚛ ⚙ ⚘
⚙ ⚛ ⚙ ⚛ ⚛ ⚛ snack ⚛ ⚛
⚛ ⚛ ·⚙ m ⚛
À prox. : ⚛

## ANTIBES

06600 Alpes-Mar. **17** – **341** D6 G. Côte d'Azur – 70 005 h. – alt. 2.
**☐** Office du Tourisme, 11 place de Gaulle *ℰ* 04 92 90 53 00, Fax 04 92 90 53 01, *accueil@antibes-juanlespins.com*.
Paris 914 – Aix-en-Provence 160 – Cannes 12 – Nice 20.

   **▲▲▲ Antipolis** avril-21 sept.
     *ℰ* 04 93 33 93 99, *camping-antipolis@wanadoo.fr*, Fax
     04 92 91 02 00 – N : 5 km par N 7 et chemin à gauche, bord
     de la Brague – **R** conseillée
     4,5 ha (260 empl.) plat, herbeux
     **Tarif :** (Prix 2002) ▣ *2 pers.* 🅙 *24 – pers. suppl. 6 – frais de
     réservation 18,50*
     **Location :** 🛖 *260 à 626*

   **▲▲ Le Rossignol** 5 avril-26 sept.
     *ℰ* 04 93 33 56 98, Fax 04 92 91 98 99 – N : 3 km par N 7
     et av. Jules-Grec à gauche – **R** conseillée
     1,6 ha (111 empl.) plat et en terrasses, herbeux, gravier
     **Tarif :** ▣ *2 pers.* 🅙 *(10A) 22,50 – pers. suppl. 4,50 – frais
     de réservation 15*
     **Location** 🦀 *(juil.-août) :* 🛖 *260 à 473 –* 🏠 *260 à 503*
     🛖 *(27 empl.)*

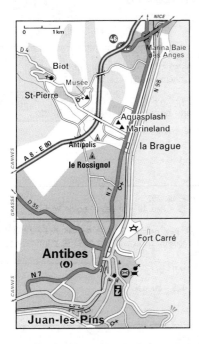

## ANTONNE-ET-TRIGONANT

24 Dordogne – **329** F4 – rattaché à Périgueux.

## APREMONT

85220 Vendée **9** – **316** F7 G. Poitou Vendée Charentes – 1 152 h. – alt. 19.
**☐** Office du Tourisme, place du Château *ℰ* 02 51 55 70 54, Fax 02 51 60 16 65.
Paris 443 – Challans 17 – Nantes 64 – La Roche-sur-Yon 28 – Les Sables-d'Olonne 32 – St-Gilles-Croix-de-Vie 21.

   **▲▲ Les Prairies du Lac** juin-15 sept.
     *ℰ* 02 51 55 70 58, *infos@les-prairies.du.lac.com*, Fax 02 51
     55 76 04 – NE : 2 km, sur D 40, rte de Maché – **R** conseillée
     6 ha (200 empl.) plat, herbeux
     **Tarif :** ▣ *2 pers.* 🅙 *(10A) 22 – pers. suppl. 4 – frais de réser-
     vation 14*
     **Location** *(29 mars-15 oct.) :* 🛖 *229 à 488*

▲ **Les Charmes** 29 mars-sept.
 ℰ 02 51 54 48 08, *lescharmes@cer.net.fr*, Fax 02 51 55 98 85 – N : 3,6 km par D 21, rte de Challans et rte à droite, direction la Roussière – **R** conseillée
 1 ha (30 empl.) plat, herbeux
 **Tarif :** 🔲 *2 pers.* 🔌 *(10A) 15,20 – pers. suppl. 4 – frais de réservation 10*
 **Location** ✸ *(juil.-août) :* 🚐 *190 à 264 –* 🚃 *152 à 424*

---

## APT

84400 Vaucluse 🔢 – 🔢 F10 G. Provence – 11 506 h. – alt. 250.
🅱 Office du Tourisme, 20 avenue Ph-de-Girard ℰ 04 90 74 03 18, Fax 04 90 04 64 30, *tourisme@commune-apt-provence.org.*
Paris 732 – Aix-en-Provence 56 – Avignon 54 – Carpentras 49 – Cavaillon 33 – Digne-les-Bains 91.

▲▲ **Le Lubéron** avril-sept.
 ℰ 04 90 04 85 40, *leluberon@wanadoo.fr*, Fax 04 90 74 12 19 – SE : 2 km par D 48 rte de Saignon – **R** conseillée
 5 ha (110 empl.) plat et peu incliné, terrasses, gravillons, herbeux
 **Tarif :** (Prix 2002) 🔲 *2 pers.* 🔌 *(8A) 20 – pers. suppl. 4 – frais de réservation 23*
 **Location** *(15 mai-20 sept.) –* ✸ *:* 🚃 *282 à 427*

---

## ARAGNOUET

65170 H.-Pyr. 🔢 – 🔢 N8 G. Midi Pyrénées – 336 h. – alt. 1 100.
🅱 Office du Tourisme, Piau ℰ 05 62 39 61 69, Fax 05 62 39 61 19, *infos@piau-engaly.com.*
Paris 854 – Arreau 24 – Bagnères-de-Luchon 56 – Lannemezan 51 – La Mongie 63.

▲ **Fouga Pic de Bern** 15 juin-sept.
 ℰ 05 62 39 63 37, Fax 05 62 39 62 39 – NE : 2,8 km par D 118, rte de St-Lary-Soulan, à Fabian, près de la Neste-d'Avre – **R** conseillée
 3 ha (80 empl.) non clos, plat et peu incliné, terrasses, herbeux
 **Tarif :** 🔲 *2 pers.* 🔌 *11,60*
 **Location :** 🛏

---

## ARAMITS

64570 Pyr.-Atl. 🔢 – 🔢 H6 G. Aquitaine – 588 h. – alt. 293.
Paris 832 – Mauléon-Licharre 27 – Oloron-Ste-Marie 15 – Pau 49 – St-Jean-Pied-de-Port 60.

▲▲ **Barétous-Pyrénées** 14 fév.-19 oct.
 ℰ 05 59 34 12 21, *atso64@hotmail.com*, Fax 05 59 34 67 19 – sortie Ouest par D 918, rte de Mauléon-Licharre, bord du Vert de Barlanes – **R** conseillée
 2 ha (50 empl.) plat, herbeux
 **Tarif :** 🔲 *2 pers.* 🔌 *(10A) 16 (hors saison 19,90) – pers. suppl. 3,50*
 **Location** *(4 janv.-19 oct.) –* ✸ *:* 🚃 *119 à 425 – bungalows toilés*

---

## ARBOIS

39600 Jura 🔢 – 🔢 E5 G. Jura – 3 900 h. – alt. 350.
🅱 Office du Tourisme, 10 rue de l'Hôtel-de-Ville ℰ 03 84 66 55 50, Fax 03 84 66 25 50, *otsi@arbois.com.*
Paris 408 – Besançon 47 – Dole 35 – Lons-le-Saunier 39 – Salins-les-Bains 14.

▲▲ **Municipal les Vignes** avril-sept.
 ℰ 03 84 66 14 12, Fax 03 84 66 14 12 – sortie Est par D 107, rte de Mesnay, près du stade et de la piscine « Emplacements agréablement ombragés » – **R** conseillée
 2,3 ha (139 empl.) en terrasses et peu incliné, herbeux, gravillons, gravier
 **Tarif :** (Prix 2002) 🔲 *2 pers.* 🔌 *(10A) 13,10 – pers. suppl. 3,50*

*Des vacances réussies sont des vacances bien préparées !*

*Ce guide est fait pour vous y aider... mais :*
*– N'attendez pas le dernier moment pour réserver*
*– Évitez la période critique du 14 juillet au 15 août*

*Pensez aux ressources de l'arrière-pays,*
*à l'écart des lieux de grande fréquentation.*

## ARCACHON (Bassin d')

33 Gironde **13** – **335** G. Aquitaine.

**Arès** – 3 911 h. – alt. 6 – ⊠ 33740 Arès..

🖪 Office du Tourisme, esplanade G.-Dartiquelongue ℘ 05 56 60 18 07, Fax 05 56 60 39 41.

Paris 629 – Arcachon 45 – Bordeaux 48.

⚠⚠⚠ **Les Rives de St-Brice** (location exclusive de 80 chalets)
℘ 05 57 26 99 31, Fax 05 57 26 99 27 – SE : 1,7 km près
d'étangs et à 450 m du bassin
4 ha plat
**Location :** 🏠

⚠⚠ **Les Goëlands** vacances février et Toussaint, avril-oct.
℘ 05 56 82 55 64, *camping-les-goelands@ wanadoo.fr*,
Fax 05 56 82 07 51 – SE : 1,7 km, près d'étangs et à 500 m
du bassin – **R** conseillée
10 ha/6 campables (400 empl.) plat et vallonné, sablonneux
**Tarif :** (Prix 2002) 🏕 *2 pers.* 🔋 *18,75 – pers. suppl. 3,25 –
frais de réservation 16,50*
**Location :** 🛏 *350 à 580*

⚠⚠ **La Cigale** 11 avril-10 oct.
℘ 05 56 60 22 59, *campinglacigaleares@ wanadoo.fr*,
Fax 05 57 70 41 66 – sortie Nord « Cadre naturel plein de
charme » – **R** conseillée
2,4 ha (95 empl.) plat, herbeux, sablonneux
**Tarif :** 🏕 *2 pers.* 🔋 *(6A) 26,30 – pers. suppl. 4,30 – frais de
réservation 16*

**Pasteur** mars-oct.

    ℘ 05 56 60 33 33, *pasteur.vacances@wanadoo.fr*, Fax 05 56 60 05 05 – par sortie Sud-Est, à 300 m du bassin
1 ha (50 empl.) plat, herbeux, sablonneux
**Tarif :** ⌨ *2 pers.* ⚡ *(6A) 23,50 – pers. suppl. 4 – frais de réservation 15*
**Location :** 🏠 *240 à 510 –* 🏠 *250 à 550*
🏕

**Les Abberts** mai-sept.

    ℘ 05 56 60 26 80, Fax 05 56 60 26 80 – sortie Nord puis r. des Abberts à gauche – **R** conseillée
2 ha (125 empl.) plat, sablonneux, herbeux
**Tarif :** (Prix 2002) ⌨ *2 pers.* ⚡ *(6A) 23 – pers. suppl. 4 – frais de réservation 15*

---

**Biganos** – 5 908 h. – alt. 16 – ✉ 33380 Biganos..

Paris 631 – Andernos-les-Bains 15 – Arcachon 25 – Bordeaux 47.

**Le Marache** avril-oct.

    ℘ 05 57 70 61 19, *jeanguerin.4@libertysurf*, Fax 05 56 82 62 60 – sortie Nord par D 3, rte d'Audenge et rte à droite – **R** conseillée
1,4 ha (64 empl.) plat, herbeux
**Tarif :** (Prix 2002) ⌨ *2 pers.* ⚡ *19,90 – pers. suppl. 4,50 – frais de réservation 23*
**Location :** 🏠 *240 à 530 –* 🏠 *260 à 580 – bungalows toilés*

---

**Gujan-Mestras** – 11 433 h. – alt. 5 – ✉ 33470 Gujan-Mestras.

🛈 Office du Tourisme, 19 avenue de Lattre-de-Tassigny - La Hume ℘ 05 56 66 12 65, Fax 05 56 22 01 41.

Paris 640 – Andernos-les-Bains 26 – Arcachon 10 – Bordeaux 56.

**à La Hume** O : 3,8 km – ✉ 33470 Gujan-Mestras :.

🛈 Office du tourisme, 19 avenue de Lattre-de-Tassigny ℘ 05 56 66 12 65, Fax 05 56 66 94 44

**Khélus** (location exclusive de 120 chalets et maisonnettes) Permanent

    ℘ 05 56 66 88 88, *khelus@enfrance.com*, Fax 05 56 66 94 89 – SO : 6,5 km par A 660, rte d'Arcachon et D 652, rte de la Hume puis chemin à gauche, à proximité du parc Aqualand – **R**
20 ha plat, sablonneux
**Location :** 🏠 *210 à 815 – maisonnettes*

**Municipal de Verdalle** mai-15 sept.

    ℘ 05 56 66 12 62, Fax 05 56 66 12 62 – au Nord de la localité, par av. de la Plage et chemin à droite, près du bassin, accès direct à la plage – **R** conseillée
1,5 ha (108 empl.) plat, sablonneux, pierreux
**Tarif :** ⌨ *2 pers.* ⚡ *(4A) 16,10 – pers. suppl. 4*

---

**Lège-Cap-Ferret** – 5 564 h. – alt. 9 – ✉ 33950 Lège-Cap-Ferret.

🛈 Office du Tourisme, 1 avenue du Général-de-Gaulle ℘ 05 56 03 94 49, Fax 05 57 70 31 70, *office.de.tourisme.lege.cap.ferret@wanadoo.fr*.

Paris 631 – Arcachon 47 – Belin-Beliet 56 – Bordeaux 50 – Cap-Ferret 24.

**La Prairie** Permanent

    ℘ 05 56 60 09 75, *campinglaprairie@wanadoo.fr*
NE : 1 km par D 3, rte du Porge – **R** conseillée
2,5 ha (118 empl.) plat, herbeux
**Tarif :** ⌨ *2 pers.* ⚡ *(10A) 12,80 – pers. suppl. 2,44*
**Location :** 🏠 *290 à 504 – bungalows toilés*

---

**Pyla-sur-Mer** ✉ 33115 Pyla-sur-Mer..

🛈 Syndicat d'Initiative, rond-point-du-Figuier ℘ 05 56 54 02 22, Fax 05 56 22 58 84, *pyla002@ibm.net*.

Paris 650 – Arcachon 8 – Biscarrosse 34 – Bordeaux 66.

**Panorama** 25 avril-sept.

    ℘ 05 56 22 10 44, *mail@camping-panorama.com*, Fax 05 56 22 10 12 – S : 7 km par D 218, rte de Biscarrosse, accès piétonnier à la plage par escalier abrupt et chemin – **R** conseillée
15 ha/10 campables (450 empl.) accidenté et en terrasses, plat, sablonneux
**Tarif :** (Prix 2002) ⌨ *2 pers.* ⚡ *(10A) 35 – pers. suppl. 6 - frais de réservation 30*
**Location :** 🏠 *280 à 630 –* 🏠 *340 à 795 – bungalows toilés*
🏕 *(70 empl.) – 29*

▲▲▲ **Pyla-Camping** Pâques-sept.
𝒫 05 56 22 74 56, *pylacamping@free.fr*, Fax 05 56 22
10 31 – S : 6 km par D 218, rte de Biscarrosse « Accès à la
plage et à un superbe panorama par la dune » – **R** conseillée
9 ha (450 empl.) vallonné, accidenté et en terrasses, plat,
sablonneux
**Tarif :** 🔲 *1 ou 2 pers.* 🔋 *(10A) 25,61 – pers. suppl. 4,92 –
frais de réservation 23,61*
**Location :** 🏠 *205,80 à 472,60 –* 🚐 *228,70 à 677*
🚐 *(25 empl.)*

━ GB ⚡ 🗔 ⚙⚙ ♿ 🎋 ⇄ 🗄 ⛺
🛁 ☺ 🍴 ⛱ ✕ pizzeria 🔌 cases
réfrigérées 🏠 🗂 🚿 ⚓ 🏊
plate-forme pour aile-delta et aile
volante, parapente

**Le Teich** – 3 607 h. – alt. 5 – ✉ 33470 Le Teich..
🅱 Office du Tourisme, 𝒫 05 56 22 80 46, Fax 05 56 22 89 65, *OFFICE-DE-TOURISME-LE-TEICH@wanadoo.fr*.
Paris 634 – Arcachon 20 – Belin-Béliet 34 – Bordeaux 50.

▲▲ **Ker Helen** mars-nov.
𝒫 05 56 66 03 79, *camping.kerhelen@wanadoo.fr*, Fax
05 56 66 51 59 – O : 2 km par D 650 rte de Gujan-Mestras
– **R** conseillée
4 ha (140 empl.) plat, herbeux
**Tarif :** 🔲 *2 pers.* 🔋 *(10A) 21,60 – pers. suppl. 4,50 – frais
de réservtion 16*
**Location** ✂ *:* 🚐 *231 à 534 –* 🏠 *267 à 580 – bungalows
toilés*

━ ⚡ ⚙⚙ *(3 ha)* ♿ 🎋 ⇄ 🗄 ⛺ 🛁
🏊 ☺ ⛱ ✈ 🗔 🍴 snack 🔌 🗂
⚓ m 🏊

**La Teste-de-Buch** – 20 331 h. – alt. 5 – ✉ 33260 La Teste-de-Buch.
🅱 Office du Tourisme, place Jean-Hameau 𝒫 05 56 54 63 14, Fax 05 56 54 45 94.
Paris 644 – Andernos-les-Bains 34 – Arcachon 5 – Belin-Béliet 44 – Biscarrosse 34 – Bordeaux 60.

▲▲▲ **La Pinède** mai-sept.
𝒫 05 56 22 23 24, *camping.lapinede@wanadoo.fr*
bord du canal des Landes « Cadre agréable » – **R** conseillée
5 ha (200 empl.) plat, sablonneux, herbeux
**Tarif :** 🔲 *2 pers.* 🔋 *23 – pers. suppl. 4*
**Location :** 🚐 *400 à 570*

GB ⚡ 🗔 ♀ pinède ♿ 🎋 ⇄ 🗄 🛁
☺ 🗔 🍴 snack 🏠 🏊
A prox. : base de ski nautique

*Consultez le tableau des localités citées,*
*classées par départements, avec indication éventuelle*
*des caractéristiques particulières des terrains sélectionnés.*

**ARCES** ─────────────────────

17120 Char.-Mar. 🟨 – 324 E6 – 485 h. – alt. 30.
Paris 498 – Cognac 52 – Rochefort 52 – Royan 21 – Saintes 31.

▲ **Fleurs des Champs** juin-14 sept.
𝒫 05 46 90 40 11, Fax 05 46 97 64 45 – O : 3 km par D 114[E],
rte de Talmont-sur-Gironde, chemin à droite – **R** conseillée
1,4 ha (33 empl.) plat, herbeux
**Tarif :** 🔲 *2 pers.* 🔋 *(8A) 12,30 – pers. suppl. 2*
**Location** *(29 mars-2 nov.) :* 🚐 *153 à 442*
🚐

🏊 ━ ⚡ ♀ ♿ 🎋 ⇄ 🛁 ☺ 🚲 🎾
🏊 🐎 swin-golf (5 trous)

## ARCHIAC

17520 Char.-Mar. **9** – **324** I6 – 837 h. – alt. 111.

**🛈** Office du Tourisme, 1 place de l'Abbé-Goiland ℘ 05 46 49 57 11, Fax 05 46 70 21 95, *tourisme.archiac@wanadoo.fr*.

Paris 514 – Angoulême 48 – Barbezieux 15 – Cognac 23 – Jonzac 15 – Pons 22.

   △ **Municipal** 15 juin-15 sept.
     ℘ 05 46 49 10 46 – près de la piscine
     1 ha (44 empl.) plat, en terrasses, herbeux, pierreux
     **Tarif :** 🖾 *2 pers.* 🛈 *6 – pers. suppl. 1,60*

## ARCIZANS-AVANT

65 H.-Pyr. – **342** L7 – rattaché à Argelès-Gazost.

## ARDÈCHE (Gorges de l')

07 Ardèche **16** – **331** G. Provence.

### Aiguèze

Gard – 215 h. – alt. 91 – ✉ 30760 Aiguèze – schéma C.

Paris 647 – Alès 58 – Aubenas 70 – Bagnols-sur-Cèze 21 – Bourg-St-Andéol 15 – Pont-St-Esprit 10.

   △ **Les Cigales** Permanent
     ℘ 04 66 82 18 52, *stridulette@aol.com*, Fax 04 66 82 18 52 – au Sud-Est du bourg, sur D 141, avant le pont de St-Martin – **R** conseillée
     0,5 ha (36 empl.) plat et terrasse, herbeux
     **Tarif :** 🖾 *2 pers.* 🛈 *(6A) 16,90 – pers. suppl. 3,90*

### Balazuc

Ardèche – 277 h. – alt. 170 – ✉ 07120 Balazuc – schéma B.

Paris 648 – Aubenas 16 – Largentière 10 – Privas 46 – Vallon-Pont-d'Arc 20 – Viviers 41.

   △ **Le Retourtier** mars-15 nov.
     ℘ 04 75 37 77 67, Fax 04 75 37 77 67 – E : 1 km – **R** conseillée
     1,2 ha (70 empl.) en terrasses, plat, peu incliné, accidenté, herbeux, pierreux
     **Tarif :** (Prix 2002) 🖾 *2 pers.* 🛈 *(6A) 19,60 – pers. suppl. 6*
     **Location :** 🛖 *170 à 320*

94

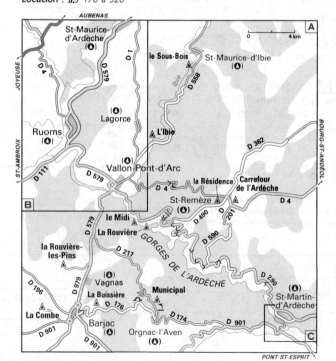

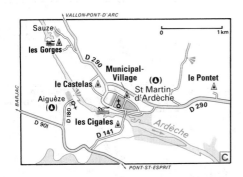

## Barjac

Gard – 1 361 h. – alt. 171 – ⊠ 30430 Barjac – schéma A.
🅱 Office du Tourisme, place Charles-Guynet 🖉 04 66 24 53 44, Fax 04 66 60 23 08, *ot.barjac@wanadoo.fr*.
Paris 670 – Alès 34 – Aubenas 47 – Pont-St-Esprit 33 – Vallon-Pont-d'Arc 13.

▲▲ **La Buissière** avril-sept.
🖉 04 66 24 54 52, Fax 04 66 24 54 52 – NE : 2,5 km,
sur D 176, rte d'Orgnac-l'Aven « Cadre sauvage » –
**R** conseillée
1,1 ha (70 empl.) plat, terrasses, peu accidenté, pierreux
**Tarif :** 🔳 *2 pers.* 🔌 *(2A) 16,75 – pers. suppl. 3,30 – frais de réservation 10*
**Location :** 🚐 *175 à 265* – 🚚 *265 à 480*

▲ **La Combe** avril-sept.
🖉 04 66 24 51 21, Fax 04 66 24 51 21 – O : 3 km par D 901,
rte des Vans et D 384 à droite, rte de Mas Reboul –
**R** conseillée
2,5 ha (100 empl.) plat et peu incliné, herbeux
**Tarif :** 🔳 *2 pers.* 🔌 *(6A) 16,50 – pers. suppl. 7*
**Location :** 🚐 *155 à 280* – 🚚 *200 à 458*

## Chauzon

Ardèche – 224 h. – alt. 128 – ⊠ 07120 Chauzon – schéma B.
Paris 653 – Aubenas 19 – Largentière 13 – Privas 49 – Ruoms 6 – Vallon-Pont-d'Arc 15.

▲▲ **La Digue** 21 mars-sept.
🖉 04 75 39 63 57, *info@camping-la-digue.fr*, Fax 04 75
39 75 17 – à 1 km à l'Est du bourg, à 100 m de l'Ardèche
(accès direct), croisement difficile pour caravanes –
**R** conseillée
2 ha (100 empl.) plat et en terrasses, herbeux
**Tarif :** 🔳 *2 pers.* 🔌 *(10A) 21,50 – pers. suppl. 4,50*
**Location :** 🚚 *262 à 561* – 🏠 *220 à 572*

▲ **Beaussement** 22 mars-14 sept.
🖉 04 75 39 72 06, *beaussement@wanadoo.fr*, Fax 04 75
39 71 97 – à 0,7 km au Nord du bourg, accès et croisement
difficiles pour caravanes « Au bord de l'Ardèche » –
**R** conseillée
2,3 ha (83 empl.) plat et terrasses, peu incliné, pierreux,
herbeux
**Tarif :** 🔳 *2 pers.* 🔌 *16 – pers. suppl. 3,50*

## Lagorce

Ardèche – 706 h. – alt. 120 – ⊠ 07150 Lagorce – schéma B.
Paris 652 – Aubenas 23 – Bourg-St-Andéol 34 – Privas 53 – Vallon-Pont-d'Arc 6 – Viviers 45.

▲ **L'Ibie** 5 avril-8 sept.
🖉 04 75 88 01 26, *camping.ibie@free.fr*, Fax 04 75 88
06 58 – SE : 3 km par D 1, rte de Vallon-Pont-d'Arc, puis 2 km
à gauche par D 558, rte de la Vallée de l'Ibie et chemin à
gauche avant le pont, près de la rivière « Cadre agréable »
– **R** conseillée
3 ha (34 empl.) plat et en terrasses, pierreux, herbeux
**Tarif :** 🔳 *2 pers.* 🔌 *17 – pers. suppl. 4*
**Location :** 🏠 *260 à 530*

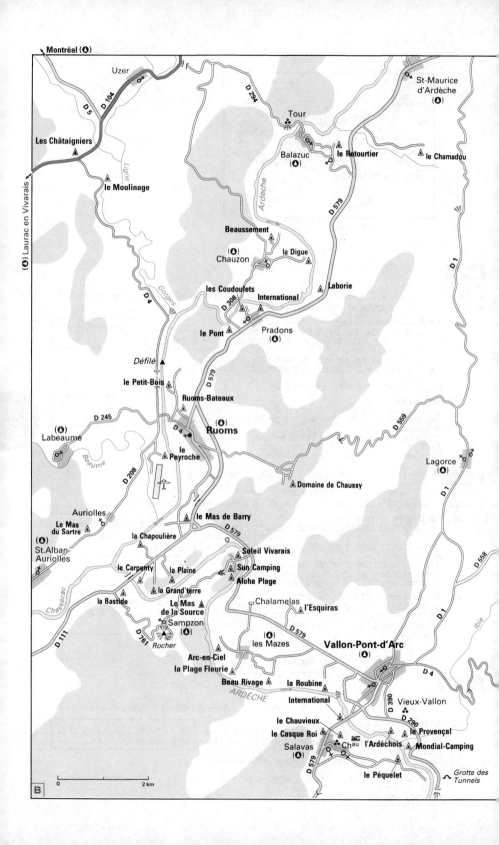

## Laurac-en-Vivarais

Ardèche – 789 h. – alt. 182 – ⊠ 07110 Laurac-en-Vivarais – schéma B.
Paris 658 – Alès 60 – Mende 102 – Privas 48.

⚠ **Les Chataigniers** avril-sept.
   ℰ 04 75 36 86 26, Fax 04 75 36 86 26 – au Sud-Est du
bourg, accès conseillé par D 104 – **R** conseillée
1,2 ha (47 empl.) plat, peu incliné, herbeux
**Tarif :** (Prix 2002) ▣ 2 pers. ⓖ 14,50 – pers. suppl. 3 – frais
de réservation 30,50
**Location** ⚲ : ⌂ 260 – ⌂⌂ 305 à 457

## Montréal

– 381 h. – alt. 180 – ⊠ 07110 Montréal – schéma B.
Paris 661 – Aubenas 21 – Largentière 5 – Privas 51 – Vallon-Pont-d'Arc 23.

⚠⚠ **Le Moulinage** 5 avril-14 sept.
   ℰ 04 75 36 86 20, moulinage@aol.com, Fax 04 75 36 98 46
– SE : 5,5 km par D 5, D 104 et D 4 rte de Ruoms « Au bord
de la Ligne » – **R** conseillée
4 ha (90 empl.) peu incliné, terrasses, herbeux, pierreux
**Tarif :** ▣ 2 pers. ⓖ 18,50 – pers. suppl. 4 – frais de réser-
vation 28
**Location :** ⌂⌂ 244 à 604 – ⌂ 305 à 641 – bungalows
toilés

## Orgnac-l'Aven

Ardèche – 327 h. – alt. 190 – ⊠ 07150 Orgnac-l'Aven – schéma A.
Paris 660 – Alès 44 – Aubenas 51 – Pont-St-Esprit 23 – Privas 84 – Vallon-Pont-d'Arc 18.

⚠ **Municipal** 15 juin-août
   ℰ 04 75 38 63 68 – au Nord du bourg par D 217, rte de
Vallon-Pont-d'Arc – **R** conseillée
2,6 ha (150 empl.) plat, pierreux
**Tarif :** ▣ 2 pers. ⓖ (6A) 15 – pers. suppl. 3,10
**Location :** ⌂⌂ 241

## Pradons

Ardèche – 220 h. – alt. 124 – ⊠ 07120 Pradons – schéma B.
Paris 651 – Aubenas 22 – Largentière 15 – Privas 52 – Ruoms 4 – Vallon-Pont-d'Arc 13.

△△ **Les Coudoulets** 19 avril-7 sept.
℘ 04 75 93 94 95, *camping@coudoulets.com*, Fax 04 75 39 65 89 – au Nord-Ouest du bourg « Accès direct à l'Ardèche » – **R** conseillée
1,5 ha (94 empl.) plat et peu incliné, pierreux, herbeux
**Tarif** : ⊞ *2 pers.* ⓖ *(6A) 20*
**Location** *(permanent)* : ▭ *460 – gîtes*

△△ **International** 22 mars-8 nov.
℘ 04 75 39 66 07, Fax 04 75 39 79 08 – Nord-Est sur D 579, rte d'Aubenas « Accès direct à l'Ardèche (escalier) » – **R** conseillée
1,5 ha (45 empl.) peu incliné, plat, herbeux
**Tarif** : ⊞ *2 pers.* ⓖ *25 – pers. suppl. 5*
**Location** : ▭ *250 à 500*

△ **Laborie** mai-15 sept.
℘ 04 75 39 72 26, Fax 04 75 39 72 26 – NE : 1,8 km par rte d'Aubenas « Au bord de l'Ardèche » – **R** conseillée
3 ha (100 empl.) plat, herbeux
**Tarif** : ⊞ *2 pers.* ⓖ *17,70 – pers. suppl. 3,20*
**Location** *(5 avril-15 sept.)* – ✂ *juil-août* : ▭ *192 à 460*

△ **Le Pont** avril-20 sept.
℘ 04 75 93 93 98, Fax 04 75 93 93 98 – O : 0,3 km par D 308 rte de Chauzon « Accès direct à l'Ardèche (escalier) » – **R** conseillée
1,2 ha (65 empl.) plat, herbeux, pierreux
**Tarif** : *(Prix 2002)* ⊞ *2 pers.* ⓖ *(6A) 17,40 – pers. suppl. 3,50*
**Location** : ▭ *(sans sanitaires)*

## Ruoms

Ardèche – 1 858 h. – alt. 121 – ⊠ 07120 Ruoms – schéma B.
◻ Office du Tourisme, ℘ 04 75 93 91 90, Fax 04 75 39 78 71, *ot.ruoms@bigfoot.com*.
Paris 654 – Alès 54 – Aubenas 25 – Pont-St-Esprit 55.

△△△ **Domaine de Chaussy** mai-sept.
℘ 04 75 93 99 66, *schardes@domainedechaussy.com*, Fax 04 75 93 90 56 – E : 2,3 km par D 559 rte de Lagorce – **R** conseillée
18 ha/5,5 campables (250 empl.) plat et peu accidenté, herbeux, pierreux, sablonneux
**Tarif** : ⊞ *2 pers.* ⓖ *30 – pers. suppl. 6 – frais de réservation 20*
**Location** : ▭ *290 à 630* – ⊨ *(hôtel) – pavillons, bungalows toilés*

△△△ **La Bastide** 30 mars-14 sept.
℘ 04 75 39 64 72, *camping.bastide@wanadoo.fr*, Fax 04 75 39 73 28 – SO : 4 km, à Labastide « Accès direct à l'Ardèche » – **R** conseillée
7 ha (300 empl.) plat, herbeux, pierreux
**Tarif** : ⊞ *2 pers.* ⓖ *(5A) 30 – pers. suppl. 6 – frais de réservation 30*
**Location** ✂ : ▭ *250 à 750*

△△ **La Plaine** avril-sept.
℘ 04 75 39 65 83, *camping.la.plaine@wanadoo.fr*, Fax 04 75 39 74 38 – S : 3,5 km « Au bord de l'Ardèche » – **R** conseillée
4,5 ha (217 empl.) plat, peu incliné, sablonneux, herbeux
**Tarif** : ⊞ *2 pers.* ⓖ *(6A) 26, pers. suppl. 5*

△△ **Les Paillotes** avril-sept.
℘ 04 75 39 62 05, *lespaillotes@fm.fr*, Fax 04 75 39 62 05 – N : 0,6 km par D 579 rte de Pradons et chemin à gauche – **R** conseillée
1 ha (45 empl.) plat, herbeux
**Tarif** : ⊞ *2 pers.* ⓖ *25,15 – pers. suppl. 5,34 – frais de réservation 30,49*
**Location** : ▭ *180 à 580 – bungalows toilés*

△△ **La Grand'Terre** 19 avril-14 sept.
℘ 04 75 39 64 94, *grandterre@aol.com*, Fax 04 75 39 78 62 – S : 3,5 km « Au bord de l'Ardèche (accès direct) » – **R** conseillée
10 ha (300 empl.) plat, sablonneux, herbeux
**Tarif** : ⊞ *2 pers.* ⓖ *(10A) 25 – pers. suppl. 5*

**Le Petit Bois** 15 mars-15 oct.
℘ 04 75 39 60 72, vacances@campinglepetitbois.fr, Fax
04 75 93 95 50 – à 0,8 km au Nord du bourg, à 80 m de
l'Ardèche – accès piétonnier à la rivière par une rampe
abrupte – **R** conseillée
2,5 ha (84 empl.) peu incliné et plat, en terrasses, pierreux,
rochers, herbeux
**Tarif** : ▣ 2 pers. ⚡ (6A) 20 – pers. supl. 3,80
**Location** : ⛺ 155 à 499 – gîtes

**Le Mas de Barry** mars-déc.
℘ 04 75 39 67 61, courrier@camping-masdubarry.com,
Fax 04 75 39 22 26 – S : 2 km – **R** conseillée
1,5 ha (80 empl.) plat, peu incliné, herbeux
**Tarif** : ▣ 2 pers. ⚡ 17 – pers. suppl. 5 – frais de réservation 8
**Location** ⚡ : ⛺ 215 à 595,69

**La Chapoulière** Pâques-fin sept.
℘ 04 75 39 64 98, campinglachapouliere@wanadoo.fr, Fax
04 75 39 64 98 – S : 3,5 km « Au bord de l'Ardèche » –
**R** conseillée
2,5 ha (100 empl.) plat et peu incliné, herbeux
**Location** ⚡ : ⛺

**Le Carpenty** 29 mai-août
℘ 04 75 39 74 29, jean-luc.blachere@wanadoo.fr
S : 3,6 km « Au bord de l'Ardèche (accès direct) » –
**R** conseillée
0,7 ha (45 empl.) plat, pierreux, herbeux
**Tarif** : ▣ 2 pers. ⚡ 15,25 – pers. suppl. 2,60

**à Labeaume** O : 4,2 km par D 208 – 455 h. – alt. 116 – ✉ 07120 Labeaume

**Le Peyroche** 5 avril-14 sept.
℘ 04 75 39 79 39, camping.peyroche@wanadoo.fr, Fax
04 75 39 79 40 – E : 4 km « Au bord de l'Ardèche » –
**R** conseillée
8 ha/5 campables (160 empl.) plat, herbeux, sablonneux
**Tarif** : ▣ 2 pers. ⚡ 17,80 – pers. suppl. 3,10 – frais de réservation 35
**Location** ⚡ : ⛺ 350 à 550 – bungalows toilés

**à Sampzon** S : 6 km – 163 h. – alt. 120 – ✉ 07120 Sampzon

**Soleil Vivarais** 6 avril-15 sept.
℘ 04 75 39 67 56, info@soleil-vivarais.com, Fax 04 75 39
64 69 « Au bord de l'Ardèche, sur la presqu'île de Sampzon »
– **R** indispensable
6 ha (200 empl.) plat, herbeux, pierreux
**Tarif** : ▣ 2 pers. ⚡ (10A) 36 – pers. suppl. 7
**Location** : ⛺ 220 à 810 – ⛺ 270 à 810 – bungalows toilés
⛺

**Aloha Plage** avril-20 sept.
℘ 04 75 39 67 62, reception@camping-aloha-plage.fr, Fax
04 75 89 10 26 « Au bord de l'Ardèche, sur la presqu'île de
Sampzon (accès direct) » – **R** conseillée
1,5 ha (120 empl.) plat, terrasses, peu incliné, herbeux,
sablonneux
**Tarif** : ▣ 2 pers. ⚡ 24,50 – pers. suppl. 4,50
**Location** : ⛺ 273 à 458 – ⛺ 301 à 602 – bungalows toilés

**Sun Camping** Pâques-sept.
℘ 04 75 39 76 12, Fax 04 75 39 76 12 – à 200 m de l'Ardèche « Sur la presqu'île de Sampzon » – **R** indispensable
1,2 ha (70 empl.) plat, terrasses, herbeux
**Tarif** : ▣ 2 pers. ⚡ 18,50 – pers. suppl. 3,35
**Location** : ⛺ 168 à 285 – ⛺ 221 à 465

**Le Mas de la Source** avril-sept.
℘ 04 75 39 67 98, camping.masdelasource@wanadoo.fr,
Fax 04 75 39 67 98 « Sur la presqu'île de Sampzon, au bord
de l'Ardèche (accès direct) » – **R** conseillée
1,2 ha (30 empl.) en terrasses, plat, herbeux
**Tarif** : ▣ 2 pers. ⚡ (6A) 27,30 – pers. suppl. 5 – frais de
réservation 15,50

*En juillet et août, beaucoup de terrains sont saturés
et leurs emplacements retenus longtemps à l'avance.*

*N'attendez pas le dernier moment pour réserver.*

99

ARDÈCHE (Gorges de l')

## St-Alban-Auriolles

Ardèche – 584 h. – alt. 108 – ✉ 07120 St-Alban-Auriolles – schéma B.
Paris 660 – Alès 50 – Aubenas 27 – Pont-St-Esprit 61 – Ruoms 7 – Vallon-Pont-d'Arc 15.

  ▲▲▲ **Le Ranc Davaine** 5 avril-20 sept.
      ℘ 04 75 39 60 55, Fax 04 75 39 38 50 – SO : 2,3 km par
D 208 rte de Chandolas (hors schéma) « Près du Chassezac »
– **R** conseillée
10 ha (356 empl.) plat et peu incliné, rocailleux, herbeux
**Tarif :** ▣ 2 pers. ⚡ 36 – pers. suppl. 8 – frais de réserva-
tion 30
**Location :** 🛏 250 à 800 – 🏠 890

  ▲ **Le Mas du Sartre** mai-15 sept.
      ℘ 04 75 39 71 74, masdusartre@wanadoo.fr, Fax 04 75 39
71 74 – à Auriolles, NO : 1,8 km – **R** conseillée
1 ha (25 empl.) plat et peu incliné, en terrasses, pierreux,
herbeux
**Tarif :** ▣ 2 pers. ⚡ 16,30 – pers. suppl. 3,20
**Location :** 🏠 205 à 455

## St-Martin-d'Ardèche

Ardèche – 537 h. – alt. 46 – ✉ 07700 St-Martin-d'Ardèche – schéma C.
🅱 Office du Tourisme, place de l'église ℘ 04 75 98 70 91, Fax 04 75 98 70 91.
Paris 645 – Bagnols-sur-Cèze 21 – Barjac 27 – Bourg-St-Andéol 13 – Pont-St-Esprit 10 – Vallon-Pont-d'Arc 34.

  ▲▲ **Le Pontet** 2 avril-sept.
      ℘ 04 75 04 63 07, contact@campinglepontet.com, Fax
04 75 98 76 59 – E : 1,5 km par D 290 rte de St-Just et
chemin à gauche – **R** conseillée
1,8 ha (100 empl.) plat et terrasse, herbeux
**Tarif :** (Prix 2002) ▣ 2 pers. ⚡ 17,80 – pers. suppl. 4 – frais
de réservation 8
**Location :** 🛏 229 à 473
🛏

  ▲▲ Les Gorges
      ℘ 04 75 04 61 09, Fax 04 75 04 61 09 – NO : 1,5 km, au
lieu-dit Sauze « Près de l'Ardèche »
1,2 ha (92 empl.) plat, terrasses, herbeux, pierreux

  ▲ **Le Castelas** 29 mars-4 oct.
      ℘ 04 75 04 66 55, camping-le-castelas@wanadoo.fr, Fax
04 75 04 66 55 – sortie Nord-Ouest par D 290 et chemin à
gauche, à 250 m de l'Ardèche – **R** conseillée
1,1 ha (65 empl.) peu incliné, herbeux
**Tarif :** (Prix 2002) ▣ 2 pers. ⚡ (4A) 11,80 – pers. suppl. 2,40
– frais de réservation 8

  ▲ **Municipal le Village** mai-15 sept.
      ℘ 04 75 04 65 25, Fax 04 75 04 60 12 – au Nord du bourg,
à 300 m de l'Ardèche – **R** conseillée
1,5 ha (70 empl.) plat et peu incliné, terrasses, herbeux,
gravillons
**Tarif :** ▣ 2 pers. ⚡ (13A) 13,80 – pers. suppl. 2,60
**Location :** 🛏 230 à 420

## St-Maurice-d'Ardèche

Ardèche – 214 h. – alt. 140 – ✉ 07200 St-Maurice-d'Ardèche – schéma B.
Paris 643 – Aubenas 14 – Largentière 15 – Privas 44 – Vallon-Pont-d'Arc 21 – Viviers 36.

  ▲ **Le Chamadou** avril-15 sept.
      ℘ 04 75 37 00 56, lechamadou@libertysurf.fr, Fax 04 75
37 70 61 ✉ 07120 Balazuc – SE : 3,2 km par D 579, rte de
Ruoms et chemin à gauche, à 500 m d'un étang – **R** indis-
pensable
1 ha (40 empl.) peu incliné, plat, herbeux
**Tarif :** (Prix 2002) ▣ 2 pers. ⚡ 19,80
**Location** (avril-15 oct.) : 🏠 300 à 540

*Si vous recherchez, dans une région déterminée :*

- *un terrain agréable ( ▲ ... ▲▲▲ )*
- *un terrain avec piscine*
- *ou simplement un camp d'étape ou de séjour*

*Consultez le tableau des localités dans le chapitre explicatif.*

## St-Maurice-d'Ibie

Ardèche – 163 h. – alt. 220 – ⊠ 07170 St-Maurice-d'Ibie – schéma A.
Paris 640 – Alès 63 – Aubenas 24 – Pont-St-Esprit 62 – Ruoms 25 – Vallon-Pont-d'Arc 16.

⚠ **Le Sous-Bois** 19 avril-15 sept.
℘ 04 75 94 86 95, *camping.lesousbois@wanadoo.fr*, Fax 04 75 94 85 81 – S : 2 km par D 558 rte de Vallon-Pont-d'Arc, puis chemin empierré à droite « Au bord de l'Ibie » – **R** conseillée
2 ha (50 empl.) plat, herbeux, pierreux
**Tarif :** 🏕 *2 pers.* (⅍) *17,70 – pers. suppl. 3,90*
**Location :** 🛖 *160 à 300 –* 🚐 *200 à 533,60*

## St-Remèze

Ardèche – 454 h. – alt. 365 – ⊠ 07700 St-Remèze – schéma A.
Paris 650 – Barjac 30 – Bourg-St-Andéol 17 – Pont-St-Esprit 25 – Privas 60 – Vallon-Pont-d'Arc 14.

⚠⚠ **Carrefour de l'Ardèche** 12 avril-sept.
℘ 04 75 04 15 75, *carrefourardeche@worldonline.fr*, Fax 04 75 04 35 05 – sortie Est, par D 4, rte de Bourg-St-Andéol – **R** conseillée
1,7 ha (90 empl.) plat, peu incliné, herbeux, pierreux
**Tarif :** 🏕 *2 pers.* (⅍) *23,50 – pers. suppl. 4,50 – frais de réservation 12*
**Location :** 🛖 *330 –* 🚐 *220 à 525*

⚠ **La Résidence** 12 avril-sept.
℘ 04 75 04 26 87, *allan.jorgensen@wanadoo.fr*, Fax 04 75 04 39 52 – au bourg vers sortie Est, rte de Bourg-St-Andéol – **R** conseillée
1,6 ha (60 empl.) peu incliné à incliné, en terrasses, herbeux, pierreux, verger
**Tarif :** 🏕 *2 pers.* (⅍) *17 – pers. suppl. 4,80 – frais de réservation 8*
**Location** ⚡ *juil.-août :* 🚐 *280 à 480*

*Si vous désirez réserver un emplacement pour vos vacances,*
*faites-vous préciser au préalable les conditions particulières de séjour,*
*les modalités de réservation, les tarifs en vigueur et les conditions de paiement.*

**101**

## Vagnas

Ardèche – 383 h. – alt. 200 – ⊠ 07150 Vagnas – schéma A.
Paris 675 – Aubenas 42 – Barjac 5 – St-Ambroix 20 – Vallon-Pont-d'Arc 9 – Les Vans 38.

⚠⚠ **La Rouvière-Les Pins** 5 avril-15 sept.
℘ 04 75 38 61 41, *rouviere07@aol.com*, Fax 04 75 38 63 80 – sortie Sud par rte de Barjac puis 1,5 km par chemin à droite – **R** conseillée
2 ha (100 empl.) plat et peu incliné, terrasses, herbeux
**Tarif :** (Prix 2002) 🏕 *2 pers.* (⅍) *(6A) 20 – pers. suppl. 4 – frais de réservation 14*

## Vallon-Pont-d'Arc

Ardèche – 1 914 h. – alt. 117 – ⊠ 07150 Vallon-Pont-d'Arc – schéma B.
🚩 Office du Tourisme, 1 place de l'ancienne-gare ℘ 07 75 88 04 01, Fax 04 75 88 41 09, *tourisme.vallon@wanadoo.fr*.
Paris 664 – Alès 47 – Aubenas 34 – Avignon 81 – Carpentras 95 – Montélimar 58.

⚠⚠⚠ **L'Ardéchois** 10 avril-20 sept.
℘ 04 75 88 06 63, *ardecamp@bigfoot.com*, Fax 04 75 37 14 97 – SE : 1,5 km « Accès direct à l'Ardèche » – **R** conseillée
5 ha (244 empl.) plat, herbeux
**Tarif :** 🏕 *2 pers.* (⅍) *(6A) 33 – pers. suppl. 7 – frais de réservation 31*
**Location** ⚡ : 🚐 *495 à 764*
🚐

⚠⚠⚠ **Mondial-Camping** 20 mars-sept.
℘ 04 75 88 00 44, Fax 04 75 37 13 73 – SE : 1,5 km « Accès direct à l'Ardèche » – **R** conseillée
4 ha (240 empl.) plat, herbeux
**Tarif :** 🏕 *2 pers.* (⅍) *31 – pers. suppl. 6,50 – frais de réservation 28*
**Location** *(20 mars-8 sept.) –* ⚡ : 🚐 *380 à 690*
🚐

**▲▲▲ La Roubine** 19 avril-13 sept.

📞 04 75 88 04 56, *roubine.ardeche@wanadoo.fr*, Fax 04 75 88 04 56 – O : 1,5 km « Au bord de l'Ardèche (plan d'eau) » – **R** conseillée

7 ha/4 campables (135 empl.) plat, herbeux, sablonneux

**Tarif :** 🔲 *2 pers.* 🔌 *(6A) 30 – pers. suppl. 6 – frais de réservation 25*

**Location :** 🚐 *270 à 650*

🚐

**▲▲▲ Le Provençal** 12 avril-20 sept.

📞 04 75 88 00 48, *camping.le.provencal@wanadoo.fr*, Fax 04 75 88 02 00 – SE : 1,5 km « Accès direct à l'Ardèche » – **R** conseillée

3,5 ha (200 empl.) plat, herbeux

**Tarif :** 🔲 *2 pers.* 🔌 *(8A) 26,10 – pers. suppl. 5,50 – frais de réservation 25*

**▲▲ Le Chauvieux** 18 avril-14 sept.

📞 04 75 88 05 37, *camping.chauvieux@wanadoo.fr*, Fax 04 75 88 05 37 – SO : 1 km, à 100 m de l'Ardèche – **R** conseillée

1,8 ha (100 empl.) plat et peu incliné, herbeux, sablonneux

**Tarif :** 🔲 *2 pers.* 🔌 *(6A) 21,50 – pers. suppl. 4 – frais de réservation 8*

**▲▲▲ International** 30 avril-15 sept.

📞 04 75 88 00 99, *inter.camp@wanadoo.fr*, Fax 04 75 88 05 67 – SO : 1 km « Bord de l'Ardèche » – **R** conseillée

2,7 ha (130 empl.) plat, peu incliné, herbeux, sablonneux

**Tarif :** 🔲 *2 pers.* 🔌 *(6A) 27 – pers. suppl. 5 – frais de réservation 15*

**Location :** 🚐 *305 à 560*

🚐

**▲▲▲ La Rouvière** 15 mars-sept.

📞 04 75 37 10 07, *ardbat@aol.com*, Fax 04 75 88 03 99 – SE : 6,6 km par D 290, rte des Gorges, à Chames « Accès direct à l'Ardèche » – **R** conseillée

3 ha (152 empl.) en terrasses, peu incliné et plat, sablonneux, pierreux, herbeux

**Tarif :** 🔲 *2 pers.* 🔌 *(6A) 20,50 – pers. suppl. 5*

**Location :** 🚐 *260 à 550*

**▲ Le Midi** avril-sept.

📞 04 75 88 06 78, *info@camping-midi.com*, Fax 04 75 88 06 78 – SE : 6,5 km par D 290, rte des Gorges, à Chames « Accès direct à l'Ardèche »

1,6 ha (52 empl.) en terrasses, peu incliné, herbeux, sablonneux

**Tarif :** 🔲 *2 pers.* 🔌 *20,50 – pers. suppl. 5*

**▲ L'Esquiras** avril-sept.

📞 04 75 88 04 16, *esquiras@wanadoo.fr*, Fax 04 75 88 04 16 – NO : 2,8 km par D 579, rte de Ruoms et chemin à droite après la station-service Intermarché – **R** conseillée

0,5 ha (34 empl.) plat, peu incliné, herbeux, pierreux

**Tarif :** 🔲 *2 pers.* 🔌 *18 – pers. suppl. 3,05*

**Location :** 🚐 *240 à 488*

🚐

**aux Mazes** O : 3,5 km – ✉ 07150 Vallon-Pont-d'Arc

**▲▲▲ La Plage Fleurie** 26 mai-15 sept.

📞 04 75 88 01 15, Fax 04 75 88 11 31 – O : 3,5 km « Au bord de l'Ardèche » – **R** conseillée

12 ha/6 campables (300 empl.) plat et peu incliné, terrasses, herbeux

**Tarif :** 🔲 *2 pers.* 🔌 *(10A) 23,10 – pers. suppl. 5,50 – frais de réservation 20*

**Location :** 🚐 *315 à 546*

**▲▲ Beau Rivage** mai-15 sept.

📞 04 75 88 03 54, *a.massot@worlonline.fr*, Fax 04 75 88 03 54 « Au bord de l'Ardèche (plan d'eau) » – **R** conseillée

2 ha (100 empl.) plat et terrasse, herbeux

**Tarif :** 🔲 *2 pers.* 🔌 *(6A) 23,30 – pers. suppl. 4,90 – frais de réservation 16*

**Location :** 🚐 *335 à 532*

⚠ **Arc-en-Ciel** 25 avril-14 sept.
 ℰ 04 75 88 04 65, *info@ arcenciel-camping.com*, Fax 04 75 37 16 99 « Au bord de l'Ardèche (plan d'eau) » – **R** conseillée
 5 ha (218 empl.) plat et peu incliné, herbeux, pierreux
 **Tarif :** ▣ *2 pers.* ⚡ *19 – pers. suppl. 4,60 – frais de réservation 12*
 **Location** ✲ *juil.-août :* 📟 *250 à 510*

**à Salavas**  SO : 2 km – 402 h. – alt. 96 – ✉ 07150 Salavas

⚠ **Le Péquelet** avril-sept.
 ℰ 04 75 88 04 49, Fax 04 75 37 18 46 – sortie Sud par D 579, rte de Barjac et 2 km par rte à gauche « Au bord de l'Ardèche (accès direct) » – **R** conseillée
 2 ha (60 empl.) plat, herbeux
 **Tarif :** ▣ *2 pers.* ⚡ *19,50 – pers. suppl. 4,50 – frais de réservation 10*
 **Location :** 🏠 *230 à 570*

⚠ **Le Casque Roi** avril-11 nov.
 ℰ 04 75 88 04 23, *casqueroi@ aol.com*, Fax 04 75 37 18 64 – à la sortie Nord du bourg, rte de Vallon-Pont-d'Arc – **R** conseillée
 0,4 ha (29 empl.) plat, herbeux
 **Tarif :** ▣ *2 pers.* ⚡ *20 – pers. suppl. 3,35*
 **Location :** 📟 *180 à 605*

---

## ARDRES

62610 P.-de-C. **1** – **301** E2 G. Picardie Flandres Artois – 3 936 h. – alt. 11.
🛈 Office de tourisme, Chapelle-des-Carmes ℰ 03 21 35 28 51, Fax 03 21 35 28 51.
Paris 273 – Arras 94 – Boulogne-sur-Mer 38 – Calais 17 – Dunkerque 43 – Lille 91 – St-Omer 26.

⚠ **St-Louis** avril-oct.
 ℰ 03 21 35 46 83, Fax 03 21 00 19 78 – à Autingues, S : 2 km par D 224, rte de Licques et D 227 à gauche – Places limitées pour le passage – **R** conseillée
 1,5 ha (84 empl.) plat, herbeux
 **Tarif :** ▣ *2 pers.* ⚡ *(6A) 13 – pers. suppl. 2,50*
 🚐

---

## ARÈS

33 Gironde – **335** E6 – voir à Arcachon (Bassin d').

---

## ARGELÈS-GAZOST

65400 H.-Pyr. **14** – **342** L6 G. Midi Pyrénées – 3 229 h. – alt. 462 – ✚ (début avril-fin oct.).
🛈 Office du Tourisme, 15 place République ℰ 05 62 97 00 25, Fax 05 62 97 50 60.
Paris 874 – Lourdes 13 – Pau 58 – Tarbes 31.

⚠ **Les Trois Vallées** Pâques-sept.
 ℰ 05 62 90 35 47, Fax 05 62 90 35 48 – sortie Nord « Décoration florale de l'espace aquatique, ludique et commercial » – **R** conseillée
 7 ha (380 empl.) plat, herbeux
 **Tarif :** ▣ *2 pers.* ⚡ *(6A) 25,50 – pers. suppl. 6 – frais de réservation 19*
 **Location** *(permanent)* – ✲ : 📟 *231 à 457*
 🚐

**à Agos-Vidalos**  NE : 5 km par N 21, rte de Lourdes – 270 h. – alt. 450 – ✉ 65400 Agos-Vidalos :

⚠ **Le Soleil du Pibeste** Permanent
 ℰ 05 62 97 53 23, *info@ campingpibeste.com*, Fax 05 62 97 53 23 – sortie Sud, par la N 21 – **R** conseillée
 1,5 ha (90 empl.) plat et peu incliné, terrasses, herbeux
 **Tarif :** ▣ *2 pers.* ⚡ *(3A) 18 – pers. suppl. 4 – frais de réservation 26*
 **Location :** 📟 *300 à 457 –* 🏠 *300 à 587*

⚠ **La Tour**
 ℰ 05 62 97 55 59, *michel.dubie@ wanadoo.fr*, Fax 05 62 97 55 59 – par la N 21, à Vidalos
 2 ha (130 empl.) plat, herbeux

⋀⋀ **La Châtaigneraie** Permanent
℘ 05 62 97 07 40, Fax 05 62 97 06 64 – par N 21, à Vidalos
– **R** conseillée
1,5 ha (100 empl.) plat, peu incliné, terrasses, herbeux
**Tarif :** 🖹 *2 pers.* 🔌 *(6A) 14,80 – pers. suppl. 3,70*
**Location :** 🚐 *215 à 400 – studios*

à **Arcizans-Avant** S : 5 km par St-Savin – 258 h. – alt. 640 – ⊠ 65400 Arcizans-Avant :

⋀⋀ **Le Lac** juin-sept.
℘ 05 62 97 01 88, *campinglac@campinglac65.fr,* Fax 05 62
97 01 88 – sortie Ouest, à proximité du lac – **R** conseil-
lée
2 ha (90 empl.) peu incliné, herbeux
**Tarif :** 🖹 *2 pers.* 🔌 *(3A) 17,70 – pers. suppl. 4,90*

à **Arras-en-Lavedan** SO : 3 km par D 918, rte d'Arrens – 418 h. – alt. 700 – ⊠ 65400 Arras-en-Lavedan :

⋀⋀ **L'Idéal** juin-15 sept.
℘ 05 62 97 03 13 – NO : 0,3 km par D 918, rte d'Argelès-
Gazost (hors schéma), alt. 600 – **R** conseillée
2 ha (60 empl.) en terrasses, plat et peu incliné,
herbeux
**Tarif :** 🖹 *2 pers.* 🔌 *(3A) 12,90 – pers. suppl. 3,40*

à **Ayzac-Ost** N : 2 km par N 21, rte de Lourdes – 369 h. – alt. 430 – ⊠ 65400 Ayzac-Ost :

⋀ **La Bergerie** mai-sept.
℘ 05 62 97 59 99, Fax 05 62 97 59 99 – sortie Sud par N
21 et chemin à gauche – **R** conseillée
2 ha (50 empl.) plat, herbeux
**Tarif :** 🖹 *2 pers.* 🔌 *(2A) 12,60 – pers. suppl. 3,60*
**Location** *(permanent) –* 🏠 *: appartements*

à **Bun** SO : 7 km par D 918 et D 103 – 101 h. – alt. 800 – ⊠ 65400 Bun :

⋀ **Le Bosquet** Permanent
℘ 05 62 97 07 81 – sortie Ouest du bourg (hors schéma),
pour les caravanes, accès conseillé par D 918, rte d'Aucun
et D 13 – **R** conseillée
1,5 ha (35 empl.) plat, herbeux
**Tarif :** 🖹 *2 pers.* 🔌 *(6A) 11,60 – pers. suppl. 2,60*
**Location** *gîtes*

**104**

**à Lau-Balagnas**  SE : 1 km par D 921, rte de Pierrefitte-Nestalas – 519 h. – alt. 430 – ⊠ 65400 Lau-Balagnas :

⚠ *Le Lavedan*
  𝒫 05 62 97 18 84, *michel.dubie@wanadoo.fr*, Fax 05 62 97 55 56 – SE : 1 km
  2 ha (137 empl.) plat, herbeux
  **Location :** ⬚

⚠ *Les Frênes* fermé 16 oct.-14 déc.
  𝒫 05 62 97 25 12, Fax 05 62 97 01 41 – SE : 1,2 km – **R** conseillée
  3 ha (165 empl.) plat et terrasses, herbeux
  **Tarif :** 🔳 *2 pers.* 🔌 *(2A) 14,20 – pers. suppl. 4*
  **Location :** ⬚ *215 à 450*

⚠ *La Prairie* 20 juin-15 sept.
  𝒫 05 62 97 11 87 – au bourg – **⊮**
  1 ha (60 empl.) plat, herbeux
  **Tarif :** 🔳 *2 pers* 🔌 *(6A) 14,20 – pers. suppl. 3*

**à Ouzous**  N : 4,4 km par N 21, rte de Lourdes et D 102 à gauche – 128 h. – alt. 550 – ⊠ 65400 Ouzous :

⚠ *Aire Naturelle la Ferme du Plantier* juin-sept.
  𝒫 05 62 97 58 01, Fax 05 62 97 58 01 – au bourg – **⊮**
  0,6 ha (15 empl.) incliné, plat, terrasse, herbeux
  **Tarif :** 🔳 *2 pers.* 🔌 *10,50 – pers. suppl. 2*

---

## ARGELÈS-SUR-MER

66700 Pyr.-Or. **15** – **344** J7 G. Languedoc Roussillon – 7 188 h. – alt. 19.
🛈 Office du Tourisme, place de l'Europe  𝒫 04 68 81 15 85, Fax 04 68 81 16 01, *infos@argeles-sur-mer.com*.
Paris 874 – Céret 28 – Perpignan 22 – Port-Vendres 9 – Prades 66.

**Centre :**

⚠ *Pujol* juin-sept.
  𝒫 04 68 81 00 25, Fax 04 68 81 21 21 ⊠ 66702 Argelès-sur-Mer cedex – **R** indispensable
  4,1 ha (249 empl.) plat, herbeux, sablonneux
  **Tarif :** 🔳 *2 pers.* 🔌 *(6A) 23 – pers. suppl. 5*

⚠ *Le Stade* avril-sept.
  𝒫 04 68 81 04 40, *camping.du.stade@wanadoo.fr*
  rte de la plage – **R** conseillée
  2,4 ha (185 empl.) plat, herbeux
  **Tarif :** 🔳 *2 pers.* 🔌 *(6A) 20,20 – pers. suppl. 4,60 – frais de réservation 8,50*
  **Location** ✄ **:** ⬚ *217 à 475*

⚠ *La Massane* 15 mars-15 oct.
  𝒫 04 68 81 06 85, *camping.massane@infonie.fr*, Fax 04 68 81 59 18 « Cadre agréable » – **R** conseillée
  2,7 ha (184 empl.) plat, herbeux
  **Tarif :** 🔳 *2 pers.* 🔌 *(10A) 26 – pers. suppl. 4,50 – frais de réservation 17*
  **Location :** ⬚ *165 à 366* – ⬚ *228 à 533*

⚠ *Paris-Roussillon* juin-sept.
  𝒫 04 68 81 19 71, *camping-parisroussillon@club-internet.fr*, Fax 04 68 81 68 77 ⊠ 66702 Argelès-sur-Mer Cedex – **R** conseillée
  3,5 ha (200 empl.) plat, herbeux
  **Tarif :** 🔳 *2 pers.* 🔌 *(6A) 23 – pers. suppl. 4,30 - frais de réservation 11*
  **Location** (mai-sept.) **:** ⬚ *140 à 375* – ⊨

⚠ *Les Ombrages* juin-sept.
  𝒫 04 68 81 29 83, *les-ombrages@freesurf.fr*, Fax 04 68 81 29 83 – à 400 m de la plage – **R** conseillée
  4,1 ha (270 empl.) plat, herbeux, sablonneux
  **Tarif :** 🔳 *2 pers.* 🔌 *(10A) 21,30 – pers. suppl. 5*
  **Location :** ⬚ *199 à 510*

⚠ *Comangès* 29 mars-11 sept.
  𝒫 04 68 81 15 62, *camp.com@wanadoo.fr*, Fax 04 68 95 87 74 – à 300 m de la plage – **R** conseillée
  1,2 ha (90 empl.) plat, herbeux
  **Tarif :** 🔳 *2 pers.* 🔌 *(10A) 21,50 – pers. suppl. 5,50 – frais de réservation 15*
  **Location :** ⬚ *220 à 565*

105

**Europe** 29 mars-11 oct.
✆ 04 68 81 08 10, *camping.europe@wanadoo.fr*, Fax 04 68
95 71 84 ✉ 66701 Argelès-sur-Mer Cedex – à 500 m de la
plage – **R** conseillée
1,2 ha (91 empl.) plat, herbeux
**Tarif :** 🏕 *2 pers.* ⚡ *(6A) 19,05 – pers. suppl. 3,80 – frais de
réservation 15,25*
Location ⚡ : 🚐 *222 à 487*

## Nord :

**La Sirène et l'Hippocampe** 12 avril-26 sept.
✆ 04 68 81 04 61, *contact@camping-lasirene.fr*, Fax 04 68
81 69 74 ✉ 66702 Argelès-sur-Mer Cedex – en deux camps
distincts « *Beau parc aquatique paysager* » – **R** indispen-
sable
21 ha (903 empl.) plat, herbeux
**Tarif :** *(Prix 2002)* 🏕 *2 ou 3 pers.* ⚡ *(5A) 43 – pers. suppl.
9 – frais de réservation 20*
Location : 🚐 *260 à 890 –* 🏠 *270 à 1160*

**Le Neptune** mai-15 sept.
✆ 04 68 81 02 98, Fax 04 68 81 00 41 ✉ 66702 Argelès-
sur-Mer Cedex – **R** conseillée
4,7 ha (215 empl.) plat, herbeux
**Tarif :** *(Prix 2002)* 🏕 *2 pers.* ⚡ *(10A) 29,50 – pers. suppl. 7*

**Les Marsouins** 5 avril-28 sept.
✆ 04 68 81 14 81, *marsouin@campmed.com*, Fax 04 68 95
93 58 – **R** conseillée
10 ha (587 empl.) plat, herbeux
**Tarif :** 🏕 *2 pers.* ⚡ *(5A) 22 – pers. suppl. 5 – frais de réser-
vation 15*
Location : 🚐 *170 à 595*
🚐

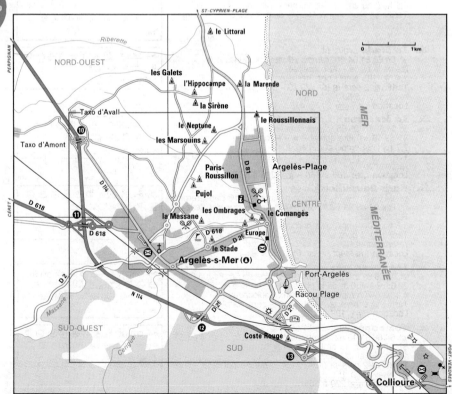

**Les Galets** 5 avril-4 oct.
📞 04 68 81 08 12, *lesgalets@wanadoo.fr*, Fax 04 68 81
68 76 – Places limitées pour le passage – **R** conseillée
5 ha (232 empl.) plat, herbeux
**Tarif :** 🔲 *2 pers.* 🔋 *(10A) 28,50 – pers. suppl. 6,50 – frais
de réservation 16*
**Location :** 🛏 *196 à 550*

GB ... (1 ha) ...
À prox. : poneys (centre
équestre)

**Le Roussillonnais** 14 avril-4 oct.
📞 04 68 81 10 42, *camping.rouss@infonnie.fr*, Fax 04 68
95 96 11 ✉ 66702 Argelès-sur-Mer Cedex – près de la plage
(accès direct) – **R** conseillée
10 ha (719 empl.) plat, sablonneux, herbeux
**Tarif :** (Prix 2002) 🔲 *2 pers.* 🔋 *(6A) 22 – pers. suppl. 4,60*
🛏

juil.-août GB ... pizzeria ... discothèque
À prox. : ski nautique, jet ski

**Le Littoral** mai-28 sept.
📞 04 68 81 17 74, *camping.littoral@infonie.fr*, Fax 04 68
95 94 89 – **R** conseillée
5 ha (292 empl.) plat, herbeux
**Tarif :** 🔲 *3 pers.* 🔋 *25 – pers. suppl. 4 – frais de réservation
18,30*
**Location** ✂ : 🛏 *126 à 430* – 🛏 *161 à 572*

GB ...
À prox. : golf

**La Marende** 30 avril-27 sept.
📞 04 68 81 12 09, *camp.marende@altranet.fr*, Fax 04 68
81 88 52 – à 400 m de la plage – **R** conseillée
3 ha (168 empl.) plat, herbeux, sablonneux
**Tarif :** 🔲 *2 pers.* 🔋 *23 - pers. suppl. 5 – frais de réservation 10*
**Location :** 🛏 *180 à 520*

GB ... snack
À prox. :

**Sud :**

**Coste Rouge** 4 avril-18 oct.
📞 04 68 81 08 94, Fax 04 68 95 94 17 – SE : 3 km –
**R** conseillée
3,7 ha (145 empl.) plat, peu incliné, terrasses, herbeux, gravier
**Tarif :** 🔲 *2 pers.* 🔋 *(6A) 22,50 – pers. suppl. 4,60 – frais de
réservation 12,20*
**Location** *(permanent) :* 🛏 *199 à 620 – studios*

GB ...
À prox. : ski nautique, jet ski

**107**

---

## ARGENTAN

61200 Orne **5** – **810** 12 G. Normandie Cotentin – 16 413 h. – alt. 160.
🛈 Office du Tourisme, place du Marché 📞 02 33 67 12 48, Fax 02 33 39 66 91, *tourisme.argentan@wanadoo.fr*.
Paris 192 – Alençon 46 – Caen 59 – Dreux 115 – Évreux 120 – Flers 43 – Lisieux 58.

**Municipal du Parc de la Noë** avril-5 oct.
📞 02 33 36 05 69, *mairie@mairie-argentan.fr*, Fax 02 33 36
52 07 – au Sud de la ville, r. de la Noë, à proximité de l'Orne,
accès par centre ville **« Situation agréable près d'un parc et
d'un plan d'eau »** – **R** conseillée
0,3 ha (23 empl.) plat, herbeux
**Tarif :** 🔲 *2 pers.* 🔋 *9,13 – pers. suppl. 1,79*

...
À prox. : parcours de santé ...

---

## ARGENTAT

19400 Corrèze **10** – **829** M5 G. Berry Limousin – 3 189 h. – alt. 183.
🛈 Office de tourisme, 30 avenue Pasteur 📞 05 55 28 16 05, Fax 05 55 28 97 04, *office-tourisme-argentat
@wanadoo.fr*.
Paris 504 – Aurillac 54 – Brive-la-Gaillarde 44 – Mauriac 50 – St-Céré 42 – Tulle 29.

**Le Gibanel** juin-14 sept.
📞 05 55 28 10 11, *contact@camping-gibanel.com*, Fax 05
55 28 81 62 – NE : 4,5 km par D 18 rte d'Égletons puis chemin
à droite **« Sur les terres d'un château du XVIᵉ s et au bord
d'un lac »** – **R** conseillée
60 ha/8,5 campables (250 empl.) plat, terrasses, herbeux
**Tarif :** (Prix 2002) 🔲 *2 pers.* 🔋 *(6A) 16,70 – pers. suppl. 4,50
– frais de réservation 13*
**Location :** 🛏 *200 à 390*

GB ... terrain omnisports

**Le Vaurette** mai-21 sept.
📞 05 55 28 09 67, *camping.le.vaurette@wanadoo.fr*, Fax
05 55 28 81 14 ✉ 19400 Monceaux-sur-Dordogne – SO :
9 km par D 12 rte de Beaulieu, bord de la Dordogne –
**R** conseillée
4 ha (120 empl.) plat et peu incliné, herbeux
**Tarif :** 🔲 *2 pers.* 🔋 *(6A) 21,95 – pers. suppl. 4,40 – frais de
réservation 10*
🛏

GB ... (2 ha) ... snack ...
salle d'animation ...

▲▲ **Au Soleil d'Oc** avril-15 nov.
📞 05 55 28 84 84, info@dordogne-soleil.com, Fax 05 55 28 12 12 ✉ 19400 Monceaux-sur-Dordogne – SO : 4,5 km par D 12, rte de Beaulieu puis D 12ᴱ, rte de Vergnolles et chemin à gauche après le pont, bord de la Dordogne « Cadre verdoyant » – **R** conseillée
4 ha (120 empl.) plat, terrasse, herbeux
**Tarif :** 🔲 2 pers. 🔌 (6A) 18 – pers. suppl. 4,50 – frais de réservation 10
**Location :** 🚐 140 à 290 – 🏠 150 à 450 – 🏠 210 à 580

▲▲ **Saulou** avril-sept.
📞 05 55 28 12 33, lesaulou@wanadoo.fr, Fax 05 55 28 80 67 ✉ 19400 Monceaux-sur-Dordogne – sortie Sud rte d'Aurillac puis 6 km par D 116 à droite, à Vergnolles, bord de la Dordogne – **R** conseillée
5,5 ha (150 empl.) plat, herbeux, sablonneux
**Tarif :** 🔲 2 pers. 🔌 18,89 – pers. suppl. 4,64 – frais de réservation 12,20
**Location :** 🏠 158,47 à 526,64

▲▲ **L'Echo du Malpas** 15 mars-15 nov.
📞 05 55 28 10 92, Fax 05 55 28 05 89 – SO : 2,1 km par D 12 rte de Beaulieu, bord de la Dordogne – **R** conseillée
5 ha (100 empl.) plat, herbeux
**Tarif :** 🔲 2 pers. 🔌 (10A) 20,35 – pers. suppl. 5,15 – frais de réservation 9,15
**Location :** 🚐 160 à 415 – 🏠 202 à 510 – bungalows toilés

▲ **Aire Naturelle le Vieux Port** juil.-8 sept.
📞 05 55 28 19 55 ✉ 19400 Monceaux-sur-Dordogne – SO : 4,3 km par D 12 rte de Beaulieu puis D 12ᴱ, rte de Vergnolles et chemin à gauche après le pont – **R**
1 ha (25 empl.) plat et terrasse, herbeux
**Tarif :** 🔲 2 pers. 🔌 8,30 – pers. suppl. 2

*Pour une meilleure utilisation de cet ouvrage,*
**LISEZ ATTENTIVEMENT LE CHAPITRE EXPLICATIF.**

*108*

## ARGENTIÈRE

74 H.-Savoie **12** – **328** O5 G. Alpes du Nord – Sports d'hiver : voir Chamonix – ✉ 74400 Chamonix-Mont-Blanc. Paris 619 – Annecy 105 – Chamonix-Mont-Blanc 10 – Vallorcine 10.

▲ **Le Glacier d'Argentière** 15 mai-sept.
📞 04 50 54 17 36, Fax 04 50 54 03 73 – S : 1 km par rte de Chamonix, aux Chosalets, à 200 m de l'Arve – **R**
1 ha (80 empl.) incliné à très incliné, herbeux
**Tarif :** 🔲 2 pers. 🔌 (6A) 16,50 – pers. suppl. 4,20

## L'ARGENTIÈRE-LA-BESSÉE

05120 H.-Alpes **12** – **334** H4 G. Alpes du Sud – 2 191 h. – alt. 1 024. Paris 698 – Briançon 17 – Embrun 35 – Gap 75 – Mont-Dauphin 18 – Savines-le-Lac 46.

▲ **Municipal les Ecrins** 23 avril-15 sept.
📞 04 92 23 03 38, mairie@ville-argentiere.fr, Fax 04 92 23 03 38 – S : 2,3 km par N 94 rte de Gap, et D 104 à droite « Près d'un plan d'eau et d'un stade d'eau vive » – **R** conseillée
3 ha/1 campable (60 empl.) plat, herbeux, pierreux
**Tarif :** (Prix 2002) 🔲 2 pers. 🔌 (9A) 12,50 – pers. suppl. 3,50

## ARGENTON-CHÂTEAU

79150 Deux-Sèvres **9** – **322** D3 G. Poitou Vendée Charentes – 1 078 h. – alt. 123.
🛈 Office du Tourisme, 13 rue Porte Virèche 📞 05 49 65 96 56, Fax 05 49 65 78 48, tourismeargentonnais @francemail.com.
Paris 357 – Bressuire 19 – Doué-la-Fontaine 30 – Mauléon 26 – Niort 90 – Thouars 20.

▲ **Municipal du lac d'Hautibus** avril-oct.
📞 05 49 65 95 08, Fax 05 49 65 70 84 – à l'Ouest du bourg, rue de la Sablière (accès près du rond-point de la D 748 et D 759), à 150 m du lac (accès direct) – **R** conseillée
0,7 ha (70 empl.) peu incliné et en terrasses, incliné, herbeux
**Tarif :** 🔲 2 pers. 🔌 8,60 – pers. suppl. 1,75
**Location** (permanent) : 🏠 125 à 187

## ARGENTON-SUR-CREUSE

36200 Indre **10** – **323** F7 G. Berry Limousin – 5 193 h. – alt. 100.
**🖪** Office du Tourisme, 13 place de la République ℘ 02 54 24 05 30, Fax 02 54 24 28 13.
Paris 297 – Châteauroux 31 – Guéret 81 – Limoges 93 – Montluçon 103 – Poitiers 101 – Tours 129.

⚘ **Les Chambons** 15 mai-15 sept.
℘ 02 54 24 15 26 – sortie Nord-Ouest par D 927, rte du
Blanc et à gauche, à St-Marcel 37 r. des Chambons, bord de
la Creuse « Au bord de le Creuse »
1,5 ha (60 empl.) plat, herbeux
**Tarif :** 🔲 *2 pers.* 🝆 *14,55 – pers. suppl. 3,15*

## ARLES

13200 B.-du-R. **16** – **340** C3 G. Provence – 52 058 h. – alt. 13.
**🖪** Office du Tourisme, 43 boulevard de Craponne ℘ 04 90 18 41 20, Fax 04 90 18 41 29, *ot.administration
@arles.org.*
Paris 723 – Aix-en-Provence 77 – Avignon 37 – Cavaillon 44 – Marseille 95 – Montpellier 84 – Nîmes 32 –
Salon-de-Provence 46.

**O : 14 km** par N 572 rte de St-Gilles et D 37 à gauche – ✉ 13123 Albaron :

⚘ **Crin Blanc** 29 mars-4 oct.
℘ 04 66 87 48 78, *crin.blanc@free.fr*, Fax 04 66 87 18 66
– au Sud-Ouest de Saliers par D 37 – **R** indispensable
4,5 ha (89 empl.) plat, herbeux, pierreux
**Tarif :** 🔲 *1 ou 2 pers.* 🝆 *(10A) 18 - pers. suppl. 4,50 – frais
de réservation 18*
**Location** *(permanent) :* 🛏 *195 à 595 –* 🏠 *195 à 520*

## ARLES-SUR-TECH

66150 Pyr.-Or. **15** – **344** G8 G. Languedoc Roussillon – 2 837 h. – alt. 280.
**🖪** Office du Tourisme, rue Jean-Baptiste Barjau ℘ 04 68 39 11 99, Fax 04 68 39 11 99, *arles.tourisme@wa
nadoo.fr.*
Paris 892 – Amélie-les-Bains-Palalda 4 – Perpignan 44 – Prats-de-Mollo-la-Preste 19.

⚘ **Le Vallespir** avril-oct.
℘ 04 68 39 90 00, Fax 04 68 39 90 09 – NE : 2 km rte
d'Amélie-les-Bains-Palalda, bord du Tech – **R** conseillée
2,5 ha (135 empl.) plat et peu incliné, herbeux
**Tarif :** 🔲 *2 pers.* 🝆 *(10A) 19,40 – pers. suppl. 4,85 – frais
de réservation 8*
**Location :** 🛏 – 🏠

**109**

## ARNAC

15150 Cantal **10** – **330** B4 – 203 h. – alt. 620.
Paris 540 – Argentat 37 – Aurillac 35 – Mauriac 37 – Égletons 61.

⚘ **Village de Vacances la Gineste** (location exclusive
de 40 mobile homes et de 40 chalets) Permanent
℘ 04 71 62 91 90, *lagineste@mairie-arnac.fr*, Fax 04 71 62
92 72 – NO : 3 km par D 61 rte de Pleaux puis 1,2 km par
chemin à droite, à la Gineste « Situation agréable sur une
presqu'île du lac d'Enchanet »
3 ha en terrasses, herbeux
**Location :** 🛏 *180 à 360 –* 🏠 *185 à 550*

## ARNAY-LE-DUC

21230 Côte-d'Or **11** – **320** G7 G. Bourgogne – 2 040 h. – alt. 375.
**🖪** Office du Tourisme, 15 rue Saint-Jacques ℘ 03 80 90 07 55, Fax 03 80 90 07 55, *ot@arnay-le-duc.com.*
Paris 286 – Autun 28 – Beaune 36 – Chagny 38 – Dijon 59 – Montbard 74 – Saulieu 29.

⚘ **Municipal de l'Étang de Fouché** 15 fév.-15 nov.
℘ 03 80 90 02 23, *camparnay@wanadoo.fr*, Fax 03 80 90
11 91 – E : 0,7 km par D 17C, rte de Longecourt « Situation
plaisante au bord d'un étang » – **R** conseillée
5 ha (190 empl.) plat, peu incliné, herbeux
**Tarif :** 🔲 *2 pers.* 🝆. *14 – pers. suppl. 3*
**Location :** 🏠 *220 à 460*

*The classification (1 to 5 tents, **black** or **red**) that we award to
selected sites in this Guide is a system that is our own.*

*It should not be confused with the classification (1 to 4 stars) of official organisations.*

## ARPAJON-SUR-CÈRE

15130 Cantal **10** – **330** C5 – 5 296 h. – alt. 613.
Paris 559 – Argentat 56 – Aurillac 5 – Maurs 44 – Sousceyrac 48.

△ *Municipal de la Cère*
     ℘ 04 71 64 55 07, Fax 04 71 64 55 07 – au Sud de la ville,
accès par D 920, face à la station Esso, bord de la rivière
« Cadre boisé agréable et soigné »
2 ha (106 empl.) plat, herbeux

## ARPHEUILLES

36700 Indre **10** – **323** D5 – 273 h. – alt. 100.
Paris 301 – Le Blanc 39 – Buzançais 14 – Châteauroux 39 – La Roche-Posay 44.

△ *Aire Naturelle Municipale* Pâques-Toussaint
     ℘ 02 54 38 42 17, Fax 02 54 38 42 17 – au bourg, derrière
l'église, bord d'un petit étang et du Rideau – **R** conseillée
0,6 ha (8 empl.) peu incliné, herbeux – *tarif laissé à l'appré-
ciation du campeur*
**Location** : *gîte d'étape*

## ARRADON

56610 Morbihan **3** – **308** O9 – 4 317 h. – alt. 40.
🚩 Syndicat d'Initiative, 2 place de l'Église ℘ 02 97 44 77 44, Fax 02 97 44 81 22, *Mairie.tourisme@arradon.com*.
Paris 468 – Auray 16 – Lorient 62 – Quiberon 45 – Vannes 8.

▲▲▲ *Penboch* 5 avril-26 sept.
     ℘ 02 97 44 71 29, *camping.penboch@wanadoo.fr*, Fax
02 97 44 79 10 – SE : 2 km par rte de Roguedas, à 200 m
de la plage – **R** conseillée
3,5 ha (175 empl.) plat, herbeux
**Tarif** : (Prix 2002) 🔲 *2 pers.* 🔌 *(10A) 28,70 – pers. suppl. 4,60
– frais de réservation 20*
**Location** 🏫 *juil.août :* 🏠 *215 à 610 –* 🏚 *200 à 660*
🚐

▲▲ *L'Allée* avril-sept.
     ℘ 02 97 44 01 98, *campingdelallee@free.fr*, Fax 02 97 44
73 74 – O : 1,5 km par rte du Moustoir et à gauche
« Verger » – **R** conseillée
3 ha (100 empl.) plat et peu incliné, herbeux
**Tarif** : (Prix 2002) 🔲 *2 pers.* 🔌 *(6A) 18,47 – pers. suppl. 3,81
– frais de réservation 15,24*

## ARRAS-EN-LAVEDAN

65 H.-Pyr. – **342** L7 – rattaché à Argelès-Gazost.

## ARRENS-MARSOUS

65400 H.-Pyr. **13** – **342** K7 G. Midi Pyrénées – 721 h. – alt. 885.
🚩 Office du Tourisme, Maison du Val-d'Aun ℘ 05 62 97 49 49, Fax 05 62 97 49 45, *val.daun@wanadoo.fr*.
Paris 886 – Argelès-Gazost 13 – Cauterets 29 – Laruns 37 – Lourdes 25 – Taches 43.

▲▲ *La Hèche* Permanent
     ℘ 05 62 97 02 64, *laheche@free.fr*, Fax 05 62 97 02 64 –
E : 0,8 km par D 918 rte d'Argelès-Gazost et chemin à droite,
bord du Gave d'Arrens – **R**
5 ha (166 empl.) plat, herbeux
**Tarif** : 🔲 *2 pers.* 🔌 *(3A) 11 – pers. suppl. 3*
**Location** : 🏠 *155 à 320*
🚐

▲ *Le Moulian* mai-oct.
     ℘ 05 62 97 41 18, Fax 05 56 85 02 02 – à 0,5 km au Sud-Est
du bourg de Marsous « Cadre agréable dans la vallée, le long
du Gave d'Azun »
12 ha/4 campables (100 empl.) plat, herbeux
**Tarif** : 🔲 *2 pers.* 🔌 *12 – pers. suppl. 3,30*
**Location** : *gîtes*
🚐 *(2 empl.) – 12*

△ *Le Gerrit* 25 juin-août
     ℘ 05 62 97 25 85, *francois.bordes@wanadoo.fr*
à l'Est du bourg de Marsous – **R** conseillée
1 ha (30 empl.) plat, herbeux
**Tarif** : 🔲 *2 pers.* 🔌 *(2A) 9,50 – pers. suppl. 2,50*

## ARROMANCHES-LES-BAINS

14117 Calvados **4** – **303** I3 G. Normandie Cotentin – 409 h.
**🛈** Office du Tourisme, 2 rue du Maréchal-Joffre *ℰ* 02 31 21 47 56, Fax 02 31 22 92 06, *off-tour@mail.cpod.fr.*
Paris 265 – Bayeux 11 – Caen 34 – St-Lô 46.

   ▲  ***Municipal*** avril-5 nov.
     *ℰ* 02 31 22 36 78, Fax 02 31 21 80 22 – au Sud du bourg
     – **R** conseillée
     1,5 ha (105 empl.) plat, peu incliné, terrasses, herbeux
     **Tarif :** (Prix 2002) 🔲 *2 pers.* 🔌 *13,75 – pers. suppl. 2,75*

       ➤■ juil.-août 🛠 🛁 🎣 🖳 🗑 🍴 ⊕ 🅿
       À prox. : terrain omnisports 🎾 🖼 ⛲
       ⚠ 🐎

## ARROU

28290 E.-et-L. **5** – **311** C7 – 1 777 h. – alt. 160.
Paris 140 – Brou 15 – Chartres 52 – Châteaudun 19 – Cloyes-sur-le-Loir 16.

   ▲▲  ***Municipal le Pont de Pierre*** mai-sept.
     *ℰ* 02 37 97 02 13, Fax 02 37 97 10 28 – sortie Ouest par
     D 111 rte du Gault-Perche « Près de l'Yerre et d'un petit plan
     d'eau (accès direct) » – **R**
     1,4 ha (75 empl.) plat, peu incliné, herbeux
     **Tarif :** 🔲 *2 pers.* 🔌 *(10A) 7,60 – pers. suppl. 1,50*

       🛏 🛁 🎣 🗑 🍴 🔄 🏊 🚣 🛶 🏊 🎾
       🏖 (petite plage)

## ARS-EN-RÉ

17 Char.-Mar. – **324** A2 – voir à Île-de-Ré.

## ARS-SUR-FORMANS

01480 Ain **12** – **328** B5 G. Vallée du Rhône – 851 h. – alt. 248.
**🛈** Syndicat d'Initiative, rue Jean-Marie Vianney *ℰ* 04 74 08 10 76, Fax 04 74 08 10 76.
Paris 431 – Bourg-en-Bresse 46 – Lyon 41 – Mâcon 45 – Villefranche-sur-Saône 10.

   ▲  ***Municipal le Bois de la Dame***
     *ℰ* 04 74 00 77 23, Fax 04 74 08 10 62 – 0,5 km à l'Ouest
     du centre bourg, près d'un étang
     1 ha (103 empl.) peu incliné et terrasse, herbeux, pierreux

       🐎 ♀ 🛁 🎣 🔄 🖳 🗑 🍴 ⊕ 🅿 🎾
       À prox. : 🚣 🛶

## ARTEMARE

01510 Ain **12** – **328** H5 – 961 h. – alt. 245.
Paris 506 – Aix-les-Bains 33 – Ambérieu-en-Bugey 47 – Belley 18 – Bourg-en-Bresse 77 – Nantua 43.

   ▲  ***Municipal Au Vaugrais*** mai-15 sept.
     *ℰ* 04 79 87 37 34 – O : 0,7 km par D 69ᴰ rte de Belmont,
     à Cerveyrieu, bord du Séran – **R** conseillée
     1 ha (33 empl.) plat, herbeux
     **Tarif :** (Prix 2002) 🔲 *2 pers.* 🔌 *8,70 – pers. suppl. 1,85*

       ⇜ ➤■ 🛠 🛏 🛁 🎣 🔄 🗑 🍴 ⊕ 🏊 🚣
       🏊
       À prox. : 🏊

## ARVERT

17530 Char.-Mar. **9** – **324** D5 – 2 734 h. – alt. 20.
**🛈** Syndicat d'Initiative, 22 rue des Tilleuls *ℰ* 05 46 36 89 28, Fax 05 46 36 89 28.
Paris 511 – Marennes 16 – Rochefort 37 – La Rochelle 72 – Royan 19 – Saintes 45.

       Schéma aux Mathes

   ▲  ***Le Petit Pont*** 5 avril-15 sept.
     *ℰ* 05 46 36 07 20, Fax 05 46 23 04 61 – NO : 2,5 km sur
     D 14 – **R** conseillée
     0,6 ha (33 empl.) plat, herbeux
     **Tarif :** 🔲 *2 pers.* 🔌 *(10A) 13 – pers. suppl. 3,90*
     **Location :** 🛖 *219 à 449*

       ➤■ juil.-août 🛠 ♀ 🎣 🏊 ⊕ 🅿 🍴
       🚣

   ▲  ***Municipal du Bois Vollet*** 15 juin-15 sept.
     *ℰ* 05 46 36 81 76, Fax 05 46 36 43 22 – au Nord du bourg,
     à 150 m de la D 14 – **R** conseillée
     0,8 ha (66 empl.) plat, herbeux, sablonneux
     **Tarif :** (Prix 2002) 🔲 *3 pers.* 🔌 *9,50 – pers. suppl. 2,50*

       🛠 ♀ 🛁 🎣 🔄 🖳 🗑 ⊕ 🅿 🚣
       À prox. : 🎾

## ARVIEU

12120 Aveyron **15** – **338** H5 – 925 h. – alt. 730.
**🛈** Syndicat d'Initiative, *ℰ* 05 65 46 71 06, Fax 05 65 74 20 20.
Paris 660 – Albi 68 – Millau 59 – Rodez 31.

   ▲  ***Le Doumergal*** mai-28 sept.
     *ℰ* 05 65 74 24 92 – à l'Ouest du bourg, au bord d'un ruis-
     seau – **R** conseillée
     1,5 ha (25 empl.) plat, peu incliné, herbeux
     **Tarif :** 🔲 *2 pers.* 🔌 *(5A) 12 – pers. suppl. 2,50*
     **Location :** 🛖 *189*

       🐎 ➤■ 🛠 🛏 🛁 🎣 🔄 🗑 🍴 ⊕ 🏊
       🚣 🛶
       À prox. : 🎾

## ARVIEUX

05350 H.-Alpes **17** – **334** I4 – 338 h. – alt. 1 550.
🛈 Office de tourisme, 𝒫 04 92 46 75 76, Fax 04 92 46 83 03, *ot.arvieux@free.fr.*
Paris 712 – Briançon 30 – Gap 83 – Guillestre 21 – St-Véran 20.

**Le Planet** 15 juin-7 sept.
𝒫 04 92 46 79 15, *campingduplanet@wanadoo.fr*, Fax 04 92 46 79 15 – N : 5 km par D 902 puis chemin à gauche, alt. 1 800 « Cadre et site montagnards » – **R** conseillée
5 ha (100 empl.) accidenté, pierreux, herbeux
**Tarif :** 🖃 2 pers. 🔌 (5A) 11,50 – pers. suppl. 2,70

## ARZANO

29300 Finistère **3** – **308** K7 – 1 224 h. – alt. 91.
Paris 507 – Carhaix-Plouguer 54 – Châteaulin 80 – Concarneau 39 – Pontivy 46 – Quimper 57.

**Ty-Nadan** 24 mai-6 sept.
𝒫 02 98 71 75 47, *infos@camping-ty-nadan.fr*, Fax 02 98 71 77 31 ✉ 29310 Locunolé – O : 3 km par rte de Locunolé, bord de l'Ellé – **R** conseillée
12 ha/5 campables (325 empl.) plat et peu incliné, herbeux
**Tarif :** 🖃 2 pers. 🔌 (10A) 30,30 – pers. suppl. 6,20 – frais de réservation 25
**Location :** 🛖 245 à 693 – 🏠 315 à 742 – gîte d'étape
🚐 (8 empl.) – 13

crêperie, pizzeria, discothèque

## ARZON

56640 Morbihan **3** – **308** N9 G. Bretagne – 1 754 h. – alt. 9.
🛈 Office du Tourisme, rond-point du Crouesty 𝒫 02 97 53 69 69, Fax 02 97 53 76 10, *crouesty@crouesty. com.*
Paris 489 – Auray 51 – Lorient 97 – Quiberon 80 – La Trinité-sur-Mer 64 – Vannes 33.

Schéma à Sarzeau

**Municipal du Tindio** avril-3 nov.
𝒫 02 97 53 75 59, Fax 02 97 53 61 06 – NE : 0,8 km à Kerners « En bord de mer » – **R**
5 ha (220 empl.) plat et peu incliné, herbeux
**Tarif :** (Prix 2002) 🖃 2 pers. 🔌 (10A) 12,01 – pers. suppl. 2,55
🚐

À prox. : golf (centre équestre)

## ASCAIN

64310 Pyr.-Atl. **13** – **342** C4 G. Aquitaine – 2 653 h. – alt. 24.
🛈 Office du Tourisme, Hôtel-de-Ville 𝒫 05 59 54 00 84.
Paris 794 – Biarritz 23 – Cambo-les-Bains 25 – Hendaye 18 – Pau 135 – St-Jean-de-Luz 7.

**Zélaïa** 15 juin-15 sept.
𝒫 05 59 54 02 36, Fax 05 59 54 03 62 – O : 2,5 km sur D 4 rte d'Urrugne (et du Col d'Ibardin) « Cadre agréable » – **R** conseillée
2,4 ha (168 empl.) plat, herbeux
**Tarif :** 🖃 2 pers. 🔌 21,20 – pers. suppl. 4 – frais de réservation 25
**Location :** 🛖 230 à 520 – 🏠 245 à 565 – bungalows toilés
🚐

## ASPERJOC

07600 Ardèche **16** – **331** I5 G. Vallée du Rhône – 370 h. – alt. 430.
Paris 644 – Antraigues-sur-Volane 8 – Aubenas 14 – Privas 41 – Vals-les-Bains 8.

**Vernadel** avril-oct.
𝒫 04 75 37 55 13, *vernadel@wanadoo.fr*
N : 3,7 km par D 243 et D 543 à droite, rte de Thieuré, accès par D 543 par pente assez forte, difficile pour caravanes, alt. 500 – Places limitées pour le passage « Belle situation dominant un cadre sauvage » – **R** indispensable
4 ha/2 campables (22 empl.) en terrasses, peu incliné, herbeux, pierreux
**Tarif :** 🖃 2 pers. 🔌 (4A) 18,30 – pers. suppl. 4,50
**Location :** 🏠 200 à 625

vallée et montagnes, snack

## ASPET

31160 H.-Gar. **14** – **343** C6 – 986 h. – alt. 472.
🛈 Office du Tourisme, rue Armand Latour *&* 05 61 94 86 51, Fax 05 61 94 86 56.
Paris 779 – Lannemezan 49 – St-Béat 31 – St-Gaudens 17 – St-Girons 39.

⚐ **Municipal le Cagire** avril-sept.
*&* 05 61 88 51 55 – sortie Sud par rte du col de Portet-d'Aspet et chemin à droite, bord du Ger – **R** conseillée
1,5 ha (42 empl.) plat, herbeux, bois attenant
**Tarif** : (Prix 2002) ▣ *2 pers.* ⚡ *7,36 – pers. suppl. 1,44*

⊶ juil.-août ♀ 🎏 ♻ ⚲ ☺ 🖾 🏠
À prox. : ✖ 🏊

## ASTON

09310 Ariège **14** – **343** I8 – 231 h. – alt. 563.
Paris 801 – Andorra-la-Vella 77 – Ax-les-Thermes 19 – Foix 59 – Lavelanet 44 – St-Girons 73.

⚑ **Le Pas de l'Ours** juin-14 sept.
*&* 05 61 64 90 33, *contact@lepasdelours.fr*, Fax 05 61 64 90 32 – au Sud du bourg, près du torrent – **R** conseillée
3,5 ha (50 empl.) plat et peu incliné, herbeux, rochers
**Tarif** : ▣ *2 pers.* ⚡ *(6A) 18 – pers. suppl. 4*
**Location** *(fermé oct.- 4 nov.)* : 🕿 *176 à 488 – gîtes*

Ⓜ 🐍 < ⊶ ⚲ 🗆 ♀ ♻ 🎏 ♻ 🖬
🖵 ☺ 🎿 ⚘ 🖾 🎣 🏠 ⚶ salle
d'animation 🚲 ✖
À prox. : 🏊

## ATTIGNY

08130 Ardennes **7** – **306** J6 – 1 216 h. – alt. 83.
Paris 209 – Charleville-Mézières 37 – Reims 56 – Rethel 18.

⚐ **Municipal le Vallage** 19 avril-sept.
*&* 03 24 71 23 06 – sortie Nord, rte de Charleville-Mézières et rue à gauche après le pont sur l'Aisne, près d'un étang –
🍴
1,2 ha (68 empl.) plat, herbeux, goudronné
**Tarif** : ▣ *2 pers.* ⚡ *9*

⚲ 🗆 🎹 🎏 ♻ 🖬 🖵 ☺ 🎿 🖿
À prox. : 🎣 ✖

## ATUR

24 Dordogne – **329** F5 – rattaché à Périgueux.

## AUBAZINE

19190 Corrèze **10** – **329** L4 **G. Périgord Quercy** – 788 h. – alt. 345 – **Base de loisirs.**
🛈 Office du Tourisme, Le bourg *&* 05 55 25 79 93, Fax 05 55 25 79 93, *ot.aubaine@netcourrier.com.*
Paris 482 – Aurillac 86 – Brive-la-Gaillarde 14 – St-Céré 54 – Tulle 18.

⚒ **Centre Touristique du Coiroux** 26 avril-20 sept.
*&* 05 55 27 21 96 – E : 5 km par D 48, rte du Chastang, à proximité d'un plan d'eau et d'un parc de loisirs – **R** conseillée
165 ha/6 campables (166 empl.) peu incliné, herbeux, bois attenants
**Tarif** : ▣ *2 pers.* ⚡ *(5A) 19 – pers. suppl. 4 – frais de réservation 23*
**Location** : 🚐 *252 à 602 – bungalows toilés*
🚐

Ⓜ 🐍 ⊶ GB ⚲ 🗆 ♀♀ (1 ha) ⚤ 🎏
♻ 🖬 ☺ ☺ ☺ ☺ ⚘ 🎣 🏠 🖵
⚶ ♻ ⚫ ⚫
À prox. : golf (9 et 18 trous) ♀ ✖ snack
🎣 ✖ 🏊 (plage) 🐎

## AUBENAS

07200 Ardèche **16** – **331** I6 **G. Vallée du Rhône** – 11 105 h. – alt. 330.
🛈 Office du Tourisme, 4 boulevard Gambetta *&* 04 75 89 02 03, Fax 04 75 89 02 04, *ot.aubenas.ardeche@e n-france.com.*
Paris 634 – Alès 75 – Mende 109 – Montélimar 42 – Privas 31 – Le Puy-en-Velay 92.

⚒ **La Chareyrasse** avril-14 sept.
*&* 04 75 35 14 59, *camping-la-chareyrasse@wanadoo.fr*, Fax 04 75 35 00 06 – SE : 3,5 km par rte à partir de la gare, à St-Pierre-sous-Aubenas « Agréable cadre boisé, au bord de l'Ardèche » – **R** conseillée
2,3 ha (90 empl.) plat, herbeux, pierreux
**Tarif** : ▣ *2 pers.* ⚡ *(10A) 21,30 – pers. suppl. 4 - frais de réservation 10*
**Location** : 🚐 *215 à 495 – bungalows toilés*

🐍 ⊶ GB ⚲ ♀♀ 🎹 ⚤ 🎏 ♻ 🖬 ☺
🖵 🏔 ☺ ⚘ 🖾 🖿 ♀ pizzeria
🎣 🎣 🚲 ✖
À prox. : ✖

⚐ **Aubenas les Pins** 15 avril-15 sept.
*&* 04 75 35 18 15, Fax 04 75 35 03 55 – O : 2,5 km par D 235, rte de Mercuer « Situation et cadre agréables » – **R** conseillée
7 ha/4,5 campables (130 empl.) en terrasses, pierreux
**Tarif** : ▣ *2 pers.* ⚡ *(10A) 15,85 – pers. suppl. 3,50*
**Location** : 🚐 *235 à 396,37*

🐍 ⊶ ⚲ ♀♀ ⚤ 🎏 ♻ 🖾 🏔 ☺
🖵 🖿 🖾 ♀ 🎣 🏠 🏊

**à St-Privat** NE : 4 km par N 104 rte de Privas – 1 359 h. – alt. 304 – ✉ 07200 St-Privat :

⚠ **Le Plan d'Eau** juin-15 sept.
🅿 04 75 35 44 98, Fax 04 75 35 44 98 – SE : 2 km par D 259
rte de Lussas « Au bord de l'Ardèche » – **R** conseillée
3 ha (100 empl.) plat, pierreux, herbeux
**Tarif :** (Prix 2002) 🔲 2 pers. 🔌 (8A) 20,80 – pers. suppl. 4,60
**Location :** 🛏 169 à 343

## AUBENCHEUL-AU-BAC

59265 Nord **2** – 🔳🔳🔳 G6 – 516 h. – alt. 40.
Paris 187 – Arras 32 – Cambrai 12 – Douai 15 – Lille 57 – Valenciennes 47.

⚠ **Municipal les Colombes**
🅿 03 27 89 25 90, Fax 03 27 94 58 11 – sortie Sud par N
43, rte de Cambrai puis 0,5 km par D 71 à gauche – Places
limitées pour le passage « Au bord d'un étang et près du
canal de la Sensée »
2,5 ha (101 empl.) plat, herbeux

## AUBERIVES-SUR-VARÈZE

38550 Isère **12** – 🔳🔳🔳 B5 – 896 h. – alt. 195.
Paris 505 – Annonay 33 – Grenoble 101 – Lyon 46 – St-Étienne 63 – Valence 61.

⚠ **Les Nations** Permanent
🅿 04 74 84 95 13, Fax 04 74 86 34 40 ✉ 38550 Clonas-
sur-Varèze – S : 1 km sur N 7
1 ha (60 empl.) plat, herbeux
**Tarif :** 🔲 2 pers. 🔌 (5A) 15 – pers. suppl. 6,50

À prox. : ✖

## AUBIGNAN

84810 Vaucluse **16** – 🔳🔳🔳 D9 – 3 347 h. – alt. 65.
🅸 Office du Tourisme, boulevard Louis-Guichard 🅿 04 90 62 65 36, Fax 04 90 62 75 15.
Paris 680 – Avignon 30 – Carpentras 6 – Orange 21 – Vaison-la-Romaine 25.

⚠ **Intercommunal du Brégoux** mars-oct.
🅿 04 90 62 62 50, camping-lebregoux@wanadoo.fr, Fax
04 90 62 65 21 – SE : 0,8 km par D 55 rte de Caromb et
chemin à droite – **R** conseillée
3,5 ha (174 empl.) plat, herbeux
**Tarif :** (Prix 2002) 🔲 2 pers. 🔌 (6A) 10,30 – pers. suppl. 2,60

## AUBIGNY-SUR-NÈRE

18700 Cher **6** – 🔳🔳🔳 K2 G. Châteaux de la Loire – 5 803 h. – alt. 180.
🅸 Office du Tourisme, 1 rue de l'Eglise 🅿 02 48 58 40 20, Fax 02 48 58 40 20, tourisme@aubigny.org.
Paris 181 – Bourges 49 – Cosne-sur-Loire 42 – Gien 30 – Orléans 67 – Salbris 32 – Vierzon 44.

⚠ **Municipal les Etangs** avril-oct.
🅿 02 48 58 02 37, aubigny.mairie@wanadoo.fr, Fax 02 48
81 50 98 – E : 1,4 km par D 923 rte d'Oizon, près d'un étang
(accès direct) – **R** conseillée
3 ha (100 empl.) plat, herbeux
**Tarif :** (Prix 2002) 🔲 3 pers. 🔌 (10A) 12,80 – pers. suppl. 2,15

À prox. : ✖ 🎣

## AUBURE

68150 H.-Rhin **8** – 🔳🔳🔳 H7 G. Alsace Lorraine – 372 h. – alt. 800.
Paris 433 – Colmar 27 – Gérardmer 49 – St-Dié 37 – Ste-Marie-aux-Mines 14 – Sélestat 27.

⚠ **Municipal la Ménère** 15 mai-15 sept.
🅿 03 89 73 91 04, Fax 03 89 73 91 04 – au bourg, près de
la poste, accès conseillé par sortie Sud, rte de Ribeauvillé et
chemin à droite « A l'orée d'une pinède » – **R** conseillée
1,8 ha (70 empl.) en terrasses, herbeux, gravillons
**Tarif :** (Prix 2002) 🔲 2 pers. 🔌 (6A) 11,40 – pers. suppl. 2,80

À prox. :

*La catégorie (1 à 5 tentes, noires ou rouges) que nous attribuons*
*aux terrains sélectionnés dans ce guide est une appréciation qui nous est propre.*

*Elle ne doit pas être confondue avec le classement (1 à 4 étoiles)*
*établi par les services officiels.*

## AUCH

32000 Gers **14** – **336** F8 G. Midi Pyrénées – 23 136 h. – alt. 169.
**🛈** Office du Tourisme, 1 rue Dessoles *℘* 05 62 05 22 89, Fax 05 62 05 92 04, *ot.auch@wanadoo.fr.*
Paris 724 – Agen 74 – Bordeaux 206 – Tarbes 73 – Toulouse 78.

**⚠ Le Castagné** 15 mai-sept.
*℘* 05 62 63 32 56, *lecastagne@wanadoo.fr,* Fax 05 62 63
32 56 – E : 4 km par rte de Toulouse et à droite chemin de
Montegut – **R** conseillée
70 ha/2 campables (24 empl.) incliné et peu incliné, herbeux
**Tarif :** 🔲 *2 pers.* 🔌 *14 – pers. suppl. 4*
**Location** *(permanent)* – 🎿 *en hiver :* 🚐 *304,90 à 450 –*
🏠 *304,90 à 487,84 –* 🛏 *– gîtes*

À prox. : pédalos

## AUCUN

65400 H.-Pyr. **13** – **342** K7 – 199 h. – alt. 853.
Paris 883 – Argelès-Gazost 10 – Cauterets 26 – Lourdes 22 – Pau 73 – Tarbes 40.

**⚠ Lascrouts** (location exclusive de 40 mobile homes)
Permanent
*℘* 05 62 97 42 62, *camplascrouts@aol.com,* Fax 05 62 97
42 62 – E : 0,7 km par D 918, rte d'Argelès-Gazost et rte à
droite, à 300 m du Gave d'Azun – Places limitées pour le
passage – **R** conseillée
2 ha (72 empl.) plat, peu incliné, terrasse, herbeux
**Tarif :** 🔲 *2 pers.* 🔌 *(10A) 11,50 – pers. suppl. 3*
**Location :** 🚐 *229 à 305*

À prox. : école de parapente

**⚠ Azun Nature** 15 mars-15 oct.
*℘* 05 62 97 45 05, *yves.lanne1@libertysurf.fr,* Fax 05 62
97 45 05 – E : 0,7 km par D 918, rte d'Argeles-Gazost et rte
à droite, à 300 m du Gave d'Azun – **R** conseillée
1 ha (40 empl.) plat, herbeux
**Tarif :** 🔲 *2 pers.* 🔌 *(6A) 12,19 – pers. suppl. 3,15*

À prox. : école de parapente

## AUDRUICQ

62370 P.-de-C. **1** – **301** F2 – 4 586 h. – alt. 10.
Paris 275 – Arras 95 – Boulogne-sur-Mer 57 – Calais 24 – St-Omer 26.

**⚠ Municipal les Pyramides** avril-sept.
*℘* 03 21 35 59 17 – au Nord-Est de la localité, accès par
rocade (D 219), près d'un canal – Places limitées pour le pas-
sage – **R** conseillée
2 ha (86 empl.) plat, herbeux
**Tarif :** (Prix 2002) 🔲 *2 pers.* 🔌 *(6A) 11 – pers. suppl. 2,90*

## AUGIREIN

09800 Ariège **14** – **343** D7 – 73 h. – alt. 629.
Paris 801 – Aspet 22 – Castillon-en-Couserans 12 – St-Béat 32 – St-Gaudens 38 – St-Girons 24.

**⚠ La Bellongue** 15 mai-15 oct.
*℘* 05 61 96 82 66, *earl@lavieenvert.com,* Fax 05 61 04
73 00 – à l'Est du bourg, bord de la Bouigane « Cadre fleuri
autour d'une ferme ancienne soigneusement restaurée » –
**R** conseillée
0,3 ha (15 empl.) plat, herbeux
**Tarif :** 🔲 *2 pers.* 🔌 *(9A) 18 – pers. suppl. 3,50*
**Location** 🎿 *juin-15 sept :* 🛏

À prox. : 🍴 snack

## AULUS-LES-BAINS

09140 Ariège **14** – **343** G8 G. Midi Pyrénées – 210 h. – alt. 750.
**🛈** Syndicat d'Initiative, résidence de l'Ars *℘* 05 61 96 01 79, Fax 05 61 96 01 79, *aulus-les-bains@worldonlin*
*e.fr.*
Paris 819 – Foix 76 – Oust 17 – St-Girons 33.

**⚠ Le Coulédous** fermé janv. et 17 au 30 nov.
*℘* 05 61 96 02 26, *couledous.matt@couledous.com,* Fax
05 61 96 06 74 – sortie Nord-Ouest par D 32 rte de St-Girons,
près du Garbet « Au milieu d'un parc aux essences variées
et parfois centenaires » – **R**
1,6 ha (70 empl.) plat, herbeux, pierreux, gravillons
**Tarif :** 🔲 *2 pers.* 🔌 *(10A) 15,20 – pers. suppl. 3,10*
**Location :** 🏠 *406 à 580*

À prox. : 🎿 m

## AUMALE

76390 S.-Mar. **1** – **304** K3 G. Normandie Vallée de la Seine – 2 690 h. – alt. 130.
**2** Office du Tourisme, rue René-Giquel ℰ 02 35 93 41 68, Fax 02 35 93 41 68.
Paris 137 – Amiens 47 – Beauvais 49 – Dieppe 69 – Gournay-en-Bray 40 – Rouen 75.

▲ *Municipal le Grand Mail* 18 avril-sept.
ℰ 02 35 93 40 50 – par centre ville « A flanc de colline sur les hauteurs de la ville » – **R**
0,6 ha (40 empl.) plat, herbeux
**Tarif :** 回 *2 pers.* (約) *9,50 – pers. suppl. 2*

| M | ♀ | ⊞ | ᕼ | ⌂ | ⇆ | ⊟ | ⊡ | ☺ |

## AUNAC

16460 Charente **9** – **324** L4 – 292 h. – alt. 70.
Paris 419 – Angoulême 38 – Confolens 43 – Ruffec 15 – St-Jean-d'Angély 68.

▲ *Municipal* 15 juin-15 sept.
ℰ 05 45 22 24 38 – à 1 km au Sud-Est du bourg « Situation agréable au bord de la Charente » – **R**
1,2 ha (25 empl.) plat, herbeux
**Tarif :** 回 *2 pers.* (約) *7,30 – pers. suppl. 1,50*

## AUPS

83630 Var **17** – **340** M4 G. Côte d'Azur – 1 796 h. – alt. 496.
**2** Office du Tourisme, place Frédéric-Mistral, ℰ 04 94 84 00 69.
Paris 822 – Aix-en-Provence 89 – Castellane 71 – Digne-les-Bains 79 – Draguignan 29 – Manosque 60.

▲▲ *International Camping* avril-sept.
ℰ 04 94 70 06 80, camping-aups@internationalcamping-aups.com, Fax 04 94 70 10 51 – O : 0,5 km par D 60, rte de Fox-Amphoux – **R** conseillée
4 ha (150 empl.) plat, pierreux, herbeux
**Tarif :** (Prix 2002) 回 *2 pers.* (約) *17,70*
**Location :** 🚐 *290 à 390*

## AUREC-SUR-LOIRE

43110 H.-Loire **11** – **331** H1 – 4 510 h. – alt. 435.
**2** Office du Tourisme, 2 avenue du Pont ℰ 04 77 35 42 65, Fax 04 77 35 32 46.
Paris 540 – Firminy 11 – Montbrison 42 – Le Puy-en-Velay 57 – St-Étienne 22 – Yssingeaux 31.

▲▲ *Municipal le Port-Buisson* mai-sept.
ℰ 04 77 35 04 13, camping.port-buisson@libertysurf.fr, Fax 04 77 35 01 28 – SO : 1,5 km par D 46 rte de Bas-en-Basset, à 100 m de la Loire (accès direct) – Places limitées pour le passage – **R** conseillée
3,5 ha (158 empl.) en terrasses, peu incliné et plat, herbeux, gravillons
**Tarif :** (Prix 2002) 回 *2 pers.* (約) *(10A) 12,56 – pers. suppl. 2,60*

## AUREILHAN

40 Landes – **335** D9 – rattaché à Mimizan.

## AURIAC

19220 Corrèze **10** – **329** N4 – 250 h. – alt. 608.
Paris 524 – Argentat 27 – Égletons 33 – Mauriac 23 – Tulle 46.

▲ *Municipal* 15 juin-15 sept.
ℰ 05 55 28 25 97, Fax 05 55 28 32 88 – sortie Sud-Est par D 65 rte de St-Privat, près d'un étang et d'un parc boisé « Certains emplacements dominent le plan d'eau » – **R**
1,7 ha (70 empl.) peu incliné, plat, herbeux
**Tarif :** 回 *2 pers.* (約) *9,47 – pers. suppl. 2,43*

## AURIBEAU-SUR-SIAGNE

06810 Alpes-Mar. **17** – **341** C6 G. côte d'Azur – 2 072 h. – alt. 85.
**2** Syndicat d'Initiative, ℰ 04 92 60 20 20, Fax 04 93 60 93 07.
Paris 905 – Cannes 14 – Draguignan 62 – Grasse 9 – Nice 42 – St-Raphaël 41.

▲▲ *Le Parc des Monges* 5 avril-sept.
ℰ 04 93 60 91 71, Fax 04 93 60 91 71 – NO : 1,4 km par D 509, rte de Tanneron « Bord du Siagne » – **R** conseillée
1,3 ha (50 empl.) plat, pierreux, herbeux
**Tarif :** 回 *2 pers.* (約) *(10A) 23 – pers. suppl. 4*
**Location** ⚞ : 🚐 *245 à 495*

## AURIGNAC

31420 H.-Gar. **14** – **343** D5 G. Midi Pyrénées – 983 h. – alt. 430.
🛈 Office du Tourisme, rue des Nobles ℰ 05 61 98 70 06, Fax 05 61 98 71 33.
Paris 762 – Auch 71 – Bagnères-de-Luchon 68 – Pamiers 92 – St-Gaudens 23 – St-Girons 42 – Toulouse 77.

⚠ **Municipal les Petites Pyrénées** mai-sept.
ℰ 05 61 98 70 08 – sortie Sud-Est par D 635 rte de Boussens et à droite, près du stade – **R** conseillée
0,9 ha (40 empl.) peu incliné et plat, herbeux
**Tarif :** ▣ 2 pers. ⓖ 11 – pers. suppl. 4
🚐

## AURILLAC

15000 Cantal **10** – **330** C5 G. Auvergne – 30 773 h. – alt. 610.
🛈 Office du Tourisme, place du square ℰ 04 71 48 46 58, Fax 04 71 48 99 39, aurillac.tourisme@wanadoo.fr.
Paris 557 – Brive-la-Gaillarde 98 – Clermont-Ferrand 160 – Montauban 171 – Montluçon 220.

⚠ **Municipal l'Ombrade** mai-sept.
ℰ 04 71 48 28 87, Fax 04 71 48 28 87 – N : 1 km par D 17 et chemin du Gué-Bouliaga à droite, de part et d'autre de la Jordanne – **R** conseillée
7,5 ha (200 empl.) plat et en terrasses, herbeux
**Tarif :** (Prix 2002) ▣ 2 pers. ⓖ 9,50 – pers. suppl. 2

## AUSSOIS

73500 Savoie **12** – **333** N6 G. Alpes du Nord – 530 h. – alt. 1 489.
🛈 Office du Tourisme, route des Barrages ℰ 04 79 20 30 80, Fax 04 79 20 40 23, info@aussois.com.
Paris 672 – Albertville 100 – Chambéry 110 – Lanslebourg-Mont-Cenis 17 – Modane 7 – St-Jean-de-Maurienne 40.

⚠ **Municipal la Buidonnière** Permanent
ℰ 04 79 20 35 58, info@aussois.com, Fax 04 79 20 35 58 – sortie Sud par D 215, rte de Modane et chemin à gauche
« Site agréable »
4 ha (160 empl.) en terrasses et peu incliné, pierreux, herbeux
**Tarif :** ▣ 2 pers. ⓖ (10A) 14,80 – pers. suppl. 4,75

## AUTRANS

38880 Isère **12** – **333** G6 – 1 406 h. – alt. 1 050 – Sports d'hiver : 1 050/1 650 m ✚13 ⛷.
🛈 Office du Tourisme, route de Méaudre ℰ 04 76 95 30 70, Fax 04 76 95 38 63, autrans@alpes-net.fr.
Paris 588 – Grenoble 36 – Romans-sur-Isère 58 – St-Marcellin 46 – Villard-de-Lans 16.

⚠ **Au Joyeux Réveil** fermé oct. et nov.
ℰ 04 76 95 33 44, camping-au-joyeux-reveil@wanadoo.fr, Fax 04 76 95 72 98 – sortie Nord-Est par rte de Montaud et à droite – **R** conseillée
1,5 ha (100 empl.) plat, herbeux
**Tarif :** ▣ 2 pers. ⓖ (4A) 20 (hiver : ⓖ (10A) 24,70) – pers. suppl. 4,30
**Location :** 🛏 310 à 580 – 🏠 280 à 600
🚐 (18 empl.)

⚠ **Le Vercors** fermé 16 au 31 mai et 16 sept.-oct
ℰ 04 76 95 31 88, camping.le.vercors@wanadoo.fr, Fax 04 76 95 36 82 – S : 0,6 km par D 106c rte de Méaudre – **R** conseillée
1 ha (90 empl.) non clos, en terrasses, herbeux, pierreux
**Tarif :** ▣ 1 ou 2 pers. ⓖ (10A) 15,40 (hiver : 19,40) – pers. suppl. 3,50
**Location :** 🛏 225 à 544

## AUTUN

71400 S.-et-L. **11** – **320** F8 G. Bourgogne – 17 906 h. – alt. 326.
🛈 Office du Tourisme, 2 avenue Charles-de-Gaulle ℰ 03 85 86 80 38, Fax 03 85 86 80 49, tourisme@autun.com.
Paris 287 – Auxerre 127 – Avallon 78 – Chalon-sur-Saône 51 – Dijon 85 – Mâcon 110 – Moulins 98 – Nevers 105.

⚠ **Municipal de la Porte d'Arroux** avril-oct.
ℰ 03 85 52 10 82, info@camping-autun-aol.com, Fax 03 85 52 88 56 – sortie Nord par D 980, rte de Saulieu, faubourg d'Arroux, bord du Ternin « Beaux emplacements ombragés au bord d'une rivière » – **R** conseillée
2,8 ha (104 empl.) plat, herbeux
**Tarif :** ▣ 2 pers. ⓖ 13,60 – pers. suppl. 2,50
🚐

89000 Yonne **6** – **319** E5 G. Bourgogne – 38 819 h. – alt. 130.
**🛈** Office du Tourisme, 37288 quai de la République ✆ 03 86 52 06 19, Fax 03 86 51 23 27, *tourisme@auxe rre.com*.
Paris 166 – Bourges 144 – Chalon-sur-Saône 176 – Chaumont 143 – Dijon 152 – Nevers 111 – Sens 59 – Troyes 81.

    **Municipal** avril-sept.
      ✆ 03 86 52 11 15, Fax 03 86 51 17 54 – au Sud-Est de la ville, près du stade, 8 rte de Vaux, à 150 m de l'Yonne
4,5 ha (220 empl.) plat, herbeux
**Tarif** : (Prix 2002) ▣ *2 pers.* ⚡ *9,60 – pers. suppl. 2,60*

---

62390 P.-de-C. **1** – **301** F6 G. Picardie Flandres Artois – 3 051 h. – alt. 32.
**🛈** Office de tourisme, Mairie ✆ 03 21 04 02 03, Fax 03 21 04 10 22.
Paris 194 – Abbeville 27 – Amiens 45 – Arras 57 – Hesdin 22.

    **Municipal des Peupliers** avril-sept.
      ✆ 03 21 41 10 79, Fax 03 21 04 10 22 – sortie Sud-Ouest vers Abbeville et 0,6 km par rte à droite, au stade, bord de l'Authie – Places limitées pour le passage – **R** conseillée
1,6 ha (82 empl.) plat, herbeux
**Tarif** : (Prix 2002) ▣ *2 pers.* ⚡ *(6A) 9,60 – pers. suppl. 2*

---

86460 Vienne **10** – **322** J8 – 1 324 h. – alt. 142.
**🛈** Office du Tourisme, 6 rue Principale ✆ 05 49 48 63 05.
Paris 411 – Confolens 14 – L'Isle-Jourdain 15 – Niort 100 – Poitiers 67.

    **Municipal le Parc** mai-sept.
      ✆ 05 49 48 51 22, Fax 05 49 48 66 76 – sortie Est par D 34, à gauche après le pont « Cadre et situation agréables au bord de la Vienne » – **R** conseillée
2,7 ha (120 empl.) plat, herbeux
**Tarif** : ▣ *2 pers.* ⚡ *8,80 – pers. suppl. 2,20*

(petite piscine)

---

86 Vienne – **322** H5 – rattaché à Poitiers.

---

38630 Isère **12** – **333** G4 – 3 933 h. – alt. 245.
**🛈** Syndicat d'Initiative, 25 route de Jalérieu ✆ 04 74 33 66 22, Fax 04 74 33 66 22.
Paris 506 – Les Abrets 14 – Aix-les-Bains 46 – Belley 24 – Chambéry 39 – La Tour-du-Pin 18.

    **les Épinettes** Permanent
      ✆ 04 74 33 92 92, Fax 04 74 33 92 92 – à 0,8 km du centre bourg par D 40 rte de St-Genix-sur-Guiers puis à gauche – Places limitées pour le passage – **R** conseillée
2,7 ha (84 empl.) plat et peu incliné, herbeux, gravier
**Tarif** : ▣ *1 ou 2 pers. 16,19 – pers. suppl. 4,12*

---

59440 Nord **2** – **302** L7 G. Picardie Flandres Artois – 5 108 h. – alt. 151.
**🛈** Office du Tourisme, 41 place du Général-Leclerc ✆ 03 27 56 57 20, Fax 03 27 56 57 20, *avesnes@touris me.norsys.fr*.
Paris 216 – Charleroi 56 – St-Quentin 66 – Valenciennes 44 – Vervins 33.

    **Municipal le Champ de Mars** 15 avril-sept.
      ✆ 03 27 57 99 04 – à Avesnelles, r. Léo-Lagrange « Cadre agréable »
1 ha (44 empl.) peu incliné, herbeux
**Tarif** : ▣ *2 pers.* ⚡ *11,50 – pers. suppl. 2,30*

*Die Klassifizierung (1 bis 5 Zelte, **schwarz** oder **rot**), mit der wir die Campingplätze auszeichnen, ist eine Michelin-eigene Klassifizierung.*

*Sie darf nicht mit der staatlich–offiziellen Klassifizierung (1 bis 4 Sterne) verwechselt werden.*

## AVIGNON

84000 Vaucluse 🔟 – 🔲 B10 G. Provence – 86 939 h. – alt. 21.
🚹 Office du Tourisme, 41 cours Jean-Jaurès ℰ 04 32 74 32 74, Fax 04 90 82 95 03, *information@ot-avignon.fr*.
Paris 686 – Aix-en-Provence 82 – Arles 37 – Marseille 99 – Nîmes 46 – Valence 126.

**Municipal du Pont St-Bénézet** 24 mars-26 oct.
ℰ 04 90 80 63 50, *info@camping-avignon.com*, Fax 04 90 85 22 12 – sortie Nord-Ouest rte de Villeneuve-lès-Avignon par le pont Edouard-Daladier et à droite, dans l'île de la Barthelasse – **R** conseillée
8 ha (300 empl.) plat, herbeux
**Tarif :** 🔳 *2 pers.* 🔋 *22,55 – pers. suppl. 4,05*

⬅ Palais des Papes et le pont ⬤ GB
🔧 ⬜ ♀ 🔊 🏠 ♨ 🔲 ⬜ ☺ 🔲 ⚡
🍷 snack 🔲 🔧 🔯 🏊

**Les 2 Rhône** Permanent
ℰ 04 90 85 49 70, *camping2rhone@yahoo.fr*, Fax 04 90 85 91 75 – sortie Nord-Ouest, rte de Villeneuve-lès-Avignon par le pont Edouard-Daladier et à droite, au Nord de l'île de la Barthelasse – **R** conseillée
1,5 ha (100 empl.) plat, herbeux, gravier
**Tarif :** 🔳 *2 pers.* 🔋 *(6A) 14,06 - pers. suppl. 3,03*
**Location** 🏕 : *bungalows toilés*

⬤ 🔧 ⬜ ♀♀ (1 ha) 🔊 🏠 🔲 🔊 ☺
🏊 ⚡ 🔲 🍷 snack 🔲 🚲 🏊

**au Pontet** NE : 4 km par rte de Carpentras – 15 688 h. – alt. 40 – ✉ 84130 le Pontet.

**Le Grand Bois** mai-15 sept.
ℰ 04 90 31 37 44, Fax 04 90 31 46 53 – NE : 3 km par D 62, rte de Vedène et rte à gauche, au lieu-dit la Tapy, Par A 7 : sortie Avignon-Nord « Agréable cadre boisé » – **R** conseillée
1,5 ha (134 empl.) plat, herbeux
**Tarif :** 🔳 *2 pers.* 🔋 *(5A) 16 – pers. suppl. 3*
**Location :** 🏨 *(hôtel)*

⬤ GB 🔧 ⬜ ♀♀ 🔊 🏠 🔲 🔊 ☺
🏊 ⚡ 🔲 🔲 🏊

*Voir aussi à Vedène et à Villeneuve-lès-Avignon*

## AVOISE

72430 Sarthe 🔟 – 🔲 H7 – 495 h. – alt. 112.
Paris 243 – La Flèche 27 – Le Mans 40 – Sablé-sur-Sarthe 11.

**Municipal** juin-7 sept.
ℰ 02 43 92 76 12, Fax 02 43 95 62 48 – au bourg, par D 57 « Au bord de la Sarthe »
1,8 ha (50 empl.) plat, herbeux
**Tarif :** 🔳 *1 ou 2 pers.* 🔋 *6,10 – pers. suppl. 1,75*

⬜ ♀♀ 🔊 🔲 🔲 ☺ 🏊 ⚡ 🔧
À prox. : halte nautique

## AVRILLÉ

85440 Vendée 🟧 – 🔲 H9 – 1 004 h. – alt. 45.
🚹 Office du Tourisme, 8 bis avenue du Général-de-Gaulle ℰ 02 51 22 30 70, Fax 02 51 22 34 00.
Paris 448 – Luçon 27 – La Rochelle 69 – La Roche-sur-Yon 27 – Les Sables-d'Olonne 25.

**Les Forges** 15 avril-15 sept.
ℰ 02 51 22 38 85, *contact@domaine-des-forges.net*, Fax 02 51 22 38 85 – sortie Nord-Est par D 19, rte de Moutiers-les-Mauxfaits et à gauche, 0,7 km par rue des Forges – **R** conseillée
15 ha/8 campables (136 empl.) plat et peu incliné, herbeux, étang, bois
**Tarif :** 🔳 *2 pers.* 🔋 *(6A) 18,20 – pers. suppl. 3,20 – frais de réservation 15*
**Location :** 🔲 *155 à 540*

⬤ GB 🔧 ⬜ 🔲 🔊 🔲 🔲 ☺
🔲 🍷 crêperie 🔲 🔧 🔯 🏊

**Les Mancellières** 19 avril-15 sept.
ℰ 02 51 90 35 97, *camping.mancellieres@wanadoo.fr*, Fax 02 51 90 39 31 – S : 1,7 km par D 105 rte de Longeville-sur-Mer – **R** conseillée
2,6 ha (130 empl.) plat et peu incliné, herbeux
**Tarif :** 🔳 *2 pers.* 🔋 *(6A) 17 – pers. suppl. 3 – frais de réservation 16*
**Location :** 🔲 *127 à 488 – bungalows toilés*

⬤ 🔧 ⬜ ♀♀ 🔲 🔊 🔲 🔲 🔲 ☺
🔲 ⚡ snack 🔲 🔧 🏊 🔲

**Le Beauchêne** juin-15 sept
ℰ 02 51 22 30 49, *camping.mancellieres@tiscali.fr*, Fax 02 51 90 39 31 – sortie Sud-Est par D 949 rte de Luçon, bord d'un petit étang – **R** conseillée
2,5 ha (160 empl.) plat et peu incliné, herbeux
**Tarif :** 🔳 *2 pers.* 🔋 *(6A) 14,20 – pers. suppl. 2,70 – frais de réservation 16*
**Location :** 🔲 *122 à 320 – 🔲 199 à 459*

⬤ 🔧 ♀ 🔊 🏠 🔲 🔲 ☺ 🏊 ⚡ 🔲
🔧 🏊

## AXAT

11140 Aude **15** – **344** E6 – 919 h. – alt. 398.
Paris 821 – Ax-les-Thermes 52 – Belcaire 32 – Carcassonne 64 – Font-Romeu-Odeillo-Via 66 – Perpignan 65.

⚠ **La Crémade** 5 avril-28 sept.
℘ 04 68 20 50 64 – NE : 2,8 km par D 118, D 117, rte de Perpignan et chemin du château à droite « Dans un agréable site boisé de moyenne montagne » – **R** conseillée
4 ha (95 empl.) peu incliné, herbeux, forêt attenante
**Tarif :** ▦ 2 pers. ⚡ (6A) 11,70 – pers. suppl. 3
**Location :** gîte d'étape

## AYDAT (Lac d')

63 P.-de-D. **11** – **326** E9 G. Auvergne – 1 322 h. – alt. 850 – ⊠ 63970 Aydat.
🛈 Office du Tourisme, Sauteyras ℘ 04 73 79 37 69, Fax 04 73 79 37 69, ot.aydat@wanadoo.fr.
Paris 444 – La Bourboule 34 – Clermont-Ferrand 21 – Issoire 38 – Pontgibaud 31 – Rochefort-Montagne 28.

⚠ **Le Chadelas** 29 mars-4 nov.
℘ 04 73 79 38 09, campingchadelas@aol.com, Fax 04 73 79 34 12 – NE : 2 km par D 90 et chemin à droite, près du lac « Agréable pinède » – **R** conseillée
7 ha (150 empl.) accidenté et plat, en terrasses, herbeux, pierreux
**Tarif :** ▦ 2 pers. ⚡ (10A) 18 – pers. suppl. 3 – frais de réservation 16

⚠ **Des Volcans** juin-août
℘ 04 73 79 33 90, keith«soul»harvey@compuserve.com, Fax 04 73 79 33 90 – à la Garandie, 3,2 km à l'Ouest d'Aydat par D 788, alt. 1 020
1,3 ha (54 empl.) peu incliné, herbeux
**Tarif :** ▦ 2 pers. ⚡ (4A) 10,10 – pers. suppl. 2,50
À prox. : au lac : mur d'escalade snack (plage)

## AYZAC-OST

65 H.-Pyr. – **342** L6 – rattaché à Argelès-Gazost.

*Les **cartes** MICHELIN sont constamment tenues à jour.*

## AZAY-LE-RIDEAU

37190 I.-et-L. **10** – **317** L5 G. Châteaux de la Loire – 3 053 h. – alt. 51.
🛈 Office du Tourisme, place de l'Europe ℘ 02 47 45 44 40, Fax 02 47 45 31 46, otsi.azay.le.rideau@wanadoo.fr.
Paris 265 – Châtellerault 61 – Chinon 21 – Loches 60 – Saumur 47 – Tours 27.

⚠ **Municipal le Sabot** 18 avril-26 oct.
℘ 02 47 45 42 72, Fax 02 47 45 49 11 – sortie Est par D 84, rte d'Artannes et rue du stade à droite, bord de l'Indre, château à proximité : "spectacle Son et Lumière" « Situation agréable, entrée fleurie » – **R** conseillée
6 ha (228 empl.) plat, herbeux
**Tarif :** (Prix 2002) ▦ 2 pers. ⚡ 10,89 – pers. suppl. 2,65

## AZUR

40140 Landes **13** – **335** D12 – 377 h. – alt. 9.
Paris 734 – Bayonne 54 – Dax 25 – Mimizan 77 – Soustons 8 – Tartas 49.

⚠ **La Paillotte** 4 avril- sept.
℘ 05 58 48 12 12, info@paillotte.com, Fax 05 58 48 10 73 – SO : 1,5 km, bord du lac de Soustons « Cadre, plantations et chalets aux couleurs exotiques » – **R** conseillée
7 ha (310 empl.) plat, sablonneux, herbeux
**Tarif :** ▦ 2 pers. ⚡ 33 – pers. suppl. 6
**Location :** 🏠 160 à 780 – 🏡 230 à 990
(10 empl.) – 33

⚠ **Municipal Azur Rivage** juin-15 sept.
℘ 05 58 48 30 72, azurivage@wanadoo.fr, Fax 05 58 48 30 72 – S : 2 km, à 100 m du lac de Soustons – **R** conseillée
6,5 ha (250 empl.) plat, sablonneux, pierreux, herbeux
**Tarif :** (Prix 2002) ▦ 2 pers. ⚡ (10A) 16,70 – pers. suppl. 3,60 – frais de réservation 12

## BADEFOLS-SUR-DORDOGNE

24150 Dordogne **13** – **329** F6 G. Périgord Quercy – 188 h. – alt. 42.
Paris 543 – Bergerac 27 – Périgueux 54 – Sarlat-la-Canéda 47.

▲▲▲ **Les Bö-Bains** Pâques-sept.
 *&* 05 53 73 52 52, info@bo-bains.com, Fax 05 53 73 52 55
 – sortie Ouest, par D 29, rte de Lalinde, bord de la Dordogne
 – Places limitées pour le passage – **R** conseillée
 5 ha (97 empl.) plat, terrasse, herbeux
 **Tarif :** ▣ *2 pers.* [⚡] *27 – pers. suppl. 6 – frais de réservation 16*
 **Location** *(permanent) :* ▥ *268 à 699 –* ☖ *321 à 760*
 ▥

## BADEN

56870 Morbihan **3** – **308** N9 – 2 844 h. – alt. 28.
Paris 474 – Auray 9 – Lorient 53 – Quiberon 41 – Vannes 15.

▲▲▲ **Mané Guernehué** 4 avril-27 sept.
 *&* 02 97 57 02 06, mane-guernehue@wanadoo.fr, Fax
 02 97 57 15 43 – SO : 1 km par rte de Mériadec et à droite
 – **R** conseillée
 18 ha (200 empl.) plat, peu incliné à incliné et en terrasses,
 herbeux, étangs
 **Tarif :** ▣ *2 pers.* [⚡] *(10A) 30,20 – pers. suppl. 5,40 – frais de réservation 20*
 **Location :** ▥ *285 à 660 –* ☖ *305 à 690*
 ▥

## BAGNAC-SUR-CÉLÉ

46270 Lot **15** – **337** I3 – 1 582 h. – alt. 234.
🛈 Office du Tourisme, avenue du Quercy *&* 05 65 14 02 03, Fax 05 65 34 97 97.
Paris 594 – Cahors 83 – Decazeville 16 – Figeac 15 – Maurs 8.

▲ **Les Berges du Célé** 26 juin-août
 *&* 05 65 34 94 31, Fax 05 65 64 69 40 – au Sud-Est du
 bourg, derrière la gare, bord du Célé – **R** conseillée
 1 ha (44 empl.) plat, herbeux
 **Tarif :** ▣ *2 pers.* [⚡] *(6A) 9,76 – pers. suppl. 2,29*
 **Location** ⚒ : bungalows toilés
 ▥

## BAGNEAUX-SUR-LOING

77167 S.-et-M. **6** – **312** F6 – 1 516 h. – alt. 45.
Paris 84 – Fontainebleau 21 – Melun 38 – Montargis 30 – Pithiviers 39 – Sens 48.

▲▲ **Municipal de Pierre le Sault** avril-oct.
 *&* 01 64 29 24 44 – au Nord-Est de la ville, près du terrain
 de sports, entre le canal et le Loing, à 200 m d'un plan d'eau
 – Places limitées pour le passage – **R**
 3 ha (160 empl.) plat, herbeux, bois attenant
 **Tarif :** *(Prix 2002)* ✦ *2,45 –* ▣ *2 –* [⚡] *4 (10A)*

## BAGNÈRES-DE-BIGORRE

65200 H.-Pyr. **14** – **342** M6 G. Midi Pyrénées – 8 424 h. – alt. 551 – ♨ (début mars-fin nov.).
🛈 Office du Tourisme, 3 allée Tournefort *&* 05 62 95 50 71, Fax 05 62 95 33 13, ot-bagneres@hautebigorr
e.com.
Paris 841 – Lourdes 24 – Pau 65 – St-Gaudens 65 – Tarbes 22.

▲▲▲ **Le Monlôo** Permanent
 *&* 05 62 95 19 65, Fax 05 62 95 19 65 – sortie Nord-Est, par
 D 938, rte de Toulouse puis à gauche 1,4 km par D 8, rte
 de Tarbes et chemin à droite – **R** conseillée
 3 ha (137 empl.) peu incliné et plat, herbeux
 **Tarif :** ▣ *1 à 3 pers.* [⚡] *(6A) 19,60 – pers. suppl. 3,50*
 **Location :** ▥ *410 –* ☖ *500*

▲ **Les Fruitiers** 26 avril-1er nov.
 *&* 05 62 95 25 97, danielle.villemur@wanadoo.fr, Fax 05 62
 95 25 97 – 91 route de Toulouse – **R** conseillée
 1,5 ha (112 empl.) plat, herbeux
 **Tarif :** ▣ *2 pers.* [⚡] *(6A) 17 – pers. suppl. 3,70*

⚠ **Le Mesnil** mai-oct.
🖉 05 62 91 06 97, *guy.bellocq@worldonline.fr*
SE : 3 km par D 938, direction Toulouse puis à gauche par
D 26 – **R** conseillée
1,5 ha (17 empl.) non clos, en terrasses, plat, herbeux, gravier
**Tarif :** 🔲 *2 pers.* 🔌 *(4A) 10,90 – pers. suppl. 2,75*
🔳

⬳ ≼ Bagnères et le Pic-du-Midi ⚥ ⅏
🔟 ⇆ 🔲 🛁 ☺
À prox. : golf (18 trous)

⚠ **Les Tilleuls** mai-sept.
🖉 05 62 95 26 04, Fax 05 62 95 26 04 – sortie Nord-Ouest,
rte de Labassère, av. Alan-Brooke
2, 8 ha (100 empl.) plat et incliné, herbeux, terrasses
**Tarif :** 🔲 *2 pers.* 🔌 *14 – pers. suppl. 3*

━ ⚥⚥ 🔟 ⇆ 🔲 🛁 ☺ 🔲 🖼

**à Pouzac**   NO : 2,5 km par D 935, rte de Tarbes – 1 000 h. – alt. 505 – ✉ 65200 Pouzac.

⛰ **Bigourdan** 7 avril-19 oct.
🖉 05 62 95 13 57 – S : par D 935
1 ha (48 empl.) plat, herbeux
**Tarif :** 🔲 *2 pers.* 🔌 *(6A) 15 – pers. suppl. 3,50*
**Location :** 🚐 *190 à 250* – 🛏 *220 à 390*

━ ⚥ & ⚥⚥ 🔟 ⇆ 🔲 🛁 ⚲ ☺ 🔲
🖼
À prox. : 🍴

**à Trébons**   NO : 4,5 km par D 985, rte de Tarbes – 735 h. – alt. 525 – ✉ 65200 Trébons.

⚠ **Parc des Oiseaux** avril-oct.
🖉 05 62 95 30 26 – S : 1,5 km par D 87 et D 26, rue de la
poste « Cadre très boisé » – **R** conseillée
2,8 ha (66 empl.) plat, peu incliné, herbeux
**Tarif :** 🔲 *2 pers.* 🔌 *(10A) 13,60 – pers. suppl. 3*

⬳ ━ ⚥ ⚥⚥ 🔟 ⇆ 🔲 ⚲ ☺ 🔲

*Avant de vous installer, consultez les tarifs en cours,*
*affichés obligatoirement à l'entrée du terrain,*
*et renseignez-vous sur les conditions particulières de séjour.*

*Les indications portées dans le guide ont pu être modifiées depuis la mise à jour.*

## BAGNÈRES-DE-LUCHON

31110 H.-Gar. 🔟 – 🔢 B8 G. Midi Pyrénées – 3 094 h. – alt. 630 – Sports d'hiver : à Superbagnères :
1 440/2 260 m ⛄1 ⅃14 ⅄.
🅱 Office du Tourisme, 18 allée d'Etigny 🖉 05 61 79 21 21, Fax 05 61 79 11 23, *luchon@luchon.com*.
Paris 824 – Bagnères-de-Bigorre 94 – St-Gaudens 46 – Tarbes 97 – Toulouse 140.

⛰ **Pradelongue** 30 mars-sept.
🖉  05 61 79 86 44,  *camping.pradelongue@free.fr*,  Fax
05 61 79 18 64 ✉ 31110 Moustajon – N : 2 km par D 125ᶜ,
rte de Moustajon, près du magasin Intermarché –
**R** conseillée
4 ha (135 empl.) plat, herbeux, pierreux
**Tarif :** 🔲 *2 pers.* 🔌 *(10A) 17,50 – pers. suppl. 4,50 – frais
de réservation 11,50*
**Location** ⚭ 🛏 *215 à 475 – bungalows toilés*
🔳 *(13 empl.) – 11,50*

≼ ━ GB ⚥ ⅃ ⃛ & 🔟 ⇆ 🔲 🛁
🛁 ☺ ⚱ ⚚ 🔲 🖼 ⚞
À prox. : 🛒 ⚞

⛰ **Les Myrtilles** fermé nov.
🖉 05 61 79 89 89, *myrtilles.aubruchet@wanadoo.fr*, Fax
05 61 79 09 41 ✉ 31110 Moustajon – N : 2,5 km par D 125ᶜ,
à Moustajon, bord d'un ruisseau – **R** conseillée
2 ha (100 empl.) plat, herbeux
**Tarif :** 🔲 *2 pers.* 🔌 *(10A) 17,40 – pers. suppl. 3,50 – frais
de réservation 14*
**Location :** 🚐 *138 à 305* – 🛏 *245 à 427 – gîte d'étape,
studios, bungalows toilés*
🔳

≼ ━ GB ⚥ ⬚ ⅃ ⃛ & 🔟 ⇆ 🔲
🛁 ⚲ ☺ ⚱ ⚚ 🔲 🍴 snack ⚞
🖼 ⚞ ⚞ ⚞ ⚞
À prox. : ⚞ (centre équestre)

**à Salles-et-Pratviel**   N : 4 km par D 125 – 129 h. – alt. 625 – ✉ 31110 Salles-et-Pratviel :

⚠ **La Lanette** avril-oct.
🖉 05 61 79 00 38, Fax 05 61 79 00 38 – à Montauban-de-
Luchon, E : 1,5 km par D 27 – **R** conseillée
5 ha (250 empl.) peu incliné, plat, herbeux
**Tarif :** 🔲 *2 pers.* 🔌 *17,50 – pers. suppl. 4*
**Location :** 🏠 *325,50 à 448,50*

⬳ ≼ ━ ⚥ ⬚ ⅃ ⃛ 🔟 ⇆ 🔲 ⚞
🛁 ☺ 🔲 🍴 snack ⚞ ⚞ ⚞

⚠ **Le Pyrénéen** Permanent
🖉 05 61 79 59 19, Fax 05 61 79 75 75 – S : 0,6 km par D 27
et chemin, bord de la Pique – **R** conseillée
1,1 ha (75 empl.) plat, pierreux, herbeux
**Tarif :** 🔲 *3 pers.* 🔌 *(10A) 17,25 – pers. suppl. 3,60*
**Location :** 🛏 *198 à 980*

❄ ⬳ ≼ ━ ⚭ ⚥ ⅃ ⃛ & 🔟 ⇆
🔲 🛁 🛁 ⚲ ☺ ⚱ ⚚ 🔲 🍴 🖼
⚞ ⃛
À prox. : ⚞ (2 km)

**à Garin**  O : 8,5 km par D 618 – 108 h. – alt. 1 100 – ⊠ 31110 Garin :

▲ **Les Frênes** Permanent
    ℘ 05 61 79 88 44, Fax 05 61 79 88 44 – à l'Est du bourg par D 618, rte de Bagnères-de-Luchon et à gauche (D 76ᴱ vers rte de Billière) – **R** conseillée
0,8 ha (46 empl.) en terrasses, peu incliné, herbeux, pierreux
**Tarif :** 🔳 *2 pers.* ⟦⟧ *12,35 (hiver 12,80) – pers. suppl. 3,40*
**Location :** ⌂ *153 à 382*

À prox. : ▫ ✕ ▫

## BAGNOLES-DE-L'ORNE

61140 Orne 🖬 – 🖽🖽🖽 G3 G. Normandie Cotentin – 875 h. – alt. 140 – ⚕ (début avril-fin oct.).
🛈 Office du Tourisme, place du Marché ℘ 02 33 37 85 66, Fax 02 33 30 06 75, *bagnolesdelorne.tourisme@ wanadoo.fr.*
Paris 238 – Alençon 49 – Argentan 39 – Domfront 19 – Falaise 48 – Flers 28.

▲▲ **Municipal la Vée** 29 mars-25 oct.
    ℘ 02 33 37 87 45, *camping-de-la-vee@wanadoo.fr*, Fax 02 33 30 14 32 – SO : 1,3 km, près de Tessé-la-Madeleine, à 30 m de la rivière « Entrée fleurie et décoration arbustive » – **R**
2,8 ha (250 empl.) plat, peu incliné, herbeux
**Tarif :** (Prix 2002) 🔳 *2 pers.* ⟦⟧ *(10A) 11,30 – pers. suppl. 2,70*

À prox. : golf, parcours de santé

## BAGNOLS

63810 P.-de-D. 🔟 – 🖽🖽🖽 C9 G. Auvergne – 712 h. – alt. 862.
🛈 Office de tourisme, rue de la Pavade, La Tour d'Auvergne ℘ 04 73 21 79 78, Fax 04 73 21 79 70,.
Paris 485 – Bort-les-Orgues 19 – La Bourboule 23 – Bourg-Lastic 38 – Clermont-Ferrand 65.

▲ **Municipal la Thialle** 29 mars-2 nov.
    ℘ 04 73 22 28 00 – sortie Sud-Est par D 25, rte de St-Donat, bord de la Thialle – **R** conseillée
2,8 ha (70 empl.) plat, herbeux, gravillons
**Tarif :** 🔳 *2 pers.* ⟦⟧ *(10A) 11,10 – pers. suppl. 2,20*
**Location :** *huttes*

20 juin-sept. (petite piscine) À prox. :

123

## BAGNOLS-SUR-CÈZE

30200 Gard 🔟 – 🖽🖽🖽 M4 G. Provence – 17 872 h. – alt. 51.
🛈 Office du Tourisme, espace St-Gilles ℘ 04 66 89 54 61, Fax 04 66 89 83 38.
Paris 657 – Alès 53 – Avignon 34 – Nîmes 61 – Orange 24 – Pont-St-Esprit 11.

▲▲ **Les Genêts d'Or** avril-sept.
    ℘ 04 66 89 58 67, *info@camping-genets-dor.com*, Fax 04 66 89 58 67 – sortie Nord par N 86 puis 2 km par D 360 à droite, bord de la Cèze – **R** conseillée
8 ha/3,5 campables (95 empl.) plat, herbeux
**Tarif :** (Prix 2002) 🔳 *2 pers.* ⟦⟧ *(3A) 21,80 – pers. suppl. 3,96*
**Location** ✂ *juil.-20 août :* ⟦⟧ *274,41 à 472,59*

juil.-24 août

▲ **La Coquille** Pâques-15 sept.
    ℘ 04 66 89 03 05, Fax 04 66 89 59 86 – sortie Nord par N 86 rte de Pont-St-Esprit puis 1,7 km par D 360 à droite, près de la Cèze (accès direct) – **R** conseillée
1,2 ha (30 empl.) plat, herbeux, sablonneux
**Tarif :** 🔳 *1 à 5 pers.* ⟦⟧ *(6A) 21 à 28 – pers. suppl. 3 – frais de réservation 8*

## BAIS

53160 Mayenne 🖬 – 🖽🖽🖽 G5 – 1 571 h. – alt. 183.
🛈 Office du Tourisme, rue du Château ℘ 02 43 37 02 41.
Paris 251 – Laval 44 – Le Mans 54 – Mayenne 20 – Sablé-sur-Sarthe 54.

▲ **Municipal Claires Vacances** 15 mai-15 sept.
    ℘ 02 43 37 02 41, *otsi.bais@libertysurf.fr*, Fax 02 43 37 02 41 – sortie Ouest par D 241 rte d'Hambers « Cadre ombragé et verdoyant près d'un étang » – **R** conseillée
1 ha (20 empl.) plat, herbeux
**Tarif :** (Prix 2002) 🔳 *2 pers.* ⟦⟧ *4,50 – pers. suppl. 1,50*

## BALARUC-LES-BAINS

34540 Hérault **15** – **339** H8 G. Languedoc Roussillon – 5 013 h. – alt. 3 – ♨ (mi fév.-mi déc.).
**🛈** Office du Tourisme, pavillon Sévigné 🖉 04 67 46 81 46, Fax 04 67 46 81 54, *otsi@ville-balaruc-les-bains.fr*.
Paris 784 – Agde 30 – Béziers 51 – Frontignan 8 – Lodève 64 – Montpellier 33 – Sète 9.

   **⚠ Les Vignes** avril-oct.
     🖉 04 67 48 04 93, *camping.lesvignes@free.fr*, Fax 04 67
     18 74 32 – NE : 1,7 km par D 129, D 2$^{E6}$, à droite, rte de Sète
     et chemin à gauche – Places limitées pour le passage –
     **R** conseillée
     2 ha (169 empl.) plat, herbeux, gravier
     **Tarif :** 🔲 *2 pers.* 🔣 *(10A)* 18 – *pers. suppl.* 4
     🚐

   **⚠ Le Mas du Padre** 29 mars-12 oct.
     🖉 04 67 48 53 41, *mas-du-padre@wanadoo.fr*, Fax 04 67
     48 08 94 – NE : 2 km par D 2$^E$ et chemin à droite « Sur une
     petite colline à l'ombre d'une grande variété d'arbres » –
     **R** conseillée
     1,8 ha (116 empl.) peu incliné, pierreux, herbeux
     **Tarif :** 🔲 *2 pers.* 🔣 *(6A)* 24,60 *ou* 31 – *pers. suppl.* 3,90 –
     *frais de réservation* 8
     **Location :** 🛏 220 à 545

---

## BALAZUC

07 Ardèche – **331** I6 – voir à Ardèche (Gorges de l').

---

## BALBIGNY

42510 Loire **11** – **327** E5 – 2 415 h. – alt. 331.
Paris 426 – Feurs 9 – Noirétable 44 – Roanne 29 – St-Étienne 57 – Tarare 29.

   **⚠ La Route Bleue** 15 mars-oct.
     🖉 04 77 27 24 97, *camping.balbigny@wanadoo.fr*, Fax
     04 77 28 18 05 – NO : 2,8 km par N 82 et D 56 à gauche,
     rte de St-Georges-de-Baroille « Site agréable au bord de la
     Loire » – **R** conseillée
     2 ha (100 empl.) plat, peu incliné, herbeux
     **Tarif :** *(Prix 2002)* 🔲 *2 pers.* 🔣 *(6A)* 12,40 – *pers. suppl.* 3,20
     🚐 *(8 empl.)* – 11,80

---

## BALLAN-MIRÉ

37510 I.-et-L. **5** – **317** M4 – 5 937 h. – alt. 88.
**🛈** Office du tourisme, 1 place du 11 Novembre 🖉 02 47 53 87 47, Fax 02 47 53 87 47, *tourismeballanmire*
*@wanadoo.fr*.
Paris 250 – Azay-le-Rideau 17 – Langeais 21 – Montbazon 12 – Tours 12.

   **⚠ La Mignardière** 10 avril-27 sept.
     🖉 02 47 73 31 00, *info@mignardiere.com*, Fax 02 47 73
     31 01 – 2,5 km au Nord-Est du bourg, à proximité du plan
     d'eau de Joué-Ballan – **R** conseillée
     2,5 ha (177 empl.) plat, herbeux, petit bois attenant
     **Tarif :** 🔲 *2 pers.* 🔣 *(6A)* 21 – *pers. suppl.* 4,80
     **Location :** 🛏 196 à 602 – 🏠 196 à 546
     🚐

À prox. : poneys, golf 🍸 grill

---

## LA BALME-DE-SILLINGY

74330 H.-Savoie **12** – **328** J5 – 3 075 h. – alt. 480.
**🛈** Syndicat d'Initiative, route de Choisy 🖉 04 50 68 78 70, Fax 04 50 68 53 29.
Paris 524 – Dijon 250 – Grenoble 112 – Lons-le-Saunier 136 – Lyon 141 – Mâcon 138.

   **⚠ Ferme de la Caille** mai-sept.
     🖉 04 50 68 85 21, *contact@aubergedelacaille.com*, Fax
     04 50 68 74 56 – N. 4 km sur N 508 direction Frangy et
     chemin à droite – **R** conseillée
     4 ha/1 campable (30 empl.) plat, peu incliné, herbeux
     **Tarif :** 🔲 *2 pers.* 🔣 *(12A)* 19,20 – *pers. suppl.* 6,50
     **Location** *(permanent) :* 🏠 480 à 720 – 🛏 *(hôtel)* – *gîtes*
     🚐

---

## BANGOR

56 Morbihan – **308** L11 – voir à Belle-Ile-en-Mer.

## BANNES

52360 H.-Marne **7** – **313** M6 – 393 h. – alt. 388.
Paris 291 – Chaumont 35 – Dijon 87 – Langres 9 – Nancy 128.

▲ *Hautoreille* Permanent
  𝄠 03 25 84 83 40, *campinghautoreille@free.fr*, Fax 03 25 84 83 40 – sortie Sud-Ouest par D 74, rte de Langres puis 0,7 km par chemin à gauche
  3,5 ha (100 empl.) plat, peu incliné, herbeux
  **Tarif :** 🖭 *2 pers.* 🅖 *(10A) 13 (hiver 14) – pers. suppl. 3*

🔊 ⊶ ⚒ 🍴 ⅋ 🔥 ⬆ 🔲 ⬛ ♨ ☺
🔲 ⚑ ✗ (dîner seulement) 🏠

## BARAIZE

36270 Indre **10** – **323** F8 – 337 h. – alt. 240.
Paris 313 – Argenton sur Creuse 14 – La Châtre 48 – Montmorillon 7 – Éguzon 10.

▲ *Municipal Montcocu* juin-sept.
  𝄠 02 54 25 34 28 – SE : 4,8 km par D 913 rte d'Éguzon et D 72, à gauche rte de Pont-de-Piles, pour caravanes : à partir du lieu-dit Montcocu, pente à 12% sur 1 km « Situation et site agréables en bordure de la Creuse » – **R** conseillée
  1 ha (26 empl.) en terrasses, herbeux
  **Tarif :** 🖭 *2 pers.* 🅖 *7,75 – pers. suppl. 1,65*
  **Location :** *bungalows toilés*

🔊 ⊶ ⚒ ⬜ ⅋ 🔥 ♨ 🔲 ⬛ ☺ ⛰
À prox. : plongée, escalade, piste de
bi-cross 🚲 ⊙ m 🛶 ⚓ 🎣

## BARATIER

05 H.-Alpes – **334** G5 – rattaché à Embrun.

## BARBASTE

47230 L.-et-G. **14** – **336** D4 – 1 354 h. – alt. 45.
🅱 Syndicat d'Initiative, place de la Mairie 𝄠 05 53 65 84 85, Fax 05 53 97 18 36, *mairie.barbaste@wanadoo.fr*.
Paris 703 – Agen 33 – Condom 29 – Damazan 17 – Gabarret 34.

▲ *Chalets René Queyreur* (location exclusive de 20 chalets) Permanent
  𝄠 05 53 65 10 51, *mairie.barbaste@wanadoo.fr*, Fax 05 53 97 18 36 – SE : 2 km par rte de Réaup et à gauche chemin du stade « Cadre sauvage, boisé au milieu des fougères »
  5 ha plat, sablonneux
  **Location :** 🏠 *155 à 377*

🔊 ⚒ ⚋ 🔲 ⅃

## BARBÂTRE

85 Vendée – **316** C6 – voir à Île de Noirmoutier.

## BARBIÈRES

26 Drôme – **332** D4 – rattaché à Bourg-de-Péage.

## BARBOTAN-LES-THERMES

32150 Gers **14** – **336** B6 G. Midi-Pyrénées
🅱 Office du Tourisme, Maison du Tourisme et du Thermalisme 𝄠 05 62 69 52 13, Fax 05 62 69 57 71.
Paris 706 – Aire-sur-l'Adour 37 – Auch 75 – Condom 37 – Mont-de-Marsan 43.

▲▲ *Camping de l'Uby* 15 mars-nov.
  𝄠 05 62 09 53 91, Fax 05 62 09 56 97 ✉ 32150 Cazaubon – SO : 1,5 km, rte de Cazaubon et à gauche, au bord du lac, à la base de loisirs – **R** conseillée
  6 ha (290 empl.) plat, gravier, herbeux
  **Tarif :** (Prix 2002) 🖭 *2 pers.* 🅖 *(10A) 14,20 – pers. suppl. 3,80*
  **Location :** 🏠 *155 à 460*
  🚐

🔊 ⊶ GB ⚒ ⚋ 🍴 ⅋ 🔥 ♨ 🔲
⬛ ☺ ⚞ 🔲 ⚠ ⛰
À prox. : canoë, pédalos 🚣 ⚲ ⅃ 🎣

## Le BARCARÈS

66420 Pyr.-Or. **15** – **344** J6 – 2 422 h. – alt. 3.
Paris 844 – Narbonne 56 – Perpignan 22 – Quillan 86.

▲▲▲ *L'Europe* Permanent
  𝄠 04 68 86 15 36, *reception@europe-camping.com*, Fax 04 68 86 47 88 – SO : 2 km par D 90, à 200 m de l'Agly – **R** conseillée
  6 ha (360 empl.) plat, herbeux
  **Tarif :** 🖭 *2 pers.* 🅖 *(16A) 35,70 – pers. suppl. 6,80 – frais de réservation 25*
  **Location :** 🏠 *168 à 499 –* 🏠 *252 à 635 –* 🏠 *283,50 à 719*

⊶ GB ⚒ ⬜ ♀ ⅋ Plates-formes
aménagées et sanit. individuels (🔥 ⬆
⬛ wc) 🔲 ⚋ ⚑ ✗ 🔥 🏠 🚣
⚲ ⅃

▲▲▲ **California** avril-15 sept.
  📞 04 68 86 16 08, *camping-california@wanadoo.fr*, Fax 04 68 86 18 20 ✉ 66423 Le Barcarès Cedex – SO : 1,5 km par D 90 – **R** conseillée
  5 ha (265 empl.) plat, herbeux, verger
  **Tarif :** 🔲 *2 pers.* 🔋 *(10A) 25 – pers. suppl. 5 – frais de réservation 22*
  **Location :** 🚐 *182 à 560 –* 🏠 *262 à 690*
  🅿️

▲▲▲ **Le Soleil Bleu** avril-sept.
  📞 04 68 86 15 50, *info@lesoleilbleu.fr*, Fax 04 68 86 40 90 – SO : 1,4 km par D 90, à 100 m de l'Agly « Agréable cadre verdoyant et ombragé » – **R** conseillée
  3 ha (176 empl.) plat, herbeux, sablonneux
  **Tarif :** 🔲 *2 pers.* 🔋 *(5A) 29 – pers. suppl. 7 – frais de réservation 23*
  **Location :** 🚐 *196 à 643 –* 🏠 *222 à 689*

▲▲▲ **Le Pré Catalan** 17 mai-13 sept.
  📞 04 68 86 12 60, *leprecatalan@wanadoo.fr*, Fax 04 68 86 40 17 – SO : 1,5 km par D 90 puis 0,6 km par chemin à droite – **R** conseillée
  4 ha (210 empl.) plat, sablonneux, herbeux
  **Tarif :** 🔲 *2 pers.* 🔋 *29 – pers. suppl. 6 – frais de réservation 25*
  **Location :** 🚐 *250 à 610*

▲▲ **La Salanque** (location exclusive de 107 bungalows)
  📞 04 68 86 14 86, Fax 04 68 86 47 98 – O : 1,8 km par chemin de l'Hourtou
  3,5 ha (107 empl.) plat, herbeux
  **Location :** 🏠

▲▲ **Las Bousigues** avril-2 nov.
  📞 04 68 86 16 19, *lasbouzigues@wanadoo.fr*, Fax 04 68 86 28 44 – O : 0,9 km, avenue des Corbières – **R** conseillée
  3 ha (199 empl.) plat, sablonneux
  **Tarif :** 🔲 *2 pers.* 🔋 *(6A) 25,75 (31 avec sanitaires individuels) - pers. suppl. 5 – frais de réservation 16*
  **Location** 🚫 : 🚐 *128 à 640 –* 🏠 *128 à 581*
  🅿️

▲▲ **La Croix du Sud** avril-sept.
  📞 04 68 86 16 61, *camplacroixdusud@aol.com*, Fax 04 68 86 20 03 – SO : 1,4 km par D 90, par D 83 sortie 10 – Places limitées pour le passage – **R** conseillée
  3,5 ha (200 empl.) plat, herbeux
  **Tarif :** 🔲 *2 pers.* 🔋 *29 – pers. suppl. 6,50 – frais de réservation 25*
  **Location :** 🏠 *230 à 610*

## BARCELONNETTE

04400 Alpes-de-H.-Pr. **17** – **334** H6 G. Alpes du Sud – 2 976 h. – alt. 1 135 – Sports d'hiver : Le Sauze/Super Sauze 1 400/2 000 m ⚡23 🎿 et.
🅱 Office du Tourisme, place Frédéric-Mistral 📞 04 92 81 04 71, Fax 04 92 81 22 67, *info@barcelonnette.net*.
Paris 739 – Briançon 87 – Cannes 162 – Cuneo 98 – Digne-les-Bains 87 – Gap 69 – Nice 146.

▲▲ **L'Ubaye** fermé 10 nov.-15 déc.
  📞 04 92 81 01 96, *info@loisirsubaye.com*, Fax 04 92 81 92 53 ✉ 04340 Méolans-Revel – à 9 km de Barcelonnette, bord de l'Ubaye, alt. 1 073 – **R** conseillée
  9,5 ha (267 empl.) plat, herbeux, pierreux, en terrasses
  **Tarif :** 🔲 *2 pers.* 🔋 *(6A) 19,50 – pers. suppl. 4,30 – frais de réservation 15*
  **Location :** 🚐 *245 à 515 –* 🏠 *290 à 690*
  🅿️

**à l'Ouest** sur D 900 rte du Lauzet-Ubaye :

▲▲▲ **Le Rioclar** 14 juin-août
  📞 04 92 81 10 32, *rioclar@wanadoo.fr*, Fax 04 92 81 10 32 ✉ 04340 Méolans-Revel – à 11 km de Barcelonnette, près de l'Ubaye et d'un petit plan d'eau, alt. 1 073 « Site et cadre agréables » – **R** conseillée
  8 ha (200 empl.) en terrasses, pierreux, herbeux
  **Tarif :** 🔲 *2 pers.* 🔋 *(10A) 20,70 – pers. suppl. 4,70 – frais de réservation 17,50*
  **Location** 🚫 *12 juil.-16 août :* 🚐 *380 –* 🚐 *605,80 –* 🏠 *635,80*

126

△ **Le Fontarache** 31 mai-10 sept.
  ℘ 04 92 81 90 42, *reception@ camping-fontarache.fr*, Fax
  04 92 81 90 42 ✉ 04400 Les Thuiles – à 7 km de Barce-
  lonnette, près de l'Ubaye, alt. 1 108 – **R** conseillée
  6 ha (150 empl.) plat, pierreux, gravier
  **Tarif :** 🗉 *2 pers.* ⚡ *(6A) 15,50 – pers. suppl. 4*
  **Location :** 🚙 *183 à 295 –* 🛖 *260 à 470*
  🚐

  ⪡ �o━ ⚒ ☐ ♫♫ (5 ha) pinède ⅙ 🕱
  ⚘ 🗇 ⛳ ⚓ ☺ ▽ 🖽 ⟷ ⚙ ✕
  ☵
  À prox. : sports en eaux vives, canoë ⚑
  ⚑ ✕

---

## BARFLEUR

50760 Manche **4** – **303** E1 G. Normandie-Cotentin – 599 h. – alt. 5.
🛈 Syndicat d'Initiative, quai Henri-Chardon ℘ 02 33 54 02 48, Fax 02 33 23 43 00.
Paris 355 – Caen 121 – Carentan 48 – Cherbourg 29 – St-Lô 76 – Valognes 26.

△ **Municipal la Blanche Nef** Permanent
  ℘ 02 33 23 15 40, *lablanchenef@libertysurf.fr*, Fax 02 33
  23 95 14 – à 500 m au Nord-Ouest de la ville, près de la mer
  – **R** conseillée
  2,5 ha (90 empl.) plat et peu incliné, herbeux
  **Tarif :** 🗉 *2 pers.* ⚡ *(10A) 15 – pers. suppl. 2,30*
  🚐

  ⚘ ⪡ o━ GB ⚒ 🕱 ⅙ 🕱 ⚘ ⛳ ☺
  🖽 🏠 ⟷ 🚲
  À prox. : canoë de mer, plongée ✖ ⚓

---

## BARJAC

30 Gard – **339** L3 – voir à Ardèche (Gorges de l').

---

## BARNEVILLE-CARTERET

50270 Manche **4** – **303** B3 G. Normandie Cotentin – 2 222 h. – alt. 47.
🛈 Office du Tourisme, 10 rue des Écoles ℘ 02 33 04 90 58, Fax 02 33 04 93 24, *tourisme.barneville-cartere
t@wanadoo.fr.*
Paris 356 – Caen 123 – Carentan 43 – Cherbourg 39 – Coutances 48 – St-Lô 63.

▲▲ **Les Bosquets** avril-sept.
  ℘ 02 33 04 73 62, Fax 02 33 04 35 82 – SO : 2,5 km par rte
  de Barneville-Plage et rue à gauche, à 450 m de la plage
  « Cadre sauvage autour de dunes boisées de pins » –
  **R** conseillée
  10 ha/6 campables (331 empl.) plat et accidenté, sablon-
  neux, herbeux
  **Tarif :** 🗉 *2 pers.* ⚡ *16 – pers. suppl. 4,30*
  **Location :** 🛖 *210 à 415*

  ⚘ o━ GB ⚒ 🕱 ♀ (1 ha) 🕱 ⚘ 🗇
  ⛳ ☺ 🖽 ♀ 🏠 ⟷ ⚒
  À prox. : parapente, golf, char à voile ✖
  ⚓ 🐎

△ **La Gerfleur** avril-oct.
  ℘ 02 33 04 38 41, Fax 02 33 04 38 41 – O : 0,8 km par
  D 903E rte de Carteret « En bordure d'un petit étang » –
  **R** conseillée
  2,3 ha (94 empl.) plat, peu incliné, herbeux
  **Tarif :** 🗉 *2 pers.* ⚡ *(6A) 16,20 – pers. suppl. 4*
  **Location** ✖ **:** 🛖 *290 à 450*
  🚐

  o━ GB ⚒ ♫♫ ⅙ 🕱 ⚘ ⛳ ☺ ♀ ⚒
  À prox. : golf 🛒 ✖ 🖽 ♞ 🐎
  (centre équestre)

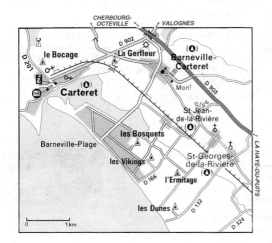

*(page number)* **127**

**à *Carteret*** O : 2,5 km – ✉ 50270 Barneville-Carteret :.
🛈 Office de tourisme, place des Flandres-Dunkerque ☎ 02 33 04 94 54

 ▲ **Le Bocage** avril-sept.
  ☎ 02 33 53 86 91 – par rue face à la mairie – **R** conseillée
  4 ha (200 empl.) plat, herbeux
  **Tarif :** ▣ 2 pers. ⚡ (6A) 15,90 – pers. suppl. 4,20

> ⊶ GB ⚡ ▭ 🛢 🎣 ⟳ 🗄 ⛺ ☺ ⌂
> ▣ 🍳 ⟱
> À prox. : parapente, char à voile ✕ ┌
> ⚓ 🐴

**à *St-Georges-de-la-Rivière*** SE : 3 km – 183 h. – alt. 20 – ✉ 50270 St-Georges-de-la-Rivière.

 ▲ **Les Dunes** avril-oct.
  ☎ 02 33 52 03 84, Fax 02 33 07 22 59 – SO : 2 km par D 132,
  à 200 m de la plage – Places limitées pour le passage **« Dans
  les dunes, environnement sauvage »** – **R** conseillée
  1 ha (80 empl.) plat, sablonneux, herbeux
  **Tarif :** ▣ 2 pers. ⚡ 17,50 – pers. suppl. 4,30
  **Location :** 🏠 275 à 480

> ⌂ ⊶ GB ⚡ ▭ ♿ 🎣 ⟳ 🗄 ⛺
> ☺ ⌂ 🚰 ▣ 🍳 ⟱
> À prox. : parapente, golf, char à voile ✕
> ⚓ 🐴

**à *St-Jean-de-la-Rivière*** SE : 2,5 km – 218 h. – alt. 20 – ✉ 50270 St-Jean-de-la-Rivière :

 ▲▲▲ **Les Vikings** 15 mars-15 nov.
  ☎ 02 33 53 84 13, campingviking@aol.com, Fax 02 33 53
  08 19 – par D 166 et chemin à droite – Places limitées pour
  le passage **« Entrée agrémentée de fleurs et petits
  palmiers »** – **R** conseillée
  6 ha (250 empl.) plat, herbeux, sablonneux
  **Tarif :** ▣ 2 pers. ⚡ (4A) 21 – pers. suppl. 5,40
  **Location** ✕ : 🏠 270 à 540

> ⌂ ⊶ GB ⚡ ▭ ♿ 🎣 ⟳ 🗄 ☺ ⌂
> ☺ ▣ 🏊 🍽 ✕ 🛒 ⌂ 🎲 🧺 salle
> d'animation 💪 🏂
> À prox. : parapente, golf, char à voile ✕
> ⚓ 🐴

 ▲▲ **L'Ermitage** avril-oct.
  ☎ 02 33 04 78 90, campingermitage@aol.com, Fax 02 33
  04 06 62 – O : 2 km par D 166 et chemin à gauche – Places
  limitées pour le passage – **R** conseillée
  4,5 ha (174 empl.) plat, herbeux, sablonneux
  **Tarif :** ▣ 2 pers. ⚡ (6A) 18,50 – pers. suppl. 4,50
  **Location :** 🏠 350 à 475

> ⌂ ⊶ GB ⚡ ▭ ♿ 🎣 ⟳ 🗄 ☺ ⌂
> ⌂ ☺ 🚰 ▣ 🍽 ⌂ 🎲 💪 ┌ 🧺
> À prox. : parapente, golf ✕ ⚓ 🐴

**128**

---

## BARRET-SUR-MÉOUGE

05300 H.-Alpes **16** – **334** C7 – 237 h. – alt. 640.
Paris 703 – Laragne-Montéglin 14 – Sault 47 – Séderon 21 – Sisteron 25.

 ▲ **Les Gorges de la Méouge** mai-sept.
  ☎ 04 92 65 08 47, campinggorgesdelameouge@wanadoo.
  fr, Fax 04 92 65 05 33 – sortie Est par D 942, rte de Laragne-
  Montéglin et chemin à droite, près de la Méouge –
  **R** conseillée
  2,5 ha (95 empl.) plat, herbeux
  **Tarif :** ▣ 2 pers. ⚡ (2A) 12,50 – pers. suppl. 3,20
  **Location :** 🏠 219,80 à 304,50 – ⌂ 283,35 à 375,90

> ⌂ ≤ ⊶ ⚡ 🎣 ♿ 🎣 ⟳ 🗄 ☺ ⌂
> ☺ 🚰 🚲 ▣ 🎣 ⟱

---

## BAR-SUR-AUBE

10200 Aube **7** – **313** I4 G. Champagne Ardenne – 6 707 h. – alt. 190.
🛈 Office du Tourisme, place de l'Hôtel-de-Ville ☎ 03 25 27 24 25, Fax 03 25 27 40 02, ot-bar@barsuraube.net.
Paris 231 – Châtillon-sur-Seine 61 – Chaumont 41 – Troyes 53 – Vitry-le-François 66.

 ▲ **Municipal la Gravière** mars-15 sept.
  ☎ 03 25 27 12 94, Fax 03 25 27 12 94 – sortie Nord-Ouest
  par N 19, rte de Troyes et à gauche avenue du Parc **« Parc
  boisé au bord de l'Aube »** – **R** conseillée
  1,25 ha (65 empl.) plat, herbeux
  **Tarif :** ▣ 2 pers. ⚡ (12A) 9,60 – pers. suppl. 1,50

> ⊶ ⚡ 🎣 🎣 ⟳ 🗄 ⛺ ☺ 💪
> À prox. : 🛒

---

*Si vous recherchez :*
  *un terrain agréable ou très tranquille*
  *un terrain effectuant la location de caravanes,*
   *de mobile homes, de bungalows ou de chalets*
  *un terrain avec piscine*
  *un terrain possédant une aire de services*
   *pour camping-cars*

*Consultez le tableau des localités citées, classées par
départements.*

06620 Alpes-Mar. **17** – **341** C5 G. Côte d'Azur – 2 465 h. – alt. 320.

**🏢** Office du Tourisme, place Francis-Paulet ✆ 04 93 42 72 21, Fax 04 93 42 92 60, *lebarsurloup@stella-net.fr.*

Paris 921 – Cannes 22 – Grasse 10 – Nice 32 – Vence 16.

**▲▲ Les Gorges du Loup** 31 mars-sept.
✆ 04 93 42 45 06, *les-gorges-du-loup@wanadoo.fr,* Fax 04 93 42 45 06 – NE : 1 km par D 2210 puis 1 km par chemin des Vergers à droite, accès difficile aux emplacements (forte pente), mise en place et sortie des caravanes à la demande « Petites terrasses souvent à l'ombre d'oliviers centenaires » – **R** conseillée
1,6 ha (70 empl.) en terrasses, pierreux, herbeux
**Tarif :** 🔲 2 pers. 🔋 (10A) 21 – pers. suppl. 3,80 – *frais de réservation* 15
**Location :** 🚐 286,40 à 473

67220 B.-Rhin **8** – **315** H7 – 234 h. – alt. 280.

Paris 431 – Barr 21 – St-Dié 35 – Sélestat 19 – Strasbourg 61.

**▲▲ Le Giessen** Pâques-sept.
✆ 03 88 58 98 14, Fax 03 88 57 02 33 – sortie Nord-Est sur D 39, rte de Villé, bord du Giessen « Près d'un complexe aquatique » – **R** conseillée
4 ha (175 empl.) plat, herbeux
**Tarif :** (Prix 2002) 🔲 2 pers. 🔋 14,10 – pers. suppl. 4,60 – *frais de réservation* 23
**Location :** *bungalows toilés*
🚐

*Informieren Sie sich über die gültigen Gebühren,
bevor Sie Ihren Platz beziehen. Die Gebührensätze
müssen am Eingang des Campingplatzes angeschlagen sein.
Erkundigen Sie sich auch nach den Sonderleistungen.
Die im vorliegenden Band gemachten Angaben
können sich seit der Überarbeitung geändert haben.*

32320 Gers **14** – **336** D8 – 454 h. – alt. 225.

**🏢** Syndicat d'Initiative, au Donjon ✆ 05 62 70 97 34.

Paris 762 – Aire-sur-l'Adour 48 – Auch 40 – Condom 55 – Mont-de-Marsan 79 – Tarbes 56.

**▲ Municipal** juin-sept.
✆ 05 62 70 90 47 – E : 0,8 km par D 943, rte de Montesquiou, près du stade et au bord de l'étang
1 ha (50 emp.) non clos, plat, peu incliné, herbeux
**Tarif :** (Prix 2002) 🔲 1 à 5 pers. 🔋 9

2B H.-Corse – **345** F3 – voir à Corse.

64240 Pyr.-Atl. **13** – **342** E4 G. Aquitaine – 852 h. – alt. 50.

**🏢** Office du Tourisme, place des Arceaux ✆ 05 59 29 65 05, Fax 05 59 29 65 05.

Paris 770 – Bayonne 26 – Hasparren 9 – Peyrehorade 29 – Sauveterre-de-Béarn 40.

**▲▲▲ Les Collines Iduki** (location exclusive de 22 chalets)
Permanent
✆ 05 59 70 20 81, *iduki@iduki.net,* Fax 05 59 70 20 81 – au bourg – **R** conseillée
2,5 ha en terrasses, herbeux
**Location :** 🏠 198 à 945

**▲ Les Chalets de Pierretoun** (location exclusive de 28 chalets) 15 juin-15 sept.
✆ 05 59 29 68 88 – SE : 10 km par D 123, à Pessarou
5 ha en terrasses, herbeux
**Location :** 🏠 381 à 945

## La BASTIDE DE SÉROU

09240 Ariège 🔢 – 🔢 G6 G. Midi Pyrénées – 933 h. – alt. 410.

🅱 Office du Tourisme, 117 route de St.-Girons 𝒫 05 61 64 53 53, Fax 05 61 64 50 48, *tourisme.seronais@w anadoo.fr*.

Paris 791 – Foix 17 – Le Mas-d'Azil 17 – Pamiers 38 – St-Girons 27.

⚠ **L'Arize** 27 mars-3 nov.
𝒫 05 61 65 81 51, *camparize@aol.com*, Fax 05 61 65 83 34
– sortie Est par D 117, rte de Foix puis 1,5 km par D 15, rte
de Nescus à droite, bord de la rivière
7,5 ha/1,5 campable (70 empl.) plat, herbeux
**Tarif :** 🔲 *2 pers.* 🔋 *(6A) 19,70 – pers. suppl. 5 – frais de
réservation 13*
**Location :** 🛖 *197 à 298 –* 🛖 *298 à 518 – bungalows toilés*

## La BÂTHIE

73540 Savoie 🔢 – 🔢 L4 – 1 880 h. – alt. 360.

Paris 620 – Albertville 9 – Bourg-St-Maurice 46 – Méribel-les-Allues 35 – Moûtiers 19.

⚠ **Le Tarin** Permanent
𝒫 04 79 89 60 54 – O : 0,5 km par D 66, rte d'Esserts-Blay,
près N 90 (voie express : sortie ㉝) – **R** conseillée
1 ha (43 empl.) plat, herbeux
**Tarif :** 🔲 *2 pers.* 🔋 *(10A) 10,50 – pers. suppl. 2,50*

discothèque

## BAUBIGNY

50270 Manche 🔢 – 🔢 B3 – 174 h. – alt. 30.

Paris 361 – Barneville-Carteret 9 – Cherbourg 33 – Valognes 28 – Laval 205.

⚠ **Bel Sito** 5 avril-7 sept.
𝒫 02 33 04 32 74, *bel.sito@wanadoo.fr*, Fax 02 33 04 32 74
– au Nord du bourg « site sauvage dans les dunes » – **R**
6 ha/4 campables (85 empl.) incliné à peu incliné, plat, sablon-
neux, herbeux, dunes
**Tarif :** 🔲 *2 pers.* 🔋 *(6A) 15,70 – pers. suppl. 4,20*

## BAUD

56150 Morbihan 🔢 – 🔢 M7 G. Bretagne – 4 658 h. – alt. 54.

🅱 Syndicat d'Initiative, place Mathurin-Martin 𝒫 02 97 39 17 09, Fax 02 97 39 05 27.

Paris 470 – Auray 30 – Locminé 17 – Lorient 41 – Pontivy 26 – Vannes 35.

⚠ **Municipal de Pont-Augan** avril-sept.
𝒫 02 97 51 04 74, *blavet@blavet.com*, Fax 02 97 39 07 23
– O : 7 km par D 3 rte de Bubry « Au bord d'un plan d'eau
et du Blavet » – **R** conseillée
0,9 ha (50 empl.) plat, herbeux, pierreux
**Tarif :** (Prix 2002) 🔲 *2 pers.* 🔋 *8,80 – pers. suppl. 1,70*
**Location :** *gîtes*

À prox. : canoë, sentier VTT

## BAUDREIX

64800 Pyr.-Atl. 🔢 – 🔢 K5 – 402 h. – alt. 245 – Base de loisirs

Paris 795 – Argelès-Gazost 40 – Lourdes 27 – Oloron-Ste-Marie 49 – Pau 17 – Tarbes 41.

⚠ **Les Ôkiri** avril-1er oct.
𝒫 05 59 92 97 73, *lesokiri@free.fr*, Fax 05 59 13 93 77 –
à la base de loisirs – **R** conseillée
20 ha/2 campables (60 empl.) plat, herbeux
**Tarif :** 🔲 *2 pers.* 🔋 *(10A) 16,60 – pers. suppl. 3*
**Location** (permanent) : 🛖 *152 à 450 –* 🏠 *128 à 458 –
bungalows toilés*
🛖

À prox. : canoë, pédalos, sports en eaux
vives, mur d'escalade, terrain omnisports
pizzeria

## BAUGÉ

49150 M.-et-L. 🔢 – 🔢 I3 G. Châteaux de la Loire – 3 748 h. – alt. 55.

🅱 Office du Tourisme, place de l'Europe 𝒫 02 41 89 18 07, Fax 02 41 89 04 43, *tourisme.bauge@wanadoo.fr*.

Paris 265 – Angers 41 – La Flèche 19 – Le Mans 62 – Saumur 36 – Tours 67.

⚠ **Municipal du Pont des Fées** 15 mai-15 sept.
𝒫 02 41 89 14 79, *ville-bauge@wanadoo.fr*, Fax 02 41 84
12 19 – à l'Est par D 766 rte de Tours et rue à gauche, bord
du Couasnon « Cadre agréable » – **R** conseillée
1 ha (65 empl.) plat, herbeux
**Tarif :** (Prix 2002) 🔲 *2 pers.* 🔋 *(4A) 8,54 – pers. suppl. 1, 87*

(0,5 ha)
À prox. :

## La BAULE

44500 Loire-Atl. **4** – **316** B4 G. Bretagne – 14 845 h. – alt. 31.
**🛈** Office du tourisme, 8 place de la Victoire 𝒫 02 40 24 34 44, Fax 02 40 11 08 10, *tourisme.la.baule@wanadoo.fr.*
Paris 452 – Nantes 77 – Rennes 121 – St-Nazaire 19 – Vannes 66.

**△ Le Bois d'Amour** fév.-oct.
𝒫 02 40 60 17 40, *campi-boisamour@wanadoo.fr*, Fax
02 40 60 11 48 – av. du Capitaine R. Flandin et allée de Diane,
à droite après le pont du chemin de fer « Dans une pinède
vallonnée » – **R** conseillée
4 ha (250 empl.) plat, vallonné et en terrasses, sablonneux
**Tarif :** 🔲 *2 pers.* 🔌 *(6A) 19 – pers. suppl. 4,55*
🚐

*à Careil* NO : 2 km par D 92 – ✉ 44350 Guérande :

**△△ Trémondec** 5 avril-26 sept.
𝒫 02 40 60 00 07, *camping.tremondec@wanadoo.fr,*
Fax 02 40 60 91 10 – **R** conseillée
2 ha (100 empl.) peu incliné et en terrasses, herbeux
**Tarif :** 🔲 *2 pers.* 🔌 *(6A) 20,90 – pers. suppl. 4,70 – frais de
réservation 10*
**Location** 〰 🚐 *260 à 610*

## BAYEUX

14400 Calvados **4** – **303** H4 G. Normandie Cotentin – 14 704 h. – alt. 50.
**🛈** Office du Tourisme, Pont St-Jean 𝒫 02 31 51 28 28, Fax 02 31 51 28 29, *bayeux-tourisme@mail.cpod.fr.*
Paris 262 – Caen 29 – Cherbourg 96 – Flers 70 – St-Lô 36 – Vire 61.

**△△ Municipal** mai-sept.
𝒫 02 31 92 08 43, Fax 02 31 92 08 43 – N : sur bd péri-
phérique d'Eindhoven « Décoration arbustive »
2,5 ha (140 empl.) plat, herbeux, goudronné
**Tarif :** 🔲 *2 pers.* 🔌 *(5A) 12,38 – pers. suppl. 2,91*
🚐

## BAYONNE

64100 Pyr.-Atl. **13** – **342** D4 G. Aquitaine – 40 051 h. – alt. 3.
**🛈** Office du Tourisme, place des Basques 𝒫 05 59 46 01 46, Fax 05 59 59 37 55, *bayonne.tourisme@wanadoo.fr.*
Paris 769 – Bordeaux 185 – Biarritz 9 – Pamplona 109 – San Sebastiàn 55 – Toulouse 299.

**△△ La Chêneraie** avril-oct.
𝒫 05 59 55 01 31, Fax 05 59 55 11 17 – NE : 4 km par
N 117, rte de Pau et rte à droite – **R** conseillée
10 ha/6 campables (250 empl.) plat et peu incliné, terrasses,
herbeux, étang
**Tarif :** 🔲 *2 pers.* 🔌 *23,80 – pers. suppl. 4,40 – frais de réser-
vation 16*
**Location** 〰 : 🚐 *251 à 589 – 🏠 271 à 589 – bungalows toilés*

*Voir aussi à St-Martin-de-Seignanx*

## BAZAS

33430 Gironde **13** – **335** J8 G. Aquitaine – 4 379 h. – alt. 70.
**🛈** Office du Tourisme, 1 place de la Cathédrale 𝒫 05 56 25 25 84, Fax 05 56 25 25 84, *OFFICE-DE-TOURIS
ME-DE-BAZAS@wanadoo.fr*
Paris 640 – Agen 84 – Bergerac 102 – Bordeaux 63 – Langon 17 – Mont-de-Marsan 70.

**△ Le Grand Pré** avril-oct.
𝒫 05 56 65 13 17, *legrandpre@wanadoo.fr,* Fax 05 56 25
90 52 – SE : 2,1 km par D 655, rte de Casteljaloux et chemin
à droite, au château d'Arbien – **R** conseillée
70 ha/5 campables (30 empl.) plat, peu incliné, herbeux
**Tarif :** 🔲 *2 pers.* 🔌 *(16A) 22,90 – 3 pers. 25,95 – pers. suppl.
3,82*
**Location :** 🚐 *213,50 à 488 – ⊨*
🚐

## BAZINVAL

76340 S.-Mar. **1** – **304** J2 – 335 h. – alt. 120.
Paris 165 – Abbeville 33 – Amiens 62 – Blangy-sur-Bresle 8 – Le Tréport 21.

**△ Municipal de la Forêt** avril-oct.
𝒫 02 32 97 04 01, Fax 02 32 97 04 01 – sortie Sud-Ouest
par D 115 et rte à gauche, près de la mairie « Décoration
arbustive des emplacements »
0,4 ha (20 empl.) plat, peu incliné, herbeux
**Tarif :** 🔲 *2 pers.* 🔌 *(10A) 9 – pers. suppl. 1,50*

## La BAZOCHE-GOUET

28330 E.-et-L. **5** – **311** B7 G. Châteaux de la Loire – 1 281 h. – alt. 185.
**B** Syndicat d'Initiative, place de l'Église ♪ 02 37 49 23 45.
Paris 148 – Brou 18 – Chartres 62 – Châteaudun 33 – La Ferté-Bernard 31 – Vendôme 48.

⚠ **Municipal la Rivière du Gué** mai-oct.
♪ 02 37 49 36 49 – SO : 1,5 km par D 927, rte de la Chapelle-Guillaume et chemin à gauche « Au bord de l'Yerre et près d'étangs » – **R** conseillée
1,8 ha (30 empl.) plat, herbeux
**Tarif :** (Prix 2002) 🗉 3 ou 4 pers. 🔌 (10A) 10,37 – pers. suppl. 1,54

## BAZOLLES

58110 Nièvre **11** – **319** E9 – 260 h. – alt. 260 – Base de loisirs.
Paris 250 – Corbigny 15 – Nevers 44 – Prémery 28 – St-Saulge 10.

⚠ **Base de Plein Air et de Loisirs** avril-oct.
♪ 03 86 38 90 33, activital@wanadoo.fr, Fax 03 86 38 90 47 – N : 5,5 km par D 958, rte de Corbigny et D 135 à gauche « Près de l'étang de Baye »
1,5 ha (70 empl.) plat, gravillons
**Tarif :** (Prix 2002) 🗉 2 pers. 🔌 9,30 – pers. suppl. 1,90

## BEAUCHASTEL

07800 Ardèche **12** – **331** K5 – 1 462 h. – alt. 105 – Base de loisirs.
Paris 579 – Aubenas 56 – Le Cheylard 47 – Crest 27 – Privas 25 – Valence 15.

⚠ **Municipal les Voiliers** avril-sept.
♪ 04 75 62 24 04, camping.les.voiliers@wanadoo.fr, Fax 04 75 62 24 04 – E : 1,5 km par rte de l'usine hydro-électrique, bord du Rhône – **R** conseillée
1,5 ha (114 empl.) plat, herbeux
**Tarif :** 🗉 2 pers. 🔌 (6A) 13,50 – pers. suppl. 3

## BEAUFORT

73 Savoie **12** – **333** M3 G. Alpes du Nord – 1 996 h. – alt. 750 – ✉ 73270 Beaufort-sur-Doron..
**B** Office du Tourisme, ♪ 04 79 38 15 33, Fax 04 79 38 16 70, otareches-beaufort@wanadoo.fr.
Paris 599 – Albertville 20 – Chambéry 72 – Megève 37.

⚠ **Municipal Domelin** juin-sept.
♪ 04 79 38 33 88, Fax 04 79 38 35 17 – N : 1,2 km par rte d'Albertville et rte à droite – **R** conseillée
2 ha (100 empl.) plat, peu incliné, herbeux
**Tarif :** 🗉 2 pers. 🔌 12,25 – pers. suppl. 2,80

⚠ **Les Sources** 15 mai-sept.
♪ 04 79 38 31 77, camping.dessources@libertysurf.fr, Fax 04 79 38 31 77 – SE : 5 km par D 925, rte de Bourg-St-Maurice, à 100 m du Doron, alt. 1 000 « Dans un site agréable, au pied des cascades » – **R** conseillée
0,9 ha (55 empl.) plat, herbeux
**Tarif :** 🗉 2 pers. 🔌 12,15 – pers. suppl. 3,15

## BEAULIEU-SUR-DORDOGNE

19120 Corrèze **10** – **329** M6 G. Berry Limousin – 1 265 h. – alt. 142.
**B** Office du Tourisme, place Marbot ♪ 05 55 91 09 94, Fax 05 55 91 10 97, office.de.tourisme.de.beaulieu.sur.dordogne@wanadoo.fr.
Paris 514 – Aurillac 67 – Brive-la-Gaillarde 46 – Figeac 59 – Sarlat-la-Canéda 72 – Tulle 39.

⚠ **Les Îles** 12 avril-12 oct.
♪ 05 55 91 02 65, jycastanet@aol.com, Fax 05 55 91 05 19 – à l'Est du centre bourg, par bd St-Rodolphe-de-Turenne « Situation agréable dans une île de la Dordogne » – **R** conseillée
4 ha (120 empl.) plat, herbeux
**Tarif :** 🗉 2 pers. 🔌 (10A) 17,25 - pers. suppl. 4,50 – frais de réservation 9
**Location :** maisons

*Donnez-nous votre avis sur les terrains que nous recommandons.*
*Faites-nous connaître vos observations et vos découvertes.*

## BEAULIEU-SUR-LOIRE

45630 Loiret **6** – **318** N6 – 1 644 h. – alt. 156.
**🛈** Office du Tourisme, place d'Armes *𝒫* 02 38 35 87 24, Fax 02 38 35 30 10, *otsibeaul@wanadoo.fr*.
Paris 172 – Aubigny-sur-Nère 37 – Briare 15 – Gien 27 – Cosne-sur-Loire 19.

   △ ***Municipal Touristique du Canal*** Pâques-Toussaint
     *𝒫* 02 38 35 32 16, *beaulieusurloire@libertysurf.fr*, Fax 02 38 35 86 57 – sortie Est par D 926, rte de Bonny-sur-Loire, près du canal (halte nautique) – **R** conseillée
     0,6 ha (37 empl.) plat, herbeux
     **Tarif :** (Prix 2002) 🗐 *2 pers.* 🛊 *(6A) 7,65 – pers. suppl. 2,10*
     🚐

    À prox. : canoë ✕ ⤙

---

## BEAUMES-DE-VENISE

84190 Vaucluse **16** – **332** D9 G. Provence – 1 784 h. – alt. 100.
**🛈** Office du Tourisme, place du Marché *𝒫* 04 90 62 94 39, Fax 04 90 62 93 25, *ot-beaumes@axit.fr*.
Paris 671 – Avignon 33 – Nyons 38 – Orange 23 – Vaison-la-Romaine 23.

   △ ***Municipal de Roquefiguier*** 21 mars-sept.
     *𝒫* 04 90 62 95 07 – sortie Nord par D 90, rte de Malaucène et à droite, bord de la Salette – **R**
     1,5 ha (63 empl.) peu incliné et en terrasses, herbeux, pierreux
     **Tarif :** 🗐 *2 pers.* 🛊 *(6A) 6 - pers. suppl. 2*
     🚐

    À prox. : � ⅿ

---

## BEAUMONT-DE-LOMAGNE

82500 T.-et-G. **14** – **337** B8 G. Midi Pyrénées – 3 488 h. – alt. 400 – Base de loisirs.
**🛈** Office du Tourisme, 3 rue Pierre-Fermat *𝒫* 05 63 02 42 32, Fax 05 63 65 61 17.
Paris 675 – Agen 60 – Auch 51 – Castelsarrasin 27 – Condom 60 – Montauban 36 – Toulouse 61.

   ⚠⚠ ***Le Lomagnol*** Pâques-sept.
     *𝒫* 05 63 26 12 00, Fax 05 63 65 60 22 – E : 0,8 km, accès par la déviation et chemin, bord d'un plan d'eau – **R** conseillée
     6 ha/1,5 campable (130 empl.) plat, herbeux
     **Tarif :** 🗐 *2 pers.* 🛊 *(10A) 13,50 – pers. suppl. 3,50*
     **Location** *(permanent)* : 🛖 *220 à 400 –* 🏠 *195 à 450*

    canoë, pédalos
    À prox. : parcours de santé

---

## BEAUMONT-DU-VENTOUX

84340 Vaucluse **16** – **332** E8 – 260 h. – alt. 360.
Paris 680 – Avignon 46 – Carpentras 21 – Nyons 28 – Orange 40 – Vaison-la-Romaine 13.

   △ ***Mont-Serein*** 15 avril-15 sept.
     *𝒫* 04 90 60 49 16, *info@gite-ventoux.com*, Fax 04 90 65 23 10 – E : 20 km par D 974 et D 164ᴬ, rue du Mont-Ventoux par Malaucène, accès conseillé par Malaucène, alt. 1 400 « Agréable situation dominante » – **R** conseillée
     1,2 ha (60 empl.) plat, pierreux, herbeux
     **Tarif :** 🗐 *2 pers.* 🛊 *(10A) 16,30 – pers. suppl. 4*
     **Location** *(permanent)* : 🏠 *385 à 435*

    ⟨ Mont-Ventoux et chaîne des Alpes

---

## BEAUMONT-SUR-SARTHE

72170 Sarthe **5** – **310** J5 – 1 874 h. – alt. 76.
**🛈** Syndicat d'Initiative, 14 place de la Libération *𝒫* 02 43 33 03 03, Fax 02 43 97 02 21, *beaumont.sur.sarthe@wanadoo.fr*.
Paris 223 – Alençon 24 – La Ferté-Bernard 70 – Le Mans 29 – Mayenne 62.

   ⚠⚠ ***Municipal du Val de Sarthe*** mai-sept.
     *𝒫* 02 43 97 01 93, *beaumont-sur-sarthe@wanadoo.fr*, Fax 02 43 97 02 21 – au Sud-Est du bourg « Cadre et situation agréables au bord de la Sarthe » – **R** conseillée
     1 ha (73 empl.) plat, herbeux
     **Tarif :** 🗐 *2 pers.* 🛊 *7,23 – pers. suppl. 1,52*
     🚐

    parcours de santé
    À prox. : �𝗆 ⅀

21200 Côte-d'Or **11** – **320** I7 G. Bourgogne – 21 289 h. – alt. 220.
**7** Office du Tourisme, 1 rue de l'Hôtel-Dieu *&* 03 80 26 21 30, Fax 03 80 26 21 39, ot.beaune@wanadoo.fr.
Paris 309 – Autun 49 – Auxerre 149 – Chalon-sur-Saône 29 – Dijon 45 – Dole 65.

**⚠ Municipal les Cent Vignes** 15 mars-oct.
*&* 03 80 22 03 91 – sortie Nord par r. du Faubourg-St-Ni-
colas et D 18 à gauche, 10 r. Auguste-Dubois **« Belle déli-
mitation des emplacements et entrée fleurie » – R** conseillée
2 ha (116 empl.) plat, herbeux, gravillons
**Tarif :** (Prix 2002) ⊡ *2 pers.* (*) *13,70 – pers. suppl. 3,35*

**à Savigny-lès-Beaune** NO : 6 km par sortie rte de Dijon et D 18 à gauche – 1 392 h. – alt. 237 –
✉ 21420 Savigny-lès-Beaune :.
**7** Syndicat d'Initiative, rue Vauchey-Very *&* 03 80 26 12 56, Fax 03 80 21 56 63

**⚠ Municipal les Premiers Prés** mai-sept.
*&* 03 80 26 15 06, Fax 03 80 21 56 63 – NO : 1 km par D 2
rte de Bouilland **« Cadre verdoyant au bord d'un ruisseau »
– R** conseillée
1,5 ha (90 empl.) plat et peu incliné, herbeux
**Tarif :** (Prix 2002) ⊡ *2 pers.* (*) *9,75 – pers. suppl. 1,90*
🚐

**à Vignoles** E : 3 km rte de Dole puis D 20 H à gauche – 552 h. – alt. 202 – ✉ 21200 Vignoles :

**⚠ Les Bouleaux** Permanent
*&* 03 80 22 26 88 – à Chevignerot, bord d'un ruisseau –
**R** conseillée
1 ha (40 empl.) plat, herbeux
**Tarif :** ⊡ *2 pers.* (*) *(6A) 13,50 (hiver 14,40) – pers. suppl.
3,20*

62990 P.-de-C. **1** – **301** E5 – 2 093 h. – alt. 17.
**7** Syndicat d'Initiative, Vallée de la Crecquoise *&* 03 21 86 16 82, Fax 03 21 86 16 82.
Paris 232 – Abbeville 47 – Amiens 96 – Berck-sur-Mer 30 – Le Crotoy 37 – Hesdin 13.

**134**

**⚠ Municipal de la Source** Permanent
*&* 03 21 81 40 71, Fax 03 21 90 02 88 – E : 1,5 km par
D 130, rte de Loison et chemin à droite après le pont, entre
la Canche et le Fliez – Places limitées pour le passage –
**R** conseillée
2,5 ha (120 empl.) plat, herbeux, étang
**Tarif :** (Prix 2002) ⊡ *2 pers.* (*) *11,81 – pers. suppl. 2,90*

47470 L.-et-G. **14** – **336** H4 G. Aquitaine – 548 h. – alt. 208.
**7** Office du Tourisme, place de la Mairie *&* 05 53 47 63 06, Fax 05 53 66 72 63, office-tourisme-beauville@w
anadoo.fr.
Paris 642 – Agen 26 – Moissac 32 – Montaigu-de-Quercy 16 – Valence 25 – Villeneuve-sur-Lot 28.

**⚠ Les 2 Lacs** fermé déc.-janv.
*&* 05 53 95 45 41, camping-les-2-lacs@wanadoo.fr, Fax
05 53 95 45 31 – SE : 0,9 km par D 122, rte de Bourg-de-Visa,
chemin d'accès aux emplacements à forte pente – mise en
place et sortie des caravanes à la demande **« Situation agréa-
ble près de deux plans d'eau » – R** conseillée
22 ha/2,5 campables (50 empl.) non clos, plat et terrasse,
herbeux
**Tarif :** ⊡ *2 pers.* (*) *15,07 – pers. suppl. 3,68*
**Location :** 🏠 *205 à 610 – bungalows toilés*

50 Manche – **303** C8 – rattaché au Mont-St-Michel.

27800 Eure **5** – **304** E6 G. Normandie Vallée de la Seine – 434 h. – alt. 101.
Paris 152 – Bernay 22 – Évreux 46 – Lisieux 46 – Pont-Audemer 23 – Rouen 41.

**⚠ Municipal St-Nicolas** 29 mars-28 sept.
*&* 02 32 44 83 55, Fax 02 32 44 83 55 – E : 2 km par D 39
et D 581, rte de Malleville-sur-le-Bec et chemin à gauche
**« Cadre fleuri et soigné »**
3 ha (90 empl.) plat, herbeux
**Tarif :** ⊡ *1 ou 2 pers.* (*) *(10A) 9,60 – pers. suppl. 2,60*

## BÉDOIN

84410 Vaucluse **16** – **332** E9 – 2 215 h. – alt. 295.
**🛈** Office du Tourisme, Espace Marie-Louis-Gravier 𝒫 04 90 65 63 95, Fax 04 90 12 81 55, *ot.bedoin@axit.fr*.
Paris 696 – Avignon 42 – Carpentras 16 – Vaison-la-Romaine 21.

▲ **Aire Naturelle les Oliviers** avril-sept.
  𝒫 04 90 65 68 89 – NO : 3,3 km par D 19, rte de Malaucène
  et chemin à gauche – **R**
  2 ha (25 empl.) plat, peu incliné, terrasses, pierreux, herbeux
  **Tarif :** ▣ *2 pers.* ⓖ *10,20 – pers. suppl. 3*

## BÉDOUÈS

48400 Lozère **16** – **330** J8 – 194 h. – alt. 565.
Paris 629 – Alès 71 – Florac 5 – Mende 41.

▲▲ **Chon du Tarn** avril-19 oct.
  𝒫 04 66 45 09 14, Fax 04 66 45 22 91 – sortie Nord-Est, rte
  de Cocurès « Cadre agréable et verdoyant au bord du Tarn »
  – **R** conseillée
  2 ha (100 empl.) plat, peu incliné, herbeux
  **Tarif :** ▣ *2 pers.* ⓖ *(6A) 11 – pers. suppl. 3*

## BÉDUER

46100 Lot **15** – **337** H4 – 596 h. – alt. 260.
Paris 575 – Cahors 64 – Figeac 9 – Villefranche-de-Rouergue 36.

▲ **Pech Ibert** mars-déc.
  𝒫 05 65 40 05 85, *camping.pech.ibert@wanadoo.fr*, Fax
  05 65 40 08 33 – NO : 1 km par D 19, rte de Cajarc et rte
  à droite – **R** conseillée
  1 ha (18 empl.) plat, herbeux, gravillons, pierreux
  **Tarif :** ▣ *2 pers.* ⓖ *11,90 – pers. suppl. 2,70*
  **Location :** 🛏 *270 –* 🏠 *250 à 405*

## BEG-MEIL

29 Finistère – **308** H7 – rattaché à Fouesnant.

⚒ ✕ *LET OP :*
  *deze gegevens gelden in het algemeen alleen in het seizoen,*
  *wat de openingstijden van het terrein ook zijn.*

## BELCAIRE

11340 Aude **15** – **344** C6 G. Languedoc Roussillon – 360 h. – alt. 1 002.
**🛈** Office du Tourisme, avenue d'Ax-les-Thermes 𝒫 04 68 20 75 89, Fax 04 68 20 79 13.
Paris 822 – Ax-les-Thermes 26 – Axat 32 – Foix 54 – Font-Romeu-Odeillo-Via 82 – Quillan 29.

▲ **Municipal la Mousquière** juin-sept.
  𝒫 04 68 20 39 47, *mairie.belcaire@wanadoo.fr*, Fax 04 68
  20 36 48 – sortie Ouest par D 613, rte d'Ax-les-Thermes, à
  150 m d'un plan d'eau – **R** conseillée
  0,6 ha (37 empl.) peu incliné, herbeux
  **Tarif :** ▣ *2 pers.* ⓖ *10,50 – pers. suppl. 2,50*

## BELFORT

90000 Ter.-de-Belf. **8** – **315** F11 G. Jura – 50 125 h. – alt. 360.
**🛈** Office du Tourisme, 2 bis rue Clemenceau 𝒫 03 84 55 90 90, Fax 03 84 55 90 99, *tourism.accueil90@essor-info.fr*
Paris 423 – Lure 33 – Luxeuil-les-Bains 52 – Montbéliard 23 – Mulhouse 41 – Vesoul 64.

▲▲ **Camping International de l'Étang des Forges**
  12 avril-sept.
  𝒫 03 84 22 54 92, *contact@campings-belfort.com*, Fax
  03 84 22 76 55 – N : 1,5 km par D 13, rte d'Offemont et
  à droite, rue Béthouart, Par autoroute sortie N° 13 « Près
  du lac » – **R** conseillée
  3,4 ha (90 empl.) plat, herbeux, pierreux
  **Tarif :** ▣ *2 pers.* ⓖ *(6A) 15,80 (une seule nuit 18,10) – pers.
  suppl. 2*

135

## BELGENTIER

83210 Var **17** – **340** L6 – 1 442 h. – alt. 152.
Paris 827 – Bandol 41 – Brignoles 27 – Cuers 14 – Hyères 23 – Toulon 25.

  △ **Les Tomasses** avril-sept.
    ℘ 04 94 48 92 70, Fax 04 94 48 94 73 – SE : 1,5 km par rte
de Toulon puis 0,7 km par chemin à droite, bord du Gapeau
– **R** conseillée
2,5 ha (91 empl.) plat, pierreux, herbeux
**Tarif :** (Prix 2002) 🔲 *2 pers.* 🔌 *(6A) 15,50 – pers. suppl. 3,50*
**Location :** 🏠 *259 à 412*

## BELLEGARDE

45270 Loiret **6** – **318** L4 G. Châteaux de la Loire – 1 442 h. – alt. 113.
🅱 Office du Tourisme, 12 bis place Charles Desvergnes ℘ 02 38 90 25 37, Fax 02 38 90 28 32, *bellegard@a ol.com.*
Paris 112 – Gien 41 – Montargis 23 – Nemours 40 – Orléans 51 – Pithiviers 30.

  △ **Municipal du Donjon** 17 mai-15 sept.
    ℘ 02 38 90 25 37, *officedutourismebellegarde@aol.com,*
Fax 02 38 90 28 32 – sortie Sud Ouest par N 60, rte d'Orléans
et 0,5 km par rue à gauche (allée du château)
0,5 ha (39 empl.) plat, herbeux
**Tarif :** 🔲 *2 pers.* 🔌 *(6A) 11,70 – pers. suppl. 2,40*

## BELLE-ÎLE-EN-MER

56 Morbihan **3** – **308** L10 G. Bretagne.
⛴ - En été réservation indispensable pour le passage des véhicules et des caravanes. Départ Quiberon (Port-Maria), arrivée au Palais – Traversée 45 mn – renseignements et tarifs : Cie Morbihannaise et Nantaise de Navigation, 56360 Le Palais (Belle-Île-en-Mer) ℘ 08 20 05 60 00, Fax 02 97 31 56 81.

**Bangor** – 735 h. – alt. 45 – ✉ 56360 Bangor.

  △ **Municipal de Bangor** avril-sept.
    ℘ 02 97 31 89 75, Fax 02 97 31 44 51 – à l'Ouest du bourg
– **R** conseillée
0,8 ha (55 empl.) incliné, peu incliné, herbeux
**Tarif :** (Prix 2002) 🔲 *2 pers.* 🔌 *8,90 – pers. suppl. 2,20*

**Le Palais** – 2 435 h. – alt. 7 – ✉ 56360 le Palais.

  ▲▲▲ **Bordenéo** 5 avril-20 sept.
    ℘ 02 97 31 88 96, *bordeneo@free.fr,* Fax 02 97 31 87 77
– NO : 1,7 km par rte de Port Fouquet, à 500 m de la mer
« Décoration florale et arbustive » – **R** conseillée
3 ha (202 empl.) plat, herbeux
**Tarif :** 🔲 *2 pers.* 🔌 *(5A) 20,75 – pers. suppl. 4,90 – frais de
réservation 15*
**Location** 🛖 : 🏠 *280 à 600*

*Pointe des Poulains*
*Sauzon*
*Pointe de Taillefer*
*Côte*
△ 54
*Bordenéo* ▲
*le Palais* (ⓐ)
D 25
*l'Océan*
**BELLE-ILE**
*Port Donnant*
D 190
*Grand Phare*
*Municipal de Bangor* ▲
*Aiguilles de*
*Port Coton* ▲
D 190
(ⓐ)
*Bangor*
D 30A
*Port Goulphar*
D 25
*Pte de*
*Kerdonis*
60 △
*Locmaria*
*Sauvage*
*Borvran*
0    4 km

▲ **L'Océan** avril-15 oct.
    *℘ 02 97 31 83 86, Fax 02 97 31 87 60 – au Sud-Ouest du bourg, à 500 m du port – R indispensable*
2,7 ha (125 empl.) plat, peu incliné, herbeux
**Tarif :** *(Prix 2002)* 回 *2 pers.* ⚡ *(3A) 19,90 – pers. suppl. 4,60 – frais de réservation 17*
**Location** *(15 fév.-15 nov.) :* 🏠 *252 à 602 – bungalows toilés* ⛺

🅢 ⊶ GB ⚒ 🔲 ⚡⚡ pinède 🔥 🛖
⇌ 🗐 ♨ 🚽 ☺ 🛁 ✌ snack, crêperie 🦾 🔥 🏊
À prox. : école de plongée, canoë de mer, golf 🎯 ✗ 🔲 🐴 poneys

---

## BELLÊME

61130 Orne **5** – **310** M4 G. Normandie Vallée de la Seine – 1 788 h. – alt. 241.
🅱 Office du Tourisme, boulevard Bansard-des-Bois *℘ 02 33 73 09 69, Fax 02 33 83 95 17, tourisme.belleme @ wanadoo.fr.*
Paris 168 – Alençon 42 – Chartres 76 – La Ferté-Bernard 23 – Mortagne-au-Perche 18.

▲ **Municipal** avril-sept.
    *℘ 02 33 85 31 00, Fax 02 33 83 58 85 – sortie Ouest par D 955, rte de Mamers et chemin à gauche, près de la piscine*
1,5 ha (50 empl.) plat et peu incliné, terrasses, herbeux
**Tarif :** 回 *2 pers.* ⚡ *7,40 – pers. suppl. 1,50*

🅢 ⚒ 🔲 ⚡ 🔥 🛖 ⇌ 🗐 🚽 ☺ 🛁
À prox. : golf 🎯 ✗ 🔲 🏊

---

## BELMONT-DE-LA-LOIRE

42670 Loire **11** – **327** F3 – 1 528 h. – alt. 525.
Paris 398 – Chauffailles 6 – Roanne 35 – St-Étienne 120 – Tarare 46 – Villefranche-sur-Saône 51.

▲ **Municipal les Écureuils** juin-27 sept.
    *℘ 04 77 63 72 25, Fax 04 77 63 62 71 – O : 1,4 km par D 4, rte de Charlieu et chemin à gauche, à 300 m d'un étang* « Près d'un parc d'agrément »
0,6 ha (28 empl.) peu incliné à incliné, en terrasses, gravillons, herbeux
**Tarif :** 回 *2 pers.* ⚡ *(5A) 6,97 – pers. suppl. 1,71*
**Location :** 🏠 *196 à 257*

🅢 ⚒ 🔲 🛖 ⇌ 🔲 ☺ 🔲
À prox. : ✗ 🎣

---

## BÉLUS

40300 Landes **13** – **335** E13 – 400 h. – alt. 135.
Paris 753 – Bayonne 37 – Dax 18 – Orthez 36 – Peyrehorade 7.

▲ **La Comtesse** 15 mars-15 oct.
    *℘ 05 58 57 69 07, campinglacomtesse@wanadoo.fr, Fax 05 58 57 62 50 – NO : 2,5 km par D 75 et rte à droite, bord d'un ruisseau et d'un étang* « Agréable peupleraie autour d'un étang » – **R** *conseillée*
6 ha (115 empl.) plat, herbeux
**Tarif :** 回 *2 pers.* ⚡ *(10A) 15,90 – pers. suppl. 3,10 – frais de réservation 12*
**Location :** ⛺ *182 à 553*

🅢 ⊶ GB ⚒ 🔲 ⚡⚡ 🔥 🛖 ⇌ 🗐
🚽 ☺ 🔲 🔲 🔲 ✗ 🏊
À prox. : 🍴 ✗ 🦾

---

## BELVEDÈRE-CAMPOMORO

2A Corse-du-Sud – **345** B10 – voir à Corse.

---

## BELVÈS

24170 Dordogne **13** – **329** H7 G. Périgord Quercy – 1 553 h. – alt. 175.
🅱 Office du Tourisme, 1 rue des Filhols *℘ 05 53 29 10 20, Fax 05 53 29 10 20, belves@perigord.com.*
Paris 556 – Bergerac 51 – Le Bugue 22 – Les Eyzies-de-Tayac 25 – Sarlat-la-Canéda 34 – Villeneuve-sur-Lot 66.

▲▲ **Les Hauts de Ratebout** 27 avril-7 sept.
    *℘ 05 53 29 02 10, camping@hauts-ratebout.fr, Fax 05 53 29 08 28 – SE : 7 km par D 710 rte de Fumel, D 54 et rte à gauche* « Sur les terres d'une ferme périgourdine restaurée, domine la vallée » – **R** *conseillée*
12 ha/6 campables (200 empl.) plat, incliné, en terrasses, herbeux
**Tarif :** 回 *2 pers.* ⚡ *(10A) 31 – pers. suppl. 6 – frais de réservation 19*
**Location :** ⛺ *441 à 766 – maisons périgourdines*

🅢 < ⊶ ✗ GB ⚡ 🔲 🔥 🛖 ⇌ 🗐
♨ 🚽 ☺ 🛁 ✌ 🔲 🔲 🍴 ✗ 🦾
🔲 🗐 🔲 🔥 ✗ 🔲 🏊 🔲

---

*Les **cartes** MICHELIN sont constamment tenues à jour.*

⚲ **Le Moulin de la Pique** 19 avril-11 oct.
    𝒫 05 53 29 01 15, *camping@perigord.com*, Fax 05 53 28
29 09 – SE : 3 km par D 710 rte de Fumel, bord de la Nauze,
d'un étang et d'un bief « Autour d'un moulin du 18ᵉ s., cadre
champêtre agrémenté d'un étang » – **R** conseillée
15 ha/6 campables (180 empl.) plat, terrasses, herbeux
**Tarif :** ▣ *2 pers.* ⅃ *(6A) 27 – pers. suppl. 7*
**Location :** ⊞ *275 à 695*

⚲ **Les Nauves** 17 mai-15 sept.
    𝒫 05 53 29 12 64 – SO : 4,5 km par D 53, rte de Monpazier
et rte de Larzac à gauche
40 ha/5 campables (100 empl.) peu incliné, herbeux
**Tarif :** ▣ *2 pers.* ⅃ *(6A) 16,50 – pers. suppl. 4 – frais de
réservation 8*
**Location :** ⊞ *250 à 500*

⚲ **Les Gîtes du Greil-Haut** (location exclusive de
14 chalets) Permanent
    𝒫 05 53 59 51 00, *ggh@le-perigord.com*, Fax 05 53 28
85 85 ✉ 24170 Larzac – 5 km au Sud de Belvès par D 710
– **R** conseillée
5 ha en terrasses, herbeux
**Location :** ⊞ *230 à 690*

## BÉNIVAY-OLLON

26 Drôme – ⅛⅜⅖ E8 – rattaché à Buis-les-Baronnies.

## BÉNODET

29950 Finistère ❸ – ⅜⓪⑧ G7 G. Bretagne – 2 436 h.
🛈 Office du Tourisme, 29 avenue de la Mer 𝒫 02 98 57 00 14, Fax 02 98 57 23 00, *tourisme@benodet.fr.*
Paris 565 – Concarneau 20 – Fouesnant 10 – Pont-l'Abbé 12 – Quimper 17 – Quimperlé 48.

⚲ **Le Letty** 15 juin-6 sept.
    𝒫 02 98 57 04 69, *reception@campingduletty.com*, Fax
02 98 66 22 56 « Agréable situation en bordure de plage »
10 ha (493 empl.) plat, herbeux
**Tarif :** ▣ *2 pers.* ⅃ *(10A) 21,70 – pers. suppl. 4,50*
⊞

⚲ **Le Poulquer** 15 mai-sept.
    𝒫 02 98 57 04 19, Fax 02 98 66 20 30 – r. du Poulquer, à
150 m de la mer « Cadre verdoyant et ombragé » –
**R** conseillée
3 ha (240 empl.) plat et peu incliné, herbeux
**Tarif :** ▣ *2 pers.* ⅃ *(6A) 22,60 – pers. suppl. 5,40 – frais de
réservation 15,25*
**Location** ✗ : ⊞ *230 à 520*

**Voir aussi à Combrit**

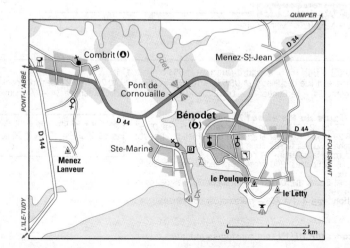

## BENON

17170 Char.-Mar. **9** – **324** F2 – 426 h. – alt. 21.
Paris 445 – Fontenay-le-Comte 37 – Niort 38 – La Rochelle 32 – Surgères 17.

⚠ *Municipal du Château* mai-sept.
    ℘ 05 46 01 61 48, *benon@mairie17.com*, Fax 05 46 01
01 19 – au bourg « Parc » – **R** conseillée
1 ha (70 empl.) plat, peu incliné, herbeux
**Tarif :** 🔲 *2 pers.* 🛈 *10,10 – pers. suppl. 2,50*

## BERGERAC

24100 Dordogne **10** – **329** D6 G. Périgord Quercy – 26 899 h. – alt. 37.
🛈 Office du Tourisme, 97 rue Neuve-d'Argenson ℘ 05 53 57 03 11, Fax 05 53 61 11 04, *tourisme-bergerac @aquinet.tm.fr.*
Paris 534 – Agen 92 – Angoulême 111 – Bordeaux 95 – Pau 219 – Périgueux 48.

⚠ *Municipal la Pelouse* Permanent
    ℘ 05 53 57 06 67, *tourisme.bergerac@aquinet.tm.fr*,
Fax 05 53 57 06 67 – r. J.-J.-Rousseau, par rte de Bordeaux
et r. Boileau à droite, bord de la Dordogne – **R** conseillée
1,5 ha (70 empl.) plat et peu incliné, herbeux
**Tarif :** 🔲 *2 pers.* 🛈 *11,73 – pers. suppl. 2,62*

## BERNAY

27300 Eure **5** – **304** D7 G. Normandie Vallée de la Seine – 10 582 h. – alt. 105.
🛈 Office du Tourisme, 29 rue Thiers ℘ 02 32 43 32 08, Fax 02 32 45 82 68, *office.tourisme.bernay@wanadoo.fr.*
Paris 155 – Argentan 70 – Évreux 50 – Le Havre 86 – Louviers 52 – Rouen 60.

⚠ *Municipal* 15 mai-15 sept.
    ℘ 02 32 43 30 47 – SO : 2 km par N 138 rte d'Alençon et
rue à gauche, accès conseillé par la déviation et ZI Malouve
« Partie campable verdoyante et soignée » – **R** conseillée
1 ha (50 empl.) plat, herbeux
**Tarif :** 🔲 *2 pers.* 🛈 *14,65 – pers. suppl. 2,50*

## La BERNERIE-EN-RETZ

44760 Loire-Atl. **9** – **316** D5 – 1 828 h. – alt. 24.
🛈 Office du Tourisme, 3 chaussée du Pays-de-Ret ℘ 02 40 82 70 99, Fax 02 51 74 61 40.
Paris 428 – Challans 40 – Nantes 47 – St-Nazaire 101.

⚠ *Les Écureuils* 20 avril-16 sept.
    ℘ 02 40 82 76 95, *camping.les-ecureuils@wanadoo.fr*, Fax
02 40 64 79 52 – sortie Nord-Est rte de Nantes et à gauche
après le passage à niveau, av. Gilbert-Burlot, à 350 m de la
mer – **R** conseillée
5,3 ha (325 empl.) plat et peu incliné, herbeux
**Tarif :** 🔲 *2 pers.* 🛈 *(10A) 24,80 – pers. suppl. 6 – frais de
réservation 15,25*
**Location :** 🏠 *(sans sanitaires)*

## BERNY-RIVIÈRE

02290 Aisne **6** – **306** A6 – 528 h. – alt. 49.
Paris 100 – Compiègne 24 – Laon 32 – Noyon 28 – Soissons 17.

⚠ *La Croix du Vieux Pont* Permanent
    ℘ 03 23 55 50 02, Fax 03 23 55 05 13 – S : 1,5 km sur D 91,
à l'entrée de Vic-sur-Aisne, bord de l'Aisne – Places limitées
pour le passage « Nombreuses activités nautiques : piscines,
rivière et étang » – **R** conseillée
20 ha (370 empl.) plat et peu incliné, herbeux
**Tarif :** 🔲 *1 à 5 pers.* 🛈 *10,50 à 30 – pers. suppl. 2,50*

## BERRIAS ET CASTELJAU

07460 Ardèche **16** – **331** H7 – 541 h. – alt. 126.
Paris 672 – Aubenas 39 – Largentière 29 – St-Ambroix 18 – Vallon-Pont-d'Arc 22 – Les Vans 10.

⚠ *Les Cigales* avril-sept.
    ℘ 04 75 39 30 33, *camping-lescigales@wanadoo.fr*, Fax
04 75 39 30 33 – NE : 1 km, à la Rouvière « Cadre agréable
et fleuri » – **R** conseillée
3 ha (70 empl.) plat et peu incliné, terrasses, herbeux
**Tarif :** 🔲 *2 pers.* 🛈 *(5A) 13 – pers. suppl. 3*
**Location :** 🛏 *153 à 230 –* 🏠 *215 à 458 – gîtes*

139

BERRIAS ET CASTELJAU

    ⚲ *La Source* avril-sept.
       *℘ 04 75 39 39 13, camping.la.source@wanadoo.fr*, Fax 04
       75 39 02 52 – sortie Nord-Est, rte de Casteljau – **R** conseillée
       2,5 ha (81 empl.) plat, pierreux, herbeux
       **Tarif :** 🔲 *2 pers.* 🔌 *(6A) 16,70 - pers. suppl. 3*
       **Location :** 🚐 *260 à 535*

       🅼 🛉 🕭 🗔 ♀ 👌 🗼 ♨ 🗐 🛏 💺   😊 🖼 🏊 pizzeria 🏠 🏊

## BERTANGLES

80260 Somme 🛈 – 🏙 G8 G. Picardie Flandres Artois – 700 h. – alt. 95.
Paris 156 – Abbeville 44 – Amiens 11 – Bapaume 55 – Doullens 25.

    ⚲ *Le Château* 25 avril-8 sept.
       *℘*    03 22 93 37 73,    *camping.bertangles@wanadoo.fr*,
       Fax 03 22 93 68 36 – au bourg « Dans un verger, près du
       château » – **R** conseillée
       0,7 ha (33 empl.) plat, herbeux
       **Tarif :** 🔲 *2 pers.* 🔌 *12,75 – pers. suppl. 2,85*

       🛉 🗔 ♀ 👌 🗼 ♨ 🗐 🛏 😊 🚣

## BESSAS

07150 Ardèche 🛈🛈 – 🏙 H7 – 147 h. – alt. 280.
Paris 678 – Alès 35 – Florac 92 – Privas 76 – Vallon-Pont-d'Arc 17.

    ⚲ *La Fontinelle* 21 juin-7 sept.
       *℘ 04 75 38 65 69, la.fontinelle@wanadoo.fr*, Fax 04 75 38
       64 91 – SO : 1 km par D 202 et D 255, rte de St-Sauveur-
       de-Cruzières – **R** conseillée
       1,5 ha (12 empl.) en terrasses, plat, gravillons, herbeux
       **Tarif :** 🔲 *2 pers.* 🔌 *14,50 – pers. suppl. 2,50*
       **Location** *(permanent) :* pavillons

       🛉 ≤ ⚲ 🕭 🗔 👌 🗼 ♨ 🗐 🛏 😊 🖼 🏠 🏊

## BESSÈGES

30160 Gard 🛈🛈 – 🏙 J3 – 3 635 h. – alt. 170.
🛈 Office du Tourisme, 50 rue de la République ℘ 04 66 25 08 60, Fax 04 66 25 08 60.
Paris 656 – Alès 32 – La Grand-Combe 20 – Les Vans 18 – Villefort 34.

    ⚲ *Les Drouilhèdes* avril-sept.
       *℘ 04 66 25 04 80, joost.mellies@wanadoo.fr*, Fax 04 66 25
       10 95 ✉ 30160 Peyremale – O : 2 km par D 17 rte de Génol-
       hac puis 1 km par D 386 à droite, bord de la Cèze –
       **R** conseillée
       2 ha (90 empl.) plat, herbeux, pierreux
       **Tarif :** 🔲 *2 pers.* 🔌 *(6A) 18,40 – pers. suppl. 3,30 – frais de
       réservation 8*
       **Location :** 🏠 *490*

       🛉 ≤ 🕭 GB ⚲ 🗔 ♀♀ 👌 🗼 ♨
       🗐 🛏 💺 🕭 😊 🍴 🖼 🚣 🚤 ꭗ 🏊

## BESSÉ-SUR-BRAYE

72310 Sarthe 🖥 – 🏙 N7 – 2 815 h. – alt. 72.
🛈 Syndicat d'Initiative, place Henri-IV ℘ 02 43 63 09 77, Fax 02 43 63 09 78.
Paris 198 – La Ferté-Bernard 43 – Le Mans 56 – Tours 56 – Vendôme 31.

    ⚲ *Municipal du Val de Braye* 15 avril-15 sept.
       *℘ 02 43 35 31 13*, Fax 02 43 35 58 86 – Sud-Est par D 303,
       rte de Pont-de-Braye « Belle décoration arbustive en bor-
       dure de la Braye »
       2 ha (120 empl.) plat, herbeux
       **Tarif :** (Prix 2002) 🔲 *2 pers.* 🔌 *9,20 – pers. suppl. 2,20*
       🚐

       ⚲ ⚲ ♀ (1 ha) 👌 🗼 ♨ 🗐 🛏 😊 🖼
       🏠 🏊
       À prox. : ✕ ✕✕ 🏊 🚣

## BESSINES-SUR-GARTEMPE

87250 H.-Vienne 🛈🛈 – 🏙 F4 – 2 988 h. – alt. 335.
🛈 Office du Tourisme, 6 avenue du 11-Novembre ℘ 05 55 76 09 28, Fax .
Paris 356 – Argenton-sur-Creuse 58 – Bellac 30 – Guéret 54 – Limoges 38 – La Souterraine 21.

    ⚲ *Municipal de Sagnat* 15 juin-15 sept.
       *℘ 05 55 76 17 69, ot.bessines@wanadoo.fr*, Fax 05 55 76
       01 24 – SO : 1,5 km par D 220, rte de Limoges, D 27, rte de
       St-Pardoux à droite et rue à gauche, bord de l'étang
       « Situation agréable » – **R** conseillée
       0, 8 ha (50 empl.) en terrasses, plat, peu incliné, sablonneux,
       herbeux
       **Tarif :** 🔲 *2 pers.* 🔌 *9,50 – pers. suppl. 3,50*

       ≤ ⚲ 🗔 ♀ 👌 🗼 🗐 🚣 😊 🖼
       snack 🏠 🚤 🛶 (plage)
       À prox. : parcours de santé

## BEYNAC-ET-CAZENAC

24220 Dordogne 🔢 – 🔢 H6 G. Périgord Quercy – 498 h. – alt. 75.
🅱 Office du Tourisme, la Balme 🖉 05 53 29 43 08, Fax 05 53 29 43 08.
Paris 538 – Bergerac 62 – Brive-la-Gaillade 63 – Fumel 62 – Gourdon 27 – Périgueux 66 – Sarlat-la-Canéda 12.

Schéma à Domme

⚠ **Le Capeyrou** 15 mai-15 sept.
🖉 05 53 29 54 95, *lecapeyrou@ wanadoo.fr*, Fax 05 53 28 36 27 – sortie Est, face à la station-service, bord de la Dordogne « Site et accueil agréables » – **R** conseillée
4,5 ha (100 empl.) plat, herbeux
**Tarif :** 🔲 *2 pers.* ⚡ *(6A) 17,80 – pers. suppl. 4,30 – frais de réservation 8*
🚐

⟨ ⛲ GB ⚬ 🎾 (3 ha) ⚐ 🍴 ⛲ 🗄
⚑ ⚓ ⚙ 🏊 snack 🍤 🏠 🚤 ⛴
🚿 🚱
À prox. : canoë 🏖 🍹 ✖ ✗

## BEYNAT

19190 Corrèze 🔢 – 🔢 L5 – 1 068 h. – alt. 420.
🅱 Syndicat d'Initiative, le bourg 🖉 05 55 85 59 07.
Paris 496 – Argentat 46 – Beaulieu-sur-Dordogne 24 – Brive-la-Gaillarde 20 – Tulle 21.

⚠ **L'Étang de Miel** 10 avril-sept.
🖉 05 55 85 50 66, *camping.lac.de.miel@ wanadoo.fr*, Fax 05 55 85 57 96 – E : 4 km par N 121 rte d'Argentat, bord d'un plan d'eau – **R** conseillée
50 ha/9 campables (140 empl.) vallonné, peu incliné, herbeux
**Tarif :** 🔲 *2 pers.* ⚡ *(6A) 15 – pers. suppl. 4,20 – frais de réservation 15,50*
**Location** *(permanent) :* 🛏 *215 à 460 –* 🏠 *215 à 505*

⟨ ⛲ GB ⚬ 🎾 ⚐ 🍴 ⚑ 🍴 ⛲ ⚓ 🚿 ⚙
🏠 🏠 ✗ ⚠
À prox. : poneys 🍹 snack 🚤 🚿
(plage)

## Le BEZ

81260 Tarn 🔢 – 🔢 G9 – 654 h. – alt. 644.
🅱 Office du Tourisme, Vialavert 🖉 05 63 74 63 38, Fax 05 63 73 04 57.
Paris 737 – Albi 63 – Anglès 12 – Brassac 5 – Castres 24 – Mazamet 25.

⚠ **Le Plô** juil.-août
🖉 05 63 74 00 82, *info@leplo.com*, Fax 04 67 97 60 44 – O : 0,9 km par D 30 rte de Castres et chemin à gauche
2,5 ha (60 empl.) en terrasses, peu accidenté, herbeux, bois
**Tarif :** 🔲 *2 pers.* ⚡ *(4A) 15 – pers. suppl. 2,80*

⚑ ⟨ ⛲ 🎾 ⚐ ⚑ 🍴 ⛲ 🚿 ⚙ 🏠
🚤
À prox. : ✗ ⛴

## BÉZAUDUN-SUR-BÎNE

26 Drôme – 🔢 E6 – rattaché à Bourdeaux.

50540 Manche **4** – **303** E8 – alt. 495 – Base de loisirs.
Paris 357 – Alençon 108 – Avranches 22 – Caen 125 – Fougères 33 – Laval 76 – St-Lô 79.

**La Mazure** 15 avril-sept.
*ℰ* 02 33 89 19 50, *camping@lamazure.com*, Fax 02 33 89
19 55 – SO : 2,3 km par D 85E, à la base de loisirs, en bordure
du lac de Vezins – **R** conseillée
3,5 ha/0,4 campable (28 empl.) plat, terrasse, her-
beux
**Tarif :** 🗉 *2 pers.* 🗲 *10*
**Location** *(permanent) : gîte d'étape, gîtes*

---

64200 Pyr.-Atl. **13** – **342** C4 G. Aquitaine – 28 742 h. – alt. 19.
🛈 Office du tourisme, square d'Ixelles *ℰ* 05 59 22 37 00, Fax 05 59 24 14 19.
Paris 776 – Bayonne 9 – Bordeaux 192 – Pau 123 – San Sebastiàn 48.

**Biarritz-Camping** 8 mai-20 sept.
*ℰ* 05 59 23 00 12, *biarritz.camping@wanadoo.fr*, Fax 05 59
43 74 67 – 28 rue d'Harcet – **R** conseillée
3 ha (190 empl.) plat et peu incliné, terrasses, her-
beux
**Tarif :** 🗉 *2 pers.* 🗲 *(6A) 22,50 – pers. suppl. 3,80 – frais de
réservation 15*
**Location :** 🚐 *200 à 580*

*à Bidart* SO : 6,5 km par D 911 et N 10 – 4 123 h. – alt. 40 – ⊠ 64210 Bidart :.
🛈 Office du Tourisme, rue d'Erretegia *ℰ* 05 59 54 93 85, Fax 05 59 54 70 51, *bidarttourisme@wana
doo.fr*

**Résidence des Pins** 17 mai-28 sept.
*ℰ* 05 59 23 00 29, *contact@campingdespins.com*, Fax
05 59 41 24 59 – N : 2 km « Belle décoration florale » –
**R** indispensable
6 ha (400 empl.) en terrasses, peu incliné, herbeux, sablon-
neux
**Tarif :** 🗉 *2 pers.* 🗲 *22,90 – pers. suppl. 5,20 – frais de réser-
vation 30*
**Location** 🗲 : 🚐 *245 à 658* – 🏠 *259 à 693*
🚐

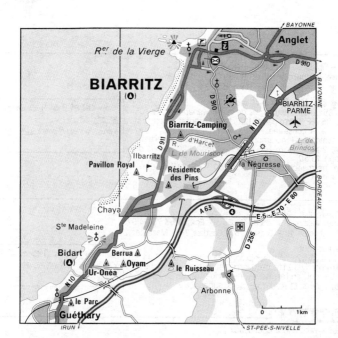

▲▲▲ **Berrua** 5 avril-5 oct.
    &#8250; 05 59 54 96 66, *contact@berrua.com*, Fax 05 59 54 78 30 – E : 0,5 km rte d'Arbonne **«** Cadre soigné et fleuri **»** – **R** conseillée
5 ha (250 empl.) peu incliné et en terrasses, herbeux
**Tarif :** 🔲 *2 pers.* ⚡ *(6A) 26,30 – pers. suppl. 5 – frais de réservation 30*
**Location** ⚡ : ▭ *240 à 700 –* ▭ *320 à 760*
▭

▲▲▲ **Pavillon Royal** 15 mai-24 sept.
    &#8250; 05 59 23 00 54, *info@pavillon-royal.com*, Fax 05 59 23 44 47 – N : 2 km, av. Prince-de-Galles, bord de la plage **«** Situation privilégiée entre golf, château et rivages de l'océan **»** – **R** conseillée
5 ha (303 empl.) plat et en terrasses, sablonneux, herbeux
**Tarif :** 🔲 *2 pers.* ⚡ *(5A) 35 – pers. suppl. 6,50 – frais de réservation 25*
▭

▲▲▲ **Le Ruisseau** (location de mobile homes et chalets) 24 mai-14 sept.
    &#8250; 05 59 41 94 50, *françoise.dumont3@wanadoo.fr*, Fax 05 59 41 95 73 – (en deux parties distinctes) E : 2 km sur rte d'Arbonne, bord de l'ouhabia et d'un ruisseau **«** Bel espace aquatique **»** – **R** conseillée
15 ha/7 campables plat et en terrasses, herbeux
**Location :** ▭ *188 à 625 –* ▭ *251 à 660*
▭

▲▲ **Oyam** juin-sept.
    &#8250; 05 59 54 91 61, Fax 05 59 54 91 61 – E : 1 km par rte d'Arbonne puis rte à droite – **R** conseillée
5 ha (230 empl.) plat, peu incliné, terrasses, herbeux
**Tarif :** (Prix 2002) 🔲 *2 pers.* ⚡ *(3A) 21,35 – pers. suppl. 3,81*
**Location** (Pâques-fin sept.) – ⚡ : ▭ *174 à 523 –* ▭ *475 à 634 – bungalows toilés*

▲▲ **Ur-Onea** 5 avril-20 sept.
    &#8250; 05 59 26 53 61, *uronea@wanadoo.fr*, Fax 05 59 26 53 94 – E : 0,3 km, r. de la Chapelle, à 500 m de la plage – **R** conseillée
5 ha (280 empl.) peu incliné et en terrasses, herbeux, sablonneux
**Tarif :** 🔲 *2 pers.* ⚡ *(10A) 20,50 – pers. suppl. 4 – frais de réservation 22,50*
**Location** (8 fév.-11 oct.) ⚡ : ▭ *200 à 560 –* ▭

▲▲ **Le Parc** 30 mai-21 sept.
    &#8250; 05 59 26 54 71, Fax 05 59 26 54 71 – S : 1,2 km, à 400 m de la plage – **R** conseillée
3 ha (200 empl.) en terrasses, herbeux
**Tarif :** 🔲 *2 pers.* ⚡ *(10A) 21 – pers. suppl. 3,60 – frais de réservation 15*
**Location** ⚡ : ▭ *237 à 495 – pavillons*

*143*

## BIAS

40170 Landes 🔢 – 🔢🔢🔢 D10 – 505 h. – alt. 41.
Paris 705 – Castets 33 – Mimizan 7 – Morcenx 30 – Parentis-en-Born 32.

▲▲ **Municipal le Tatiou**
    &#8250; 05 58 09 04 76, Fax 05 58 82 44 30 – O : 2 km par rte de Lespecier
10 ha (460 empl.) plat, sablonneux, herbeux

## BIDART

64 Pyr.-Atl. – 🔢🔢🔢 C4 – rattaché à Biarritz.

## BIGANOS

33 Gironde – 🔢🔢🔢 F7 – voir à Arcachon (Bassin d').

*Benutzen Sie den Hotelführer des laufenden Jahres.*

## BILIEU

38850 Isère 🖫 – 🖽🖽🖽 G5 – 741 h. – alt. 580.
Paris 526 – Belley 44 – Chambéry 50 – Grenoble 38 – La Tour-du-Pin 24 – Voiron 11.

▲ **Municipal Bord du Lac** 15 avril-sept.
ℰ 04 76 06 67 00, Fax 04 76 06 67 00 – O : 1,9 km, accès
conseillé par D 50ᴰ et D 90 « Empl. en terrasses, au bord du
lac de Paladru » – **R** conseillée
1,3 ha (81 empl.) plat, herbeux, gravillons, en terrasses
**Tarif** : 🖾 2 pers. 🗓 9,94 – pers. suppl. 2,78

## BILLOM

63160 P.-de-D. 🖫 – 🖽🖽🖽 H8 G. Auvergne – 3 968 h. – alt. 340.
🖪 Office du Tourisme, 13 rue Carnot ℰ 04 73 68 39 85, Fax 04 73 68 38 91, ot.billom@free.fr.
Paris 440 – Clermont-Ferrand 29 – Cunlhat 30 – Issoire 29 – Thiers 27.

▲▲ **Municipal le Colombier** 15 juin-15 sept.
ℰ 04 73 68 91 50, mairie-billom@wanadoo.fr, Fax 04 73 73
37 60 – au Nord-Est de la localité par rte de Lezoux et rue
des Tennis – **R** conseillée
1 ha (40 empl.) plat et peu incliné, herbeux
**Tarif** : (Prix 2002) 🖾 2 pers. 🗓 10,70 – pers. suppl. 2,50
**Location** (permanent) : 🖀 320 à 351

*Si vous recherchez un terrain avec piscine,*
*consultez le tableau des localités citées, classées par départements.*

## BINIC

22520 C.-d'Armor 🖪 – 🖽🖽🖽 F3 G. Bretagne – 2 798 h. – alt. 35.
🖪 Office du Tourisme, avenue du Général-de-Gaulle ℰ 02 96 73 60 12, Fax 02 96 73 35 23.
Paris 463 – Guingamp 36 – Lannion 67 – Paimpol 31 – St-Brieuc 14 – St-Quay-Portrieux 6.

▲▲ **Le Panoramic** avril-28 sept.
ℰ 02 96 73 60 43, camping.le.panoramic@wanadoo.fr, Fax
02 96 69 27 66 – S : 1 km – **R** conseillée
4 ha (150 empl.) plat, peu incliné, en terrasses, herbeux
**Tarif** : 🖾 2 pers. 🗓 (6A) 18,10 – pers. suppl. 3,90 – frais de
réservation 9,15
**Location** : 🖀 300 – 🖀 220 à 488

À prox. : golf, canoë de mer / poneys

## BIRON

24540 Dordogne 🖫 – 🖽🖽🖽 G8 G. Périgord Quercy – 132 h. – alt. 200.
Paris 584 – Beaumont 25 – Bergerac 47 – Fumel 20 – Sarlat-la-Canéda 58 – Villeneuve-sur-Lot 35.

▲▲▲ **Le Moulinal** 5 avril-13 sept.
ℰ 05 53 40 84 60, lemoulinal@perigord.com, Fax 05 53 40
81 49 – S : 4 km rte de Lacapelle-Biron puis 2 km par rte de
Villeréal à droite – Places limitées pour le passage « Situation
agréable au bord d'un étang, végétation luxuriante et
variée » – **R** conseillée
10 ha/5 campables (290 empl.) plat, terrasses, herbeux
**Tarif** : 🖾 2 pers. 🗓 (3A) 33 – pers. suppl. 8,20 – frais de
réservation 27
**Location** : 🖀 210 à 750 – 🖀 300 à 880 – bungalows toilés

salle d'animation / plage
À prox. :

## BISCARROSSE

40600 Landes 🖫 – 🖽🖽🖽 E8 G. Aquitaine – 9 054 h. – alt. 22.
🖪 Office du Tourisme, 55 place Georges-Dufau ℰ 05 58 78 20 96, Fax 05 58 78 23 65, biscarrosse@biscarr
osse.com.
Paris 658 – Arcachon 40 – Bayonne 129 – Bordeaux 74 – Dax 93 – Mont-de-Marsan 86.

▲▲▲ **La Rive** 4 avril-28 sept.
ℰ 05 58 78 12 33, info@camping-de-la-rive.fr, Fax 05 58
78 12 92 – NE : 8 km par D 652, rte de Sanguinet, puis 2,2 km
par rte à gauche, bord de l'étang de Cazaux « Bel ensemble
aquatique avec décorations florales et arbustives » –
**R** conseillée
15 ha (640 empl.) plat, sablonneux, herbeux
**Tarif** : 🖾 2 pers. 🗓 (6A) 32,50 – pers. suppl. 5,50 – frais de
réservation 28
**Location** 🖋 : 🖀 224 à 735 – 🖀 308 à 798

(6 ha) snack,
pizzeria / cases réfrigérées, borne
internet / théâtre de plein air
/ (découverte l'été)
/ (plage) / terrain
omnisports, ski nautique

▲▲▲ **Mayotte Vacances** 15 mai-14 sept.
    ℘ 05 58 78 00 00, *camping@mayottevacances.com*, Fax
05 58 78 83 91 – N : 6 km par rte de Sanguinet puis, à Gou-
bern, 2,5 km par rte à gauche, à 150 m de l'étang de Cazaux
(accès direct) – **R** indispensable
15 ha (630 empl.) plat, sablonneux, herbeux
**Tarif :** (Prix 2002) 🏠 *1 à 6 pers. 25 à 45 – frais de réservation
23*
**Location** ⚓ : 🚐 *271 à 576* – 🏚 *303 à 832 – bungalows
toilés*
🚐

▲▲▲ **Les Écureuils** avril-sept.
    ℘ 05 58 09 80 00, *camping.les.ecureuils@wanadoo.fr*,
Fax 05 58 09 81 21 – N : 4,2 km par rte de Sanguinet et rte
de Navarrosse à gauche, à 400 m de l'étang de Cazaux –
Places limitées pour le passage « Belle décoration arbustive
et florale » – **R** conseillée
6 ha (230 empl.) plat, herbeux, sablonneux
**Tarif :** 🏠 *2 pers.* 🔌 *(10A) 31,50 – pers. suppl. 5 - frais de
réservation 31*
🚐

▲▲▲ **Bimbo** avril-sept.
    ℘ 05 58 09 82 33, *camping.bimbo@free.fr*, Fax 05 58 09
80 14 – N : 3,5 km par rte de Sanguinet et rte de Navarrosse
à gauche – **R** conseillée
6 ha (177 empl.) plat, sablonneux, herbeux
**Tarif :** 🏠 *2 pers.* 🔌 *(8A) 24 – pers. suppl. 6 – frais de réser-
vation 15*
**Location** *(permanent) :* 🚐 *153 à 671* – 🏚 *214 à 778*

▲▲ **La Fontaine de Nava** (location exclusive de 80 mobile
homes) Permanent
    ℘ 05 58 09 83 11, *lesfontainesdenava@wanadoo.fr*, Fax
05 58 09 83 11 – N : 3,5 km par rte de Sanguinet et rte de
Navarrosse
12 ha/7 campables plat, sablonneux, herbeux
**Location** ⚓ : 🚐 *700 à 735*

▲▲ **Campéole de Navarrosse** mai-21 sept.
    ℘ 05 58 09 84 32, *cplnavarrosse@atciat.com*, Fax 05 58 09
86 22 – N : 5 km par rte de Sanguinet et rte de Navarrosse
à gauche, au bord de l'étang de Cazaux – **R** conseillée
9 ha (500 empl.) plat, sablonneux, herbeux
**Tarif :** 🏠 *2 pers.* 🔌 *22,10 – pers. suppl. 6,20 – frais de réser-
vation 23*
**Location :** 🚐 *294 à 670 – bungalows toilés*
🚐

▲▲ **Lou Galip** avril-oct.
    ℘ 05 58 09 81 81, Fax 05 58 09 86 03 – N : 4,2 km par rte
de Sanguinet et rte de Navarrosse à gauche, près de l'étang
de Cazaux – Places limitées pour le passage – **R** conseillée
4 ha (263 empl.) plat, sablonneux, herbeux
**Tarif :** 🏠 *2 pers.* 🔌 *(10A) 21,50 – pers. suppl. 4,50*
**Location :** 🚐 *217 à 634*

**Biscarrosse-Plage** NO : 9,5 km par D 146 – ✉ 40600 Biscarrosse

▲▲▲ **Campéole le Vivier** mai-14 sept.
    ℘ 05 58 78 25 76, Fax 05 58 78 35 23 – au Nord de la sta-
tion, à 700 m de la plage – **R** conseillée
17 ha (830 empl.) plat, vallonné, sablonneux, herbeux
**Tarif :** (Prix 2002) 🏠 *2 pers.* 🔌 *(10A) 21,10 – pers. suppl. 6,10
– frais de réservation 23*
**Location :** 🚐 *488 à 633 – bungalows toilés*
🚐

---

## BLAIN

44130 Loire-Atl. 🔢 – 🔢 F3 G. Bretagne – 7 434 h. – alt. 23.
🏢 Office du Tourisme, 2 place Jean-Guihard ℘ 02 40 87 15 11, Fax 02 40 79 09 93.
Paris 414 – Nantes 42 – Nort-sur-Erdre 22 – Nozay 16 – St-Nazaire 45.

▲ **Municipal le Château** mai-sept.
    ℘ 02 40 79 11 00, Fax 02 40 79 09 93 – sortie Sud-Ouest
par N 171 rte de St-Nazaire et chemin à gauche, près du
château (14ᵉ siècle) et à 250 m du canal de Nantes à Brest
(halte fluviale) – **R** conseillée
1 ha (44 empl.) plat, herbeux
**Tarif :** (Prix 2002) 🏠 *2 pers.* 🔌 *(10A) 7,20 – pers. suppl. 1,30*

## Le BLANC

36300 Indre **10** – **323** C7 G. Berry Limousin – 7 361 h. – alt. 85.

**🛈** Office du Tourisme, place de la Libération *℘* 02 54 37 05 13, Fax 02 54 37 31 93.

Paris 327 – Bellac 62 – Châteauroux 61 – Châtellerault 52 – Poitiers 62.

⚠ ***A Tout Vert*** avril-oct.
*℘* 02 54 37 88 22 – E : 2 km sur N 151 rte de Châteauroux, bord de la Creuse – **R** conseillée
1 ha (80 empl.) plat, herbeux
**Tarif :** 🔲 *2 pers.* 🔌 *12,70 – pers. suppl. 2,60*

À prox. : canoë ✖ ⛷

## BLANDY

77115 S.-et-M. **6** – **312** F4 G. Ile de France – 667 h. – alt. 86.

Paris 56 – Fontainebleau 22 – Melun 12 – Montereau-Fault-Yonne 29 – Provins 41.

⚠ ***Le Pré de l'Étang*** mars-déc.
*℘* 01 60 66 96 34, Fax 01 60 66 96 34 – sortie Est, rte de St-Méry – **R** conseillée
1,7 ha (62 empl.) plat, herbeux, petit étang
**Tarif :** 🔲 *2 pers.* 🔌 *11,50 – pers. suppl. 5*

## BLANGY-LE-CHÂTEAU

14130 Calvados **5** – **303** N4 – 618 h. – alt. 60.

**🛈** Syndicat d'Initiative, le Bourg *℘* 02 31 65 48 36.

Paris 196 – Caen 56 – Deauville 22 – Lisieux 16 – Pont-Audemer 26.

⚠ ***Le Brévedent*** 10 mai-21 sept.
*℘* 02 31 64 72 88, *castelcamp.lebrevedent@mageos.com*, Fax 02 31 64 33 41 – SE : 3 km par D 51, au château, bord d'un étang « Dans le parc d'un château du XVIe siècle agrémenté d'un étang » – **R** conseillée
6 ha/3,5 campables (138 empl.) plat et incliné, herbeux
**Tarif :** (Prix 2002) 🔲 *2 pers.* 🔌 *(10A) 22 – pers. suppl. 5,50*

GB verger

À prox. : golf

## BLANGY-SUR-BRESLE

76340 S.-Mar. **1** – **304** J2 – 3 447 h. – alt. 70.

**🛈** Office du Tourisme, 1 rue Checkroun *℘* 02 35 93 52 48, Fax 02 35 93 52 48.

Paris 157 – Abbeville 28 – Amiens 55 – Dieppe 56 – Neufchâtel-en-Bray 31 – Le Tréport 26.

⚠ ***Municipal les Etangs*** 15 mars-15 oct.
*℘* 02 35 94 55 65, Fax 02 35 94 06 14 – à 2,3 km au Sud-Est du centre ville, entre deux étangs et à 200 m de la Bresle, accès par rue du Maréchal-Leclerc, près de l'église et rue des +étangs – **R** conseillée
0,8 ha (59 empl.) plat, herbeux
**Tarif :** 🔲 *2 pers.* 🔌 *(10A) 9,99 – pers. suppl. 2,26*

À prox. : ✖

## BLAYE

33390 Gironde **9** – **335** H4 G. Aquitaine – 4 286 h. – alt. 7.

**🛈** Office du Tourisme, allée Marines *℘* 05 57 42 12 09, Fax 05 57 42 91 94, *officedetourisme.blaye@wanadoo.fr*.

Paris 543 – Bordeaux 50 – Jonzac 48 – Libourne 45.

⚠ ***Municipal la Citadelle*** mai-29 sept.
*℘* 05 57 42 00 20 – à l'Ouest, dans l'enceinte de la citadelle – **R**
1 ha (47 empl.) plat, peu incliné, terrasses, herbeux
**Tarif :** (Prix 2002) 🔲 *2 pers.* 🔌 *10,80 – pers. suppl. 4,20*

saison

## BLÉRÉ

37150 I.-et-L. **5** – **317** O5 G. Châteaux de la Loire – 4 388 h. – alt. 59.

**🛈** Office du Tourisme, 8 rue Jean-Jacques-Rousseau *℘* 02 47 57 93 00, Fax 02 47 57 93 00, *tourisme@blere-touraine.com*.

Paris 236 – Blois 49 – Château-Renault 36 – Loches 25 – Montrichard 17 – Tours 26.

⚠ ***Municipal la Gâtine*** 15 avril-15 oct.
*℘* 02 47 57 92 60, *mairie@blere-touraine.com*, Fax 02 47 57 92 60 – à l'Est de la ville, r. du Commandant-Lemaître, au centre d'un complexe sports-loisirs en bordure du Cher – **R**
4 ha (270 empl.) plat, herbeux
**Tarif :** (Prix 2002) 🔲 *2 pers.* 🔌 *(16A) 13,60 – pers. suppl. 2,55*

À prox. : canoë, pédalos

## La BOCCA

06 Alpes-Mar. – **341** C6 – rattaché à Cannes.

## Le BOIS-PLAGE-EN-RÉ

17 Char.-Mar. – **324** B2 – voir à Île de Ré.

## La BOISSIÈRE-DE-MONTAIGU

85600 Vendée **9** – **316** I6 – 1 584 h. – alt. 62.
Paris 386 – Cholet 141 – Nantes 46 – La Roche-sur-Yon 49.

▲▲▲ **Domaine de l'Eden** Permanent
  𝒫 02 51 41 62 32, *domaine.eden@free.fr*, Fax 02 51 41
  56 07 – SO : 2,5 km par D 62, rte de Chavagnes-en-Paillers
  puis rte à droite – **R** conseillée
  15 ha/8 campables (150 empl.) plat, pierreux, herbeux, prai-
  ries, étang et sous-bois
  **Tarif :** 🔲 *2 pers.* 🔋 *17 - pers. suppl. 4*
  **Location :** 🛖 *400 à 500*

⬛ ⚓ GB ⚒ ♋ & 🔥 ⌁ 🗏 △
🔄 🪑 ⚒ 🔳 ♈ snack 🛒 salle
d'animation ✂ ♟ ⌁ 🐎 poneys, piste
de bi-cross, terrain omnisports, parcours
de santé

## BOISSON

30 Gard **16** – **339** K3 – ✉ 30500 St-Ambroix.
Paris 697 – Alès 19 – Barjac 17 – La Grand-Combe 28 – Lussan 18 – St-Ambroix 11.

▲▲▲ **Château de Boisson** 12 avril-2 nov.
  𝒫 04 66 24 85 61, *reception@chateau-boisson.com*,
  Fax 04 66 24 80 14 – au bourg « Au pied d'un château céve-
  nol restauré » – **R** indispensable
  7,5 ha (174 empl.) plat, herbeux, pierreux
  **Tarif :** 🔲 *2 pers.* 🔋 *(5A) 30 – pers. suppl. 6 – frais de réser-
  vation 15*
  **Location :** 🛖 *231 à 581 – appartements*

⬛ ⚓ GB ⚒ ☐ ♋ & 🔥 ⌁ 🗏
🪑 △ 🔄 🪑 ⚒ 🔳 ⚡ ♈ ✕ snack 🛒
cases réfrigérées 🔳 🛒 ✂ 🔳 ⌁
⚡
À prox. : ⚡

## BOLLÈNE

84500 Vaucluse **16** – **332** B8 G. Provence – 13 907 h. – alt. 40.
🛈 Office du Tourisme, place Reynaud-de-la-Gardette 𝒫 04 90 40 51 45, Fax 04 90 40 51 44, *ot-bollene@fre
e.fr.*
Paris 638 – Avignon 53 – Montélimar 34 – Nyons 35 – Orange 26 – Pont-St-Esprit 10.

▲▲ **Le Barry** Permanent
  𝒫 04 90 30 13 20, *lebarry@avignon.pacwan.net*, Fax 04 90
  40 48 64 – N : 3,7 km par D 26, rte de Pierrelatte et rte à
  droite, par St-Pierre – **R** conseillée
  3 ha (120 empl.) plat, peu incliné et en terrasses, pierreux,
  herbeux
  **Tarif :** (Prix 2002) 🔲 *2 pers.* 🔋 *(6A) 19,36 – pers. suppl. 4,88
  – frais de réservation 11,28*
  **Location :** 🛖 *282,03 à 457,35 –* 🏠 *282,03 à 518,33*

⬛ ⚓ GB ⚒ ♋ ♒ & 🔥 ⌁ 🗏
△ 🔄 🪑 ⚒ 🔳 ⚡ ♈ snack 🛒
🔳 🛒 ♂ ⌁

▲ **La Simioune** Permanent
  𝒫 04 90 30 44 62, *la-simioune@wanadoo.fr*, Fax 04 90 30
  44 77 – NE : 5 km par D 8 par ancienne rte de Suze-la-Rousse longeant le Lez) et chemin à
  gauche « Dans une agréable pinède » – **R** conseillée
  2 ha (80 empl.) plat et en terrasses, sablonneux
  **Tarif :** 🔲 *2 pers.* 🔋 *(6A) 12,20 – pers. suppl. 3,40*
  **Location :** 🛖 *230 à 260*

⬛ ⚓ ♋ ♒ & 🔥 ⌁ 🗏 ⛰ 🔄 🪑
🔳 ⌁ 🐎 centre équestre, poneys

## BONIFACIO

2A Corse-du-Sud – **345** D11 – voir à Corse.

## BONLIEU

39130 Jura **12** – **321** F7 G. Jura – 206 h. – alt. 785.
Paris 440 – Champagnole 23 – Lons-le-Saunier 33 – Morez 24 – St-Claude 42.

▲ **L'Abbaye** mai-sept.
  𝒫 03 84 25 57 04, *camping.abbaye@wanadoo.fr*, Fax 03 84
  25 50 82 – E : 1,5 km par N 78, rte de St-Laurent-en-Grand-
  vaux – **R** conseillée
  3 ha (80 empl.) incliné et plat, herbeux
  **Tarif :** 🔲 *2 pers.* 🔋 *(6A) 14 – pers. suppl. 3,50*
  🛖

⬛ ≤ ⚓ GB ⚒ ☐ & 🔥 ⌁ 🗏 🪑
🔄 🔳 ♈ ✕ 🛒 🛒
À prox. : 🐎

## BONNAL

25 Doubs – 321 I1 – rattaché à Rougemont.

## BONNES

86300 Vienne 10 – 322 J5 – 1 290 h. – alt. 70.
Paris 332 – Châtellerault 25 – Chauvigny 7 – Poitiers 24 – La Roche-Posay 34 – St-Savin 25.

    ▲ **Municipal** 15 mai-15 sept.
        *℘* 05 49 56 44 34, *camping«soul»bonnes@hotmail.com*, Fax
        05 49 56 48 51 – au Sud du bourg, bord de la Vienne –
        **R** conseillée
        1,2 ha (65 empl.) plat, herbeux
        **Tarif :** ⊡ *2 pers.* ⓖ *(10A) 10,40 – pers. suppl. 2,70*
        **Location** *(permanent) : gîtes*

## BONNEVAL

28800 E.-et-L. 5 – 311 E6 G. Châteaux de la Loire – 4 420 h. – alt. 128.
🛈 Office du Tourisme, 2 square Westerham *℘* 02 37 47 55 89, Fax 02 37 96 28 62.
Paris 119 – Ablis 62 – Chartres 32 – Châteaudun 14 – Étampes 91 – Orléans 59.

    ▲ **Municipal le Bois Chièvre** avril-15 nov.
        *℘* 02 37 47 54 01, Fax 02 37 47 54 01 – S : 1,5 km par rte
        de Conie et rte de Vouvray à droite, bord du Loir « Agréable
        chênaie dominant le Loir » – **R** conseillée
        4,5 ha/2,5 campables (130 empl.) plat et peu incliné, her-
        beux, gravier, bois attenant
        **Tarif :** (Prix 2002) ⊡ ⓖ *(6A) 1 pers. 7,50 – 2 pers. 10,50*
        *– pers. suppl. 2*
        🚐

## BONNIEUX

84480 Vaucluse 16 – 332 E11 G. Provence – 1 422 h. – alt. 400.
🛈 Office du Tourisme, 7 place Carnot *℘* 04 90 75 91 90, Fax 04 90 75 92 94, *ot-bonnieux@axit.fr*.
Paris 726 – Aix-en-Provence 45 – Apt 12 – Cavaillon 26 – Salon-de-Provence 46.

    ▲ **Municipal du Vallon** 15 mars-oct.
        *℘* 04 90 75 86 14, Fax 04 90 75 86 14 – sortie Sud par D 3,
        rte de Ménerbes et chemin à gauche – **R**
        1,3 ha (80 empl.) plat et en terrasses, pierreux, herbeux, bois
        attenant
        **Tarif :** (Prix 2002) ⊡ *2 pers.* ⓖ *10,80 – pers. suppl. 2,20*

## Le BONO

56400 Morbihan 3 – 308 N9 – 1 747 h. – alt. 10.
Paris 479 – Auray 6 – Lorient 50 – Quiberon 37 – Vannes 21.

    ▲ **Parc-Lann** mai-sept.
        *℘* 02 97 57 93 93, *campingduparclann@minitel.net*
        NE : 1,2 km par D 101ᴱ, rte de Plougoumelen – **R** conseillée
        2 ha (60 empl.) plat, herbeux
        **Tarif :** ⊡ *2 pers.* ⓖ *(6A) 13,20 – pers. suppl. 3,40*

## BORMES-LES-MIMOSAS

83230 Var 17 – 340 N7 G. Côte d'Azur – 5 083 h. – alt. 180.
🛈 Office du Tourisme, 1 place Gambetta *℘* 04 94 01 38 38, Fax 04 94 01 38 39, *mail@bormeslesmimosas.com*.
Paris 877 – Fréjus 57 – Hyères 21 – Le Lavandou 4 – St-Tropez 35 – Ste-Maxime 37 – Toulon 40.

    ▲ **Manjastre** Permanent
        *℘* 04 94 71 03 28, *manjastre@infonie.fr*, Fax 04 94 71
        63 62 – NO : 5 km, sur N 98, rte de Cogolin « Bel ensemble
        de terrasses parmi les mimosas et les chênes-lièges » –
        **R** conseillée
        3,5 ha (120 empl.) en terrasses, pierreux, plat et peu incliné
        **Tarif :** ⊡ *3 pers.* ⓖ *(10A) 23,95 – pers. suppl. 4,90 – frais*
        *de réservation 10*
        🚐 *(5 empl.) – 15,70 ou 20,40*

    ▲ **La Griotte** 27 avril-28 sept.
        *℘* 04 94 15 20 72, *lagriotte@free.fr*, Fax 04 94 64 79 17 –
        SO : 4,5 km par D 41, D 559 et rte du Fort de Brégançon
        à droite, accès conseillé par D 559 – **R** conseillée
        0,7 ha (65 empl.) plat et peu incliné, herbeux, gravillons
        **Tarif :** ⊡ *2 pers.* ⓖ *(10A) 21,15 – pers. suppl. 3,15 – frais*
        *de réservation 11,50*
        **Location** 🏠 : 🛏 *168 à 375 –* 🏚 *311 à 519*

**Voir aussi au Lavandou**

## BORT-LES-ORGUES

19110 Corrèze **10** – **329** Q3 G. Auvergne – 4 208 h. – alt. 430 – Base de loisirs.
**🛈** Office du Tourisme, place Marmontel ℰ 05 55 96 02 49, Fax 05 55 96 90 79, *contact@bort-artense.com.*
Paris 476 – Aurillac 83 – Clermont-Ferrand 83 – Mauriac 32 – Le Mont-Dore 47 – St-Flour 84 – Tulle 85 – Ussel 31.

   ⚠ **Outre-Val** mai-15 oct.
      ℰ 05 55 96 05 82, Fax 05 55 96 05 82 – N : 12,3 km par D 979, rte d'Ussel et D 82, rte de Monestier-Port-Dieu à droite, accès difficile pour caravanes (forte pente), mise en place et sortie à la demande – **R** conseillée
      3,2 ha (43 empl.) en terrasses, herbeux, sablonneux, pierreux
      **Tarif :** 🔲 *2 pers.* ⚡ *13 – pers. suppl. 3 – frais de réservation 8*

## Les BOSSONS

74 H.-Savoie – **328** O5 – rattaché à Chamonix-Mont-Blanc.

## BOUAFLES

27 Eure – **304** I6 – rattaché aux Andelys.

## BOUCHEMAINE

49080 M.-et-L. **4** – **317** F4 – 5 799 h. – alt. 25.
**🛈** Syndicat d'Initiative, Hôtel-de-Ville ℰ 02 41 22 20 00, Fax 02 41 22 20 01.
Paris 303 – Angers 10 – Candé 40 – Chenillé 45 – Le Lion-d'Angers 27.

   ⚠ **Municipal le Château** saison
      ℰ 02 41 77 11 04 – Sud par D 111, rte de Possonnière, près de la Maine
      1 ha (71 empl.) plat, herbeux
      **Tarif :** (Prix 2002) 🔲 *2 pers.* ⚡ *9,60 - pers. suppl. 2,40*

## BOULANCOURT

77760 S.-et-M. **6** – **312** D6 – 287 h. – alt. 79.
Paris 80 – Étampes 34 – Fontainebleau 28 – Melun 43 – Nemours 27 – Pithiviers 24.

   ⚠ **Île de Boulancourt** Permanent
      ℰ 01 64 24 13 38, Fax 01 64 24 10 43 – S : par D 103^A, rte d'Augerville-la-Rivière – Places limitées pour le passage « Cadre boisé et agréable situation dans une boucle de l'Essonne »
      5 ha (100 empl.) plat, herbeux
      **Tarif :** 🔲 *2 pers.* ⚡ *(3A) 12,80 – pers. suppl. 3,50*
      **Location :** *gîtes*

**149**

## BOULOGNE-SUR-GESSE

31350 H.-Gar. **14** – **343** B5 – 1 531 h. – alt. 320.
**🛈** Office du Tourisme, place de l'Hôtel-de-Ville ℰ 05 61 88 13 19, Fax 05 61 88 13 19.
Paris 747 – Auch 48 – Aurignac 24 – Castelnau-Magnoac 13 – Lannemezan 34 – L'Isle-en-Dodon 21.

   ⚠ **Le Lac** (location de 30 chalets) Permanent
      ℰ 05 61 88 20 54, *villagevacancesboulogne@wanadoo.fr,* Fax 05 61 88 62 16 – SE : 1,3 km par D 633 rte de Montréjeau et rte à gauche, à 300 m du lac – empl. traditionnels également disponibles – **R** conseillée
      2 ha en terrasses, herbeux
      **Location :** 🏠 *235 à 575*

## BOULOGNE-SUR-MER

62200 P.-de-C. **1** – **301** C3 G. Picardie Flandres Artois – 43 678 h. – alt. 58.
**🛈** Office du Tourisme, 24 quai Gambetta ℰ 03 21 10 88 10, Fax 03 21 10 88 11, *ot.boulogne@wanadoo.fr.*
Paris 267 – Calais 36 – Montreuil 42 – St-Omer 54 – Le Touquet-Paris-Plage 31.

**à Isques** SE : 4 km par N 1 – 1 171 h. – alt. 15 – ✉ 62360 Isques

   ⚠ **Les Cytises** avril-15 oct.
      ℰ 03 21 31 11 10 – au bourg, accès par N 1, près du stade, Par A 16 sortie N^N 28 – **R** conseillée
      2,5 ha (100 empl.) plat, terrasse, herbeux
      **Tarif :** 🔲 *2 pers.* ⚡ *(6A) 14,20 – pers. suppl. 3*

**à _Wacquinghen_**  NE : 8 km par A 16 – 188 h. – alt. 61 – ⊠ 62250 Marquise

   **▲▲ _L'Escale_** 12 avril-11 oct.
          03 21 32 00 69, Fax 03 21 32 00 69 – sortie Nord-Est, par
         A 16 sortie 4 – Places limitées pour le passage – **R̃**
         11 ha (198 empl.) plat et peu incliné, herbeux
         **Tarif :** ▣ 2 pers. ⌷ (4A) 17 – pers. suppl. 4

## BOULOIRE

72440 Sarthe **⑤** – **⓷①⓪** M7 – 1 829 h. – alt. 105.
**�** Syndicat d'Initiative, 1 rue de la Grosse-Pierre  02 43 29 22 00, Fax 02 43 29 22 09.
Paris 187 – La Chartre-sur-le-Loir 34 – Connerré 12 – Le Mans 30 – Vendôme 48.

   **▲ _Municipal_** mai-sept
          02 43 35 52 09 – sortie Est rte de St-Calais
         1,3 ha (30 empl.) plat, peu incliné et terrasse, herbeux
         **Tarif :** ▣ 2 pers. ⌷ 12,88 – pers. suppl. 2,48

## BOURBON-LANCY

71140 S.-et-L. **⑪** – **⓷②⓪** C10 G. Bourgogne – 6 178 h. – alt. 240 – ⚕ (début avril-fin oct.) – Base de loisirs.
**⊠** Office du Tourisme, place d'Aligre  03 85 89 18 27, Fax 03 85 89 28 38, bourbon.tourisme@wanadoo.fr.
Paris 309 – Autun 63 – Mâcon 109 – Montceau-les-Mines 55 – Moulins 36 – Nevers 71.

   **▲▲ _Saint-Prix_** avril-26 oct.
          03 85 89 14 85, bourbon.loisirs@wanadoo.fr, Fax 03 85
         89 36 01 – vers sortie Sud-Ouest rte de Digoin, à la piscine
         « A 200 m d'un plan d'eau » – **R** conseillée
         2,5 ha (128 empl.) plat, peu incliné et en terrasses, herbeux
         **Tarif :** (Prix 2002) ▣ 2 pers. ⌷ (10A) 11,55 – pers. suppl 2,45
         **Location :** ⌂ 200 à 500

À prox. : terrain omnisports, cinéma
snack

## BOURBONNE-LES-BAINS

52400 H.-Marne **⑦** – **⓷①⓷** O6 G. Alsace Lorraine – 2 764 h. – alt. 290 – ⚕ (début mars-fin nov.).
**⊠** Office du Tourisme, Centre Borvo  03 25 90 01 71, Fax 03 25 90 14 12, bourbonne-les-bains@wanadoo.fr.
Paris 315 – Chaumont 55 – Dijon 125 – Langres 40 – Neufchâteau 53 – Vesoul 58.

   **▲ _Le Montmorency_** avril-15 oct.
          03 25 90 08 64 – sortie Ouest par rte de Chaumont et
         rue à droite, à 100 m du stade – **R** conseillée
         2 ha (74 empl.) peu incliné, herbeux, gravillons
         **Tarif :** ▣ 2 pers. ⌷ 10,60 – pers. suppl. 2,90
         **Location :** ⌂ 184,80

À prox. : (découverte l'été)

## La BOURBOULE

63150 P.-de-D. **⑪** – **⓷②⑥** D9 G. Auvergne – 2 113 h. – alt. 880 – ⚕ (début février-fin oct.).
**⊠** Office du Tourisme, place de la République  04 73 65 57 71, Fax 04 73 65 50 21.
Paris 471 – Aubusson 82 – Clermont-Ferrand 51 – Mauriac 71 – Ussel 51.

   **▲ _Municipal les Vernières_** vacances de printemps-
   sept.
          04 73 81 10 20, Fax 04 73 65 54 98 – sortie Est par D 130
         rte du Mont-Dore, près de la Dordogne – **R̃**
         1,5 ha (165 empl.) plat et terrasse, herbeux
         **Tarif :** (Prix 2002) ▣ 2 pers. ⌷ (10A) 12,70 – pers. suppl. 2,75

À prox. :

**à _Murat-le-Quaire_**  N : 2,5 km par D 88 – 435 h. – alt. 1 050 – ⊠ 63150 Murat-le-Quaire :.
**⊠** Office du Tourisme,  04 73 65 53 13, Fax 04 73 65 53 13, ot.murat.le.quaire@wanadoo.fr

   **▲▲ _Le Panoramique_** mai-20 sept.
          04 73 81 18 79, Fax 04 73 65 57 34 – E : 1,4 km par
         D 219, rte du Mont-Dore et chemin à gauche, alt. 1 000
         « Belle situation dominante »
         3 ha (85 empl.) en terrasses, herbeux
         **Tarif :** ▣ 2 pers. ⌷ (6A) 15,85 – pers. suppl. 3,85

⟨ Les Monts Dore et la vallée
snack

   **▲ _Municipal les Couderts_** mars-oct.
          04 73 65 54 81 – sortie Nord rte de la Banne d'Ordanche,
         bord d'un ruisseau, alt. 1 040 – **R** conseillée
         1,7 ha (58 empl.) plat, peu incliné, en terrasses, herbeux
         **Tarif :** ▣ 2 pers. ⌷ 11 – pers. suppl. 2
         **Location :** huttes

� **Municipal du Plan d'Eau** mai-sept.
    ℘ 04 73 81 10 05 – N : 1 km, sur D 609 rte de la Banne-
d'Ordanche, bord d'un ruisseau et près d'un plan d'eau,
alt. 1 050 – **R** conseillée
0,8 ha (40 empl.) plat, peu incliné, herbeux
**Tarif :** 🔲 2 pers. 🕯 11 – pers. suppl. 2

À prox. : parcours de santé 🏕🍷✗
(plan d'eau)

---

## BOURDEAUX

26460 Drôme 🔟🔢 – 🔳🔳🔳 D6 – 562 h. – alt. 426.
🅱 Office du Tourisme, rue Droite ℘ 04 75 53 35 90, Fax 04 75 53 35 90, ot.bourdeaux@wanadoo.fr
Paris 614 – Crest 24 – Montélimar 41 – Nyons 39 – Pont-St-Esprit 82 – Valence 52.

⚑ **Les Bois du Châtelas** mai-sept.
    ℘ 04 75 00 60 80, bois.du.chatelas@tiscali.fr, Fax 04 75 00
60 81 – SO : 1,4 km par D 538, rte de Dieulefit – **R** conseillée
17 ha/6,5 campables (80 empl.) en terrasses, peu incliné,
pierreux, herbeux
**Tarif :** 🔲 2 pers. 🕯 (10A) 20 – pers. suppl. 4
**Location :** 🛖 306 à 470

⚑ **Municipal le Gap des Tortelles** avril-sept.
    ℘ 04 75 53 30 45, Fax 04 75 53 30 45 – sortie Sud-Est par
D 70, rte de Nyons et chemin à droite, bord du Roubion –
**R** conseillée
0,7 ha (44 empl.) plat et terrasse, herbeux, pierreux
**Tarif :** (Prix 2002) 🔲 2 pers. 🕯 (6A) 11,04 – pers. suppl. 3

À prox. : ✗ 🏊 🛷

**à Bézaudun-sur-Bîne** NE : 4 km par D 538 et D 156 – 47 h. – alt. 496 – ✉ 26460 Bézaudun-sur-Bîne :

⚑ **Aire Naturelle le Moulin** avril-sept.
    ℘ 04 75 53 37 21, Fax 04 75 53 37 21 – sortie Ouest rte
de Bourdeaux, bord de la Bîne – **R**
2,5 ha (25 empl.) plat, herbeux
**Tarif :** 🔲 2 pers. 🕯 (4A) 12 – pers. suppl. 3

**au Poët-Célard** NO : 4 km par D 328 – 142 h. – alt. 590 – ✉ 26460 Bourdeaux :

⚑ **Le Couspeau** 19 avril-15 sept.
    ℘ 04 75 53 30 14, info@couspeau.com, Fax 04 75 53
37 23 – SE : 1,3 km par D 328A, alt. 600 « Site agréable » –
**R** conseillée
2 ha (66 empl.) en terrasses et peu incliné, herbeux
**Tarif :** 🔲 2 pers. 🕯 (6A) 23 – pers. suppl. 6
**Location :** 🛖 168 à 530 – 🏠 267 à 534

snack (petite piscine) 🛷

---

## BOURG-ACHARD

27310 Eure 🔢 – 🔳🔳🔳 E5 G. Normandie Vallée de la Seine – 2 255 h. – alt. 124.
Paris 141 – Bernay 40 – Évreux 62 – Le Havre 63 – Rouen 29.

⚑ **Le Clos Normand** avril-sept.
    ℘ 02 32 56 34 84 – sortie Ouest, rte de Pont-Audemer
« Cadre verdoyant et fleuri »
1,4 ha (85 empl.) plat et peu incliné, herbeux, bois attenant
(0,5 ha)
**Tarif :** 🔲 2 pers. 🕯 (6A) 14,80 – pers. suppl. 3,90

---

## BOURGANEUF

23400 Creuse 🔟 – 🔳🔳🔳 H5 G. Berry Limousin – 3 385 h. – alt. 440.
🅱 Office du Tourisme, Tour-Lastic ℘ 05 55 64 12 20, Fax 05 55 64 12 20.
Paris 391 – Aubusson 40 – Guéret 34 – Limoges 48 – Tulle 102 – Uzerche 90.

⚑ **Municipal la Chassagne** 15 juin-15 sept.
    ℘ 05 55 64 07 61, Fax 05 55 64 03 51 – N : 1,5 km par
D 912, rte de la Souterraine, bord du Taurion – **R**
0,7 ha (41 empl.) plat, peu incliné, herbeux
**Tarif :** 🔲 2 pers. 🕯 (10A) 8,70 – pers. suppl. 1,70

À prox. : golf 🏊 ✗

---

*Si vous recherchez :*
    *un terrain agréable ou très tranquille*
    *avec piscine,*

*Consultez le tableau des localités citées, classées par départements.*

151

## Le BOURG-D'ARUD

38 Isère ⑫ – ▨▨▨ J8 G. Alpes du Nord – Base de loisirs – ⊠ 38520 Venosc.
Paris 630 – L'Alpe-d'Huez 24 – Le Bourg-d'Oisans 14 – Les Deux-Alpes 28 – Grenoble 66.

⋀⋀ **Le Champ du Moulin** fermé janv. et oct.-14 déc.
𝒫 04 76 80 07 38, *christian.avallet@wanadoo.fr*, Fax 04 76
80 24 44 – sortie Ouest par D 530 « Entouré par les montagnes de l'Oisans, bord du Vénéon » – **R** conseillée
1,5 ha (80 empl.) non clos, plat, herbeux, pierreux
**Tarif :** ▣ *2 pers.* ⒢ *(10A) 22,20 - pers. suppl. 4,20 – frais de réservation 13*
**Location :** 🏚 *320 à 530 – appartements, gîte d'étape*

    ⟨ ⟶ GB ⚥ ⟋ ♀ ▥ 🔥 ⌕ ⤿ 🗃 🏖
⌂ ☺ 🔲 ☂ snack borne internet 🖼
À prox. : sports en eaux vives 🚴 ⟶◉
🍴 ⊿ ⨇ 🐎

## BOURG-DE-PÉAGE

26300 Drôme ⑫ – ▨▨▨ D3 – 9 248 h. – alt. 151.
🛈 Office du Tourisme, allée de Provence 𝒫 04 75 72 18 36, Fax 04 75 70 95 57, *contact@ot-bourg-de-peage.com*.
Paris 563 – Pont-en-Royans 26 – Romans-sur-Isère 2 – Tournon-sur-Rhône 19 – Valence 19.

**à Barbières** SE : 15 km par D 149 – 583 h. – alt. 426 – ⊠ 26300 Barbières.

⋀⋀ **Le Gallo-Romain** mai-15 sept.
𝒫 04 75 47 44 07, *info@legalloromain.net*, Fax 04 75 47 44 07 – SE : 1,2 km par D 101, rte du Col de Tourniol, bord de la Barberolle – **R** conseillée
3 ha (50 empl.) plat et peu incliné, terrasses, herbeux, pierreux
**Tarif :** ▣ *2 pers.* ⒢ *21,50 – pers. suppl. 3,50 – frais de réservation 15*
**Location** ⚗ : 🚐 *360 à 500*

    ⟨ ⟶ GB ⚥ ⟋ ♀ ▥ 🔥 ⌕ ⤿ 🗃
🏖 ⌂ ☺ 🔲 ☂ 🍴 ✗ ⤿ 🖼 ⊿

*Les indications d'accès à un terrain sont généralement indiquées, dans notre guide, à partir du centre de la localité.*

**152**

## Le BOURG-D'HEM

23220 Creuse ⑩ – ▨▨▨ H3 G. Berry Limousin – 278 h. – alt. 320.
Paris 334 – Aigurande 20 – Le Grand-Bourg 28 – Guéret 18 – La Souterraine 37.

⋀ **Municipal** juin-sept.
𝒫 05 55 62 84 36 – à 1,7 km à l'Ouest du bourg par D 48 rte de Bussière-Dunoise et chemin à droite « Site et situation agréables au bord de la Creuse (plan d'eau) » – **R** conseillée
0,33 ha (36 empl.) en terrasses, herbeux
**Tarif :** ▣ *2 pers.* ⒢ *10,50 – pers. suppl. 2,50*

    ⚥ ⟨ ⟋ ♀ ⌕ ⤿ ⤿ 🗃 ⌂ ☺ ⊿ ⚓
⟍
À prox. : ☂ ⤿

## Le BOURG-D'OISANS

38520 Isère ⑫ – ▨▨▨ J7 G. Alpes du Nord – 2 911 h. – alt. 720 – Sports d'hiver : ⛷.
🛈 Office du Tourisme, quai Girard 𝒫 04 76 80 03 25, Fax 04 76 80 10 38, *otbo@free.fr*.
Paris 616 – Briançon 66 – Gap 97 – Grenoble 52 – St-Jean-de-Maurienne 71 – Vizille 32.

⋀⋀⋀ **A la Rencontre du Soleil** 10 mai-14 sept.
𝒫 04 76 79 12 22, *rencontre.soleil@wanadoo.fr*, Fax 04 76 80 26 37 – NE : 1,7 km rte de l'Alpe-d'Huez – **R** conseillée
1,6 ha (73 empl.) plat, herbeux
**Tarif :** ▣ *2 pers.* ⒢ *(10A) 26,40 – pers. suppl. 5,45*
**Location :** 🏚 *355 à 620*

    ⟨ ⟶ GB ⚥ ⟋ ♀♀ ⌕ ⤿ 🗃 🏖
⌂ ☺ 🔲 pizzeria, snack ⤿ 🖼 ⊿
🍴 ⊿

⋀⋀ **Le Colporteur** 17 mai-20 sept.
𝒫 04 76 79 11 44, *info@camping-colporteur.com*, Fax 04 76 79 11 49 – au Sud de la localité, accès par rue de la piscine « Site et cadre agréables, au bord d'une petite rivière » – **R** indispensable
3,3 ha (150 empl.) plat, herbeux
**Tarif :** ▣ *2 pers.* ⒢ *22,40 – pers. suppl. 4,50 – frais de réservation 13*
**Location** (permanent) : 🏚 *350 à 530*

    ⟨ ⟶ GB ⚥ ⟋ ♀ (1 ha) 🔥 ⌕ ⤿
🗃 ⌂ ☺ 🔲 ☂ snack ⤿ 🖼 🏃
⤿
À prox. : ⊿

⋀ **La Cascade** 15 déc.-sept.
𝒫 04 76 80 02 42, *lacascade@wanado.fr*, Fax 04 76 80 22 63 – NE : 1,5 km rte de l'Alpe-d'Huez, près de la Sarenne – **R** conseillée
2,4 ha (140 empl.) plat, herbeux, pierreux
**Tarif :** ▣ *2 pers.* ⒢ *(16A) 24 – pers. suppl. 5 – frais de réservation 16*
**Location** (permanent) : 🏚 *331,10 à 604,80*

    ❄ ⟨ ⟶ GB ⚥ ⟋ ♀♀ ▥ 🔥 ⤿
🗃 ⌂ ☺ 🔲 🖼 ⤿ ⊿

**à Rochetaillée**   N : 7 km par N 91 rte de Grenoble et rte d'Allemont à droite – ⊠ 38520 le Bourg-d'Oisans :

▲▲▲   **Belledonne** 24 mai-13 sept.
℘ 04 76 80 07 18, *belledon@club-internet.fr*, Fax 04 76 79 12 95 « Ensemble très verdoyant et fleuri » – **R** conseillée
3,5 ha (150 empl.) plat, herbeux
**Tarif :** 🖃 *2 pers.* 🔋 *(6A) 24,60 – 3 pers. 28,20 – pers. suppl. 5,40 – frais de réservation 14*
**Location :** ⛺ *280 à 510*

⟨ ⚬━ GB ⚷ 🔌 ⚹ 🔥 ↻ 🗄 🛏 ⛺
⊕ 🅿 🏊 ♈ snack, pizzeria 🍴 ⚌
🗓 ⛩ 🚑 🚲 ✖ 🏊 parcours de santé

▲▲▲   **Le Château** juin-13 sept.
℘          04 76 11 04 40,          *jcp@camping-le-chateau.com*, Fax 04 76 80 21 23 – **R** conseillée
2,6 ha (135 empl.) plat, herbeux
**Tarif :** 🖃 *2 pers.* 🔋 *(10A) 24,10 – 3 pers. 27,70 – pers. suppl. 5 – frais de réservation 13*
**Location** *(17 mai-20 sept) :* ⛺ *160 à 570*

⟨ ⚬━ GB ⚷ ▭ ⚹ (1 ha) 🔥 ↻ ⛺
🗄 🛏 ⊕ ⚌ ♈ 🅿 ♈ snack,
pizzeria ⚌ 🗓 ⚕ ↻ ⛩ 🚑 m
🏊 mur d'escalade

---

**BOURG-EN-BRESSE** ━━━━━━━━━━━━━━━━━━━━━━━━━━━━━━━━━━━

01000 Ain 🔢 – 🔲🔲🔲 E3 G. Bourgogne – 40 972 h. – alt. 251.
🅱 Office du Tourisme, 6 avenue Alsace-Lorraine ℘ 04 74 22 49 40, Fax 04 74 23 06 28, *bourgenbresse.offi cedetourisme@wanadoo.fr.*
Paris 423 – Annecy 112 – Besançon 152 – Chambéry 116 – Genève 112 – Lyon 81 – Mâcon 38.

▲▲   **Municipal de Challes** avril-15 oct.
℘ 04 74 45 37 21, *camping-municipal-bourgenbresse@wanadoo.fr*, Fax 04 74 22 92 29 – sortie Nord-Est par rte de Lons-le-Saunier, à la piscine « Emplacements agréablement ombragés » – **R** conseillée
1,3 ha (120 empl.) plat, peu incliné, goudronné, herbeux
**Tarif :** (Prix 2002) 🖃 *2 pers.* 🔋 *(6A) 12,90 – pers. suppl. 2,64*
⛺

⚬━ GB ⚷ ⚹ ▦ ↻ ⛺ 🗄 🛏 ⊕
⚌ ⚕ 🅿 snack
À prox. : 🏊

---

**BOURGES** ━━━━━━━━━━━━━━━━━━━━━━━━━━━━━━━━━━━━━━━━━━━━

18000 Cher 🔟 – 🔲🔲🔲 K4 G. Berry Limousin – 75 609 h. – alt. 153.
🅱 Office du Tourisme, 21 rue Victor-Hugo ℘ 02 48 23 02 60, Fax 02 48 23 02 69, *tourisme@ville-bourges.fr.*
Paris 245 – Châteauroux 67 – Dijon 254 – Nevers 69 – Orléans 122 – Tours 162.

▲▲   **Municipal** 15 mars-14 nov.
℘ 02 48 20 16 85, Fax 02 48 50 32 39 – vers sortie Sud par N 144, rte de Montluçon et bd de l'Industrie à gauche, près du Lac d'Auron, Sortie A 71 : suivre Bourges Centre et fléchage « Entrée fleurie » – **R**
2,2 ha (116 empl.) plat et peu incliné, herbeux, gravier
**Tarif :** 🖃 *2 pers.* 🔋 *(10A) 14,70 – pers. suppl. 3,10*

⚬━ GB ▭ ⚹ (1 ha) ▦ ↻ 🔥 ↻ 🗄
🛏 ⊕ ⚌ ⚕ 🅿 🚑 ♈
À prox. : golf, canoë ✖ 🀫 🏊 🏊 ⚓
🐎 (centre équestre)

## BOURGET-DU-LAC

73370 Savoie 🔟🔢 – 🟦🟦🟦 I4 G. Alpes du Nord – 2 886 h. – alt. 240.
🅱 Office du Tourisme 𝒫 04 79 25 01 99, Fax 04 79 25 01 99, *office.tourisme@bourgetdulac.com.*
Paris 532 – Aix-les-Bains 10 – Annecy 44 – Chambéry 13 – Grenoble 68.

🔺 **Municipal l'Île aux cygnes** 12 avril-11 oct.
𝒫 04 79 25 01 76, *camping@bourgetdulac.com*, Fax 04 79
25 32 94 – N : 1 km bord du lac « Nombreuses activités nau-
tiques à proximité, ponton d'amarrage » – **R** conseillée
2,5 ha (267 empl.) plat, gravier, herbeux
**Tarif** : (Prix 2002) 🔳 *2 pers.* 🔌 *15,75 – pers. suppl. 3,70*
**Location** : 🏠 *260 à 458*
🚐

## BOURG-FIDÈLE

08230 Ardennes 🟦 – 🟦🟦🟦 J3 – 732 h. – alt. 370.
Paris 246 – Charleville-Mézières 22 – Fumay 21 – Hirson 39 – Rethel 52.

🔺 **La Murée** Permanent
𝒫 03 24 54 24 45, Fax 03 24 54 24 45 – N : 1 km par D 22
rte de Rocroi « Cadre boisé en bordure d'étangs » –
**R** conseillée
1,5 ha (23 empl.) peu incliné, herbeux
**Tarif** : 🔳 *2 pers.* 🔌 *(10A) 16 – pers. suppl. 3*

## BOURG-MADAME

66760 Pyr.-Or. 🔟🔢 – 🟦🟦🟦 C8 G. Languedoc Roussillon – 1 238 h. – alt. 1 140.
🅱 Syndicat d'initiative, 𝒫 04 68 04 55 35, Fax 04 68 04 64 01.
Paris 859 – Andorra-la-Vella 67 – Ax-les-Thermes 45 – Carcassonne 142 – Foix 88 – Font-Romeu-Odeillo-
Via 18 – Perpignan 102.

🔺 **Mas Piqués** Permanent
𝒫 04 68 04 62 11, *campiques@wanadoo.fr*, Fax 04 68 04
68 32 – au Nord de la ville, rue du Train Jaune, près du Rahur
(frontière) – Places limitées pour le passage en hiver –
**R** conseillée
1,5 ha (103 empl.) plat, herbeux
**Tarif** : (Prix 2002) 🔳 *2 pers.* 🔌 *(6A) 14,50 (hiver : 🔌 (10A)*
*18,50) – pers. suppl. 3,20*
**Location** 🏠 : 🚐 *295*

A prox. : terrain omnisports 🛒

## BOURG-ST-MAURICE

73700 Savoie 🔟🔢 – 🟦🟦🟦 N4 G. Alpes du Nord – 6 056 h. – alt. 850 – Sports d'hiver : aux Arcs : 1 600/
3 226 m 🚠6 🚡54 🛷 – Base de loisirs.
Paris 666 – Albertville 55 – Aosta 83 – Chambéry 105 – Chamonix-Mont-Blanc 118 – Moûtiers 28 – Val-d'Isère 33.

🔺 **Le Versoyen** 14 déc.-3 mai, 29 mai-28 sept.
𝒫 04 79 07 03 45, *leversoyen@wanadoo.fr*, Fax 04 79 07
25 41 – sortie Nord-Est par N 90 rte de Séez puis 0,5 km par
rte des Arcs à droite, près d'un torrent, navette gratuite
pour le funiculaire – **R** conseillée
3,5 ha (200 empl.) plat, herbeux, goudronné, pierreux, bois
attenant
**Tarif** : 🔳 *2 pers.* 🔌 *(10A) 18,30 (hiver 19,80) – pers. suppl.*
*4,65 (hiver 4,20) – frais de réservation 10*
**Location** 🏠 : 🚐 *312,90 à 432,60*
🚐

A prox. : au parc de loisirs : parcours
sportif 🛒 ✂ ⛳ 🎳 🎿 🐎

## BOURGUEIL

37140 I.-et-L. 🟦 – 🟦🟦🟦 J5 G. Châteaux de la Loire – 4 001 h. – alt. 42.
🅱 Office du Tourisme, 16 place de l'Église 𝒫 02 47 97 91 39, Fax 02 47 97 91 39, *otsi-bourgueil@wanadoo.fr.*
Paris 290 – Angers 81 – Chinon 17 – Saumur 24 – Tours 47.

🔺 **Municipal Parc Capitaine** 15 mai-15 sept.
𝒫 02 47 97 85 62 – S : 1,5 km par D 749, rte de Chinon
« Cadre verdoyant et ombragé près d'un plan d'eau » –
**R** conseillée
2 ha (80 empl.) plat, herbeux
**Tarif** : 🔳 *2 pers.* 🔌 *(10A) 10,40 – pers. suppl. 1,70*

A prox. : 🛒 🍴 🚤 ✂ 🎏 🎳
(découverte l'été) 🏊 🎿

## BOURISP

65 H.-Pyr. – 🟦🟦🟦 O8 – rattaché à St-Lary-Soulan.

## BOURNEZEAU

85480 Vendée **9** – **316** I8 – 2 336 h. – alt. 73.
**i** Syndicat d'Initiative, 1 rue du Centre ✆ 02 51 40 02 90, Fax 02 51 40 79 30.
Paris 420 – Cholet 65 – Nantes 77 – Niort 70 – La Rochelle 69 – La Roche-sur-Yon 22.

△ ***Municipal les Humeaux*** juin-15 sept.
✆ 02 51 40 01 31, *mairie-de-bournezeau@wanadoo.fr*, Fax
02 51 40 79 30 – sortie Nord par D 7, rte de St-Martin-
des-Noyers
0,6 ha (15 empl.) plat, herbeux
**Tarif :** (Prix 2002) 🔲 *2 pers.* 🔋 *(15A) 9,96 – pers. suppl 2,49*

🔲 🔥 🍴 📺 🔋 ☺ 🔲
À prox. : 🚴

## BOUSSAC-BOURG

23600 Creuse **10** – **325** K2 G. Berry Limousin – 899 h. – alt. 423.
Paris 334 – Aubusson 51 – La Châtre 38 – Guéret 43 – Montluçon 33 – St-Amand-Montrond 55.

△△△ ***Le Château de Poinsouze*** 16 mai-14 sept.
✆ 05 55 65 02 21, *info.camping-de.poinsouze@wanadoo.
fr*, Fax 05 55 65 86 49 – N : 2,8 km par D 917, rte de la Châtre
« Vaste domaine autour d'un château du XVIᵉ s et d'un
étang » – **R** indispensable
150 ha/22 campables (134 empl.) peu incliné, herbeux
**Tarif :** 🔲 *2 pers.* 🔋 *(16A) 29 – pers. suppl. 5,50 – frais de
réservation 19*
**Location :** 🏠 *160 à 660 – gîtes*
🚐

Ⓜ 🐕 ‹ ⚬ 🔫 dans locations et 6
juil.-23 août sur le camping **GB** 🐕 ⚬
🍴 🍽 📺 🎱 🛁 ☺ 🌊 🚿 🔲 🍹 ✗
🍴 🚗 🚽 🚴 🎿 🏹 🛶
À prox. : canoë, pédalos

## BOUT-DU-LAC

74 H.-Savoie – **328** K6 – voir à Annecy (Lac d').

🏊 ✗   **ATTENTION :**
🚤      *these facilities are not necessarily available throughout*
🎿 🐎   *the entire period that the camp is open – some are only*
        *available in the summer season.*

**155**

## BRACIEUX

41250 L.-et-Ch. **5** – **318** G6 – 1 157 h. – alt. 70.
**i** Syndicat d'Initiative, Hôtel-de-Ville ✆ 02 54 46 09 15, Fax 02 54 46 09 15.
Paris 185 – Blois 19 – Montrichard 39 – Orléans 64 – Romorantin-Lanthenay 30.

△△ ***Municipal les Châteaux*** avril-3 nov.
✆ 02 54 46 41 84, *campingdebracieux@wanadoo.fr*, Fax
02 54 46 41 21 – sortie Nord, rte de Blois, bord du Beuvron
« Cadre boisé composé d'essences variées » – **R**
8 ha (380 empl.) plat, herbeux
**Tarif :** 🔲 *2 pers.* 🔋 *(3A) 13,75 – pers. suppl. 3,60*
**Location :** 🏠 *230 à 250*

🐕 ⚬ **GB** 🐕 ⚽ ⚾ 🛁 🍴 🍽 📺 🔲
☺ 🔲 🚗 🚴 ✗ 🎿

## BRAIN-SUR-L'AUTHION

49800 M.-et-L. **5** – **317** G4 – 2 622 h. – alt. 22.
Paris 292 – Angers 15 – Baugé 28 – Doué-la-Fontaine 39 – Longué 28 – Saumur 39.

△ ***Municipal Caroline*** mai-sept.
✆ 02 41 80 42 18, *commune.brain.s.authion@wanadoo.fr*,
Fax 02 41 54 39 17 – sortie Sud par D 113 rte de la Bohalle,
à 100 m de l'Authion – **R**
3,5 ha (121 empl.) plat, herbeux
**Tarif :** (Prix 2002) 🔲 *2 pers.* 🔋 *9,65 – pers. suppl. 2*

⚬ 🐕 🚐 🍹 🍺 🛁 🍴 🍽 📺 🌊 ☺
🔲 🚗 🚴
À prox. : ✗

## BRAIZE

03360 Allier **11** – **326** C2 – 254 h. – alt. 240.
Paris 300 – Dun-sur-Auron 30 – Cérilly 15 – Culan 32 – Montluçon 39.

△ ***Champ de la Chapelle*** 12 avril-14 sept.
✆ 04 70 06 15 45, *ccdlp@aol.com*, Fax 04 73 33 19 62 –
S : 5,7 km par D 28 rte de Meaulnes et D 978ᴬ à gauche, rte
de Tronçais puis 1 km par chemin empierré, à gauche
« Situation agréable en forêt »
5,6 ha (80 empl.) plat et peu incliné, accidenté, herbeux
**Tarif :** 🔲 *2 pers.* 🔋 *12,25 – pers. suppl. 2,45 – frais de réser-
vation 10*

🐕 ⚬ 🐕 ⚾ pinède 🛁 🍴 🍽 📺 🔲
☺ 🌊 🔲 🚴 〰 (plage)
À prox. : à l'étang de St-Bonnet (3 km) :
club nautique 🍹 ✗ 🚴 ✗ ♏

## BRAMANS

73500 Savoie **12** – **333** N6 – 331 h. – alt. 1 200.

🛈 Syndicat d'Initiative ℘ 04 79 05 03 45, Fax 04 79 05 36 07.

Paris 673 – Albertville 99 – Briançon 96 – Chambéry 112 – St-Jean-de-Maurienne 41 – Torino 107 – Val-d'Isère 64.

⚠ **Municipal le Val d'Ambin** juin-sept.
℘ 04 79 05 03 05, Fax 04 79 05 03 05 – 0,7 km au Nord-Est de la commune, près de l'église et à 200 m d'un torrent, accès conseillé par le Verney, sur N6 **« Belle situation panoramique »** – **R** conseillée
4 ha (150 empl.) non clos, plat et terrasses, vallonné, herbeux
**Tarif :** 🏕 *2 pers.* 🔌 *(12A) 12,20 – pers. suppl. 2,50*

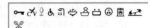

À prox. : 🔵

## BRANTÔME

24310 Dordogne **10** – **329** E3 G. Périgord Quercy – 2 080 h. – alt. 104.

🛈 Syndicat d'Initiative, Abbaye ℘ 05 53 05 80 52, Fax 05 53 05 80 52, *si.mailbratome@perigord.tm.fr.*

Paris 474 – Angoulême 59 – Limoges 86 – Nontron 23 – Périgueux 27 – Ribérac 37 – Thiviers 26.

⚠ **Municipal** mai-sept.
℘ 05 53 05 75 24 – E : 1 km par D 78, rte de Thiviers, bord de la Dronne – **R** conseillée
4 ha (170 empl.) plat, herbeux
**Tarif :** (Prix 2002) 🏕 *2 pers.* 🔌 *(6A) 8,77 – pers. suppl. 2,32*
🚐

## BRASSAC

81260 Tarn **15** – **338** G9 G. Midi Pyrénées – 1 539 h. – alt. 487.

🛈 Syndicat d'Initiative, place de l'Hôtel-de-Ville ℘ 05 63 74 56 97, Fax 05 63 74 57 44.

Paris 732 – Albi 65 – Anglès 14 – Castres 26 – Lacaune 22 – Vabre 15.

⚠ **Municipal de la Lande** avril-oct.
℘ 05 63 74 09 11, Fax 05 63 74 57 44 – sortie Sud-Ouest vers Castres et à droite après le pont, près de l'Agout et au bord d'un ruisseau, pour caravanes, faire demi-tour au rond-point – **R** conseillée
1 ha (50 empl.) plat, herbeux
**Tarif :** (Prix 2002) 🏕 *2 pers.* 🔌 *(6A) 7 – pers. suppl. 1,50*

À prox. :

## BRAUCOURT

52 H.-Marne **7** – **313** I2 – ✉ 52290 Eclaron-Braucourt.

Paris 218 – Bar-sur-Aube 42 – Brienne-le-Château 29 – Châlons-en-Champagne 68 – Joinville 32 – St-Dizier 17.

⚠ **Presqu'île de Champaubert** 20 avril-sept.
℘ 03 25 04 13 20, *info@lacduder.com*, Fax 03 25 94 33 51 – NO : 3 km par D 153 **« Situation agréable au bord du lac du Der-Chantecoq »** – **R** conseillée
3,5 ha (195 empl.) plat et peu incliné, herbeux
**Tarif :** 🏕 *2 pers.* 🔌 *(5A) 21 – pers. suppl. 4,50 – frais de réservation 8*
🚐

À prox. :

## BRÉCEY

50370 Manche **4** – **303** F7 – 2 029 h. – alt. 75.

**∄** Syndicat d'Initiative, place de l'Hôtel-de-Ville ℘ 02 33 89 21 13, Fax 02 33 89 21 19.

Paris 327 – Avranches 18 – Granville 42 – St-Hilaire-du-Harcouët 20 – St-Lô 50 – Villedieu-les-Poêles 16 – Vire 29.

**⚏** *Municipal le Pont Roulland* juin-sept.

℘ 02 33 48 60 60, Fax 02 33 89 21 09 – E : 1,1 km par D 911 rte de Cuves « Cadre champêtre près d'un plan d'eau » – **R** conseillée

1 ha (50 empl.) plat et peu incliné, herbeux

À prox. : canoë, pédalos

---

## La BRÉE-LES-BAINS

17 Char.-Mar. – **324** B3 – voir à Île d'Oléron.

---

## BREM-SUR-MER

85470 Vendée **9** – **316** F8 – 1 709 h. – alt. 13.

**∄** Office du Tourisme, 21 ter rue de l'Océan ℘ 02 51 90 92 33, Fax 02 51 20 14 67, ot.brem.sur.mer@wanadoo.fr.

Paris 457 – Aizenay 26 – Challans 29 – La Roche-sur-Yon 34 – Les Sables-d'Olonne 15.

**⚏** *Le Chaponnet* mai-15 sept.

℘ 02 51 90 55 56, chaponnet@free.fr, Fax 02 51 90 91 67 – à l'Ouest du bourg « Belle décoration florale et arbustive » – **R** conseillée

6 ha (340 empl.) plat, herbeux

**Tarif :** 🏕 1 à 3 pers. 🄵 28,70 – pers. suppl. 4,60 – frais de réservation 17

**Location :** 🛖 240 à 595

(2 ha) snack, pizzeria

**⚏** *Le Brandais* avril-oct.

℘ 02 51 90 55 87, Fax 02 51 20 12 74 – sortie Nord-Ouest par D 38 et rte à gauche – Places limitées pour le passage – **R** conseillée

2,3 ha (172 empl.) plat et peu incliné, herbeux

**Tarif :** 🏕 2 pers. 🄵 (6A) 17,30 – pers. suppl. 3,40 – frais de réservation 13

juil.-août

À prox. :

**⚏** *L'Océan* juin-10 sept.

℘ 02 51 90 59 16, Fax 02 51 90 59 16 – O : 1 km – **R** conseillée

4 ha (210 empl.) plat, herbeux, sablonneux

**Tarif :** 🏕 2 pers. 🄵 (6A) 15 – pers. suppl. 2,90

snack

À prox. :

---

## BRENGUES

46320 Lot **15** – **337** G4 G. Périgord Quercy – 159 h. – alt. 135.

Paris 568 – Cajarc 16 – Cahors 55 – Figeac 21 – Livernon 10.

**⚏** *Le Moulin Vieux* 4 avril-29 sept.

℘ 05 65 40 00 41, blasquez.a@wanadoo.fr, Fax 05 65 40 05 65 – N : 1,5 km par D 41, rte de Figeac, bord du Célé – **R** conseillée

3 ha (91 empl.) plat, herbeux, pierreux

**Tarif :** 🏕 2 pers. 🄵 14,90 – pers. suppl. 3,95

**Location :** 🛖 125 à 280 – 🛖 185 à 400 – 🛏

snack

À prox. :

---

## La BRESSE

88250 Vosges **8** – **314** J4 G. Alsace Lorraine – 5 191 h. – alt. 636 – Sports d'hiver : 650/1 350 m ⅄31 ⚡.

**∄** Office du Tourisme, 2A rue des Proyes ℘ 03 29 25 41 29, Fax 03 29 25 64 61, info@labresse.net.

Paris 436 – Colmar 54 – Épinal 51 – Gérardmer 13 – Remiremont 26 – Thann 39 – Le Thillot 20.

**⚏** *Municipal le Haut des Bluches* Permanent

℘ 03 29 25 64 80, camping.haut-des-bluches@wanadoo.fr, Fax 03 29 25 78 03 – E : 3,2 km par D 34, rte du Col de la Schlucht et à droite chemin des Planches, bord de la Moselotte, alt. 708 « Cadre pittoresque traversé par un ruisseau »

4 ha (154 empl.) en terrasses, plat, peu incliné, herbeux, pierreux, rochers

**Tarif :** (Prix 2002) 🏕 2 pers. 🄵 (13A) 13,75 (hiver 19,15) – pers. suppl. 2,30

**Location :** 🛏
🛖 (18 empl.) – 16,80

juil.-août snack

À prox. : parcours sportif

### ⚠️ **Belle Hutte** Permanent

📞 03 29 25 49 75, *camping-belle-hutte@wanadoo.fr*, Fax 03 29 25 52 63 – NE : 9 km par D 34, rte du col de la Schlucht, bord de la Moselotte, alt. 900 « Dans un agréable site boisé »
3,2 ha (125 empl.) en terrasses, herbeux, pierreux
**Tarif :** 📱 *2 pers.* 🔌 *15,40 (hiver 20,90) – pers. suppl. 3,10 (hiver 4,30)*
**Location :** 🚐 *220 à 540*
🚐

 (petite piscine)
À prox. : 🍴

---

## BREST

29200 Finistère **8** – **308** E4 G. Bretagne – 147 956 h. – alt. 35.
🛈 Office du Tourisme, place de la Liberté 📞 02 98 44 24 96, Fax 02 98 44 53 73, *Office.de.Tourisme.Brest@wanadoo.fr*.
Paris 596 – Lorient 134 – Quimper 72 – Rennes 246 – St-Brieuc 145.

### ⚠️ **Le Goulet** Permanent

📞 02 98 45 86 84, *camping.du.goulet@wanadoo.fr*, Fax 02 98 45 86 84 – O : 6 km par D 789 rte du Conquet puis à gauche rte de Ste-Anne-du-Portzic, au lieu-dit Lanhouarnec – **R** conseillée
3 ha (100 empl.) en terrasses, herbeux, gravier
**Tarif :** 📱 *2 pers. el (10A) 15,70 – pers. suppl. 3,50*
**Location** 🚫 : 🚐 *195 à 485 –* 🛏

---

*This Guide is not intended as a list of all the camping sites in France ; its aim is to provide a selection of the best sites in each category.*

---

## BRETENOUX

46130 Lot **10** – **337** H2 G. Périgord Quercy – 1 211 h. – alt. 136.
🛈 Office du Tourisme, avenue de la Libération 📞 05 65 38 59 53, Fax 05 65 39 72 14, *ot.bretenoux@wanadoo.fr*.
Paris 523 – Brive-la-Gaillarde 44 – Cahors 84 – Figeac 49 – Sarlat-la-Canéda 65 – Tulle 48.

### ⚠️ **La Bourgnatelle** avril-oct.

📞 05 65 38 44 07, Fax 05 65 38 61 38 – sortie Nord-Ouest, à gauche après le pont – **R** conseillée
2,3 ha (135 empl.) plat, herbeux
**Tarif :** 📱 *2 pers.* 🔌 *(10A) 16 – pers. suppl. 4,20 – frais de réservation 10*
**Location :** 🚐 *150 à 280*
🚐

À prox. : 🍴 🟦

---

## BRÉTIGNOLLES-SUR-MER

85470 Vendée **9** – **316** E8 – 2 165 h. – alt. 14.
🛈 Office du Tourisme, 1 boulevard du Nord 📞 02 51 90 12 78, Fax 02 51 22 40 72, *ot.bretignolles.sur.mer@wanadoo.fr*.
Paris 466 – Challans 28 – La Roche-sur-Yon 36 – Les Sables-d'Olonne 19.

### ⚠️ **Les Dunes** avril-11 nov.

📞 02 51 90 55 32, Fax 02 51 90 54 85 – S : 2,5 km par D 38 et rte à droite, à 200 m de la plage (accès direct) – Places limitées pour le passage – **R** conseillée
12 ha (760 empl.) plat, sablonneux
**Tarif :** 📱 *2 pers.* 🔌 *31 – pers. suppl. 6,20 – frais de réservation 23*
**Location :** 🚐 *190 à 715*

(3 ha) pizzeria
À prox. :

### ⚠️ **La Motine** avril-sept.

📞 02 51 90 04 42, Fax 02 51 33 80 52 – par av. de la Plage et à droite, r. des Morinières « Cadre agréable » – **R** conseillée
1,8 ha (103 empl.) peu incliné, herbeux
**Tarif :** (Prix 2002) 📱 *2 pers.* 🔌 *(6A) 24,50 – pers. suppl. 5,40 – frais de réservation 16*

crêperie
À prox. :

### ⚠️ **La Trevillière** 5 avril-28 sept.

📞 02 51 90 09 65, *camping-chadotel@wanadoo.fr*, Fax 02 51 90 09 65 – sortie Nord par la rte du stade et à gauche – **R** conseillée
3 ha (180 empl.) plat, peu incliné, herbeux
**Tarif :** 📱 *2 pers.* 🔌 *24,70 – pers. suppl. 5,30 – frais de réservation 25*
**Location :** 🚐 *150 à 640 –* 🏠 *175 à 710*

▲▲▲ **Les Vagues** avril-sept.
    🞲 02 51 90 19 48, *lesvagues@free.fr*, Fax 02 40 02 49 88
– au Nord du bourg, sur D 38 vers St-Gilles-Croix-de-Vie
4,5 ha (281 empl.) plat, peu incliné, herbeux
**Tarif :** 🔲 *2 pers.* (🖇) *(10A) 21,10 – pers. suppl. 4,30 – frais de réservation 10*
**Location** 🞫 : 🚐 *275 à 457*

▲▲ **Le Marina** mai-15 sept.
    🞲 02 51 33 83 17, Fax 02 51 33 83 17 – sortie Nord-Ouest par D 38, rte de St-Gilles-Croix-de-Vie puis à gauche 1 km par rte des Fermes Marines et chemin à droite – **R** conseillée
2,7 ha (131 empl.) plat, herbeux
**Tarif :** (Prix 2002) 🔲 *2 pers.* (🖇) *(6A) 16 – pers. suppl. 3,50* -
**Location :** 🚐 *410*

▲ **Le Bon Accueil** juin-14 sept.
    🞲 02 51 90 15 92, Fax 02 51 90 15 92 – NO : 1,2 km par D 38 rte de St-Gilles-Croix-de-Vie – **R** conseillée
3 ha (146 empl.) plat, peu incliné, herbeux
**Tarif :** 🔲 *2 pers.* (🖇) *(6A) 16,75 – pers. suppl. 3,85*
**Location :** 🚐 *440*

---

## BRÉVILLE-SUR-MER

50 Manche – 303 C6 – rattaché à Granville.

---

## BRIDES-LES-BAINS

73570 Savoie 12 – 333 M5 G. Alpes du Nord – 611 h. – alt. 580.
🅑 Office du Tourisme 🞲 04 79 55 20 64, Fax 04 79 55 20 40, *tourisme@brides-les-bains.com.*
Paris 613 – Albertville 33 – Annecy 78 – Chambéry 82 – Courchevel 18.

▲ **La Piat** 19 avril-25 oct.
    🞲 04 79 55 22 74, Fax 04 79 55 28 55 – au bourg – **R** conseillée
2 ha (60 empl.) non clos, plat, terrasses, peu incliné, herbeux
**Tarif :** 🔲 *2 pers* (🖇) *(10A) 12,50 – pers. suppl. 2,90*
**Location** *(5 avril-25 oct.) :* 🚐 *260 à 491*
🚐

---

## BRIGNOGAN-PLAGES

29890 Finistère 3 – 308 F3 G. Bretagne – 836 h. – alt. 17.
🅑 Office du Tourisme, 7 avenue du Général-de-Gaulle 🞲 02 98 83 41 08, Fax 02 98 83 40 47, *otbrigno@aol.com.*
Paris 585 – Brest 42 – Carhaix-Plouguer 83 – Landerneau 27 – Morlaix 51 – St-Pol-de-Léon 31.

▲▲▲ **La Côte des Légendes** 29 mars-2 nov.
    🞲 02 98 83 41 65, *camping-cote-des-legendes@wanadoo.fr*, Fax 02 98 83 59 94 – NO : 2 km par rte de la plage, bord de plage – **R** conseillée
3,5 ha (140 empl.) plat, herbeux, sablonneux
**Tarif :** 🔲 *2 pers.* (🖇) *(5A) 12 – pers. suppl. 3*
🚐, *(4 empl.) – 7*

▲ **Les Nymphéas** 15 juin-15 sept.
    🞲 02 98 83 52 57 – sortie Sud par D 770 rte de Lesneven
« Décoration florale et arbustive variée » – **R** conseillée
1,2 ha (52 empl.) plat, herbeux
**Tarif :** 🔲 *2 pers.* (🖇) *(6A) 11,50 – pers. suppl. 2,50*
**Location :** 🚐 *385*

---

## BRISSAC

34190 Hérault 15 – 339 H5 G. Languedoc Roussillon – 365 h. – alt. 145.
Paris 736 – Ganges 7 – Montpellier 42 – St-Hippolyte-du-Fort 19 – St-Martin-de-Londres 18 – Le Vigan 26.

▲▲▲ **Le Val d'Hérault** 16 mars-15 oct.
    🞲 04 67 73 72 29, Fax 04 67 73 30 81 – S : 4 km par D 4 rte de Causse-de-la-Selle, à 250 m de l'Hérault (accès direct) – **R** indispensable
4 ha (135 empl.) peu incliné et en terrasses, pierreux
**Tarif :** 🔲 *2 pers.* (🖇) *18,85 – pers. suppl. 4 – frais de réservation 8*
**Location :** 🚐 *264,10 –* 🚐 *298,90 à 427 –* 🏠 *373,80 à 534*

159

## BRISSAC-QUINCÉ

49320 M.-et-L. **5** – **317** G4 – 2 275 h. – alt. 65.

**🖈** Office du Tourisme ℘ 02 41 91 21 50, Fax 02 41 91 28 12, *brissac.tourisme49@wanadoo.fr*.
Paris 308 – Angers 18 – Cholet 61 – Doué-la-Fontaine 23 – Saumur 39.

    ▲▲ **L'Étang** 25 avril-13 sept.
       ℘ 02 41 91 70 61, *info@campingetang.com*, Fax 02 41 91
       72 65 – NE : 2 km par D 55 rte de St-Mathurin et chemin à
       droite, bord de l'Aubance et près d'un étang « Empl. spacieux
       et confortables sur les terres d'une ancienne ferme » –
       **R** conseillée
       3,5 ha (150 empl.) plat, herbeux, petit étang
       **Tarif :** 📧 *2 pers.* 🔌 *(6A) 23,30 – pers. suppl. 4,85 – frais de*
       *réservation 11*
       **Location :** 🚐 *235 à 565*

À prox. : petit parc de loisirs

## BRIVES-CHARENSAC

43 H.-Loire – **331** F3 – rattaché au Puy-en-Velay.

## BROUSSES-ET-VILLARET

11390 Aude **15** – **344** E2 – 254 h. – alt. 412.
Paris 779 – Carcassonne 20 – Castelnaudary 36 – Foix 87 – Mazamet 28 – Revel 31.

    ▲ **Le Martinet-Rouge** avril-oct.
       ℘ 04 68 26 51 98, Fax 04 68 26 51 98 – S : 0,5 km par D 203
       et chemin à droite, à 200 m de la Dure
       2,5 ha (35 empl.) plat et peu accidenté, herbeux, pierreux,
       rochers
       **Tarif :** 📧 *2 pers.* 🔌 *14 – pers. suppl. 3,50*

À prox. : ✗

## BRUNELLES

28400 E.-et-L. **5** – **311** B6 – 468 h. – alt. 203.
Paris 154 – Brou 32 – Chartres 55 – La Ferté-Bernard 29 – Nogent-le-Rotrou 7.

    ▲ **Le Bois Jahan** Permanent
       ℘ 02 37 52 14 73, *campingboisjahan@free.fr*, Fax 02 37
       52 14 73 – E : 2,5 km par D 110 et chemin, sur D 351-7 –
       Places limitées pour le passage – **R** conseillée
       2 ha (60 empl.) en terrasses, peu incliné, herbeux, bois atte-
       nant (5 ha)
       **Tarif :** 📧 *2 pers.* 🔌 *(10A) 12,70 – pers. suppl. 2,90*

## BRUSQUE

12360 Aveyron **15** – **338** J8 – 422 h. – alt. 465.
Paris 702 – Albi 92 – Béziers 76 – Lacaune 31 – Lodève 51 – Rodez 109 – St-Affrique 35.

    ▲▲▲ **Village Vacances Val** (location exclusive de chalets et
    studios)
       ℘ 05 65 49 50 66, Fax 05 65 49 57 17 – S : 1,6 km par D 92,
       rte d'Arnac, bord du Dourdou et d'un petit plan d'eau « Dans
       une petite vallée verdoyante et paisible »
       14 ha
       **Location :** 🏠 *– studios et appartements*

parcours sportif

    ▲ **Val les Pibouls** 28 juin-août
       ℘ 05 65 49 50 66, *val@val.fr*, Fax 05 65 49 57 17 –
       S : 1,5 km par D 92, rte d'Arnac, bord du Dourdou et d'un
       petit plan d'eau « Dans une petite vallée très verdoyante et
       paisible » – **R** conseillée – adhésion obligatoire pour séjour
       supérieur à une nuit
       1 ha (45 empl.) plat et peu incliné, herbeux, gravier
       **Tarif :** 📧 *1 à 4 pers.* 🔌 *17,20 – pers. suppl. 4,50*

- Au Village Vacances : ✗   parcours sportif

*Pour choisir et suivre un itinéraire*
*Pour calculer un kilométrage*
*Pour situer exactement un terrain (en fonction des*
*indications fournies dans le texte) :*

*Utilisez les* **cartes MICHELIN** *détaillées,*
*compléments indispensables de cet ouvrage.*

## Le BUGUE

24260 Dordogne **13** – **329** G6 G. Périgord Quercy – 2 764 h. – alt. 62.
**🛈** Office du Tourisme, rue du Jardin-Public 𝒫 05 53 07 20 48, Fax 05 53 54 92 30.
Paris 522 – Bergerac 48 – Brive-la-Gaillarde 73 – Cahors 84 – Périgueux 43 – Sarlat-la-Canéda 32.

**⚠ La Linotte** 5 avril-sept.
𝒫 05 53 07 17 61, infos@campinglalinotte.com, Fax 05 53 54 16 96 – NE : 3,5 km par D 710, rte de Périgueux, D 32ᴱ à droite, rte de Rouffignac et chemin « Bel espace aquatique, emplacements soignés » – **R** conseillée
13 ha/2,5 campables (92 empl.) en terrasses, plat et peu incliné, herbeux
**Tarif :** ⊡ 2 pers. ⚡ (6A) 21,75 – pers. suppl. 5,80 – frais de réservation 15,25
**Location** ⚡ : 🛖 128 à 396 – 🛖 202 à 519 – 🛖 335 à 670 – bungalows toilés
🛖

## BUIS-LES-BARONNIES

26170 Drôme **16** – **332** E8 G. Alpes du Sud – 2 030 h. – alt. 365.
**🛈** Office du Tourisme, place du Quinconce 𝒫 04 75 28 04 59, Fax 04 75 28 13 63.
Paris 690 – Carpentras 39 – Nyons 29 – Orange 50 – Sault 37 – Sisteron 72 – Valence 130.

**⚠ Les Éphélides** 20 mai-5 sept.
𝒫 04 75 28 10 15, Fax 04 75 28 13 04 – SO : 1,4 km par av. de Rieuchaud « Sous les cerisiers, au bord de l'Ouvèze » – **R** conseillée
2 ha (40 empl.) plat, herbeux, pierreux
**Tarif :** ⊡ 2 pers. ⚡ (16A) 16,60 – pers suppl. 3 – frais de réservation 12
**Location** (avril-sept.) : 🛖 280 à 450 – 🛖 215 à 390 – bungalows toilés

**⚠ Municipal du Jalinier** mars-11 nov.
𝒫 04 75 28 04 96 – au Nord-Est du bourg vers rte de Séderon, près de la piscine et à 50 m de l'Ouvèze – **R**
1,2 ha (55 empl.) plat, herbeux, gravier
**Tarif :** ⊡ 2 pers. ⚡ (10A) 12,10 – pers. suppl. 2,50

**à Bénivay-Ollon** O : 9 km par D 5, D 147 et D 347 – 74 h. – alt. 450 – ✉ 26170 Benivay-Ollon :

**⚠ L'Écluse** 5 avril-20 sept.
𝒫 04 75 28 07 32, Fax 04 75 28 16 87 – S : 1 km sur D 347, bord d'un ruisseau « Sous les cerisiers, entouré par le vignoble » – **R** conseillée
4 ha (45 empl.) plat et en terrasses, pierreux, accidenté, gravillons, herbeux
**Tarif :** (Prix 2002) ⊡ 2 pers. ⚡ 17,50 – pers. suppl. 4
**Location** (5 avril-2 nov.) : 🛖 510 – 🛖 200 à 580

## Le BUISSON-DE-CADOUIN

24 Dordogne **13** – **329** G6 – 2 003 h. – alt. 63 – ✉ 24480 le Buisson-de-Cadouin..
**🛈** Office du Tourisme, place du Général-de-Gaulle 𝒫 05 53 22 06 09, Fax 05 53 22 06 09.
Paris 532 – Bergerac 38 – Périgueux 53 – Sarlat-la-Canéda 36 – Villefranche-du-Périgord 35.

**⚠ Domaine de Fromengal** avril-oct.
𝒫 05 53 63 11 55, fromengal@domaine-fromengal.com, Fax 05 53 73 03 28 – SO : 6,5 km par D 29, rte de Lalinde, D 2 à gauche, rte de Cadouin et chemin à droite – **R** conseillée
22 ha/3 campables (90 empl.) en terrasses, herbeux, bois attenant
**Tarif :** (Prix 2002) ⊡ 2 pers. ⚡ (5A) 21 – pers. suppl. 5 – frais de réservation 16
**Location** ⚡ : 🛖 250 à 650 – 🛖 320 à 700

## BUJALEUF

87460 H.-Vienne **10** – **325** G6 G. Berry Limousin – 999 h. – alt. 380.
**🛈** Office du Tourisme 𝒫 05 55 69 54 54, Fax 05 55 69 54 54.
Paris 423 – Bourganeuf 27 – Eymoutiers 14 – Limoges 35 – St-Léonard-de-Noblat 16.

**⚠ Municipal du Lac** 15 mai-sept.
𝒫 05 55 69 54 54, bujaleuf.information@wanadoo.fr, Fax 05 55 69 54 54 – N : 1 km par D 16 et rte à gauche, près du lac « Belles terrasses dominant le lac »
2 ha (110 empl.) en terrasses, herbeux
**Tarif :** ⊡ 2 pers. ⚡ 9 – pers. suppl. 1,50

## BULGNÉVILLE

88140 Vosges **7** – **314** D3 G. Alsace Lorraine – 1 260 h. – alt. 350.

**8** Syndicat d'Initiative, 105 rue de l'Hôtel-de-Ville *℘* 03 29 09 14 67, Fax 03 29 09 14 67.

Paris 332 – Contrexéville 6 – Épinal 53 – Neufchâteau 22 – Vittel 84.

▲ **Porte des Vosges** 26 avril-19 sept.
*℘* 03 29 09 12 00, Fax 03 29 09 15 71 – SE : 1,3 km par
D 164, rte de Contrexéville et D 14, rte de Suriauville à droite
« Cadre champêtre » – **R**
2,5 ha (100 empl.) peu incliné, plat, herbeux, gravier et gra-
villons
**Tarif :** 🔲 *2 pers.* 🔌 *(5A) 15 – pers. suppl. 3*

GB ⚲ (0,8 ha) ⚹ 🛏 ♿ 🗜 🚻 ☺ 🚿
snack

## BUN

65 H.-Pyr. – **342** L7 – rattaché à Argeles-Gazost.

## BUNUS

64120 Pyr.-Atl. **18** – **342** F5 – 151 h. – alt. 186.

Paris 823 – Bayonne 61 – Hasparren 38 – Mauléon-Licharre 21 – St-Jean-Pied-de-Port 20 – St-Palais 21.

▲ **Inxauseta** 20 juin-10 sept.
*℘* 05 59 37 81 49, Fax 05 59 37 81 49 – au bourg, près de
l'église « Belles salles de détente dans ancienne maison bas-
que rénovée »
0,8 ha (40 empl.) peu incliné, terrasses, herbeux
**Tarif :** 🔲 *2 pers.* 🔌 *(5A) 11 – pers. suppl. 3*

🚲 ← ⚿ ✗ ⚲ 🛏 ♿ 🗜 🚻 ☺ 🛖

## BURNHAUPT-LE-HAUT

68520 H.-Rhin **8** – **315** G10 – 1 426 h. – alt. 300.

Paris 456 – Altkirch 16 – Belfort 31 – Mulhouse 17 – Thann 14.

▲▲ **Les Castors** 15 fév.-déc.
*℘* 03 89 48 78 58, *camping.les.castors@wanadoo.fr*,
Fax 03 89 62 74 66 – NO : 2,5 km par D 466, rte de Guewen-
heim « Cadre champêtre en bordure de rivière et d'un
étang« – **R** conseillée
2,5 ha (135 empl.) plat, herbeux
**Tarif :** 🔲 *2 pers.* 🔌 *(6A) 15,20 – pers. suppl. 3,30 – frais de
réservation 32*

⚿ GB ✗ ⚲ ♿ 🛏 ♿ 🗜 🚿 🚻 🌊
☺ 🖼 ☕ 🚲 🛏
m

## BUSSANG

88540 Vosges **8** – **314** J5 G. Alsace Lorraine – 1 809 h. – alt. 605.

**8** Office du Tourisme, 8 rue d'Alsace *℘* 03 29 61 50 37, Fax 03 29 61 58 20, *tourisme@bussang.com*.

Paris 445 – Belfort 45 – Épinal 60 – Gérardmer 38 – Mulhouse 47 – Thann 27.

▲▲ **Domaine de Champé** Permanent
*℘* 03 29 61 61 51, *camping@bussang.com*, Fax 03 29 61
56 90 – au Nord-Est de la localité, accès par rte à gauche de
l'église, bord de la Moselle et d'un ruisseau – **R** conseillée
3,5 ha (100 empl.) plat, herbeux
**Tarif :** *(Prix 2002)* 🔲 *2 pers.* 🔌 *(4A) 14,46 – pers. suppl. 3,80*

← ⚿ GB ✗ 🛗 ♿ 🛏 ♿ 🗜 🚻 ☺
🖼 ☕ snack 🛖 🔲 ✗ 🏊

## BUSSIÈRE-DUNOISE

23320 Creuse **10** – **325** H3 – 1 139 h. – alt. 450.

Paris 337 – Aigurande 24 – Le Grand-Bourg 20 – Guéret 19 – La Souterraine 28.

▲ **Municipal de la Vergne** juil.-août
*℘* 05 55 81 68 90, *bussieredunoise@wanadoo.fr*, Fax 05 55
81 60 33 – SE : 1,5 km par D 47, rte de Guéret et chemin
à gauche « Situation agréable près d'un plan d'eau »
1 ha (35 empl.) plat, herbeux
**Tarif :** 🔲 *2 pers.* 🔌 *7,17 – pers. suppl. 1,68*

🚲 ← 🛏 ⚲⚲ chênaie (5 ha) 🛏 🚿 ♿
☺
À prox. : 🚣 ⛵ (plage) 🎣 ⚓

## BUSSIÈRE-GALANT

87230 H.-Vienne **10** – **325** D7 – 1 329 h. – alt. 410.

Paris 423 – Aixe-sur-Vienne 23 – Châlus 6 – Limoges 34 – Nontron 40 – St-Yrieix-la-Perche 21.

▲ **Municipal les Ribières** 15 juin-15 sept.
*℘* 05 55 78 86 47, Fax 05 55 78 16 75 – SO : 1,7 km par
D 20, rte de la Coquille et chemin à droite, près du stade et
à 100 m d'un plan d'eau
1 ha (25 empl.) en terrasses, peu incliné, herbeux
**Tarif :** 🔲 *2 pers.* 🔌 *(6A) 10,50 – pers. suppl. 2,50*

← ✗ 🛏 🛗 ♿ 🛏 🚿 ♿ ☺ 🏊
À prox. : parcours sportif, voiturettes à
vélo sur rail (draisines) ✗ 🛏 ⛵
m
(plage)

## BUYSSCHEURE

59285 Nord **1** – ③⓪② B3 – 419 h. – alt. 25.
Paris 270 – Béthune 44 – Calais 47 – Dunkerque 31 – Lille 62 – Saint-Omer 13.

▲ **La Chaumière** avril-sept.
    &#x260E; 03 28 43 03 57, *camping.lachaumiere@wanadoo.fr*
au bourg – **R** conseillée
1 ha (22 empl.) plat, herbeux, pierreux, petit étang
**Tarif :** 🔲 *1 ou 2 pers.* 🔌 *(6A) 14 – pers. suppl. 7*

## BUZANÇAIS

36500 Indre **10** – ③②③ E5 – 4 749 h. – alt. 111.
Paris 287 – Le Blanc 47 – Châteauroux 25 – Châtellerault 78 – Tours 91.

▲▲ **Municipal la Tête Noire** mai-sept.
    &#x260E; 02 54 84 17 27 – au Nord-Ouest de la ville par la r. des
Ponts, bord de l'Indre
2,5 ha (134 empl.) plat, herbeux
**Tarif :** 🔲 *2 pers.* 🔌 *(10A) 9,60 – pers. suppl. 2,50*

## BUZANCY

08240 Ardennes **7** – ③⓪⑥ L6 – 446 h. – alt. 176.
Paris 235 – Châlons-en-Champagne 89 – Charleville-Mézières 58 – Metz 134 – Reims 83.

▲ **La Samaritaine** 4 avril-28 sept.
    &#x260E; 03 24 30 08 88, *info@campinglasamaritaine.com*,
Fax 03 24 30 29 39 – SO : 1,4 km par chemin à droite près
de la base de loisirs – **R** conseillée
2 ha 110 empl. plat, herbeux, pierreux
**Tarif :** 🔲 *2 pers.* 🔌 *(10A) 18,50 – pers. suppl. 4 – frais de
réservation 10*
**Location** *(4 avril-25 oct) :* &#x260E; *270 à 500*

## Les CABANNES

81170 Tarn **15** – ③③⑧ D6 – 292 h. – alt. 200.
Paris 659 – Albi 27 – Montauban 57 – Rodez 81 – Toulouse 84.

▲▲ **Le Garissou** 19 avril-28 sept.
    &#x260E; 05 63 56 27 14, *legarissou@wanadoo.fr*, Fax 05 63 56
26 95 – O : 1,6 km par D 600, rte de Vindrac et chemin à gauche
7 ha/4 campables (42 empl.) en terrasses et peu incliné, pierreux, herbeux
**Tarif :** 🔲 *1 à 3 pers.* 🔌 *11,50 – pers. suppl. 2,50*
**Location** *(permanent) :* &#x260E; *230 à 580*

## CADENET

84160 Vaucluse **16** – ③③② F11 G. Provence – 3 232 h. – alt. 170.
**🅱** Office du Tourisme, 11 place du Tambour-d'Arcole &#x260E; 04 90 68 38 21, Fax 04 90 68 24 49, *ot-cadenet@axit.fr*.
Paris 738 – Aix-en-Provence 33 – Apt 23 – Avignon 64 – Digne-les-Bains 109 – Manosque 48 – Salon-de-Provence 34.

▲▲ **Val de Durance** 29 mars-sept.
    &#x260E; 04 90 68 37 75, *info@homair-vacances.fr*, Fax 04 90 68
16 34 – SO : 2,7 km par D 943 rte d'Aix, D 59 à droite et
chemin à gauche « Au bord d'un plan d'eau, à 300 m de la
Durance » – **R** conseillée
10 ha/2,4 campables (232 empl.) plat, herbeux, pierreux
**Tarif :** 🔲 *2 pers.* 🔌 *29 – pers. suppl. 7 – frais de réservation 10*
**Location :** 🏠 *202 à 616 – bungalows toilés*

## CADEUIL

17250 Char.-Mar. **9** – ③②④ E5.
Paris 492 – Marennes 15 – Rochefort 23 – La Rochelle 57 – Royan 18 – Saintes 26.

▲ **Lac le Grand Bleu** avril-sept.
    &#x260E; 05 46 22 90 99, *campinglegrandbleu@hotmail.com*, Fax
05 46 22 14 95 ✉ 17250 Ste-Gemme – au Nord-Est du
hameau, par D 733, rte de Rochefort « Au bord d'un lac »
– **R** conseillée
14 ha/2 campables (100 empl.) plat, herbeux
**Tarif :** (Prix 2002) 🔲 *2 pers.* 🔌 *(6A) 19,25 – pers. suppl. 3,80
– frais de réservation 8*
**Location** *(permanent) :* 🏠 *150 à 525 –* &#x260E; *199 à 599*

## CADIÈRE-D'AZUR

83740 Var **16** – **340** J6 G. Côte d'Azur – 3 139 h. – alt. 144.

**B** Office du Tourisme, place Général-de-Gaulle *℘* 04 94 90 12 56, Fax 04 94 98 30 13.
Paris 819 – Grenoble 309 – Marseille 45 – Nice 171 – Toulon 22 – Valence 259.

**⚠ La Malissonne** (location de mobile homes et villas)
mars-15 nov.
*℘* 04 94 90 10 60, *info@domainemalissonne.com*, Fax
04 94 90 14 11 – NO : 1,8 km sur D 66, rte de la Ciotat, accès
conseillé par St-Cyr-sur-Mer – empl. traditionnels également
disponibles – **R**
4,5 ha en terrasses, peu incliné, pierreux, herbeux
**Location** : 🏕 *259 à 633* – 🏠 *305 à 709* –
*villas*

## CAGNES-SUR-MER

06800 Alpes-Mar. **17** – **341** D6 G. Côte d'Azur – 40 902 h. – alt. 20.

**B** Office du Tourisme, 6 boulevard Maréchal-Juin *℘* 04 93 20 61 64, Fax 04 93 20 52 63, *infor@cagnes-tou
risme.com*
Paris 920 – Antibes 11 – Cannes 21 – Grasse 24 – Nice 14 – Vence 9.

**⚠ La Rivière** Permanent
*℘* 04 93 20 62 27, Fax 04 93 20 72 53 – N : 3,5 km par
r. J.-Féraud et chemin des Salles, bord de la Cagne –
**R** conseillée
1,2 ha (90 empl.) plat, herbeux
**Tarif :** 🔲 *1 à 4 pers.* ⚡ *(6A) 18 ou 21,05* – *pers. suppl. 3*
**Location** *(avril-sept.)* : 🏕 *230 à 290*

**⚠ Le Val de Cagnes** Permanent
*℘* 04 93 73 36 53, *valdecagnes@wanadoo.fr*, Fax 04 93 73
36 53 – N : 3,8 km par rue J-Féraud et chemin des Salles
« Fleurs, plantations et pierres de la région agrémentent les
empl. »
1,1 ha (34 empl.) en terrasses, herbeux, pierreux
**Tarif :** (Prix 2002) 🔲 *3 pers.* ⚡ *(6A) 20,20* – *pers. suppl. 3,10*
**Location** 🛇 : 🏕 *289,50* – 🏕 *228,50 à 457*
🏕

**⚠ Le Colombier** avril-sept.
*℘* 04 93 73 12 77, Fax 04 93 73 12 77 – N : 2 km en direc-
tion des collines de la rte de Vence et au rond-point chemin
de Ste-Colombe – **R** conseillée
0,5 ha (33 empl.) plat, peu incliné, herbeux, gravier
**Tarif :** 🔲 *2 pers.* ⚡ *(6A) 23,60* – *pers. suppl. 3,50*
**Location** : 🏕 *238 à 469*
🏕

**à Cros-de-Cagnes** Sud-Est : 2 km – ⊠ 06800 Cagnes-sur-Mer :.
🛈 Office de tourisme, avenue des Oliviers 🖉 04 93 07 67 08, Fax 04 93 07 61 59

⚠️ **Green Park** 29 mars-19 oct.
🖉 04 93 07 09 96, info@greenpark.fr, Fax 04 93 14 36 55
– N : 3,8 km, chemin du Vallon des Vaux – Places limitées pour
le passage – **R** conseillée
3 ha/1,5 campable (67 empl.) plat, en terrasses, herbeux,
gravillons
Tarif : 🔲 2 pers. ⚡ (10A) 24,20 à 34,20 – pers. suppl. 4,70
– frais de réservation 22
Location : 🛖 257 à 575 – 🏠 232 à 620
🚙

À prox. : snack, pizzeria

⚠️ **Le Val Fleuri** fév.-3 nov.
🖉 04 93 31 21 74, Fax 04 93 31 21 74 – en deux parties
distinctes – N : 3,5 km, chemin du Vallon des Vaux –
**R** conseillée
1,5 ha (93 empl.) plat, herbeux, pierreux, en terrasses
Tarif : 🔲 2 pers. ⚡ 19,35 – pers. suppl. 3
Location : 🛖 250 à 475 – studios

(0,4 ha)

⚠️ **Panoramer** mars-oct.
🖉 04 93 31 16 15, camping@panoramer.fr, Fax 04 93 31
16 15 – N : 2,5 km, chemin des Gros Buaux
1,4 ha (90 empl.) en terrasses, pierreux, herbeux
Tarif : 🔲 2 pers. ⚡ (16A) 23 – pers. suppl. 5
🚙

⚐ Baie des Anges  pizzeria, snack

⚠️ **Le Todos** avril-sept.
🖉 04 93 31 20 05, info@greenpark.fr, Fax 04 92 12 81 66
– N : 3,8 km, chemin du Vallon des Vaux – **R** conseillée
1,6 ha (68 empl.) plat et terrasses, herbeux, pierreux
Tarif : (Prix 2002) 🔲 2 pers. ⚡ (5A) 21,30 – pers. suppl. 3,50
– frais de réservation 20
Location : 🛖 255 à 510 – 🏠 225 à 440

snack, pizzeria
À prox. :

*Les localités possédant des ressources sélectionnées dans ce guide
sont signalées sur les **cartes MICHELIN** détaillées.*

**165**

---

## CAHORS

46000 Lot **14** – **337** E5 G. Périgord Quercy – 19 735 h. – alt. 135.
🛈 Office du Tourisme, place François-Mitterrand 🖉 05 65 53 20 65, Fax 05 65 53 20 74, cahors@wanadoo.fr.
Paris 575 – Agen 87 – Albi 110 – Bergerac 107 – Brive-la-Gaillarde 98 – Montauban 60 – Périgueux 126.

⚠️ **Rivière de Cabessut** avril-sept.
🖉 05 65 30 06 30, camping-riviere-cabessut@wanadoo.fr,
Fax 05 65 23 99 46 – S : 3 km sur D 911 direction Rodez puis
chemin à gauche, quai Ludo-Rolles, bord du Lot – **R** conseillée
2 ha (102 empl.) plat, herbeux
Tarif : 🔲 2 pers. ⚡ (10A) 15 – pers. suppl. 2,50
Location : 🛖 190 à 400
🚙

À prox. :

---

## CAJARC

46160 Lot **15** – **337** H5 G. Périgord Quercy – 1 033 h. – alt. 160.
Paris 587 – Cahors 52 – Figeac 25 – Villefranche-de-Rouergue 27.

⚠️ **Municipal le Terriol** mai-sept.
🖉 05 65 40 72 74, Fax 05 65 40 39 05 – sortie Sud-Ouest
par D 662, rte de Cahors et à gauche – **R** conseillée
0,8 ha (45 empl.) plat, herbeux
Tarif : (Prix 2002) 🔲 2 pers. ⚡ 10 – pers. suppl. 2,40

À prox. :

---

## CALLAC

22 C.-d'Armor **3** – **309** B4 G. Bretagne – 2 592 h. – alt. 172 – ⊠ 22160 Callac-de-Bretagne.
Paris 509 – Carhaix-Plouguer 21 – Guingamp 28 – Morlaix 41 – St-Brieuc 58.

⚠️ **Municipal Verte Vallée** 15 juin-15 sept.
🖉 02 96 45 58 50, Fax 02 96 45 91 70 – sortie Ouest par
D 28, rte de Morlaix et av. Ernest-Renan à gauche, à 50 m
d'un plan d'eau – **R** conseillée
1 ha (60 empl.) peu incliné et incliné, herbeux
Tarif : (Prix 2002) 🔲 2 pers. ⚡ 8,69 – pers. suppl. 2,13
🚙

## CALLAS

83830 Var **17** – **340** O4 G. Côte d'Azur – 1 276 h. – alt. 398.
**🛈** Office du Tourisme, place du 18-juin-1940 ℰ 04 94 39 06 77, Fax 04 94 39 06 79.
Paris 877 – Castellane 51 – Draguignan 14 – Toulon 95.

**⛰️ Les Blimouses** avril-oct.
ℰ 04 94 47 83 41, camping.les.blimouses@wanadoo.fr,
Fax 04 94 76 77 76 – S : 3 km par D 25 et D 225 rte de
Draguignan – **R** conseillée
3 ha (90 empl.) plat à incliné, en terrasses, pierreux, herbeux
**Tarif** : (Prix 2002) 🖃 2 pers. 🛱 (6A) 14 – pers. suppl. 2,50
**Location** : 🚐 300 à 430

## CALVI

2B H.-Corse – **345** B4 – voir à Corse.

## CAMARET-SUR-MER

29570 Finistère **3** – **308** D5 G. Bretagne – 2 933 h. – alt. 4.
**🛈** Office du Tourisme, 15 quai Kleber ℰ 02 98 27 93 60, Fax 02 98 27 87 22, ot.camaret@wanadoo.fr.
Paris 599 – Brest 69 – Châteaulin 45 – Crozon 11 – Morlaix 91 – Quimper 59.

Schéma à Crozon

**⛰️ Le Grand Large** 29 mars-sept.
ℰ 02 98 27 91 41, contact@campinglegrandlarge.com, Fax
02 98 27 93 72 – NE : 3 km par D 355 et rte à droite, à 400 m
de la plage, à Lambézen – **R** conseillée
2,8 ha (123 empl.) plat et peu incliné, herbeux
**Tarif** : 🖃 2 pers. 🛱 24,20 – pers. suppl. 4,85 – frais de réservation 16
**Location** : 🚐 244 à 579 – 🏠 244 à 534
🚐

**⛰️ Plage de Trez Rouz** 19 avril-sept.
ℰ 02 98 27 93 96, camping-plage-de-trez-rouz@wanadoo.
fr, Fax 02 98 27 84 54 ✉ 29160 Crozon – NE : 3,5 km par
D 355 « Près de la plage » – **R** conseillée
3 ha/1 campable (80 empl.) peu incliné, herbeux
**Tarif** : 🖃 2 pers. 🛱 (10A) 15,70 – pers. suppl. 4
**Location** : 🚐 154 à 337
🚐

## CAMBO-LES-BAINS

64250 Pyr.-Atl. **13** – **342** D4 G. Aquitaine – 4 128 h. – alt. 67 – ♨ (fin février-mi déc.).
**🛈** Office du Tourisme, Parc Public ℰ 05 59 29 70 25, Fax 05 59 29 90 77, cambo.les.bains.tourisme@wanadoo.fr
Paris 786 – Bayonne 19 – Biarritz 21 – Pau 115 – St-Jean-de-Luz 30 – St-Jean-Pied-de-Port 35 – San Sebastián 63.

**⛰️ Bixta-Eder** 15 avril-15 oct.
ℰ 05 59 29 94 23, camping.bixtaeder@wanadoo.fr, Fax
05 59 29 23 70 – SO : 1,3 km par D 918, rte de St-Jean-
de-Luz – **R** conseillée
1 ha (90 empl.) plat et peu incliné, herbeux, gravier
**Tarif** : 🖃 1 ou 2 pers. 🛱 (6A) 14,64 – pers. suppl. 3,35

## CAMORS

56330 Morbihan **3** – **308** M7 – 2 375 h. – alt. 113.
Paris 474 – Auray 27 – Lorient 43 – Pontivy 29 – Vannes 32.

**⛰️ Municipal du Petit Bois** 28 juin-août
ℰ 02 97 39 18 36, commune.de.camors@wanadoo.fr, Fax
02 97 39 28 99 – O : 1 km par D 189, rte de Lambel-Camors
« Près d'étangs et d'une forêt domaniale » – **R** conseillée
1 ha (30 empl.) en terrasses, plat, herbeux
**Tarif** : (Prix 2002) 🖃 2 pers. 🛱 9 – pers. suppl. 2
🚐

À prox. : parcours sportif 🏃 ✂ 🏇

*Ihre Meinung über die von uns empfohlenen Campingplätze interessiert uns.*
*Teilen Sie uns Ihre Erfahrungen mit und schreiben Sie uns auch,*
*wenn Sie eine gute Entdeckung gemacht haben.*

166

## CAMPAGNE

24260 Dordogne **18** – **329** G6 G. Périgord Quercy – 281 h. – alt. 60.
Paris 519 – Bergerac 52 – Belvès 19 – Les Eyzies-de-Tayac 7 – Sarlat-la-Canéda 27.

   ▲▲ ***Le Val de la Marquise*** 29 mars-15 oct.
      𝒫 05 53 54 74 10, *contact@val-marquise.com*, Fax 05 53
      08 85 38 – E : 0,5 km par D 35, rte de St-Cyprien, bord d'un
      étang – **R** conseillée
      4 ha (104 empl.) plat et en terrasses, herbeux
      **Tarif :** 🔲 *2 pers.* (≸) *(15A) 18,80 – pers. suppl. 4,40 – frais*
      *de réservation 16*
      **Location :** ☎ *282 à 676*

## Le CAMP-DU-CASTELLET

83 Var **17** – **340** J6 – ✉ 83330 le Beausset.
Paris 810 – Aubagne 20 – Bandol 17 – La Ciotat 17 – Marseille 37 – Toulon 30.

   ▲▲ ***Les Grands Pins*** Permanent
      𝒫 04 94 90 71 44, *granpin@aol.com*, Fax 04 94 32 60 11 –
      SE : 0,6 km par D 26, rte du Brulat – Places limitées pour le
      passage – **R** conseillée
      4,5 ha (200 empl.) plat, pierreux
      **Tarif :** 🔲 *2 pers.* (≸) *(10A) 17,70 – pers. suppl. 3,40 – frais*
      *de réservation 16*
      **Location :** 🛏 *220 à 560 –* ☎ *200 à 560*

## CAMPS

19430 Corrèze **10** – **329** M6 – 293 h. – alt. 700.
Paris 521 – Argentat 18 – Aurillac 45 – Bretenoux 19 – Sousceyrac 27.

   ▲ ***Municipal la Châtaigneraie*** 28 avril-sept.
      𝒫 05 55 28 53 15, *mairie.camps@wanadoo.fr*, Fax 05 55 28
      53 15 – à l'Ouest du bourg, par D 13 et chemin à droite, près
      d'un étang (accès direct) – **R** conseillée
      1 ha (18 empl.) peu incliné à incliné, herbeux
      **Tarif :** 🔲 *2 pers.* (≸) *8 – pers. suppl. 2*
      **Location :** *huttes*

## CANCALE

35260 I.-et-V. **4** – **309** K2 G. Bretagne – 4 910 h. – alt. 50.
🛈 Office du Tourisme, 44 rue du Port 𝒫 02 99 89 63 72, Fax 02 99 89 75 08, *ot.cancale@wanadoo.fr*.
Paris 398 – Avranches 63 – Dinan 36 – Fougères 73 – Le Mont-St-Michel 42 – St-Malo 16.

   ▲▲ ***Le Bois Pastel*** 29 mars-28 sept.
      𝒫 02 99 89 66 10, *camping.bois-pastel@wanadoo.fr*,
      Fax 02 99 89 60 11 – NO : 7 km par D 201, rte côtière et
      à gauche rue de la Corgnais « Entrée fleurie » – **R** conseillée
      4,2 ha (199 empl.) plat, herbeux
      **Tarif :** 🔲 *2 pers.* (≸) *(6A) 23,50 – pers. suppl. 4 – frais de*
      *réservation 13*
      **Location :** 🛏 *240 à 540*

   ▲ ***Notre-Dame du Verger*** 29 mars-28 sept.
      𝒫 02 99 89 72 84, Fax 02 99 89 60 11 – NO : 6,5 km par
      D 201, rte côtière, à 500 m de la plage (accès direct par
      sentier) – **R**
      2,5 ha (56 empl.) en terrasses et peu incliné, herbeux
      **Tarif :** 🔲 *2 pers.* (≸) *(6A) 23,50 – pers. suppl. 4*

## CANDÉ-SUR-BEUVRON

41120 L.-et-C. **5** – **318** E7 – 1 134 h. – alt. 70.
🛈 Office du Tourisme, 10 route de Blois 𝒫 02 54 44 00 44, Fax 02 54 44 00 44.
Paris 199 – Blois 16 – Chaumont-sur-Loire 7 – Montrichard 21 – Orléans 78 – Tours 50.

   ▲▲ ***La Grande Tortue*** 5 avril-sept.
      𝒫 02 54 44 15 20, *grandetortue@libertysurf.fr*, Fax 02 54
      44 19 45 – S : 0,5 km par D 751, rte de Chaumont-sus-Loire
      et à gauche rte de la Pieuse, à proximité du Beuvron –
      **R** conseillée
      5 ha (208 empl.) plat, peu incliné, herbeux, sablonneux
      **Tarif :** 🔲 *2 pers.* (≸) *(6A) 22,50 – pers. suppl. 5,70 – frais de*
      *réservation 16*
      **Location :** 🛏 *220 à 540 – bungalows toilés*

## CANET

34800 Hérault 🔢 – 🔢 F7 – 1 402 h. – alt. 42.
Paris 723 – Béziers 46 – Clermont-l'Hérault 6 – Gignac 9 – Montpellier 39 – Sète 38.

▲▲ **Les Rivières** mai-15 sept.
    🖉 04 67 96 75 53, *camping-les-rivieres@wanadoo.fr*, Fax
04 67 96 58 35 – N : 1,8 km par D 131ᴱ, à la Sablière, près
de l'Hérault (accès direct) – **R** conseillée
3 ha (90 empl.) plat, pierreux, herbeux
**Tarif** : (Prix 2002) 🔲 *2 pers.* 🔣 *(5A) 21 – pers. suppl. 4,20*
**Location** : 🔌 *183 à 301 –* 🏠 *244 à 404*

snack, pizzeria

À prox. :

## CANET-DE-SALARS

12290 Aveyron 🔢 – 🔢 I5 – 440 h. – alt. 850.
Paris 654 – Pont-de-Salars 9 – Rodez 32 – St-Beauzély 28 – Salles-Curan 8.

▲▲▲ **Le Caussanel** Permanent
    🖉 05 65 46 85 19, *info@lecaussanel.com*, Fax 05 65 46
89 85 – SE : 2,7 km par D 538 et à droite « Situation agréable
au bord du lac de Pareloup » – **R** conseillée
10 ha (235 empl.) plat, peu incliné, terrasses, herbeux
**Tarif** : 🔲 *2 pers.* 🔣 *22 – pers. suppl. 5,10 – frais de réservation 10*
**Location** *(avril-oct.)* – 🍴 *28 juin-août :* 🏠 *217 à 672*

snack
🏃 bureau de documentation
touristique
À prox. : discothèque

▲▲ **Soleil Levant** avril-oct.
    🖉 05 65 46 03 65, *contact@camping-le-soleil-levant.com*,
Fax 05 65 46 03 62 – SE : 3,7 km par D 538 et D 993, rte
de Salles-Curan, à gauche, avant le pont « Situation agréable
au bord du lac de Pareloup » – **R** conseillée
11 ha (206 empl.) en terrasses, peu incliné, herbeux
**Tarif** : 🔲 *2 pers.* 🔣 *(5A) 16,80 – pers. suppl. 3,99 – frais de réservation 8*

À prox. :

▲▲ **La Retenue de Pareloup** 15 juin-15 sept.
    🖉 05 65 46 33 26, *campingdelaretenue@fr.st*, Fax 05 65
46 03 93 – SO : 5 km par D 538 et D 176, à droite avant le
barrage « Près du lac » – **R** conseillée
2 ha (80 empl.) non clos, en terrasses, pierreux, herbeux
**Tarif** : 🔲 *2 pers.* 🔣 *17,10 – pers. suppl. 3 – frais de réservation 8*
**Location** *(mai-sept.) :* 🔌 *185 à 490 –* 🛏

juil.-août snack
À prox. : (plage)

## CANET-PLAGE

66 Pyr.-Or. 🔢 – 🔢 J6 G. Languedoc Roussillon – ✉ 66140 Canet-en-Roussillon.
Paris 854 – Argelès-sur-Mer 20 – Le Boulou 38 – Canet-en-Roussillon 3 – Perpignan 13 – St-Laurent-de-la-Salanque 13.

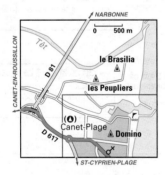

▲▲▲▲ **Le Brasilia** 12 avril-27 sept.
    🖉 04 68 80 23 82, *camping-le-brasilia@wanadoo.fr*, Fax
04 68 73 32 97 – bord de la Têt et accès direct à la plage
« Cadre agréable, emplacements verdoyants et ombragés »
– **R** conseillée
15 ha (826 empl.) plat, sablonneux, herbeux
**Tarif** : 🔲 *2 pers.* 🔣 *(10A) 39,30 – pers. suppl. 7 – frais de réservation 25*
**Location** : 🔌 *200 à 780 –* 🏠 *180 à 780*

(6 ha)
self
discothèque
terrain omnisports
À prox. : golf,

▲▲▲ **Ma Prairie** 5 mai-25 sept.
    ℘ 04 68 73 26 17, *ma.prairie@wanadoo.fr*, Fax 04 68 73
28 82 – O : 2,5 km, à Canet-Village (hors schéma) – sortir par
D 11, rte d'Elne et chemin à droite – **R** conseillée
4 ha (260 empl.) plat, herbeux
**Tarif :** 回 *2 pers.* 匈 *(10A) 29,80 – pers. suppl. 5,50 – frais
de réservation 16*
**Location** ❀ : 🛏 *224 à 679*

▲▲▲ **Les Peupliers** juin-20 sept.
    ℘ 04 68 80 35 87, *camping.peupliers@clior.net*, Fax 04 68
73 38 75 – à 500 m de la mer – **R** conseillée
4 ha (245 empl.) plat, herbeux
**Tarif :** (Prix 2002) 回 *2 pers.* 匈 *(6A) 27,70 – pers. suppl. 5,40
– frais de réservation 23*
**Location :** 🛏 *275 à 620 –* 🏠 *350 à 640*

▲ **Domino** avril-sept.
    ℘ 04 68 80 27 25, Fax 04 68 73 47 41 – r. des Palmiers, à
250 m de la plage et du port – **R** conseillée
0,7 ha (52 empl.) plat, herbeux
**Tarif :** 回 *2 pers.* 匈 *(10A) 26 – pers. suppl. 4,50 – frais de
réservation 18*
**Location :** 🛏 *150 à 570*

---

## CANILHAC

48500 Lozère 🔟🔢 – 🔢🔢🔢 G8 – 68 h. – alt. 700.
Paris 596 – La Canourgue 8 – Marvejols 25 – Mende 51 – St-Geniez-d'Olt 24 – Sévérac-le-Château 20.

▲ **Municipal la Vallée** 20 juin-août.
    ℘ 04 66 32 91 14 – N : 12 km par N 9, rte de Marvejols,
D 988 à gauche, rte de St-Geniez-d'Olt et chemin à gauche,
bord du Lot, par A 75, sortie 40 direction St-Laurent-d'Olt
puis 5 km par D 988 « Dans une petite vallée verdoyante »
– **R** conseillée
1 ha (50 empl.) plat, herbeux
**Tarif :** (Prix 2002) 回 *2 pers.* 匈 *12,50 – pers. suppl. 2*

---

## CANILLO

Principauté d'Andorre – 🔢🔢🔢 H9 – voir à Andorre.

---

## CANNES

06400 Alpes-Mar. 🔢🔢 – 🔢🔢🔢 D6 G. Côte d'Azur – 68 676 h. – alt. 2.
🚩 Office du Tourisme, 1 La Croisette ℘ 04 93 39 24 53, Fax 04 92 99 84 23, *semoftou@semec.com*
Paris 906 – Aix-en-Provence 152 – Marseille 165 – Nice 33 – Toulon 125.

**à la Bocca** O : 3 km – ✉ 06150 Cannes-la Bocca :.
🚩 Office de tourisme, rue Pierre-Sémard ℘ 04 93 47 04 12, Fax 04 93 90 99 85

▲▲ **Le Parc Bellevue** avril-sept.
    ℘ 04 93 47 28 97, *contact@parcbellevue.com*, Fax 04 93
48 66 25 – N : derrière le stade municipal – **R** conseillée
5 ha (250 empl.) plat et en terrasses, herbeux
**Tarif :** 回 *2 pers.* 匈 *22,30 – pers. suppl. 4*
**Location :** 🛏 *214 à 458*

▲▲ **Ranch-Camping** avril-oct.
    ℘ 04 93 46 00 11, Fax 04 93 46 44 30 ✉ 06110 Le Cannet
– NO : 1,5 km par D 9 puis bd de l'Esterel à droite –
**R** conseillé
2 ha (130 empl.) peu incliné, en terrasses, herbeux, pierreux
**Tarif :** (Prix 2002) 回 *2 pers.* 匈 *20,50 – pers. suppl. 5*
**Location :** 🛖 *275 à 335 –* 🛏 *320 à 565*

▲ **Le Grand Saule** mai-15 sept.
    ℘ 04 93 90 55 10, *info@legrandsaule.com*, Fax 04 93 47
24 55 ✉ 06110 Le Cannet – NO : 2 km, par D 9 – **R** conseillée
1 ha (55 empl.) plat, herbeux
**Tarif :** 回 *2 pers.* 匈 *35 – pers. suppl. 3*
**Location :** 🏠 *400 à 750 – studios*

*The Guide changes, so renew your Guide every year.*

169

## CANY-BARVILLE

76450 S.-Mar. **1** – **304** D3 G. Normandie Vallée de la Seine – 3 349 h. – alt. 25.
**1** Office du Tourisme, place Robert-Gabel *📞* 02 35 57 17 70, Fax 02 35 97 72 32.
Paris 194 – Bolbec 35 – Dieppe 45 – Fécamp 21 – Rouen 57.

▲▲ *Municipal* Permanent
*📞* 02 35 97 70 37, Fax 02 35 97 72 32 – sortie Sud par
D 268, rte d'Yvetot, après le stade – **R** conseillée
2,9 ha (100 empl.) plat, cimenté, herbeux
**Tarif :** 🔲 2 pers. 🔋 (10A) 11,35 – pers. suppl. 2,55

À prox. : squash, pédalos, luge, canoë, ski
nautique 🛒 ✗ 🔲 ≅ (plage) 🎣

## CAPBRETON

40130 Landes **13** – **335** C13 G. Aquitaine – 5 089 h. – alt. 6.
**1** Office du Tourisme, avenue Georges-Pompidou *📞* 05 58 72 12 11, Fax 05 58 41 00 29, *tourisme.capbreto n@wanadoo.fr*.
Paris 753 – Bayonne 22 – Biarritz 29 – Mont-de-Marsan 90 – St-Vincent-de-Tyrosse 12 – Soustons 19.

▲ *Municipal Bel Air* Permanent
*📞* 05 58 72 12 04 – sortie Nord par D 152, rte d'Hossegor,
près du Parc des Sports – **R** conseillée
1,5 ha (119 empl.) plat, sablonneux
**Tarif :** (Prix 2002) 🔲 2 pers. 🔋 (10A) 17,30 – pers. suppl. 4,70

À prox. : ✗

## CAP-COZ

29 Finistère – **308** H7 – rattaché à Fouesnant.

## Le CAP-D'AGDE

34 Hérault – **339** G9 – rattaché à Agde.

**170**

## CAPDENAC-GARE

12700 Aveyron **15** – **338** E3 – 4 818 h. – alt. 175.
**1** Office du Tourisme, place du 14-juillet *📞* 05 65 64 74 87, Fax 05 65 80 88 15, *office.de.tourisme.du.capd enacois@wanadoo.fr*.
Paris 588 – Decazeville 21 – Figeac 9 – Maurs 24 – Rodez 59.

▲ *Municipal les Rives d'Olt* 5 avril-sept.
*📞* 05 65 80 88 87 – sortie Ouest par D 994 rte de Figeac et
bd P.-Ramadier à gauche avant le pont, près du Lot, jardin
public attenant « Cadre agréable verdoyant et ombragé » –
**R** conseillée
1,3 ha (60 empl.) plat, herbeux
**Tarif :** (Prix 2002) 🔲 2 pers. 🔋 (9A) 11,50 – pers. suppl. 2,50
**Location :** huttes

À prox. : parcours sportif 🛒 🍴 snack
✗ 🔲

## CAPPY

80340 Somme **2** – **301** J8 – 484 h. – alt. 43.
Paris 139 – Amiens 38 – Bapaume 28 – Péronne 15 – Roye 34.

▲ *Municipal les Charmilles* avril-oct.
*📞* 03 22 76 14 50, Fax 03 22 76 62 74 – O : 1,3 km par D 1,
rte de Bray-sur-Somme et chemin à gauche, bord d'un ruis-
seau – Places limitées pour le passage – **R** conseillée
2 ha (60 empl.) plat, herbeux
**Tarif :** (Prix 2002) 🔲 2 pers. 🔋 (6A) 10 – pers. suppl. 3

À prox. : 🎣

## CAPVERN-LES-BAINS

65130 H.-Pyr. **14** – **342** N6 – alt. 450 – ♨ (fin avril-fin oct.).
**1** Office du Tourisme, place des Thermes *📞* 05 62 39 00 46, Fax 05 62 39 08 14.
Paris 816 – Arreau 32 – Bagnères-de-Bigorre 18 – Bagnères-de-Luchon 70 – Lannemezan 9 – Tarbes 31.

▲ *Les Craoues* mai-15 oct.
*📞* 05 62 39 02 54 – SE : 2,5 km, au carrefour des N 117 et
D 938, alt. 606 – **R** conseillée
1,5 ha (78 empl.) non clos, peu incliné, herbeux
**Tarif :** 🔲 2 pers. 🔋 (6A) 14,59 – pers. suppl. 4,25
**Location** (26 avril-18 oct.) ✗ : 🏠 269 à 470
📷

## CARAMAN

31460 H.-Gar. **16** – **343** I3 – 1 765 h. – alt. 285.
Paris 713 – Lavaur 25 – Puylaurens 28 – Revel 23 – Toulouse 28 – Villefranche-de-Lauragais 18.

△ **Municipal de l'Orme Blanc** 15 juin-15 sept.
⌀ 05 61 83 25 77, Fax 05 61 83 98 83 – SO : 1,5 km par
D 11, rte de Villefranche-de-Lauragais et rte de Labastide-
Beauvoir, près d'un étang – **R**
0,6 ha (30 empl.) plat, peu incliné, herbeux
**Tarif :** ▣ 2 pers. ⓖ 7,90 – pers. suppl. 1,70

À prox. : parcours sportif ✖

## CARANTEC

29660 Finistère **3** – **308** H2 G. Bretagne – 2 609 h. – alt. 37.
🅱 Office du Tourisme, 4 rue Pasteur ⌀ 02 98 67 00 43, Fax 02 98 67 90 51, carantec.tourisme@wanadoo.fr.
Paris 552 – Brest 70 – Lannion 52 – Morlaix 15 – Quimper 90 – St-Pol-de-Léon 21.

⏶ **Les Mouettes** mai-13 sept.
⌀ 02 98 67 02 46, camping@les-mouettes.com, Fax 02 98
78 31 46 – SO : 1,5 km par rte de St-Pol-de-Léon et rte à
droite, à la Grande Grève – Places limitées pour le passage
« Cadre agréable, près de la mer » – **R** conseillée
7 ha (273 empl.) plat et en terrasses, herbeux, étang
**Tarif :** ▣ 2 pers. ⓖ (10A) 33,80 – pers. suppl. 6,10 – frais
de réservation 19
**Location :** 🚐 268 à 698
🚐

pizzeria

*De gids wordt jaarlijks bijgewerkt.*
*Doe als wij, vervang hem, dan blijf je bij.*

## CARCANS

33121 Gironde **9** – **335** E4 – 1 503 h. – alt. 22.
Paris 626 – Andernos-les-Bains 43 – Bordeaux 52 – Lesparre-Médoc 29 – Soulac-sur-Mer 53.

△ **Les Mimosas** mai-sept.
⌀ 05 56 03 39 05, Fax 05 56 03 37 25 – NO : 2,2 km par D 3,
rte d'Hourtin et rte de Barrade à gauche – **R** conseillée
4,7 ha (100 empl.) plat, herbeux, sablonneux
**Tarif :** ▣ 2 pers. ⓖ (6A) 19 – pers. suppl. 4,60
**Location** ✖ : 🚐 155 à 330 – 🚐 250 à 620 – bungalows
toilés

△ **Le Cap de Ville** mai-oct.
⌀ 05 56 03 35 99 – O : 2,3 km par D 207, rte de Carcans-
Plage – **R** conseillée
2 ha (40 empl.) plat, herbeux, sablonneux
**Tarif :** ▣ 2 pers. ⓖ (5A) 13 – pers. suppl. 6

△ **Les Arbousiers** 15 mai-sept.
⌀ 05 56 03 38 93 – O : 2,3 km par D 207, rte de Carcans-
plage et à droite – **R** conseillée
2,3 ha (63 empl.) plat, sablonneux, herbeux
**Tarif :** ▣ 2 pers. ⓖ (3A) 11,70 – pers. suppl. 2,20

## CARCASSONNE

11000 Aude **15** – **344** F3 G. Languedoc Roussillon – 43 470 h. – alt. 110.
🅱 Office du Tourisme, 15 boulevard Camille-Pelletan ⌀ 04 68 10 24 30, Fax 04 68 10 24 38, carcassonne@f
notsi.net.
Paris 780 – Albi 107 – Béziers 91 – Narbonne 61 – Perpignan 114 – Toulouse 92.

⏶ **La Cité** 15 mars-10 oct.
⌀ 04 68 25 11 77, Fax 04 68 47 33 13 – sortie Est par
N 113, rte de Narbonne puis 1,8 km par D 104, rte de Cavé-
rac, près d'un bras de l'Aude
7 ha (200 empl.) plat, herbeux
**Tarif :** ▣ 2 pers. ⓖ 19,90 – pers. suppl. 4,60 – frais de réser-
vation 23
**Location** ✖ : bungalows toilés
🚐

snack

△ **Aire Naturelle la Bastide de Madame** 16
juin-14 sept.
⌀ 04 68 26 80 06, Fax 04 68 26 91 65 ✉ 11090 Carcas-
sonne – SO : 6 km par D 118 rte de Limoux et chemin à droite
après le passage à niveau – **R** conseillée
1 ha (25 empl.) plat, en terrasses et peu incliné, herbeux
**Tarif :** ▣ 2 pers ⓖ 17 – pers. suppl. 5

171

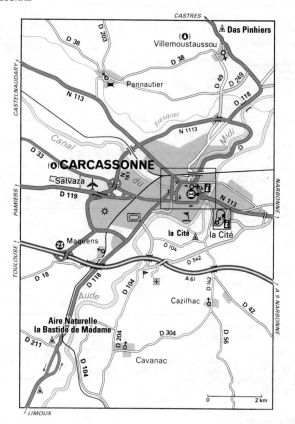

**à Villemoustaussou**  N : 5 km par D 118, rte de Mazamet – 2 729 h. – alt. 114 – ⊠ 11620 Ville-
moustaussou

ᨆ **Das Pinhiers** avril-sept.
⌀ 04 68 47 81 90, *campindaspinhiers@wanadoo.fr*, Fax
04 68 71 43 49 – à 1 km au Nord du bourg « Cadre agréable
et fleuri » – **R** conseillée
2 ha (72 empl.) plat à incliné, en terrasses, sous-bois attenant
**Tarif :** ▣ *2 pers.* ⚡ *13,60 – pers. suppl. 3,50*
**Location :** ⌂ *213 à 395*
🚐

---

**CAREIL**

44 Loire-Atl. – **316** B4 – rattaché à la Baule.

---

**CARENTAN**

50500 Manche **4** – **303** E4 G. Normandie Cotentin – 6 300 h. – alt. 18.
**₽** Office du Tourisme, boulevard de Verdun ⌀ 02 33 42 74 01, Fax 02 33 42 74 01, *info@ot-carentan.fr*.
Paris 308 – Avranches 86 – Caen 75 – Cherbourg 52 – Coutances 36 – St-Lô 28.

ᨆ **Le Haut Dyck** Permanent
⌀ 02 33 42 16 89, *lehautdick@aol.com*, Fax 02 33 42 16 89
– au bord du canal, près de la piscine « Agréable cadre
verdoyant »
2,5 ha (120 empl.) plat, herbeux
**Tarif :** ▣ *2 pers.* ⚡ *11,65 – pers. suppl. 2,30*
🚐

---

**CARGÈSE**

2A Corse-du-Sud – **345** A7 – voir à Corse.

## CARHAIX-PLOUGUER

29270 Finistère **3** – **308** J5 G. Bretagne – 8 198 h. – alt. 138.

**🛈** Office du Tourisme, rue Brieux 🕿 02 98 93 04 42, Fax 02 98 93 23 83, *tourismeCarhaix@wanadoo.fr*.
Paris 506 – Brest 86 – Concarneau 65 – Guingamp 47 – Lorient 79 – Morlaix 47 – Pontivy 59 – Quimper 61 – St-Brieuc 78.

⚠ **Municipal de la Vallée de l'Hyères** juin-sept.
🕿 02 98 99 10 58 – O : 2,3 km en direction de Morlaix et rte devant la gendarmerie, bord de l'Hyères et d'étangs « Belle décoration arbustive autour des étangs » – **R** conseillée
1 ha (62 empl.) plat, herbeux
**Tarif :** (Prix 2002) 🔲 *2 pers.* 🔋 *7,94* – *pers. suppl. 1,68*
🚐

> 🐾 ⊶ 🛠 🏷 🍴 🍽 🛁 😊 🍷
> À prox. : parcours de santé, canoë 🏇
> (centre équestre)

## CARLEPONT

60170 Oise **6** – **305** J3 – 1 348 h. – alt. 59.
Paris 104 – Compiègne 19 – Ham 30 – Pierrefonds 21 – Soissons 35.

⚠ **Les Araucarias** Permanent
🕿 03 44 75 27 39, *camping-les-araucarias@wanadoo.fr*, Fax 03 44 75 26 00 – sortie Sud-Ouest par D 130 rte de Compiègne – Places limitées pour le passage « Grande diversité de plantations ornant la partie campable » – **R** conseillée
1,2 ha (60 empl.) plat et peu incliné, herbeux
**Tarif :** (Prix 2002) 🔲 *2 pers* 🔋 *(4A) 10,90* – *pers. suppl. 2,30*

> 🐾 ⊶ 🛠 🏷 📶 🏛 ⚒ 🏠 🔥 😊
> 🔳 🔜
> À prox. : ✂ 🔧

*Des vacances réussies sont des vacances bien préparées !*

*Ce guide est fait pour vous y aider… mais :*
*– N'attendez pas le dernier moment pour réserver*
*– Évitez la période critique du 14 juillet au 15 août*

*Pensez aux ressources de l'arrière-pays,*
*à l'écart des lieux de grande fréquentation.*

**173**

## CARLUCET

46500 Lot **18** – **337** F3 G. Périgord Quercy – 168 h. – alt. 322.
Paris 543 – Cahors 47 – Gourdon 26 – Labastide-Murat 12 – Rocamadour 14.

⚠ **Château de Lacomté** 15 mai-15 oct.
🕿 05 65 38 75 46, *chateaulacomte@wanadoo.fr*, Fax 05 65 33 17 68 – à 1,8 km au Nord-Ouest du bourg, au château – **R** conseillée
12 ha/4 campables (100 empl.) plat et terrasse, peu incliné, pierreux, herbeux, bois
**Tarif :** 🔲 *2 pers.* 🔋 *(10A) 23,50* – *pers. suppl. 5,80*
**Location** ✂ : 🚐 *480*
🚐 *(4 empl.) – 15*

> 🐾 ⊶ GB 🛠 🏷 👥 ⚒ 📶 🍽 🗄 🛁 😊
> 🪑 🚰 🔳 🍷 ✕ 🔜 🚗 🏇 🔜
> 🚲 ✂ 🏊

## CARNAC

56340 Morbihan **3** – **308** M9 G. Bretagne – 4 243 h. – alt. 16.

**🛈** Office du Tourisme, 74 avenue des Druides 🕿 02 97 52 13 52, Fax 02 97 52 86 10, *ot.carnac@ot-carnac.fr*.
Paris 491 – Auray 13 – Lorient 54 – Quiberon 19 – Quimperlé 64 – Vannes 32.

⚠⚠⚠⚠ **La Grande Métairie** 5 avril-12 sept.
🕿 02 97 52 24 01, *info@lagrandemétairie.com*, Fax 02 97 52 83 58 – NE : 2,5 km – Places limitées pour le passage « Domaine au bord de l'étang de Kerloquet, bel espace aquatique » – **R** conseillée
15 ha/11 campables (575 empl.) plat et peu incliné, herbeux, rocheux
**Tarif :** 🔲 *2 pers.* 🔋 *(6A) 38,20* – *pers. suppl. 5,80*
**Location** : 🚐 *215 à 770*
🚐

> ⊶ GB 🛠 🏷 👥 ⚒ 📶 🛁 🗄 🛁
> 😊 🪑 🚰 🔳 🍺 🍷 ✕ pizzeria 🚗
> 🏠 🎣 🏇 🔜 🚲 ✂ 🎵 🔳 🏊 🏊
> poneys, théâtre de plein air, piste de bi-cross
> À prox. : 🛒 🐕 🏇

⚠⚠⚠ **Moulin de Kermaux** 5 avril-14 sept.
🕿 02 97 52 15 90, *moulin-de-kermaux@wanadoo.fr*, Fax 02 97 52 83 85 – NE : 2,5 km – **R** indispensable
3 ha (150 empl.) plat et peu incliné, herbeux
**Tarif :** 🔲 *2 pers.* 🔋 *24* – *pers. suppl. 4*
**Location** ✂ : 🚐 *220 à 580*
🚐

> 🐾 ⊶ GB 🛠 🏷 👥 ⚒ 📶 🛁
> 🛁 🔥 😊 🪑 🚰 🔳 🍺 🍷 🚗 🏠
> 🏇 🎵 🔜 🎵 🏊 🏊 terrain omnisports
> À prox. : golf 🛒 🐕 ✂ 🐕 🏇

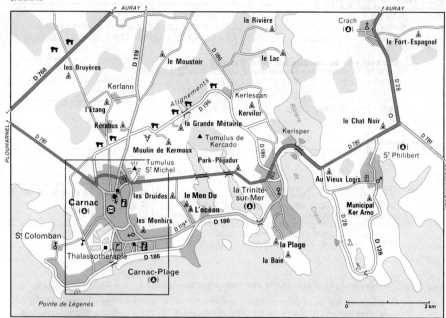

### Les Bruyères avril-10 oct.
📞 02 97 52 30 57, *camping.les.bruyeres@wanadoo.fr*, Fax 02 97 52 30 57 – N : 3 km – **R** conseillée
2 ha (112 empl.) plat, herbeux
**Tarif :** ▣ *2 pers.* (4A) *15,25 – pers. suppl. 3,30*
**Location :** �  *142 à 481*

À prox. : bowling, golf

### Le Lac avril-20 sept.
📞 02 97 55 78 78, *camping.dulac@wanadoo.fr*, Fax 02 97 55 86 03 – NE : 6,3 km « Cadre et site agréables au bord du lac » – **R** conseillée
2,5 ha (140 empl.) non clos, plat, terrasses vallonné, herbeux
**Tarif :** ▣ *2 pers.* (6A) *19 – pers. suppl. 4,20 – frais de réservation 15*
**Location** ✗ : �  *220 à 457*

À prox. : école de plongée, golf, bowling

### Le Moustoir 28 avril-13 sept.
📞 02 97 52 16 18, *info@lemoustoir.com*, Fax 02 97 52 88 37 – NE : 3 km – **R** conseillée
5 ha (165 empl.) incliné, plat, herbeux
**Tarif :** ▣ *2 pers.* (10A) *24,50 – pers. suppl. 4*
**Location :** �  *200 à 590 –* 🛖 *250 à 560*

À prox. : golf

### L'Étang avril-15 oct.
📞 02 97 52 14 06, Fax 02 97 52 23 19 – N : 2 km par D 119 direction Auray puis à gauche, à Kerlann, à 50 m de l'étang « Cadre verdoyant » – **R** conseillée
2,5 ha (165 empl.) plat, herbeux
**Tarif :** ▣ *2 pers.* (6A) *17,50 – pers. suppl. 4,50*
**Location :** �  *250 à 473*

À prox. : golf

### Kérabus mai-15 sept.
📞 02 97 52 24 90, *contact@camping-kerabus.com*, Fax 02 97 52 24 90 – NE : 2 km – **R** conseillée
1,4 ha (73 empl.) plat, herbeux
**Tarif :** ▣ *2 pers.* (6A) *13,75 – pers. suppl. 2,75 – frais de réservation 23*
**Location** (avril-13 sept.) – ✗ : �  *183 à 488*

À prox. : golf

### La Rivière 28 juin-août
📞 02 97 55 78 29 – NE : 6,5 km « Agréable cadre arbustif et ombragé » – **R**
0,5 ha (33 empl.) plat, herbeux
**Tarif :** ▣ *2 pers.* (9A) *12,70 – pers. suppl. 3,25*

À prox. : école de plongée, bowling, golf

**à Carnac-Plage**  S : 1,5 km : – ⊠ 56340 Carnac-Plage

▲▲▲  *Les Menhirs* 26 avril-27 sept.
    ℰ 02 97 52 94 67, *campinglesmenhirs@free.fr*, Fax 02 97
52 25 38 – allée St-Michel, à 400 m de la plage – Places limi-
tées pour le passage – **R** conseillée
6 ha (360 empl.) plat, herbeux
**Tarif :** 🔲 *2 pers.* (ⅰ) *43,50 – pers. suppl. 7 – frais de réser-
vation 20*
**Location :** 🚐 *210 à 675*

⊶ GB 🗹 ⚡ 🔲 〇〇 ♿ 🔥 😊 📅 🔼
🔄 ⊙ 🔺 🔽 🔳 🍴 ♥ snack, pizzeria
🔄 🏠 🔳 🔺 🚆 salle d'animation
🔄 ✂ 🔳 🔽 🐎 poneys, terrain
omnisports
À prox. : 🛒 🚲 🔹

▲▲▲  *Les Druides* 28 mai-7 sept.
    ℰ 02 97 52 08 18, *camping-les-druides@wanadoo.fr*, Fax
02 97 52 96 13 – E : quartier Beaumer, à 500 m de la plage
– **R** conseillée
2,5 ha (110 empl.) plat, peu incliné, herbeux
**Tarif :** 🔲 *2 pers.* (ⅰ) *(6A) 30 – pers. suppl. 5 – frais de réser-
vation 16*
**Location** ✻ **:** 🚐 *260 à 580*
🚐

⊶ GB 🗹 ⚡ ♿ 🔥 😊 📅 🔼 🔄 😊
🔺 🔽 🔳 🏠 🔺 🔽 terrain
omnisports
À prox. : 🛒 ✂ 🔹 🐎

▲  *Le Men-Du* début avril-15 sept.
    ℰ 02 97 52 04 23, Fax 02 97 52 04 23 – quartier le Men-Du,
à 300 m de la plage – **R** conseillée
1,5 ha (100 empl.) plat, peu incliné, herbeux
**Tarif :** 🔲 *2 pers.* (ⅰ) *23 – pers. suppl. 4 – frais de réserva-
tion 15*
**Location :** 🚐 *220 à 515*

⊶ 🗹 🔲 ⚡ 🔥 😊 📅 🔼 😊 🔳
À prox. : 🛒 ✂ 🔹 🐎

▲  *L'Océan* 4 avril-28 sept.
    ℰ 02 97 52 03 98, Fax 02 97 52 03 98 – quartier le Men-Du,
à 250 m de la plage – **R** conseillée
0,5 ha (50 empl.) plat et peu incliné, herbeux
**Tarif :** 🔲 *2 pers.* (ⅰ) *23 – pers. suppl. 4 – frais de réserva-
tion 13*
**Location :** 🚐 *220 à 520*

⊶ 🗹 ⚡ ♿ 🔥 😊 📅 🔼 😊 🔳
🔄
À prox. : 🛒 ✂ 🔹 🐎

*Voir aussi à Crach, St-Philibert et la Trinité-sur-Mer*

**175**

## CARNON-PLAGE

34 Hérault 🔟🔢 – 🔢🔢🔢 I7 G. Languedoc Roussillon – ⊠ 34280 la Grande-Motte.
🅱 Office du Tourisme, résidence La Civadière  ℰ 04 67 50 51 15, Fax 04 67 50 54 04.
Paris 763 – Aigues-Mortes 20 – Montpellier 20 – Nîmes 57 – Sète 37.

▲  *Intercommunal les Saladelles* avril-15 sept.
    ℰ 04 67 68 23 71, Fax 04 67 68 23 71 – par D 59, Carnon
Est, à 100 m de la plage – **R** conseillée
7,6 ha (384 empl.) plat, sablonneux
**Tarif :** (Prix 2002) 🔲 *2 pers.* (ⅰ) *14,60 – pers. suppl. 3,50 –
frais de réservation 10*

⊶ GB 🗹 ♿ 🔥 😊 📅 🔼 😊 🔺 🔽

## CAROMB

84330 Vaucluse 🔟🔢 – 🔢🔢🔢 D9 – 2 640 h. – alt. 95.
🅱 Office du Tourisme, place du Cabaret  ℰ 04 90 62 36 21, Fax 04 90 62 36 22, *ot-caromb@axit.fr*.
Paris 687 – Avignon 35 – Carpentras 10 – Malaucène 10 – Orange 29 – Vaison-la-Romaine 19.

▲  *Municipal le Bouquier* avril-15 oct.
    ℰ 04 90 62 30 13, Fax 04 90 62 32 56 – N : 1,5 km par D 13,
rte de Malaucène – **R**
1,5 ha (70 empl.) en terrasses, plat, gravier, pierreux
**Tarif :** 🔲 *2 pers.* (ⅰ) *11 – pers. suppl. 2,30*

⊶ 🅿 (tentes) 🗹 🔲 ⚡ ♿ 🔥 😊 📅
🔳 😊 🔺 🔳

## CARPENTRAS

84200 Vaucluse 🔟🔢 – 🔢🔢🔢 D9 G. Provence – 24 212 h. – alt. 102.
🅱 Office du Tourisme, place Aristide-Briand  ℰ 04 90 63 00 78, Fax 04 90 60 41 02, *tourist.carpentras@axit.fr*.
Paris 683 – Avignon 28 – Cavaillon 27 – Orange 24.

▲▲  *Lou Comtadou* 30 mars-2 nov.
    ℰ 04 90 67 03 16, Fax 04 90 86 62 95 – SE : 1,5 km par D 4,
rte de St-Didier et rte à droite, près du complexe sportif –
**R** conseillée
1 ha (99 empl.) plat, pierreux, herbeux, petit plan d'eau
**Tarif :** 🔲 *2 pers.* (ⅰ) *(6A) 15 – pers. suppl. 3,50 – frais de
réservation 15*
🚐

⊶ GB 🗹 🔲 ♿ 🔥 😊 📅 🔼 😊
🔺 🔳 🔳 🍴 🔺
À prox. : ✂ 🔽 🔽

## CARROUGES

61320 Orne **5** – **310** I3 G. Normandie Cotentin – 760 h. – alt. 335.
**2** Office du Tourisme, 24 place Leveneur ℰ 02 33 27 40 62, Fax 02 33 27 43 04, *si.carrouges@wanadoo.fr*.
Paris 218 – Alençon 29 – Argentan 23 – Domfront 40 – La Ferté-Macé 18 – Mayenne 53 – Sées 27.

  ⚠ *Municipal* juil.-15 sept.
    ℰ 02 33 28 02 07, *mairie.carrouges@free.fr*, Fax 02 33 28
    73 20 – NE : 0,5 km par rte de St-Sauveur-de-Carrouges, au
    stade
    0,5 ha (10 empl.) plat, terrasse, herbeux
    **Tarif :** ▣ *2 pers.* ⓖ *7,80 – pers. suppl. 2*

    À prox. : ✖

## CARSAC-AILLAC

24200 Dordogne **13** – **329** I6 G. Périgord Quercy – 1 219 h. – alt. 80.
Paris 537 – Brive-la-Gaillarde 60 – Gourdon 18 – Sarlat-la-Canéda 8.

*Schéma à Domme*

  ⚠ *Le Plein Air des Bories* 31 mai-14 sept.
    ℰ 05 53 28 15 67, *camping.lesbories@wanadoo.fr*, Fax
    05 53 28 15 67 – S : 1,3 km par D 703, rte de Vitrac et chemin
    à gauche, bord de la Dordogne « Décoration arbustive et
    florale des emplacements » – **R** conseillée
    3,5 ha (110 empl.) plat, sablonneux, herbeux
    **Tarif :** (Prix 2002) ▣ *2 pers.* ⓖ *(6A) 17,50 – pers. suppl. 4,50*
    *– frais de réservation 13*

    À prox. : canoë

  ⚠ *Le Rocher de la Cave* 15 mai-15 sept.
    ℰ 05 53 28 14 26, *rocher.de.la.cave@wanadoo.fr*,
    Fax 05 53 28 27 10 – S : 1,7 km par D 703, rte de Vitrac et
    chemin à gauche, bord de la Dordogne – **R** conseillée
    5 ha (150 empl.) plat, herbeux
    **Tarif :** ▣ *2 pers.* ⓖ *17,30 – pers. suppl. 4,50*
    **Location :** ⌂ *250 à 540 – bungalows toilés*

    À prox. : canoë

## CARTERET

50 Manche – **303** B3 – rattaché à Barneville-Carteret.

## CASSAGNABÈRE-TOURNAS

31420 H.-Gar. **14** – **343** C5 – 426 h. – alt. 380.
Paris 771 – Auch 78 – Bagnères-de-Luchon 65 – Pamiers 101 – St-Gaudens 20 – St-Girons 48 – Toulouse 86.

  ⚠ *Pré Fixe* 15 avril-sept.
    ℰ 05 61 98 71 00, *pre-fixe@instudio4.com*, Fax 05 61 98
    71 00 – au Sud-Ouest du bourg « Jolie décoration florale et
    arbustive » – **R** conseillée
    1,2 ha (43 empl.) terrasses, plat, herbeux
    **Tarif :** ▣ *2 pers.* ⓖ *(6A) 15,60 – pers. suppl. 4*
    **Location :** ⌂ *208 à 300*

    À prox. : ✖

## CASSAGNES

46700 Lot **14** – **337** C4 – 212 h. – alt. 185.
Paris 579 – Cahors 34 – Cazals 16 – Fumel 19 – Puy-l'Évêque 8 – Villefranche-du-Périgord 15.

  ⚠ *Le Carbet* mai-13 sept.
    ℰ 05 65 36 61 79 – NO : 1,5 km par D 673, rte de Fumel,
    près d'un lac – **R** conseillée
    3 ha (25 empl.) non clos, en terrasses, pierreux, herbeux
    **Tarif :** ▣ *2 pers.* ⓖ *(6A) 13,80 – pers. suppl. 3,50*
    **Location :** ⌂ *190 à 405*

## CASSANIOUZE

15340 Cantal **15** – **330** C6 – 587 h. – alt. 638.
Paris 591 – Aurillac 36 – Entraygues-sur-Truyère 31 – Montsalvy 18 – Rodez 53.

  ⚠ *Coursavy* 20 avril-20 sept.
    ℰ 04 71 49 97 70, *camping.coursavy@wanadoo.fr*, Fax
    04 71 49 97 70 – SO : 10 km par D 601, rte de Conques et
    D 141 à gauche, rte d'Entraygues, bord du Lot et d'un ruis-
    seau « Cadre champêtre dans la vallée verdoyante du Lot »
    – **R** conseillée
    2 ha (50 empl.) plat, terrasse, herbeux
    **Tarif :** ▣ *2 pers.* ⓖ *17,20 – pers. suppl. 3*
    **Location :** *huttes*

## CASTEIL

66 Pyr.-Or. – **344** F7 – rattaché à Vernet-les-Bains.

## CASTELJALOUX

47700 L.-et-G. **14** – **336** C4 G. Aquitaine – 5 048 h. – alt. 52 – Base de loisirs.
🛈 Office du Tourisme, Maison du Roy ℰ 05 53 93 00 00, Fax 05 53 20 74 32, *office-tourisme@ casteljaloux.com*.
Paris 677 – Agen 55 – Langon 55 – Marmande 23 – Mont-de-Marsan 74 – Nérac 30.

⚤ **Lac de Clarens** (location exclusive de 15 chalets)
ℰ 05 53 93 07 45, Fax 05 53 93 93 09 – SO : 2,5 km par
D 933, rte de Mont-de-Marsan, bord du lac et près de la Base
de Loisirs
4 ha plat, vallonné, herbeux
**Location :** 🏠

*À prox. : golf, pédalos ⚐ ✗ snack ▭ (centre équestre)*

## CASTELJAU

07 Ardèche **16** – **331** H7 – ✉ 07460 Berrias-et-Casteljau.
Paris 677 – Aubenas 37 – Largentière 27 – Privas 67 – St-Ambroix 30 – Vallon-Pont-d'Arc 33.

⚤ **La Rouveyrolle** avril-25 sept.
ℰ 04 75 39 00 67, *rouv@ club-internet.fr*, Fax 04 75 39
07 28 – à l'Est du bourg, à 100 m du Chassezac – **R** conseillée
3 ha (100 empl.) plat, herbeux, pierreux
**Tarif :** 🔲 2 pers. 🔘 25,80 – pers. suppl. 6,10
**Location :** 🚐 298 à 535

*À prox. : ✗*

⚤ **Les Tournayres** avril-oct.
ℰ 04 75 39 36 39, *camping.tournayres@ bigfoot.com*, Fax
04 75 39 36 39 – N : 0,5 km rte de Chaulet plage –
**R** conseillée
1,3 ha (30 empl.) peu incliné et plat, herbeux
**Tarif :** 🔲 2 pers. 🔘 (5A) 19 – pers. suppl. 5,30
**Location :** 🚐 265 à 450

*snack ▭*
*À prox. : ✗*

⚤ **Chaulet Plage** avril-1er nov.
ℰ 04 75 39 30 27, *nicole@ chaulet-plage.com*, Fax 04 75 39
35 42 – N : 0,6 km, rte de Chaulet-Plage « Site agréable,
accès direct au Chassezac » – **R** conseillée
1,5 ha (62 empl.) en terrasses, pierreux, herbeux
**Tarif :** (Prix 2002) 🔲 2 pers. 🔘 (6A) 13 – pers. suppl. 2,50
**Location :** 🚐 189 à 287 – gîtes

*snack*
*À prox. : ✗*

⚤ **Les Blaches** avril-nov.
ℰ 04 75 39 31 32, Fax 04 75 39 31 32 – N : 0,7 km, rte de
Chaulet-Plage « Site agréable et cadre sauvage au bord du
Chassezac (accès direct) » – **R** conseillée
2 ha (80 empl.) en terrasses, accidenté, rocheux, pierreux,
herbeux
**Tarif :** (Prix 2002) 🔲 2 pers. 🔘 (4A) 13,50 – pers. suppl. 2,60
**Location :** 🚐 236 à 320 – 🏠 275 à 490

*snack, pizzeria*
*À prox. : ⚐ ✗*

*Give use your opinion of the camping sites we recommend.*
*Let us know of your remarks and discoveries.*

## CASTELLANE

04120 Alpes-de-H.-Pr. **17** – **334** H9 G. Alpes du Sud – 1 349 h. – alt. 730.
🛈 Office du Tourisme, rue Nationale ℰ 04 92 83 61 14, Fax 04 92 83 76 89, *office@ castellane.org*.
Paris 801 – Digne-les-Bains 55 – Draguignan 59 – Grasse 64 – Manosque 95.

⚤ **Les Collines de Castellane**
ℰ 04 92 83 68 96, Fax 04 92 83 75 40 – à La Garde, SE :
7 km par N 85, rte de Grasse, accès aux emplacements par
forte pente, mise en place et sortie des caravanes à la
demande, alt. 1 000
7 ha (200 empl.) en terrasses, peu incliné, pierreux, herbeux,
bois attenant
**Location :** 🚐 – 🏠 – *bungalows toilés*

*(2 ha) pinède ... snack,*
*pizzeria*

⚤ **La Colle** avril-oct.
ℰ 04 92 83 61 57, *camping.la.colle@ freesbee.fr*, Fax 04 92
83 61 57 – SO : 2,5 km par D 952, rte de Moustiers-Ste-Marie
et GR4 à droite « Cadre sauvage, au bord d'un ruisseau » –
**R** conseillée
3,5 ha/1 campable (41 empl.) non clos, plat, peu incliné et
en terrasses, pierreux, herbeux
**Tarif :** 🔲 2 pers. 🔘 (10A) 19 – pers. suppl. 3,10
**Location :** 🚐 314 à 469

177

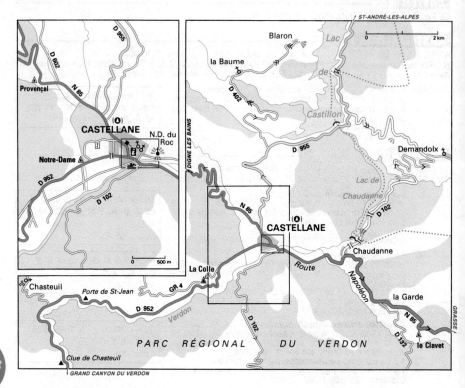

△ **Notre-Dame** avril-14 oct.
    &#8470; 04 92 83 63 02, Fax 04 92 83 63 02 – SO : 0,5 km par D 952, rte de Moustiers-Ste-Marie, bord d'un ruisseau – **R** conseillée
0,6 ha (44 empl.) plat, herbeux
**Tarif :** ▣ 3 pers. ⓗ (6A) 16,50 – pers. suppl. 3 – frais de réservation 10
**Location** ☀️ : ☐ 265 à 450

△ **Provençal** mai-15 sept.
    &#8470; 04 92 83 65 50, Fax 04 92 83 65 50 – NO : 2 km par N 85, rte de Digne, près d'un petit ruisseau – **R** conseillée
0,8 ha (45 empl.) plat et peu incliné, herbeux, pierreux
**Tarif :** ▣ 2 pers. 11 – pers. suppl. 3,20 – frais de réservation 10
**Location :** ☐ 300 à 410

---

## CASTELMORON-SUR-LOT

47260 L.-et-G. 🔟4 – 3️⃣3️⃣6️⃣ E3 – 1 662 h. – alt. 49.
🅰 Syndicat d'Initiative &#8470; 05 53 84 90 36, Fax 05 53 88 19 21.
Paris 600 – Agen 33 – Bergerac 62 – Marmande 35 – Villeneuve-sur-Lot 21.

△△△ **Port-Lalande** (location exclusive de 60 chalets) 26 avril-27 sept.
    &#8470; 05 53 79 37 04, gb@grandbleu.fr, Fax 05 53 79 37 04 – SE : 1,5 km du bourg, au bord du Lot et d'un petit port de plaisance
4 ha plat, herbeux
**Location :** ☐ 224 à 728

*Ne pas confondre :*

△ ... à ... △△△ : *appréciation* **MICHELIN**

*et*

★ ... à ... ★★★★ : *classement officiel*

## CASTELNAU-DE-MONTMIRAL

81140 Tarn **16** – **338** C7 – 910 h. – alt. 287.
🛈 Office du Tourisme, place des Arcades ℰ 05 63 33 15 11, Fax 05 63 33 17 60.
Paris 653 – Albi 31 – Bruniquel 22 – Cordes-sur-Ciel 23 – Gaillac 12 – Montauban 49.

⚠ **Le Rieutort** juin-sept.
ℰ 05 63 33 16 10, Fax 05 63 33 20 80 – NO : 3,5 km par D 964, rte de Caussade, D 1 et D 87, rte de Penne, à gauche
« Agréable chênaie » – **R** conseillée
10 ha/2 campables (45 empl.) peu accidenté, plat et peu incliné, en terrasses, herbeux
Tarif : ▣ 2 pers. [i] (10A) 14,80 – pers. suppl. 3,70
Location : 🏠 225 à 550 – bungalows toilés

## CASTELNAUD-LA-CHAPELLE

24 Dordogne **18** – **329** H7 G. Périgord Quercy – 408 h. – alt. 140 – ✉ 24250 Domme.
Paris 539 – Le Bugue 29 – Les Eyzies-de-Tayac 27 – Gourdon 24 – Périgueux 71 – Sarlat-la-Canéda 13.

Schéma à Domme

⚠ **Maisonneuve** 29 mars-sept.
ℰ 05 53 29 51 29, campmaison@aol.com, Fax 05 53 30 27 06 – SE : 1 km par D 57 et chemin à gauche, bord du Céou
« Ancienne ferme restaurée et fleurie » – **R** conseillée
6 ha/ 3 campables (140 empl.) non clos, plat, herbeux
Tarif : ▣ 2 pers. [i] (6A) 18,30 – pers. suppl. 4,50
Location ✹ : 🛏 200 à 490 – gîte d'étape

⚠ **Lou Castel** juin-15 sept.
ℰ 05 53 29 89 24, contact@loucastel, Fax 05 53 28 94 85 – sortie Sud par D 57 puis 3,4 km par rte du château à droite, pour caravanes, accès fortement conseillé par Pont-de-Cause et D 50, rte de Veyrines-de-Domme « Agréable chênaie » – **R** conseillée
5,5 ha/2,5 campables (110 empl.) plat, herbeux, pierreux, bois attenant
Tarif : ▣ 2 pers. [i] (16A) 17 – pers. suppl. 4,30
Location (permanent) : 🛏 305 – 🛏 183 à 534 – 🏠 259 à 564

**179**

## CASTELNAU-MONTRATIER

46170 Lot **14** – **337** E6 G. Périgord Quercy – 1 820 h. – alt. 240.
🛈 Office du Tourisme, Maison Jacob ℰ 05 65 21 84 39, Fax 05 65 21 84 73, castelnau-montratier@wanadoo.fr.
Paris 606 – Cahors 30 – Caussade 24 – Lauzerte 23 – Montauban 35.

⚠ **Municipal des 3 Moulins** juin-sept.
ℰ 05 65 21 86 54, Fax 05 65 21 91 52 – sortie Nord-Ouest par D 19, rte de Lauzette – **R**
1 ha (50 empl.) en terrasses, herbeux, pierreux
Tarif : ▣ 2 pers. [i] 8,50

## CASTÉRA-VERDUZAN

32410 Gers **14** – **336** E7 – 794 h. – alt. 114 – Base de loisirs.
🛈 Office du Tourisme, avenue des Thermes ℰ 05 62 68 10 66, Fax 05 62 68 14 58.
Paris 709 – Agen 62 – Auch 42 – Condom 21.

⚠ **La Plage de Verduzan** 5 avril-sept.
ℰ 05 62 68 12 23, la-plage-de-verduzan@wanadoo.fr, Fax 05 62 68 18 95 – au bord du bourg, bord de l'Aulone
« Au bord d'un plan d'eau, emplacements soignés » – **R** conseillée
2 ha (100 empl.) plat, herbeux
Tarif : ▣ 2 pers. [i] (5A) 19,60 – pers. suppl. 4
Location : 🛏 115 à 272 – 🛏 220 à 445 – bungalows toilés

## CASTETS

40260 Landes **18** – **335** E11 – 1 719 h. – alt. 48.
🛈 Office du Tourisme, place du Sablar ℰ 05 58 89 44 79, Fax 05 58 55 03 25.
Paris 714 – Dax 22 – Mimizan 40 – Mont-de-Marsan 62 – St-Vincent-de-Tyrosse 32.

⚠ **Municipal de Galan** mars-déc.
ℰ 05 58 89 43 52, ot-castets-linxe@wanadoo.fr, Fax 05 58 55 03 25 – E : 1 km par D 42, rte de Taller et rte à droite – **R**
4 ha (200 empl.) plat, peu incliné, sablonneux, herbeux
Tarif : (Prix 2002) ▣ 2 pers. [i] (6A) 11,60 – pers. suppl. 2,70
Location (permanent) : 🛏 200

## CASTILLON LA BATAILLE

33350 Gironde 🟨 – 𝟛𝟛𝟝 K5 G. Aquitaine – 3 020 h. – alt. 17.
🅸 Office du Tourisme, place Marcel-Paul 𝒫 05 57 40 27 58, Fax 05 57 40 49 76.
Paris 549 – Bergerac 46 – Libourne 18 – Montpon-Ménestérol 27 – Sauveterre-de-Guyenne 21.

   ▲ *Municipal la Pelouse* 10 mai-7 sept.
     𝒫 05 57 40 04 22 – à l'Est du bourg, bord de la Dordogne
     – **ᴿ**
     0,5 ha (38 empl.) plat, herbeux
     **Tarif :** 🗉 *2 pers.* 🄶 *(15A) 9,15 – pers. suppl. 2,65*
     **Location** *(permanent) : gîtes*

## CASTILLONNÈS

47330 L.-et-G. 𝟙𝟜 – 𝟛𝟛𝟞 F2 G. Aquitaine – 1 424 h. – alt. 119.
🅸 Office du Tourisme, place des Cornières 𝒫 05 53 36 87 44, Fax 05 53 36 87 44, *ot.cast@wanadoo.fr.*
Paris 561 – Agen 64 – Bergerac 28 – Marmande 44 – Périgueux 75.

   ▲ *Municipal la Ferrette* 15 juin-15 sept.
     𝒫 05 53 36 94 68, Fax 05 53 36 88 77 – sortie Nord par
     N 21, rte de Bergerac – **ᴿ** conseillée
     1 ha (32 empl.) non clos, plat et peu incliné, herbeux
     **Tarif :** 🗉 *2 pers.* 🄶 *(6A) 9,95 – pers. suppl. 2,70*
     **Location** *: gîtes*

## CASTRIES

34160 Hérault 𝟙𝟞 – 𝟛𝟛𝟡 I6 G. Midi Pyrénées – 3 992 h. – alt. 70.
🅸 Office du Tourisme, place des Libertés 𝒫 04 67 91 20 39, Fax 04 67 91 20 39.
Paris 750 – Lunel 15 – Montpellier 15 – Nîmes 44.

   ⚠ *Fondespierre* Permanent
     𝒫 04 67 91 20 03, *pcomtat@voonoo.net*, Fax 04 67 16
     41 48 – NE : 2,5 km par N 110, rte de Sommières et rte à
     gauche, mise en place des caravanes à la demande –
     **ᴿ** conseillée
     1,1 ha (66 empl.) en terrasses et peu incliné, pierreux
     **Tarif :** 🗉 *2 pers.* 🄶 *(10A) 21 – pers. suppl. 3 – frais de réser-*
     *vation 15*
     **Location :** 🛖 *140 à 310 –* 🛖 *200 à 490*
     🚐

    *Do not confuse :*

     ▲ *... to ...* ⚠ **: MICHELIN** *classification*
    *and*
    ★ *... to ...* ★★★★ **:** *official classification*

## CAUREL

22530 C.-d'Armor 𝟛 – 𝟛𝟘𝟡 D5 – 384 h. – alt. 188.
Paris 462 – Carhaix-Plouguer 44 – Guingamp 48 – Loudéac 24 – Pontivy 22 – St-Brieuc 48.

   ⚠ *Nautic International* 15 mai-25 sept.
     𝒫 02 96 28 57 94, *contact@campingnautic.fr.st*, Fax 02 96
     26 02 00 – SO : 2 km, au lieu-dit Beau-Rivage, bord du lac de
     Guerlédan « Agréable cadre verdoyant » – **ᴿ** conseillée
     3,6 ha (120 empl.) peu incliné et plat, en terrasses, herbeux
     **Tarif :** 🗉 *2 pers.* 🄶 *(10A) 21,70 – pers. suppl. 4,60 – frais*
     *de réservation 15,24*
     🚐

## CAUSSADE

82300 T.-et-G. 𝟙𝟜 – 𝟛𝟛𝟟 F7 G. Périgord Quercy – 6 009 h. – alt. 109.
🅸 Office du Tourisme, rue de la République 𝒫 05 63 26 04 04, Fax 04 63 26 04 04.
Paris 614 – Albi 69 – Cahors 38 – Montauban 25 – Villefranche-de-Rouergue 52.

   ▲ *Municipal la Piboulette* mai-sept.
     𝒫 05 63 93 09 07 – NE : 1 km par D 17, rte de Puylaroque
     et à gauche, au stade, à 200 m d'un étang – **ᴿ** conseillée
     1,5 ha (100 empl.) plat, herbeux
     **Tarif :** *(Prix 2002)* 🗉 *2 pers.* 🄶 *6,40 – pers. suppl. 1,90*
     🚐

65110 H.-Pyr. 🔟 – 🔢🔢 L7 G. Midi Pyrénées – 1 201 h. – alt. 932 – ⚓ – Sports d'hiver : 1 000/2 350 m 🎿 3 ⚡18 ⚓.
🅱 Office du Tourisme, place Foch ☎ 05 62 92 50 27, Fax 05 62 92 59 12, *espaces.cauterets@ sudfr.com*.
Paris 891 – Argelès-Gazost 17 – Lourdes 30 – Pau 75 – Tarbes 48.

🏔 **Les Glères** fermé 21 oct.-nov.
☎ 05 62 92 55 34, *camping@ les-campings.com*, Fax 05 62 92 03 53 – sortie Nord par D 920, bord du Gave – **R** conseillée
1,2 ha (80 empl.) plat, herbeux, gravillons
**Tarif** : 🔲 *2 pers.* [⚡] *(6A) 16,60 (hiver 18,30) – pers. suppl. 2,90 (hiver 3,30) – frais de réservation 10*
**Location** : 🛖 *147 à 201,60* – 🚐 *223,65 à 404,25* – 🏠 *278,25 à 537,60*

🏔 **GR 10** juil.-1ᵉʳ sept.
☎ 05 62 92 54 02, Fax 05 62 92 00 49 – N : 2,8 km par D 920, rte de Lourdes, à Concé, près du Gave de Pau – **R** conseillée
1,5 ha (70 empl.) plat et peu incliné, terrasses, herbeux
**Tarif** : 🔲 *2 pers.* [⚡] *14,44 – pers. suppl. 3,80*
**Location** : *gîtes*

🏔 **Le Cabaliros** juin-sept.
☎ 05 62 92 55 36, *chantal.boyrie@ wanadoo.fr*, Fax 05 62 92 55 36 – N : 1,6 km par rte de Lourdes et au pont à gauche, bord du Gave de Pau – **R** conseillée
2 ha (100 empl.) incliné à peu incliné, herbeux
**Tarif** : 🔲 *2 pers.* [⚡] *(6A) 12,90 – pers. suppl. 3,60*
🚐

🏔 **Le Mamelon Vert** fermé 1ᵉʳ oct.- nov.
☎ 05 62 92 51 56, *mamvert@ aol.com*, Fax 05 62 92 51 56 – S : 0,5 km sortie Sud du bourg et à droite – **R** conseillée
2 ha (100 empl.) en terrasses, plat, peu incliné, herbeux, gravier, cimenté
**Tarif** : 🔲 *2 pers.* [⚡] *(6A) 14,90 (hiver 18,50) – pers. suppl. 3,20 (hiver 3,70) – frais de réservation 11*
**Location** ✂ : 🚐 *195 à 530*
🚐

🏔 **Le Péguère** 5 avril-28 sept.
☎ 05 62 92 52 91, *campingpeguere@ wanadoo.fr*, Fax 05 62 92 52 91 – N : 1,5 km par rte de Lourdes, bord du Gave de Pau – **R** conseillée
3,5 ha (160 empl.) peu incliné, herbeux
**Tarif** : 🔲 *2 pers.* [⚡] *(6A) 12,65 – pers. suppl. 3,58*
**Location** *(vac. scol. Noël et fév., 5 avril – 28 sept.)* – ✂ : 🚐 *200 à 400*
🚐

83240 Var 🔟 – 🔢🔢 O6 G. Côte d'Azur – 4 188 h. – alt. 2.
🅱 Office du Tourisme, Maison de la Mer ☎ 04 94 01 92 10, Fax 04 94 05 49 89, *accueil-cav@ franceplus.com*.
Paris 882 – Draguignan 55 – Fréjus 42 – Le Lavandou 21 – St-Tropez 20 – Ste-Maxime 22 – Toulon 62.

🏔 **Cros de Mouton** 15 mars-oct.
☎ 04 94 64 10 87, *campingcrosdemouton@ wanadoo.fr*, Fax 04 94 05 46 38 – NO : 1,5 km – Mise en place et sortie des caravanes à la demande pour certains emplacements difficiles d'accès (forte pente) – **R** conseillée
5 ha (199 empl.) en terrasses, pierreux, fort dénivelé
**Tarif** : 🔲 *2 pers.* [⚡] *(10A) 25 – pers. suppl. 7 – frais de réservation 16*
**Location** : 🚐 *343 à 642* – 🏠 *343 à 642*

🏔 **Roux** 25 mars-sept.
☎ 04 94 64 05 47, *camping.roux@ wanadoo.fr*, Fax 04 94 05 46 59 – NE : 3 km par D 559, rte de la Croix-Valmer et à gauche, rte du cimetière – **R** conseillée
4 ha (245 empl.) peu incliné, en terrasses, pierreux
**Tarif** : 🔲 *2 pers.* [⚡] *(10A) 21,70 – pers. suppl. 4,60 – frais de réservation 11*
**Location** : *studios, appartements*

🏔 **La Pinède** 15 mars-15 oct.
☎ 04 94 64 11 14, Fax 04 94 64 19 25 – sortie Sud-Ouest par rte du Lavandou et rte à droite – **R** conseillée
2 ha (165 empl.) plat, peu incliné, herbeux
**Tarif** : 🔲 *2 pers.* [⚡] *(5A) 22 – pers. suppl. 4,50 – frais de réservation 16*

## CAYEUX-SUR-MER

80410 Somme **1** – **301** B6 G. Picardie Flandres Artois – 2 856 h. – alt. 2.
Paris 219 – Abbeville 29 – Amiens 82 – Le Crotoy 26 – Dieppe 51.

  ▲▲▲ **Municipal les Galets de la Mollière** avril.-oct.
     *&* 03 22 26 61 85, *mairie.de.cayeux.sur.mer@wanadoo.fr*,
     Fax 03 22 26 60 09 – NE : 3,3 km par D 102, rte littorale,
     à la Mollière-d'Aval – **R** conseillée
     6 ha (200 empl.) plat, peu incliné, sablonneux, galets, her-
     beux, pinède
     **Location :** 🛖
     🚐

  ▲▲ **Municipal de Brighton les Pins** Permanent
     *&* 03 22 26 71 04, Fax 03 22 26 71 04 – réservé aux cara-
     vanes, NE : 2 km par D 102 rte littorale, à Brighton, à 500 m
     de la mer – Places limitées pour le passage – **R** conseillée
     4 ha (163 empl.) plat, herbeux
     **Tarif :** 🔲 *2 pers.* 🔋 *(10A) 18,66 (hiver 20,19) – pers. suppl.*
     *2,80*
     🚐

## CAYLUS

82160 T.-et-G. **14** – **337** G6 G. Périgord Quercy – 1 327 h. – alt. 228.
**🅱** Office du Tourisme, rue Droite *&* 05 63 67 00 28, Fax 05 63 67 00 28.
Paris 634 – Albi 60 – Cahors 59 – Montauban 47 – Villefranche-de-Rouergue 30.

  ▲ **Vallée de la Bonnette** Permanent
     *&* 05 63 65 70 20, Fax 05 63 65 70 20 – sortie Nord-Est par
     D 926, rte de Villefranche-de-Rouergue et D 97 à droite, rte
     de St-Antonin-Noble-Val, bord de la Bonnette et à prox. d'un
     plan d'eau
     1,5 ha (60 empl.) plat, herbeux
     **Tarif :** 🔲 *2 pers.* 🔋 *16,90 – pers. suppl. 3,80*
     🚐

*Ce guide n'est pas un répertoire de tous les terrains de camping
mais une sélection des meilleurs camps dans chaque catégorie.*

**182**

## CAYRIECH

82240 T.-et-G. **14** – **337** F6 – 132 h. – alt. 140.
Paris 614 – Cahors 39 – Caussade 11 – Caylus 17 – Montauban 36.

  ▲▲▲ **Le Clos de la Lère** Permanent
     *&* 05 63 31 20 41, *le-clos-de-la-lere@wanadoo.fr*
     sortie Sud-Est par D 9, rte de Septfonds **« Belle décoration
     arbustive et florale »** – **R** conseillée
     1 ha (49 empl.) plat, herbeux
     **Tarif :** 🔲 *2 pers.* 🔋 *(10A) 14,30 – pers. suppl. 3,30*
     **Location** 🚫 : 🛏 *100 à 240* – 🛖 *150 à 420* – 🏠 *200 à*
     *450*
     🚐

## CAZAUX

33260 Gironde **13** – **335** E7.
**🅱** Syndicat d'Initiative, 1 rue des Fusillés *&* 05 56 22 91 75, Fax 05 56 22 91 75.
Paris 651 – Arcachon 18 – Belin-Béliet 51 – Biscarrosse 135 – Bordeaux 67.

  ▲ **Municipal du Lac** avril.-sept.
     *&* 05 56 22 22 33, Fax 05 56 22 97 89 – SO : 1,3 km par rte
     du lac, à 100 m du canal des Landes et à proximité de l'Etang
     de Cazaux – **R** conseillée
     1,5 ha (90 empl.) plat, herbeux, sablonneux
     **Tarif :** (Prix 2002) 🔲 *2 pers.* 🔋 *(6A) 14,40 – pers. suppl. 2,75*

## CAZOULÈS

24370 Dordogne **13** – **329** J6 – 397 h. – alt. 101.
Paris 520 – Brive-la-Gaillarde 43 – Gourdon 25 – Sarlat-la-Canéda 24 – Souillac 5.

  ▲ **Municipal la Borgne** 15 juin-août
     *&* 05 53 29 81 64, Fax 05 53 31 45 26 – à 1,5 km au Sud-
     Ouest du bourg, bord de la Dordogne – **R** conseillée
     5 ha (100 empl.) plat, herbeux
     **Tarif :** (Prix 2002) 🔲 *2 pers. 14,18 – pers. suppl. 3,81*

## CEAUX-D'ALLEGRE

43270 H.-Loire **11** – **331** E2 – 428 h. – alt. 905.
Paris 526 – Allègre 5 – La Chaise-Dieu 21 – Craponne-sur-Arzon 23 – Le Puy-en-Velay 25 – Retournac 38.

  ▲ *Municipal* 15 mai-sept.
    *𝒫* 04 71 00 79 66, Fax 04 71 00 54 32 – NE : 1 km par D 134,
    rte de Bellevue-la-Montagne et chemin à gauche, bord de la
    Borne et près d'un étang – **R**
    0,5 ha (35 empl.) plat, herbeux, pierreux
    **Tarif :** 🔲 2 pers. ⚡ 7,65 – pers. suppl. 1,70

## CEILLAC

05600 H.-Alpes **17** – **334** I4 G. Alpes du Sud – 289 h. – alt. 1 640 – Sports d'hiver : 1 700/2 500 m ⚡6 ⚡.
🛈 Office de tourisme *𝒫* 04 92 45 05 74, Fax 04 92 45 47 05.
Paris 732 – Briançon 50 – Gap 76 – Guillestre 14.

  ▲ *Les Mélèzes* juin-7 sept.
    *𝒫* 04 92 45 21 93, Fax 04 92 45 01 83 – SE : 1,8 km « Site
    et cadre agréables au bord du Mélezet » – **R** conseillée
    3 ha (100 empl.) peu incliné, accidenté et terrasses, pierreux,
    herbeux
    **Tarif :** (Prix 2002) 🔲 2 pers. ⚡ (10A) 17,70 – pers. suppl. 4,50

## La CELLE-DUNOISE

23800 Creuse **10** – **325** H3 – 589 h. – alt. 230.
Paris 329 – Aigurande 16 – Aubusson 63 – Dun-le-Palestel 11 – Guéret 21.

  ▲ *Municipal de la Baignade* avril-oct.
    *𝒫* 05 55 89 10 77, Fax 05 55 89 20 29 – à l'Est du bourg,
    par D 48ᴬ rte du Bourg d'Hem, près de la Creuse (accès
    direct) – **R** conseillée
    1,4 ha (30 empl.) plat, terrasse, herbeux
    **Tarif :** (Prix 2002) 🔲 2 pers. ⚡ 10,50 – pers. suppl. 2,50

## CELLES-SUR-BELLE

79370 Deux Sèvres **9** – **322** E7 G. Poitou Vendée Charentes – 3 425 h. – alt. 117.
🛈 Office du Tourisme, Les Halles *𝒫* 05 49 32 92 28, Fax 05 49 32 92 28.
Paris 400 – Couhé 36 – Niort 22 – Poitiers 68 – St-Jean-d'Angély 52.

  ▲ *Municipal la Boissière*
    sortie Sud par rte de Melle
    1,2 ha (40 empl.) peu incliné, plat, herbeux

À prox. : parcours de santé

## CELLES-SUR-PLAINE

88110 Vosges **8** – **314** J2 – 843 h. – alt. 318 – Base de loisirs.
Paris 389 – Baccarat 22 – Blâmont 23 – Lunéville 48 – Raon-l'Étape 11.

  ▲▲▲ *Les Lacs* avril-sept.
    *𝒫* 03 29 41 28 00, camping@sma-lacs-pierre-percee.fr,
    Fax 03 29 41 18 69 – au Sud-Ouest du bourg « En bordure
    de rivière et à proximité d'un lac » – **R** conseillée
    15 ha/4 campables (135 empl.) plat, herbeux, gravillons,
    pierreux
    **Tarif :** 🔲 2 pers. ⚡ (10A) 18,05 – pers. suppl. 5,15 – frais
    de réservation 9,15
    **Location :** 🏠 (sans sanitaires)

À prox. : Au lac :

## CÉNAC-ET-ST-JULIEN

24250 Dordogne **18** – **329** I7 G. Périgord Quercy – 993 h. – alt. 70.
Paris 539 – Le Bugue 33 – Gourdon 19 – Sarlat-la-Canéda 12 – Souillac 32.

*Schéma à Domme*

  ▲▲▲ *Le Pech de Caumont* avril-sept.
    *𝒫* 05 53 28 21 63, jmilhac@perigord.com, Fax 05 53 29
    99 73 – S : 2 km « Domine la vallée de la Dordogne, face au
    village de Domme » – **R** conseillée
    2,2 ha (100 empl.) en terrasses, peu incliné, herbeux
    **Tarif :** 🔲 2 pers. ⚡ (10A) 17,20 – pers. suppl. 4,35 – frais
    de réservtion 12,50
    **Location :** 🛖 191 à 443 – 🏠 265 à 525

## CENDRAS

30 Gard – **339** J4 – rattaché à Alès.

## CÉRET

66400 Pyr.-Or. **16** – **344** H8 G. Languedoc Roussillon – 7 285 h. – alt. 153.
**7** Office du Tourisme, avenue G.-Clemenceau *☎* 04 68 87 00 53, Fax 04 68 87 00 56.
Paris 881 – Gerona 80 – Perpignan 33 – Port-Vendres 37 – Prades 71.

△ *Municipal Bosquet de Nogarède* avril-oct.
*☎* 04 68 87 26 72 – E : 0,5 km par D 618, rte de Maureillas-las-Illas, bord d'un ruisseau – **R**
3 ha (95 empl.) plat et accidenté, pierreux, herbeux
**Tarif :** ▣ *2 pers.* [½] *(6A) 10,70 – pers. suppl. 2,20*

## CERNAY

68700 H.-Rhin **8** – **315** H10 G. Alsace Lorraine – 10 313 h. – alt. 275.
**7** Office du Tourisme, 1 rue Latouche *☎* 03 89 75 50 35, Fax 03 89 75 49 24, ot.cernay@newel.net.
Paris 463 – Altkirch 26 – Belfort 38 – Colmar 36 – Guebwiller 15 – Mulhouse 18 – Thann 6.

△ *Municipal les Acacias* avril-15 oct.
*☎* 03 89 75 56 97, lesacacias.cernay@ffcc.asso.fr, Fax
03 89 39 72 29 – sortie rte de Belfort puis à droite après
le pont, r. René-Guibert, bord de la Thur – **R** conseillée
3,5 ha (204 empl.) plat, herbeux
**Tarif :** ▣ *2 pers.* [½] *(5A) 13,60 – pers. suppl. 3,35 – frais de réservation 15*
[cb]

À prox. : (découverte l'été)
poneys

## CEYRAT

63122 P.-de-D. **11** – **326** F8 G. Auvergne – 5 283 h. – alt. 560.
**7** Syndicat d'Initiative, 1 rue Frédéric-Brunmurol *☎* 04 73 61 53 23, Fax 04 73 61 32 25.
Paris 429 – Clermont-Ferrand 6 – Issoire 37 – Le Mont-Dore 42 – Royat 6.

▲▲ *Le Chanset* Permanent
*☎* 04 73 61 30 73, camping.lechanset@wanadoo.fr, Fax
04 73 61 30 73 – av. J.-B. Marrou, alt. 600 – **R** conseillée
5 ha (140 empl.) plat et incliné, herbeux
**Tarif :** ▣ *2 pers.* [½] *(10A) 15,90 - pers. suppl. 2,60*
**Location :** ⌂ *180 à 860*
[cb]

GB (3 ha) snack

**184**

## CEYRESTE

13600 B.-du-R. **16** – **340** I6 – 3 004 h. – alt. 60.
**7** Syndicat d'Initiative, place du Général-de-Gaulle *☎* 04 42 71 53 17.
Paris 808 – Aubagne 18 – Bandol 18 – La Ciotat 5 – Marseille 34 – Toulon 37.

▲▲ *Ceyreste* Pâques-oct.
*☎* 04 42 83 07 68, campingceyreste@yahoo.fr, Fax 04 42
83 19 92 – N : 1 km par av. Eugène-Julien « Cadre agréable »
– **R** conseillée
3 ha (150 empl.) en terrasses, pierreux
**Tarif :** *(Prix 2002)* ▣ *2 pers.* [½] *(6A) 17,70 – pers. suppl. 4,80*
**Location** *(permanent)* : ⌂ *220 à 335 –* ⌂⌂ *320 à 521*

pinède cases
réfrigérées
À prox. : parcours de santé

## CÉZAN

32410 Gers **14** – **336** E7 – 158 h. – alt. 207.
Paris 703 – Auch 27 – Fleurance 18 – Lectoure 22 – Valence-sur-Baïse 15 – Vic-Fézensac 21.

△ *Les Angeles* 30 mars-6 sept.
*☎* 05 62 65 29 80, camping.les.angeles@oreka.com, Fax
05 62 65 29 80 – SE : 2,5 km par D 303, rte de Réjaumont,
à droite rte de Préhac puis 0,9 km par chemin – **R** conseillée
3 ha (62 empl.) non clos, incliné à peu incliné, terrasses, herbeux
**Tarif :** ▣ *2 pers.* [½] *(10A) 19,60 – pers. suppl. 5,25 – frais de réservation 10*
**Location** *(mars-oct.)* : ⌂⌂ *235 à 475*

GB

## CÉZY

89410 Yonne **6** – **319** D4 – 1 085 h. – alt. 82.
Paris 144 – Auxerre 34 – Joigny 6 – Montargis 59 – Sens 28.

△ *Camping Club Atouvert* mai-oct.
*☎* 03 86 63 17 87, a.tou.vert@net-up.com, Fax 03 86 63
17 87 – sortie Nord-Est sur D 134, rte de St-Aubin-sur-
Yonne, à 250 m du canal, pour caravanes accès conseillé par
St-Aubin-sur-Yonne « Près du pont suspendu » –
**R** conseillée
1 ha (70 empl.) plat, herbeux
**Tarif :** ▣ *2 pers.* [½] *(8A) 8,80 – pers. suppl. 2,30*

À prox. :

## CHABEUIL

26120 Drôme **12** – **332** D4 – 4 790 h. – alt. 212.
**🛈** Office du Tourisme, place Génissieu ✆ 04 75 59 28 67, Fax 04 75 59 28 60, *otc@cg26.fr.*
Paris 574 – Crest 22 – Die 61 – Romans-sur-Isère 17 – Valence 12.

▲▲▲ **Le Grand Lierne** 15 avril-14 sept.
✆ 04 75 59 83 14, *contact@grandlierne.com*, Fax 04 75 59 87 95 – NE : 5 km par D 68, rte de Peyrus, D 125 à gauche et D 143 à droite – par A 7 sortie Valence Sud et direction Grenoble – **R** conseillée
3,6 ha (134 empl.) plat, pierreux, herbeux
**Tarif** : ▣ 1 ou 2 pers. 🔌 (10A) 30,50 – pers. suppl. 7,40 – frais de réservation 27
**Location** : 🛖 237 à 657 – 🛋 262 à 795 – bungalows toilés

> 🛥 🔌 🚿 dans locations et 5 juil.-23 août sur le camping **GB** 🐕 🔲 🍴 ♿ 🛒 ⛺ 🏖 ♨ ☺ 🏛 💆 🏓 🍷 snack 🍖 cases réfrigérées 🚗 🚲 ⛵ 🏊 (petite piscine) 🏊 🛶

## CHABLIS

89800 **7** – **319** F5 G. Bourgogne – 2 569 h. – alt. 135.
**🛈** Office du Tourisme, 1 quai du Bie ✆ 03 86 42 80 80, Fax 03 86 42 49 71, *ot-chablis@chablis.net.*
Paris 182 – Dijon 139 – Orléans 173 – Troyes 76.

▲ **Municipal du Serein** juin-sept.
✆ 03 86 42 44 39, *ot-chablis@chablis.net*, Fax 03 86 42 49 71 – O : 0,6 km par D 956 rte de Tonnerre et chemin à droite après le pont, bord du Serein – **R** conseillée
2 ha (50 empl.) plat, herbeux
**Tarif** : (Prix 2002) ▣ 2 pers. 🔌 10 – pers. suppl. 1,80

> **GB** 🐕 🔲 🍴 🛒 🛍 ♨ ☺ 🚗
> À prox. : 🏊

## CHAGNY

71150 S.-et-L. **11** – **320** I8 G. Bourgogne – 5 346 h. – alt. 215.
**🛈** Office du Tourisme, 2 rue des Halles ✆ 03 85 87 25 95, Fax 03 85 87 14 44, *ot.chagny-bourgogne@wanadoo.fr.*
Paris 327 – Autun 44 – Beaune 15 – Chalon-sur-Saône 19 – Mâcon 77 – Montceau 46.

▲▲ **Le Pâquier Fané** 15 avril-15 oct.
✆ 03 85 87 21 42, *paquierfane@aol.com*
à l'Ouest de la ville, rue Pâquier Fané, bord de la Dheune « Cadre agréable » – **R** conseillée
1,8 ha (85 empl.) plat, herbeux
**Tarif** : ▣ 2 pers. 🔌 (6A) 15 – pers. suppl. 3 – frais de réservation 10

> 🔌 **GB** 🐕 🔲 🍴 🛒 🛍 ♨ ☺ 🏛 snack 🍖 🚲
> À prox. : 🏊

**185**

## CHAILLAC

36310 Indre **10** – **323** D8 – 1 246 h. – alt. 180.
Paris 333 – Argenton-sur-Creuse 30 – Le Blanc 34 – Magnac-Laval 34 – La Trimouille 23.

▲ **Municipal les Vieux Chênes** Permanent
✆ 02 54 25 61 39, Fax 02 54 25 65 41 – au Sud-Ouest du bourg, au terrain de sports, bord d'un étang et à 500 m d'un plan d'eau « Cadre verdoyant, fleuri et soigné en bordure d'un étang » – **R** conseillée
2 ha (40 empl.) incliné à peu incliné, herbeux
**Tarif** : ▣ 2 pers. 🔌 7 – pers. suppl. 1,50
**Location** : 🛋 153 à 252

> 🔌 🐕 🔲 🍴 ▥ 🛍 ♿ 🛒 ☺ ⛺
> 🚗 🚲 parcours de santé
> À prox. : pédalos 🎾 🏊 🛶 🎣

## CHAILLÉ-LES-MARAIS

85450 Vendée **9** – **316** J9 G. Poitou Vendée Charentes – 1 553 h. – alt. 16.
**🛈** Office du Tourisme, 60 bis rue de l'an-VI ✆ 02 51 56 71 17, Fax 02 51 56 71 36.
Paris 450 – Fontenay-le-Comte 25 – Niort 55 – La Rochelle 34 – La Roche-sur-Yon 48.

▲ **Municipal l'Île Cariot** 15 juin-15 sept.
✆ 02 51 56 75 27, *campingchaille@aol.com*, Fax 02 51 56 74 83 – au Sud du bourg, rue du 8-mai-1945, bord de petits ruisseaux et près du stade – **R** conseillée
1,2 ha (45 empl.) plat, herbeux
**Tarif** : ▣ 2 pers. 🔌 (10A) 12,50 – pers. suppl. 3
🚐

> 🔌 **GB** 🐕 🔲 🛒 🛍 ♿ 🛒 ☺ 🏛
> 🚗 🚲
> À prox. : 🎾

---

## La CHAISE-DIEU

43160 H.-Loire **11** – **331** E2 G. Auvergne – 778 h. – alt. 1 080.
**Office du Tourisme**, place de la Mairie *04 71 00 01 16, Fax 04 71 00 03 45, otcasadei@aol.com.
Paris 506 – Ambert 30 – Brioude 34 – Issoire 58 – Le Puy-en-Velay 42 – St-Étienne 81 – Yssingeaux 59.

**Municipal les Prades** juin-sept.
*04 71 00 07 88 – NE : 2 km par D 906, rte d'Ambert, près
du plan d'eau de la Tour (accès direct)
3 ha (100 empl.) peu incliné, herbeux
**Tarif :** 2 pers. (10A) 10,85 – pers. suppl. 2,75
**Location :** huttes

sapinière
À prox. : poneys

## La CHAIZE-GIRAUD

85220 Vendée **9** – **316** F8 – 546 h. – alt. 15.
Paris 462 – Challans 24 – La Roche-sur-Yon 32 – Les Sables-d'Olonne 20 – St-Gilles-Croix-de-Vie 13.

**Les Alouettes** mai-27 sept.
*02 51 22 96 21, pascal.chaillou@free.fr, Fax 02 51 22
92 68 – sortie Ouest par D 12, rte de St-Gilles-Croix-de-vie
– **R** conseillée
3 ha (140 empl.) plat et peu incliné, terrasses, herbeux
**Tarif :** 2 pers. (6A) 17,30 – pers. suppl. 3,60
**Location :** 129 à 368 – 145 à 612

## CHALEZEULE

25220 Doubs **8** – **321** G3 – 944 h. – alt. 252.
Paris 410 – Dijon 96 – Lyon 230 – Nancy 209.

**Municipal de la plage** avril-sept.
*03 81 88 04 26, laplage.besançon2.ffcc@wanadoo.fr,
Fax 03 81 50 54 62 – NE : 4,5 km sur N 83 rte de Belfort,
bord du Doubs – **R** conseillée
1,8 ha (113 empl.) plat, terrasse, herbeux
**Tarif :** (Prix 2002) 2 pers. (6A) 14,55 – pers. suppl. 3,40

snack
À prox. :

## CHALLAIN-LA-POTHERIE

49440 M.-et-L. **4** – **317** C3 – 873 h. – alt. 58.
Paris 341 – Ancenis 36 – Angers 47 – Château-Gontier 42.

**Municipal de l'Argos** mai-sept.
*02 41 94 12 64, Fax 02 41 94 12 48 – au Nord-Est du
bourg par D 73, rte de Loiré « Agréable situation près d'un
étang » – **R** conseillée
0,8 ha (20 empl.) non clos, plat, herbeux
**Tarif :** (Prix 2002) 2 pers. (7A) 5,30 – pers. suppl. 1,10

## CHALLES-LES-EAUX

73190 Savoie **12** – **333** I4 G. Alpes du Nord – 2 801 h. – alt. 310 – (début avril-fin oct.).
**Office du Tourisme**, avenue de Chambéry *04 79 72 86 19, Fax 04 79 71 38 51.
Paris 567 – Albertville 49 – Chambéry 6 – Grenoble 53 – St-Jean-de-Maurienne 70.

**Municipal le Savoy** mai-sept.
*04 79 72 97 31, Fax 04 79 72 97 31 – par r. Denarié, à
100 m de la N 6 « Beaux emplacements bordés de haies, à
proximité d'un plan d'eau » – **R** conseillée
2,8 ha (88 empl.) plat, herbeux, gravillons
**Tarif :** (Prix 2002) 2 pers. (10A) 15,30 – pers. suppl. 3,05
– frais de réservation 10,70

(1ha)
À prox. :

## CHALONNES-SUR-LOIRE

49290 M.-et-L. **4** – **317** E4 G. Châteaux de la Loire – 5 354 h. – alt. 25.
**Syndicat d'Initiative**, place de la mairie *02 41 78 26 21, Fax 02 41 74 91 54.
Paris 319 – Ancenis 38 – Angers 26 – Châteaubriant 65 – Château-Gontier 62 – Cholet 41.

**Municipal le Candais**
*02 41 78 02 27 – E : 1 km par D 751, rte des Ponts-de-Cé,
bord de la Loire et près d'un plan d'eau
3 ha (210 empl.) plat, herbeux

juil.-août
À prox. :

## CHÂLONS-EN-CHAMPAGNE

51000 Marne **7** – 3⃣0⃣6⃣ I9 G. Champagne Ardenne – 48 423 h. – alt. 83.
**🛈** Office du Tourisme, 3 quai des Arts ✆ 03 26 65 17 89, Fax 03 26 65 35 65, off.tourisme.chalons-en-cham
pagne@wanadoo.fr.
Paris 174 – Charleville-Mézières 105 – Metz 161 – Nancy 162 – Reims 50 – Troyes 84.

 🔺 *Municipal* 13 avril-17 oct.
  ✆ 03 26 68 38 00, camping.mairie.chalons@wanadoo.fr,
  Fax 03 26 68 38 00 – sortie Sud-Est par N 44, rte de Vitry-le
  François et D 60, rte de Sarry « Entrée fleurie et cadre agréa-
  ble au bord d'un étang » – **R** conseillée
  3,5 ha (148 empl.) plat, herbeux, gravier
  **Tarif :** 🔲 2 pers. 🔌 (5A) 18,80 – pers. suppl. 4,40

           ⌐ ♒ ⊡ ♀ (1,5 ha) 🏢 ♿ 🛖 ♻ 🗔
           🗑 ⊕ ♨ 🚾 🅿 snack 🍴 ⤢ ✂

---

## CHAMBERET

19370 Corrèze **10** – 3⃣2⃣9⃣ L2 – 1 376 h. – alt. 450.
**🛈** Syndicat d'Initiative, 1 rue du Mont-Ceix ✆ 05 55 98 34 92.
Paris 453 – Guéret 84 – Limoges 65 – Tulle 45 – Ussel 64.

 🔺 *Municipal* juil.-15 sept.
  ✆ 05 55 98 30 12, Fax 05 55 98 79 34 – SO : 1,3 km par
  D 132, rte de Meilhards et chemin à droite, à 100 m d'un petit
  plan d'eau et d'un étang – **R**
  1 ha (34 empl.) en terrasses et peu incliné, pierreux, bois
  attenant
  **Tarif :** 🔲 2 pers. 6,50 – pers. suppl. 2,50

           ♨ ← ♒ ⊡ ♉♉ ♿ 🛖 ♻ ♨ ⊙
           ≅ (plage)
           À prox. : ⤢

---

## CHAMBILLY

71110 S.-et-L. **11** – 3⃣2⃣0⃣ E12 – 516 h. – alt. 249.
Paris 364 – Chauffailles 29 – Digoin 27 – Dompierre-sur-Besbre 54 – Lapalisse 36 – Roanne 33.

 🔺 *Aire Naturelle la Motte aux Merles* avril-15 oct.
  ✆ 03 85 25 37 67 – SO : 5 km par D 990, rte de Lapalisse
  et chemin à gauche – **R** conseillée
  1 ha (25 empl.) peu incliné, plat, herbeux
  **Tarif :** 🔲 2 pers. 🔌 12 – pers. suppl. 2,90

           ♨ ← ⌐ ♒ ♿ 🛖 ♻ 🗔 🗑 ⊙ 🅿
           ⤢ 🚲 ⌇ (petite piscine)

---

## Le CHAMBON

30450 Gard **16** – 3⃣3⃣9⃣ J3 – 196 h. – alt. 260.
Paris 645 – Alès 31 – Florac 54 – Génolhac 10 – La Grand-Combe 19 – St-Ambroix 25.

 🔺 *Municipal le Luech* juil.-août
  ✆ 04 66 61 51 32 – NO : 0,6 km par D 29, rte de Cham-
  borigaud, bord du Luech – **R** conseillée
  0,5 ha (43 empl.) non clos, peu incliné et en terrasses, pier-
  reux, herbeux
  **Tarif :** 🔲 2 pers. 8,50 – pers. suppl. 1,85

           ♒ ♉♉ ♿ 🛖 ♻ 🗔 🗑 ⊙
           À prox. : 🚲 ✗

---

## Le CHAMBON-SUR-LIGNON

43400 H.-Loire **11** – 3⃣3⃣1⃣ H3 G. Vallée du Rhône – 2 854 h. – alt. 967.
**🛈** Office du Tourisme, 1 rue des Quatre Saisons ✆ 04 71 59 71 56, Fax 04 71 65 88 78.
Paris 580 – Annonay 49 – Lamastre 32 – Le Puy-en-Velay 45 – Privas 77 – St-Étienne 63 – Yssin-
geaux 22.

 🔺 *Les Hirondelles* 21 juin-août
  ✆ 04 71 59 73 84, les.hirondelles@freesbee.fr, Fax 04 71
  65 88 80 – S : 1 km par D 151 et D 7 à gauche, rte de la
  Suchère, alt. 1 000 « Cadre agréable autour d'un chalet de
  montagne dominant le village » – **R** conseillée
  1 ha (45 empl.) plat, en terrasses, herbeux
  **Tarif :** 🔲 2 pers. 🔌 (6A) 20 – pers. suppl. 4
  **Location :** 🏠 255 à 400 –

           ♨ ← ⌐ GB ♒ ⊡ ♀ ♿ 🛖 ♻ 🗔
           🗑 ⊕ 🅿 🍴 ✂ 🚙 ⤢
           À prox. : parcours sportif, golf – au plan
           d'eau : 🍴 ✗ 🎣 ≅ 🐎 (centre
           équestre)

 🔺 *A Tout Vert le Lignon* avril-oct.
  ✆ 04 71 59 72 86, a.tou.vert@net-up.com, Fax 04 71 59
  65 56 – sortie Sud-Ouest par D 15, rte de Mazet-sur-Voy et
  à droite avant le pont, près de la rivière, alt. 1 000 –
  **R** conseillée
  2 ha (130 empl.) plat, herbeux
  **Tarif :** 🔲 2 pers. 🔌 13,60 – pers. suppl. 2,60

           ⌐ ♒ ♀ 🏢 ♿ 🛖 ♻ 🗔 🗑 ⊙ 🅿
           🍴
           À prox. : parcours sportif, golf – au plan
           d'eau : 🍴 ✗ 🎣 ≅ 🐎 (centre
           équestre)

**187**

## CHAMBON-SUR-VOUEIZE

23170 Creuse **10** – **325** L3 G. Berry Limousin – 1 105 h. – alt. 333.
**🛈** Syndicat d'Initiative, place Aubergier ℘ 05 55 82 15 89, Fax 05 55 82 15 89.
Paris 358 – Aubusson 38 – Guéret 47 – Marcillat-en-Combraille 21 – Montluçon 25.

🔺 **Municipal la Pouge** avril-oct.
℘ 05 55 82 13 21 – SE : 0,8 km par D 915, rte d'Evaux-
les-Bains et chemin à gauche, longeant Ecomarché, attenant
au stade et bord de la Tardes – **R** conseillée
1 ha (50 empl.) plat, herbeux
**Tarif :** ▤ 2 pers. ⚡ 8,50 – pers. suppl. 1,90
🚐

## CHAMONIX-MONT-BLANC

74400 H.-Savoie **12** – **328** O5 G. Alpes du Nord – 9 701 h. – alt. 1 040 – Sports d'hiver : 1 035/3 840 m
✤ 14 ✚ 36 ✤.
Tunnel du Mont-Blanc : péage en 2002, aller simple : autos 25,60 à 33,80 euros, camions 98,30 à 209,90 euros..
**🛈** Office du Tourisme, 85 place du Triangle de l'Amitié ℘ 04 50 53 00 24, Fax 04 50 53 58 90, info@ cham
onix.com.
Paris 609 – Albertville 64 – Annecy 95 – Aosta 61 – Genève 82 – Lausanne 114.

🔺 **Les Rosières** 7 fév.-15 oct.
℘ 04 50 53 10 42, info@campinglesrosieres.com, Fax 04 50
55 81 79 – NE : 1,2 km par N 506, à 50 m de l'Arve – **R**
1,6 ha (147 empl.) plat, herbeux
**Tarif :** ▤ 2 pers. ⚡ (10A) 19,70 (hiver 22,50) – pers. suppl. 5,50
**Location :** 🏠 340 à 520

≤ vallée et massif du Mont-Blanc

🔺 **L'Île des Barrats** 8 mai-sept.
℘ 04 50 53 51 44, Fax 04 50 53 51 44 – au Sud-Ouest da
la ville, à 150 m de l'Arve – **R** conseillée
0,8 ha (56 empl.) peu incliné et plat, herbeux
**Tarif :** ▤ 2 pers. ⚡ 20,40 – pers. suppl. 5,20
🚐

≤ Massif du Mont-Blanc et glaciers

**aux Bossons** SO : 3,5 km – alt. 1 005 – ✉ 74400 Chamonix-Mont-Blanc :

🔺 **Les Deux Glaciers** fermé 16 nov.-14 déc.
℘ 04 50 53 15 84, glaciers@clubinternet.fr, Fax 04 50 55
90 81 – rte du tremplin olympique « A proximité des glaciers,
cadre agréable »
1,6 ha (130 empl.) en terrasses, herbeux
**Tarif :** ▤ 2 pers. ⚡ 14,90 – pers. suppl. 4,50

≤ massif du Mont-Blanc et glaciers

🔺 **Les Ecureuils** avril-sept.
℘ 04 50 53 83 11, Fax 04 50 53 83 11 – au bourg, à 100 m
de l'Arve « Cadre agréable au bord d'un torrent » –
**R** conseillée
0,6 ha (45 empl.) non clos, plat et peu incliné, herbeux,
gravillons
**Tarif :** ▤ 2 pers. ⚡ (6A) 12,80 – pers. suppl. 3,50
**Location :** 🏠 199 à 244

≤ massif du Mont-Blanc et glaciers

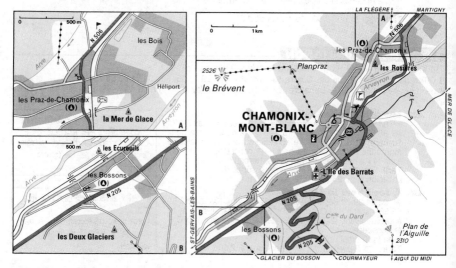

**aux Praz-de-Chamonix** NE : 2,5 km – ⊠ 74400 Chamonix-Mont-Blanc :

⚠ **La Mer de Glace** 7 juin-15 sept.
     ℘ 04 50 53 44 03, *campingmdg@wanadoo.fr*, Fax 04 50 53
60 83 – aux Bois, à 80 m de l'Arveyron (accès direct) « Dans
une clairière » – **R**
2 ha (150 empl.) plat, herbeux, pierreux
**Tarif** : ▣ 2 pers. ⚡ (4A) 20,40 – pers. suppl. 5,70
🚐

     ⤵ ≤ vallée et massif du Mont-Blanc
     ⊶ ▭ ♀ 🏪 ⚟ ⵣ 🔥 ⛺ ☺

---

## CHAMOUILLE

02860 Aisne ⑥ – ❚❚❚ D6 – 147 h. – alt. 112 – Base de loisirs.
Paris 139 – Fère-en-Tardenois 43 – Laon 14 – Reims 44 – Soissons 35.

⚠ **Le Parc de l'Ailette** 29 mars-28 sept.
     ℘ 03 23 24 66 86, *ailette@wanadoo.fr*, Fax 03 23 24 66 87
– SE : 2 km par D 19, à la Base de Plein Air et de Loisirs, à
200 m du plan d'eau (accès direct) « Site et cadre
agréables » – **R** conseillée
4,5 ha (201 empl.) peu incliné, plat, en terrasses, bois
**Tarif** : ▣ 2 pers. ⚡ (10A) 18,50 – pers. suppl. 7
**Location** : 🛖 260 à 412 – bungalows toilés
🚐

     ≤ ⊶ **GB** ⵣ ▭ ⚟ 🔥 ⛺
     ☺ ▣ ⵚ snack 🏪
     À prox. : ⚓ ⚒ ⛵ ▦ ≊ (plage) ⚲ ⟁

---

## CHAMPAGNAC-LE-VIEUX

43440 H.-Loire ❚❚ – ❚❚❚ D1 G. Auvergne – 301 h. – alt. 880.
Paris 492 – Brioude 16 – La Chaise-Dieu 25 – Clermont-Ferrand 79 – Le Puy-en-Velay 67.

⚠ **Le Chanterelle** avril-oct.
     ℘ 04 71 76 34 00, *camping@es-conseil.fr*, Fax 04 71 76
34 00 – N : 1,4 km par D 5, rte d'Auzon, et chemin à droite
« Dans un site verdoyant, près d'un plan d'eau » –
**R** conseillée
4 ha (90 empl.) en terrasses, herbeux, gravillons
**Tarif** : (Prix 2002) ▣ 2 pers. ⚡ 14 – pers. suppl. 2,50
**Location** : 🛖 235 à 520 – bungalows toilés

     ⤵ ⊶ **GB** ⵣ ▭ ⚟ 🔥 ⛺ ⵣ
     ⚟ ⛺ ☺ ⵚ ⚟ ▣ ⚓ 🚲 ⚒
     À prox. : parcours de santé 🏪 ⚒
     ≊ (plage) ⚲ 🐎 (centre équestre)

**189**

---

## CHAMPAGNOLE

39300 Jura ❚❚ – ❚❚❚ F6 G. Jura – 9 250 h. – alt. 541.
🛈 Office du Tourisme, rue Baronne-Delort ℘ 03 84 52 43 67, Fax 03 84 52 54 57, *info@tourisme.champag*
*nole.com*.
Paris 421 – Besançon 66 – Dole 68 – Genève 86 – Lons-le-Saunier 34 – Pontarlier 47 – St-Claude 53.

⚠ **Municipal de Boyse** juin-15 sept.
     ℘ 03 84 52 00 32, *boyse@free.fr*, Fax 03 84 52 01 16 –
sortie Nord-Ouest par D 5, rte de Lons-le-Saunier et rue
Georges Vallerey à gauche « Accès direct à l'Ain » –
**R** conseillée
7 ha (240 empl.) plat, peu incliné, herbeux
**Tarif** : ▣ 2 pers. ⚡ (10A) 15,75 – pers. suppl. 4

     ⤵ ⊶ **GB** ⵣ ⚟ 🔥 ⛺ ⚟ ⛺
     ☺ ▣ snack ⵚ 🏪 ⚟ ▦ ⵣ
     À prox. : parcours sportif ⚒ ▦ ⚲

---

## CHAMPDOR

01110 Ain ❚❚ – ❚❚❚ G4 – 459 h. – alt. 833.
Paris 485 – Ambérieu-en-Bugey 38 – Bourg-en-Bresse 61 – Hauteville-Lompnes 6 – Nantua 28.

⚠ **Municipal le Vieux Moulin** Permanent
     ℘ 04 74 36 01 79, Fax 04 74 36 01 79 – NO : 0,8 km par
D 57ᴬ, rte de Corcelles « Près de deux plans d'eau » – **R**
1,6 ha (60 empl.) plat, herbeux
**Tarif** : ▣ 2 pers. ⚡ 10 (hiver 11,50) – pers. suppl. 3
**Location** : gîte d'étape

     ≤ ⵣ 🏪 🔥 ⛺ ⚟ ⛺ ☺ 🏪 ⚓
     ⚒
     À prox. : ≊ (bassin) ⚲

---

## CHAMPFROMIER

01410 Ain ❚❚ – ❚❚❚ H3 – 440 h. – alt. 640.
Paris 497 – Bellegarde-sur-Valserine 15 – Mijoux 28 – Nantua 26 – Oyonnax 31.

⚠ **Municipal les Georennes** 15 juin-15 sept.
     ℘ 04 50 56 96 05 – SE : 0,6 km par D 14, rte de Nantua et
chemin à gauche – **R** conseillée
0,7 ha (30 empl.) plat et terrasse, herbeux, pierreux
**Tarif** : (Prix 2002) ▣ 2 pers. ⚡ 10 – pers. suppl. 2

     ⤵ ≤ ⵣ ♀ 🔥 ⛺ ⛺ ☺

## CHAMPS-SUR-TARENTAINE

15270 Cantal **11** – **330** D2 G. Auvergne – 1 088 h. – alt. 450.
**🛈** Office de tourisme, *℘* 04 71 78 72 75, Fax 04 71 78 75 09.
Paris 503 – Aurillac 89 – Clermont-Ferrand 83 – Condat 24 – Mauriac 38 – Ussel 37.

⚠ *Municipal de la Tarentaine* 15 juin-15 sept.
*℘* 04 71 78 71 25, Fax 04 71 78 75 09 – SO : 1 km par D 679
et D 22, rte de Bort-les-Orgues et rte de Saignes, bord de
la Tarentaine – **R** conseillée
4 ha (126 empl.) plat, herbeux
**Tarif :** 🔲 *2 pers.* 🔋 *9,05 – pers. suppl. 2,12*
**Location :** 🛏 *160 à 200*

⚠ *Aire Naturelle l'Écureuil* 26 avril-sept.
*℘* 04 71 78 71 85, *alain.couard@wanadoo.fr*, Fax 04 71 78
71 85 – SE : 4,6 km par D 679, rte de Condat **« Situation
agréable dans les gorges de la Rhue »** – **R** conseillée
2 ha (25 empl.) plat, herbeux
**Tarif :** 🔲 *2 pers.* 🔋 *(10A) 14,50 – pers. suppl. 4*
**Location :** 🛏 *130 à 280*
🚐

## CHANAS

38150 Isère **12** – **333** B6 – 1 727 h. – alt. 150.
Paris 517 – Grenoble 87 – Lyon 57 – St-Étienne 75 – Valence 51.

⚠ *Les Guyots* avril-15 oct.
*℘* 04 74 84 25 36, Fax 04 74 84 25 36 – sortie Nord-Est rte
d'Agnin, rue des Guyots, bord d'un ruisseau – Places limitées
pour le passage – **R**
1,7 ha (75 empl.) plat, herbeux
**Tarif :** (Prix 2002) 🔲 *2 pers.* 🔋 *(6A) 14,20 – pers. suppl. 3,80*

*LESEN SIE DIE ERLÄUTERUNGEN aufmerksam durch,
damit Sie diesen Camping-Führer mit der Vielfalt der gegebenen
Auskünfte wirklich ausnutzen können.*

**190**

## CHANAZ

73310 Savoie **12** – **333** H3 – 416 h. – alt. 232.
Paris 521 – Aix-les-Bains 21 – Annecy 53 – Bellegarde-sur-Valserine 43 – Belley 18 – Chambéry 36.

⚠ *Municipal des Îles* mars-15 déc.
*℘* 04 79 54 58 51 – O : 1 km par D 921, rte de Culoz et che-
min à gauche après le pont, à 300 m du Rhône (plan d'eau
et port de plaisance) – Places limitées pour le passage **« Près
d'un pittoresque village et du canal de Savière »** –
**R** conseillée
1,5 ha (103 empl.) plat, gravier, herbeux
**Tarif :** (Prix 2002) 🔲 *2 pers.* 🔋 *(10A) 14,95 – pers. suppl. 3,60*
**Location :** 🏠 *190 à 485*

## CHANCIA

39 Jura **12** – **321** D8 – 87 h. – alt. 320 – ✉ 01590 Dortan.
Paris 453 – Bourg-en-Bresse 48 – Lons-le-Saunier 46 – Nantua 30 – Oyonnax 15 – St-Claude 29.

⚠ *Municipal les Cyclamens* 2 mai-sept.
*℘* 04 74 75 82 14, *campinglescyclamens@wanadoo.fr*, Fax
04 74 75 82 14 – SO : 1,5 km par D 60E et chemin à gauche,
au confluent de l'Ain et de la Bienne – Places limitées pour
le passage **« Agréable situation près du lac de Coiselet »**
2 ha (160 empl.) plat, herbeux
**Tarif :** (Prix 2002) 🔲 *2 pers.* 🔋 *(5A) 10,70 – pers. suppl. 2,20*

## CHANGIS-SUR-MARNE

77660 S.-et-M. **6** – **312** H2 – 939 h. – alt. 64.
Paris 62 – Château-Thierry 36 – Meaux 12 – Melun 64 – Senlis 50 – Soissons 62.

⚠ *Les Îlettes* avril-oct.
*℘* 01 64 35 76 36 – au Sud du bourg, près de la Marne –
Places limitées pour le passage – **R** conseillée
0,4 ha (24 empl.) plat, herbeux
**Tarif :** 🔲 *2 pers.* 🔋 *(6A) 16 – pers. suppl. 3*

## La CHAPELLE-AUBAREIL

24290 Dordogne **🔢** – **🔢** I5 – 330 h. – alt. 230.
Paris 515 – Brive-la-Gaillarde 40 – Les Eyzies-de-Tayac 20 – Montignac 9 – Sarlat-la-Canéda 19.

**La Fage** mai-27 sept.
𝒫 05 53 50 76 50, Fax 05 53 50 79 19 – NO : 1,2 km par rte de St-Amand-de-Coly (vers D 704) et chemin à gauche « Cadre boisé » – **R** conseillée
5 ha (60 empl.) en terrasses, peu incliné, herbeux
**Tarif :** 🔲 *2 pers.* 🔌 *(10A) 19,50 – pers. suppl. 5 – frais de réservation 9*
**Location** *(5 avril-27 sept.)* – ⚡ *28 juin-23 août :* 🏠 *220 à 550* – 🏠 *260 à 570*

## La CHAPELLE-D'ANGILLON

18380 Cher **🔢** – **🔢** K2 G. Berry Limousin – 687 h. – alt. 195.
Paris 194 – Aubigny-sur-Nère 14 – Bourges 35 – Salbris 35 – Sancerre 35 – Vierzon 35.

**Municipal des Murailles** juin-15 sept.
𝒫 02 48 73 40 12, Fax 02 48 73 48 67 – SE : 0,8 km par D 12 rte d'Henrichemont et chemin à droite, près de la petite Sauldre et d'un plan d'eau « Près d'un agréable étang dominé par un château féodal » – **R**
2 ha (49 empl.) plat, herbeux
**Tarif :** (Prix 2002) 🔲 *2 pers.* 🔌 *9,12 – pers. suppl. 1,81*

## La CHAPELLE-DEVANT-BRUYÈRES

88600 Vosges **🔢** – **🔢** I3 – 633 h. – alt. 457.
Paris 417 – Épinal 32 – Gérardmer 22 – Rambervillers 27 – Remiremont 36 – St-Dié 26.

**Les Pinasses** 15 avril-10 sept.
𝒫 03 29 58 51 10, *pinasses@dial.oleane.com*, Fax 03 29 58 54 21 – NO : 1,2 km sur D 60, rte de Bruyères – **R** conseillée
3 ha (139 empl.) plat, herbeux, pierreux, petit étang
**Tarif :** 🔲 *2 pers.* 🔌 *(4A) 19,60 – pers. suppl. 4,50*
**Location** *(permanent) :* 🏠

**191**

## La CHAPELLE-HERMIER

85220 Vendée **🔢** – **🔢** F7 – 563 h. – alt. 58.
Paris 450 – Aizenay 13 – Challans 25 – La Roche-sur-Yon 29 – Les Sables-d'Olonne 24 – St-Gilles-Croix-de-Vie 20.

**Pin Parasol** 15 mai-15 sept.
𝒫 02 51 34 64 72, *pinparasol@freesurf.fr*, Fax 02 51 34 64 62 – SO : 3,3 km par D 42, rte de l'Aiguillon-sur-Vie puis 1 km par rte à gauche, près du lac du Jaunay (accès direct) – **R** conseillée
5 ha (125 empl.) plat, peu incliné, terrasses, herbeux
**Tarif :** 🔲 *2 pers.* 🔌 *(10A) 24,50 – pers. suppl. 4,50*
**Location :** 🏠 *185 à 580* – 🏠 *245 à 640*

## CHARAVINES

38850 Isère **🔢** – **🔢** G5 – 1 251 h. – alt. 500.
**🅱** Office du Tourisme, rue des Bains 𝒫 04 76 06 60 31, Fax 04 76 06 60 50.
Paris 536 – Belley 47 – Chambéry 54 – Grenoble 40 – La Tour-du-Pin 65 – Voiron 13.

**Les Platanes** avril-sept.
𝒫 04 76 06 64 70 – sortie Nord par D 50ᴰ, rte de Bilieu, à 150 m du lac – **R** conseillée
1 ha (67 empl.) plat, herbeux
**Tarif :** 🔲 *2 pers.* 🔌 *(6A) 12,50 – pers. suppl. 3*

## La CHARITÉ-SUR-LOIRE

58400 Nièvre **🔢** – **🔢** B8 G. Bourgogne – 5 686 h. – alt. 170.
**🅱** Office du Tourisme, 5 place Ste-Croix 𝒫 03 86 70 15 06, Fax 03 86 70 21 55, *SI.LaCharite@wanadoo.fr*.
Paris 213 – Bourges 51 – Clamecy 54 – Cosne-sur-Loire 30 – Nevers 25.

**Municipal la Saulaie** 26 avril-12 sept.
𝒫 03 86 70 00 83, *charite@club-internet.fr*, Fax 03 86 70 32 00 – sortie Sud-Ouest, rte de Bourges « Dans l'île de la Saulaie, près de la plage »
1,7 ha (100 empl.) plat, herbeux
**Tarif :** (Prix 2002) 🔲 *2 pers.* 🔌 *11,55 – pers. suppl. 3,60*

## CHARLIEU

42190 Loire **11** – **327** E3 G. Vallée du Rhône – 3 727 h. – alt. 265.

🛈 Office du Tourisme, place St-Philibert ℰ 04 77 60 12 42, Fax 04 77 60 16 91, *office.tourisme.charlieu@ w anadoo.fr*.

Paris 384 – Digoin 46 – Lapalisse 56 – Mâcon 76 – Roanne 19 – St-Étienne 103.

  ▲ **Municipal** mai-sept.
    ℰ 04 77 69 01 70, Fax 04 77 69 07 28 – à l'Est de la ville,
    au stade, bord du Sornin « Décoration arbustive »
    2,7 ha (100 empl.) plat, herbeux
    **Tarif :** 🔲 *2 pers.* 🛇 *11 – pers. suppl. 2,50*

---

## CHARLY-SUR-MARNE

02310 Aisne **6** – **306** B9 – 2 475 h. – alt. 63.

🛈 Office du Tourisme, 20 rue Emile Morlot ℰ 03 23 82 07 49, Fax 03 23 82 68 82.

Paris 83 – Château-Thierry 14 – Coulommiers 29 – La Ferté-sous-Jouarre 16 – Montmirail 27 – Soissons 56.

  ▲ **Municipal des illettes** avril-sept.
    ℰ 03 23 82 12 11, *mairie.charly@ wanadoo.fr*, Fax 03 23 82
    13 99 – au Sud du bourg, à 200 m du D 82 (accès conseillé)
    « Décoration arbustive »
    1,2 ha (43 empl.) plat, herbeux, gravier
    **Tarif :** 🔲 *2 pers.* 🛇 *9 – pers. suppl. 2,30*

---

## CHARMES

88130 Vosges **8** – **314** F2 G. Alsace Lorraine – 4 721 h. – alt. 282.

🛈 Office du Tourisme, 2 place Henri Breton ℰ 03 29 38 17 09.

Paris 382 – Mirecourt 18 – Nancy 43 – Neufchâteau 58 – St-Dié-des-Vosges 59.

  ▲ **Les Iles** 15 avril-sept.
    ℰ 03 29 38 87 71, *andre.michel@ tiscali.fr*
    SO : 1 km par D 157 et chemin à droite, près du stade « Cadre
    agréable entre le canal de l'Est et la Moselle » – **R** conseillée
    3,5 ha (67 empl.) plat, herbeux
    **Tarif :** (Prix 2002) 🔲 *2 pers.* 🛇 *18,20 – pers. suppl. 2,30*

**192**

---

## CHARMES-SUR-L'HERBASSE

26260 Drôme **16** – **332** D3 – 631 h. – alt. 251.

Paris 555 – Annonay 45 – Beaurepaire 27 – Romans-sur-Isère 16 – Tournon-sur-Rhône 20 – Valence 30.

  ▲ **Municipal les Falquets** mai-6 sept.
    ℰ 04 75 45 75 57 – sortie Sud-Est, par D 121, rte de Mar-
    gès, bord de l'Herbasse – **R** conseillée
    1 ha (75 empl.) plat, herbeux
    **Tarif :** 🔲 *2 pers.* 🛇 *(10A) 13,20 – pers. suppl. 2,50*

---

## CHAROLLES

71120 S.-et-L. **11** – **320** F11 G. Bourgogne – 3 048 h. – alt. 279.

🛈 Office du Tourisme, 24 rue Baudinot ℰ 03 85 24 05 95, Fax 03 85 24 28 12, *O.T.charolles@ wanadoo.fr*.

Paris 363 – Autun 79 – Chalon-sur-Saône 66 – Mâcon 54 – Moulins 82 – Roanne 61.

  ▲ **Municipal** mai-1ᵉʳ oct.
    ℰ 03 85 24 04 90, Fax 03 85 24 04 20 – sortie Nord-Est, rte
    de Mâcon et D 33 rte de Viry à gauche, bord de l'Arconce
    « Cadre agréable » – **R** conseillée
    1 ha (60 empl.) plat, herbeux, gravillons
    **Tarif :** 🔲 *2 pers.* 🛇 *(6A) 8,30 – pers. suppl. 2*

---

## CHARRON

17230 Char.-Mar. **9** – **324** D2 – 1 512 h. – alt. 4.

Paris 474 – Fontenay-le-Comte 36 – Luçon 24 – La Rochelle 17 – La Roche-sur-Yon 57.

  ▲ **Municipal les Prés de Charron** juil.-août
    ℰ 05 46 01 53 09, Fax 05 46 01 26 36 – sortie Nord-Est par
    D 105, rte de Marans et à gauche, rue du 19-mars-1962
    1,2 ha (50 empl.) plat, herbeux
    **Tarif :** (Prix 2002) 🔲 *2 pers.* 🛇 *7,80 – pers. suppl. 2*

---

*Michelinkaarten* worden voortdurend bijgewerkt.

## CHARTRE-SUR-LE-LOIR

72340 Sarthe **5** – **310** M8 G. Châteaux de la Loire – 1 669 h. – alt. 55.
**🛈** Office du Tourisme, place Centrale *𝒫* 02 43 44 40 04, Fax 02 43 44 40 04.
Paris 218 – La Flèche 57 – Le Mans 49 – St-Calais 30 – Tours 42 – Vendôme 43.

    ▲▲ *Municipal le Vieux Moulin*
       *𝒫* 02 43 44 41 18, *campingvieuxmoulin@worldonline.fr*,
       Fax 02 43 44 41 18 – à l'Ouest du bourg, bord du Loir
       « Cadre verdoyant en bordure de rivière »
       2,5 ha (140 empl.) plat, herbeux,

## CHASSAGNES

07 Ardèche – **331** H7 – rattaché aux Vans.

## CHASSIERS

07110 Ardèche **16** – **331** H6 – 930 h. – alt. 340.
Paris 655 – Aubenas 15 – Largentière 3 – Privas 46 – Valgorge 22 – Vallon-Pont-d'Arc 24.

    ▲▲▲ *Les Ranchisses* 19 avril-21 sept.
       *𝒫* 04 75 88 31 97, *reception@lesranchisses.fr*, Fax 04 75
       88 32 73 – NO : 1,6 km, accès par D 5, rte de Valgorge « Sur
       le domaine d'un mas de 1824, au bord de la Ligue » – **R** indis-
       pensable
       4 ha (150 empl.) plat, peu incliné, herbeux
       **Tarif :** 🖻 *2 pers.* [⚡] *28 – pers. suppl. 6 – frais de réservation 15*
       **Location** 🏠 : 🛖 *221 à 756 –* 🛖 *266 à 814 – bungalows toilés*

## CHASTANIER

48300 Lozère **16** – **330** K6 – 113 h. – alt. 1 090.
Paris 574 – Châteauneuf-de-Randon 17 – Langogne 10 – Marvejols 68 – Mende 46 – Saugues 42.

    ▲ *Pont de Braye* 15 mai-15 sept.
       *𝒫* 04 66 69 53 04 – O : 1 km, carrefour D 988 et D 34, bord
       du Chapeauroux
       1,5 ha (35 empl.) plat et terrasses, herbeux
       **Tarif :** 🖻 *2 pers.* [⚡] *(5A) 13,10 – pers. suppl. 3*

193

## CHÂTEAU-CHINON

58120 Nièvre **11** – **319** G9 G. Bourgogne – 2 502 h. – alt. 510.
**🛈** Office du Tourisme, place NotreDame *𝒫* 03 86 85 06 58, Fax 03 86 85 06 58.
Paris 282 – Autun 41 – Avallon 60 – Clamecy 65 – Moulins 89 – Nevers 65 – Saulieu 45.

    ▲ *Municipal du Pertuy d'Oiseau* mai-sept.
       *𝒫* 03 86 85 08 17, Fax 03 86 85 01 00 – sortie Sud par D 27
       rte de Luzy et à droite « A l'orée d'une forêt » – **R**
       1,8 ha (100 empl.) peu incliné à incliné, herbeux
       **Tarif :** 🖻 *2 pers.* [⚡] *10,50 – pers. suppl. 2*

**à St-Léger-de-Fougeret** SO : 9,5 km par D 27 rte de St-Léger-sous-Beuvray et D 157 à droite – 280 h.
– alt. 500 – ✉ 58120 St-Léger-de-Fougeret :

    ▲ *L'Etang de Fougeraie* 19 avril-sept.
       *𝒫* 03 86 85 11 85, *campingfougeraie@aol.com*, Fax 03 86
       79 45 72 – SE : 2,4 km par D 157 rte d'Onlay, bord d'un étang
       « Cadre champêtre autour d'un étang » – **R** conseillée
       7 ha (60 empl.) plat et vallonné, terrasses, herbeux
       **Tarif :** 🖻 *2 pers.* [⚡] *13*

## Le CHÂTEAU-D'OLÉRON

17 Char.-Mar. – **324** C4 – voir à Île d'Oléron.

## CHÂTEAUGIRON

35410 I.-et-V. **4** – **309** M6 G. Bretagne – 4 166 h. – alt. 45.
**🛈** Office du Tourisme, rue Ile du Château *𝒫* 02 99 37 89 02, Fax 02 99 37 89 02.
Paris 337 – Angers 113 – Châteaubriant 45 – Fougères 55 – Nozay 68 – Rennes 18 – Vitré 32.

    ▲ *Municipal les Grands Bosquets* avril-sept.
       *𝒫* 02 99 37 43 55, *mairie@ville-chateaugiron.fr*
       sortie Est par D 34, rte d'Ossé « Au bord d'un plan d'eau »
       – **R** conseillée
       0,6 ha (33 empl.) plat, herbeux
       **Tarif :** 🖻 *2 pers.* [⚡] *6,90*

## CHÂTEAU-GONTIER

53200 Mayenne **4** – **310** E8 G. Châteaux de la Loire – 11 085 h. – alt. 33.
**Ⓘ** Office du Tourisme, quai d'Alsace ℰ 02 43 70 42 74, Fax 02 43 70 95 52, *tourisme@cc-chateau-gontier.fr.*
Paris 289 – Angers 50 – Châteaubriant 56 – Laval 30 – Le Mans 94 – Rennes 107.

**Le Parc** avril-sept.
ℰ 02 43 07 35 60, *camping.parc@châteaugontier.fr,* Fax
02 43 70 38 94 – N : 0,8 km par N 162 rte de Laval, près du
complexe sportif « Emplacements bordés d'une grande
variété d'arbres et de la Mayenne » – **R** conseillée
2 ha (55 empl.) plat et peu incliné, herbeux
**Tarif :** ⊞ 1 ou 2 pers. (₄) 11 – pers. suppl. 4
**Location** *(permanent) :* ☎ 134 à 339

À prox. : mur d'escalade, canoë

## CHÂTEAULIN

29150 Finistère **3** – **308** G5 G. Bretagne – 4 965 h. – alt. 10.
**Ⓘ** Office du Tourisme, quai Cosmao ℰ 02 98 86 02 11, Fax 02 98 86 38 74.
Paris 550 – Brest 49 – Douarnenez 26 – Châteauneuf-du-Faou 25 – Quimper 29.

**Municipal Rodaven** 15 mars-oct.
ℰ 02 98 86 32 93, *fc.ssport@chateaulin.fr,* Fax 02 98 86
31 03 – au Sud de la ville, bord de l'Aulne (rive droite) –
**R** conseillée
2 ha (100 empl.) plat, herbeux
**Tarif :** ⊞ 2 pers. (₄) 11 – pers. suppl. 1,90

À prox. : canoë

**à Dineault** – 1 550 h. – alt. 160 – ✉ 29150 :

**Ty Provost** juin-14 sept.
ℰ 02 98 86 29 23, *typrovost@wanadoo.fr,* Fax 02 98 86
00 27 – NO : 4,5 km par rte de la gare et chemin à droite,
De Dineault, Sud-Est 4 km par C 1, rte de Châteaulin et che-
min à gauche « Cadre et situation agréables » – **R** conseillée
1,2 ha (50 empl.) terrasses, plat et peu incliné
**Tarif :** ⊞ 2 pers (₄) 14 – pers. suppl. 3

*Kataloge der* **MICHELIN–Veröffentlichungen** *erhalten Sie beim Buchhändler
und direkt von* **Michelin** *(Karlsruhe).*

**194**

## CHÂTEAUMEILLANT

18370 Cher **10** – **323** J7 – 2 081 h. – alt. 247.
**Ⓘ** Office du Tourisme, rue de la Victoire ℰ 02 48 61 39 89, Fax 02 48 61 39 89, *ot.chateaumeillant@wanad
oo.fr.*
Paris 302 – Aubusson 78 – Bourges 66 – La Châtre 19 – Guéret 59 – Montluçon 45 – St-Amand-Montrond 37.

**Municipal l'Étang Merlin** mai-sept.
ℰ 02 48 61 31 38, *chalets.camping.chateaumeillant@wana
doo.fr,* Fax 02 48 61 39 89 – NO : 1 km par D 70, rte de
Beddes et D 80 à gauche rte de Vicq « Chalets agréablement
situés sur l'autre rive de l'étang » – **R** conseillée
1,5 ha (30 empl.) plat, herbeux
**Tarif :** ⊞ 2 pers. (₄) (5A) 10 – pers. suppl. 2,50
**Location** *(permanent)* – ✗ : ☎ 147 à 275

À prox. : ✗

## CHÂTEAUNEUF-DE-GALAURE

26330 Drôme **12** – **332** C2 – 1 246 h. – alt. 253.
Paris 536 – Annonay 29 – Beaurepaire 19 – Romans-sur-Isère 27 – St-Marcellin 41 – Tournon-sur-Rhône 24
– Valence 40.

**Château de Galaure** mai-sept.
ℰ 04 75 68 65 22, Fax 04 75 68 60 60 – SO : 0,8 km par
D 51, rte de St-Vallier « Bel ensemble de piscines » – **R**
12 ha (200 empl.) plat, herbeux
**Tarif :** ⊞ 2 pers. (₄) (6A) 24 – pers. suppl. 4

À prox. : ✗

## CHÂTEAUNEUF-DU-RHÔNE

26780 Drôme **16** – **332** B7 G. Vallée du Rhône – 2 094 h. – alt. 80.
Paris 619 – Aubenas 43 – Grignan 23 – Montélimar 9 – Pierrelatte 15 – Valence 59.

**Municipal la Graveline** 7 juin-août
ℰ 04 75 90 80 96, Fax 04 75 90 69 49 – sortie Nord par
D 73, rte de Montélimar puis chemin à droite – **R** conseillée
0,6 ha (66 empl.) plat et peu incliné, herbeux
**Tarif :** ⊞ 2 pers. (₄) 6,50 – pers. suppl. 1,50

À prox. : ✗

## CHÂTEAUNEUF-LA-FORÊT

87130 H.-Vienne **10** – **325** G6 – 1 805 h. – alt. 376.
**🛈** Office du Tourisme, place Eugène-Degrassat 𝒫 05 55 69 63 69, Fax 05 55 69 63 69.
Paris 424 – Eymoutiers 14 – Limoges 36 – St-Léonard-de-Noblat 19 – Treignac 34.

⚠ **Municipal du Lac** 15 juin-15 sept.
𝒫 05 55 69 63 69, *otsi.chateauneuflaforet@wanadoo.fr*,
Fax 05 55 69 63 69 – à 0,8 km à l'Ouest du centre bourg,
rte du stade, à 100 m d'un plan d'eau – **R** conseillée
1,5 ha (65 empl.) plat, herbeux
**Tarif :** ▣ *2 pers.* [⚡] *11,90 – pers. suppl. 2,30*
**Location :** 🚐 *215 à 370 – gîtes*

| GB 🚲 ♀ (0,7 ha) ⅃ 🗊 🕲 ⊙ 🖳 ⚒ |
| À prox. : 🛥 ≃ (plage) |

## CHÂTEAUNEUF-LES-BAINS

63390 P.-de-D. **11** – **326** E6 G. Auvergne – 330 h. – alt. 390 – ♨ (mai-oct.).
**🛈** Office du Tourisme, Le Bourg 𝒫 04 73 86 67 86, Fax 04 73 86 41 06, *ot.chateauneuf@wanadoo.fr*.
Paris 383 – Aubusson 80 – Clermont-Ferrand 49 – Montluçon 56 – Riom 33 – Ussel 107.

⚠ **Municipal les Prés Dimanche** mai-10 oct.
𝒫 04 73 86 41 50 – sortie Nord-Est par D 109, rte de Pont-
de-Menat, près de la Sioule (accès direct) – **R** conseillée
0,5 ha (45 empl.) plat, herbeux, pierreux
**Tarif :** ▣ *2 pers.* [⚡] *9 – pers. suppl. 1*

| ⇐ ⌁ 🚲 ⌑ ⅃ 🗊 🕲 🗓 🖳 ⊙ 🖳 |
| 🛥 |
| À prox. : 🍴 🚃 ⚒ 🕅 ≃ ⚓ 🐎 |

## CHÂTEAUNEUF-SUR-SARTHE

49330 M.-et-L. **4** – **317** G2 – 2 370 h. – alt. 20.
**🛈** Office du Tourisme, quai de la Sarthe 𝒫 02 41 69 82 89, Fax 02 41 69 82 89, *tourismechateauneufsursar the@wanadoo.fr*.
Paris 279 – Angers 31 – Château-Gontier 26 – La Flèche 33.

⚠ **Municipal du Port** mai-sept.
𝒫 02 41 69 82 02, Fax 02 41 96 15 29 – sortie Sud-Est par
D 859 rte de Durtal et 2ème chemin à droite après le pont,
bord de la Sarthe (halte nautique) **« Décoration arbustive »**
1 ha (60 empl.) plat, herbeux
**Tarif :** (Prix 2002) ▣ *1 ou 2 pers.* [⚡] *(10A) 8,50 – pers. suppl. 2*

| ⌑ ♀ (0,3 ha) ⅃ 🗊 🗓 🕲 ⊙ 🖳 |

## CHÂTEAUPONSAC

87290 H.-Vienne **10** – **325** E4 G. Berry Limousin – 2 409 h. – alt. 290.
**🛈** Office du Tourisme, place Maurier 𝒫 05 55 76 57 57, Fax 05 55 76 59 57.
Paris 361 – Bélâbre 55 – Limoges 47 – Bellac 22 – St-Junien 45.

⚠⚠ **Municipal la Gartempe** Permanent
𝒫 05 55 76 55 33, *chateauponsac.tourisme@wanadoo.fr*,
Fax 05 55 76 98 05 – sortie Sud-Ouest par D 711 rte de
Nantiat, à 200 m de la rivière – **R** conseillée
1,5 ha (43 empl.) plat, peu incliné et terrasses, herbeux
**Tarif :** ▣ *2 pers.* [⚡] *(6A) 16,30 – pers. suppl. 2,30 – frais de réservation 15,50*
**Location :** 🏠 *290 à 460*

| ⌁ juil.-août 🚲 ⅃ 🗊 🕲 🗓 🖳 ⊙ 🖳 |
| 🍴 snack 🚃 🛝 |
| À prox. : 🚴 🕲 🕅 ⅃ |

## CHÂTEAU-QUEYRAS

05350 H.-Alpes **17** – **334** I4 G. Alpes du Sud – alt. 1 380.
Paris 718 – Briançon 37 – Gap 81 – Guillestre 19 – St-Véran 13.

⚠ **Municipal de l'Iscle** 15 juin-10 sept.
𝒫 04 92 46 76 21, Fax 04 92 46 82 00 – sortie Est par
D 947, rte d'Aiguilles, à 50 m du Guil – **R** conseillée
2 ha (75 empl.) plat, pierreux, herbeux
**Tarif :** (Prix 2002) ▣ *2 pers.* [⚡] *8,40 – pers. suppl. 2*

| ⇐ 🚲 ♀ ⅃ 🗊 🕲 🖳 ⚒ |

## CHÂTEAURENARD

13160 B.-du-R. **16** – **340** E2 G. Provence – 11 790 h. – alt. 37.
**🛈** Office du tourisme, 11 cours Carnot 𝒫 04 90 24 25 50, Fax 04 90 24 25 52, *otchateaurenard@visitprove nce.com*.
Paris 697 – Avignon 10 – Carpentras 37 – Cavaillon 21 – Marseille 96 – Nîmes 45 – Orange 40.

⚠ **La Roquette** mars-nov.
𝒫 04 90 94 46 81, *patrick.renard14@wanadoo.fr*, Fax
04 90 94 46 81 – E : 1,5 km par D 28 rte de Noves et
à droite, près de la piscine, Par A 7 sortie Avignon-Sud –
**R** conseillée
2 ha (75 empl.) plat, herbeux
**Tarif :** ▣ *2 pers.* [⚡] *(5A) 13,80 – pers. suppl. 3,40*

| ⌁ GB 🚲 🏛 ⅃ 🗊 🕲 🗓 🕲 ⊙ |
| ⌕ ⚘ 🖳 🚴 |
| À prox. : ⚒ 🕲 ⅃ |

## CHÂTEAU-RENAULT

37110 I.-et-L. **5** – **317** O3 G. Châteaux de la Loire – 5 787 h. – alt. 92.
**🖪** Office du Tourisme, 32 place Jean-Jaurès ℘ 02 47 56 22 22, Fax 02 47 56 22 22.
Paris 217 – Angers 122 – Blois 45 – Loches 63 – Le Mans 89 – Tours 31 – Vendôme 28.

⚠ **Municipal du Parc de Vauchevrier** mai-15 sept.
℘ 02 47 29 54 43, Fax 02 47 56 87 50 – vers sortie Ouest
par D 766, rte d'Angers et rue à droite, à la piscine, bord de
la Brenne – **R** conseillée
3,5 ha (110 empl.) plat, herbeux
**Tarif :** 🖾 2 pers. 🔌 (6A) 7,70 – pers. suppl. 1,65

## CHÂTEAUROUX

36000 Indre **10** – **323** G6 G. Berry Limousin – 50 969 h. – alt. 155.
**🖪** Office du Tourisme, 1 place de la Gare ℘ 02 54 34 10 74, Fax 02 54 27 57 97, tourisme-chateauroux@w
anadoo.fr.
Paris 265 – Blois 101 – Bourges 66 – Châtellerault 99 – Guéret 89 – Limoges 125 – Montluçon 99 –
Tours 116.

⚠ **Municipal de Rochat Belle-Isle** mai-sept.
℘ 02 54 34 26 56, Fax 02 54 60 85 26 – Nord par av. de
Paris et rue à gauche, bord de l'Indre et à 100 m d'un plan
d'eau
4 ha (205 empl.) plat, herbeux, gravillons
**Tarif :** 🖾 2 pers. 🔌 10,20 – pers. suppl. 2
🚐

## CHÂTEL

74390 H.-Savoie **12** – **328** O3 G. Alpes du Nord – 1 255 h. – alt. 1 180 – Sports d'hiver : 1 200/2 100 m
⟨2 ⟩52 ⟩.
**🖪** Office du Tourisme, Chef-Lieu ℘ 04 50 73 22 44, Fax 04 50 73 22 87, touristoffice@chatel.com.
Paris 605 – Annecy 113 – Évian-les-Bains 38 – Morzine 38 – Thonon-les-Bains 39.

⚠ **L'Oustalet** 20 juin-1er sept., 14 déc.-26 avril
℘ 04 50 73 21 97, oustalet@valdabondance.com, Fax
04 50 73 37 46 – SO : 2 km par la rte du col de Bassachaux,
bord de la Dranse – En deux parties distinctes, alt. 1 110
« Site agréable de la vallée d'Abondance » – **R** indispensable
– en hiver, séjour minimum 1 semaine
3 ha (100 empl.) plat et peu incliné, herbeux, pierreux,
gravillons
**Tarif :** 🖾 2 pers. 🔌 (10A) 24,10 – pers. suppl. 5,10 (hiver pour
une semaine 188), pers. suppl. 29 – frais de réservation 16
🚐

## CHÂTELAILLON-PLAGE

17340 Char.-Mar. **9** – **324** D3 G. Poitou Vendée Charentes – 4 993 h. – alt. 3.
**🖪** Office du Tourisme, 5 avenue de Strasbourg ℘ 05 46 56 26 97, Fax 05 46 56 09 49, mairiechatelaillon@o
ffice.fr.
Paris 470 – Niort 63 – Rochefort 23 – La Rochelle 16 – Surgères 29.

⚠ **Le Clos des Rivages** 15 juin-5 sept.
℘ 05 46 56 26 09 – S : av. des Boucholeurs – **R** conseillée
3 ha (150 empl.) plat, herbeux, étang
**Tarif :** (Prix 2002) 🖾 2 pers. 🔌 (10A) 21,60 – pers. suppl. 4,30

⚠ **L'Océan** 14 juin-14 sept.
℘ 05 46 56 87 97 – N : 1,3 km par D 202, rte de la Rochelle
et à droite – **R** conseillée
1,8 ha (94 empl.) plat, herbeux
**Tarif :** 🖾 2 pers. 🔌 (10A) 17,20 – pers. suppl. 3,30

## Le CHÂTELARD

73630 Savoie **12** – **333** J3 G. Alpes du Nord – 491 h. – alt. 750.
**🖪** Office du Tourisme, place de la Grenette ℘ 04 79 54 84 28, Fax 04 79 54 88 87, infos@les bauges.com.
Paris 562 – Aix-les-Bains 30 – Annecy 30 – Chambéry 48 – Montmélian 35 – Rumilly 32.

⚠ **Les Cyclamens** 15 mai-15 sept.
℘ 04 79 54 80 19, les-cyclamens@camping-france-savoie.
com – vers sortie Nord-Ouest et chemin à gauche, rte du
Champet « Cadre boisé agréable » – **R** conseillée
0,6 ha (33 empl.) plat, herbeux
**Tarif :** 🖾 2 pers. 🔌 (6A) 14,30 – pers. suppl. 3,40 D

## CHÂTELAUDREN

22170 C.-d'Armor **3** – **309** E3 – 947 h. – alt. 105.

**7** Syndicat d'Initiative, place des Sapeurs-Pompiers ✆ 02 96 74 12 02, Fax 02 96 79 51 05.

Paris 470 – Guingamp 17 – Lannion 48 – St-Brieuc 18 – St-Quay-Portrieux 21.

    ▲ *Municipal de l'Etang* mai-sept.
✆ 02 96 74 17 71, Fax 02 96 74 22 19 – au bourg, rue de la gare, bord d'un étang – **R**
0,2 ha (17 empl.) plat, herbeux
**Tarif :** (Prix 2002) ▣ *2 pers.* ⚡ *9,92 – pers. suppl. 2,29*

À prox. : poneys

## CHÂTEL-DE-NEUVRE

03500 Allier **11** – **326** G4 G. Auvergne – 512 h. – alt. 224.

Paris 314 – Montmarault 38 – Moulins 20 – St-Pourçain-sur-Sioule 13 – Vichy 41.

    ▲ *Deneuvre* avril-sept.
✆ 04 70 42 04 51, *campingdeneuvre@wanadoo.fr*, Fax 04 70 42 04 51 – N : 0,5 km par N 9 puis chemin à droite, bord de l'Allier – **R** conseillée
1,3 ha (75 empl.) plat, herbeux
**Tarif :** ▣ *2 pers.* ⚡ *(4A) 14,50 – pers. suppl. 3,75*

snack

## CHÂTELGUYON

63140 P.-de-D. **11** – **326** F7 G. Auvergne – 4 743 h. – alt. 430 – ♨ (début mai-fin sept.).

**7** Office du Tourisme, 1 avenue de l'Europe ✆ 04 73 86 01 17, Fax 04 73 86 27 03, *ot.chatelguyon@wanadoo.fr*.

Paris 414 – Aubusson 94 – Clermont-Ferrand 21 – Gannat 32 – Vichy 43 – Volvic 11.

    ▲▲▲ *Clos de Balanède* 15 avril-2 oct.
✆ 04 73 86 02 47, *claude.pougheon@wanadoo.fr*, Fax 04 73 86 05 64 – sortie Sud-Est par D 985, rte de Riom
4 ha (285 empl.) plat et peu incliné, herbeux
**Tarif :** (Prix 2002) ▣ *2 pers.* ⚡ *(10A) 14,80 – pers. suppl. 3,65*
**Location :** ⌂⌂ *282 à 412*
🚍 *(15 empl.)*

snack

**à St-Hippolyte** SO : 1,5 km – ✉ 63140 Châtelguyon :

    ▲ *Municipal de la Croze* mai-sept.
✆ 04 73 86 08 27 – SE : 1 km par D 227, rte de Riom – **R**
3,7 ha (100 empl.) plat, peu incliné et en terrasses, herbeux, pierreux
**Tarif :** ▣ *2 pers.* ⚡ *(10A) 13,15 – pers. suppl. 2,35*

*Voir aussi à Loubeyrat*

## CHÂTELLERAULT

86100 Vienne **10** – **322** J4 G. Poitou Vendée Charentes – 34 678 h. – alt. 52.

**7** Office du Tourisme, 2 avenue Treuille ✆ 05 49 21 05 47, Fax 05 49 02 03 26, *contact@cc-pays-chatelleraudais.fr*.

Paris 305 – Châteauroux 99 – Cholet 134 – Poitiers 36 – Tours 71.

    ▲▲ *Relais du Miel* 17 mai-août
✆ 05 49 02 06 27, *camping@lerelaisdumiel.com*, Fax 05 49 93 25 76 – sortie Nord, N 10 rte de Paris, puis rocade à gauche en direction du péage de l'A 10 et à droite par D 1 rte d'Antran, près de la Vienne (accès direct), Par A 10, sortie ㉖ Châtellerault-Nord et D 1 à gauche, rte d'Antran « Dans les dépendances d'une demeure du 18ᵉ siècle » – **R** conseillée
7 ha/4 campables (80 empl.) plat, terrasses, peu incliné, herbeux, pierreux
**Tarif :** (Prix 2002) ▣ *2 pers.* ⚡ *(10A) 24 – pers. suppl. 5*
🚍

snack

## CHÂTELUS-MALVALEIX

23270 Creuse **10** – **325** J3 – 558 h. – alt. 410.

Paris 333 – Aigurande 29 – Aubusson 46 – Boussac 19 – Guéret 25.

    ▲ *Municipal la Roussille* juin-sept.
✆ 05 55 80 52 71 – à l'Ouest du bourg « Plaisante situation en bordure d'étangs » – **R** conseillée
0,5 ha (33 empl.) peu incliné, plat, herbeux
**Tarif :** ▣ *2 pers.* ⚡ *6,10 – pers. suppl. 1,30*
**Location** *(permanent)* : ⌂ *121 à 398*

circuit VTT
À prox. :

## CHÂTILLON

39130 Jura 12 – 321 E7 – 128 h. – alt. 500.
Paris 421 – Champagnole 24 – Clairvaux-les-Lacs 15 – Lons-le-Saunier 19 – Poligny 24.

⚠ **Domaine de l'Épinette** 15 juin-15 sept.
    𝄞 03 84 25 71 44, info@ domaine-epinette.com, Fax 03 84 25 71 25 – S : 1,3 km par D 151, rte de Blye – **R** conseillée 7 ha (150 empl.) en terrasses, plat et peu incliné, herbeux, pierreux
**Tarif :** 🏕 2 pers. 🔌 20 – pers. suppl. 4,50
**Location** 🚐 : 🚕 200 à 420

À prox. : canoë

## CHÂTILLON-COLIGNY

45230 Loiret 6 – 318 O5 G. Bourgogne – 1 903 h. – alt. 130.
🛈 Office du Tourisme, 2 place Coligny 𝄞 02 38 96 02 33, Fax 02 38 96 02 33.
Paris 141 – Auxerre 70 – Gien 25 – Joigny 48 – Montargis 22.

⚠ **Municipal de la Lancière** avril-sept.
    𝄞 02 38 92 54 73 – au Sud du bourg, entre le Loing et le canal de Briare (halte fluviale) – Places limitées pour le passage
1,9 ha (55 empl.) plat, herbeux
**Tarif :** (Prix 2002) 🏕 2 pers. 🔌 (6A) 8 – pers. suppl. 1,60

(1 ha) cases réfrigérées

## CHÂTILLON-EN-DIOIS

26410 Drôme 16 – 332 F5 – 545 h. – alt. 570.
🛈 Office du Tourisme, square Jean-Giono 𝄞 04 75 21 10 07, Fax 04 75 21 10 07.
Paris 643 – Die 14 – Gap 77 – Grenoble 98 – La Mure 65.

⚠ **Le Lac Bleu** Permanent
    𝄞 04 75 21 85 30, info@ lacbleu-diois.com, Fax 04 75 21 82 05 – SO : 4 km par D 539, rte de Die et D 140, de Menglon, chemin à gauche, avant le pont – **R** conseillée
6 ha (100 empl.) plat, herbeux
**Tarif :** 🏕 2 pers 🔌 (6A) 20 – pers. suppl. 5

juil.-août pizzeria, discothèque

## CHÂTILLON-EN-VENDELAIS

35210 I.-et-V. 4 – 309 O5 – 1 526 h. – alt. 133.
Paris 311 – Fougères 17 – Rennes 50 – Vitré 13.

⚠ **Municipal du Lac** 15 mai-sept.
    𝄞 02 99 76 06 32, Fax 02 99 76 12 39 – N : 0,5 km par D 108, bord de l'étang de Châtillon « Site agréable et cadre verdoyant »
0,6 ha (61 empl.) peu incliné, herbeux
**Tarif :** 🏕 2 pers. 🔌 9,20 – pers. suppl. 2,05

juil.-août
À prox. : pédalos 🍸 crêperie 🍽

198

## CHÂTILLON-SUR-CHALARONNE

01400 Ain 12 – 328 C4 G. Vallée du Rhône – 3 786 h. – alt. 177.
🛈 Office du Tourisme, place du Champ de Foire 𝄞 04 74 55 02 27, Fax 04 74 55 34 78, office tourisme.cha tillon@ wanadoo.fr.
Paris 417 – Bourg-en-Bresse 28 – Lyon 58 – Mâcon 29 – Meximieux 35 – Villefranche-sur-Saône 27.

⚠ **Municipal du Vieux Moulin** 15 avril-15 sept.
    𝄞 04 74 55 04 79, Fax 04 74 55 13 11 – sortie Sud-Est par D 7 rte de Chalamont, bord de la Chalaronne, à 150 m d'un étang (accès direct) – Places limitées pour le passage « Cadre verdoyant et ombragé en bordure de rivière » – **R** conseillée
3 ha (140 empl.) plat, herbeux
**Tarif :** (Prix 2002) 🏕 2 pers. 🔌 16,60 – pers. suppl. 4 – frais de réservation 8
🚕 (14 empl.) 16,60

À prox. : 🛒 🍸 snack 🍽

## CHÂTILLON-SUR-INDRE

36700 Indre 10 – 323 D5 G. Berry Limousin – 3 262 h. – alt. 115.
🛈 Office du Tourisme, place du Champ de Foire 𝄞 02 54 38 75 44.
Paris 258 – Le Blanc 43 – Blois 77 – Châteauroux 49 – Châtellerault 65 – Loches 24 – Tours 68.

⚠ **Municipal de la Ménétrie** 15 mai-15 sept.
    𝄞 02 54 38 75 44 – au Nord de la localité, en direction de Loches puis à droite vers la gare, rue du Moulin la Grange, bord d'un ruisseau – **R**
0,8 ha (55 empl.) plat, herbeux
**Tarif :** 🏕 2 pers. 🔌 (6A) 7,60 – pers. suppl. 1,80

À prox. : parcours sportif

## CHÂTILLON-SUR-SEINE

21400 Côte-d'Or **7** – **320** H2 G. Bourgogne – 6 862 h. – alt. 219.
**Ø** Office du Tourisme, place Marmont   ℘ 03 80 91 13 19, Fax 03 80 91 21 46, *tourism-chatillon-sur-seine@w anadoo.fr.*
Paris 234 – Auxerre 85 – Avallon 75 – Chaumont 60 – Dijon 84 – Langres 77 – Saulieu 79 – Troyes 69.

▲ **Municipal** avril-sept.
℘ 03 80 91 03 05, *tourism-chatillon-sur-seine@wanadoo.
fr,* Fax 03 80 91 21 46 – esplanade St-Vorles par rte de Langres « Sur les hauteurs ombragées de la ville »
0,8 ha (54 empl.) peu incliné, plat, herbeux, goudronné
**Tarif :** 🗏 *2 pers.* 🔌 *(6A) 13,40 – pers. suppl. 2,80*

## La CHÂTRE

36400 Indre **10** – **323** H7 G. Berry Limousin – 4 623 h. – alt. 210.
**Ø** Office du Tourisme, square George-Sand   ℘ 02 54 48 22 64, Fax 02 54 06 09 15, *ot.la-chatre@wanadoo.fr.*
Paris 298 – Bourges 69 – Châteauroux 36 – Guéret 53 – Montluçon 64 – Poitiers 139 – St-Amand-Montrond 52.

▲ **Intercommunal le Val Vert** juin-sept.
℘ 02 54 48 32 42, Fax 02 54 48 32 87 – sortie Sud-Est par D 943, rte de Montluçon puis 2 km par D 83^A, rte de Briante à droite et chemin, à proximité de l'Indre « Dans un site campagnard très verdoyant »
2 ha (77 empl.) en terrasses, plat, herbeux
**Tarif :** 🗏 *2 pers.* 🔌 *9,90 – pers. suppl. 2,28*
🚐

**à Montgivray** N : 2,5 km – 1 661 h. – alt. 210 – ✉ 36400 Montgivray :

▲ **Municipal Solange Sand** 15 mars-15 oct.
℘ 02 54 06 10 34, *mairie.montgivray@wanadoo.fr,* Fax 02 54 06 10 39 – au bord de l'Indre « Attenant au château Solange-Sand » – **R** conseillée
1 ha (70 empl.) plat, herbeux, parc attenant
**Tarif :** 🗏 *2 pers.* 🔌 *(10A) 10,10 – pers. suppl. 1,80*

## CHÂTRES-SUR-CHER

41320 L.-et-Ch. **6** – **318** I8 – 1 074 h. – alt. 70.
**Ø** Syndicat d'Initiative, ℘ 02 54 98 03 24, Fax 02 54 98 09 57.
Paris 207 – Bourges 56 – Romorantin-Lanthenay 21 – Selles-sur-Cher 29 – Vierzon 13.

▲ **Municipal des Saules** mai-août
℘ 02 54 98 04 55 – au bourg, près du pont, bord du Cher (plan d'eau) – **R** conseillée
1 ha (80 empl.) plat, herbeux, sablonneux
**Tarif :** 🗏 *2 pers.* 🔌 *(5A) 7,87 – pers. suppl. 1,35*

## CHAUDES-AIGUES

15110 Cantal **15** – **330** G5 G. Auvergne – 1 110 h. – alt. 750 – ♨ (fin avril-fin oct.).
**Ø** Office du Tourisme, 1 avenue Georges-Pompidou ℘ 04 71 23 52 75, Fax 04 71 23 51 98, *ot.chaudes-aigu es@auvergne.net.*
Paris 543 – Aurillac 88 – Entraygues-sur-Truyère 63 – Espalion 54 – St-Chély-d'Apcher 29 – St-Flour 29.

▲ **Municipal le Château du Couffour** mai-20 oct.
℘ 04 71 23 57 08, Fax 04 71 23 57 08 – S : 2 km par D 921, rte de Laguiole puis chemin à droite, au stade, alt. 900 – **R**
2,5 ha (170 empl.) plat, peu incliné, terrasses, herbeux
**Tarif :** (Prix 2002) 🗏 *2 pers.* 🔌 *8,50 – pers. suppl. 2*
🚐

## CHAUFFAILLES

71170 S.-et-L. **11** – **320** G12 – 4 485 h. – alt. 405.
**Ø** Office du Tourisme, 1 rue Gambetta ℘ 03 85 26 07 06, Fax 03 85 26 03 92, *office.tourisme.chauffaillles @wanadoo.fr.*
Paris 393 – Charolles 33 – Lyon 81 – Mâcon 64 – Roanne 34.

▲▲ **Municipal les Feuilles** mai-sept.
℘ 03 85 26 48 12, Fax 03 85 26 55 02 – au Sud-Ouest de la ville, par r. du Chatillon, bord du Botoret « Cadre verdoyant » – **R** conseillée
4 ha (75 empl.) plat et peu incliné, herbeux, gravillons
**Tarif :** (Prix 2002) 🗏 *2 pers.* 🔌 *(5A) 12 – pers. suppl. 2,50*
**Location :** *huttes*
🚐

## CHAUFFOUR-SUR-VELL

19500 Corrèze 🔟 – 🖩 K5 – 325 h. – alt. 160.
Paris 508 – Beaulieu-sur-Dordogne 23 – Brive-la-Gaillarde 27 – Rocamadour 32 – Souillac 26.

  ▲ **Feneyrolles** 15 avril-15 oct.
    𝄞 05 55 84 09 58, feneyrolles@aol.com, Fax 05 55 25
    31 43 – à 2,2 km à l'Est de la commune par chemin, au lieu-dit
    Feneyrolles – **R** conseillée
    3 ha (90 empl.) en terrasses et peu incliné, pierreux, herbeux
    **Tarif** : (Prix 2002) 🖂 2 pers. 🅜 13,50 – pers. suppl. 3,50 –
    frais de réservation 8
    **Location** : 🛖 110 à 220 – 🛖 150 à 370

## CHAUMONT-SUR-LOIRE

41150 L.-et-Ch. 🛐 – 🖩 E7 G. Châteaux de la Loire – 876 h. – alt. 69.
🆔 Office du Tourisme, 24 rue du Maréchal-Leclerc 𝄞 02 54 20 91 73, Fax 02 54 20 90 34.
Paris 201 – Amboise 21 – Blois 20 – Contres 24 – Montrichard 19 – St-Aignan 33.

  ▲ **Municipal Grosse Grève** 15 mai-sept.
    𝄞 02 54 20 95 22, Fax 02 54 20 99 61 – sortie Est par
    D 751, rte de Blois et rue à gauche, avant le pont, bord de
    la Loire – **R**
    4 ha (150 empl.) plat et peu accidenté, herbeux, sablonneux
    **Tarif** : 🖂 2 pers. 🅜 9,90 – pers. suppl. 2,70

## CHAUVIGNY

86300 Vienne 🔟 – 🖩 J5 G. Poitou Vendée Charentes – 6 665 h. – alt. 65.
🆔 Office du Tourisme, 5 rue St-Pierre 𝄞 05 49 46 39 01.
Paris 334 – Bellac 64 – Le Blanc 37 – Châtellerault 30 – Montmorillon 27 – Ruffec 91.

  ▲ **Municipal de la Fontaine** avril-oct.
    𝄞 05 49 46 31 94, chauvigny@cg86.fr
    sortie Nord par D 2, rte de la Puge et à droite, rue de la
    Fontaine « Jardin public attenant, pièces d'eau » –
    **R** conseillée
    2,8 ha (120 empl.) plat, herbeux, gravillons
    **Tarif** : (Prix 2002) 🖂 2 pers. 🅜 7,55 – pers. suppl. 1,60

## CHAUZON

07 Ardèche – 🖩 I7 – voir à Ardèche (Gorges de l').

## CHAVANNES-SUR-SURAN

01250 Ain 🔢 – 🖩 F3 – 419 h. – alt. 312.
Paris 442 – Bourg-en-Bresse 20 – Lons-le-Saunier 51 – Mâcon 57 – Nantua 37 – Pont-d'Ain 27.

  ▲ **Municipal** mai-sept.
    𝄞 04 74 51 70 52, Fax 04 74 51 71 83 – sortie Est par D 3
    rte d'Arnans « Cadre verdoyant au bord du Suran »
    1 ha (25 empl.) plat, herbeux
    **Tarif** : (Prix 2002) 🖂 2 pers. 🅜 7,30 – pers. suppl. 1,60

## CHÉMERY

41700 L.-et-Ch. 🛐 – 🖩 F7 – 875 h. – alt. 90.
🆔 Office du Tourisme, rue Nationale 𝄞 02 54 71 31 08, Fax 02 54 71 31 08.
Paris 213 – Blois 32 – Montrichard 29 – Romorantin-Lanthenay 29 – St-Aignan 15 – Selles-sur-Cher 10.

  ▲ **Municipal le Gué** 15 avril-fin sept.
    𝄞 02 54 71 37 11, ot.chemery@wanadoo.fr, Fax 02 54 71
    31 08 – à l'Ouest du bourg par rte de Couddes, bord d'un
    ruisseau – **R** conseillée
    1,2 ha (50 empl.) plat, herbeux
    **Tarif** : 🖂 2 pers. 🅜 (6A) 8,40 – pers. suppl. 2,30
    🛖

200

*Si vous recherchez :*

    *un terrain effectuant la location de caravanes, de mobile homes, de bungalows*
    *ou de chalets*

    *Consultez le tableau des localités citées, classées par départements.*

## CHEMILLÉ

49120 M.-et-L. 9 – 317 E5 – 6 016 h. – alt. 84.
Office du Tourisme, parc de l'Hôtel de Ville de Chemillé ✆ 02 41 46 14 64, Fax 02 41 46 14 64.
Paris 334 – Angers 44 – Cholet 22 – Saumur 60.

**L'Étang de Coulvée** mai-14 sept.
✆ 02 41 30 39 97, *communaute.com.chemille@wanadoo.fr*, Fax 02 41 30 39 00 – sortie Sud par N 160, rte de Cholet et chemin à droite, près d'un plan d'eau – **R** conseillée
2 ha (42 empl.) plat, herbeux
**Tarif :** (Prix 2002) *2 pers. (10A) 12,50 – pers. suppl. 2,70*
**Location** *(permanent) : 144 à 265*

À prox. :

## CHEMILLÉ-SUR-INDROIS

37460 I.-et-L. 10 – 317 P6 – 207 h. – alt. 97.
Syndicat d'Initiative, ✆ 02 47 92 60 75, Fax 02 47 92 67 98.
Paris 245 – Châtillon-sur-Indre 25 – Loches 15 – Montrichard 27 – St-Aignan 21 – Tours 57.

**Municipal du Lac** 19 avril-15 oct.
✆ 02 47 92 77 83, Fax 02 47 92 67 98 – au Sud-Ouest du bourg « Agréable situation près d'un plan d'eau » – **R** conseillée
1 ha (72 empl.) plat et peu incliné, herbeux
**Tarif :** (Prix 2002) *2 – 1,50 – 2 – 2*

À prox. : pédalos brasserie poneys

## CHÊNE-EN-SEMINE

74270 H.-Savoie 12 – 328 I4 – 234 h. – alt. 500.
Paris 504 – Annecy 34 – Bellegarde-sur-Valserine 11 – Genève 39 – Nantua 35 – Rumilly 29.

**La Croisée**
✆ 04 50 77 90 06 – au Centre de Loisirs de la Semine, N : 2 km, à l'intersection des N 508 et D 14
2,9 ha (164 empl.) plat, herbeux, pierreux

chênaie
À prox. :

## CHÉNÉRAILLES

23130 Creuse 10 – 325 K4 G. Berry Limousin – 794 h. – alt. 537.
Syndicat d'Initiative, ✆ 05 55 62 91 22.
Paris 371 – Aubusson 19 – La Châtre 63 – Guéret 32 – Montluçon 46.

**Municipal la Forêt** 15 juin-15 sept.
✆ 05 55 62 38 26 – SO : 1,3 km par D 55 rte d'Ahun « Cadre boisé près d'un étang »
0,5 ha (33 empl.) peu incliné, plat, pierreux, herbeux
**Tarif :** *2 pers. (16A) 8,85 – pers. suppl. 1,70*

sapinière
À prox. : (plage)

## CHERRUEIX

35120 I.-et-V. 4 – 309 L3 – 983 h. – alt. 3.
Paris 377 – Cancale 19 – Dinard 31 – Dol-de-Bretagne 9 – Rennes 67 – St-Malo 25.

**L'Aumône** 19 avril-5 oct.
✆ 02 99 48 95 11, Fax 02 99 80 87 37 – S : 0,5 km, sur D 797 – **R** conseillée
1,6 ha (70 empl.) plat, herbeux
**Tarif :** *2 pers. (6A) 11,30 – pers. suppl. 2,90*
**Location** *(permanent) : 230 à 370*

## Le CHESNE

08390 Ardennes 7 – 306 K5 G. Champagne Ardenne – 974 h. – alt. 164 – Base de loisirs.
Paris 229 – Buzancy 19 – Charleville-Mézières 39 – Rethel 32 – Vouziers 18.

**Départemental Lac de Bairon** Permanent
✆ 03 24 30 11 66, Fax 03 24 30 11 66 – NE : 2,8 km par D 991, rte de Charleville-Mézières et rte de Sauville, à droite, Pour caravanes : accès conseillé par D 977, rte de Sedan et D 12 à gauche « Situation agréable au bord du lac » – **R** conseillée
6,8 ha (170 empl.) plat et en terrasses, herbeux, gravillons
**Tarif :** (Prix 2002) *2 pers. (10A) 11,70 – pers. suppl. 2,50*

GB (0,5 ha)
À prox. : canoë

## CHEVENON

58160 ⑪ – ③⑲ C10 G. Bourgogne – 715 h. – alt. 190.
Paris 252 – Dijon 189 – Moulins 51 – Tours 236.

△ **Municipal** Permanent
  ℘ 03 86 68 71 71 – SO : 1,4 km par D 200, rte de Magny-
Cours – **R** conseillée
4 ha/2 campables ( 63 empl.) plat et peu incliné, herbeux
**Tarif :** ▣ *2 pers.* ⚡ *(16A) 14,90 – pers. suppl. 2*

À prox. : ▱ ≋ (plage) 🏊

## Le CHEYLARD

07160 Ardèche ⑪ – ③③① I4 – 3 833 h. – alt. 450.
🛈 Office du Tourisme, rue du 5 Juillet 1944 ℘ 04 75 29 18 71, Fax 04 75 29 46 75, *otcheyla@ inforoutes-a*
*rdeche.fr.*
Paris 604 – Aubenas 50 – Lamastre 22 – Privas 47 – Le Puy-en-Velay 62 – St-Agrève 19 – Valence 60.

△ **Municipal la Chèze** mai-sept.
  ℘ 04 75 29 09 53 – sortie Nord-Est par D 120, rte de la
Voulte puis à droite, 1 km par D 204 et D 264, rte de St-
Christol, au château « Belle situation dominante dans le parc
d'un château » – **R** conseillée
3 ha (96 empl.) plat et en terrasses
**Tarif :** ▣ *2 pers.* ⚡ *(10A) 10 – pers. suppl. 2,50*

≤ le Cheylard et montagnes
parcours de santé

## CHINDRIEUX

73310 Savoie ⑫ – ③③③ I3 – 1 059 h. – alt. 300.
Paris 520 – Aix-les-Bains 16 – Annecy 48 – Bellegarde-sur-Valserine 39 – Bourg-en-Bresse 91 – Chambéry 33.

△ **Les Peupliers** 5 avril-19 oct.
  ℘ 04 79 54 52 36, *camping-les-peupliers@ wanadoo.fr,*
Fax 04 79 54 52 36 – S : 1 km par D 991 rte d'Aix-les-Bains
et chemin à droite, à Chaudieu – **R** conseillée
1,5 ha (65 empl.) plat, herbeux, gravier
**Tarif :** ▣ *2 pers.* ⚡ *14 – pers. suppl. 3*
🚐 *(3 empl.) – 14,50*

*Raadpleeg, voordat U zich op een kampeerterrein installeert,*
*de tarieven die de beheerder verplicht*
*is bij de ingang van het terrein aan te geven.*
*Informeer ook naar de speciale verblijfsvoorwaarden.*
*De in deze gids vermelde gegevens kunnen*
*sinds het verschijnen van deze heroditie gewijzigd zijn.*

## CHINON

37500 I.-et-L. ⑨ – ③①⑦ K6 G. Châteaux de la Loire – 8 627 h. – alt. 40.
🛈 Office du Tourisme, place Hofheim ℘ 02 47 93 17 85, Fax 02 47 93 93 05, *tourisme@ chinon.com.*
Paris 285 – Châtellerault 52 – Poitiers 81 – Saumur 29 – Thouars 51 – Tours 47.

△ **Municipal de l'Île Auger** 15 mars-15 oct.
  ℘ 02 47 93 08 35, Fax 02 47 98 47 92 – quai Danton
« Situation agréable face au château et en bordure de la
Vienne »
4,5 ha (277 empl.) plat, herbeux
**Tarif :** (Prix 2002) ▣ *2 pers.* ⚡ *(12A) 10,34 – pers. suppl. 1,72*
🚐

≤ ville et château
À prox. : ✗ ▱ ⌇

## CHOISY

74330 H.-Savoie ⑫ – ③②⑧ J5 – 1 068 h. – alt. 626.
Paris 522 – Annecy 17 – Bellegarde-sur-Valserine 29 – Bonneville 37 – Genève 40.

△ **Chez Langin** 15 avril-sept.
  ℘ 04 50 77 41 65, Fax 04 50 77 45 01 – NE : 1,3 km par D 3,
rte d'Allonzier-la-Caille puis 1,3 km par rte des Mégevands à
gauche et chemin – Par autoroute A 41 : sortie Cruseilles et
D 3 « Prairie à l'orée d'un bois, face aux montagnes » –
**R** conseillée
4 ha/2 campables (54 empl.) non clos, peu incliné, herbeux
**Tarif :** ▣ *2 pers.* ⚡ *(3A) 21,50 – pers. suppl. 4,50 – frais de*
*réservation 16*

snack ▱ ⌇ (petite piscine)

## CHOLET

49300 M.-et-L. 🟨 – 🟦317 D6 G. Châteaux de la Loire – 55 132 h. – alt. 91 – Base de loisirs.
🅱 Office du Tourisme, place Rougé ☎ 02 41 49 80 00, Fax 02 41 49 80 09, *info-accueil@ot-cholet.fr*.
Paris 355 – Ancenis 49 – Angers 65 – Nantes 59 – Niort 130 – La Roche-sur-Yon 67.

⚠ **S.I. Lac de Ribou** avril-sept.
☎ 02 41 49 74 30, Fax 02 41 58 21 22 – SE : 5 km par D 20, rte de Maulevrier et D 600 à droite, à 100 m du lac « Décoration florale et arbustive » – **R** conseillée
5 ha (178 empl.) plat et peu incliné, herbeux
**Tarif** : (Prix 2002) 回 *1 ou 2 pers.* 🛈 *(10A) 18,30 – pers. suppl. 3,70 – frais de réservation 14,30*
**Location** *(permanent)* : ⊞ *230 à 455 –* 🏠 *287 à 550*
⊞

À prox. : practice de golf

## CHORANCHE

38680 Isère 🟨12 – 🟦333 F7 – 132 h. – alt. 280.
Paris 595 – La Chapelle-en-Vercors 24 – Grenoble 52 – Romans-sur-Isère 31 – St-Marcellin 20 – Villard-de-Lans 20.

⚠ **Le Gouffre de la Croix** 15 mars-15 sept.
☎ 04 76 36 07 13, *camping.gouffre.croix@wanadoo.fr*, Fax 04 76 36 07 13 – au Sud-Est du bourg, rte de Chatelas, bord de la Bourne – **R** conseillée
2,5 ha (52 empl.) plat et en terrasses, herbeux
**Tarif** : 回 *2 pers.* 🛈 *(4A) 18,50 – pers. suppl. 4*
**Location** : ⊞ *360 à 450*
⊞

(1 ha) snack

⚠ **Municipal les Millières** avril-oct.
☎ 04 76 36 01 01, Fax 04 76 36 06 42 – au Sud-Est du bourg – **R** conseillée
0,4 ha (26 empl.) plat et terrasse, herbeux, pierreux
**Tarif** : 回 *2 pers.* 🛈 *11 – pers. suppl. 2,50*

À prox. :

## CHORGES

05230 H.-Alpes 🟨17 – 🟦334 F5 – 1 561 h. – alt. 864.
🅱 Office du Tourisme, ☎ 04 92 50 64 25, Fax 04 92 50 64 25.
Paris 687 – Embrun 23 – Gap 18 – Savines-le-Lac 12.

⚠ **Le Serre du Lac** Permanent
☎ 04 92 50 67 57, Fax 04 92 50 64 56 – SE : 4,5 km par N 94 rte de Briançon et rte de la baie de St-Michel – **R** conseillée
2,5 ha (91 empl.) en terrasses, pierreux, herbeux
**Tarif** : 回 *2 pers.* 🛈 *(15A) 14,20 – pers. suppl. 4,30*
**Location** : ⊞ *180 à 488*

## La CIOTAT

13600 B.-du-R. 🟨16 – 🟦340 I6 G. Provence – 30 620 h.
🅱 Office du Tourisme, boulevard Anatole-France ☎ 04 42 08 61 32, Fax 04 42 08 17 88.
Paris 806 – Aix-en-Provence 53 – Brignoles 62 – Marseille 33 – Toulon 36.

⚠ **St-Jean** 5 avril-sept.
☎ 04 42 83 13 01, *stjean@easynet.fr*, Fax 04 42 71 46 41 – NE : 2 km, av. de St-Jean, vers Toulon « En bord de mer » – **R**
1 ha (80 empl.) plat, pierreux, herbeux
**Tarif** : 回 *3 pers.* 🛈 *(6A) 25,30 – pers. suppl. 5,50*
**Location** ⚘ : *studios*

⚠ **Le Soleil** avril-sept.
☎ 04 42 71 55 32, Fax 04 42 83 95 81 – sortie Nord-Ouest rte de Cassis par av. Emile Bodin, après le centre commercial Intermarché – **R** conseillée
0,5 ha (33 empl.) plat, herbeux
**Tarif** : (Prix 2002) 回 *3 pers.* 🛈 *22 – pers. suppl. 4,50*
**Location** : ⊞ *260 à 450 –* 🏠 *270 à 460 – huttes*

À prox. : pizzeria

## CIVRAY-DE-TOURAINE

37150 I.-et-L. 🟨5 – 🟦317 P5 – 1 377 h. – alt. 60.
Paris 234 – Amboise 11 – Chenonceaux 2 – Montbazon 31 – Montrichard 10 – Tours 30.

⚠ **Municipal de l'Isle** 21 juin-août
☎ 02 47 23 62 80 – S : 0,6 km par D 81 rte de Bléré, près du Cher – **R**
1,2 ha (50 empl.) plat, herbeux
**Tarif** : 回 *2 pers.* 🛈 *10,70 – pers. suppl. 2,20*

(0,6 ha)

À prox. :

## CLAIRAC

47320 L.-et-G. **14** – **336** E3 G. Aquitaine – 2 338 h. – alt. 52.

**②** Office du Tourisme, 16 place Viçoe &phone; 05 53 88 71 59, Fax 05 53 88 71 59..
Paris 605 – Agen 42 – Casteljaloux 34 – Marmande 24 – Villeneuve-sur-lot 30.

**Le Papagayo** juil.-août
&phone; 05 53 84 34 48, *papagayo.clairac@wanadoo.fr*, Fax
05 53 84 34 48 – au bourg, au bord du Lot – **R** conseillée
0,8 ha (50 empl.) plat, herbeux
**Tarif :** ⊞ *2 pers.* ⚡ *(10A) 16 – pers. suppl. 3,50*
**Location** *(mars-nov.) :* 🏠 *270 à 440*

À prox. : ponton d'amarrage (plage)

## CLAIRVAUX-LES-LACS

39130 Jura **12** – **321** E7 G. Jura – 1 361 h. – alt. 540.

**②** Office du Tourisme, 36 Grande-Rue &phone; 03 84 25 27 47, Fax 03 84 25 23 00, *otsi@region-des-lacs-jura.com.*
Paris 429 – Bourg-en-Bresse 94 – Champagnole 35 – Lons-le-Saunier 22 – St-Claude 34 – St-Laurent-en-Grand-vaux 25.

**Le Fayolan** 8 mai-15 sept.
&phone; 03 84 25 26 19, *relais.soleil.jura@wanadoo.fr*, Fax 03 84
25 26 20 – SE : 1,2 km par D 118 rte de Châtel-de-Joux et
chemin à droite « Au bord du lac » – **R** conseillée
13 ha (516 empl.) peu incliné, plat et en terrasses, herbeux,
gravillons, pinède
**Tarif :** ⊞ *2 pers.* ⚡ *(6A) 25,32 – pers. suppl. 5,49 – frais de
réservation 19,06*
**Location :** 🏠 *179,54 à 587,02*

(3 ha) snack
À prox. : parcours de santé

**Le Grand Lac**
&phone; 03 84 25 22 14, *relais.soleil.jura@wanadoo.fr* – SE :
0,8 km par D 118 rte de Châtel-de-Joux et chemin à droite
« Au bord du lac »
2,5 ha (191 empl. peu incliné à incliné, plat, terrasses,
herbeux)

À prox. :

## CLAMECY

58500 Nièvre **6** – **319** E7 G. Bourgogne – 5 284 h. – alt. 144.

**②** Office du Tourisme, rue du Grand-Marché &phone; 03 86 27 02 51, Fax 03 86 27 20 65.
Paris 209 – Auxerre 42 – Avallon 38 – Bourges 104 – Cosne-sur-Loire 52 – Dijon 145 – Nevers 69.

**S.I. Pont Picot** mai-sept.
&phone; 03 86 27 05 97 – S : bord de l'Yonne et du canal du Niver-
nais, accès conseillé par Beaugy « Situation agréable dans
une petite île » – **R** conseillée
1 ha (90 empl.) plat, herbeux
**Tarif :** ⊞ *2 pers.* ⚡ *(5A) 15,05 - pers. suppl. 2,75*

(0,5 ha)

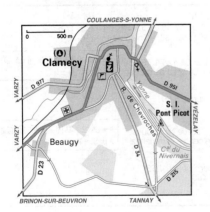

## CLAMENSANE

04250 Alpes-de-H.-Pr. **17** – **334** E7 G. Alpes du Sud – 115 h. – alt. 694.
Paris 722 – Avignon 179 – Grenoble 158 – Marseille 151 – Nice 205.

&#9651; **Le Clot du Jay** 15 avril-14 sept.
&#8478; 04 92 68 35 32, *clotdujay@wanadoo.fr*, Fax 04 92 68
35 32 – E : 1 km par D 1 rte de Bayons, près du Sasse « Cadre
sauvage » – **R** conseillée
6 ha/3 campables (50 empl.) plat, terrasses, herbeux, pier-
reux, fort dénivelé, étang
**Tarif :** &#8803; 2 pers. &#9855; (6A) 17 – pers. suppl. 4
**Location :** &#128651; 160 à 470 – bungalows toilés

## La CLAYETTE

71800 S.-et-L. **11** – **320** F12 G. Bourgogne – 2 307 h. – alt. 369.
&#8496; Office du Tourisme, 3 route de Charolles &#8478; 03 85 28 16 35, Fax 03 85 28 28 34, *office-de-tourisme-de-la
-clayette@wanadoo.fr*.
Paris 376 – Charolles 20 – Lapalisse 62 – Lyon 90 – Mâcon 55 – Roanne 40.

&#9651;&#9651; **Municipal les Bruyères** Permanent
&#8478; 03 85 28 09 15, Fax 03 85 28 17 16 – E : sur D 79 rte
de St-Bonnet-de-Joux « Face au lac et au château » –
**R** conseillée
2,2 ha (100 empl.) plat, peu incliné, herbeux, gravier
**Tarif :** &#8803; 2 pers. &#9855; (16A) 13,80 – pers. suppl. 3,40
**Location :** &#128684; 260 à 355

## CLÉDEN-CAP-SIZUN

29770 Finistère **3** – **308** D6 – 1 181 h. – alt. 30.
Paris 610 – Audierne 11 – Douarnenez 28 – Quimper 47.

&#9651; **La Baie** Permanent
&#8478; 02 98 70 64 28 – O : 2,5 km, à Lescleden – **R**
0,4 ha (27 empl.) peu incliné et terrasse, herbeux
**Tarif :** &#8803; 2 pers. &#9855; 11 – pers. suppl. 2,80

*To select the best route and follow it with ease,*
*To calculate distances,*
*To position a site precisely from details given in the text :*

*Get the appropriate* **MICHELIN** *regional map,* 1 : 200 000
*(1 inch : 3.15 miles).*

**205**

## CLÉDER

29233 Finistère **3** – **308** G3 – 3 801 h. – alt. 51.
&#8496; Office du Tourisme, 2 rue de Plouescat &#8478; 02 98 69 43 01, Fax 02 98 69 43 01, *ot.cleder@wanadoo.fr*.
Paris 566 – Brest 55 – Brignogan-Plages 22 – Morlaix 30 – St-Pol-de-Léon 9.

&#9651;&#9651; **Camping Village de Roguennic** mai-15 sept.
&#8478; 02 98 69 63 88, Fax 02 98 61 95 45 – N : 5 km « Au bord
d'une très belle plage de sable fin » – **R** conseillée
8 ha (300 empl.) plat et accidenté, sablonneux, herbeux,
dunes, bois attenant
**Tarif :** &#8803; 2 pers. &#9855; (6A) 11,55 – pers. suppl. 2,60
**Location** (permanent) : &#128684; 207,10 à 468,30
&#128652;

## CLERMONT-L'HÉRAULT

34800 Hérault **15** – **339** F7 G. Languedoc Roussillon – 6 041 h. – alt. 92.
&#8496; Office du Tourisme, rue René-Gosse &#8478; 04 67 96 23 86, Fax 04 67 96 98 58.
Paris 718 – Béziers 50 – Lodève 19 – Montpellier 42 – Pézenas 24 – Sète 44.

&#9651;&#9651; **Municipal du Lac du Salagou** Permanent
&#8478; 04 67 96 13 13, Fax 04 67 96 32 12 – NO : 5 km par
D 156$^{E4}$, à 300 m du lac « Situation agréable à proximité du
lac et de la base nautique » – **R** conseillée
7,5 ha (388 empl.) plat et en terrasses, peu incliné, pierreux,
gravier, herbeux
**Tarif :** (Prix 2002) &#8803; 2 pers. &#9855; (10A) 13,80 – pers. suppl. 1,85
– frais de réservation 10
**Location :** *gîtes*

## CLOYES-SUR-LE-LOIR

28220 E.-et-L. **5** – **311** D8 G. Châteaux de la Loire – 2 593 h. – alt. 97.

**🛈** Office du Tourisme, 11 place Gambetta *📞* 02 37 98 55 27, Fax 02 37 98 55 27.

Paris 143 – Blois 56 – Chartres 56 – Châteaudun 12 – Le Mans 93 – Orléans 64.

**⚏ *Parc de Loisirs*** 16 mars-14 nov.

*📞* 02 37 98 50 53, *info@parc-de-loisirs.com*, Fax 02 37 98 33 84 – sortie Nord par N 10 rte de Chartres puis D 23 à gauche – Places limitées pour le passage « Situation agréable au bord du Loir » – **R** conseillée
5 ha (196 empl.) plat, herbeux
**Tarif :** 🔲 *2 pers.* ⚡ *(5A) 20,75 – pers. suppl. 5 – frais de réservation 16*
**Location** *(avril-sept.) :* 🛏 *275 à 520*

> 🔛 GB ⚒ 🔲 ⚡ & 🛁 🔛 🗑 ⛺ ☺
> 🛶 ⚓ 🔷 🛟 🏊 snack, pizzeria 🐾
> 🏠 🚗 🚲 m 🏊 (petite piscine) 🏄
> 🛶 poneys, canoë, pédalos
> À prox. : ✂

---

## CLUNY

71250 S.-et-L. **11** – **320** H11 G. Bourgogne – 4 430 h. – alt. 248.

**🛈** Office du Tourisme, 6 rue Mercière *📞* 03 85 59 05 34, Fax 03 85 59 06 95, *cluny@wanadoo.fr*.

Paris 384 – Chalon-sur-Saône 49 – Charolles 42 – Mâcon 25 – Montceau-les-Mines 44 – Roanne 83 – Tournus 33.

**⚏ *Municipal St-Vital*** 3 mai-5 oct.

*📞* 03 85 59 08 34, *cluny-camping@wanadoo.fr*, Fax 03 85 59 08 34 – sortie Est par D 15, rte d'Azé – **R** conseillée
3 ha (174 empl.) peu incliné, plat, herbeux
**Tarif :** 🔲 *2 pers.* ⚡ *13*

> ⇔ 🔛 GB ⚒ ▥ 🔒 ⛲ 🗑 ⛺ ☺ 🔲
> À prox. : ✂ 🔳 🏊 🐎 🛶

---

## La CLUSAZ

74220 H.-Savoie **12** – **328** L5 G. Alpes du Nord – 1 845 h. – alt. 1 040 – Sports d'hiver : 1 100/2 600 m ⛷6 ⛷49 🎿.

**🛈** Office du Tourisme, Maison du Tourisme *📞* 04 50 32 65 00, Fax 04 50 32 65 01, *infos@laclusa.com*.

Paris 564 – Albertville 39 – Annecy 33 – Bonneville 26 – Chamonix-Mont-Blanc 59 – Megève 27 – Morzine 65.

**⚏ *Le Plan du Fernuy*** 7 juin-7 sept. et 20 déc.-avril

*📞* 04 50 02 44 75, *leplan.du.fernuy@wanadoo.fr*, Fax 04 50 32 67 02 – E : 1,5 km par rte des Confins « Belle piscine d'intérieur et site agréable au pied des Aravis » – **R** conseillée
1,3 ha (80 empl.) en terrasses, peu incliné, gravier, herbeux
**Tarif :** 🔲 *2 pers.* ⚡ *(13A) 23,20 (hiver 29) – pers. suppl. 4,57 – frais de réservation 11*
**Location :** 🛏 *228 à 620 – appartements*
🛏

> ❄ 🛝 ⇔ 🔛 GB ⚒ 🔲 ⚡ (0,3 ha)
> ▥ & 🔒 ⛲ 🛁 ⛺ ☺ 🛶 🔷
> 🛟 🏠 🚗

---

## COËX

85220 Vendée **9** – **316** F7 – 2 283 h. – alt. 50.

**🛈** Syndicat d'Initiative, 9 rue Jean-Mermo *📞* 02 51 54 28 80, Fax 02 51 55 54 10.

Paris 451 – Challans 25 – La Roche-sur-Yon 30 – Les Sables-d'Olonne 28 – St-Gilles-Croix-de-Vie 15.

**⚏ *La Ferme du Latoi*** 19 avril-11 oct.

*📞* 02 51 54 67 30, *info@rcm-lafermedulantois.fr*, Fax 02 51 60 02 14 – S : 3 km par D40, rte de Landevieille et chemin à gauche « Petit parc ornithologique » – **R** conseillée
25 ha/6 campables (60 empl.) plat, peu incliné, herbeux
**Tarif :** 🔲 *2 pers.* ⚡ *(6A) 27,60 – pers. suppl. 7,30*
**Location :** 🛏 *255 à 725*

> 🛝 🔛 GB ⚒ 🔲 & 🔒 ⛲ 🗑 ⛺
> ☺ 🔲 🏠 🚗 🔷

---

## COGNAC

16100 Charente **9** – **324** I5 G. Poitou Vendée Charentes – 19 528 h. – alt. 25.

**🛈** Office du Tourisme, 16 rue du 14 juillet *📞* 05 45 82 10 71, Fax 05 45 82 34 47, *office@tourisme-cognac.com*.

Paris 479 – Angoulême 43 – Bordeaux 121 – Libourne 118 – Niort 82 – La Roche-sur-Yon 173 – Saintes 27.

**⚏ *Municipal*** mai-15 oct.

*📞* 05 45 32 13 32, *ccdc.camping@wanadoo.fr*, Fax 05 45 36 55 29 – N : 2,3 km par D 24 rte de Boutiers, entre la Charente et le Solençon – **R** conseillée
2 ha (170 empl.) plat, herbeux
**Tarif :** 🔲 *2 pers.* ⚡ *12,20 – pers. suppl. 2,74*
🛏

> 🔛 juil.-août GB ⚒ 🔲 ⚡ (1 ha) &
> 🔒 ⛲ 🗑 🛶 ☺ 🔲 🔷
> À prox. : 🛟 ✂

## COGNAC-LA-FORÊT

87310 H.-Vienne ⑩ – ③②⑤ D5 – 893 h. – alt. 410.
Paris 412 – Bellac 46 – Châlus 25 – Limoges 24 – Rochechouart 17 – St-Junien 15.

**Les Alouettes** 12 avril-sept.
🕿 05 55 03 80 86 – SO : 1,5 km par D 10, rte de Rochechouart et chemin à gauche
3 ha (100 empl.) peu incliné, plat, herbeux, bois attenant
**Tarif :** 🔲 2 pers. [₤] (2,5A) 10,20 – pers. suppl. 2,70

À prox. : (1 km) : plan d'eau : ⚒ ≃
(plage) 🐎

## La COLLE-SUR-LOUP

06480 Alpes-Mar. ⑰ – ③④① D5 G. Côte d'Azur – 6 025 h. – alt. 90.
🏢 Office du Tourisme, 28 avenue Maréchal Foch 🕿 04 93 32 68 36, Fax 04 93 32 05 07.
Paris 924 – Antibes 15 – Cagnes-sur-Mer 6 – Cannes 25 – Grasse 19 – Nice 19 – Vence 7.

**Les Pinèdes** 15 mars-3 oct.
🕿 04 93 32 98 94, camplespinedes06@aol.com, Fax 04 93 32 50 20 – O : 1,5 km par D 6 rte de Grasse, à 50 m du Loup – **R** conseillée
3,8 ha (164 empl.) en terrasses, gravillons, herbeux
**Tarif :** 🔲 2 pers. [₤] (10A) 25,60 – pers. suppl. 4,50 – frais de réservation 18,50
**Location :** 🛖 200 à 450 – 🛖 240 à 565 – 🏠 275 à 615
🚐 (25 empl.) – 21,50

À prox. : poneys ≃

**Le Vallon Rouge** 5 avril-26 sept.
🕿 04 93 32 86 12, auvallonrouge@aol.com, Fax 04 93 32 80 09 – O : 3,5 km par D 6, rte de Grasse, bord du Loup – **R** conseillée
3 ha (103 empl.) plat, herbeux, gravillons, sablonneux et terrasses
**Tarif :** 🔲 2 pers. [₤] (10A) 31,60 – pers. suppl. 4,30
**Location :** 🛖 210 à 577 – 🏠 210 à 545

pizzeria, snack
À prox. : poneys

**Le Castellas** Permanent
🕿 04 93 32 97 05, camping.castellas@wanadoo.fr, Fax 04 93 32 97 05 – O : 4,5 km par D 6, rte de Grasse, bord du Loup – Places limitées pour le passage – **R** conseillée
1,2 ha ( 60 empl.) plat, herbeux, gravier
**Tarif :** 🔲 2 pers. [₤] (4A) 21,50 – pers. suppl. 4
**Location** ⚒ : 🛖 350 à 600

snack
À prox. : poneys 🐎

## COLLEVILLE-SUR-MER

14710 Calvados ④ – ③⓪③ G3 G. Normandie Cotentin – 146 h. – alt. 42.
Paris 281 – Bayeux 18 – Caen 47 – Carentan 34 – St-Lô 40.

**Le Robinson** 5 avril-14 sept.
🕿 02 31 22 45 19, Fax 02 31 22 45 19 – NE : 0,8 km par D 514 rte de Port-en-Bessin – **R** conseillée
1 ha (53 empl.) plat, herbeux
**Tarif :** 🔲 2 pers. [₤] (6A) 20,10 – pers. suppl. 4,80 – frais de réservation 10
**Location :** 🛖 305 – 🛖 450 à 520
🚐

À prox. : golf ⚒ 🐎

## COLLIAS

30210 Gard ⑯ – ③③⑨ L5 – 756 h. – alt. 45.
Paris 699 – Alès 45 – Avignon 32 – Bagnols-sur-Cèze 36 – Nîmes 25 – Pont-du-Gard 8.

**Le Barralet** avril-22 sept.
🕿 04 66 22 84 52, camping@barralet.fr, Fax 04 66 22 89 17 – NE : 1 km par D 3 rte d'Uzès et chemin à droite
2 ha (90 empl.) plat et peu incliné, herbeux
**Tarif :** 🔲 2 pers. [₤] 16,40

pizzeria

## COLMAR

68000 H.-Rhin ⑧ – ③①⑤ I8 G. Alsace Lorraine – 63 498 h. – alt. 194.
🏢 Office du Tourisme, 8 rue Kléber 🕿 03 89 20 68 92, Fax 03 89 41 34 13, info@ot-colmar.fr.
Paris 460 – Basel 67 – Freiburg 52 – Nancy 151 – Strasbourg 73.

**Intercommunal de l'ill** 15 mars-déc.
🕿 03 89 41 15 94, Fax 03 89 41 15 94 – E : 2 km par N 415, rte de Fribourg, à Horbourg, bord de l'ill – **R** conseillée
2,2 ha (200 empl.) plat et terrasses, herbeux
**Tarif :** (Prix 2002) 🔲 2 pers. [₤] 12,80 – pers. suppl. 2,90

snack

## COL ST-JEAN

04 Alpes-de-H.-Pr. **17** – **334** G6 G. Alpes du Sud – alt. 1 333 – Sports d'hiver : 1 300/2 500 m 🚠 15 🎿 – ⊠ 04140 Seyne-les-Alpes.
Paris 715 – Barcelonnette 34 – Savines-le-Lac 31 – Seyne 10.

**▲▲▲ L'Étoile des Neiges** fermé oct.-17 déc.
   𝒫 04 92 35 07 08, *contact@etoile-des-neiges.com*, Fax 04 92 35 12 55 – S : 0,8 km par D 207 et chemin à droite – **R** conseillée
3 ha (130 empl.) en terrasses, pierreux, herbeux, plat
**Tarif** : 🔲 *2 pers.* 🔌 *(6A) 24 (hiver 31) – pers. suppl. 5 – frais de réservation 15*
**Location** *(permanent)* – 🍴 *juil.-août :* 🏠 *300 à 580 –* 🏠 *230 à 640*
🏠

*(box)* Ⓜ 🐕 ◄ ⚷ 🦯 🛒 🛗 💧 🍴 🏪 ♨ 📶 🛁 🚿 🏕 snack 🧺 🏓 🏃 🎯 ✗ 🎯 terrain omnisports
À prox. : parapente 🎿 ♈ ✗ 🚴 🐎

## COLY

24120 Dordogne **10** – **329** I5 – 193 h. – alt. 113 – Base de loisirs.
Paris 504 – Brive-la-Gaillarde 29 – Lanouaille 45 – Périgueux 54 – Sarlat-la-Canéda 25.

**▲▲▲ Domaine de la Grande Prade** (location exclusive de 22 chalets) mars-déc.
   𝒫 05 53 50 86 29, *infos@lagrandeprade-perigord.com*, Fax 05 53 50 84 76 – SE : 2 km par D 62, rte de la Cassagne, au bord d'un plan d'eau – **R** conseillée
18 ha plat, herbeux, étangs
**Location** : 🏠 *275 à 825*

*(box)* 🐕 ◄ GB 🦯 ♈ 🛗 🏪 🛁 🍴 ✗ 🧺 🚿 🏃 🚴 🎯 🎯 ♨ 🏓 🎯
pédalos, canoë

## COMBRIT

29120 Finistère **3** – **308** G7 G. Bretagne – 2 673 h. – alt. 35.
🅱 Syndicat d'Initiative, 𝒫 02 98 56 48 41.
Paris 568 – Audierne 37 – Bénodet 7 – Douarnenez 32 – Quimper 18.

*Schéma à Bénodet*

**▲ Menez Lanveur** mai-sept.
   𝒫 02 98 56 47 62 – S : 2 km par rte d'Ile-Tudy et rte à gauche – **R** conseillée
1,8 ha (80 empl.) plat, herbeux
**Tarif** : *(Prix 2002)* 🔲 *2 pers.* 🔌 *(6A) 13,85 – pers. suppl. 2,90*
**Location** : 🏠 *245*

*(box)* 🐕 ⚷ 🦯 ♈ 🛗 🏪 📶 🏕 ♨ 🏪 🧺
À prox. : golf ♨ 🎯 ♈ 🐎

## COMMEQUIERS

85220 Vendée **9** – **316** E7 – 2 053 h. – alt. 19.
Paris 442 – Challans 13 – Nantes 63 – La Roche-sur-Yon 37 – Les Sables-d'Olonne 36 – St-Gilles-Croix-de-Vie 12.

**▲ La Vie** avril-sept.
   𝒫 02 51 54 90 04, Fax 02 51 54 36 63 – SE : 1,3 km par D 82 rte de Coëx et chemin à gauche
3 ha (50 empl.) plat, herbeux, petit étang
**Tarif** : 🔲 *2 pers.* 🔌 *(6A) 16 – pers. suppl. 4*
**Location** : 🏠 *275 à 490*

*(box)* 🐕 ⚷ GB 🦯 🛗 📶 ♨ 🛁 🚿 🎯 🏪 🧺 🏓

**▲ Le Trèfle à 4 feuilles** avril-sept.
   𝒫 02 51 54 87 54, *Letrefle@free.fr*, Fax 02 28 10 49 19 – SE : 3,3 km par D 82, rte de Coëx et 1,4 km par chemin à gauche, au lieu-dit la Jouère « Sur les terres d'une exploitation agricole, le royaume des animaux » – **R** conseillée
1,8 ha (25 empl.) plat, herbeux
**Tarif** : 🔲 *2 pers.* 🔌 *16 – pers. suppl. 4,10*

*(box)* 🐕 ⚷ 🦯 🛗 📶 ♨ 🛁 🎯

## COMPS-SUR-ARTUBY

83840 Var **17** – **340** O3 G. Alpes du Sud – 272 h. – alt. 898.
Paris 821 – Castellane 29 – Digne-les-Bains 84 – Draguignan 31 – Grasse 60 – Manosque 99.

**▲ Aire Naturelle l'Iscloun** 15 avril-15 sept.
   𝒫 04 94 85 68 59, Fax 04 94 85 68 26 – à Jabron, N : 5 km par D 955, rte de Castellane, bord du Jabron, alt. 760 – **R** conseillée
0,7 ha (20 empl.) plat, herbeux, pierreux
**Tarif** : 🔲 *2 pers.* 🔌 *(10A) 12,90 – pers. suppl. 2,70*
**Location** : 🏠 *240 à 370*

*(box)* ◄ ⚷ GB ♈ 🛗 📶 ♨ 🛁 🎯 snack 🧺

## CONCARNEAU

29900 Finistère **3** – **308** H7 G. Bretagne – 18 630 h. – alt. 4.

**⚑** Office du Tourisme, quai d'Aiguillon *&* 02 98 97 01 44, Fax 02 98 50 88 81, *OTSI.concarneau@wanadoo.fr.*

Paris 548 – Brest 94 – Lorient 50 – Quimper 24 – St-Brieuc 131 – Vannes 103.

**⚏ Les Prés Verts** mai-22 sept.

 *&* 02 98 97 09 74, *info@pres-verts.com,* Fax 02 98 97 32 06 – NO : 3 km par rte du bord de mer et à gauche, à 250 m de la plage (accès direct) « Décoration florale et arbustive » – **R** conseillée

 2,5 ha (150 empl.) plat et peu incliné, herbeux

 **Tarif :** ▣ *2 pers.* [g] *(6A) 25,03 – pers. suppl. 5,95 – frais de réservation 15*

 **Location :** 🚚 *282 à 526*

**⚏ Lochrist** 15 juin-15 sept.

 *&* 02 98 97 25 95, Fax 02 98 50 66 99 – N : 3,5 km par D 783 rte de Quimper et chemin à gauche « Dans un verger, autour d'une ancienne ferme restaurée » – **R** conseillée

 1,5 ha (100 empl.) plat, herbeux

 **Tarif :** ▣ *2 pers.* [g] *(10A) 15,30 – pers. suppl. 3,40*

 **Location :** 🚚 *242 à 483*

## Les CONCHES

85 Vendée – **316** H9– rattaché à Longeville-sur-Mer.

## CONCOURSON-SUR-LAYON

49700 M.-et-L. **9** – **317** G5 – 532 h. – alt. 55.

Paris 334 – Angers 44 – Cholet 45 – Saumur 25.

**⚏ La Vallée des Vignes** mai-sept.

 *&* 02 41 59 86 35, *campingvdv@aol.com,* Fax 02 41 59 09 83 – O : 0,9 km par D 960, rte de Vihiers et rte à droite après le pont, bord du Layon – **R** conseillée

 3,5 ha (63 empl.) plat, herbeux

 **Tarif :** ▣ *2 pers.* [g] *(10A) 20,50 – pers. suppl. 4*

 **Location :** 🚚 *230 à 570*

## CONDÉ-SUR-NOIREAU

14110 Calvados **4** – **303** I6 G. Normandie Cotentin – 6 309 h. – alt. 85.

**⚑** Office du Tourisme, 29 rue du 6-Juin *&* 02 31 69 27 64, *otsi-conde-sur-noireau@wanadoo.fr.*

Paris 276 – Argentan 53 – Caen 48 – Falaise 33 – Flers 13 – Vire 26.

**⚏ Municipal** juin-sept.

 *&* 02 31 69 02 93 – sortie Ouest, r. de Vire, à la piscine, près d'une rivière et d'un plan d'eau « A l'entrée espace aquatique semi-découvert l'été »

 0,5 ha (33 empl.) plat, herbeux, jardin public attenant

 **Tarif :** (Prix 2002) ▣ *2 pers.* [g] *8,80 – pers. suppl. 2,65*

## CONDETTE

62360 P.-de-C. **1** – **301** C4 – 2 392 h. – alt. 35.
**🛈** Syndicat d'Initiative, *🕿* 03 21 32 88 88, Fax 03 21 87 26 60.
Paris 255 – Boulogne-sur-Mer 11 – Calais 47 – Desvres 19 – Montreuil 30 – Le Touquet-Paris-Plage 22.

⚠ ***Caravaning du Château*** avril-15 oct.
*🕿* 03 21 87 59 59, *campingduchateau@libertysurf.fr*, Fax
03 21 87 59 59 – sortie Sud, sur D 119 – **R** conseillée
1,2 ha (70 empl.) plat, herbeux, gravillons
**Tarif :** 📷 *2 pers.* 🅷 *(10A) 19,60 – pers. suppl. 4,90*
**Location :** 🚐 *191 à 270*
🚐

À prox. : 🍴

## CONDOM

32100 Gers **14** – **336** E6 G. Midi Pyrénées – 7 717 h. – alt. 81.
**🛈** Office du Tourisme, place Bossuet *🕿* 05 62 28 00 80, Fax 05 62 28 45 46, *otsi@condom.org*.
Paris 732 – Agen 42 – Auch 46 – Mont-de-Marsan 81 – Toulouse 121.

⚠ ***Municipal*** avril-sept.
*🕿* 05 62 28 17 32, Fax 05 62 28 17 32 – sortie Sud par
D 931 rte d'Eauze, près de la Baïse – **R**
2 ha (75 empl.) plat, herbeux
**Tarif :** (Prix 2002) 📷 *2 pers.* 🅷 *(7A) 13,23 – pers. suppl. 2,94*
**Location :** 🏠 *170 à 408*

À prox. : 🍷 ✗ 🍴 ☒

## CONLIE

72240 Sarthe **5** – **310** I6 – 1 642 h. – alt. 129.
Paris 220 – Alençon 42 – Laval 75 – Le Mans 23 – Sablé-sur-Sarthe 45 – Sillé-le-Guillaume 11.

⚠ ***Municipal la Gironde***
*🕿* 02 43 20 81 07 – au bourg « Cadre ombragé et beaux
empl. délimités, près d'un étang »
3 ha/0,8 campable (35 empl.) plat, herbeux

À prox. : piste de bi-cross 🚲 ☒ (petite
piscine pour enfants) ◗

## CONNAUX

30330 Gard **16** – **339** M4 – 1 450 h. – alt. 86.
Paris 666 – Avignon 33 – Alès 52 – Nîmes 49 – Orange 35 – Pont-St-Esprit 20 – Uzès 21.

⚠⚠ ***Le Vieux Verger*** Permanent
*🕿* 04 66 82 91 62, Fax 04 66 82 60 02 – au Sud du bourg,
à 200 m de la N86 – **R** conseillée
3 ha (60 empl.) en terrasses, pierreux, herbeux
**Tarif :** 📷 *2 pers.* 🅷 *16,80 – pers. suppl. 4,60*
**Location :** 🚐 *274 à 366*

snack ☒
À prox. : 🍴

## CONQUES

12320 Aveyron **15** – **338** G3 G. Midi Pyrénées – 362 h. – alt. 350.
**🛈** Office du Tourisme, place de l'Abbatiale *🕿* 05 65 72 85 00, Fax 05 65 72 87 03, *conques@conques.com*.
Paris 601 – Aurillac 54 – Decazeville 26 – Espalion 42 – Figeac 43 – Rodez 37.

⚠ ***Beau Rivage*** avril-sept.
*🕿* 05 65 69 82 23 – à l'Ouest du bourg, par D 901, bord du
Dourdou – **R** conseillée
1 ha (60 empl.) plat, herbeux
**Tarif :** 📷 *2 pers.* 🅷 *17,50 – pers. suppl. 4*
**Location :** 🚐 *306 à 480*
🚐

mai-sept. GB ✗ 🖵 ♊ & 🔊 ⇆
🖵 ⊟ ◎ 📷 ✗ snack ⛴ ☒

## Le CONQUET

29217 Finistère **3** – **308** C4 G. Bretagne – 2 149 h. – alt. 30.
**🛈** Office du Tourisme, parc de Beauséjour *🕿* 02 98 89 11 31, Fax 02 98 89 08 20, *ot.conquet@wanadoo.fr*.
Paris 620 – Brest 24 – Brignogan-Plages 65 – St-Pol-de-Léon 85.

⚠ ***Municipal le Théven*** avril-sept.
*🕿* 02 98 89 06 90, *camping.theven.conquet@wanadoo.fr*,
Fax 02 98 89 12 17 – NE : 5 km par rte de la plage des Blancs
Sablons, à 400 m de la plage, chemin et passerelle pour pié-
tons reliant le camping à la ville – **R** conseillée
12 ha (393 empl.) plat, sablonneux, herbeux
**Tarif :** (Prix 2002) 📷 *2 pers.* 🅷 *(16A) 10,17 – pers. suppl. 2,58*
🚐

15 juil.-15 août ✗ 🖵 & 🔊
⇆ ⊟ ◎ 📷 ▦

## CONTAMINE-SARZIN

74270 H.-Savoie ⑫ – ③②⑧ I4 – 293 h. – alt. 450.
Paris 516 – Annecy 24 – Bellegarde-sur-Valserine 22 – Bonneville 46 – Genève 30.

⚠ **Le Chamaloup** juin-15 sept.
&#x1F4DE; 04 50 77 88 28, camping@chamaloup.com, Fax 04 50 77
88 28 ⊠ 74270 Frangy – S : 2,8 km par D 123, près de la
N 508 et de la rivière les Usses – **R** conseillée
1,5 ha (75 empl.) non clos, plat, herbeux
**Tarif :** (Prix 2002) 🔲 *2 pers.* 🔌 *(10A) 16,50 – pers. suppl. 4,30*
**Location** ⚘ : 🏠 *350 à 534*

---

## Les CONTAMINES-MONTJOIE

74170 H.-Savoie ⑫ – ③②⑧ N6 G. **Alpes du Nord** – 994 h. – alt. 1 164 – Sports d'hiver : 1 165/2 500 m
🚡4 🚠22 ⛷.
🏢 Office du Tourisme, route de Notre-Dame de la Gorge &#x1F4DE; 04 50 47 01 58, Fax 04 50 47 09 54, Les.Conta
mines@wanadoo.fr.
Paris 605 – Annecy 91 – Bonneville 50 – Chamonix-Mont-Blanc 33 – Megève 20 – St-Gervais-les-Bains 9.

⚠ **Le Pontet** déc.-sept.
&#x1F4DE; 04 50 47 04 04, Fax 04 50 47 18 10 – S : 2 km par D 902,
bord du Bon Nant « Site agréable au départ des pistes de ski
et de randonnée » – **R** conseillée
2,8 ha (157 empl.) plat, gravillons, herbeux
**Tarif :** 🔲 *2 pers.* 🔌 *(10A) 16,80 (hiver 24,90) – pers.*
*suppl. 4*
**Location** : gîte d'étape

---

## CONTIS-PLAGE

40170 Landes ⑬ – ③③⑤ D10.
Paris 717 – Bayonne 87 – Castets 32 – Dax 53 – Mimizan 24 – Mont-de-Marsan 75.

⚠ **Lou Seurrots** avril-sept.
&#x1F4DE; 05 58 42 85 82, info@lous-seurrots.com, Fax 05 58 42
49 11 – sortie Sud-Est par D 41, près du Courant de Contis,
à 700 m de la plage – **R** indispensable
14 ha (610 empl.) plat et vallonné, incliné, sablonneux, her-
beux
**Tarif :** 🔲 *2 pers.* 🔌 *25 – pers. suppl. 6 – frais de réservation*
*20*
**Location** : 🚐 *640 à 700* – 🏠 *700 à 750*
🚐

211

---

## CONTREXÉVILLE

88140 Vosges ⑦ – ③①④ D3 G. **Alsace Lorraine** – 3 945 h. – alt. 342 – ♨ (fin mars-mi oct.).
🏢 Office du Tourisme, 105 rue du Shah-de-Perse &#x1F4DE; 03 29 08 08 68, Fax 03 29 08 25 40, contrex.tourisme
@wanadoo.fr.
Paris 338 – Épinal 47 – Langres 75 – Luxeuil 73 – Nancy 83 – Neufchâteau 28.

⚠ **Municipal Tir aux Pigeons** avril-oct.
&#x1F4DE; 03 29 08 15 06 – SO : 1 km par D 13 rte de Suriauville « A
l'orée d'un bois » – **R** conseillée
1,8 ha (80 empl.) plat, herbeux, gravillons
**Tarif :** 🔲 *2 pers.* 🔌 *(5A) 8,24 (14,48 pour une seule nuit)*
*– pers. suppl. 1,83*

---

## CORANCY

58120 Nièvre ⑪ – ③①⑨ G9 G. **Bourgogne** – 404 h. – alt. 368.
Paris 276 – Château-Chinon 7 – Corbigny 37 – Decize 59 – Nevers 69 – St-Honoré-les-Bains 32.

⚠ **Municipal les Soulins** 15 juin-15 sept.
&#x1F4DE; 03 86 78 01 62, mairie-de-corancy@wanadoo.fr,
Fax 03 86 78 01 44 – NO : 3,5 km par D 12, D 161 rte de
Montigny-en-Morvan et D 230 à gauche après le pont « Près
du lac »
1,2 ha (42 empl.) plat et peu incliné, herbeux
**Tarif :** 🔲 *2 pers.* 🔌 *10,80 – pers. suppl. 2,50*

---

## CORBÈS

30 Gard – ③③⑨ I4 – rattaché à Anduze.

## CORCIEUX

88430 Vosges **8** – **314** J3 – 1 718 h. – alt. 534.
**1** Office du Tourisme, 9 rue Henry ℘ 03 29 50 73 29, Fax 03 29 50 75 05, *ot-corcieux@wanadoo.fr*.
Paris 424 – Épinal 39 – Gérardmer 16 – Remiremont 43 – St-Dié 18.

▲▲▲ **Domaine des Bans et la Tour** Permanent
℘ 03 29 51 64 67, *les-bans@domaine-des-bans.com*, Fax
03 29 51 64 65 – en deux campings distincts (Domaine des
Bans : 600 empl. et la Tour : 34 empl.), pl. Notre-Dame « Cadre
agréable, au bord d'un plan d'eau » – **R** conseillée
15,7 ha (634 empl.) plat, herbeux, pierreux
**Tarif :** ▣ *2 pers.* ⚡ *29 – pers. suppl. 7 – frais de réservation 12*
**Location :** ⛺ *226 à 697 – gîtes*
🖦

## CORDELLE

42123 Loire **11** – **327** D4 – 749 h. – alt. 450.
Paris 413 – Feurs 35 – Roanne 14 – St-Just-en-Chevalet 30 – Tarare 41.

▲▲ **Municipal le Mars** avril-sept.
℘ 04 77 64 94 42, *baznews@wanadoo.fr*
S : 4,5 km par D 56 et chemin à droite « Agréable situation
dominante sur les gorges de la Loire »
1,2 ha (65 empl.) plat et en terrasses, peu incliné, herbeux
**Tarif :** (Prix 2002) ▣ *2 pers.* ⚡ *(6A) 11,05 – pers. suppl. 2,45*

## CORDES-SUR-CIEL

81170 Tarn **15** – **338** D6 G. Midi Pyrénées – 932 h. – alt. 279.
**1** Office du Tourisme, maison-Fonpeyrouse ℘ 05 63 56 00 52, Fax 05 63 56 19 52, *officedutourisme.corde
s@wanadoo.fr*.
Paris 661 – Albi 25 – Montauban 59 – Rodez 79 – Toulouse 82 – Villefranche-de-Rouergue 46.

▲▲ **Moulin de Julien** mai-sept.
℘ 05 63 56 11 10, Fax 05 63 56 11 10 – SE : 1,5 km par
D 922 rte de Gaillac, bord d'un ruisseau « Décoration
originale » – **R** conseillée
9 ha (130 empl.) plat, incliné et en terrasses, herbeux, étang
**Tarif :** ▣ *2 pers.* ⚡ *(5A) 18 – pers. suppl. 6 – frais de réser-
vation 10*
**Location** (juin-sept.) : ⛺ *420 à 550*

▲ **Camp Redon** avril-22 oct.
℘ 05 63 56 14 64, *campingcampredon@wanadoo.fr*,
Fax 05 63 56 14 64 ✉ 81170 Livers-Cazelles – SE : 5 km par
D 600 rte d'Albi puis 0,8 km par D 107 rte de Virac à gauche
– **R** conseillée
2 ha (40 empl.) plat, peu incliné, herbeux
**Tarif :** ▣ *2 pers.* ⚡ *(6A) 15,25 – pers. suppl. 3,25*

## CORMATIN

71460 S.-et-L. **11** – **320** I10 G. Bourgogne – 468 h. – alt. 212.
Paris 372 – Chalon-sur-Saône 37 – Mâcon 36 – Montceau-les-Mines 41.

▲▲ **Le Hameau des Champs** mai-sept.
℘ 03 85 50 76 71, *camping.cormatin@wanadoo.fr*, Fax
03 85 50 76 98 – sortie Nord par D 981, rte de Chalon-
sur-Saône, à 150 m d'un plan d'eau et de la Voie Verte Givry-
Cluny (44 km) – **R** conseillée
5,2 ha (60 empl.) plat, herbeux
**Tarif :** (Prix 2002) ▣ *2 pers.* ⚡ *13,40 – pers. suppl. 2,90*
**Location** (permanent) : ⛺ *274,41 à 381,12*
🖦

*Si vous recherchez :*
*un terrain agréable ou très tranquille*
*un terrain effectuant la location de caravanes,*
*de mobile homes, de bungalows ou de chalets*
*un terrain avec piscine*
*un terrain possédant une aire de services*
*pour camping-cars*

*Consultez le tableau des localités citées, classées par
départements.*

## CORMORANCHE-SUR-SAÔNE

01290 Ain 11 – 328 B3 – 780 h. – alt. 172 – **Base de loisirs.**
Paris 400 – Bourg-en-Bresse 43 – Châtillon-sur-Chalaronne 24 – Mâcon 10 – Villefranche-sur-Saône 33.

**La Pierre Thorion** 2 mai-15 sept.
03 85 23 97 10, *camping@cc-pontdeveyle.com*, Fax 03 85 23 97 11 – à la base de loisirs : sortie Ouest par D 51A et 1,2 km par rte à droite « Décoration arbustive des empl. près d'un beau plan d'eau »
48 ha/4,5 campables (117 empl.) plat, herbeux, sablonneux, bois attenant
**Tarif :** *2 pers. (6A) 16,50 – pers. suppl. 4,45*
**Location** *: 200 à 442*

GB (1 ha) salle d'animation (plage)

## CORRÈZE

19800 Corrèze 10 – 329 M3 G. Berry Limousin – 1 145 h. – alt. 455.
Office du Tourisme, place de la Mairie 05 55 21 32 82, Fax 05 55 21 63 56, *CORREZE.VILLAGE@wanadoo.fr*
Paris 480 – Argentat 46 – Brive-la-Gaillarde 46 – Égletons 22 – Tulle 19 – Uzerche 35.

**Municipal la Chapelle** 15 juin-15 sept.
05 55 21 29 30 – sortie Est par D 143, rte d'Egletons et à droite, rte de Bouysse (en deux parties distinctes) « Situation agréable près d'une chapelle, au bord de la Corrèze »
3 ha (54 empl.) non clos, plat, terrasse, peu incliné, herbeux, forêt attenante
**Tarif :** (Prix 2002) *2 pers. (5A) 10,38 – pers. suppl. 2,44*

(1 ha)
À prox. :

## CORSE

17 – 345 G. Corse.
Par Société Nationale Corse-Méditerranée (S.N.C.M.) – départ de Marseille : 61 bd des Dames (2e) 04 91 56 30 30, Fax 04 91 56 95 86 – départ de Nice : (Ferryterranée) quai du Commerce 04 93 13 66 99, Fax 04 93 13 66 81 – départ de Toulon : 49 av. Infanterie de Marine (1er avr.-30 sept.) 04 94 16 66 66, Fax 04 94 16 66 68.

### Ajaccio

Corse-du-Sud – 58 315 h. – 20000 Ajaccio.
OMT, boulevard du roi-Jérôme 04 95 51 53 03, Fax 04 95 51 53 01, *ajaccio.tourisme@wanadoo.fr.*
Bastia 146 – Bonifacio 132 – Calvi 165 – Corte 80 – L'Ile-Rousse 141.

**Les Mimosas** avril-15 oct.
04 95 20 99 85, Fax 04 95 10 01 77 – sortie Nord par D 61, rte d'Alata et à gauche, rte des Milelli – R
2,5 ha (70 empl.) plat et en terrasses
**Tarif :** *2 pers. 16,40 – pers. suppl. 4,80*
**Location** *(permanent) : 260 à 470*

snack

### Aléria

H.-Corse – 2 022 h. – alt. 20 – 20270 Aléria.
Office du Tourisme, Casa-Luciana 04 95 57 01 51, Fax 04 95 57 03 79.
Bastia 71 – Corte 51 – Vescovato 52.

**Marina d'Aléria** Pâques-15 oct.
04 95 57 01 42, *info@marina-aleria.com*, Fax 04 95 57 04 29 – à 3 km à l'Est de Cateraggio par N 200, à la plage de Padulone, bord du Tavignano « Décoration florale » – **R** conseillée
17 ha/7 campables (220 empl.) plat, sablonneux, herbeux
**Tarif :** (Prix 2002) *2 pers. 20,60 – pers. suppl. 6,40*
**Location :** *200 à 740 – 183 à 760*

GB (4 ha) grill, pizzeria cases réfrigérées

### Bastia

H.-Corse – 37 845 h. – 20200 Bastia.
Office du Tourisme, place St-Nicolas 04 95 54 20 40, Fax 04 95 54 20 41, *ot-bastia@wanadoo.fr.*
Ajaccio 148 – Bonifacio 171 – Calvi 92 – Corte 68 – Porto 135.

**San Damiano** avril-15 oct.
04 95 33 68 02, Fax 04 95 30 84 10 20620 Biguglia – SE : 9 km par N 193 et D 107 à gauche, direction Lido de la Marana « Situation agréable »
12 ha (280 empl.) plat, sablonneux
**Tarif :** *2 pers. 22,50 – pers. suppl. 7*
**Location** *: 371 à 644*

GB pinède
À prox. : poneys

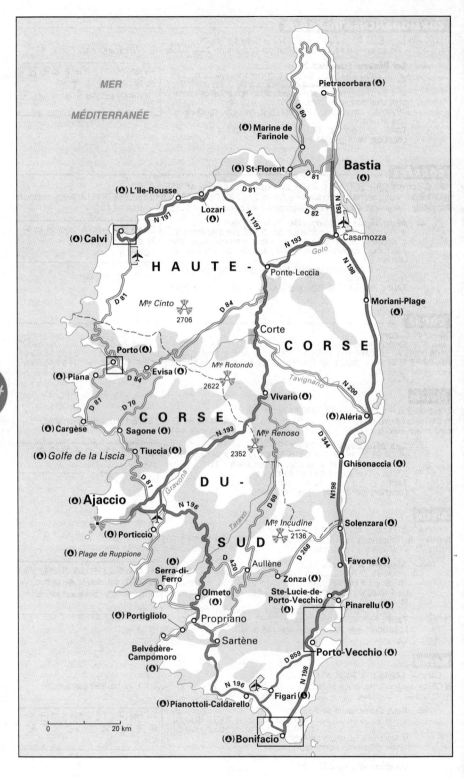

MER
MÉDITERRANÉE

Pietracorbara (⚓)

(⚓) Marine de Farinole

(⚓) St-Florent

Bastia (⚓)

L'Ile-Rousse (⚓)

Lozari (⚓)

(⚓) Calvi

Casamozza

N 191

N 1197

N 193

D 80

D 81

D 81

D 82

N 193

HAUTE-

Ponte-Leccia

Golo

Moriani-Plage (⚓)

D 81

Mte Cinto 2706

D 84

Corte

CORSE

N 198

Porto (⚓)

(⚓) Piana

Evisa (⚓)

Mte Rotondo 2622

D 84

Tavignano

N 200

Vivario (⚓)

D 70

CORSE

N 193

(⚓) Aléria

(⚓) Cargèse

Sagone (⚓)

Mte Renoso 2352

D 344

(⚓) Golfe de la Liscia

Tiuccia (⚓)

Ghisonaccia (⚓)

D 81

Gravona

DU-

N 198

(⚓) Ajaccio

N 196

Tavaro

D 69

Mte Incudine 2136

Solenzara (⚓)

(⚓) Porticcio

SUD

D 268

Favone (⚓)

(⚓) Plage de Ruppione

D 420

Aullène

Zonza (⚓)

(⚓) Serra-di-Ferro

Olmeto (⚓)

Ste-Lucie-de-Porto-Vecchio (⚓)

Pinarellu (⚓)

(⚓) Portigliolo

Propriano

D 859

Porto-Vecchio (⚓)

Sartène

Belvédère-Campomoro

N 196

N 198

(⚓) Pianottoli-Caldarello

Figari (⚓)

0    20 km

(⚓) Bonifacio

214

## Belvédère-Campomoro

Corse-du-Sud – 128 h. – alt. 5 – ⊠ 20110 Belvédère-Campomoro.
Ajaccio 87 – Bonifacio 75 – Porto 84 – Sartène 24.

⚠ **La Vallée** 15 mai-sept.
𝒫 04 95 74 21 20, Fax 04 95 74 21 20 – au bourg, à 50 m de la plage – ℞
3,5 ha (199 empl.) plat, peu incliné, terrasses, herbeux, sablonneux
**Tarif :** 🔳 2 pers. 🔌 23,85 – pers. suppl. 5,80
**Location :** appartements

○━ ℀ dans locations ⚲ ♀ ⅗ ⛁ ⬚ ☺ ▦
À prox. : ♨

## Bonifacio

Corse-du-Sud – 2 683 h. – alt. 55 – ⊠ 20169 Bonifacio.
🅱 Office du Tourisme, 2 rue Fred-Scamaroni 𝒫 04 95 73 11 88, Fax 04 95 73 14 97.
Ajaccio 134 – Corte 151 – Sartène 52.

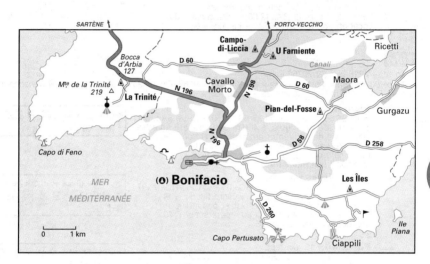

⚠⚠⚠ **U Farniente** avril-15 oct.
𝒫 04 95 73 05 47, Fax 04 95 73 11 42 – NE : 5 km par N 198 rte de Bastia, à Pertamina Village « Agréable domaine » – ℞ conseillée
15 ha/3 campables (150 empl.) plat, peu incliné, pierreux
**Tarif :** (Prix 2002) 🔳 2 pers. 🔌 (6A) 20,75 - pers. suppl. 6,40
**Location :** 🚐 338 à 800 – 🏠 275 à 628 – bungalows toilés, pavillons
🚐

⚠⚠ **Rondinara** 15 mai-sept.
𝒫 04 95 70 43 15, reception@rondinara.fr, Fax 04 95 70 56 79 – NE : 18 km par N 198, rte de Porto-Vecchio et D 158 à droite, rte de la pointe de la Rondinara, à 400 m de la plage (hors schéma) « Belle décoration florale et site agréable » – ℞
5 ha (120 empl.) peu incliné et en terrasses, pierreux
**Tarif :** 🔳 2 pers. 🔌 (6A) 22 – pers. suppl. 6,50
**Location :** 🚐 430 à 610
🚐

⚠⚠ **Les Îles** avril-oct.
𝒫 04 95 73 11 89, camping.des.iles.bonifacio@wanadoo.fr, Fax 04 95 73 18 77 – E : 4,5 km rte de Piantarella, vers l'embarcadère de Cavallo – ℞
8 ha (100 empl.) peu incliné, vallonné, pierreux
**Tarif :** 🔳 2 pers. 🔌 25,50 – pers. suppl. 7,50
**Location :** 🚐 340 à 580 – 🏠 295 à 690
🚐

🐟 ○━ GB ⚲ ⬚ 🍴 ♨ ⛁ ↻ ▦ ⅗ ♨ ☺ ▦ ♨ ✗ pizzeria ⅗ cases réfrigérées ⬚ ⛹ ⚽ ↯

🐟 ⚓ ○━ GB ⚲ ⅗ ⛁ ↻ ▦ 🍴 ☺ ▦ ♨ ☕ snack, crêperie ⅗ 🏠 ♨

⚓ la Sardaigne et les îles ○━ GB ⚲ ⅗ ⛁ ↻ ▦ 🍴 ☺ ▦ ♨ snack ⅗ 🏠 ✗ ☂ ↯

215

▲▲ **Pian del Fosse** 20 avril-20 oct.
  ℘ 04 95 73 16 34, *pian.del.fosse@wanadoo.fr*, Fax 04 95
  73 16 34 – NE : 3,8 km sur D 58 rte de Santa-Manza « Belles
  terrasses ombragées » – **R** conseillée
  5,5 ha (100 empl.) peu incliné et incliné, en terrasses, pier-
  reux, oliveraie
  **Tarif :** 🔲 *2 pers.* (½) *(4A) 24,80 - pers. suppl. 6,40*
  **Location :** 🏠 *305 à 840 – bungalows toilés*
  🚐

▲▲ **La Trinité**
  ℘ 04 95 73 10 91, Fax 04 95 73 16 90 – NO : 4,5 km par
  N 196 rte de Sartène
  4 ha (100 empl.) accidenté, plat et peu incliné, sablonneux,
  herbeux, rocheux
  **Location :** 🚐 – 🚐

▲ **Campo-di-Liccia** 29 mars-25 oct.
  ℘ 04 95 73 03 09, *info@campingdiliccia.com*, Fax 04 95 73
  19 94 – NE : 5,2 km par N 198, rte de Bastia « Agréable cadre
  boisé » – **R**
  5 ha (161 empl.) plat, peu incliné, terrasses
  **Tarif :** 🔲 *2 pers.* (½) *(3A) 17,60 – pers. suppl. 5,80*
  **Location** ⚡ **:** 🚐 *240 à 625 –* 🏠 *329 à 687*

## Calvi

H.-Corse – 4 815 h. – ✉ 20260 Calvi.
🛈 Office du Tourisme, Port de Plaisance ℘ 04 95 65 16 67, Fax 04 95 65 14 09, *omt.calvi@wanadoo.fr*
Bastia 92 – Corte 87 – L'Ile-Rousse 25 – Porto 73.

▲▲ **Paduella** 10 mai-oct.
  ℘ 04 95 65 06 16, Fax 04 95 65 17 50 – SE : 1,8 km par
  N 197 rte de l'Ile-Rousse, à 400 m de la plage « Agréable
  cadre boisé de différentes essences » – **R** conseillée
  4 ha (130 empl.) plat et en terrasses, sablonneux
  **Tarif :** 🔲 *2 pers.* (½) *20 – pers. suppl. 6,10*
  **Location :** *bungalows toilés*

▲▲ **Bella Vista** Pâques-début oct.
  ℘ 04 95 65 11 76, Fax 04 95 65 03 03 – S : 1,5 km par N 197
  et rte de Pietra-Major à droite « Cadre fleuri » – **R**
  6 ha/4 campables (156 empl.) plat et peu incliné
  **Tarif :** 🔲 *2 pers.* (½) *(10A) 21,60 – pers. suppl. 6,40*
  **Location** ⚡ **:** 🏠 *335 à 686*
  🚐

▲▲ **Paradella** 15 juin-sept.
  ℘ 04 95 65 00 97, *paradella@corsica-net.com*, Fax 04 95
  65 11 11 ✉ 20214 Calenzana – SE : 9,5 km par N 197 rte
  de l'Ile-Rousse et D 81 à droite rte de l'aéroport « Beaux
  emplacements sous les eucalyptus » – **R**
  5 ha (150 empl.) plat, sablonneux, herbeux
  **Tarif :** (Prix 2002) 🔲 *2 pers.* (½) *18,50 – pers. suppl. 5,50*
  **Location** ⚡ **:** 🏠 *313 à 534*
  🚐

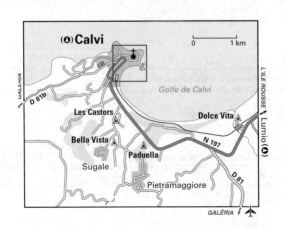

⚠ **Les Castors** mai-sept.
  𝒫 04 95 65 13 30, *lescastors2@wanadoo.fr*, Fax 04 95 65
  31 95 – S : 1 km par N 197 et rte de Pietra-Major à droite
  – ♣
  2ha (80 empl.) plat, herbeux
  **Tarif :** 🔲 *2 pers.* 🔋 *24,90 – pers. suppl. 6,70*
  **Location :** ⬜ *410 à 770 – studios*

⚠ **Dolce Vita** mai-sept.
  𝒫 04 95 65 05 99, Fax 04 95 65 31 25 – SE : 4,5 km par
  N 197 rte de l'Ile-Rousse, à l'embouchure de la Figarella, à
  200 m de la mer – ♣
  6 ha (200 empl.) plat, herbeux, sablonneux
  **Tarif :** 🔲 *2 pers.* 🔋 *(10A) 22,62 – pers. suppl. 6,90*
  ⬜

**à Lumio** NE : 10 km par N 197 – 895 h. – alt. 150 – ✉ 20260 Lumio :

⚠ **Le Panoramic** juin-15 sept.
  𝒫 04 95 60 73 13, Fax 04 95 60 73 13 – NE : 2 km sur D 71,
  rte de Belgodère « Belles terrasses ombragées » –
  ♣ conseillée
  6 ha (100 empl.) en terrasses, pierreux, sablonneux
  **Tarif :** 🔲 *2 pers.* 🔋 *18,70 – pers. suppl. 5,30*
  **Location :** ⬜ *220 à 290*

## Cargèse

Corse-du-Sud – 915 h. – alt. 75 – ✉ 20130 Cargèse.
🏢 Office du Tourisme, rue du Dr Dragacci 𝒫 04 95 26 41 31, Fax 04 95 26 48 80, *ot.cargese@wanadoo.fr*.
Ajaccio 51 – Calvi 106 – Corte 119 – Piana 21 – Porto 33.

⚠ **Torraccia** mai-sept.
  𝒫 04 95 26 42 39, *contact@camping-torraccia.com*, Fax
  04 95 20 40 21 – N : 4,5 km par D 81 rte de Porto – ♣
  3 ha (66 empl.) en terrasses, accidenté, pierreux
  **Tarif :** 🔲 *2 pers.* 🔋 *19,20 – pers. suppl. 5,70*
  **Location :** ⬜ *313 à 610*

## Évisa

Corse-du-Sud – 257 h. – alt. 850 – ✉ 20126 Évisa.
Ajaccio 71 – Calvi 96 – Corte 70 – Piana 33 – Porto 23.

⚠ **L'Acciola** 15 mai-sept.
  𝒫 04 95 26 23 01, Fax 04 95 26 23 01 – E : 2 km par D 84
  rte de Calacuccia et D 70 à droite, rte de Vico, à proximité
  de la forêt d'Aitone, alt. 920 – ♣
  2,5 ha (70 empl.) incliné, en terrasses, pierreux, herbeux
  **Tarif :** 🔲 *2 pers.* 🔋 *28,50 – pers. suppl. 4,50*

## Farinole (Marine de)

H.-Corse – 176 h. – alt. 250 – ✉ 20253 Farinole.
Bastia 21 – Rogliano 61 – St-Florent 13.

⚠ **A Stella** mai-sept.
  𝒫 04 95 37 14 37, Fax 04 95 37 13 84 – par D 80, bord de
  mer – ♣
  3 ha (100 empl.) plat, peu incliné et en terrasses, pierreux
  **Tarif :** 🔲 *2 pers.* 🔋 *(10A) 20,30 – pers. suppl. 5*
  **Location :** ⬜ *304,90 à 336*

## Favone

Corse-du-Sud – ✉ 20144 Ste-Lucie-de-Porto-Vecchio.
Ajaccio 129 – Bonifacio 57.

⚠ **Bon'Anno** juin-sept.
  𝒫 04 95 73 21 35, Fax 04 95 73 21 35 – à 500 m de la plage
  – ♣ conseillée
  3 ha (150 empl.) plat, peu incliné, terrasses, pierreux, herbeux
  **Tarif :** 🔲 *2 pers.* 🔋 *20,40 – pers. suppl. 6*

## Figari

Corse-du-Sud – 914 h. – alt. 80 – ✉ 20114 Figari.
Ajaccio 122 – Bonifacio 18 – Porto-Vecchio 20 – Sartène 41.

⚠ **U Moru** mai-15 sept.
  𝒫 04 95 71 23 40, Fax 04 95 71 26 19 – NE : 5 km par D 859
  rte de Porto-Vecchio – ♣ conseillée
  6 ha (120 empl.) peu incliné et plat, herbeux, sablonneux
  **Tarif :** 🔲 *2 pers.* 🔋 *19,50 – pers. suppl. 5,90*
  **Location :** ⬜ *340*

217

## Ghisonaccia

H.-Corse – 3 270 h. – alt. 25 – ⊠ 20240 Ghisonaccia.
🄸 Office du Tourisme, RN 198 ℘ 04 95 56 12 38, Fax 04 95 56 19 86.
Bastia 85 – Aléria 14 – Ghisoni 27 – Venaco 57.

⋀⋀⋀ **Marina d'Erba Rossa** mai-25 oct.
℘ 04 95 56 25 14, *erbarossa@wanadoo.fr*, Fax 04 95 56 27 23 – E : 4 km par D 144, bord de plage « Bel ensemble résidentiel » – **R** conseillée
12 ha/8 campables (160 empl.) plat, herbeux
**Tarif :** 🔳 2 pers. 🚰 30,80 – pers. suppl. 6,30
**Location** (avril-oct.) : 🛏 156 à 691 – 🏠 245 à 951
🚐

*(icônes)* GB ⚡ (4 ha) ... cases réfrigérées ... pizzeria ... parc animalier
À prox. : discothèque

⋀⋀⋀ **Arinella-Bianca** 12 avril-sept.
℘ 04 95 56 04 78, *arinella@arinellabianca.com*, Fax 04 95 56 12 54 – E : 3,5 km par D 144 puis 0,7 km par chemin à droite « Cadre agréable au bord de la plage » – **R** conseillée
10 ha (416 empl.) plat, herbeux, sablonneux
**Tarif :** 🔳 2 pers. 🚰 (6A) 34,05 – pers. suppl. 7,90 – frais de réservation 30,50
**Location** (12 avril-18 oct.) : 🛏 225 à 755 – 🏠 275 à 895
🚐

*(icônes)* GB ⚡ (7 ha) ... pizzeria ... cases réfrigérées
À prox. : discothèque

## La Liscia (Golfe de)

Corse-du-Sud – ⊠ 20111 Calcatoggio.
Ajaccio 26 – Calvi 131 – Corte 95 – Vico 25.

⋀⋀ **La Liscia** mai-5 oct.
℘ 04 95 52 20 65, *françois.ferraro@wanadoo.fr*, Fax 04 95 52 30 24 – par D 81, à 5 km au Nord-Ouest de Calcatoggio, bord de la Liscia – **R** conseillée
3 ha (100 empl.) plat et en terrasses, herbeux
**Tarif :** (Prix 2002) 🔳 2 pers. 🚰 (6A) 19,40 – pers. suppl. 5,35
**Location** 🛇 : 🛏 180 à 380

*(icônes)* GB ⚡ ... snack, pizzeria ... discothèque

## L'Île-Rousse

H.-Corse – 2 288 h. – ⊠ 20220 l'Île-Rousse.
🄸 Office du Tourisme, 7 place Paoli ℘ 04 95 60 04 35, Fax 04 95 60 24 74.
Bastia 68 – Calvi 25 – Corte 63.

⋀ **Le Bodri** juin-sept.
℘ 04 95 60 10 86, Fax 04 95 60 39 02 ⊠ 20256 Corbara – SO : 2,5 km rte de Calvi, à 300 m de la plage – **R**
6 ha (333 empl.) plat, peu incliné à incliné, pierreux
**Tarif :** (Prix 2002) 🔳 2 pers. 🚰 21 – pers. suppl. 5
**Location :** 🏠 530

*(icônes)* ... snack, pizzeria

## Lozari

H.-Corse – ⊠ 20226 Belgodère.
Bastia 62 – Belgodère 10 – Calvi 32 – L'Île-Rousse 8.

⋀⋀ **Le Clos des Chênes** Pâques-sept.
℘ 04 95 60 15 13, *cdc.lozari@wanadoo.fr*, Fax 04 95 60 21 16 – S : 1,5 km par N 197 rte de Belgodère « Situation agréable » – **R**
5 ha (235 empl.) plat, peu incliné, pierreux
**Tarif :** 🔳 2 pers. 🚰 (10A) 22,90 – pers. suppl. 6,25
**Location :** 🛏 230 à 566 – 🏠 230 à 696
🚐

*(icônes)* juil.-août ... snack ... cases réfrigérées

⋀ **Le Belgodère**
℘ 04 95 60 20 20, Fax 04 95 60 22 58 – NE : 0,6 km par N 1197 rte de St-Florent, à 400 m de la plage
2 ha (150 empl.) plat et peu incliné, pierreux
**Location :** 🛏 – bungalows toilés

*(icônes)* ... snack

## Moriani-Plage

H.-Corse – ⊠ 20230 San Nicolao.
Bastia 40 – Corte 68 – Vescovato 21.

⋀⋀ **Merendella** 20 mai-sept.
℘ 04 95 38 53 47, *merendel@club-internet.fr*, Fax 04 95 38 44 01 – S : 1,2 km par N 198 rte de Porto-Vecchio, bord de plage « Agréable chênaie » – **R** conseillée
7 ha (133 empl.) plat, herbeux, sablonneux
**Tarif :** (Prix 2002) 🔳 2 pers. 🚰 (5A) 20,55 – pers. suppl. 5,85 – frais de réservation 16
**Location :** 🏠 (sans sanitaires)

*(icônes)* juil.-août sur le camping et en permanence dans locations GB ⚡
À prox. : X

## Olmeto

Corse-du-Sud – 1 019 h. – alt. 320 – ✉ 20113 Olmeto.
🛈 Syndicat d'Initiative, Village ℘ 04 95 74 65 87, Fax 04 95 74 62 86.
Ajaccio 64 – Propriano 7 – Sartène 19.

**à la Plage**   SO : 7 km par D 157 – ✉ 20113 Olmeto :

▲▲ **Village Club du Ras L'Bol** 5 avril-4 oct.
℘ 04 95 74 04 25, fpaoletti@raslbol.com, Fax 04 95 74
01 30 – à 7 km par D 157, à 50m de la plage – **R** conseillée
6 ha (150 empl.) plat, peu incliné et en terrasses, herbeux,
rochers
**Tarif :** ▣ 2 pers. (₤) 22,90 – pers. suppl. 6,40 - frais de réservation 23
**Location :** 🛏 375 à 846

▲ **L'Esplanade** avril-15 oct.
℘ 04 95 76 05 03, camping-esplanade@wanadoo.fr, Fax
04 95 76 16 22 – 1,6 km par D 157, à la Tour de la Calanda,
à 100 m de la plage (accès direct) – **R**
4,5 ha (100 empl.) en terrasses, plat, peu incliné, vallonné,
accidenté, rochers
**Tarif :** ▣ 2 pers. (₤) 20,20 – pers. suppl. 5,85
**Location :** 🛏 290 à 625

## Piana

Corse-du-Sud – 500 h. – alt. 420 – ✉ 20115 Piana.
🛈 Syndicat d'Initiative, ℘ 04 95 27 84 42, Fax 04 95 27 82 72.
Ajaccio 72 – Calvi 85 – Évisa 33 – Porto 13.

▲ **Plage d'Arone** 15 mai-sept.
℘ 04 95 20 64 54 – SO : 11,5 km par D 824, à 500 m de la
plage « Agréable cadre fleuri » – **R**
3,8 ha (125 empl.) plat, sablonneux, pierreux
**Tarif :** ▣ 2 pers. (₤) 20,60

## Pianottoli-Caldarello

Corse-du-Sud – 653 h. – alt. 60 – ✉ 20131 Pianottoli-Caldarello.
Ajaccio 114 – Bonifacio 20 – Porto-Vecchio 28 – Sartène 33.

▲▲ **Kévano** mai-sept.
℘ 04 95 71 83 22, Fax 04 95 71 83 83 – SE : 3,3 km par
D 122 et rte à droite, à 500 m de la plage « Cadre sauvage
au milieu du maquis et des rochers de granit » – **R** conseillée
6 ha (100 empl.) en terrasses, plat, peu incliné, sablonneux,
accidenté, rochers
**Tarif :** ▣ 2 pers. (₤) (4A) 23,30 – pers. suppl. 7,20 – frais de
réservation 30

▲ **Le Damier**
℘ 04 95 71 82 95, Fax 04 95 71 86 94 – SE : 2,8 km par
D 122 et rte à droite
3,5 ha (100 empl.) plat, peu incliné, terrasses, pierreux,
herbeux
**Location** (permanent) : 🛏 381,12 à 610

## Pietracorbara

H.-Corse – 363 h. – alt. 150 – ✉ 20233 Pietracorbara..
Bastia 25.

▲▲ **La Pietra**
℘ 04 95 35 27 49, Fax 04 95 35 28 57 – SE : 4 km par D 232
et chemin à gauche, à 500 m de la plage « Beaux emplacements délimités »
3 ha (70 empl.) plat, herbeux

## Pinarellu

Corse-du-Sud – ✉ 20144 Ste-Lucie-de-Porto-Vecchio.
Ajaccio 147 – Bonifacio 44 – Porto-Vecchio 16.

▲▲ **California**
℘ 04 95 71 49 24, Fax 04 95 71 49 24 – S : 0,8 km par D 468
et 1,5 km par chemin à gauche, à 50 m de la plage (accès
direct)
7 ha/5 campables (100 empl.) peu accidenté et plat, sablonneux, étang

## Ruppione (plage de)

Corse-du-Sud – ⊠ 20166 Porticcio.
Ajaccio 28 – Propriano 46 – Sartène 58.

   ▲▲▲ **Le Sud** 15 avril-sept.
        &#x260E; 04 95 25 40 51, Fax 04 95 25 47 39 – par D 55, à 100 m
        de la plage – **R**
        4 ha (200 empl.) en terrasses et accidenté
        **Tarif :** ▣ *2 pers.* ⒥ *17,80 – pers. suppl. 5,50*
        **Location :** ⌂ *275 à 640*

## Porticcio

Corse-du-Sud – ⊠ 20166 Porticcio.
🛈 OMT, plage-des-marines &#x260E; 04 95 25 01 01, Fax 04 95 25 11 12.
Ajaccio 19 – Sartène 67.

   ▲▲▲ **U-Prunelli** 28 mars-oct.
        &#x260E; 04 95 25 19 23, *prunelli.camp@infonie.fr*, Fax 04 95 25
        16 87 – NE : 3,5 km par D 55, rte d'Ajaccio, au pont de Pis-
        ciatello « Agréable cadre fleuri, au bord du Prunelli » –
        **R** conseillée
        5,5 ha (260 empl.) plat, herbeux
        **Tarif :** (Prix 2002) ▣ *2 pers.* ⒥ *24,40 – pers. suppl. 6,50 –*
        *frais de réservation 10*
        **Location :** ⌂ *237 à 709*

## Portigliolo

Corse-du-Sud – ⊠ 20110 Propriano.
Ajaccio 78 – Propriano 10 – Sartène 15.

   ▲ **Lecci e Murta** avril-15 oct.
        &#x260E; 04 95 76 02 67, Fax 04 95 77 03 38 – à 500 m de la plage
        « Site sauvage » – **R** conseillée
        4 ha (150 empl.) en terrasses, plat, pierreux, herbeux
        **Tarif :** ▣ *2 pers.* ⒥ *24 – pers. suppl. 9*
        **Location** (permanent) **:** ⌂ *400 à 690*

## Porto

Corse-du-Sud – ⊠ 20150 Ota.
🛈 Office de tourisme, place de la Marine &#x260E; 04 95 26 10 55, Fax 04 95 26 14 25, *office@porto-tourisme.com*.
Ajaccio 84 – Calvi 73 – Corte 93 – Évisa 23.

   ▲▲▲ **Les Oliviers** 28 mars-20 oct.
        &#x260E; 04 95 26 14 49, *guy@campinglesoliviers.com*, Fax 04 95
        26 12 49 – par D 81, au pont, bord du Porto – **R** conseillée
        5,4 ha (216 empl.) en terrasses
        **Tarif :** ▣ *2 pers.* ⒥ *22 – pers. suppl. 6,50 – frais de réser-*
        *vation 12,25*
        **Location :** ⌂ *315 à 745*

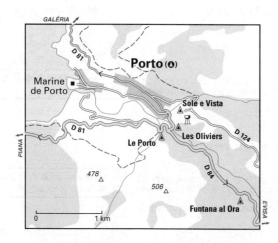

△ **Funtana al Ora** 6 avril-sept.
  ℘ 04 95 26 11 65, Fax 04 95 26 10 83 – SE : 1,4 km par D 84
  rte d'Evisa, à 200 m du Porto « Cadre sauvage » – **ℝ**
  2 ha (70 empl.) en terrasses, rochers
  **Tarif :** 🔲 2 pers. (½) 17,75 – pers. suppl.5,20
  **Location :** 🏠 260 à 519

△ **Sole e Vista** avril-oct.
  ℘ 04 95 26 15 71, Fax 04 95 26 10 79 – accès principal par
  parking du supermarché, accès secondaire E : 1 km par
  D 124, rte d'Ota, à 150 m du Porto « Belle situation » –
  **ℝ** conseillée
  3,5 ha (150 empl.) en terrasses, rochers
  **Tarif :** 🔲 2 pers. (½) 15,02 – pers. suppl. 5,60

△ **Porto** 15 juin-sept.
  ℘ 04 95 26 13 67, *fceccaldi@freesurf.fr*, Fax 04 95 26
  10 79 – sortie Ouest par D 81 rte de Piana, à 200 m du Porto
  « Belles terrasses ombragées » – **ℝ** conseillé
  2 ha (60 empl.) en terrasses, herbeux
  **Tarif :** 🔲 2 pers. (½) (5A) 17,40 – pers. suppl. 5,10

## Porto-Vecchio

Corse-du-Sud – 9 307 h. – alt. 40 – ✉ 20137 Porto-Vecchio.
🅱 Office du Tourisme, rue du Docteur Camille-de-Rocca-Serra ℘ 04 95 70 09 58, Fax 04 95 70 03 72.
Ajaccio 142 – Bonifacio 27 – Corte 123 – Sartène 61.

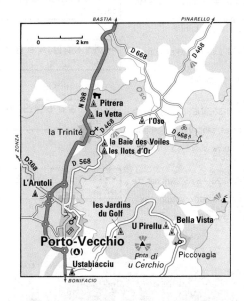

221

▲▲▲ **U Pirellu** 18 avril-sept.
  ℘ 04 95 70 23 44, *u.pirellu@wanadoo.fr*, Fax 04 95 70
  60 22 – E : 9 km à Piccovagia, Certains emplacements
  difficiles d'accès (forte pente) « Agréable chênaie » –
  **ℝ**
  5 ha (150 empl.) incliné et en terrasses, pierreux
  **Tarif :** (Prix 2002) 🔲 2 pers. (½) 23,79 – pers. suppl. 7,32
  **Location** (15 mai-sept.) – 🏠 : 🏠 275 à 686 –
  *appartements*

▲▲ **La Vetta** 15 mai-9 oct.
  ℘ 04 95 70 09 86, *info@campinglavetta.com*, Fax 04 95 70
  43 21 – N : 5,5 km « Cadre agréable »
  8 ha (100 empl.) incliné, en terrasses, pierreux, herbeux,
  rochers
  **Tarif :** 🔲 2 pers. (½) 21 – pers. suppl. 6,50
  **Location** 🏠 : 🏠 350 à 840

**U-Stabiacciu** avril-15 oct.
  📞 04 95 70 37 17, *stabiacciu@wanadoo.fr*, Fax 04 95 70
62 59 – S : 2 km – ℝ
4,5 ha (160 empl.) plat, herbeux, sablonneux
**Tarif** : (Prix 2002) 🔲 *2 pers.* 🔌 *(5A) 19,70 – pers. suppl. 6*
**Location** : 🏠 *290 à 526*

**L'Arutoli** avril-oct.
  📞 04 95 70 12 73, *camping.arutoli@wanadoo.fr*, Fax 04 95
70 63 95 – NO : 2 km par D 368, rte de l'Ospédale « Agréable
cadre boisé et fleuri » – ℝ
4 ha (150 empl.) plat, peu incliné, herbeux
**Tarif** : 🔲 *2 pers.* 🔌 *21,55 – pers. suppl. 5,90*
**Location** : 🏠 *297 à 713*

**Pitrera** Permanent
  📞 04 95 70 20 10, *michel.branca@wanadoo.fr*, Fax 04 95
70 54 43 – N : 5,8 km par N 198, rte de Bastia – ℝ conseillée
3 ha (75 empl.) accidenté, incliné à peu incliné, terrasses,
pierreux
**Tarif** : 🔲 *2 pers.* 🔌 *24,56 – pers. suppl. 6,97*
**Location** : 🏠 *270 à 760*

**La Baie des Voiles**
  📞 04 95 70 01 23, Fax 04 95 70 01 23 – NE : 6 km, bord de
la plage
3 ha (180 empl.) plat et en terrasses, sablonneux, herbeux,
rochers

**Bella Vista** juin-15 sept.
  📞 04 95 70 58 01, Fax 04 95 70 61 44 – E : 9,3 km, à Pic-
covagia – ℝ
2,5 ha (100 empl.) en terrasses, herbeux, pierreux
**Tarif** : 🔲 *2 pers.* 🔌 *(10A) 20,60 – pers. suppl. 6,10*

**L'Oso** juin-20 sept.
  📞 04 95 71 60 99, Fax 04 95 70 37 33 – NE : 8 km, bord de
l'Oso – ℝ
3,2 ha (90 empl.) plat, herbeux
**Tarif** : 🔲 *2 pers.* 🔌 *18,95 – pers. suppl. 5,35*
**Location** ⚡ : 🏠 *304,90 à 575*

**Les Îlots d'Or** 15 avril-10 sept.
  📞 04 95 70 01 30, Fax 04 95 70 01 30 – NE : 6 km, bord de
plage – ℝ conseillée
4 ha (180 empl.) plat et en terrasses, sablonneux, herbeux,
rochers
**Tarif** : 🔲 *2 pers.* 🔌 *(6A) 18,30 – pers. suppl. 5,80*
**Location** : ▦ *266 à 490 –* 🏠 *266 à 490*

**Les Jardins du Golf** 15 mai-sept.
  📞 04 95 70 46 92, Fax 04 95 78 10 28 – S : 5,2 km par rte
de Palombaggia – ℝ conseillée
4 ha/2 campables (100 empl.) plat, herbeux, sablonneux
**Tarif** : 🔲 *2 pers.* 🔌 *20,10 – pers. suppl. 4,95*
**Location** *(mars-oct.)* – ⚡ : 🏠 *305 à 640*

CORSE

## Sagone

Corse-du-Sud – ⊠ 20118 Sagone.
Ajaccio 38 – Calvi 119 – Corte 106 – Sartène 110.

▲▲▲ **Le Sagone** avril-15 oct.
⚲ 04 95 28 04 15, *sagone.camping@wanadoo.fr*, Fax 04 95
28 08 28 – N : 2 km par D 70, rte de Vico « Agréable cadre
fleuri et ombragé, au bord de la Sagone » – **R** conseillée
9 ha (300 empl.) plat, herbeux
**Tarif :** ▤ 2 pers. ⚡ 23,45 – pers. suppl. 7 – frais de réservation 18,80
**Location :** ⌂ 324 à 736 – bungalows toilés
⛺

## St-Florent

H.-Corse – 1 350 h. – ⊠ 20217 St-Florent.
🛈 Office du Tourisme, ⚲ 04 95 37 06 04, Fax 04 95 37 06 04.
Bastia 23 – Calvi 70 – Corte 74 – L'Île-Rousse 46.

▲▲ **La Pinède** avril-1er oct.
⚲ 04 95 37 07 26, *camping.la.pinede@wanadoo.fr*, Fax
04 95 37 17 73 – S : 1,8 km par rte de l'Île-Rousse et chemin
à gauche après le pont, bord de l'Aliso – **R**
3 ha (80 empl.) plat, incliné et en terrasses, pierreux, herbeux
**Tarif :** ▤ 2 pers. ⚡ (16A) 22 – pers. suppl. 5
**Location** ✸ juil.-août : ⌂ 503 à 630

## Ste-Lucie-de-Porto-Vecchio

Corse-du-Sud – ⊠ 20144 Ste-Lucie-de-Porto-Vecchio.
🛈 Syndicat d'Initiative, ⚲ 04 95 71 48 99, Fax 04 95 71 48 99.
Ajaccio 143 – Porto-Vecchio 16.

▲▲ **Santa-Lucia** 5 avril-11 oct.
⚲ 04 95 71 45 28, Fax 04 95 71 45 28 – sortie Sud-Ouest,
rte de Porto-Vecchio « Agréable cadre boisé »
3 ha (160 empl.) plat et peu incliné, sablonneux, pierreux,
rochers
**Tarif :** (Prix 2002) ▤ 2 pers. ⚡ (6A) 20,50 – pers. suppl. 6
– frais de réservation 15
**Location** ✸ : ⌂ 365 à 625 – bungalows toilés

## Serra-di-Ferro

Corse-du-Sud – 327 h. – alt. 140 – ⊠ 20140 Serra-di-Ferro.
Ajaccio 47 – Propriano 19 – Sartène 31.

▲ **Alfonsi U Caseddu** juin-sept.
⚲ 04 95 74 01 80, Fax 04 95 74 07 67 – S : 5 km par D 155,
rte de Propriano et D 757 à droite, à l'entrée de Porto-Pollo
« Agréable situation en bord de mer » – **R**
3,5 ha (100 empl.) plat, peu incliné, sablonneux, herbeux
**Tarif :** (Prix 2002) ▤ 2 pers. ⚡ (6A) 26,68 – pers. suppl. 5,34

## Solenzara

Corse du Sud – alt. 310 – ⊠ 20145 Sari Solenzara.
🛈 Office de tourisme, rue Principale ⚲ 04 95 57 43 75, Fax 04 95 57 43 59.
Ajaccio 119 – Bonifacio 68 – Sartène 77.

▲ **La Côte des Nacres**
⚲ 04 95 57 40 65, Fax 04 95 57 45 12 – N : 0,8 km par
N 198, rte de Bastia et chemin à droite après le pont « Au
bord de la mer »
3 ha (50 empl.) plat, sablonneux
**Location :** ⌂

## Tiuccia

Corse-du-Sud – ⊠ 20111 Calcatoggio.
Ajaccio 30 – Cargèse 22 – Vico 22.

▲▲ **Les Couchants** Permanent
⚲ 04 95 52 26 60, *camping.les-couchants@wanadoo.fr*,
Fax 04 95 52 31 77 ⊠ 20111 Casaglione – N : 4,9 km par
D 81 et D 25 à droite, rte de Casaglione « Agréable cadre
fleuri » – **R**
5 ha (120 empl.) en terrasses, peu incliné, herbeux
**Tarif :** (Prix 2002) ▤ 2 pers. ⚡ 21,50 – pers. suppl. 5,50
**Location :** ⌂ 406 à 553

223

## Vivario

H.-Corse – 493 h. – alt. 850 – ⊠ 20219 Vivario.
Bastia 88 – Aléria 49 – Corte 22 – Bocognano 22.

⚠ **Aire Naturelle le Soleil** mai-oct.
   ℘ 04 95 47 21 16 – SO : 6 km par N 193, rte d'Ajaccio, à
Tattone, près de la gare, alt. 800
1 ha (25 empl.) en terrasses, peu incliné et plat, herbeux
**Tarif :** ▣ 2 pers. ⚡ 14,30 – pers. suppl. 4,10
⛽ (20 empl.) – 10,70

       ⟨icons⟩ pizzeria

## Zonza

Corse-du-Sud – 1 600 h. – alt. 780 – ⊠ 20124 Zonza.
Ajaccio 91 – Porto-Vecchio 40 – Sartène 38 – Solenzara 40.

⚠ **Aire Naturelle la Rivière** avril-oct.
   ℘ 04 95 78 66 33, letourisme@wanadoo.fr, Fax 04 95 78
73 23 – N : 2,5 km par D 430 rte de Quenza – **R** conseillée
3,5 ha (50 empl.) plat et peu incliné, terrasse, herbeux
**Tarif :** ▣ 2 pers. ⚡ 14 – pers. suppl. 3,50

*En juin et septembre les camps sont plus calmes, moins fréquentés
et pratiquent souvent des tarifs « hors saison ».*

## COS

09000 Ariège 🔟🔢 – 🔢🔢🔢 H7 – 236 h. – alt. 486.
Paris 779 – La Bastide-de-Sérou 14 – Foix 5 – Pamiers 25 – St-Girons 41 – Tarascon-sur-Ariège 21.

⚠ **Municipal** Permanent
   ℘ 05 61 65 39 79 – SO : 0,7 km sur D 61, bord d'un ruisseau
– **R** conseillée
0,7 ha (32 empl.) non clos, plat, peu incliné, herbeux
**Tarif :** ▣ 2 pers. ⚡ 10,10 – pers. suppl. 1,50

       ⟨icons⟩
       À prox. : ⟨icon⟩

## La COUARDE-SUR-MER

17 Char.-Mar. – 🔢🔢🔢 B2 – voir à Île de Ré.

## COUCHES

71490 S.-et-L. 🔢🔢 – 🔢🔢🔢 H8 G. Bourgogne – 1 457 h. – alt. 320.
Paris 311 – Autun 25 – Beaune 31 – Le Creusot 16 – Chalon-sur-Saône 26.

⚠ **Municipal la Gabrelle** juin-7 sept.
   ℘ 03 85 45 59 49, Fax 03 85 98 19 29 – NO : 1,7 km par
D 978 rte d'Autun, près d'un petit plan d'eau – **R**
1 ha (50 empl.) en terrasses, herbeux
**Tarif :** (Prix 2002) ▣ 2 pers. ⚡ 7,40 – pers. suppl. 1,80

       ⟨icons⟩ snack

## COUDEKERQUE

59380 Nord 🔢 – 🔢🔢🔢 C2 – 903 h. – alt. 1.
Paris 283 – Calais 50 – Dunkerque 7 – Hazebrouck 39 – Lille 69 – St-Omer 36.

⚠⚠ **Le Bois des Forts** Permanent
   ℘ 03 28 61 04 41 –, réservé aux caravanes, à 0,7 km au
Nord-Ouest de Coudekerque-Village, sur le D 72 – Places limi-
tées pour le passage – **R** conseillée
3,25 ha (130 empl.) plat, herbeux
**Tarif :** ▣ 2 pers. ⚡ (10A) 11,60 – pers. suppl. 1,60

       ⟨icons⟩

## COUHÉ

86700 Vienne 🔢 – 🔢🔢🔢 H7 – 1 706 h. – alt. 140.
🅱 Office du Tourisme, 51 Grande-Rue ℘ 05 49 59 26 71.
Paris 370 – Confolens 58 – Montmorillon 61 – Niort 65 – Poitiers 36 – Ruffec 33.

⚠⚠⚠ **Les Peupliers** 2 mai-sept.
   ℘ 05 49 59 21 16, info@lespeupliers.fr, Fax 05 49 37 92 09
– N : 1 km rte de Poitiers, à Valence « Cadre boisé traversé
par une rivière pittoresque » – **R** conseillée
8 ha/2 campables (160 empl.) plat, herbeux, étang
**Tarif :** ▣ 2 pers. ⚡ (10A) 21 – pers. suppl. 5,50
**Location** (permanent) : ⛺ 220 à 540

       ⟨icons⟩ brasserie

## COULEUVRE

03320 Allier 𝐈𝐈 – 𝟑𝟐𝟔 E2 – 716 h. – alt. 267.
Paris 291 – Bourbon-l'Archambault 18 – Cérilly 9 – Cosne-d'Allier 27 – Moulins 42.

  ▲ **Municipal la Font St-Julien** avril-sept.
       𝒫 04 70 66 10 45, Fax 04 70 66 10 09 – sortie Sud-Ouest
       par D 3, rte de Cérilly et à droite « Bord d'un étang »
       2 ha (50 empl.) peu incliné, herbeux
       **Tarif :** 🔲 2 pers. 🔌 8,05 – pers. suppl. 1,85

## COULLONS

45720 Loiret 𝟔 – 𝟑𝟏𝟖 L6 – 2 258 h. – alt. 166.
Paris 166 – Aubigny-sur-Nère 18 – Gien 16 – Orléans 61 – Sancerre 48 – Sully-sur-Loire 22.

  ▲ **Municipal Plancherotte** avril-oct.
       𝒫 02 38 29 20 42 – O : 1 km par D 51, rte de Cerdon et rte
       des Brosses à gauche, à 50 m d'un plan d'eau (accès direct)
       « Beaux emplacements délimités »
       1,9 ha (60 empl.) plat, herbeux
       **Tarif :** (Prix 2002) 🔲 2 pers. 🔌 (16A) 8,50 – pers. suppl. 1,50

## COULON

79510 Deux-Sèvres 𝟗 – 𝟑𝟐𝟐 C7 G. Poitou Vendée Charentes – 1 870 h. – alt. 6.
🛈 Office du Tourisme, rue Gabriel-Auchier 𝒫 05 49 35 99 29, Fax 05 49 35 84 31, ot@ville-coulon.fr.
Paris 419 – Fontenay-le-Comte 25 – Niort 11 – La Rochelle 63 – St-Jean-d'Angély 57.

  ▲▲▲ **La Venise Verte** avril-oct.
       𝒫 05 49 35 90 36, lamybea@aol.com, Fax 05 49 35 84 69
       – SO : 2,2 km par D 123, rte de Vanneau, bord d'un canal et
       près de la Sèvre Niortaise – **R** conseillée
       2,2 ha (140 empl.) plat, herbeux
       **Tarif :** 🔲 2 pers. 🔌 (10A) 16,40 – pers. suppl. 4,10
       **Location :** 🛏 375 à 520 – bungalows toilés

  ▲ **Municipal la Niquière**
       𝒫 05 49 35 81 19 – sortie Nord par D 1, rte de Benet et
       chemin à droite
       1 ha (40 empl.) plat, herbeux
       **Location :** pavillons

## COULONGES-SUR-L'AUTIZE

79160 Deux Sèvres 𝟗 – 𝟑𝟐𝟐 C6 – 2 021 h. – alt. 80.
🛈 Syndicat d'Initiative, 𝒫 05 49 06 10 72, Fax 05 49 06 13 26.
Paris 419 – Bressuire 48 – Fontenay-le-Comte 17 – Niort 23 – Parthenay 36 – La Rochelle 69.

  ▲ **Municipal le Parc** mai-oct.
       𝒫 05 49 06 27 56 – S : 0,5 km par D 1, rte de St-Pompain
       et rue à gauche, près de la piscine et à 100 m d'un jardin
       public « Belle délimitation des emplacements » –
       **R** conseillée
       0,5 ha (30 empl.) plat, herbeux
       **Tarif :** (Prix 2002) 🔲 2 pers. 🔌 7,40 – pers. suppl. 1,60

## COURBIAC

47 L.-et-G. – 𝟑𝟑𝟔 I3 – rattaché à Tournon-d'Agenais.

## COURDEMANCHE

72150 Sarthe 𝟓 – 𝟑𝟏𝟎 M8 – 628 h. – alt. 80.
Paris 216 – La Flèche 58 – Le Mans 40 – St-Calais 22 – Tours 53 – Vendôme 47.

  ▲ **Municipal de l'Étangsort** mai-15 oct.
       𝒫 02 43 44 80 19, mairie.courdemanche@wanadoo.fr,
       Fax 02 43 79 25 56 – au bourg, bord du ruisseau
       0,5 ha (13 empl.) plat, herbeux
       **Tarif :** 🔲 2 pers. 🔌 (6A) 5,83 – pers. suppl. 1,29

225

🍴 🚿 🚽
*Douches, lavabos et lavoirs avec **eau chaude**.*

*Si ces signes ne figurent pas dans le texte, les installations ci-dessus existent
mais fonctionnent à l'eau froide seulement.*

## COURNON-D'AUVERGNE

63800 P.-de-D. **11** – **326** G8 G. Auvergne – 19 156 h. – alt. 380 – Base de loisirs.
Paris 424 – Clermont-Ferrand 12 – Issoire 32 – Le Mont-Dore 53 – Thiers 40 – Vichy 54.

**Municipal le Pré des Laveuses** Permanent
&#8250; 04 73 84 81 30, Fax 04 73 84 65 90 – E : 1,5 km par rte
de Billom et rte de la plage à gauche « Entre un plan d'eau
aménagé et l'Allier » – **R** conseillée
5 ha (150 empl.) plat, herbeux, pierreux, gravier
**Tarif :** (Prix 2002) ⊟ *2 pers.* [ş] *(10A) 14,60 – pers. suppl. 3,10*
**Location :** ☎ *203,90 à 368,10*

## COURPIÈRE

63120 P.-de-D. **11** – **326** I8 G. Auvergne – 4 674 h. – alt. 320.
🛈 Office du Tourisme, place de la Libération &#8250; 04 73 51 20 27, Fax 04 73 51 20 27, *tourisme.courpiere@free.fr*.
Paris 402 – Ambert 40 – Clermont-Ferrand 49 – Issoire 52 – Lezoux 18 – Thiers 15.

**Municipal les Taillades** 15 juin-août.
&#8250; 04 73 51 22 80, *mairie.courpiere@wanadoo.fr*, Fax 04 73
51 21 55 – sortie Sud par D 906, rte d'Ambert, D 7 à gauche,
rte d'Aubusson-d'Auvergne et chemin à droite, à la piscine
et près d'un ruisseau
0,5 ha (40 empl.) plat, herbeux
**Tarif :** ⊟ *2 pers.* [ş] *(10A) 11,80 – pers. suppl. 2,50*

## COURSEULLES-SUR-MER

14470 Calvados **5** – **303** J4 G. Normandie Cotentin – 3 182 h.
🛈 Office du Tourisme, 54 rue de la Mer &#8250; 02 31 37 46 80, Fax 02 31 36 17 18, *tourisme.courseulles@wana doo.fr*.
Paris 252 – Arromanches-les-Bains 14 – Bayeux 24 – Cabourg 41 – Caen 20.

**Municipal le Champ de Course** avril-sept.
&#8250; 02 31 37 99 26, Fax 02 31 37 96 37 – N : av. de la Libé-
ration « Situation près de la plage » – **R** conseillée
5,5 ha (310 empl.) plat, herbeux
**Tarif :** (Prix 2002) ⊟ *2 pers.* [ş] *(9A et plus) 16,05 – pers.*
*suppl. 3,70*
**Location :** *bungalows toilés*

## COURTAVON

68480 H.-Rhin **8** – **315** H12 – 290 h. – alt. 480.
Paris 467 – Altkirch 24 – Basel 41 – Belfort 49 – Delémont 29 – Montbéliard 45.

**Plan d'Eau de Courtavon** mai-sept.
&#8250; 03 89 08 12 50 – NE : 1,2 km par D 473, rte de Liebsdorf
« Près du plan d'eau » – **R** conseillée
2 ha (70 empl.) peu incliné, herbeux
**Tarif :** ⊟ *2 pers.* [ş] *11,50 – pers. suppl. 3*

## COURTILS

50220 Manche **4** – **303** D8 – 271 h. – alt. 35.
Paris 348 – Avranches 13 – Fougères 43 – Pontorson 15 – St-Hilaire-du-Harcouët 26 – St-Lô 70.

**St-Michel** 15 mars-15 oct.
&#8250; 02 33 70 96 90, Fax 02 33 70 99 09 – sortie Ouest par
D 43, rte du Mont-St-Michel « Entrée agréablement fleurie
et décorée » – **R** conseillée
2,5 ha (100 empl.) plat et peu incliné, herbeux
**Tarif :** ⊟ *2 pers.* [ş] *(6A) 14,80 – pers. suppl. 4,20*
**Location :** 🛏 *240 à 382*
🚐 *(10 empl.) – 14,80*

## COURVILLE-SUR-EURE

28190 E.-et-L. **5** – **311** D5 – 2 375 h. – alt. 170.
🛈 Syndicat d'Initiative, 2 rue de l'Arsenal &#8250; 02 37 23 22 22.
Paris 112 – Bonneval 38 – Chartres 20 – Dreux 36 – Nogent-le-Rotrou 37.

**Municipal les Bords de l'Eure** saison
&#8250; 02 37 18 07 99 – sortie Sud par D 114 rte de St-Germain-
le-Gaillard « Cadre arboré et arbustif sur les bords de la
rivière »
2 ha (114 empl.) plat, herbeux
**Tarif :** (Prix 2002) ⊟ *2 pers.* [ş] *(6A) 7,50 - pers. suppl. 1,50*

## COUSSAC-BONNEVAL

87500 H.-Vienne **10** – **325** E7 G. Berry Limousin – 1 447 h. – alt. 376.
**🛈** Syndicat d'Initiative, 11 place aux-Foires &#x1F4DE; 05 55 75 28 46, Fax 05 55 75 28 46.
Paris 432 – Brive-la-Gaillarde 70 – Limoges 44 – St-Yrieix-la-Perche 11 – Uzerche 30.

⚠ **Municipal les Allées** 15 juin-15 sept.
&#x1F4DE; 05 55 75 28 72, Fax 05 55 75 12 94 – N : 0,7 km par D 17,
rte de la Roche l'Abeille, au stade – **R**
1 ha (26 empl.) peu incliné, gravillons, pierreux
**Tarif :** 🔲 2 pers. 🔋 4,28 – pers. suppl. 0,84

▭ & 🔳 ♨ ⛌ ☺
À prox. : ✂

## COUTANCES

50200 Manche **4** – **303** D5 G. Normandie Cotentin – 9 715 h. – alt. 91.
**🛈** Office du Tourisme, place Georges-Leclerc &#x1F4DE; 02 33 19 08 10, Fax 02 33 19 08 19.
Paris 333 – Avranches 52 – Cherbourg 77 – St-Lô 29 – Vire 56.

⚠ **Municipal les Vignettes** Permanent
&#x1F4DE; 02 33 45 43 13, Fax 02 33 45 74 98 – O : 1,2 km sur D 44
rte de Coutainville « Agréable cadre verdoyant » –
**R** conseillée
1,3 ha (82 empl.) plat et en terrasses, herbeux, gravillons
**Tarif :** 🔲 2 pers. 🔋 9,80 – pers. suppl. 2,60

⇐ ⚷ saison ♨ & 🔳 ♨ ⛌ ☺ 🚐
À prox. : parcours de santé et sportif ✕
🛶 ✂ 🎣 🏊 ⛷

## COUTURES

49320 M.-et-L. **5** – **317** G4 – 481 h. – alt. 81.
Paris 304 – Angers 26 – Baugé 35 – Doué-la-Fontaine 23 – Longué 22 – Saumur 29.

⚠⚠ **L'Européen** 26 avril-14 sept.
&#x1F4DE; 02 41 57 91 63, anjoucamp@wanadoo.fr, Fax 02 41 57
90 02 – NE : 1,5 km, près du château de Montsabert
« Agréable parc boisé » – **R** conseillée
5 ha (159 empl.) plat et peu incliné, herbeux, pierreux, sous
bois
**Tarif :** 🔲 2 pers. 🔋 (5A) 22,25 – pers. suppl. 4,50 – frais de
réservation 8
**Location :** 🏠 204 à 507

🏊 ⚷ GB ♨ ▭ 🕮 🏛 & 🔳 ♨
🛝 ⛌ ⛳ ☺ ⛺ ⚡ 🔳 snack 🚐 ☕
🛶 ✂ ♒ 🏊 swin golf

*We recommend that you consult the up to date price list posted at the entrance of the
site.*
*Inquire about possible restrictions.*
*The information in this Guide may have been modified since going to press.*

**227**

## COUX-ET-BIGAROQUE

24220 Dordogne **18** – **329** G7 – 708 h. – alt. 85.
Paris 528 – Bergerac 45 – Le Bugue 14 – Les Eyzies-de-Tayac 16 – Sarlat-la-Canéda 31 – Villeneuve-sur-
Lot 73.

⚠⚠ **Les Valades** avril-sept.
&#x1F4DE; 05 53 29 14 27, camping.valades@wanadoo.fr,
Fax 05 53 28 19 28 – NO : 4 km par D 703, rte des Eyzies
puis à gauche, au lieu-dit les Valades « Ensemble récent,
cadre naturel et vallonné » – **R** conseillée
11 ha/2,5 campables (45 empl.) en terrasses, herbeux,
étang, sous bois
**Tarif :** 🔲 2 pers. 🔋 (10A) 15,90 – pers. suppl. 4 – frais de
réservation 15
**Location** (mars-oct.) : 🏠 180 à 470

🏊 ⇐ ⚷ ♨ ▭ ♀ (0,5 ha) & 🔳 ♨
🛝 ⛌ ☺ ⛺ ⚡ 🔳 pizzeria 🚐
🚐 🛶 🏊 ♒

## COUZE-ET-ST-FRONT

24150 Dordogne **10** – **329** F7 – 781 h. – alt. 45.
Paris 544 – Bergerac 21 – Lalinde 4 – Mussidan 46 – Périgueux 57.

⚠⚠ **Les Moulins** avril-oct.
&#x1F4DE; 05 53 61 18 36, camping-des-moulins@wanadoo.fr,
Fax 05 53 24 99 72 – sortie Sud-Est par D 660 rte de Beau-
mont et à droite, près du terrain de sports, bord de la Couze
« Cadre verdoyant face au village perché sur un éperon
rocheux » – **R** conseillée
2,5 ha (42 empl.) plat et peu incliné, herbeux
**Tarif :** (Prix 2002) 🔲 2 pers. 🔋 (10A) 16,79 – pers. suppl. 4,53
**Location :** 🏠 244 à 454
🚐

⇐ ⚷ GB ♨ ▭ ♀ & 🔳 ♨ ⛌ ☺
🔳 ♀ 🚐 🏕 🛶 ⚡ ⛱ ✂ 🏊 ♒

## COZES

17120 Char.-Mar. **9** – **324** E6 – 1 730 h. – alt. 43.
**🛈** Office du Tourisme, Jardin Public *ℰ* 05 46 90 80 82, Fax 05 46 91 40 39.
Paris 494 – Marennes 40 – Mirambeau 35 – Pons 26 – Royan 18 – Saintes 27.

  ▲ **Municipal le Sorlut** 15 avril-15 oct.
    *ℰ* 05 46 90 75 99, Fax 05 46 90 75 12 – au Nord de la ville, près de l'ancienne gare – **R** conseillée
    1,4 ha (120 empl.) plat, herbeux
    **Tarif :** (Prix 2002) 🔲 *2 pers.* 🔌 *(5A) 8,50 – pers. suppl. 2,05*

## CRACH

56950 Morbihan **3** – **308** M9 – 2 762 h. – alt. 35.
Paris 483 – Auray 7 – Lorient 51 – Quiberon 29 – Vannes 25.

                        Schéma à Carnac

  ▲▲▲ **Le Fort Espagnol** Pâques-14 sept.
    *ℰ* 02 97 55 14 88, fort-espagnol@wanadoo.fr, Fax 02 97 30 01 04 – E : 0,8 km par rte de la Rivière d'Auray – **R** conseillée
    5 ha (190 empl.) peu incliné et plat, herbeux
    **Tarif :** 🔲 *2 pers.* 🔌 *(10A) 20,40 – pers. suppl. 4,40 – frais de réservation 20*
    **Location** (5 avril-21 sept.) : 🛏 *220 à 560 – bungalows toilés*

## CRAON

53400 Mayenne **4** – **310** D7 – 4 767 h. – alt. 75.
**🛈** Syndicat d'Initiative, 4 rue du MÛrier *ℰ* 02 43 06 10 14.
Paris 310 – Fougères 71 – Laval 30 – Mayenne 60 – Rennes 73.

  ▲ **Municipal** mai-15 sept.
    *ℰ* 02 43 06 96 33, Fax 02 43 06 39 20 – E : 0,8 km rte de Château-Gontier et chemin à gauche « Cadre agréable près d'un plan d'eau » – **R**
    1 ha (51 empl.) plat, herbeux
    **Tarif :** (Prix 2002) 🔲 *2 pers.* 🔌 *10,58 – pers. suppl. 2,65*
    **Location** (permanent) : 🏠 *(sans sanitaires)*

## CRÊCHES-SUR-SAÔNE

71680 S.-et-L. **11** – **320** I12 – 2 531 h. – alt. 180.
Paris 399 – Bourg-en-Bresse 45 – Mâcon 9 – Villefranche-sur-Saône 29.

  ▲ **Municipal Port d'Arciat** 15 mai-15 sept.
    *ℰ* 03 85 37 11 83, camping-creches.sur.saone@wanadoo.fr, Fax 03 85 36 51 57 – E : 1,5 km par D 31, rte de Pont de Veyle « En bordure de Saône et près d'un plan d'eau avec accès direct »
    5 ha (160 empl.) plat, herbeux
    **Tarif :** (Prix 2002) 🔲 *2 pers.* 🔌 *(6A) 14,90 – pers. suppl. 3,10*

## CREISSAN

34370 Hérault **15** – **339** D8 – 861 h. – alt. 90.
Paris 780 – Béziers 21 – Murviel-lès-Béziers 20 – Narbonne 25 – Olonzac 30 – St-Chinian 11.

  ▲ **Municipal les Oliviers** avril-sept.
    *ℰ* 04 67 93 81 85, mairie.creissan@wanadoo.fr, Fax 04 67 93 85 28 – au Nord-Ouest du bourg – **R** conseillée
    0,4 ha (20 empl.) plat, herbeux
    **Tarif :** 🔲 *2 pers.* 🔌 *10,10 – pers. suppl. 2*
    **Location** (permanent) : 🏠 *170,80 à 235,40*

## CRESPIAN

30260 Gard **16** – **339** J5 – 159 h. – alt. 80.
Paris 736 – Alès 32 – Anduze 28 – Nîmes 24 – Quissac 11 – Sommières 12.

  ▲▲ **Mas de Reilhe** mai-14 sept.
    *ℰ* 04 66 77 82 12, info@camping-mas-de-reilhe.fr, Fax 04 66 80 26 50 – sortie Sud par N 110, rte de Sommières – **R** conseillée
    2 ha (90 empl.) plat, accidenté et en terrasses, herbeux, pierreux
    **Tarif :** 🔲 *2 pers.* 🔌 *(6A) 22,30 – pers. suppl. 5,20 – frais de réservation 15*
    **Location :** *bungalows toilés*

## CREST

26400 Drôme **16** – **332** D5 G. Vallée du Rhône – 7 583 h. – alt. 196.
🅱 Office du Tourisme, place du Docteur-Roier 𝒫 04 75 25 11 38, Fax 04 75 76 79 65, *ot-crest@vallee-drom e.com*.
Paris 590 – Die 38 – Gap 128 – Grenoble 113 – Montélimar 38 – Valence 29.

   🏕 **Les Clorinthes** mai-sept.
    𝒫 04 75 25 05 28, *clorinthes@wanadoo.fr*, Fax 04 75 76 75 09 – sortie Sud par D 538 puis chemin à gauche après le pont, près de la Drôme et du complexe sportif – **R** conseillée
4 ha (160 empl.) plat, herbeux et peu incliné
**Tarif :** 🔲 *1 ou 2 pers.* 🔌 *(6A) 19,40 – pers. suppl. 4,60 – frais de réservation 18,50*
**Location :** 🛖 *288 à 532 –* 🏠 *268 à 512*

    ◄ ⚬⊸ GB ⚹ ♀ ᵫ 🎣 ⇆ 🖥 ⇌ ⩘
    ☺ 🖥 ▼ pizzeria 🛒 🏊
    À prox. : poneys ✖ 🐎

## CREULLY

14480 Calvados **5** – **303** I4 G. Normandie Cotentin – 1 396 h. – alt. 27.
Paris 253 – Bayeux 13 – Caen 19 – Deauville 62.

   🏕 **Intercommunal des 3 Rivières** avril-sept.
    𝒫 02 31 80 90 17, Fax 02 31 80 12 00 – NE : 0,8 km, rte de Tierceville, bord de la Seulles « Cadre verdoyant, arbustif et plaisant » – **R** conseillée
2 ha (82 empl.) plat et peu incliné, herbeux
**Tarif :** (Prix 2002) 🔲 *2 pers.* 🔌 *10,85 – pers. suppl. 2,65*

    🚣 ◄ ⚬⊸ GB ⚹ 🖵 ♀ ᵫ 🎣 ⇆ 🖥
    ⇌ ☺ 🖥 🛒 🚲 ✖
    À prox. : parcours de santé 🚵

## CREVECOEUR-EN-BRIE

77610 S.-et-M **6** – **312** G3 – 268 h. – alt. 116.

   🏕 **Caravaning des 4 Vents** mars-1ᵉʳ déc.
    𝒫 01 64 07 41 11, *f.george@free.fr*, Fax 01 64 07 45 07 – O : 1 km par rte de la Houssaye et rte à gauche – Places limitées pour le passage « Agréable verger » – **R** conseillée
9 ha (199 empl.) plat, herbeux
**Tarif :** 🔲 *2 pers.* 🔌 *(6A) 21 – pers. suppl. 4*
🛖

    🚣 ⚬⊸ GB ♀ ᵫ 🔥 🎣 ⇆ 🖥 ⇌ ☺
    🏕 🖥 🛒 🚵 🏊
    À prox. : ✖ 🐎 poneys

## CREYSSE

46600 Lot **13** – **337** F2 G. Périgord Quercy – 227 h. – alt. 110.
Paris 518 – Brive-la-Gaillarde 41 – Cahors 78 – Gourdon 37 – Rocamadour 17 – Souillac 13.

   🏕 **Le Port** mai-sept.
    𝒫 05 65 32 27 59, *circal@wanadoo.fr*, Fax 05 65 32 20 40 – au Sud du bourg, près du château, bord de la Dordogne – **R** conseillée
3,5 ha (100 empl.) non clos, peu incliné et plat, herbeux
**Tarif :** 🔲 *2 pers.* 🔌 *13,60 – pers. suppl. 3,70*

    🚣 ⚬⊸ GB ⚹ ♀♀ (1 ha) 🎣 🖥 ⩘
    ☺ 🖥 ▼ 🛒 🚲 ⚠ 🏊

## La CROIX-VALMER

83420 Var **17** – **340** O6 G. Côte d'Azur – 2 634 h. – alt. 120.
🅱 Office du Tourisme, esplanade de la Gare 𝒫 04 94 55 12 12, Fax 04 94 55 12 10, *otac@wanadoo.fr*.
Paris 876 – Brignoles 68 – Draguignan 49 – Fréjus 35 – Le Lavandou 28 – Ste-Maxime 16 – Toulon 68.

Schéma à Grimaud

   🏕 **Sélection Camping** 15 mars-15 oct.
    𝒫 04 94 55 10 30, *camping-selection@pacwan.fr*, Fax 04 94 55 10 39 – SO : 2,5 km par D 559, rte de Cavalaire et au rond-point chemin à droite – **R** conseillée
4 ha (215 empl.) en terrasses, pierreux, herbeux
**Tarif :** 🔲 *3 pers.* 🔌 *(10A) 35 – pers. suppl. 9 - frais de réservation 26*
**Location :** 🛖 *310 à 690 – studios, appartements*
🛖

    🚣 ⚬⊸ ✖ dans locations et juil.-août
    sur le camping GB ⚹ 🖵 ♀♀ 🎣
    ⇆ 🖥 ⇌ ☺ 🖥 🏊 ▼ snack 🍴
    🏃 salle d'animation 🚵 🏓 🏊

**à Gassin** NE : 6 km par D 559 et D 89 – 2 622 h. – alt. 200 – ✉ 83580 Gassin :

   🏕 **Parc Saint James** avril-oct.
    𝒫 04 94 55 20 20, *info@camping-parcsaintjames.com*, Fax 04 94 56 34 77 – NO : 3 km par D 89, rte du Bourrian, accès conseillé par D 559 – Places limitées pour le passage – **R** conseillée
33 ha/23 campables (650 empl.) plat et en terrasses, accidenté, pierreux, herbeux
**Tarif :** 🔲 *1 ou 2 pers.* 🔌 *(6A) 32,60 – pers. suppl. 5 – frais de réservation 23*
**Location :** 🛖 *206 à 684*
🛖

    🚣 ⚬⊸ GB ⚹ 🖵 ♀♀♀ 🎣 🔥 ⇆ 🖥
    ⇌ ☺ 🖥 🏊 ▼ ✖ pizzeria 🍴 cases
    réfrigérées 🏕 🏃 🏀 🚵 ✖ 🏓 🏊
    terrain omnisports

## CROMAC

87160 H.-Vienne **10** – **325** E2 – 339 h. – alt. 224.
Paris 339 – Argenton-sur-Creuse 41 – Limoges 68 – Magnac-Laval 22 – Montmorillon 39.

**AAA** **Lac de Mondon** mai-sept.
⌀ 05 55 76 95 23, *cc-benaize@worldonline.fr*, Fax 05 55 76
96 17 – S : 1,9 km par D 105, rte de St-Sulpice-les-Feuilles
et D 60, au bord du lac, accès conseillé par D 912
2,8 ha (100 empl.) plat, peu incliné, herbeux
**Tarif :** ▣ *2 pers.* 🔌 *5,50*
**Location :** *huttes*

## CROMARY

70190 H.-Saône **8** – **314** E8 – 171 h. – alt. 219.
Paris 419 – Belfort 88 – Besançon 21 – Gray 50 – Montbéliard 72 – Vesoul 32.

**AA** **L'Esplanade** mai-15 sept.
⌀ 03 84 91 82 00 – au Sud du bourg par D 276 « Dans un
site champêtre avec un accès direct à la rivière » –
**R** conseillée
2 ha (44 empl.) plat, herbeux
**Tarif :** (Prix 2002) ▣ *2 pers.* 🔌 *(8A) 9,80 – pers. suppl. 2*

## CROS-DE-CAGNES

06 Alpes-Mar. – **341** D6 – rattaché à Cagnes-sur-Mer.

## Le CROTOY

80550 Somme **1** – **301** C6 G. Picardie Flandres Artois – 2 440 h. – alt. 1.
🅱 Office de tourisme, 1 rue Carnot ⌀ 03 22 27 05 25, Fax 03 22 27 90 58.
Paris 211 – Abbeville 22 – Amiens 75 – Berck-sur-Mer 29 – Montreuil 43.

**AAA** **Le Ridin** 29 mars-3 nov.
⌀ 03 22 27 03 22, *camping-leridin@wanadoo.fr*, Fax 03 22
27 70 76 – N : 3 km par rte de St-Quentin-en-Tourmont et
chemin à droite, au lieu-dit Mayocq – Places limitées pour le
passage – **R** conseillée
4,5 ha (151 empl.) plat, herbeux
**Tarif :** ▣ *2 pers.* 🔌 *(8A) 19 – pers. suppl. 4,50*

**AAA** **Les Trois Sablières** avril-8 nov.
⌀ 03 22 27 01 33, *les3sablieres@wanadoo.fr*, Fax 03 22 27
10 06 – NO : 4 km par rte de St-Quentin-en-Tourmont et
chemin à gauche, au lieu-dit la Maye, à 400 m de la plage –
Places limitées pour le passage « Cadre verdoyant et fleuri »
1,5 ha (97 empl.) plat, herbeux, sablonneux
**Tarif :** ▣ *3 pers.* 🔌 *(6A) 21,81 – pers. suppl. 4*
**Location :** 🛖 *327 à 548*

**AA** **Les Aubépines** 29 mars-2 nov.
⌀ 03 22 27 01 34, *camping-les-aubepines@wanadoo.fr*,
Fax 03 22 27 13 66 – N : 4 km par rte de St-Quentin-en-
Tourmont et chemin à gauche – Places limitées pour le pas-
sage – **R** conseillée
2,5 ha (150 empl.) plat, herbeux, sablonneux
**Tarif :** ▣ *2 pers.* 🔌 *(10A) 18,50 - pers. suppl. 3,60*
**Location :** 🛖 *220 à 550*

## CROUY-SUR-COSSON

41220 L.-et-C. **8** – **318** G6 – 471 h. – alt. 86.
Paris 172 – Beaugency 19 – Blois 28 – Chambord 10 – Vendôme 60.

**AA** **Municipal le Cosson** 20 avril-oct.
⌀ 02 54 87 08 81, Fax 02 54 87 59 44 – sortie Sud par D 33,
rte de Chambourd et rte à gauche, près de la rivière – **R**
1,5 ha (60 empl.) plat, herbeux, pierreux
**Tarif :** (Prix 2002) ▣ *2 pers.* 🔌 *8,85 – pers. suppl. 1,80*

*De categorie (1 tot 5 tenten, in **zwart** of **rood**) die wij aan de geselekteerde
terreinen in deze gids toekennen, is onze eigen indeling.*

*Niet te verwarren met de door officiële instanties gebruikte classificatie (1 tot 4 sterren).*

230

## CROZON

29160 Finistère **8** – **308** E5 G. Bretagne – 7 705 h. – alt. 85.
**8** Office du Tourisme, boulevard de Pralognan ℘ 02 98 27 07 92, Fax 02 98 27 24 89.
Paris 589 – Brest 59 – Châteaulin 35 – Douarnenez 38 – Morlaix 81 – Quimper 49.

△ **Les Pieds dans l'Eau** 15 juin-15 sept.
℘ 02 98 27 62 43 – NO : 6 km par rte de Roscanvel et à droite, à St-Fiacre, bord de mer – **R** conseillée
1,8 ha (118 empl.) peu incliné, herbeux
**Tarif :** ▣ 2 pers. ⚡ (3A) 15,15 – pers. suppl. 3,50
**Location :** 🚐 305

△ **Plage de Goulien** 8 juin-15 sept.
℘ 02 98 27 17 10, camping.delaplage@presquile-crozon.com, Fax 02 98 26 23 16 – O : 5 km par D 308 rte de la Pointe de Dinan et rte à droite, à 200 m de la plage – **R** conseillée
1,8 ha (115 empl.) plat et incliné, herbeux
**Tarif :** ▣ 2 pers. ⚡ 16,25 – pers. suppl. 3,70
**Location** (Pâques-15 sept.) : 🚐 280 à 460

△ **L'Aber** Permanent
℘ 02 98 27 02 96, camping.aber.plage@presquile-crozon.com, Fax 02 98 27 28 48 – E : 5 km par D 887, rte de Châteaulin, puis à Tal-ar-Groas, 1 km à droite, rte de l'Aber « Agréable situation en terrasses, dominant la mer » – **R** conseillée
1,6 ha (100 empl.) en terrasses, plat, peu incliné, herbeux
**Tarif :** ▣ 2 pers. ⚡ (5A) 11 – pers. suppl. 2,60
**Location :** 🚐 320 à 400

**au Fret** N : 5,5 km par D 155 puis D 55 – ⊠ 29160 Crozon

△△ **Gwël Kaër** 5 avril-28 sept.
℘ 02 98 27 61 06, info@camping-gwel-kaer.com, Fax 02 98 27 61 06 – sortie Sud-Est par D 55, rte de Crozon, bord de mer
2,2 ha (98 empl.) en terrasses, plat et peu incliné
**Tarif :** ▣ 2 pers. ⚡ 14,90 – pers. suppl. 3,50
🚐

**Voir aussi à Camaret-sur-Mer**

231

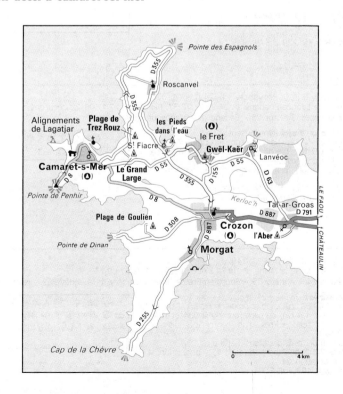

## CRUAS

07350 Ardèche **16** – **331** K6 G. Vallée du Rhône – 2 200 h. – alt. 83.
**🛈** Syndicat d'Initiative, 9 place George-Clemenceau *⌀* 04 75 49 59 20 Fax 04 75 51 47 43.
Paris 601 – Aubenas 49 – Montélimar 17 – Privas 24 – Valence 37.

⚠ **Les Ilons** Permanent
*⌀* 04 75 49 55 43, Fax 04 75 49 55 43 – E : 1,4 km rte
du Port, près d'un plan d'eau, à 300 m du Rhône –
**R** conseillée
2,5 ha (80 empl.) plat, herbeux, gravillons
**Tarif :** 🔲 *2 pers.* 🛒 *(10A) 13 – pers. suppl. 3,10*
**Location** ✳ : 🏚 *275 à 496 –* 🏠 *277,2 à 396*
🚐

juil.-août 🇬🇧 ⚡🛠 ⚐ 🏛 ♿ 🅿
⚑ 🏕 🛏 ♨ 🌊 🔲 🛖 ⚓ 🚲
**P**
m
À prox. : ✂ 🏊

## CRUX-LA-VILLE

58330 Nièvre **11** – **319** E9 – 413 h. – alt. 319.
Paris 249 – Autun 86 – Avallon 140 – La Charité-sur-Loire 45 – Clamecy 39 – Nevers 41.

⚠ **L'Étang du Merle** Permanent
*⌀* 03 86 58 38 42, *camping.etang.du.merle@wanadoo.fr,*
Fax 03 86 58 38 42 – SO : 4,5 km par D 34 rte de St-Saulge
et D 181 à droite, rte de Ste-Marie, bord de l'étang **« Cadre
boisé dans un site agréable »** – **R** conseillée
2,6 ha (100 empl.) plat, peu incliné, herbeux
**Tarif :** 🔲 *2 pers.* 🛒 *(6A) 17 – pers. suppl. 4*
**Location :** 🏠 *240 à 440*

⚙🛖 ⚡🛠 ♿♿ 🏊🔔 ⚓ 🔲 🌊 ⊙ 🔲
🔲 🚣 ⚠ 🚿

## CUBLIZE

69550 Rhône **11** – **327** F3 – 984 h. – alt. 452.
Paris 425 – Amplepuis 7 – Chauffailles 27 – Roanne 30 – Villefranche-sur-Saône 40.

⚠ **Intercommunal du Lac des Sapins** avril-sept.
*⌀* 04 74 89 52 83, *camping@lac-des-sapins.fr,* Fax 04 74
89 58 90 – S : 0,8 km, bord du Reins et à 300 m du
lac (accès direct) – Places limitées pour le passage – **R**
conseillée
4 ha (155 empl.) plat, herbeux, pierreux, gravillons
**Tarif :** (Prix 2002) 🔲 *2 pers.* 🛒 *(11A) 16,50 – pers.
suppl. 3*
**Location** ✳ : 🏠 *229 à 379*

⚙🔔 ≼ 🛖 🇬🇧 ⚡ 🔲 ♿ 🏊🔔 ⚓ 🔲
🌊 ⊙ ⚑ 🌊 🔲 ✂ terrain
omnisports – à la base de loisirs : **P** m
🚣 🚿 (plage) 🏊
À prox. : 🏊

## CUCURON

84160 Vaucluse **16** – **332** F11 G. Provence – 1 624 h. – alt. 350.
**🛈** Office du Tourisme, rue Léonce-Brieugne *⌀* 04 90 77 28 37, Fax 04 90 77 17 00, *ot-cucuron@axit.fr.*
Paris 745 – Aix-en-Provence 35 – Apt 25 – Cadenet 8 – Manosque 35.

⚠ **Le Moulin à Vent** avril-29 sept.
*⌀* 04 90 77 25 77, *bressier@aol.com,* Fax 04 90 77 28 12 –
S : 1,5 km par D 182, rte de Villelaure puis 0,8 km par rte à
gauche – **R** indispensable
2,2 ha (50 empl.) plat et peu incliné, en terrasses,
pierreux
**Tarif :** 🔲 *2 pers.* 🛒 *(10A) 14 – pers. suppl. 3,50*
**Location** ✳ : 🏚 *350 à 400*
🚐

⚙🔔 ≼ 🇬🇧 ⚡ 🔲 ♿♿ ♿ 🏊🔔 ⚓ 🔲 🅰
🌊 ⊙ 🔲 🛒 🚿 🛖 🚣

## CULOZ

01350 Ain **12** – **328** H5 – 2 639 h. – alt. 248.
**🛈** Syndicat d'Initiative, 6 rue de la Mairie *⌀* 04 79 87 00 30, Fax 04 79 87 09 73.
Paris 512 – Aix-les-Bains 24 – Annecy 55 – Bourg-en-Bresse 84 – Chambéry 41 – Genève 69 – Nantua 65.

⚠ **Le Colombier** 25 avril-21 sept.
*⌀* 04 79 87 19 00, *camping.colombier@free.fr,* Fax 04 79
87 19 00 – E : 1,3 km, au carrefour du D 904 et D 992,
bord d'un ruisseau **« Près d'un centre de loisirs »** –
**R** conseillée
1,5 ha (81 empl.) plat, gravillons, herbeux
**Tarif :** (Prix 2002) 🔲 *2 pers.* 🛒 *(10A) 15 – pers. suppl. 4 –
frais de réservation 24*
**Location :** 🏚 *199 à 428*

≼ 🛖 🇬🇧 ⚡ ⚐ ♿ 🏊🔔 ⚓ 🔲 🅰
🏕 ⊙ ⚑ 🌊 🔲 🍴 🛒 🚲
À prox. : ✂ 🎣 **P** m 🚿 (petit plan
d'eau)

63590 P.-de-D. **11** – **326** I9 – 1 411 h. – alt. 700.
**B** Office du Tourisme, place du Marché *&* 04 73 82 57 00.
Paris 424 – Ambert 26 – Clermont-Ferrand 58 – Issoire 38 – Thiers 37.

  **Village de la Barge** 7 juin-août
    *&* 04 73 82 57 10, sogeval@wanadoo.fr, Fax 04 73 82
    57 15 – S : 1,2 km par D 105, rte de St-Amant-Roche-Savine,
    à la base de loisirs, près d'un plan d'eau – **R**
    6 ha/1 campable plat et en terrasses, herbeux
    **Tarif :** 回 2 pers. (4) (5A) 9,50 – pers. suppl. 1,70 – frais de
    réservation 10
    **Location** (5 avril-1er nov.) : ☎ 159 à 359

74540 H.-Savoie **12** – **328** J6 – 969 h. – alt. 560.
Paris 544 – Annecy 22 – Belley 48 – Chambéry 33 – Rumilly 15.

  **Le Chéran** avril-15 sept.
    *&* 04 50 52 52 06 – sortie Est par D 911, rte de Lescheraines
    puis 1,4 km par chemin à gauche, accès par chemin à forte
    pente – sortie des caravanes à la demande « Dans un vallon
    pittoresque, au bord de la rivière » – **R** conseillée
    1 ha (31 empl.) plat, herbeux
    **Tarif :** 回 2 pers. (4) (10A) 17,40 – pers. suppl. 4

47500 L.-et-G. **14** – **336** H2 – 901 h. – alt. 95.
Paris 581 – Bergerac 60 – Cahors 55 – Fumel 7 – Villeneuve-sur-Lot 32.

  **Les Loges de Mélis** (location exclusive de 10 chalets)
  Permanent
    *&* 05 53 40 96 46, loges-de-melis@wanadoo.fr, Fax 05 53
    40 84 03 – N : 3 km par D 710 et chemin à gauche –
    **R** conseillée
    7 ha/1 campable en terrasses, herbeux
    **Location :** ☎ 250 à 660

**233**

57850 Moselle **8** – **307** O7 G. Alsace Lorraine – 2 789 h. – alt. 500.
**B** Office du Tourisme, 10 place de l'Eglise *&* 03 87 07 47 51, Fax 03 87 07 47 73, info@ot-dabo.fr.
Paris 461 – Baccarat 65 – Metz 127 – Phalsbourg 18 – Sarrebourg 21.

  **Le Rocher** 27 mars-2 nov.
    *&* 03 87 07 47 51, info@ot-dabo.fr, Fax 03 87 07 47 73 –
    SE : 1,5 km par D 45, au carrefour de la route du Rocher
    « Dans une agréable forêt de sapins » – **R** conseillée
    0,5 ha (42 empl.) plat et peu incliné, herbeux
    **Tarif :** 回 2 pers. (4) (10A) 11,60 – pers. suppl. 2,50
    **Location :** gîte d'étape

24250 Dordogne **13** – **329** I7 – 477 h. – alt. 101.
**B** Syndicat d'Initiative, Le Bourg *&* 05 53 29 88 84, Fax 05 53 29 88 68.
Paris 548 – Cahors 47 – Fumel 42 – Gourdon 19 – Périgueux 79 – Sarlat-la-Canéda 21.

  **Le Moulin de Paulhiac** 17 mai-13 sept.
    *&* 05 53 28 20 88, francis.armagnac@wanadoo.fr,
    Fax 05 53 29 33 45 – NO : 4 km par D 57, rte de St-Cybranet,
    bord du Céou – **R** conseillée
    5 ha (150 empl.) plat, herbeux
    **Tarif :** (Prix 2002) 回 2 pers. (4) (6A) 22 – pers. suppl. 5,50
    – frais de réservation 10
    **Location :** 🛏 214 à 625
    ⚏

  **Le Daguet** 3 mai-14 sept.
    *&* 05 53 28 29 55, camping-le-daguet@wanadoo.fr,
    Fax 05 53 59 61 81 – sortie Nord par D 57, rte de St-Cy-
    branet puis 3,5 km par chemin du Mas-de-Causse, à gauche,
    croisement peu facile pour caravanes – Places limitées pour
    le passage « Au milieu des vignes et des bois, belle situation
    dominant la vallée » – **R** conseillée
    3 ha (45 empl.) non clos, plat et peu incliné, herbeux, pierreux
    **Tarif :** 回 2 pers. (4) (10A) 18,30 – pers. suppl. 4,25 – frais
    de réservation 8

DAGLAN

▲ **La Peyrugue** avril-sept.
    *05 53 28 40 26, campinglapeyrugue@perigord.com,*
Fax 05 53 28 86 14 – N : 1,5 km par D 57, rte de St-Cybranet,
à 150 m du Céou
5 ha/2,5 campables (85 empl.) non clos, peu incliné à incliné,
herbeux, pierreux
**Tarif :** 🔲 *2 pers.* 🔌 *(6A) 17,70 – pers. suppl. 4,60*
**Location :** 🏠 *150 à 300 –* 🏚 *220 à 460*

## DAMAZAN

47160 L.-et-G. **14** – **336** D4 – 1 164 h. – alt. 45.
🛈 Syndicat d'Initiative, *05 53 88 26 36, Fax 05 53 79 26 92.*
Paris 684 – Agen 38 – Aiguillon 7 – Casteljaloux 19 – Marmande 32 – Nérac 22.

▲ **Intercommunal le Lac** juin-sept.
    *05 53 79 44 14, complexe.touristique.damazan@wanad
o.fr, Fax 05 53 79 26 92 –* S : 1 km par D 108, rte de Buzet-
sur-Baïse puis chemin à droite, bord du lac
4 ha (66 empl.) non clos, plat et peu incliné, herbeux
**Tarif :** *(Prix 2002)* 🔲 *2 pers.* 🔌 *7,50 – pers. suppl. 2*
**Location** *(permanent) :* 🏚 *96 à 288*

## DAMBACH-LA-VILLE

67650 B.-Rhin **8** – **315** I7 G. Alsace Lorraine – 1 800 h. – alt. 210.
🛈 Office du Tourisme, 11 place du Marché *03 88 92 61 00, Fax 03 88 92 47 11, otdlv@netcourrier.com.*
Paris 443 – Barr 17 – Obernai 24 – Saverne 61 – Sélestat 9 – Strasbourg 48.

▲ **Municipal** mai-fin sept.
    *03 88 92 48 60, otdlv@netcourrier.com, Fax 03 88 92
47 11 –* E : 1,2 km par D 210 rte d'Ebersheim et chemin à
gauche « Cadre ombragé » – **R** conseillée
1,8 ha (120 empl.) plat, herbeux
**Tarif :** *(Prix 2002)* 🔲 *2 pers.* 🔌 *(3A) 10,60 – pers. suppl. 2,50*

234

## DAMGAN

56750 Morbihan **4** – **308** P9 – 1 032 h.
🛈 Office du Tourisme, place du Presbytère *02 97 41 11 32, Fax 02 97 41 13 22.*
Paris 470 – Muzillac 10 – Redon 49 – La Roche-Bernard 25 – Vannes 27.

**à Kervoyal** E : 2,5 km – ✉ 56750 Damgan :

▲ **Oasis** avril-20 oct.
    *02 97 41 10 52, Fax 02 97 41 10 52 –* à 100 m de la plage
– **R**
3 ha (150 empl.) plat, herbeux
**Tarif :** *(Prix 2002)* 🔲 *1 ou 2 pers.* 🔌 *(6A) 15,70 – pers. suppl.
2,55*
**Location :** 🏚 *208 à 488*

## DAMIATTE

81220 Tarn **15** – **338** D9 – 746 h. – alt. 148.
Paris 710 – Castres 25 – Graulhet 16 – Lautrec 18 – Lavaur 16 – Puylaurens 12.

▲▲ **Le Plan d'Eau St-Charles** mai-15 sept.
    *05 63 70 66 07, pierre.wosinski@wanadoo.fr, Fax 05 63
70 52 14 –* sortie de Graulhet puis 1,2 km par rte à gau-
che avant le passage à niveau « Cadre champêtre » –
**R** conseillée
7,5 ha/2 campables (82 empl.) plat, pierreux, herbeux
**Tarif :** 🔲 *2 pers.* 🔌 *(6A) 16,60 – pers. suppl. 3,55*
**Location** *(5 avril-1ᵉʳ nov.) :* 🏚 *170 à 478 –* 🏚 *180 à 545
– bungalows toilés*

## DAMPIERRE-SUR-BOUTONNE

17470 Char.-Mar. **9** – **324** H3 G. Poitou Vendée Charentes – 335 h. – alt. 60.
Paris 425 – Beauvoir-sur-Niort 18 – Niort 34 – La Rochelle 72 – Ruffec 56 – St-Jean-d'Angély 19.

▲ **Municipal** mai-sept.
    *05 46 24 02 36, Fax 05 46 33 95 49 –* au bourg, derrière
la salle municipale, bord de la Boutonne
0,6 ha (16 empl.) plat, herbeux
**Tarif :** 🔲 *2 pers.* 🔌 *9 – pers. suppl. 2*

## DAON

53200 Mayenne **4** – **310** F8 G. Châteaux de la Loire – 408 h. – alt. 42 – Base de loisirs.
Paris 293 – Angers 47 – Château-Gontier 11 – Châteauneuf-sur-Sarthe 15 – Segré 23.

ⓂⓂ **Municipal** avril-sept.
    *&* 02 43 06 94 78, *mairie.daon@cc-chateau-gonthier.fr*,
Fax 02 43 70 36 05 – sortie Ouest par D 213 rte de la Ricoul-
lière et à droite avant le pont, près de la Mayenne « Près
d'une base de loisirs, halte nautique (port de plaisance) » –
**R** conseillée
1,8 ha (98 empl.) plat, herbeux
**Tarif :** (Prix 2002) ▣ *1 ou 2 pers.* ⓖ *8,30 – pers. suppl. 2,30*
**Location** *(permanent)* : ☎ *122 à 329*

A prox. : pédalos ▼ ✕ ... (plage)

## DARBRES

07170 Ardèche **16** – **331** J6 – 213 h. – alt. 450.
Paris 624 – Aubenas 18 – Montélimar 33 – Privas 21 – Villeneuve-de-Berg 14.

ⓂⓂ **Les Lavandes** Pâques-15 sept.
    *&* 04 75 94 20 65, *sarl.leslavandes@online.fr*, Fax 04 75 94
20 65 – au bourg – **R** conseillée
1,5 ha (70 empl.) plat, en terrasses, herbeux, pierreux
**Tarif :** ▣ *2 pers.* ⓖ *(6A) 18,60 – pers. suppl. 3,50 – frais de
réservation 15*
**Location :** ☎ *214 à 473*

▼ snack

## DAX

40100 Landes **13** – **335** E12 G. Aquitaine – 19 309 h. – alt. 12 – ⚓.
**目** Office du Tourisme, place Thiers *&* 05 58 56 86 86, Fax 05 58 56 86 80, *tourisme.dax@wanadoo.fr*.
Paris 731 – Bayonne 52 – Biarritz 59 – Bordeaux 147 – Mont-de-Marsan 54 – Pau 86.

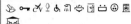

ⓂⓂⓂ **Les Chênes** 29 mars-1er nov.
    *&* 05 58 90 05 53, *camping-chenes@wanadoo.fr*, Fax 05 58
90 42 43 – à 1,8 km à l'Ouest du centre ville, au bois de
Boulogne, à 200 m de l'Adour « Agréable chênaie près d'un
étang » – **R** conseillée
5 ha (230 empl.) plat, herbeux, sablonneux, gravillons
**Tarif :** ▣ *2 pers.* ⓖ *(5A) 17,50 – pers. suppl. 4*
**Location :** ☎ *252 à 440 – studios*

A prox. : practice de golf, parcours de
santé ▼ ✕ ...

ⓂⓂⓂ **Les Pins du Soleil** 5 avril-25 oct.
    *&* 05 58 91 37 91, *pinsoleil@aol.com*, Fax 05 58 91 00 24
✉ 40990 St-Paul-lès-Dax – NO : 5,8 km par N 124, rte de
Bayonne et à gauche par D 459 – **R** conseillée
6 ha (145 empl.) plat et peu incliné, herbeux,
sablonneux
**Tarif :** ▣ *2 pers.* ⓖ *(10A) 22 – pers. suppl. 6*
**Location :** ☎ *245 à 676 – ☎ 297 à 678*

ⓂⓂ **Le Bascat** 15 mars-2 nov.
    *&* 05 58 56 16 68, *camping.bascat@wanadoo.fr*, Fax 05 58
56 20 56 – à 2,8 km à l'Ouest du centre ville par le bois de
Boulogne, rue de Jouandin, accès à partir du Vieux Pont (rive
gauche) et avenue longeant les berges de l'Adour –
**R** conseillée
3,5 ha (160 empl.) plat et en terrasses, gravier, herbeux
**Tarif :** ▣ *2 pers.* ⓖ *(6A) 12,25 – pers. suppl. 2,75*
**Location :** ☎ *233,30 à 248,50*
☎

ⓂⓂ **Abesses**
    *&* 05 58 91 65 34, *tadour@aol.com*, Fax 05 58 91 34 88
✉ 40990 St-Paul-lès-Dax – NO : 7,5 km par rte de Bayonne,
D 16 à droite et chemin d'Abesse
4 ha (198 empl.) plat, herbeux, sablonneux
**Location** *(20 jours minimum)* : ☎ *– ☎ – studios*
☎

ⓂⓂ **L'Étang d'Ardy** 5 avril-25 oct.
    *&* 05 58 97 57 74, *info@etangardy.com*, Fax 05 58 97
52 82 ✉ 40990 St-Paul-lès-Dax – NO : 5,5 km par N 124,
rte de Bayonne puis avant la bretelle de raccordement,
1,7 km par chemin à gauche, bord d'un étang – **R**
conseillée
5ha/3 campables (102 empl.) plat, herbeux, sablon-
neux
**Tarif :** ▣ *2 pers.* ⓖ *(10A) 16,40 (18,70 avec sanitaires indi-
viduels) – pers. suppl. 4*
**Location :** ☎ *237 à 465 – ☎ 265 à 575*

☎ - 60 sanitaires individuels (... wc)

**à Rivière-Saas-et-Gourby** SO : 9,5 km par N 124, rte de Bayonne et D 13 à gauche – 809 h. – alt. 50 – ⊠ 40180 Rivière-Saas-et-Gourby.

⚠ **Lou Bascou** mars-10 nov.

    * * 05 58 97 57 29, *loubascou@wanadoo.fr*, Fax 05 58 97 59 52 – au Nord-Est du bourg – **R** conseillée
1 ha (60 empl.) plat, herbeux
**Tarif :** 🔲 *2 pers.* 🔋 *(10A) 17,20 – pers. suppl. 3,50*
**Location :** 🏠 *(sans sanitaires)*
🚐 *(15 empl.) – 17,20*

---

## DEAUVILLE

14800 Calvados 🗟 – 🔢 M3 G. Normandie Vallée de la Seine – 4 261 h. – alt. 2.
🅱 Office du Tourisme, place de la Mairie *&* 02 31 14 40 00, Fax 02 31 88 78 88, *info-deauville@deauville.org*.
Paris 201 – Caen 50 – Évreux 122 – Le Havre 77 – Lisieux 30 – Rouen 90.

**à St-Arnoult** S : 3 km par D 278 – 766 h. – alt. 4 – ⊠ 14800 St-Arnoult.

🔺🔺 **La Vallée** 18 avril-3 nov.

    *&* 02 31 88 58 17, *loreca@free.fr*, Fax 02 31 88 11 57 – S : 1 km par D 27, rte de Varaville et D 275, rte de Beaumont-en-Auge à gauche, bord d'un ruisseau et près d'un plan d'eau – Places limitées pour le passage
3 ha (267 empl.) plat, herbeux
**Tarif :** 🔲 *2 pers.* 🔋 *(10A) 27 – pers. suppl. 6 – frais de réservation 23*
**Location :** 🚐 *250 à 550*

**à Touques** SE : 3 km – 3 070 h. – alt. 10 – ⊠ 14800 Touques.

🔺🔺 **Les Haras** fév.-nov.

    *&* 02 31 88 44 84, *les.haras@wanadoo.fr*, Fax 02 31 88 97 08 – sortie Nord-Est par D 62, rte d'Honfleur et à gauche, chemin du Calvaire – Places limitées pour le passage – **R** conseillée
4,3 ha (243 empl.) peu incliné, herbeux
**Tarif :** 🔲 *2 pers.* 🔋 *(10A) 19,87 – pers. suppl. 4,90 – frais de réservation 15,24*
**Location :** 🚐 *244 à 427*

*Nos **guides hôteliers**, nos **guides touristiques** et nos **cartes routières** sont complémentaires. Utilisez-les ensemble.*

---

## DECAZEVILLE

12300 Aveyron 🔢 – 🔢 F3 G. Midi Pyrénées – 7 754 h. – alt. 230.
🅱 Office du Tourisme, square Jean-Segalat *&* 05 65 43 18 36, Fax 05 65 43 19 89, *officetourismedecazeville@wanadoo.fr*.
Paris 606 – Aurillac 64 – Figeac 27 – Rodez 39 – Villefranche-de-Rouergue 39.

🔺🔺 **Le Roquelongue** mars-déc.

    *&* 05 65 63 39 67 – NO : 4,5 km par D 963, D 21 et D 42, rte de Boisse-Penchot, près du Lot (accès direct) – **R** conseillée
3,5 ha (66 empl.) plat, pierreux, herbeux
**Tarif :** 🔲 *2 pers.* 🔋 *(10A) 13 – pers. suppl. 2,30*
**Location** *(permanent) :* 🏠 *230 à 490*

---

## DENNEVILLE

50580 Manche 🗟 – 🔢 C4 – 442 h. – alt. 5.
🅱 Syndicat d'Initiative, *&* 02 33 07 58 58, Fax 02 33 04 39 79.
Paris 347 – Barneville-Carteret 13 – Carentan 34 – St-Lô 54.

⚠ **L'Espérance** avril-sept.

    *&* 02 33 07 12 71, *camping.esperance@wanadoo.fr*, Fax 02 33 07 58 32 – O : 3,5 km par D 137, à 500 m de la plage – Places limitées pour le passage « Décoration arbustive »
3 ha (104 empl.) plat, herbeux, sablonneux
**Tarif :** *(Prix 2002)* 🔲 *2 pers.* 🔋 *15,70 – pers. suppl. 4*
**Location** *(avril-oct.) :* 🚐 *220 à 470*

## DESCARTES

37160 I.-et-L. **10** – **317** N7 G. Poitou Vendée Charentes – 4 120 h. – alt. 50.
**🛈** Office de tourisme, Mairie ✆ 02 47 92 42 20, Fax 02 47 59 72 20.
Paris 293 – Châteauroux 93 – Châtellerault 24 – Chinon 50 – Loches 32 – Tours 58.

▲ **Municipal la Grosse Motte** mai-15 sept.
✆ 02 47 59 85 90, otm-descartes@wanadoo.fr, Fax 02 47
92 42 20 – sortie Sud par D 750, rte du Blanc et allée
Léo-Lagrange à droite, bord de la Creuse « Parc om-
bragé attenant à un complexe de loisirs et à un jardin
public »
1 ha (50 empl.) plat et vallonné, herbeux
**Tarif :** 🔲 2 pers. ⛽ 5,80
**Location** (permanent) : 🏠 155 à 260 – gîte d'étape

## DIE

26150 Drôme **16** – **332** F5 G. Alpes du Sud – 4 230 h. – alt. 415.
**🛈** Office du Tourisme, Quartier St-Pierre ✆ 04 75 22 03 03, Fax 04 75 22 40 46, otdie@vallee-drome.com.
Paris 629 – Gap 91 – Grenoble 111 – Montélimar 74 – Nyons 83 – Sisteron 103 – Valence 67.

▲▲▲ **La Pinède** Pâques-15 sept.
✆ 04 75 22 17 77, info@camping-pinede.com, Fax 04 75
22 22 73 – O : 1,7 km par D 93, rte de Crest puis 1 km par
chemin à gauche, accès par chemin et pont étroits « Cadre
agréable au bord de la Drôme » – **R** conseillée
8 ha/2,5 campables (110 empl.) plat et en terrasses, pier-
reux, herbeux
**Tarif :** 🔲 2 pers. ⛽ (10A) 30 – pers. suppl. 6,50 – frais de
réservation 20
**Location :** 🚐 250 à 560 – 🏠 300 à 665

▲▲ **Le Glandasse** avril-sept.
✆ 04 75 22 02 50, camping-glandasse@wanadoo.fr,
Fax 04 75 22 04 91 – SE : 1 km par D 93, rte de Gap puis
chemin à droite « Au bord de la Drôme » – **R** conseillée
3,5 ha (90 empl.) peu incliné et plat, herbeux, pierreux
**Tarif :** 🔲 2 pers. ⛽ (10A) 18,80 – pers. suppl. 4,50 – frais
de réservation 10
**Location :** 🚐 215 à 320

## DIENVILLE

10500 Aube **7** – **313** H3 – 796 h. – alt. 128 – Base de loisirs.
Paris 210 – Bar-sur-Aube 20 – Bar-sur-Seine 33 – Brienne-le-Château 8 – Troyes 38.

▲▲ **Le Tertre** 27 mars-15 oct.
✆ 03 25 92 26 50, Fax 03 25 92 26 50 – sortie Ouest sur
D 11, rte de Radonvilliers « Face à la station nautique de la
Base de Loisirs » – **R** conseillée
3,5 ha (158 empl.) plat, herbeux, gravier
**Tarif :** 🔲 2 pers. ⛽ 16,35 – pers. suppl. 3,35 - frais de réser-
vation 12
**Location** (permanent) : 🏠 120 à 442
🚐

## DIEPPE

76200 S.-Mar. **1** – **304** G2 G. Normandie Vallée de la Seine – 35 894 h. – alt. 6.
**🛈** Office du Tourisme, Pont Jehan-Ango ✆ 02 32 14 40 60, Fax 02 32 14 40 61, officetour.dieppe@wanadoo.fr.
Paris 197 – Abbeville 76 – Beauvais 107 – Caen 174 – Le Havre 111 – Rouen 66.

▲▲ **Vitamin'** avril-15 oct.
✆ 02 35 82 11 11, Fax 02 35 06 00 29 – S : 3 km par N 27,
rte de Rouen et à droite, chemin des Vertus – Places limitées
pour le passage – **R** conseillée
5,3 ha (152 empl.) plat, herbeux
**Tarif :** 🔲 2 pers. ⛽ (10A) 15 – pers. suppl. 4

▲▲ **La Source** 15 mars-15 oct.
✆ 02 35 84 27 04, Fax 02 35 84 27 04 ✉ 76550 Hautot-
sur-Mer – SO : 3 km par D 925, rte du Havre puis D 153
à gauche, à Petit-Appeville – Places limitées pour le
passage « Cadre pittoresque au bord de la Scie » –
**R** conseillée
2,5 ha (120 empl.) plat, herbeux
**Tarif :** 🔲 2 pers. ⛽ (6A) 17,70 – pers. suppl. 3,70
🚐 (8 empl.) – 17,70

## DIEULEFIT

26220 Drôme **16** – **332** D6 G. Vallée du Rhône – 2 924 h. – alt. 366.
**🛈** Office du Tourisme, 1 place Abbé-Magnet ✆ 04 75 46 42 49, Fax 04 75 46 36 48, ot.dieulefit@wanadoo.fr.
Paris 620 – Crest 30 – Montélimar 28 – Nyons 30 – Orange 59 – Pont-St-Esprit 69 – Valence 58.

⚠ **Municipal les Grands Prés** mars-15 oct.
✆ 04 75 46 87 50, Fax 04 75 46 96 99 – sortie Ouest par
D 540, rte de Montélimar, près du Jabron, Chemin piétonnier
reliant directement le camping au bourg – **R** conseillée
1,8 ha (101 empl.) plat, herbeux
**Tarif :** (Prix 2002) 🔳 2 pers. 🔋 10,30 – pers. suppl. 2

⚠ **La Source du Jabron** 5 avril-27 sept.
✆ 04 75 90 61 30, lejabron@aol.com, Fax 04 75 90 61 30
✉ 26220 Comps – NE : 3,5 km par D 538, rte de Bourdeaux
et chemin à droite, bord du Jabron – **R** conseillée
4 ha (50 empl.) plat, peu incliné et en terrasses, herbeux,
pierreux
**Tarif :** 🔳 2 pers. 🔋 (6A) 18,50 – pers. suppl. 3
**Location :** 🏠 180 à 400

## DIGNE-LES-BAINS

04000 Alpes-de-H.-Pr. **17** – **334** F8 G. Alpes du Sud – 16 087 h. – alt. 608 – ♨ (mi fév.-début déc.).
**🛈** Office du Tourisme, rond-point du 11-novembre ✆ 04 92 36 62 62, Fax 04 92 32 27 24, info@ot.digne
lesbains.fr.
Paris 745 – Aix-en-Provence 108 – Antibes 142 – Avignon 166 – Cannes 137 – Gap 88 – Nice 155.

⚠ **Les Eaux Chaudes** avril-oct.
✆ 04 92 32 31 04, Fax 04 92 31 04 87 – SE : 1,5 km par
D 20, rte des thermes, bord d'un ruisseau – **R** conseillée
3,7 ha (153 empl.) plat et peu incliné, herbeux
**Tarif :** 🔳 2 pers. 🔋 (10A) 16,50 – pers. suppl. 3 – frais de
réservation 13
**Location :** 🚐 256 à 380

## DIGOIN

71160 S.-et-L. **11** – **320** D11 G. Bourgogne – 10 032 h. – alt. 232.
**🛈** Office du Tourisme, 8 rue Guilleminot ✆ 03 85 53 00 81, Fax 03 85 53 27 54, ot.digoin@wanadoo.fr.
Paris 337 – Autun 68 – Charolles 26 – Moulins 56 – Roanne 57 – Vichy 69.

⚠ **La Chevrette** mars-12 nov.
✆ 03 85 53 11 49, Fax 03 85 88 59 70 – sortie Ouest en
direction de Moulins, vers la piscine municipale, près de la
Loire – **R** conseillée
1,6 ha (100 empl.) plat et terrasse, herbeux, gravillons
**Tarif :** 🔳 2 pers. 🔋 (10A) 14,70 – pers. suppl. 3

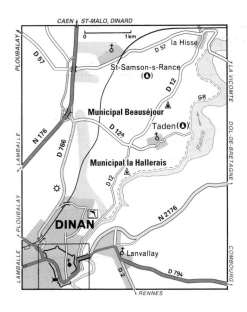

22100 C.-d'Armor **4** – **309** J4 G. Bretagne – 11 591 h. – alt. 92.

**8** Office du Tourisme, place du château *℘* 02 96 87 69 76, Fax 02 96 87 69 77, *infos@dinan-tourisme.com*.
Paris 419 – Avranches 70 – Fougères 73 – Rennes 56 – St-Brieuc 62 – St-Malo 31 – Vannes 120.

**à St-Samson-sur-Rance** N : 4,5 km par D 766 rte de Dinard et D 57 à droite – 1 180 h. – alt. 64 –
⊠ 22100 St-Samson-sur-Rance :

**Municipal Beauséjour** juin-sept.
*℘* 02 96 39 53 27, *stsamson.mairie@wanadoo.fr*, Fax 02 96
87 94 12 – E : 3 km, par D 57 et D 12 à droite « Décoration
arbustive » – **R** conseillée
3 ha (120 empl.) plat, herbeux
**Tarif :** (Prix 2002) 🔲 *2 pers.* ⚡ *11,45 – pers. suppl. 2,75*

À prox. : poneys (centre équestre)

**à Taden** NE : 3,5 km par rte de Dol-de-Bretagne et D 2 à droite avant le pont – 1 698 h. – alt. 46 –
⊠ 22100 Taden :

**Municipal de la Hallerais**
*℘* 02 96 39 15 93, *camping.de.la.hallerais@libertysurf.fr*,
Fax 02 96 39 94 64 – au Sud-Ouest du bourg « Cadre et
situation agréables au bord de la Rance »
5 ha (228 empl.) plat, peu incliné et en terrasses, herbeux
**Location :**

À prox. : canoë poneys (centre équestre)

*Les **cartes MICHELIN** sont constamment tenues à jour.*

35800 I.-et-V. **4** – **309** J3 G. Bretagne – 9 918 h. – alt. 25.
**8** Office du Tourisme, 2 boulevard Féart *℘* 02 99 46 94 12, Fax 02 99 88 21 07, *dinard.office.de.tourisme*
*@wanadoo.fr*.
Paris 406 – Dinan 21 – Dol-de-Bretagne 29 – Lamballe 44 – Rennes 75 – St-Malo 12.

**à la Richardais** SE : 3,5 km par D 114 – 1 801 h. – alt. 40 – ⊠ 35780 La Richardais.

**Municipal Bellevue** avril-15 sept.
*℘* 02 99 88 50 80, *info@ville-larichardais.fr*, Fax 02 99 88
52 12 – à l'Ouest du bourg – **R** conseillée
1 ha (70 empl.) plat, peu incliné, herbeux
**Tarif :** (Prix 2002) 🔲 *2 pers.* ⚡ *9,80 – pers. suppl. 2,30*

À prox. : golf (centre équestre)

239

**à St-Lunaire** O : 4,5 km par D 786 – 2 163 h. – alt. 20 – ⊠ 35800 St-Lunaire..

**🛈** Office du Tourisme, boulevard du Gal de Gaulle ℰ 02 99 46 31 09, Fax 02 99 46 31 09, *otsi.stlunaire@ worldonline.fr*

⩙⩙ **La Touesse** avril-sept.
ℰ 02 99 46 61 13, *camping.la.touesse@wanadoo.fr*,
Fax 02 99 16 02 58 – E : 2 km par D 786 rte de Dinard, à
400 m de la plage – **R** conseillée
2,5 ha (160 empl.) plat, herbeux
**Tarif :** 🔲 *2 pers.* ⚡ *(10A) 20,50 – pers. suppl. 4,40 – frais
de réservation 15,50*
**Location :** 🚐 *176 à 360 –* 🚑 *230 à 540 – studios*
🚐

---

## DINEAULT

29 Finistère – 𝟛𝟘𝟠 G5 – rattaché à Châteaulin.

---

## DIO-ET-VALQUIÈRES

34650 Hérault 𝟷𝟻 – 𝟹𝟹𝟿 E6 – 134 h. – alt. 250.
Paris 722 – Bédarieux 12 – Béziers 46 – Lunas 10 – Montpellier 68.

⩕ **La Garenne** mai-sept.
ℰ 04 67 95 45 24, Fax 04 67 95 45 24 – à l'Est du petit
village médiéval de Dio, accès aux emplacements par forte
pente « Sous une chênaie, domine un paysage sauvage de
moyenne montagne » – **R**
1,9 empl. (30 empl.) en terrasses, pierreux, herbeux
**Tarif :** 🔲 *2 pers.* ⚡ *17,04 – pers. suppl. 5,34*
**Location :** *bungalows toilés*

---

## DISNEYLAND PARIS

77 S.-et-M. – 𝟛𝟷𝟸 F2 – voir à Marne-la-Vallée.

---

## DISSAY

86 Vienne – 𝟹𝟸𝟸 I4 – rattaché à Poitiers.

---

## DIVES-SUR-MER

14160 Calvados 𝟻 – 𝟹𝟘𝟹 L4 G. Normandie Vallée de la Seine – 5 344 h. – alt. 3.
**🛈** Syndicat d'Initiative, rue du Général-de-Gaulle ℰ 02 31 91 24 06, Fax 02 31 24 42 28, *mairie-dives-sur-mer@wanadoo.fr*.
Paris 218 – Cabourg 2 – Caen 32 – Deauville 22 – Lisieux 34.

⩕ **Municipal les Tilleuls** Pâques-15 sept.
ℰ 02 31 91 25 21, Fax 02 31 91 72 13 – sortie Est, rte de
Lisieux
4 ha (250 empl.) vallonné, herbeux
**Tarif :** (Prix 2002) 🔲 *2 pers.* ⚡ *(9A) 10,35 – pers. suppl. 2,10*

---

## DIVONNE-LES-BAINS

01220 Ain 𝟷𝟸 – 𝟹𝟸𝟪 J2 G. Jura – 5 580 h. – alt. 486 – ⚕ (mi mars-fin nov.).
**🛈** Office du Tourisme, rue des Bains ℰ 04 50 20 01 22, Fax 04 50 20 32 12, *divonne@divonnelesbains.com*.
Paris 499 – Bourg-en-Bresse 119 – Genève 18 – Gex 9 – Lausanne 46 – Nyon 9 – Les Rousses 37 – Thonon-les-Bains 102.

⩙⩙ **Le Fleutron** 6 avril-26 oct.
ℰ 04 50 20 01 95, *info@homair-vacances.fr*, Fax 04 42 95
03 63 – N : 3 km, après Villard « Cadre boisé adossé à une
montagne » – **R** conseillée
8 ha (253 empl.) incliné, en terrasses, pierreux, herbeux
**Tarif :** 🔲 *2 pers.* ⚡ *28 – pers. suppl. 6,50 - frais de réser-
vation 10*
**Location :** 🚐 *150 à 446 –* 🚑 *280 à 560 – bungalows toilés*

---

*Dieser Führer stellt kein vollständiges Verzeichnis aller Campingplätze dar,
sondern nur eine Auswahl der besten Plätze jeder Kategorie.*

## DOL-DE-BRETAGNE

35120 I.-et-V. **4** – **309** L3 G. Bretagne – 4 629 h. – alt. 20.
**⊡** Office du Tourisme, 3 Grande Rue des Stuart 𝄐 02 99 48 15 37, Fax 02 99 48 14 13, *office.dol@wanadoo.fr*.
Paris 379 – Alençon 159 – Dinan 26 – Fougères 52 – Rennes 59 – St-Malo 26.

   **Les Ormes** 17 mai-14 sept.
𝄐 02 99 73 53 00, *info@lesormes.com*, Fax 02 99 73 53 55
– S : 7,5 km par D 795, rte de Combourg puis chemin à gau-
che, à Epiniac – Places limitées pour le passage « Grands
espaces et activités autour d'un château du 16ᵉ s. » –
**R** conseillée
160 ha/40 campables (750 empl.) plat et peu incliné, herbeux
**Tarif :** 🔲 2 pers. 🔌 (6A) 38,50 – *pers. suppl. 7* – *frais de
réservation 20*
**Location :** 🛖 290 à 822 – 🛏 *(hôtel) – gîtes, studios*

   **Le Vieux Chêne** 29 mars-28 sept.
𝄐 02 99 48 09 55, *vieux.chene@wanadoo.fr*, Fax 02 99 48
13 37 ✉ 35120 Baguer-Pican – E : 5 km, par N 176, rte de
Pontorson, à Baguer-Pican, accès conseillé par la déviation,
sortie Dol-de-Bretagne-Est et D 80 « Situation plaisante
autour d'une ferme bordée d'étangs » – **R** conseillée
4 ha/2 campables (199 empl.) plat, peu incliné, herbeux
**Tarif :** 🔲 2 pers. 🔌 28 - *pers. suppl. 5* – *frais de réservation
15*
**Location :** 🛖 225 à 600 – 🏚 225 à 650
🚐

---

## DOLE

39100 Jura **12** – **321** C4 G. Jura – 26 577 h. – alt. 220.
**⊡** Office du Tourisme, 6 place Grevy 𝄐 03 84 72 11 22, Fax 03 84 72 31 12.
Paris 364 – Besançon 55 – Chalon-sur-Saône 67 – Dijon 50 – Genève 155 – Lons-le-Saunier 57.

   **Le Pasquier** 15 mars-15 oct.
𝄐 03 84 72 02 61, *camping-pasquier@wanadoo.fr*,
Fax 03 84 79 23 44 – Sud-Est par av. Jean-Jaurès « Cadre
verdoyant, près du Doubs » – **R** conseillée
2 ha (120 empl.) plat, herbeux, gravillons
**Tarif :** 🔲 2 pers. 🔌 (10A) 16,20 – *pers. suppl. 2,80* – *frais
de réservation 9,15*
**Location :** 🛖 134,16 à 426,86
🚐

241

---

## DOLLON

72390 Sarthe **5** – **310** M6 – 1 200 h. – alt. 103.
Paris 178 – Châteaudun 63 – Mamers 47 – Le Mans 34 – Nogent-le-Rotrou 42.

   **Municipal** mai-15 oct.
𝄐 02 43 93 42 23, *mairie.dollon@wanadoo.fr*, Fax 02 43 71
53 88 – sortie Est par D 302, au stade
1 ha (30 empl.) plat, herbeux
**Tarif :** (Prix 2002) 🔲 2 pers. 🔌 (10A) 8,25 – *pers. suppl. 1,50*

## DOLUS-D'OLÉRON

17 Char.-Mar. – **324** C4 – voir à Île d'Oléron.

## DOMAZAN

30390 Gard **16** – **339** M5 – 671 h. – alt. 52.
Paris 687 – Alès 60 – Avignon 17 – Nîmes 33 – Orange 32 – Pont-St-Esprit 46.

**Le Bois des Ecureuils** Permanent
*04 66 57 10 03, le.bois.des.ecureuils@wanadoo.fr,*
Fax 04 66 57 10 03 – NE : 4 km, sur N 100, rte d'Avignon
– **R** conseillée
1,4 ha (46 empl.) plat, gravillons, gravier
**Tarif :** ▣ *2 pers* [2] *(6A) 18 – pers. suppl. 3,10*
**Location :** 138 à 240 – 168 à 442

## DOMFRONT

61700 Orne **4** – **310** F3 G. Normandie Cotentin – 4 410 h. – alt. 185.
**B** Office du Tourisme, 12 place de la Roirie *02 33 38 53 97, Fax 02 33 30 89 25, ot.bocagedomfrontais
@wanadoo.fr.*
Paris 250 – Alençon 61 – Argentan 55 – Avranches 65 – Fougères 56 – Mayenne 34 – Vire 40.

**Municipal le Champ Passais** avril-5 oct.
*02 33 37 37 66 – au Sud de la ville par rue de la gare et
à gauche, rue du Champ-Passais – **R** conseillée
1,5 ha (34 empl.) en terrasses, plat, herbeux
**Tarif :** (Prix 2002) ▣ *2 pers.* [2] *(10A) 9,30 – pers. suppl. 2*

À prox. : sentier VTT

## DOMME

24250 Dordogne **13** – **329** I7 G. Périgord Quercy – 1 030 h. – alt. 250.
**B** Office du Tourisme, place de la Halle *05 53 31 71 00, Fax 05 53 31 71 09.*
Paris 539 – Cahors 49 – Fumel 51 – Gourdon 19 – Périgueux 76 – Sarlat-la-Canéda 12.

**Le Paillé** (location exclusive de 9 chalets)
*05 53 35 50 39, semitour@perigord.tm.fr, Fax 05 53 06
30 94 – SE : 1,7 km
2 ha non clos, en terrasses, herbeux, gravillons
**Location :** ▣

**Village de la Combe** (location exclusive de 12 chalets)
Permanent
*05 53 29 77 42, lacombe24@wanadoo.fr, Fax 05 53 29
33 77 – SE : 1,5 km
2 ha en terrasses, plat, herbeux
**Location :** ▣ *320 à 640*

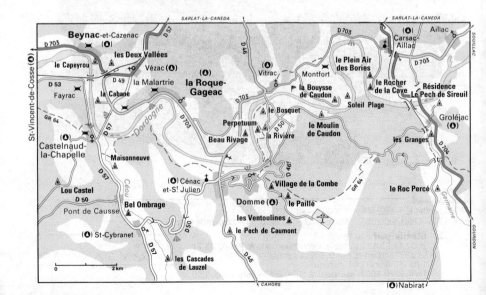

⛺⛺ **Les Ventoulines** (location exclusive de 18 chalets) fin mars-début nov.
✆ 05 53 28 36 29, *lesventoulines@wanadoo.fr*, Fax 05 53 29 47 25 – SE : 3,6 km – **R** conseillée
3 ha non clos, en terrasses, herbeux
**Location :** ⌂ *320 à 784*

☾ 🔑 ✗ Ⓟ CB CV ♣♣ ▥ ♿ ⊡ ⌂ ⛹ ≈

⛺ **Le Moulin de Caudon** 20 mai-15 sept.
✆ 05 53 31 03 69, Fax 05 53 31 03 69 – NE : 6 km par D 46ᴱ et D 50, rte de Groléjac, près de la Dordogne, Pour les caravanes, accès conseillé par Vitrac-Port – **R** conseillée
2 ha (60 empl.) plat, herbeux
**Tarif :** (Prix 2002) ▣ *2 pers.* ⚡ *(6A) 10,80 – pers. suppl. 3*

Ⓜ 🔑 CV ▭ ♣♣ ♿ ⚞ ⛲ ▤ ⚱ ⊔ ⊛ ⊡ ⌂ ⛹
À prox. : ≈

***Voir aussi à Beynac-et-Cazenac, Carsac-Aillac, Castelnaud-la-Chapelle, Cénac-et-St-Julien, Groléjac, La Roque-Gageac, St-Cybranet, St-Vincent-de-Cosse, Vézac et Vitrac***

## DOMPIERRE-LES-ORMES

71520 S.-et-L. **11** – **320** G11 – 833 h. – alt. 480.
Paris 405 – Chauffailles 28 – Cluny 23 – Mâcon 35 – Montceau-les-Mines 52 – Paray-le-Monial 36.

⛺⛺⛺ **Le Village des Meuniers** 15 mai-15 sept.
✆ 03 85 50 36 60, *levillagedesmeuniers@wanadoo.fr*, Fax 03 85 50 36 61 – sortie Nord-Ouest par D 41, rte de la Clayette et chemin à droite, près du stade « Situation dominante et panoramique » – **R** conseillée
3 ha (113 empl.) en terrasses, plat et peu incliné, herbeux
**Tarif :** ▣ *2 pers.* ⚡ *20,70 – pers. suppl. 5,80*
**Location** *(mai-déc.) :* ⌂ *310 à 480 – gîtes*
🚐

☾ ⩤ 🔑 ✗ CB CV ▭ ♿ ⚞ ⛲ ▤ ⊔ ⊛ ⚲ ⚒ ⊡ 🍷 snack ⌂ ☺ ⛹ ⛳ ≈ ⛷
À prox. : terrain omnisports ✂

## DOMPIERRE-SUR-BESBRE

03290 Allier **11** – **326** J3 – 3 807 h. – alt. 234.
Paris 326 – Bourbon-Lancy 19 – Decize 46 – Digoin 27 – Lapalisse 36 – Moulins 30.

⛺ **Municipal** 15 mai-15 sept.
✆ 04 70 34 55 57, Fax 04 70 48 11 39 – sortie Sud-Est par N 79, rte de Digoin, près de la Besbre et à proximité d'un étang « Décoration arbustive et florale » – **R** conseillée
2 ha (70 empl.) plat, herbeux
**Tarif :** (Prix 2002) ▣ *2 pers.* ⚡ *(10A) 6,50 – pers. suppl. 1,75*
🚐

☾ 🔑 CV ▭ ♣ ▥ ⚞ ⛲ ⊔ ⊛ ⚲ ⚒ ⊡ ⛹ 🚲 ✂
À prox. : parc animalier et parc d'attractions ⛟ ≈

## DOMPIERRE-SUR-VEYLE

01240 Ain **12** – **328** E4 – 828 h. – alt. 285.
Paris 439 – Belley 71 – Bourg-en-Bresse 18 – Lyon 59 – Mâcon 53 – Nantua 46 – Villefranche-sur-Saône 45.

⛺ **Municipal** avril-sept.
✆ 04 74 30 31 81, Fax 04 74 30 36 61 – sortie Ouest par D 17 et à gauche, bord de la Veyle et à 150 m d'un étang – Places limitées pour le passage « Cadre champêtre » – ~~R~~
1,2 ha (50 empl.) plat, herbeux
**Tarif :** (Prix 2002) ▣ *2 pers.* ⚡ *8,50 – pers. suppl. 2,40*

☾ ▭ ♣ ⚞ ⛲ ⊔ ⊛
À prox. : ✂

## Le DONJON

03130 Allier **11** – **326** J4 – 1 258 h. – alt. 300.
ℹ Office du Tourisme, rue Jean-Jaurès ✆ 04 70 99 50 73, Fax 04 70 99 50 73.
Paris 348 – Digoin 23 – Dompierre-sur-Besbre 25 – Lapalisse 22 – Moulins 49 – Vichy 46.

⛺ **Municipal** mai-oct.
✆ 04 70 99 56 35, Fax 04 70 99 58 02 – sortie Nord par D 166, rte de Monétay-sur-Loire – ~~R~~
0,5 ha (40 empl.) peu incliné, herbeux
**Tarif :** ▣ *2 pers.* ⚡ *(10A) 7,50*

☾ 🔑 ⚞ ⛲ ▤ ⊔ ⊛ ⚲ ⚒ ⌂ ⛹

## DONVILLE-LES-BAINS

50 Manche – **303** C6 – rattaché à Granville.

## DONZENAC

19270 Corrèze **10** – **329** K4 G. Périgord Quercy – 2 050 h. – alt. 204.
**🛈** Office du Tourisme, place de l'Hôtel de Ville *𝒫* 05 55 85 65 35, Fax 05 55 85 72 30, *donenac.tourisme @ free.fr.*
Paris 469 – Brive-la-Gaillarde 11 – Limoges 81 – Tulle 26 – Uzerche 26.

   **⚍ La Rivière**
    *𝒫* 05 55 85 63 95, *lariviere@ sudvillages.com*, Fax 05 55 85
    63 95 – à 1,6 km au Sud du bourg par rte de Brive et chemin,
    bord du Maumont
    1,2 ha (77 empl.) plat, herbeux
    **Location :** 🏠

## DORDIVES

45680 Loiret **6** – **318** N3 – 2 388 h. – alt. 80.
Paris 93 – Fontainebleau 33 – Montargis 18 – Nemours 19 – Orléans 94 – Sens 42.

   **⚍ La Garenne** 15 fév.-nov.
    *𝒫* 02 38 92 72 11, *caravaning-lagarenne@ wanadoo.fr*,
    Fax 02 38 92 72 11 – sortie Est par D 62, rte d'Egreville et
    rue à gauche, près du Betz – Places limitées pour le passage
    – **R** conseillée
    7 ha/3 campables (110 empl.) en terrasses, plat, herbeux,
    gravillons
    **Tarif :** 🔲 2 pers. 🛵 (5A) 14,50 – pers. suppl. 3,90

## DORNES

58390 Nièvre **11** – **319** D11 – 1 257 h. – alt. 232.
Paris 281 – Bourbon-l'Archambault 30 – Decize 18 – Dompierre-sur-Besbre 48 – Moulins 18 – Nevers 40.

   **⚍ Municipal des Baillys** 2 juin-7 sept.
    *𝒫* 03 86 50 60 86, Fax 03 86 50 68 84 – O : 2,3 km par D 13
    et D 22, rte de Chantenay puis 0,5 km par chemin à gauche
    « Près d'un étang » – **R** conseillée
    0,7 ha (20 empl.) non clos, plat, herbeux
    **Tarif :** 🔲 2 pers. 🛵 8 – pers. suppl. 2

*Deze gids is geen overzicht van alle kampeerterreinen maar een selektie van de beste terreinen in iedere categorie.*

## DOUARNENEZ

29100 Finistère **3** – **308** F6 G. Bretagne – 16 457 h. – alt. 25.
**🛈** Office du Tourisme, 2 rue Docteur-Mével *𝒫* 02 98 92 13 35, Fax 02 98 92 70 47, *tourisme.douarnene @ wanadoo.fr.*
Paris 588 – Brest 75 – Châteaulin 26 – Lorient 90 – Quimper 24 – Vannes 143.

**à Tréboul** Ouest par bd Jean-Moulin et rue du Commandant-Fernand – ✉ 29100 Douarnenez :

   **⚍ Kerleyou** mai-27 sept.
    *𝒫* 02 98 74 13 03, *camp-kerleyou@ infonie.fr*, Fax 02 98 74
    09 61 – O : 1 km par r. du Préfet-Collignon – **R** conseillée
    3,5 ha (100 empl.) plat et peu incliné, herbeux
    **Tarif :** 🔲 2 pers. 🛵 17,95 – pers. suppl. 3,65 – frais de réser-
    vation 11
    **Location** (5 avril-27 sept.) : 🛖 185 à 473 – 🏠 190 à 490

   **⚍ Trézulien** 5 avril-sept.
    *𝒫* 02 98 74 12 30, Fax 02 98 74 01 16 – par r. Frédéric-
    Le-Guyader – **R** conseillée
    3 ha (150 empl.) en terrasses, peu incliné, plat, herbeux
    **Tarif :** 🔲 2 pers. 🛵 (10A) 13,15 – pers. suppl. 2,90
    **Location :** 🛖 155 à 445

**à Poullan-sur-Mer** O : 7,5 km par D 7 – 1 627 h. – alt. 79 – ✉ 29100 Poullan-sur-Mer :

   **⚍ Le Pil Koad** 30 avril-26 sept.
    *𝒫* 02 98 74 26 39, *camping.pil.koad@ wanadoo.fr*, Fax 02 98
    74 55 97 – à 0,6 km à l'Est de la localité de Poullan-sur-Mer
    « Cadre agréable » – **R** conseillée
    5,7 ha/4,2 campables (110 empl.) plat, herbeux
    **Tarif :** 🔲 2 pers. 🛵 (10A) 25,50 – pers. suppl. 4,50 – frais
    de réservation 19
    **Location** (29 mars-27 sept.) : 🛖 210 à 650 – 🏠 290 à 680
    🚐

## DOUCIER

39130 Jura 🔢 – 🔢 E7 G. Jura – 231 h. – alt. 526.
Paris 427 – Champagnole 21 – Lons-le-Saunier 25.

△△△ **Domaine de Chalain** 30 avril-19 sept.
℘ 03 84 25 78 78, chalain@chalain.com, Fax 03 84 25
70 06 – NE : 3 km « Agréablement situé entre forêts et lac
de Chalain » – **R** conseillée
30 ha/18 campables (804 empl.) plat, herbeux, pierreux
**Tarif :** 🔲 2 pers. 🔋 28,50 – pers. suppl. 5
**Location** 🛇 : 🚐 274 à 504 – huttes
🚐

← ⊶ GB ⚡ 🛒 ▥ ᚠ 🔥 ⊷ ᛩ 🖪 ♿
🛋 ☺ 🛏 ⟲ 🔲 ᚱ ☕ snack ➿
🔲 ᚠ ⊟ ⟶ ᚺ ᚱ ⟲ ☀ ✂ ᚱ ⚠
🔳 🔳 ⚲ ⟍ parcours VTT

## DOUÉ-LA-FONTAINE

49700 M.-et-L. 🔢 – 🔢 H5 G. Châteaux de la Loire – 7 260 h. – alt. 75.
🅱 Office du Tourisme, 30 place des Fontaines ℘ 02 41 59 20 49, Fax 02 41 59 93 85, Tourisme@ville-doue
lafontaine.fr.
Paris 323 – Angers 41 – Châtellerault 86 – Cholet 50 – Saumur 18 – Thouars 30.

△ **Municipal le Douet** avril-sept.
℘ 02 41 59 14 47 – sortie Nord-Ouest par D 761 rte
d'Angers et chemin à droite attenant au parc des sports,
bord du Doué – **R** conseillée
2 ha (148 empl.) plat, herbeux
**Tarif :** 🔲 2 pers. 🔋 (10A) 8,80 – pers. suppl. 2

⊶ ⟍ ⚡ (0,8 ha) 🔥 🔲 🖪 ⟲ ☺
🔲
À prox. : ⟶ ✂ 🔳 🔳

## DOUSSARD

74 H.-Savoie – 🔢 K6 – voir à Annecy (Lac d').

## DUCEY

50220 Manche 🔢 – 🔢 E8 G. Normandie Cotentin – 2 069 h. – alt. 15.
🅱 Office du Tourisme, 4 rue du Génie ℘ 02 33 60 21 53, Fax 02 33 60 54 07.
Paris 346 – Avranches 12 – Fougères 41 – Rennes 76 – St-Hilaire-du-Harcouët 16 – St-Lô 69.

△ **Municipal la Sélune** avril-sept.
℘ 02 33 48 46 49, Fax 02 33 48 87 59 – sortie Ouest par
N 176 et D 178, rte de St-Aubin-de-Terregatte à gauche, au
stade « Emplacements bien délimités par des haies de
Thuyats »
0,42 ha (40 empl.) plat, herbeux
**Tarif :** (Prix 2002) 🔲 2 pers. 🔋 7,76 – pers. suppl. 2,29

⟍ ⟍ 🔥 🔲 ⟲ 🔲 ☺
À prox. : ✂ 🔳 🔳

**2·45**

## DUINGT

74 H.-Savoie – 🔢 K6 – voir à Annecy (Lac d').

## DUN-SUR-AURON

18130 Cher 🔢 – 🔢 L5 G. Berry Limousin – 4 261 h. – alt. 182.
🅱 Office du Tourisme, place du Châtelet ℘ 02 48 59 85 26, Fax 02 48 59 85 26.
Paris 270 – Bourges 28 – Montluçon 74 – Moulins 81 – Nevers 57.

△ **Municipal** 15 juin-15 sept.
℘ 02 48 59 16 87, ville.dunsurauron@wanadoo.fr,
Fax 02 48 59 84 22 – sortie Sud-Ouest par D 10 rte de
Meillant, et à droite après le pont de l'ancien canal de l'Auron
– **R** conseillée
0,6 ha (25 empl.) plat, herbeux
**Tarif :** (Prix 2002) 🔲 2 pers. 🔋 (12A) 7,20 – pers. suppl. 2,60

⟍ ⟍ ⚡ 🔥 🔲 ⟲ 🔲 ☺ ⟍
À prox. : ᚱ ✂ 🔳

## DURFORT

09130 Ariège 🔢 – 🔢 G5 – 111 h. – alt. 294.
Paris 743 – Auterive 23 – Foix 45 – Montesquieu-Volvestre 28 – Pamiers 25 – Saverdun 12.

△ **Le Bourdieu** Permanent
℘ 05 61 67 30 17, lebourdieu@wanadoo.fr, Fax 05 61 67
29 00 – S : 2 km par D 14, rte du Fossat et chemin à gauche,
à 300 m du Latou (accès direct) – Places limitées pour le
passage – **R** conseillée
16 ha/2,5 campables (24 empl.) en terrasses, herbeux,
pierreux
**Tarif :** 🔲 2 pers. 🔋 (6A) 15 – pers. suppl. 3
**Location :** 🚐 231 à 330 – 🚐 275 à 540 – 🛖 275 à 540

🛇 ← ⊶ GB ⚡ 🛒 ▥ ᚠ ⊷ ♿
🔲 ☺ 🔲 🍴 ✗ ➿ 🔲 ᚱ 🔳
À prox. : ⟶

## DURTAL

49430 M.-et-L. **5** – **317** H2 G. Châteaux de la Loire – 3 195 h. – alt. 39.

**8** Syndicat d'Initiative, vitrine du Pays-Baugeois *02 41 76 37 26, Fax 02 41 76 37 26, regiondurtaloise @free.fr.*

Paris 262 – Angers 38 – La Flèche 14 – Laval 67 – Le Mans 63 – Saumur 66.

▲▲ *International* Pâques-sept.
*02 41 76 31 80, mairie@ville-durtal.fr, Fax 02 41 76 06 10* – sortie Nord-Est par rte de la Flèche et rue à droite, bord du Loir « Situation et cadre agréables »
3,5 ha (125 empl.) plat, herbeux
**Tarif :** (Prix 2002) 2 pers. 8,80 – pers. suppl. 2,70
**Location :** bungalows toilés

À prox. :

## EAUZE

32800 Gers **14** – **336** C6 G. Midi Pyrénées – 4 137 h. – alt. 164.

**8** Office du Tourisme, 1 rue Félix-Soules *05 62 09 85 62, Fax 05 62 08 11 22, office-tourisme-eauze @wanadoo.fr.*

Paris 738 – Aignan 23 – Barbotan-les-Thermes 20 – Condom 29 – Vic-Fézensac 27.

▲ *Chalets de Guinlet* (location exclusive de 12 chalets) avril-oct.
*05 62 09 80 84, Fax 05 62 09 85 99* – N : 7 km par D 29, rte de Bretagne d'Armagnac, au golf
1 ha en terrasse, petit étang
**Location** : 350 à 400

À prox. : golf
poneys (centre équestre)

## ECLASSAN

07370 Ardèche **11** – **331** K3 – 633 h. – alt. 420.

Paris 539 – Annonay 21 – Beaurepaire 46 – Condrieu 42 – Privas 83 – Tournon-sur-Rhône 21.

▲▲ *L'Oasis* avril-15 oct.
*04 75 34 56 23, oasis.camp@wanadoo.fr, Fax 04 75 34 47 94* – NO : 4,5 km par rte de Fourany et chemin à gauche, accès aux emplacements par forte pente, mise en place et sortie des caravanes à la demande « Agréable situation en terrasses, près de l'Ay » – **R** conseillée
4 ha (39 empl.) en terrasses, pierreux, herbeux
**Tarif :** 2 pers. (6A) 21,50 – pers. suppl. 3,50
**Location :** 189 à 290 – 282 à 434 – 292 à 450

snack, pizzeria

## ÉCOMMOY

72220 Sarthe **5** – **310** K8 – 4 235 h. – alt. 85.

**8** Office du Tourisme, 13 bis route du Mans *02 43 42 69 26.*

Paris 221 – Château-du-Loir 20 – La Flèche 34 – Le Grand-Lucé 19 – Le Mans 23.

▲ *Municipal les Vaugeons* 30 avril-sept.
*02 43 42 14 14, mairieecommoy@wanadoo.fr, Fax 02 43 42 62 80* – sortie Nord-Est, rte du stade « Entrée fleurie, cadre ombragé et soigné » – **R**
1 ha (60 empl.) plat et peu incliné, sablonneux
**Tarif :** 2 pers. (6A) 6,70 – pers. suppl. 1,65

À prox. : (découverte l'été)

## EGAT

66120 Pyr.-Or. **15** – **344** D7 G. Languedoc Roussillon – 419 h. – alt. 1 650.

Paris 867 – Andorra-la-Vella 70 – Ax-les-Thermes 53 – Bourg-Madame 15 – Font-Romeu-Odeillo-Via 4 – Saillagouse 12.

▲ *Las Clotes* Permanent
*04 68 30 26 90, Fax 04 68 30 26 90* – à 400 m au Nord du bourg, bord d'un petit ruisseau « Agréable situation dominante à flanc de colline rocheuse » – **R** conseillée
2 ha (80 empl.) en terrasses, herbeux, rochers
**Tarif :** 2 pers. (10A) 16 – pers. suppl. 2,90

Sierra del Cadi et Puigmal

## ÉGUISHEIM

68420 H.-Rhin **8** – **315** H8 G. Alsace Lorraine – 1 530 h. – alt. 210.

**8** Office du Tourisme, 22a Grand' Rue *03 89 23 40 33, Fax 03 89 41 86 20, info@ot-eguisheim.fr.*

Paris 451 – Belfort 67 – Colmar 7 – Gérardmer 52 – Guebwiller 21 – Mulhouse 41 – Rouffach 10.

▲ *Municipal des Trois Châteaux* avril-sept.
*03 89 23 19 39, Fax 03 89 24 10 19* – à l'Ouest du bourg « Situation agréable près du vignoble » – **R**
2 ha (121 empl.) plat et peu incliné, herbeux, gravier

## ÉGUZON

36270 Indre **10** – **323** F8 G. Berry Limousin – 1 384 h. – alt. 243 – Base de loisirs.

🖪 Office du Tourisme, 2 rue Jules-Ferry ℘ 02 54 47 43 69, Fax 02 54 47 35 60, otsi.eguzon@wanadoo.fr.

Paris 319 – Argenton-sur-Creuse 20 – La Châtre 43 – Guéret 47 – Montmorillon 64 – La Souterraine 39.

**⚠ Municipal du Lac Les Nugiras** Permanent
℘ 02 54 47 45 22 – SE : 3 km par D 36, rte du lac de Chambon puis 0,5 km par rte à droite, à 450 m du lac – **R** conseillée
4 ha (180 empl.) plat et en terrasses, peu incliné, herbeux, pierreux
**Tarif :** (Prix 2002) 🖾 2 pers. 🖫 (10A) 9,48 – pers. suppl. 1,09
**Location :** 🏠 171 à 248,80 – bungalows toilés

## ELNE

66200 Pyr.-Or. **15** – **344** I7 G. Languedoc Roussillon – 6 262 h. – alt. 30.

🖪 Office du Tourisme, espace Sant-Jordi ℘ 04 68 22 05 07, Fax 04 68 37 95 05, office.de.tourisme.elne @wanadoo.fr.

Paris 866 – Argelès-sur-Mer 8 – Céret 28 – Perpignan 14 – Port-Vendres 17 – Prades 59.

**⚠ Municipal Al Mouly** juin-sept.
℘ 04 68 22 08 46, contact@ot-elne.fr
NE : 1,8 km par D 40, rte de St-Cyprien, D 11 rte de Canet
à gauche et rue Gustave-Eiffel à droite – **R** conseillée
5 ha (285 empl.) plat, herbeux, sablonneux
**Tarif :** 🖾 2 pers. 🖫 (3A) 17,85 – pers. suppl. 4,45

## EMBRUN

05200 H.-Alpes **17** – **334** G5 G. Alpes du Sud – 5 793 h. – alt. 871.

🖪 Office du Tourisme, place Général-Dosse ℘ 04 92 43 72 72, Fax 04 92 43 54 06, ot.embrunlaposte.fr.

Paris 710 – Barcelonnette 55 – Briançon 51 – Digne-les-Bains 95 – Gap 40 – Guillestre 22 – Sisteron 87.

**⚠ Municipal de la Clapière** mai-sept.
℘ 04 92 43 01 83, Fax 04 92 43 50 22 – SO : 2,5 km par
N 94, rte de Gap et à droite « Près d'un plan d'eau » – **R**
6,5 ha (367 empl.) plat, accidenté et en terrasses, pierreux, herbeux
**Tarif :** (Prix 2002) 🖾 2 pers. 🖫 (plus de 5A) 15,50 – pers. suppl. 3,40
🚐

**⚠ Le Moulin** juin-15 sept.
℘ 04 92 43 00 41 – SO : 2,6 km par N 94, rte de Gap et rte
à gauche après le pont – **R** conseillée
2 ha (70 empl.) peu incliné, herbeux, verger
**Tarif :** 🖾 2 pers. 🖫 (5A) 12,90 – pers. suppl. 3,30

**à Baratier** S : 4 km par N 94 et D 40 – 356 h. – alt. 855 – ⊠ 05200 Baratier :

▲▲ **Le Verger** Permanent
℘ 04 92 43 15 87, *bresgilbert@minitel.net*, Fax 04 92 43 49 81 – sortie Ouest, pour caravanes, accès conseillé par le village « Entrée fleurie et site agréable » – **R** conseillée
4,3 ha/2,5 campables (110 empl.) peu incliné, en terrasses, herbeux, pierreux
**Tarif :** ▣ 2 pers. ⟨ǥ⟩ (10A) 17,60 – pers. suppl. 4,30
**Location :** *pavillons*

▲▲ **Les Airelles** 10 juin-14 sept.
℘ 04 92 43 11 57, Fax 04 92 43 69 07 – SE : 1,2 km par D 40, rte des Orres et rte à droite, accès direct au village par chemin forestier – **R** conseillée
5 ha/4 campables (130 empl.) peu incliné à incliné, terrasses, plat, pierreux, herbeux
**Tarif :** ▣ 2 pers. ⟨ǥ⟩ 14,50 – pers. suppl. 3,70
**Location :** ⌂ 250 à 465

▲ **Les Grillons** 15 mai-15 sept.
℘ 04 92 43 32 75, *info@lesgrillons.com*, Fax 04 92 43 32 75 – N : 1 km par D 40, D 340 et chemin à gauche – **R** conseillée
1,5 ha (95 empl.) peu incliné, herbeux
**Tarif :** (Prix 2002) ▣ 2 pers. ⟨ǥ⟩ (10A) 16,92 – pers. suppl. 3,66 – frais de réservation 9
**Location :** ⌂ 290 à 510

▲ **Les Esparons** 15 juin-1er sept.
℘ 04 92 43 02 73, *info@lesesparons.com*, Fax 04 92 43 02 73 – sortie Nord par D 40 et D 340 « Agréable verger, près d'un torrent » – **R** conseillée
1,5 ha (83 empl.) plat et peu incliné, herbeux
**Tarif :** ▣ 2 pers. ⟨ǥ⟩ (4A) 14,30 – pers. suppl. 3,90

## ENTRAYGUES-SUR-TRUYÈRE

12140 Aveyron 🔟 – 🈲 H3 G. Midi Pyrénées – 1 495 h. – alt. 236.
🅱 Office du Tourisme, 30 Tour de Ville ℘ 05 65 44 56 10, Fax 05 65 44 50 85, *ot-pays-entraygues@wana doo.fr*.
Paris 599 – Aurillac 44 – Figeac 58 – Mende 128 – Rodez 42 – St-Flour 83.

▲ **Le Lauradiol** (Municipal de Campouriez) 20 juin-10 sept.
℘ 05 65 44 53 95 ⊠ 12460 Campouriez – NE : 5 km par D 34, rte de St-Amans-des-Cots, bord de la Selves « Situation agréable sur deux rives, dans une petite vallée escarpée » – **R** conseillée
1 ha (34 empl.) plat, herbeux
**Tarif :** ▣ 2 pers. ⟨ǥ⟩ 13 – pers. suppl. 1,50

## ENTRE-DEUX-GUIERS

38380 Isère 🔢 – 🈲 H5 G. Alpes du Nord – 1 544 h. – alt. 380.
Paris 555 – Les Abrets 24 – Chambéry 24 – Grenoble 39 – Le Pont-de-Beauvoisin 16 – St-Laurent-du-Pont 5.

▲ **L'Arc-en-Ciel** mars-oct.
℘ 04 76 66 06 97, *info@camping-arc-en-ciel.com*, Fax 04 76 66 88 05 – au bourg par rue piétonne vers les Echelles, près du vieux pont, bord du Guiers – Places limitées pour le passage – **R** conseillée
1 ha (50 empl.) plat, herbeux
**Tarif :** ▣ 2 pers. ⟨ǥ⟩ (4A) 15,10 – pers. suppl. 3,80
**Location :** ⌂ 220,50 à 378
🚐 (4 empl.) – 11,60

## ENVEITG

66760 Pyr.-Or. 🔟 – 🈲 C8 – 545 h. – alt. 1 260.
Paris 853 – Andorra-la-Vella 56 – Ax-les-Thermes 39 – Font-Romeu-Odeillo-Via 18 – Perpignan 107.

▲▲ **Robinson** Permanent
℘ 04 68 04 80 38 – au Sud du bourg, derrière la mairie, accès par N 20, rte d'Andorre et D 34 à gauche, rte de la gare – Places limitées pour le passage – **R** conseillée
2,7 ha (140 empl.) peu incliné, plat, herbeux
**Tarif :** ▣ 2 pers. ⟨ǥ⟩ 17 – pers. suppl. 4,50
**Location :** *bungalows toilés*

## ÉPERNAY

51200 Marne **60** – **306** F8 G. Champagne Ardenne – 26 682 h. – alt. 75.

**B** Office du Tourisme, 7 avenue de Champagne ℰ 03 26 53 33 00, Fax 03 26 51 95 22, *tourisme@ot-epernay.fr*.

Paris 150 – Amiens 198 – Charleville-Mézières 115 – Meaux 96 – Troyes 110.

▲ **Municipal** 12 avril-début sept.
℘ 03 26 55 32 14, *camping.epernay@free.fr*, Fax 03 26 52 36 09 – N : 1,5 km par D 301 rte de Cumière, au bord de la Marne (halte nautique) – **R** conseillée
2 ha (119 empl.) plat, herbeux
**Tarif :** 🔲 *2 pers.* 🅖 *(5A) 14,90 – pers. suppl. 3,05*
🚐

| GB 🖙 ♀ 🎖️ 🛠 🔥 ☺ 🔳 ⚡ |
| 🚲 ⁀⊙ mur d'escalade |

## LES EPESSES

85590 Vendée **9** – **316** K6 – 2 107 h. – alt. 214.

Paris 376 – Bressuire 38 – Chantonnay 29 – Cholet 28 – Clisson 43 – La Roche-sur-Yon 51.

▲▲ **La Bretèche** avril-sept.
℘ 02 51 57 33 34, *contact@camping-la-breteche.com*, Fax 02 51 57 41 98 – sortie Nord par D 752, rte de Cholet et chemin à droite, près d'un étang « Décoration arbustive » – **R** conseillée
3 ha (95 empl.) peu incliné, plat, herbeux
**Tarif :** 🔲 *2 pers.* 🅖 *(10A) 16,50 – pers. suppl. 3,50 – frais de réservation 8*
**Location :** 🏠 *150 à 550*

| ⚷ GB 🗶 🖙 🔥 🛠 ☺ 🔳 |
| 🍽️ snack 🔥 |
| À prox. : Puy du Fou (3 km), parc |
| d'attractions |

## ÉPINAC

71360 S.-et-L. **11** – **320** H8 – 2 569 h. – alt. 340.

**B** Office du Tourisme, 10 rue Roger-Salengro ℘ 03 85 82 04 20, Fax 03 85 82 04 20, *sicep@wanadoo.fr*.

Paris 305 – Arnay-le-Duc 19 – Autun 18 – Chagny 29 – Beaune 34.

▲▲ **Municipal le Pont Vert** 7 juin-15 sept.
℘ 03 85 82 00 26, *mairie-epinac@wanadoo.fr*, Fax 03 85 82 90 23 – sortie Sud par D 43 et chemin à droite, 2,9 ha (71 empl.) plat, herbeux
**Tarif :** 🔲 *2 pers.* 🅖 *(10A) 12,15 – pers. suppl. 2,15*
**Location** *(29 mars-14 sept.) : huttes*

| 🏊 ⚷ juil.-août GB 🗶 🖙 ♀ 🛠 |
| 🍽 🔥 ☺ 🔳 🏠 |
| À prox. : 🍽 snack 🔥 🏃 🏇 |

## ÉPINAL

88000 Vosges **8** – **314** G3 G. Alsace Lorraine – 36 732 h. – alt. 324.

**B** Office du Tourisme, 6 place St-Goòry ℘ 03 29 82 53 32, Fax 03 29 82 88 22, *tourisme.epinal@wanadoo.fr*.

Paris 386 – Belfort 97 – Colmar 91 – Mulhouse 107 – Nancy 72 – Vesoul 90.

**à Sanchey** O : 8 km par rte de Darney – 668 h. – alt. 368 – ✉ 88390 Sanchey :

▲▲▲ **Lac de Bouzey** Permanent
℘ 03 29 82 49 41, *camping.lac.de.bouzey@wanadoo.fr*, Fax 03 29 64 28 03 – S : par D 41 « Face au lac, agréables installations d'accueil et de loisirs » – **R** indispensable
3 ha (160 empl.) plat et peu incliné, en terrasses, herbeux
**Tarif :** 🔲 *2 pers.* 🅖 *(6A) 26 – pers. suppl. 7 – frais de réservation 25*
**Location :** 🏠 *300 à 600*
🚐

| 🏊 ⚷ GB 🗶 🖙 ♀♀ (2 ha) 🎖️ 🛠 |
| 🍽 🔳 🏓 ☺ 🔥 🚽 🍽️ ✕ |
| 🏃 🎣 🌲 salle de spectacle, |
| discothèque 🚲 ⁀⊙ 🔥 |

## ERDEVEN

56410 Morbihan **3** – **308** M9 – 2 352 h. – alt. 18.

**B** Office du Tourisme, 7 rue Abbé-Le-Barh ℘ 02 97 55 64 60, Fax 02 97 55 66 75, *ot.erdeven@wanadoo.fr*.

Paris 493 – Auray 15 – Carnac 10 – Lorient 35 – Quiberon 20 – Quimperlé 46 – Vannes 34.

▲▲▲ **Les Sept Saints** 17 mai-13 sept.
℘ 02 97 55 52 65, *camping.sept.saints@wanadoo.fr*, Fax 02 97 55 22 67 – NO : 2 km par D 781, rte de Plouhinec et rte à gauche – **R** conseillée
7 ha/5 campables (200 empl.) plat et peu incliné, herbeux
**Tarif :** 🔲 *2 pers.* 🅖 *(10A) 31 – pers suppl. 6 – frais de réservation 19*
**Location** *(29 mars-27 sept.) :* 🏠 *195 à 650 –* 🏠 *280 à 680*
🚐

| 🖙 GB 🗶 🖙 ♀♀ pinède (1ha) 🛠 🔥 |
| 🍽 🔳 🏓 🚽 ☺ 🔥 🌲 🔳 🚽 🍽️ |
| 🏃 🍴 🏇 🔥 🚲 🔥 |
| À prox. : terrain omnisports, canoë de |
| mer, char à voile 🍴 ✕ 🔥 🏇 🐕 🏇 |

⚠ **Les Mégalithes** avril-1er oct.
𝒫 02 97 55 68 76 – S : 1,5 km par D 781, rte de Carnac et rte à droite – **R** conseillée
4,3 ha (100 empl.) plat, herbeux
**Tarif :** ▣ 2 pers. ⚡ (10A) 19 – pers. suppl. 4
**Location :** ⛺ 200 à 450

À prox. : canoë de mer, char à voile ⛐ (centre équestre)

⚠ **La Croëz-Villieu** mai-sept.
𝒫 02 97 55 90 43, camping-la-croez-villieu@wanadoo.fr, Fax 02 97 55 64 83 – SO : 1 km par rte de Kerhillio – Places limitées pour le passage – **R** conseillée
3 ha (134 empl.) plat, herbeux
**Tarif :** ▣ 2 pers. ⚡ (9A) 17,72 – pers. suppl. 4,12 – frais de réservation 16
**Location** (avril-oct.) : ⛺ 183 à 502

À prox. : canoë de mer, char à voile ⛐ (centre équestre)

---

## ERQUY

22430 C.-d'Armor **4** – **309** H3 G. Bretagne – 3 568 h. – alt. 12.
🛈 Office du Tourisme, boulevard de la Mer 𝒫 02 96 72 30 12, Fax 02 96 72 02 88, tourisme.erquy@wanadoo.fr.
Paris 452 – Dinan 47 – Dinard 39 – Lamballe 21 – Rennes 101 – St-Brieuc 33.

⚠ **Le Vieux Moulin** mai-6 sept.
𝒫 02 96 72 34 23, camp.vieux.moulin@wanadoo.fr, Fax 02 96 72 36 63 – E : 2 km « Cadre agréable » – **R** conseillée
2,5 ha (173 empl.) plat et peu incliné, herbeux
**Tarif :** ▣ 2 pers. ⚡ 29,20 – pers. suppl. 4,90 – frais de réservation 20
**Location :** ⛺ 310 à 690

pizzeria, grill discothèque
À prox. : école de plongée, canoë de mer (centre équestre)

⚠ **Les Pins** 15 avril-15 sept.
𝒫 02 96 72 31 12, camping.des.pins@wanadoo.fr, Fax 02 96 28 65 91 – N : 1 km – **R** conseillée
10 ha (385 empl.) peu incliné et plat, herbeux
**Tarif :** ▣ 2 pers. ⚡ (6A) 21,90 – pers. suppl. 4,20 – frais de réservation 15
**Location :** ⛺ 255 à 570 – 🏠 300 à 595 – bungalows toilés

À prox. : école de plongée, canoë de mer (centre équestre)

⚠ **Bellevue** 12 avril-15 sept.
𝒫 02 96 72 33 04, campbelvue@aol.com, Fax 02 96 72 48 03 – SO : 5,5 km « Entrée fleurie et décoration arbustive des emplacements » – **R** conseillée
2 ha (140 empl.) plat, herbeux
**Tarif :** ▣ 2 pers. ⚡ (6A) 20 – pers. suppl. 4,20 – frais de réservation 15
**Location** ⚠ : ⛺ 250 à 520 – 🏠 (sans sanitaires)

À prox. : école de plongée, canoë de mer crêperie ⚬ (centre équestre)

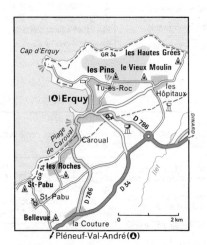

▲▲ **St-Pabu** avril-10 oct.
⌖ 02 96 72 24 65, camping@saintpabu.com, Fax 02 96 72 87 17 – SO : 4 km « Face à la baie d'Erquy, près de la plage » – **R** conseillée
5,5 ha (409 empl.) plat, peu incliné et en terrasses, herbeux
**Tarif :** 🔲 2 pers. 🛈 (6A) 18,80 – pers. suppl. 4 – frais de réservation 18
**Location :** 🛖 272 à 541
🚐

*À prox. : école de plongée, char à voile (centre équestre)*

▲▲ **Les Roches** avril-15 sept.
⌖ 02 96 72 32 90, camping.les.roches@wanadoo.fr, Fax 02 96 63 57 84 – SO : 3 km
3 ha (160 empl.) plat, peu incliné et en terrasses, herbeux
**Tarif :** 🔲 2 pers. 🛈 (10A) 14,80 – pers. suppl. 3,20
**Location** 🚫 : 🛖 210 à 410
🚐

*À prox. : école de plongée, canoë de mer (centre équestre)*

▲ **Les Hautes Grées** avril-sept.
⌖ 02 96 72 34 78, hautesgrees@wanadoo.fr, Fax 02 96 72 30 15 – NE : 3,5 km, à 400 m de la plage St-Michel – **R** indispensable
2,5 ha (148 empl.) plat et peu incliné, herbeux
**Tarif :** 🔲 2 pers. 🛈 (6A) 16,50 – pers. suppl. 3,70 – frais de réservation 15,50
**Location :** 🛖 250 à 480
🚐

*À prox. : école de plongée, canoë de mer*

### *Voir aussi à Pléneuf-Val-André*

## ERR

66800 Pyr.-Or. **15** – **344** D8 – 398 h. – alt. 1 350 – Sports d'hiver : 1 850/2 520 m ⩬8 ⩬.
Paris 866 – Andorra-la-Vella 76 – Ax-les-Thermes 52 – Bourg-Madame 9 – Font-Romeu-Odeillo-Via 14 – Saillagouse 2.

▲▲ **Las Closas** Permanent
⌖ 04 68 04 71 42, camping.las.closas@wanadoo.fr, Fax 04 68 04 07 20 – par D 33B, à Err-Bas – **R** conseillée
2 ha (118 empl.) plat et peu incliné, herbeux
**Tarif :** (Prix 2002) 🔲 2 pers. 🛈 (10A) 16,80 – pers. suppl. 3,50

*À prox. :*

▲▲ **Le Puigmal** Permanent
⌖ 04 68 04 71 83, Fax 04 68 04 04 88 – par D 33B, à Err-Bas, bord d'un ruisseau – **R** conseillée
3,2 ha (125 empl.) peu incliné, herbeux
**Tarif :** 🔲 2 pers. 🛈 (6A) 15,90 – pers. suppl. 3,70
**Location :** 🛖 300 à 397

*À prox. :*

**251**

## ERVY-LE-CHÂTEL

10130 Aube **7** – **313** D5 G. Champagne Ardenne – 1 221 h. – alt. 160.
🅑 Office du Tourisme, boulevard des Grands-Fossés ⌖ 03 25 70 04 45, Fax 03 25 70 22 04, ot.evry.le.chatel @wanadoo.fr.
Paris 170 – Auxerre 48 – St-Florentin 18 – Sens 62 – Tonnerre 24 – Troyes 38.

▲ **Municipal les Mottes** 15 mai-15 sept.
⌖ 03 25 70 07 96, mairie-ervy-le-chatel@wanadoo.fr, Fax 03 25 70 02 52 – E : 1,8 km par D 374, rte d'Auxon, D 92 et chemin à droite après le passage à niveau « En bordure d'une petite rivière et d'un bois »
0,7 ha (53 empl.) plat, herbeux
**Tarif :** 🔲 2 pers. 🛈 (5A) 8,25 – pers. suppl. 1,85

## ESLOURENTIES-DABAN

64420 Pyr.-Atl. **13** – **342** L5 – 185 h. – alt. 385.
Paris 779 – Aire-sur-l'Adour 54 – Auch 59 – Mirande 59 – Pau 24 – Tarbes 24.

▲ **Municipal les Noisetiers** mars-oct.
⌖ 05 59 04 15 84, Fax 05 59 04 15 84 – au Nord-Ouest du bourg
1 ha (20 empl.) plat, herbeux
**Tarif :** 🔲 2 pers. 🛈 (10A) 16 – pers. suppl. 3

*À prox. :*

*Ce guide n'est pas un répertoire de tous les terrains de camping mais une sélection des meilleurs camps dans chaque catégorie.*

## ESPALION

12500 Aveyron **15** – **338** I3 G. Midi Pyrénées – 4 614 h. – alt. 342.

**🛈** Office du Tourisme, 2 rue Saint-Antoine ℘ 05 65 44 10 63, Fax 05 65 44 10 39, *otespali@infosud.fr.*

Paris 597 – Aurillac 70 – Figeac 93 – Mende 107 – Millau 81 – Rodez 31 – St-Flour 82.

### ▲▲ *Roc de l'Arche* avril-15 oct.

℘ 05 65 44 06 79, *rocher.benoit@wanadoo.fr*, Fax 05 65 44 06 79 – E : rue du Foirail par avenue de la Gare et à gauche, après le terrain des sports, bord du Lot – **R** conseillée
2,5 ha (87 empl.) plat, herbeux
**Tarif :** ▣ *2 pers.* ﾟ *14,50 – pers. suppl. 4,20 – frais de réservation 8*
**Location :** ⌂ *155 à 306*
⌂

À prox. : terrain omnisports 🛝 ✗ 🐴

---

## ESPARRON-DE-VERDON

04800 Alpes-de-H.-Pr. **17** – **334** D10 G. Alpes du Sud – 290 h. – alt. 397.

**🛈** Office du Tourisme, hameau du Port ℘ 04 92 77 15 45, Fax 04 92 77 12 94.

Paris 799 – Barjols 33 – Digne-les-Bains 58 – Gréoux-les-Bains 13 – Moustiers-Ste-Marie 33 – Riez 17.

### ▲▲ *Le Soleil* Pâques-sept.

℘ 04 92 77 13 78, Fax 04 92 77 10 45 – sortie Sud par D 82, rte de Quinson, puis 1 km par rte à droite **« Cadre agréable au bord d'un lac »** – **R** conseillée
2 ha (100 empl.) en terrasses, pierreux, gravillons, fort dénivelé
**Tarif :** ▣ *2 pers.* ﾟ *(6A) 19,10 – pers. suppl. 5 – frais de réservation 16*

À prox. : canoë

### ▲ *La Grangeonne* 22 juin-août

℘ 04 92 77 16 87, Fax 04 92 77 16 87 – SE : 1 km par D 82, rte de Quinson et rte à droite – **R** conseillée
1 ha (57 empl.) plat, peu incliné et en terrasses, pierreux, herbeux
**Tarif :** ▣ *2 pers.* ﾟ *(6A) 12,95 – pers. suppl. 3,40*
⌂

crêperie, pizzeria

---

## ESPINASSES

05190 H.-Alpes **17** – **334** F6 – 505 h. – alt. 630.

Paris 694 – Chorges 18 – Gap 25 – Le Lauzet-Ubaye 24 – Savines-le-Lac 29 – Turriers 16.

### ▲▲ *La Viste* 15 mai-15 sept.

℘ 04 92 54 43 39, *campinglaviste@minitel.net*, Fax 04 92 54 42 45 ✉ 05190 Rousset – NE : 5,5 km par D 900ᴮ, D 3 rte de Chorges et D 103 à gauche rte de Rousset, alt. 900 **« Belle situation dominant le lac de Serre-Ponçon »** – **R** conseillée
4,5 ha/2,5 campables (160 empl.) plat, terrasse, peu incliné, accidenté, herbeux, pierreux
**Tarif :** (Prix 2002) ▣ *2 pers.* ﾟ *(5A) 18,30 – pers. suppl. 5,20 – frais de réservation 23*
**Location :** ⌂ *275 à 598*

< lac de Serre-Ponçon, montagnes et barrage ... snack

---

## ESPIRA-DE-CONFLENT

66320 Pyr.-Or. **15** – **344** F7 – 132 h. – alt. 330.

Paris 893 – Céret 65 – Font-Romeu-Odeillo-Via 56 – Pérpignan 41 – Vernet-les-Bains 23.

### ▲ *Le Canigou* avril-oct.

℘ 04 68 05 85 40, *canigou@yahoo.com*, Fax 04 68 05 86 20 – à l'Est du bourg, par D 55 rte de Vinça, bord du Lentilla – **R** conseillée
4 ha (115 empl.) plat et en terrasses, herbeux, pierreux
**Tarif :** ▣ *2 pers.* ﾟ *(6A) 18,50 – pers. suppl. 4*
**Location :** ⌂ *225 à 385*
⌂

À prox. : ✗

---

## Les ESSARTS

85140 Vendée **9** – **316** I7 G. Poitou Vendée Charentes – 3 907 h. – alt. 78.

**🛈** Office du Tourisme, 1 rue Armand de Rougé ℘ 02 51 62 85 96, Fax 02 51 62 85 96.

Paris 401 – Cholet 47 – Nantes 61 – Niort 92 – La Roche-sur-Yon 21.

### ▲ *Municipal le Pâtis* saison

℘ 02 51 62 83 26, Fax 02 51 62 81 24 – O : 0,8 km par rte de Chauché et à gauche, près de la piscine
1 ha (50 empl.) plat, herbeux
**Tarif :** (Prix 2002) ▣ *2 pers.* ﾟ *8,45*

À prox. : ✗

## ESTAING

65400 H.-Pyr. **13** – **342** K7 G. **Midi Pyrénées** – 86 h. – alt. 970.
Paris 885 – Argelès-Gazost 12 – Arrens 7 – Laruns 43 – Lourdes 24 – Pau 69 – Tarbes 42.

▲▲ **Pyrénées Natura** mai-20 sept.
✆ 05 62 97 45 44, *info@camping-pyrenees-natura.com*, Fax 05 62 97 45 81 – au Nord du bourg, alt. 1 000 « Belle grange du 19e siècle aménagée en espace loisirs et détente » – **R** conseillée
3 ha (60 empl.) plat et peu incliné, terrasses, herbeux, gravier
**Tarif :** ▣ *2 pers.* ⚡ *(10A) 22,50 – pers. suppl. 3,50*
🚐 *(5 empl.) – 19,50*

> Ⓜ ⚘ ⚡ 🔑 GB ♣ ▭ ♿ ⛆ ⊕ ▣ 👤 ⊔ ⊛ ⚲ ⚱ ▣ ⊥ 🍷 ⌂

▲ **Le Vieux Moulin** Permanent
✆ 05 62 97 43 23, *camping-le-vieux-moulin@wanadoo.fr*
sortie Sud par D 103, rte du lac, bord du Gave et d'un ruisseau
1 ha (50 empl.) peu incliné, herbeux
**Tarif :** ▣ *2 pers.* ⚡ *(10A) 15 – pers. suppl. 2,50*
**Location :** 🚐 *210 à 400 – gîtes*

> ⚘ ⚡ 🔑 ♣ ♀ ▥ ♿ ⛆ ⊕ ⊔ ⊛ ⚲ ⚱ ▣ ⊥ (petite piscine) ∿

▲ **Aire Naturelle la Pose** juil.-août et vacances scolaires.
✆ 05 62 97 43 10 – S : 3 km par D 103, près du Gave de Bun – **R** conseillée
2 ha (25 empl.) plat et peu incliné, en terrasses, herbeux
**Tarif :** ▣ *2 pers.* ⚡ *(10A) 7,34 – pers. suppl. 2,30*

> ⚘ ♣ ⛆ ⊕ ⊔ ⊛

## ESTANG

32240 Gers **14** – **336** B6 – 724 h. – alt. 120.
Paris 716 – Aire-sur-l'Adour 25 – Eauze 17 – Mont-de-Marsan 37 – Nérac 57 – Nogaro 17.

▲▲▲ **Les Lacs de Courtès** Pâques-fin sept.
✆ 05 62 09 61 98, *lacs.de.courtes@wanadoo.fr*, Fax 05 62 09 63 13 – au Sud du bourg par D 152, près de l'église et au bord d'un lac – **R** conseillée
7 ha (163 empl.) en terrasses, peu incliné, plat, herbeux
**Tarif :** ▣ *2 pers.* ⚡ *(6A) 21 – pers. suppl 4 – frais de réservation 12*
**Location** *(permanent) :* 🚐 *140 à 300 –* 🏠 *200 à 570 – maisonnettes*
🚐

> ⚘ 🔑 GB ♣ ♀♀ ♿ ⛆ ⊕ ▣ 👤 ⊔ ⚲ ⊛ ▣ 🍷 snack ⚲ ⌂ ☺ ⛹ ⛹ ◎ ⚑ ⊥ ≋ ∿ canoë

## ESTAVAR

66 Pyr.-Or. – **344** D8 – rattaché à Saillagouse.

## ÉTABLES-SUR-MER

22680 C.-d'Armor **8** – **309** E3 G. **Bretagne** – 2 121 h. – alt. 65.
ℹ Office du Tourisme, 9 rue de la République ✆ 02 96 70 65 41, Fax 02 96 70 68 27, *otsi.etablesurmer@wanadoo.fr.*
Paris 467 – Guingamp 30 – Lannion 55 – St-Brieuc 18 – St-Quay-Portrieux 3.

▲▲ **L'Abri-Côtier** mai-15 sept.
✆ 02 96 70 61 57, *camping.abricotier@wanadoo.fr*, Fax 02 96 70 65 23 – N : 1 km par rte de St-Quay-Portrieux et à gauche, rue de la Ville-es-Rouxel – **R** conseillée
2 ha (140 empl.) plat et peu incliné, herbeux
**Tarif :** ▣ *2 pers.* ⚡ *(10A) 19 – pers. suppl. 4,50*
**Location :** 🚐 *200 à 530*
🚐

> ⚘ 🔑 GB ♣ ▥ ♿ ⛆ ⊕ ▣ 👤 ⊔ ⊛ ⚲ ⚱ ▣ 🍷 ⚲ ⊥ (couverte hors saison)
> À prox. : golf, canoë de mer ✂ ⚑ ⛵ 🏇 poneys

## ÉTAMPES

91150 Essonne **6** – **312** B5 G. **Ile de France** – 21 457 h. – alt. 80.
ℹ Office du Tourisme, place de l'Hôtel de Ville et des droits de l'Homme ✆ 01 69 92 69 00, Fax 01 69 92 69 28.
Paris 51 – Chartres 60 – Évry 35 – Fontainebleau 46 – Melun 50 – Orléans 74 – Versailles 58.

▲▲ **Le Vauvert** fermé 16 déc.-14 janv.
✆ 01 64 94 21 39, Fax 01 69 92 72 59 ✉ 91150 Ormoy-la-Rivière – S : 2,3 km par D 49 rte de Saclas – Places limitées pour le passage « Cadre agréable, au bord de la Juine » – **R**
8 ha (288 empl.) plat, herbeux
**Tarif :** ▣ *2 pers.* ⚡ *(10A) 15,50 – pers. suppl. 4*

> 🔑 ▭ ♀♀ ▥ ♿ ⛆ ⊕ ▣ ⊔ ⊛ ⚲ ⚱ 🍷 ⌂ ⛹ ✂ à la base de loisirs : ◎ ▣ ⊥ ⛸ 🏇 (centre équestre), escalade

## ÉTRÉHAM

14400 Calvados ⁴ – 303 H4 – 236 h. – alt. 30.
Paris 275 – Bayeux 11 – Caen 41 – Carentan 39 – St-Lô 38.

△△△ **Reine Mathilde** avril-sept.
 𝒫 02 31 21 76 55, *camping.reine-mathilde@ wanadoo.fr*,
 Fax 02 31 22 18 33 – O : 1 km par D 123 et chemin à droite
 « Entrée fleurie » – **ℝ** conseillée
 4 ha (115 empl.) plat, herbeux
 **Tarif :** 国 *2 pers.* 劇 *(6A) 19,60 – pers. suppl. 5,30 – frais de réservation 23*
 **Location :** 🏠 *350 à 605,80 – bungalows toilés*

## ÉTRETAT

76790 S.-Mar. ⁵ – 304 B3 G. Normandie Vallée de la Seine – 1 565 h. – alt. 8.
🛈 Office du Tourisme, place Maurice-Guillard 𝒫 02 35 27 05 21, Fax 02 35 28 87 20, *ot-etretat@ wanadoo.fr*.
Paris 205 – Bolbec 30 – Fécamp 17 – Le Havre 29 – Rouen 90.

△ **Municipal** 15 mars-13 oct.
 𝒫 02 35 27 07 67 – SE : 1 km par D 39, rte de Criquetot-
 l'Esneval « Entrée fleurie et ensemble très soigné » – **ℝ**
 1,2 ha (93 empl.) plat, herbeux, gravier
 **Tarif :** 国 *2 pers.* 劇 *(4A) 10,80 – pers. suppl. 2,50*
 🏠 *(8 empl.)*

À prox. : aquarium, mini-golf

## ÉVAUX-LES-BAINS

23110 Creuse ⑩ – 325 L3 G. Berry Limousin – 1 716 h. – alt. 469 – ♨ (9 avril-27 oct.).
🛈 Office du Tourisme, place de la Poste 𝒫 05 55 65 50 90, Fax 05 55 65 50 44, *ot@ot-evauxlesbains.fr*.
Paris 355 – Aubusson 43 – Guéret 52 – Marcillat-en-Combraille 16 – Montluçon 26.

△ **Municipal** avril-oct.
 𝒫 05 55 65 55 82 – au Nord du bourg, derrière le château
 – **ℝ**
 1 ha (49 empl.) plat et peu incliné, herbeux
 **Tarif :** 国 *2 pers.* 劇 *8,50*
 **Location :** *huttes*

254

## ÉVISA

2A Corse-du-Sud – 345 B6 – voir à Corse.

*La catégorie (1 à 5 tentes, **noires** ou **rouges**) que nous attribuons*
*aux terrains sélectionnés dans ce guide est une appréciation qui nous est propre.*

*Elle ne doit pas être confondue avec le classement (1 à 4 étoiles)*
*établi par les services officiels.*

## ÉVRON

53600 Mayenne ⁵ – 310 G6 G. Normandie Cotentin – 6 904 h. – alt. 114.
🛈 Office du Tourisme, place de la Basilique 𝒫 02 43 01 63 75, Fax 02 43 01 63 75, *tourisme.evron@ wanadoo.fr*.
Paris 251 – Alençon 58 – La Ferté-Bernard 98 – La Flèche 69 – Laval 32 – Le Mans 55 – Mayenne 25.

△△△ **Municipal de la Zone Verte** Permanent
 𝒫 02 43 01 65 36, Fax 02 43 37 46 20 – sortie Ouest,
 bd du Maréchal-Juin « Décoration arbustive »
 3 ha (92 empl.) plat et peu incliné, herbeux
 **Tarif :** 国 *2 pers.* 劇 *(10A) 10,23 – pers. suppl. 1,90*
 **Location :** 🏠 *150 à 330*
 🏠

parcours sportif

## EXCENEVEX

74140 H.-Savoie ⑫ – 328 L2 G. Alpes du Nord – 657 h. – alt. 375.
🛈 Office du Tourisme, rue des écoles 𝒫 04 50 72 89 22, Fax 04 50 72 90 41.
Paris 564 – Annecy 72 – Bonneville 42 – Douvaine 9 – Genève 27 – Thonon-les-Bains 13.

△ **Municipal la Pinède** avril-oct.
 𝒫 04 50 72 85 05, Fax 04 50 72 93 00 – SE : 1 km par D 25
 « Agréable site boisé en bordure d'une plage du lac Léman »
 – **ℝ** conseillée
 12 ha (619 empl.) plat, sablonneux, peu incliné
 **Tarif :** (Prix 2002) 国 *2 pers.* 劇 *(10A) 17 – pers. suppl. 3,50*
 🏠

À prox. : 🍴 snack

## EYMET

24500 Dordogne **14** – **329** D8 G. Périgord Quercy – 2 769 h. – alt. 54.

**🛈** Office du Tourisme, place Gambetta *℘* 05 53 23 74 95, Fax 05 53 27 98 76, *ot.eymet@perigord.tm.fr.*

Paris 558 – Bergerac 24 – Castillonnès 19 – Duras 22 – Marmande 33 – Ste-Foy-la-Grande 28.

⚠ **Municipal** mai-sept.
*℘* 05 53 23 80 28, Fax 05 53 22 22 19 – r. de la Sole, derrière le château, bord du Dropt « Site agréable bordé par la rivière, le parc et les remparts » – **R** conseillée
1,5 ha (66 empl.) plat, herbeux, jardin public attenant
**Tarif :** (Prix 2002) 🅴 *2 pers.* 🔌 *11,90 – pers. suppl. 3,35*

🆗 ▭ 🍴 (0,5 ha) & 🕸 ↻ 🗟 ⊟ ☺
📼 ✎
À prox. : 🛶

## EYMOUTIERS

87120 H.-Vienne **10** – **325** H6 G. Berry Limousin – 2 441 h. – alt. 417.

**🛈** Office du Tourisme, 2 rue de la Vieille Tour *℘* 05 55 69 27 81, Fax 05 55 69 14 24, *ot.eymoutiers@wanadoo.fr.*

Paris 433 – Aubusson 55 – Guéret 63 – Limoges 45 – Tulle 74 – Ussel 69.

⚠ **Municipal** juin-sept.
*℘* 05 55 69 10 21, Fax 05 55 69 27 19 – SE : 2 km par D 940, rte de Tulle et chemin à gauche, à St-Pierre – **R**
1 ha (33 empl.) plat, incliné à peu incliné, terrasses, herbeux
**Tarif :** (Prix 2002) 🅴 *2 pers.* 🔌 *6,50 – pers. suppl. 1,70*

🏊 🆗 ▭ 🍴 & 🕸 ↻ 🗟 ⊟ 🎣 ☺

## Les EYZIES-DE-TAYAC

24620 Dordogne **13** – **329** H6 G. Périgord Quercy – 853 h. – alt. 70.

**🛈** Office du Tourisme, 19 avenue de la Préhistoire *℘* 05 53 06 97 05, Fax 05 53 06 90 79, *ot.les.eyies@perigord.tm.fr.*

Paris 513 – Brive-la-Gaillarde 62 – Fumel 64 – Lalinde 36 – Périgueux 47 – Sarlat-la-Canéda 21.

⚠⚠⚠ **Le Mas** 15 mai-15 sept.
*℘* 05 53 29 68 06, *camping-le-mas@wanadoo.fr*, Fax 05 53 31 12 73 – E : 7 km par D 47 rte de Sarlat-la-Canéda puis 2,5 km par rte de Sireuil à gauche – **R** conseillée
5 ha/3 campables (136 empl.) plat et peu incliné, en terrasses, herbeux
**Tarif :** 🅴 *2 pers.* 🔌 *20,75 – pers. suppl. 4,70 – frais de réservation 10*
**Location :** 🛖 *255 à 480* – 🏠 *375 à 610* – 🛏

🏊 ⚷ GB 🆗 ▭ 🍴 & 🕸 ↻ 🗟
⊟ ☺ ⛱ 🌳 📼 🎱 ♟ 💈 🛶 ✂
🏊
À prox. : ✕

⚠⚠⚠ **La Rivière** 5 avril-2 nov.
*℘* 05 53 06 97 14, *la-riviere@wanadoo.fr*, Fax 05 53 35 20 85 – NO : 1 km par D 47, rte de Périgueux et rte à gauche après le pont, à 200 m de la Vézère – **R** conseillée
3 ha (120 empl.) plat, herbeux
**Tarif :** 🅴 *2 pers.* 🔌 *(6A) 19 – pers. suppl. 4,50 – frais de réservation 15*
**Location :** 🛖 *200 à 550* – 🛏
🚐

⚷ GB 🆗 ▭ 🍴 & 🕸 ↻ 🗟 🛒
⊟ ☺ ⛱ 🌳 🎱 ✕ 💈 borne internet 🛶 🚲 🏊
À prox. : canoë 🛶 (accès direct)

▲ **La Ferme du Pelou** 15 mars-15 nov.
    &#x260E; 05 53 06 98 17 &#x2709; 24620 Tursac – NE : 4 km par D 706,
rte de Montignac puis rte à droite
1 ha (65 empl.) plat et peu incliné, herbeux
**Tarif :** 🔲 *2 pers.* 🔌 *(6A) 11,80 – pers. suppl. 3,20*
**Location :** 🚐 *128 à 180*

**à Tursac** NE : 5,5 km par D 706 – 316 h. – alt. 75 – &#x2709; 24620 Tursac :

▲▲ **Le Vézère Périgord** avril-oct.
    &#x260E; 05 53 06 96 31, Fax 05 53 06 79 66 – NE : 0,8 km par
D 706 rte de Montignac et chemin à droite « Agréable
sous-bois » – **R** conseillée
3,5 ha (103 empl.) en terrasses et peu incliné, herbeux,
pierreux
**Tarif :** 🔲 *2 pers.* 🔌 *(6A) 21 – pers. suppl. 6 – frais de réser-
vation 15*
**Location :** 🚐 *250 à 590*

---

## ÉZE

06360 Alpes-Mar. **17** – **341** F5 G. Côte d'Azur – 2 446 h. – alt. 390.
🅱 Office du Tourisme, place du Général-De-Gaulle &#x260E; 04 93 41 26 00, Fax 04 93 41 04 80, *ee@ webstore.fr.*
Paris 943 – Antibes 34 – Cannes 44 – Menton 18 – Nice 12.

▲ **Les Romarins** 12 avril-4 oct.
    &#x260E; 04 93 01 81 64, Fax 04 93 76 70 43 – réservé aux tentes,
NO : 4 km par D 46, Col d'Èze et D 2564, rte de Nice –
**R**
0,6 ha (43 empl.) en terrasses, pierreux, herbeux
**Tarif :** 🔲 *2 pers.* 🔌 *29,15 – pers. suppl. 5,75*

---

## FALAISE

14700 Calvados **5** – **303** K6 G. Normandie Cotentin – 8 119 h. – alt. 132.
🅱 Office du Tourisme, boulevard de la Libération &#x260E; 02 31 90 17 26, Fax 02 31 90 98 70, *falaise-tourism
@ mail.cpod.fr.*
Paris 263 – Argentan 23 – Caen 36 – Flers 37 – Lisieux 47 – St-Lô 103.

▲▲ **Municipal du Val d'Ante**
    &#x260E; 02 31 90 16 55, Fax 02 31 90 53 38 – à l'Ouest de la ville,
au val d'Ante « Cadre verdoyant au pied du château »
2 ha (66 empl.) plat et peu incliné, terrasse, herbeux

---

## Le FAOUËT

56320 Morbihan **3** – **308** J6 G. Bretagne – 2 869 h. – alt. 68.
🅱 Office du Tourisme, 1 rue de Quimper &#x260E; 02 97 23 23 23, Fax 02 97 23 11 66, *officedetourisme.lefaouet
@ wanadoo.fr.*
Paris 517 – Carhaix-Plouguer 35 – Lorient 44 – Pontivy 47 – Quimperlé 22.

▲▲ **Municipal Beg er Roch** 15 mars-sept.
    &#x260E; 02 97 23 15 11, Fax 02 97 23 11 66 – SE : 2 km par D 769
rte de Lorient « Cadre agréable au bord de l'Ellé » –
**R** conseillée
3 ha (65 empl.) plat, herbeux
**Tarif :** 🔲 *2 pers.* 🔌 *14,75 – pers. suppl. 3,50 – frais de réser-
vation 9*
**Location :** 🚐 *180 à 420 – bungalows toilés*

---

## FARAMANS

38260 Isère **12** – **333** D5 – 679 h. – alt. 375.
Paris 523 – Beaurepaire 12 – Bourgoin-Jallieu 35 – Grenoble 60 – Romans-sur-Isère 50 – Vienne 32.

▲ **Municipal des Eydoches** Permanent
    &#x260E; 04 74 54 21 78, Fax 04 74 54 20 00 – sortie Est par D 37
rte de la Côte-St-André – Places limitées pour le passage –
**R** conseillée
1 ha (60 empl.) plat, herbeux
**Tarif :** 🔲 *2 pers.* 🔌 *(5A) 13,70 (hiver 18) – pers. suppl. 3,20
(hiver 4)*

---

## FARINOLE (Marine de)

2B H.-Corse – **345** F3 – voir à Corse.

## La FAURIE

05140 H.-Alpes 16 – 334 C5 – 224 h. – alt. 845.
Paris 653 – Aspres-sur-Buëch 9 – Gap 34 – Sisteron 54.

△ **La Garrigue** 15 mars-nov.
℘ 04 92 58 13 16, *lagarrigue@wanadoo.fr*, Fax 04 92 58
13 16 – sortie Sud par D 428, rte de Seille et à gauche « Près
de la Buëch » – **R** conseillée
2 ha (60 empl.) plat, herbeux, pierreux
**Tarif :** (Prix 2002) 🔲 *2 pers.* [g] *(15A) 12,60 – pers. suppl. 3,10*

⟨← o⟲ GB ⟨ ▥ & ⌂ ⌣ ⌂ ☺ 🔲
pizzeria

---

## La FAUTE-SUR-MER

85460 Vendée 9 – 316 I9 – 885 h. – alt. 4.
🅱 Office du Tourisme, Rond-Point Fleuri ℘ 02 51 56 45 19, Fax 02 51 97 18 08, *ot.lafautesurmer@wanadoo.fr*.
Paris 464 – Luçon 22 – Niort 90 – La Rochelle 53 – La Roche-sur-Yon 47 – Les Sables-d'Olonne 47.

*Schéma à la Tranche-sur-Mer*

△ **Le Pavillon Bleu** mai-15 sept.
℘ 02 51 27 15 01, *camping-apv@wanadoo.fr*, Fax 02 51 27
15 01 – NO : 2,4 km par rte de la Tranche-sur-Mer et chemin
à droite – **R** conseillée
1,3 ha (85 empl.) plat, sablonneux, herbeux
**Tarif :** 🔲 *2 pers.* [g] *(10A) 21 – pers. suppl. 3 – frais de réservation 25*

o⟲ juil.-août GB ⟨ ⌂ & ⌂ ⌣ ⌂
☺ ⌂ ⟲ 🔲 ⌤ (petite piscine)

△ **Les Flots Bleus** 30 mars-26 oct.
℘ 02 51 27 11 11, Fax 02 51 29 40 76 – SE : 1 km par rte
de la pointe d'Arçay, à 200 m de la plage – **R** conseillée
1,5 ha (124 empl.) plat, sablonneux, herbeux
**Tarif :** 🔲 *1 à 3 pers.* [g] *(6A) 24 – pers. suppl. 3,50 – frais
de réservation 8*
**Location :** ⌂⌂ *175 à 540*

GB ⟨ ⌂ ♀ & ⌂ ⌣ 🔲 ⌂ ⌂ ☺
🔲 ⌤
À prox. : ♀

---

## FAVEROLLES

15320 Cantal 11 – 330 G5 – 378 h. – alt. 950.
Paris 529 – Chaudes-Aigues 25 – Langeac 61 – St-Chély-d'Apcher 25 – St-Flour 20.

△ **Municipal** 15 juin-15 sept.
℘ 04 71 23 49 91, *faverolles.mairie@wanadoo.fr*,
Fax 04 71 23 49 65 – sortie Sud par D 248, rte de St-Chély-
d'Apcher et à droite – **R** conseillée
0,6 ha (33 empl.) plat et en terrasses, herbeux
**Tarif :** 🔲 *2 pers.* [g] *10 – pers. suppl. 3*

⟲ ⟨ ⌂ & ⌂ ⌣ 🔲 ⌂ ☺ ⌂ 🔲
⌂ ✖
À prox. : ⌂

---

## FAVONE

2A Corse-du-Sud – 345 F9 – voir à Corse.

---

## FAY-EN-MONTAGNE

39800 Jura 12 – 321 E6 – 76 h. – alt. 525.
Paris 407 – Champagnole 19 – Lons-le-Saunier 23 – Poligny 13 – Pontarlier 66.

△ **Aire Naturelle du Petit Cheval Blanc** 15
mars-15 oct.
℘ 03 84 85 32 07, *petitcheval.blanc@libertysurf.fr*,
Fax 03 84 85 32 07 – sortie Nord par D 260 – **R** conseillée
2 ha (25 empl.) plat, peu incliné, herbeux
**Tarif :** 🔲 *2 pers.* [g] *10,90 – pers. suppl. 2,30*
**Location** *(permanent) :* ⌂ *275 à 427*

⟲ o⟲ GB ⟨ ⌂ ⌣ 🔲 ⌂ ☺ ✖
⌂ ⌂ ferme équestre, poneys

---

## FEINS

35440 I.-et-V. 4 – 309 M5 – 658 h. – alt. 104.
Paris 371 – Avranches 58 – Fougères 43 – Rennes 30 – St-Malo 50.

△△ **Municipal l'Étang de Boulet** mai-oct.
℘ 02 99 69 63 23, *feins@wanadoo.fr*, Fax 02 99 69 70 52
– NE : 2 km par rte de Marcillé-Raoul et chemin à gauche
« Situation agréable près de l'étang de Boulet » –
**R** conseillée
1,5 ha (40 empl.) plat, herbeux
**Tarif :** 🔲 *2 pers.* [g] *9,55 – pers. suppl. 2,40*

⟲ ⟨← o⟲ juil.-août ⟨ ⌂ & ⌂ ⌣
🔲 ⌂ ☺ ⌂ ⟲ 🔲 ⌂ ⌂
À prox. : ⌂ ⌂ ⌂ (centre équestre)

## Le FEL

12140 Aveyron **15** – **338** H3 – 186 h. – alt. 530.
Paris 595 – Aurillac 41 – Entraygues-sur-Truyère 14 – Montsalvy 10 – Mur-de-Barrez 35 – Rodez 55.

▲ *Municipal le Fel* juin-sept.
   𝒫 05 65 44 51 86 – au bourg « Belle situation dominante sur la vallée du Lot » – ℝ
0,4 ha (23 empl.) non clos, plat, herbeux, pierreux
**Tarif :** (Prix 2002) ▣ *2 pers.* 🔌 *(10A) 10,80 – pers. suppl. 2,30*

## FÉLINES

07340 Ardèche **11** – **331** K2 – 876 h. – alt. 380.
Paris 525 – Annonay 13 – Beaurepaire 33 – Condrieu 24 – Tournon-sur-Rhône 47 – Vienne 36.

▲▲ *Bas-Larin* avril-sept.
   𝒫 04 75 34 87 93, camping.baslarin@wanadoo.fr, Fax 04 75 34 87 93 – SE : 2 km, par N 82 rte de Serrières et chemin à droite – ℝ conseillée
1,5 ha (67 empl.) incliné à peu incliné, en terrasses, herbeux
**Tarif :** ▣ *2 pers.* 🔌 *(10A) 16,10 – pers. suppl. 3*
**Location :** 🛖 *168 à 260*

## Le FENOUILLER

85 Vendée – **316** E7 – rattaché à St-Gilles-Croix-de-Vie.

## La FÈRE

02800 Aisne **6** – **306** C5 G. Picardie Flandres Artois – 2 930 h. – alt. 54.
🛈 Syndicat d'Initiative, Hôtel de Ville 𝒫 03 23 56 62 00, Fax 03 23 56 40 04.
Paris 136 – Compiègne 57 – Laon 24 – Noyon 30 – St-Quentin 24 – Soissons 43.

▲ *Municipal du Marais de la Fontaine* avril-sept.
   𝒫 03 23 56 82 94, Fax 03 23 56 40 04 – par centre ville vers Tergnier et av. Auguste Dromas, à droite, au complexe sportif, près d'un bras de l'Oise – ℝ conseillée
0,7 ha (26 empl.) plat, herbeux
**Tarif :** (Prix 2002) ▣ *2 pers.* 🔌 *(15A) 8,65 – pers. suppl. 1,70*

## La FERRIÈRE

38 Isère – **333** J6 – rattaché à Allevard.

## FERRIÈRES-ST-MARY

15170 Cantal **11** – **330** G3 – 402 h. – alt. 660.
Paris 503 – Allanche 16 – Blesle 25 – Massiac 17 – Murat 20 – St-Flour 24.

▲ *Municipal les Vigeaires* 15 juin-août
   𝒫 04 71 20 61 47, Fax 04 71 20 61 08 – SO : 0,5 km par N 122 rte de Murat, bord de l'Alagnon – ℝ conseillée
1 ha (62 empl.) non clos, plat, herbeux
**Tarif :** (Prix 2002) ▣ *2 pers.* 🔌 *6,95 – pers. suppl. 1,55*
**Location** (permanent) : 🏠 *140,30 à 298,10*

## FERRIÈRES-SUR-SICHON

03 Allier **11** – **326** I6 – 632 h. – alt. 545 – ✉ 03250 Le Mayet-de-Montagne.
Paris 377 – Lapalisse 30 – Roanne 50 – Thiers 35 – Vichy 26.

▲ *Municipal* juin-sept.
   𝒫 04 70 41 10 10, mairie.ferrieres@wanadoo.fr, Fax 04 70 41 15 22 – à 0,7 km au Sud-Est du bourg par D 122, rte Thiers et chemin à gauche après le petit pont, près du Sichon et d'un étang
0,7 ha (32 empl.) plat, herbeux, pierreux
**Tarif :** ▣ *2 pers.* 🔌 *5,93 – pers. suppl. 1,52*

*Donnez-nous votre avis
sur les terrains que nous recommandons.*

*Faites-nous connaître vos observations et vos découvertes.*

## La FERTE-BERNARD

72400 Sarthe 🖪 – 𝟛𝟙𝟘 M5 G. Châteaux de la Loire – 9 355 h. – alt. 90.
🅱 Office du Tourisme, 15 place de la Lice ℘ 02 43 71 21 21, Fax 02 43 93 25 85, *ot.la.ferte-bernard@wana doo.fr*.
Paris 165 – Brou 44 – Châteauroux 65 – Le Mans 54 – Nogent-le-Rotrou 22 – St-Calais 33.

⚠ **Municipal le Valmer** mai-15 sept.
℘ 02 43 71 70 03, *camping@la-ferte-bernard.com*,
Fax 02 43 71 70 03 – SO : 1,5 km par N 23, à la base de loisirs,
bord de l'Huisne « Décoration arbustive et florale » – 🅡
3 ha (90 empl.) plat, herbeux
**Tarif :** 🔳 *2 pers.* (ổ) *(6A) 12,40*
🚐

| | |
|---|---|
| 🕭 ⚓ GB 🗡 🗖 ♀ ⬥ 🎍 ⬥ 🔲 ⬥ | |
| ☺ 🛆 ⊻ 🔳 🏠 🐟 | |
| À prox. : canoë 🕭 ⚙ 🗡 🔳 🔲 ⚓ | |
| (plage) ◭ | |

## La FERTÉ-GAUCHER

77320 S.-et-M. 🖪 – 𝟛𝟙𝟚 I3 – 3 924 h. – alt. 116.
🅱 Syndicat d'Initiative, 2 bis rue Ernest-Delbet ℘ 01 64 20 25 69, Fax 01 64 20 25 69.
Paris 81 – Coulommiers 20 – Meaux 44 – Melun 67 – Provins 28 – Sézanne 34.

⚠ **Municipal Joël Teinturier** mars-nov.
℘ 01 64 20 20 40, Fax 01 64 20 28 51 – sortie Est par D 14,
bord du Grand Morin – Places limitées pour le passage
4,5 ha (200 empl.) plat, herbeux
**Tarif :** *(Prix 2002)* 🔳 *2 pers.* (ổ) *(5A) 13,50 – pers. suppl. 3*
🚐

| | |
|---|---|
| ⚓ 🗡 ♀ 🎘 ⬥ 🎍 ⬥ 🔲 ⬥ ☺ 🐟 | |
| 🔲 | |
| À prox. : 🗡 🔲 | |

## La FERTÉ-MACÉ

61600 Orne 🖪 – 𝟛𝟙𝟘 G3 G. Normandie Cotentin – 6 913 h. – alt. 250.
🅱 Office du Tourisme, 11 rue de la Victoire ℘ 02 33 37 10 97, Fax 02 33 37 10 97.
Paris 235 – Alençon 46 – Argentan 33 – Domfront 23 – Falaise 41 – Flers 26 – Mayenne 40.

⚠ **Municipal la Saulaie** 15 avril-1er oct.
℘ 02 33 37 44 15, Fax 02 33 38 86 14 – sortie Nord rte de
Briouze, près du stade
0,7 ha (33 empl.) plat, herbeux
**Tarif :** 🔳 *2 pers.* (ổ) *6,30 – pers. suppl. 1,70*

| | |
|---|---|
| ⚓ ⬥ 🎍 ⬥ 🔲 ⬥ ☺ | |
| À prox. : mur d'escalade, pédalos 🛒 🗡 | |
| 🔲 🔲 ⚓ (plage) | |

## La FERTÉ-SOUS-JOUARRE

77260 S.-et-M. 🖪 – 𝟛𝟙𝟚 H2 – 8 236 h. – alt. 58.
🅱 Office du Tourisme, 26 place de l'Hôtel de Ville ℘ 01 60 22 63 43, Fax 01 60 22 19 73.
Paris 68 – Melun 70 – Reims 84 – Troyes 122.

⚠ **Les Bondons** Permanent
℘ 01 60 22 00 98, *chateau-des-bondons@club-internet.fr*,
Fax 01 60 22 97 01 – réservé aux caravanes, E : 2 km par
D 407 et D 70, rte de Montmenard puis 1,4 km rue des
Bondons – Places limitées pour le passage « Dans le parc du
Château des Bondons » – 🅡 conseillée
30 ha/10 campables (247 empl.) plat et peu incliné, herbeux,
étang
**Tarif :** 🔳 *2 pers.* (ổ) *24 – pers. suppl. 7*
**Location :** ⊨ *(hôtel)*

| | |
|---|---|
| 🕭 ⚓ GB 🗖 ♀♀ (5 ha) 🎘 ⬥ 🎍 | |
| ⬥ 🔲 ⬥ ☺ 🛆 ⊻ ✗ 🏠 🔲 | |
| À prox. : 🗡 🔲 🐴 (centre équestre) | |

## FEURS

42110 Loire 𝟙𝟙 – 𝟛𝟚𝟟 E5 G. Vallée du Rhône – 7 803 h. – alt. 343.
🅱 Office du Tourisme, place du Forum ℘ 04 77 26 05 27, Fax 04 77 26 00 55, *feurs.office.tourisme@liberty surf.fr*.
Paris 435 – Lyon 65 – Montbrison 24 – Roanne 38 – St-Étienne 47 – Thiers 68 – Vienne 95.

⚠ **Municipal du Palais** mars-oct.
℘ 04 77 26 43 41, Fax 04 77 26 43 41 – sortie Nord par
N 82 rte de Roanne et à droite rte de Civens – 🅡
9 ha (385 empl.) plat, herbeux, petit étang
**Tarif :** 🔳 *2 pers.* (ổ) *(6A) 8,80 – pers. suppl. 1,85*

| | |
|---|---|
| ⚓ 🗡 ♀♀ (2 ha) 🎘 ⬥ 🎍 🔲 ⬥ 🔳 | |
| ☺ 🛆 ⊻ 🔲 | |
| À prox. : 🗡 🔲 | |

## FIGARI

2A Corse-du-Sud – 𝟛𝟜𝟝 D11 – voir à Corse.

## FIGEAC

46100 Lot **15** – **337** I4 G. Périgord Quercy – 9 549 h. – alt. 214.

**🛈** Office du Tourisme, place Vival 🖉 05 65 34 06 25, Fax 05 65 50 04 58, *figeac@wanadoo.fr.*

Paris 580 – Aurillac 64 – Rodez 66 – Villefranche-de-Rouergue 36.

⚠ ***Les Rives du Célé*** avril-sept.
🖉 05 65 34 59 00, Fax 05 65 34 83 83 – à la base de loisirs,
E : 1,2 km par N 140, rte de Rodez et chemin du Domaine
de Surgié, bord de la rivière et d'un plan d'eau – **R** conseillée
2 ha (150 empl.) plat, herbeux, terrasses
**Tarif :** ▣ *2 pers.* ⚡ *15 – pers. suppl. 3*
**Location :** 🛏 *230 à 565 – maisons*
🚐

---

## FILLIÈVRES

62770 P.-de-C. **1** – **301** F6 – 536 h. – alt. 46.

**🛈** Syndicat d'Initiative, 🖉 03 21 47 92 82, Fax 03 21 47 22 54.

Paris 207 – Arras 55 – Béthune 47 – Hesdin 13 – St-Pol-sur-Ternoise 17.

⚠ ***Les Trois Tilleuls*** avril-sept.
🖉 03 21 47 94 15, *camping3tilleuls@ifrance.com*, Fax 03 21
47 94 15 – sortie Sud-Est, sur D 340, rte de
Frévent – Places limitées pour le passage « Au coeur de la
vallée de la Canche »
4,5 ha (120 empl.) plat et peu incliné, herbeux
**Tarif :** ▣ *2 pers.* ⚡ *(4A) 13,50 – pers. suppl. 2,50*

---

## FIQUEFLEUR-ÉQUAINVILLE

27210 Eure **5** – **304** B5 – 496 h. – alt. 17.

Paris 189 – Deauville 25 – Honfleur 7 – Lisieux 40 – Rouen 78.

⚠ ***Domaine Catinière*** avril-sept.
🖉 02 32 57 63 51, *info@camping-catiniere.com*, Fax 02 32
42 12 57 – 1 km au sud de Fiquefleur par D 22, entre deux
ruisseaux – **R** conseillée
3,8 ha (82 empl.) plat, herbeux
**Tarif :** ▣ *2 pers.* ⚡ *(13A) 18,10 – pers. suppl. 4,20*
**Location :** 🛏 *280 à 550*

---

## FISMES

51170 Marne **6** – **306** E7 G. Champagne Ardenne – 5 286 h. – alt. 70.

**🛈** Office du Tourisme, 28 rue René Letilly 🖉 03 26 48 81 28, Fax 03 26 48 12 09.

Paris 132 – Fère-en-Tardenois 20 – Laon 37 – Reims 29 – Soissons 30.

⚠ ***Municipal*** 2 mai-15 sept.
🖉 03 26 48 10 26, Fax 03 26 48 82 25 – Nord-Ouest par
N 31, près du stade – **R** conseillée
0,8 ha (33 empl.) plat, herbeux, gravillons
**Tarif :** (Prix 2002) ▣ *2 pers.* ⚡ *11*

---

## La FLÈCHE

72200 Sarthe **5** – **310** I8 G. Châteaux de la Loire – 14 953 h. – alt. 33.

**🛈** Office du Tourisme, boulevard de Montréal 🖉 02 43 94 02 53, Fax 02 43 94 43 15, *otsi-lafleche@liberty surf.fr.*

Paris 246 – Angers 52 – Châteaubriant 105 – Laval 70 – Le Mans 44 – Tours 70.

⚠ ***Municipal de la Route d'Or*** mars-oct.
🖉 02 43 94 55 90 – sortie Sud vers rte de Saumur et à
droite, allée de la Providence, bord du Loir – **R**
4 ha (250 empl.) plat, herbeux
**Tarif :** (Prix 2002) ▣ *2 pers.* ⚡ *(6A) 10,60 (hiver 13,65) – pers. suppl. 2,80*
🚐

---

## FLERS

61100 Orne **5** – **310** F2 G. Normandie Cotentin – 17 888 h. – alt. 270.

**🛈** Office du Tourisme, place Charles-de-Gaulle 🖉 02 33 65 06 75, Fax 02 33 65 09 84, *otsi.flers@wanadoo.fr.*

Paris 235 – Alençon 72 – Argentan 43 – Caen 60 – Fougères 78 – Laval 86 – Lisieux 83 – St-Lô 69 – Vire 31.

⚠ ***Municipal la Fouquerie*** avril-15 oct.
🖉 02 33 65 35 00 – E : 1,7 km par D 924, rte d'Argentan
et chemin à gauche – **R**
1,5 ha (50 empl.) peu incliné, herbeux
**Tarif :** (Prix 2002) ▣ *2 pers.* ⚡ *(10A) 10,70 – pers. suppl. 2,10*

## FLEURIE

69820 Rhône **11** – **327** H2 G. Vallée du Rhône – 1 105 h. – alt. 320.
Paris 411 – Bourg-en-Bresse 45 – Chauffailles 43 – Lyon 61 – Mâcon 22 – Villefranche-sur-Saône 26.

▲▲ *Municipal la Grappe Fleurie* mi-mars-mi-oct.
    ℘ 04 74 04 10 44, *info@fleurie.org*, Fax 04 74 69 85 71 –
à 0,6 km au Sud du bourg par D 119E et à droite « Au coeur
du vignoble » – **R** conseillée
2,5 ha (96 empl.) en terrasses, herbeux
**Tarif** : 🔲 *2 pers.* 🔌 *12 – pers. suppl. 3,30*

## FLORAC

48400 Lozère **15** – **330** J9 G. Languedoc Roussillon – 2 065 h. – alt. 542.
🄱 Office du Tourisme, avenue J. Monestier ℘ 04 66 45 01 14, Fax 04 66 45 25 80, *otsi@ville-florac.fr*.
Paris 628 – Alès 67 – Mende 40 – Millau 78 – Rodez 123 – Le Vigan 71.

▲ *Municipal le Pont du Tarn* avril-15 oct.
    ℘ 04 66 45 18 26, *pontdutarn@aol.com*, Fax 04 66 45
26 43 – N : 2 km par N 106 rte de Mende et D 998 à droite,
accès direct au Tarn – **R** conseillée
3 ha (181 empl.) plat, terrasse, herbeux, pierreux
**Tarif** : 🔲 *2 pers.* 🔌 *(6A) 13,10 – pers. suppl. 2,70*
**Location** : 🚐 *229 à 381*
🚐

## La FLOTTE

17 Char.-Mar. – **324** C2 – voir à Île de Ré.

*Benutzen Sie*
*– zur Wahl der Fahrtroute*
*– zur Berechnung der Entfernungen*
*– zur exakten Lokalisierung eines Campingplatzes (mit Hilfe der Angaben im Ortstext)*
*die für diesen Führer unentbehrlichen **MICHELIN-Karten** im Maßstab 1 : 200 000.*

261

## FLOYON

59219 Nord **2** – **302** L7 – 513 h. – alt. 154.
Paris 207 – Cambrai 52 – Hirson 24 – Maubeuge 31 – St-Quentin 57.

▲ *Anielou* fermé janv.
    ℘ 03 27 59 14 14, Fax 03 27 59 26 01 – NO : 2,3 km par
D 116, rte de Beaurepaire-sur-Sambre et chemin à droite, rte
de Chevireuil – **R** conseillée
2,8 ha (73 empl.) plat, peu incliné, herbeux, étang
**Tarif** : 🔲 *2 pers.* 🔌 *(10A) 13,50 – pers. suppl. 3*

## FLUMET

73590 Savoie **12** – **333** M3 G. Alpes du Nord – 760 h. – alt. 920.
🄱 Office du Tourisme, ℘ 04 79 31 61 08, Fax 04 79 31 84 67, *resa@flumet-valdarly.cm*.
Paris 581 – Albertville 22 – Annecy 51 – Chambéry 73 – Chamonix-Mont-Blanc 42 – Megève 10.

▲ *Le Vieux Moulin* fermé janv., 5 mai-31 mai et oct.-
10 déc.
    ℘ 04 79 31 70 06, Fax 04 79 31 70 06 – NE : 1,8 km par N
212, rte de Megève et rte à droite, à 200 m du télésiège et
des téléskis, alt. 1 000 « Au bord de l'Arly » – **R** conseillée
1,5 ha (80 empl.) non clos, plat, herbeux, gravier
**Tarif** : 🔲 *2 pers.* 🔌 *(10A) 15,58 (hiver 18,61) – pers. suppl.*
*3,50 (hiver 3,74)*

## FONCINE-LE-HAUT

39460 Jura **12** – **321** G7 G. Jura – 855 h. – alt. 790.
Paris 445 – Champagnole 24 – Clairvaux-les-Lacs 35 – Lons-le-Saunier 61 – Mouthe 13.

▲ *Municipal Val de Saine* 15 juin-sept.
    ℘ 03 84 51 92 76, *cc.malvaux@wanadoo.fr*, Fax 03 84 51
90 19 – sortie Sud-Ouest par D 437, rte de St-Laurent-en-
Grandvaux et à gauche, au stade, bord de la Saine –
**R** conseillée
1 ha (72 empl.) non clos, plat, herbeux
**Tarif** : (Prix 2002) 🔲 *2 pers.* 🔌 *10,37 – pers. suppl. 2,29*
**Location** (permanent) : 🏠 *160 à 380*

## FONTAINE-SIMON

28240 E.-et-L. **5** – **311** C4 – 760 h. – alt. 200.
Paris 118 – Chartres 39 – Dreux 39 – Évreux 67 – Mortagne-au-Perche 41 – Nogent-le-Rotrou 29.

⚠ ***Municipal*** avril-1ᵉʳ nov.
     𝒸 02 37 81 88 11, Fax 02 37 81 83 47 – N : 1,2 km par rte
de Senonches et rte de la Ferrière à gauche « Au bord de
l'Eure et d'un plan d'eau » – **R**
4 ha (112 empl.) plat, herbeux
**Tarif :** (Prix 2002) 🔲 *2 pers.* 🔌 *(6A) 12,30 – pers.
suppl. 2*

À prox. : canoë, pédalos, ⚓ 🔲 ⚓ 🏊

## FONTENAY-LE-COMTE

85200 Vendée **9** – **316** L9 G. Poitou Vendée Charentes – 14 456 h. – alt. 21.
🔖 Office du Tourisme, place de la Bascule 𝒸 02 51 69 44 99, Fax 02 51 50 00 90.
Paris 438 – Cholet 83 – La Rochelle 51 – La Roche-sur-Yon 63.

⚠ ***Municipal la Rivière***
sortie Nord par D 938ᵗᵉʳ rte de Bressuire puis 2,2 km par rue
à droite et rte d'Orbrie à gauche, bord de la Vendée
« Situation agréable »
1 ha (25 empl.) plat, herbeux

## FONTVIEILLE

13990 B.-du-R. **16** – **340** D3 G. Provence – 3 642 h. – alt. 20.
🔖 Office du Tourisme, 5 rue Marcel Honorat 𝒸 04 90 54 67 49, Fax 04 90 54 69 82, ot.fontvieille@visitprovence.com.
Paris 716 – Arles 12 – Avignon 30 – Marseille 92 – St-Rémy-de-Provence 18 – Salon-de-Provence 37.

⚠ ***Municipal les Pins*** avril-15 oct.
     𝒸 04 90 54 78 69, Fax 04 90 54 81 25 – sortie Est par D 17,
rte de Maussane-les-Alpilles puis à droite 0,9 km par rue
Michelet et chemin « Plaisante situation au coeur d'une
pinède » – **R** conseillée
3,5 ha (166 empl.) plat et peu incliné, pierreux, herbeux
**Tarif :** (Prix 2002) 🔲 *2 pers.* 🔌 *(6A) 12,30 – pers.
suppl. 3*

À prox. : parcours sportif

## FORCALQUIER

04300 Alpes-de-H.-Pr. **17** – **334** C9 G. Alpes du Sud – 3 993 h. – alt. 550.
🔖 Office du Tourisme, 13 place du Bourguet 𝒸 04 92 75 10 02, Fax 04 92 75 26 76, oti@forcalquier.com.
Paris 749 – Aix-en-Provence 80 – Apt 42 – Digne-les-Bains 49 – Manosque 23 – Sisteron 43.

⚠ ***St-Promasse*** avril-oct.
     𝒸 04 92 75 27 94, Fax 04 92 75 18 10 – sortie Est sur D 16,
rte de Sigonce – **R** conseillée
2,9 ha (115 empl.) plat, peu incliné, terrasses, pierreux, herbeux
**Tarif :** 🔲 *2 pers.* 🔌 *(8A) 13,60 – pers. suppl. 3,40*
**Location :** 🏠 *305 à 427*
🚐

À prox. : 

## La FORÊT-FOUESNANT

29 Finistère – **308** H7 – rattaché à Fouesnant.

## FORT-MAHON-PLAGE

80120 Somme **1** – **301** C5 G. Picardie Flandres Artois – 1 042 h. – alt. 2.
🔖 Office du Tourisme, 1000 avenue de la Plage 𝒸 03 22 23 36 00, Fax 03 22 23 93 40.
Paris 227 – Abbeville 41 – Amiens 90 – Berck-sur-Mer 19 – Calais 93 – Étaples 36 – Montreuil 26.

⚠ ***Le Royon*** mars-2 nov.
     𝒸 03 22 23 40 30, barbara.dutot@wanadoo.fr, Fax 03 22
23 65 15 – S : 1 km rte de Quend – Places limitées pour le
passage – **R** conseillée
4 ha (272 empl.) plat, herbeux, sablonneux
**Tarif :** 🔲 *1 à 3 pers.* 🔌 *(6A) 24 – pers. suppl. 6,50 – frais
de réservation 10*
**Location :** 🚃 *345 à 515*
🚐

terrain omnisports
À prox. : golf

## FOSSEMAGNE

24210 Dordogne **10** – **329** G5 – 535 h. – alt. 70.
Paris 493 – Brive-la-Gaillarde 49 – Excideuil 44 – Les Eyzies-de-Tayac 26 – Périgueux 26.

▲ **Municipal le Manoire** 15 juin-15 sept.
   𝒫 05 53 04 43 46, Fax 05 53 06 49 94 – au Sud-Ouest du bourg, près d'un plan d'eau « Belle ornementation des emplacements » – **R** conseillée
1 ha (35 empl.) plat, herbeux
**Tarif :** ⊡ *2 pers.* ⒢ *8,40 – pers. suppl. 2,20*

## FOUESNANT

29170 Finistère **3** – **308** G7 G. Bretagne – 6 524 h. – alt. 30.
🛈 Office du Tourisme, 49 rue de Kérourgué 𝒫 02 98 56 00 93, Fax 02 98 56 64 02, *accueil@ot-fouesnant.fr*.
Paris 556 – Carhaix-Plouguer 69 – Concarneau 11 – Quimper 16 – Quimperlé 39 – Rosporden 18.

▲▲▲ **L'Atlantique** 19 avril-14 sept.
   𝒫 02 98 56 14 44, *information@camping-atlantique.fr*, Fax 02 98 56 18 67 – S : 4,5 km, à 400 m de la plage (accès direct) – Places limitées pour le passage « Bel ensemble aquatique » – **R** conseillée
10 ha (432 empl.) plat, herbeux
**Tarif :** ⊡ *2 pers.* ⒢ *36 – pers. suppl. 6 – frais de réservation 30*
**Location :** 🛏 *285 à 735 –* 🏠 *360 à 940*
   🚐 *(5 empl.) – 21 à 36*

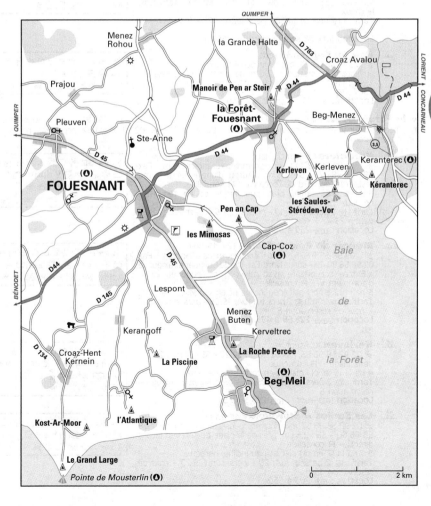

263

**à Beg-Meil** SE : 5,5 km – ✉ 29170 Fouesnant :.
🛈 Office de tourisme, ✆ 02 98 94 97 47, Fax 02 98 56 64 02

**La Piscine** 15 mai-15 sept.
✆ 02 98 56 56 06, contact@campingdelapiscine.com, Fax 02 98 56 57 64 – NO : 4 km – **R** conseillée
3,8 ha (185 empl.) plat, herbeux, petit étang de pêche
**Tarif :** ⓔ 2 pers. 🔌 (10A) 23 – pers. suppl. 4,75 – frais de réservation 19
**Location** 🐾 : ⌕ 185 à 545

**La Roche Percée** 17 avril-28 sept.
✆ 02 98 94 94 15, info@campingbrittany.com, Fax 02 98 94 48 05 – N : 1,5 km par D 45, rte de Fouesnant à 500 m de la plage de Kerveltrec – **R** conseillée
2 ha (123 empl.) plat, peu incliné, herbeux
**Tarif :** ⓔ 2 pers. 🔌 (10A) 23,50 – pers. suppl. 4,50 – frais de réservation 16
**Location :** ⌕ 229 à 570

**à Cap-Coz** SE : 3 km – ✉ 29170 Fouesnant :

**Les Mimosas** 15 juin-15 sept.
✆ 02 98 56 55 81, yjuhel@club-internet.fr, Fax 02 98 51 62 56 – NO : 1 km – **R** conseillée
1,2 ha (95 empl.) plat et peu incliné, terrasses, herbeux
**Tarif :** ⓔ 2 pers. 🔌 14,50 – pers. suppl. 3,25 – frais de réservation 10
**Location** (mai-28 sept.) : ⌕ 180 à 500

**Pen an Cap** mai-15 sept.
✆ 02 98 56 09 23, andremerrien@free.fr
au Nord de la station, à 300 m de la mer – **R** conseillée
1,3 ha (100 empl.) peu incliné, herbeux, verger
**Tarif :** ⓔ 2 pers. 🔌 (6A) 14,30 – pers. suppl. 3,20
**Location :** ⌕ 290 – ⌕ 200 à 450

**à la Forêt-Fouesnant** E : 3,5 km par D 44 – 2 369 h. – alt. 19 – ✉ 29940 La Forêt-Fouesnant.
🛈 Office du Tourisme, 2 rue du Vieux-Port ✆ 02 98 51 42 07, Fax 02 98 51 44 52, accueil@Foret-Fouesnant.Tourisme.com

**Kéranterec** 5 avril-21 sept.
✆ 02 98 56 98 11, info@camping.keranterec.com, Fax 02 98 56 81 73 – SE : 2,8 km « Autour d'une ancienne ferme restaurée, au bord de l'océan » – **R** conseillée
6,5 ha (265 empl.) plat, peu incliné et en terrasses, herbeux
**Tarif :** ⓔ 2 pers. 🔌 24,40 – pers. suppl. 6,40 – frais de réservation 23
**Location :** ⌕ 250 à 580

**Manoir de Pen ar Steir** 8 fév.-15 nov.
✆ 02 98 56 97 75, info@camping-penarsteir.com, Fax 02 98 56 80 49 – sortie Nord-Est, rte de Quimper et à gauche « Entrée accueillante avec mini-golf aménagé en jardin d'agrément » – **R** conseillée
3 ha (105 empl.) plat, peu incliné et en terrasses, herbeux
**Tarif :** (Prix 2002) ⓔ 2 pers. 🔌 (10A) 19,66 – pers. suppl. 4,57 – frais de réservation 8
**Location :** ⌕ 228,68 à 495,46

**Kerleven** juin-sept.
✆ 02 98 56 98 83, Fax 02 98 56 82 22 – SE : 2 km, à 200 m de la plage – **R** conseillée
4 ha (185 empl.) plat et en terrasses, herbeux
**Tarif :** ⓔ 2 pers. 🔌 (10A) 23,40 – pers. suppl. 5 – frais de réservation 8
**Location** (mai-sept.) : ⌕ 213,50 à 518

**Les Saules – Stéréden-Vor** avril-sept.
✆ 02 98 56 98 57, info@camping-les-saules.com, Fax 02 98 56 86 60 – SE : 2,5 km, près de la plage de Kereven (accès direct) – **R** conseillée
3,5 ha (177 empl.) plat et peu incliné, herbeux
**Tarif :** ⓔ 2 pers. 🔌 (6A) 20 – pers. suppl. 5,20 – frais de réservation 15
**Location :** ⌕ 203 à 550

À prox. : golf ✂ piste de bi-cross

À prox. : golf ✗ crêperie

À prox. : golf

À prox. : golf

À prox. : golf, école de plongée

À prox. : golf, école de plongée

À prox. :

À prox. : golf

**à la Pointe de Mousterlin** SO : 6,5 km – ✉ 29170 Fouesnant :

△△△ **Le Grand Large** mai-13 sept.
    ✆ 02 98 56 04 06, *info@ campingsbretagnesud.com*, Fax 02 98 56 58 26 – à la Pointe de Mousterlin, près de la plage – **R** conseillée
5,8 ha (300 empl.) plat, herbeux
**Tarif :** ▣ *2 pers.* ⑭ *(10A) 36 – pers. suppl. 6*
**Location :** ⬚ *200 à 740 – bungalows toilés*
🚐

△△△ **Kost-Ar-Moor** avril-sept.
    ✆ 02 98 56 04 16, *kost.ar.moor@ wanadoo.fr*, Fax 02 98 56 65 02 – à 500 m de la plage – **R** conseillée
4 ha (360 empl.) plat, herbeux
**Tarif :** ▣ *2 pers.* ⑭ *(5A) 17,30 – pers. suppl. 4*
**Location :** ⬚ *220 à 430 – appartements, gîtes*

---

## FOUGÈRES

36 Indre ⑩ – ⒊⒉⒊ F8 – ✉ 36190 Orsennes.
Paris 322 – Aigurande 19 – Argenton-sur-Creuse 26 – Crozant 9 – Guéret 47.

△△ **Municipal de Fougères** avril-oct.
    ✆ 02 54 47 20 01, Fax 02 54 47 34 41 « Site agréable au bord du lac de Chambon » – **R**
4,5 ha (150 empl.) en terrasses, plat, peu incliné, herbeux, pierreux
**Tarif :** (Prix 2002) ▣ *2 pers.* ⑭ *(10A) 10,50 – pers. suppl. 3*
**Location** *(permanent) :* 🏠 *180 à 370 – bungalows toilés*

---

## FOUGÈRES

35300 I.-et-V. ④ – ⒊⓪⑨ O4 G. Bretagne – 22 239 h. – alt. 115.
🛈 Office du Tourisme, 2 rue Nationale ✆ 02 99 94 12 20, Fax 02 99 94 77 30, *ot.fougeres@ wanadoo.fr*.
Paris 326 – Caen 147 – Le Mans 132 – Nantes 157 – St-Brieuc 147.

△ **Municipal de Paron** avril-oct.
    ✆ 02 99 99 40 81, *fougeres.mda@wanadoo.fr*, Fax 02 99 94 27 94 – E : 1,5 km par D 17 rte de la Chapelle-Janson, accès recommandé par rocade Est « Agréable cadre arbustif » – **R**
2,5 ha (90 empl.) plat et peu incliné, herbeux
**Tarif :** ▣ *2 pers.* ⑭ *(10A) 10,60 – pers. suppl. 2*

---

## FOURAS

17450 Char.-Mar. ⑨ – ⒊⒉⒋ D4 G. Poitou Vendée Charentes – 3 238 h. – alt. 5.
🛈 Office du Tourisme, avenue du Bois-Vert ✆ 05 46 84 60 69, Fax 05 46 84 28 04, *otourisme@ fouras.net*.
Paris 487 – Châtelaillon-Plage 18 – Rochefort 15 – La Rochelle 30.

△△ **Municipal le Cadoret** Permanent
    ✆ 05 46 82 19 19, *campinglecadoret@mairie.17com*, Fax 05 46 84 51 59 – côte Nord, bord de l'Anse de Fouras – **R** conseillée
7,5 ha (519 empl.) plat, sablonneux, herbeux
**Tarif :** ▣ *2 pers.* ⑭ *(10A) 22,50 – pers. suppl. 4,50*

△ **Municipal la Fumée** 15 avril-15 oct.
    ✆ 05 46 84 26 77, Fax 05 46 84 51 59 – à la pointe de la Fumée – **R**
1 ha (81 empl.) plat, herbeux
**Tarif :** ▣ *2 pers.* ⑭ *(6A) 11 – pers. suppl. 2,50*

---

## FREISSINIÈRES

05310 H.-Alpes ⑰ – ⒊⒊⒋ H4 G. Alpes du Sud – 167 h. – alt. 1 150.
Paris 709 – Briançon 28 – Embrun 37 – Gap 76 – Mont-Dauphin 20 – Savines-le-Lac 48.

△ **Municipal des Allouviers** mai-15 sept.
    ✆ 04 92 20 93 24, *mairie-de-freissinieres@ wanadoo.fr*, Fax 04 92 20 91 09 – SE : 3 km par D 238 et chemin à droite après le pont « Au bord de la Biaïsse »
3,2 ha (160 empl.) plat, pierreux, herbeux
**Tarif :** ▣ *2 pers.* ⑭ *13,50 – pers. suppl. 2,60*

83600 Var **17** – **340** P5 G. Côte d'Azur – 41 486 h. – alt. 20 – Base de loisirs.

**⊞** Office du Tourisme, 325 rue Jean-Jaurès *&* 04 94 51 83 83, Fax 04 94 51 00 26, *frejus.tourisme@wanadoo.fr*.

Paris 873 – Brignoles 65 – Cannes 40 – Draguignan 31 – Hyères 90.

**La Baume** 5 avril-27 sept.
*&* 04 94 19 88 88, *reception@labaume-lapalmeraie.com*, Fax 04 94 19 83 50 – N : 4,5 km par D 4, rte de Bagnols-en-Forêt – Places limitées pour le passage – **R** conseillée 26 ha/20 campables (780 empl.) plat et peu incliné, herbeux, pierreux
**Tarif :** ▣ 2 pers. ⓖ 35 – pers. suppl. 7,70 – frais de réservation 31,25
**Location :** *bastidons (studios)*

**Le Colombier** 5 avril-27 sept.
*&* 04 94 51 56 01, *info@domaine-du-colombier.com*, Fax 04 94 51 55 57 – N : 2 km par D 4, rte de Bagnols-en-Forêt « Agréable cadre vallonné et boisé » – **R** indispensable 10 ha (470 empl.) en terrasses, plat, peu incliné, vallonné, herbeux
**Tarif :** ▣ 1 à 3 pers. ⓖ (10A) 38,50 – pers. suppl. 6,50 – frais de réservation 28
**Location :** ⛺ 300 à 856

**Les Pins Parasols** 12 avril-sept.
*&* 04 94 40 88 43, *lespinsparasols@wanadoo.fr*, Fax 04 94 40 81 99 – N : 4 km par D 4, rte de Bagnols-en-Forêt « Beaux empl. en terrasses au milieu des pins parasols » – **R** conseillée
4,5 ha (189 empl.) plat et en terrasses, herbeux, pierreux
**Tarif :** ▣ 2 pers. ⓖ (6A) 24 – pers. suppl. 5,90

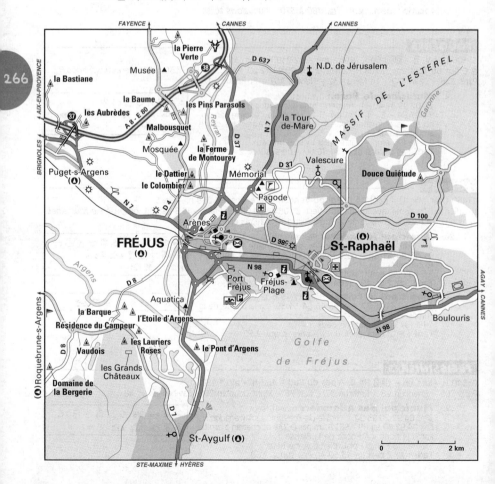

**⚠ b** *La Pierre Verte* avril-sept.
 📞 04 94 40 88 30, *camping.lapierre.verte@wanadoo.fr*, Fax 04 94 40 75 41 – N : 6,5 km par D4, rte de Bagnols-en-Forêt et chemin à droite « Cadre sauvage » – **R** conseillée
28 ha (440 empl.) plat et en terrasses, accidenté, pierreux, rochers
**Tarif** : (Prix 2002) 🔲 *2 pers.* ⚡ *(6A) 28 – pers. suppl. 5,50 – frais de réservation 22*
**Location** : 🚐 *230 à 690*
🚗

**⚠** *Le Dattier* 5 avril-27 sept.
 📞 04 94 40 88 93, *camping.le.dattier@wanadoo.fr*, Fax 04 94 40 89 01 – N : 2,5 km par D 4, rte de Bagnols-en-Forêt – **R** indispensable
3,5 ha (181 empl.) en terrasses, plat, herbeux
**Tarif** : 🔲 *2 pers.* ⚡ *30 – pers. suppl. 5,50*
**Location** : 🚐 *265 à 640*

**⚠** *Le Pont d'Argens* avril-20 oct.
 📞 04 94 51 14 97, Fax 04 94 51 29 44 – S : 3 km par N 98, rte de Ste-Maxime (accès direct à la plage) « Au bord de l'Argens » – **R** conseillée
7 ha (500 empl.) plat, herbeux
**Tarif** : 🔲 *2 pers.* ⚡ *(5A) 26 – pers. suppl. 7 – frais de réservation 35*
**Location** : 🚐 *300 à 700*
🚗

**⚠** *La Ferme de Montourey* avril-28 sept.
 📞 04 94 53 26 41, *montourey@wanadoo.fr*, Fax 04 94 53 26 75 – N : 4 km par D4, rte de Bagnols-en-Forêt et chemin à droite – **R** conseillée
5 ha (199 empl.) plat, herbeux
**Tarif** : 🔲 *3 pers.* ⚡ *(3A) 34 – pers. suppl. 6*
**Location** : 🚐 *220 à 650*

**⚠** *Malbousquet* avril-sept.
 📞 04 94 40 87 30, *malbousquet@wanadoo.fr*, Fax 04 94 40 87 30 – N : 4,5 km par D 4, rte de Bagnols-en-Forêt et chemin à gauche – **R** conseillée
3 ha (75 empl.) plat et peu incliné, terrasses, herbeux, pierreux
**Tarif** : 🔲 *2 pers.* ⚡ *(6A) 22 – pers. suppl. 6 – frais de réservation 15,25*
**Location** : 🚐 *200 à 320 – studios*

*Voir aussi à Puget-sur-Argens, St-Aygulf, Roquebrune-sur-Argens*

267

## FRÉLAND

68240 H.-Rhin 🔟 – ③①⑤ H7 – 1 134 h. – alt. 425.
Paris 434 – Colmar 20 – Gérardmer 44 – St-Dié 38 – Ste-Marie-aux-Mines 21 – Sélestat 37.

**⚠** *Les Verts Bois* avril-oct.
 📞 03 89 47 57 25, *mairie.freland@wanadoo.fr*, Fax 03 89 71 91 31 – sortie Nord-Ouest par rte d'Aubure et à gauche rue de la Fonderie, bord d'un ruisseau – **R** conseillée
0,6 ha (33 empl.) en terrasses, herbeux
**Tarif** : 🔲 *2 pers.* ⚡ *(10A) 10,20 – pers. suppl. 2,40 – frais de réservation 15*

## Le FRENEY-D'OISANS

38142 Isère 🔢 – ③③③ J7 – 177 h. – alt. 926.
🔳 Syndicat d'Initiative, 📞 04 76 80 05 82.
Paris 628 – Bourg-d'Oisans 12 – La Grave 16 – Grenoble 64.

**⚠** *Le Traversant* 15 juin-15 sept.
 📞 04 76 80 18 84, Fax 04 76 80 18 84 – S : 0,5 km par N 91 rte de Briançon – **R** conseillée
1,5 ha (67 empl.) non clos, en terrasses, plat, gravillons, herbeux
**Tarif** : 🔲 *2 pers.* ⚡ *(6A) 18 – pers. suppl. 3,50 – frais de réservation 14*

## FRESNAY-SUR-SARTHE

72130 Sarthe 🖪 – 🛐🔟🔟 J5 G. Normandie Cotentin – 2 452 h. – alt. 95.
🖪 Office du Tourisme, 19 avenue du Dr Riant ℘ 02 43 33 28 04, Fax 02 43 34 19 62, ot.alpes-mancelles@
wanadoo.fr.
Paris 236 – Alençon 22 – Laval 73 – Mamers 30 – Le Mans 41 – Mayenne 53.

    🔺 **Municipal Sans Souci** avril-sept.
    ℘ 02 43 97 32 87, camping-fresnay@wanadoo.fr
    O : 1 km par D 310 rte de Sillé-le-Guillaume « Beaux empl.
    délimités en bordure de la Sarthe »
    2 ha (90 empl.) plat, en terrasses, herbeux
    **Tarif** : (Prix 2002) 🔲 2 pers. 🗲 (6A) 10,55 – pers. suppl. 2,50

À prox. : canoë

## FRESSE

70270 H.-Saône 🛽 – 🛐🔟🔟 H6 – 686 h. – alt. 472.
Paris 407 – Belfort 32 – Épinal 71 – Luxeuil-les-Bains 29 – Vesoul 48.

    🔺 **La Broche** 15 avril-15 oct.
    ℘ 03 84 63 31 40, Fax 03 84 63 31 40 – sortie Ouest, rte
    de Melesey et chemin à gauche « Dans un site vallonné et
    boisé, au bord d'un étang » – **R** conseillée
    2 ha (50 empl.) peu incliné, plat, terrasse, herbeux
    **Tarif** : 🔲 2 pers. 🗲 8,50 – pers. suppl. 2,50
    **Location** : 138

## FRESSE-SUR-MOSELLE

88 Vosges – 🛐🔟🔟 I5 – rattaché au Thillot.

## Le FRET

29 Finistère – 🛐🔟🛽 D5 – rattaché à Crozon.

## FRÉTEVAL

41160 L.-et-C. 🖪 – 🛐🔟🛽 E4 G. Châteaux de la Loire – 848 h. – alt. 89.
🖪 Syndicat d'Initiative, 2 rue de Courcelles ℘ 02 54 82 74 91, Fax 02 54 82 74 93.
Paris 159 – Beaugency 39 – Blois 40 – Cloyes-sur-le-Loir 17 – Vendôme 19.

    🔺 **La Maladrerie** 15 mars-15 nov.
    ℘ 02 54 82 62 75 – au Nord-Ouest du bourg par rte du Ples-
    sis et chemin à gauche après le passage à niveau, bord de
    deux étangs – Places limitées pour le passage – **R** conseillée
    16 ha/1,5 campable (107 empl.) plat, pierreux, herbeux
    **Tarif** : (Prix 2002) 🔲 2 pers. 🗲 (6A) 10,75 – pers. suppl. 2,50
    **Location** : 182

## FROMENTINE

85 Vendée – 🛐🔟🛽 D6 – rattaché à St-Jean-de-Monts.

## FRONCLES-BUXIÈRES

52320 H.-Marne 🛽 – 🛐🔟🛐 K4 – 2 026 h. – alt. 226.
Paris 288 – Bar-sur-Aube 41 – Chaumont 26 – Joinville 22 – Rimaucourt 22.

    🔺 **Municipal les Deux Ponts** 15 mars-15 oct.
    ℘ 03 25 02 31 21, Fax 03 25 02 09 80 – sortie Nord par
    D 253 rte de Doulaincourt, bord de la Marne et près du canal
    de la Marne à la Saône – **R** conseillée
    0,5 ha (23 empl.) plat, herbeux
    **Tarif** : (Prix 2002) 🔲 2 pers. 🗲 7,30 – pers. suppl. 1,50

À prox. :

## FRONTIGNAN

34110 Hérault 🔟🛽 – 🛐🛐🛐 H8 G. Languedoc Roussillon – 16 245 h. – alt. 2.
🖪 Office de tourisme, rue de la Raffinerie ℘ 04 67 48 33 94, Fax 04 67 43 26 34.
Paris 779 – Lodève 69 – Montpellier 26 – Sète 10.

**à Frontignan-Plage** S : 1 km – ⊠ 34110 Frontignan

    🔺 **Les Tamaris** 4 avril-20 sept.
    ℘ 04 67 43 44 77, les-tamaris@wanadoo.fr, Fax 04 67 18
    97 90 – NE par D 60 « Cadre agréable, au bord de la plage »
    – **R** indispensable
    4 ha (250 empl.) plat, herbeux, pierreux
    **Tarif** : 🔲 2 pers. 🗲 (10A) 32 – frais de réservation 25
    **Location** : 200 à 650 – 210 à 690

pizzeria
cases réfrigérées

## FUILLA

66820 Pyr.-Or. **15** – **344** F7 – 297 h. – alt. 547.
Paris 906 – Font-Romeu-Odeillo-Via 42 – Perpignan 55 – Prades 9 – Vernet-les-Bains 10.

▲ **Le Rotja** Permanent
 &#x260E; 04 68 96 52 75, *campinglerotja.ellenetwin@wanadoo.fr*,
 Fax 04 68 96 52 75 – au bourg – **R** conseillée
 1,2 ha (50 empl.) plat, peu incliné, herbeux, pierreux, verger
 **Tarif :** (Prix 2002) ▣ *2 pers.* ⓰ *13 – pers. suppl. 3,05*
 **Location :** ⌂ *137 à 274*

## FUMEL

47500 L.-et-G. **14** – **336** H3 G. Aquitaine – 5 882 h. – alt. 70.
🛈 Office du Tourisme, place Georges-Escande &#x260E; 05 53 71 13 70, Fax 05 53 71 40 91.
Paris 596 – Agen 55 – Bergerac 64 – Cahors 48 – Montauban 76 – Villeneuve-sur-Lot 27.

▲▲▲ **Domaine de Guillalmes** (location exclusive de 18 chalets)
 Permanent
 &#x260E; 05 53 71 01 99, *guillalmes@wanadoo.fr*, Fax 05 53 71
 02 57 – E : 3 km par D 911, rte de Cahors puis à la sortie
 de Condat, 1 km par rte à droite, bord du Lot – **R** conseillée
 3 ha plat, herbeux
 **Location :** ⌂ *191 à 588*

▲ **Les Catalpas** avril-oct.
 &#x260E; 05 53 71 11 99, Fax 05 53 71 36 69 – E : 2 km par D 911
 rte de Cahors puis, à la sortie de Condat, 1,2 km par rte à
 droite, bord du Lot – **R** conseillée
 2,3 ha (80 empl.) plat, herbeux, goudronné
 **Tarif :** ▣ *2 pers.* ⓰ *(10A) 15 – pers. suppl. 3,50*
 ⊡ *(10 empl.) – 13*

## FUTUROSCOPE

86 Vienne – **67** 20 – voir à Poitiers.

269

## GABARRET

40310 Landes **14** – **335** L11 – 1 335 h. – alt. 153.
🛈 Office du Tourisme, 111 rue Armagnac &#x260E; 05 58 44 35 77, Fax 05 58 44 91 97.
Paris 718 – Agen 67 – Auch 76 – Bordeaux 141 – Mont-de-Marsan 47 – Pau 97.

▲ **Parc Municipal Touristique la Chêneraie** mars-
 oct.
 &#x260E; 05 58 44 92 62, Fax 05 58 44 35 38 – sortie Est par D 35
 rte de Castelnau-d'Auzan et chemin à droite – **R** conseillée
 0,7 ha (36 empl.) peu incliné, plat, herbeux
 **Tarif :** (Prix 2002) ▣ *2 pers.* ⓰ *(10A) 7,80 – pers. suppl. 1,90*
 **Location** *(permanent) :* ⌂ *152 à 262*
 ⊡

## GACÉ

61230 Orne **5** – **310** K2 – 2 247 h. – alt. 210.
🛈 Office du Tourisme, &#x260E; 02 33 35 50 24, Fax 02 33 35 92 82, *ville-gace@wanadoo.fr*.
Paris 167 – L'Aigle 28 – Alençon 47 – Argentan 28 – Bernay 42.

▲ **Municipal le Pressoir** juin-1er sept.
 &#x260E; 02 33 35 50 24, *ville.gace@wanadoo.fr*, Fax 02 33 35
 92 82 – à l'Est du bourg par N 138 – **R**
 0,8 ha (24 empl.) peu incliné, herbeux
 **Tarif :** (Prix 2002) ▣ *2 pers.* ⓰ *5,50 – pers. suppl. 1,30*

## GAILLAC

81600 Tarn **15** – **338** D7 G. Midi Pyrénées – 10 378 h. – alt. 143.
🛈 Office du Tourisme, Abbaye St-Michel &#x260E; 05 63 57 14 65, Fax 05 63 57 61 37.
Paris 664 – Albi 26 – Cahors 89 – Castres 52 – Montauban 50 – Toulouse 59.

▲ **Municipal le Lido** 15 juin-15 sept.
 &#x260E; 05 63 57 18 30 – sortie Sud-Est par D 964 rte de Graulhet
 et r. St-Roch à droite, bord du Tarn « Près d'un parc » – **R**
 1 ha (20 empl.) plat, herbeux
 **Tarif :** ▣ *2 pers.* ⓰ *10,40 – pers. suppl. 2,30*

## GALLARGUES-LE-MONTUEUX

30660 Gard **16** – **339** J6 – 1 988 h. – alt. 55.
Paris 732 – Aigues-Mortes 21 – Montpellier 39 – Nîmes 25 – Sommières 11.

**Les Amandiers** 15 avril-15 sept.
    ℘ 04 66 35 28 02, campamandiers@wanadoo.fr, Fax 04 66
35 28 02 – sortie Sud-Ouest, rte de Lunel et rue du stade,
à droite – **R** conseillée
3 ha (150 empl.) plat, pierreux, herbeux
**Tarif :** ⊞ 1 ou 2 pers. ⓖ (10A) 18,50 – pers. suppl. 4 – frais
de réservation 10
**Location :** 🚐 249 à 509

## GANNAT

03800 Allier **11** – **326** G6 G. Auvergne – 5 919 h. – alt. 345.
🚩 Office du Tourisme, place des Anciens d'AFN ℘ 04 70 90 17 78, Fax 04 70 90 19 45.
Paris 351 – Clermont-Ferrand 49 – Montluçon 76 – Moulins 57 – Vichy 20.

**Municipal le Mont Libre** avril-oct.
    ℘ 04 70 90 12 16, gannat.camping@libertysurf.fr, Fax
04 70 90 15 22 – S : 1 km par N 9 et rte à droite –
**R** conseillée
1,5 ha (70 empl.) en terrasses, herbeux
**Tarif :** ⊞ 2 pers. ⓖ (10A) 11 – pers. suppl. 2
**Location :** 🚐

*Consultez le tableau des localités citées,*
*classées par départements, avec indication éventuelle*
*des caractéristiques particulières des terrains sélectionnés.*

## GAP

05000 H.-Alpes **17** – **334** E5 G. Alpes du Sud – 33 444 h. – alt. 735.
🚩 Office du Tourisme, 12 rue Faure du Serre ℘ 04 92 52 56 56, Fax 04 92 52 56 57, office.TourismeGap@
wanadoo.fr.
Paris 670 – Avignon 169 – Grenoble 106 – Sisteron 53 – Valence 158.

**Alpes-Dauphiné** 5 fév.-11 nov.
    ℘ 04 92 51 29 95, alpes.dauph@wanadoo.fr, Fax 04 92 53
58 42 – N : 3 km, sur N 85, rte de Grenoble, alt. 850 –
**R** conseillée
10 ha/6 campables (180 empl.) incliné, en terrasses, herbeux
**Tarif :** ⊞ 2 pers. ⓖ 19,10 – pers. suppl. 5,10 – frais de réser-
vation 15
**Location :** 🚐 210 à 355 – 🚐 262 à 545 – 🏠 210 à 532 – gîtes
🚐

36190 Indre **10** – **323** F7 G. Berry Limousin – 342 h. – alt. 220.
🛈 Office du Tourisme, Le Pigeonnier 📞 02 54 47 85 06, Fax 02 54 47 71 22.
Paris 310 – Châteauroux 44 – Guéret 57 – Poitiers 114.

🔺 **A Tou Vert** avril-oct.
📞 02 54 47 73 44, Fax 04 71 59 65 56 – SO : 1,4 km par
D 39, rte d'Argenton-sur-Creuse et chemin à gauche menant
au barrage de la Roche au Moine « Cadre pittoresque au bord
de la Creuse » – **R** conseillée
2,6 ha (72 empl.) plat, herbeux, pierreux
**Tarif :** (Prix 2002) 🔲 *1 ou 2 pers.* 💧 *10,70 – pers. suppl. 1,80*

| |
|---|
| 🛁 ⟞ 🖎 ♉ 👥 ⅋ 📶 😊 📷 |
| 🍴 snack |
| À prox. : 🎣 |

31 H.-Gar. – **343** B8 – rattaché à Bagnères-de-Luchon.

83 Var – **340** O6 – rattaché à la Croix-Valmer.

40160 Landes **13** – **335** E9 – 368 h. – alt. 24.
Paris 668 – Arcachon 50 – Biscarrosse 18 – Mimizan 17 – Parentis-en-Born 9.

🔺🔺🔺 **La Réserve** mai-25 sept.
📞 05 58 09 78 72, *la-reserve@campotel-france.com*, Fax
05 58 09 78 71 – SO : 3 km par D 652 rte de Mimizan et
chemin à droite, à 100 m de l'étang (accès direct) – Places
limitées pour le passage – **R** conseillée
27 ha (628 empl.) plat, herbeux, sablonneux
**Tarif :** (Prix 2002) 🔲 *2 pers.* 💧 *(5A) 38 – pers. suppl. 6*
**Location :** 🏠 *161 à 896*

| |
|---|
| ⟞ 🖎 GB 🖎 🔲 ⅋ pinède 👥 📶 😊 |
| fast-food 🚗 🎾 ⛱ 🍹 🍴 |
| 🍴 🚲 ♨ (plage) 🏊 🎣 💧 |
| practice de golf, terrain omnisports |

271

65120 H.-Pyr. **14** – **342** L8 G. Midi Pyrénées – 177 h. – alt. 1 350 – Sports d'hiver : 1 350/2 400 m 🎿11 🎿.
🛈 Office du tourisme, 📞 05 62 92 49 10, Fax 05 62 92 41 00.
Paris 912 – Lourdes 52 – Luz-St-Sauveur 20 – Pau 97 – Tarbes 70.

🔺 **Le Pain de Sucre** 15 déc.-15 avril, juin-sept.
📞 05 62 92 47 55, *claude.trescazes@wanadoo.fr*, Fax
05 62 92 47 55 – N : 3 km par D 921 rte de Luz-St-Sauveur,
bord du Gave de Gavarnie, alt. 1 273
1,5 ha (50 empl.) non clos, plat, herbeux
**Tarif :** 🔲 *2 pers.* 💧 *(6A) 13,85 – pers. suppl. 3,05*
**Location** 🚿 : 🏠 *220 à 360*

| |
|---|
| ← ⟞ GB 🖎 ⅋ 📶 😊 📷 |

65120 H.-Pyr. **14** – **342** M8 G. Midi Pyrénées – 317 h. – alt. 1 000.
🛈 Office du Tourisme, 📞 05 62 92 48 05, Fax 05 62 92 46 12.
Paris 904 – Lourdes 43 – Luz-St-Sauveur 12 – Pau 88 – Tarbes 61.

🔺 **Le Mousca** 25 juin-10 sept.
📞 05 62 92 47 53, Fax 05 62 92 47 53 – N : 0,7 km par D 921
rte de Luz-St-Sauveur et chemin à gauche, bord du Gave de
Gavarnie
1 ha (50 empl.) plat, herbeux
**Tarif :** 🔲 *2 pers.* 💧 *(6A) 11,90 – pers. suppl. 2,80*

| |
|---|
| 🛁 ← ⟞ ⅋ 📶 😊 📷 |
| À prox. : 🎿 💧 |

🔺 **Le Relais d'Espagne** fermé du 15 oct. au 15 nov.
📞 05 62 92 47 70, *camping.relais.despagne@wanadoo.fr*,
Fax 05 62 92 47 70 – N : 2,8 km par D 921 rte de Luz-St-
Sauveur, à la station service, bord du Gave de Gavarnie –
**R** conseillée
2 ha (34 empl.) plat, pierreux, herbeux
**Tarif :** 🔲 *2 pers.* 💧 *(6A) 14,50 – pers. suppl. 3,50*
**Location :** 🏠 *152,50 à 221 –* 🚐

| |
|---|
| ← ⟞ 🖎 ⅋ 📶 😊 📷 🍴 |
| ✕ snack 🚗 |

*If in a given area you are looking for*

**a pleasant camping site ( 🔺 ... 🔺🔺🔺 ),**
**or simply a place to stay or break your journey,**

*consult the table of localities in the explanatory chapter.*

## GEISHOUSE

68690 H.-Rhin **8** – **315** G9 – 423 h. – alt. 730.
Paris 468 – Belfort 53 – Bussang 23 – Colmar 54 – Mulhouse 32.

▲ *Le Relais du Grand Ballon* Permanent
℘ 03 89 82 30 47, g.burgart@tiscali.fr, Fax 03 89 82 30 47
– sortie Sud – Places limitées pour le passage – **R** conseillée
0,3 ha (24 empl.) plat herbeux
**Tarif :** 📺 2 pers. 🔌 (10A) 14,40 – pers. suppl. 3,20

## GEMAINGOUTTE

88520 Vosges **8** – **314** K3 – 123 h. – alt. 446.
Paris 410 – Colmar 54 – Ribeauvillé 30 – St-Dié 14 – Ste-Marie-aux-Mines 12 – Sélestat 34.

▲ *Municipal le Violu* mai-sept.
℘ 03 29 57 70 70, communedegemaingoutte@wanadoo.
fr, Fax 03 29 51 72 60 – sortie Ouest par N 59 rte de St-Dié,
bord d'un ruisseau
1 ha (48 empl.) plat, herbeux
**Tarif :** 📺 2 pers. 🔌 (5A) 10,10 – pers. suppl. 2,35

## GÉMENOS

13420 B.-du-R. **16** – **340** I6 G. Provence – 5 025 h. – alt. 150.
🅱 Office du Tourisme, cours Pasteur ℘ 04 42 32 18 44, Fax 04 42 32 15 49, contact@gemenos.com.
Paris 793 – Aix-en-Provence 39 – Brignoles 49 – Marseille 25 – Toulon 51.

▲ *Le Clos* avril-20 sept.
℘ 04 42 32 18 24, Fax 04 42 32 03 56 – sortie Sud rte de
Toulon – **R** conseillée
1,7 ha (81 empl.) plat, herbeux
**Tarif :** 📺 2 pers. 🔌 (6A) 17,40 – pers. suppl. 4
✕ cases réfrigérées
À prox. :

## GÉMOZAC

17260 Char.-Mar. **9** – **324** F6 – 2 333 h. – alt. 39.
Paris 495 – Cognac 34 – Jonzac 30 – Royan 31 – Saintes 22.

▲ *Municipal* 14 juin-13 sept.
℘ 05 46 94 50 16, Fax 05 46 94 16 25 – sortie Ouest, rte
de Royan, près de la piscine – **R** conseillée
1 ha (40 empl.) plat, herbeux
**Tarif :** (Prix 2002) 📺 2 pers. 🔌 11,70 – pers. suppl. 2,85
À prox. :

## GENÊTS

50530 Manche **4** – **303** D7 G. Normandie Cotentin – 481 h. – alt. 2.
Paris 344 – Avranches 11 – Granville 23 – Le Mont-St-Michel 32 – St-Lô 67 – Villedieu-les-Poêles 33.

▲▲ *Les Coques d'Or* avril-sept.
℘ 02 33 70 82 57, Fax 02 33 70 86 83 – NO : 0,7 km par
D 35E1 rte du Bec d'Andaine – Places limitées pour le pas-
sage – **R** conseillée
4,7 ha (225 empl.) plat, herbeux
**Tarif :** 📺 2 pers. 🔌 16,90 – frais de réservation 9,30
**Location :** 🛖 310 à 460
À prox. : sentier pédestre, VTT et
équestre

## GÉNOLHAC

30450 Gard **16** – **339** I2 G. Languedoc Roussillon – 827 h. – alt. 490.
🅱 Office du Tourisme, L'Arceau ℘ 04 66 61 18 32, Fax 04 66 61 15 29,.
Paris 636 – Alès 37 – Florac 49 – La Grand-Combe 25 – Nîmes 80 – Villefort 15.

▲ *Les Esparnettes* avril-sept.
℘ 04 66 61 44 50 – S : 4,5 km par D 906, rte de Chambo-
rigaud puis 0,4 km par D 278 à droite, à Pont-de-Rastel, bord
du Luech – **R** conseillée
1,5 ha (63 empl.) plat, herbeux
**Tarif :** 📺 2 pers. 🔌 (4A) 10,80 – pers. suppl. 2,30
À prox. :

## GENOUILLÉ

17430 Char.-Mar. **9** – **324** F3 – 533 h. – alt. 38.
Paris 454 – Rochefort 20 – La Rochelle 38 – St-Jean-d'Angély 26 – Surgères 12 – Tonnay-Boutonne 9.

▲ *Municipal l'Étang des Rosées* 16 juin-6 sept.
℘ 05 46 27 70 01, Fax 05 46 27 89 03 – S : 1 km, à 50 m
de l'étang – **R** conseillée
1 ha (33 empl.) plat, peu incliné, herbeux
**Tarif :** 📺 2 pers. 🔌 9,60 – pers. suppl. 2,40
À prox. :

## GÉRARDMER

88400 Vosges **8** – **314** J4 G. Alsace Lorraine – 8 951 h. – alt. 669 – Sports d'hiver : 660/1 350 m ⚡31 ⚐.
**B** Office du Tourisme, 4 place des Déportés ✆ 03 29 27 27 27, Fax 03 29 27 23 25, *info@gerardmer.net*.
Paris 426 – Belfort 79 – Colmar 52 – Épinal 41 – St-Dié 28 – Thann 50.

⚲ **Les Granges-Bas** Permanent
✆ 03 29 63 12 03, Fax 03 29 63 12 03 – O : 4 km par D 417
puis, à Costet-Beillard, 1 km par chemin à gauche –
**R** conseillée
2 ha (100 empl.) peu incliné et plat, herbeux
**Tarif :** (Prix 2002) 🔲 *2 pers.* 👥 *(6A) 13,26 – pers. suppl. 3,05*
**Location :** 🏠 *229 à 374*

⚲ **Les Sapins** avril-sept.
✆ 03 29 63 15 01, Fax 03 29 60 03 30 – SO : 1,5 km, à
200 m du lac – **R** conseillée
1,3 ha (70 empl.) plat, herbeux, gravier
**Tarif :** 🔲 *2 pers.* 👥 *(6A) 16,20 – pers. suppl. 3,50 – frais de
réservation 8*

## GÉRAUDOT

10220 Aube **7** – **313** F4 G. Champagne Ardenne – 274 h. – alt. 146.
Paris 194 – Bar-sur-Aube 37 – Bar-sur-Seine 27 – Brienne-le-Château 26 – Troyes 23.

⚲ **L'Épine aux Moines** 15 mars-15 oct.
✆ 03 25 41 24 36, Fax 03 25 41 24 36 – SE : 1,3 km par D 43
« Cadre verdoyant près du lac de la Forêt d'Orient » –
**R** conseillée
2,8 ha (186 empl.) plat et peu incliné, herbeux
**Tarif :** 🔲 *2 pers.* 👥 *(10A) 10 – pers. suppl. 3,60*

## GERSTHEIM

67150 B.-Rhin **8** – **315** K6 G. Alsace Lorraine – 2 808 h. – alt. 154.
Paris 523 – Marckolsheim 34 – Obernai 23 – Sélestat 28 – Strasbourg 30.

⚲ **Municipal Au Clair Ruisseau** avril-sept.
✆ 03 88 98 30 04, Fax 03 88 98 43 26 – sortie Nord-Est par
D 924 vers le Rhin et chemin à gauche, bord d'un étang et
d'un cours d'eau – **R** conseillée
3 ha (70 empl.) plat, herbeux
**Tarif :** (Prix 2002) 🔲 *2 pers.* 👥 *(6A) 9,80 – pers. suppl. 2,30*

*Avant de prendre la route, consultez* **www.ViaMichelin.fr :**

*votre meilleur itinéraire, le choix de votre hôtel, restaurant, camping,
des propositions de visites touristiques.*

## GESTÉ

49600 M.-et-L. **9** – **317** C5 – 2 447 h. – alt. 88 – Base de loisirs.
Paris 357 – Ancenis 28 – Beaugreau 12 – Cholet 28 – Nantes 40.

⚲ **La Thévinière** 15 juin-10 sept.
✆ 02 41 56 69 46, *mairie.geste@wanadoo.fr*, Fax 02 41 56
69 90 – SE : 3 km par D 67 rte de St-Germain-sur-Moine et
chemin à gauche, à la base de loisirs « Agréable cadre boisé
près d'un étang » – **R** conseillée
22 ha/1 campable (28 empl.) plat, herbeux
**Tarif :** (Prix 2002) 🔲 *2 pers.* 👥 *10 – pers. suppl. 2,30*

## Les GETS

74260 H.-Savoie **12** – **328** N4 G. Alpes du Nord – 1 287 h. – alt. 1 170 – Sports d'hiver : 1 170/2 000 m
⚡5 ⚡47 ⚐.
**B** Office du Tourisme, ✆ 04 50 75 80 80, Fax 04 50 79 76 90, *lesgets@lesgets.com*.
Paris 579 – Annecy 74 – Bonneville 33 – Chamonix-Mont-Blanc 60 – Cluses 20 – Morzine 7 – Thonon-les-Bains 37.

⚲ **Le Frêne** 21 juin-14 sept.
✆ 04 50 75 80 60, Fax 04 50 75 84 39 – sortie Sud-Ouest
par D 902 rte de Taninges puis 2,3 km par rte des Platons
à droite, alt. 1 315 « Belle situation dominante » –
**R** conseillée
0,3 ha (19 empl.) non clos, en terrasses, peu incliné, herbeux
**Tarif :** 🔲 *2 pers.* 👥 *14,50 – pers. suppl. 3,50*

273

## GEX

01170 Ain **12** – **328** J3 G. Jura – 6 615 h. – alt. 626.

**1** Office du Tourisme, square Jean-Clerc *&* 04 50 41 53 85, Fax 04 50 41 81 00, *ot.paysdegex@wanadoo.fr*.
Paris 491 – Genève 18 – Lons-le-Saunier 94 – Pontarlier 96 – St-Claude 42.

△ **Municipal les Genêts** juin-15 sept.
*&* 04 50 41 61 46, *camp-gex-@cc-pays-de-gex.fr*, Fax
04 50 41 68 77 – E : 1 km par D 984ᶜ rte de Divonne-les-Bains
et chemin à droite « Décoration arbustive » – **R** conseillée
3,3 ha (140 empl.) peu incliné et plat, goudronné, gravillons,
herbeux
**Tarif :** (Prix 2002) 🔲 *2 pers.* 🔋 *13,70 – pers. suppl. 3,20*

## GHISONACCIA

2B H.-Corse – **345** F7 – voir à Corse.

## GIEN

45500 Loiret **6** – **318** M5 G. Châteaux de la Loire – 16 477 h. – alt. 162.

**1** Office de tourisme, place Jean-Jaurès *&* 02 38 67 25 28, Fax 02 38 38 23 16.
Paris 150 – Auxerre 85 – Bourges 78 – Cosne-sur-Loire 45 – Orléans 69 – Vierzon 74.

⋀⋀ **Les Bois du Bardelet** avril-sept.
*&* 02 38 67 47 39, *contact@bardelet.com*, Fax 02 38 38
27 16 – SO : 5 km par D 940 rte de Bourges et 2 km par rte
à gauche, pour les usagers venant de Gien, accès conseillé
par D 53 rte de Poilly-lez-Gien et 1ʳᵉ rte à droite « Cadre
agréable, au bord d'un étang et belle piscine d'intérieur » –
**R** conseillée
12 ha/6 campables (260 empl.) plat, herbeux, étang
**Tarif :** 🔲 *2 pers.* 🔋 *(10A) 26 – pers. suppl. 5,20 – frais de
réservation 16*
**Location** 🏷 : 🏠 *255 à 640* – 🏠 *205 à 710*
🏕 *(15 empl.) – 10*

274

## GIGNAC

34150 Hérault **16** – **339** G7 G. Languedoc Roussillon – 3 652 h. – alt. 53.

**1** Office du Tourisme, place du Gen.-Claparède *&* 04 67 57 58 83, Fax 04 67 57 67 95.
Paris 724 – Béziers 57 – Clermont-l'Hérault 12 – Lodève 25 – Montpellier 31 – Sète 57.

△ **Municipal la Meuse** 3 juin-6 sept.
*&* 04 67 57 92 97, *infos-gignac@wanadoo.fr*, Fax 04 67 57
25 65 – NE : 1,2 km par D 32, rte d'Aniane puis chemin à
gauche, à 200 m de l'Hérault et d'une base nautique –
**R** conseillée
3,4 ha (61 empl.) plat, herbeux
**Tarif :** 🔲 *2 pers.* 🔋 *13 – pers. suppl. 2*
🏕

À prox. : parcours sportif, mur d'escalade

## GIGNY-SUR-SAÔNE

71240 S.-et-L. **12** – **320** J10 – 401 h. – alt. 178.
Paris 357 – Chalon-sur-Saône 29 – Le Creusot 52 – Louhans 30 – Mâcon 47 – Tournus 13.

⋀⋀⋀ **Château de l'Épervière** avril-14 oct.
*&* 03 85 94 16 90, *domaine-de-leperviere@wanadoo.fr*,
Fax 03 85 94 16 97 – S : 1 km, à l'Épervière – Places limitées
pour le passage « agréable parc boisé au bord d'un étang »
– **R** conseillée
7 ha (100 empl.) plat, herbeux, gravillons
**Tarif :** 🔲 *2 pers.* 🔋 *(6A) 25,50 – pers. suppl. 6,10 – frais de
réservation 20*
**Location** 🏷 : *gîtes*

(dîner seulement)
pizzeria
(bassin pour enfants)
À prox. : 🏷

## GIRAC

46130 Lot **10** – **337** G2 – 329 h. – alt. 123.
Paris 523 – Beaulieu-sur-Dordogne 11 – Brive-la-Gaillarde 42 – Gramat 28 – St-Céré 12 – Souillac 36.

⋀⋀ **Les Chalets sur Dordogne** mai-15 sept.
*&* 05 65 10 93 33, Fax 05 65 10 93 34 – NO : 1 km par
D 703, rte de Vayrac et chemin à gauche, bord de la Dor-
dogne – **R** conseillée
2 ha (39 empl.) non clos, plat, herbeux, sablonneux
**Tarif :** (Prix 2002) 🔲 *2 pers.* 🔋 *13,80 – pers. suppl. 3,40*
**Location** *(permanent)* : 🏠 *183 à 275* – 🏠 *200 à 488*

À prox. :

## GIROUSSENS

81500 Tarn 🔟🖪 – 🗓🗓🗓 C8 – 1 051 h. – alt. 204.
Paris 682 – Albi 41 – Castelnaudary 98 – Castres 50 – Montauban 48 – Toulouse 42.

△ **Aire Naturelle la Rigaudié** avril-nov.
  *🖉* 05 63 41 67 20, *bernard.gaben@wanadoo.fr*
  SE : 3,8 km par D 631, rte de Graulhet et chemin à gauche
  « Cadre boisé » – **R** conseillée
  1,3 ha (24 empl.) plat, herbeux
  **Tarif :** 🖾 *2 pers.* 🔋 *(6A) 10 – pers. suppl. 4*

## LE GIVRE

85540 Vendée 🟘 – 🗓🗓🗓 H9 – 265 h. – alt. 20.
Paris 449 – Luçon 19 – La Mothe-Achard 34 – Niort 88 – La Rochelle 62 – La Roche-sur-Yon 28 – Les Sables-d'Olonne 33.

△ **Aire Naturelle la Grisse** 15 avril-15 oct.
  *🖉* 02 51 30 83 03 – S : 2,5 km par rte reliant la D 949 et
  la D 747 – **R** conseillée
  1 ha (25 empl.) plat, herbeux
  **Tarif :** 🖾 *2 pers.* 🔋 *(5A) 13,50 – pers. suppl. 4,50*

## GOLFE DE LA LISCIA

2a Corse-du-Sud – 🗓🗓🗓 B7 – voir à Corse.

## GOLINHAC

12140 Aveyron 🔟🖪 – 🗓🗓🗓 H3 G. Midi Pyrénées – 458 h. – alt. 630.
Paris 605 – Conques 25 – Entraygues-sur-Truyère 7 – Espalion 22 – Rodez 35.

🔺 **Municipal Bellevue** mars-oct.
  *🖉* 05 65 44 50 73, *leschaletsdesaintjacques@wanadoo.fr*,
  Fax 05 65 48 65 36 – au Sud-Ouest du bourg – **R** conseillée
  2 ha (58 empl.) en terrasses, peu incliné, herbeux
  **Tarif :** (Prix 2002) 🖾 *1 pers.* 🔋 *8,60 – 2 pers. 12,60*
  **Location** *(mars-15 nov.)* : 🏠 *300 à 480 – gîte d'étape*

## GONDRIN

32330 Gers 🔟🖪 – 🗓🗓🗓 D6 – 1 042 h. – alt. 174.
🅱 Syndicat d'Initiative, avenue Jean-Moulin *🖉* 05 62 29 15 89, Fax 05 62 29 15 55, *ot.gondrin@wanadoo.fr*.
Paris 748 – Agen 58 – Auch 43 – Condom 17 – Mont-de-Marsan 65 – Nérac 38.

🔺 **Le Pardaillan** avril-15 sept.
  *🖉* 05 62 29 16 69, *Camplepardaillan@wanadoo.fr*, Fax
  05 62 29 11 82 – à l'Est du bourg – **R** conseillée
  2,5 ha (100 empl.) plat, terrasses, herbeux, gravillons
  **Tarif :** 🖾 *2 pers.* 🔋 *(6A) 19 – pers. suppl. 4,10 – frais de réservation 12*
  **Location :** 🛏 *175 à 485 –* 🏠 *210 à 560 – bungalows toilés*
  🛏

## GONNEVILLE-EN-AUGE

14 Calvados – 🗓🗓🗓 K4 – rattaché à Merville-Franceville-Plage.

## GOUDARGUES

30630 Gard 🔟🖪 – 🗓🗓🗓 L3 G. Provence – 788 h. – alt. 77.
🅱 Office du Tourisme, 4 route de Pont-St-Esprit *🖉* 04 66 82 30 02, Fax 04 66 82 30 02.
Paris 671 – Alès 51 – Bagnols-sur-Cèze 17 – Barjac 21 – Lussan 18 – Pont-St-Esprit 25.

🔺 **Les Amarines** avril-14 oct.
  *🖉* 04 66 82 24 92, *les.amarines@wanadoo.fr*, Fax 04 66 82
  38 64 – NE : 1 km par D 23, bord de la Cèze – **R** conseillée
  3,7 ha (120 empl.) plat, herbeux
  **Tarif :** 🖾 *2 pers.* 🔋 *(6A) 15,80 – pers. suppl. 5*
  **Location** 🛏 : 🛏 *244 à 475*

🔺 **St-Michelet** avril-sept.
  *🖉* 04 66 82 24 99, *camping.st.michelet@wanadoo.fr*, Fax
  04 66 82 34 43 – NO : 1 km par D 371, rte de Frigoulet, bord
  de la Cèze – **R** conseillée
  4 ha (140 empl.) plat et peu incliné, terrasse, herbeux
  **Tarif :** 🖾 *2 pers.* 🔋 *(6A) 16,50 – pers. suppl. 2,50*
  **Location :** 🛏 *140 à 220 –* 🛏 *190 à 450*

⚠ **La Grenouille** 29 mars-1er oct.
    04 66 82 21 36, *camping-la-grenouille@wanadoo.fr*, Fax 04 66 82 27 77 – au bourg, près de la Cèze (accès direct) et bord d'un ruisseau – **R** conseillée
0,8 ha (50 empl.) plat, herbeux
**Tarif :** 🖭 *2 pers.* 🖸 *18,50 – pers. suppl. 2,50*

## GOUJOUNAC

46250 Lot **14** – **337** D4 G. Périgord Quercy – 174 h. – alt. 250.
Paris 592 – Cahors 28 – Fumel 25 – Gourdon 31 – Villeneuve-sur-Lot 53.

⚠ **La Pinède** 15 juin-15 sept.
    05 65 36 61 84 – sortie Ouest par D 660, rte de Ville-franche-du-Périgord – **R** conseillée
0,5 ha (16 empl.) non clos, en terrasses, herbeux, bois attenant
**Tarif :** 🖭 *2 pers.* 🖸 *(16A) 12,50 – pers. suppl. 3,50*

## GOURDON

46300 Lot **13** – **337** E3 G. Périgord Quercy – 4 851 h. – alt. 250.
🛈 Office du Tourisme, 24 rue du Majou ℘ 05 65 27 52 50, Fax 05 65 27 52 52, *gourdon@wanadoo.fr*.
Paris 544 – Bergerac 89 – Brive-la-Gaillarde 67 – Cahors 44 – Figeac 63 – Périgueux 92 – Sarlat-la-Canéda 26.

⚠ **Aire Naturelle le Paradis** mai-sept.
    05 65 41 65 01, Fax 05 65 41 65 01 – SO : 2 km par D 673, rte de Fumel et chemin à gauche, près du parking Intermar-ché – **R** conseillée
1 ha (25 empl.) non clos, plat et en terrasses, herbeux
**Tarif :** 🖭 *2 pers.* 🖸 *(10A) 13,60 – pers. suppl. 4,75*
**Location :** 🛖 *120 à 240 –* 🛏

## GRADIGNAN

33170 Gironde **13** – **335** H6 – 21 727 h. – alt. 26.
Paris 593 – Bordeaux 9 – Lyon 552 – Nantes 338 – Toulouse 242.

⚠ **Beausoleil** Permanent
    05 56 89 17 66, Fax 05 56 89 17 66 – 371 cours du Gal de Gaulle, sur rocade sortie N° 16, Gradignan – **R** conseillée
0,5 ha (31 empl.) plat, peu incliné, gravillons, herbeux
**Tarif :** 🖭 *2 pers.* 🖸 *(10A) 16,50 – pers. suppl. 3 – frais de réservation 15*
**Location :** 🛖 *229 à 381*

## Le GRAND-BORNAND

74450 H.-Savoie **12** – **328** L5 G. Alpes du Nord – 1 925 h. – alt. 934 – Sports d'hiver : 1 000/2 100 m ⟱2 ⟱37 ⟱.
🛈 Office du Tourisme, place de l'Église ℘ 04 50 02 78 00, Fax 04 50 02 78 01, *infos@legrandbornand.com*.
Paris 563 – Albertville 47 – Annecy 33 – Bonneville 23 – Chamonix-Mont-Blanc 76 – Megève 33.

⚠ **L'Escale** déc.-sept.
    04 50 02 20 69, *contact@campinglescale.com*, Fax 04 50 02 36 04 – à l'Est du bourg, à proximité de l'Eglise, près du Borne – **R** conseillée
2,8 ha (149 empl.) plat et peu incliné, terrasse, herbeux, pierreux
**Tarif :** 🖭 *1 ou 2 pers.* 🖸 *(10A) 21,80 (hiver 23,10) – pers. suppl. 4,50 (hiver 4,20) – frais de réservation 10*
**Location :** 🛏 *– studios et appartements* 🛖

⚠ **Le Clos du Pin** 15 juin-20 sept., déc.-10 mai
    04 50 02 27 61, Fax 04 50 02 70 57 – E : 1,3 km par rte du Bouchet, bord du Borne, alt. 1 015 – Places limitées pour le passage – **R** conseillée
1,3 ha (61 empl.) peu incliné, herbeux
**Tarif :** *(Prix 2002)* 🖭 *2 pers.* 🖸 *(10A) 15,80 (hiver 21,30) – pers. suppl. 3,40 (hiver 3,60)*

*Si vous désirez réserver un emplacement pour vos vacances,*
*faites-vous préciser au préalable les conditions particulières de séjour,*
*les modalités de réservation, les tarifs en vigueur et les conditions de paiement.*

**276**

## La GRANDE-MOTTE

34280 Hérault **16** – **339** J7 G. Languedoc Roussillon – 5 016 h. – alt. 1.

**🛈** Office du Tourisme, allée des Parcs 🖉 04 67 56 42 00, Fax 04 67 29 03 45, *Infos@ot-lagrandemotte.fr*.
Paris 752 – Aigues-Mortes 11 – Lunel 16 – Montpellier 28 – Nîmes 45 – Palavas-les-Flots 16 – Sète 46.

⚠ ***Intercommunal les Cigales*** 5 avril-24 oct.
🖉 04 67 56 50 85, Fax 04 67 56 50 85 – sortie Ouest par D 59 – **R** indispensable
2,5 ha (180 empl.) plat, sablonneux
**Tarif :** 🔲 *2 pers.* [½] *(10A) 16,80 – pers. suppl. 4,50 - frais de réservation 8*
**Location :** 🚐 *150 à 520*

À prox. : 🐎 poneys

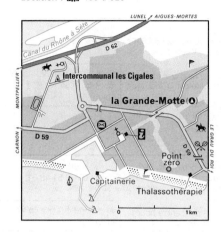

## La GRANDE-PAROISSE

77 S.-et-M. – **312** G5 – voir à Montereau-Fault-Yonne.

## GRAND-FORT-PHILIPPE

59153 Nord **1** – **302** A2 – 6 477 h. – alt. 5.
**🛈** Office de tourisme, 11 rue de la République, Gravelines 🖉 03 28 51 94 00.
Paris 289 – Calais 20 – Cassel 38 – Dunkerque 24 – St-Omer 38.

⚠ ***Municipal de la Plage*** avril-oct.
🖉 03 28 65 31 95 – au Nord-Ouest de la localité, rue du Maréchal Foch – **R** conseillée
1,5 ha (84 empl.) plat, herbeux

## GRAND'LANDES

85670 Vendée **9** – **316** G7 – 407 h. – alt. 52.
Paris 431 – Aizenay 12 – Challans 21 – Nantes 53 – La Roche-sur-Yon 29 – St-Gilles-Croix-de-Vie 30.

⚠ ***Municipal les Blés d'Or*** Permanent
🖉 02 51 98 51 86, *mairiegrandlandes@wanadoo.fr*, Fax 02 51 98 53 24 – au bourg, par D 94, rte de St-Etienne-du-Bois, à 100 m d'un étang – **R** conseillée
1 ha (40 empl.) peu incliné, plat, herbeux
**Tarif :** 🔲 *2 pers.* [½] *7,15 - pers. suppl. 1,85*

À prox. : ⊐

## GRANDRIEU

48600 Lozère **16** – **330** J6 – 844 h. – alt. 1 160.
**🛈** Syndicat d'Initiative, place du Foirail 🖉 04 66 46 34 51.
Paris 557 – Langogne 28 – Châteauneuf-de-Randon 19 – Marvejols 60 – Mende 48 – Saugues 26.

⚠ ***Municipal le Valadio*** 15 juin-sept.
🖉 04 66 46 31 39, Fax 04 66 46 37 50 – au Sud du bourg, accès par rue devant la poste, à 100 m du Grandrieu et d'un plan d'eau, alt. 1 200 – **R** conseillée
1 ha (33 empl.) plat et en terrasses, peu incliné, pierreux, herbeux
**Tarif :** 🔲 *2 pers.* [½] *5,60 – pers. suppl. 1,80*

À prox. : ✂ ⌇

## GRAND-VABRE

12320 Aveyron **15** – **BBB** G3 – 489 h. – alt. 213.
Paris 595 – Aurillac 48 – Decazeville 18 – Espalion 50 – Figeac 38 – Rodez 41.

   ▲▲ *Village Vacances de Grand-Vabre* (location exclusive de 20 bungalows) avril-oct.
        𝄞 05 65 72 85 67, contact@grand-vabre.com, Fax 05 65 72 85 53 – SE : 1 km par D 901, rte de Conques, bord de Dourdou
        1,5 ha plat, herbeux
        **Location :** 🏠 *200 à 570*

## GRANE

26400 Drôme **12** – **BBB** C5 – 1 384 h. – alt. 175.
🛈 Syndicat d'Initiative, route de la Roche/Grâne 𝄞 04 75 62 66 08, Fax 04 75 62 73 26.
Paris 589 – Crest 10 – Montélimar 34 – Privas 38 – Valence 28.

   ▲▲ *Les Quatre Saisons* Permanent
        𝄞 04 75 62 64 17, camping.4saisons@wanadoo.fr, Fax 04 75 62 69 06 – sortie Sud-Est, 0,9 km par D 113, rte de la Roche-sur-Grâne – **R** conseillée
        2 ha (55 empl.) en terrasses, herbeux, sablonneux, pierrieux
        **Tarif :** 🔲 *2 pers.* (i) *(16A) 18 – pers. suppl. 5 – frais de réservation 10*

## GRANGES-SUR-VOLOGNE

88640 Vosges **8** – **314** I4 G. Alsace Lorraine – 2 485 h. – alt. 502.
🛈 Syndicat d'Initiative, 2 place Combattants-d'Indochine 𝄞 03 29 51 48 01, Fax 03 29 51 48 01.
Paris 419 – Bruyères 10 – Épinal 34 – Gérardmer 14 – Remiremont 30 – St-Dié 28.

   ▲ *Les Peupliers* mai-15 sept.
        𝄞 03 29 57 51 04, Fax 03 29 57 51 04 – par centre bourg vers Gérardmer et chemin à droite après le pont « Cadre verdoyant au bord de la Vologne et d'un ruisseau » – **R**
        2 ha (40 empl.) plat, herbeux
        **Tarif :** 🔲 *2 pers.* (i) *(6A) 10,20 – pers. suppl. 2,30*

*Verwechseln Sie bitte nicht :*

   ▲... *bis* ... ▲▲▲ : **MICHELIN**-*Klassifizierung*

*und*

★ ... *bis* ... ★★★★ : *offizielle Klassifizierung*

## GRANVILLE

50400 Manche **4** – **BBB** C6 G. Normandie Cotentin – 12 413 h. – alt. 10.
🛈 Office du Tourisme, 4 cours Jonville 𝄞 02 33 91 30 03, Fax 02 33 91 30 19, office.tourisme@ville-granville.fr.
Paris 340 – Avranches 26 – Caen 108 – Cherbourg 106 – Coutances 30 – St-Lô 58 – St-Malo 93 – Vire 56.

   ▲▲▲ *Lez-Eaux* mai-14 sept.
        𝄞 02 33 51 66 09, lez-eaux@wanadoo.fr, Fax 02 33 51 92 02 ⊠ 50380 St-Pair-sur-Mer – SE : 7 km par D 973, rte d'Avranches « Dans le parc du château, bel ensemble aquatique » – **R** conseillée
        12 ha/8 campables (229 empl.) plat et peu incliné, herbeux
        **Tarif :** 🔲 *2 pers.* (i) *(5A) 31 – pers. suppl. 7*
        **Location** *(29 mars-3 oct) :* 🏠 *220 à 690*
        🚲

   ▲▲ *La Vague* mai-sept.
        𝄞 02 33 50 29 97 – SE : 2,5 km par D 911, rte de St-Pair et D 572 à gauche, quartier St-Nicolas, à 150 m de la plage « Cadre verdoyant, plaisant et soigné »
        2 ha (145 empl.) plat, herbeux, sablonneux
        🚲

  **à Bréville-sur-Mer** NE : 4,5 km par rte de Coutances – 530 h. – alt. 70 – ⊠ 50290 Bréville-sur-Mer :

   ▲▲ *La Route Blanche* avril-oct.
        𝄞 02 33 50 23 31, n-guyen@club-internet.fr, Fax 02 33 50 26 47 – NO : 1 km par rte de la plage, près du golf – Places limitées pour le passage – **R** conseillée
        4,5 ha (273 empl.) plat, herbeux, sablonneux
        **Tarif :** 🔲 *2 pers.* (i) *(10A) 18,30 – pers. suppl. 4*
        **Location :** 🏠 *270 à 597,60*

À prox. : parcours sportif, piste de roller

À prox. : parcours sportif, piste de roller
(découverte l'été)

terrain omnisports
À prox. : parcours sportif, golf, piste de roller (découverte l'été)

**à Donville-les-Bains** NE : 3 km rte de Coutances – 3 199 h. – alt. 40 – ⊠ 50350 Donville-les-Bains :
🛈 Office du Tourisme, 95 ter route de Coutances ℘ 02 33 50 12 91, Fax 02 33 91 28 55

⚠ **L'Ermitage** 15 avril-15 oct.
℘ 02 33 50 09 01, camping-ermitage@wanadoo.fr,
Fax 02 33 50 88 19 – N : 1 km par r. du Champ de Courses
« Près d'une belle plage de sable fin » – **R** conseillée
5,5 ha (350 empl.) plat et peu incliné, herbeux, sablonneux
**Tarif :** 🖾 2 pers. ⓖ (10A) 13,52 – pers. suppl. 3,42
🚐

À prox. : bowling, parcours sportif, golf,
piste de roller 🏊 🍽 ✕ snack 🐾 ℘
🖼 (découverte l'été) 🌊 🐎

## Le *GRAU-DU-ROI*

30240 Gard 🔟🔢 – 🔢🔢🔢 J7 G. Provence – 5 253 h. – alt. 2.
🛈 Office du Tourisme, 30 rue Michel-Rédarès ℘ 04 66 51 67 70, Fax 04 66 51 06 80, ot-legrauduroi-portca
margue@wanadoo.fr.
Paris 756 – Aigues-Mortes 7 – Arles 55 – Lunel 22 – Montpellier 34 – Nîmes 49 – Sète 52.

⚠ **Le Boucanet** 26 avril-27 sept.
℘ 04 66 51 41 48, campingboucanet@wanadoo.fr, Fax
04 66 51 41 87 – à 2 km au Nord-Ouest du Grau-du-Roi(rive
droite) par rte de la Grande-Motte, bord de plage (hors
schéma) – **R** indispensable
7,5 ha (458 empl.) plat, sablonneux
**Tarif :** 🖾 2 pers. ⓖ (6A) 28 – pers. suppl. 8,50 – frais de
réservation 23
**Location :** 🛖 330 à 660 – bungalows toilés
🚐

À prox. : golf 🖾 🐎

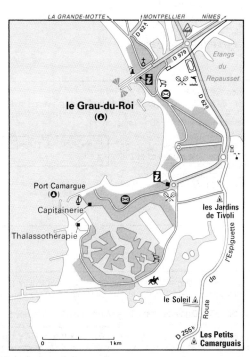

**à Port-Camargue** S : 3,5 km – ⊠ 30240 le Grau-du-Roi :
🛈 Office de tourisme, Carrefour 2000 ℘ 04 66 51 71 68

⚠ **Les Jardins de Tivoli** avril-sept.
℘ 04 66 53 97 00, Fax 04 66 51 09 81 – rte de l'Espiguette
– Places limitées pour le passage – **R** conseillée
6,5 ha (368 empl.) plat, sablonneux
**Tarif :** (Prix 2002) 🖾 4 pers. ⓖ (10A) 47 – pers. suppl. 6 –
frais de réservation 25
**Location** 🏷 : 🛖 285 à 540

- Sanitaires
individuels (🚰 lavabo et évier eau froide,
wc) ⊛ 🖾 🏊 🍽 ✕ snack, pizzeria 🐾
🛖 🎵 discothèque 🐾 ℘ m 🌊
À prox. : 🐎

279

▲▲▲ **Yelloh ! Village les Petits Camarguais** (location exclusive de 300 mobile homes) 5 avril-21 sept.
  📞 04 66 51 16 16, *petits.camarguais@yellohvillage.com*, Fax 04 66 51 16 17 – rte de l'Espiguette – Navettes gratuites pour la plage – **R**
  3,5 ha plat, sablonneux, herbeux
  **Location :** 🛏 *150 à 810*

▲ **Le Soleil** avril-29 sept.
  📞 04 66 51 50 07, *camping.soleil@free.fr*, Fax 04 66 51 74 74 – rte de l'Espiguette, bord d'un plan d'eau – Places limitées pour le passage – **R** conseillée
  3 ha (247 empl.) plat, sablonneux, herbeux
  **Tarif :** 🗐 *2 pers.* 🔌 *(6A) 16 – pers. suppl. 4 – frais de réservation 10*
  **Location :** 🛏 *160 à 454*

## La GRAVE

05320 H.-Alpes 🔟🔢 – 𝟑𝟑𝟒 F2 G. Alpes du Nord – 455 h. – alt. 1 526 – Sports d'hiver : 1 450/3 250 m ≤2 ≤2 ⸜.
🅱 Office du Tourisme 📞 04 76 79 90 05, Fax 04 76 79 91 65.
Paris 644 – Briançon 38 – Gap 127 – Grenoble 80 – Col du Lautaret 11 – St-Jean-de-Maurienne 67.

▲ **Le Gravelotte** 20 juin-15 sept.
  📞 04 76 79 93 14, *roland.jacob@cario.fr*, Fax 04 76 79 92 39 – O : 1,2 km par N 91 rte de Grenoble et chemin à gauche « Agréable situation au pied des montagnes et au bord de la Romanche »
  4 ha (50 empl.) plat, herbeux
  **Tarif :** 🗐 *2 pers.* 🔌 *(5A) 13,10 – pers. suppl. 3,30*

*Pour une meilleure utilisation de cet ouvrage,*
*LISEZ ATTENTIVEMENT LE CHAPITRE EXPLICATIF.*

## GRAVESON

13690 B.-du-R. 🔟🔢 – 𝟑𝟒𝟎 D2 G. Provence – 2 752 h. – alt. 14.
🅱 Office du Tourisme, cours National 📞 04 90 95 71 05, Fax 04 90 95 81 75, *ot.graveson@visitprovence.com*.
Paris 700 – Arles 25 – Avignon 14 – Cavaillon 28 – Nîmes 38 – Tarascon 11.

▲▲▲ **Micocouliers** 15 mars-15 oct.
  📞 04 90 95 81 49, *micocou@ifrance.com*, Fax 04 90 95 81 49 – SE : 1,2 km par D 28, rte de Châteaurenard et D 5 à droite, rte de Maillane – **R** conseillée
  3,5 ha/2 campables (60 empl.) plat, pierreux, herbeux
  **Tarif :** (Prix 2002) 🗐 *1 ou 2 pers.* 🔌 *(13A) 18 – pers. suppl. 4 – frais de réservation 15*

## GRAVIÈRES

07 Ardèche – 𝟑𝟑𝟏 G7 – rattaché aux Vans.

## GRÉOUX-LES-BAINS

04800 Alpes-de-H.-Pr. 🔟🔢 – 𝟑𝟑𝟒 D10 G. Alpes du Sud – 1 718 h. – alt. 386 – ♨ (début mars-fin déc.).
🅱 Office du Tourisme, 5 avenue des Marronniers 📞 04 92 78 01 08, Fax 04 92 78 13 00, *tourisme@greoux-les-bains.com*.
Paris 767 – Aix-en-Provence 54 – Brignoles 53 – Digne-les-Bains 68 – Manosque 15 – Salernes 51.

▲▲▲ **La Pinède** mars-nov.
  📞 04 92 78 05 47, *lapinede@wanadoo.fr*, Fax 04 92 77 69 05 – S : 1,5 km par D 8, rte de St-Pierre, à 200 m du Verdon – **R** conseillée
  3 ha (160 empl.) plat, peu incliné et en terrasses, pierreux, gravillons
  **Tarif :** (Prix 2002) 🗐 *2 pers.* 🔌 *(6A) 15 – pers. suppl. 3*
  **Location :** 🛏 *250 à 524*
  🛏

▲▲ **Verseau** 29 mars-1er nov.
  📞 04 92 77 67 10, Fax 04 92 77 67 10 – S : 1,2 km par D 8, rte de St-Pierre et chemin à droite, près du Verdon – **R** conseillée
  2,5 ha (120 empl.) plat, incliné, pierreux, herbeux
  **Location :** 🛖 – 🛏 – 🏠

⚐ **Les Cygnes** 5 avril-24 oct.
    𝒫 04 92 78 08 08, Fax 04 92 78 00 17 – S : 0,6 km par D 8,
rte de St-Pierre et à gauche après le pont, au bord du Verdon
– **R** conseillée
8 ha (280 empl.) plat, gravier, pierreux, terrasses, herbeux
**Tarif :** ▣ *2 pers.* ⚡ *(10A) 22 – pers. suppl. 5 – frais de réser-*
*vation 16*
**Location :** 🛖 *245 à 595 – bungalows toilés*
🚐

juil.-août sur le camping et
en permanence dans locations 🆖
snack réfrigérateurs
terrains omnisports

⚐ **Regain** avril-20 oct.
    𝒫   04 92 78 09 23,   *camping.regain@ club-internet.fr,*
Fax 04 92 74 26 64 – S : 2 km par D 8, rte de St-Pierre « Au
bord du Verdon » – **R** conseillée
3 ha (83 empl.) plat et terrasse, pierreux, herbeux
**Tarif :** ▣ *2 pers.* ⚡ *(9A) 13,20 – pers. suppl. 3*

## GRESSE-EN-VERCORS

38650 Isère **12** – **333** G8 G. Alpes du Nord – 265 h. – alt. 1 205 – Sports d'hiver : 1 300/1 700 m ⛷16 🎿.
🛈 Syndicat d'Initiative, Le faubourg 𝒫 04 76 34 33 40, Fax 04 76 34 31 26.
Paris 612 – Clelles 22 – Grenoble 48 – Monestier-de-Clermont 14 – Vizille 43.

⚐ **Les 4 Saisons** 21 déc.-9 mars et 24 mai-1er sept.
    𝒫 04 76 34 30 27, *becquetjacques@ aol.com,* Fax 04 76 34
39 52 – SO : 1,3 km, au lieu-dit la Ville « Situation agréable »
– **R** conseillée
2,2 ha (90 empl.) en terrasses, plat, pierreux, gravillons, her-
beux
**Tarif :** ▣ *2 pers.* ⚡ *(10A) 16,20 – pers. suppl. 4,20*
**Location :** 🛖 *222 à 405 –* 🏠 *252 à 480*

massif du Vercors 🆖
À prox. : 🍴 snack discothèque
poneys

## GRÉSY-SUR-AIX

73 Savoie – **333** I3 – rattaché à Aix-les-Bains.

## GREZ-NEUVILLE

49220 M.-et-L. **4** – **317** E3 G. Châteaux de la Loire – 1 040 h. – alt. 15.
Paris 297 – Angers 24 – Candé 30 – Château-Gontier 29 – La Flèche 52.

⚐ **Municipal** mi-mai-mi-sept.
    𝒫 02 41 95 61 19, Fax 02 41 95 62 44 – parc de la mairie,
bord de la Mayenne – **R**
1,5 ha (36 empl.) plat, peu incliné, herbeux
**Tarif :** (Prix 2002) ▣ *2 pers.* ⚡ *7,20 – pers. suppl. 1,58*

## GRIGNAN

26230 Drôme **16** – **332** C7 – 1 300 h. – alt. 198.
🛈 Office du Tourisme, Grande-Rue 𝒫 04 75 46 56 75, Fax 04 75 46 55 89.
Paris 634 – Crest 46 – Montélimar 24 – Nyons 24 – Orange 52 – Pont-St-Esprit 37 – Valence 75.

⚐ **Les Truffières** 14 avril-sept.
    𝒫 04 75 46 93 62, *info@ lestruffieres.com,* Fax 04 75 46
93 62 – SO : 2 km par D 541, rte de Donzère, D 71, rte de
Chamaret à gauche et chemin « Cadre boisé » – **R** conseillée
1 ha (35 empl.) plat, herbeux, pierreux, bois attenant
**Tarif :** ▣ *2 pers.* ⚡ *(10A) 20 – pers. suppl. 4,50 – frais de*
*réservation 10*
**Location :** 🛖 *180 à 300 –* 🛖 *260 à 450*

snack

*Ne pas confondre :*

⚐ ... à ... ⚑ : *appréciation* **MICHELIN**
*et* ★ ... *à* ... ★★★★ : *classement officiel*

*Do not confuse :*

⚐ ... to ... ⚑ : **MICHELIN** *classification*
*and* ★ ... *to* ... ★★★★ : *official classification*

*Verwechseln Sie bitte nicht :*

⚐ ... *bis* ... ⚑ : **MICHELIN-***Klassifizierung*
*und* ★ ... *bis* ... ★★★★ : *offizielle Klassifizierung*

## GRIMAUD

83310 Var **17** – **340** O6 G. Côte d'Azur – 3 322 h. – alt. 105.
🏛 Office du Tourisme, 1 boulevard des Aliiers ℰ 04 94 43 26 98, Fax 04 94 43 32 40, *bureau.du.tourisme.gr imaud@ wanadoo.fr.*
Paris 864 – Brignoles 57 – Fréjus 31 – Le Lavandou 32 – St-Tropez 11 – Ste-Maxime 12 – Toulon 64.

△ **La Pinède** avril-15 oct.
ℰ 04 94 56 04 36, *pinede-grimaud@ wanadoo.fr,* Fax 04 94 56 30 86 – E : 3,5 km par D 558 et D 14, rte de Ste-Maxime – **R** conseillée
4,3 ha (204 empl.) plat, peu incliné, herbeux
**Tarif :** 🖼 *2 pers.* 🔌 *(6A) 23,60 – pers. suppl. 3,80*
**Location :** 🚐 *290 à 585*

### Voir aussi à la Croix-Valmer et à Ramatuelle

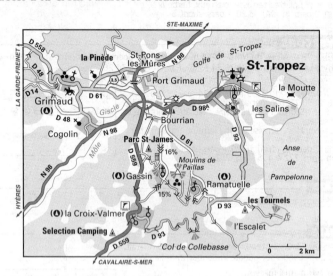

## GROISY

74570 H.-Savoie **12** – **328** K4 – 2 190 h. – alt. 690.
Paris 534 – Dijon 260 – Grenoble 120 – Lons-le-Saunier 146 – Lyon 153 – Mâcon 149.

△ **Aire Naturelle le Moulin Dollay** 15 mai-15 sept.
ℰ 04 50 68 00 31, Fax 04 50 68 00 31 – SE : 2 km, au lieu-dit Le Plot, intersection D 2 et N 203, au bord d'un ruisseau
3 ha (25 empl.) plat, herbeux, pierreux, bois attenant
**Tarif :** 🖼 *2 pers.* 🔌 *(6A) 14 – pers. suppl. 4*
**Location** *(permanent) : gîte*
🚐

## GROLÉJAC

24250 Dordogne **18** – **329** I7 – 545 h. – alt. 67.
Paris 538 – Gourdon 14 – Périgueux 80 – Sarlat-la-Canéda 12.

*Schéma à Domme*

△△△ **Les Granges** 3 mai-13 sept.
ℰ 05 53 28 11 15, *lesueur.francine@ wanadoo.fr,* Fax 05 53 28 57 13 – au bourg – Places limitées pour le passage – **R** conseillée
6 ha (188 empl.) plat, incliné et en terrasses, herbeux
**Tarif :** 🖼 *2 pers.* 🔌 *(6A) 25,20 – pers. suppl. 6,10 – frais de réservation 20*
**Location :** 🚐 – 🏠 *459 à 740*

△△△ **Résidence le Pech de Sireuil** (location exclusive de 14 chalets) 15 mars-4 oct.
ℰ 05 53 28 34 93, *resa@ pechdesireuil.com,* Fax 05 53 28 53 09 – N : 2 km par D 704 et à droite, rte de Milhac
5 ha non clos, plat, vallonné, herbeux
**Location :** 🏠 *275 à 587*

△ **Municipal le Roc Percé** juin-15 sept.
  𝒫 05 53 59 48 70 – S : 2 km par D 704, D 50 rte de Domme
et rte de Nabirat à gauche, bord d'un plan d'eau –
**R** conseillée
2 ha (92 empl.) non clos, plat, herbeux
**Tarif :** 🖾 *2 pers.* (⚡) *12 – pers. suppl. 3*

canoë, pédalos

## GROSPIERRES

07120 Ardèche **16** – **331** H7 – 507 h. – alt. 124.
Paris 663 – Aubenas 34 – Largentière 21 – Privas 64 – St-Ambroix 27 – Vallon-Pont-d'Arc 14.

△ **Aire Naturelle les Chadenèdes** avril-15 oct.
  𝒫 04 75 39 09 19, *les-chadenedes@wanadoo.fr*, Fax 04 75
39 09 19 – au Sud du bourg – **R** conseillée
1 ha (25 empl.) en terrasses, plat, peu incliné, herbeux
**Tarif :** 🖾 *2 pers.* (⚡) *(6A) 12,85 – pers. suppl. 3,05*
**Location :** *gîtes*

## Le GROS-THEIL

27370 Eure **5** – **304** F6 – 925 h. – alt. 145.
Paris 136 – Bernay 29 – Elbeuf 16 – Évreux 35 – Pont-Audemer 32.

△△△ **Salverte** Permanent
  𝒫 02 32 35 51 34, Fax 02 32 35 92 79 – SO : 3 km par D 26,
rte de Brionne et chemin à gauche – Places limitées pour le
passage « Agréable cadre boisé »
17 ha/10 campables (300 empl.) plat, herbeux
**Tarif :** 🖾 *2 pers.* (⚡) *(3A) 12,20 – pers. suppl. 4,60*

salle d'animation
(découverte l'été)

## GUEBWILLER

68500 H.-Rhin **8** – **315** H9 G. Alsace Lorraine – 10 942 h. – alt. 300.
🛈 Office du Tourisme, 73 rue de la République 𝒫 03 89 76 10 63, Fax 03 89 76 52 72, *o.t.guebwiller@wana
doo.fr*.
Paris 476 – Belfort 51 – Colmar 26 – Épinal 95 – Mulhouse 24 – Strasbourg 99.

283

**à Issenheim**  E : 4 km par D 5 – 2 838 h. – alt. 245

△ **Le Florival** avril-oct.
  𝒫 03 89 74 20 47, *contact@camping-leflorival.com*, Fax
03 89 74 20 47 – SE : 2,5 km par D 430 rte de Mulhouse
et D 5 à gauche, rte d'Issenheim – **R** conseillée
3,5 ha (100 empl.) plat, pierreux, herbeux
**Tarif :** (Prix 2002) 🖾 *2 pers.* (⚡) *16,12 – pers. suppl. 2,50*

À prox. :

## GUÉMENÉ-PENFAO

44290 Loire-Atl. **4** – **316** F2 – 4 464 h. – alt. 37.
🛈 Office du Tourisme, 9 bis place Simon 𝒫 02 40 79 30 83, Fax 02 40 51 16 13.
Paris 407 – Bain-de-Bretagne 32 – Châteaubriant 39 – Nantes 61 – Redon 21 – St-Nazaire 58.

△△△ **L'Hermitage** avril-oct.
  𝒫 02 40 79 23 48, *contact@campinglhermitage.com*, Fax
02 40 51 11 87 – E : 1,2 km par rte de Châteaubriant et
chemin à droite, près de la piscine municipale « Agréable
cadre boisé » – **R** conseillée
2,5 ha (83 empl.) plat, et peu incliné, herbeux
**Tarif :** 🖾 *2 pers.* (⚡) *11,30 – pers. suppl. 2,80*
**Location :** *gîte d'étape, bungalows toilés*

À prox. :

*LES GUIDES VERTS* **MICHELIN**

*Paysages, monuments*
*Routes touristiques*
*Géographie*
*Histoire, Art*
*Itinéraire de visite*
*Plans de villes et de monuments*

## GUÉRANDE

44350 Loire-Atl. **4** – **316** B4 G. Bretagne – 11 665 h. – alt. 54.
**B** Office du Tourisme, 1 place du Marché-au-Bois ℘ 02 40 24 96 71, Fax 02 40 62 04 24, *office.tourisme. guerande@wanadoo.fr*.
Paris 452 – La Baule 6 – Nantes 78 – St-Nazaire 20 – Vannes 61.

   **L'Étang** mai-15 sept.
℘ 02 40 61 93 51, *camping-etang@wanadoo.fr*, Fax 02 40 61 96 21 – NE : 5 km par rte de St-Lyphard puis 3 km par D 48 à droite et rte à gauche, près de l'étang « Agréable cadre verdoyant et ombragé » – **R** conseillée
2 ha (109 empl.) plat, herbeux
**Tarif :** ▣ 2 pers. 兔 (10A) 16,50 – pers. suppl. 3,50 – frais de réservation 8
**Location** (permanent) : ⛺ 185 à 500 – bungalows toilés

284

## La GUERCHE-SUR-L'AUBOIS

18150 Cher **11** – **323** N5 – 3 219 h. – alt. 184.
**B** Office du Tourisme, 1 place Auguste-Fournier ℘ 02 48 74 25 60, Fax 02 48 74 25 60.
Paris 244 – Bourges 47 – La Charité-sur-Loire 31 – Nevers 22 – Sancoins 16.

   **Municipal le Robinson** 15 avril-15 oct.
℘ 02 48 74 18 86, Fax 02 48 77 53 59 – SE : 1,4 km par D 200, rte d'Apremont puis à droite, 0,6 km par D 218 et chemin à gauche « Situation agréable au bord d'un plan d'eau » – **R** conseillée
1,5 ha (33 empl.) plat et peu incliné, herbeux
**Tarif :** (Prix 2002) ▣ 2 pers. 兔 9,55 – pers. suppl. 1,78
**Location** (permanent) : ⛺ 172,91 à 320,77

## GUÉRET

23000 Creuse **10** – **325** I3 G. Berry Limousin – 14 706 h. – alt. 457 – Base de loisirs.
**B** Office du Tourisme, 1 avenue Charles-de-Gaulle ℘ 05 55 52 14 29, Fax 05 55 41 19 38, *tourisme.gueret.s t.vaury@wanadoo.fr*.
Paris 351 – Bourges 122 – Châteauroux 89 – Clermont-Ferrand 133 – Limoges 90 – Montluçon 65 – Tulle 174.

   **Municipal du Plan d'Eau de Courtille** juin-sept.
℘ 05 55 81 92 24, Fax 05 55 51 05 37 – SO : 2,5 km par D 914, rte de Benevent et chemin à gauche « Situation agréable près d'un plan d'eau (accès direct) » – **R** conseillée
2,4 ha (70 empl.) incliné à peu incliné, plat, herbeux
⛺

## La GUÉRINIÈRE

85 Vendée – **316** C6 – voir à Île de Noirmoutier.

## Le GUERNO

56190 Morbihan **4** – 🔲🔲🔲 Q9 G. Bretagne – 580 h. – alt. 60.
Paris 456 – Muzillac 8 – Redon 29 – La Roche-Bernard 15 – Sarzeau 35 – Vannes 34.

⚠ **Municipal de Borg-Néhué** mars-oct.
      🖊 02 97 42 94 76, *mairie-leguerno@ wanadoo.fr*, Fax 02 97
42 84 36 – NO : 0,5 km par rte de Noyal-Muzillac –
**R** conseillée
1,4 ha (50 empl.) plat, herbeux
**Tarif :** 🔲 2 pers. 🔾 7,91 – pers. suppl. 2,21
**Location** (permanent) – 🚳 : 🏠 153 à 382
🖃

## GUEUGNON

71130 S.-et-L. **11** – 🔲🔲🔲 E10 – 9 697 h. – alt. 243.
Paris 335 – Autun 52 – Bourbon-Lancy 27 – Digoin 16 – Mâcon 86 – Montceau-les-Mines 29 – Moulins 62.

⚠ **Municipal de Chazey** mi-juin-août
      🖊 03 85 85 23 11, *economie.tourisme@ ville-gueugnon.fr*,
Fax 03 85 85 50 61 – S : 4 km par D 994, rte de Digoin et
chemin à droite « Près d'un petit canal et de deux plans
d'eau » – **R** conseillée
1 ha (20 empl.) plat, herbeux
**Tarif :** (Prix 2002) 🔲 2 pers. 🔾 (10A) 13,65 – pers. suppl. 2
**Location :** 🏠 152,50 à 305

## GUEWENHEIM

68116 H.-Rhin **8** – 🔲🔲🔲 G10 – 1 140 h. – alt. 323.
Paris 460 – Altkirch 23 – Belfort 26 – Mulhouse 21 – Thann 9.

⚠ **La Doller** avril-oct.
      🖊 03 89 82 56 90, *campeurs-doller@ wanadoo.fr*, Fax 03 89
82 82 31 – N : 1 km par D 34 rte de Thann et chemin à droite,
bord de la Doller « Ambiance familiale dans un cadre ver-
doyant et fleuri » – **R** conseillée
0,8 ha (40 empl.) plat, herbeux
**Tarif :** 🔲 2 pers. 🔾 (6A) 13,95 – pers. suppl. 3,80
🖃

## GUIDEL

56520 Morbihan **3** – 🔲🔲🔲 K8 – 8 241 h. – alt. 38.
Paris 511 – Nantes 178 – Quimper 60 – Rennes 163.

⚠ **Les Jardins de Kergal** 19 avril-13 sept.
      🖊 02 97 05 98 18, *jardins.kergal@ wanadoo.fr*, Fax 02 97
05 98 18 – SO : 3 km par D 306 rte de Guidel-Plages et che-
min à gauche « Agréable cadre boisé » – **R** conseillée
5 ha (153 empl.) plat, herbeux
**Tarif :** 🔲 2 pers. 🔾 (6A) 23 – pers. suppl. 5,50

## GUIGNICOURT

02190 Aisne **7** – 🔲🔲🔲 F6 – 2 008 h. – alt. 67.
🅱 Syndicat d'Initiative, Hôtel-de-Ville 🖊 03 23 25 36 60, Fax 03 23 79 74 55.
Paris 172 – Laon 40 – Reims 33 – Rethel 38 – Soissons 54.

⚠ **Municipal du Bord de l'Aisne** avril-15 oct.
      🖊 03 23 79 74 58 – sortie Sud-Est par D 925 et rue à droite
« Au bord de l'Aisne »
1,5 ha (100 empl.) plat, herbeux
**Tarif :** (Prix 2002) 🔲 2 pers. 🔾 10,20 – pers. suppl. 1,80

## GUILLAUMES

06470 Alpes-Mar. **17** – 🔲🔲🔲 C3 – 533 h. – alt. 800.
🅱 Office du Tourisme 🖊 04 93 05 57 76, Fax 04 93 05 54 75, *mairieguillaumes@ wanadoo.fr*.
Paris 797 – Annot 29 – Barcelonnette 62 – Puget-Théniers 32.

⚠ **Aire Naturelle du Pont de la Mariée** avril-sept.
      🖊 04 93 05 53 50, *mariee@ net-up.com*
SE : 1,6 km par D 2202, rte de Daluis puis 1 km à gauche avant
le pont du Var – **R**
2,5 ha (25 empl.) non clos, peu incliné à incliné, terrasses
herbeux, pierreux
**Tarif :** 🔲 2 pers. 🔾 14 – pers. suppl. 2,75

## GUILLESTRE

05600 H.-Alpes 17 – 334 H5 G. Alpes du Sud – 2 000 h. – alt. 1 000 – Base de loisirs.
**B** Office du Tourisme, place Salva ℰ 04 92 45 04 37, Fax 04 95 45 19 09, *pays.du.guil@ wanadoo.fr.*
Paris 718 – Barcelonnette 51 – Briançon 37 – Digne-les-Bains 117 – Gap 62.

    ⚏ **Le Villard** Permanent
      ℰ 04 92 45 06 54, Fax 04 92 45 00 52 – O : 2 km par D 902ᴬ,
      rte de Gap, bord du Chagne – **R** conseillée
      3,2 ha (120 empl.) plat et peu incliné, herbeux, pierreux
      **Tarif :** ▣ 2 pers. ⓖ 18,95 – pers. suppl. 4,50 – frais de réservation 12,20
      **Location** ⚡ juil.-août – ☎ 290 à 390 – gîte d'étape

    ⚏ **St-James-les-Pins** Permanent
      ℰ 04 92 45 08 24, camping@ lesaintjames.com, Fax 04 92
      45 18 65 – O : 1,5 km par rte de Risoul et rte à droite
      « Agréable pinède, au bord du Chagne » – **R** conseillée
      2,5 ha (105 empl.) plat et peu incliné, pierreux, herbeux
      **Tarif :** ▣ 2 pers. ⓖ (5A) 14,30 (hiver 16,20) – pers. suppl. 2,40
      **Location :** ☎ 229 à 530 – ⊨

    ⚏ **La Ribière** 7 juin-10 sept.
      ℰ 04 92 45 25 54, camping.la.ribiere@ wanadoo.fr
      au Sud du bourg, accès par chemin près du carrefour D 902ᴬ
      et D 86, rte de Risoul « Au bord de la Chagne » – **R** conseillée
      5 ha/2 campables (50 empl.) peu incliné, plat, terrasses, herbeux, pierreux
      **Tarif :** ▣ 2 pers. ⓖ (10A) 12,60 – pers. suppl. 2,90
      **Location** ⚡ : ⊡ 199 à 221

## GUILVINEC

29730 Finistère **3** – 308 F8 G. Bretagne – 3 365 h. – alt. 5.
**B** Office du Tourisme, 62 rue de la Marine ℰ 02 98 58 29 29, Fax 02 98 58 34 05.
Paris 591 – Douarnenez 44 – Pont-l'Abbé 11 – Quimper 30.

    ⚏ **Grand Camping de la Plage** mai-13 sept.
      ℰ 02 98 58 61 90, info@ campingsbretagnesud.com, Fax
      02 98 58 89 06 – O : 2 km, rte de la Corniche vers Penmarch,
      à 100 m de la plage (accès direct) – **R** conseillée
      7 ha (410 empl.) plat, herbeux, sablonneux
      **Tarif :** ▣ 2 pers. ⓖ (10A) 36 – pers. suppl. 6
      **Location :** ⊡ 180 à 740 – bungalows toilés

## GUÎNES

62340 P.-de-C. **1** – 301 E2 G. Picardie Flandres Artois – 5 105 h. – alt. 5.
**B** Office du Tourisme, 14 rue Clémenceau ℰ 03 21 35 73 73, Fax 03 21 85 88 38, tourisme@ mairie-guines.fr.
Paris 282 – Arras 102 – Boulogne-sur-Mer 29 – Calais 11 – St-Omer 35.

    ⚏ **La Bien-Assise** 15 avril-25 sept.
      ℰ 03 21 35 20 77, castel@ bien-assise.com, Fax 03 21 36
      79 20 – sortie Sud-Ouest par D 231 rte de Marquise « Cadre
      agréable » – **R** conseillée
      20 ha/12 campables (176 empl.) plat, peu incliné, herbeux, petit étang
      **Tarif :** ▣ 2 pers. ⓖ 24 – pers. suppl. 4,50
      **Location :** ☎ 290 à 432 – ⊨ (hôtel)
      ⊞

## GUJAN-MESTRAS

33 Gironde – 335 E7 – voir à Arcachon (Bassin d').

## HABAS

40290 Landes 13 – 335 F13 – 1 310 h. – alt. 105.
**B** Syndicat d'Initiative ℰ 05 58 98 01 13, Fax 05 58 98 07 50.
Paris 755 – Bayonne 57 – Dax 22 – Orthez 20 – Salies-de-Béarn 15.

    ⚏ **Aire Naturelle les Tilleuls** Pâques-Toussaint
      ℰ 05 58 98 04 21 – N : 1,2 km par D 3 et chemin à gauche
      – **R** conseillée
      0,5 ha (12 empl.) peu incliné, herbeux
      **Tarif :** ▣ 2 pers. ⓖ (4A) 10 – pers. suppl. 4
      **Location :** ☎ 175

## HAGETMAU

40700 Landes **13** – **335** H13 G. Aquitaine – 4 449 h. – alt. 96.
**🛈** Office du Tourisme, place de la République ℘ 05 58 79 83 26, Fax 05 58 79 47 27, *tourisme.hagetmau@wanadoo.fr*.
Paris 740 – Aire-sur-l'Adour 34 – Dax 49 – Mont-de-Marsan 30 – Orthez 25 – Pau 56 – Tartas 30.

    ▲▲ **Municipal de la Cité Verte** juin-sept.
       ℘ 05 58 79 79 79, Fax 05 58 79 79 99 – au Sud de la ville
       par av. du Dr-Edouard-Castera, près des arènes et de la pis-
       cine, bord d'une rivière « Proche des structures municipales
       sportives et de loisirs » – **R** conseillée
       0,4 ha (24 empl.) plat, herbeux
       **Tarif :** 🗐 *1 à 5 pers.* 🔌 *18*

                       🕭 ⚬━ 🅿 ✂ 🔲 ♀ sanitaires
                       individuels : 🏠 ⇔ 🚽 (évier) wc, ⊛ ⨼
                       ↝ ⌂
                       À prox. : parcours sportif, golf self
                       service ⚓ ✗ 🔲 ⨼

## HANVEC

29460 Finistère **3** – **308** G5 – 1 474 h. – alt. 103.
Paris 584 – Brest 32 – Carhaix-Plouguer 55 – Châteaulin 24 – Landernau 25 – Morlaix 48 – Quimper 48.

    ▲ **Municipal de Kerliver** 15 juin-15 sept.
       ℘ 02 98 20 03 14, *mairie-hanvec@wanadoo.fr*, Fax 02 98
       21 94 97 – O : 4 km par D 47 et rte d'Hôpital-Camfrout à
       gauche – **R** conseillée
       1,25 ha (75 empl.) peu incliné, herbeux, verger et sous-bois
       **Tarif :** 🗐 *2 pers.* 🔌 *(10A) 7,20 – pers. suppl. 2,25*

                       🕭 ✂ ♀ 🏠 ⇔ 🚽 ⊛

## HASPARREN

64240 Pyr.-Atl. **13** – **342** E4 G. Aquitaine – 5 399 h. – alt. 50.
**🛈** Office du Tourisme, 2 place Saint-Jean ℘ 05 59 29 62 02, Fax 05 59 29 13 80.
Paris 786 – Bayonne 24 – Biarritz 34 – Cambo-les-Bains 9 – Pau 106.

    ▲ **Chapital** mai-sept.
       ℘ 05 59 29 62 94, Fax 05 59 29 69 71 – O : 0,5 km par D 22
       rte de Cambo-les-Bains (en deux parties distinctes) –
       **R** conseillée
       2,5 ha (138 empl.) plat, en terrasses, peu incliné, herbeux
       **Tarif :** 🗐 *2 pers.* 🔌 *14,91 – pers. suppl. 3,51*
       **Location** *(avril-oct.) :* 🛖 *228,67 à 259,16 –* 🏚 *228,67 à
       259,16 – studios*

                       ⚬━ juil.-août **GB** ✂ 🏊 ♿ 🏠 ⇔ 🗄
                       🚽 ⊛ 🔲 ⌂ ⚓

**287**

## HAULMÉ

08800 Ardennes **2** – **306** K3 – 86 h. – alt. 175.
Paris 257 – Charleville-Mézières 18 – Dinant 65 – Namur 97 – Sedan 39.

    ▲▲ **Base de Loisirs Départementale** Permanent
       ℘ 03 24 32 81 61, Fax 03 24 32 37 66 – sortie Nord-Est,
       puis 0,8 km par chemin à droite après le pont « Au bord de
       la Semoy » – **R** conseillée
       15 ha (405 empl.) plat, herbeux
       **Tarif :** (Prix 2002) 🗐 *2 pers.* 🔌 *(10A) 11,60 – pers. suppl. 2,50*

                       ⩽ ⚬━ **GB** ✂ ♀ 🍽 ♿ 🏠 ⇔ 🗄 🚽
                       ⊛ 🔲 ⌂ ⚓ 🚲 ✗ 🎣
                       À prox. : parcours sportif, canoë

## HAUTECOURT

01250 Ain **12** – **328** F4 – 588 h. – alt. 370.
Paris 442 – Bourg-en-Bresse 20 – Nantua 23 – Oyonnax 33 – Pont-d'Ain 15.

    ▲▲ **L'Ile de Chambod** mai-sept.
       ℘ 04 74 37 25 41, *camping.chambod@free.fr*, Fax 04 74
       37 28 28 – SE : 4,5 km par D 59 rte de Poncin puis rte à
       gauche, à 300 m de l'Ain (plan d'eau) – **R** conseillée
       2,4 ha (110 empl.) plat, herbeux
       **Tarif :** 🗐 *2 pers.* 🔌 *(10A) 15 – pers. suppl. 3,50*

                       ⩽ ⚬━ ✂ 🔲 ♀ ♿ 🏠 ⇔ 🗄 ⚄ 🚽
                       ⊛ 🔲 ♟ snack
                       À prox. : parcours sportif 🏸 ⩲

## Le HAVRE

76600 S.-Mar. **5** – **304** A5 G. Normandie Vallée de la Seine – 195 854 h. – alt. 4.
Env. Pont de Normandie en 2002 Péage : 5,00, autos et caravanes 5,80, autocar 6,30 à 12,50 et gratuit pour motos.
**🛈** Office du Tourisme, 186 boulevard Clemenceau ℘ 02 32 74 04 04, Fax 02 35 42 38 39, *office.du.tourisme.havre@wanadoo.fr*.
Paris 199 – Amiens 184 – Caen 110 – Lille 317 – Nantes 400 – Rouen 88.

    ▲▲ **La Forêt de Montgeon** Permanent
       ℘ 02 35 46 52 39, *chlorophile1@wanadoo.fr*, Fax 02 35 46
       52 39 ✉ 76620 Le Havre – Nord par D 32 rte de Montvilliers
       et rte à gauche, dans la forêt de Montgeon « Cadre et site
       agréables en forêt » – **R** conseillée
       3,8 ha (202 empl.) plat, peu incliné, herbeux
       **Tarif :** 🗐 *2 pers.* 🔌 *(10A) 16,16 – pers. suppl. 3,05*

                       🕭 ⚬━ **GB** ✂ 🏊 ♿ 🏠 ⇔ 🗄 ⚄
                       🚽 ⊛ ⨼ ↝ 🔲 ♟ snack (le soir
                       uniquement) ⌂ 🚲

## HÈCHES

65250 H.-Pyr. **14** – **342** O6 – 553 h. – alt. 690.
Paris 817 – Arreau 14 – Bagnères-de-Bigorre 35 – Bagnères-de-Luchon 47 – Lannemezan 14 – Tarbes 49.

△ **La Bourie** Permanent
 &#x1F4DE; 05 62 98 73 19, Fax 05 62 98 73 44 – S : 2 km par D 929,
rte d'Arreau et à Rebouc D 26 à gauche, bord de la Neste
d'Aure – **R** conseillée
2 ha (100 empl.) plat, peu incliné, terrasse, herbeux
**Tarif :** (Prix 2002) 🔲 2 pers. ⚡ (10A) 13,30 – pers. suppl. 2,70
– frais de réservation 8
**Location :** 🚐 229 à 381
🚐

## HEIMSBRUNN

68990 H.-Rhin **8** – **315** H10 – 1 098 h. – alt. 280.
Paris 458 – Altkirch 14 – Basel 50 – Belfort 33 – Mulhouse 10 – Thann 19.

△ **Parc la Chaumière** Permanent
 &#x1F4DE; 03 89 81 93 43, accueil@camping-lachaumiere.com,
Fax 03 89 81 93 43 – sortie Sud par D 19, rte d'Altkirch –
Places limitées pour le passage « Dans un agréable cadre
arbustif » – **R** conseillée
1 ha (66 empl.) plat, herbeux, gravillons
**Tarif :** 🔲 2 pers. ⚡ (10A) 12 – pers. suppl. 3

## HENDAYE

64700 Pyr.-Atl. **13** – **342** B4 G. Aquitaine – 11 578 h. – alt. 30.
🛈 Office du Tourisme, 12 rue des Aubépines &#x1F4DE; 05 59 20 00 34, Fax 05 59 20 79 17, tourisme.hendaye@w
anadoo.fr.
Paris 802 – Biarritz 31 – Pau 143 – St-Jean-de-Luz 12 – San Sebastiàn 20.

**à la Plage** N : 1 km – ✉ 64700 Hendaye :

&#x1F3D4; **Ametza** juin-sept.
 &#x1F4DE; 05 59 20 07 05, ametza@free.fr, Fax 05 59 20 32 16 –
E : 1 km, rue de l'Empereur – **R** conseillée
4,5 ha (300 empl.) en terrasses, plat, peu incliné, herbeux
**Tarif :** 🔲 2 pers. ⚡ (10A) 22,20 – pers. suppl. 4,35 – frais
de réservation 11
**Location** (13 avril-28 sept.) – ✂ : 🚐 237 à 550

&#x1F3D4; **Sérès** (location exclusive de 77 mobile homes) fermé janv.
 &#x1F4DE; 05 59 20 05 43, Fax 05 59 20 32 16 – E : 1,5 km, à 350 m
de la plage – **R**
2,5 ha peu incliné, herbeux
**Location :** 🚐

&#x1F3D4; **Eskualduna** 15 juin-sept.
 &#x1F4DE; 05 59 20 04 64, Fax 05 59 20 04 64 – E : 2 km, bord d'un
ruisseau – **R** conseillée
10 ha (285 empl.) plat, incliné et en terrasses, herbeux
**Tarif :** 🔲 2 pers. ⚡ (5A) 23 – pers. suppl. 5 – frais de réser-
vation 15
**Location** (mai-1ᵉʳ nov.) : 🚐 230 à 580

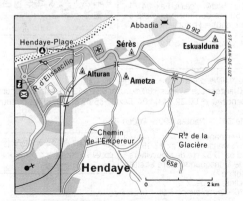

▲ **La Corniche** 15 juin-15 sept.
⌁ 05 59 20 06 87, *campingdelacorniche@wanadoo.fr,*
Fax 05 59 20 06 87 ⊠ 64122 Urrugne – NE : 3 km par D 912
et chemin à droite (hors schéma)
5 ha (268 empl.) en terrasses, plat et peu incliné, herbeux,
bois attenant
**Tarif** : 🔲 2 pers. ⚡ (6A) 20,97 – *pers. suppl. 3,96*
**Location** ⚸ : 🛏 480 à 504

▲ **Alturan** juin-sept.
⌁ 05 59 20 04 55 – rue de la Côte, à 100 m de la plage –
ℝ
4 ha (299 empl.) en terrasses, herbeux
**Tarif** : (Prix 2002) 🔲 2 pers. ⚡ 17,60 – *pers. suppl. 4,60*

## HENVIC

29670 Finistère 🕄 – 🕄🄾🄾 H3 – 1 265 h. – alt. 72.
Paris 549 – Brest 59 – Morlaix 12 – St-Pol-de-Léon 16.

▲ **Municipal de Kérilis** juil.-août
⌁ 02 98 62 82 10, *commune-henvic@wanadoo.fr,* Fax
02 98 62 81 56 – sortie Nord, rte de Carantec, au stade –
ℝ conseillée
1 ha (50 empl.) plat, herbeux
**Tarif** : (Prix 2002) 🔲 2 pers. ⚡ 9,51 – *pers. suppl. 1,68*

## HERBIGNAC

44410 Loire-Atl. 🄳 – 🕄🄸🄾 C3 – 4 175 h. – alt. 18.
Paris 447 – La Baule 23 – Nantes 73 – La Roche-Bernard 9 – St-Nazaire 28 – Vannes 47.

▲ **Le Ranrouët** avril-oct.
⌁ 02 40 88 96 23 – sortie Est par D 33, rte de Pontchâteau
et à droite, rue René-Guy-Cadou – ℝ conseillée
1,5 ha (83 empl.) plat, herbeux
**Tarif** : (Prix 2002) 🔲 2 pers. ⚡ (6A) 12,55 – *pers. suppl. 3*
🛏

## HERMÉ

77114 S.-et-M. 🄶 – 🕄🄸🄴 J5 – 450 h. – alt. 70.
Paris 103 – Melun 57 – Montereau-Fault-Yonne 37 – Nogent-sur-Seine 14 – Provins 12.

▲▲ **Les Prés de la Fontaine** Permanent
⌁ 01 64 01 86 08, Fax 01 64 01 89 10 – SO : 5 km par rte
de Noyen-sur-Seine et D 49 à droite – Places limitées pour
le passage « Cadre champêtre au bord d'étangs » –
ℝ conseillée
65 ha/17 campables (350 empl.) plat, herbeux
**Tarif** : (Prix 2002) 🔲 2 pers. ⚡ (6A) 20,75 – *pers. suppl. 4,50*

## HERPELMONT

88600 Vosges 🄸 – 🕄🄸🄳 I3 – 263 h. – alt. 480.
Paris 414 – Épinal 29 – Gérardmer 20 – Remiremont 25 – St-Dié 30.

▲▲ **Domaine des Messires** 28 avril-14 sept.
⌁ 03 29 58 56 29, Fax 03 29 51 62 86 – à 1,5 km au Nord
du bourg « Situation et cadre agréables au bord d'un lac »
– ℝ conseillée
11 ha/2 campables (100 empl.) plat, herbeux, pierreux
**Tarif** : 🔲 2 pers. ⚡ (6A) 22 – *pers. suppl. 5 – frais de réservation 12*

## Le HOHWALD

67140 B.-Rhin 🄸 – 🕄🄸🄵 H6 G. Alsace Lorraine – 360 h. – alt. 570 – Sports d'hiver : 600/1 100 m ✦1 ✦.
🄱 Office du Tourisme, square Kunt ⌁ 03 88 08 33 92, Fax 03 88 08 32 05, *ot.lehohwald@wanadoo.fr.*
Paris 428 – Lunéville 88 – Molsheim 33 – St-Dié 46 – Sélestat 26 – Strasbourg 53.

▲▲ **Municipal** Permanent
⌁ 03 88 08 30 90, Fax 03 88 08 30 90 – sortie Ouest par
D 425 rte de Villé, alt. 615 « A la lisière d'une forêt » –
ℝ conseillée
2 ha (100 empl.) accidenté, en terrasses, herbeux, gravillons
**Tarif** : 🔲 2 pers. ⚡ (10A) 17,34 – *pers. suppl. 3,45*

289

## HONFLEUR

14600 Calvados ⑤ – 303 N3 G. Normandie Vallée de la Seine – 8 272 h. – alt. 5.
Env. Pont de Normandie. Péage en 2002 : autos 5,00, autos et caravanes 5,80, autocar 6,30 à 12,50 et gratuit pour motos.
🖪 Office du Tourisme, quai Lepaulmier ✆ 02 31 89 23 30, Fax 02 31 89 31 82.
Paris 194 – Caen 69 – Le Havre 60 – Lisieux 38 – Rouen 83.

   ▲▲▲ **La Briquerie** avril-sept.
     ✆ 02 31 89 28 32, *labriquerie@libertysurf.fr*, Fax 02 31 89
     08 52 – SO : 3,5 km par rte de Pont-l'Évêque et D 62 à droite,
     à Equemauville – Places limitées pour le passage –
     **R** conseillée
     8 ha (430 empl.) plat, herbeux
     **Tarif :** 🔳 *2 pers.* 🔋 *(5A) 20,50 – pers. suppl. 5,50*
     **Location** *(avril-déc.) :* 🏠 *275 à 412*
     🏕

## Les HÔPITAUX-NEUFS

25370 Doubs ⑫ – 321 I6 G. Jura – 369 h. – alt. 1 000 – Sports d'hiver : relié à Métabief – 950/1 460 m ✄22 ✘.
🖪 Office du Tourisme, 1 place de la Mairie ✆ 03 81 49 13 81, Fax 03 81 49 09 27, *ot@metabief-montdor.com*.
Paris 463 – Besançon 78 – Champagnole 49 – Morez 48 – Mouthe 18 – Pontarlier 18.

   ▲ **Municipal le Miroir** fermé 2 mai-2 juin et 16 sept.-oct.
     ✆ 03 81 49 10 64, Fax 03 81 49 17 33 – sortie Ouest, rte
     de Métabief « Au pied des pistes » – **R** conseillée
     1,5 ha (70 empl.) plat et peu incliné, goudronné, herbeux
     **Tarif :** (Prix 2002) 🔳 *2 pers.* 🔋 *(6A) 13,75 (hiver :* 🔋 *) (10A)*
     *14,15) – pers. suppl 2,80 (hiver 2,85)*
     🏕 *(8 empl.)*

## HOSPITALET

46 Lot – 337 F3 – rattaché à Rocamadour.

## L'HOSPITALET-PRÈS-L'ANDORRE

09390 Ariège ⑮ – 343 I9 – 146 h. – alt. 1 446.
Paris 834 – Andorra-la-Vella 40 – Ax-les-Thermes 19 – Bourg-Madame 26 – Foix 62 – Font-Romeu-Odeillo-Via 37.

   ▲ **Municipal** mai-oct.
     ✆ 05 61 05 21 10, *mairie.lhospitalet-pres-landorre@wanadoo.fr*, Fax 05 61 05 23 08 – N : 0,6 km par N 20, rte d'Ax-les-Thermes et rte à droite, alt. 1 500 – **R** conseillée
     1,5 ha (62 empl.) plat, herbeux, gravillons
     **Tarif :** 🔳 *2 pers.* 🔋 *11,40 – pers. suppl. 3,10*

## HOULGATE

14510 Calvados ⑤ – 303 L4 G. Normandie Vallée de la Seine – 1 654 h. – alt. 11.
🖪 Office du Tourisme, boulevard des Belges ✆ 02 31 24 34 79, Fax 02 31 24 42 27, *houlgate@wanadoo.fr*.
Paris 214 – Caen 35 – Deauville 14 – Lisieux 33 – Pont-l'Évêque 25.

   ▲▲▲ **La Vallée** 4 avril-28 sept.
     ✆ 02 31 24 40 69, *camping.lavallee@wanadoo.fr*, Fax 02 31
     24 42 42 – S : 1 km par D 24ᴬ rte de Lisieux et D 24 à droite,
     88 r. de la Vallée « Cadre agréable autour d'anciens bâti-
     ments de style normand » – **R** conseillée
     11 ha (350 empl.) peu incliné et en terrasses, plat, herbeux
     **Tarif :** 🔳 *2 pers.* 🔋 *(6A) 27 – pers. suppl. 6 – frais de réser-*
     *vation 16*
     **Location** ✄ : 🏚 *500 à 610*
     🏕

   ▲ **Municipal des Chevaliers**
     ✆ 02 31 24 37 93, Fax 02 31 28 37 13 – S : 1,5 km par D 24ᴬ,
     rte de Lisieux et D 24 à droite et chemin à gauche des
     Chevaliers
     3 ha (195 empl.) peu incliné, terrasses et plat, herbeux

## L'HOUMEAU

17 Char.-Mar. – 324 C2 – rattaché à la Rochelle.

33990 Gironde 🔟 – 🔢🔢🔢 E3 G. Aquitaine – 2 072 h. – alt. 18.
🚩 Office du Tourisme, Maison de la Station ℰ 05 56 09 19 00, Fax 05 56 09 22 33, *tourisme@hourtin-med oc.com*.
Paris 637 – Andernos-les-Bains 55 – Bordeaux 64 – Lesparre-Médoc 17 – Pauillac 26.

**Les Ourmes** avril-sept.
ℰ 05 56 09 12 76, *lesourmes@free.fr*, Fax 05 56 09 23 90
– O : 1,5 km par av. du Lac – **R** conseillée
7 ha (270 empl.) plat, herbeux, sablonneux
**Tarif :** 🔲 *2 pers.* 🔋 *(6A) 19,50 – pers. suppl. 3 – frais de réservation 15*
Location 🚫 : 🔲 *235 à 510*
🔲

À prox. : 🔲🔲 🔲 (centre équestre)

**La Mariflaude**
ℰ 05 56 09 11 97, Fax 05 56 09 24 01 – E : 1,2 km par D 4
rte de Pauillac
6,2 ha (166 empl.) plat, herbeux, sablonneux
**Location :** 🔲 – 🔲

**La Rotonde** avril-sept.
ℰ 05 56 09 10 60, *la-rotonde@wanadoo.fr*, Fax 05 56 73
81 37 – O : 1,5 km par av. du lac et chemin à gauche, à
500 m du lac (accès direct) « Original décor Western » –
**R** conseillée
10 ha (300 empl.) plat, herbeux, sablonneux
**Tarif :** 🔲 *2 pers.* 🔋 *(6A) 17,86 – pers. suppl. 3,50 – frais de réservation 10*
**Location :** 🔲 *250 à 534 – bungalows toilés*

À prox. : 🔲🔲 🔲 (centre équestre)

**L'Orée du Bois** mai-sept.
ℰ 05 56 09 15 88, *loree-du-bois@wanadoo.fr*, Fax 05 56
09 15 88 – S : 1,3 km, rte de Carcans – **R** conseillée
2 ha (90 empl.) plat, sablonneux
**Tarif :** 🔲 *2 pers.* 🔋 *(6A) 19 – pers. suppl. 4*
**Location** 🚫 : 🔲 *175 à 365 – 🔲 245 à 560 – 🔲 245 à
560 – bungalows toilés*

**Aire Naturelle l'Acacia** 12 avril-12 oct.
ℰ 05 56 73 80 80 – SO : 7 km par D 3, rte de Carcans et
chemin à droite, au lieu-dit Ste-Hélène-de-Hourtin –
**R** conseillée
4 ha (25 empl.) plat, herbeux, sablonneux
**Tarif :** 🔲 *2 pers.* 🔋 *11,75 – pers. suppl. 3,35*
**Location :** 🔲 *250*

33990 Gironde 🔟 – 🔢🔢🔢 D3.
Paris 555 – Andernos-les-Bains 66 – Bordeaux 76 – Lesparre-Médoc 26 – Soulac-sur-Mer 42.

**La Côte d'Argent** 11 mai-15 sept.
ℰ 05 56 09 10 25, *info@camping-la-cote-dargent.com*,
Fax 05 56 09 24 96 – à 500 m de la plage – **R** conseillée
20 ha (750 empl.) plat, vallonnée et en terrasses, sablonneux
**Tarif :** 🔲 *2 pers.* 🔋 *(6A) 33 – pers. suppl. 5 – frais de réservation 26*
**Location** 🚫 : 🔲 *399 à 728*
🔲

25680 Doubs 🔟 – 🔢🔢🔢 I2 – 70 h. – alt. 310.
Paris 394 – Baume-les-Dames 15 – Besançon 38 – Montbéliard 53 – Vesoul 34.

**Le Bois de Reveuge** 19 avril-20 sept.
ℰ 03 81 84 38 60, *bois-de-reveuge@.wanadoo.fr*, Fax
03 81 84 44 04 – N : 1,1 km par D 113, rte de Rougemont
« Autour de deux étangs à la lisière d'un bois » – **R** conseillée
20 ha/11 campables (281 empl.) en terrasses, gravier, herbeux, sous-bois attenant
**Tarif :** 🔲 *2 pers.* 🔋 *(6A) 29 – pers. suppl. 5,50 – frais de réservation 25*
**Location** 🚫 : 🔲 *235 à 610 – 🔲 270 à 695*

À prox. : canoë

*En juillet et août, beaucoup de terrains sont saturés
et leurs emplacements retenus longtemps à l'avance.*

*N'attendez pas le dernier moment pour réserver.*

29690 Finistère **3** – **308** I4 G. Bretagne – 1 742 h. – alt. 149.

**i** Office du Tourisme, Moulin de Chaos ℘ 02 98 99 72 32, Fax 02 98 99 72 32.

Paris 523 – Brest 65 – Carhaix-Plouguer 17 – Châteaulin 36 – Landerneau 44 – Morlaix 30 – Quimper 56.

   ▲▲ **La Rivière d'Argent** 20 avril-sept.
℘ 02 98 99 72 50, Fax 02 98 99 90 61 – E : 3,4 km par
D 769A, rte de Locmaria-Berrien et chemin à droite « Bord
de rivière et lisière de forêt » – **R** conseillée
5 ha (90 empl.) plat, herbeux
**Tarif :** ▣ 2 pers. [✦] 12,70 – pers. suppl. 3

   ▲ **Municipal du Lac** 15 juin-15 sept.
℘ 02 98 99 78 80, Fax 02 98 99 75 72 – O : 0,8 km par rte
de Brest, bord d'une rivière et d'un étang – **R**
1 ha (85 empl.) plat, herbeux
**Tarif :** (Prix 2002) ▣ 2 pers. [✦] 10,51 – pers. suppl. 2,74

33 Gironde – **335** E7 – voir à Arcachon (Bassin d') – Gujan-Mestras.

83400 Var **17** – **340** L7 G. Côte d'Azur – 48 043 h. – alt. 40.

**i** Office du Tourisme, 3 avenue Ambroise-Thomas ℘ 04 94 01 84 50, Fax 04 94 01 84 51, ot.hyeres@liber tysurf.fr.

Paris 857 – Aix-en-Provence 103 – Cannes 123 – Draguignan 78 – Toulon 20.

   ▲▲ **Domaine du Ceinturon-Camp n° 3** avril-sept.
℘ 04 94 66 32 65, ceinturon3@clios.net, Fax 04 94 66
48 43 – à Ayguade-Ceinturon, SE : 5 km, à 100 m de la mer
– **R**
2,5 ha (200 empl.) plat, herbeux
**Tarif :** ▣ 2 pers. [✦] (10A) 18,70 – pers. suppl. 4,70
**Location** ⟡ : ⌂ 220 à 485

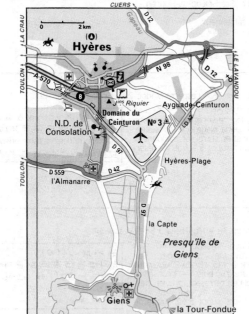

64 Pyr.-Atl. – **342** C4 – rattaché à St-Pée-sur-Nivelle.

## IHOLDY

64640 Pyr-Atl. **13** – **342** E5 G. Aquitaine – 527 h. – alt. 135.
Paris 803 – Bayonne 41 – Cambo-les-Bains 25 – Hasparren 18 – St-Jean-Pied-de-Port 21 – St-Palais 19.

   ▲ **Municipal Ur-Alde** juil.-août
     ℘ 05 59 37 61 99, iholdy@ wanadoo.fr
     sortie Est, rte de St-Palais et chemin à droite, bord d'un plan
     d'eau – **R̶**
     1,5 ha (47 empl.) plat et peu incliné, herbeux
     **Tarif :** (Prix 2002) 🄴 *2 pers.* [₹] *10,40 – pers. suppl. 1,90*

## ÎLE-AUX-MOINES

56780 Morbihan **3** – **308** N9 G. Bretagne – 617 h. – alt. 16.

   ▲ **Municipal du Vieux Moulin** (réservé aux tentes)
     juin-15 sept.
     ℘ 02 97 26 30 68, Fax 02 97 26 38 27 – sortie Sud-Est du
     bourg, rte de la Pointe de Brouel – **R̶** conseillée
     1 ha (44 empl.) plat et peu incliné, herbeux
     **Tarif :** 🄴 *2 pers.* [₹] *7,80 – pers. suppl. 3,10*

## L'ÎLE-BOUCHARD

37220 I.-et-L. **10** – **317** L6 G. Châteaux de la Loire – 1 800 h. – alt. 41.
🄱 Office du Tourisme, 16 place Bouchard ℘ 02 47 58 67 75, Fax 02 47 58 67 75.
Paris 285 – Châteauroux 120 – Châtellerault 50 – Chinon 16 – Saumur 43 – Tours 51.

   ▲ **Municipal les Bords de Vienne** 14 juin-10 sept.
     ℘ 02 47 95 23 59, Fax 02 47 58 67 35 – près du quartier
     St-Gilles, en amont du pont sur la Vienne, près de la rivière
     – **R̶**
     1 ha (90 empl.) plat, herbeux
     **Tarif :** (Prix 2002) 🄴 *2 pers.* [₹] *7,50 – pers. suppl. 1,50*
     **Location :** gîte d'étape

## ÎLE DE NOIRMOUTIER

85 Vendée **9** – **316** G. Poitou Vendée Charentes.
par le pont routier de Fromentine : gratuit – par le passage du Gois à basse mer (4,5 km).

### Barbâtre – 1 269 h. – alt. 5 – ✉ 85630 Barbâtre.
Paris 461 – Challans 32 – Nantes 77 – Noirmoutier-en-l'Île 11 – St-Nazaire 131.

   ▲▲ **Municipal du Midi** 29 mars-21 sept.
     ℘ 02 51 39 63 74, camping-du-midi@ wanadoo.fr, Fax
     02 51 39 58 63 – NO : 1 km par D 948 et chemin à gauche,
     bord de la plage (accès direct) – **R̶**
     13 ha (630 empl.) accidenté, sablonneux, herbeux
     **Tarif :** (Prix 2002) 🄴 *3 pers.* [₹] *24 – pers. suppl. 4*
     **Location :** 🛖 *288 à 718*

### La Guérinière – 1 402 h. – alt. 5 – ✉ 85680 La Guérinière.
Paris 468 – Challans 39 – Nantes 84 – Noirmoutier-en-l'Île 5 – La Roche-sur-Yon 82 – St-Nazaire 138.

   ▲▲▲ **Le Caravan'Île** mars-15 nov.
     ℘ 02 51 39 50 29, camping.caravanile@ wanadoo.fr, Fax
     02 51 35 86 85 – sortie Est par D 948 et à droite avant le
     rond-point, près de la plage (accès direct par escalier) –
     **R̶** conseillée
     8,5 ha (385 empl.) plat, peu incliné, dunes attenantes, sablon-
     neux, herbeux
     **Tarif :** 🄴 *2 pers.* [₹] *(5A) 19,90 – pers. suppl. 4,10 – frais de
     réservation 15*
     **Location :** 🛖 *235 à 630*

   ▲▲▲ **La Sourderie** 29 mars-15 oct.
     ℘ 02 51 39 51 38, contact@campingsourderie.com, Fax
     02 51 39 57 97 – sortie Est par D 948 et à droite avant le
     rond-point, bord de la plage (accès direct) – **R̶** conseillée
     5,5 ha (306 empl.) peu incliné et plat, sablonneux, herbeux,
     dunes
     **Tarif :** 🄴 *2 pers.* [₹] *(6A) 20 – pers. suppl. 4 – frais de réser-
     vation 15*
     **Location :** 🛖 *186 à 660*

17 Char.-Mar. **9** – **3 2 4** G. Poitou Vendée Charentes.
par le pont routier (voir à La Rochelle).

**Ars-en-Ré** – 1 165 h. – alt. 4 – ⊠ 17590 Ars-en-Ré..
**Ⅰ** Office du Tourisme, place Carnot ℘ 05 46 29 46 09, Fax 05 46 29 68 30, *ot-arsenre@wanadoo.fr*.
Paris 507 – Fontenay-le-Comte 84 – Luçon 74 – La Rochelle 34.

⚐ **Le Cormoran** avril-sept.
℘ 05 46 29 46 04, *info@cormoran.com*, Fax 05 46 29 29 36 – O : 1 km – **R** conseillée
3 ha (138 empl.) plat, herbeux, sablonneux
**Tarif :** ▣ *2 ou 3. pers.* [⚡] *(10A) 40,50 – pers. suppl. 9,50 - frais de réservation 34*
**Location :** ⊞ *610 à 850 –* ⊟ *705 à 965*
🚐

⚐ **Municipal la Combe à l'Eau** avril-sept.
℘ 05 46 29 46 42 – O : 1,5 km **« Accès direct à l'océan » – R**
5 ha (400 empl.) plat et peu accidenté, sablonneux, herbeux
**Tarif :** ▣ *2 pers.* [⚡] *11,33 – pers. suppl. 4,25*
🚐

**Le Bois-Plage-en-Ré** – 2 014 h. – alt. 5 – ⊠ 17580 Le Bois-Plage-en-Ré..
**Ⅰ** Office du Tourisme, 87 rue des Barjottes ℘ 05 46 09 23 26, Fax 05 46 09 13 15.
Paris 494 – Fontenay-le-Comte 72 – Luçon 62 – La Rochelle 22.

⚐ **Sunêlia Interlude** 5 avril-21 sept.
℘ 05 46 09 18 22, *interlude@iledere.com*, Fax 05 46 09 23 38 – SE : 2,3 km, à 150 m de la plage – **R** conseillée
6,5 ha (300 empl.) peu accidenté et plat, sablonneux, herbeux
**Tarif :** ▣ *2 pers.* [⚡] *(10A) 33,05 – pers. suppl. 9,15 – frais de réservation 35*
**Location :** ⊞ *254 à 555 –* ⊟ *286 à 685*
🚐

⚐ **Les Varennes** avril-sept.
℘ 05 46 09 15 43, *les.varennes@wanadoo.fr*, Fax 05 46 09 47 27 – SE : 1,7 km – **R** indispensable
2 ha (148 empl.) plat, sablonneux, herbeux
**Tarif :** (Prix 2002) ▣ *1 à 3 pers.* [⚡] *(6A) 33,93 – pers. suppl. 6,08 - frais de réservation 18,29*
**Location :** ⊞ *289,65 à 704,31*
🚐

⚐ **Antioche** 5 avril-27 sept.
℘ 05 46 09 23 86, *camping.antioche@wanadoo.fr*, Fax 05 46 09 43 34 – SE : 3 km, à 300 m de la plage (accès direct) – **R** conseillée
3 ha (135 empl.) plat et peu incliné, terrasses, herbeux, sablonneux
**Tarif :** ▣ *3 pers.* [⚡] *31 – pers. suppl. 5 – frais de réservation 24*
**Location :** ⊞ *298 à 595*

*Symboles des prestations :*

GB ... pizzeria, snack ... (couverte hors-saison) terrain omnisports

GB juil.-août ... À prox. : ✕

GB ... (3 ha) ... cafétéria ... discothèque ... (petite piscine) ... À prox. : ✕

GB ...

GB ...

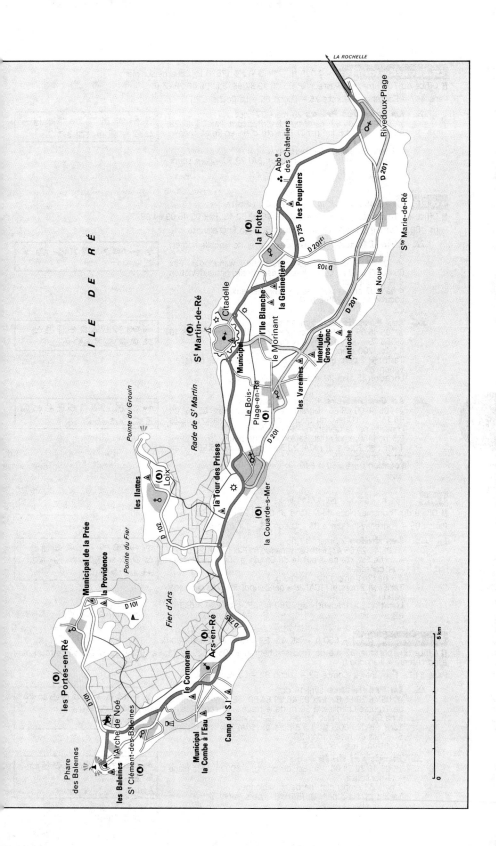

LA ROCHELLE

*ILE DE RÉ*

Rivedoux-Plage

Abb<sup>e</sup> des Châteliers

les Peupliers

la Flotte

D 735

D 201bis

D 103

S<sup>te</sup> Marie-de-Ré

D 201

la Noue

Antioche

Interlude-Gros-Jonc

les Varennes

la Grainetière

l'Ile Blanche

le Morinant

Citadelle

S<sup>t</sup> Martin-de-Ré

Municipal

le Bois-Plage-en-Ré

D 201

Pointe du Grouin

Rade de S<sup>t</sup> Martin

les Ilattes

Loix

la Tour des Prises

la Couarde-s-Mer

Pointe du Fier

D 102

Fier d'Ars

Municipal de la Prée

la Providence

les Portes-en-Ré

D 101

l'Arche de Noé

S<sup>t</sup> Clément-des-Baleines

Phare des Baleines

les Baleines

le Cormoran

Ars-en-Ré

D 735

Municipal la Combe à l'Eau

Camp du S.I.

5 km

0

**La Couarde-sur-Mer** – 1 029 h. – alt. 1 – ⊠ 17670 La Couarde-sur-Mer.

🖪 Office du Tourisme, rue Pasteur ℰ 05 46 29 82 93, Fax 05 46 29 63 02.

Paris 497 – Fontenay-le-Comte 75 – Luçon 65 – La Rochelle 25.

⚠ **La Tour des Prises** 29 mars-27 sept.
ℰ 05 46 29 84 82, *camping@lesprises.com*, Fax 05 46 29 88 99 – NO : 1,8 km par D 735, rte d'Ars-en-Ré et chemin à droite – **R** conseillée
2,2 ha (150 empl.) plat, herbeux
**Tarif :** (Prix 2002) 🔲 *1 à 3 pers.* 🔌 *(8A) 29,50 – pers. suppl. 7 – frais de réservation 8*
**Location :** 🚐 *229 à 777*

**La Flotte** – 2 452 h. – alt. 4 – ⊠ 17630 La Flotte.

🖪 Office du Tourisme, quai de Sénac ℰ 05 46 09 60 38, Fax 05 46 09 64 88.

Paris 488 – Fontenay-le-Comte 66 – Luçon 56 – La Rochelle 16.

⚠ **L'Île Blanche** (location exclusive de mobile-homes) 4 avril-sept.
ℰ 05 46 09 52 43, *camping.ileblanche.@wanadoo.fr*, Fax 05 46 09 36 94 – O : 2,5 km, accès conseillé par la déviation – **R** indispensable
4 ha (207 empl.) plat, sablonneux, pierreux
**Location :** 🚐 *245 à 610*
🚐

⚠ **Les Peupliers** 26 avril-21 sept.
ℰ 05 46 09 62 35, *contact@les-peupliers.com*, Fax 05 46 09 59 76 – SE : 1,3 km – **R** conseillée
4,5 ha (200 empl.) plat, herbeux, sablonneux
**Tarif :** 🔲 *2 pers.* 🔌 *(5A) 33 – pers. suppl. 8 – frais de réservation 20*
**Location** (5 avril-28 sept.) : 🚐 *290 à 740*
🚐

⚠ **La Grainetière** 15 mars-19 oct.
ℰ 05 46 09 68 86, *lagrainetiere@free.fr*, Fax 05 46 09 53 13 – à l'Ouest du bourg, près de la déviation, accès conseillé par la déviation – **R** conseillée
2,3 ha (150 empl.) plat, sablonneux, herbeux
**Tarif :** 🔲 *2 pers.* 🔌 *(10A) 22,50 – pers. suppl. 5,50 – frais de réservation 15*
**Location :** 🚐 *250 à 610*
🚐

**Loix** – 561 h. – alt. 4 – ⊠ 17111 Loix..

🖪 Office du Tourisme, place du Marché ℰ 05 46 29 07 91, Fax 05 46 29 28 40.

Paris 505 – Fontenay-le-Comte 83 – Luçon 73 – La Rochelle 33.

⚠ **Les îlattes** 29 mars-12 nov.
ℰ 05 46 29 05 43, *ilates@wanadoo.fr*, Fax 05 46 29 06 79 – sortie Est, rte de la pointe du Grouin, à 500 m de l'océan – **R** conseillée
4,5 ha (241 empl.) plat, herbeux
**Tarif :** 🔲 *2 pers.* 🔌 *(10A) 28 – pers. suppl. 5 – frais de réservation 17*
**Location** (permanent) : 🚐 *280 à 585 –* 🏠 *200 à 635*
🚐

**Les Portes-en-Ré** – 660 h. – alt. 4 – ⊠ 17880 Les Portes-en-Ré.

🖪 Office du Tourisme, 52 rue de Trousse-Chemise ℰ 05 46 29 52 71, Fax 05 46 29 52 81, *office-tourisme-lesportesenre@wanadoo.fr*.

Paris 515 – Fontenay-le-Comte 92 – Luçon 82 – La Rochelle 43.

⚠ **La Providence** avril-15 oct.
ℰ 05 46 29 56 82, Fax 05 46 29 61 80 – E : par D 101, rte de Trousse-Chemise, à 50 m de la plage – **R** conseillée
6 ha (300 empl.) plat, herbeux, sablonneux
**Tarif :** (Prix 2002) 🔲 *1 à 3 pers.* 🔌 *(10A) 26 – pers. suppl. 5 – frais de réservation 20*
**Location :** 🚐 *280 à 580*

⚠ **Municipal de la Prée** avril-sept.
ℰ 05 46 29 51 04 – à l'Est du bourg, à 300 m de la plage – **R** conseillée
2 ha (133 empl.) plat, herbeux, sablonneux
**Tarif :** 🔲 *1 à 3 pers.* 🔌 *(5A) 18 – pers. suppl. 3*

## St-Clément-des-Baleines – 607 h. – alt. 2 – ⊠ 17590 St-Clément-des-Baleines.

🛈 Office du Tourisme, 200 rue du Centre ℘ 05 46 29 24 19, Fax 05 46 29 08 14, *offdetourisme.saintcleme ntdesbaleines@wanadoo.fr*.

Paris 510 – Fontenay-le-Comte 88 – Luçon 78 – La Rochelle 38.

▲▲ **Les Baleines** avril-sept.
℘ 05 46 29 40 76, *camping.lesbaleines@wanadoo.fr*, Fax 05 46 29 67 12 – NO : 2 km par D 735 puis chemin à gauche avant le phare, près de l'océan (accès direct) – **R** conseillée
4,5 ha (251 empl.) plat, terrasse, sablonneux, herbeux
**Tarif :** ▣ *2 pers.* ⚡ *(10A) 22 – pers. suppl. 5*
**Location** 🏷 : �caravane 301 à 650 – 🏠 340 à 690

## St-Martin-de-Ré – 2 512 h. – alt. 14 – ⊠ 17410 St-Martin-de-Ré.

🛈 Office du Tourisme, quai Nicolas-Baudin ℘ 05 46 09 20 06, Fax 05.

Paris 494 – Fontenay-le-Comte 72 – Luçon 62 – La Rochelle 22.

▲ **Municipal Ste-Thérèse** mars-15 oct.
℘ 05 46 09 21 96, Fax 05 46 09 94 18 – au village, sur les remparts – **R** conseillée
3 ha (200 empl.) plat et terrasse, peu incliné, herbeux
**Tarif :** ▣ *3 pers.* ⚡ *(10A) 17 – pers. suppl. 3,95 – frais de réservation 12,20*

# ÎLE D'OLÉRON

17 Char.-Mar. 🔟 – 324 G. Poitou Vendée Charentes.
par le pont viaduc : passage gratuit.

## La Brée-les-Bains – 644 h. – alt. 5 – ⊠ 17840 la Brée-les-Bains..

🛈 Office du Tourisme, 20 rue des Ardillières ℘ 05 46 47 96 73, Fax 05 46 75 96 73.

Paris 522 – Marennes 32 – Rochefort 53 – La Rochelle 90 – Saintes 72.

▲▲ **Pertuis d'Antioche** 4 avril-sept.
℘ 05 46 47 92 00, *michel.chassain@wanadoo.fr*, Fax 05 46 47 82 22 – NO : 1 km par D 273 et à droite, chemin des Proirres, à 150 m de la plage – **R** conseillée
2 ha (130 empl.) plat, herbeux
**Tarif :** (Prix 2002) ▣ *1 à 3 pers.* ⚡ *(10A) 23 – pers. suppl. 4,50 – frais de réservation 15*
**Location :** 🚐 *190 à 350 –* 🚚 *220 à 510*
🚐

## Le Château-d'Oléron – 3 544 h. – alt. 9 – ⊠ 17480 le Château-d'Oléron.

🛈 Office du Tourisme, place de la République ℘ 05 46 47 60 51, Fax 05 46 47 73 65.

Paris 508 – Marennes 12 – Rochefort 33 – La Rochelle 70 – Royan 41 – Saintes 53.

▲▲▲ **La Brande** 15 mars-15 nov.
℘ 05 46 47 62 37, *camping.labrande@wanadoo.fr*, Fax 05 46 47 71 70 – NO : 2,5 km, à 250 m de la mer – **R** conseillée
4 ha (199 empl.) plat, herbeux, sablonneux
**Tarif :** ▣ *1 ou 2 pers.* ⚡ *(10A) 25,20 ou 32,20 – pers. suppl. 6 – frais de réservation 16*
**Location** 🏷 : 🚚 *289 à 570 –* 🏠 *299 à 649*

▲▲▲ **Domaine de Montravail** avril-oct.
℘ 05 46 47 61 82, *info@camping-airotel-oleron.com*, Fax 05 46 47 79 67 – SO : 1,8 km par rte de St-Trojan et rue de la Libération à gauche « Au milieu d'une ferme équestre, beau plan d'eau de mer » – **R** conseillée
15 ha/4 campables (133 empl.) plat, accidenté, sablonneux, herbeux
**Tarif :** (Prix 2002) ▣ *2 pers.* ⚡ *(8A) 21,34 – pers. suppl. 5,34 – frais de réservation 21,34*
**Location :** 🚚 *305 à 580 –* 🏠 *274,50 à 610*

▲▲▲ **Fief-Melin** mai-28 sept.
℘ 05 46 47 60 85, Fax 05 46 47 60 85 – O : 1,7 km par rte de St-Pierre-d'Oléron puis 0,6 km par r. des Alizés à droite – **R** indispensable
2,2 ha (110 empl.) plat, herbeux
**Tarif :** ▣ ⚡ *(10A) 2 pers. 20,60 – frais de réservation 13*

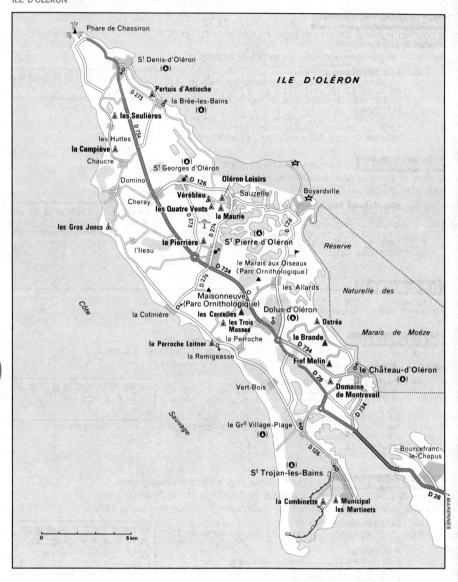

**Dolus-d'Oléron** – 2 440 h. – alt. 7 – ⊠ 17550 Dolus-d'Oléron.

🛈 Office du Tourisme, place de l'Hôtel-de-Ville 𝒫 05 46 75 32 84, Fax 05 46 75 63 60.

Paris 515 – Marennes 17 – Rochefort 39 – La Rochelle 76 – Saintes 58.

⚠ **Ostréa** avril-sept.

𝒫 05 46 47 62 36, Fax 05 46 75 20 01 – E : 3,5 km, près de la mer – **R** conseillée

2 ha (108 empl.) plat, peu incliné, sablonneux, herbeux

**Tarif :** ▣ 2 pers. 🅷 (6A) 20,65 – pers. suppl. 4,15 – frais de réservation 17

**Location** 🏖 juil.-août : 🏠 200 à 310 – 🏚 260 à 580 🚐

⚠️ **La Perroche Leitner** 5 avril-14 sept.
📞 05 46 75 37 33, Fax 05 46 75 37 33 – SO : 4 km à la Perroche « Agréable situation proche de la mer avec accès direct par les dunes » – **R** conseillée
1,5 ha (100 empl.) plat, sablonneux
**Tarif :** 🔲 2 pers. 🔌 (5A) 20,55 – pers. suppl. 5,40 – frais de réservation 18,50
🚐

À prox. : 🍴 snack

---

**St-Denis-d'Oléron** – 1 107 h. – alt. 9 – ✉️ 17650 St-Denis-d'Oléron.
🅑 Office du Tourisme, 2 boulevard d'Antioche 📞 05 46 47 95 53, Fax 05 46 75 91 36.
Paris 524 – Marennes 33 – Rochefort 55 – La Rochelle 92 – Saintes 74.

⚠️ **Les Seulières** 15 juin-1er sept.
📞 05 46 47 90 51, Fax 05 46 47 90 51 – SO : 3,5 km, rte de Chaucre, à 400 m de la plage – **R** conseillée
1,6 ha (100 empl.) plat, herbeux, sablonneux
**Tarif :** 🔲 3 pers. 🔌 19 – pers. suppl. 4 – frais de réservation 15 .

À prox. : ✂️

---

**St-Georges-d'Oléron** – 3 144 h. – alt. 10 – ✉️ 17190 St-Georges-d'Oléron.
🅑 Office du Tourisme, 28 rue des Dames 📞 05 46 76 63 75, Fax 05 46 76 86 49.
Paris 517 – Marennes 27 – Rochefort 48 – La Rochelle 85 – Saintes 68.

⛰️ **Verébleu** 24 mai-14 sept.
📞 05 46 76 57 70, verebleu@wanadoo.fr, Fax 05 46 76 70 56 – SE : 1,7 km par D 273 et rte de Sauzelle à gauche « Belle piscine ludique reprenant le thème de l'île et de Fort Boyard » – **R** conseillée
7,5 ha (360 empl.) plat, herbeux, sablonneux
**Tarif :** 🔲 2 pers. 🔌 (8A) 31,50 – pers. suppl. 7 – frais de réservation 20
**Location** 🌀 5 juil.-août : 🛏️ 280 à 620 – 🏠 280 à 750
🚐

snack (couverte hors-saison)

⛰️ **Oléron Loisirs** 19 avril-20 sept.
📞 05 46 76 50 20, Fax 05 46 76 80 71 – SE : 1,9 km par D 273 et rte de Sauzelle à gauche – Places limitées pour le passage – **R** conseillée
7 ha (330 empl.) plat, herbeux
**Tarif :** 🔲 2 pers. 🔌 (6A) 25 – pers. suppl. 5 – frais de réservation 25
**Location :** 🛏️ 140 à 520 – 🛏️ 150 à 690 – 🏠 390 à 690 – bungalows toilés

snack terrain omnisports

⛰️ **La Campière** 5 avril-28 sept.
📞 05 46 76 72 25, la-campiere@wanadoo.fr, Fax 05 46 76 54 18 – à Chaucre, 0,8 km direction Chassiron « Cadre agréable autour d'une petite pièce d'eau » – **R** conseillée
1,7 ha (63 empl.) plat, herbeux, sablonneux
**Tarif :** 🔲 2 pers. 🔌 (10A) 26 – pers. suppl. 4,80 – frais de réservation 16
**Location :** 🏠 179 à 680
🚐

⚠️ **Les Quatre Vents**
📞 05 46 76 65 47, 4vents.oleron@wanadoo.fr, Fax 05 46 36 15 66 – SE : 2 km par D 273 et rte de Sauzelle à gauche – Places limitées pour le passage
1,2 ha (66 empl.) plat, herbeux
**Location :** 🛏️

⚠️ **La Maurie** mai-août
📞 05 46 76 61 69, camping.lamaurie@wanadoo.fr, Fax 05 46 76 61 69 – SE : 2,3 km par D 273 et rte de Sauzelle à gauche – **R** conseillée
1,5 ha (70 empl.) plat, herbeux
**Tarif :** (Prix 2002) 🔲 2 pers. 🔌 (4A) 19 – pers. suppl. 5 – frais de réservation 15
**Location :** 🛏️ 145 à 366 – 🛏️ 168 à 515

(petite piscine)

**Côte Ouest :**

⛰️ **Les Gros Joncs** 15 mars-11 nov.
📞 05 46 76 52 29, camping.gros.joncs@wanadoo.fr, Fax 05 46 76 67 74 – SO : 5 km, à 300 m de la mer « Décoration florale » – **R** conseillé
3 ha (276 empl.) plat, accidenté et en terrasses, sablonneux
**Tarif :** 🔲 2 ou 3 pers. 🔌 33,50 – pers. suppl. 8,50
**Location** (permanent) : 🛏️ 228 à 750 – 🏠 295 à 750

boulangerie

299

## St-Pierre-d'Oléron – 5 365 h. – alt. 8 – ⊠ 17310 St-Pierre-d'Oléron.

🛈 Office du Tourisme, place Gambetta ✆ 05 46 47 11 39, Fax 05 46 47 10 41, *office-tourisme-saint-pierre-oleron@wanadoo.fr*.

Paris 520 – Marennes 22 – Rochefort 44 – La Rochelle 81 – Royan 52 – Saintes 63.

**La Pierrière** 4 avril-28 sept.
✆ 05 46 47 08 29, *camping-la-pierriere@wanadoo.fr*, Fax 05 46 75 12 82 – sortie Nord-Ouest par rte de St-Georges-d'Oléron « Belle décoration arbustive et florale » – **R** conseillée
2,5 ha (140 empl.) plat, herbeux, petit étang
**Tarif :** 🔳 *2 pers.* 🔌 *(4A) 23,70 – pers. suppl. 5,60 – frais de réservation 15*
**Location** ❅ : 🏠 *259 à 628*

**Les Trois Masses** 4 avril-sept.
✆ 05 46 47 23 96, Fax 05 46 75 15 54 – SE : 4,3 km, au lieu-dit le Marais-Doux – **R** conseillée
3 ha (130 empl.) plat, herbeux, sablonneux
**Tarif :** (Prix 2002) 🔳 *2 pers.* 🔌 *(10A) 20,80 – pers. suppl. 4,40 – frais de réservation 15*
**Location :** 🏠 *220 à 550 –* 🏚 *230 à 595*

**Les Cercelles** Permanent
✆ 05 46 47 19 24, *lescercelles@worldonline.fr*, Fax 05 46 75 04 96 – SE : 4 km, au lieu-dit le Marais Doux – Places limitées pour le passage – **R** conseillée
1,2 ha (87 empl.) plat, herbeux
**Tarif :** 🔳 *2 pers.* 🔌 *(15A) 23,10 – pers. suppl. 4,70 – frais de réservation 15*
**Location :** 🏠 *309 à 503*

## St-Trojan-les-Bains – 1 490 h. – alt. 5 – ⊠ 17370 St-Trojan-les-Bains.

🛈 Office du Tourisme, carrefour du Port ✆ 05 46 76 00 86, Fax 05 46 76 17 64.

Paris 514 – Marennes 16 – Rochefort 37 – La Rochelle 74 – Royan 45 – Saintes 57.

**La Combinette** avril-oct.
✆ 05 46 76 00 47, *la-combinette@wanadoo.fr*, Fax 05 46 76 16 96 – SO : 1,5 km – **R** conseillée
4 ha (225 empl.) plat et peu accidenté, sablonneux, herbeux
**Tarif :** (Prix 2002) 🔳 🔌 *(10A) 2 pers. 16,50 – 3 pers. 19,20 – pers. suppl. 4 – frais de réservation 22*
**Location :** 🏚 *214 à 534 – studios*

**Municipal les Martinets** Permanent
✆ 05 46 76 02 39, *lesmartinets@free.fr*, Fax 05 46 76 42 95 – SO : 1,3 km – **R** conseillée
5 ha (300 empl.) peu incliné, plat, accidenté, sablonneux
**Tarif :** 🔳 *2 pers.* 🔌 *(6A) 13,42 – pers. suppl. 3,20 – frais de réservation 15,24*

*Voir aussi à Bourcefranc-le-Chapus*

## ILE-D'OLONNE

85 Vendée – 316 F8 – rattaché aux Sables-d'Olonne.

## L'ÎLE-ROUSSE

2B H.-Corse – 345 C4 – voir à Corse.

## ILLIERS-COMBRAY

28120 E.-et-L. 5 – 311 D6 G. Châteaux de la Loire – 3 329 h. – alt. 160.

🛈 Office du Tourisme, 5 rue Henri-Germond ✆ 02 37 24 24 00, Fax 02 37 24 21 79.

Paris 116 – Chartres 26 – Châteaudun 29 – Le Mans 98 – Nogent-le-Rotrou 37.

**Municipal de Montjouvin**
✆ 02 37 24 03 04, Fax 02 37 24 16 21 – SO : 1,8 km par D 921, rte de Brou « Au bord de la Thironne »
2,5 ha (85 empl.) plat et peu incliné, herbeux, sous-bois (1 ha)

## INCHEVILLE

76117 S.-Mar. **1** – **304** I1 – 1 484 h. – alt. 19.
Paris 170 – Abbeville 35 – Amiens 65 – Blangy-sur-Bresle 16 – Le Crotoy 36 – Le Tréport 13.

▲▲ *Municipal de l'Etang* avril-sept.
   *𝒫* 02 35 50 30 17, Fax 02 35 50 30 17 – sortie Nord-Est rte
de Beauchamps et r. Mozart à droite – Places limitées pour
le passage « Près d'un étang de pêche » – **R** conseillée
2 ha (190 empl.) plat, herbeux
**Tarif :** (Prix 2002) 🔲 *2 pers.* 🔋 *(10A) 9,95 – pers. suppl. 1,90*

## INGRANDES

86220 Vienne **10** – **322** J3 – 1 765 h. – alt. 50.
Paris 306 – Châtellerault 7 – Descartes 18 – Poitiers 41 – Richelieu 31 – La Roche-Posay 29.

▲▲ *Le Petit Trianon* 20 mai-20 sept.
   *𝒫* 05 49 02 61 47, *chateau@petit-trianon.fr*, Fax 05 49 02
68 81 – à St-Ustre, NE : 3 km « Cadre agréable autour d'un
petit château » – **R** conseillée
4 ha (95 empl.) peu incliné et plat, herbeux
**Tarif :** 🔲 *2 pers.* 🔋 *(10A) 25,25 – pers. suppl. 6,60 – frais
de réservation 12,50*

## ISDES

45620 Loiret **6** – **318** K5 – 433 h. – alt. 152.
Paris 164 – Bourges 74 – Gien 35 – Orléans 40 – Romorantin-Lanthenay 61 – Vierzon 69.

▲ *Municipal les Prés Bas* mai-15 sept.
   *𝒫* 02 38 29 10 82, *isdes@libertysurf.fr*, Fax 02 38 29 12 53
– sortie Nord-Est par D 59 rte de Sully-sur-Loire près d'un
étang
0,5 ha (20 empl.) plat, herbeux
**Tarif :** 🔲 *2 pers.* 🔋 *9 – pers. suppl. 2*
**Location :** *gîte d'étape*

**301**

## ISIGNY-SUR-MER

14230 Calvados **4** – **303** F4 G. Normandie Cotentin – 3 018 h. – alt. 4.
**🛈** Office du Tourisme, 1 rue Victor-Hugo *𝒫* 02 31 21 46 00, Fax 02 31 22 90 21.
Paris 297 – Bayeux 34 – Caen 64 – Carentan 13 – Cherbourg 64 – St-Lô 29.

▲▲▲ *Municipal le Fanal* avril-15 oct.
   *𝒫* 02 31 21 33 20, Fax 02 31 22 12 00 – O : accès par le
centre ville, près du terrain de sports « Cadre agréable et
soigné autour d'un plan d'eau » – **R** conseillée
11 ha/8 campables (94 empl.) plat, herbeux
**Tarif :** 🔲 *2 pers.* 🔋 *(16A) 14,35 – pers. suppl. 3,35*
**Location :** 🛏 *275 à 351 – bungalows toilés*

(petite piscine) 🅓 parcours sportif
À prox. : pédalos

## ISLE-ET-BARDAIS

03360 Allier **11** – **326** D2 – 355 h. – alt. 285.
Paris 281 – Bourges 60 – Cérilly 9 – Montluçon 52 – St-Amand-Montrond 26 – Sancoins 22.

▲▲ *Les Écossais* avril-sept.
   *𝒫* 04 70 66 62 57, Fax 04 70 66 63 99 – S : 1 km par rte des
Chamignoux « Au bord de l'étang de Pirot et à l'orée de la
forêt de Tronçais » – **R** conseillée
2 ha (70 empl.) plat, peu incliné, herbeux
**Tarif :** (Prix 2002) 🔲 *2 pers.* 🔋 *9,65 – pers. suppl. 2,40 – frais
de réservation 11*
**Location :** 🛖 *206 à 320 – huttes*

(1 ha)
(plage)
À prox. :

---

*Pour choisir et suivre un itinéraire*
*Pour calculer un kilométrage*
*Pour situer exactement un terrain (en fonction des
indications fournies dans le texte) :*

*Utilisez les* **cartes MICHELIN** *détaillées à 1/200 000,
compléments indispensables de cet ouvrage.*

## L'ISLE-SUR-LA-SORGUE

84800 Vaucluse **16** – **332** D10 G. Provence – 15 564 h. – alt. 57.

🛈 Office du Tourisme, place de la Liberté ℰ 04 90 38 04 78, Fax 04 90 38 35 43, *office-tourisme.islesur.sor gue@wanadoo.fr*.

Paris 697 – Apt 34 – Avignon 23 – Carpentras 18 – Cavaillon 11 – Orange 35.

    ▲▲ **La Sorguette** 15 mars-15 oct.
      ℰ 04 90 38 05 71, *info@ camping-sorguette.com*, Fax 04 90 20 84 61 – SE : 1,5 km par N 100, rte d'Apt, près de la Sorgue – **R** conseillée
      2,5 ha (164 empl.) plat, herbeux, pierreux
      **Tarif :** 🗉 *2 pers.* (½) *(10A) 22 – pers. suppl. 6,20 – frais de réservation 20*
      **Location :** 🛏 *280 à 500 –* 🏠 *399 à 620*
      🖃

## L'ISLE-SUR-LE-DOUBS

25250 Doubs **8** – **321** J2 G. Jura – 3 203 h. – alt. 292.

Paris 459 – Baume-les-Dames 27 – Besançon 57 – Montbéliard 30 – Porrentruy 53 – St-Hyppolyte 43.

    ▲ **Les Lumes** mai-sept.
      ℰ 03 81 92 73 05, Fax 03 81 92 73 05 – sortie Nord par N 83, rte de Belfort et chemin à droite avant le pont, bord du Doubs – **R** conseillée
      1,2 ha (76 empl.) plat, herbeux, pierreux
      **Tarif :** (Prix 2002) 🗉 *2 pers.* (½) *11,50 – pers. suppl. 2,74*

## L'ISLE-SUR-SEREIN

89440 Yonne **7** – **319** H6 – 533 h. – alt. 190.

Paris 210 – Auxerre 50 – Avallon 17 – Montbard 35 – Tonnerre 36.

    ▲ **Municipal le Parc du Château** mai-sept.
      ℰ 03 86 33 93 50 – S : 0,8 km par D 86, rte d'Avallon, au stade, à 150 m du Serein (accès direct)
      1 ha (40 empl.) plat, herbeux
      **Tarif :** 🗉 *2 pers.* (½) *(10A) 8,37 – pers. suppl. 1,52*

## ISPAGNAC

48320 Lozère **15** – **330** J8 G. Languedoc Roussillon – 630 h. – alt. 518.
🛈 Office du Tourisme, le pavillion ✆ 04 66 44 20 89, Fax 04 66 44 20 90.
Paris 616 – Florac 11 – Mende 27 – Meyrueis 45 – Ste-Enimie 17.

⚑ *Municipal du Pré Morjal* avril-15 oct.
✆ 04 66 44 23 77, *camping@ispagnac.com*, Fax 04 66 44
23 99 – sortie Ouest par D 907^bis, rte de Millau et chemin à
gauche, près du Tarn « Agréable cadre boisé aux portes des
Gorges du Tarn » – **R** conseillée
2 ha (123 empl.) plat, herbeux
**Tarif :** 🔲 *2 pers.* ⚡ *(15A) 14,50 – pers. suppl. 3,70 – frais
de réservation 10*
**Location** *(permanent)* : 🏠 *190 à 399*
🔁

## ISQUES

62 P.-de-C. – **301** C3 – rattaché à Boulogne-sur-Mer.

## ISSARLÈS (Lac d')

07 Ardèche **11** – **331** G4 G. Vallée du Rhône – 217 h. – alt. 946 – ✉ 07470 Coucouron.
Paris 578 – Coucouron 16 – Langogne 36 – Le Monastier-sur-Gazeille 18 – Montpezat-sous-Bauzon 35 –
Privas 70.

⚑ *La Plaine de la Loire* juin-août
✆ 04 66 46 25 77 – O : 3 km par D 16, rte de Coucouron et
chemin à gauche avant le pont, alt. 900 « Au bord de la
Loire » – **R** conseillée
1 ha (55 empl.) plat, herbeux
**Tarif :** 🔲 *2 pers.* ⚡ *12 – pers. suppl. 2,50*

## ISSENHEIM

68 H.-Rhin – **315** H9 – rattaché à Guebwiller.

**303**

## ISSOIRE

63500 P.-de-D. **11** – **326** G9 G. Auvergne – 13 559 h. – alt. 400.
🛈 Office du Tourisme, place Charles-de-Gaulle ✆ 04 73 89 15 90, Fax 04 73 89 96 13, *ot.issoire.pays@wana
doo.fr.*
Paris 450 – Aurillac 122 – Clermont-Ferrand 37 – Le Puy-en-Velay 94 – Rodez 207 – St-Étienne 176 –
Thiers 55 – Tulle 170.

⚑ *La Grange Fort* avril-oct.
✆ 04 73 71 02 43, *chateau@grangefort.com*, Fax 04 73 71
07 69 ✉ 63500 Les Pradeaux – SE : 4 km par D 996, rte de
la Chaise-Dieu puis à droite, 3 km par D 34, rte d'Auzat-sur-
Allier, par A 75 sortie 13 direction Parentignat « Autour d'un
pittoresque château médiéval dominant l'Allier » –
**R** conseillée
23 ha/4 campables (120 empl.) plat, peu incliné, herbeux
**Tarif :** 🔲 *2 pers.* ⚡ *21,95 – pers. suppl. 5,15 – frais de réser-
vation 18*
**Location** *(permanent)* : 🏠 *335 à 625* – 🏠 – *appartements*

⚑ *Municipal du Mas* avril-oct.
✆ 04 73 89 03 59, Fax 04 73 89 41 05 – E : 2,5 km par D 9,
rte d'Orbeil et à droite, à 50 m d'un plan d'eau et à 300 m
de l'Allier, Par A 75 sortie 12 « Cadre agréable » –
**R** conseillée
3 ha (140 empl.) plat, herbeux
**Tarif :** *(Prix 2002)* 🔲 *2 pers.* ⚡ *11,50 – pers. suppl. 3*
🔁

## ISSOUDUN

36100 Indre **10** – **323** H5 G. Berry Limousin – 13 859 h. – alt. 130.
🛈 Office du Tourisme, place St-Cyr ✆ 02 54 21 74 02, Fax 02 54 03 03 36, *tourisme@ville-issoudun.fr.*
Paris 244 – Bourges 37 – Châteauroux 29 – Tours 127 – Vierzon 35.

⚑ *Municipal les Taupeaux* juin-août
✆ 02 54 03 13 46, *tourisme@issoudun.fr*, Fax 02 54 03
03 36 – sortie Nord par D 918, rte de Vierzon, à 150 m d'une
rivière
0,6 ha (50 empl.) plat, herbeux
**Tarif :** 🔲 *2 pers.* ⚡ *8 – pers. suppl. 2*

71760 S.-et-L. **11** – **320** D9 – 1 012 h. – alt. 310.
Paris 326 – Bourbon-Lancy 24 – Gueugnon 17 – Luzy 12 – Montceau-les-Mines 39 – Paray-le-Monial 37.

ΔΔ **L'Étang Neuf** mai-sept.
℘ 03 85 24 96 05, mpille@club-internet.fr, Fax 03 85 24 96 05 – O : 1 km par D 42, rte de Grury et chemin à droite « Situation agréable en bordure d'un étang et d'un bois » – **R** conseillée
6 ha/3 campables (71 empl.) plat, peu incliné, herbeux, gravillons
**Tarif :** ▣ 2 pers. ⚡ (5A) 18 – pers. suppl. 4
**Location :** 🚐 280 à 450

64250 Pyr.-Atl. **13** – **342** D5 G. Aquitaine – 1 563 h. – alt. 39.
Paris 790 – Bayonne 23 – Biarritz 25 – Cambo-les-Bains 5 – Pau 119 – St-Jean-de-Luz 34 – St-Jean-Pied-de-Port 33.

ΔΔ **Hiriberria** 15 fév.-15 déc.
℘ 05 59 29 98 09, Hiriberria@wanadoo.fr, Fax 05 59 29 20 88 – NO : 1 km par D 918, rte de Cambo-les-Bains et chemin à droite « Agréable petit village de chalets » – **R** conseillée
4 ha (228 empl.) plat, en terrasses, peu incliné, herbeux
**Tarif :** ▣ 2 pers. ⚡ (5A) 16 – pers. suppl. 4,50
**Location :** 🚐 185 à 390 – 🏠 280 à 540
🚐

77450 S.-et-M. **6** – **312** F2 G. Ile de France – 333 h. – alt. 46.
Paris 43 – Meaux 15 – Melun 56.

ΔΔ **Base de Loisirs de Jablines-Annet** 28 mars-2 nov.
℘ 01 60 26 09 37, jablines@free.fr, Fax 01 60 26 43 33 – SO : 2 km par D 45, rte d'Annet-sur-Marne, à 9 km du Parc Disneyland-Paris « Situation agréable dans une boucle de la Marne » – **R** conseillée
300 ha/4 campables (150 empl.) plat, herbeux
**Tarif :** ▣ 2 pers. ⚡ (10A) 23 – pers. suppl. 5,50 – frais de réservation 8
**Location** ✸ : 🚐 245 à 355
🚐

15200 Cantal **10** – **330** C3 – 347 h. – alt. 450.
Paris 497 – Aurillac 61 – Bort-les-Orgues 22 – Mauriac 10 – Salers 24 – Ussel 51.

Δ **Municipal le Lac de Lavaurs** juin-15 sept.
℘ 04 71 69 73 65, Fax 04 71 69 74 19 – SO : 7 km par D 138, D 922, rte de Mauriac et D 38 à droite, au lieu-dit Lavaurs, près d'un étang, accès conseillé par D 922, rte de Mauriac et D 38 à droite
1 ha (33 empl.) plat et peu incliné, herbeux
**Tarif :** (Prix 2002) ▣ 2 pers. ⚡ 8,20 – pers. suppl. 1,70
**Location :** huttes

85520 Vendée **9** – **316** G9 – 1 817 h. – alt. 14.
🄳 Office du Tourisme, place de la Liberté ℘ 02 51 33 40 47, Fax 02 51 33 96 42.
Paris 456 – Challans 66 – Luçon 36 – La Roche-sur-Yon 35 – Les Sables-d'Olonne 21.

ΔΔΔ **Les Écureuils** 15 mai-15 sept.
℘ 02 51 33 42 74, camping-ecureuils@wanadoo.fr, Fax 02 51 33 91 14 – rte des Goffineaux, à 300 m de l'océan – **R** conseillée
4 ha (261 empl.) plat, sablonneux
**Tarif :** ▣ 2 pers. ⚡ (10A) 27 – pers. suppl. 6 – frais de réservation 20
**Location :** 🚐 290 à 540

ΔΔΔ **Le Curtys** 19 avril-20 sept
℘ 02 51 33 06 55, palmiers-ocean@wanadoo.fr, Fax 02 51 33 92 01 – au Nord de la station – Places limitées pour le passage – **R** indispensable
8 ha (360 empl.) plat, herbeux
**Tarif :** ▣ 2 pers. ⚡ (6A) 25 – pers. suppl. 5 – frais de réservation 25
**Location :** 🚐 140 à 520 – 🚐 150 à 570 – 🏠 390 à 690 – bungalows toilés

304

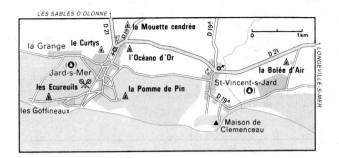

▲▲▲ **L'Océano d'Or** 5 avril-28 sept.
  ℰ 02 51 33 65 08, *camping-chadotel@wanadoo.fr*, Fax
  02 51 33 94 04 – au Nord-Est de la station, sur D 21 –
  **R** conseillée
  8 ha (431 empl.) plat, herbeux
  **Tarif** : 🔲 *2 pers.* 🔌 *25,20 – pers. suppl. 5,30 – frais de réservation 25*
  **Location** : 🚐 *130 à 435* – 🏚 *150 à 640* – 🏠 *175 à 710*

▲▲▲ **La Pomme de Pin** 5 avril-28 sept.
  ℰ 02 51 33 43 85, *camping-chadotel@wanadoo.fr*, Fax
  02 51 33 94 04 – SE : r. Vincent-Auriol, à 150 m de la
  plage de Boisvinet – Places limitées pour le passage –
  **R** conseillée
  2 ha (150 empl.) plat, sablonneux
  **Tarif** : 🔲 *2 pers.* 🔌 *25,20 – pers. suppl. 5,30 – frais de réservation 25*
  **Location** : 🏚 *150 à 640* – 🏠 *175 à 710*

▲ **La Mouette Cendrée** mai-14 sept.
  ℰ 02 51 33 59 04, *camping.mc@free.fr*, Fax 02 51 20
  31 39 – sortie Nord-Est par D 19, rte de St-Hilaire-la-Forêt
  – **R** conseillée
  1,2 ha (72 empl.) plat, herbeux
  **Tarif** : (Prix 2002) 🔲 *2 pers.* 🔌 *(6A) 18,80 - pers. suppl. 3,75
  – frais de réservation 15,50*
  **Location** : 🏚 *152,45 à 487,90 – bungalows toilés*

**Voir aussi à St-Vincent-sur-Jard**

---

## JARS

18260 Cher ⑥ – 323 M2 G. Berry Limousin – 522 h. – alt. 285.
Paris 189 – Aubigny-sur-Nère 24 – Bourges 47 – Cosne-sur-Loire 21 – Gien 42 – Sancerre 15.

▲ **S.I. le Noyer** mai-sept.
  ℰ 02 48 58 74 50 – SO : 0,8 km par D 74 et chemin à droite
  « Près d'un étang » – **R** conseillée
  0,9 ha (25 empl.) peu incliné, plat, herbeux
  **Tarif** : (Prix 2002) 🔲 *2 pers.* 🔌 *7,40 – pers. suppl. 1,60*
  **Location** : *gîte d'étape*

---

## JAUJAC

07380 Ardèche ⑯ – 331 H6 – 1 020 h. – alt. 450.
🅱 Syndicat d'Initiative, place du champs-de-mars ℰ 04 75 93 28 54, Fax 04 75 93 28 54.
Paris 616 – Privas 43 – Le Puy-en-Velay 81.

▲ **Bonneval** Pâques-sept.
  ℰ 04 75 93 27 09, Fax 04 75 93 23 83 ✉ 07380 Fabras –
  NE : 2 km par D 19 et D 5, rte de Pont-de-Labeaume, au
  lieu-dit les Plots, à 100 m du Lignon et des coulées basal-
  tiques – **R** conseillée
  3 ha (60 empl.) plat, peu incliné et en terrasses, herbeux
  **Tarif** : (Prix 2002) 🔲 *2 pers.* 🔌 *(5A) 18 – pers. suppl. 3,40*
  **Location** (mars-fin oct.) : 🏠 *320,15 à 472,60*

**305**

## JAULNY

54470 M.-et-M. **7** – **307** G5 G. Alsace Lorraine – 169 h. – alt. 230.
Paris 317 – Commercy 39 – Metz 32 – Nancy 51 – Toul 42.

**La Pelouse** avril-sept.
    &#8494; 03 83 81 91 67, *lapelouse@aol.com*, Fax 03 83 81 91 67
– à 0,5 km au Sud du bourg, accès près du pont sur le Rupt
de Mad – Places limitées pour le passage « Sur une petite
colline boisée dominant la rivière »
2,9 ha (100 empl.) plat et incliné, herbeux
**Tarif :** &#9635; *2 pers.* &#9098; *(6A) 10,40 – pers. suppl. 2,10*
**Location** *(mars-nov.)* : &#9743; *210 à 270*

## JAUNAY-CLAN

86 Vienne – **322** I4 – rattaché à Poitiers.

## JENZAT

03800 Allier **11** – **326** G6 G. Auvergne – 439 h. – alt. 312.
Paris 347 – Aigueperse 17 – Montmarault 32 – St-Éloy-les-Mines 38 – St-Pourçain-sur-Sioule 21 – Vichy 25.

**Municipal Champ de Sioule** 30 avril-28 sept.
    &#8494; 04 70 56 86 35, *mairie-jenzat@pays-allier.com*, Fax
04 70 56 85 38 – sortie Nord-Ouest par D 42, rte de
Chantelle, près de la Sioule – **R** conseillée
1 ha (51 empl.) plat, herbeux
**Tarif :** &#9635; *2 pers.* &#9098; *(10A) 9,80 – pers. suppl. 2 – frais de
réservation 15*

## JOANNAS

07110 Ardèche **16** – **331** H6 – 224 h. – alt. 430.
Paris 663 – Aubenas 23 – Largentière 7 – Privas 53 – Valgorge 16 – Vallon-Pont-d'Arc 28.

**Le Roubreau** 13 avril-14 sept.
    &#8494; 04 75 88 32 07, *campingroubreau@aol.com*, Fax 04 75
88 31 44 – O : 1,4 km par D 24, rte de Valgorge et chemin
à gauche « Au bord du Roubreau » – **R**
3 ha (100 empl.) plat et peu incliné à incliné, herbeux, pierreux
**Tarif :** &#9635; *2 pers.* &#9098; *16 – pers. suppl. 4,50*
**Location :** &#9634; *168 à 313 –* &#9634; *206 à 374 –* &#9743; *237 à 420*

**La Marette** mai-fin sept.
    &#8494; 04 75 88 38 88, *mina@lamarette.com*, Fax 04 75 88
36 33 – O : 2,4 km par D 24, rte de Valgorge « Agréable cadre
boisé » – **R** conseillée
4 ha (55 empl.) en terrasses et accidenté, herbeux, bois
**Tarif :** *(Prix 2002)* &#9635; *2 pers.* &#9098; *(10A) 20 – pers. suppl. 3,50*
**Location :** &#9634; *168 à 550*

## JONQUIÈRES

84150 Vaucluse **16** – **332** C9 – 3 780 h. – alt. 56.
Paris 667 – Avignon 27 – Carpentras 15 – Orange 8 – Vaison-la-Romaine 25.

**Municipal les Peupliers** 15 mai-sept.
    &#8494; 04 90 70 67 09, Fax 04 90 70 59 01 – sortie Est, rte de
Carpentras, derrière la piscine – **R** conseillée
1 ha (78 empl.) plat, herbeux
**Tarif :** *(Prix 2002)* &#9635; *2 pers.* &#9098; *8,60 – pers. suppl. 3,10*

## JONZAC

17500 Char.-Mar. **9** – **324** H7 G. Poitou Vendée Charentes – 3 998 h. – alt. 40 – &#9839; (mi fév.-début déc.).
**&#9632;** Office du Tourisme, 25 place du Château &#8494; 05 46 48 49 29, Fax 05 46 48 51 07.
Paris 512 – Angoulême 58 – Bordeaux 86 – Cognac 36 – Libourne 83 – Royan 59 – Saintes 44.

**Les Castors** 4 mars-oct.
    &#8494; 05 46 48 25 65, *camping-les-castors@wanadoo.fr*, Fax
05 46 04 56 76 – SO : 1,5 km par D 19, rte de Montendre
et chemin à droite – **R** conseillée
1 ha (45 empl.) peu incliné, herbeux, gravier
**Tarif :** &#9635; *2 pers.* &#9098; *(10A) 15,90 – pers. suppl. 3,65 – frais
de réservation 20*
**Location :** &#9634; *226 à 347*

## JOSSELIN

56120 Morbihan **4** – **308** P7 G. Bretagne – 2 338 h. – alt. 58.

**∄** Office du Tourisme, place de la Congrégation ✆ 02 97 22 36 43, Fax 02 97 22 20 44.

Paris 428 – Dinan 85 – Lorient 80 – Pontivy 34 – Rennes 80 – St-Brieuc 75 – Vannes 44.

**▲▲ Le Bas de la Lande** avril-oct.
✆ 02 97 22 22 20, *campingbasdelalande@wanadoo.fr*, Fax
02 97 73 93 85 – O : 2 km par D 778 et D 724 rte de
Guégon à gauche à 50 m de l'Oust, sortie Ouest Guégon par
voie rapide – **R** conseillée
2 ha (60 empl.) plat, peu incliné et en terrasses, herbeux,
pinède attenante
**Tarif :** ▣ *2 pers.* ⚡ *(5A) 14,10 – pers. suppl. 3*
⛺

## JOYEUSE

07260 Ardèche **16** – **331** H7 G. Vallée du Rhône – 1 411 h. – alt. 180.

**∄** Office du Tourisme ✆ 04 75 39 56 76, Fax 04 75 39 58 87.

Paris 663 – Alès 55 – Mende 96 – Privas 53.

**▲▲ La Nouzarède** 5 avril-15 sept.
✆ 04 75 39 92 01, *campingnouzarede@wanadoo.fr*, Fax
04 75 39 43 27 – au Nord du bourg par rte du stade,
à 150 m de la Beaume (accès direct) – **R** conseillée
2 ha (103 empl.) plat, herbeux, pierreux
**Tarif :** ▣ *2 pers.* ⚡ *23 – pers. suppl. 5,20*
**Location :** 🚐 *183 à 580 – bungalows toilés*

**▲▲ Le Bois Simonet** juin-août
✆ 04 75 39 58 60, *boissimo@aol.com*, Fax 04 75 39 46 79
– N : 3,8 km par D 203, rte de Valgorge « Agréable cadre
boisé » – **R** conseillée
2,5 ha (70 empl.) en terrasses, pierreux
**Tarif :** ▣ *2 pers.* ⚡ *21,50 – pers. suppl. 5 – frais de réservation 9*
**Location** *(mai-sept.) :* 🏠 *440 à 857*

## JUGON-LES-LACS

22270 C.-d'Armor **4** – **309** I4 G. Bretagne – 1 283 h. – alt. 29.

**∄** Office du Tourisme, place du Martray ✆ 02 96 31 70 75, Fax 02 96 31 69 08.

Paris 418 – Lamballe 22 – Plancoët 16 – St-Brieuc 59 – St-Méen-le-Grand 35.

**▲▲ Municipal le Bocage** 29 mars-Toussaint
✆ 02 96 31 60 16, *camping-le-bocage@wanadoo.fr*, Fax
02 96 31 69 08 – SE : 1 km par D 52 rte de Mégrit « Au
bord du grand étang de Jugon »
4 ha (180 empl.) plat et peu incliné, herbeux
**Tarif :** ▣ *2 pers.* ⚡ *15,40 – pers. suppl. 3,35*
**Location :** 🚐 *209 à 380 –* 🏠 *209 à 423 – bungalows toilés, gîtes*
⛺

50610 Manche **4** – **303** C7 G. Normandie Cotentin – 2 046 h. – alt. 60.

🛈 Office du Tourisme, place de la Gare 🖉 02 33 61 82 48, Fax 02 33 61 52 99, *otjullou@ club-internet.fr*.
Paris 345 – Avranches 23 – Granville 9 – St-Lô 65 – St-Malo 90.

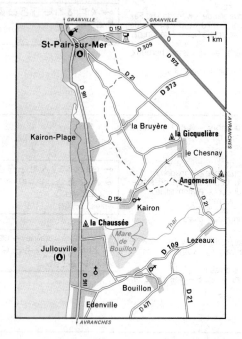

🏕 **La Chaussée** 5 avril-14 sept.
🖉 02 33 61 80 18, *jmb@ camping-lachaussee.com*, Fax
02 33 61 45 26 – sortie Nord rte de Granville, à 150 m de
la plage « Cadre plaisant agrémenté d'une petite pinède » –
**R** conseillée
6 ha/4,7 campables (265 empl.) plat, peu incliné, sablonneux,
herbeux
**Tarif :** (Prix 2002) 🔳 *2 pers.* ⚡ *(16A) 25 – pers. suppl. 4,50*
**Location :** 🛖 *320 à 615*
🚐

***Voir aussi à St-Pair-sur-Mer***

30250 Gard **16** – **339** J6 – 648 h. – alt. 75.
Paris 735 – Aigues-Mortes 30 – Aimargues 15 – Montpellier 35 – Nîmes 26 – Sommières 5.

🏕 **Les Chênes** 5 avril-15 oct.
🖉 04 66 80 99 07, *chenes@ wanadoo.fr*, Fax 04 66 80
99 07 – S : 1,3 km par D 140, rte de Sommières et chemin
à gauche, au lieu-dit les Tuileries Basses – **R** conseillée
1,7 ha (90 empl.) plat et peu incliné, pierreux, herbeux
**Tarif :** (Prix 2002) 🔳 ⚡ *(10A) 1 à 4 pers. 8,30 à 13,80 – pers.*
*suppl. 1,95*

08310 Ardennes **7** – **306** I6 – 829 h. – alt. 80.
Paris 189 – Reims 37 – Rethel 15 – Vouziers 24.

🏕 **Le Moulin de la Chut** 15 avril-sept.
🖉 03 24 72 72 22 – E : 1,8 km par D 925 rte de Bignicourt
et chemin à droite et à 80 m de la Retourne « Cadre boisé
près d'étangs »
2 ha (50 empl.) plat et peu incliné, herbeux, pierreux
**Tarif :** 🔳 *2 pers.* ⚡ *(10A) 13,50 – pers. suppl. 2,50*

## JUSSAC

15250 Cantal **10** – **330** C5 – 1 865 h. – alt. 630.
Paris 560 – Aurillac 11 – Laroquebrou 28 – Mauriac 43 – Vic-sur-Cère 31.

   ▲ **Municipal du Moulin** 15 juin-15 sept.
     *&* 04 71 46 69 85, Fax 04 71 46 69 85 – à l'Ouest du bourg
     par D 922 vers Mauriac et chemin près du pont, bord de
     l'Authre – **R** conseillée
     1 ha (52 empl.) plat, herbeux
     **Tarif :** (Prix 2002) 📧 *2 pers.* 🔌 *9 – pers. suppl. 2*

## KAYSERSBERG

68240 H.-Rhin **8** – **315** H8 G. Alsace Lorraine – 2 755 h. – alt. 242.
🄳 Office du Tourisme, 39 rue du Gén.-de-Gaulle *&* 03 89 78 22 78, Fax 03 89 78 27 44, *ot.kaysersberg@cal ixo.net.*
Paris 437 – Colmar 12 – Gérardmer 47 – Guebwiller 35 – Munster 22 – St-Dié 41 – Sélestat 29.

   ▲▲ **Municipal** avril-sept.
     *&* 03 89 47 14 47, *info@ville-kaysersberg.fr*, Fax 03 89 47
     14 47 – sortie Nord-Ouest de St-Dié et rue des
     Acacias à droite, bord de la Weiss – **R**
     1,6 ha (120 empl.) plat, herbeux
     **Tarif :** (Prix 2002) 📧 *2 pers.* 🔌 *15,15 – pers. suppl. 3,35*

## KERVEL

29 Finistère – **308** F6 – rattaché à Plonévez-Porzay.

## KERVOYAL

56 Morbihan – **308** P9 – rattaché à Damgan.

## KESKASTEL

67260 B.-Rhin **8** – **315** G3 – 1 362 h. – alt. 215.
Paris 413 – Lunéville 76 – Metz 80 – Nancy 90 – St-Avold 33 – Sarreguemines 20 – Strasbourg 87.

   ▲▲ **Municipal les Sapins** Permanent
     *&* 03 88 00 19 25, Fax 03 88 00 34 66 – au Nord-Est de la
     commune – Places limitées pour le passage « Au bord d'un
     plan d'eau » – **R** conseillée
     6,5 ha/2,5 campables (150 empl.) plat, herbeux
     **Tarif :** 📧 *2 pers.* 🔌 *16,15 – pers. suppl. 3,95*
     **Location** *(6 avril-19 oct.)* : *huttes*

## KRUTH

68820 H.-Rhin **8** – **315** F9 G. Alsace Lorraine – 976 h. – alt. 498.
Paris 452 – Colmar 61 – Épinal 67 – Gérardmer 31 – Mulhouse 40 – Thann 20 – Le Thillot 26.

   ▲▲ **Le Schlossberg** 12 avril-5 oct.
     *&* 03 89 82 26 76, *info@schlossberg.fr*, Fax 03 89 82 20 17
     – NO : 2,3 km par D 13B, rte de La Bresse et rte à gauche,
     bord de la Bourbach « Site agréable au cœur du Parc des
     Ballons » – **R** conseillée
     5,2 ha (200 empl.) peu incliné, terrasse, herbeux
     **Tarif :** 📧 *2 pers.* 🔌 *13,60 – pers. suppl. 3,60 – frais de réser-*
     *vation 10*

## LAÀS

64390 Pyr.-Atl. **13** – **342** G4 G. Aquitaine – 135 h. – alt. 75.
Paris 793 – Oloron-Ste-Marie 33 – Orthez 18 – Pau 53 – St-Jean-Pied-de-Port 55 – Sauveterre-de-Béarn 9.

   ▲ **St-Jacques** Permanent
     *&* 05 59 66 19 45, *jean-pierre.biensan@wanadoo.fr*, Fax
     05 59 66 19 45 – à l'Ouest du bourg « Ensemble soigné
     et très verdoyant »
     1 ha (20 empl.) plat, herbeux
     **Tarif :** (Prix 2002) 📧 *2 pers.* 🔌 *10 – pers. suppl. 3,50*

## LABAROCHE

68910 H.-Rhin 🎱 – 315 H8 – 1 676 h. – alt. 750.
Paris 440 – Colmar 17 – Gérardmer 49 – Munster 25 – St-Dié 44.

▲ **Municipal des 2 Hohnack** avril-sept.
   🞰 03 89 49 83 72 – S : 4,5 km par D 11¹ et D 11, rte des
   Trois-Epis puis rte du Linge à droite « Cadre agréable à l'orée
   d'une forêt » – **R** conseillée
   1,3 ha (66 empl.) non clos, plat et en terrasses, herbeux
   **Tarif** : (Prix 2002) 📧 2 pers. 🅜 9,90 – pers. suppl. 2,30

## LABEAUME

07 Ardèche – 331 H7 – voir à Ardèche (Gorges de l') – Ruoms.

## LABENNE

40530 Landes 13 – 335 C13 – 2 884 h. – alt. 12.
🅱 Office du Tourisme, place de la République 🞰 05 59 45 40 99, Fax 05 59 45 75 59, office-tourisme@ville
-labenne.fr.
Paris 758 – Bayonne 12 – Capbreton 6 – Dax 36 – Hasparren 36 – Peyrehorade 37.

**à Labenne-Océan** O : 4 km par D 126 – ✉ 40530 Labenne-Océan

▲▲▲ **Sylvamar** 26 avril-sept.
   🞰 05 59 45 75 16, camping@sylvamar.fr, Fax 05 59 45
   46 39 – par D 126, rte de la Plage, près du Boudigau « Bel
   ensemble aquatique » – **R** conseillée
   15 ha/10 campables (510 empl.) plat, sablonneux, herbeux
   **Tarif** : 📧 2 pers. 🅜 31 – pers. suppl. 6 – frais de réservation
   30
   **Location** 🐾 : 🛏 160 à 740 – 🏠 180 à 900 – bungalows
   toilés

▲▲ **Côte d'Argent** avril-oct.
   🞰 05 59 45 42 02, info@camping-cotedargent.com, Fax
   05 59 45 73 31 – par D 126 rte de la plage – **R** conseillée
   4 ha (215 empl.) plat, herbeux, sablonneux
   **Tarif** : 📧 2 pers. 🅜 23,41 – pers. suppl. 3,85 – frais de réser-
   vation 18,50
   **Location** : 🛏 235 à 606 – 🏠 215 à 606 – studios
   🛏 (20 empl.)

## LABERGEMENT-STE-MARIE

25160 Doubs 12 – 321 H6 – 864 h. – alt. 859.
Paris 457 – Champagnole 42 – Pontarlier 18 – St-Laurent-en-Grandvaux 40 – Salins-les-Bains 45 – Yverdon-
les-Bains 41.

▲ **Le Lac** mai-sept.
   🞰 03 81 69 31 24, camping.lac.remoray@wanadoo.fr
   sortie Sud-Ouest par D 437, rte de Mouthe et rue du lac à
   droite « A 300 m du lac de Remoray » – **R** conseillée
   1,8 ha (70 empl.) plat, peu incliné et en terrasses, herbeux
   **Tarif** : 📧 2 pers. 🅜 16,60 – pers. suppl. 2,80 – frais de réser-
   vation 15
   **Location** : 🛏 162 à 368

## LABLACHÈRE

07230 Ardèche 16 – 331 H7 – 1 562 h. – alt. 182.
Paris 666 – Aubenas 26 – Largentière 16 – Privas 56 – St-Ambroix 31 – Vallon-Pont-d'Arc 22.

▲▲ **Le Ch'ti Franoi** 29 mars-15 sept.
   🞰 04 75 36 64 09 – NO : 4,3 km par D 4 rte de Planzolles –
   **R** conseillée
   2,8 ha (40 empl.) plat et peu incliné, terrasses, pierreux,
   herbeux
   **Tarif** : 📧 2 pers. 🅜 (10A) 18,10 – pers. suppl. 3,50 – frais
   de réservation 10
   **Location** : 🛏 165 à 490

*Geef ons uw mening over de kampeerterreinen die wij aanbevelen.*
*Schrijf ons over uw ervaringen en ontdekkingen.*

## LACAM-D'OURCET

46190 Lot ⑩ – ③③⑦ I2 – 115 h. – alt. 520.
Paris 546 – Aurillac 52 – Cahors 93 – Figeac 38 – Lacapelle-Marival 27 – St-Céré 13 – Sousceyrac 6.

△ **Les Teuillères** avril-oct.
     🅿 05 65 11 90 55, *camping.les-teuilleres@wanadoo.fr*,
Fax 05 65 11 90 50 – SE : 4,8 km par D 25, rte de Sousceyrac
et rte de Sénaillac-Latronquière, vers le lac de Tolerme –
**R** conseillée
3 ha (30 empl.) plat et peu incliné, herbeux
**Tarif :** ▣ *2 pers.* ⚡ *(6A) 12,50 – pers. suppl. 3,35*
**Location** ✖ *juil.-août :* ⊨

## LACANAU (Étang de)

33 Gironde ⑨ – ③③⑤ E5 G. Aquitaine – 2 405 h. – alt. 17.
🛈 Office du tourisme, place de l'Europe 🅿 05 56 03 21 01, Fax 05 56 03 11 89, *lacanau @lacanau.com.*
Paris 624 – Andernos-les-Bains 31 – Bordeaux 50 – Lesparre-Médoc 41 – Soulac-sur-Mer 65.

**au Moutchic** 5,5 km à l'Est de Lacanau-Océan – ✉ 33680 Lacanau :

▲▲▲ **Talaris** 26 avril-13 sept.
     🅿 05 56 03 04 15, Fax 05 56 26 21 56 – E : 2 km sur rte de
Lacanau « Agréable cadre boisé » – **R** conseillée
10 ha (336 empl.) plat, herbeux, petit étang
**Tarif :** ▣ *2 pers.* ⚡ *(6A) 26,90 – pers. suppl. 4,80 – frais de*
*réservation 30*
**Location :** ⏢ *220 à 648 – bungalows toilés*
⏢ *(11 empl.) – 23*

▲▲▲ **Tedey** 26 avril-21 sept.
     🅿 05 56 03 00 15, *campingletedey@wanadoo.fr*, Fax 05 56
03 01 90 – S : 3 km par rte de Longarisse et chemin à gauche
« Sous les pins, agréable situation au bord de l'étang et pro-
che de l'océan » – **R** conseillée
14 ha (700 empl.) plat, sablonneux, dunes boisées attenantes
**Tarif :** ▣ *1 ou 2 pers.* ⚡ *20,80 – pers. suppl. 2,70 – frais de*
*réservation 20*
**Location** ✖ : ⏢ *250 à 520*
⏢

## LACANAU-OCÉAN

33 Gironde ⑨ – ③③⑤ D4 G. Aquitaine – ✉ 33680 Lacanau.
🛈 Office du Tourisme, place de L'Europe 🅿 05 56 03 21 01, Fax 05 56 03 11 89.
Paris 636 – Andernos-les-Bains 38 – Arcachon 87 – Bordeaux 63 – Lesparre-Médoc 52.

▲▲▲▲ **Airotel de l'Océan** 5 avril-28 sept.
     🅿 05 56 03 24 45, *airotel.lacanau@wanadoo.fr*, Fax 05 57
70 01 87 – au Nord de la station, rue du Repos – **R** conseillée
9 ha (550 empl.) plat et en terrasses, vallonné, sablonneux
**Tarif :** ▣ *2 pers.* ⚡ *(15A) 37 – pers. suppl. 7 – frais de réser-*
*vation 28*
**Location** ✖ : ⏢ *190 à 449 –* ⏢ *274 à 698*
⏢ *(15 empl.)*

▲▲▲ **Les Grands Pins** 19 avril-15 sept.
     🅿 05 56 03 20 77, *reception@lesgrandspins.com*, Fax
05 57 70 03 89 – au Nord de la station, avenue des
Grands Pins, à 500 m de la plage (accès direct) – **R** indis-
pensable
11 ha (570 empl.) vallonné et en terrasses, sablonneux
**Tarif :** (Prix 2002) ▣ *2 pers.* ⚡ *(10A) 30 – pers. suppl. 8,50*
*– frais de réservation 46*
**Location :** ⏢ *200 à 860 – studios*
⏢

## LACAPELLE-MARIVAL

46120 Lot ⑮ – ③③⑦ H3 G. Périgord Quercy – 1 201 h. – alt. 375.
🛈 Office du Tourisme, place de la Halle 🅿 05 65 40 81 11, Fax 05 65 40 81 11.
Paris 556 – Aurillac 68 – Cahors 63 – Figeac 21 – Gramat 21 – Rocamadour 32 – Tulle 77.

△ **Municipal Bois de Sophie** 15 mai-sept.
     🅿 05 65 40 82 59, Fax 05 65 40 82 59 – NO : 1 km par
D 940, rte de St-Céré – **R** conseillée
1 ha (66 empl.) peu incliné et plat, herbeux
**Tarif :** (Prix 2002) ▣ *2 pers.* ⚡ *(10A) 12,50 – pers. suppl. 3*
**Location** *(juil.-août) :* ⏢ *151,40 à 221,40 – bungalows toilés*

## LACAPELLE-VIESCAMP

15150 Cantal **10** – **330** B5 – 438 h. – alt. 550.
Paris 548 – Aurillac 19 – Figeac 57 – Laroquebrou 11 – St-Céré 48.

▲▲ **Le Puech des Ouilhes** 15 juin-5 sept.
𝒫 04 71 46 42 38, *campingpuech@infonie.fr*, Fax 04 71 46
42 81 – SO : 3 km par D 18, rte d'Aurillac et rte à droite, à
150 m du lac de St-Étienne-Cantalès « Site et situation
agréables dans une presqu'île du lac » – **R** conseillée
2 ha (97 empl.) peu incliné, pierreux, herbeux
**Tarif :** 回 *2 pers.* 🔧 *(10A) 13,90 – pers. suppl. 3,40*
**Location** *(mai-sept.) :* 🏠 *229 à 473 – huttes*

🏊 ⟨ juil.-août ⚓ juil.-25 août
**GB** ⚞ 🎾 pinède ⚡ 🍳 🍽 🔌 🛎 🕯
🍴 ⚙ 🍽 🛒
À prox. : 🏊 🍷 snack 🚣

## LACAVE

46200 Lot **18** – **337** F2 G. Périgord Quercy – 241 h. – alt. 130.
Paris 528 – Brive-la-Gaillarde 51 – Cahors 61 – Gourdon 26 – Rocamadour 11 – Sarlat-la-Canéda 41.

▲▲ **La Rivière** 15 mai-15 sept.
𝒫 05 65 37 02 04, Fax 05 65 37 02 04 – NE : 2,5 km par
D 23, rte de Martel et chemin à gauche, bord de la Dordogne
– **R** indispensable
2,5 ha (110 empl.) plat, peu incliné, herbeux
**Tarif :** 回 *2 pers.* 🔧 *(10A) 16,90 – pers. suppl. 4,40*
**Location :** 🚐 *340 – 🛏 260 à 460*

🏊 ⚓ juil.-août ⚡ 🎾 ⚡ 🍳 🛎 🔌
🍴 🛒 ⚙ 🍽 🛒 🍷 snack 🚣 🛶 🛥
🛟

## LAC CHAMBON

63790 P.-de-D. **11** – **326** E9 G. Auvergne – – alt. 877 – Sports d'hiver : 1 150/1 760 m ⚡9 🎿.
Paris 459 – Clermont-Ferrand 37 – Condat 39 – Issoire 32 – Le Mont-Dore 19.

▲▲ **La Plage** mai-sept.
𝒫 04 73 88 60 04, Fax 04 73 88 80 08 – E : 3 km par D 996,
rte de Murol et chemin à droite « Site et situation agréables
au bord du lac » – **R** conseillée
7 ha (372 empl.) plat, incliné et en terrasses, herbeux, pierreux
**Tarif :** (Prix 2002) 回 *2 pers.* 🔧 *18 – pers. suppl. 3,80*
**Location :** 🛏 *(hôtel)*

⟨ ⚓ **GB** 🎾 ⚡ 🎾 ⚡ 🍳 🛎 🕯
🍴 ⚙ 🍽 🍷 🍽 🛒 salle de
spectacles et d'animation 🚣 🍽 🛒
🛟 🚣 (plage) 🎣

▲▲ **Le Pré Bas** mai-sept.
𝒫 04 73 88 63 04, *prebas@lac-chambon.com*, Fax 04 73 88
65 93 – à Varennes, près du lac (accès direct) « Belle déco-
ration florale et arbustive » – **R** conseillée
3,8 ha (180 empl.) plat et peu incliné, herbeux
**Tarif :** 回 *2 pers.* 🔧 *21,50 – pers. suppl. 4,50 – frais de réser-*
*vation 15*
**Location :** 🚐 *259 à 520*
🚍

⟨ ⚓ juin-sept. 🎾 ⚡ 🍳 🍽 � (1,5 ha) ⚡ 🍳
🍴 ⚙ 🍴 ⚙ 🍽 🍷 🍽 🛒 🚣
🛏 🛟 🛶
À prox. : 🏊 🚣

▲▲ **Serrette** juin-15 sept.
𝒫 04 73 88 67 67, *camping.de.serrette@wanadoo.fr*,
Fax 04 73 88 81 73 – O : 2,5 km par D 996, rte du Mont-Dore
et D 636 (à gauche) rte de Chambon des Neiges (hors sché-
ma), alt. 1 000 – **R** conseillée
2 ha (75 empl.) en terrasses, incliné, herbeux, pierreux
**Tarif :** 回 *2 pers.* 🔧 *(6A) 16,60 – pers. suppl. 4*
**Location :** 🚐 *185 à 310*

🏊 ⟨ lac et montagnes ⚓ 🎾 🍳 ⚡ 🍳
🍴 ⚙ 🍴 ⚙ 🍽 🛒 🛟 (découverte
l'été)
À prox. : au lac : 🍽 🛒 🚣 (plage) 🐎

▲▲ **Le Village de la Plage** (location exclusive de 18 chalets)
𝒫 04 73 88 60 84, Fax 04 73 88 60 84 – E : 3 km par D 996,
rte de Murol et chemin à droite, sur le site du camping "la
Plage" « Agréable situation près du lac »
0,3 ha plat, herbeux·
**Location :** 🏠

⚓
À prox. : salle d'animation et de spectacle
🏊 🍷 🍽 🚣 🍴 🛒 🚣 🍽 🛒
🚣 (plage)

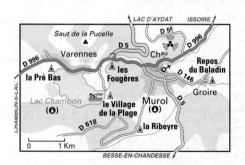

△ *Municipal les Bombes* 15 juin-15 sept. — ⪕ vallée de Chaudefour ⛬ GB ⚡ ♀
    𝒫 04 73 88 64 03, *chambon@sancy.com*, Fax 04 73 88 — (1 ha) ♿ 🚿 ♨ 🍽 🛒 ⊙ 🖭 ⛽
    62 59 – à l'Est de Chambon-sur-Lac vers rte de Murol et à — À prox. : Au lac : ♀ ✕ m ≅ ⚞
    droite, bord de la Couze de Chambon (hors schéma) –
    **R** conseillée
    2,4 ha (150 empl.) plat, herbeux
    **Tarif :** 🖭 *2 pers.* ⚡ *(6A) 14 – pers. suppl. 3,10*
    🚐 *(30 empl.)*

*Voir aussi à Murol*

## LACHAPELLE-SOUS-ROUGEMONT

90360 Ter.-de-Belf. 🎴 – 🗆🗆🗆 G10 – 404 h. – alt. 400.
Paris 444 – Belfort 16 – Basel 65 – Colmar 54 – Mulhouse 28 – Thann 23.

△ *Municipal la Seigneurie* avril-oct. — 🚳 ⛬ GB ⚡ ♀ (0,5 ha) ♿ 🚿 ♨ 🛒
    𝒫 03 84 23 00 13, *mairielachapelle-rougemont@wanadoo.* — 🍴 ⊙ 🖭 ⛽
    *fr,* Fax 03 84 23 05 04 – N : 3,2 km par D 11, rte de Lauw — À prox. : ♀ ✕ 🔗
    « En lisière de forêt, près d'un étang »
    3 ha (120 empl.) plat, herbeux
    **Tarif :** 🖭 *2 pers.* ⚡ *13 – pers. suppl. 2,50*

## LACHAU

26560 Drôme 🎴🎴 – 🗆🗆🗆 G8 – 190 h. – alt. 715.
Paris 714 – Laragne-Montéglin 26 – Sault 36 – Séderon 9 – Sisteron 36.

△ *Aire Naturelle la Dondelle* mai-15 sept. — 🚳 ⪕ ⚡ ♀ 🚿 ⊙
    𝒫 04 75 28 40 04 – sortie Est sur D 201, rte d'Eourres, à
    100 m de l'Auzanée
    1 ha (25 empl.) plat, herbeux
    **Tarif :** 🖭 *2 pers.* ⚡ *14,30 – pers. suppl. 5,50*

## LADIGNAC-LE-LONG

87500 H.-Vienne 🎴🎴 – 🗆🗆🗆 D7 – 1 190 h. – alt. 334.
Paris 426 – Brive-la-Gaillarde 74 – Limoges 36 – Nontron 44 – Périgueux 64 – St-Yrieix-la-Perche 12.

△△ *Municipal le Bel Air* mai-oct. — 🚳 ⪕ ⛬ ⚡ 🖂 ♀ (1 ha) ♿ 🚿 ♨ 🛒
    𝒫 05 55 09 39 82, *camping-ladignac@wanadoo.fr,* Fax — 🍴 ⊙ 🖭 ⛽ ✕
    05 55 09 39 80 – N : 1,5 km par D 11, rte de Nexon et — À prox. : ≅ (plage)
    chemin à gauche, près d'un plan d'eau « Cadre et situation
    agréables » – **R** conseillée
    2,5 ha (100 empl.) en terrasses, herbeux
    **Tarif :** 🖭 *2 pers.* ⚡ *11,20 – pers. suppl. 2,50*
    **Location :** 🚐 *315 à 348*

## LAFRANÇAISE

82130 T.-et-G. 🎴🎴 – 🗆🗆🗆 D7 G. Midi Pyrénées – 2 651 h. – alt. 183 – Base de loisirs.
🄱 Office du Tourisme, place de la République 𝒫 05 63 65 91 10, Fax 05 63 65 94 65.
Paris 625 – Castelsarrasin 17 – Caussade 41 – Lauzerte 23 – Montauban 17.

△ *Le Lac* 14 juin-13 sept. — 🚳 ⚡ 🖂 ⦙⦙⦙ (0,5 ha) 🚿 ♨ 🍴 ⊙
    𝒫 05 63 65 89 69 – sortie Sud-Est par D 40, rte de Mon- — 🖭
    tastruc et à gauche, à 250 m d'un plan d'eau (accès direct) — À prox. : snack ⛽ ✕ 🏊 🚤 ⚞
    – **R** conseillée
    0,9 ha (34 empl.) peu incliné, terrasses, pierreux, herbeux,
    bois attenant
    **Tarif :** 🖭 *2 pers.* ⚡ *(8A) 6,85 – pers. suppl. 1,75*
    **Location :** 🚐 *249 à 296*

## LAGORCE

07 Ardèche – 🗆🗆🗆 I7 – voir à Ardèche (Gorges de l').

## LAGORD

17 Char.-Mar. – 🗆🗆🗆 D2 – rattaché à la Rochelle.

313

## LAGUÉPIE

82250 T.-et-G. **14** – **337** H7 – 787 h. – alt. 149.
**🛈** Office du Tourisme, place de Foirail ℘ 05 63 30 20 34, Fax 05 63 30 20 34.
Paris 656 – Albi 38 – Carmaux 24 – Cordes-sur-Ciel 13 – St-Antonin-Noble-Val 26.

    ▲ **Municipal les Tilleuls** mai-sept.
      ℘ 05 63 30 22 32, *mairie.laguepie@info82.com*, Fax 05 63
      30 20 55 – E : 1 km par D 922 rte de Villefranche-de-Rouer-
      gue et chemin à droite, croisement difficile pour caravanes
      « Agréable situation au bord du Viaur » – **R** conseillée
      1 ha (54 empl.) plat et terrasses, herbeux, pierreux
      **Tarif :** (Prix 2002) 🗐 *2 pers.* 🄵 *8,60 – pers. suppl. 2,60*
      **Location** *(avril-nov.) :* 🏠 *213 à 290*

## LAGUIOLE

12210 Aveyron **15** – **338** J2 G. Midi Pyrénées – 1 264 h. – alt. 1 004 – Sports d'hiver : 1 100/1 400 ⚡12 ⚡.
**🛈** Office du Tourisme, place du Foirail ℘ 05 65 44 35 94, Fax 05 65 44 35 76, *ot-laguiole@wanadoo.fr*.
Paris 575 – Aurillac 79 – Espalion 22 – Mende 78 – Rodez 52 – St-Flour 60.

    ▲ **Municipal les Monts d'Aubrac** 15 mai-15 sept.
      ℘ 05 65 44 39 72 – sortie Sud par D 921, rte de Rodez puis
      0,6 km par rte à gauche, au stade, alt. 1 050 – **R** conseillée
      1,2 ha (57 empl.) non clos, plat et peu incliné, herbeux
      **Tarif :** 🗐 *2 pers.* 🄵 *8 – pers. suppl. 1,90*

## LAIVES

71240 S.-et-L. **11** – **320** J10 – 771 h. – alt. 198.
Paris 356 – Chalon-sur-Saône 20 – Mâcon 48 – Montceau-les-Mines 48 – Tournus 14.

    ▲▲ **Les Lacs de Laives – la Héronnière** 8 mai-14 sept.
      ℘ 03 85 44 98 85, Fax 03 85 44 98 85 – N : 4,2 km par D 18
      rte de Buxy et rte à droite « Près des Lacs de Laives » –
      **R** conseillée
      1,5 ha (80 empl.) plat, herbeux
      **Tarif :** 🗐 *2 pers.* 🄵 *15,50 – pers. suppl. 3,30*

## LALLEY

38930 Isère **12** – **333** H9 – 191 h. – alt. 850.
**🛈** Syndicat d'Initiative, La poste ℘ 04 76 34 70 39, Fax 04 76 34 75 02.
Paris 628 – Grenoble 64 – La Mure 30 – Sisteron 80.

    ▲▲ **Belle Roche** mai-sept.
      ℘ 04 76 34 75 33, *camping-belleroche@joliefrance.com*,
      Fax 04 76 34 75 33 – au Sud du bourg par rte de Mens et
      chemin à droite, alt. 860 « Situation agréable face au
      village » – **R** conseillée
      4 ha (60 empl.) plat, terrasse, pierreux, herbeux
      **Tarif :** 🗐 *2 pers.* 🄵 *(10A) 16,60 – pers. suppl. 3*
      🚐

## LALOUVESC

07520 Ardèche **11** – **331** J3 G. Vallée du Rhône – 514 h. – alt. 1 050.
**🛈** Office du Tourisme, rue St-Régis ℘ 04 75 67 84 20, Fax 04 75 67 80 09.
Paris 559 – Annonay 24 – Lamastre 25 – Privas 76 – St-Agrève 32 – Tournon-sur-Rhône 39 – Valence 56 –
Yssingeaux 43.

    ▲▲ **Municipal le Pré du Moulin** 17 mai-4 oct.
      ℘ 04 75 67 84 86, Fax 04 75 67 85 69 – au Nord de la localité
      2,5 ha (70 empl.) en terrasses, peu incliné, herbeux
      **Tarif :** 🗐 *2 pers.* 🄵 *9,30 – pers. suppl. 2,10*
      **Location :** *huttes*

## LAMASTRE

07270 Ardèche **11** – **331** J4 G. Vallée du Rhône – 2 717 h. – alt. 375.
**🛈** Office du Tourisme, place Montgolfier ℘ 04 75 06 48 99, Fax 04 75 06 37 53.
Paris 577 – Privas 52 – Le Puy-en-Velay 72 – Valence 39.

    ▲▲ **Le Retourtour** Pâques-sept.
      ℘ 04 75 06 40 71, *campingderetourtour@wanadoo.fr*, Fax
      04 75 06 40 71 – NO : 2,6 km par D 533 et chemin à droite,
      à Retourtour Plage « Près d'un plan d'eau » – **R** conseillée
      2,9 ha (130 empl.) plat et peu incliné, herbeux, gravillons
      **Tarif :** 🗐 *2 pers.* 🄵 *(13A) 16,10 – pers. suppl. 3*
      **Location :** 🚐 *199 à 430*

## LAMPAUL-PLOUDALMEZEAU

29830 Finistère **3** – **808** D3 – 595 h. – alt. 24.
Paris 613 – Brest 27 – Brignogan-Plages 38 – Ploudalmézeau 3.

▲ **Municipal des Dunes** 15 juin-15 sept.
    *&* 02 98 48 14 29, Fax 02 98 48 19 32 – à 0,7 km au Nord
du bourg, à côté du terrain de sports et à 100 m de la plage
(accès direct) – **R**
1,5 ha (150 empl.) non clos, plat, sablonneux, herbeux, dunes
**Tarif :** (Prix 2002) ▣ *2 pers.* [½] *8,50 – 3 à 5 pers. 11,50 –*
*6 à 8 pers. 14,70*

## LANCIEUX

22770 C.-d'Armor **4** – **809** J3 G. Bretagne – 1 245 h. – alt. 24.
**🛈** Office du Tourisme, square Jean Conan *&* 02 96 86 25 37, Fax 02 96 86 29 81, *lancieux.tourisme@ wana*
*doo.fr.*
Paris 412 – Dinan 22 – Dol-de-Bretagne 34 – Lamballe 39 – St-Brieuc 59 – St-Malo 18.

▲▲ **Municipal les Mielles** avril-sept.
    *&* 02 96 86 22 98, *mairie.lancieux@ wanadoo.fr,* Fax 02 96
86 28 20 – au Sud-Ouest du bourg, rue Jules-Jeunet, à
300 m de la plage – **R**
2,5 ha (153 empl.) plat à peu incliné, herbeux
**Tarif :** ▣ *2 pers.* [½] *(6A) 10,50 – pers. suppl. 2,50*

## LANDÉDA

29870 Finistère **3** – **808** D3 – 2 666 h. – alt. 52.
Paris 605 – Brest 27 – Brignogan-Plages 25 – Ploudalmézeau 22.

▲▲▲ **Les Abers** 18 avril-28 sept.
    *&* 02 98 04 93 35, *camping-des-abers@ wanadoo.fr,*
Fax 02 98 04 84 35 – NO : 2,5 km, aux dunes de Ste-Mar-
guerite « Entrée fleurie, site agréable au bord de la plage »
– **R** conseillée
4,5 ha (180 empl.) plat, en terrasses, sablonneux, herbeux,
dunes
**Tarif :** ▣ *2 pers.* [½] *(5A) 14,50 – pers. suppl. 3,10*
**Location :** ⌖ *230 à 460*
🚐

## LANDERNEAU

29800 Finistère **3** – **808** F4 G. Bretagne – 14 269 h. – alt. 10.
**🛈** Office du Tourisme, Pont de Rohan *&* 02 98 85 13 09, Fax 02 98 21 39 27, *otpayslanderneau-daoulas@ w*
*anadoo.fr.*
Paris 576 – Brest 27 – Carhaix-Plouguer 59 – Morlaix 39 – Quimper 64.

▲ **Municipal les Berges de l'Elorn** 15 mai-15 oct.
    *&* 02 98 21 66 59, Fax 02 98 21 66 59 – au Sud-Ouest de
la ville, rte de Quimper près du stade et de la piscine « Au
bord de l'Elorn (rive gauche) » – **R** conseillée
0,5 ha (42 empl.) plat, herbeux
**Tarif :** ▣ *2 pers.* [½] *(7A) 11,17 – pers. suppl. 2,46 – frais de*
*réservation 12,28*
**Location** ✀ **:** ⌖ *169,43 à 328,73*
🚐

## LANDEVIEILLE

85220 Vendée **9** – **816** F8 – 646 h. – alt. 37.
Paris 463 – Challans 25 – Nantes 84 – La Roche-sur-Yon 32 – Les Sables-d'Olonne 19 – St-Gilles-Croix-de-Vie 14.

▲▲▲ **Pong** avril-sept.
    *&* 02 51 22 92 63, *lepong@ free.fr,* Fax 02 51 22 99 25 –
sortie Nord-Est, chemin du stade – **R** conseillée
3 ha (185 empl.) plat et peu incliné, herbeux, terrasses, petit
étang
**Tarif :** ▣ *2 pers.* [½] *(6A) 21 – pers. suppl. 4 – frais de réser-*
*vation 16*
**Location :** ⌖ *397 –* ⌖ *183 à 511*

▲ **Municipal Orée de l'Océan** 28 juin-1er sept.
    *&* 02 51 22 96 36, Fax 02 51 22 29 09 – sortie Ouest, rte
de Brétignolles-sur-Mer, à proximité d'un étang –
**R** conseillée
2,8 ha (140 empl.) plat et peu incliné, herbeux
**Tarif :** ▣ *2 pers.* [½] *21 – pers. suppl. 3 – frais de réservation 15*

315

## LANDRAIS

17290 Char.-Mar. **9** – **324** E3 – 474 h. – alt. 12.
Paris 455 – Niort 48 – Rochefort 23 – La Rochelle 29 – Surgères 13.

 ▲ **Le Pré Maréchat** juin-sept.
  𝄞 05 46 27 87 29, Fax 05 46 27 79 46 – sortie Nord-Ouest
  par D 112, rte d'Aigrefeuille-d'Aunis et chemin à gauche, à
  120 m d'un étang – **R** conseillée
  0,6 ha (25 empl.) plat, herbeux, pierreux
  **Tarif** : (Prix 2002) ▣ *2 pers.* ⚡ *10 – pers. suppl. 2,50*

## LANDRY

73210 Savoie **12** – **333** N4 – 490 h. – alt. 800.
Paris 661 – Albertville 50 – Bourg-St-Maurice 7 – Moûtiers 23.

 ▲▲▲ **L'Eden** fermé du 5 au 28 mai, 15 sept. au 21 oct. et 3 nov.
  au 13 déc.
  𝄞 04 79 07 61 81, *info@camping-eden.net*, Fax 04 79 07
  62 17 – NO : 0,7 km par D 87ᴱ, après le passage à niveau,
  près de l'Isère, alt. 740 – **R** conseillée
  2,5 ha (133 empl.) peu incliné, en terrasses, plat, herbeux,
  gravillons
  **Tarif** : ▣ *2 pers.* ⚡ *(10A) 24 – pers. suppl. 5 – frais de réser-*
  *vation 10*

## LANILDUT

29840 Finistère **3** – **308** C4 – 733 h. – alt. 10.
Paris 618 – Brest 28 – Brignogan-Plages 48 – Ploudalmézeau 11.

 ▲ **Municipal du Tromeur** 16 juin-14 sept.
  𝄞 02 98 04 31 13 – sortie Ouest par D 27 puis 1,5 km par
  rte à droite, Chemin piétonnier reliant le camping au bourg
  – **R** conseillée
  2,7 ha (70 empl.) plat, peu incliné, herbeux, bois
  attenant
  **Tarif** : (Prix 2002) ▣ *2 pers.* ⚡ *8,75 – pers. suppl. 2,20*

## LANLOUP

22580 C.-d'Armor **3** – **309** E2 G. Bretagne – 195 h. – alt. 58.
Paris 484 – Guingamp 29 – Lannion 42 – St-Brieuc 36 – St-Quay-Portrieux 15.

 ▲▲ **Le Neptune** 5 avril-2 nov.
  𝄞 02 96 22 33 35, *contact@leneptune.com*, Fax 02 96 22
  68 45 – sortie Ouest du bourg « Cadre arbustif plaisant » –
  **R** conseillée
  2 ha (84 empl.) plat, peu incliné, herbeux
  **Tarif** : ▣ *2 pers.* ⚡ *(6A) 18 – pers. suppl. 4 – frais de réser-*
  *vation 12*
  **Location** : ⌂ *152 à 335 –* ⌂ *230 à 520*

## LANNE

65 H.-Pyr. – **342** M6 – rattaché à Lourdes.

## LANNION

22300 C.-d'Armor **3** – **309** B2 G. Bretagne – 16 958 h. – alt. 12.
**🛈** Office du Tourisme, 2 quai d'Aiguillon 𝄞 02 96 46 41 00, Fax 02 96 37 19 64, *tourisme.lannion@
wanadoo.fr.*
Paris 516 – Brest 96 – Morlaix 42 – St-Brieuc 64.

 ▲▲ **Municipal des 2 Rives** avril-15 sept.
  𝄞 02 96 46 31 40, Fax 02 96 46 53 35 – SE : 2 km par D 767,
  rte de Guingamp et rte à droite après le Centre Commercial
  Leclerc « Plaisante décoration arbustive sur les deux rives du
  Léguer » – **R** conseillée
  2,3 ha (105 empl.) plat et peu incliné, herbeux
  **Tarif** : ▣ *2 pers.* ⚡ *11,90 – pers. suppl. 2,80*
  **Location** : ⌂ *184 à 405 – bungalows toilés*
  ⌂

## LANOBRE

15270 Cantal **11** – **330** D2 G. Auvergne – 1 473 h. – alt. 650.
Paris 497 – Bort-les-Orgues 7 – La Bourboule 34 – Condat 31 – Mauriac 38 – Ussel 32.

⚠ **Municipal de la Siauve** 31 mai-14 sept.
𝒫 04 71 40 31 85, Fax 04 71 40 34 33 – SO : 3 km par
D 922, rte de Bort-les-Orgues et rte à droite, à 200 m du lac
(accès direct), alt. 660 – **R** conseillée
8 ha (220 empl.) en terrasses, herbeux
**Tarif :** ▣ 2 pers. ⚡ (6A) 13,50 – pers. suppl. 3
**Location** (29 mars-1ᵉʳ nov.) : 🏠 240 à 450 – huttes
🚐 (6 empl.) – 10

⬚ ≤ ⟐ juil.-août GB ⚲ ▱ ♀ ᰔ 🔥 ⛺ 🗑 ⚲ ⊙ ᵴ ⟈ 🖼 ⊞
🚗 ᷴ
À prox. : ⚲ ⏃ ⎗ (plage)

## LANOUAILLE

24270 Dordogne **10** – **329** H3 – 976 h. – alt. 209 – Base de loisirs.
🛈 Syndicat d'Initiative, place Thomas-Robert-Bugeaud 𝒫 05 53 62 17 82, Fax 05 53 62 18 00, *si.lanouaille@ perigord.tm.fr*.
Paris 446 – Brantôme 47 – Limoges 56 – Périgueux 47 – Uzerche 47.

⚠ **Moulin de la Jarousse** (location exclusive de 8 cha-lets) Permanent
𝒫 05 53 52 37 91, *jarousse@wanadoo.fr*, Fax 05 53 62
10 69 ✉ 24270 Angoisse – E : 4 km
8 ha terrasse, herbeux, gravillons
**Location** ≫ (juil.-août) : 🏠 280 à 590

⬚ ≤ 🄿 ⚲ ⟱ Ⅲ 🖼 🚗 ᷴ ⎗
⊙

**à Angoisse** NE : 4 km par D 704 et D 80 – 559 h. – alt. 345

⚠ **Rouffiac en Périgord** (location de chalets et mobile homes) mai-sept.
𝒫 05 53 52 68 79, *semitour@perigord.tm.fr*, Fax 05 53 62
55 83 ✉ 24270 Angoisse – SE : 4 km par D 80, rte de Payzac,
à 100 m d'un plan d'eau (accès direct) (empl. traditionnels
également disponibles) « Site agréable près d'une base
nautique » – **R** conseillée
54 ha/6 campables en terrasses et peu incliné, herbeux
**Location :** 🚐 170 à 500 – 🏠 150 à 520

⬚ ⟐ juil.-août GB ⚲ ▱ ⟱ ᰔ 🗑
À prox. : mur d'escalade, téléski nautique,
canoë, pédalos ♀ ✕ ⟈ ≫ ⎗ (plage)
⚲ ᵭ

## LANS-EN-VERCORS

38250 Isère **12** – **333** G7 – 1 451 h. – alt. 1 120 – Sports d'hiver : 1 020/1 980 m ✶16 ✦.
🛈 Office du Tourisme, place de la Mairie 𝒫 04 76 95 42 62, Fax 04 76 95 49 70, *tourisme@ot-lans-en-verc ors.fr*.
Paris 578 – Grenoble 27 – Villard-de-Lans 8 – Voiron 36.

⚠ **Le Bois Sigu** Permanent
𝒫 04 76 95 47 02, Fax 04 76 95 47 02 – S : 2,8 km par
D 106, D 531, rte de Villard-de-Lans et rte à gauche, au
hameau le Peuil – Places limitées pour le passage –
**R** conseillée
1 ha (70 empl.) plat et terrasse, peu incliné, herbeux,
pierreux
**Tarif :** (Prix 2002) ▣ 2 pers. ⚡ (10A) 12,50 – pers. suppl. 3,45

❄ ⬚ ≤ ⟐ ⚲ Ⅲ ᰔ ᰔ 🗑 🗑 🗑
⊙ 🖼 ᵴ 🏠

## LANSLEVILLARD

73480 Savoie **12** – **333** O6 G. Alpes du Nord – 392 h. – alt. 1 500 – Sports d'hiver : 1 400/2 800 m ✶1 ✶21 ✦.
🛈 Office du tourisme, Grande Rue 𝒫 04 79 05 23 66, Fax 04 79 05 82 17, *info@valcenis.com*.
Paris 690 – Albertville 116 – Briançon 113 – Chambéry 129 – Val-d'Isère 47.

⚠ **Caravaneige Municipal** 15 déc.-avril, 15 juin-15 sept.
𝒫 04 79 05 90 52 – sortie Sud-Ouest rte de Lanslebourg,
bord d'un torrent – **R** conseillée
3 ha (100 empl.) plat, herbeux, pierreux
**Tarif :** ▣ 2 pers. ⚡ (10A) 14,50 – pers. suppl. 2,30

❄ ≤ ⚲ Ⅲ ᰔ ᰔ 🗑 🗑 ⊙ 🖼 ♀
✕ ᵭ 🏠 🚗
À prox. : ≫

## LANTIC

22410 C.-d'Armor **3** – **309** E3 – 1 075 h. – alt. 50.
Paris 466 – Brest 139 – Lorient 138 – Rennes 115 – St-Brieuc 17.

⚠ **Les Étangs** 3 avril-sept.
𝒫 02 96 71 95 47, *lesetangs@caramail.com*, Fax 02 96 71
95 47 – E : 2 km par D 4, rte de Binic, près de deux étangs
– **R** conseillée
1,5 ha (90 empl.) peu incliné, plat, herbeux
**Tarif :** ▣ 2 pers. ⚡ (6A) 13 – pers. suppl. 3,10

⟐ GB ⚲ ♀ ᰔ ᰔ 🗑 ᵴ 🖼 ᰔ ⊙
🖼 🚗 ⎗
À prox. : golf, canoë de mer ≫ 🏇 ᵭ
🐴 poneys

## LANUÉJOLS

30750 Gard 16 – 339 F4 – 304 h. – alt. 905.
Paris 655 – Alès 110 – Mende 67 – Millau 35 – Nîmes 114 – Le Vigan 48.

**Domaine de Pradines** avril-25 oct.
℘ 04 67 82 73 85, Fax 04 67 82 73 04 – O : 3,5 km par D 28,
rte de Roujarie et chemin à gauche, alt. 800 « Cadre
sauvage » – **R** conseillée
30 ha (75 empl.) plat, peu incliné, herbeux
**Tarif :** ▣ 2 pers. (₂) (15A) 12,80 – pers. suppl. 5
**Location** (permanent) : ▥ 250 à 530

## LAON

02000 Aisne 6 – 306 D5 G. Picardie Flandres Artois – 26 490 h. – alt. 181.
🛈 Office du Tourisme, place du Parvis de la Cathédrale ℘ 03 23 20 28 62, Fax 03 23 20 68 11, *tourisme.inf o.laon@ wanadoo.fr.*
Paris 142 – Amiens 122 – Charleville-Mézières 105 – Compiègne 80 – Reims 62 – St-Quentin 48 – Soissons 38.

**Municipal la Chênaie** mai-sept.
℘ 03 23 20 25 56, Fax 03 23 20 25 56 – de la gare Sud-
Ouest : 4 km, accès par chemin près de la Caserne Foch, à
l'entrée du faubourg Semilly, à 100 m d'un étang –
**R** conseillée
1 ha (35 empl.) plat, herbeux, chênaie
**Tarif :** (Prix 2002) ▣ 2 pers. (₂) (10A) 12,20 – pers. suppl. 3

## LAPALISSE

03120 Allier 11 – 326 I5 G. Auvergne – 3 603 h. – alt. 280.
🛈 Office du Tourisme, 3 rue du Prés.-Roosevelt ℘ 04 70 99 08 39, Fax 04 70 99 28 09.
Paris 348 – Digoin 45 – Mâcon 122 – Moulins 50 – Roanne 49 – St-Pourçain-sur-Sioule 30.

**Municipal** 26 avril-14 sept.
℘ 04 70 99 26 31, *contact@cc-paysdelapalisse.fr*, Fax
04 70 99 33 53 – sortie Sud-Est par N 7, rte de Roanne, bord
de la Besbre, chemin piétonnier reliant le camping au centre
ville
0,8 ha (66 empl.) plat, herbeux
**Tarif :** (Prix 2002) ▣ 2 pers. (₂) (10A) 8,35 – pers. suppl. 1,85

parcours de santé

## LAPEYROUSE

63700 P.-de-D. 11 – 326 E5 – 575 h. – alt. 510.
Paris 353 – Clermont-Ferrand 76 – Commentry 15 – Montmarault 14 – St-Éloy-les-Mines 14 – Vichy 57.

**Municipal les Marins** 15 juin-1er sept.
℘ 04 73 52 02 73, Fax 04 73 52 03 89 – SE : 2 km par D 998,
rte d'Echassières et D 100 à droite, rte de Durmignat
« Décoration arbustive des emplacements, près d'un plan
d'eau »
2 ha (68 empl.) plat, herbeux
**Tarif :** ▣ 3 pers. (₂) 13 – pers. suppl. 4
**Location** (permanent) : ▥ 245 à 370

À prox. : 🍴 ✕

## LARCHE

04530 Alpes-de-H.-Pr. 17 – 334 J6 G. Alpes du Sud – 71 h. – alt. 1 691.
Paris 766 – Barcelonnette 28 – Briançon 81 – Cuneo 71.

**Domaine des Marmottes** 14 juin-15 sept.
℘ 04 92 84 33 64, Fax 04 92 84 33 64 – SE : 0,8 km par rte
à droite après l'ancienne douane française « Cadre sauvage
au bord de l'Ubayette » – **R** conseillée
2 ha (50 empl.) non clos, plat, herbeux, pierreux
**Tarif :** ▣ 2 pers. (₂) (10A) 16 – pers. suppl. 6,50

## Le LARDIN-ST-LAZARE

24570 Dordogne 10 – 329 I5 – 2 047 h. – alt. 86.
Paris 503 – Brive-la-Gaillarde 28 – Lanouaille 38 – Périgueux 47 – Sarlat-la-Canéda 34.

**La Nuelle** fermé 19 déc.-5 janv.
℘ 05 53 51 24 00, *peuch@club-internet.fr*, Fax 05 53 50
68 14 – NO : 3 km par N 89, rte de Périgueux et chemin à
droite – **R** conseillée
2 ha (50 empl.) non clos, plat, herbeux, étang
**Tarif :** ▣ 2 pers. (₂) (5A) 14,50 – pers. suppl. 3,50
**Location :** ▥ 150 à 560

## LARMOR-PLAGE

56260 Morbihan **3** – **308** K8 G. Bretagne – 8 078 h. – alt. 4 – Base de loisirs.
Paris 510 – Lorient 7 – Quimper 73 – Vannes 65.

🏕 **La Fontaine** Permanent
  𝒫 02 97 33 71 28, Fax 02 97 33 70 32 – à l'Ouest de la station, à 300 m du D 152 (accès conseillé) et à 1,2 km de la base de loisirs – **R** conseillée
  4 ha (130 empl.) plat, peu incliné, herbeux
  **Tarif :** ▣ *2 pers.* ⊕ *15,70 – pers. suppl. 3,70 – frais de réservation 12*
  🚐

🏕 **Municipal les Algues** 15 juin-15 sept.
  𝒫 02 97 65 55 47, *camping@larmor-plage.com*, Fax 02 97 84 26 27 – au Sud de la station, près de la plage – **R** conseillée
  2 ha (148 empl.) plat, peu incliné, herbeux, sablonneux
  **Tarif :** ▣ *2 pers.* ⊕ *13,34 – pers. suppl. 2,70*

## LARNAGOL

46160 Lot **15** – **337** G5 – 159 h. – alt. 146.
Paris 585 – Cahors 41 – Cajarc 9 – Figeac 33 – Livernon 26 – Villefranche-de-Rouergue 30.

🏕 **Le Ruisseau de Treil**
  𝒫 05 65 31 23 39, Fax 05 65 31 23 39 – E : 0,6 km par D 662, rte de Cajarc et à gauche, bord d'un ruisseau
  4 ha (49 empl.) plat, herbeux

## LAROQUE-DES-ALBÈRES

66740 Pyr.-Or. **15** – **344** I7 – 1 508 h. – alt. 100.
**🛈** Syndicat d'Initiative, rue Michel Soler  𝒫 04 68 89 00 88, Fax 04 68 89 00 88.
Paris 886 – Argelès-sur-Mer 11 – Le Boulou 14 – Collioure 18 – La Jonquera 27 – Perpignan 27.

🏕 **Les Albères** avril-sept.
  𝒫 04 68 89 23 64, *camping-des-alberes@wanadoo.fr*, Fax 04 68 89 14 30 – sortie Nord-Est par D 2, rte d'Argelès-sur-Mer puis 0,4 km par chemin à droite « agréable cadre boisé » – **R** conseillée
  5 ha (211 empl.) peu incliné et en terrasses, pierreux, herbeux
  **Tarif :** ▣ *2 pers.* ⊕ *19 – pers. suppl. 4,40*
  **Location :** 🛏 *317 à 500 –* 🏠 *205 à 500*

## LARUNS

64440 Pyr.-Atl. **13** – **342** J7 – 1 466 h. – alt. 523.
**🛈** Office du Tourisme, Maison de la Vallée d'Ossau  𝒫 05 59 05 31 41, Fax 05 59 05 35 49.
Paris 817 – Argelès-Gazost 49 – Lourdes 51 – Oloron-Ste-Marie 34 – Pau 39.

🏕 **Les Gaves** Permanent
  𝒫 05 59 05 32 37, *campingdesgaves@wanadoo.fr*, Fax 05 59 05 47 14 – SE : 1,5 km par rte du col d'Aubisque et chemin à gauche, bord du Gave d'Ossau – Places limitées pour le passage « Belle entrée » – **R** conseillée
  2,4 ha (101 empl.) plat, herbeux, gravier
  **Tarif :** (Prix 2002) ▣ *2 pers.* ⊕ *(10A) 20,13 – pers. suppl. 3,51 – frais de réservation 13*
  **Location :** 🛏 *182 à 487 –* 🏠 *285 à 594 – appartements*

## LATHUILE

74 H.-Savoie – **328** K6 – voir à Annecy (Lac d').

## LATILLÉ

86190 Vienne **9** – **322** G5 – 1 305 h. – alt. 150.
Paris 353 – Châtellerault 54 – Parthenay 28 – Poitiers 26 – St-Maixent-l'École 38 – Saumur 87.

🏕 **Aire Naturelle la Raudière** avril-sept.
  𝒫 05 49 54 81 36, Fax 05 49 54 81 36 – sortie Sud-Ouest par D 93 rte de Vasles et chemin à droite
  1 ha (25 empl.) en terrasses, herbeux
  **Tarif :** ▣ *2 pers.* ⊕ *(4A) 8,50 – pers. suppl. 2*

## LATTES

34 Hérault – **339** I7 – rattaché à Montpellier.

## LAU-BALAGNAS

65 H.-Pyr. – 342 L7 – rattaché à Argelès-Gazost.

## LAUBERT

48170 Lozère 15 – 330 J7 – 128 h. – alt. 1 200 – Sports d'hiver : 1 200/1 264 m ✹1 ✦.
Paris 588 – Langogne 28 – Marvejols 43 – Mende 21.

  ▲ **Municipal la Pontière** Permanent
    &#x1F4DE; 04 66 47 72 09, *pms.laubert@wanadoo.fr*, Fax 04 66 47
    71 37 – SO : 0,5 km par N 88 et D 6, rte de Rieutort-de-
    Randon à droite – **R** conseillée
    2 ha (33 empl.) peu incliné et accidenté, pierreux, rochers,
    herbeux
    **Tarif :** ⊡ *2 pers.* ⒡ *9,50 – pers. suppl. 1,10*
    **Location :** *gîte d'étape*

## LAURAC-EN-VIVARAIS

07 Ardèche – 331 H6 – voir à Ardèche (Gorges de l').

## LAURENS

34480 Hérault 15 – 339 E7 – 1 009 h. – alt. 140.
&#x1F6C8; Syndicat d'Initiative &#x1F4DE; 04 67 90 28 02, Fax 04 67 90 11 06.
Paris 740 – Bédarieux 13 – Béziers 23 – Clermont-l'Hérault 40 – Montpellier 92 – Sète 59.

  ▲▲ **L'Oliveraie** Permanent
    &#x1F4DE; 04 67 90 24 36, *oliveraie@free.fr*, Fax 04 67 90 11 20 –
    N : 2 km par rte de Bédarieux et chemin à droite –
    **R** conseillée
    7 ha (116 empl.) plat, terrasse, pierreux, herbeux
    **Tarif :** ⊡ *2 pers.* ⒡ *(10A) 27,10 – pers. suppl. 4,60 – frais
    de réservation 14*
    **Location :** 🛖 *134,15 à 375 –* 🏠 *327 à 525*

## LAURIÈRE

87370 H.-Vienne 10 – 325 F4 – 601 h. – alt. 404.
&#x1F6C8; Syndicat d'initiative – Mairie &#x1F4DE; 05 55 71 40 44, Fax 05 55 71 49 29.
Paris 366 – Bellac 42 – Bourganeuf 37 – Guéret 40 – Limoges 41 – La Souterraine 23.

  ▲ **Intercommunal du Lac** 15 avril-15 oct.
    &#x1F4DE; 05 55 71 42 62 – N : 2,4 km par D 63 rte de Folles et rte
    à droite, bord du lac (plage) – **R**
    3,6 ha (152 empl.) en terrasses
    **Tarif :** (Prix 2002) ⊡ *2 pers.* ⒡ *11,60 – pers. suppl. 3*
    **Location :** *huttes*

## LAUTENBACH-ZELL

68610 H.-Rhin 8 – 315 G9 – 912 h. – alt. 400.
Paris 473 – Belfort 59 – Guebwiller 8 – Colmar 32 – Mulhouse 30 – Thann 29.

  ▲ **Municipal Vert Vallon** janv.-15 nov.
    &#x1F4DE; 03 89 74 01 80, *mairie.lautenbachzell@wanadoo.fr*,
    Fax 03 89 76 30 39 – au bourg, près de l'église « Au coeur
    d'un village blotti dans une vallée » – **R** conseillée
    0,5 ha (34 empl.) peu incliné à incliné, herbeux
    **Tarif :** (Prix 2002) ⊡ *2 pers.* ⒡ *(10A) 13,60 (hiver 18,60)
    – pers. suppl. 2,80*
    **Location :** 🛏

## LAUTERBOURG

67630 B.-Rhin 8 – 315 N3 – 2 372 h. – alt. 115.
&#x1F6C8; Office du Tourisme, 21 rue de la 1ère Armée &#x1F4DE; 03 88 94 66 10, Fax 03 88 54 61 33, *tourisme.lauterbour
g@wanadoo.fr*.
Paris 537 – Haguenau 41 – Karlsruhe 22 – Strasbourg 59 – Wissembourg 20.

  ▲▲ **Municipal des Mouettes** mars-15 déc.
    &#x1F4DE; 03 88 54 68 60, *contact@mairie-lauterbourg.fr*, Fax
    03 88 54 68 60 – SO : 1,5 km par D 3 et chemin à gauche,
    à 100 m d'un plan d'eau (accès direct) – Places limitées pour
    le passage – **R** conseillée
    2,7 ha (136 empl.) plat, herbeux
    **Tarif :** ⊡ *2 pers.* ⒡ *14,30 – pers. suppl. 3,20*

53000 Mayenne **4** – **310** E6 G. Normandie Cotentin – 50 473 h. – alt. 65.

**2** Office du Tourisme, 1 allée du Vieux St-Louis ℘ 02 43 49 46 46, Fax 02 43 49 46 21, *office.tourisme. laval@wanadoo.fr.*

Paris 281 – Angers 80 – Caen 148 – Le Mans 87 – Nantes 133 – Rennes 76 – St-Nazaire 153.

▲▲ ***S.I. le Potier*** 15 avril-sept.

℘ 02 43 53 68 86, *office.tourisme.laval@wanadoo.fr,* Fax 02 43 49 46 21 – S : 4,5 km par rte d'Angers et à droite après Thévalles, accès direct à la Mayenne, Par A 81, sortie 3 Laval-Est, puis direction Angers **« Beaux emplacements, décoration florale et arbustive »**

1 ha (42 empl.) plat et en terrasses, herbeux, verger attenant

**Tarif :** (Prix 2002) ▣ *2 pers.* ⚡ *8,50 – pers. suppl. 2,50*

---

**à St-Berthevin** O : 4 km par N 157 rte de Rennes – 6 382 h. – alt. 108.

**2** Syndicat d'Initiative, place de l'Europe ℘ 02 43 69 28 27, Fax 02 43 69 20 88

▲ ***Municipal de Coupeau*** 26 avril-6 sept.

℘ 02 43 68 30 70, *mairie.saint-berthevin@wanadoo.fr,* Fax 02 43 69 20 88 – au Sud du bourg à 150 m du Vicoin **« Situation dominante sur une vallée verdoyante et reposante »** – **R** conseillée

0,4 ha (24 empl.) plat et terrasses, herbeux

**Tarif :** (Prix 2002) ▣ *2 pers.* ⚡ *9,55 – pers. suppl. 2,60*

---

83980 Var **17** – **340** N7 G. Côte d'Azur – 5 212 h. – alt. 1 – Base de loisirs.

**2** Office du Tourisme, quai Gabriel-Péri ℘ 04 94 00 40 50, Fax 04 94 00 40 59, *info@lelavandou.com.*

Paris 879 – Cannes 103 – Draguignan 76 – Fréjus 63 – Ste-Maxime 43 – Toulon 42.

▲ ***Beau Séjour*** Pâques-sept.

℘ 04 94 71 25 30 – SO : 1,5 km **« Beaux emplacements délimités et ombragés »** – **R**

1,5 ha (135 empl.) plat, pierreux, herbeux

**Tarif :** (Prix 2002) ▣ *2 pers.* ⚡ *(6A) 15,10 – pers. suppl. 4*

▲ ***Clau Mar Jo*** avril-sept.

℘ 04 94 71 53 39 ✉ 83230 Bormes-les-Mimosas Cedex – SO : 2 km – **R** conseillée

1 ha (71 empl.) plat, herbeux

**Tarif :** ▣ *2 pers.* ⚡ *(6A) 18,70 – pers. suppl. 4,30 – frais de réservation 16*

**Location :** 🛖 *259 à 470*

**321**

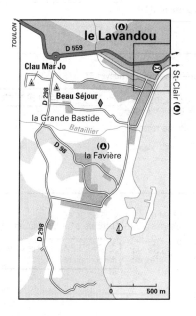

**à la Favière**  S : 2,5 km – ✉ 83230 Bormes-les-Mimosas :

▲▲▲ **Le Camp du Domaine** 3 avril-oct.
    *&#x2118;* 04 94 71 03 12, *mail@campdudomaine.com*, Fax 04 94
    15 18 67 – S : 2 km – **R** conseillée
    38 ha (1 200 empl.) plat, accidenté et en terrasses, pierreux,
    rocheux
    **Tarif :** 🖪 *2 pers.* 🔌 *(10A) 28 – pers. suppl. 6 – frais de réser-*
    *vation 23*
    **Location** 🦟 : 🚐 *500 à 650 –* 🏠 *600 à 725*
    🚐

🔑 GB ▭ 🎠 ♿ 🍴 🚿 🗄 ⛱ 🚽
😊 ♨ ✂ 🖩 ⚓ 🍸 ✗ pizzeria, snack
🛒 cases réfrigérées 🛁 ☝ 👫
terrain omnisports 🚣 ✗ ⚓

**à St-Clair**  NE : 2 km par D 559, rte de Cavalière (hors schéma) – ✉ 83980 le Lavandou :

▲ **St-Clair** 28 mars-oct.
    *&#x2118;* 04 94 01 30 20, Fax 04 94 71 43 64 –, réservé aux cara-
    vanes, sortie Est, à 150 m de la plage, (hors schéma) –
    **R** conseillée
    1,2 ha (54 empl.) plat
    **Tarif :** 🖪 *2 pers.* 🔌 *27,50*
    **Location** : *studios*
    🚐

🔑 ♒ ▭ 🎠 🎰 ♿ 🚿 🗄 🚽 😊
♨ 🖩 🛁
À prox. : ✗ ✂

---

## LAVARÉ

72390 Sarthe **5** – **310** M6 – 712 h. – alt. 122.
Paris 174 – Bonnétable 26 – Bouloire 15 – La Ferté-Bernard 19 – Le Mans 39.

▲ *Municipal du Lac*
    sortie Est par D 302, rte de Vibraye « Agréable situation près
    d'un plan d'eau »
    0,3 ha (20 empl.) plat, herbeux

⟵ ▭ ♨ 🎰 🚿 🚽 😊 ♨ ✎
À prox. : piste de bi-cross, roller, skate
🚣 ✂ ⚓ 💧

---

## LAVELANET

09300 Ariège **15** – **343** J7 – 7 740 h. – alt. 512.
🛈 Office du Tourisme, Maison de Lavelanet *&#x2118;* 05 61 01 22 20, Fax 05 61 03 06 39, *lavelanet.tourisme@wan
adoo.fr*.
Paris 796 – Carcassonne 71 – Castelnaudary 53 – Foix 28 – Limoux 48 – Pamiers 42.

▲ *Municipal* 15 juin-sept.
    *&#x2118;* 05 61 01 55 54, *lavelanet.tourisme@wanadoo.fr*, Fax
    05 61 03 06 39 – au Sud-Ouest de la ville par rte de Foix
    et r. des Pyrénées à gauche, près de la piscine – **R** conseillée
    2 ha (100 empl.) plat, herbeux
    **Tarif :** (Prix 2002) 🖪 *2 pers.* 🔌 *12,80 – pers. suppl. 3,50*
    **Location** : *bungalows toilés*

🦕 🔑 ♒ ▭ ♨ ♿ 🎰 🚿 🗄 🚽 😊
♨ 🖩 🛁 m
À prox. : ⚓ ⛷

---

## LAVILLATTE

07660 Ardèche **16** – **331** F5 – 98 h. – alt. 1 180.
Paris 577 – Coucouron 10 – Langogne 15 – Mende 62 – Privas 80 – Thueyts 33.

▲ *Le Moulin du Rayol* mai-sept.
    *&#x2118;* 04 66 69 47 56 – SE : 2 km, carrefour D 300 et D 108, rte
    de Langogne, alt. 1 050 – Places limitées pour le passage « Au
    bord de l'Espezonnette » – **R**
    1,4 ha (50 empl.) plat, peu incliné et en terrasses,
    herbeux
    **Tarif :** (Prix 2002) 🖪 *2 pers.* 🔌 *(6A) 11,70 – pers. suppl.*
    *2,80*

🔑 ♿ 🎰 🚿 🗄 🚽 😊 🖩 🍸 🛁

---

## LAVIT-DE-LOMAGNE

82120 T.-et-G. **14** – **337** B8 – 1 612 h. – alt. 217.
🛈 Office du Tourisme, 2 boulevard des Amoureux *&#x2118;* 05 63 94 03 43, Fax 05 63 94 15 33.
Paris 664 – Agen 49 – Beaumont-de-Lomagne 12 – Castelsarrasin 22 – Lectoure 31 – Montauban 41.

▲ *Municipal de Bertranon* 15 juin-15 sept.
    *&#x2118;* 05 63 94 03 43, *ot-lavit@info82.com*, Fax 05 63 94
    15 33 – au Nord-Est du bourg par rte d'Asques, près du
    stade et de deux plans d'eau – **R** conseillée
    0,5 ha (33 empl.) peu incliné, herbeux
    **Tarif :** 🖪 *2 pers.* 🔌 *8,80 – pers. suppl. 2*
    **Location** *(permanent) –* 🦟 *:* 🚐 *229 à 381*

🦕 ♒ ▭ ♨ ♿ 🎰 🚿 🗄 🚽 😊 🚣
parcours sportif

## LAVOÛTE-SUR-LOIRE

43800 H.-Loire **11** – **331** F3 – 697 h. – alt. 561.
Paris 544 – La Chaise-Dieu 37 – Craponne-sur-Arzon 28 – Le Puy-en-Velay 13 – St-Étienne 71 – Saugues 56.

▲ **Municipal les Longes** mai-15 sept.
℘ 04 71 08 18 79, Fax 04 71 08 16 96 – E : 1 km par D 7, rte de Rosières puis 0,4 km par rue à gauche, près de la Loire (accès direct) – **R**
1 ha (57 empl.) plat, herbeux
**Tarif :** (Prix 2002) 🈺 *2 pers.* 🈺 *9,70 – pers. suppl. 2,10*

## LECTOURE

32700 Gers **14** – **336** F6 G. Midi Pyrénées – 4 034 h. – alt. 155 – Base de loisirs.
🅱 Office du Tourisme, place de l'Hôtel-de-Ville ℘ 05 62 68 76 98, Fax 05 62 68 79 30, *ot.lectoure@wanadoo.fr.*
Paris 681 – Agen 39 – Auch 35 – Condom 26 – Montauban 84 – Toulouse 96.

▲▲▲ **Lac des 3 Vallées** mai-14 sept.
℘ 05 62 68 82 33, *lac.des.trois.vallées@wanadoo.fr,* Fax 05 62 68 88 82 – SE : 2,4 km par N 21, rte d'Auch, puis 2,3 km par rte à gauche, au Parc de Loisirs, bord du lac – **R** conseillée
40 ha/10 ha (500 empl.) plat et peu incliné, en terrasses, herbeux, étangs, bois attenant
**Tarif :** 🈺 *2 pers.* 🈺 *(10A) 35 – pers. suppl. 7 – frais de réservation 30*
**Location :** 🛖 *150 à 750 – bungalows toilés, studios* 🚐

## LEFFRINCKOUCKE

59495 Nord **2** – **302** C1 – 4 641 h. – alt. 5.
🅱 Office du Tourisme, 726 boulevard Trystam ℘ 03 28 69 05 06, Fax 03 28 69 62 18.
Paris 293 – Calais 54 – Dunkerque 6 – Hazebrouck 49 – Lille 79 – St-Omer 53 – Veurne 20.

▲▲ **Municipal les Argousiers** avril-oct.
℘ 03 28 20 17 32, Fax 03 28 69 62 18 – au Nord-Est de la localité par bd J.B.-Trystram « Bordé de dunes et proche d'une plage de sable fin » – **R** conseillée
2 ha (93 empl.) plat, peu incliné, sablonneux, herbeux
**Tarif :** (Prix 2002) 🈺 *2 pers.* 🈺 *(10A) 15,90 – pers. suppl. 4,30*

À prox. : terrain omnisports

## LÈGE-CAP-FERRET

33 Gironde – **335** E6 – voir à Arcachon (Bassin d').

## LELIN-LAPUJOLLE

32400 Gers **14** – **336** B7 – 205 h. – alt. 107.
Paris 734 – Agen 102 – Auch 43 – Mont-de-Marsan 41 – Pau 64 – Tarbes 67.

▲▲ **Lahount** Permanent
℘ 05 62 69 64 09, *camping.de.lahount@wanadoo.fr,* Fax 05 62 69 64 09 – S : 2,2 km par D 169, rte de St-Germé et rte à gauche – **R** conseillée
10 ha/3 campables (86 empl.) en terrasses, herbeux, étang, bois attenant
**Tarif :** 🈺 *2 pers.* 🈺 *13,50 – pers. suppl. 3*
**Location :** 🛖 *241 –* 🛖 *183 à 382*
🚐 *(7 empl.) – 15*

poneys

## LENS-LESTANG

26210 Drôme **12** – **332** D2 – 629 h. – alt. 310.
Paris 528 – Annonay 38 – Beaurepaire 7 – Grenoble 68 – Romans-sur-Isère 33 – Valence 51.

▲ **Le Regrimet** mai-sept.
℘ 04 75 31 82 97 – sortie Nord par D 538, rte de Beaurepaire et à gauche, près d'un ruisseau
2,5 ha (58 empl.) plat et peu incliné, herbeux
**Tarif :** 🈺 *2 pers.* 🈺 *12 – pers. suppl. 2,50*

À prox. : ✂️

## LÉON

40550 Landes **13** – **335** D11 G. Aquitaine – 1 330 h. – alt. 9.

**🛈** Office du Tourisme, 65 place Jean-Baptiste-Courtiau ℘ 05 58 48 76 03, Fax 05 58 48 70 38, ot.leon@wanadoo.fr.

Paris 728 – Castets 14 – Dax 30 – Mimizan 42 – Mont-de-Marsan 82 – St-Vincent-de-Tyrosse 32.

**⚠ Lou Puntaou**
℘ 05 58 48 74 30, lou-puntaou@wanadoo.fr, Fax 05 58 48 70 42 – NO : 1,5 km sur D 142, à 100 m de l'étang de Léon
14 ha (720 empl.) plat, herbeux, sablonneux
**Location :** 🚐 – 🏠 (sans sanitaires)
🚐

## LÉPIN-LE-LAC

73 Savoie – **333** H4 – voir à Aiguebelette (Lac d').

## LESCHERAINES

73340 Savoie **12** – **333** J3 – 495 h. – alt. 649 – Base de loisirs.
Paris 557 – Aix-les-Bains 26 – Annecy 26 – Chambéry 29 – Montmélian 39 – Rumilly 27.

**⚠ Municipal l'Île**
℘ 04 79 63 80 00, contact@iles-du-cheran.com, Fax 04 79 63 38 78 – SE : 2,5 km par D 912, rte d'Annecy et rte à droite, à 200 m du Chéran « Au bord d'un plan d'eau, entouré de montagnes boisées »
7,5 ha (250 empl.) non clos, plat, herbeux, terrasses
**Location :** 🏠 – bungalows toilés

À prox. : à la Base de Loisirs : pédalo, canoë 🍴 snack 🛒 ✕ 📷 🏊 🐎 poneys

## LESCONIL

29740 Finistère **3** – **308** F8 G. Bretagne.
**🛈** Syndicat d'initiative, place de la Résistance ℘ 02 98 87 86 99, Fax 02 98 82 21 14.
Paris 589 – Douarnenez 42 – Guilvinec 6 – Loctudy 7 – Pont-l'Abbé 9 – Quimper 28.

**⚠ Les Dunes** fin mai-15 sept.
℘ 02 98 87 81 78, Fax 02 98 82 27 05 – O : 1 km par rte de Guilvinec, à 150 m de la plage (accès direct) « Entrée fleurie agrémentée d'objets marins divers » – **R**
2,8 ha (120 empl.) plat, herbeux
**Tarif :** 🔲 2 pers. 🔋 20,75 – pers. suppl. 4

**⚠ La Grande Plage** 19 avril-sept.
℘ 02 98 87 88 27, Fax 02 98 87 88 27 – O : 1 km par rte de Guilvinec, à 300 m de la plage (accès direct) – **R** conseillée
1,8 ha (100 empl.) plat et incliné, herbeux
**Tarif :** 🔲 2 pers. 🔋 (6A) 18,45 – pers. suppl. 3,85
**Location :** 🚐 288 à 500
🚐

**⚠ Keralouet** 19 avril-27 sept.
℘ 02 98 82 23 05, campingkeralouet@multimania.com, Fax 02 98 87 76 65 – E : 1 km sur rte de Loctudy – **R** conseillée
1 ha (64 empl.) plat, herbeux
**Tarif :** 🔲 2 pers. 🔋 (4A) 12,30 – pers. suppl. 2,50
**Location :** 🚐 160 à 272 – 🏠 320 à 480

**⚠ Les Sables Blancs** avril-15 sept.
℘ 02 98 87 84 79, sriviere@magic.fr
E : 1,5 km par rte de Loctudy et rte à gauche – **R** conseillée
2,2 ha (80 empl.) plat, herbeux
**Tarif :** 🔲 2 pers. 🔋 (6A) 10,95 – pers. suppl. 2,20
**Location :** 🚐 130

## LESCUN

64490 Pyr.-Atl. **13** – **342** I7 G. Aquitaine – 198 h. – alt. 900.
Paris 861 – Lourdes 89 – Oloron-Ste-Marie 37 – Pau 71.

**⚠ Municipal le Lauzart** 30 avril-20 sept.
℘ 05 59 34 51 77 – SO : 1,5 km par D 340 « Cadre sauvage et montagnard » – **R** conseillée
1 ha (50 empl.) plat et peu incliné, en terrasses, pierreux, herbeux
**Tarif :** 🔲 2 pers. 🔋 12,45 – pers. suppl. 2,20
**Location :** gîte d'étape
🚐

## LÉSIGNY

86270 Vienne **10** – **822** K3 – 516 h. – alt. 70.
Paris 309 – Le Blanc 36 – Châteauroux 80 – Châtellerault 19 – Loches 42 – Poitiers 57 – Tours 75.

▲ **Municipal le Bout du Pont** juil.-août
    𝒫 05 49 86 23 15 – sortie Nord-Est par D 5ᶜ, rte de Barrou,
à gauche après le pont, bord de la rivière
0,5 ha (22 empl.) plat, herbeux, sablonneux
**Tarif** : (Prix 2002) ▣ *2 pers.* ⒢ *8,54 – pers. suppl.*
*1,68*

---

## LESPERON

40260 Landes **13** – **335** E11 – 996 h. – alt. 75.
Paris 701 – Castets 12 – Mimizan 34 – Mont-de-Marsan 58 – Sabres 43 – Tartas 30.

▲ **Parc de Couchoy** avril-15 sept.
    𝒫 05 58 89 60 15, *colinmrose@aol.com*, Fax 05 58 89
60 15 – O : 3 km par D 331, rte de Linxe
1,3 ha (71 empl.) plat, herbeux, sablonneux
**Tarif** : ▣ *2 pers.* ⒢ *19 – pers. suppl. 4,50*
**Location** 🏠 : 🚐 *190 à 450*

---

## LESTELLE-BÉTHARRAM

64800 Pyr.-Atl. **13** – **342** K6 – 865 h. – alt. 299.
🛈 Office de tourisme – Mairie 𝒫 05 59 61 93 59, Fax 05 59 61 99 19, *comlestelle@cdg64.fr*.
Paris 806 – Laruns 35 – Lourdes 17 – Pau 28.

▲ **Le Saillet** 14 juin-28 sept.
    𝒫 05 59 71 98 65, *tempslibre@club-internet.fr*
au bourg, au bord du Gave de Pau – adhésion obligatoire
4 ha (90 empl.) plat, herbeux
**Tarif** : ▣ *2 pers.* ⒢ *(5A) 12,95 – pers. suppl. 3,05*
**Location** (permanent) : 🏠 *235 à 586*
🚐

---

## LEVIER

25270 Doubs **12** – **321** G5 – 1 785 h. – alt. 719.
Paris 444 – Besançon 45 – Champagnole 38 – Pontarlier 22 – Salins-les-Bains 24.

▲ **La Forêt** 15 mai-15 sept.
    𝒫 03 81 89 53 46, *camping@camping-dela-foret.com*, Fax
03 81 49 54 11 – NE : 1 km par D 41, rte de Septfontaines
« A la lisière d'une forêt » – **R** conseillée
1,5 ha (70 empl.) peu incliné et terrasse, plat, herbeux
**Tarif** : (Prix 2002) ▣ *2 pers.* ⒢ *14,80 – pers. suppl.*
*2,80*

---

## LEYME

46120 Lot **15** – **337** H3 – 1 489 h. – alt. 450.
🛈 Office du Tourisme, rue Principale 𝒫 05 65 38 98 17, Fax 05 65 38 99 94.
Paris 543 – Cahors 71 – Figeac 29 – Gramat 17 – St-Céré 13 – Sousceyrac 27.

▲ **Municipal** 15 juin-15 sept.
    𝒫 05 65 38 98 73, *village.vacances.leyme@wanadoo.fr*, Fax
05 65 11 20 62 – à l'Ouest du bourg, accès par rte à
droite de l'église, au Village de Vacances – **R**
2 ha (29 empl.) plat, gravillons, herbeux
**Tarif** : ▣ *2 pers.* ⒢ *11,60 – pers. suppl. 3,20*
**Location** (permanent) : gîtes

---

## LICQUES

62850 P.-de-Calais **1** – **301** E3 G. Picardie Flandres Artois – 1 351 h. – alt. 81.
Paris 273 – Arras 93 – Boulogne-sur-Mer 29 – Calais 22 – Dunkerque 52 – St-Omer 28.

▲ **Le Canchy** 15 mars-oct.
    𝒫 03 21 82 63 41, Fax 03 21 82 63 41 – E : 2,3 km par
D 191, rte de St-Omer et rue de Canchy à gauche –
**R** conseillée
1 ha (72 empl.) plat, herbeux
**Tarif** : ▣ *2 pers.* ⒢ *(5A) 11,60 – pers. suppl. 2,90*

## LIEPVRE

68660 H.-Rhin **8** – **315** H7 – 1 558 h. – alt. 272.
Paris 427 – Colmar 34 – Ribeauvillé 27 – St-Dié-des-Vosges 31 – Sélestat 15.

⚠ **Haut-Koenigsbourg** 15 mars-15 nov.
    &#x1F4CD; 03 89 58 43 20, camping.haut.koenigsbourg@wanadoo.
fr, Fax 03 89 58 98 29 – E : 0,9 km par C 1 rte de la Vancelle
« Entrée bordée par un séquoia centenaire » – **R** conseillée
1 ha (77 empl.) plat et peu incliné, herbeux
**Tarif :** ⊡ 2 pers. ⛽ (8A) 12 – pers. suppl. 3,10

## LIGINIAC

19160 Corrèze **10** – **329** P3 – 603 h. – alt. 665.
Paris 466 – Aurillac 88 – Bort-les-Orgues 25 – Clermont-Ferrand 107 – Mauriac 35 – Ussel 20.

⚠ **Municipal le Maury** juil.-août
    &#x1F4CD; 05 55 95 92 28, Fax 05 55 95 91 28 – SO : 4,6 km par rte
de la plage, bord du lac de Triouzoune, Accès conseillé par
D 20, rte de Neuvic « Cadre boisé » – **R**
2 ha (50 empl.) plat et peu incliné, terrasses, herbeux
**Tarif :** (Prix 2002) ⊡ 2 pers. ⛽ (16A) 8,90 – pers. suppl. 2
**Location :** gîtes, huttes

## LIGNY-LE-CHÂTEL

89144 Yonne **7** – **319** F4 G. Bourgogne – 1 122 h. – alt. 130.
**🛈** Office du tourisme, 22 rue Paul-Desjardins &#x1F4CD; 03 86 47 47 03, Fax 03 86 47 58 38, pontigny@wanadoo.fr.
Paris 179 – Auxerre 22 – Sens 60 – Tonnerre 28 – Troyes 64.

⚠ **Municipal la Noue Marou** avril-sept.
    &#x1F4CD; 03 86 47 56 99, Fax 03 86 47 44 02 – sortie Sud-Ouest
par D 8, rte d'Auxerre et chemin à gauche, bord du Serein
2 ha (42 empl.) plat, herbeux
**Tarif :** ⊡ 2 pers. ⛽ 10,29 – pers. suppl. 2,13

## LIMANTON

58290 Nièvre **11** – **319** F10 – 318 h. – alt. 300.
Paris 288 – Bourges 115 – Dijon 143 – Moulins 73 – Troyes 182.

⚠ **Municipal de Pannecot** 15 juin-15 sept.
    &#x1F4CD; 03 86 84 32 70, Fax 03 86 84 94 77 – S : 4,9 km par D 132
et D 111, rte de Pannecot, chemin à droite, après le passage
à niveau « Au bord d'un petit port de plaisance » –
**R** conseillée
0,9 ha (48 empl.) plat, herbeux
**Tarif :** (Prix 2002) ⊡ 2 pers. (5A) 9,50 – pers. suppl. 1,50

## LIMERAY

37530 I.-et-L. **5** – **317** P4 – 972 h. – alt. 70.
Paris 220 – Amboise 9 – Blois 31 – Château-Renault 20 – Chenonceaux 20 – Tours 32.

⚠ **Le Jardin Botanique de Launay** avril-sept.
    &#x1F4CD; 02 47 30 13 50, info@camping-jardinbotanique.com,
Fax 02 47 30 17 32 – à 1,6 km au Sud-Est du bourg, r. de
la Rivière, à 50 m de la N 152 – **R** conseillée
1,5 ha (74 empl.) plat, herbeux
**Tarif :** ⊡ 2 pers. ⛽ (10A) 16,50 – pers. suppl. 3,40
**Location :** 🛖 170 à 450
🛖

## LIMEUIL

24510 Dordogne **13** – **329** G6 G. Périgord Quercy – 335 h. – alt. 65.
**🛈** Syndicat d'Initiative, le Bourg &#x1F4CD; 05 53 63 38 90, Fax 05 53 63 30 31.
Paris 528 – Bergerac 43 – Brive-la-Gaillarde 79 – Périgueux 49 – Sarlat-la-Canéda 42.

⚠ **La Ferme des Poutiroux** avril-sept.
    &#x1F4CD; 05 53 63 31 62, Fax 05 53 58 30 84 – sortie Nord-Ouest
par D 31, rte de Trémolat puis 1 km par chemin de Paunat
à droite – **R** conseillée
1,5 ha (25 empl.) plat, en terrasses, peu incliné, herbeux
**Tarif :** ⊡ 2 pers. ⛽ (6A) 14,80 – pers. suppl. 4
**Location** (avril-2 nov.) : 🛖 190 à 442
🛖

## Le LINDOIS

16310 Charente ⑩ – ③②④ N5 – 311 h. – alt. 270.
Paris 453 – Angoulême 41 – Confolens 34 – Montbron 12 – Rochechouart 25.

**L'Étang** avril-1ᵉʳ nov.
℘ 05 45 65 02 67, Fax 05 45 65 08 96 – SO : 0,5 km par D 112, rte de Rouzède « Agréable sous-bois en bordure d'un étang » – **R** conseillée
10 ha/1,5 campable (25 empl.) plat et peu incliné, herbeux
**Tarif :** 🗐 2 pers. [½] (16A) 16,55 – pers. suppl. 3,65

---

## LINXE

40260 Landes ⑬ – ③③⑤ D11 – 980 h. – alt. 33.
Paris 715 – Castets 10 – Dax 32 – Mimizan 37 – Soustons 27.

**Municipal le Grandjean** 30 juin-1ᵉʳ sept.
℘ 05 58 42 90 00, Fax 05 58 42 94 67 – NO : 1,5 km par D 42, rte de St-Girons et D 397, rte de Mixe à droite « Agréable pinède » – **R** conseillée
2 ha (100 empl.) plat, sablonneux, gravillons
**Tarif :** (Prix 2002) 🗐 2 pers. [½] (4A) 10,60 – pers. suppl. 2,65

---

## Le LION-D'ANGERS

49220 M.-et-L. ④ – ③①⑦ E3 G. Châteaux de la Loire – 3 095 h. – alt. 45.
🛈 Office du Tourisme, square des Villes-Jumelées ℘ 02 41 95 83 19, Fax 02 41 95 17 82.
Paris 296 – Angers 27 – Candé 27 – Château-Gontier 23 – La Flèche 51.

**Municipal les Frênes** 24 mai-14 sept.
℘ 02 41 95 31 56 – sortie Nord-Est par N 162, rte de Château-Gontier, bord de l'Oudon « Au milieu de frênes majestueux » – **R**
2 ha (94 empl.) plat, herbeux
**Tarif :** (Prix 2002) 🗐 2 pers. [½] (10A) 7,25 - pers. suppl. 1,65
À prox. : hippodrome

---

## LISSAC-SUR-COUZE

19600 Corrèze ⑩ – ③②⑨ J5 G. Périgord Quercy – 475 h. – alt. 170 – Base de loisirs.
Paris 487 – Brive-la-Gaillarde 11 – Périgueux 68 – Sarlat-la-Canéda 43 – Souillac 30.

**Intercommunal la Prairie** mai-sept.
℘ 05 55 85 37 97, Fax 05 55 85 37 11 – SO : 1,4 km par D 59 et chemin à gauche, près du lac du Causse « Belle situation dominant le lac »
5 ha (133 empl.) en terrasses, herbeux, gravier, sablonneux
**Tarif :** 🗐 2 pers. [½] 13 – pers. suppl. 4
**Location :** huttes, gîtes
À prox. : parc aquatique, snack

---

## LIT-ET-MIXE

40170 Landes ⑬ – ③③⑤ D10 – 1 408 h. – alt. 13.
🛈 Office du Tourisme, 23 rue de l'Église ℘ 05 58 42 72 47, Fax 05 58 42 43 02, ot.litetmixe@wanadoo.fr.
Paris 716 – Castets 21 – Dax 43 – Mimizan 22 – Tartas 46.

**Les Vignes** juin-15 sept.
℘ 05 58 42 85 60, contact@les-vignes.com, Fax 05 58 42 74 36 – SO : 2,7 km par D 652 et D 88, à droite, rte du Cap de l'Homy « Bel ensemble agrémenté de plantations » – **R** conseillée
15 ha (450 empl.) plat, sablonneux, herbeux
**Tarif :** 🗐 1 ou 2 pers. [½] (10A) 33 – pers. suppl. 5 – frais de réservation 30
**Location :** 🏚 150 à 798 – 🏠 150 à 798 – bungalows toilés
pinède borne internet chapiteau d'animations terrain omnisports

**Municipal du Cap de l'Homy** mai-sept.
℘ 05 58 42 83 47, camplage@wanadoo.fr, Fax 05 58 42 49 79 – O : 8 km par D 652 et D 88 à droite, à Cap-de-l'Homy, à 300 m de la plage (accès direct) – **R**
10 ha (444 empl.) vallonné et plat, sablonneux
**Tarif :** (Prix 2002) 🗐 2 pers. [½] 18,45 – pers. suppl. 4,15
pinède
À prox. :

## LOCHES

37600 I.-et-L. **10** – **317** O6 G. Châteaux de la Loire – 6 544 h. – alt. 80.

**Ⓘ** Office du Tourisme, place de la Marne ℘ 02 47 91 82 82, Fax 02 47 91 61 50, *loches.en.touraine@wanadoo.fr*.

Paris 262 – Blois 75 – Châteauroux 73 – Châtellerault 56 – Tours 42.

△△△ **La Citadelle** 19 mars-19 oct.
℘ 02 47 59 05 91, *camping@lacitadelle.com*, Fax 02 47 59 00 35 – sortie Est par D 760, rte de Valencay et rue Quintefol à droite (rte de Perusson) près de la piscine et à proximité du stade Gén.-Leclerc « Cadre verdoyant et soigné au bord de l'Indre » – **R** conseillée
3 ha (126 empl.) plat, herbeux
**Tarif :** ▣ *2 pers.* ⚡ *(10A) 17,40 – pers. suppl. 3,20*
**Location :** ⛺ *235 à 465 – bungalows toilés*
🚐

## LOCMARIA-PLOUZANÉ

29280 Finistère **3** – **308** D4 – 3 589 h. – alt. 65.

Paris 611 – Brest 15 – Brignogan-Plages 56 – Ploudalmézeau 23.

△ **Municipal de Portez** avril-oct.
℘ 02 98 48 49 85, *loc-maria-plouzane.mairie@wanadoo.fr*, Fax 02 98 48 93 21 – SO : 3,5 km par D 789 et rte de la plage de Trégana, à 200 m de la plage – **R** conseillée
2 ha (110 empl.) non clos, plat, en terrasses, herbeux,
**Tarif :** (Prix 2002) ▣ *2 pers.* ⚡ *9,76 – pers. suppl. 2,13*

## LOCMARIAQUER

56740 Morbihan **3** – **308** N9 G. Bretagne – 1 309 h. – alt. 5.

**Ⓘ** Office du Tourisme, rue de la Victoire ℘ 02 97 57 33 05, Fax 02 97 57 44 30, *ot.locmariaquer@wanadoo.fr*.

Paris 489 – Auray 13 – Quiberon 31 – La Trinité-sur-Mer 10 – Vannes 31.

△ **Lann-Brick** 4 mai-14 sept.
℘ 02 97 57 32 79, Fax 02 97 57 45 47 – NO : 2,5 km par rte de Kérinis, à 200 m de la mer – **R** conseillée
1,2 ha (98 empl.) plat, herbeux
**Tarif :** ▣ *2 pers.* ⚡ *(10A) 14,80 – pers. suppl. 3,20*
**Location** ⚓ : ⛺ *260 –* ⛺ *245 à 430*

## LOCMIQUÉLIC

56570 Morbihan **3** – **308** K8 – 4 094 h. – alt. 10.

Paris 501 – Auray 37 – Lorient 23 – Quiberon 38 – Quimperlé 34.

△ **Municipal du Blavet** juil.-août
℘ 02 97 33 91 73, Fax 02 97 33 54 94 – N : par D 111, rte du port de Pen-Mané, près d'un plan d'eau et à 250 m du Blavet (mer) – **R**
1 ha (50 empl.) plat, herbeux
**Tarif :** (Prix 2002) ▣ *2 pers.* ⚡ *(15A) 7,93 – pers. suppl. 1,68*

## LOCTUDY

29750 Finistère **3** – **308** F8 G. Bretagne – 3 622 h. – alt. 8.

**Ⓘ** Office du Tourisme, place des Anciens-Combattants ℘ 02 98 87 53 78, Fax 02 98 87 57 07, *office-tourisme.loctudy@libertysurf.fr*.

Paris 586 – Bénodet 18 – Concarneau 35 – Pont-l'Abbé 6 – Quimper 25.

△ **Les Hortensias** avril-sept.
℘ 02 98 87 46 64, *leshortensias@libertysurf.fr*
SO : 3 km par rte de Larvor, à 500 m de la plage de Lodonnec – **R** conseillée
1,5 ha (100 empl.) plat, herbeux
**Tarif :** (Prix 2002) ▣ *2 pers.* ⚡ *(6A) 12,50 – pers. suppl. 2,70*
**Location :** ⛺ *195 à 430*

## LODÈVE

34700 Hérault **15** – **339** E6 G. Languedoc Roussillon – 7 602 h. – alt. 165.

**Ⓘ** Office du Tourisme, 7 place de la République ℘ 04 67 88 86 44, Fax 04 67 44 07 56, *Ot34lodevois@lodeve.com*.

Paris 699 – Alès 97 – Béziers 64 – Millau 60 – Montpellier 55 – Pézenas 39.

⚠️ **Municipal les Vailhès** avril-sept.
🕿 04 67 44 25 98, Fax 04 67 44 01 84 – S : 7 km par N 9, rte de Montpellier puis 2 km par D 148, rte d'Octon et chemin à gauche, par voie rapide sortie 54 « Belle situation au bord du lac du Salagou » – **R̄**
4 ha (246 empl.) en terrasses, herbeux
**Tarif :** (Prix 2002) 🔲 *2 pers.* (⚡) *11,30 (hors saison 13,20) – pers. suppl. 2,70*

⚠️ **Les Peupliers** Permanent
🕿 04 67 44 38 08, Fax 04 67 44 38 08 – SE : 6,5 km par N 9, rte de Montpellier puis à droite en direction de Le Bosc, sortie 54 par la voie rapide – **R** conseillée
1,5 ha (54 empl.) peu incliné, plat, herbeux, pierreux
**Tarif :** 🔲 *2 pers.* (⚡) *(5A) 13,20 – pers. suppl. 2,90*

**à Soubès** NE : 5 km par N 9 et D 25 – 616 h. – alt. 239 – ✉️ 34700 Soubès

⚠️ **Les Sources** 15 mai-15 sept.
🕿 04 67 44 32 02, *jlsources@wanadoo.fr*, Fax 04 67 44 32 02 – SE : 1,7 km par D 149, rte de Fozières et D 149ᴱˢ à gauche, près de la Brèze (accès direct par escalier), chemin piétonnier reliant le camp au village – **R** conseillée
1 ha (35 empl.) plat, peu incliné, terrasses, herbeux
**Tarif :** 🔲 *2 pers.* (⚡) *(6A) 16,50 – pers. suppl. 4,50*

A prox. : ✂️ ≊

## LOGONNA-DAOULAS

29460 Finistère 🔳 – 𝟛𝟘𝟠 F5 G. Bretagne – 1 429 h. – alt. 45.
Paris 592 – Brest 27 – Camaret-sur-Mer 50 – Le Faou 12 – Landerneau 19.

⚠️ **Municipal du Roz** 15 juin-15 sept.
🕿 02 98 20 67 86 – O : 2 km par rte de la Pointe du Bindy, à 50 m de la plage – **R** conseillée
1,3 ha (80 empl.) peu incliné, incliné, herbeux
**Tarif :** (Prix 2002) 🔲 *2 pers.* (⚡) *10,70 – pers. suppl. 2,60*
🚐

## LOIX-EN-RÉ

17 Char.-Mar. – 𝟛𝟚𝟜 B2 – voir à Île de Ré.

## La LONDE-LES-MAURES

83250 Var 𝟏𝟕 – 𝟛𝟜𝟘 M7 – 7 151 h. – alt. 24.
🛈 Office du Tourisme, avenue Albert-Roux 🕿 04 94 01 53 10, Fax 04 94 01 53 19, *lalonde.tourisme@wanadoo.fr*.
Paris 867 – Bormes-les-Mimosas 11 – Cuers 31 – Hyères 10 – Le Lavandou 13 – Toulon 30.

⚠️ **La Pascalinette** juin-15 sept.
🕿 04 94 66 82 72, Fax 04 94 87 55 76 – O : 1,5 km par N 98, rte d'Hyères – **R** conseillée
5 ha (269 empl.) plat, herbeux, pierreux
**Tarif :** 🔲 *2 pers.* (⚡) *18,40 – frais de réservation 10*
**Location :** 🏠 *350 – 🚐 470*

⚠️ **Les Moulières** 14 juin-6 sept.
🕿 04 94 01 53 21, *camping.les.moulieres@wanadoo.fr*, Fax 04 94 01 53 22 – S : 2,5 km par rte de Port-de-Miramar et rte à droite – **R̄**
3 ha (250 empl.) plat, herbeux
**Tarif :** 🔲 *1 à 3 pers.* (⚡) *(6A) 25 – pers. suppl. 4,30*
🚐

85560 Vendée 🗑 – ▓▓▓ H9 – 1 979 h. – alt. 10.
🅱 Office du Tourisme, 9 rue Georges Clemenceau ℰ 02 51 33 34 64, Fax 02 51 33 26 46, *otlongeville@ wanadoo.fr*.
Paris 451 – Challans 73 – Luçon 28 – La Roche-sur-Yon 31 – Les Sables-d'Olonne 28.

   ᴀᴀᴀ **Les Brunelles** 26 avril-28 sept.
    ℰ 02 51 33 50 75, *camping@les-brunelles.com*, Fax 02 51 33 98 21 – SO : 1,5 km par rte de la Tranche-sur-Mer puis 2,2 km par rte à droite – **R** conseillée
4,8 ha (295 empl.) plat, peu incliné, pierreux
**Tarif :** 🔲 2 pers. 🔋 (6A) 24 – pers. suppl. 5 – frais de réservation 20
**Location** (5 avril-28 sept.) : 🚐 130 à 460 – 🚚 185 à 650

   ᴀᴀᴀ **Jarny Océan** avril-oct.
    ℰ 02 51 33 42 21, Fax 02 51 33 95 37 – SO : 1,5 km par rte de la Tranche-sur-Mer puis 2 km par rte à droite – **R** conseillée
7,5 ha (307 empl.) plat et peu incliné, herbeux
**Tarif :** 🔲 2 pers. 🔋 (6A) 22,10 – pers. suppl. 2,35 – frais de réservation 20
**Location** 🛁 : 🚐 180 à 525

   ᴀ **La Michenotière** avril-oct.
    ℰ 02 51 33 38 85, Fax 02 51 33 28 09 – SE : 1,5 km par D 70, rte d'Angles et chemin à droite – **R** conseillée
3,5 ha (120 empl.) plat, herbeux
**Tarif :** 🔲 2 pers. 🔋 (10A) 15 – pers. suppl. 3,50 – frais de réservation 20
**Location :** 🚐 150 à 580 – 🚚 210 à 750

**aux Conches**  S : 5 km par D 105 – ✉ 85560 Longeville-sur-Mer :

   ᴀᴀᴀ **Le Clos des Pins** avril-10 oct.
    ℰ 02 51 90 31 69, *philip.jones@freesbee.fr*, Fax 02 51 90 30 68 ✉ 85560 Longeville-sur-Mer – r. du Dr-Joussemet, à 500 m de la plage – **R** indispensable
1,6 ha (95 empl.) plat et peu accidenté, sablonneux
**Tarif :** 🔲 2 pers. 🔋 (6A) 23,50 – pers. suppl. 5,50
**Location :** 🚐 199 à 640 – 🚚 269 à 765 – bungalows toilés

   ᴀ **Le Sous-bois** juin-15 sept.
    ℰ 02 51 33 36 90, Fax 02 51 33 32 73 – au lieu-dit la Saligotière – **R** conseillée
1,7 ha (120 empl.) plat, sablonneux
**Tarif :** 🔲 2 pers. 🔋 16 – pers. suppl. 3,40
**Location :** 🚐

   ᴀ **Les Ramiers** Pâques-sept.
    ℰ 02 51 33 32 21 « Pour les tentes, beaux emplacements en sous-bois » – **R** conseillée
1,4 ha (80 empl.) plat et peu accidenté, en terrasses, sablonneux
**Tarif :** 🔲 2 pers. 🔋 (5A) 14,50 – pers. suppl. 4
**Location :** 🚐 155 à 458

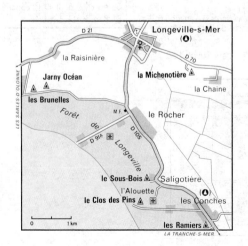

## LONGNY-AU-PERCHE

61290 Orne **5** – **310** N3 – 1 575 h. – alt. 165.

🏢 Office du Tourisme, place de l'Hôtel-de-Ville 𝄢 02 33 73 66 23, Fax 02 33 73 47 75.

Paris 132 – Alençon 63 – Chartres 65 – Dreux 53 – Mortagne-au-Perche 19 – Nogent-le-Rotrou 31.

⚠️ **Monaco Parc** Permanent
𝄢 02 33 73 59 59, monaco.parc@wanadoo.fr, Fax 02 33 25 77 56 – SO : 2,4 km par D 111 rte de Monceaux-au-Perche, près de la Jambée – Places limitées pour le passage – **R** conseillée
18 ha/7 campables (96 empl.) en terrasses, plat, herbeux, étang
**Tarif** : 🔲 2 pers. 🔌 (10A) 12,30 (hiver 14) – pers. suppl. 2,30
**Location** : 🚐 366 à 427

(bassin de 3400 m )
À prox. : pédalos

## LONS-LE-SAUNIER

39000 Jura **12** – **321** D6 G. Jura – 19 144 h. – alt. 255 – ♨ (début avril-fin oct.).

🏢 Office du Tourisme, place du 11 Novembre 𝄢 03 84 24 65 01, Fax 03 84 43 22 59.

Paris 408 – Besançon 84 – Bourg-en-Bresse 73 – Chalon-sur-Saône 61 – Dijon 94 – Dole 55 – Mâcon 97 – Pontarlier 83.

⚠️ **La Marjorie** avril-15 oct.
𝄢 03 84 24 26 94, info@camping-marjorie.com, Fax 03 84 24 08 40 – au Nord-Est de la localité en direction de Besançon par bd de Ceinture « Agréable décoration arbustive, au bord d'un ruisseau » – **R** conseillée
9 ha/3 campables (204 empl.) plat, herbeux, goudronné, pierreux
**Tarif** : (Prix 2002) 🔲 2 pers. 🔌 (6A) 15 – pers. suppl. 3 – frais de réservation 10
**Location** : 🚐 160 à 400 – 🏠 190 à 460
🚐 (38 empl.) - 15

À prox. :

## LORIOL-DU-COMTAT

84870 Vaucluse **16** – **332** C9 – 1 710 h. – alt. 35.

Paris 677 – Avignon 27 – Nyons 43 – Orange 18 – Vaison-la-Romaine 28.

⚠️ **La Roubine** 15 mai-15 sept.
𝄢 04 90 65 72 87, camping.roubine@wanadoo.fr
SE : 1,2 km par D 950, rte de Carpentras
3,5 ha (116 empl.) plat, herbeux
**Tarif** : 🔲 2 pers. 🔌 20,50 – pers. suppl. 5,50

## LORRIS

45260 Loiret **6** – **318** M4 G. Châteaux de la Loire – 2 620 h. – alt. 126.

🏢 Office du Tourisme, 2 rue des Halles 𝄢 02 38 94 81 42, Fax 02 38 94 88 00.

Paris 132 – Gien 27 – Montargis 23 – Orléans 55 – Pithiviers 44 – Sully-sur-Loire 19.

⚠️ **L'étang des Bois** avril-sept.
𝄢 02 38 92 32 00, Fax 02 38 46 82 92 – O : 6 km par D 88, rte de Châteauneuf-sur-Loire, près de l'étang des Bois « Cadre boisé dans un site agréable » – **R** conseillée – adhésion FFCC obligatoire
3 ha (150 empl.) plat, gravillons
**Tarif** : 🔲 2 pers. 🔌 (10A) 11 – pers. suppl. 2

À prox. : (plage)
(centre équestre)

## LOUANNEC

22 C.-d'Armor – **309** B2 – rattaché à Perros-Guirec.

## LOUBRESSAC

46130 Lot **10** – **337** G2 G. Périgord Quercy – 449 h. – alt. 320.

🏢 Office de tourisme 𝄢 05 65 10 82 18, saint-cere@wanadoo.fr.

Paris 531 – Brive-la-Gaillarde 47 – Cahors 73 – Figeac 44 – Gourdon 53 – Gramat 16 – St-Céré 10.

⚠️ **La Garrigue** avril-sept.
𝄢 05 65 38 34 88, pelled@wanadoo.fr, Fax 05 65 38 34 88 – à 200 m au Sud du bourg – **R** conseillée
1,6 ha (38 empl.) en terrasses, plat, herbeux
**Tarif** : 🔲 2 pers. 🔌 (6A) 14,60 – pers. suppl. 3,90 – frais de réservation 13
**Location** : 🚐 168 à 280 – 🚐 303 à 505

## LOUDENVIELLE

65510 H.-Pyr. **14** – **342** O8 – 219 h. – alt. 987 – Base de loisirs.
Paris 845 – Arreau 15 – Bagnères-de-Luchon 26 – La Mongie 54 – Taches 77.

  ▲ **Pène Blanche** fermé 3 nov.-7 déc.
      ℘ 05 62 99 68 85, Fax 05 62 99 98 20 – sortie Nord-Ouest
      par D 25, rte de Génos, près de la Neste de Louron et à proxi-
      mité d'un plan d'eau – **R** conseillée
      4 ha (120 empl.) en terrasses, peu incliné, herbeux
      **Tarif :** (Prix 2002) 🔲 *2 pers.* 🅖 *(10A) 18,90 – pers. suppl. 3,95*
      **Location :** 🚐 *219 à 479 – bungalows toilés*

> 🛟 ⬧ **GB** 🛒 ⚲ (1 ha) 🏢 🛖 🕹 🗂
> 🍳 ☺ 🔳
> À prox. : poneys, centre thermo ludique
> balnéa 🍽 cafétéria 🛶 ✂ 🔭 🏊 ⚓
> 🐎

## LOUDUN

86200 Vienne **9** – **322** G2 G. Poitou Vendée Charentes – 7 854 h. – alt. 120.
🛈 Office du Tourisme, 2 rue des Marchands ℘ 05 49 98 15 96, Fax 05 49 98 69 49.
Paris 311 – Angers 80 – Châtellerault 47 – Poitiers 56 – Tours 73.

  ▲ **Municipal de Beausoleil** 15 mai-août
      ℘ 05 49 98 14 22, Fax 05 49 98 12 88 – sortie Nord par N
      147 direction Angers et chemin à gauche, au bord d'un ruis-
      seau et près d'un étang – **R** conseillée
      0,6 ha (33 empl.) plat, terrasse, herbeux
      **Tarif :** 🔲 *2 pers.* 🅖 *12,05 – pers. suppl. 2,90*

> ⚲— 🛒 ⬚ ⚲ ⚲ ⚬ 🛖 🕹 🗂 🍳 ☺ ⚓
> 🛶

## LOUÉ

72540 Sarthe **5** – **310** I7 G. Châteaux de la Loire – 1 929 h. – alt. 112.
Paris 231 – Laval 59 – Le Mans 29.

  ▲▲ **Village Loisirs** avril-oct.
      ℘ 02 43 88 65 65, *villageloisirs@wanadoo.fr*, Fax 02 43 88
      59 46 – vers sortie Nord-Est par D 21, rte du Mans, à la
      piscine « Situation agréable au bord de la Vègre » –
      **R** conseillée
      1 ha (16 empl.) plat, herbeux
      **Tarif :** 🔲 *2 pers.* 🅖 *11,95 – pers. suppl. 3,20*
      **Location** *(mars-nov.)* : 🏠 *242 à 497*

> Ⓜ **GB** 🛒 🏢 ⚲ 🛖 🕹 🗂 🍳 ☺ 🔳
> 🍽 snack 🍴 🏊 ⚓
> À prox. : sentier pédestre 🛶

## LOUGRATTE

47290 L.-et-G. **14** – **336** F2 – 404 h. – alt. 120.
Paris 570 – Agen 56 – Castillonnès 9 – Marmande 44 – Monflanquin 18 – Villeneuve-sur-Lot 25.

  ▲ **Municipal St-Chavit** juin-15 sept.
      ℘ 05 53 01 70 05, Fax 05 53 41 18 04 – SE : 1 km, bord d'un
      plan d'eau – **R**
      3 ha (90 empl.) non clos, plat à peu incliné, herbeux
      **Tarif :** (Prix 2002) 🔲 *2 pers.* 🅖 *8,80 – pers. suppl. 2,30*

> 🛒 ⚲⚲ (1 ha) 🛖 🕹 🗂 🍳 🏊 ☺ 🔳
> 🍴 🛶 ⛱
> À prox. : canoë ✂ ⚓

## LOUHANS

71500 S.-et-L. **12** – **320** L10 G. Bourgogne – 6 140 h. – alt. 179.
🛈 Office du Tourisme, 1 Arcades St-Jean ℘ 03 85 75 05 02, Fax 03 85 75 48 70, *otlouhans@wanadoo.fr*.
Paris 373 – Bourg-en-Bresse 61 – Chalon-sur-Saône 37 – Dijon 85 – Dole 76 – Tournus 31.

  ▲ **Municipal** avril-sept.
      ℘ 03 85 75 19 02, Fax 03 85 74 90 02 – SO : 1 km par D 971
      rte de Tournus et D 12 rte de Romenay, à gauche après le
      stade, bord du Solnan « Cadre verdoyant en bordure de
      rivière » – **R** conseillée
      1 ha (60 empl.) plat, herbeux, gravillons
      **Tarif :** (Prix 2002) 🔲 *2 pers.* 🅖 *9,90 – pers. suppl. 1,70*

> ⚲— juil.-août 🛒 ⬚ ⚲⚲ 🛖 🕹 🗂 🍳
> ☺ ☺
> À prox. : ✂ 🏊 ⚓

## LOUPIAC

46350 Lot **18** – **337** E3 – 210 h. – alt. 230.
Paris 528 – Brive-la-Gaillarde 51 – Cahors 54 – Gourdon 16 – Rocamadour 24 – Sarlat-la-Canéda 29.

  ▲▲ **Les Hirondelles** avril-sept.
      ℘ 05 65 37 66 25, *camp.les-hirondelles@wanadoo.fr*, Fax
      05 65 37 66 65 – N : 3 km par rte de Souillac et chemin à
      gauche, à 200 m de la N 20 – **R** conseillée
      2,5 ha (70 empl.) peu incliné, plat, herbeux, pierreux
      **Tarif :** 🔲 *2 pers.* 🅖 *(6A) 13,70 – pers. suppl. 3,65 – frais de*
      *réservation 14*
      **Location :** 🚐 *290 –* 🏠 *198 à 427*
      🚐

> ⚲— 🛒 ⬚ ⚲⚲ 🛖 🕹 🗂 🍳 🏊 🗂 ☺
> 🔳 🏊 🍽 ✕ snack 🍴 🍳 🛶 🧗 ⛱
> À prox. : 🐎

## OUPIAN

34140 Hérault **15** – **339** G8 G. Languedoc Roussillon – 1 289 h. – alt. 8.
Paris 752 – Agde 21 – Balaruc-les-Bains 11 – Mèze 3 – Pézenas 20 – Sète 17.

⚠ **Municipal**
  𝄐 04 67 43 57 67, Fax 04 67 43 73 16 – sortie Sud, rte de Mèze
  1,7 ha (115 empl.) plat, herbeux

*Benutzen Sie die Grünen MICHELIN-Reiseführer,
wenn Sie eine Stadt oder Region kennenlernen wollen.*

## LOURDES

65100 H.-Pyr. **14** – **342** L6 G. Midi Pyrénées – 16 300 h. – alt. 420.
🄳 Office du Tourisme, place Peyramale 𝄐 05 62 42 77 40, Fax 05 62 94 60 95, *lourdes@sudfr.com*.
Paris 861 – Bayonne 147 – Pau 46 – St-Gaudens 85 – Tarbes 18.

⚠ **Le Moulin du Monge** 15 mars-15 oct.
  𝄐 05 62 94 28 15, *camping.moulin.monge@wanadoo.fr*,
  Fax 05 62 42 20 54 – N : 1,3 km
  1 ha (67 empl.) plat et peu incliné, en terrasses, herbeux
  **Tarif :** 🔲 2 pers. 🔌 (6A) 16,20 – pers. suppl. 4,05
  **Location :** 🚐 420 à 497 – appartement

⚠ **Plein Soleil** Pâques-15 oct.
  𝄐 05 62 94 40 93, *camping.plein.soleil@wanadoo.fr*, Fax
  05 62 94 51 20 – N : 1 km – **R** conseillée
  0,5 ha (35 empl.) en terrasses, pierreux, gravillons
  **Tarif :** 🔲 2 pers. 🔌 (13A) 21,50 – pers. suppl. 4
  **Location :** 🏠 214 à 443
  🚐 (empl.10) – 10

⚠ **Sarsan** 9 juin-14 sept.
  𝄐 05 62 94 43 09, Fax 05 62 94 43 09 – E : 1,5 km par
  déviation et av. Jean-Moulin – **R** conseillée
  1,8 ha (66 empl.) plat et peu incliné, herbeux
  **Tarif :** 🔲 2 pers. 🔌 (10A) 13,35 – pers. suppl. 3,25
  **Location** (mars-nov.) : 🚐 336 à 430

⚠ **Arrouach** Permanent
  𝄐 05 62 42 11 43, *camping.arrouach@wanadoo.fr*, Fax
  05 62 42 05 27 – NO : quartier de Biscaye – **R** conseillée
  13 ha/3 campables (67 empl.) plat, peu incliné et en ter-
  rasses, herbeux
  **Tarif :** 🔲 2 pers. 🔌 (6A) 13,44 – pers. suppl. 3,35
  **Location :** 🛖 – appartements
  🚐

333

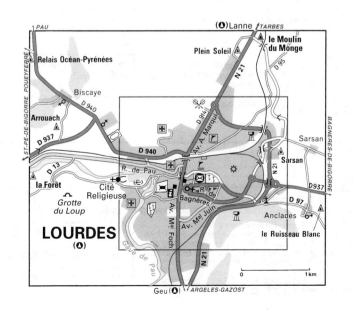

LOURDES

▲ **Le Ruisseau Blanc** 10 mars-10 oct.
  𝒫 05 62 42 94 83, Fax 05 62 42 94 62 – E : 1,5 km, à Ancladas
  par D 97, rte de Jarret, pour caravanes, accès conseillé par la
  D 937 en direction de Bagnères-de-Bigorre – **R** conseillée
  1,8 ha (110 empl.) plat, herbeux
  **Tarif :** 🖽 *2 pers.* 🛈 *(4A) 10,20 – pers. suppl. 2,40*
  **Location :** 🚐 *245 à 350*
  🚐

▲ **La Forêt** avril-oct.
  𝒫 05 62 94 04 38, Fax 05 62 42 14 86 – O : 3 km, accès
  conseillé par rue de Pau, D 13 à gauche et D 35, rue de la
  Forêt – **R** conseillée
  2,8 ha (133 empl.) plat, herbeux
  **Tarif :** 🖽 *2 pers.* 🛈 *(6A) 13,30 – pers. suppl. 2,90*
  **Location :** 🚐 *300 à 437,50*
  🚐

**à Lanne** NE : 10 km par N 21, rte de Tarbes puis D 216 – 448 h. – alt. 310 – ⊠ 65380 Lanne :

▲▲▲ **La Bergerie** Permanent
  𝒫 05 62 45 40 05, Fax 05 62 45 40 05 – NO : 1,3 km par
  D 16, près du stade « Cadre agréable » – **R** indispensable
  4 ha (100 empl.) plat, herbeux
  **Tarif :** (Prix 2002) 🖽 *2 pers.* 🛈 *(10A) 11,10 – pers. suppl. 3,40*
  **Location :** 🚐 *240 à 370*

**à Poueyferré** NO : 4,5 km par D 174, rte de Pau et à gauche – 675 h. – alt. 360 – ⊠ 65100 Poueyferré :

▲▲ **Relais Océan-Pyrénées** avril-sept.
  𝒫 05 62 94 57 22 – S : 0,8 km, à l'intersection des D 940 et
  D 174 – **R** conseillée
  1,2 ha (90 empl.) en terrasses, peu incliné, herbeux
  **Tarif :** 🖽 *2 pers.* 🛈 *(4A) 13,93 – pers. suppl. 3,81*
  **Location :** 🚐 *229 à 460*
  🚐

**LOUVEMONT**

52130 Marne **7** – 🔢 J2 – 737 h. – alt. 158.
Paris 221 – Bar-sur-Aube 48 – Chaumont 69 – St-Dizier 12 – Vitry-le-François 41.

▲ **Le Buisson**
  𝒫 03 25 04 14 29 – S : 1,2 km par D 192, rte de Pont-Varin et
  chemin à gauche « A l'orée d'une forêt, au bord de la Blaise »
  1 ha (25 empl.) plat, herbeux

**LOUVIERS**

27400 Eure **5** – 🔢 H6 G. Normandie Vallée de la Seine – 18 658 h. – alt. 15.
🅱 Office du Tourisme, 10 rue du Maréchal-Foch 𝒫 02 32 40 04 41, Fax 02 32 40 04 41.
Paris 103 – Les Andelys 22 – Bernay 52 – Lisieux 75 – Mantes 51 – Rouen 32.

▲▲ **Le Bel Air** mars-oct.
  𝒫 02 32 40 10 77, le.belair@wanadoo.fr, Fax 02 32 40
  10 77 – O : 3 km par D 81, rte de la Haye-Malherbe – Places
  limitées pour le passage – **R** conseillée
  2,5 ha (92 empl.) plat, herbeux
  **Tarif :** 🖽 *2 pers.* 🛈 *(6A) 15 – pers. suppl. 3,80*
  **Location** ✂ : 🚐 *183 à 420*

**LOZARI**

2B H.-Corse – 🔢 D4 – voir à Corse.

**LUÇAY-LE-MÂLE**

36360 Indre **10** – 🔢 E4 G. Berry Limousin – 2 160 h. – alt. 160.
Paris 241 – Le Blanc 72 – Blois 60 – Châteauroux 43 – Châtellerault 92 – Loches 39 – Tours 80.

▲ **Municipal la Foulquetière** avril-15 oct.
  𝒫 02 54 40 52 88, mairie@ville-lucaylemale.fr, Fax 02 54
  40 42 47 – SO : 3,8 km par D 960, rte de Loches, D 13, rte
  d'Écueillé à gauche et chemin à droite « À 80 m d'un plan
  d'eau très prisé des pêcheurs » – **R** conseillée
  1,5 ha (30 empl.) plat, peu incliné, herbeux
  **Tarif :** (Prix 2002) 🖽 *2 pers.* 🛈 *(6A) 7,81 – pers. suppl. 2*
  **Location** (permanent) – ✂ : 🏠 *230 à 290*

334

## LUCHÉ-PRINGÉ

72800 Sarthe **5** – **310** J8 G. Châteaux de la Loire – 1 486 h. – alt. 34.
**🛈** Syndicat d'Initiative, place des Tilleuls ℰ 02 43 45 44 50, Fax 02 43 45 75 71.
Paris 245 – Château-du-Loir 35 – Écommoy 26 – La Flèche 14 – Le Lude 10 – Le Mans 39.

**Municipal la Chabotière** avril-15 oct.
ℰ 02 43 45 10 00, *lachabotiere@ville-luche-pringe.fr*, Fax
02 43 45 10 00 – à l'Ouest du bourg « À la base de loisirs,
au bord du Lot » – **R** conseillée
3 ha (75 empl.) en terrasses, herbeux
**Tarif :** 🔲 *2 pers.* 🔌 *(10A) 10 – pers. suppl. 2,70*
**Location** *(permanent) :* 🏠 *200 à 422 – bungalows toilés*

À prox. : canoë, pédalos

## LUCHON

31 H.-Gar. **14** – **85** 20 Voir Bagnères-de-Luchon.

## Les LUCS-SUR-BOULOGNE

85170 Vendée **9** – **316** H6 – 2 629 h. – alt. 70.
**🛈** Office du Tourisme, place Sénéchal ℰ 02 51 46 51 28, Fax 02 51 46 51 20.
Paris 424 – Aizenay 18 – Les Essarts 24 – Nantes 45 – La Roche-sur-Yon 22.

**Municipal Val de Boulogne** 15 juin-15 sept.
ℰ 02 51 46 59 00, *mairies.lucs.boul@wanadoo.fr*, Fax 02 51
46 51 20 – sortie Nord-Est par D 18, rte de St-Sulpice-le-
Verdon et chemin à droite, près d'un étang
0,3 ha (19 empl.) plat et peu incliné, herbeux
**Tarif :** 🔲 *2 pers.* 🔌 *8,95*

À prox. : 🍽 ✗

## LUC-SUR-MER

14530 Calvados **5** – **303** J4 G. Normandie Cotentin – 2 902 h.
**🛈** Office du Tourisme, rue du Docteur-Charcot ℰ 02 31 97 33 25, Fax 02 31 96 65 09, *luc.sur.mer@wanadoo.fr*.
Paris 249 – Arromanches-les-Bains 23 – Bayeux 29 – Cabourg 28 – Caen 18.

**Municipal la Capricieuse** avril-sept.
ℰ 02 31 97 34 43, *info@campinglacapricieuse.com*, Fax
02 31 97 43 64 – à l'Ouest de la localité, allée Brummel, à
200 m de la plage – **R** conseillée
4,6 ha (232 empl.) plat, peu incliné, herbeux
**Tarif :** 🔲 *2 pers.* 🔌 *(10A) 17,30 – pers. suppl. 3,90*
**Location** *(avril-nov.) :* 🏚 *279 à 437 –* 🏠 *221 à 437*
🛖

À prox. :

## Le LUDE

72800 Sarthe **5** – **310** J9 G. Châteaux de la Loire – 4 424 h. – alt. 48.
**🛈** Office du Tourisme, place François-de-Nicolay ℰ 02 43 94 62 20, Fax 02 43 94 48 46.
Paris 248 – Angers 65 – Chinon 63 – La Flèche 20 – Le Mans 45 – Saumur 51 – Tours 50.

**Municipal au Bord du Loir** mai-sept.
ℰ 02 43 94 67 70, *camping-lelude@wanadoo.fr*
NE : 0,8 km par D 307, rte du Mans « Cadre champêtre au
bord du Loir » – **R** conseillée
4,5 ha (133 empl.) plat, herbeux
**Tarif :** *(Prix 2002)* 🔲 *2 pers.* 🔌 *(5A) 9,40 – pers. suppl. 2,60*
**Location :** *bungalows toilés*

À prox. : canoë, pédalos

## LUGRIN

74500 H.-Savoie **12** – **328** N2 G. Alpes du Nord – 2 025 h. – alt. 413.
**🛈** Syndicat d'Initiative, ℰ 04 50 76 08 32, Fax 04 50 76 08 62.
Paris 583 – Annecy 91 – Évian-les-Bains 7 – St-Gingolph 12 – Thonon-les-Bains 17.

**Vieille Église** avril-oct.
ℰ 04 50 76 01 95, *campingvieilleeglise@wanadoo.fr*, Fax
04 50 76 13 12 – O : 2 km, à Vieille Église – **R** conseillée
1,6 ha (100 empl.) plat et peu incliné, terrasses, herbeux
**Tarif :** 🔲 *2 pers.* 🔌 *(10A) 18,10 – pers. suppl. 4,20*
**Location :** 🏚 *160 à 328 –* 🏠 *225 à 400*

(0,5 ha)
À prox. :

**Les Myosotis** 5 mai-21 sept.
ℰ 04 50 76 07 59, Fax 04 50 76 07 59 – S : 0,6 km « Belle
situation dominante sur le lac » – **R** conseillée
1 ha (58 empl.) en terrasses, herbeux
**Tarif :** 🔲 *2 pers.* 🔌 *(6A) 13,50 – pers. suppl. 2,60*

## LUMIO

2B H.-Corse – **345** B4 – voir à Corse – Calvi.

## LUNERY

18400 Cher **10** – **323** J5 – 1 665 h. – alt. 150.
Paris 257 – Bourges 22 – Châteauroux 51 – Issoudun 28 – Vierzon 39.

  ▲ **Municipal** 15 mai-15 sept.
    *ℰ* 02 48 68 07 38, *fercher@wanadoo.fr*, Fax 02 48 55
26 78 – au bourg, près de l'église « Autour des vestiges d'un
ancien moulin, près du Cher » – **R** conseillée
0,5 ha (37 empl.) plat, herbeux
**Tarif** : (Prix 2002) 🔲 *2 pers.* 🔌 *(10A)* 11 – *pers. suppl.* 3
🚐

## LUNÉVILLE

54300 M.-et-M. **8** – **307** J7 G. Alsace Lorraine – 20 711 h. – alt. 224.
🛈 Office du Tourisme, aile Sud du Château *ℰ* 03 83 74 06 55, Fax 03 83 73 57 95.
Paris 346 – Épinal 65 – Metz 95 – Nancy 37 – St-Dié 56 – Toul 57.

  ▲ **Municipal les Bosquets** avril-oct.
    *ℰ* 03 83 73 37 58, *marches-publics@mairie-luneville.com*,
Fax 03 83 76 23 95 – au Nord de la ville en direction de
Château Salins et à droite, après le pont sur la Vézouze, che-
min de la Ménagerie « Près du parc du château et des
jardins »
1 ha (36 empl.) plat et terrasse, herbeux
**Tarif** : 🔲 *2 pers.* 🔌 9 – *pers. suppl.* 2
🚐 *(6 empl.)*

## LURE

70200 H.-Saône **8** – **314** G6 G. Jura – 8 843 h. – alt. 290.
🛈 Office du Tourisme, 35 avenue Carnot *ℰ* 03 84 62 80 52, Fax 03 84 62 74 61.
Paris 388 – Belfort 34 – Besançon 79 – Épinal 77 – Montbéliard 36 – Vesoul 30.

  ▲ **Intercommunal les Écuyers** juin-sept.
    *ℰ* 03 84 30 43 40, Fax 03 84 89 00 31 – SE : 1,4 km par D 64
vers rte de Belfort puis 0,8 km par D 18 à droite, rte de
l'Isle-sur-le-Doubs, à 50 m de l'Ognon (accès direct)
1 ha (45 empl.) plat, herbeux
**Tarif** : 🔲 *2 pers.* 🔌 9 – *pers. suppl.* 2,74

**336**

## LUS-LA-CROIX-HAUTE

26620 Drôme **16** – **332** H6 G. Alpes du Sud – 428 h. – alt. 1 050.
🛈 Office du Tourisme, rue Principale *ℰ* 04 92 58 51 85, Fax 04 92 58 57 45, *ot-lus@free.fr*.
Paris 640 – Alès 206 – Die 45 – Gap 48 – Grenoble 76.

  ▲ **Champ la Chèvre** 26 avril-28 sept.
    *ℰ* 04 92 58 50 14, Fax 04 92 58 55 92 – au Sud-Est du
bourg, près de la piscine – **R** conseillée
3,6 ha (100 empl.) plat, peu incliné, incliné, herbeux
**Tarif** : 🔲 *2 pers.* 🔌 *(6A)* 14 – *pers. suppl.* 3
**Location** 🏚 : 🏠 *230 à 480*

## LUYNES

37230 I.-et-L. **5** – **317** M4 G. Châteaux de la Loire – 4 128 h. – alt. 60.
🛈 Office du Tourisme, 9 rue Alfred Baugé *ℰ* 02 47 55 77 14, Fax 02 47 55 77 14, *otsi-luynes@wanadoo.fr*.
Paris 248 – Angers 117 – Château-La-Vallière 28 – Chinon 41 – Langeais 16 – Saumur 57 – Tours 12.

  ▲ **Municipal les Granges** 7 mai-15 sept.
    *ℰ* 02 47 55 60 85, *mairie@luynes.fr*, Fax 02 47 55 52 56 –
sortie Sud par D 49, rte de Tours « Un cadre verdoyant, plai-
sant et soigné » – **R** conseillée
0,8 ha (63 empl.) plat, herbeux
**Tarif** : (Prix 2002) 🔲 *2 pers.* 🔌 *10,10* – *pers. suppl.* 2,50

## LUZENAC

09250 Ariège **14** – **343** I8 G. Midi-Pyrénées – 690 h. – alt. 608.
🛈 Office du tourisme, 6 rue de la Mairie *ℰ* 05 61 64 60 60, Fax 05 61 64 41 08, *vallees.ax@wanadoo.fr*.
Paris 807 – Andorra-la-Vella 68 – Foix 35 – Quillan 64.

  ▲▲ **Municipal le Castella** Permanent
    *ℰ* 05 61 64 47 53, Fax 05 61 64 40 59 – par RN 20 direction
Ax-les-Thermes, au bourg, chemin à droite – Places limitées
pour le passage – **R** conseillée
3 ha (150 empl.) en terrasses, plat, peu incliné, herbeux,
rochers
**Tarif** : (Prix 2002) 🔲 *2 pers.* 🔌 *(6A)* 11,55 – *pers. suppl.* 2,76
**Location** : 🏠 *165 à 347*

65120 H.-Pyr. **14** – **342** L7 G. Midi Pyrénées – 1 173 h. – alt. 710 – ♣ (début mai-fin oct.) – Sports d'hiver :
1 800/2 450 m ⚡14 ⚡.
**⯐** Office du Tourisme, place du 8 mai ✆ 05 62 92 81 60, Fax 05 62 92 87 19, *ot@lu.org*.
Paris 893 – Argelès-Gazost 19 – Cauterets 24 – Lourdes 32 – Pau 77 – Tarbes 50.

**⩕ Airotel Pyrénées** déc.-sept.
✆ 05 62 92 89 18, *airotel.pyrenees@wanadoo.fr*, Fax 05 62
92 96 50 – NO : 1 km par D 921, rte de Lourdes – **R** conseillée
2,5 ha (165 empl.) peu incliné et incliné, plat et en terrasses,
herbeux
**Tarif :** 🔲 2 pers. 🔋 (6A) 21,50 - pers. suppl. 4,20 – frais de
réservation 25
**Location :** 🛖 185 à 525
🚐 2 (empl.)

**⩕ International** 20 déc.-20 avril, juin-sept.
✆ 05 62 92 82 02, Fax 05 62 92 96 87 – NO : 1,3 km par
D 921, rte de Lourdes – **R** conseillée
4 ha (133 empl.) plat, peu incliné, en terrasses, herbeux
**Tarif :** (Prix 2002) 🔲 2 pers. 🔋 (6A) 19,40 – 3 pers. 21,90
– pers. suppl. 4 – frais de réservation 15,50

**⩕ Pyrénévasion** Permanent
✆ 05 62 92 91 54, *camping-pyrenevasion@wanadoo.fr*,
Fax 05 62 92 98 34 – à **Sazos**, NO : 3,4 km par D 921, rte
de Gavarnie, et D 12 rte de Luz-Ardiden, alt. 834 –
**R** conseillée
2,8 ha (75 empl.) en terrasses, peu incliné, herbeux, gravier
**Tarif :** 🔲 2 pers. 🔋 15,10 – pers. suppl. 3,70
**Location :** 🛖 213 à 430 – ☎ 229 à 430

**⩕ Les Cascades** 13 déc.-4 oct.
✆ 05 62 92 85 85, Fax 05 62 92 96 95 – au Sud de la loca-
lité, rue Ste-Barbe, bord de torrents, accès conseillé par rte
de Gavarnie
1,5 ha (77 empl.) peu incliné et en terrasses, herbeux,
pierreux
**Tarif :** 🔲 2 pers. 🔋 (3A) 15 – pers. suppl. 5
**Location :** 🛖 275

**⩕ So de Prous** 20 déc.-8 nov.
✆ 05 62 92 82 41, *jean-jacques.poulou@wanadoo.fr*, Fax
05 62 92 34 10 – NO : 3 km par D 921, rte de Lourdes, à 80 m
du Gave de Gavarnie – **R** conseillée
2 ha (80 empl.) plat, peu incliné, en terrasses, herbeux
**Tarif :** 🔲 2 pers. 🔋 (6A) 16,50 (hiver 13,80) – pers. suppl.
3,80 (hiver 2,80) – frais de réservation 8
**Location :** 🛖 200 à 370 – 🛏

**⩔ Le Bergons** fermé 21 oct-nov.
✆ 05 62 92 90 77, *abordenave@club-internet.fr*
à Esterre, E : 0,5 km par D 918, rte de Barèges – **R** conseillée
1 ha (78 empl.) plat, peu incliné et terrasses, herbeux
**Tarif :** 🔲 2 pers. 🔋 (3 à 6 A) 11,58 (hiver 13,73) – pers. suppl.
2,90 (hiver 3,05) – frais de réservation 10
**Location** (permanent) : 🛖 355 à 415

❄ ⩻ ⚬⊶ **GB** ⚒ ⌖ ♀ ▥ ♿ ⅏ ⛲
🗄 ⚱ ♨ ⊛ ▣ ⚒ 🛒 ⌂ ᠀ ⚓
⚡⛵ 🎿 ⛷ mur d'escalade

❄ M ⩻ ⚬⊶ **GB** ⚒ ♀ ▥ ♿ ⅏ ⛲
🗄 ⚱ ♨ ⊛ ▣ ⚒ ♟ snack 🛒 ⌂
⚡⛵

⩻ ⚬⊶ **GB** ⚒ ▥ ♿ ⅏ ⛲ 🗄 ⚱ ⊛
♨ ᠀ ▣ ♟ ⚡⛵ 🎿

🦅 ⩻ ⚬⊶ **GB** ⚒ ♀ ▥ ♿ ⅏ ⛲ 🗄
⚱ ⊛ ▣ ♟ ✗ 🛒 ⌂ ᠀ ⚡⛵ 🚲
À prox. : canoë 🎿

⩻ ⚬⊶ ⚒ ♀ ▥ ♿ ⅏ ⛲ 🗄 🌲 ⊛ ▣
♟ 🛒 ⌂ ⚡⛵ 🎿 (petite piscine)

⩻ **GB** ⚒ ♀ ▥ ♿ ⅏ ⛲ 🌲 ⊛ ▣
⌂ ⚡⛵

337

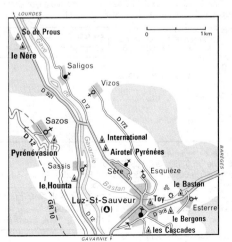

LOURDES
So de Prous
le Néré
Saligos
Vizos
D 921
D 12
Sazos
D 172
D 12
Pyrénévasion
International
Airotel Pyrénées
Gavarnie
BARÈGES
Sassis
Sère
Esquièze
le Hounta
Bastan
le Bastan
Luz-St-Sauveur
(O)
Toy
D 918
Esterre
GR 10
D 12
le Bergons
les Cascades
GAVARNIE

▲ **Le Bastan** Fermé vacances de Toussaint
    𝄞 05 62 92 94 27, *camping.bastan@wanadoo.fr*
    à Esterre, E : 0,8 km par D 918, rte de Barèges, bord du
    Bastan – **R** conseillée
    1 ha (70 empl.) peu incliné et plat, herbeux, pierreux
    **Tarif :** ▣ *2 pers.* [ǥ] *13,10 – pers. suppl. 2,90*

▲ **Le Nére** 15 juin-15 sept.
    𝄞 05 62 92 81 30, Fax 05 62 92 97 46 – NO : 2,8 km par
    D 921, rte de Lourdes, à 100 m du Gave de Gavarnie –
    **R**
    1,2 ha (67 empl.) plat, herbeux
    **Tarif :** ▣ *2 pers.* [ǥ] *11,01*

▲ **Toy** fermé 28 avril-mai et 26 sept.-12 déc.
    𝄞 05 62 92 86 85 – centre bourg, pl. du 8-Mai, bord du Bas-
    tan – **R** conseillée
    1,2 ha (100 empl.) peu incliné et en terrasses, herbeux,
    pierreux
    **Tarif :** ▣ *2 pers.* [ǥ] *(6A) 14,60 (hiver 14,90) – pers. suppl.*
    *3,20 (hiver 3,30)*

**à Sassis** N : 2,5 km par D 921 – 52 h. – alt. 700 – ⊠ 65120 Sassis :

▲ **Le Hounta** fermé 16 oct.-19 déc.
    𝄞 05 62 92 95 90, *le-hounta@wanadoo.fr*, Fax 05 62 92
    92 51 – S : 0,6 km par D 12 – **R** conseillée
    2 ha (91 empl.) plat et peu incliné, herbeux
    **Tarif :** ▣ *2 pers.* [ǥ] *(6A) 14,60 – pers. suppl. 3,10*
    **Location** ✗ *(vacances scolaire et hiver) :* ⊞ *195 à 425*

## LUZY

58170 Nièvre ⑪ – ③①⑨ G11 G. Bourgogne – 2 422 h. – alt. 275.
🛈 Syndicat d'Initiative, place Chany 𝄞 03 86 30 02 65.
Paris 315 – Autun 36 – Château-Chinon 39 – Moulins 62 – Nevers 78.

▲▲▲ **Château de Chigy** 19 avril-sept.
    𝄞 03 86 30 10 80, *chateau.de.chigy@wanadoo.fr*, Fax
    03 86 30 09 22 ⊠ 58170 Tazilly – SO : 4 km par D 973,
    rte de Bourbon-Lancy puis chemin à gauche « Vaste
    domaine : prairies, bois, étangs, autour d'un château » –
    **R** conseillée
    70 ha/4,8 campables (200 empl.) plat, peu incliné et en ter-
    rasses, herbeux
    **Tarif :** ▣ *2 pers.* [ǥ] *25,10 – pers. suppl. 6,70 – frais de réser-*
    *vation 15*
    **Location** *(avril-18 oct.) :* ⊞ *300 à 588 – appartements*

## LYON

69000 Rhône ⑫ – ③②⑦ I5 G. Vallée du Rhône – 415 487 h. – alt. 175.
🛈 Office du Tourisme, place Bellecour 𝄞 04 72 77 69 69, Fax 04 78 42 04 32, *lyoncvb@lyon-france.com*.
Paris 461 – Clermont-Ferrand 172 – Grenoble 106 – Marseille 221 – St-Étienne 61.

▲▲▲ **Municipal Porte de Lyon** Permanent
    𝄞 04 78 35 64 55, *camping-lyon@mairie-lyon.fr*, Fax 04 72
    17 04 26 ⊠ 69570 Dardilly – à Dardilly, NO : 10 km par N 6,
    rte de Mâcon, par A 6 : sortie Limonest
    6 ha (150 empl.) plat, herbeux, gravillons
    **Tarif :** *(Prix 2002)* ▣ *2 pers.* [ǥ] *16,40 (hiver 18) – pers. suppl.*
    *2,90*
    **Location :** ⊞ *130 à 132,70 –* ⊞ *150*
    ⊞ *(70 empl.) – 18*

## LYONS-LA-FORÊT

27480 Eure ⑤ – ③⓪④ I5 G. Normandie Vallée de la Seine – 701 h. – alt. 88.
🛈 Office du Tourisme, 20 rue de l'Hôtel de Ville 𝄞 02 32 49 31 65, Fax 02 32 48 10 60.
Paris 105 – Les Andelys 20 – Forges-les-Eaux 30 – Gisors 30 – Gournay-en-Bray 25 – Rouen 34.

▲ **Municipal St-Paul** avril-1ᵉʳ nov.
    𝄞 02 32 49 42 02 – au Nord-Est du bourg, par D 321, au
    stade, bord de la Lieure – Places limitées pour le passage –
    **R** conseillée
    3 ha (100 empl.) plat, herbeux
    **Tarif :** *(Prix 2002)* ▣ *2 pers.* [ǥ] *(6A) 15,27 – pers. suppl. 3,53*

338

## MACHÉ

85190 Vendée **9** – **316** F7 – 899 h. – alt. 42.
Paris 438 – Challans 21 – Nantes 59 – La Roche-sur-Yon 24 – Les Sables-d'Olonne 35.

   ▲ **Le Val de Vie** mai-sept.
     *&* 02 51 60 21 02, campingvaldevie@aol.com, Fax 02 51 60
     21 02 – S : 0,2 km par D 40 et à gauche rue du stade, près
     de la piscine – **R** conseillée
     2,5 ha (52 empl.) plat, herbeux
     **Tarif :** 🔲 *2 pers.* 🔋 *(10A) 18,20 – pers. suppl. 3,70*

## MACHECOUL

44270 Loire-Atl. **9** – **316** F6 G. Poitou Vendée Charentes – 5 072 h. – alt. 5.
🅱 Office du Tourisme, 14 place des Halles *&* 02 40 31 42 87, Fax 02 40 02 31 28, info@machecoul.
com.
Paris 421 – Beauvoir-sur-Mer 23 – Nantes 39 – La Roche-sur-Yon 56 – St-Nazaire 93.

   ▲ **La Rabine** mai-sept.
     *&* 02 40 02 30 48, Fax 02 40 02 30 48 – sortie Sud par D 95
     rte de Challans, bord du Falleron – **R** conseillée
     2,8 ha (131 empl.) plat, herbeux
     **Tarif :** 🔲 *2 pers.* 🔋 *(13A) 9,55 – pers. suppl. 1,95*

## MÂCON

71000 S.-et-L. **11** – **320** I12 G. Bourgogne – 37 275 h. – alt. 175.
🅱 Office du Tourisme, 1 place St-Pierre *&* 03 85 21 07 07, Fax 03 85 40 96 00, macon.tourisme@wanadoo.fr.
Paris 392 – Bourg-en-Bresse 38 – Chalon-sur-Saône 59 – Lyon 74 – Roanne 96.

   ▲▲▲ *Municipal*
     *&* 03 85 38 16 22 – N : 3 km sur N 6
     5 ha (275 empl.) plat, herbeux

## MADIRAN

65700 H.-Pyr. **14** – **342** L3 – 553 h. – alt. 125.
Paris 753 – Aire-sur-l'Adour 28 – Auch 72 – Mirande 49 – Pau 48 – Tarbes 42.

   ▲ **Municipal le Madiran** 15 juin-15 sept.
     *&* 05 62 31 92 83, Fax 05 62 31 92 83 – au bourg par la
     D 48
     0,3 ha (10 empl.) plat, peu incliné, herbeux
     **Tarif :** (Prix 2002) 🔲 *2 pers.* 🔋 *10,80 – pers. suppl.*
     *2,30*

## MAGNIÈRES

54129 M.-et-M. **8** – **307** K8 – 333 h. – alt. 250.
Paris 364 – Baccarat 16 – Épinal 40 – Lunéville 23 – Nancy 56.

   ▲ **Municipal le Pré Fleury** mai-sept.
     *&* 03 83 72 34 73 – O : 0,5 km par D 22 rte de Bayon, à 200
     m de la Mortagne « A l'ancienne gare et au bord d'un étang »
     – **R** conseillée
     1 ha (34 empl.) plat et peu incliné, gravillons, herbeux,
     pierreux
     **Tarif :** (Prix 2002) 🔲 *2 pers.* 🔋 *(20A) 12 – pers. suppl.*
     *1,50*

     voiturettes à vélos
     sur rail (draisines)
     À prox. : ✗(wagon-restaurant)

## MAICHE

25120 Doubs **8** – **321** K3 G. Jura – 4 168 h. – alt. 777.
🅱 Office du Tourisme, place de la Mairie *&* 03 81 64 11 88, Fax 03 81 64 02 30.
Paris 478 – Baume-les-Dames 70 – Besançon 74 – Montbéliard 43 – Morteau 30 – Pontarlier 60.

   ▲ **Municipal St-Michel** Permanent
     *&* 03 81 64 12 56, Fax 03 81 64 12 56 – S : 1,3 km, sur
     D 422 reliant le D 464, rte de Charquemont et le D 437, rte
     de Pontarlier, accès conseillé par D 437, rte de Pontarlier –
     **R** conseillée
     2 ha (70 empl.) peu incliné, en terrasses, herbeux, bois atte-
     nant
     **Tarif :** (Prix 2002) 🔲 *2 pers.* 🔋 *(plus de 6A) 13 – pers. suppl.*
     *2,80*
     **Location :** 🏠 *(sans sanitaires) – gîte d'étape*

     À prox. : complexe aquatique

## MAILLEZAIS

85420 Vendée **9** – **31 6** L9 G. Poitou Vendée Charentes – 930 h. – alt. 6.
**i** Office du Tourisme, rue du Dr Daroux *✆* 02 51 87 23 01, Fax 02 51 00 72 51.
Paris 433 – Fontenay-le-Comte 15 – Niort 27 – La Rochelle 48 – La Roche-sur-Yon 71.

   ▲ ***Municipal de l'Autize*** avril-sept.
     *✆* 02 51 00 70 79, *mairie.maillezais@ wanadoo.fr*, Fax 02 51
     87 29 63 – sortie Sud, rte de Courçon – **R** conseillée
     1 ha (38 empl.) plat, herbeux
     **Tarif :** (Prix 2002) ▣ *2 pers.* ⛽ *7,60 – pers. suppl. 1,80*

---

## MAINTENON

28130 E.-et-L. **5** – **31 1** F4 G. Ile de France – 4 161 h. – alt. 109.
**i** Syndicat d'initiative, place Aristide-Briand *✆* 02 37 23 05 04.
Paris 89 – Chartres 18 – Dreux 28 – Houdan 28 – Rambouillet 23 – Versailles 56.

   ▲▲ ***Les Ilots de St-Val*** 16 janv.-15 déc.
     *✆* 02 37 82 71 30, *ilotsdestval@ free.fr*, Fax 02 37 82 77 67
     ✉ 28130 Villiers-le-Morhier – NO : 4,5 km par D 983, rte de
     Nogent-le-roi puis 1 km par D 101$^3$, rte de Neron à gauche
     – Places limitées pour le passage – **R** conseillée
     10 ha/6 campables (153 empl.) plat et incliné, herbeux,
     pierreux
     **Tarif :** ▣ *2 pers.* ⛽ *(10A) 19,20 – pers. suppl. 4,40*

À prox. : golf 🛶 (centre équestre)

---

## MAISOD

39260 Jura **12** – **32 1** E8 G. Jura – 203 h. – alt. 520.
Paris 437 – Lons-le-Saunier 30 – Oyonnax 33 – St-Claude 29.

   ▲▲ ***Trelachaume*** 26 avril-13 sept.
     *✆* 03 84 42 03 26, *trelachaume@ ifrance.com*, Fax 03 84 42
     03 26 – S : 2,2 km par D 301 et rte à droite « Site agréable »
     – **R** conseillée
     3 ha (180 empl.) plat, peu incliné à incliné, herbeux, pierreux
     **Tarif :** ▣ *2 pers.* ⛽ *(5A) 14 – pers. suppl. 2,80*

**340**

---

## MAISON-JEANNETTE

24 Dordogne **10** – **32 9** E5 – ✉ 24140 Villamblard.
Paris 506 – Bergerac 24 – Périgueux 25 – Vergt 11.

   ▲ ***Orphéo-Négro*** 26 juin-août
     *✆* 05 53 82 96 58, Fax 05 53 80 45 50 – NE : par N 21 au
     lieu-dit les Trois Frères, près de l'hôtel Tropicana –
     **R** conseillée
     7 ha/2 campables (100 empl.) peu incliné à incliné, plat, ter-
     rasse, herbeux, pierreux, étang
     **Tarif :** ▣ *2 pers.* ⛽ *(6A) 15,40 – pers. suppl. 4,12*

À prox. : ✕

---

## MAISON-NEUVE

07 Ardèche **16** – **33 1** H7 – ✉ 07230 Lablachère.
Paris 670 – Aubenas 34 – Largentière 24 – Privas 64 – St-Ambroix 22 – Vallon-Pont-d'Arc 21.

   ▲▲ ***Pont de Maisonneuve*** avril-sept.
     *✆* 04 75 39 39 25, Fax 04 75 39 39 25 ✉ 07460 Beaulieu
     – sortie Sud par D 104 rte d'Alès et à droite, rte de Casteljau,
     après le pont « Au bord du Chassezac » – **R** conseillée
     3 ha (100 empl.) plat, herbeux
     **Tarif :** ▣ *2 pers.* ⛽ *16,60 – pers. suppl. 3,20*
     **Location :** 🛖 *260 à 450 – gîtes*

---

## MALARCE-SUR-LA-THINES

07140 Ardèche **16** – **33 1** G7 – 244 h. – alt. 340.
Paris 629 – Aubenas 47 – Largentière 37 – Privas 77 – Vallon-Pont-d'Arc 44 – Villefort 21.

   ▲ ***Les Gorges du Chassezac*** mai-août
     *✆* 04 75 39 45 12 – SE : 4 km par D 113, rte des Vans, lieu-
     dit Champ d'Eynès « Au bord du Chassezac (accès direct) »
     – **R** conseillée
     2,5 ha (80 empl.) plat, peu incliné et en terrasses, pierreux,
     herbeux
     **Tarif :** ▣ *2 pers.* ⛽ *(6A) 13,50 – pers. suppl. 2*
     **Location** *(juil.-août) :* 🛖 *220*

## MALBOSC

07140 Ardèche 🔢 – 🔳 G7 – 146 h. – alt. 450.
Paris 649 – Alès 45 – La Grand-Combe 29 – Les Vans 19 – Villefort 27.

   🔼 *Municipal du Moulin de Gournier* 20 juin-5 sept.
      𝒫 04 75 37 35 50, *moulindegournier@aol.com*, Fax 04 75
      37 35 50 – NE : 7 km par D 216 rte des Vans « Cadre agréable
      au bord de la Ganière » – **R** conseillée
      1 ha (29 empl.) en terrasses, pierreux, herbeux
      **Tarif :** 🔲 *2 pers.* 🔯 *(10A) 18 – pers. suppl. 4*

## MALBUISSON

25160 Doubs 🔢 – 🔳 H6 G. Jura – 366 h. – alt. 900 – Base de loisirs.
🅱 Syndicat d'Initiative, 69 Grande-Rue 𝒫 03 81 69 31 21, Fax 03 81 69 71 94, *ot.malbuison@worldonline.fr*.
Paris 458 – Besançon 75 – Champagnole 43 – Pontarlier 16 – St-Claude 72 – Salins-les-Bains 46.

   🔼 *Les Fuvettes* avril-sept.
      𝒫 03 81 69 31 50, *les-fuvettes@wanadoo.fr*, Fax 03 81 69
      70 46 – SO : 1 km « Au bord du lac de St-Point » –
      **R** conseillée
      6 ha (320 empl.) plat et peu incliné, herbeux, pierreux
      **Tarif :** 🔲 *2 pers.* 🔯 *(6A) 20,90 – pers. suppl. 4,40 – frais de*
      *réservation 10*
      **Location :** 🛏 *170 à 480*
      🚐

## MALEMORT-DU-COMTAT

84570 Vaucluse 🔢 – 🔳 D9 – 985 h. – alt. 208.
Paris 692 – Avignon 33 – Carpentras 11 – Malaucène 22 – Orange 33 – Sault 36.

   🔼 *Font Neuve* mai-sept.
      𝒫 04 90 69 90 00, *camping.font-neuve@libertysurf.fr*, Fax
      04 90 69 91 77 – SE : 1,6 km par D 5, rte de Méthanis et
      chemin à gauche – **R** conseillée
      1,5 ha (54 empl.) plat et peu incliné, terrasses, herbeux,
      pierreux
      **Tarif :** 🔲 *2 pers.* 🔯 *(6A) 14,60 – pers. suppl. 3*

## MALICORNE-SUR-SARTHE

72270 Sarthe 🔢 – 🔳 I8 G. Châteaux de la Loire – 1 659 h. – alt. 39.
🅱 Office du Tourisme, 3 place Duguesclin 𝒫 02 43 94 74 45, Fax 02 43 94 59 61.
Paris 238 – Château-Gontier 20 – La Flèche 16 – Le Mans 33.

   🔼 *Municipal Port Ste Marie* avril-oct.
      𝒫 02 43 94 80 14, Fax 02 43 94 57 26 – à l'Ouest du bourg
      par D 41 rte de Noyen-sur-Sarthe « Cadre et situation agréa-
      bles, près de la Sarthe » – **R** conseillée
      1 ha (80 empl.) plat, herbeux
      **Tarif :** (Prix 2002) 🔲 *2 pers.* 🔯 *(12A) 10,23 (12 pour une nuit)*
      *– pers. suppl. 2,23*
      **Location** *(8 mai-28 sept.)* : *bungalows toilés*
      🚐

## MALLEMORT

13370 B.-du-R. 🔢 – 🔳 G3 – 4 366 h. – alt. 120.
🅱 Office du Tourisme, avenue des Frères-Roqueplan 𝒫 04 90 57 41 62, Fax 04 90 59 43 34.
Paris 720 – Aix-en-Provence 34 – Apt 40 – Cavaillon 20 – Digne-les-Bains 123 – Manosque 71.

   🔼 *Durance et Lubéron* avril-15 oct.
      𝒫 04 90 59 13 36, *duranceluberon@aol.com*, Fax 04 90 57
      46 62 – SE : 2,8 km par D 23ᶜ, à 200 m du canal, vers la
      centrale E.D.F., pour les caravanes, l'accès par N 26 et N 7,
      l'accès par le centre ville est déconseillé, accès par N 7 et
      D 561, rte de Charleval – **R** conseillée
      4 ha (110 empl.)
      **Tarif :** 🔲 *2 pers.* 🔯 *17,42 – pers. suppl. 4,31*

     *Verwar niet :*

     🔺 *... tot ...* 🔺🔺🔺 : **MICHELIN** *indeling*

    *en*
     ★... *tot* ... ★★★★ : *officiële classificatie*

## le *MALZIEU-VILLE*

48140 Lozère **11** – **330** I5 G. Languedoc-Roussillon – 947 h. – alt. 860.

**⊞** Office du Tourisme, tour de bodon ℰ 04 66 31 82 73, *office.tourisme@freesbee.fr*.

Paris 545 – Mende 51 – Le Puy-en-Velay 75 – Saint-Flour 152.

**⋀⋀⋀** **Les Chalets de la Margeride** (location exclusive de 21 chalets) Permanent
ℰ 04 66 42 56 00, *info@chalets-margeride.com*, Fax 04 66 42 56 01 ⊠ 48200 Blavignac – NO : 4,5 km par D 989, rte de St-Chély-d'Apcher, D 4, rte de la Garde, à droite et chemin au lieu-dit Chassagnes, Par A 75 : sortie 32 « Agréable situation panoramique sur les Monts de la Margeride » – **R** conseillée
50 ha/2 campables en terrasses, herbeux
Location : ⌂ *230 à 560*

## *MAMERS*

72600 Sarthe **5** – **310** L4 G. Normandie Vallée de la Seine – 6 071 h. – alt. 128.

**⊞** Office du Tourisme, 29 place Carnot ℰ 02 43 97 60 63, Fax 02 43 97 42 87, *tourisme-mamers-saosnois @wanadoo.fr*.

Paris 186 – Alençon 25 – Le Mans 51 – Mortagne-au-Perche 25 – Nogent-le-Rotrou 39.

**⋀⋀** **Municipal la Grille** Permanent
ℰ 02 43 97 68 30, *camping.mamers@free.fr*, Fax 02 43 97 38 65 – N : 1 km par rte de Mortagne-au-Perche et D 113 à gauche rte de Contilly, près de deux plans d'eau
1,5 ha (50 empl.) peu incliné et en terrasses, herbeux
**Tarif :** (Prix 2002) ▣ *2 pers.* ⚡ *(10A) 9 – pers. suppl. 2*
Location : ⌂ *206 à 229*

## *MANDELIEU*

06 Alpes-Mar. **17** – **341** C6 G. Côte d'Azur – 16 493 h. – alt. 4 – ⊠ 06210 Mandelieu.

**⊞** Office du Tourisme ℰ 04 93 93 64 65, Fax 04 93 93 64 66, *ota@ot-mandelieu.fr*.

Paris 895 – Brignoles 88 – Cannes 10 – Draguignan 53 – Fréjus 30 – Nice 38 – St-Raphaël 32.

**⋀⋀⋀** **Les Cigales** Permanent
ℰ 04 93 49 23 53, *campingcigales@wanadoo.fr*, Fax 04 93 49 30 45 – à Mandelieu, par avenue de la Mer « Beau cadre de verdure au bord de la Siagne, ponton d'amarrage » – **R** conseillée
2 ha (115 empl.) plat, herbeux, gravier
**Tarif :** ▣ *2 pers.* ⚡ *(6A) 34 ou 39 – pers. suppl. 5 – frais de réservation 20*
Location *(mars-8 nov.)* – ✗ *5 juil.-23 août :* ⌂ *320 à 620 – appartements*
⌂ *(10 empl.) – 26,50 à 39*

**⋀⋀⋀** **Les Pruniers** 29 mars-15 oct.
ℰ 04 92 97 00 44, *contact@bungalow-camping.com*, Fax 04 93 49 37 45 – à Mandelieu, par av. de la Mer « Au bord de la Siagne, ponton d'amarrage » – **R** indispensable
0,8 ha (28 empl.) plat, herbeux, gravier
**Tarif :** ▣ *2 pers.* ⚡ *34 – pers. suppl. 3,50*
Location : ⌂ *260 à 640*

**⋀⋀⋀** **Le Plateau des Chasses** avril-sept.
ℰ 04 93 49 25 93, *plateau3@wanadoo.fr*, Fax 04 93 49 25 93 – N : 0,8 km par rte de Grand Duc – **R** conseillée
4 ha/2 campables (150 empl.) peu incliné, terrasses, sablonneux, pierreux, herbeux
**Tarif :** ▣ *2 pers.* ⚡ *(3A) 31,50 – pers. suppl. 4*
Location : ⌂ *305 à 535*

## *MANDEURE*

25350 Doubs **8** – **321** K2 G. Jura – 5 402 h. – alt. 336.

Paris 473 – Baume-les-Dames 41 – Maîche 34 – Sochaux 15 – Montbéliard 15.

**⋀** **Municipal les Grands Ansanges** mai-15 oct.
ℰ 03 81 35 23 79, Fax 03 81 30 09 26 – NO : sortie vers Pont-de-Roide, r. de l'Église, au bord du Doubs – **R** conseillée
1,7 ha (96 empl.) plat, herbeux
**Tarif :** (Prix 2002) ▣ *2 pers.* ⚡ *(10A) 11,80 – pers. suppl. 2,60*

## MANDRES-AUX-QUATRE-TOURS

54470 M.-et-M. **7** – **307** F5 – 162 h. – alt. 248.
Paris 290 – Metz 55 – Nancy 41 – Pont-à-Mousson 25 – Toul 22.

⚓ ***Municipal l'Orée de la Reine*** avril-oct.
🖉 03 83 23 17 31, Fax 03 83 23 13 85 – S : 1,7 km, rte de
la forêt et du Parc Régional « A l'orée de la Forêt de la Reine »
– **R**
1 ha (33 empl.) plat, herbeux, pierreux
**Tarif :** (Prix 2002) 🔳 *2 pers.* 🚰 *6 – pers. suppl. 1,25*

## MANE

31260 H.-Gar. **14** – **343** D6 – 1 054 h. – alt. 297.
Paris 765 – Aspet 19 – St-Gaudens 22 – St-Girons 22 – Ste-Croix-Volvestre 25 – Toulouse 80.

⚓ ***Municipal de la Justale*** mai-sept.
🖉 05 61 90 68 18, Fax 05 61 90 68 18 – à 0,5 km au Sud-
Ouest du bourg par rue près de la mairie, bord de l'Arbas et
d'un ruisseau « Agréable cadre verdoyant » – **R** conseillée
3 ha (23 empl.) plat, herbeux
**Tarif :** 🔳 *2 pers.* 🚰 *(plus de 6A) 12,60 – pers. suppl. 2,30*
**Location** *(permanent)* : *gîtes*
🚐

## MANOSQUE

04100 Alpes-de-H.-P. **16** – **334** C10 G. **Alpes du Sud** – 19 107 h. – alt. 387.
🅱 Office du Tourisme, place du Docteur Joubert 🖉 04 92 72 16 00, Fax 04 92 72 58 98, otsi@ville-manosque.fr.
Paris 759 – Aix-en-Provence 56 – Avignon 91 – Digne-les-Bains 60 – Grenoble 195 – Marseille 86.

⚓ ***Les Ubacs*** avril-sept.
🖉 04 92 72 28 08, lesubacs.manosque@ffcc.asso.fr, Fax
04 92 87 75 29 – O : 1,5 km par D 907 rte d'Apt et à gauche
av. de la Repasse – **R** conseillée
4 ha (110 empl.) plat et peu incliné, en terrasses, herbeux,
gravier
**Tarif :** 🔳 *2 pers.* 🚰 *(9A) 14,52 – pers. suppl. 3,30*

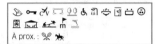

(petite piscine)

**343**

## MANSIGNÉ

72510 Sarthe **5** – **310** J8 – 1 255 h. – alt. 80 – Base de loisirs.
🅱 Syndicat d'Initiative, route du Plessis 🖉 02 43 46 14 17.
Paris 238 – Château-du-Loir 29 – La Flèche 21 – Le Lude 16 – Le Mans 32.

⚓⚓ ***Municipal de la Plage*** Pâques-oct.
🖉 02 43 46 14 17, campingmansigne@wanadoo.fr, Fax
02 43 46 16 65 – sortie Nord par D 31 rte de la Suze-sur-
Sarthe, à 100 m d'un plan d'eau (plage) – **R** conseillée
3 ha (175 empl.) plat, herbeux
**Tarif :** 🔳 *2 pers.* 🚰 *(10A) 11,29 – pers. suppl. 3,35*
**Location** : *bungalows toilés*

centre de documentation touristique

À prox. : pédalos

## MANSLE

16230 Charente **9** – **324** L4 – 1 601 h. – alt. 65.
🅱 Office du Tourisme, place du Gardoire 🖉 05 45 20 39 91, Fax 05 45 22 46 93, ot.pays.manslois@wanadoo.fr.
Paris 422 – Angoulême 26 – Cognac 52 – Limoges 92 – Poitiers 87 – St-Jean-d'Angély 62.

⚓ ***Municipal le Champion*** 15 mai-15 sept.
🖉 05 45 20 31 41, Fax 05 45 22 86 30 – sortie Nord-Est par
D 18, rte de Ruffec et à droite, près de l'hippodrome, bord
de la Charente – **R** conseillée
2 ha (120 empl.) plat, herbeux
**Tarif :** (Prix 2002) 🔳 *2 pers.* 🚰 *12,40 – pers. suppl. 2*
**Location** : 🚐
🚐

À prox. : ✗ snack

## MARANS

17230 Char.-Mar. **9** – **324** E2 G. **Poitou Vendée Charentes** – 4 170 h. – alt. 1.
🅱 Office du Tourisme, 62 rue d'Aligre 🖉 05 46 01 12 87, Fax 05 46 35 97 36.
Paris 462 – Fontenay-le-Comte 27 – Niort 56 – La Rochelle 24 – La Roche-sur-Yon 59.

⚓ ***Municipal du Bois Dinot*** mai-sept.
🖉 05 46 01 10 51, Fax 05 46 01 01 72 – N : 0,5 km par
N 137, rte de Nantes, à 80 m du canal de Marans à la Rochelle
« Parc boisé attenant » – **R** conseillée
7 ha/3 campables (170 empl.) plat, herbeux
**Tarif :** (Prix 2002) 🔳 *2 pers.* 🚰 *(10A) 15,05 – pers. suppl. 4,50*

vélodrome

## MARCENAY

21330 Côte-d'Or **7** – **320** G2 – 130 h. – alt. 220.
Paris 232 – Auxerre 71 – Chaumont 73 – Dijon 89 – Montbard 35 – Troyes 67.

⚠ **Les Grèbes** 29 mars-14 sept.
🖋 03 80 81 61 72, *mairie.laignes@wanadoo.fr*, Fax 03 80 81 61 99 – N : 0,8 km « Situation agréable près du lac » – **R** conseillée
2,4 ha (90 empl.) plat, herbeux
**Tarif :** 🔲 *2 pers.* 🔌 *(6A) 11,65 – pers. suppl. 2,30*

À prox. : 🍴 ✕ 🔦 ≅ (plage)

## MARCHAINVILLE

61290 Orne **5** – **310** N3 – 197 h. – alt. 235.
Paris 125 – L'Aigle 28 – Alençon 65 – Mortagne-au-Perche 28 – Nogent-le-Rotrou 37 – Verneuil-sur-Avre 22.

⚠ **Municipal les Fossés**
au Nord du bourg par D 243
1 ha (17 empl.) plat et peu incliné, herbeux

## Les MARCHES

73800 Savoie **12** – **333** I5 – 1 416 h. – alt. 328.
Paris 573 – Albertville 44 – Chambéry 12 – Grenoble 46 – Montmélian 6.

⚠ **La Ferme du Lac** 15 avril-sept.
🖋 04 79 28 13 48, Fax 04 79 28 13 48 – SO : 1 km par N 90, rte de Pontcharra et D 12 à droite – **R** conseillée
2,6 ha (100 empl.) plat, herbeux
**Tarif :** 🔲 *2 pers.* 🔌 *(10A) 13,85 – pers. suppl. 3,40*
**Location** 💮 *juil.-août :* 🚐 *160 à 280*

## MARCILLAC-LA-CROISILLE

19320 Corrèze **10** – **329** N4 G. Berry Limousin – 787 h. – alt. 550 – Base de loisirs.
Paris 506 – Argentat 26 – Égletons 17 – Mauriac 41 – Tulle 27.

⚠ **Municipal du Lac** juin-1er oct.
🖋 05 55 27 81 38, Fax 05 55 27 81 38 – SO : 2 km par D 131E2 rte de St-Pardoux-la-Croisille, près du lac – **R** conseillée
3,5 ha (236 empl.) peu incliné à incliné, herbeux
**Tarif :** (Prix 2002) 🔲 *2 pers.* 🔌 *(6A) 12,30 – pers. suppl. 3,10 – frais de réservation 46*
**Location :** *huttes*

À prox. : ✕ ≅ (plage) 🎣

## MARCILLAC-ST-QUENTIN

24200 Dordogne **13** – **329** I6 – 598 h. – alt. 235.
Paris 522 – Brive-la-Gaillarde 47 – Les Eyzies-de-Tayac 18 – Montignac 21 – Périgueux 68 – Sarlat-la-Canéda 11.

⚠ **Les Tailladis** 15 mars-oct.
🖋 05 53 59 10 95, *tailladis@aol.com*, Fax 05 53 29 47 56 – N : 2 km, à proximité de la D 48, bord de la Beune et d'un petit étang – **R** conseillée
25 ha/8 campables (83 empl.) plat, en terrasses et incliné, herbeux, pierreux
**Tarif :** 🔲 *2 pers.* 🔌 *(6A) 18,85 – pers. suppl. 4,80 – frais de réservation 21*
**Location :** 🚐 *497*

## MARCILLÉ-ROBERT

35240 I.-et-V. **4** – **309** N7 – 837 h. – alt. 65.
Paris 335 – Bain-de-Bretagne 33 – Châteaubriant 30 – La Guerche-de-Bretagne 11 – Rennes 39 – Vitré 26.

⚠ **Municipal de l'Étang** Permanent
🖋 02 99 43 48 07 – sortie Sud par D 32 rte d'Arbrissel « Au bord d'un étang » – **R** conseillée
0,5 ha (22 empl.) plat, en terrasses, herbeux
**Tarif :** (Prix 2002) 🔲 *2 pers.* 🔌 *8,40 (hiver 9,20) – pers. suppl. 2,50*

À prox. : pédalos 🚣 🎣

344

## MARCILLY-SUR-VIENNE

37800 I.-et-L. **10** – **317** M6 – 526 h. – alt. 60.
Paris 280 – Azay-le-Rideau 32 – Chinon 30 – Châtellerault 29 – Descartes 17 – Richelieu 21 – Tours 46.

⚠ *Intercommunal la Croix de la Motte* 15 juin-14 sept.
    *℘* 02 47 65 20 38, Fax 02 47 65 09 24 – N : 1,2 km par D 18, rte de l'Ile-Bouchard et rue à droite « Plaisant cadre ombragé, près de la Vienne » – **R** conseillée
1,5 ha (61 empl.) plat, herbeux
**Tarif :** 🔲 *2 pers.* 🔋 *(6A) 9,60 – pers. suppl. 2,15*

À prox. : canoë 🏊 (plage)

## MARCOLS-LES-EAUX

07190 Ardèche **11** – **331** I5 – 300 h. – alt. 730.
Paris 621 – Aubenas 36 – Le Cheylard 24 – Le Monastier-sur-Gazeille 50 – Privas 35.

⚠ *Municipal de Gourjatoux* 15 juin-août
    *℘* 04 75 65 60 35 – à 0,5 km au Sud du bourg, près de la Glueyre, accès difficile pour véhicules venant de Mézilhac –
**R**
0,7 ha (28 empl.) en terrasses, herbeux
**Tarif :** 🔲 *2 pers.* 🔋 *8,70 – pers. suppl. 2*

## MARÇON

72340 Sarthe **5** – **310** M8 – 912 h. – alt. 59 – Base de loisirs.
🅱 Office du Tourisme, 8 place de l'Eglise *℘* 02 43 79 91 01, Fax 02 43 46 19 08.
Paris 246 – Château-du-Loir 10 – Le Grand-Lucé 51 – Le Mans 52 – Tours 43.

⚠⚠ *Lac des Varennes* 25 mars-20 oct.
    *℘* 02 43 44 13 72, camping.des.varennes.marcon@ wanado o.fr, Fax 02 43 44 54 31 – O : 1 km par D 61 rte du Port Gautier, près de l'espace de loisirs « Situation agréable autour d'un lac aménagé en base de loisirs » – **R** conseillée
5,5 ha (250 empl.) plat, herbeux
**Tarif :** 🔲 *2 pers.* 🔋 *(6A) 14 – pers. suppl. 4,10*
**Location :** *bungalows toilés*

À prox. : terrain omnisports, canoë,
pédalos 🎯 ✂ ♨ ⚘ 🐎

**345**

## MAREUIL

24340 Dordogne **10** – **329** D3 G. Périgord Quercy – 1 194 h. – alt. 124.
🅱 Syndicat d'Initiative, 4 rue des Ecoles *℘* 05 53 60 99 85, Fax 05 53 60 31 97, si.mareuil@perigord.tm.fr.
Paris 484 – Angoulême 38 – Nontron 23 – Périgueux 48 – Ribérac 27.

⚠ *Municipal du Vieux Moulin* juin-sept.
    *℘* 05 53 60 99 80, Fax 05 53 60 51 72 – sortie Sud-Ouest par D 708, rte de Ribérac et D 99 à gauche, rte de la Tour-Blanche, bord d'un ruisseau – **R** conseillée
0,6 ha (20 empl.) plat, herbeux
**Tarif :** 🔲 *2 pers.* 🔋 *8,40 – pers. suppl. 2,70*

À prox. : ✂

## MAREUIL-SUR-CHER

41110 L.-et-Ch. **5** – **318** E8 – 977 h. – alt. 63.
🅱 Syndicat d'Initiative, 3 rue du Passeur *℘* 02 54 75 31 48, Fax 02 54 75 31 48.
Paris 226 – Blois 48 – Châtillon-sur-Indre 41 – Montrichard 16 – St-Aignan 6.

⚠ *Municipal le Port* Pâques-sept.
    *℘* 02 54 32 79 51, Fax 02 54 75 41 79 – au bourg, près de l'église et du château « Décoration arbustive, en bordure du Cher » – **R** conseillée
1 ha (40 empl.) plat, herbeux
**Tarif :** 🔲 *1 ou 2 pers.* 🔋 *9 – pers. suppl. 2*
**Location :** *gîte d'étape*

## MAREUIL-SUR-LAY

85320 Vendée **9** – **316** I8 G. Poitou Vendée Charentes – 2 207 h. – alt. 20.
🅱 Office du Tourisme, 36 rue H. de Mareuil *℘* 02 51 97 30 26, Fax 02 51 30 53 32.
Paris 433 – Cholet 78 – Nantes 90 – Niort 70 – La Rochelle 53 – La Roche-sur-Yon 23.

⚠ *Municipal la Prée* 15 juin-15 sept.
    *℘* 02 51 97 27 26 – au Sud du bourg, près de la rivière, du stade et de la piscine – **R**
1,5 ha (41 empl.) plat, herbeux
**Tarif :** (Prix 2002) 🔲 *2 pers.* 🔋 *(5A) 9,30 – pers. suppl. 2*

À prox. : ✂ ♨ ⛴

## MARIGNY

39130 Jura **12** – **321** E6 – 153 h. – alt. 519.
Paris 427 – Arbois 32 – Champagnole 17 – Doucier 5 – Lons-le-Saunier 27 – Poligny 29.

**La Pergola** 10 mai-21 sept.
  📞 03 84 25 70 03, *contact@lapergola.com*, Fax 03 84 25
75 96 – S : 0,8 km « Bel ensemble de piscines dominant le
lac de Chalain » – **R** conseillée
10 ha (350 empl.) en terrasses, herbeux, pierreux
**Tarif :** 📷 2 pers. 🚗 35 – pers. suppl. 4,50 – frais de réservation 28
**Location :** 🏠 297 à 650

À prox. : canoë

## MARIOL

03270 Allier **11** – **326** H6 – 714 h. – alt. 280.
Paris 369 – Le Mayet-de-Montagne 21 – Riom 40 – Thiers 24 – Vichy 14.

**Les Marrants** mai-sept.
  📞 04 70 59 44 70 – NO : 1,3 km sur D 260, à 300 m du D 906
« Cadre ombragé avec accès direct à un étang » –
**R** conseillée
12 ha/1,5 campable (45 empl.) plat, herbeux
**Tarif :** 🚗 (6A) 2 pers. 9,15 – 3 à 6 pers. 12,20

À prox. :

## MARNE-LA-VALLÉE

77206 S.-et-M. **6** – **312** E2 G. Ile de France.
🛈 Office de tourisme, place Disneyland-Paris 📞 01 60 43 33 33, Fax 01 60 43 74 95.
Paris 28 – Meaux 29 – Melun 40.

**à Disneyland Paris :**   38 km à l'Est de Paris par A⁴ – ✉ 77777 B.P. 117 Marne-la-Vallée
Cedex 4

**Davy Crockett Ranch**
  📞 01 60 45 69 00, Fax 01 60 45 69 33 – Par A4 sortie N 13
et rte Ranch Davy Crockett « Agréable cadre boisé »
57 ha camping : 60 empl. - 535 🏠 – plat, sablonneux et
plates-formes aménagées pour caravanes
**Location :** 🏠

self   théâtre de plein air
  poneys, parc animalier

## MARS

07320 Ardèche **11** – **331** H3 – 181 h. – alt. 1 060.
Paris 586 – Annonay 49 – Le Puy-en-Velay 44 – Privas 73 – Saint-Étienne 69.

**La Prairie** mai-sept.
  📞 04 75 30 24 47, Fax 04 75 30 24 47 – au Nord-Est du
bourg par D 15, rte de St-Agrève et chemin à gauche –
**R** conseillée
0,6 ha (30 empl.) clos, plat, herbeux, sablonneux
**Tarif :** 📷 2 pers. 🚗 (6A) 13,55 – pers. suppl. 2,80

À prox. : golf (18 trous)
(plan d'eau)

## MARSEILLAN

34340 Hérault **15** – **339** G8 G. Languedoc Roussillon – 4 950 h. – alt. 3.
Paris 759 – Agde 7 – Béziers 31 – Montpellier 50 – Pézenas 21 – Sète 24.

**à Marseillan-Plage** S : 6 km par D 51ᴱ – ✉ 34340 Marseillan :

**Nouvelle Floride** 12 avril-28 sept.
  📞 04 67 21 94 49, *nouvelle-floride@wanadoo.fr*, Fax 04 67
21 81 05 – bord de plage – **R** conseillée
6,5 ha (459 empl.) plat, herbeux, sablonneux
**Tarif :** 📷 1 à 3 pers. 🚗 (6A) 38 – pers. suppl. 8 – frais de
réservation 30
**Location** 🏠 : 🏠 180 à 800
🏠

pizzeria, snack
salle d'animation
terrain omnisports
À prox. : discothèque

**Charlemagne** 12 avril-28 sept.
  📞 04 67 21 92 49, *charlemagne-camping@wanadoo.fr*,
Fax 04 67 21 86 11 – à 250 m de la plage – **R** conseillée
6,7 ha (480 empl.) plat, sablonneux, herbeux
**Tarif :** 📷 1 à 3 pers. 🚗 (6A) 38 – pers. suppl. 8 – frais de
réservation 30
**Location** 🏠 : 🏠 180 à 800

pizzeria
discothèque
À prox. : terrain omnisports

▲▲ **Languedoc-Camping** 15 mars-oct.
    &#x1F4DE; 04 67 21 92 55, Fax 04 67 01 63 75 « Au bord de la
plage » – **R** conseillée
1,5 ha (118 empl.) plat, herbeux
**Tarif :** ▤ *1 à 3 pers.* ⓖ *(10A) 32 – pers. suppl. 5,50 – frais
de réservation 31*
**Location :** ⌂ *265 à 414*
⌕

▲ **La Créole** 10 avril-8 oct.
    &#x1F4DE; 04 67 21 92 69, campinglacreole@wanadoo.fr, Fax 04 67
26 58 16 « En bordure d'une belle plage de sable fin » –
**R** conseillée
1,5 ha (110 empl.) plat, sablonneux, herbeux
**Tarif :** ▤ *2 pers.* ⓖ *(6A) 25,50 – pers. suppl. 3,70 – frais de
réservation 16*
**Location** ⚡ : ⌂ *260 à 535*
⌕

▲ **Le Galet** avril-sept.
    &#x1F4DE; 04 67 21 95 61, Fax 04 67 21 87 23 – à 250 m de la plage
– **R** conseillée
3 ha (275 empl.) plat, sablonneux, herbeux
**Tarif :** (Prix 2002) ▤ *2 pers.* ⓖ *(10A) 27 – pers. suppl. 4,50
– frais de réservation 20*
**Location :** ⌂ *212 à 565*

---

## MARTHOD

73400 Savoie ⓰ – ▦▦▦ L3 – 1 293 h. – alt. 520.
🛈 Syndicat d'Initiative, Mairie &#x1F4DE; 04 79 37 62 07, Fax 04 79 37 63 09.
Paris 577 – Albertville 7 – Annecy 42 – Bourg-Saint-Maurice 61 – Megève 28.

▲ **Municipal du Lac** 15 juin-15 sept.
    &#x1F4DE; 04 79 37 65 64 – SE : 2,2 km par D 103 et chemin à gauche
avant le passage à niveau, bord d'un ruisseau et à 100 m d'un
petit lac, à proximité de la voie rapide (N 212) – **R**
1,5 ha (85 empl.) plat, herbeux
**Tarif :** ▤ *2 pers.* ⓖ *(10A) 12,20 – pers. suppl. 1,52*

---

## MARTIEL

12200 Aveyron ⓯ – ▦▦▦ D4 – 798 h. – alt. 400.
Paris 621 – Albi 76 – Cahors 51 – Montauban 71 – Villefranche-de-Rouergue 11.

▲▲ **Lac du Moulin de Bannac** mars-oct.
    &#x1F4DE; 05 65 29 44 52, geffca@aol.com, Fax 05 65 29 44 52 –
NO : 3,5 km par D 911, rte de Limogne-en-Quercy et rte à
gauche, près d'un lac « Près d'un lac bordé d'un sentier
botanique » – **R** conseillée
32 ha/2 campables (47 empl.) plat et peu incliné, herbeux,
gravier
**Tarif :** ▤ *2 pers.* ⓖ *11,40 – pers. suppl. 3,10*
**Location :** ⌂ *140 à 270*

---

## MARTIGNÉ-FERCHAUD

35640 I.-et-V. ❹ – ▦▦▦ O8 – 2 920 h. – alt. 90.
🛈 Syndicat d'Initiative, place Ste-Anne &#x1F4DE; 02 99 47 84 37.
Paris 341 – Bain-de-Bretagne 30 – Châteaubriant 15 – La Guerche-de-Bretagne 16 – Rennes 46.

▲ **Municipal du Bois Feuillet** juin-sept.
    &#x1F4DE; 02 99 47 84 38 – Nord-Est du bourg « Près de l'étang des
Forges (accès direct) »
1,7 ha (50 empl.) en terrasses, herbeux, plat
**Tarif :** (Prix 2002) ▤ *2 pers.* ⓖ *8,90 – pers. suppl. 2,60*
⌕

---

## MARTIGNY

76880 S.-Mar. ❶ – ▦▦▦ G2 – 512 h. – alt. 24.
Paris 195 – Dieppe 10 – Fontaine-le-Dun 29 – Rouen 64 – St-Valery-en-Caux 37.

▲▲ **Municipal les 2 Rivières** 28 mars-12 oct.
    &#x1F4DE; 02 35 85 60 82, martigny76@wanadoo.fr, Fax 02 35 85
95 16 – NO : 0,7 km rte de Dieppe – Places limitées pour le
passage « Situation agréable en bordure de rivière et de
plans d'eau » – **R** conseillée
3 ha (110 empl.) plat, herbeux
**Tarif :** (Prix 2002) ▤ *1 à 3 pers.* ⓖ *(6A) 13,25 – pers. suppl. 2,50*
**Location** ⚡ : ⌂ *217,70 à 342,10*

## LE MARTINET

30960 Gard 16 – 339 J3 – 844 h. – alt. 252.
Paris 690 – Alès 21 – Aubenas 68 – Florac 63 – Nîmes 64 – Vallon-Pont-d'Arc 41.

**Municipal Aimé Giraud** 15 juin-sept.
*&* 04 66 24 95 00, Fax 04 66 24 96 96 – sortie Nord-Ouest,
rte de la Grand'Combe, à l'intersection D 59 et D 162, bord
de l'Auzonnet – **R** conseillée
1 ha (27 empl.) plat, herbeux
**Tarif :** 2 pers. 10,70 – pers. suppl. 1,90

À prox. :

## MARTRAGNY

14740 Calvados 4 – 303 I4 – 310 h. – alt. 70.
Paris 258 – Bayeux 9 – Caen 25 – St-Lô 44.

**Château de Martragny** mai-15 sept.
*&* 02 31 80 21 40, chateau.martragny@wanadoo.fr, Fax
02 31 08 14 91 – sur l'ancienne N 13, par le centre bourg
« Dans le parc d'une belle demeure du XVIIIᵉ siècle » –
**R** conseillée
13 ha/4 campables (160 empl.) plat, herbeux
**Tarif :** 2 pers. 21,60 – pers. suppl. 4,50

verger

## Les MARTRES-DE-VEYRE

63730 P.-de-D. 11 – 326 G8 – 3 151 h. – alt. 332.
Paris 429 – Billom 17 – Clermont-Ferrand 17 – Issoire 22 – Rochefort-Montagne 44 – St-Nectaire 28.

**La Font de Bleix** Permanent
*&* 04 73 39 26 49, ailes«soul»libres@infonie.fr, Fax 04 73
39 20 11 – sortie Sud-Est par D 225, rte de Vic-le-Comte puis
0,9 km par chemin à gauche, près de l'Allier (accès direct)
3,5 ha (39 empl.) plat et peu incliné, herbeux
**Tarif :** (Prix 2002) 2 pers. (10A) 11,30 – pers.
suppl. 2,50 – frais de réservation 15
**Location :** 250 à 351

À prox. : parapente

348

## MARTRES-TOLOSANE

31220 H.-Gar. 14 – 343 E5 G. Midi Pyrénées – 1 929 h. – alt. 268.
🅱 Syndicat d'Initiative, 6 boulevard du Nord *&* 05 61 98 66 41, Fax 05 61 98 59 29, mairie@maire-martres
-tolosane.fr.
Paris 747 – Auch 81 – Auterive 47 – Bagnères-de-Luchon 79 – Pamiers 77 – St-Gaudens 32 –
St-Girons 40.

**Le Moulin** 20 avril-sept.
*&* 05 61 98 86 40, info@campinglemoulin.com, Fax 05 61
98 66 90 – SE : 1,5 km par rte du stade, av. de St-Vidian et
chemin à gauche après le pont, bord d'un ruisseau et d'un
canal, près de la Garonne (accès direct) « Agréable domaine
rural, ancien moulin » – **R** conseillée
6 ha/3 campable (57 empl.) plat, herbeux
**Tarif :** 2 pers. (10A) 19 – pers. suppl. 4 – frais de réser-
vation 12
**Location** (fermé 20 déc.-10 janv.) : 90 à 310 – 160
à 500 – 180 à 500

(2 ha)

*Si vous recherchez :*
    *un terrain agréable ou très tranquille*
    *un terrain effectuant la location de caravanes,*
        *de mobile homes, de bungalows ou de chalets*
    *un terrain avec piscine*
    *un terrain possédant une aire de services*
        *pour camping-cars*

*Consultez le tableau des localités citées, classées par*
*départements.*

## MARVEJOLS

48100 Lozère **15** – **330** H7 G. Languedoc Roussillon – 5 476 h. – alt. 650.
🛈 Office du Tourisme, Porte du Soubeyran ℰ 04 66 32 02 14, Fax 04 66 32 33 50.
Paris 576 – Espalion 63 – Florac 52 – Mende 23 – St-Chély-d'Apcher 33.

⚠ **Municipal l'Europe** 15 mai-15 sept.
ℰ 04 66 32 03 69, Fax 04 66 32 43 56 – E : 1,3 km par
D 999, D 1 rte de Montrodat et chemin à droite, bord du
Colagnet, Par A75, sortie 38 – **R** conseillée
0,9 ha (57 empl.) plat, herbeux
**Tarif :** 🔲 *2 pers.* 🔌 *(5A) 14,20 – pers. suppl. 3,90 – frais de
réservation 23,50*

À prox. : terrain omnisports
(centre équestre)

🗑 ♨ 🛁

*Showers, wash basins and laundry with running* **hot water.**

*If no symbols are included in the text, the facilities exist but with cold water supplies
only.*

## MASEVAUX

68290 H.-Rhin **8** – **315** F10 G. Alsace Lorraine – 3 267 h. – alt. 425.
🛈 Office du Tourisme, 36 Fossé des Flagellants ℰ 03 89 82 41 99, Fax 03 89 82 49 44, ot.masevaux@
wanadoo.fr.
Paris 441 – Altkirch 32 – Belfort 24 – Colmar 56 – Mulhouse 30 – Thann 15 – Le Thillot 39.

⚠ **Municipal** Pâques-sept.
ℰ 03 89 82 42 29, Fax 03 89 82 42 29 – rue du stade, bord
de la Doller « Agréable cadre boisé et fleuri » – **R** conseillée
3,5 ha (149 empl.) plat, herbeux
**Tarif :** (Prix 2002) 🔲 *2 pers.* 🔌 *(6A) 12,20 – pers. suppl. 2,50*

À prox. : terrain omnisports

## La MASSANA

Principauté d'Andorre – **343** H9 – voir à Andorre.

## MASSERET

19510 Corrèze **10** – **329** K2 G. Berry Limousin – 669 h. – alt. 380.
🛈 Syndicat d'Initiative, Le Bourg ℰ 05 55 98 24 79, Fax 05 55 73 49 69.
Paris 433 – Guéret 131 – Limoges 44 – Tulle 48 – Ussel 109.

⚠ **Intercommunal** avril-sept.
ℰ 05 55 73 44 57 – E : 3 km par D 20 rte des Meilhards, à
la sortie de Masseret-Gare « Agréable sous-bois près d'un
plan d'eau » – **R** conseillée
100 ha/2 campables (80 empl.) plat et incliné, herbeux,
gravillons
**Tarif :** (Prix 2002) 🔲 *2 pers.* 🔌 *10,90 – pers. suppl. 2,15*
**Location :** *huttes*

À prox. : 🍸 snack
(plage)

## MASSEUBE

32140 Gers **14** – **336** F9 – 1 453 h. – alt. 220.
🛈 Office du Tourisme, 14 avenue E. Duffréchou ℰ 05 62 66 12 22, Fax 05 62 66 96 20.
Paris 745 – Auch 26 – Mirande 21 – Rieux 82 – Toulouse 92.

⚠ **Les Cledelles** (location de 20 chalets) Permanent
ℰ 05 62 66 01 75, Fax 05 62 66 01 75 – au bourg, près du
stade et de la piscine – **R** conseillée
1 ha plat, herbeux
**Location :** 🏠 *290 à 550*

juil.-août
À prox. : golf

## MASSIAC

15500 Cantal **11** – **330** H3 G. Auvergne – 1 881 h. – alt. 534.
🛈 Office du Tourisme, 24 rue du Docteur Mallet ℰ 04 71 23 07 76, Fax 04 71 23 08 50, ot.massiac@
auvergne.net.
Paris 487 – Aurillac 85 – Brioude 24 – Issoire 38 – Murat 36 – St-Flour 30.

⚠ **Municipal de l'Alagnon** juin-sept.
ℰ 04 71 23 03 93, Fax 04 71 23 03 93 – O : 0,8 km par
N 122, rte de Murat, bord de la rivière
2,5 ha (90 empl.) plat, herbeux
**Tarif :** 🔲 *2 pers.* 🔌 *(6A) 8,60 – pers. suppl. 1,90*

À prox. : ✗

## MASSIGNIEU-DE-RIVES

01300 Ain **12** – **328** H6 – 412 h. – alt. 295.
Paris 517 – Aix-les-Bains 26 – Belley 10 – Morestel 37 – Ruffieux 16 – La Tour-du-Pin 41.

▲▲ **Le Lac du Lit du Roi** 12 avril-26 oct.
  *&* 04 79 42 12 03, *acamp@wanadoo.fr*, Fax 04 79 42 19 94
  – N : 2,5 km par rte de Belley et chemin à droite « Situation
  agréable au bord d'un plan d'eau formé par le Rhône » –
  **R** conseillée
  4 ha (120 empl.) en terrasses, herbeux
  **Tarif :** 回 *2 pers.* 劇 *(10A) 19 – pers. suppl. 4,50*
  **Location** ⚡ : ⛺ *250 à 550*
  ⛺ *(5 empl.) – 18,50*

---

## MASSILLARGUES-ATTUECH

30 Gard – **339** J4 – rattaché à Anduze.

---

## MATAFELON-GRANGES

01580 Ain **12** – **328** G3 – 406 h. – alt. 453.
Paris 460 – Bourg-en-Bresse 38 – Lons-le-Saunier 55 – Mâcon 75 – Oyonnax 14.

▲▲ **Les Gorges de l'Oignin** avril-sept.
  *&* 04 74 76 80 97, *camping.lesgorgesdeloignin@wanadoo.*
  *fr*, Fax 04 74 76 80 97 – S : 0,9 km au Sud du bourg par
  chemin « Près d'un lac » – **R** conseillée
  2,6 ha (128 empl.) en terrasses, gravier, herbeux
  **Tarif :** 回 *2 pers.* 劇 *(10A) 15 – pers. suppl. 3,40*
  **Location** ⚡ *juil.-août :* ⛺ *176 à 462*

---

## MATEMALE

66210 Pyr.-Or. **15** – **344** D7 – 222 h. – alt. 1 514.
🄱 Office de tourisme, Mairie *&* 04 68 04 34 07, Fax 04 68 04 34 07.
Paris 867 – Font-Romeu-Odeillo-Via 20 – Perpignan 92 – Prades 46.

▲ **Le Lac** week-ends, vac. scolaires, juin-sept.
  *&* 04 68 30 94 49, Fax 04 68 04 35 16 – SO : 1,7 km par
  D 52, rte des Angles et rte à gauche, à 150 m du lac, accès
  direct au village par chemin piétonnier, alt. 1 540 – places
  limitées pour le passage « Dans un site agréable de haute
  montagne » – **R** conseillée
  3,5 ha (110 empl.) plat et légèrement accidenté, herbeux,
  forêt de pins attenante
  **Tarif :** 回 *2 pers.* 劇 *(6A) 14,50 (hiver 15,70) – pers. suppl.*
  *3,50*
  ⛺

---

## Les MATHES

17570 Char.-Mar. **9** – **324** D5 – 1 205 h. – alt. 10.
🄱 Office du Tourisme, 2 avenue de Royan *&* 05 46 22 41 07, Fax 05 46 22 52 69, *otlapalmyre@aol.com*.
Paris 513 – Marennes 18 – Rochefort 40 – La Rochelle 74 – Royan 16 – Saintes 47.

▲▲▲ **L'Orée du Bois** 26 avril-28 sept.
  *&*  05 46 22 42 43,  *info@camping.oree-du-bois.fr*,  Fax
  05 46 22 54 76 – NO : 3,5 km, à la Fouasse – **R** conseillée
  6 ha (388 empl.) plat, sablonneux
  **Tarif :** 回 *2 pers. 28 – pers. suppl. 6 – frais de réser-*
  *vation 21*
  **Location :** ⛺ *250 à 600*

▲▲▲ **L'Estanquet** 15 juin-15 sept.
  *&* 05 46 22 47 32, Fax 05 46 22 51 46 – NO : 3,5 km, à la
  Fouasse « Entrée fleurie » – **R** conseillée
  5 ha (320 empl.) plat, sablonneux
  **Tarif :** 回 *2 pers.* 劇 *(10A) 24,50 – pers. suppl. 4 – frais de*
  *réservation 20*
  **Location :** ⛺ *140 à 550*

▲▲▲ **La Pinède** avril-sept.
  *&* 05 46 22 45 13, *campinglapinede@free.fr*, Fax 05 46 22
  50 21 – NO : 3 km, à la Fouasse « Belle piscine couverte et
  ludique » – **R** conseillée
  8 ha (285 empl.) plat, sablonneux
  **Tarif :** *(Prix 2002)* 回 *2 pers.* 劇 *(5A) 40 – pers. suppl. 9 – frais*
  *de réservation 23*
  **Location** *(mai-sept.) :* ⛺ *300 à 745 –* 🏠 *270 à 690*

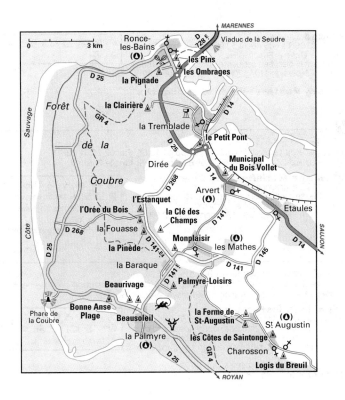

**Monplaisir** avril-5 oct.
05 46 22 50 31, Fax 05 46 22 50 31 – sortie Sud-Ouest
– **R** conseillée
2 ha (114 empl.) plat, herbeux, sablonneux
**Tarif :** 2 pers. (6A) 18 – 3 pers. 20 – pers. suppl. 4
**Location :** studios

**La Clé des Champs** avril-sept.
05 46 22 40 53, contact@la-cle-des-champs.net,
Fax 05 46 22 56 96 – NO : 2,5 km rte de la Fouasse –
**R** conseillée
4 ha (300 empl.) plat, sablonneux, herbeux
**Tarif :** 2 pers. (10A) 21,10 – pers. supp. 3,85 – frais de
reservation 19

**à la Palmyre** SO : 4 km par D 141$^{E1}$ – 17570 les Mathes .
Office de tourisme, avenue de Royan, les Mathes 05 46 22 41 07, Fax 05 46 22 52 69, contact@la-palmyre-les-mathes.com

**Bonne Anse Plage** 24 mai-7 sept.
05 46 22 40 90, bonne.anse@wanadoo.fr, Fax 05 46 22
42 30 – O : 2 km, à 400 m de la plage « Cadre et situation
agréables » – **R**
17 ha (850 empl.) plat et accidenté, terrasses, sablonneux,
herbeux
**Tarif :** 1 ou 2 pers. (6A) 31,20 (3 pers. 35,20) – pers
suppl. 7,30

**Palmyre Loisirs** (location exclusive de mobile homes)
24 mai-6 sept.
05 46 23 67 66, Fax 05 46 22 48 81 – NE : 2,7 km par
D 141$^{E1}$ et chemin à droite – **R** indispensable
16 ha (300 empl.) plat et accidenté, herbeux, sablonneux
**Location :** 245 à 710

**Beausoleil**
05 46 22 30 03, Fax 05 46 22 30 04 – sortie Nord-Ouest,
à 500 m de la plage
4 ha (244 empl.) plat, peu accidenté, sablonneux, herbeux
**Location :**

&#x2620; **Beaurivage** avril-sept.
&#x1F4DE; 05 46 22 30 96, Fax 05 46 22 30 96 – sortie Nord-Ouest,
à 500 m de la plage – **R** conseillée
3,7 ha (200 empl.) plat, peu accidenté, sablonneux, herbeux
**Tarif :** &#x25A9; 1 à 3 pers. &#x1F6BF; (10A) 20,50 – pers. suppl. 3,70

*Voir aussi à Arvert, Ronce-les-Bains et St-Augustin*

---

## MATIGNON

22550 C.-d'Armor **4** – &#x1F4C9;&#x1F4C9;&#x1F4C9; I3 – 1 613 h. – alt. 70.
&#x1F697; Office du Tourisme, place du Général-de-Gaulle &#x1F4DE; 02 96 41 12 53, Fax 02 96 41 29 70.
Paris 425 – Dinan 30 – Dinard 23 – Lamballe 23 – St-Brieuc 43 – St-Cast-le-Guildo 7.

&#x2620; **Le Vallon aux Merlettes** 5 avril-29 sept.
&#x1F4DE; 02 96 41 11 61, giblanchet@ wanadoo.fr
SO : par D 13, rte de Lamballe, au stade – **R** conseillée
3 ha (120 empl.) plat, peu incliné, herbeux
**Tarif :** (Prix 2002) &#x25A9; 2 pers. &#x1F6BF; 12 – pers. suppl. 2,90

(centre équestre)
À prox. : école de plongée, canoë de mer, golf

---

## MATOUR

71520 S.-et-L. **11** – &#x1F4C9;&#x1F4C9;&#x1F4C9; G12 G. Bourgogne – 1 003 h. – alt. 500.
&#x1F697; Office du Tourisme, Le Bourg &#x1F4DE; 03 85 59 72 24, Fax 03 85 59 72 24, otmatour@ club-internet.fr.
Paris 407 – Chauffailles 24 – Cluny 25 – Mâcon 37 – Paray-le-Monial 45.

&#x1F3D5; **Municipal le Paluet** mai-sept.
&#x1F4DE; 03 85 59 70 58, mairie.matour@ wanadoo.fr, Fax 03 85 59 74 54 – O : rte de la Clayette et à gauche « Au bord d'un étang et d'un complexe de loisirs » – **R** conseillée
3 ha (75 empl.) plat et peu incliné, terrasses, herbeux, gravillons
**Tarif :** &#x25A9; 2 pers. &#x1F6BF; 14,90 – pers. suppl. 3,70
**Location** (permanent) : &#x1F698; 185 à 400

terrain omnisports

---

## MAUBEC

84660 Vaucluse **16** – &#x1F4C9;&#x1F4C9;&#x1F4C9; D10 – 1 199 h. – alt. 120.
Paris 711 – Aix-en-Provence 67 – Apt 25 – Avignon 32 – Carpentras 27 – Cavaillon 9.

&#x2620; **Municipal** avril-oct.
&#x1F4DE; 04 90 76 50 34 – au sud du bourg, chemin de la Combe de St-Pierre « Belles terrasses ombragées » – **R**
1 ha (75 empl.) plat et en terrasses, pierreux, herbeux
**Tarif :** &#x25A9; 2 pers. &#x1F6BF; 9,95 – pers. suppl. 2,50
**Location** : gîte d'étape

---

## MAUBEUGE

59600 Nord **2** – &#x1F4C9;&#x1F4C9;&#x1F4C9; L6 G. Picardie Flandres Artois – 34 989 h. – alt. 134.
&#x1F697; Office du Tourisme, Site Douanier de Bettignies &#x1F4DE; 03 27 68 43 46, maubeuge@ tourisme.norsys.fr.
Paris 243 – Charleville-Mézières 104 – Mons 22 – St-Quentin 114 – Valenciennes 39.

&#x1F3D5; **Municipal du Clair de Lune** Permanent
&#x1F4DE; 03 27 62 25 48, Fax 03 27 62 25 48 – N : 1,5 km par N 2, rte de Bruxelles « Décoration florale et arbustive »
2 ha (92 empl.) plat, herbeux
**Tarif :** (Prix 2002) &#x25A9; 2 pers. &#x1F6BF; (10A) 14,20 – pers. suppl. 3,05

- 8 sanitaires individuels (lavabo eau froide, wc)

---

## MAULÉON-LICHARRE

64 Pyr.-Atl. **13** – &#x1F4C9;&#x1F4C9;&#x1F4C9; G5 G. Aquitaine – 3 533 h. – alt. 140. – &#x2709; 64130 Mauléon-Soule.
&#x1F697; Office du Tourisme, 27 Grande-Rue &#x1F4DE; 05 49 81 95 22, Fax 05 49 81 95 22.
Paris 806 – Oloron-Ste-Marie 32 – Orthez 40 – Pau 60 – St-Jean-Pied-de-Port 39 – Sauveterre-de-Béarn 26.

&#x1F3D5; **Uhaitza le Saison** Pâques-oct.
&#x1F4DE; 05 59 28 18 79, camping.uhaitza@ wanadoo.fr, Fax 05 59 28 00 78 – S : 1,5 km par D 918 rte de Tardets-Sorholus, bord du Saison – **R** conseillée
1 ha (50 empl.) plat, herbeux
**Tarif :** &#x25A9; 2 pers. &#x1F6BF; (6A) 14,80 – pers. suppl. 3,30
**Location** (permanent) – &#x2702; : &#x1F698; 192 à 495

▲ *Aire Naturelle la Ferme Landran* 20 avril-sept.
✆ 05 59 28 19 55, Fax 05 59 28 23 20 – SO : 4,5 km par
D 918, rte de St-Jean-Pied-de-Port puis 1,5 km par chemin
de Lambarre à droite « Camping à la ferme » – **R** conseillée
1 ha (25 empl.) incliné et en terrasses, herbeux
**Tarif :** 🔲 2 pers. 🔌 (6A) 9,76 – pers. suppl. 2,23
**Location** (permanent) – 🏕 : 🏠 244 à 275 – gîte d'étape

## MAUPERTUS-SUR-MER

50330 Manche 🆔 – 🔢 D2 – 242 h. – alt. 119.
Paris 359 – Barfleur 21 – Cherbourg 13 – St-Lô 80 – Valognes 22.

▲▲▲ *L'Anse du Brick* avril-15 sept.
✆ 02 33 54 33 57, welcome@anse-du-brick.com, Fax 02 33
54 49 66 – NO : sur D 116, à 200 m de la plage, accès direct
par passerelle « Agréable cadre verdoyant et ombragé dans
un site sauvage » – **R** conseillée
17 ha/7 campables (180 empl.) accidenté et en terrasses,
pierreux, herbeux, bois attenant
**Tarif :** 🔲 2 pers. 🔌 (10A) 24 – pers. suppl. 4,80
**Location** (permanent) : 🛖 252 à 535
🛻

À prox. : centre nautique ✕ 🔲 🔲

## MAUREILLAS-LAS-ILLAS

66480 Pyr.-Or. 🆔 – 🔢 H8 – 2 037 h. – alt. 130.
🅸 Syndicat d'Initiative, ✆ 04 68 83 48 00, Fax 04 68 83 14 66.
Paris 878 – Gerona 70 – Perpignan 30 – Port-Vendres 31 – Prades 68.

▲▲ *Les Bruyères* mai-15 oct.
✆ 04 68 83 26 64, Fax 04 68 83 51 31 – O : 1,2 km par
D 618 rte de Céret – **R** conseillée
4 ha (95 empl.) en terrasses, herbeux, pierreux
**Tarif :** 🔲 2 pers. 🔌 23,55 – pers. suppl. 6,29 – frais de réservation 15
**Location** 🏕 : 🛖 280 à 495

À prox. : parcours sportif, piste de bi-cross

## MAURIAC

15200 Cantal 🆔 – 🔢 B3 G. Auvergne – 4 224 h. – alt. 722.
🅸 Office du Tourisme, 1 rue Chappe d'Auteroche ✆ 04 71 67 30 26, Fax 04 71 68 25 08, ot.mauriac@auvergne.net.
Paris 492 – Aurillac 53 – Le Mont-Dore 78 – Riom-és-Montagnes 36 – Salers 20 – Tulle 71.

▲▲▲ *Val St-Jean* avril-sept.
✆ 04 71 67 31 13, sogeval@wanadoo.fr, Fax 04 71 68
17 34 – O : 2,2 km par D 681, rte de Pleaux et D 682 à droite,
accès direct à un plan d'eau – **R** indispensable
3,5 ha (93 empl.) en terrasses, peu incliné, herbeux
**Tarif :** 🔲 2 pers. 🔌 (10A) 19 – pers. suppl. 5 – frais de réservation 18
**Location** (permanent) : 🏠 229 à 589 – huttes

À prox. : golf, 🛒 snack ⬇ 🚲 🔲
🏊 (plage) 🔲 🐎

## MAURS

15600 Cantal 🆔 – 🔢 B6 G. Auvergne – 2 350 h. – alt. 290.
🅸 Office du Tourisme, place de l'Europe ✆ 04 71 46 73 72, Fax 04 71 46 74 81, ot.maurs@auvergne.net.
Paris 567 – Aurillac 43 – Entraygues-sur-Truyère 48 – Figeac 22 – Rodez 60 – Tulle 93.

▲▲ *Municipal le Vert* mai-sept.
✆ 04 71 49 04 15 – SE : 0,8 km par D 663, rte de Décazeville,
bord de la Rance – **R** conseillée
1,2 ha (58 empl.) plat, herbeux
**Tarif :** 🔲 2 pers. 🔌 8,45 – pers. suppl. 2,20

(0,6 ha)

À prox. : 🛒 🚲 🐎

## MAUSSANE-LES-ALPILLES

13520 B.-du-R. 🆔 – 🔢 D3 – 1 886 h. – alt. 32.
🅸 Office du Tourisme, place Laugier de Monblan ✆ 04 90 54 52 04, Fax 04 90 54 39 44, contact@maussane.com.
Paris 717 – Arles 20 – Avignon 29 – Marseille 82 – Martigues 44 – St-Rémy-de-Provence 10 – Salon-de-Provence 28.

▲▲ *Municipal les Romarins* 15 mars-15 oct.
✆ 04 90 54 33 60, Fax 04 90 54 41 22 – sortie Nord par D 5,
rte de St-Rémy-de-Provence – **R** conseillée
3 ha (144 empl.) plat, herbeux, pierreux
**Tarif :** (Prix 2002) 🔲 1 ou 2 pers. 🔌 16,05 (hors saison 16,70)
– pers. suppl. 3,10
🛻

À prox. :

## MAUVEZIN-DE-PRAT

09160 Ariège **14** – **343** D6 – 52 h. – alt. 372.
Paris 773 – Aspet 20 – Foix 59 – St-Gaudens 30 – St-Girons 15 – Ste-Croix-Volvestre 28.

  ▲ *L'Estelas* 15 mars-15 oct.
      ℘ 05 61 96 65 80 – à l'Est du bourg par D 133 – **R** conseillée
      1 ha (35 empl.) plat et peu incliné, herbeux
      **Tarif :** ▣ *2 pers.* ⚡ *(16A) 10 – pers. suppl. 2,50*

## MAUZÉ-SUR-LE-MIGNON

79210 Deux-Sèvres **9** – **322** B7 – 2 378 h. – alt. 30.
🛈 Office du Tourisme, place de la Mairie ℘ 05 49 26 78 33, Fax 05 49 26 71 13, *tourisme@ville-maue-mignon.fr.*
Paris 430 – Niort 23 – Rochefort 40 – La Rochelle 43.

  ▲ *Municipal le Gué de la Rivière* juin-15 sept.
      ℘ 05 49 26 30 35, *mairie@ville-mauze-mignon.fr,* Fax
      05 49 26 71 13 – NO : 1 km par D 101 rte de St-Hilaire-
      la-Palud et à gauche, entre le Mignon et le canal – **R**
      1,5 ha (75 empl.) plat, herbeux
      **Tarif :** (Prix 2002) ▣ *2 pers.* ⚡ *(10A) 7,75 - pers. suppl. 1,80*

## MAYENNE

53100 Mayenne **4** – **310** F5 G. Normandie Cotentin – 13 549 h. – alt. 124.
🛈 Office du Tourisme, quai de Waiblingen ℘ 02 43 04 19 37, Fax 02 43 00 01 99, *tourisme@mairie-mayenne.fr.*
Paris 283 – Alençon 60 – Flers 56 – Fougères 47 – Laval 30 – Le Mans 89.

  ▲▲ *Municipal du Gué St-Léonard* 15 mars-sept.
      ℘ 02 43 04 57 14, Fax 02 43 30 21 10 – au Nord de la ville,
      par av. de Loré et rue à droite « Situation plaisante au bord
      de la Mayenne » – **R** conseillée
      1,8 ha (87 empl.) plat, herbeux
      **Tarif :** ▣ *3 pers.* ⚡ *11,55 – pers. suppl. 1,85*
      **Location** *(permanent) :* 🛖 *133 à 311*

À prox. : canoë

## MAYET

72360 Sarthe **5** – **310** K8 – 2 877 h. – alt. 74.
🛈 Office du Tourisme, place de l'hôtel de Ville ℘ 02 43 46 33 72, Fax 02 43 46 33 72.
Paris 227 – Château-la-Vallière 27 – La Flèche 32 – Le Mans 31 – Tours 58 – Vendôme 69.

  ▲ *Municipal du Fort des Salles* 19 avril-15 oct.
      ℘ 02 43 46 68 72, Fax 02 43 46 07 61 – sortie Est par D 13,
      rte de St-Calais et rue du Petit-Moulin à droite « Situation
      agréable au bord d'un étang » – **R** conseillée
      1,5 ha (56 empl.) plat, herbeux
      **Tarif :** (Prix 2002) ▣ *2 pers.* ⚡ *8,05 – pers. suppl. 2,30*

À prox. :

## Le MAYET-DE-MONTAGNE

03250 Allier **11** – **326** J6 G. Auvergne – 1 609 h. – alt. 535.
🛈 Office du Tourisme, rue Roger-Degoulange ℘ 04 70 59 38 40, Fax 04 70 59 37 24, *le-mayet-de-montagne
@fnotsi.net.*
Paris 371 – Clermont-Ferrand 80 – Lapalisse 23 – Moulins 73 – Roanne 48 – Thiers 44 – Vichy 26.

  ▲ *Municipal du Lac* 15 mars-oct.
      ℘ 04 70 59 70 52, Fax 04 70 59 38 38 – S : 1,2 km par D 7
      rte de Laprugne et chemin de Fumouse « Près du lac des
      Moines » – **R** conseillée
      1 ha (50 empl.) peu incliné, plat, herbeux
      **Tarif :** ▣ *2 pers.* ⚡ *(10A) 7,09 – pers. suppl. 1,70*
      **Location :** *huttes*

À prox. :

## MAZAMET

81200 Tarn **15** – **338** G10 G. Midi Pyrénées – 11 481 h. – alt. 241.
🛈 Office du Tourisme, rue des Casernes ℘ 05 63 61 27 07, Fax 05 63 61 31 35.
Paris 749 – Albi 62 – Béziers 89 – Carcassonne 50 – Castres 19 – Toulouse 91.

  ▲ *Municipal la Lauze* juin-sept.
      ℘ 05 63 61 24 69, Fax 05 63 61 24 69 – sortie Est par N
      112, rte de Béziers et à droite – Places limitées pour le pas-
      sage – **R** conseillée
      1,7 ha (65 empl.) peu incliné et plat, herbeux
      **Tarif :** ▣ *2 pers.* ⚡ *(10A) 14,50 – 3 ou 4 pers. 18 – pers.*
      *suppl. 3*
      🛒 *(30 empl.) – 14,50*

À prox. : golf (18 trous), parcours sportif

## MAZAN

84380 Vaucluse **16** – **332** D9 G. Provence – 4 459 h. – alt. 100.

**🛈** Office du Tourisme, 83 place du 8-Mai ℘ 04 90 69 74 27, Fax 04 90 69 66 31, *officetourisme-maan@wanadoo.fr*.

Paris 689 – Avignon 34 – Carpentras 8 – Cavaillon 30 – Sault 35.

▲ **Le Ventoux** 15 fév.-15 nov.
℘ 04 90 69 70 94, *camping.le.ventoux@wanadoo.fr*, Fax 04 90 69 70 94 – N : 3 km par D 70, rte de Caromb puis chemin à gauche, de Carpentras, itinéraire conseillé par D 974, rte de Bédoin – **R** conseillée
0,7 ha (49 empl.) plat, pierreux, herbeux
**Tarif :** 🔲 *2 pers.* 🔌 *(6A) 17,70 – pers. suppl. 4,25*

## Le MAZEAU

85420 Vendée **9** – **316** L9 – 463 h. – alt. 8.

Paris 427 – Fontenay-le-Comte 22 – Niort 21 – La Rochelle 52 – Surgères 41.

▲▲ **Municipal le Relais du Pêcheur** avril-15 oct.
℘ 02 51 52 93 23, Fax 02 51 52 97 58 – à 0,7 km au Sud du bourg, près de canaux **« Agréable situation au coeur de la Venise Verte »** – **R** conseillée
1 ha (54 empl.) plat, herbeux
**Tarif :** 🔲 *2 pers.* 🔌 *9,80 – pers. suppl. 2,50*

## MAZÈRES

09270 Ariège **14** – **343** I5 G. Midi Pyrénées – 2 519 h. – alt. 240.

**🛈** Office du Tourisme, 8 rue Gaston de Foix ℘ 05 61 69 31 02, Fax 05 61 69 37 97.

Paris 747 – Auterive 26 – Castelnaudary 32 – Foix 39 – Pamiers 21 – Saverdun 10.

▲▲ **Municipal la Plage** juin-sept.
℘ 05 61 69 38 82, Fax 05 61 69 37 97 – au Sud-Est du bourg par D 11 rte de Belpech puis chemin à gauche, près de l'Hers – **R** conseillée
5 ha (107 empl.) plat, terrasses, herbeux
**Tarif :** (Prix 2002) 🔲 *2 pers.* 🔌 *(10A) 13 – pers. suppl. 2*
**Location :** 🏠 *220 à 400 – bungalows toilés*

## Les MAZES

07 Ardèche – **331** I7 – voir à Ardèche (Gorges de l') - Vallon-Pont-d'Arc.

## Les MAZURES

08500 Ardennes **2** – **306** J3 – 738 h. – alt. 330 – Base de loisirs.

Paris 259 – Charleville-Mézières 20 – Fumay 16 – Hirson 45 – Rethel 64.

▲▲ **Départemental Lac des Vieilles Forges** Permanent
℘ 03 24 40 17 31, Fax 03 24 40 17 31 – S : 2 km par D 40, rte de Renwez puis 2 km par rte à droite, à 100 m du lac **« Terrasses ombragées dominant le lac »** – **R** conseillée
12 ha/3 campables (300 empl.) en terrasses, gravillons
**Tarif :** (Prix 2002) 🔲 *2 pers.* 🔌 *(10A) 12,40 – pers. suppl. 2,80*
**Location :** *gîtes*

## MÉAUDRE

38112 Isère **12** – **333** G7 G. Alpes du Nord – 840 h. – alt. 1 012 – Sports d'hiver : 1 000/1 600 m ⚡10 ⚡.

**🛈** Office du Tourisme, Le village ℘ 04 76 95 20 68, Fax 04 76 95 25 93, *infos@meaudre.com*.

Paris 590 – Grenoble 38 – Pont-en-Royans 26 – Tullins 38 – Villard-de-Lans 10.

▲▲ **Les Buissonnets** Permanent
℘ 04 76 95 21 04, *buissonnets@fr.st*, Fax 04 76 95 26 14 – NE : 0,5 km par D 106 et rte à droite, à 200 m du Méaudret – Places limitées pour le passage – **R** conseillée
2,8 ha (100 empl.) peu incliné, herbeux et plat
**Tarif :** 🔲 *2 pers.* 🔌 *(10A) 18 (hiver 20) – pers. suppl. 4*
**Location :** 🛏 *250 à 400*

△ **Les Eymes** fermé 18 avril au 5 mai
    𝄞 04 76 95 24 85, *camping.les.eymes@free.fr*, Fax 04 76
95 20 35 – N : 3,8 km par D 106ᶜ, rte d'Autrans et rte à
gauche – **R** conseillée
1,3 ha (40 empl.) en terrasses et peu incliné, herbeux, pierreux, bois attenant
**Tarif :** 🔲 *2 pers.* 🔋 *(6A) 10,70 – pers. suppl. 4,30 – frais de
réservation 10*
**Location :** 🛏 *400 à 446 –* 🏠 *464 à 510*

## MÉDIS

17600 Char.-Mar. 🗓 – 🔲🔲🔲 E6 – 1 965 h. – alt. 29.
Paris 497 – Marennes 28 – Mirambeau 48 – Pons 39 – Royan 6 – Saintes 31.

    *Schéma à Royan*

▲▲▲ **Le Clos Fleuri** 31 mai-15 sept.
    𝄞 05 46 05 62 17, *clos-fleuri@wanadoo.fr*, Fax 05 46 06
75 61 – SE : 2 km sur D 117ᴱ³ « *Agréable cadre champêtre
autour d'une ancienne ferme charentaise* » – **R** conseillée
3 ha (140 empl.) plat et peu incliné, herbeux
**Tarif :** 🔲 *2 pers.* 🔋 *(10A) 27 – pers. suppl. 7 – frais de réservation 20*
**Location** ✗ : 🏠 *290 à 600*

## Les MÉES

04190 Alpes-de-H.-Pr. **17** – 🔲🔲🔲 D8 G. Alpes du Sud – 2 601 h. – alt. 410.
🏢 Syndicat d'Initiative, 21 boulevard de la République 𝄞 04 92 34 36 38, Fax 04 92 34 31 44.
Paris 728 – Digne-les-Bains 25 – Forcalquier 25 – Gréaux-les-Bains 44 – Mézel 26 – Sisteron 22.

△ **Municipal de la Pinède** 15 juin-10 sept.
    𝄞 04 92 34 33 89, Fax 04 92 34 35 02 – à l'Est du bourg
– **R**
1 ha (50 empl.) en terrasses, herbeux
**Tarif :** 🔲 *2 pers.* 🔋 *(5A) 21*

△ **Aire Naturelle l'Olivette** 6 avril-6 oct.
    𝄞 04 92 34 39 72, Fax 04 92 34 39 72 – SO : 11 km par D 4,
rte d'Oraison et rte des Pourcelles à gauche
1 ha (25 empl.) non clos, en terrasses, incliné à peu incliné
**Tarif :** 🔲 *2 pers.* 🔋 *12,50 – pers. suppl. 2,80*

## MEGÈVE

74120 H.-Savoie **12** – 🔲🔲🔲 M5 G. Alpes du Nord – 4 750 h. – alt. 1 113 – Sports d'hiver : 1 113/2 350 m
⛷9 ✆70 ⚡.
🏢 Office du Tourisme, rue Monseigneur Conseil 𝄞 04 50 21 27 28, Fax 04 50 93 03 09, *megeve@megeve.com.*
Paris 598 – Albertville 32 – Annecy 60 – Chamonix-Mont-Blanc 33 – Genève 71.

△ **Bornand** 15 juin-1ᵉʳ sept.
    𝄞 04 50 93 00 86, Fax 04 50 93 02 48 – NE : 3 km par N 212
rte de Sallanches et rte du télécabine à droite, alt. 1 060 –
**R** conseillée
1,5 ha (80 empl.) non clos, incliné et en terrasses, herbeux
**Tarif :** 🔲 *2 pers.* 🔋 *(6A) 12,80 – pers. suppl. 3,30*

△ **Gai-Séjour** 20 mai-13 sept.
    𝄞 04 50 21 22 58 – SO : 3,5 km par N 212, rte d'Albertville,
à Cassioz, bord d'un ruisseau – En deux parties distinctes, alt.
1 040
1,2 ha (60 empl.) plat, peu incliné, herbeux, pierreux
**Tarif :** 🔲 *2 pers.* 🔋 *(4A) 11,30 – pers. suppl. 2,50*

## Le MEIX-ST-EPOING

51120 Marne **6** – 🔲🔲🔲 D10 – 217 h. – alt. 154.
Paris 112 – La Ferté-Gaucher 30 – Nogent-sur-Seine 37 – Romilly-sur-Seine 26 – Troyes 64.

△ **Aire de Loisirs de la Traconne** Permanent
    𝄞 03 26 80 70 76, Fax 03 26 42 74 98 – N : 0,6 km par
D 239ᴱ rte de Launat et chemin à droite, à 100 m du Grand
Morin « *Dans la vallée du Grand Morin, près d'un étang* » –
**R** conseillée
3 ha (60 empl.) plat, herbeux
**Tarif :** 🔲 *2 pers.* 🔋 *11,50 – pers. suppl. 2*
**Location :** *gîte d'étape*
🛏 *(12 empl.) – 9*

## MÉLISEY

70270 H.-Saône **8** – **314** H6 – 1 805 h. – alt. 330.
**🛈** Office du Tourisme, place de la Gare *𝒫* 03 84 63 22 80, Fax 03 84 63 26 94, *office.tourisme.melisey@wanadoo.fr.*
Paris 399 – Belfort 34 – Épinal 63 – Luxeuil-les-Bains 22 – Vesoul 41.

  🛆 ***La Pierre*** 15 mai-15 sept.
    *𝒫* 03 84 63 23 08 – N : 2,7 km sur D 293, rte de Mélay – Places limitées pour le passage **« Cadre pittoresque dans un site boisé »**
    1,5 ha (50 empl.) plat, peu incliné, herbeux
    **Tarif :** 🗐 *2 pers.* (*) *(4A) 9,70 – pers. suppl. 2,40*

## MELRAND

56310 Morbihan **3** – **308** M7 – 1 584 h. – alt. 112.
Paris 483 – Lorient 47 – Pontivy 17 – Quimperlé 37 – Vannes 58.

  🛆 ***Municipal*** 15 juin-15 sept.
    *𝒫* 02 97 39 57 53, Fax 02 97 39 59 30 – SO : 0,7 km par D 2 rte de Bubry **« Au bord d'un étang et d'un ruisseau »**
    0,2 ha (12 empl.) plat, herbeux
    **Tarif :** (Prix 2002) 🗐 *2 pers.* (*) *5,30 – pers. suppl. 0,90*

    À prox. : canoë, pédalos

## MELUN

77000 S.-et-M. **6** – **312** E4 G. Ile de France – 35 319 h. – alt. 43.
**🛈** Syndicat d'Initiative *𝒫* 01 64 10 03 25, Fax 01 64 10 03 25.
Paris 48 – Chartres 105 – Fontainebleau 18 – Meaux 55 – Orléans 104 – Reims 152 – Sens 74.

  🛆🛆 ***La Belle Étoile*** avril-oct.
    *𝒫* 01 64 39 48 12, *info@camp-la-belle-etoile.com*, Fax 01 64 37 25 55 – SE par N 6, rte de Fontainebleau, av. de la Seine et quai Joffre (rive gauche), à la Rochette près du fleuve – **R** conseillée
    3,5 ha (190 empl.) plat, herbeux
    **Tarif :** 🗐 *2 pers.* (*) *(6A) 17 – pers. suppl. 4,65 – frais de réservation 17*
    **Location** 🏚 : 🚐 *402 à 462*

    À prox. : 🍴 🖾 🔲 �🏊 (petite piscine)

## La MEMBROLLE-SUR-CHOISILLE

37 I.-et-L. – **317** M4 – rattaché à Tours.

## MENDE

48000 Lozère **15** – **330** J7 G. Languedoc Roussillon – 11 286 h. – alt. 731.
**🛈** Office du Tourisme, place Général-de-Gaulle *𝒫* 04 66 49 40 24, Fax 04 66 49 21 10, *mende.officedetourism@free.fr.*
Paris 589 – Clermont-Ferrand 177 – Florac 40 – Langogne 47 – Millau 95 – Le Puy-en-Velay 90.

  🛆 ***Tivoli*** Permanent
    *𝒫* 04 66 65 00 38, *tivoli.camping@libertysurf.fr*, Fax 04 66 65 00 38 – SO : 2 km par N 88, rte de Rodez et chemin à droite, face au complexe sportif, bord du Lot – **R** conseillée
    1,8 ha (100 empl.) plat, herbeux
    **Tarif :** 🗐 *2 pers.* (*) *(6A) 15,16 – pers. suppl. 4*
    **Location** (15 mars-15 nov.) – 🏚 : 🚐 *244 à 366*

## MÉNESPLET

24700 Dordogne **9** – **329** B5 – 1 328 h. – alt. 43.
Paris 532 – Bergerac 45 – Bordeaux 71 – Libourne 35 – Montpon-Ménestérol 5 – Périgueux 60.

  🛆 ***Camp'Gîte*** Permanent
    *𝒫* 05 53 81 84 39, Fax 05 53 81 62 74 – à 3,8 km au Sud-Ouest du bourg, au lieu-dit Les Loges par rte de Laser
    1 ha (29 empl.) plat, herbeux
    **Tarif :** 🗐 *2 pers.* (*) *17 – pers. suppl. 4*
    **Location :** 🛏

   *Zoekt u in een bepaalde streek*
    **- een fraai terrein ( 🛆 ... 🛆🛆🛆 )**
    **- of alleen een terrein op uw reisroute of een terrein voor een langer verblijf,**

   *raadpleeg dan de lijst van plaatsnamen in de inleiding van de gids.*

## MENGLON

26410 Drôme **16** – **332** F6 – 332 h. – alt. 550.
Paris 643 – Aspres-sur-Buëch 51 – Châtillon-en-Diois 5 – Die 14 – Rémuzat 46 – Valence 81.

**L'Hirondelle de St-Ferreol** avril-15 sept.
&#x1F3D5; 04 75 21 82 08, contact@ campinghirondelle.com, Fax
04 75 21 82 85 – NO : 2,8 km par D 214 et D 140, rte
de Die, près du D 539 (accès conseillé) « Cadre et situation
agréables au bord du Bez » – **R** indispensable
7,5 ha/4 campables (100 empl.) non clos, plat et peu acci-
denté, herbeux
**Tarif :** &#x1F5A5; 2 pers. &#x1F6C1; (6A) 24 – pers. suppl. 6 – frais de réser-
vation 18,50
**Location :** &#x1F3E0; 240 à 525

---

## MÉNIL

53200 Mayenne **4** – **310** E8 – 747 h. – alt. 32.
Paris 299 – Angers 45 – Château-Gontier 8 – Châteauneuf-sur-Sarthe 21 – Laval 37 – Segré 21.

**Municipal du Bac** 12 avril-14 sept.
&#x1F3D5; 02 43 70 24 54, menil@ cc-chateau-gontier.fr, Fax 02 43
70 24 54 – à l'Est du bourg « Cadre et situation agréables,
près de la Mayenne »
0,5 ha (39 empl.) plat, herbeux
**Tarif :** &#x1F5A5; 1 ou 2 pers. &#x1F6C1; 7,23 – pers. suppl. 2,20
**Location :** &#x1F3E0; 130 à 313

---

## MENNETOU-SUR-CHER

41320 L.-et-Ch. **10** – **318** I8 G. Berry Limousin – 827 h. – alt. 100.
&#x1F6C8; Office du Tourisme, 21 Grande Rue &#x1F3D5; 02 54 98 12 29, Fax 02 54 98 12 29.
Paris 210 – Bourges 58 – Romorantin-Lanthenay 18 – Selles-sur-Cher 27 – Vierzon 16.

**Municipal Val Rose** 5 mai-7 sept.
&#x1F3D5; 02 54 98 11 02, Fax 02 54 98 10 56 – au Sud du bourg,
à droite après le pont sur le canal, à 100 m du Cher
0,8 ha (50 empl.) plat, herbeux
**Tarif :** &#x1F5A5; 2 pers. &#x1F6C1; 5,60 – pers. suppl. 1,20

---

## MERCUS-GARRABET

09400 Ariège **14** – **343** H7 – 925 h. – alt. 480.
Paris 784 – Ax-les-Thermes 32 – Foix 12 – Lavelanet 25 – St-Girons 56.

**Le Lac** 5 avril-fin oct.
&#x1F3D5; 05 61 05 90 61, info@ campinglac.com, Fax 05 61 05
90 61 – S : 0,8 km par D 618, rte de Tarascon et à droite
au passage à niveau, au bord de l'Ariège – **R** conseillée
1,2 ha (70 empl.) en terrasses, plat, herbeux
**Tarif :** &#x1F5A5; 2 pers. &#x1F6C1; (10A) 20,50 – pers. suppl. 4 – frais de
réservation 10
**Location :** &#x1F6CF; 250 à 500 – &#x1F3E0; 260 à 525
&#x1F68C;

---

## MERDRIGNAC

22230 C.-d'Armor **4** – **309** H5 – 2 791 h. – alt. 140.
&#x1F6C8; Syndicat d'Initiative, &#x1F3D5; 02 96 28 47 98.
Paris 411 – Dinan 48 – Josselin 33 – Lamballe 39 – Loudéac 28 – St-Brieuc 68.

**Le Val de Landrouët** juin-14 sept.
&#x1F3D5; 02 96 28 47 98, Fax 02 96 26 55 44 – N : 0,8 km, près
de la piscine et de deux plans d'eau – **R** conseillée
2 ha (58 empl.) plat et peu incliné, herbeux
**Tarif :** (Prix 2002) &#x1F5A5; 2 pers. &#x1F6C1; (4A) 11,05 – pers. suppl. 2,85
**Location** (15 janv.-15 déc.) : gîtes
&#x1F68C;

---

## MÉRENS-LES-VALS

09110 Ariège **15** – **343** J9 G. Midi Pyrénées – 149 h. – alt. 1 055.
Paris 824 – Ax-les-Thermes 10 – Axat 61 – Belcaire 36 – Foix 53 – Font-Romeu-Odeillo-Via 47.

**Municipal de Ville de Bau** Permanent
&#x1F3D5; 05 61 02 85 40, camping.merens@ wanadoo.fr, Fax
05 61 64 03 83 – SO : 1,5 km par N 20, rte d'Andorre
et chemin à droite, bord de l'Ariège, alt. 1 100 – **R** conseillée
2 ha (70 empl.) plat, herbeux, pierreux
**Tarif :** (Prix 2002) &#x1F5A5; 2 pers. &#x1F6C1; (10A) 11,50 – pers. suppl. 2,50

## MÉRINCHAL

23420 Creuse 🔟 – 🗺️ L5 – 907 h. – alt. 720.
🅱 Office du Tourisme, Château de la Mothe 📞 05 55 67 25 56, Fax 05 55 67 23 71.
Paris 387 – Aubusson 33 – Clermont-Ferrand 63 – La Bourboule 57 – St-Gervais-d'Auvergne 37.

  ▲ **Municipal du Château de la Mothe** avril-oct.
    📞 05 55 67 25 56, tourisme.mernchal@wanadoo.fr, Fax
    05 55 67 23 71 – au bourg, à 500 m d'un étang « Dans le
    parc d'un château du XIIᵉ s »
    0,3 ha (32 empl.) plat et peu incliné, herbeux
    **Tarif :** 🔲 2 pers. 🔋 9,35 – pers. suppl. 2,30

## MERVANS

71310 S.-et-L. 🔟 – 🗺️ L9 – 1 231 h. – alt. 195.
Paris 359 – Chalon-sur-Saône 34 – Lons-le-Saunier 37 – Louhans 21 – Poligny 63 – Tournus 44.

  ▲ **Municipal** juin-15 sept.
    📞 03 85 76 16 63, mairie-de-me-rvans@wanadoo.fr
    sortie Nord-Est par D 313, rte de Pierre-de-Bresse, près d'un
    étang – 🅁
    0,8 ha (46 empl.) plat, herbeux

*LESEN SIE DIE ERLÄUTERUNGEN aufmerksam durch,
damit Sie diesen Camping-Führer mit der Vielfalt der gegebenen
Auskünfte wirklich ausnutzen können.*

## MERVENT

85200 Vendée 🟨 – 🗺️ L8 G. Poitou Vendée Charentes – 1 023 h. – alt. 85 – Base de loisirs.
🅱 Office du Tourisme, 13 place du Héraut 📞 02 51 00 20 97, Fax 02 51 00 03 34.
Paris 428 – Bressuire 52 – Fontenay-le-Comte 11 – Parthenay 49 – La Roche-sur-Yon 74.

  ▲▲ **La Joletière** Pâques-Toussaint
    📞 02 51 00 26 87, camping.la.joletiere@wanadoo.fr, Fax
    02 51 00 27 55 – O : 0,7 km par D 99 – **R** conseillée
    1,3 ha (73 empl.) peu incliné, herbeux
    **Tarif :** (Prix 2002) 🔲 2 pers. 🔋 13,40 – pers. suppl. 3,30 –
    frais de réservation 8
    **Location** (permanent) – 🏠 244 à 397

  ▲ **Le Chêne Tord** Permanent
    📞 02 51 00 20 63, Fax 02 51 00 27 94 – sortie Ouest par
    D 99 et chemin à droite, au calvaire, à 200 m d'un plan d'eau
    « Agréable sous-bois » – **R** conseillée
    4 ha (110 empl.) plat, gravillons
    **Tarif :** 🔲 2 pers. 🔋 (10A) 13,15 – pers. suppl. 2,70

**359**

## MERVILLE-FRANCEVILLE-PLAGE

14810 Calvados 🟨 – 🗺️ K4 G. Normandie Vallée de la Seine – 1 317 h. – alt. 2.
🅱 Office du Tourisme, place de la Plage 📞 02 31 24 23 57, Fax 02 31 24 17 49.
Paris 225 – Arromanches-les-Bains 41 – Cabourg 7 – Caen 20.

  ▲▲ **Municipal le Point du Jour** mars-22 nov
    📞 02 31 24 23 34, camp.lepointdujour@wanadoo.fr, Fax
    02 31 24 15 54 – sortie Est par D 514 rte de Cabourg
    « Agréable situation en bordure de plage » – **R** conseillée
    2,7 ha (142 empl.) plat, herbeux, sablonneux
    **Tarif :** 🔲 2 pers. 🔋 (10A) 16,70 – pers. suppl. 4

  ▲▲ **Les Peupliers** avril-oct.
    📞 02 31 24 05 07, asl-mondeville@wanadoo.fr, Fax 02 31
    24 05 07 – E : 2,5 km par rte de Cabourg et à droite, à
    l'entrée de Hôme – **R** conseillée
    2 ha (100 empl.) plat, herbeux
    **Tarif :** 🔲 2 pers. 🔋 (10A) 20,35 – pers. suppl. 5,05
    **Location :** 🛏️ 290 à 535

**à Gonneville-en-Auge** S : 3 km – 310 h. – alt. 16 – ✉ 14810 Gonneville-en-Auge :

  ▲ **Le Clos Tranquille** 11 avril-20 sept.
    📞 02 31 24 21 36, leclostranquille@wanadoo.fr, Fax 02 31
    24 28 80 – S : 0,8 km par D 95A – **R** conseillée
    1,3 ha (78 empl.) plat, herbeux
    **Tarif :** 🔲 2 pers. 🔋 (10A) 15,70 – pers. suppl. 3,50
    **Location :** 🛏️ 300 à 400 – 🏠 300 à 400

## MESCHERS-SUR-GIRONDE

17132 Char.-Mar. **9** – **324** E6 G. Poitou Vendée Charentes – 1 862 h. – alt. 5.
**i** Office du Tourisme, 4 place de Verdun *℘* 05 46 02 70 39, Fax 05 46 02 51 65.
Paris 508 – Blaye 74 – Jonzac 49 – Pons 38 – La Rochelle 85 – Royan 11 – Saintes 42.

⚠ ***L'Escale*** avril-oct.
*℘* 05 46 02 71 53, Fax 05 46 02 58 30 – NE : 0,5 km par
D 117 rte de Semussac – **R** conseillée
6 ha (300 empl.) plat, herbeux
**Tarif :** 🗐 *3 pers.* 🔌 *(6A) 15,50 – pers. suppl. 4,20*
**Location :** 🚐 *320 –* 🚐 *280 à 485 –* 🏠 *407*

⚠ ***Le Soleil Levant*** 15 avril-sept.
*℘* 05 46 02 76 62, *soleil.levant.ribes@wanadoo.fr,* Fax
05 46 02 50 56 – E : 0,5 km par r. Basse et allée de la
Longée – **R**
2 ha (238 empl.) plat, herbeux
**Tarif :** 🗐 *2 pers.* 🔌 *15 – pers. suppl. 4,40*
**Location** 🛇 *juil.-août :* 🚐 *283 à 475*

## MESLAND

41150 L.-et-Ch. **6** – **318** D6 – 483 h. – alt. 79.
Paris 206 – Amboise 19 – Blois 24 – Château-Renault 20 – Montrichard 27 – Tours 44.

⚠ ***Parc du Val de Loire***
*℘* 02 54 70 27 18, *parc.du.val.de.loire@wanadoo.fr,* Fax
02 54 70 21 71 – O : 1,5 km rte de Fleuray **« Cadre boisé
face au vignoble »**
15 ha (300 empl.) plat et peu incliné, herbeux
**Location :** 🚐 – 🏠
🚐

*Michelinkaarten en -gidsen zijn te koop in de meeste boekhandels.*

**360**

## MESLAY-DU-MAINE

53170 Mayenne **4** – **310** F7 – 2 418 h. – alt. 90.
**i** Office du Tourisme, 31 boulevard du Collège *℘* 02 43 64 24 06, Fax 02 43 98 73 06.
Paris 268 – Angers 61 – Château-Gontier 21 – Châteauneuf-sur-Sarthe 34 – Laval 23 – Segré 43.

⚠ ***Districal de la Chesnaie*** Pâques-fin sept.
*℘* 02 43 98 48 08, *cc-meslaydumaine@wanadoo.fr,* Fax
02 43 98 75 52 – NE : 2,5 km par D 152, rte de St-Denis-
du-Maine **« Bord d'un beau plan d'eau »**
7 ha/0,8 campable (60 empl.) plat, herbeux
**Tarif :** 🗐 *2 pers.* 🔌 *7,74 – pers. suppl. 2,24*
**Location** *(permanent) :* 🏠 *130 à 300*

À prox. : swin-golf, parcours de santé,
pédalos 🍴 ✕ 🏠 ⛴ 🛶 m ≋ 🔱 💧

## MESNOIS

39 Jura – **321** E7 – rattaché à Pont-de-Poitte.

## MESQUER

44420 Loire-Atl. **4** – **316** B3 – 1 372 h. – alt. 6.
**i** Office du Tourisme, place du Marché *℘* 02 40 42 64 37, Fax 02 40 42 64 37.
Paris 462 – La Baule 16 – Muzillac 31 – Pontchâteau 35 – St-Nazaire 29.

⚠ ***Soir d'Été*** 5 avril-2 nov.
*℘* 02 40 42 57 26, *nadine@camping-soirdete.com,*
Fax 02 51 73 97 76 – NO : 2 km par D 352 et rte à gauche
**« Cadre verdoyant et ombragé »** – **R** conseillée
1,5 ha (92 empl.) plat, incliné, herbeux, sablonneux
**Tarif :** 🗐 *2 pers.* 🔌 *(6A) 19,80 – pers. suppl. 5 – frais de
réservation 16*
**Location :** 🚐 *279 à 481 –* 🏠 *215 à 528*

À prox. : 🚲 ✕ m 💧 🐴

⚠ ***Le Praderoi*** 14 juin-14 sept.
*℘* 02 40 42 66 72, *camping.praderoi@wanadoo.fr,* Fax
02 40 42 66 72 – NO : 2,5 km, à Quimiac, à 100 m de la plage
– **R**
0,4 ha (30 empl.) plat, sablonneux, herbeux
**Tarif :** 🗐 *2 pers.* 🔌 *(5A) 17,40 – pers. suppl. 3,40*
**Location :** 🚐 *200 à 290*
🚐

À prox. : 💧

## MESSANGES

40660 Landes **13** – **335** C12 – 521 h. – alt. 8.

**Ⓘ** Office du Tourisme, route des Lacs ℰ 05 58 48 93 10, Fax 05 58 48 93 75, *ot.mesanges@wanadoo.fr*.
Paris 738 – Bayonne 45 – Castets 24 – Dax 33 – Soustons 13.

🔺🔺🔺 **Le Vieux Port** avril-sept.
ℰ 05 58 48 22 00, *contact@levieuxport.com*, Fax 05 58 48
01 69 – SO : 2,5 km par D 652 rte de Vieux-Boucau-les-Bains
puis 0,8 km par chemin à droite, à 500 m de la plage (accès
direct) – Places limitées pour le passage – **R** conseillée
40 ha/30 campables (1406 empl.) plat, sablonneux, herbeux
**Tarif :** (Prix 2002) 🔲 *2 pers.* 🔌 *(6A) 34 – pers. suppl. 5,50*
*– frais de réservation 35*
**Location** 🛖 : 🚐 *230 à 505 –* 🚐 *265 à 705 –* 🏠 *340*
*à 900*
🚐

🔺🔺🔺 **Lou Pignada** (location exclusive de caravanes, mobile
home et chalets) avril-sept.
ℰ 05 58 48 03 76, *contact@loupignada.com*, Fax 05 58 48
26 53 – S : 2 km par D 652 puis 0,5 km par rte à gauche –
**R** conseillée
8 ha plat, sablonneux, herbeux
**Location** 🛖 : 🚐 *215 à 485 –* 🚐 *250 à 675 –* 🏠 *325 à*
*840*
🚐

🔺🔺 **La Côte** avril-sept.
ℰ 05 58 48 94 94, *lacote@wanadoo.fr*, Fax 05 58 48 94 44
– SO : 2,3 km par D 652, rte de Vieux-Boucau-les-Bains et
chemin à droite – **R** conseillée
3,5 ha (143 empl.) plat, herbeux, sablonneux
**Tarif :** 🔲 *2 pers.* 🔌 *(10A) 15,50 – pers. suppl. 2,90*
**Location :** 🚐 *150 à 440 – gîte*
🚐

🔺🔺 **Domaine de la Marina** 15 mai-15 sept.
ℰ 05 58 49 00 40, *contact@domainedelamarina.com*, Fax
05 58 49 00 41 – SO : 2,5 km par D 652 rte de Vieux-
Boucau puis 0,3 km par chemin à droite – Places limitées pour
le passage – **R** conseillée
4 ha (223 empl.) plat, sablonneux, herbeux
**Tarif :** 🔲 *2 pers.* 🔌 *(6A) 24,50 – pers. suppl. 4,50 – frais de*
*réservation 35*

🔺🔺 **Les Acacias** avril-25 oct.
ℰ 05 58 48 01 78, *lesacacias@lesacacias.com*, Fax 05 58 48
23 12 – S : 2 km par D 652, rte de Vieux-Boucau-les-Bains
puis 1 km par rte à gauche – **R** conseillée
1,7 ha (128 empl.) plat, sablonneux, herbeux
**Tarif :** 🔲 *2 pers.* 🔌 *(6A) 12,50 – pers. suppl. 2,70 – frais de*
*réservation 10*
**Location :** 🚐 *153 à 500*

🔺 **Le Moussaillon** avril-oct.
ℰ 05 58 48 92 89, Fax 05 58 48 92 89 – sortie Sud par
D 652, rte de Vieux-Boucau-les-Bains – Places limitées pour
le passage – **R** conseillée
2,8 ha (159 empl.) plat, herbeux, sablonneux
**Tarif :** 🔲 *2 pers.* 🔌 *(10A) 14,90 – pers. suppl. 3,75 – frais*
*de réservation 15,24*

(icon boxes right column):
**Le Vieux Port:** 🔑 GB pinède pizzeria et cafétéria cases réfrigérées, borne internet poneys, terrain omnisports

**Lou Pignada:** 🔑 GB pinède pizzeria terrain omnisports À prox. : poneys

**La Côte:** GB À prox. :

**Domaine de la Marina:** Ⓜ 🔑 GB cases réfrigérées, borne internet À prox. : quad pizzeria, cafétéria

**Les Acacias:** GB À prox. :

**Le Moussaillon:** 🔑 GB

361

## METZ

57000 Moselle **8** – **307** I4 G. Alsace Lorraine – 119 594 h. – alt. 173.

**Ⓘ** Office du Tourisme, place d'Armes ℰ 03 87 55 53 76, Fax 03 87 36 59 43, *tourisme@ot.mairie-met.fr*.
Paris 340 – Longuyon 82 – Pont-à-Mousson 31 – St-Avold 45 – Thionville 32 – Verdun 81.

🔺 **Municipal Metz-Plage** 5 mai-26 sept.
ℰ 03 87 68 26 48, *jmwingerter@mairie-metz.fr*, Fax 03 87
38 03 89 – au Nord du centre ville, entre le pont des Morts
et le pont de Thionville, bord de la Moselle, par A 31 : sortie
Metz-Nord Pontiffroy – **R** conseillée
2,5 ha (150 empl.) plat, herbeux, pierreux
**Tarif :** 🔲 *2 pers.* 🔌 *12,25 – pers. suppl. 2,45*
🚐 *(5 empl.) – 9,15*

(icon box): 🔑 GB snack À prox. :

## MEUZAC

87380 H.-Vienne **10** – **325** F7 – 753 h. – alt. 391.
**🛈** Syndicat d'initiative – Mairie, *℘* 05 55 09 97 12, Fax 05 55 09 97 12.
Paris 428 – Eymoutiers 41 – Limoges 40 – Lubersac 15 – St-Léonard-de-Noblat 40 – St-Yrieix-la-Perche 24.

⚲ **Municipal des Bouvreuils** 15 juin-15 sept.
*℘* 05 55 09 97 12, *mairie.meuzac@wanadoo.fr,* Fax 05 55
09 95 49 – à l'Ouest du bourg, à 450 m d'un plan d'eau –
**R** conseillée
1 ha (60 empl.) plat, herbeux
**Tarif :** 🔳 *2 pers.* 🔌 *(16A) 8,65 – pers. suppl. 1,88*

## MEYRAS

07380 Ardèche **16** – **331** H5 – 729 h. – alt. 450.
**🛈** Office du Tourisme, Neyrac les bains *℘* 04 75 36 46 26, Fax 04 75 36 45 28.
Paris 613 – Aubenas 17 – Le Cheylard 54 – Langogne 49 – Privas 45.

⚲ **La Plage** avril-26 oct.
*℘* 04 75 36 40 59, Fax 04 75 36 43 70 – à Neyrac-les-Bains,
SO : 3 km par N 102, rte du Puy-en-Velay « Agréable situation
au bord de l'Ardèche » – **R** conseillée
0,8 ha (45 empl.) en terrasses et plat, herbeux,
pierreux
**Tarif :** 🔳 *2 pers.* 🔌 *(10A) 21,20 – pers. suppl. 3,50*
**Location :** 🛖 *200 à 400 –* 🏠 *200 à 480 – appartements*

⚲ **Le Ventadour** avril-sept.
*℘* 04 75 94 18 15, Fax 04 75 94 18 15 – SE : 3,5 km, par
N 102 rte d'Aubenas, bord de l'Ardèche – **R** conseillée
3 ha (142 empl.) plat et peu incliné, herbeux
**Tarif :** 🔳 *2 pers.* 🔌 *(10A) 15,50 – pers. suppl. 3 – frais de
réservation 12*
**Location :** 🛖 *225 à 435*

## MEYRIEU-LES-ÉTANGS

38440 Isère **12** – **333** E4 – 551 h. – alt. 430 – Base de loisirs.
Paris 517 – Beaurepaire 31 – Bourgoin-Jallieu 14 – Grenoble 64 – Lyon 54 – Vienne 27.

⚲ **Base de Loisirs du Moulin** 15 avril-sept.
*℘* 04 74 59 30 34, *campingdumoulin@minitel.net,* Fax
04 74 58 36 12 – SE : 0,8 km par D 56^B, rte de Châtonnoy
et rte de Ste-Anne à gauche, à la base de loisirs, près d'un
plan d'eau « Les emplacements en terrasses dominent le
lac » – **R** conseillée
1 ha (75 empl.) plat, peu incliné, en terrasses, herbeux
**Tarif :** *(Prix 2002)* 🔳 *2 pers.* 🔌 *(10A) 17,90 – pers.
suppl. 4*
**Location :** 🏠 *160 à 425*

## MEYRUEIS

48150 Lozère **15** – **330** I9 G. Languedoc Roussillon – 907 h. – alt. 698.
**🛈** Office du Tourisme, Tour de l'Horloge *℘* 04 66 45 60 33, Fax 04 66 45 65 27, *office.tourisme.meyrueis@
wanadoo.fr.*
Paris 646 – Florac 36 – Mende 57 – Millau 43 – Rodez 99 – Sévérac-le-Château 44 – Le Vigan 55.

⚲ **Capelan** 30 avril-19 sept.
*℘* 04 66 45 60 50, *camping.le.capelan@wanadoo.fr,* Fax
04 66 45 60 50 – NO : 1 km sur D 996 rte du Rozier, bord
de la Jonte, accès direct au village par passerelle et sentier
« Site agréable dans les gorges de la Jonte » – **R** conseillée
2,8 ha (100 empl.) plat, herbeux
**Tarif :** 🔳 *2 pers.* 🔌 *(4A) 17,30 – pers. suppl. 3,60 – frais de
réservation 15,25*
**Location** 🛇 *juil.-août* 🛖 *215 à 571*
🛖

⚲ **Le Champ d'Ayres** avril-sept.
*℘* 04 66 45 60 51, *campinglechampdayres@wanadoo.fr,*
Fax 04 66 45 60 51 – E : 0,5 km par D 57 rte de Campis, près
de la Brèze – **R** conseillée
1,5 ha (85 empl.) peu incliné, herbeux
**Tarif :** 🔳 *2 pers.* 🔌 *(10A) 16,50 – pers. suppl. 3,30 – frais
de réservation 11*
**Location :** 🛖 *230 à 430 –* 🏠 *215 à 370*

⚠ **La Cascade** Pâques-sept.
    𝒫 04 66 45 45 45, *contact@causseslacascade.com*, Fax 04 66 45 48 48 – NE : 3,8 km par D 996, rte de Florac et chemin à droite, au lieu-dit Salvensac, près de la Jonte et d'une cascade
1 ha (25 empl.) plat et un peu vallonné, herbeux
**Tarif :** 🏕 *2 pers.* 🔌 *14,50 – pers. suppl. 3,50*
**Location :** *gîte d'étape*

⚠ **Le Pré de Charlet** 18 avril-15 oct.
    𝒫 04 66 45 63 65, Fax 04 66 45 63 24 – NE : 1 km par D 996 rte de Florac, bord de la Jonte – **R** conseillée
2 ha (70 empl.) plat, peu incliné et en terrasses, herbeux
**Tarif :** 🏕 *2 pers.* 🔌 *12,80 – pers. suppl. 2,80*
**Location** 🛖 : 🚐 *199 à 390*
🚐

⚠ **Aire Naturelle le Pré des Amarines** 24 juin-1ᵉʳ sept.
    𝒫 04 66 45 61 65 – NE : 5,7 km par D 996, rte de Florac et chemin à droite, au Castel, près du lieu-dit Gatuzières, bord de la Jonte, alt. 750 « Dans la vallée de la Jonte » – **R** conseillée
2 ha (25 empl.) plat et un peu vallonné, herbeux
**Tarif :** 🏕 *2 pers.* 🔌 *14*

---

## MEYSSAC

19500 Corrèze ⑩ – ③②⑨ L5 G. Périgord Quercy – 1 124 h. – alt. 220.
🛈 Syndicat d'Initiative, avenue de l'Auvitrie 𝒫 05 55 25 32 25, Fax 05 55 25 49 16.
Paris 503 – Argentat 62 – Beaulieu-sur-Dordogne 22 – Brive-la-Gaillarde 24 – Tulle 37.

⚠⚠ **Intercommunal Moulin de Valane** mai-sept.
    𝒫 05 55 25 41 59, Fax 05 55 84 07 28 – NO : 1 km rte de Collonges-la-Rouge, bord d'un ruisseau – **R** conseillée
4 ha (120 empl.) plat et peu incliné, terrasses, herbeux
**Tarif :** 🏕 *2 pers* 🔌 *(10A) 10,50 – pers. suppl. 3,20*
**Location :** *huttes*

---

## MÉZEL

04270 Alpes-de-H.-Pr. ⑰ – ③③④ F8 – 423 h. – alt. 585.
Paris 747 – Barrême 22 – Castellane 46 – Digne-les-Bains 16 – Forcalquier 51 – Sisteron 41.

⚠ **La Célestine** 15 avril-sept.
    𝒫 04 92 35 52 54, *lacelestin@wanadoo.fr*, Fax 04 92 35 50 07 ✉ 04270 Beynes – S : 3 km par D 907, rte de Manosque, bord de l'Asse – **R** conseillée
2,4 ha (100 empl.) plat, herbeux
**Tarif :** 🏕 *2 pers.* 🔌 *(10A) 15,50 – pers. suppl. 3,90*
**Location :** 🚐 *400*
🚐

**363**

## MÉZIÈRES-EN-BRENNE

36290 Indre **10** – **323** D6 G. Berry Limousin – 1 194 h. – alt. 88.
**🛈** Office du Tourisme, 1 rue du Nord ℰ 02 54 38 12 24, Fax 02 54 38 13 76.
Paris 304 – Le Blanc 28 – Châteauroux 41 – Châtellerault 59 – Poitiers 96 – Tours 87.

*Village Vacances Nature* (location exclusive de 32 gîtes)
ℰ 02 54 38 28 28, vvn@wanadoo.fr, Fax 02 54 38 28 29 –
SE : 8,6 km par D 925, rte de Châteauroux et chemin à droite,
à 80 m de l'étang
**Location** : *gîtes*

*Base de Loisirs de Bellebouche*
ℰ 02 54 38 28 28, v.v.n@wanadoo.fr, Fax 02 54 38 28 29
– SE : 8,6 km par D 925, rte de Châteauroux et chemin à
droite, à 80 m de l'étang « Site agréable »
310 ha/1,8 campable (100 empl.) plat et peu incliné,
herbeux
**Location** : *huttes, gîtes*

## MÉZIÈRES-SOUS-LAVARDIN

72240 Sarthe **5** – **310** J6 – 379 h. – alt. 75.
Paris 222 – Alençon 38 – La Ferté-Bernard 69 – Le Mans 25 – Sillé-le-Guillaume 16.

*Parc des Braudières* Permanent
ℰ 02 43 20 81 48, camping.braudieres@wanadoo.fr, Fax
02 43 20 81 48 – E : 4,5 km par rte secondaire de St-Jean
« Belle décoration arbustive en bordure d'un petit étang de
pêche » – **R** conseillée
1,7 ha (52 empl.) plat et peu incliné, herbeux, gravillons
**Tarif** : 回 *2 pers.* 🔌 *(5A) 11,20 – pers. suppl. 3*

## MÉZOS

40170 Landes **13** – **335** E10 – 851 h. – alt. 23.
**🛈** Office du Tourisme, avenue du Born ℰ 05 58 42 64 37, Fax 05 58 42 64 60.
Paris 704 – Bordeaux 120 – Castets 24 – Mimizan 16 – Mont-de-Marsan 62 – Tartas 47.

*Sen Yan* juin-15 sept.
ℰ 05 58 42 60 05, reception@sen-yan.com, Fax 05 58 42
64 56 – E : 1 km par rte du Cout « Bel ensemble avec pis-
cines, palmiers et plantations » – **R** conseillée
8 ha (310 empl.) plat, sablonneux
**Tarif** : 回 *2 pers.* 🔌 *(6A) 30,50 – pers. suppl. 5 – frais de
réservation 26*
**Location** 🚫 : 🏠 *354 à 664 –* 🏠 *292 à 775*

## MIALET

24450 Dordogne **10** – **329** G2 – 795 h. – alt. 320.
Paris 436 – Limoges 47 – Nontron 23 – Périgueux 50 – Rochechouart 37.

*Le Vivale* (location exclusive de 20 chalets) 5 avril-4 oct.
ℰ 05 53 52 66 05, vivale@wanadoo.fr, Fax 05 53 62 86 47
– O : 0,7 km par D 79, rte de Nontron, au bord du lac –
**R** indispensable
30 ha plat et vallonné, herbeux
**Location** : 🏠 *310 à 550*

## MIERS

46500 Lot **13** – **337** G2 – 347 h. – alt. 302.
Paris 527 – Brive-la-Gaillarde 50 – Cahors 69 – Rocamadour 13 – St-Céré 22 – Souillac 22.

*Le Pigeonnier* avril-15 oct.
ℰ 05 65 33 71 95, veronique.bouny@wanadoo.fr, Fax
05 65 33 71 95 – E : 0,7 km par D 91, rte de Padirac et chemin
à droite
1 ha (45 empl.) peu incliné, en terrasses, plat, herbeux
**Tarif** : 回 *2 pers.* 🔌 *13,90 – pers suppl. 3,80*
**Location** : 🏠 *145 à 290 –* 🏠 *205 à 430*
🚗 *(5 empl.) – 7*

*Si vous recherchez :*
   *un terrain agréable ou très tranquille*
   *avec piscine,*

*Consultez le tableau des localités citées, classées par départements.*

364

12100 Aveyron **15** – **330** K6 G. Languedoc Roussillon – 21 788 h. – alt. 372.
**🛈** Office du Tourisme, 1 avenue Alfred Merle ✆ 05 65 60 02 42, Fax 05 65 60 95 08.
Paris 640 – Albi 108 – Alès 137 – Béziers 124 – Mende 95 – Montpellier 115 – Rodez 67.

**Les Rivages** mai-sept.
✆ 05 65 61 01 07, *campinglesrivages@wanadoo.fr*, Fax
05 65 59 03 56 – E : 1,7 km par D 991 rte de Nant, bord de
la Dourbie – **R** conseillée
7 ha (314 empl.) plat, herbeux, pierreux
**Tarif :** 🔲 *2 pers.* 🔌 *(6A) 23,50 – pers. suppl. 4,50 – frais de
réservation 16*
**Location :** 🏠 *306 à 560 – bungalows toilés*
🔌

**Cureplat** avril-15 sept.
✆ 05 65 60 15 75, *camping-cureplat@club-internet.fr*,
Fax 05 65 61 36 51 – NE : 0,8 km par D 991 rte de Nant et
D 187 à gauche rte de Paulhe, bord du Tarn – **R** conseillée
4 ha (237 empl.) plat, herbeux
**Tarif :** 🔲 *2 pers.* 🔌 *(6A) 23 – pers. suppl. 4 – frais de réser-
vation 16*
**Location :** 🏠 *238 à 540*
🔌 *(20 empl.)*

**Les Érables** avril-sept.
✆ 05 65 59 15 13, *chrismartin2.wanadoo.fr*, Fax 05 65 59
15 13 – NE : 0,9 km par D 991, rte de Nant et D 187 à gauche,
rte de Paulhe, bord du Tarn – **R** conseillée
1,4 ha (78 empl.) plat, herbeux
**Tarif :** 🔲 *2 pers.* 🔌 *(6A) 14,50 – pers. suppl. 3*
**Location :** 🏠 *240 à 410*

40200 Landes **18** – **335** D9 G. Aquitaine – 6 710 h. – alt. 13.
Paris 695 – Arcachon 66 – Bayonne 109 – Bordeaux 111 – Dax 73 – Langon 118 – Mont-de-
Marsan 77.

**Les Écureuils** avril-sept.
✆ 05 58 09 00 51, Fax 05 58 09 00 51 – S : 2,5 km par
D 652, rte de Bias – **R** conseillée
2,7 ha (100 empl.) plat, sablonneux, herbeux
**Tarif :** 🔲 *2 pers.* 🔌 *(6A) 16,10 – pers. suppl. 4,80*
**Location :** 🏠 *230 à 560*

**Municipal du Lac** avril-15 sept.
✆ 05 58 09 01 21, Fax 05 58 09 43 06 – N : 2 km par D 87,
rte de Gastes, bord de l'étang d'Aureilhan – **R** conseillée
8 ha (466 empl.) plat, sablonneux, herbeux
**Tarif :** 🔲 *2 pers.* 🔌 *11,50 – pers. suppl. 5,50 – frais de réser-
vation 16*

**à Aureilhan** E : 3 km par D 626 – 562 h. – alt. 10 – ✉ 40200 Aureilhan

**Eurolac** 5 avril-27 sept.
✆ 05 58 09 02 87, *eurolac@camping-parcsaintjames.com*,
Fax 05 58 09 41 89 – sortie Nord, près du lac – **R** conseillée
15 ha (620 empl.) plat, herbeux, sablonneux
**Tarif :** 🔲 *2 pers.* 🔌 *25 – pers. suppl. 4,50 – frais de réser-
vation 23*
**Location :** 🏠 *212 à 660 –* 🏠 *280 à 810*

**Municipal Aurilandes** 14 mai-21 sept.
✆ 05 58 09 10 88, *aurilandes@free.fr*, Fax 05 58 09 38 23
– NE : 1 km, près du lac – **R** conseillée
6 ha (440 empl.) plat, herbeux, sablonneux
**Tarif :** *(Prix 2002)* 🔲 *2 pers.* 🔌 *(10A) 11,70 – pers. suppl. 2,15
– frais de réservation 16*
🔌

**à Mimizan-Plage** O : 6 km – ✉ 40200 Mimizan :.
**🛈** Office du Tourisme, 38 avenue Maurice Martin

**Club Marina** 15 mai-15 sept.
✆ 05 58 09 12 66, *contact@clubmarina.com*, Fax 05 58 09
16 40 – à 500 m de la plage Sud – **R** conseillée
9 ha (583 empl.) plat, sablonneux
**Tarif :** *(Prix 2002)* 🔲 *3 pers.* 🔌 *(6A) 32 – pers. suppl. 5,40
– frais de réservation 31*
**Location :** 🏠 *221 à 710 –* 🏠 *251,55 à 838 – studios, bun-
galows toilés*
🔌

365

△△△ **Municipal la Plage** 25 avril-28 sept.
𝄞 05 58 09 00 32, Fax 05 58 09 44 94 – quartier Nord, bd de l'Atlantique – **R** conseillée
16 ha (740 empl.) plat, vallonné, sablonneux, herbeux
**Tarif :** 🔲 *2 pers.* 🔌 *15,50 – pers. suppl. 6,50 – frais de réservation 16*
**Location :** 🛏 *215 à 535 –* 🏠 *245 à 595*

☞ **GB** ⚡ ⚲ pinède (6 ha) 🚿 🍳 ⛱
🔲 🛁 🚻 ⊕ 🗄 🔲, cases réfrigérées
🎦 🏕 🚣 terrain omnisports, mur d'escalade

---

## MIRABEL-ET-BLACONS

26400 Drôme **16** – **332** D5 – 728 h. – alt. 225.
Paris 597 – Crest 7 – Die 31 – Dieulefit 33 – Grignan 49 – Valence 35.

△△△ **Gervanne** janv-2 nov.
𝄞 04 75 40 00 20, *info@gervanne-camping.com*, Fax 04 75 40 03 97 – à Blacons, au confluent de la Drôme et de la Gervanne « Cadre verdoyant au bord d'un plan d'eau » – **R** conseillée
3,7 ha (150 empl.) plat et peu incliné, herbeux
**Tarif :** 🔲 *2 pers.* 🔌 *(6A) 17,40 – pers. suppl. 4,20 – frais de réservation 10*
**Location** ✂ : 🏠 *255 à 570*

🐟 ☞ **GB** ⚡ ♨ 🚿 🍳 ⛱ 🔲 🛁
🚻 🔦 ⊕ 🗄 🔲, ⚑ ▼ pizzeria 🍖 🍽
🏊 🛶 🚣
À prox. : parcours de santé 🏃

---

## MIRAMONT-DE-GUYENNE

47800 L.-et-G. **14** – **336** E2 – 3 450 h. – alt. 51.
🅱 Office du Tourisme, 1 rue Pasteur 𝄞 05 53 93 38 94, Fax 05 83 93 49 56.
Paris 568 – Agen 62 – Bergerac 34 – Duras 19 – Marmande 23 – Ste-Foy-la-Grande 31.

△△△ **Intercommunal le Saut du Loup** 15 mars-14 nov.
𝄞 05 53 93 22 35, *saut.du.loup@wanadoo.fr*, Fax 05 53 93 55 33 – E : 2 km par D 227 rte de Cancon et chemin à droite, bord du lac « Site agréable » – **R** conseillée
40 ha/3 campables (100 empl.) plat et peu incliné, herbeux
**Tarif :** 🔲 *2 pers.* 🔌 *(10A) 16,38 – pers. suppl. 4,12 – frais de réservation 23*
**Location** *(permanent) :* 🏠 *116 à 530 – gîtes*

Ⓜ 🐟 ☜ ☞ 🅿 (locations) **GB** ⚡
🔲 ♨ 🚿 🍳 ⛱ 🛁 🚻 🔦 ⊕ 🗄
▼ ✕ 🍖 🍽 🏕 🏊 🏀 🏊 🛶
🐎

---

## MIRANDE

32300 Gers **14** – **336** E8 G. Midi Pyrénées – 3 565 h. – alt. 173.
🅱 Office du Tourisme, 13 rue de l'Evêché 𝄞 05 62 66 68 10, Fax 05 62 66 87 09, *bienvenue@ot-mirande.com*.
Paris 748 – Auch 25 – Mont-de-Marsan 99 – Tarbes 48 – Toulouse 102.

△△ **Municipal l'Île du Pont** juin-10 sept.
𝄞 05 62 66 64 11, *info@camping-iledupont.com*, Fax 05 62 66 69 86 – à l'Est de la ville, dans une île de la Grande Baïse « Sur une île, site agréable entre lac et rivière » – **R** conseillée
10 ha/5 campables (140 empl.) non clos, plat, herbeux
**Tarif :** 🔲 *2 pers.* 🔌 *15*
**Location** *(permanent) :* 🛏 *290 à 480 –* 🏠 *325 à 500 – bungalows toilés*

🐟 ⚡ ♨ ⚲ 🚿 🍳 ⛱ 🔲 ⊕ 🏊
⚑ 🗄 ▼ snack 🍖 🍽 🏕 salle d'animation 🏊 🏊
À prox. : parcours de santé, canoë, pédalos 🛶

---

## MIREPOIX

32390 Gers **14** – **336** G7 G. Midi Pyrénées – 162 h. – alt. 150.
Paris 708 – Auch 17 – Fleurance 16 – Gimont 25 – Mauvezin 21 – Vic-Fézensac 32.

△△ **Les Mousquetaires** (location exclusive de 11 chalets)
Permanent
𝄞 05 62 64 33 66, *camping.des.mousquetaires@wanadoo.fr*, Fax 05 62 64 33 56 – à 2 km au Sud-Est du bourg « Près d'une ferme, situation dominante sur la campagne vallonnée du Gers – **R** indispensable
1 ha non clos, plat et peu incliné, herbeux, étang
**Location :** 🏠 *275 à 525*

🐟 ☜ ☞ ⚡ ⚲ 🔲 🏊

---

## MISCON

26310 Drôme **16** – **332** G6 – 38 h. – alt. 812.
Paris 658 – Aspres-sur-Buëch 45 – Châtillon-en-Diois 22 – Die 29 – Rémuzat 48 – Valence 96.

△ **Municipal les Thibauds** 15 juin-15 sept.
𝄞 04 75 21 30 47, *mairie.miscon@wanadoo.fr*
au bourg
0,4 ha (20 empl.) plat et en terrasses, pierreux, herbeux
**Tarif :** 🔲 *2 pers.* 🔌 *7,50 – pers. suppl. 2*

🐟 ☜ ⚡ ⚲ (0,2 ha) 🚿 🍳 ⊕ 🔲

## MITTLACH

68380 H.-Rhin 🎱 – 🔢 G8 – 291 h. – alt. 550.
Paris 467 – Colmar 28 – Gérardmer 42 – Guebwiller 49 – Thann 46.

   ▲ **Municipal Langenwasen** mai-sept.
        *&* 03 89 77 63 77, *mairiedemittlach@worldonline.fr*, Fax
03 89 77 74 36 – SO : 3 km, bord d'un ruisseau, alt. 620
« Site boisé au fond d'une vallée »
3 ha (150 empl.) peu incliné, plat et terrasses, herbeux, gravier
**Tarif :** (Prix 2002) 🔲 *2 pers.* 🔧 *(4A) 12,10 – pers. suppl. 3,20*

---

## MODANE

73500 Savoie 🔢 – 🔢 N6 G. **Alpes du Nord** – 4 250 h. – alt. 1 057 – Sports d'hiver : La Norma – 1 350/
2 750 m – 🎿 1 🎿 17 🎿.
Tunnel du Fréjus : Péage en 2002 aller simple : autos 16,00, 24,30 ou 31,50, P.L. 90,90, 138,50 ou 183,30 -
Tarifs spéciaux AR (validité limitée).
🅘 Office de tourisme, Les Mélèzets, Valfréjus *&* 04 79 05 33 83, Fax 04 79 05 13 67.
Paris 663 – Albertville 89 – Chambéry 102 – Lanslebourg-Mont-Cenis 23 – Col du Lautaret 59 – St-Jean-de-Maurienne 31.

   ▲ **Les Combes** 15 mai-sept.
        *&* 04 79 05 00 23, *camping-modane@wanadoo.fr*, Fax
04 79 05 00 23 – sur bretelle d'accès au tunnel
routier du Fréjus, à 0,8 km au Sud-Ouest de Modane-ville 3 ha (55 empl.) non clos, peu incliné, herbeux, pierreux
**Tarif :** 🔲 *2 pers.* 🔧 *(10A) 13,70 – pers. suppl. 4,10*
À prox. : parcours de santé

---

## MOËLAN-SUR-MER

29350 Finistère 🔢 – 🔢 J8 G. **Bretagne** – 6 596 h. – alt. 58.
🅘 Office du Tourisme, rue des Moulins *&* 02 98 39 67 28, Fax 02 98 39 63 93, *OTSI.moelan.sur.mer@wanadoo.fr*
Paris 524 – Carhaix-Plouguer 66 – Concarneau 27 – Lorient 27 – Quimper 49 – Quimperlé 10.

   ▲ **L'Île Percée** Pâques-21 sept.
        *&* 02 98 71 16 25 – O : 5,8 km par D 116, rte de Kerfany-les-Pins, puis 1,7 km par rte à gauche, à la plage de Trenez
« Agréable site sauvage surplombant l'océan » –
**R** conseillée
1 ha (65 empl.) plat, herbeux
**Tarif :** 🔲 *2 pers.* 🔧 *(10A) 16 – pers. suppl. 3,60 – frais de
réservation 8*
**Location :** 🛏 *185 à 290*
À prox. : sentiers pédestres snack

**367**

---

## MOISSAC

82200 T.-et-G. 🔢 – 🔢 C7 G. **Midi Pyrénées** – 11 971 h. – alt. 76.
🅘 Office du Tourisme, 6 place Durand de Bredon *&* 05 63 04 01 85, Fax 05 63 04 27 10.
Paris 639 – Agen 58 – Auch 122 – Cahors 64 – Montauban 31 – Toulouse 71.

   ▲▲ **Municipal l'Île de Bidounet** avril-sept.
        *&* 05 63 32 52 52, *camping.bidounet@wanadoo.fr*, Fax
05 63 32 52 82 – S : 1 km par N 113, rte de Castelsarrasin
et D 72 à gauche « Agréable situation sur une île du Tarn »
– **R** conseillée
4,5 ha/2,5 campables (100 empl.) plat, herbeux
**Tarif :** 🔲 *2 pers.* 🔧 *(6A) 13,30 – pers. suppl. 3,40*
**Location** *(15 juin-sept.)* : *bungalows toilés*

---

## MOLIÈRES

24480 Dordogne 🔢 – 🔢 F7 G. **Périgord Quercy** – 315 h. – alt. 150.
Paris 543 – Bergerac 30 – Le Bugue 21 – Les Eyzies-de-Tayac 31 – Sarlat-la-Canéda 47 – Villeneuve-sur-Lot 57.

   ▲▲ **La Grande Veyière** avril-3 nov.
        *&* 05 53 63 25 84, *la-grande-veyiere@wanadoo.fr*, Fax
05 53 63 18 25 – SE : 2,2 km par D 27, rte de Cadouin
et chemin à droite « Agréable cadre naturel, verdoyant » –
**R** conseillée
4 ha (64 empl.) peu incliné à incliné, en terrasses, herbeux
**Tarif :** 🔲 *2 pers.* 🔧 *16,48 – pers. suppl. 4,11 – frais de réser-
vation 8,50*
**Location :** 🛏 *266 à 349* – 🛏 *317 à 457*

## MOLITG-LES-BAINS

66500 Pyr.-Or. **15** – **344** F7 G. Languedoc Roussillon – 185 h. – alt. 607 – ⚕ (début avril-fin nov.).
**⚑** Syndicat d'Initiative, route des Bains 𝒫 04 68 05 03 28, Fax 04 68 05 02 40.
Paris 901 – Perpignan 49 – Prades 7 – Quillan 55.

    ⚊ *Municipal Guy Malé*
       N : 1,3 km, au Sud-Est du village de Molitg, alt. 607
       0,3 ha (19 empl.) plat et terrasse, herbeux

       À prox. : parcours sportif ✗

## MONDRAGON

84430 Vaucluse **16** – **332** B8 – 3 118 h. – alt. 40.
Paris 644 – Avignon 45 – Montélimar 40 – Nyons 41 – Orange 17.

    ⚊ *Municipal la Pinède* Permanent
       𝒫 04 90 40 82 98 – NE : 1,5 km par D 26, rte de Bollène et
       deux fois à droite – **R**
       3 ha (134 empl.) plat et peu incliné, en terrasses, herbeux,
       pierreux, sablonneux
       **Tarif :** (Prix 2002) ▣ 2 pers. [t] 10,20 – pers. suppl. 2,60

## MONESTIER-DE-CLERMONT

38650 Isère **12** – **333** G8 G. Alpes du Nord – 905 h. – alt. 825 – Base de loisirs.
**⚑** Syndicat d'Initiative, Parc Municipal 𝒫 04 76 34 15 99, Fax 04 76 34 06 20.
Paris 600 – Grenoble 36 – La Mure 29 – Serres 73 – Sisteron 107.

    ⚊ *Municipal les Portes du Trièves* mai-sept.
       𝒫 04 76 34 01 24, Fax 04 76 34 19 75 – à 0,7 km à l'Ouest
       de la localité, par chemin des Chambons, derrière la piscine
       – **R** conseillée
       1 ha (47 empl.) plat et en terrasses, gravillons, herbeux
       **Tarif :** ▣ 2 pers. [t] 12 – pers. suppl. 3,20

       À prox. : ✗ ⤬

## MONFORT

32120 Gers **14** – **336** G7 G. Midi Pyrénées – 416 h. – alt. 164.
Paris 693 – Auch 39 – Fleurance 16 – Gimont 24 – L'Isle-Jourdain 35.

    ⚊ *Municipal* mai-15 oct.
       𝒫 05 62 06 83 26 – au bourg « Belle situation dominant la
       campagne vallonnée du Gers » – **R** conseillée
       0,2 ha (20 empl.) plat, herbeux
       **Tarif :** (Prix 2002) ▣ 2 pers. [t] 9 – pers. suppl. 3

       À prox. : ✗

## MONISTROL-D'ALLIER

43580 H.-Loire **11** – **331** D4 G. Auvergne – 312 h. – alt. 590.
Paris 539 – Brioude 58 – Langogne 57 – Le Puy-en-Velay 28 – St-Chély-d'Apcher 58 – Saugues 16.

    ⚊ *Municipal le Vivier* 15 avril-15 sept.
       𝒫 04 71 57 24 14, Fax 04 71 57 25 03 – au Sud du bourg,
       près de l'Allier (accès direct) – **R** conseillée
       1 ha (48 empl.) plat, herbeux, pierreux
       **Tarif :** ▣ 2 pers [t] 11,10 – pers. suppl. 2,50

       pizzeria
       À prox. : sports en eaux vives
       ✗

## MONNERVILLE

91930 Essonne **6** – **312** B5 – 375 h. – alt. 141.
Paris 64 – Ablis 28 – Chartres 60 – Étampes 15 – Évry 48.

    ⚌ *Le Bois de la Justice* mars-nov.
       𝒫 01 64 95 05 34, Fax 01 64 95 17 31 – à 1,8 km au Sud
       du bourg – Places limitées pour le passage « Agréable
       pinède » – **R** conseillée
       5 ha (150 empl.) plat et peu incliné, herbeux
       **Tarif :** ▣ 2 pers. [t] 20 – pers. suppl. 5

       À prox. : ✗ 🐴 (centre équestre)

## MONNET-LA-VILLE

39300 Jura **12** – **321** E6 – 305 h. – alt. 550.
Paris 423 – Arbois 28 – Champagnole 11 – Doucier 10 – Lons-le-Saunier 25 – Poligny 25.

    ⚊ *Le Git* 15 juin-15 sept.
       𝒫 03 84 51 21 17 ✉ 39300 Montigny-sur-l'Ain – à Monnet-
       le-Bourg, Sud-Est : 1 km par D 40, rte de Mont-sur-Monnet
       et chemin à droite – **R** conseillée
       4,5 ha (100 empl.) plat, peu incliné, herbeux
       **Tarif :** ▣ 2 pers. [t] (5A) 12,40 – pers. suppl. 3,30

▲ **Sous Doriat** mai-20 sept.
🖉 03 84 51 21 43, Fax 03 84 51 21 43 – sortie Nord par D 27E rte de Ney – **R** conseillée
2,5 ha (130 empl.) plat, herbeux
**Tarif :** 🗉 *2 pers. (10A) 12,15 – pers. suppl. 3 – frais de réservation 8*
**Location :** 🛏 *155 à 400*

⟨ ⊶ GB ⚲ ⚲ ♀ ⅄ 🗂 ⌂ ⌂ 𝄢 ⌂ 🔆
☺ 🖪 ⌂ 🚿
À prox. : 🎿 ♀ ✗

---

## MONPAZIER

24540 Dordogne **[B]** – ⬛⬛⬛ G7 G. Périgord Quercy – 531 h. – alt. 180.
🛈 Office du Tourisme, place des Cornières 🖉 05 53 22 68 59, Fax 05 53 74 30 08, *ot.monpaier@perigord.tm.fr.*
Paris 577 – Bergerac 46 – Fumel 26 – Périgueux 83 – Sarlat-la-Canéda 50 – Villeneuve-sur-Lot 46.

⋀⋀ **Le Moulin de David** 17 mai-6 sept.
🖉 05 53 22 65 25, *courrier@moulin-de-david.com,* Fax 05 53 23 99 76 ✉ 24540 Gaugeac – SO : 3 km par D 2 rte de Villeréal et chemin à gauche, bord d'un ruisseau – **R** conseillée
3 ha (160 empl.) plat, terrasse, herbeux
**Tarif :** 🗉 *2 pers. (10A) 26,90 – pers. suppl. 6,20 – frais de réservation 65*
**Location :** 🛏 *311,50 à 684,25 – tentes* 🛏

⟋ ⊶ GB ⚲ 🗂 ♀♀ & ⅄ ⌂ 🔆
⌂ ⌂ ☺ ⚲ ⌂ 🖪 🎿 ♀ snack
pizzeria ⌂ ⌂ ⌂ ⌂ ⌂ ⌂ ⌂
🏊 (petite piscine) 🛶 (plan d'eau)

---

## MONPLAISANT

24170 Dordogne **[B]** – ⬛⬛⬛ G7 – 216 h. – alt. 190.
Paris 554 – Belvès 2 – Bergerac 49 – Le Bugue 20 – Les Eyzies-de-Tayac 23 – Sarlat-la-Canéda 32.

▲ **La Lénotte** avril-oct.
🖉 05 53 30 25 80, Fax 05 53 30 25 80 – NE : 2,3 km sur D 710, rte de Soriac-en-Périgord, bord de la Nauze – **R** conseillée
3,2 ha (69 empl.) plat, herbeux
**Tarif :** (Prix 2002) 🗉 *2 pers. (6A) 13,80 – pers. suppl. 3,60*
**Location :** 🛏 *125 à 280* – 🛏 *155 à 485 – bungalows toilés* 🛏

⊶ ⚲ 🗂 & ⅄ ⌂ ⌂ ⌂ ☺ 🖪 ⌂
m 🏊

---

## MONTAGNEY

25680 Doubs **[B]** – ⬛⬛⬛ H2 – 130 h. – alt. 255.
Paris 388 – Baume-les-Dames 24 – Besançon 40 – Montbéliard 62 – Vesoul 27.

▲ **La Forge** mai-sept.
🖉 03 81 86 05 11 – au Nord du bourg « Agréable situation au bord de l'Ognon »
1,2 ha (56 empl.) plat, herbeux
**Tarif :** 🗉 *2 pers. 16 – pers. suppl. 4*

⟋ ⊶ ⚲ & ⅄ ⌂ ⌂ ⌂ ☺ 🖪 ⌂
⌂
À prox. : canoë

---

## MONTAIGU-DE-QUERCY

82150 T.-et-G. **[14]** – ⬛⬛⬛ C5 – 1 634 h. – alt. 150.
🛈 Office du Tourisme, place du Mercadiel 🖉 05 63 94 48 50, Fax 05 63 94 35 05, *montaigu.de.quercy@wanadoo.fr.*
Paris 623 – Agen 38 – Cahors 48 – Moissac 34.

⋀⋀ **Municipal des Chênes** 15 juin-août
🖉 05 63 94 32 21, *montaigu.de.quercy@wanadoo.fr,* Fax 05 63 94 35 05 – SE : 2 km par D 2, rte de Lauzerie et chemin à gauche, à la base de loisirs – **R** conseillée
2 ha (80 empl.) plat, herbeux, pierreux
**Tarif :** (Prix 2002) 🗉 *2 pers. 12 – pers. suppl. 4*
**Location :** 🛏 *213 à 381*

⟋ ⚲ 🗂 ♀ & ⅄ ⌂ ⌂ ⌂ ☺
⚲ 🖪 ⌂ △
À prox. : ⌂ ✗ m 🏊

---

## MONTAIGUT-LE-BLANC

63320 P.-de-D. **[11]** – ⬛⬛⬛ F9 G. Auvergne – 568 h. – alt. 500.
🛈 Syndicat d'Initiative, 1 place Amouroux 🖉 04 73 96 68 80.
Paris 446 – Clermont-Ferrand 34 – Issoire 17 – Pontgibaud 46 – Rochefort-Montagne 33 – St-Nectaire 10.

▲ **Municipal** mai-sept.
🖉 04 73 96 75 07, Fax 04 73 96 70 05 – au bourg, près de la poste, bord de la Couze de Chambon – **R** conseillée
3 ha (100 empl.) plat, herbeux
**Tarif :** 🗉 *2 pers. 13,35 – pers. suppl. 3,50*

⟨ ⊶ ⚲ 🗂 ♀ (1 ha) & ⅄ ⌂ ⌂
☺ 🖪 ⌂
À prox. : ⌂ ✗ m 🏊

**369**

## MONTALIEU-VERCIEU

38390 Isère **12** – **333** F3 – 2 076 h. – alt. 213 – Base de loisirs.
**🛈** Office du Tourisme, 1 rue du Rhône ✆ 04 74 88 48 56, Fax 04 74 88 67 96.
Paris 478 – Belley 35 – Bourg-en-Bresse 54 – Crémieu 25 – Nantua 66 – La Tour-du-Pin 33.

▲ *Vallée Bleue* 21 avril-sept.
✆ 04 74 88 63 67, Fax 04 74 88 62 11 – sortie Nord par
N 75 rte de Bourg-en-Bresse puis 1,3 km par D 52^F à droite,
à la base de plein air et de loisirs « Au bord du Rhône rive
gauche (plan d'eau) » – **R** conseillée
120 ha/1,8 campable (119 empl.) plat, peu incliné, herbeux,
gravier
**Tarif :** (Prix 2002) ▣ *2 pers.* ⚡ *15,40 – pers. suppl. 5 – frais
de réservation 11,43*
**Location :** ⌂ *427*

## MONTARGIS

45200 Loiret **6** – **318** N4 – 15 020 h. – alt. 95.
**🛈** Office du Tourisme, boulevard Paul-Baudin ✆ 02 38 98 00 87, Fax 0238 98 82 01, *offtourismedistrict.mo ntargis@wanadoo.fr.*
Paris 110 – Auxerre 252 – Nemours 36 – Nevers 126 – Orléans 73.

▲ *Municipal de la Forêt* fév.-nov.
✆ 02 38 98 00 20 – sortie Nord par D 943 et 1 km par D 815,
rte de Paucourt
5,5 ha (100 empl.) plat, pierreux, sablonneux, herbeux
**Tarif :** ▣ *2 pers.* ⚡ *(10A) 12,10 – pers. suppl. 1,85*

## MONTBARD

21500 Côte-d'Or **7** – **320** G4 G. Bourgogne – 7 108 h. – alt. 221.
**🛈** Office du Tourisme, rue Carnot ✆ 03 80 92 03 75, Fax 03 80 92 03 75, *ot.montbard@wanadoo.fr.*
Paris 238 – Autun 87 – Auxerre 78 – Dijon 81 – Troyes 100.

▲▲ *Municipal* mars-oct.
✆ 03 80 92 21 60, Fax 03 80 92 21 60 – par D 980 déviation
Nord-Ouest de la ville, près de la piscine « Agréable déco-
ration arbustive des emplacements » – **R** conseillée
2,5 ha (80 empl.) plat, herbeux, gravillons
**Tarif :** ▣ *2 pers.* ⚡ *(10A) 13,40 – pers. suppl. 2,70*
**Location :** *huttes*

## MONTBAZON

37250 I.-et-L. **10** – **317** N5 G. Châteaux de la Loire – 3 354 h. – alt. 59.
**🛈** Office du Tourisme, 11 avenue de la Gare ✆ 02 47 26 97 87, Fax 02 47 26 22 42, *office-tourisme-montb aon@wanadoo.fr.*
Paris 249 – Châtellerault 59 – Chinon 41 – Loches 33 – Montrichard 42 – Saumur 74 – Tours 15.

▲▲ *La Grange Rouge* mai-15 sept.
✆ 02 47 26 06 43, *ma.widd@wanadoo.fr*, Fax 02 47 26
03 13 – rte de Tours, après le pont sur l'Indre « Situation
plaisante en bordure de rivière et près du centre ville » –
**R** conseillée
2 ha (108 empl.) plat, herbeux
**Tarif :** ▣ *2 pers.* ⚡ *(6A) 12,60 – pers. suppl. 3,20*
**Location :** ⌂ *230 à 430*

## MONTBRISON

42600 Loire **11** – **327** D6 G. Vallée du Rhône – 14 064 h. – alt. 391.
**🛈** Office du Tourisme, Galerie du Cloître des Cordeliers ✆ 04 77 96 08 69, Fax 04 77 96 20 88, *officedutou rismemontbrison@wanadoo.fr.*
Paris 448 – Lyon 96 – Le Puy-en-Velay 102 – Roanne 68 – St-Étienne 38 – Thiers 68.

▲▲ *Le Bigi* 15 avril-15 oct.
✆ 04 77 58 06 39, Fax 04 77 58 06 39 ✉ 42600 Bard –
SO : 2 km par D 113 rte de Lérigneux – Places
limitées pour le passage « Décoration arbustive » –
**R** conseillée
1,5 ha (46 empl.) en terrasses et peu incliné, herbeux,
gravillons
**Tarif :** ▣ *2 pers.* ⚡ *(5A) 11,90 – pers suppl. 2,80*
**Location** ⚲ : ⌂ *300,50 à 376*
🚐

⚠ **Municipal le Surizet** avril-oct.
℘ 04 77 58 08 30 – à Moingt, S : 3 km par D 8 rte de
St-Étienne et rte à droite, bord du Moingt – Places limitées
pour le passage – **R** conseillée
2,5 ha (96 empl.) plat, herbeux
**Tarif :** (Prix 2002) ▣ 2 pers. ▧ (10A) 12,10 – pers. suppl. 2,30
▦

## MONTBRON

16220 Charente ⑩ – ▦▦ N5 G. **Poitou Vendée Charentes** – 2 422 h. – alt. 141.
❶ Office du Tourisme, place de l'Hôtel de Ville ℘ 05 45 23 60 09, Fax 05 45 23 64 40, otmontbron@ wanadoo.fr.
Paris 458 – Angoulême 29 – Nontron 24 – Rochechouart 37 – La Rochefoucauld 15.

⚠ **Les Gorges du Chambon** 26 avril-13 sept.
℘ 05 45 70 71 70, gorges.chambon@ wanadoo.fr,
Fax 05 45 70 80 02 ✉ 16220 Eymouthiers – E : 4,4 km par
D 6, rte de Piégut-Pluviers, puis à gauche 3,2 km par D 163,
rte d'Ecuras et chemin à droite, à 80 m de la Tardoir (accès
direct) – **R** conseillée
7 ha (120 empl.) peu incliné, incliné, herbeux
**Tarif :** ▣ 2 pers. ▧ (6A) 21,30 – pers. suppl. 5,50 – frais de
réservation 17
**Location :** ▦ 252 à 532 – ▦ 266 à 553 – bungalows toilés

## MONTCABRIER

46700 Lot ⑭ – ▦▦ C4 G. **Périgord Quercy** – 403 h. – alt. 191.
Paris 586 – Cahors 39 – Fumel 12 – Tournon-d'Agenais 24.

⚠ **Moulin de Laborde** mai-14 sept.
℘ 05 65 24 62 06, moulindelaborde@ wanadoo.fr,
Fax 05 65 36 51 33 – NE : 2 km sur D 673, rte de Gourdon,
bord de la Thèze « Autour des bâtiments d'un vieux moulin,
beaux emplacements ombragés » – **R** conseillée
4 ha (90 empl.) plat, herbeux, petit étang
**Tarif :** ▣ 2 pers. ▧ (6A) 20,25 – pers. suppl. 5,50

## MONTCLAR

11250 Aude ⑮ – ▦▦ E4 – 159 h. – alt. 210.
Paris 779 – Carcassonne 19 – Castelnaudary 41 – Limoux 15 – St-Hilaire 9.

⚠ **Au Pin d'Arnauteille** avril-sept.
℘ 04 68 26 84 53, arnauteille@ mnet.fr, Fax 04 68 26 91 10
– SE : 2,2 km par D 43 « Dans un vaste et agréable domaine
vallonné et sauvage » – **R** conseillé
115 ha/7 campables (125 empl.) plat, terrasses, peu incliné,
herbeux
**Tarif :** ▣ 2 pers. ▧ (5A) 23,50 – pers. suppl. 5,50 – frais de
réservation 25
**Location :** ▦ 245 à 499 – ▦ 260 à 629 – bungalows toilés

## Le MONT-DORE

63240 P.-de-D. ⑪ – ▦▦ D9 G. **Auvergne** – 1 975 h. – alt. 1 050 – ⚕ (début mai-fin oct.) – Sports d'hiver :
1 050/1 850 m ⚐2 ⚐18 ⚐.
❶ OMT, avenue de la Libération ℘ 04 73 65 20 21, Fax 04 73 65 05 71, ot.info@ mont-dore.com.
Paris 464 – Aubusson 87 – Clermont-Ferrand 44 – Issoire 49 – Mauriac 78 – Ussel 56.

⚠ **Municipal l'Esquiladou** 28 avril-18 oct.
℘ 04 73 65 23 74, camping.esquiladou@ wanadoo.fr,
Fax 04 73 65 23 74 – à Queureuilh, par D 996, rte de Murat-
le-Quaire et rte des cascades à droite, alt. 1 010 « Dans un
site montagneux, verdoyant et boisé »
1,8 ha (100 empl.) en terrasses, gravillons
**Tarif :** ▣ 2 pers. ▧ (10A) 12,85 – pers. suppl. 2,70 – frais
de réservation 15

## MONTEREAU-FAULT-YONNE

77130 S.-et-M. ⑥ – ▦▦ G5 – 18 657 h. – alt. 53.
❶ Office du Tourisme, 10 rue Jean-Jaurès ℘ 01 64 32 07 76, Fax 01 60 96 17 99.
Paris 81 – Fontainebleau 23 – Meaux 81 – Melun 31 – Sens 42 – Troyes 142.

**à la Grande Paroisse** O : 5 km par D 39 – 2 392 h. – alt. 110 – ✉ 77130

⚠ **La Noue Notre Dame**
℘ 01 60 57 02 02, Fax 01 60 57 02 02 – S : à la base de
loisirs « Près d'un plan d'eau »
2 ha (84 empl.) plat, herbeux

371

## MONTESQUIOU

32320 Gers 🔢 – 🔢 D8 – 579 h. – alt. 214.
🔼 Syndicat d'Initiative, 𝒫 05 62 70 91 42, Fax 05 62 70 95 25.
Paris 754 – Auch 32 – Mirande 12 – Mont-de-Marsan 87 – Pau 83.

🔺 **Le Haget** avril-oct.
𝒫 05 62 70 95 80, info@lehaget.com, Fax 05 62 70 94 83
– O : 0,6 km par D 943 rte de Marciac puis à gauche, 1,5 km
par D 34 rte de Miélan « Dans le parc du château » –
**R** conseillée
10 ha (70 empl.) plat et peu incliné, herbeux
Tarif : 🔲 2 pers. 🔋 21 – pers. suppl. 4 - frais de réservation
20
Location : 🏠 360 à 520 – huttes

## MONTEUX

84170 Vaucluse 🔢 – 🔢 C9 – 8 157 h. – alt. 42.
🔼 Office du Tourisme, Centre d'Information et de Tourisme 𝒫 04 90 66 97 18, Fax 04 90 66 97 19.
Paris 681 – Avignon 21 – Carpentras 5 – Cavaillon 24 – Orange 23.

🔺 **Municipal Bellerive** avril-oct.
𝒫 04 90 66 81 88 – au Nord du bourg par rte de Loriol-
du-Comtat et à droite après le pont « Beaux emplacements
délimités, au bord de l'Auzon »
1 ha (52 empl.) plat, herbeux, jardin public attenant
Tarif : 🔲 2 pers. 🔋 9 – pers. suppl. 2,50

## MONTGIVRAY

36 Indre – 🔢 H7 – rattaché à la Châtre.

## MONTIGNAC

24290 Dordogne 🔢 – 🔢 H5 G. Périgord Quercy – 2 938 h. – alt. 77.
🔼 Office du Tourisme, place Bertran-de-Born 𝒫 05 53 51 82 60, Fax 05 53 50 49 72.
Paris 492 – Brive-la-Gaillarde 39 – Périgueux 48 – Sarlat-la-Canéda 25.

🔺 **Le Moulin du Bleufond** avril-15 oct.
𝒫 05 53 51 83 95, le.moulin.du.bleufond@wanadoo.fr,
Fax 05 53 51 19 92 – S : 0,5 km par D 65 rte de Sergeac, près
de la Vézère « Beaux emplacements disposés autour de
l'ancien moulin » – **R** conseillée
1,3 ha (84 empl.) plat, herbeux
Tarif : 🔲 2 pers. 🔋 16,62 – pers. suppl. 4,26
Location : 🏠 179 à 511
🔌

## MONTIGNY-EN-MORVAN

58120 Nièvre 🔢 – 🔢 G9 – 339 h. – alt. 350.
Paris 270 – Château-Chinon 13 – Corbigny 25 – Nevers 64 – Prémery 54 – St-Saulge 38.

🔺 **Municipal le Plat** 15 mai-15 sept.
𝒫 03 86 84 71 77, montignyenmorvan@free.fr, Fax 03 86
84 76 46 – NE : 2,3 km par D 944, D 303 rte du barrage de
Pannecière-Chaumard et chemin à droite, au Nord-Est du
lieu-dit Bonin « Site agréable près du lac »
2 ha (59 empl.) plat et peu accidenté, pierreux, herbeux
Tarif : 🔲 2 pers. 🔋 10,83 – pers. suppl. 2,44

## MONTIGNY-LE-ROI

52140 H.-Marne 🔢 – 🔢 M6 – 2 167 h. – alt. 404.
Paris 297 – Bourbonne-les-Bains 21 – Chaumont 35 – Langres 23 – Neufchâteau 48 – Vittel 50.

🔺 **Municipal le Château** 15 avril-15 oct.
𝒫 03 25 87 38 93, mairie.val.de.meuse@wanadoo.fr, Fax
03 25 87 38 93 – accès par centre bourg et rue
Hubert-Collot, chemin piétonnier pour accéder au village
« Dans un parc boisé dominant la vallée de la Meuse »
– **R**
6 ha/2 campables (55 empl.) plat, en terrasses,
herbeux
Tarif : 🔲 2 pers. 🔋 (5A) 12,50 – pers. suppl. 3,50
🔌

## Les MONTILS

41120 L.-et-C. **5** – **318** E7 – 1 196 h. – alt. 92.
🛈 Office du Tourisme, 8 rue de Bel Air ℘ 02 54 44 05 07, Fax 02 54 44 05 07.
Paris 198 – Amboise 31 – Blois 15 – Montrichard 22 – St-Aignan 30.

⚠ ***Municipal de l'Hermitage*** avril-sept.
℘ 02 54 44 07 29 – SE : 0,5 km par D 77, rte de Seur, près du Beuvron – **R**
1 ha (33 empl.) plat, herbeux
**Tarif :** (Prix 2002) 🔲 *2 pers.* 🔌 *13 – pers. suppl. 3,50*

À prox. : ✖

## MONTJAY-LA-TOUR

77410 S.-et-M. – **312** E2 – rattaché à Villevaudé.

## MONTLOUIS-SUR-LOIRE

37270 I.-et-L. **5** – **317** N4 G. Châteaux de la Loire – 8 309 h. – alt. 60.
🛈 Office du Tourisme, place François-Mitterand ℘ 02 47 45 00 16, Fax 02 47 45 10 87, *tourisme-montlouis @ wanadoo.fr.*
Paris 236 – Amboise 14 – Blois 50 – Château-Renault 32 – Loches 38 – Montrichard 33 – Tours 11.

⚠ ***Municipal les Peupliers*** 15 mars-15 oct.
℘ 02 47 50 81 90, *mairie@ ville-montlouis-loire.fr*, Fax 02 47 45 15 74 – O : 1,5 km par D 751, rte de Tours, à 100 m de la Loire « Plaisant cadre boisé » – **R** conseillée
6 ha (252 empl.) plat, herbeux
**Tarif :** (Prix 2002) 🔲 *1 ou 2 pers.* 🔌 *(16A) 12,20 – pers. suppl. 2,30*
🚐

À prox. : ✖

## MONTMÉLIAN

73800 Savoie **12** – **333** J4 G. Alpes du Nord – 3 930 h. – alt. 307.
🛈 Syndicat d'Initiative, ℘ 04 79 84 07 31, Fax 04 79 84 08 20, *mairie@ montmelian.com.*
Paris 575 – Albertville 40 – Allevard 23 – Chambéry 14 – Grenoble 50 – St-Jean-de-Maurienne 61.

⚠ ***Municipal le Manoir*** 7 juin-8 sept.
℘ 04 79 65 22 38, *mairie@ montmelian.com*, Fax 04 79 84 08 20 – sortie Nord-Est, rte d'Albertville et à gauche au centre commercial Intermarché, près de la N 6 « Petite sapinière attenante »
2,8 ha (90 empl.) plat, herbeux, gravillons
**Tarif :** (Prix 2002) 🔲 *2 pers.* 🔌 *(10A) 12,40 – pers. suppl. 2,30*

peupliers

À prox. :

## MONTMORILLON

86500 Vienne **10** – **322** L6 G. Poitou Vendée Charentes – 6 667 h. – alt. 100.
🛈 Office du Tourisme, 2 place du Maréchal-Leclerc ℘ 05 49 91 11 96, Fax 05 49 91 11 96, *office.de.tourism e@ worldonline.fr.*
Paris 355 – Bellac 43 – Le Blanc 32 – Chauvigny 27 – Poitiers 50 – La Trimouille 15.

⚠ ***Municipal de l'Allochon*** avril-oct.
℘ 05 49 91 02 33, *montmorillon@ cg86.fr*, Fax 05 49 91 58 26 – sortie Sud-Est par D 54, rte du Dorat, à 50 m de la Gartempe et bord d'un ruisseau – **R** conseillée
2 ha (80 empl.) plat, en terrasses, herbeux
**Tarif :** (Prix 2002) 🔲 *2 pers.* 🔌 *(10A) 5,71 (hors saison 8,11) – pers. suppl. 1,06*

À prox. :

## MONTOIRE-SUR-LE-LOIR

41800 L.-et-Ch. **5** – **318** C5 G. Châteaux de la Loire – 4 065 h. – alt. 65.
🛈 Office du Tourisme, 16 place Clémenceau ℘ 02 54 85 23 30, Fax 02 54 85 23 87.
Paris 189 – Blois 44 – Château-Renault 21 – La Flèche 82 – Le Mans 69 – St-Calais 24 – Vendôme 19.

⚠ ***Municipal les Reclusages*** 8 mai-15 sept.
℘ 02 54 85 02 53, Fax 02 54 85 05 29 – sortie Sud-Ouest, rte de Tours et rte de Lavardin à gauche après le pont « Bord du Loir » – **R** conseillée
2 ha (133 empl.) plat, herbeux
**Tarif :** (Prix 2002) 🔲 *2 pers.* 🔌 *(10A) 9,40 – pers. suppl. 2,40*

À prox. :

## MONTPELLIER

34000 Hérault **16** – **339** I7 G. Languedoc Roussillon – 207 996 h. – alt. 27.
**Ⓗ** Office du Tourisme, 30 allée Jean-de-Lattre-de-Tassigny ℘ 04 67 60 60 60, Fax 04 67 60 60 61, *contact* @ *ot-montpellier.fr.*
Paris 759 – Marseille 171 – Nice 328 – Nîmes 53 – Toulouse 241.

   ▲ **Le Floréal** 15 janv.-nov.
℘ 04 67 92 93 05, Fax 04 67 92 93 05 ⊠ 34970 Lattes –
sortie Sud-Est par D 986 rte de Palavas-les-Flots-accès par
le 1er pont après celui de l'autoroute, par A9 sortie 30 Mont-
pellier-Sud, direction Palavas-les-Flots « Décoration florale »
– **R** conseillée
1,5 ha (134 empl.) plat, sablonneux, herbeux
**Tarif :** ▣ *1 ou 2 pers.* ▨ *(4A) 19,20 – pers. suppl. 3,50*
**Location** ❀ : ⚏ *250 à 534*

**à Lattes** SE : 5 km par D 986 et D 132 à gauche – 10 203 h. – alt. 3 – ⊠ 34970 Lattes :.
**Ⓗ** Office du Tourisme, 679 avenue de Montpellier ℘ 04 67 22 52 91, Fax 04 67 22 52 91, *lattes@fnotsi.net*

   ▲ **Le Parc** avril-oct.
℘ 04 67 65 85 67, *campingleparc@free.fr,* Fax 04 67 20
20 58 – NE : 2 km par D 172 – **R** conseillée
1,6 ha (100 empl.) plat, herbeux, pierreux
**Tarif :** ▣ *2 pers.* ▨ *(6A) 21 – pers. suppl. 5,15*
**Location** *(mars-oct.) :* ⚏ *243 à 564*

À prox. : parcours de santé

---

## MONTPEZAT

04 Alpes-de-H.-Pr. **17** – **334** E10 – ⊠ 04500 Montagnac-Montpezat.
Paris 811 – Digne-les-Bains 55 – Gréoux-les-Bains 25 – Manosque 39 – Montmeyan 21 – Moustiers-Ste-Marie 22.

   ▲▲ **Coteau de la Marine** (location de 60 mobile homes)
mai-15 oct.
℘ 04 92 77 53 33, Fax 04 92 77 59 34 – SE : 2 km par rte
de Baudinard – **R** conseillée
10 ha en terrasses, pierreux, gravier
**Location :** ⚏ *190 à 630*

snack (empl. traditionnels également disponibles)

---

## MONTPEZAT-DE-QUERCY

82270 T.-et-G. **14** – **337** E6 G. Périgord Quercy – 1 411 h. – alt. 275.
**Ⓗ** Office du Tourisme, boulevard des Fossés ℘ 05 63 02 05 55, Fax 05 63 02 05 55.
Paris 604 – Cahors 29 – Caussade 12 – Castelnau-Montratier 13 – Caylus 33 – Montauban 36.

   ▲▲ **Le Faillal** avril-2 nov.
℘ 05 63 02 07 08, *montpezat-accueil@wanadoo.fr,* Fax
05 63 02 07 08 – sortie Nord par D 20, rte de Cahors
et à gauche – **R** conseillée
0,9 ha (47 empl.) en terrasses, herbeux, pierreux
**Tarif :** ▣ *2 pers.* ▨ *13,50 – pers. suppl. 1*
**Location** *(permanent) :* ⌂ *197 à 360 – gîtes*

salle d'animation
À prox. :

---

## MONTPEZAT-SOUS-BAUZON

07560 Ardèche **16** – **331** H5 G. Vallée du Rhône – 698 h. – alt. 575.
**Ⓗ** Syndicat d'Initiative, rue Victor Hugo ℘ 04 75 94 57 72, Fax 04 75 94 57 72.
Paris 606 – Aubenas 24 – Le Cheylard 54 – Langogne 47 – Privas 52.

   ▲ **Municipal Pré Bonnefoy** juin-15 sept.
℘ 04 75 94 42 55 – SE : 0,5 km par centre bourg, bord d'un
ruisseau – **R** conseillée
1,5 ha (101 empl.) plat et peu incliné, herbeux, pierreux
**Tarif :** ▣ *2 pers.* ▨ *12,25 – pers. suppl. 2*
**Location :** ⌂ *192 à 268*

(petit plan d'eau aménagé)
À prox. :

---

## MONTPON-MÉNESTÉROL

24700 Dordogne **9** – **329** B5 – 5 481 h. – alt. 93.
**Ⓗ** Office du Tourisme, place Clemenceau ℘ 05 53 82 23 77, Fax 05 53 81 86 74, *ot.montpon@perigord.tm.fr.*
Paris 532 – Bergerac 40 – Bordeaux 76 – Libourne 43 – Périgueux 56 – Ste-Foy-la-Grande 24.

   ▲ **Municipal le Port Vieux** 15 mai-15 sept.
℘ 05 53 80 30 98, Fax 05 53 82 02 21 – sortie Nord par
D 708, rte de Ribérac et à gauche avant le pont, bord de l'Isle
– **R** conseillée
2 ha (120 empl.) plat, herbeux
**Tarif :** *(Prix 2002)* ▣ *2 pers.* ▨ *12,55 – pers. suppl. 3,05*

(1 ha)
À prox. :

**374**

## MONTRÉAL

07 Ardèche – 🗓🗓🗓 H6 – voir à Ardèche (Gorges de l').

## MONTREUIL

62170 P.-de-C. 🖪 – 🗓🗓🗓 D5 G. Picardie Flandres Artois – 2 450 h. – alt. 54.
🗓 Office du Tourisme, 21 rue Carnot 🖉 03 21 06 04 27, Fax 03 21 06 07 85, otmontreuilsurmer@nordnet.fr.
Paris 233 – Abbeville 48 – Arras 85 – Boulogne-sur-Mer 42 – Calais 72 – Lille 116 – St-Omer 55.

    ▲ **Municipal la Fontaine des Clercs** Permanent
      🖉 03 21 06 07 28, Fax 03 21 06 07 28 – sortie Nord et rte
d'accès près du passage à niveau, bord de la Canche « Au
pied des remparts et de la citadelle » – **R** conseillée
2 ha (82 empl.) plat et en terrasses, herbeux, pierreux
**Tarif :** 🔲 *2 pers.* 🔋 *(6A) 12,30 – pers. suppl. 2,75*

## MONTREUIL-BELLAY

49260 M.-et-L. 🗓 – 🗓🗓🗓 I6 G. Châteaux de la Loire – 4 041 h. – alt. 50.
🗓 Office du Tourisme, place du Concorde 🖉 02 41 52 32 39, Fax 02 41 52 32 35, sirm@club-internet.fr.
Paris 336 – Angers 54 – Châtellerault 70 – Chinon 39 – Cholet 61 – Poitiers 80 – Saumur 16.

    ▲▲ **Les Nobis** avril-15 oct.
      🖉 02 41 52 33 66 – sortie Nord-Ouest, rte d'Angers et che-
min à gauche avant le pont, bord du Thouet « Situation
agréable au pied des remparts du château » – **R** conseillée
4 ha (165 empl.) plat, terrasse, herbeux
**Tarif :** 🔲 *1 ou 2 pers.* 🔋 *16,50 – pers. suppl. 3*
**Location :** 🛖 *294 à 581*

## MONTREVEL-EN-BRESSE

01340 Ain 🗓🗓 – 🗓🗓🗓 D2 – 1 973 h. – alt. 215 – Base de loisirs.
🗓 Office du Tourisme, place de la Grenette 🖉 04 74 25 48 74, Fax 04 74 25 48 74.
Paris 396 – Bourg-en-Bresse 19 – Mâcon 25 – Pont-de-Vaux 22 – St-Amour 24 – Tournus 36.

    ▲▲▲ **La Plaine Tonique** 19 avril-26 sept.
      🖉 04 74 30 80 52, plaine.tonique@wanadoo.fr, Fax 04 74
30 80 77 – E : 0,5 km par D 28, à la base de plein air « Au
bord d'un lac et d'un bel ensemble aquatique » – **R** indis-
pensable
27 ha/15 campables (548 empl.) plat, herbeux, pierreux
**Tarif :** 🔲 *2 pers.* 🔋 *(10A) 19,20 – pers. suppl. 4,30*
**Location** 🚫 : 🛖 *250 à 470 –* 🏠 *(appartements) – gîte*
*d'étape, gîtes*
🛖

## Le MONT-ST-MICHEL

50170 Manche 🗓 – 🗓🗓🗓 C8 G. Normandie Cotentin – Bretagne – 72 h. – alt. 10.
🗓 Office du Tourisme, 🖉 02 33 60 14 30, Fax 02 33 60 06 75, ot.mont.saint.michel@wanadoo.fr.
Paris 358 – Alençon 134 – Avranches 23 – Fougères 44 – Rennes 68 – St-Lô 80 – St-Malo 54.

    ▲▲▲ **Le Mont-St-Michel** 15 fév.-oct.
      🖉 02 33 60 22 10, contact@camping-montsaintmichel.c
om, Fax 02 33 60 20 02 – SE : 2,4 km intersection de la D 976,
rte du Mont-St-Michel et D 275, rte de Ducey « Cadre ver-
doyant et ombragé » – **R**
4 ha (350 empl.) plat, herbeux
**Tarif :** 🔲 *2 pers.* 🔋 *(5A) 16,05 – pers. suppl. 3,80*
**Location :** 🏠 *224 à 266 –* 🏠 *(hôtel)*

**à Beauvoir** 🛖 N : 4 km par D 976 – 426 h. – 🖂 50170 Beauvoir

    ▲ **Sous les Pommiers** 20 mars-20 oct.
      🖉 02 33 60 11 36, pommiers@aol.com, Fax 02 33 60 11 36
– au bourg, par D 976 – **R** conseillée
1,75 ha (107 empl.) plat, herbeux
**Tarif :** 🔲 *2 pers.* 🔋 *(6A) 12,25 – pers. suppl. 3*
**Location :** 🛖 *272,15 à 410 –* 🏠 *272,20 à 497 – bungalows*
*toilés*

## MONTSALVY

15120 Cantal 🗓🗓 – 🗓🗓🗓 C6 G. Auvergne – 970 h. – alt. 800.
🗓 Office du Tourisme, rue du Tour-de-Ville 🖉 04 71 49 21 43, Fax 04 71 49 65 56, ot.montsalvy@auvergne.net.
Paris 586 – Aurillac 31 – Entraygues-sur-Truyère 13 – Figeac 57 – Rodez 54.

    ▲ **Municipal la Grangeotte**
      🖉 04 71 49 26 00 – SE : 1 km par D 920, rte d'Entraygues-
sur-Truyère et à droite
1 ha (50 empl.) peu incliné et plat, herbeux

## MONTSOREAU

49730 M.-et-L. **9** – **317** J5 G. Châteaux de la Loire – 561 h. – alt. 77.

**🛈** Office du tourisme, avenue de la Loire ℰ 02 41 51 70 22, Fax 02 41 51 75 66, *montsoreau@libertysurf.fr*.

Paris 302 – Angers 75 – Châtellerault 66 – Chinon 18 – Poitiers 82 – Saumur 11 – Tours 59.

**L'Isle Verte** saison
ℰ 02 41 51 76 60, *isleverte@wanadoo.fr*, Fax 02 41 51 08 83 – sortie Nord-Ouest par D 947, rte de Saumur, bord de la Loire – **R** conseillée
2,5 ha (105 empl.) plat, herbeux
**Tarif :** 🔲 2 pers. 🔌 (16A) 18 – pers. suppl. 3 – frais de réservation 12

## MOOSCH

68690 H.-Rhin **8** – **315** G9 G. Alsace Lorraine – 1 906 h. – alt. 390.

Paris 464 – Colmar 50 – Gérardmer 42 – Mulhouse 28 – Thann 8 – Le Thillot 30.

**La Mine d'Argent** mai-sept.
ℰ 03 89 82 30 66, *serge.sorribas@free.fr*, Fax 03 89 82 30 66 – SO : 1,5 km par r. de la Mairie et r. de la Mine-d'Argent, bord d'un ruisseau – Places limitées pour le passage **« Dans un site vallonné et verdoyant »** – **R** conseillée
2 ha (75 empl.) peu incliné, plat, en terrasses, herbeux
**Tarif :** 🔲 2 pers. 🔌 (10A) 14 – pers. suppl. 3,10

## MORÉE

41160 L.-et-Ch. **5** – **318** E4 – 1 061 h. – alt. 96.

**🛈** Syndicat d'initiative – Mairie ℰ 02 54 82 60 29, Fax 02 54 82 01 04.

Paris 154 – Blois 39 – Châteaudun 24 – Orléans 57 – Vendôme 21.

**Municipal la Varenne** juin-août
ℰ 02 54 82 06 16, *mairie-de-moree-@wanadoo.fr*, Fax 02 54 89 15 10 – à l'Ouest du bourg, bord d'un plan d'eau, accès conseillé par D 19 rte de St-Hilaire-la-Gravelle et chemin à gauche
0,8 ha (43 empl.) plat, herbeux
**Tarif :** (Prix 2002) 🔲 2 pers. 🔌 (8A) 10,60 – pers. suppl. 2,70

## MORESTEL

38510 Isère **12** – **333** F3 – 2 972 h. – alt. 220.

**🛈** Office du Tourisme, 100 place des Halles ℰ 04 74 80 19 59, Fax 04 74 80 56 71, *infos@morestel.com*.

Paris 495 – Bourg-en-Bresse 71 – Chambéry 49 – Grenoble 67 – Lyon 63 – La Tour-du-Pin 16.

**Municipal** mai-sept.
ℰ 04 74 80 14 97 – sortie Ouest par D 517, rte de Crémieu, près du complexe sportif – **R**
1,3 ha (58 empl.) plat, herbeux
**Tarif :** 🔲 2 pers. 🔌 8,90 – pers. suppl. 2,20

## MORHANGE

57340 Moselle **8** – **307** K5 – 4 460 h. – alt. 255 – Base de loisirs.

**🛈** Syndicat d'initiative, Site de la Mutche ℰ 03 87 86 21 58, Fax 03 87 86 24 88, *mutche@wanadoo.fr*.

Paris 388 – Lunéville 52 – Metz 48 – St-Avold 29 – Sarreguemines 41.

**Centre de Loisirs de la Mutche** avril-oct.
ℰ 03 87 86 21 58, *mutche@wanadoo.fr*, Fax 03 87 86 24 88 – N : 6,5 km par rte de Sarreguemines, D 78 rte d'Arprich à gauche et chemin du site touristique **« Au bord d'un plan d'eau sur un vaste domaine de loisirs »** – **R** conseillée
5,5 ha (110 empl.) plat et peu incliné, gravillons, herbeux, sapinière
**Tarif :** 🔲 2 pers. 🔌 13,80 – pers. suppl. 3
**Location** (permanent) : 🏠 235 à 410 – huttes
terrain omnisports

## MORIANI-PLAGE

2B H.-Corse – **345** G5 – voir à Corse.

## MORNANT

69440 Rhône **11** – **327** H6 G. Vallée du Rhône – 3 900 h. – alt. 380.

**B** Office du Tourisme, route de Saint Laurent d'Agny ℘ 04 78 19 91 65, Fax 04 78 19 91 66.

Paris 482 – Givors 12 – Lyon 28 – Rive-de-Gier 12 – St-Étienne 36 – Vienne 24.

△ **Municipal de la Trillonière** mai-sept.
℘ 04 78 44 16 47, mairiemornant@wanadoo.fr, Fax 04 78
44 91 70 – sortie Sud, carrefour D 30 et D 34, près d'un
ruisseau « Au pied de la cité médiévale » – **R** conseillée
1,5 ha (60 empl.) peu incliné et plat, herbeux
**Tarif :** (Prix 2002) 🔲 2 pers. 🛠 (16A) 13,15 – pers. suppl. 3,70

## MORZINE

74110 H.-Savoie **12** – **328** N3 G. Alpes du Nord – 2 967 h. – alt. 960 – Sports d'hiver : 1 000/2 100 m
💢 6 🚡 61 🎿.

**B** Office du Tourisme, ℘ 04 50 74 72 72, Fax 04 50 79 03 48, touristoffice@morine-avoria.com.

Paris 586 – Annecy 81 – Chamonix-Mont-Blanc 67 – Cluses 26 – Genève 59 – Thonon-les-Bains 33.

△ **Les Marmottes** 21 déc.-27 avril et 21 juin-7 sept.
℘ 04 50 75 74 44, camping.les.marmottes@wanadoo.fr,
Fax 04 50 75 74 44 – à Essert-Romand, NO : 3,7 km par
D 902, rte de Thonon-les-Bains et D 329 à gauche, alt. 938
– **R** conseillée
0,5 ha (26 empl.) non clos, plat, gravier, herbeux
**Tarif :** 🔲 1 ou 2 pers. 🛠 (10A) 22,50 – pers. suppl. 4,50
**Location** 💢 : 🏠 320 à 511 – appartements
🏕

## MOSNAC

17240 Char.-Mar. **9** – **324** G6 – 431 h. – alt. 23.

Paris 502 – Cognac 34 – Gémozac 20 – Jonzac 11 – Saintes 33.

△ **Municipal les Bords de la Seugne** avril-oct.
℘ 05 46 70 48 45, Fax 05 46 70 49 13 – au bourg, bord de
la rivière
0,9 ha (33 empl.) plat, herbeux
**Tarif :** 🔲 2 pers. 🛠 7,32 – pers. suppl. 1,83

## La MOTHE-ACHARD

85150 Vendée **9** – **316** G8 – 1 918 h. – alt. 20.

**B** Office du Tourisme, 56 rue G. Clémenceau ℘ 02 51 05 90 49, Fax 02 51 05 95 51, tourisme.pays.des.acha
rds@wanadoo.fr.

Paris 442 – Aizenay 15 – Challans 40 – La Roche-sur-Yon 19 – Les Sables-d'Olonne 21 – St-Gilles-Croix-de-Vie 26.

△△ **Le Pavillon** 4 avril-28 sept.
℘ 02 51 05 63 46, Fax 02 51 05 63 46 – SO : 1,5 km, rte des
Sables-d'Olonne – **R** conseillée
3,6 ha (90 empl.) plat, herbeux, étang
**Tarif :** 🔲 2 pers. 🛠 (10A) 15,60 – pers. suppl. 3,50
**Location :** 🏠 308 – 🏠 153 à 525 – bungalows toilés

## La MOTTE-CHALANCON

26470 Drôme **16** – **332** F7 – 382 h. – alt. 547.

**B** Syndicat d'Initiative, place du Bourg ℘ 04 75 27 24 67, Fax 04 75 27 21 77, alain.piccardi@libertusurf.fr.

Paris 648 – Aspres-sur-Buëch 49 – Die 47 – Nyons 36 – Rémuzat 9 – Serres 38.

△ **Le Moulin** 15 mai-sept.
℘ 04 75 27 24 06, Fax 04 75 27 24 06 – sortie Sud par D 61,
rte de Rémuzat à droite après le pont « Au bord de
l'Ayguebelle » – **R** conseillée
1,2 ha (36 empl.) plat, herbeux
**Tarif :** 🔲 2 pers. 🛠 (20A) 13,60 - pers. suppl. 2,50

## La MOTTE-FEUILLY

36160 Indre **10** – **323** I7 G. Berry Limousin – 44 h. – alt. 235.

Paris 309 – Aigurande 27 – Boussac 31 – Châteaumeillant 9 – La Châtre 13 – Guéret 53.

△ **Municipal** avril-15 oct.
℘ 02 54 31 41 87 – à l'Ouest du bourg « Dans le parc du
château » – **R**
0,4 ha (23 empl.) plat et peu incliné, herbeux
**Tarif :** 🔲 2 pers. 🛠 8,40 – pers. suppl. 1,60

85640 Vendée 🔟 – 🗟🗇🗟 J7 G. Poitou Vendée Charentes – 2 398 h. – alt. 81.
Paris 394 – Cholet 40 – Fontenay-le-Comte 53 – Nantes 68 – La Roche-sur-Yon 36.

▲ **Le Hameau du Petit Lay** 14 juin-13 sept.
🖉 02 51 66 25 72, Fax 02 51 66 25 72 – S : 0,6 km par
D 113, rte de St-Prouant, bord d'un ruisseau – **R** conseillée
0,4 ha (24 empl.) plat, herbeux
**Tarif :** 🔳 *2 pers.* 🔋 *10,70 – pers. suppl. 2,60*
**Location** *(permanent) :* ☎ *162 à 381*

GB ⚙ 🖵 ⚲ 🕭 🛏 😊 🖫 🛁 🔾 🔳
🛖 🚗 🏊 (petite piscine)

---

58290 Nièvre 🔟🔟 – 🗟🔟🗟 F10 G. Bourgogne – 1 711 h. – alt. 215.
Paris 294 – Autun 50 – Château-Chinon 17 – Corbigny 40 – Moulins 73 – Nevers 57.

▲ **Municipal de l'Escame** 15 juin-août
🖉 03 86 84 26 12, Fax 03 86 84 35 12 – N : 1,5 km par D 37,
rte de Château-Chinon, près d'un ruisseau et à 100 m d'un
étang – **R** conseillée
0,5 ha (20 empl.) peu incliné et en terrasses, gravier, herbeux
**Tarif :** 🚶 *1,30 –* 🔳 *1,30 –* 🔋 *1,46 (5A)*

⚙ 🖵 🕭 😊 🛁 🔾 🔳 🚗 ⛵ 🖚
À prox. : ✖ 🏊

---

13890 B.-du-R. 🔟🔟 – 🗟🗟🗟 E3 – 2 505 h. – alt. 13.
🚩 Office du Tourisme, 2 rue du Temple 🖉 04 90 47 56 58, Fax 04 90 47 67 33, office@mouries.com.
Paris 717 – Arles 29 – Les Baux-de-Provence 11 – Cavaillon 26 – Istres 24 – Salon-de-Provence 22.

▲ **Le Devenson** 2 avril-15 sept.
🖉 04 90 47 52 01, devenson@libertysurf.fr, Fax 04 90 47
63 09 – NO : 2 km par D 17 et D 5 à droite « Agréable situa-
tion sous les pins et parmi les oliviers » – Séjour minimum
1 semaine
12 ha/3,5 campables (60 empl.) en terrasses, pierreux,
rocheux, oliveraie
**Tarif :** 🔳 *2 pers.* 🔋 *(5A) 17 – pers. suppl. 4,50*

🛆 ⟵ 🗝 🖵 ⚲⚲ pinède 🕭 🛁 🖫
🞉 😊 🔳 cases réfrigérées 🛖 🏊

378

---

29 Finistère – 🗟🔟🗟 G7 – rattaché à Fouesnant.

*Ihre Meinung über die von uns empfohlenen Campingplätze interessiert uns.*
*Teilen Sie uns Ihre Erfahrungen mit und schreiben Sie uns auch,*
*wenn Sie eine gute Entdeckung gemacht haben.*

---

04360 Alpes-de-H.-Pr. 🔟🔟 – 🗟🗟🗟 F9 G. Alpes du Sud – 580 h. – alt. 631.
🚩 Office du Tourisme, rue de la Bourgade 🖉 04 92 74 67 84, Fax 04 92 74 60 65, moustiers@wanadoo.fr
Paris 779 – Aix-en-Provence 91 – Castellane 45 – Digne-les-Bains 48 – Draguignan 61 – Manosque 52.

▲ **Le Vieux Colombier** avril-sept.
🖉 04 92 74 61 89, camping.vieux.colombier@wanadoo.fr,
Fax 04 92 74 61 89 – S : 0,8 km par D 952 – **R** conseillée
2,7 ha (70 empl.) en terrasses, peu incliné, incliné, pierreux,
herbeux
**Tarif :** 🔳 *2 pers.* 🔋 *(6A) 14,60 – pers. suppl. 3,80*
**Location :** 🚐 *306 à 546*
🚐

⟵ 🗝 GB ⚙ 🖵 ⚲ 🕭 🛏 🛁 🖫 🛁
🞉 😊 🚗 🔳 🛆 🛖
À prox. : ✖

▲ **St-Clair** Pâques-25 sept.
🖉 04 92 74 67 15, Fax 04 92 74 67 15 – S : 2,5 km, car-
refour des D 952 et D 957, bord de la Maïre et de l'Anguire
– **R̃**
3 ha (215 empl.) peu incliné, en terrasses, pierreux, herbeux
**Tarif :** 🔳 *2 pers.* 🔋 *14,20 – pers. suppl. 3,60*

⟵ 🗝 saison ⚲⚲ 🛏 🕭 🛁 🖫 🛆 🞉
🞉 😊 🔳 🖭 pizzeria, 🛆 cases
réfrigérées 🛖
À prox. : ✖

▲ **St-Jean** mai-22 sept.
🖉 04 92 74 66 85, camping-saint-jean@wanadoo.fr, Fax
04 92 74 66 85 – SO : 1 km par D 952, rte de Riez, bord de
la Maïre – **R** conseillée
1,6 ha (125 empl.) plat, peu incliné, herbeux
**Tarif :** 🔳 *2 pers.* 🔋 *(6A) 14,60 – pers. suppl. 3,70 – frais de*
*réservation 9*
**Location** 🛇 *:* 🚐 *260 à 450*
🚐

🛆 ⟵ 🗝 GB ⚙ ⚲⚲ 🛏 🕭 🛁 🖫
🞉 😊 🚗 ⛵ 🔳 🛖 ㎡

⚠ **Manaysse** 29 mars-2 nov.
℘ 04 92 74 66 71, *mail@camping-manaysse.com*, Fax 04 92 74 62 28 – SO : 0,9 km par D 952, rte de Riez « Au pied du village, face à la falaise du Verdon » – **R** conseillée 1,6 ha (97 empl.) incliné, terrasses, herbeux, gravier, plat
**Tarif :** ▣ *2 pers.* ⚡ *(10A) 12 – pers. suppl. 2,90*
**Location** *(20 juin-15 sept.) :* ⌂ *200 à 230*
⌂ *(30 empl.) – 12*

◄ ⚹ ⚤ 90 (0,5 ha) ⚹ ⚹ ⚹ ⚹ ⚹
⚹ ⚹ ⚹

## Le MOUTCHIC

33 Gironde – ᠍ E4 – rattaché à Lacanau (Étang de).

## Les MOUTIERS-EN-RETZ

44760 Loire-Atl. ᠍ – ᠍ D5 G. Poitou Vendée Charentes – 739 h. – alt. 5.
🅱 Office du Tourisme, 14 place de l'Eglise Madame ℘ 02 40 82 74 00, Fax 02 40 64 77 07, *tourisme@mairi e-lesmoutiersenret.fr*.
Paris 427 – Challans 35 – Nantes 46 – St-Nazaire 100.

⚠ **Le Village de la Mer** 15 juin-15 sept.
℘ 02 40 64 65 90, *info@le-village-de-la-mer.com*, Fax 02 51 74 63 17 – au bourg par sortie Est – **R** conseillée 7 ha (176 empl.) plat, herbeux
**Tarif :** ▣ *1 à 6 pers.* ⚡ *(8A) 26 à 44 – pers. suppl. 7,50 – frais de réservation 8*
**Location** *(avril-oct.) :* ⌂ *250 à 695*

⚹ GB ⚹ ⚹ ⚹ ⚹ ⚹ ⚹ ⚹ ⚹
⚹ ⚹ ⚹ ⚹ ⚹ ⚹ ⚹
À prox. : ⚹

&#x25B3; **Les Brillas** 15 mars-sept.
&#x2118; 02 40 82 79 78, Fax 02 40 64 79 52 – NO : 1,5 km
1,2 ha (96 empl.) peu incliné, herbeux
**Tarif :** &#x25A4; *2 pers.* &#x24BF; *(10A) 14,40 – pers. suppl. 2,30*

À prox. : (centre équestre)

## MOUZON

08210 Ardennes **7** – **306** M5 G. Champagne Ardenne – 2 637 h. – alt. 160.
Paris 271 – Carignan 8 – Charleville-Mézières 40 – Longwy 72 – Sedan 17 – Verdun 65.

&#x25B3; **Municipal la Tour St-Jérôme** 15 mai-15 sept.
&#x2118; 03 24 26 28 02, mairie-mouzon@wanadoo.fr, Fax 03 24
26 27 73 – sortie Sud-Est par r. Porte de Bourgogne et che-
min à droite après le pont, près du stade « Face au complexe
de loisirs » – **R** conseillée
0,5 ha (32 empl.) plat, herbeux
**Tarif :** (Prix 2002) &#x25A4; *2 pers.* &#x24BF; *9,50 – pers. suppl. 2,60*

À prox. :

## MOYAUX

14590 Calvados **5** – **303** O4 – 1 185 h. – alt. 160.
Paris 172 – Caen 64 – Deauville 29 – Lisieux 13 – Pont-Audemer 24.

&#x25B0; **Le Colombier** 3 mai-13 sept.
&#x2118; 02 31 63 63 08, mail@camping-lecolombier.com, Fax
02 31 63 15 97 – NE : 3 km par D 143, rte de Lieurey
« Piscine dans le jardin à la française du château » –
**R** conseillée
15 ha/6 campables (180 empl.) plat, herbeux
**Tarif :** &#x25A4; *2 pers.* &#x24BF; *(12A) 26,50 – pers. suppl. 6 – frais de
réservation 15*
&#x25A3;

verger (3 jours /semaine)
crêperie bibliothèque

## MOYENNEVILLE

80870 Somme **1** – **301** D7 – 565 h. – alt. 92.
Paris 196 – Abbeville 9 – Amiens 59 – Blangy-sur-Bresle 24 – Dieppe 62 – Le Tréport 32.

&#x25B3; **Le Val de Trie** 28 mars-2 nov.
&#x2118; 03 22 31 48 88, raphael@camping-levaldetrie.fr, Fax
03 22 31 55 33 – NO : 3 km, sur D 86, à Bouillancourt-sous-
Miannay, bord d'un ruisseau « Cadre champêtre » –
**R** conseillée
2 ha (100 empl.) plat, herbeux, petit étang
**Tarif :** &#x25A4; *2 pers.* &#x24BF; *(6A) 18,10 – pers. suppl. 3,90*
**Location :** &#x25A3; *290 à 525*

peupleraie

## MUIDES-SUR-LOIRE

41500 L.-et-Ch. **5** – **318** G5 – 1 115 h. – alt. 82.
**B** Syndicat d'Initiative, place de la Libération &#x2118; 02 54 87 58 36, Fax 02 54 87 58 36.
Paris 170 – Beaugency 17 – Blois 20 – Chambord 8 – Vendôme 53.

&#x25B0; **Château des Marais** 15 mai-15 sept.
&#x2118; 02 54 87 05 42, chateau.des.marais@wanadoo.fr, Fax
02 54 87 05 43 – au Sud-Est du bourg par D 103, rte de
Crouy-sur-Cosson, Pour caravanes : accès par D 112, rte de
Chambord et D 103 à droite « Dans l'agréable parc boisé du
château(XVIIᵉ s) » – **R** conseillée
8 ha (198 empl.) plat, herbeux
**Tarif :** &#x25A4; *2 pers.* &#x24BF; *(10A) 33 – pers. suppl. 6 – frais de réser-
vation 20*
**Location** &#x266C; : &#x1F3E1; *550 à 712* – &#x1F6CF; *(hôtel)*
&#x25A3;

À prox. : canoë

&#x25B3; **Municipal Bellevue** mai-14 sept.
&#x2118; 02 54 87 01 56, Fax 02 54 87 01 25 – au Nord du bourg
par D 112, rte de Mer et à gauche avant le pont, près de
la Loire
2,5 ha (100 empl.) plat, herbeux, sablonneux
**Tarif :** (Prix 2002) &#x25A4; *2 pers.* &#x24BF; *7,70 (en mai 8,10) – pers.
suppl. 2,30*

À prox. :

*Donnez-nous votre avis sur les terrains que nous recommandons.*
*Faites-nous connaître vos observations et vos découvertes.*

## MULHOUSE

68100 H.-Rhin 🔲 – 🔳🔳🔳 I10 G. Alsace Lorraine – 108 357 h. – alt. 240.
🔲 Office du Tourisme, 9 avenue du Maréchal Foch ℰ 03 89 35 48 48, Fax 03 89 45 66 16, ot@ville-mulhouse.fr.
Paris 467 – Basel 40 – Belfort 42 – Besançon 130 – Colmar 44 – Dijon 218 – Freiburg 59 – Nancy 174 – Reims 380.

⚠ **L'Ill** avril-sept.
ℰ 03 89 06 20 66, campingdelill@aol.com, Fax 03 89 61
18 34 – au Sud-Ouest de la ville, r. Pierre-de-Coubertin, par
autoroute A 36, sortie Dornach « Cadre boisé en bordure de
rivière » – **R** conseillée
5 ha (210 empl.) plat, herbeux
**Tarif** : (Prix 2002) 🔲 2 pers. (2) 13 – pers. suppl. 3,20 – frais
de réservation 15
**Location** ⚡ : 🔲 275 à 400 – bungalows toilés
🔲

## MUNSTER

68140 H.-Rhin 🔲 – 🔳🔳🔳 G8 G. Alsace Lorraine – 4 657 h. – alt. 400.
🔲 Office du Tourisme, 1 rue du Couvent ℰ 03 89 77 31 80, Fax 03 89 77 07 17, tourisme.munster@
wanadoo.fr.
Paris 459 – Colmar 20 – Gérardmer 33 – Guebwiller 40 – Mulhouse 60 – St-Dié 55 – Strasbourg 91.

⚠ **Municipal du Parc de la Fecht** 5 mai-14 sept.
ℰ 03 89 77 31 08, camping.munster@worldonline.fr,
Fax 03 89 77 04 55 – E : 1 km par D 10, rte de Turckheim
« Cadre boisé, au bord de la Fecht » – **R** conseillée
4 ha (260 empl.) plat, herbeux
**Tarif** : (Prix 2002) 🔲 2 pers. (2) 12,06 – pers. suppl. 2,98

## MURAT

15300 Cantal 🔲🔲 – 🔳🔳🔳 F4 G. Auvergne – 2 409 h. – alt. 930.
🔲 Office du Tourisme, 2 rue du faubourg Notre-Dame ℰ 04 71 20 09 47, Fax 04 71 20 21 94, ot.murat@
auvergne.net.
Paris 523 – Aurillac 50 – Brioude 60 – Issoire 73 – St-Flour 24.

⚠ **Municipal de Stalapos** mai-sept.
ℰ 04 71 20 01 83, Fax 04 71 20 20 63 – sortie Sud-Ouest
par N 122, rte de Aurillac puis 1 km par chemin à gauche,
bord de l'Alagnon – **R**
3,8 ha (250 empl.) plat et peu incliné, herbeux
**Tarif** : 🔲 2 pers. (2) (10A) 9,30 – pers. suppl. 2

## MURAT-LE-QUAIRE

63 P.-de-D. – 🔳🔳🔳 D9 – rattaché à la Bourboule.

## MUR-DE-BRETAGNE

22530 C.- d'Armor 🔲 – 🔳🔳🔳 E5 G. Bretagne – 2 049 h. – alt. 225 – Base de loisirs.
🔲 Office du Tourisme, place de l'église ℰ 02 96 28 51 41, Fax 02 96 28 59 44.
Paris 458 – Carhaix-Plouguer 50 – Guingamp 46 – Loudéac 20 – Pontivy 17 – Quimper 101 – St-Brieuc 43.

⚠ **Municipal du Rond Point du Lac** 15 juin-15 sept.
ℰ 02 96 26 01 90, Fax 02 96 26 09 12 – O : 2,4 km par D 18,
près de la base de loisirs du Lac de Guerlédan –
1,7 ha (133 empl.) non clos, plat, peu incliné, incliné, herbeux
**Tarif** : 🔲 2 pers (2) 7,75 – pers. suppl. 2,15

## MUROL

63790 P.-de-D. 🔲🔲 – 🔳🔳🔳 E9 G. Auvergne – 606 h. – alt. 830.
🔲 Office du Tourisme, rue de Jassaguet ℰ 04 73 88 62 62, Fax 04 73 88 60 23, ot.murol@grandevallee.com.
Paris 459 – Besse-en-Chandesse 10 – Clermont-Ferrand 37 – Condat 37 – Issoire 30 – Le Mont-Dore 19.

Schéma à Chambon (Lac)

⚠ **La Ribeyre** mai-15 sept.
ℰ 04 73 88 64 29, laribeyre@free.fr, Fax 04 73 88 68 41 –
S : 1,2 km rte de Jassat, bord d'un ruisseau « Dans une vallée
verdoyante » – **R** conseillée
10 ha (400 empl.) plat, herbeux
**Tarif** : 🔲 2 pers. (2) (6A) 21,10 – pers. suppl. 4,90 – frais de
réservation 15
**Location** ⚡ : 🔲 183 à 594 – 🔲 (sans sanitaires)

⚑ **Le Repos du Baladin** juin-15 sept.
   𝄞 04 73 88 61 93, *reposbaladin@free.fr*, Fax 04 73 88
66 41 – E : 1,5 km par D 146, rte de St-Diéry, **à Groire**
« Cadre agréable » – **R** conseillée
1,6 ha (62 empl.) plat et peu incliné, terrasses, herbeux
**Tarif :** ▣ *2 pers.* ⊠ *16,50 – pers. suppl. 3,50 – frais de réservation 12*
**Location** *(mai-15 sept.)* : 🚐 *200 à 550 –* ⊨

⚑ **Les Fougères** 26 avril-15 sept.
   𝄞 04 73 88 67 08, *camping-les-fougeres@wanadoo.fr*,
Fax 04 73 88 64 63 – O : 0,6 km par D 996, rte de Chambon-
Lac – **R** conseillée
1,7 ha (70 empl.) en terrasses, herbeux
**Tarif :** ▣ *2 pers.* ⊠ *16,40 – pers. suppl. 4 – frais de réservation 16*
**Location :** 🚐 *220 à 458 –* ☎ *220 à 565*

## MURS

84220 Vaucluse ▓▓ – ▓▓▓ E10 G. Provence – 391 h. – alt. 510.
Paris 708 – Apt 17 – Avignon 48 – Carpentras 26 – Cavaillon 27 – Sault 33.

⚑ **Municipal des Chalottes** vacances de printemps-
15 sept.
   𝄞 04 90 72 60 84, Fax 04 90 72 61 73 – sortie Sud par D 4,
rte d'Apt puis 1,8 km à droite par rte et chemin, après le
V.V.F. « Cadre boisé et situation agréable » – **R** conseillée
4 ha (50 empl.) peu incliné à incliné et accidenté, pierreux
**Tarif :** ▣ *2 pers.* ⊠ *12 – pers. suppl. 3*

## MURS-ET-GELIGNIEUX

01300 Ain ▓▓ – ▓▓▓ G7 – 188 h. – alt. 232.
Paris 510 – Aix-les-Bains 37 – Belley 16 – Chambéry 40 – Crémieu 41 – La Tour-du-Pin 25.

⚑ **Île de la Comtesse** 26 avril-6 sept.
   𝄞 04 79 87 23 33, *camping.comtesse@wanadoo.fr*, Fax
04 79 87 23 33 – SO : 1 km sur D 992, rte des Abrets
« Près du Rhône (plan d'eau) » – **R** indispensable
3 ha (100 empl.) plat, pierreux, herbeux
**Tarif :** ▣ *2 pers.* ⊠ *(6A) 23,50 – pers. suppl. 6*
**Location :** ☎ *290 à 590*
🚐 *(2 empl.) – 23,50*

## Le MUY

83490 Var ▓▓ – ▓▓▓ O5 – 7 248 h. – alt. 27.
🅱 Office du Tourisme, 6 route de la Bourgade 𝄞 04 94 45 12 79, Fax 04 94 45 06 67, *info@lemuy-tourisme.com*.
Paris 858 – Les Arcs 9 – Draguignan 14 – Fréjus 17 – Le Luc 27 – Ste-Maxime 23.

⚑ **Les Cigales** avril-2 nov.
   𝄞 04 94 45 12 08, *contact@les-cigales.com*, Fax 04 94 45
92 80 – SO : 3 km, accès par l'échangeur de l'autoroute A 8
et chemin à droite avant le péage « Cadre agréable » –
**R** conseillée
10 ha/4 campables (199 empl.) en terrasses, accidenté, pierreux, herbeux
**Tarif :** ▣ *2 pers.* ⊠ *(10A) 26 – pers. suppl. 5 – frais de réservation 8*
**Location :** ☎ *190 à 900*

## MUZILLAC

56190 Morbihan ▓ – ▓▓▓ Q9 – 3 471 h. – alt. 20.
🅱 Office du Tourisme, place de l'Hôtel de Ville 𝄞 02 97 41 53 04, Fax 02 97 41 65 42, *ot-pays-de-muillac@worldonline.fr*.
Paris 461 – Nantes 86 – Redon 36 – La Roche-Bernard 16 – Vannes 26.

⚑ **Le Relais de l'Océan** avril-sept.
   𝄞 02 97 41 66 48, Fax 02 97 48 65 88 ✉ 56190 Ambon –
O : 3 km par D 20, rte d'Ambon et rte de Damgan à gauche
– **R** conseillée
1,7 ha (90 empl.) plat, herbeux
**Tarif :** ▣ *2 pers.* ⊠ *(10A) 15,70 – pers. suppl. 3,30 – frais de réservation 16*
**Location :** 🚐 *166 à 331*

⚠ **Municipal** Pâques-sept.
   *𝒫 02 97 41 67 01, Fax 02 97 41 41 58 – E : par rte de Péaule
et chemin près du stade – **R** conseillée*
1 ha (100 empl.) plat, herbeux
**Tarif :** 🔲 *2 pers.* ⚡ *(10A) 11,20 – pers. suppl. 2,60*

> ⊶ 15 juin-15 sept. 🛐 ⚐ 🛖 ⌂ 🗄 ☖
> 🍴 ⊕ 🖼
> À prox. : ✕

**à Noyal-Muzillac** NE : 5 km par D 5 – 1 864 h. – alt. 52 – ✉ 56190 Noyal-Muzillac :

⚠ **Moulin de Cadillac** mai-sept.
   *𝒫 02 97 67 03 47, infos@moulin-cadillac.com, Fax 02 97 67
00 02 – NO : 4,5 km par rte de Berric « Entrée fleurie et cadre
agréable, au bord du Kervily » – **R** conseillée*
4 ha (145 empl.) non clos, plat, herbeux, petit étang, bois
attenant
**Tarif :** (Prix 2002) 🔲 *2 pers.* ⚡ *13,65 – pers. suppl. 3,50 –
frais de réservation 8*
**Location** (Pâques-sept) : 🚐 *120 à 400* – 🏠 *120 à 400*

> 🍴 ⊶ 🛐 ⚐ 🙎 🛖 ⌂ 🗄 ☖ 🛆
> 🌳 ⊕ 🖼 🏊 ▼ 🖼 🖇 salle
> d'animation 🚗 💫 🎿 parc animalier,
> terrain omnisports
> À prox. : poneys ✕

---

## NAGES

81320 Tarn **15** – **338** I8 – 321 h. – alt. 800 – Base de loisirs.
🅱 Syndicat d'Initiative, Ferme de Rieumontagné *𝒫 05 63 37 45 76, Fax 05 63 37 12 29, laouas@wanadoo.fr.*
Paris 720 – Brassac 36 – Lacaune 14 – Lamalou-les-Bains 45 – Olargues 35 – St-Pons-de-Thomières 35.

⚠ **Indigo Rieu-Montagné** 15 juin-15 sept.
   *𝒫 05 63 37 24 71, rieumontagne@camping-indigo.com,
Fax 05 63 37 15 42 – S : 4,5 km par D 62 et rte à gauche,
à 50 m du lac de Laouzas « Belle et agréable situation
dominante » – **R** conseillée*
8,5 ha (171 empl.) en terrasses, herbeux, pierreux
**Tarif :** 🔲 *2 pers.* ⚡ *(10A) 25 – pers. suppl. 4,50 – frais de
réservation 15*
**Location** (4 avril-oct.) : 🚐 *340 à 560* – 🏠 *250 à 650*

> 🍴 ≤ lac et montagnes boisées ⊶
> GB 🛐 ⚐ 🙎 (4 ha) 🛖 ⌂ 🗄 ☖ 🛆
> ⊕ 🌳 ⌕ 🖼 🏊 ▼ ✕ 🖿 🖇 🚗
> À prox. : 🚗 🚲 ⦿ ✕ 🖿 🛶 (plage)
> 🐎 🐴

---

## NAILLOUX

31560 H.-Gar. **14** – **343** H4 – 1 026 h. – alt. 285 – Base de loisirs.
Paris 724 – Auterive 15 – Castelnaudary 33 – Foix 50 – Pamiers 32 – Toulouse 36.

⚠ **Le Parc de la Thésauque** Permanent
   *𝒫 05 61 81 34 67, Fax 05 61 81 00 12 – E : 3,4 km par
D 622, rte de Villefranche-de-Lauragais, D 25 à gauche et
chemin, à 100 m du lac – **R** conseillée*
2 ha (60 empl.) en terrasses, herbeux
**Tarif :** (Prix 2002) 🔲 *2 pers.* ⚡ *(10A) 15,95 – pers. suppl. 3,40
- frais de réservation 9*

> 🍴 ⊶ GB 🛐 🙎 🏛 🛖 ⌂ 🗄 ☖
> ⊕ 🖼 ▼ pizzeria 🖇 🖿 🚗 🎿
> À prox. : 🚲 🖿

*383*

---

## NAIZIN

56500 Morbihan **3** – **308** O7 – 1 512 h. – alt. 106.
Paris 454 – Ploërmel 39 – Pontivy 15 – Rennes 106 – Vannes 42.

⚠ **Municipal de Coetdan** 15 avril-oct.
   *𝒫 02 97 27 43 27, Fax 02 97 27 46 82 – E : 0,6 km par D 17
et D 203 direction Réguiny « Cadre agréable près d'un plan
d'eau » – **R***
0,7 ha (28 empl.) plat et peu incliné, herbeux
**Tarif :** (Prix 2002) 🔲 *2 pers.* ⚡ *7,15 – pers. suppl. 1,52*

> 🛐 ⚐ 🙎 🛖 ⌂ ☖ 🛆 ⊕
> À prox. : parcours de santé, pédalos,
> ferme animalière 🚗 🖿

---

## NAJAC

12270 Aveyron **15** – **338** D5 G. Midi Pyrénées – 766 h. – alt. 315.
🅱 Office du Tourisme, place du Faubourg *𝒫 05 65 29 72 05, Fax 05 65 29 72 29, otsi.najac@wanadoo.fr.*
Paris 635 – Albi 50 – Cahors 85 – Gaillac 50 – Montauban 72 – Rodez 71 – Villefranche-de-Rouergue 20.

⚠ **Municipal le Païsserou** 28 mai-7 sept.
   *𝒫 05 65 29 73 96, sogeval@wanadoo.fr, Fax 05 65 29
37 10 – NO : 1,5 km par D 39, rte de Parisot, bord de l'Avey-
ron – **R** conseillée*
4 ha (100 empl.) plat, herbeux
**Tarif :** (Prix 2002) 🔲 *2 pers.* ⚡ *16- pers. suppl. 5*
**Location :** 🏠 *169 à 289 – gîte d'étape*

> 🍴 ⊶ GB 🛐 ⚐ 🙎🙎 🛖 ⌂ 🗄
> ☖ ⊕ 🖼 snack 🖇 🖿 🚣
> À prox. : ✕ 🎿 🐴

---

## NALLIERS

85370 Vendée **9** – **316** J9 – 1 763 h. – alt. 9.
Paris 440 – Fontenay-le-Comte 20 – Luçon 12 – Niort 53 – La Rochelle 42 – La Roche-sur-Yon 44.

⚠ **Municipal le Vieux Chêne** 15 mai-15 sept.
   *𝒫 02 51 30 90 71, Fax 02 51 30 94 06 – au Sud du bourg
– **R** conseillée*
1 ha (25 empl.) plat, herbeux
**Tarif :** (Prix 2002) 🔲 *2 pers.* ⚡ *9,30 – pers. suppl. 2*

> 🛐 ⚐ 🛖 ⌂ ☖ 🛆 ⊕ 🚗
> À prox. : ✕

## NAMPONT-ST-MARTIN

80120 Somme ❶ – ▦ D5 G. Picardie Flandres Artois – 242 h. – alt. 10.
Paris 216 – Abbeville 31 – Amiens 80 – Boulogne-sur-Mer 55 – Hesdin 25 – Le Touquet-Paris-Plage 28.

△△△ **La Ferme des Aulnes** 29 mars-2 nov.
  𝄪 03 22 29 22 69, *contact@fermedesaulnes.com*, Fax
  03 22 29 39 43 – SO : 3 km par D 85ᴱ, rte de Villier-
  sur-Authie, à Fresne – Places limitées pour le passage « Dans
  les dépendances d'une agréable ferme Picarde » –
  **R** conseillée
  4 ha (85 empl.) peu incliné, herbeux
  **Tarif :** ▣ *1 à 3 pers.* ⚡ *(6A) 27 – pers. suppl. 6*
  **Location :** ⛱ *310 à 500*

## NANS-LES-PINS

83860 Var ▦ – ▦ J5 – 2 485 h. – alt. 380.
🛈 Office du Tourisme, 2 cours Général-de-Gaulle 𝄪 04 94 78 95 91, Fax 04 94 78 60 07, *nanslespins-tourism e@wanadoo.fr*.
Paris 798 – Aix-en-Provence 44 – Brignoles 26 – Marseille 42 – Rians 35 – Toulon 71.

△△△ **International de la Ste-Baume** 24 mai-6 sept.
  𝄪 04 94 78 92 68, *ste-baume@wanadoo.fr*, Fax 04 94 78
  67 37 – N : 0,9 km par D 80 et à droite, Par A 8 : sortie
  St-Maximin-la-Ste-Baume – **R** conseillée
  5 ha (160 empl.) plat, peu incliné, pierreux, gravier
  **Tarif :** ▣ *2 pers.* ⚡ *(6A) 30*
  **Location :** ⛱ *580 à 680* – 🏠 *570 à 670 – bungalows toilés*

△ **Municipal la Petite Colle** Permanent
  𝄪 04 94 78 65 98, *campingmunicipallapetitecolle@wanado o.fr*, Fax 04 94 78 95 39 – S : 1,5 km par D 80, rte de la
  Ste-Baume et chemin à gauche « Cadre sauvage dans une
  forêt de chênes » – **R** conseillée
  1,1 ha (50 empl.) non clos, plat, pierreux, rochers, gravier
  **Tarif :** ▣ *2 pers.* ⚡ *(3A) 17 – pers. suppl. 4*

**384**

## NANT

12230 Aveyron ▦ – ▦ L6 G. Languedoc Roussillon – 773 h. – alt. 490.
🛈 Syndicat d'Initiative, 𝄪 05 65 62 25 12.
Paris 672 – Le Caylar 21 – Millau 33 – Montpellier 94 – St-Affrique 41 – Le Vigan 42.

△△△ **Val de Cantobre** 17 mai-14 sept.
  𝄪 05 65 58 43 00, *valdecantobre@bigfoot.com*, Fax 05 65
  62 10 36 – Domaine de Vellas, N : 4,5 km par D 991, rte de
  Millau et chemin à droite, bord de la Dourbie « Autour d'une
  vieille ferme caussenarde du XVᵉ siècle » – **R** conseillée
  6 ha (200 empl.) en terrasses, rocailleux, herbeux
  **Tarif :** ▣ *2 pers.* ⚡ *(4A) 27,50 – pers. suppl. 6,50*
  **Location :** ⛱ *240 à 595* – 🏠 *300 à 662*

▲ **Le Roc qui parle** avril-sept.
  𝒫 05 65 62 22 05, Fax 05 65 62 22 05 – NO : 2,4 km par D 991, rte de Millau, au lieu-dit les Cuns, bord de la Dourbie « Dans la vallée de la Dourbie » – **R** conseillée
  4,5 ha (88 empl.) plat, en terrasses et incliné, herbeux, pierreux
  **Tarif :** ▣ 2 pers. ⚡ 14 – pers. suppl. 3,70
  **Location :** ⌂ 256,20 à 370
  ⌂

## NANTES

44000 Loire-Atl. 🄰 – 🄳🄸🄶 G4 G. Bretagne – 244 995 h. – alt. 8.
🄱 Office du Tourisme, 7 rue de Valmy 𝒫 02 40 20 60 00, Fax 02 40 89 11 99, *office@nantes-tourisme.com.*
Paris 382 – Angers 88 – Bordeaux 325 – Lyon 658 – Quimper 232 – Rennes 110.

▲▲ **Le Petit Port** Permanent
  𝒫 02 40 74 47 94, *camping-petit-port@nge-nantes.fr*, Fax 02 40 74 23 06 ✉ 44300 Nantes – bd du Petit-Port, bord du Cens « Agréable décoration florale et arbustive » – ₨
  8 ha (200 empl.) plat, peu incliné, herbeux, gravillons
  **Tarif :** ▣ 2 pers. ⚡ (10A) 16,02 – pers. suppl. 2,80
  ⌂

à **Ste-Luce-sur-Loire** NE : 6 km par D 68 – 9 648 h. – alt. 9 – ✉ 44980 Ste-Luce-sur-Loire :

▲ **Belle Rivière** Permanent
  𝒫 02 40 25 85 81, *belleriviere@wanadoo.fr*, Fax 02 40 25 85 81 – NE : 2 km par D 68, rte de Thouaré puis, au lieu-dit la Gicquelière, 1 km par rte à droite, accès direct à un bras de la Loire – **R** conseillée
  3 ha (100 empl.) plat, herbeux
  **Tarif :** (Prix 2002) ▣ 2 pers. ⚡ (10A) 15 – pers. suppl. 3 – frais de réservation 15

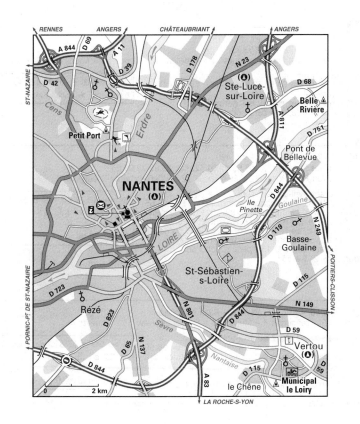

**à Vertou** SE : 10 km par D 59 – 18 235 h. – alt. 32 – ✉ 44120 Vertou :.

🛈 Office du Tourisme, place du Beau Verger 𝒫 02 40 34 12 22, Fax 02 40 34 06 86, *otsivertou@oceanet.fr*

⚠ **Municipal le Loiry** avril-sept.
𝒫 02 40 80 07 10, Fax 02 40 80 07 10 – au Sud du bourg, sur D 115, rte de Rezé, près de la Sèvre Nantaise et d'un plan d'eau « Dans un site verdoyant » – **R** conseillée
2 ha (73 empl.) plat, herbeux
**Tarif :** (Prix 2002) ▣ 2 pers. ⚡ (10A) 11,55 – pers. suppl. 2,20 🚗

☐ - au parc de loisirs : ♇ brasserie ♨
🚲 parcours sportif
À prox. : ♇ ✳ 🔲 🐎 (centre équestre)

---

*Kataloge der **MICHELIN–Veröffentlichungen** erhalten Sie beim Buchhändler und direkt von **Michelin** (Karlsruhe).*

---

## NARBONNE

11100 Aude 🔠 – 🔢 J3 G. Languedoc Roussillon – 45 849 h. – alt. 13.
🛈 Office du Tourisme, place Salengro 𝒫 04 68 65 15 60, Fax 04 68 65 59 12, *office.tourisme.narbonne@wanadoo.fr*.
Paris 792 – Béziers 34 – Carcassonne 61 – Montpellier 96 – Perpignan 64.

⚠ **Le Relais de la Nautique** mars-15 nov.
𝒫 04 68 90 48 19, *info@campinglanautique.com*, Fax 04 68 90 73 39 – S : 4,5 km, près de l'étang de Bages, Par A9 sortie 38 Narbonne-Sud – **R** conseillée
16 ha (390 empl.) plat et peu incliné, gravillons, herbeux
**Tarif :** ▣ 2 pers. ⚡ (10A) 27 – pers. suppl. 5 – frais de réservation 16
**Location :** 🏠 210 à 693 🚗

390 sanitaires individuels (♨ ♻ wc)
À prox. : ⚓

---

## NASBINALS

48260 Lozère 🔠 – 🔢 G7 – 503 h. – alt. 1 180.
🛈 Office du Tourisme, village 𝒫 04 66 32 55 73.
Paris 576 – Aumont-Aubrac 24 – Chaudes-Aigues 27 – Espalion 34 – Mende 52 – Rodez 64 – St-Flour 55.

⚠ **Municipal** 25 mai-sept.
𝒫 04 66 32 51 87, Fax 04 66 32 50 01 – NO : 1 km par D 12, rte de St-Urcize, alt. 1 100 – **R**
2 ha (75 empl.) plat et peu incliné, herbeux
**Tarif :** ▣ 2 pers. ⚡ 8,30 – pers. suppl. 2

À prox. : ✳ 🐎 (centre équestre)

---

## NAUCELLE

12800 Aveyron 🔠 – 🔢 G5 – 1 929 h. – alt. 490.
🛈 Office du Tourisme, place St-Martin 𝒫 05 65 47 04 32, Fax 05 65 72 03 03.
Paris 653 – Albi 47 – Millau 89 – Rodez 32 – St-Affrique 72 – Villefranche-de-Rouergue 43.

⚠ **Le Lac** courant avril-courant sept.
𝒫 05 65 69 33 20, *campingdulac@hotnail.com*, Fax 05 65 69 32 09 – sortie Sud-Est par D 997, rte de Naucelle-Gare puis 1,5 km par rte de Crespin et rte de St-Just à gauche, à 100 m de l'étang (accès direct) – **R** conseillée
3 ha (90 empl.) peu incliné, en terrasses, herbeux
**Tarif :** ▣ 2 pers. ⚡ (10A) 15 - pers. suppl. 3,50
**Location :** 🏠 213 à 533 🚗

snack ♨ ⌇ (petite piscine)
À prox. : ✳ 🐎

---

## NAUSSAC

48300 Lozère 🔠 – 🔢 L6 – 117 h. – alt. 920 – Base de loisirs.
Paris 580 – Grandrieu 26 – Langogne 3 – Mende 48 – Le Puy-en-Velay 53 – Thueyts 45.

⚠ **Intercommunal du Lac** avril-sept.
𝒫 04 66 69 29 62, *naussac@club-internet.fr*, Fax 04 66 69 24 78 – au Nord du bourg par D 26, rte de Saugues et à gauche, à 200 m du lac (accès direct) « Belle situation dominant le lac »
4,8 ha (198 empl.) incliné, en terrasses, herbeux, pierreux
**Tarif :** ▣ 2 pers. ⚡ (6A) 15 – pers. suppl. 3,50
**Location :** huttes

⌇ (petite piscine)
À prox. : ♇ ✳ 🐴 discothèque 🚲
✳ 🛥 (plage) 🐎

## NAVARRENX

64190 Pyr.-Atl. **13** – **342** H5 G. **Aquitaine** – 1 036 h. – alt. 125.

**🛈** Office du Tourisme, Porte St-Antoine ℰ 05 59 66 14 93, Fax 05 59 66 54 80.

Paris 800 – Oloron-Ste-Marie 23 – Orthez 22 – Pau 42 – St-Jean-Pied-de-Port 63 – Sauveterre-de-Béarn 22.

   ▲ *Municipal Beau Rivage* 31 mars-28 sept.
ℰ 05 59 66 10 00, Fax 05 59 66 11 01 – à l'Ouest du bourg, entre le Gave d'Oloron et les remparts du village – **R** conseillée
2 ha (60 empl.) en terrasses, plat, herbeux
**Tarif :** 🔲 *2 pers.* 🛢 *12,65 – pers. suppl. 3,15*
**Location :** *huttes*

## Le NAYRAC

12190 Aveyron **15** – **338** H3 – 581 h. – alt. 707.

Paris 596 – Aurillac 60 – Entraygues-sur-Truyère 17 – Espalion 19 – Rodez 45.

   ▲ *La Planque* juil.-août
ℰ 05 65 44 44 50, vert.tea.jeu@wanadoo.fr, Fax 05 65 44 44 50 – S : 1,4 km par D 97, rte d'Estaing puis chemin à gauche, bord d'un étang
3 ha (45 empl.) en terrasses, plat, herbeux
**Tarif :** 🔲 *2 pers.* 🛢 *9,50 – pers. suppl. 2,50*

## NÉBIAS

11500 Aude **15** – **344** D5 – 247 h. – alt. 581.

Paris 814 – Belcaire 27 – Carcassonne 58 – Lavelanet 28 – Quillan 10.

   ▲ *Le Fontaulié-Sud* mai-15 sept.
ℰ 04 68 20 17 62, lefontauliesud@free.fr
sortie Nord-Ouest par D 117 puis 0,6 km par chemin à gauche – **R**
3,5 ha (69 empl.) plat et incliné, herbeux, pinède
**Tarif :** 🔲 *2 pers.* 🛢 *(4A) 15 – pers. suppl. 3,50*
**Location** ✖ : 🛖 *210 à 460*

## NÉBOUZAT

63210 P.-de-D. **11** – **326** E8 – 658 h. – alt. 860.

Paris 437 – La Bourboule 34 – Clermont-Ferrand 20 – Pontgibaud 19 – St-Nectaire 25.

   ▲▲ *Les Dômes* 15 mai-15 sept.
ℰ 04 73 87 14 06, camping.les-domes@wanadoo.fr, Fax 04 73 87 18 81 – aux 4 Routes, par D 216, rte de Rochefort-Montagne, alt. 815 « Entrée fleurie, cadre verdoyant soigné » – **R** indispensable
1 ha (65 empl.) plat, herbeux
**Tarif :** 🔲 *2 pers.* 🛢 *(10A) 17 – pers. suppl. 5,50*
**Location** ✖ : 🛖 *257 à 428 – 🛏 297 à 495*
🛖 *(10 empl.)*

## NÈGREPELISSE

82800 T.-et-G. **14** – **337** F7 – 3 326 h. – alt. 87.

**🛈** Office de tourisme, Anc. Gare D 115 ℰ 05 63 64 23 47.

Paris 626 – Bruniquel 13 – Caussade 11 – Gaillac 46 – Montauban 18.

   ▲ *Municipal le Colombier* juin-sept.
ℰ 05 63 64 20 34, Fax 05 63 64 26 24 – au Sud-Ouest de la ville, près de la D 115 – **R** conseillée
1 ha (53 empl.) plat, en terrasses, herbeux, pierreux
**Tarif :** 🔲 *2 pers.* 🛢 *(10A) 9,20 – pers. suppl. 1,85*
🛖 *(15 empl.) – 9,20*

## NÉRIS-LES-BAINS

03310 Allier **11** – **326** C5 G. **Auvergne** – 2 831 h. – alt. 364.

**🛈** Office du Tourisme, Carrefour des Arènes ℰ 04 70 03 11 03, Fax 04 70 03 11 03.

Paris 339 – Clermont-Ferrand 83 – Montluçon 9 – Moulins 72 – St-Pourçain-sur-Sioule 55.

   ▲ *Municipal du Lac* mars-26 oct.
ℰ 04 70 03 24 70, neris-les-bains@wanadoo.fr, Fax 04 70 03 79 99 – au Sud-Ouest de la ville, par D 155, rte de Villebret, bord de la rivière « Situation agréable près de l'ancienne gare et d'un lac » – **R**
3,5 ha (135 empl.) plat et peu incliné, terrasse, herbeux, gravillons
**Tarif :** (Prix 2002) 🔲 *2 pers.* 🛢 *(10A) 11,74 – pers. suppl. 3,23*
**Location :** 🛏 *273,63 à 342,58 – studios, huttes*

## NESLES-LA-VALLÉE

95690 Val-d'Oise **6** – **305** E6 – 1 670 h. – alt. 41.
Paris 50 – Beauvais 46 – l'Isle-Adam 24 – Mantes-la-Jolie 53 – Pontoise 17.

▲ *Parc de Séjour de l'Étang* mars-oct.
    *&#x1F4DE;* 01 34 70 62 89, brehinier1@hotmail.com, Fax 01 64 70
62 89 – sortie Est par D 64, rte d'Isle-Adam et chemin à
gauche – Places limitées pour le passage – **R** conseillée
6 ha (135 empl.) plat, herbeux, étang
**Tarif :** 回 2 pers. 划 (9A) 15,35 – pers. suppl. 4

À prox. : pédalos %% 图 国 (découverte
l'été) 🐎 (centre équestre)

## NEUF-BRISACH

68600 H.-Rhin **8** – **315** J8 G. Alsace Lorraine – 2 092 h. – alt. 197.
**&#x1F6C8;** Office du Tourisme, place d'Armes *&#x1F4DE;* 03 89 72 56 66, Fax 03 89 72 91 73.
Paris 475 – Belfort 79 – Colmar 16 – Mulhouse 39.

▲▲ *Intercommunal l'Ile du Rhin* Permanent
    *&#x1F4DE;* 03 89 72 57 95, camping@shn.fr, Fax 03 89 72 14 21
    &#x2709; 68600 Biesheim – E : 5 km par N 415, rte de Fribourg
« Site et cadre agréables entre le Rhin et le canal d'Alsace »
– **R** conseillée
3 ha (251 empl.) plat et peu incliné, herbeux
**Tarif :** (Prix 2002) 回 2 pers. 划 (10A) 18,01 – pers. suppl. 3,75
**Location** %% : 🚐 160 à 450

À prox. : ski nautique, port de plaisance

## NEUFCHÂTEAU

88300 Vosges **7** – **314** C2 G. Alsace Lorraine – 7 803 h. – alt. 300.
**&#x1F6C8;** Office du Tourisme, 3 parking des Grandes-Ecuries *&#x1F4DE;* 03 29 94 10 95, Fax 03 29 94 10 89, ot.neufchatea
u@wanadoo.fr.
Paris 323 – Chaumont 58 – Contrexéville 28 – Épinal 75 – Langres 78 – Toul 43.

▲ *Municipal* 15 avril-15 oct.
    *&#x1F4DE;* 03 29 94 19 03, Fax 03 29 94 33 77 – sortie Ouest, rte
de Chaumont et à droite, rue G.-Joecker, près du complexe
sportif – **R**
0,8 ha (50 empl.) plat, herbeux
**Tarif :** 回 2 pers. 划 12,10 – pers. suppl. 2,30

À prox. : piste de skate-board %% 图 国

## NEUNG-SUR-BEUVRON

41210 L.-et-Ch. **6** – **318** H6 – 1 152 h. – alt. 102.
Paris 184 – Beaugency 33 – Blois 40 – Lamotte-Beuvron 20 – Romorantin-Lanthenay 21 – Salbris 26.

▲ *Municipal de la Varenne* 18 avril-sept.
    *&#x1F4DE;* 02 54 83 68 52, mairie-neungsurbeuvron@wanadoo.fr,
Fax 02 54 83 68 52 – NE : 1 km, accès par rue à gauche de
l'église, près du Beuvron « Agréable cadre boisé » –
**R** conseillée
4 ha (73 empl.) plat, peu incliné, herbeux, sablonneux
**Tarif :** 回 2 pers. 划 8,35 – pers. suppl. 1,80

chênaie

## NEUSSARGUES-MOISSAC

15170 Cantal **11** – **330** F4 – 1 231 h. – alt. 834.
**&#x1F6C8;** Syndicat d'Initiative, 2 place de la Gare *&#x1F4DE;* 04 71 20 56 69, Fax 04 71 20 50 82.
Paris 512 – Aurillac 60 – Brioude 50 – Issoire 63 – St-Flour 22.

▲▲ *Municipal de la Prade* 15 juin-15 sept.
    *&#x1F4DE;* 04 71 20 50 21, Fax 04 71 20 50 82 – sortie Ouest par
D 304, rte de Murat, bord de l'Alagnon – **R** conseillée
1 ha (32 empl.) en terrasses, plat, herbeux, petit bois
**Tarif :** 回 2 pers. 划 (6A) 7,65 – pers. suppl. 1,40
**Location** (permanent) : 🏠 185 à 305

## NEUVÉGLISE

15260 Cantal **11** – **330** F5 G. Auvergne – 1 078 h. – alt. 938.
**&#x1F6C8;** Office du Tourisme, Le Bourg *&#x1F4DE;* 04 71 23 85 43, Fax 04 71 23 85 43, neuveglise@wanadoo.fr.
Paris 532 – Aurillac 74 – Entraygues-sur-Truyère 69 – Espalion 68 – St-Chély-d'Apcher 43 – St-Flour 18.

▲▲ *Le Belvédère du Pont de Lanau* avril-15 oct.
    *&#x1F4DE;* 04 71 23 50 50, belvedere.cantal@wanadoo.fr, Fax
04 71 23 58 93 – S : 6,5 km par D 48, D 921, rte de
Chaudes-Aigues et chemin de Gros à droite, mise en place
des caravanes à la demande pour les empl. à forte pente, alt.
670 « Agréable situation dominante » – **R** conseillée
5 ha (120 empl.) en terrasses, herbeux, pierreux
**Tarif :** 回 2 pers. 划 (6A) 19,10 – pers. suppl. 3,20 – frais de
réservation 15,50
**Location :** 🚐 210 à 400

≤ gorges de la Truyère

## NEUVIC

19160 Corrèze **10** – **329** O3 G. Berry Limousin – 1 829 h. – alt. 620 – Base de loisirs.
**🖪** Office du Tourisme, rue de la Tour des 5 pierres 𝒫 05 55 95 88 78, Fax 05 55 95 94 84.
Paris 467 – Aurillac 78 – Mauriac 25 – Tulle 76 – Ussel 21.

   ⚠️ **Municipal du Lac** juil.-août
     𝒫 05 55 95 85 48, *bgaertner.villedeneuvic@wanadoo.fr*,
     Fax 05 55 95 05 30 – E : 2,3 km par D 20, rte de Bort-les-
     Orgues et rte de la plage à gauche, bord du lac de Triouzoune
     « Site agréable » – **R** conseillée
     5 ha (100 empl.) en terrasses, herbeux, gravillons
     **Tarif :** (Prix 2002) 🔲 *2 pers.* 🔌 *7,20 – pers. suppl.*
     *2,20*
     **Location** *(permanent)* : *gîtes*

---

## NEUVILLE-DE-POITOU

86 Vienne – **322** H4 – rattaché à Poitiers.

---

## NEUVILLE-SUR-SARTHE

72190 Sarthe **5** – **310** K6 – 2 121 h. – alt. 60.
Paris 208 – Beaumont-sur-Sarthe 20 – Conlie 20 – Le Mans 9 – Mamers 39.

   ⚠️ **Le Vieux Moulin** juil.-août
     𝒫 02 43 25 31 82, *vieux.moulin@wanadoo.fr*, Fax 02 43 25
     38 11 – sortie Ouest par rue du Vieux Moulin et chemin à
     gauche avant le pont, près de la Sarthe
     4,8 ha (100 empl.) plat, herbeux
     **Tarif :** 🔲 *2 pers.* 🔌 *(10A) 14 – pers. suppl. 3*
     **Location :** 🏚 *(sans sanitaires)*
     🚐

---

## NEUVY-ST-SÉPULCHRE

36230 Indre **10** – **323** G7 G. Berry Limousin – 1 722 h. – alt. 186.
Paris 295 – Argenton-sur-Creuse 24 – Châteauroux 29 – La Châtre 16 – Guéret 67 – La Souterraine 74.

   ⚠️ **Municipal les Frênes** 15 juin-15 sept.
     𝒫 02 54 30 82 51, Fax 02 54 30 88 94 – sortie Ouest par
     D 927, rte d'Argenton-sur-Creuse puis 0,6 km par rue à gau-
     che et chemin à droite, à 100 m d'un étang et de la Bouzanne
     1 ha (35 empl.) plat, herbeux
     **Tarif :** 🔲 *2 pers.* 🔌 *(20A) 11 – pers. suppl. 2*
     **Location** 🕸 : 🏚 *153 à 183*

---

## NÉVACHE

05100 H.-Alpes **12** – **334** H2 G. Alpes du Sud – 245 h. – alt. 1 640 – Sports d'hiver : 1 400/2 000 m ⚡ 2
⚡.
**🖪** Syndicat d'Initiative, 𝒫 04 92 21 38 19, Fax 04 92 20 51 72.
Paris 702 – Bardonècchia 18 – Briançon 21.

   ⚠️ **Fontcouverte** 15 juin-15 sept.
     𝒫 04 92 21 38 21 – NO : 6,2 km par D 301ᵀ, aux Chalets de
     Fontcouverte, croisement difficile pour caravanes, alt. 1 860
     « Site agréable au bord d'un torrent et près de la Clarée »
     – **R**
     2 ha (100 empl.) plat, peu incliné, terrasses, pierreux, her-
     beux
     **Tarif :** 🔲 *2 pers. 7,65 – pers. suppl. 1,80*

---

## NÉVEZ

29920 Finistère **3** – **308** I8 G. Bretagne – 2 574 h. – alt. 40.
**🖪** Office du Tourisme, place de l' Eglise 𝒫 02 98 06 87 90, Fax 02 98 06 73 09, *officedetourismeneve@
wanadoo.fr.*
Paris 543 – Concarneau 14 – Pont-Aven 8 – Quimper 39 – Quimperlé 26.

   ⚠️ **Les Chaumières** 15 mai-15 sept.
     𝒫 02 98 06 73 06, *campingdeschaumieres@wanadoo.fr*,
     Fax 02 98 06 78 34 – S : 3 km par D 77 et rte à droite, à
     Kérascoët – **R** conseillée
     3 ha (110 empl.) plat, herbeux
     **Tarif :** 🔲 *2 pers.* 🔌 *(6A) 13 – pers. suppl. 3,60*
     **Location** *(avril-sept.) :* 🚐 *220 à 457*

## NEXON

87800 H.-Vienne ⑩ – ③②⑤ E6 G. Berry Limousin – 2 297 h. – alt. 359.
🛈 Office du Tourisme, Conciergerie du Château ℘ 05 55 58 28 44, Fax 05 55 58 23 56.
Paris 413 – Châlus 19 – Limoges 23 – Nontron 53 – Rochechouart 37 – St-Yrieix-la-Perche 22.

▲ **Municipal de l'Étang de la Lande** juin-sept.
℘ 05 55 58 35 44, Fax 05 55 58 33 50 – S : 1 km par rte
de St-Hilaire, accès près de la pl. de l'Hôtel-de-Ville, près d'un
plan d'eau – **R** conseillée
2 ha (53 empl.) peu incliné, terrasse, herbeux
**Tarif :** 🔳 2 pers. ⚡ (6A) 9,40 – pers. suppl. 3 – frais de réser-
vation 30
**Location** (vacances de printemps-vacances de Toussaint) :
🏠 248 – huttes

## NEYDENS

74160 H.-Savoie ⑫ – ③②⑧ J4 – 957 h. – alt. 560.
Paris 525 – Annecy 35 – Bellegarde-sur-Valserine 33 – Bonneville 34 – Genève 16 – St-Julien-en-Genevois 5.

▲▲ **La Colombière** 20 avril-sept.
℘ 04 50 35 13 14, la.colombiere@wanadoo.fr, Fax 04 50
35 13 40 – à l'Est du bourg – **R** conseillée
2,2 ha (107 empl.) plat, herbeux, gravier
**Tarif :** 🔳 2 pers. ⚡ (6A) 25,50 – pers. suppl. 5 – frais de
réservation 12
**Location** (permanent) : 🏠 320 à 725 – gîte d'étape
🚐

## NIBELLE

45340 Loiret ⑥ – ③①⑧ K3 – 697 h. – alt. 123.
🛈 Office du Tourisme, 42 rue Saint-Sauveur ℘ 02 38 32 23 66, Fax 02 38 32 24 89.
Paris 102 – Chartres 90 – Châteauneuf-sur-Loire 24 – Neuville-aux-Bois 27 – Pithiviers 20.

▲▲▲ **Parc de Nibelle** mars-nov.
℘ 02 38 32 23 55, Fax 02 38 32 03 87 – E : 2 km par D 230,
rte de Boiscommun puis D 9 à droite « Agréable cadre boisé
et soigné » – **R** conseillée
10 ha (120 empl.) plat, pierreux, herbeux
**Tarif :** 🔳 2 pers. ⚡ 27,50 – pers. suppl. 11
**Location :** 🏠 500 à 699

## NIEDERBRONN-LES-BAINS

67110 B.-Rhin ⑧ – ③①⑤ J3 G. Alsace Lorraine – 4 372 h. – alt. 190 – ♨.
🛈 Office du Tourisme, 6 place de l'Hôtel de Ville ℘ 03 88 80 89 70, Fax 03 88 80 37 01, office@niederbron
n.com.
Paris 467 – Haguenau 22 – Sarreguemines 55 – Saverne 40 – Strasbourg 54 – Wissembourg 34.

▲ **Heidenkopf**
℘ 03 88 09 08 46, ClubVosgien@aol.com, Fax 03 88 09
08 46 – N : 3,5 km par rte de Bitche et RF à droite « A l'orée
de la forêt »
2 ha (85 empl.) en terrasses et peu incliné, herbeux

## NIORT

79000 Deux-Sèvres ⑨ – ③②② D7 G. Poitou Vendée Charentes – 57 012 h. – alt. 24.
🛈 Office du Tourisme, place Martin Bastard ℘ 05 49 24 18 79, Fax 05 49 24 98 90, info@ot-niort-paysniortais
poitevin.fr.
Paris 410 – Angoulême 117 – Bordeaux 184 – Limoges 164 – Nantes 142 – Poitiers 77 – Rochefort 62 –
La Rochelle 66.

▲ **Municipal Niort-Noron** avril-sept.
℘ 05 49 79 05 06, Fax 05 49 79 05 06 – Ouest par
bd de l'Atlantique, derrière le Parc des Expositions
et des Loisirs, bord de la Sèvre Niortaise « Décoration
arbustive »
1,9 ha (138 empl.) plat, herbeux, gravillons
**Tarif :** (Prix 2002) 🔳 2 pers. ⚡ (15A) 15,04 – pers. suppl. 2,76

*Si vous recherchez :*
*un terrain agréable ou très tranquille*
*avec piscine,*

*Consultez le tableau des localités citées, classées par départements.*

## NIOZELLES

04300 Alpes-de-H.-Pr. **17** – **334** D9 – 170 h. – alt. 450.
Paris 747 – Digne-les-Bains 48 – Forcalquier 7 – Gréoux-les-Bains 33 – Manosque 21 – Les Mées 24.

⚠ **Lac du Moulin de Ventre** avril-sept.
  𝒫 04 92 78 63 31, Fax 04 92 79 86 92 – E : 2,5 km par
  N 100, rte de la Brillanne « Au bord du Lauzon, près d'un plan
  d'eau » – **R** conseillée
  28 ha/3 campables (100 empl.) plat, en terrasses, peu incliné,
  herbeux, pierreux
  **Tarif :** 🖾 *2 pers.* (ḡ) *25 – pers. suppl. 5,50 – frais de réservation 23*
  **Location :** 🛏 *220 à 610 –* 🏠 *220 à 610 – appartements*

  *À prox. : canoë, pédalos*

## La NOCLE-MAULAIX

58250 Nièvre **11** – **319** F11 – 376 h. – alt. 330.
Paris 302 – Bourbon-Lancy 20 – Decize 32 – Gueugnon 36 – Luzy 19 – Nevers 65.

⚠ **Municipal de l'Etang Marnant** 15 mai-15 sept.
  𝒫 03 86 30 85 43 – sortie Ouest, par
  D 30 « Au bord d'un étang » – **R** conseillée
  1 ha (15 empl.) peu incliné, herbeux
  **Tarif :** (Prix 2002) 🖾 *1 ou 2 pers.* (ḡ) *9,90 – pers. suppl. 2,10*

  *À prox. :*

## NOGENT-LE-ROTROU

28400 E.-et-L. **5** – **311** A6 G. Normandie Vallée de la Seine – 11 591 h. – alt. 116.
🛈 Office du Tourisme, 44 rue Villette-Gaté 𝒫 02 37 29 68 86, Fax 02 37 29 68 86, nogent28tour@infonie.fr.
Paris 148 – Alençon 65 – Chartres 56 – Châteaudun 54 – Le Mans 75 – Mortagne-au-Perche 39.

⚠ **Municipal des Viennes**
  𝒫 02 37 52 80 51 – au Nord de la ville par av. des Prés
  (D 103) et rue des Viennes « Au bord de l'Huisne »
  0,5 ha (30 empl.) plat, herbeux

  *À prox. :*

## NOIRÉTABLE

42440 Loire **11** – **327** B5 G. Auvergne – 1 719 h. – alt. 720.
🛈 Office du Tourisme, 8 rue des Tilleuls 𝒫 04 77 24 93 04, Fax 04 77 24 94 78.
Paris 424 – Ambert 46 – Lyon 116 – Montbrison 45 – Roanne 44 – St-Étienne 91 – Thiers 25.

⚠ **Municipal de la Roche** avril-oct.
  𝒫 04 77 24 72 68, Fax 04 77 24 92 20 – S : 1 km par N 89
  et D 110 à droite « Au bord d'un plan d'eau » – **R** conseillée
  0,6 ha (40 empl.) plat et en terrasses, peu incliné, herbeux
  **Tarif :** 🖾 *2 pers.* (ḡ) *(10A) 7 – pers. suppl. 1,50*

  *À prox. :* 🍸 snack

## NOLAY

21340 Côte-d'Or **11** – **320** H8 G. Bourgogne – 1 551 h. – alt. 299.
🛈 Office du Tourisme, 24 rue de la République 𝒫 03 80 21 80 73, Fax 03 80 21 80 73, ot@nolay.com.
Paris 317 – Autun 29 – Beaune 20 – Chalon-sur-Saône 34 – Dijon 65.

⚠ **Municipal les Chaumes du Mont** 18 avril-14 sept.
  𝒫 03 80 21 79 61, contact@campingnolay.com
  SO : 0,8 km par D 33^A, rte de Couches « Près d'un plan d'eau »
  – **R**
  1,5 ha (70 empl.) en terrasses et peu incliné, herbeux
  **Tarif :** (Prix 2002) 🖾 *2 pers.* (ḡ) *11,73 – pers. suppl. 2,51*

⚠ **La Bruyère** Permanent
  𝒫 03 80 21 87 59, camping-la-bruyere@mutualite21-org,
  Fax 03 80 21 87 59 – O : 1,2 km par D 973, rte d'Autun et
  chemin à gauche – **R** conseillée
  1,2 ha (22 empl.) plat, terrasses, herbeux
  **Tarif :** 🖾 *2 pers. 12,20 – pers. suppl. 1,98*
  **Location :** 🏠 *203,52 à 271,36*

## NORT-SUR-ERDRE

44390 Loire-Atl. **4** – **316** G3 – 5 362 h. – alt. 13.
🛈 Office du Tourisme, 12 place du Bassin 𝒫 02 51 12 60 74, Fax 02 40 72 17 03.
Paris 373 – Ancenis 26 – Châteaubriant 36 – Nantes 32 – Rennes 82 – St-Nazaire 65.

⚠ **Municipal du Port-Mulon** mars-oct.
  𝒫 02 40 72 23 57, Fax 02 40 72 16 09 – S : 1,5 km par rte
  de l'hippodrome et à gauche, à 100 m de l'Erdre « Agréable
  chênaie »
  1,8 ha (70 empl.) plat, herbeux
  **Tarif :** 🖾 *2 ou 3 pers.* (ḡ) *8,60 – pers. suppl. 1,60*

  *À prox. : au plan d'eau : halte fluviale*

85 Vendée – **316** D6 – rattaché à St-Jean-de-Monts.

## NOUAN-LE-FUZELIER

41600 L.-et-Ch. **6** – **318** J6 – 2 274 h. – alt. 113.
🛈 Office du Tourisme, place de la Gare ✆ 02 54 88 76 75, Fax 02 54 88 19 91, *nouan.otsi@wanadoo.fr*.
Paris 178 – Blois 59 – Cosne-sur-Loire 75 – Gien 56 – Lamotte-Beuvron 8 – Orléans 45 – Salbris 13.

   ▲▲ ***La Grande Sologne*** avril-4 oct.
      ✆ 02 54 88 70 22, Fax 02 54 88 41 74 – sortie Sud par N 20
      puis chemin à gauche en face de la gare « Cadre boisé au
      bord d'un étang » – **R** conseillée
      10 ha/4 campables (180 empl.) plat, herbeux
      **Tarif :** 🗉 2 pers. 🔋 (10A) 12 – pers. suppl. 4 – frais de réser-
      vation 10

      À prox. : 🍴 ✖ ✂ ⬱

## Le NOUVION-EN-THIÉRACHE

02170 Aisne **2** – **306** E2 – 2 905 h. – alt. 185.
🛈 Syndicat d'Initiative, Hôtel de Ville ✆ 03 23 97 53 00, Fax 03 23 97 53 01, *mairie.nouvion@wanadoo.fr*.
Paris 198 – Avesnes-sur-Helpe 20 – Le Cateau-Cambrésis 19 – Guise 21 – Hirson 26 – Laon 60 – Vervins 28.

   ▲ ***Municipal du Lac de Condé*** 12 avril-15 oct.
      ✆ 03 23 98 98 58, *mairie.nouvion@wanadoo.fr*, Fax 03 23
      98 94 90 – S : 2 km par D 26 rte de Guise et chemin à gauche
      « A la lisière de la forêt, près d'un plan d'eau avec parc de
      loisirs »
      1,3 ha (56 empl.) plat et peu incliné, herbeux
      **Tarif :** 🗉 2 pers. 🔋 (8A) 11,15 – pers. suppl. 2,75

      À prox. : swin golf, bowling, piste de
      bi-cross 🍴 pizzeria ⬱ ⬱ ⬱

## NOVALAISE

73 Savoie – **333** H4 – voir à Aiguebelette (Lac d').

**392**

## NOVES

13550 B.-du-R. **16** – **340** E2 G. Provence – 4 021 h. – alt. 97.
Paris 692 – Arles 37 – Avignon 46 – Carpentras 33 – Cavaillon 17 – Marseille 87 – Orange 36.

   ▲ ***Marie Rose*** fermé janv.
      ✆ 04 90 95 41 64, Fax 04 90 95 41 64 – à Paluds-de-Noves,
      SE : 4 km par D 30, rte de St-Rémy-de-Provence et D 29, rte
      de Verquières à gauche – **R** conseillée
      1,3 ha (38 empl.) plat, herbeux
      **Tarif :** 🗉 2 pers. 🔋 (8A) 19 – pers. suppl. 4
      **Location** ✖ : 🚐 170 à 244 – 🏠 330 à 472

      🍴 ✖ crêperie ⬱ ⬱ ⬱

## NOYAL-MUZILLAC

56 Morbihan – **308** Q9 – rattaché à Muzillac.

## NOYANT-LA-GRAVOYÈRE

49520 M.-et-L. **4** – **317** D2 – 1 813 h. – alt. 95.
Paris 317 – Ancenis 46 – Angers 48 – Châteaubriant 33 – Laval 58 – Rennes 81 – Vitré 60.

   ▲▲ ***Parc de St-Blaise*** 26 avril-sept.
      ✆ 02 41 61 75 39 – N : 0,7 km à 200 m d'un étang (accès
      direct) et à proximité du site de la Mine Bleue
      1,2 ha (50 empl.) peu incliné à incliné, en terrasses, herbeux
      **Tarif :** 🗉 2 pers. 🔋 (5A) 10 – pers. suppl. 3

      🍴 ✖ crêperie ⬱ ⬱ ⬱

## NOZAY

44170 Loire-Atl. **4** – **316** G2 – 3 050 h. – alt. 50.
🛈 Office du Tourisme, 44 rue Alexis Letourneau ✆ 02 40 79 31 64, Fax 02 40 79 41 57, *otsi.noay@free.fr*.
Paris 385 – Bain-de-Bretagne 33 – Nantes 45 – Pontchâteau 45.

   ▲ ***Municipal Henri Dubourg*** 15 mai-14 sept.
      ✆ 02 40 87 94 33, *mairiedenozay44@wanadoo.fr*, Fax
      02 40 79 35 64 – sortie Nord par D 121, rte de Châ-
      teaubriant, à proximité d'un étang – **R** conseillée
      1 ha (25 empl.) plat, herbeux
      **Tarif :** (Prix 2002) 🗉 2 pers. 🔋 8,84 – pers. suppl. 1,83

      À prox. : ✖ 🖼 ⬱ ⬱

## NYOISEAU

49500 M.-et-L. **4** – **317** D2 G. Châteaux de la Loire – 1 233 h. – alt. 40.
Paris 316 – Ancenis 50 – Angers 47 – Châteaubriant 39 – Laval 47 – Rennes 86 – Vitré 60.

   ▲ **La Rivière** 15 juin-15 sept.
     ℰ 02 41 92 26 77 – SE : 1,2 km par D 71, rte de Segré et
     rte à gauche, bord de l'Oudon « Cadre agréable »
     1 ha (25 empl.) plat, herbeux
     **Tarif :** ▣ *2 pers.* ⓕ *8,75 – pers. suppl. 2,30*

À prox. : piste de bi-cross

## NYONS

26110 Drôme **16** – **332** D7 G. Provence – 6 353 h. – alt. 271.
**❼** Office du Tourisme, place de la Libération ℰ 04 75 26 10 35, Fax 04 75 26 01 57, *ot.nyons@wanadoo.fr*.
Paris 658 – Alès 109 – Gap 104 – Orange 43 – Sisteron 99 – Valence 98.

   ▲ **L'Or Vert** avril-sept.
     ℰ 04 75 26 24 85, *camping-or-vert@wanadoo.fr*, Fax
     04 75 26 17 89 ✉ 26110 Aubres – à Aubres, NE : 3 km par
     D 94, rte de Serres, bord de l'Eygues « Entrée fleurie » –
     **R** conseillée
     1 ha (79 empl.) plat et en terrasses, pierreux, gravillons, her-
     beux, petit verger
     **Tarif :** ▣ *2 pers.* ⓕ *(6A) 14,80 – pers. suppl. 3,50*

snack réfrigérateurs

## OBERBRONN

67110 B.-Rhin **8** – **315** J3 G. Alsace Lorraine – 2 075 h. – alt. 260.
Paris 469 – Bitche 25 – Haguenau 24 – Saverne 37 – Strasbourg 55 – Wissembourg 37.

   ▲▲ **Municipal Eichelgarten** 17 mars-16 nov.
     ℰ 03 88 09 71 96, Fax 03 88 09 65 12 – S : 1,5 km par D 28,
     rte d'Ingwiller et chemin à gauche « A la lisière d'une forêt »
     – **R** conseillée
     2,5 ha (148 empl.) plat et peu incliné, herbeux, pierreux
     **Tarif :** ▣ *2 pers.* ⓕ *(10A) 17,80 - pers. suppl. 3,10*
     **Location :** *gîte d'étape, huttes*

parcours sportif

## OBERNAI

67210 Bas-Rhin **8** – **315** I6 G. Alsace Lorraine – 9 610 h. – alt. 185.
**❼** Office du Tourisme, place du Beffroi ℰ 03 88 95 64 13, Fax 03 88 49 90 84, *otobernai@sdv.fr*.
Paris 495 – Colmar 49 – Erstein 15 – Molsheim 12 – Sélestat 27 – Strasbourg 35.

   ▲▲ **Municipal le Vallon de l'Ehn** Permanent
     ℰ 03 88 95 38 48, *levallondehn@sdv.fr*, Fax 03 88 48
     31 47 – sortie Ouest par D 426 rte d'Ottrott, pour carava-
     nes : accès conseillé par rocade au Sud de la ville –
     **R** conseillée
     3 ha (150 empl.) plat, peu incliné, herbeux
     **Tarif :** ▣ *2 pers.* ⓕ *(16A) 13 – pers. suppl. 3*

À prox. : parc public
(centre équestre)

## OCTON

34800 Hérault **15** – **339** E7 – 350 h. – alt. 185.
Paris 713 – Béziers 57 – Lodève 15 – Montpellier 56.

   ▲ **Le Mas de Carles** mai-15 oct.
     ℰ 04 67 96 32 33 – à 0,6 km au Sud-Est du bourg par
     D 148E « Agréable cadre fleuri autour d'un mas et en plein
     coeur des vignes » – **R** conseillée
     1 ha (40 empl.) plat et peu incliné, terrasses, herbeux,
     gravillons
     **Tarif :** (Prix 2002) ▣ *2 pers.* ⓕ *(10A) 19 – pers. suppl. 3,50*

À prox. :

## OFFRANVILLE

76550 S.-Mar. **1** – **304** G2 G. Normandie Vallée de la Seine – 3 059 h. – alt. 80.
Paris 191 – Abbeville 82 – Beauvais 105 – Caen 168 – Le Havre 105 – Rouen 60.

   ▲▲▲ **Municipal du Colombier** avril-15 oct.
     ℰ 02 35 85 21 14, Fax 02 35 04 52 67 – au bourg, par la
     r. Loucheur – Places limitées pour le passage « Dans
     l'enceinte de l'agréable parc de loisirs et floral » –
     **R** conseillée
     1,2 ha (103 empl.) plat, herbeux
     **Tarif :** (Prix 2002) ▣ *2 pers.* ⓕ *(10A) 15 – pers. suppl. 3,50*
     **Location :** 🏠 *176 à 270*

À prox. :
(centre équestre) et poneys

## OLIVET

45 Loiret – 318 I4 – rattaché à Orléans.

## Les OLLIÈRES-SUR-EYRIEUX

07360 Ardèche 16 – 331 J5 – 769 h. – alt. 200.
🛈 Office du Tourisme, Grande Rue ℰ 04 75 66 30 21, Fax 04 75 66 20 31.
Paris 597 – Le Cheylard 28 – Lamastre 33 – Montélimar 54 – Privas 20 – Valence 34.

▲▲▲ **Le Mas de Champel** 26 avril-20 sept.
ℰ 04 75 66 23 23, masdechampel@wanadoo.fr, Fax 04 75 66 23 16 – au Nord du bourg par D 120, rte de la Voulte-sur-Rhône et chemin à gauche, près de l'Eyrieux – **R** conseillée
4 ha (95 empl.) en terrasses, herbeux
**Tarif :** 🔲 2 pers. ⚡ 23,90 – pers. suppl. 5 – frais de réservation 25
**Location** ⚡ : 🛏 276 à 831 – bungalows toilés

▲▲▲ **Domaine des Plantas** 8 mai-13 sept.
ℰ 04 75 66 21 53, plantas-ardeche@wanadoo.fr, Fax 04 75 66 23 65 – à 3 km à l'Est du bourg par rte étroite, accès près du pont, bord de l'Eyrieux – **R** conseillée
27 ha/7 campables (100 empl.) en terrasses, pierreux, herbeux
**Tarif :** 🔲 2 pers. ⚡ (10A) 27 – pers. suppl. 6,50 – frais de réservation 20
**Location :** 🛏 260 à 630 – 🏠 300 à 685

▲▲ **Eyrieux-Camping** 5 avril-13 sept.
ℰ 04 75 66 30 08, Fax 04 75 66 30 08 – sortie Est par D 120, rte de la Voulte-sur-Rhône et chemin à droite, à 100 m de l'Eyrieux (accès direct) – **R** conseillée
3 ha (94 empl.) en terrasses, plat, herbeux
**Tarif :** 🔲 2 pers. ⚡ (6A) 18,50 – pers. suppl. 4,20 – frais de réservation 17
**Location :** 🛏 230 à 578 – 🏠 254 à 628

## OLMETO

2A Corse-du-Sud – 345 C9 – voir à Corse.

## OLONNE-SUR-MER

85 Vendée – 316 F8 – rattaché aux Sables-d'Olonne.

## OLORON-STE-MARIE

64400 Pyr.-Atl. 13 – 342 I5 G. Aquitaine – 11 067 h. – alt. 224.
🛈 Office du Tourisme, place de la Résistance ℰ 05 59 39 98 00, Fax 05 59 39 43 97, oloron-ste-marie@fnotsi.net.
Paris 823 – Bayonne 106 – Dax 83 – Lourdes 59 – Mont-de-Marsan 101 – Pau 35.

▲▲ **Le Stade** avril-sept.
ℰ 05 59 39 11 26, marc-tibi@free.fr, Fax 05 59 36 12 01 – S : 4,5 km, direction Saragosse – **R** conseillée
5 ha (170 empl.) plat, herbeux
**Tarif :** 🔲 2 pers. ⚡ (6A) 13,50 – pers. suppl. 3
**Location** (permanent) : 🛏 150 à 245 – 🏠 235 à 390 🛏

## ONDRES

40400 Landes 13 – 335 C13 – 3 100 h. – alt. 37.
🛈 Office du tourisme, avenue de la Plage ℰ 05 59 45 27 73, Fax 05 59 45 27 73, ot.ondres@wanadoo.fr.
Paris 763 – Bayonne 8 – Biarritz 15 – Dax 47.

▲▲ **Le Lac** Permanent
ℰ 05 59 45 28 45, contact@camping-du-lac.fr, Fax 05 59 45 29 45 – N : 2,2 km par N 10 puis D 26, rte d'Ondres-Plage puis direction le Turc, chemin à droite, près d'un étang – **R** conseillée
3 ha (100 empl.) plat, terrasses, herbeux, sablonneux
**Tarif :** 🔲 2 pers. ⚡ (10A) 26 – pers. suppl. 3,50 – frais de réservation 16
**Location** ⚡ : 🛏 250 à 590 – 🏠 270 à 650 – bungalows toilés

## ONZAIN

41150 L.-et-Ch. **5** – **318** E6 G. Châteaux de la Loire – 3 080 h. – alt. 69.
**𝟏** Syndicat d'initiative – Mairie ℘ 02 54 20 72 59, Fax 02 54 20 74 34.
Paris 202 – Amboise 21 – Blois 20 – Château-Renault 24 – Montrichard 23 – Tours 44.

**⩕⩕⩕ Le Dugny** Permanent
℘ 02 54 20 70 66, info@camping-de-dugny.fr, Fax 02 54
33 71 69 – NE : 4,3 km par D 58, rte de Chouzy-sur-Cisse,
D 45 rte de Chambon-sur-Cisse et chemin à gauche, bord
d'un étang – **R** conseillée
8 ha (226 empl.) peu incliné, herbeux, pierreux
**Tarif :** 回 *2 pers.* ⅏ *(10A) 23 – pers. suppl. 8*
**Location :** ⎕⎕ *220 à 590 –* ⎕ *235 à 650*
⊞ *(25 empl.) – 25*

À prox. : stage ULM, location de quad

**⩕ Municipal** mai-août
℘ 02 54 20 85 15, mairie@ville-onzain.fr, Fax 02 54 20
74 34 – SE : 1,5 km par D 1, rte de Chaumont-sur-Loire, à
300 m de la Loire « Cadre ombragé et verdoyant » – **R**
1,4 ha (70 empl.) plat, herbeux
**Tarif :** 回 *2 pers.* ⅏ *(10A) 5,81 – pers. suppl. 2,06*

À prox. : ✕

## ORANGE

84100 Vaucluse **16** – **332** B9 G. Provence – 26 964 h. – alt. 97.
**𝟏** Office du Tourisme, 5 cours Aristide-Briand ℘ 04 90 34 70 88, Fax 04 90 34 99 62, officetourisme@infonie.fr.
Paris 659 – Alès 85 – Avignon 31 – Carpentras 24 – Montélimar 55 – Nîmes 56.

**⩕⩕⩕ Le Jonquier** 28 mars-sept.
℘ 04 90 34 49 48, joel.denis@waika9.com, Fax 04 90 51
16 97 – NO : par N 7 rte de Montélimar et rue à gauche
passant devant la piscine, quartier du Jonquier, rue Alexis-
Carrel, par A 7 : sortie Nord, D 17 rte de Caderousse et che-
min à droite – **R** conseillée
2,5 ha (100 empl.) plat, herbeux
**Tarif :** 回 *2 pers.* ⅏ *(6A) 24,20 – pers. suppl. 4 – frais de
réservation 15*
**Location :** ⎕⎕ *250 à 680*
⊞

cases réfrigérées
(petite piscine) poneys

## ORBEC

14290 Calvados **5** – **303** O5 G. Normandie Vallée de la Seine – 2 642 h. – alt. 110.
**𝟏** Office d'Initiative, 2 rue Guillonière ℘ 02 31 61 12 35, Fax 02 31 61 22 09, omact.orbec@wanadoo.fr.
Paris 173 – L'Aigle 38 – Alençon 79 – Argentan 52 – Bernay 18 – Caen 85 – Lisieux 21.

**⩕ Municipal les Capucins** 25 mai-10 sept.
℘ 02 31 32 76 22 – NE : 1,5 km par D 4 rte de Bernay et
chemin à gauche, au stade « Cadre verdoyant très soigné »
1 ha (42 empl.) plat, herbeux
**Tarif :** 回 *2 pers* ⅏ *8,40 – pers. suppl. 2*

À prox. : ✕

## ORBEY

68370 H.-Rhin **8** – **315** G8 G. Alsace Lorraine – 3 282 h. – alt. 550.
**𝟏** Office du Tourisme, ℘ 03 89 71 30 11, Fax 03 89 71 34 11.
Paris 433 – Colmar 23 – Gérardmer 42 – Munster 21 – Ribeauvillé 21 – St-Dié 37 – Sélestat 40.

**⩕ Les Moraines** Permanent
℘ 03 89 71 25 19 – SO : 3,5 km rte des lacs, à Pairis, bord
d'un ruisseau, alt. 700 – **R** conseillée
1 ha (46 empl.) plat et peu incliné, herbeux, gravier
**Tarif :** 回 *2 pers.* ⅏ *(6A) 15,95 – pers. suppl. 3,85*

À prox. : ✕

## ORCET

63670 P.-de-D. **11** – **326** G8 – 2 522 h. – alt. 400.
Paris 427 – Billom 16 – Clermont-Ferrand 15 – Issoire 24 – St-Nectaire 30.

**⩕⩕⩕ Clos Auroy** Permanent
℘ 04 73 84 26 97, camping.le.clos.auroy@wanadoo.fr, Fax
04 73 84 26 97 – à 200 m au Sud du bourg, près de l'Auzon
« Belle délimitation arbustive des emplacements » –
**R** conseillée
3 ha (91 empl.) plat et en terrasses, herbeux
**Tarif :** 回 *2 pers.* ⅏ *(10A) 18,20 – pers. suppl. 3,60 – frais
de réservation 10*
**Location** ✍ **:** ⎕⎕ *210 à 475*
⊞

À prox. : ✕

## ORCIÈRES

05170 H.-Alpes **17** – **334** F4 G. Alpes du Nord – 841 h. – alt. 1 446 – Sports d'hiver : à Orcières-Merlette : 1 850/2 650 m ⛷ 2 ⛷ 26 ⛷ – Base de loisirs.
🛈 Office du Tourisme, Maison du Tourisme ☎ 04 92 55 89 89, Fax 04 92 55 89 75, *orcieres@telepost.fr*.
Paris 681 – Briançon 110 – Gap 32 – Grenoble 117 – La Mure 75 – St-Bonnet-en-Champsaur 25.

⚠ **Base de Loisirs** juil.-août
☎ 04 92 55 76 67, Fax 04 92 55 79 46 – à 3,4 km au Sud-Ouest d'Orcières, à la base de loisirs, à 100 m du Drac Noir et près d'un petit plan d'eau, alt. 1 280 « Site agréable » – **R** conseillée
1,2 ha (48 empl.) non clos, plat, pierreux, gravillons
**Tarif :** ▣ 3 pers. ⚡ (6A) 15 – pers. suppl. 1,90
**Location :** gîte d'étape

| |
|---|
| ⟰ ≤ montagnes **GB** ⚲ ⚲ ⚲ ⚲ ⚲ |
| ⟰ ☺ ▣ ⚲ snack |
| À prox. : parcours de santé ⚲ ⚲ ⚲ |
| ⚲ |

## ORCIVAL

63210 P.-de-D. **11** – **326** E8 G. Auvergne – 283 h. – alt. 840.
🛈 Office du Tourisme, Le bourg mairie ☎ 04 73 65 89 77, Fax 04 73 65 89 78.
Paris 444 – Aubusson 83 – Clermont-Ferrand 27 – Le Mont-Dore 17 – Rochefort-Montagne 5 – Ussel 55.

⚠ **L'Étang de Fléchat** mai-15 sept.
☎ 04 73 65 82 96 – S : 1,5 km par D 27, rte du Mont-Dore puis 2,5 km par D 74, rte de Rochefort-Montagne et chemin à droite, alt. 920 – **R**
3 ha (83 empl.) plat, peu incliné et en terrasses, herbeux
**Tarif :** ▣ 2 per. ⚡ 17,60
**Location :** 🏠 290 à 397

| |
|---|
| ⟰ ≤ ⚲ **GB** ⚲ ⚲ ⚲ ⚲ ⚲ ⚲ |
| ⚲ ⚲ ☺ ▣ ⚲ brasserie ⚲ ⚲ |
| ⚲ |

## ORDINO

Principauté d'Andorre – **343** H9 – voir à Andorre.

## ORGNAC-L'AVEN

07 Ardèche – **331** I8 – voir à Ardèche (Gorges de l').

## ORINCLES

65380 H.-Pyr. **14** – **342** M6 – 236 h. – alt. 360.
Paris 857 – Bagnères-de-Bigorre 16 – Lourdes 13 – Pau 52 – Tarbes 14.

⚠ **Aire Naturelle le Cerf Volant** 15 mai-15 oct.
☎ 05 62 42 99 32, Fax 05 62 42 99 32 – S : 2,2 km par D 407 et chemin en face, à 300 m du D 937, bord d'un ruisseau « Autour d'une ferme » – **R** conseillée
1 ha (23 empl.) non clos, plat et terrasse, herbeux
**Tarif :** ▣ 2 pers. ⚡ (15A) 8,25 – pers. suppl. 2

| |
|---|
| ⟰ ⚲ ⚲ ⚲ ⚲ ⚲ ⚲ ☺ ⚲ ⚲ |

## ORLÉANS

45000 Loiret **6** – **318** I4 G. Châteaux de la Loire – 105 111 h. – alt. 100.
🛈 Office du Tourisme, 6 rue Albert 1er ☎ 02 38 24 05 05, Fax 02 38 54 49 84, *office-de-tourisme.orleans@wanadoo.fr*.
Paris 133 – Caen 310 – Clermont-Ferrand 297 – Dijon 303 – Limoges 267 – Le Mans 143 – Reims 275 – Rouen 208.

**à Olivet** Sud : 5 km par av. Loiret et bords – 17 572 h. – alt. 100 – ✉ 45160 Olivet.
🛈 Office du Tourisme, 236 rue Paul Genain ☎ 02 38 63 49 68, Fax 02 38 63 50 45

⚠ **Municipal** avril-15 oct.
☎ 02 38 63 53 94, Fax 02 38 63 58 96 – SE : 2 km par D 14, rte de St-Cyr-en-Val « Situation agréable au confluent du Loiret et du Dhuy » – **R** conseillée
1 ha (46 empl.) plat, herbeux
**Tarif :** (Prix 2002) ▣ 2 pers. ⚡ 12,67

| |
|---|
| ⚲ **GB** ⚲ ⚲ ⚲ ⚲ ⚲ ⚲ ⚲ ⚲ |
| ☺ ⚲ ⚲ ▣ ⚲ |
| À prox. : ⚲ ⚲ |

## ORLÉAT

63 P.-de-D. – **326** H7 – rattaché à Thiers.

Ⓜ *Ce signe distingue certains terrains d'équipement sanitaire moderne.*

## ORNANS

25290 Doubs 12 – 321 G4 G. Jura – 4 016 h. – alt. 355.
Office du Tourisme, 7 rue Pierre Vernier ✆ 03 81 62 21 50, Fax 03 81 62 02 63.
Paris 429 – Baume-les-Dames 42 – Besançon 25 – Morteau 48 – Pontarlier 35 – Salins-les-Bains 37.

**Le Chanet** mars-oct.
✆ 03 81 62 23 44, *contact@chanet.com*, Fax 03 81 62 13 97 – SO : 1,5 km par D 241, rte de Chassagne-St-Denis et chemin à droite, à 100 m de la Loue – **R** conseillée
1,4 ha (95 empl.) incliné et peu incliné, herbeux
**Tarif :** *2 pers. (10A) 16,40 – pers. suppl. 3,20 – frais de réservation 15*
**Location :** *130 à 250 – gîte d'étape*

À prox. :

***Ce guide n'est pas un répertoire de tous les terrains de camping mais une sélection des meilleurs camps dans chaque catégorie.***

## ORNOLAC-USSAT-LES-BAINS

09400 Ariège 14 – 343 H8 G. Midi Pyrénées – 215 h. – alt. 500.
Paris 794 – Ax-les-Thermes 24 – Foix 22 – Lavelanet 37 – Vicdessos 19.

**Ariège Evasion** Permanent
✆ 05 61 05 11 11, *contact@ariegevasion.com*, Fax 05 61 05 11 11 – à 1 km au Sud-Est du bourg, bord de l'Ariège (rive droite) – **R** conseillée
1 ha (60 empl.) plat, herbeux, pierreux
**Tarif :** *2 pers. (10A) 11.40 – pers. suppl. 3,70*
**Location :**

snack

## ORPIERRE

05700 H.-Alpes 16 – 334 C7 G. Alpes du Sud – 335 h. – alt. 682.
Office du Tourisme, Le Village ✆ 04 92 66 30 45, Fax 04 92 66 32 52.
Paris 692 – Château-Arnoux 47 – Digne-les-Bains 71 – Gap 54 – Serres 20 – Sisteron 32.

**Les Princes d'Orange** avril-28 oct.
✆ 04 92 66 22 53, *campingorpierre@wanadoo.fr*, Fax 04 92 66 31 08 – à 300 m au Sud du bourg, à 150 m du Céans, accès à certains emplacements par forte pente, mise en place et sortie des caravanes à la demande « Site agréable » – **R** conseillée
20 ha/4 campables (100 empl.) plat et peu incliné, en terrasses, pierreux, herbeux
**Tarif :** *2 pers. (4A) 17,50 – pers. suppl. 3,75 – frais de réservation 9,50*
**Location :** *235 à 455 – 265 à 515*

Orpierre et montagnes (2 ha)
À prox. :

## ORTHEZ

64300 Pyr.-Atl. 13 – 342 H4 G. Aquitaine – 10 159 h. – alt. 55 – Base de loisirs.
Office du Tourisme, rue Bourg-Vieux ✆ 05 59 69 02 75, Fax 05 59 69 12 00.
Paris 769 – Bayonne 74 – Dax 39 – Mont-de-Marsan 57 – Pau 47.

**Municipal la Source** mai-sept.
✆ 05 59 67 04 81, *tourisme.orthez@wanadoo.fr*, Fax 05 59 69 12 00 – à 1,5 km à l'Est de la ville sur la route reliant N 117 (accès conseillé) et D 933, bord d'un ruisseau – **R** conseillée
2 ha (28 empl.) plat et peu incliné, herbeux
**Tarif :** *2 pers. (10A) 9,25 – pers. suppl. 2,50*
**Location** *(avril-sept.) : 230 à 350*

À prox. :

## OSSÈS

64780 Pyr.-Atl. 13 – 342 E5 – 692 h. – alt. 102.
Paris 808 – Biarritz 42 – Cambo-les-Bains 22 – Pau 103 – St-Étienne-de-Baïgorry 11 – St-Jean-Pied-de-Port 15.

**Aire Naturelle Mendikoa** 15 juin-15 sept.
✆ 05 59 37 73 67 – sortie Sud par D 918, rte de St-Jean-Pied-de-Port puis 1,7 km par chemin à gauche, croisement difficile pour caravanes « sur les terres d'une ferme » – **R** conseillée
1 ha (25 empl.) plat, peu incliné, herbeux
**Tarif :** *1 à 5 pers. (3A) 4,50 à 10,50*

## OUNANS

39380 Jura 🔢 – 🔢 D5 – 323 h. – alt. 230.
Paris 385 – Arbois 16 – Arc-et-Senans 13 – Dole 24 – Poligny 25 – Salins-les-Bains 21.

  ▲▲ **La Plage Blanche** avril-oct.
      ✆ 03 84 37 69 63, reservation@la-plage-blanche.com, Fax
      03 84 37 60 21 – N : 1,5 km par D 71, rte de Montbarey et
      chemin à gauche « Au bord de la Loue » – **R** conseillée
      5 ha (220 empl.) plat, herbeux
      **Tarif :** 🔲 2 pers. 🔋 18,30 – pers. suppl. 4,70
      **Location :** bungalows toilés

  ▲▲ **Le Val d'Amour** avril-sept.
      ✆ 03 84 37 61 89, camping@levaldamour.com, Fax 03 84
      37 78 69 – sortie Est par D 472 direction Chambray « Arbres
      et arbustes offrent un beau cadre harmonieux » –
      **R** conseillée
      3,7 ha (100 empl.) plat, herbeux, verger
      **Tarif :** 🔲 2 pers. 🔋 (10A) 15,60 – pers. suppl. 4,10
      **Location :** 🏠 150 à 430

## OUROUX-EN-MORVAN

58230 Nièvre 🔢 – 🔢 G8 G. Bourgogne – 838 h. – alt. 555.
🅱 Office du Tourisme, place Jean Gautherin ✆ 03 86 78 20 11, Fax 03 86 78 25 36, otsi.ouroux.en.morvan @wanadoo.fr.
Paris 264 – Autun 44 – Avallon 48 – Château-Chinon 23 – Clamecy 53 – Nevers 75 – Saulieu 34.

  ▲ **Les Genêts** mai-sept.
      ✆ 03 86 78 22 88, otsi.ouroux-en-morvan@wanadoo.fr,
      Fax 03 86 78 25 36 – sortie Nord-Ouest par D 17, rte de
      Lormes et D 232 à gauche, rte de Pannecière « Cadre
      verdoyant »
      1 ha (70 empl.) en terrasses, plat et peu incliné, herbeux
      **Tarif :** 🔲 2 pers. 🔋 (5A) 11,90 – pers. suppl. 2,60

## OUST

09140 Ariège 🔢 – 🔢 F7 – 449 h. – alt. 500.
Paris 804 – Aulus-les-Bains 17 – Castillon-en-Couserans 31 – Foix 61 – St-Girons 18 – Tarascon-sur-Ariège 50.

  ▲▲ **Les Quatre Saisons** Permanent
      ✆ 05 61 96 55 55, Fax 05 61 04 48 62 – sortie Sud-Est par
      D 32, rte d'Aulus-les-Bains, près du Garbet – **R** conseillée
      3 ha (108 empl.) plat, herbeux
      **Tarif :** 🔲 2 pers. 🔋 (5A) 16,50 – pers. suppl. 4,50
      **Location :** 🏠 228 à 550 – 🛏 – appartements

## OUZOUS

65 H.Pyr. – 🔢 L6 – rattaché à Argelès-Gazost.

## OYE-PLAGE

62215 P.-de-C. 🔢 – 🔢 F2 – 5 678 h. – alt. 4.
Paris 295 – Calais 18 – Cassel 42 – Dunkerque 28 – St-Omer 36.

  ▲▲ **Les Oyats** mai-sept.
      ✆ 03 21 85 15 40, billiet.nicolas@wanadoo.fr, Fax 03 28 60
      38 33 – NO : 4,5 km, 272 Digue Verte, à 100 m de la plage
      (accès direct) « Belle décoration arbustive » – **R** conseillée
      4,5 ha (150 empl.) plat, herbeux, sablonneux
      **Tarif :** 🔲 2 pers. 🔋 (2A) 18,60 – pers. suppl. 4,80

## La PACAUDIÈRE

42310 Loire 🔢 – 🔢 C2 – 1 182 h. – alt. 363.
🅱 Syndicat d'Initiative, Le Petit Louvre ✆ 04 77 64 11 06, Fax 04 77 64 11 06.
Paris 372 – Lapalisse 24 – Marcigny 21 – Roanne 25 – Thiers 77 – Vichy 49.

  ▲▲ **Municipal Beausoleil** mai-sept.
      ✆ 04 77 64 11 50, Fax 04 77 64 14 40 – E : 0,7 km par D 35
      rte de Vivans et à droite, près du terrain de sports et du
      collège
      1 ha (35 empl.) peu incliné, herbeux
      **Tarif :** 🔲 2 pers. 🔋 8,90 – pers. suppl. 2

## PADIRAC

46500 Lot **13** – **337** G2 – 160 h. – alt. 360.
**☑** Office du Tourisme, Le Bourg *℘* 05 65 33 47 17, Fax 05 65 33 47 18,.
Paris 531 – Brive-la-Gaillarde 50 – Cahors 68 – Figeac 40 – Gourdon 47 – Gramat 10 – St-Céré 17.

▲▲▲ **Les Chênes** mai-14 sept.
*℘* 05 65 33 65 54, *les«soul»chenes@hotmail.com*, Fax
05 65 33 71 55 – NE : 1,5 km par D 90, rte du Gouffre –
**R** conseillée
5 ha (120 empl.) peu incliné et incliné, en terrasses, pierreux,
herbeux
**Tarif :** 🔲 *2 pers.* 🔌 *(6A) 23,50 – pers. suppl. 6,50 – frais de
réservation 15,24*
**Location :** 🚐 *230 à 580 –* 🏠 *215 à 620 – bungalows toilés*
🚐

**Voir aussi à Miers et Thégra** – 168 h. – alt. 360

---

## PAIMPOL

22500 C.-d'Armor **3** – **309** D2 G. Bretagne – 7 856 h. – alt. 15.
**☑** Office de tourisme, place de la Réoublique *℘* 02 96 20 83 16, Fax 02 96 55 11 12.
Paris 494 – Guingamp 29 – Lannion 42 – St-Brieuc 47.

▲ **Municipal de Cruckin-Kérity** Pâques-sept.
*℘* 02 96 20 78 47, *camping.cruckin@wanadoo.fr*, Fax 02 96
20 75 42 – à Kérity, SE : 2 km par D 786, rte de St-Quay-
Portrieux, attenant au stade, à 100 m de la plage de Cruckin
– **R** conseillée
2 ha (155 empl.) plat, herbeux
**Tarif :** (Prix 2002) 🔲 *2 ou 3 pers. 11,40 – pers. suppl. 2,65*

---

## PAIMPONT

35380 I.-et-V. **4** – **309** I6 G. Bretagne – 1 385 h. – alt. 159.
**☑** Syndicat d'Initiative, 5 esplanade de Brocéliande *℘* 02 99 07 84 23.
Paris 390 – Dinan 59 – Ploërmel 26 – Redon 48 – Rennes 41.

▲ **Municipal Paimpont Brocéliande** mai-sept.
*℘* 02 99 07 89 16 – sortie Nord par D 773, à proximité de
l'étang – **R**
1,5 ha (90 empl.) plat, herbeux
**Tarif :** (Prix 2002) 🔲 *2 pers.* 🔌 *(5A) 10,10 – pers. suppl. 2,40*
🚐

---

## PALADRU

38850 Isère **12** – **333** G5 G. Vallée du Rhône – 770 h. – alt. 503.
Paris 523 – Annecy 84 – Chambéry 47 – Grenoble 42 – Lyon 71.

▲ **Municipal le Calatrin**
*℘* 04 76 32 37 48, *Calatrin@aol.com*
à la sortie du bourg, direction Charavines
2 ha (60 empl.) en terrasses, plat, herbeux

---

## Le PALAIS

56 Morbihan – **308** M10 – voir à Belle-Ile-en-Mer.

---

## PALAU-DEL-VIDRE

66690 Pyr.-Or. **15** – **344** I7 – 2 004 h. – alt. 26.
**☑** Syndicat d'Initiative, *℘* 04 68 22 14 50, Fax 04 68 89 67 65.
Paris 870 – Argelès-sur-Mer 8 – Le Boulou 16 – Collioure 15 – La Jonquera 29 – Perpignan 18.

▲▲▲ **Le Haras** 20 mars-20 oct.
*℘* 04 68 22 14 50, Fax 04 68 37 98 93 – sortie Nord-Est par
D 11 « Agréable décoration arbustive et florale » –
**R** conseillée
2,3 ha (75 empl.) plat, herbeux
**Tarif :** 🔲 *2 pers.* 🔌 *(10A) 25,50 – pers. suppl. 4,80 – frais
de réservation 16*
**Location :** 🚐 *252 à 560*

## PALINGES

71430 S.-et-L. **11** – **320** F10 – 1 630 h. – alt. 274.
Paris 350 – Charolles 16 – Lapalisse 71 – Lyon 138 – Mâcon 69 – Paray-le-Monial 18.

  ▲  **Municipal le Lac** juin-août
         ℘ 03 85 88 14 49, Fax 03 85 88 12 96 – NE : 1 km par D 128,
         rte de Génelard « Près d'un plan d'eau »
         1,5 ha (30 empl.) en terrasses, peu incliné, herbeux
         **Tarif :** ▣ *2 pers.* 〔ϟ〕 *13,29 – pers. suppl. 1,24*

        À prox. : ≊ (plage)

---

## PALISSE

19160 Corrèze **10** – **329** O3 – 256 h. – alt. 650.
Paris 462 – Aurillac 87 – Clermont-Ferrand 103 – Mauriac 34 – Le Mont-Dore 76 – St-Flour 120 – Tulle 50 – Ussel 21.

  ▲▲  **Le Vianon** 12 avril-12 oct.
         ℘ 05 55 95 87 22, camping.vianon@wanadoo.fr, Fax 05 55
         95 98 45 – N : 1,1 km par D 47, rte de Combressol et rte
         à droite – **R** conseillée
         4 ha (60 empl.) plat et peu incliné, terrasses, herbeux, gravillons, étang, forêt
         **Tarif :** ▣ *2 pers.* 〔ϟ〕 *(6A) 20,90 – pers. suppl. 5,50 – frais de réservation 15*
         **Location :** 🛖 *250 à 640 – bungalows toilés*

        snack
        À prox. : golf (centre équestre)

---

## La PALMYRE

17 Char.-Mar. – **324** C5 – rattaché aux Mathes.

---

## PAMPELONNE

81190 Tarn **15** – **338** F6 – 715 h. – alt. 430.
🅱 Syndicat d'Initiative, ℘ 05 63 76 39 66, Fax 05 63 76 32 09.
Paris 662 – Albi 31 – Baraqueville 24 – Cordes-sur-Ciel 30 – Rieupeyroux 33.

  ▲  **Thuriès** 15 juin-août
         ℘ 05 63 76 44 01, campthuries@wanadoo.fr, Fax 05 63 76
         92 78 – NE : 2 km par D 78, bord du Viaur « Site agréable »
         – **R** conseillée
         1 ha (35 empl.) plat, herbeux
         **Tarif :** ▣ *2 pers.* 〔ϟ〕 *12,35 – pers. suppl. 3,35 – frais de réservation 10*

---

## PARAMÉ

35 I.-et-V. – **309** K3 – voir à St-Malo.

---

## PARCOUL

24410 Dordogne **9** – **329** B4 G. Périgord Quercy – 363 h. – alt. 70.
Paris 503 – Bergerac 70 – Blaye 70 – Bordeaux 79 – Périgueux 66.

  ▲▲  **Le Paradou** 15 mai-15 sept.
         ℘ 05 53 91 42 78, le.paradou.24@wanadoo.fr, Fax 05 53
         90 49 92 – SO : 2 km par D 674 rte de La Roche-Chalais, au
         parc de loisirs – **R** conseillée
         20 ha/4 campables (100 empl.) plat, herbeux, pierreux
         **Tarif :** ▣ *2 pers.* 〔ϟ〕 *(10A) 11 – pers. suppl. 3*
         **Location :** 🚐 *240 à 400 –* 🛖 *195 à 360*

        À prox. : au parc de loisirs : pédalos
        cafétéria
        (étang)

---

## PARENTIS-EN-BORN

40160 Landes **13** – **335** E8 G. Aquitaine – 4 056 h. – alt. 32.
🅱 Office du Tourisme, place du Général-de-Gaulle ℘ 05 58 78 43 60, Fax 05 58 78 43 60, oft@parentis.com.
Paris 659 – Arcachon 42 – Bordeaux 75 – Mimizan 25 – Mont-de-Marsan 76.

  ▲▲  **La Forêt Lahitte** avril-sept.
         ℘ 05 58 78 47 17, laforet3@wanadoo.fr, Fax 05 58 78
         43 64 – O : 3,5 km, au lieu-dit le Lac, pour les caravanes, accès
         conseillé par la D 652, rte de Biscarrosse et chemin à gauche
         « Au bord du lac » – **R** conseillée
         3 ha (135 empl.) non clos, plat, sablonneux
         **Tarif :** ▣ *1 ou 2 pers.* 〔ϟ〕 *(10A) 26 – pers. suppl. 6 – frais de réservation 16*
         **Location :** 🚐 *183 à 625 –* 🛖 *168 à 574 – huttes*

        pinède
        crêperie, snack
        réfrigérateurs
        À prox. :

▲▲ *Municipal Pipiou*
    𝒫 05 58 78 57 25, *pipiou@parentis.com*, Fax 05 58 78 93 17 – O : 2,5 km par D 43 et rte à droite, à 100 m de l'étang
    6 ha (324 empl.) plat, sablonneux
    **Location :** 🚐

▲ *L'Arbre d'Or* avril-oct.
    𝒫 05 58 78 41 56, Fax 05 58 78 49 62 – O : 1,5 km par D 43 rte de l'étang – **R** conseillée
    4 ha (200 empl.) non clos, plat, sablonneux, herbeux
    **Tarif :** (Prix 2002) 🔲 *1 à 5 pers.* (ᵻ) *13,20 à 21,60 – pers. suppl. 3,40*
    **Location :** 🚐 *275 à 579*

---

## PARIS

75 Seine 🔢 Plans : 10 11 12 et 14 G. Paris – 2 152 333 h.

**Au Bois de Boulogne** – ✉ 75016 Paris

▲▲ *Le Bois de Boulogne* Permanent
    𝒫 01 45 24 30 00, *resa@mobilhome-paris.com*, Fax 01 42 24 42 95 – réservé aux usagers résidant hors de l'Île de France, allée du Bord de l'Eau, entre le pont de Suresnes et le pont de Puteaux, bord de la Seine – **R** conseillée
    7 ha (510 empl.) plat, gravillons, herbeux
    **Tarif :** 🔲 *2 pers.* (ᵻ) *(10A) 31 – pers. suppl. 6,10 – frais de réservation 11*
    **Location :** 🚐 *336 à 574*
    🚐

---

## PARTHENAY

79200 Deux-Sèvres 🔢 – 🔢🔢🔢 E5 G. Poitou Vendée Charentes – 10 809 h. – alt. 175 – Base de loisirs.
Paris 377 – Bressuire 32 – Châtellerault 77 – Fontenay-le-Comte 68 – Niort 42 – Poitiers 49 – Thouars 41.

▲▲ *Le Bois Vert* mai-15 sept.
    𝒫 05 49 63 38 81, *camping-boisvert@cc-parthenay.fr*, Fax 05 49 63 38 81 – sortie Sud-Ouest rte de la Roche-sur-Yon et à droite après le pont sur le Thouet, près d'un plan d'eau – **R** conseillée
    2 ha (86 empl.) plat, herbeux
    **Tarif :** 🔲 *2 pers.* (ᵻ) *(10A) 19 – pers. suppl. 4,60 – frais de réservation 10*

---

## PAUILLAC

33250 Gironde 🔢 – 🔢🔢🔢 G3 G. Aquitaine – 5 670 h. – alt. 20.
🅱 Office du Tourisme, La Verrerie 𝒫 05 56 59 03 08, Fax 05 56 59 23 38, *Tourismeetvindepauillac@wanadoo.fr*.
Paris 628 – Arcachon 117 – Blaye 16 – Bordeaux 55 – Lesparre-Médoc 23.

▲▲ *Municipal les Gabarreys* 4 avril-11 oct.
    𝒫 05 56 59 10 03, *camping.les.gabarreys@wanadoo.fr*, Fax 05 56 73 30 68 – S : 1 km par rue de la Rivière, près de la Gironde – **R** conseillée
    1,6 ha (59 empl.) plat, gravillons, herbeux
    **Tarif :** 🔲 *2 pers.* (ᵻ) *(10A) 16,80 – pers. suppl. 4 – frais de réservation 8,50*
    **Location** ⚡ : 🚐 *248 à 500*
    🚐

---

## PAULHAGUET

43230 H.-Loire 🔢🔢 – 🔢🔢🔢 D2 – 921 h. – alt. 562.
🅱 Office du Tourisme, place Lafayette 𝒫 04 71 76 62 67, Fax 04 71 76 62 67, *OT.Paulhaguet@Haut-Allier.com*.
Paris 499 – Brioude 17 – La Chaise-Dieu 24 – Langeac 15 – Le Puy-en-Velay 47.

▲ *La Fridière* avril-14 oct.
    𝒫 04 71 76 65 54 – SE : par D 4, bord de la Senouire – **R** conseillée
    3 ha (40 empl.) plat, herbeux
    **Tarif :** (Prix 2002) 🔲 *2 pers.* (ᵻ) *13,72 – pers. suppl. 3,05*

▲▲▲▲ ... ▲
*Terrains particulièrement agréables dans leur ensemble et dans leur catégorie.*

401

## PAYRAC

46350 Lot **13** – **337** E3 – 492 h. – alt. 320.

**El** Office du Tourisme, Maison des Associations ℰ 05 65 37 94 27, Fax 05 65 37 94 27, *payrac@wanadoo.fr*.
Paris 531 – Bergerac 102 – Brive-la-Gaillarde 54 – Cahors 48 – Figeac 61 – Périgueux 100 – Sarlat-la-Canéda 29.

**⚠ Les Pins** avril-15 sept.
ℰ 05 65 37 96 32, *info@les-pins-camping.com*, Fax 05 65 37 91 08 – sortie Sud par N 20 rte de Cahors – **R** conseillée
4 ha (125 empl.) plat, peu incliné, en terrasses, herbeux
**Tarif :** ▣ *2 pers.* [½] *21,60 – pers. suppl. 5,30 – frais de réservation 16*
**Location :** ⌂ *139 à 375* – ⌂ *215 à 660* – ⌂ *215 à 690*
⌂

---

## PAYZAC

07230 Ardèche **16** – **331** G7 G. *Vallée du Rhône* – 4 h. – alt. 300.
Paris 672 – Aubenas 32 – Largentière 22 – Privas 62 – Vallon-Pont-d'Arc 29 – Villefort 33.

**⚠ Lou Cigalou** juin-1er sept.
ℰ 04 75 39 48 68 – E : 1 km par rte de Lablachère et chemin à droite « Cadre agréable » – **R** conseillée
1,2 ha (25 empl.) plat et en terrasses, herbeux
**Tarif :** ▣ *2 pers.* [½] *(6A) 12,20 – pers. suppl. 2,80*
**Location :** ⌂ *130 à 230*

---

## PÉGOMAS

06580 Alpes-Mar. **17** – **341** C6 – 4 618 h. – alt. 18.
**El** Office du Tourisme, 287 avenue de Grasse ℰ 04 93 42 85 17, Fax 04 93 42 85 17, *officedetourisme@pegomas.com*.
Paris 902 – Cannes 11 – Draguignan 59 – Grasse 9 – Nice 40 – St-Raphaël 38.

**à St-Jean** SE : 2 km par D 9 rte de Cannes – ⊠ 06550 la Roquette-sur-Siagne :

**⚠ St-Louis** avril-sept.
ℰ 04 92 19 23 13, Fax 04 92 19 23 14 – NO : 1 km par D 9 – Places limitées pour le passage – **R** conseillée
5 ha (200 empl.) en terrasses et peu incliné, herbeux
**Tarif :** (Prix 2002) ▣ *2 ou 3 pers.* [½] *(6A) 32,50 – pers. suppl. 6*
**Location :** ⌂ *275 à 625*

---

## PENDÉ

80230 Somme **1** – **301** C7 – 1 055 h. – alt. 5.
Paris 212 – Abbeville 23 – Amiens 76 – Blangy-sur-Bresle 34 – Le Tréport 20.

**⚠ La Baie** Pâques-15 oct.
ℰ 03 22 60 72 72 – N : 2 km, à Routhiauville, r. de la Baie – Places limitées pour le passage – **R** conseillée
1,2 ha (107 empl.) plat, herbeux, sablonneux
**Tarif :** ▣ *2 pers.* [½] *(6A) 12,60 – pers. suppl. 2,75*

---

## PÉNESTIN

56760 Morbihan **4** – **308** Q10 – 1 394 h. – alt. 20.
**El** Office du Tourisme, allée du Grand Pré ℰ 02 99 90 37 74, Fax 02 99 90 47 08, *information@penestin.com*.
Paris 459 – La Baule 29 – Nantes 85 – La Roche-Bernard 18 – St-Nazaire 43 – Vannes 46.

**⚠ Inly** 29 mars-28 sept.
ℰ 02 99 90 35 09, *inly-info@wanadoo.fr*, Fax 02 99 90 40 93 – SE : 2 km par D 201 et rte à gauche – Places limitées pour le passage « Au bord d'un étang » – **R** conseillé
30 ha (500 empl.) plat, herbeux, étang
**Tarif :** ▣ *2 pers.* [½] *28,60 – pers. suppl. 5 – frais de réservation 12*
**Location :** ⌂ *250 à 600*

**⚠ Les Îles** avril-4 oct.
ℰ 02 99 90 30 24, *contact@camping-des-iles.fr*, Fax 02 99 90 44 55 – bord de mer – S : 4,5 km par D 201 à droite, à la Pointe du Bile « En bordure d'Océan » – **R** conseillée
3,5 ha (184 empl.) plat, herbeux, étang
**Tarif :** ▣ *2 pers.* [½] *(6A) 31,30 – pers. suppl. 4 – frais de réservation 18*
**Location :** ⌂ *195 à 630* – ⌂ *240 à 695*
⌂

△△△ **Le Cénic** mai-28 sept.
⌀ 02 99 90 45 65, *info@lecenic.com*, Fax 02 99 90 45 05 –
E : 1,5 km par D 34 rte de la Roche-Bernard, bord
d'un étang « Bel ensemble aquatique couvert » –
**R** conseillée
5,5 ha (220 empl.) plat, peu incliné, herbeux
**Tarif :** 🔲 *2 pers.* 🔌 *22 – pers. suppl. 5 – frais de réservation 15*
**Location** *(15 avril-22 sept) :* 🚐 *220 à 510 –* 🏠 *250 à 550
– bungalows toilés*
🚐

△ **Les Parcs** avril.-sept.
⌀ 02 99 90 30 59, *lesparcs@club-internet.fr*, Fax 02 99 90
37 42 – E : 0,5 km par D 34 rte de la Roche-Bernard –
**R** conseillée
2,5 ha (75 empl.) plat et peu incliné, herbeux
**Tarif :** 🔲 *2 pers.* 🔌 *(5A) 16,40 – pers. suppl. 3,90 – frais de
réservation 15*
**Location** *(avril-3 nov.) :* 🚐 *180 à 480*

△ **Kerfalher** mai-sept.
⌀ 02 99 90 33 45 – S : 2,6 km par D 201 et rte à droite, à
500 m de la mer – **R** conseillée
2 ha (90 empl.) plat, herbeux
**Tarif :** 🔲 *2 pers.* 🔌 *(6A) 15 – pers. suppl. 3*
🚐

*Keine bezahlte Reklame im* **MICHELIN-Führer.**

---

## PENMARCH

29760 Finistère 🞥 – 🚼🚼🚼 E8 G. Bretagne – 6 272 h. – alt. 7.
🅱 Office du Tourisme, place Maréchal Davout St-Pierre ⌀ 02 98 58 81 44, Fax 02 98 58 86 62, *otpenmarch
@wanadoo.fr.*
Paris 593 – Audierne 39 – Douarnenez 46 – Pont-l'Abbé 12 – Quimper 31.

△ **Municipal de Toul ar Ster** 15 juin-15 sept.
⌀ 02 98 58 86 88, Fax 02 98 58 41 57 – SE : 1,4 km par rte
de Guilvinec par la côte et rte à droite, à 100 m de la plage
(accès direct)
3 ha (202 empl.) plat, herbeux, sablonneux
**Tarif :** 🔲 *2 pers.* 🔌 *10,65 – pers. suppl. 2,35*

*403*

---

## PENNE-D'AGENAIS

47140 L.-et-G. 🔟🖿 – 🚼🚼🚼 G3 G. Aquitaine – 2 394 h. – alt. 207.
🅱 Office du Tourisme, rue du 14 juillet ⌀ 05 53 41 37 80, Fax 05 53 41 40 86, *mgarrouste@aol.com*
Paris 637 – Agen 33 – Bergerac 68 – Bordeaux 157 – Cahors 60.

△ **Municipal du Lac de Ferrié** 15 juin-août
⌀ 05 53 41 30 97, *tourisme@ville-pennedagenais.fr*, Fax
05 53 36 25 29 – SO : 1,4 km par D 159, direction Hautefage
par D 103, au bord de l'étang et d'un bassin aménagé –
**R** conseillée
1,6 ha (69 empl.) plat et peu incliné, herbeux
**Tarif :** 🔲 *2 pers.* 🔌 *(10A) 14,50 – pers. suppl. 3,50*
**Location** *(permanent) :* 🏠 *164 à 352 – gîtes*

---

## Le PENON

40 Landes – 🚼🚼🚼 C12 – rattaché à Seignosse.

---

## PENTREZ-PLAGE

29550 Finistère 🞥 – 🚼🚼🚼 F5.
Paris 594 – Brest 54 – Châteaulin 18 – Crozon 18 – Douarnenez 22 – Quimper 32.

*Schéma à Plomodiern*

△△ **Ker-Ys** mai-15 sept.
⌀ 02 98 26 53 95, *camping-kerys@wanadoo.fr*, Fax 02 98
26 52 48 – près de la plage – **R** conseillée
3 ha (190 empl.) plat et peu incliné, herbeux
**Tarif :** 🔲 *2 pers.* 🔌 *(5A) 15,20 – pers. suppl. 3,70*
**Location :** 🚐 *200 à 430*

## PÉRIGUEUX

24000 Dordogne **10** – **329** F4 G. Périgord Quercy – 30 280 h. – alt. 86.

**🛈** Office du Tourisme, 26 place Francheville ✆ 05 53 53 10 63, Fax 05 53 09 02 50, *tourisme.perigueux@perigord.tm.fr*.

Paris 482 – Agen 139 – Albi 237 – Angoulême 85 – Bordeaux 129 – Brive-la-Gaillarde 75 – Limoges 94 – Pau 266 – Poitiers 197.

**à Antonne-et-Trigonant** NE : 10 km par N 21, rte de Limoges – 1 050 h. – alt. 106 – ⊠ 24420 Antonne-et-Trigonant

   ▲ **Au Fil de l'Eau** 15 juin-15 sept.
     ✆ 05 53 06 17 88, *campingaufildeleau@wanadoo.fr*, Fax
     05 53 08 97 76 – sortie Nord-Est et rte d'Escoire à droite,
     bord de l'Isle – **R** conseillée
     1,5 ha (50 empl.) non clos, plat, herbeux
     **Tarif :** (Prix 2002) 🔲 *2 pers.* 🔌 *12,80 – pers. suppl. 2,80*
     **Location** 🏠 : 🛏 *106 à 229*

**à Atur** S : 6 km par D 2 – 1 248 h. – alt. 224 – ⊠ 24750 Atur :

   ▲▲▲ **Le Grand Dague** Pâques-sept.
     ✆ 05 53 04 21 01, *info@legranddague.fr*, Fax 05 53 04
     22 01 – SE : 3 km par rte de St-Laurent-sur-Manoire et che-
     min, par déviation Sud, venant de Brive ou Limoges, prendre
     direction Bergerac et chemin à droite **« Pub aménagé dans
     une ferme restaurée »** – **R** conseillée
     22 ha/7 campables (93 empl.) incliné, herbeux
     **Tarif :** 🔲 *2 pers.* 🔌 *(6A) 22 – pers. suppl. 5,75 – frais de
     réservation 23*
     **Location :** 🛏 *181 à 545 –* 🏠 *252 à 590*

## PERNES-LES-FONTAINES

84210 Vaucluse **16** – **332** D10 G. Provence – 8 304 h. – alt. 75.

**🛈** Office du Tourisme, place Gabriel Moutte ✆ 04 90 61 31 04, Fax 04 90 61 33 23.

Paris 689 – Apt 43 – Avignon 23 – Carpentras 6 – Cavaillon 20.

   ▲ **Municipal de la Coucourelle** 15 avril-sept.
     ✆ 04 90 66 45 55, Fax 04 90 66 45 55 – E : 1 km par D 28,
     rte de St-Didier, au complexe sportif **« Beaux emplacements
     délimités »** – **R** conseillée
     1 ha (26 empl.) plat, herbeux
     **Tarif :** 🔲 *2 pers.* 🔌 *12,65 – pers. suppl. 3,40*
     🛒

## PÉRONNE

80200 Somme **2** – **301** K8 G. Picardie Flandres Artois – 8 497 h. – alt. 52.

**🛈** Office du Tourisme, 1 rue Louis XI ✆ 03 22 84 42 38, Fax 03 22 84 51 25, *office.tourisme.peronne@wanadoo.fr*.

Paris 141 – Amiens 58 – Arras 48 – Doullens 54 – St-Quentin 32.

   ▲▲ **Port de Plaisance** Permanent
     ✆ 03 22 84 19 31, *contact@camping-plaisance.com*, Fax
     03 22 73 36 37 – sortie Sud rte de Paris, près du canal du
     Nord, entre le port de plaisance et le port de commerce –
     **R** conseillée
     2 ha (90 empl.) plat, herbeux
     **Tarif :** (Prix 2002) 🔲 *2 pers.* 🔌 *(10A) 21 – pers. suppl. 3,80*
     **Location :** 🏠 *230 à 412*
     🛒

## PERPEZAT

63210 P.-de-D. **11** – **326** D8 – 377 h. – alt. 900.

Paris 454 – La Bourboule 17 – Clermont-Ferrand 37 – Mauriac 80 – Ussel 50.

   ▲ **La Jollère** 15 juin-15 sept.
     ✆ 04 73 65 84 48 – O : 6,5 km par D 552, D 11 rte de Heume-
     l'Eglise et D 134 à gauche, au lieu-dit Jollère – **R** conseillée
     1 ha (25 empl.) Vallonné, herbeux
     **Tarif :** (Prix 2002) 🔲 *2 pers.* 🔌 *(6A) 10,10 – pers. suppl. 2,60*

## LE PERRIER

85 Vendée – **316** E7 – rattaché à St-Jean-de-Monts.

22700 C.-d'Armor **3** – **309** B2 G. Bretagne – 7 497 h. – alt. 60.

**fl** Office du Tourisme, 21 place de l'Hôtel de Ville *f* 02 96 23 21 15, Fax 02 96 23 04 72, *infos@perros-guirec.com.*

Paris 527 – Lannion 11 – St-Brieuc 76 – Tréguier 19.

**Claire Fontaine** 29 mai-mi-sept.
*f* 02 96 23 03 55, Fax 02 96 49 06 19 – SO : 2,6 km, par rue des Frères Mantrier, rte de Pleumeur-Bodou et rte à droite « Autour d'une ancienne ferme rénovée » – **R** conseillée
3 ha (180 empl.) plat, peu incliné, herbeux
**Tarif :** 回 *2 pers.* [2] *(6A) 17 – pers. suppl. 6,50*
**Location** *(Pâques-fin-sept.)* : 🏠 *380 à 535* – 🛏️
🚐 *(10 empl.) – 17*

À prox. : golf ⚹ 🖼️ 🅼 🐎 *(centre équestre)*

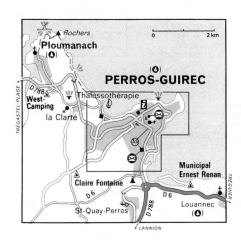

à **Ploumanach** par D 788, rte de Trégastel-Plage – ⊠ 22700 Perros-Guirec :

**West-Camping** 18 avril-28 sept.
*f* 02 96 91 43 82, *westcamp@aol.com,* Fax 02 96 91 43 82 – S : 0,7 km par D 788, au carrefour de Ploumanach « A la lisière d'une agréable pinède » – **R** conseillée
0,9 ha (50 empl.) plat, peu incliné, herbeux
**Tarif :** 回 *2 pers.* [2] *(6A) 19,45 – pers. suppl. 6,10*
**Location** ⚘ *(12 juil.-23 août)* : 🚍 *236 à 475*
🚐 *(5 empl.) – 16,75*

À prox. : golf ⚹ 🖼️ 🅼 ◊ 🐎 *(centre équestre)*

à **Louannec** par D 6, rte de Tréguier – 2 195 h. – alt. 53 – ⊠ 22700 Perros-Guirec :

**Municipal Ernest Renan** juin-sept.
*f* 02 96 23 11 78, *mairie-louannec@wanadoo.fr,* Fax 02 96 49 04 47 – O : 1 km, bord de mer – **R** conseillée
4 ha (265 empl.) plat, herbeux
**Tarif :** *(Prix 2002)* 回 *2 pers.* [2] *12,59 – pers. suppl. 2,60*
🚐

À prox. : ⚹ 🖼️ 🅼 🐎 *(centre équestre)*

15290 Cantal **10** – **330** B5 – 209 h. – alt. 570.
Paris 547 – Argentat 44 – Aurillac 25 – Maurs 24 – Sousceyrac 25.

**Le Viaduc** mai-sept.
*f* 04 71 64 70 08, *campingduviaduc@wanadoo.fr,* Fax 04 71 64 70 08 – NE : 5 km par D 32, D 61 et chemin du Ribeyres à gauche, bord du lac de St-Etienne-Cantalès « Situation agréable » – **R** conseillée
1 ha (65 empl.) en terrasses, herbeux, gravillons
**Tarif :** 回 *2 pers.* [2] *14 – pers. suppl. 3,20 – frais de réservation 12*
**Location** *(Pâques-Toussaint)* – ⚘ : 🚍 *250 à 420*
🚐

*Les **cartes MICHELIN** sont constamment tenues à jour.*

## Le PERTRE

35370 I.-et-V. **4** – **309** P6 – 1 326 h. – alt. 174.
Paris 304 – Châteaubriant 55 – Laval 22 – Redon 116 – Rennes 53 – Vitré 21.

⚠ **Municipal le Chardonneret** Permanent
   𝄐 02 99 96 99 27, mairie.lepertre@wanadoo.fr, Fax 02 99
96 98 92 – sortie Sud-Ouest par D 43 rte de Brielles et rue
à droite « Près d'un plan d'eau » conseillée
1 ha (31 empl.) plat et peu incliné, herbeux
**Tarif :** 🔲 2 pers. (ⁱ) 8,20 – pers. suppl. 2

## PETICHET

38 Isère **12** – **333** H7 – ✉ 38119 Pierre-Châtel.
Paris 595 – Le Bourg-d'Oisans 40 – Grenoble 31 – La Mure 11 – Vizille 12.

⚠ **Ser-Sirant** mai-sept.
   𝄐 04 76 83 91 97, campingsersirant@wanadoo.fr, Fax
04 76 30 83 69 – sortie Est et chemin à gauche – **R** conseillée
2 ha (100 empl.) plat, terrasse, herbeux, pierreux
**Tarif :** (Prix 2002) 🔲 2 pers. (ⁱ) (10A) 17,60 – pers. suppl. 4,40
– frais de réservation 10
**Location** ⌘ : 🏠 370 à 565
🚐 (5 empl.) – 17,60

## Le PETIT-BORNAND-LES-GLIÈRES

74130 H.-Savoie **12** – **328** L5 G. Alpes du Nord – 743 h. – alt. 732 – Sports d'hiver : 730/1 450 m ⚡.
🏢 Office du tourisme – Mairie 𝄐 04 50 03 52 38, Fax 04 50 03 52 38, Point.infos@mairie-petit-bornand.fr.
Paris 564 – Annecy 41 – Bonneville 11 – La Clusaz 15 – Cluses 25 – Genève 37.

⚠ **Municipal les Marronniers** 15 juin-15 sept.
   𝄐 04 50 03 54 74 – N : 1,6 km par D 12 et rte à gauche, bord
d'un torrent et à 100 m du Borne – **R** conseillée
1,8 ha (46 empl.) non clos, en terrasses, herbeux, pierreux
gravillons
**Tarif :** (Prix 2002) 🔲 2 pers. (ⁱ) (2A) 8,40 – pers. suppl. 2

**406**

## PETIT-PALAIS-ET-CORNEMPS

33570 Gironde **9** – **335** K5 G. Aquitaine – 565 h. – alt. 35.
Paris 532 – Bergerac 51 – Castillon-la-Bataille 18 – Libourne 21 – Montpon-Ménestérol 20 – La Roche-Chalais 22.

⚠ **Le Pressoir** avril-sept.
   𝄐 05 57 69 73 25, camping.lepressoir.@wanadoo.fr, Fax
05 57 69 77 36 – NO : 1,7 km par D 21, rte de St-Médard-
de-Guizières et chemin de Queyray à gauche – **R** conseillée
2 ha (100 empl.) peu incliné et plat, herbeux
**Tarif :** 🔲 2 pers. (ⁱ) (6A) 21,50 – pers. suppl. 5,90 – frais de
réservation 12
**Location :** bungalows toilés

## PEYRAT-LE-CHÂTEAU

87470 H.-Vienne **10** – **325** H6 G. Berry Limousin – 1 194 h. – alt. 426.
🏢 Office du Tourisme, 1 rue du Lac 𝄐 05 55 69 48 75, Fax 05 55 69 47 82, OTSI.Peyrat.Le.Chateau@wanadoo.fr.
Paris 409 – Aubusson 45 – Guéret 52 – Limoges 54 – Tulle 84 – Ussel 79 – Uzerche 58.

⚠ **Municipal les Peyrades d'Auphelle** 2 mai-sept.
   𝄐 05 55 69 41 32, Fax 05 55 69 49 24 – E : 7 km par D 13
et D 222 à gauche, près du lac de Vassivière, alt. 650 « Site
agréable » – **R**
3 ha (134 empl.) peu incliné, terrasses, herbeux
**Tarif :** 🔲 2 pers. (ⁱ) 9,91 – pers. suppl. 2,59

## PEYRIGNAC

24210 Dordogne **10** – **329** I5 – 372 h. – alt. 200.
Paris 481 – Brive-la-Gaillarde 33 – Juillac 33 – Périgueux 45 – Sarlat-la-Canéda 38.

⚠ **La Garenne** Permanent
   𝄐 05 53 50 57 73, camplagarenne@aol.com, Fax 05 53 50
57 73 – à 0,8 km au Nord du bourg, près du stade –
**R** conseillée
1,5 ha (70 empl.) peu incliné, herbeux
**Tarif :** 🔲 2 pers. (ⁱ) 10 – pers. suppl. 2,50
**Location :** 🏚 99 à 245
🚐 (6 empl.) – 8

## PEYRILLAC-ET-MILLAC

24370 Dordogne 🔟 – 🔢 J6 – 214 h. – alt. 88.
Paris 522 – Brive-la-Gaillarde 45 – Gourdon 23 – Sarlat-la-Canéda 22 – Souillac 7.

⚠️ **Au P'tit Bonheur** avril-sept.
𝒫 05 53 29 77 93, *auptitbonheur@wanadoo.fr*, Fax 05 53
29 77 93 – N : 2,5 km par rte du Bouscandier, à Millac
« Plaisante décoration arbustive et florale »
2,8 ha (90 empl.) incliné et en terrasses, herbeux, pierreux
**Tarif :** 🔲 2 pers. 🔋 14,90 - pers. suppl. 3,60 – frais de réservation 10
**Location :** 🛖 155 à 289 – 🛖 183 à 470 – 🏠 228,70 à 535
🚐

## PEYROUSE

65270 H.-Pyr. 🔢 – 🔢 L6 – 245 h. – alt. 350.
Paris 815 – Laruns 44 – Lourdes 7 – Pau 38.

⚠️ **Le Prat Dou Rey** avril-sept.
𝒫 05 62 41 81 54, *pradourey@wanadoo.fr*, Fax 05 62 41
89 76 – O : 5,5 km par D 937, rte de Pau par Lestelle-Bétharram – **R** conseillée
4,5 ha (167 empl.) plat, herbeux
**Tarif :** 🔲 2 pers. 🔋 (6A) 11,95 – pers. suppl. 3,10
**Location** 🏷️ (mars-18 oct.) : 🛖 185 à 275 – appartements

## PEYRUIS

04310 Alpes-de-H.-Provence 🔢 – 🔢 D8 G. Alpes du Sud – 2 036 h. – alt. 402.
Paris 729 – Digne-les-Bains 29 – Forcalquier 20 – Manosque 29 – Sisteron 23.

⚠️ **Les Cigales** avril-sept.
𝒫 04 92 68 16 04, Fax 04 92 68 16 04 – au Sud du bourg,
près du stade et d'un ruisseau – **R** conseillée
1 ha (33 empl.) peu incliné à incliné, herbeux, pierreux
**Tarif :** 🔲 2 pers. 🔋 (6A) 14,95 – pers. suppl. 3,75 – frais de réservation 20

## PÉZENAS

34120 Hérault 🔢 – 🔢 F8 G. Languedoc Roussillon – 7 613 h. – alt. 15.
🅱 Office du Tourisme, place Gambetta 𝒫 04 67 98 36 40, Fax 04 67 98 96 80, *ot.peenas@wanadoo.fr*.
Paris 738 – Agde 20 – Béziers 25 – Lodève 40 – Montpellier 55 – Sète 37.

⚠️ **St-Christol** 15 avril-15 sept.
𝒫 04 67 98 09 00, *saintchristol@worldonline.fr*, Fax 04 67
98 89 61 – NE : 0,6 km par D 30ᴱ, rte de Nizas et chemin à
droite – **R** conseillée
1,5 ha (93 empl.) plat, gravier
**Tarif :** 🔲 3 pers. 🔋 (6A) 17,98 – pers. suppl. 1,82
**Location :** 🛖 248 à 320

⚠️ **Municipal le Castelsec** avril-10 oct.
𝒫 04 67 98 04 02, Fax 04 67 90 72 47 – sortie Sud-Ouest,
rte de Béziers et rue à droite après le centre commercial
Champion – **R** conseillée
0,8 ha (40 empl.) plat et en terrasses, herbeux, pinède attenante
**Tarif :** 🔲 2 pers. 🔋 (10A) 13,50 – pers. suppl. 2,60
**Location :** 🏠 198 à 342

## PIANA

2A Corse-du-Sud – 🔢 A6 – voir à Corse.

## PIERRE-BUFFIÈRE

87260 H.-Vienne 🔟 – 🔢 F6 – 1 066 h. – alt. 330.
🅱 Office du Tourisme, place du 8 Mai 1945 𝒫 05 55 00 94 33, Fax 05 55 00 94 33.
Paris 408 – Limoges 20 – Saint-Yrieix-la-Perche 29 – Uzerche 37.

⚠️ **Municipal Chabanas** 15 mai-sept.
𝒫 05 55 00 96 43, Fax 05 55 00 96 43 – S : 1,8 km par
D 420, rte de Château-Chervix, direction A 20 et chemin à
gauche, près du stade, par A20, sortie 40
1,5 ha (60 empl.) plat, peu incliné, herbeux
**Tarif :** 🔲 2 pers. 🔋 (16A) 12,20 – pers. suppl. 2,74
🚐 (3 empl.) – 12,20

## PIERREFITTE-SUR-LOIRE

03470 Allier 🔟🔟 – 🖹🖹🖹 J3 – 609 h. – alt. 228.
Paris 325 – Bourbon-Lancy 20 – Lapalisse 50 – Moulins 42 – Paray-le-Monial 26.

△ **Municipal le Vernay** mai-sept.
ℰ 04 70 47 02 49, mairie-pierrefitte-sur-loire@wanadoo.fr,
Fax 04 70 47 03 72 – sortie NO par N 79, rte de Dompierre,
D 295 à gauche, rte de Saligny-sur-Roudon puis 0,9 km par
chemin à droite après le pont, à 200 m du canal « Près d'un
plan d'eau » – **R** conseillée
2 ha (35 empl.) plat, herbeux
**Tarif :** ▣ 2 pers. 🔋 9,15 – pers. suppl. 2,30

À prox. : parcours de santé, pédalos,
canoë ▵ ✗ ↔ ✗ ≃ (plage) ↺

## PIERREFITTE-SUR-SAULDRE

41300 L.-et-Ch. 🄖 – 🖹🖹🖹 J6 – 835 h. – alt. 125.
🄐 Syndicat d'Initiative, 10 place de l'Eglise ℰ 02 54 88 67 15, Fax 02 54 88 67 15.
Paris 186 – Aubigny-sur-Nère 23 – Blois 74 – Bourges 55 – Orléans 53 – Salbris 13.

△△△ **Sologne Parc des Alicourts** 17 mai-7 sept.
ℰ 02 54 88 63 34, parcdesalicourts@wanadoo.fr, Fax
02 54 88 58 40 – NE : 6 km par D 126 et D 126ᴮ, au Domaine
des Alicourts, bord d'un étang « Beau domaine ou détente
et plaisirs de l'eau seront comblés » – **R** conseillée
21 ha/10 campables (420 empl.) plat, en terrasses, herbeux,
sablonneux
**Tarif :** ▣ 2 pers. 🔋 (6A) 36 – pers. suppl. 8,50 – frais de
réservation 30
**Location** ✘ : ▦ 180 à 910 – 🏠 170 à 994
▦

⟋ salle d'animation ↔ 🚲
✗ m ⬛ ≃ (plage) ⬟ ↺ golf, piste
de bi-cross, piste de rollers et de skates,
canoë, pédalos

## PIERREFONDS

60350 Oise 🄖 – 🖹🖹🖹 I4 G. Picardie Flandres Artois – 1 548 h. – alt. 81.
🄐 Office du Tourisme, place de l'Hôtel de Ville ℰ 03 44 42 81 44, Fax 03 44 42 37 73, ot.pierrefonds@wana
doo.fr.
Paris 83 – Beauvais 79 – Compiègne 15 – Crépy-en-Valois 17 – Soissons 32 – Villers-Cotterêts 18.

△ **Municipal de Batigny** 29 mars-12 oct.
ℰ 03 44 42 80 83, Fax 03 44 42 37 73 – sortie Nord-Ouest
par D 973, rte de Compiègne « Agréable décoration
arbustive » – **R** indispensable
1 ha (60 empl.) plat, terrasse, herbeux
**Tarif :** ▣ 2 pers. 🔋 7,45 – pers. suppl. 2,25

⊶ saison ▭ ♀ 𝍖 ⬛ ↺ ▦ ⬠ ☺
⬟ ⇝ ▣ ↔
À prox. : ✗

## PIERRELONGUE

26170 Drôme 🔟🄖 – 🖹🖹🖹 E8 G. Alpes du Sud – 104 h. – alt. 285.
Paris 683 – Buis-les-Baronnies 7 – Carpentras 32 – Nyons 22 – Vaison-la-Romaine 14 – Sault 38.

△ **Les Castors** 29 mars-28 sept.
ℰ 04 75 28 74 67, Fax 04 75 28 74 67 – SO : 0,6 km par D 5,
rte de Mollans « Au pied des montagnes, au bord de
l'Ouvèze » – **R** conseillée
1,3 ha (50 empl.) plat et terrasses, pierreux, herbeux
**Tarif :** (Prix 2002) ▣ 2 pers. 🔋 (5A) 15,60 – pers. suppl. 3,40
**Location :** ▦ 210 à 280

⟋ ⊶ GB ⚲ ♀ 𝍖 ▦ ⬠ ☺ ▣ ▾
⬟

## PIETRACORBARA

2B H.-Corse – 🖹🖹🖹 F2 – voir à Corse.

## Les PIEUX

50340 Manche 🄐 – 🖹🖹🖹 B2 – 3 203 h. – alt. 104.
🄐 Office du Tourisme, 6 rue Centrale ℰ 02 33 52 81 60, Fax 02 33 52 86 79.
Paris 366 – Barneville-Carteret 18 – Cherbourg 22 – St-Lô 47 – Valognes 30.

△△△ **Le Grand Large** 5 avril-21 sept.
ℰ 02 33 52 40 75, le-grand-large@wanadoo.fr, Fax 02 33
52 58 20 – SO : 3 km par D 117 et D 517 à droite puis 1 km
par chemin à gauche « Agréable situation dans les dunes au
bord de la plage de Sciottot » – **R** conseillée
3,7 ha (220 empl.) plat et peu incliné, sablonneux, herbeux
**Tarif :** ▣ 2 pers. 🔋 (6A) 25,50 – pers. suppl. 5
**Location :** ▦ 300 à 660
▦

⟋ ⟋ ⊶ GB ⚲ ▭ ⬛ ↺ 𝍖 ↺ ▦ ⬠
⬟ ☺ ▣ ▾ snack ▦ ↔ ✗ ⚠
⬟

## PINARELLU

2A Corse-du-Sud – 🖹🖹🖹 F9 – voir à Corse.

## PIRIAC-SUR-MER

44420 Loire-Atl. **4** – **316** A3 G. Bretagne – 1 442 h. – alt. 7.

🛈 Office du Tourisme, 7 rue des Cap-Horniers ℘ 02 40 23 51 42, Fax 02 40 23 51 19, *piriac.otsi@wanadoo.fr.*

Paris 464 – La Baule 17 – Nantes 89 – La Roche-Bernard 33 – St-Nazaire 31.

ᴁᴁᴁ **Parc du Guibel** 5 avril-27 sept.

℘ 02 40 23 52 67, *camping@parcduguibel.com*, Fax 02 40 15 50 24 – E : 3,5 km par D 52 rte de Mesquer et rte de Kerdrien à gauche « Agréable cadre boisé » – **R** conseillée 10 ha (404 empl.) plat, peu incliné, herbeux

**Tarif :** (Prix 2002) 🔲 *2 pers.* 🛢 *(10A) 18,20 – pers. suppl. 3,90 – frais de réservation 16*

**Location :** 🛏 *259,20 à 679,20 –* 🏠 *334,80 à 679,20*

ᴁᴁ **Armor Héol** 5 avril-28 sept.

℘ 02 40 23 57 80, *armor.heol@wanadoo.fr*, Fax 02 40 23 59 42 – SE : 1 km sur D 333 rte de Guérande « Agréable cadre verdoyant, ombragé et fleuri » – **R** conseillée 4,5 ha (210 empl.) plat, herbeux, petit étang

**Tarif :** 🔲 *2 pers.* 🛢 *(5A) 29,05 – pers. suppl. 6,50 - frais de réservation 20*

**Location :** 🛏 *225 à 660 –* 🏠 *180 à 660*

ᴁ **Mon Calme** mai-20 sept.

℘ 02 40 23 60 77, Fax 02 40 23 60 77 – S : 1 km par rte de la Turballe et à gauche, à 450 m de l'océan – **R** indispensable 1,2 ha (105 empl.) plat, herbeux

**Tarif :** (Prix 2002) 🔲 *2 pers.* 🛢 *(10A) 18,20 – pers. suppl. 4,50 – frais de réservation 10*

## PISSOS

40410 Landes **13** – **335** G9 G. Aquitaine – 970 h. – alt. 46.

Paris 660 – Arcachon 74 – Biscarrosse 35 – Bordeaux 76 – Dax 87.

ᴁ **Municipal** juil.-15 sept.

℘ 05 58 08 90 38, *mairie-de-pissos@wanadoo.fr*, Fax 05 58 08 92 93 – E : 1,2 km par D 43, rte de Sore et chemin à droite, après la piscine « Agréable situation sous les pins » – **R**

3 ha (74 empl.) plat, sablonneux

**Tarif :** 🔲 *2 pers.* 🛢 *(12A) 12,45 – pers. suppl. 2,90*

**Location :** 🏠 *237 – bungalows toilés*

## Le PLA

09460 Ariège **15** – **343** K8 – 75 h. – alt. 1 070.

🛈 Office du Tourisme, ℘ 04 68 20 41 37, Fax 04 68 20 46 25.

Paris 845 – Ax-les-Thermes 31 – Foix 74 – Font-Romeu-Odeillo-Via 42 – Prades 69.

ᴁ **Municipal la Pradaille** Permanent

℘ 04 68 20 49 14, Fax 04 68 20 49 14 – S : 1,7 km par D 16, rte de Querigut, D 25, rte d'Ax-les-Thermes et rte de Soulades à gauche, alt. 1 169

3,2 ha (60 empl.) plat, peu incliné et incliné, en terrasses, herbeux, gravier, pierreux

**Tarif :** 🔲 *2 pers.* 🛢 *(16A) 15,40 – pers. suppl. 3,05*

🛒

## PLAGE DE LA FAVIÈRE

83 Var – **340** N7 – rattaché au Lavandou.

## La PLAINE-SUR-MER

44770 Loire-Atl. **9** – **316** C5 – 2 104 h. – alt. 26.

🛈 Office du Tourisme, place du Fort Gentil ℘ 02 40 21 52 52, Fax 02 40 21 05 15.

Paris 439 – Nantes 58 – Pornic 9 – St-Michel-Chef-Chef 7 – St-Nazaire 112.

ᴁ **La Tabardière** mai-13 sept.

℘ 02 40 21 58 83, *info@camping-la-tabardière.com*, Fax 02 40 21 02 68 – E : 3,5 km par D 13 rte de Pornic et rte à gauche – **R** conseillée

4 ha (210 empl.) en terrasses, herbeux

**Tarif :** 🔲 *2 pers.* 🛢 *(6A) 21,50 – pers. suppl. 5 – frais de réservation 15*

**Location** *(29 mars-13 sept.) –* ⚡ *:* 🛏 *165 à 530 –* 🏠 *165 à 580*

⚠️ **Le Ranch** avril-15 sept.
📞 02 40 21 52 62, *ranch@free.fr*, Fax 02 51 74 81 31 – NE :
3 km par D 96 rte de St-Michel-Chef-Chef « Entrée fleurie »
– **R** conseillée
3 ha (180 empl.) plat, herbeux
**Tarif** : (Prix 2002) ▣ *2 pers.* ⚡ *19,70 – pers. suppl. 3,70 –*
*frais de réservation 10*
**Location** � : ☎ *(sans sanitaires)*

À prox. : 🛒 (centre équestre)

## PLANCOËT

22130 C.-d'Armor **4** – 309 I3 – 2 507 h. – alt. 41.
🛈 Office du Tourisme, 1 rue des Venelles 📞 02 96 84 00 57, Fax 02 96 84 18 01, *si-plancoet@libertysurf.fr*.
Paris 418 – Dinan 18 – Dinard 20 – St-Brieuc 45 – St-Malo 28.

⚠️ **Municipal du Verger** juin-15 sept.
📞 02 96 84 03 42, Fax 02 96 84 19 49 – vers sortie Sud-Est
rte de Dinan, derrière la caserne des sapeurs-pompiers, bord
de l'Arguenon et d'un petit plan d'eau – **R** conseillée
1,2 ha (100 empl.) plat, herbeux
**Tarif** : ▣ *2 pers.* ⚡ *6,80 – pers. suppl. 1,70*

À prox. : golf, canoë 🚣 ⚞ 🎣 🐎
(centre équestre)

## PLANGUENOUAL

22400 C.-d'Armor **4** – 309 G3 – 1 518 h. – alt. 76.
Paris 441 – Guingamp 52 – Lannion 83 – St-Brieuc 19 – St-Quay-Portrieux 38.

⚠️ **Municipal** 15 juin-15 sept.
📞 02 96 32 71 93 – NO : 2,5 km par D 59 – **R**
1,5 ha (64 empl.) plat et en terrasses, herbeux
**Tarif** : (Prix 2002) ▣ *2 pers.* ⚡ *(6A) 10,30 – pers. suppl. 3,10*

À prox. : golf, école de plongée, canoë de
mer ⚞ 🎣 🐎 (centre équestre)

## Les PLANTIERS

30122 Gard **16** – 339 H4 – 221 h. – alt. 400.
Paris 673 – Alès 47 – Florac 46 – Montpellier 88 – Nîmes 79 – Le Vigan 43.

⚠️ **La Presqu'île du Caylou** 15 mars-15 nov.
📞 04 66 83 92 85, Fax 04 66 83 92 85 – NE : 1 km
par D 20, rte de Saumane, bord du Gardon au Borgne « Dans
le coude d'une vallée rocheuse et verdoyante » –
**R** conseillée
4 ha (75 empl.) en terrasses et peu incliné, pierreux, herbeux
**Tarif** : ▣ *2 pers.* ⚡ *(10A) 8,50 – pers. suppl. 2*
**Location** *(10 mai-sept.)* : 🛖 *170 à 199*

## PLAZAC

24580 Dordogne **13** – 329 H5 G. Périgord Quercy – 543 h. – alt. 110.
Paris 501 – Bergerac 65 – Brive-la-Gaillarde 54 – Périgueux 40 – Sarlat-la-Canéda 33.

⚠️ **Le Lac** mai-15 sept.
📞 05 53 50 75 86, *contact@campinglelac-dordogne.com*,
Fax 05 53 50 58 36 – SE : 0,8 km par D 45, rte de Thonac,
près d'un lac – **R** indispensable
7 ha/2,5 campables (100 empl.) peu incliné et plat, en ter-
rasses, herbeux, plan d'eau
**Tarif** : ▣ *2 pers.* ⚡ *(10A) 15,50 – pers. suppl. 4,50 – frais*
*de réservation 10*
**Location** : 🛖 *199 à 351 –* 🏠 *229 à 443*

À prox. : pédalos

## PLEAUX

15700 Cantal **10** – 330 B4 – 2 146 h. – alt. 641.
🛈 Office du Tourisme, place Georges-Pompidou 📞 04 71 40 91 40, Fax 04 71 40 91 40, *pleaux@wanadoo.fr*.
Paris 535 – Argentat 30 – Aurillac 46 – Égletons 45.

⚠️ **Municipal de Longayroux** avril-oct.
📞 04 71 40 48 30, *pleaux@wanadoo.fr*, Fax 04 71 40 49 03
– S : 15 km par D 6, rte de St-Christophe-les-Gorges et rte
de Longayroux à droite, croisements
difficiles sur 6 km « Dans un site agréable » – **R** conseillée
0,6 ha (48 empl.) peu incliné, herbeux
**Tarif** : (Prix 2002) ▣ *2 pers.* ⚡ *(5A) 11,50 – pers. suppl. 2,50*
**Location** : *huttes*

À prox. : 🏊 (plage)

410

## PLÉHÉDEL

22290 C.-d'Armor **3** – **309** D2 – 1 085 h. – alt. 96.
Paris 485 – Guingamp 26 – Lannion 39 – St-Brieuc 37 – St-Quay-Portrieux 18.

   ▲ *Municipal de l'Étang* juil.-août
      02 96 22 31 31, Fax 02 96 22 60 38 – S : 0,5 km par D 21
      rte de Plouha et à droite, bord d'un étang – **R**
      2 ha (73 empl.) peu incliné, herbeux
      **Tarif :** (Prix 2002) 2 pers. 9,40 – pers. suppl. 2,75

## PLÉNEUF-VAL-ANDRÉ

22370 C.-d'Armor **4** – **309** G3 G. Bretagne – 3 600 h. – alt. 52.
**B** Office du Tourisme, 1 cours Winston Churchill  02 96 72 20 55, Fax 02 96 63 00 34.
Paris 447 – Dinan 43 – Erquy 9 – Lamballe 16 – St-Brieuc 28 – St-Cast-le-Guildo 30 – St-Malo 54.

*Schéma à Erquy*

   ▲ *Le Minihy* 15 juin-15 sept.
      02 96 72 22 95, Fax 02 96 63 05 38 – SO : rte du port
      de Dahouët, r. du Minihy (hors schéma) – **R** conseillée
      1 ha (65 empl.) plat et peu incliné, herbeux
      **Tarif :** 2 pers. 11,30 – pers. suppl. 3,80
      **Location** (Pâques-Toussaint) : 275 à 380

À prox. : golf, école de plongée, canoë de
mer (centre équestre)

## PLÉRIN

22 C.-d'Armor – **309** F3 – rattaché à St-Brieuc.

## PLESTIN-LES-GRÈVES

22310 C.-d'Armor **3** – **309** A3 G. Bretagne – 3 237 h. – alt. 45.
**B** Office du Tourisme, place de la Mairie  02 96 35 61 93, Fax 02 96 54 12 54.
Paris 529 – Brest 78 – Guingamp 45 – Lannion 18 – Morlaix 24 – St-Brieuc 77.

   ▲▲▲ *Municipal St-Efflam* avril-sept.
      02 96 35 62 15, Fax 02 96 35 09 75 – NE : 3,5 km, à
      St-Efflam, par N 786 rte de St-Michel-en-Grève, à 200 m de
      la mer « Face à la mer, situation en terrasses, à l'orée d'un
      petit bois » – **R** conseillée
      4 ha (190 empl.) plat, peu incliné, terrasses, herbeux
      **Tarif :** 2 pers. 10,86 – pers. suppl. 2,60
      **Location :** 183 à 325 – 198 à 350

juil.-août
À prox. :

   ▲ *Aire Naturelle Ker-Rolland* 15 juin-7 sept.
      02 96 35 08 37, ericker022@aol.com, Fax 02 96 35
      08 37 – SO : 2,2 km par D 786, rte de Morlaix et à gauche,
      rte de Plouégat-Guérand « Sur le domaine d'une ferme en
      activité » – **R** conseillée
      1,6 ha (22 empl.) plat, herbeux
      **Tarif :** 2 pers. 10 – pers. suppl. 2,50

## PLEUBIAN

22610 C.-d'Armor **3** – **309** D1 G. Bretagne – 2 963 h. – alt. 48.
**B** Syndicat d'Initiative,  02 96 22 84 85.
Paris 510 – Lannion 30 – Paimpol 34 – St-Brieuc 63 – Tréguier 13.

   ▲▲ *Port la Chaine* mai-14 sept.
      02 96 22 92 38, info@portlachaine.com, Fax 02 96 22
      87 92 – N : 2 km par D 20 rte de Larmor-Pleubian et rte à
      gauche « Cadre boisé au bord de la mer (accès direct) » –
      **R** conseillée
      4,9 ha (200 empl.) en terrasses, plat et peu incliné, herbeux
      **Tarif :** 2 pers. (6A) 22 – pers. suppl. 5 – frais de réser-
      vation 15
      **Location :** 230 à 560

(3ha)
À prox. : poneys

*Campeurs...*

*N'oubliez pas que le feu est le plus terrible ennemi de la forêt.*

*Soyez prudents !*

ATTENTION au FEU

## PLEUMEUR-BODOU

22560 C.-d'Armor **3** – **309** A2 G. Bretagne – 3 677 h. – alt. 94.

**8** Office du Tourisme, 11 rue des chardons *℘* 02 96 23 91 47, Fax 02 96 23 91 48, *pleumeur.office@lerad ome.com.*

Paris 523 – Lannion 8 – Perros-Guirec 10 – St-Brieuc 72 – Trébeurden 4 – Tréguier 26.

*Schéma à Trébeurden*

▲ **Le Port** 29 mars-12 oct.

*℘* 02 96 23 87 79, Fax 02 96 15 30 40 – à Landrellec, N :
6 km « Au bord de la mer, quelques emplacements ont les
pieds dans l'eau » – **R** conseillée
2 ha (80 empl.) non clos, plat et peu incliné, accidenté, her-
beux, rochers
**Tarif :** 🔲 *2 pers.* (2) *(6A) 18,05 – pers. suppl. 4,30 – frais de*
*réservation 10*
**Location :** 🚐 *214 à 473*
🚐

## PLÉVEN

22130 C.-d'Armor **4** – **309** I4 – 578 h. – alt. 80.
Paris 429 – Dinan 24 – Dinard 28 – St-Brieuc 38 – St-Malo 37.

▲ **Municipal** avril-15 nov.

*℘* 02 96 84 46 71, *camping.pleven@wanadoo.fr,* Fax 02 96
84 46 71 – au bourg « Dans l'agréable parc fleuri de la
mairie »
1 ha (40 empl.) plat et peu incliné, herbeux
**Tarif :** 🔲 *2 pers.* (2) *6,70 – pers. suppl. 1,50*

## PLOBANNALEC-LESCONIL

29740 Finistère **3** – **308** F8 – 3 022 h. – alt. 16.
**8** Syndicat d'Initiative, place de la Résistance *℘* 02 98 87 86 99, Fax 02 98 82 21 14.
Paris 586 – Audierne 38 – Douarnenez 39 – Pont-l'Abbé 6 – Quimper 25.

▲▲▲ **Manoir de Kerlut** 24 mai-8 sept.

*℘* 02 98 82 23 89, *info@campingsbretagnesud.com,* Fax
02 98 82 26 49 – S : 1,6 km par D 102, rte de Lesconil et
chemin à gauche, accès à la plage par navettes gratuites –
**R** conseillée
12 ha/8 campables (240 empl.) plat, herbeux
**Tarif :** 🔲 *2 pers.* (2) *(10A) 36 – pers. suppl. 6*
**Location :** 🚐 *180 à 640 –* 🏠 *200 à 792 – bungalows toilés*
🚐

## PLOEMEL

56400 Morbihan **3** – **308** M9 – 1 892 h. – alt. 46.
Paris 486 – Auray 8 – Lorient 49 – Quiberon 23 – Vannes 27.

▲▲▲ **St-Laurent** Permanent

*℘* 02 97 56 85 90, *camping.saint.laurent@wanadoo.fr,* Fax
02 97 56 85 90 – NO : 2,5 km rte de Belz, à proximité du
carrefour D 22 et D 186 – **R** conseillée
3 ha (90 empl.) plat, peu incliné, herbeux
**Tarif :** (Prix 2002) 🔲 *2 pers.* (2) *14,05 – pers. suppl. 3,50*

▲ **Kergo** mai-sept.

*℘* 02 97 56 80 66, *camping.kergo@wanadoo.fr*
SE : 2 km par D 186 rte de la Trinité-sur-Mer et à gauche
« Cadre agréable » – **R** conseillée
2,5 ha (135 empl.) peu incliné et plat, herbeux
**Tarif :** 🔲 *2 pers.* (2) *(10A) 13,70 – pers. suppl. 3,30*

## PLOÉVEN

29550 Finistère **3** – **308** F6 – 450 h. – alt. 60.
**8** Syndicat d'Initiative, *℘* 02 98 81 51 84, Fax 02 98 81 58 79.
Paris 586 – Brest 64 – Châteaulin 15 – Crozon 25 – Douarnenez 15 – Quimper 25.

*Schéma à Plomodiern*

▲ **La Mer** 15 juin-15 sept.

*℘* 02 98 81 29 19 – SO : 3 km, à 300 m de la plage de Ty-an-
Quer – **R** conseillée
1 ha (54 empl.) plat, herbeux
**Tarif :** 🔲 *2 pers.* (2) *10,20 – pers. suppl. 2,30*

412

## PLOMBIÈRES-LES-BAINS

88370 Vosges **8** – **314** G5 G. Alsace Lorraine – 2 084 h. – alt. 429 – ⚕ (début avril-fin déc.).
**2** Office du Tourisme, 1 place Maurice-Janot ✆ 03 29 66 01 30, Fax 03 29 66 01 94.
Paris 381 – Belfort 75 – Épinal 38 – Gérardmer 43 – Vesoul 54 – Vittel 61.

   🏕 **L'Hermitage** 29 mars-2 nov.
      ✆ 03 29 30 01 87, *campascal@wanadoo.fr*, Fax 03 29 30
      04 01 – NO : 1,5 km par D 63 rte de Xertigny puis D 20, rte
      de Ruaux – **R** conseillée
      1,4 ha (60 empl.) en terrasses, plat et peu incliné, herbeux,
      gravier
      **Tarif :** ▣ *2 pers.* ⊚ *(6A) 14,50 – pers. suppl. 3 – frais de
      réservation 8*

   🏕 **Le Fraiteux** 15 mars-oct.
      ✆ 03 29 66 00 71, Fax 03 29 30 06 64 – à Ruaux, O : 4 km
      par D 20 et D 20ᴱ
      0,8 ha (45 empl.) peu incliné et plat, herbeux, gravillons
      **Tarif :** ▣ *2 pers.* ⊚ *(6A) 13,05 – pers. suppl. 3,10*

## PLOMELIN

29700 Finistère **3** – **308** G7 – 3 870 h. – alt. 60.
Paris 573 – Brest 83 – Concarneau 32 – Douarnenez 26 – Quimper 11.

   🏕 **Municipal** 30 juin-août
      ✆ 02 98 94 23 79, *mairie.plomelin@wanadoo.fr*, Fax 02 98
      52 57 30 – sortie Nord, rte de Quimper, près du stade –
      **R**
      0,6 ha (35 empl.) plat, peu incliné, herbeux
      **Tarif :** ▣ *2 pers.* ⊚ *8,68 – pers. suppl. 2,13*

## PLOMEUR

29120 Finistère **3** – **308** F7 G. Bretagne – 3 272 h. – alt. 33.
Paris 587 – Douarnenez 40 – Pont-l'Abbé 6 – Quimper 26.

   🏕 **La Crêpe** avril-sept.
      ✆ 02 98 82 00 75, Fax 02 98 82 04 37 – NO : 3,5 km par
      D 57 rte de Plonéour-Lanvern puis à gauche rte de la chapelle
      Beuzec et chemin à droite – **R** conseillée
      2,2 ha (120 empl.) plat, herbeux
      **Tarif :** ▣ *2 pers.* ⊚ *13,90 – pers. suppl. 3,30*

   🏕 **Aire Naturelle Kéraluic** avril-sept.
      ✆ 02 98 82 10 22, Fax 02 98 82 10 22 – NE : 4,3 km par
      D 57, rte de Plonéour-Lanvern et à St-Jean-Trolimon à droite,
      rte de Pont-l'Abbé « Ancienne ferme rénovée » – **R**
      1 ha (25 empl.) plat, peu incliné, herbeux
      **Tarif :** ▣ *2 pers.* ⊚ *13,80 – pers. suppl. 3,20*
      **Location :** 🛏 *(chaumière)*

29550 Finistère **3** – **308** F5 G. Bretagne – 1 912 h. – alt. 60.

**2** Syndicat d'Initiative, place de l'Eglise ℘ 02 98 81 27 37, *siplomodiern@wanadoo.fr*.

Paris 589 – Brest 60 – Châteaulin 12 – Crozon 25 – Douarnenez 18 – Quimper 28.

△△△ **L'Iroise** mai-20 sept.
℘ 02 98 81 52 72, *campingiroise@aol.com*, Fax 02 98 81
26 10 – SO : 5 km, à 150 m de la plage de Pors-ar-Vag « Cadre
et situation agréables » – **R** conseillée
2,5 ha (132 empl.) peu incliné, en terrasses, herbeux
**Tarif :** 🔲 *2 pers.* 🔌 *(6A) 23,50 – pers. suppl. 5*
**Location** *(avril-sept.) :* 🚐 *215 à 490 –* 🏠 *185 à 525*
🚐

À prox. : ✕

*Voir aussi à Pentrez-Plage, Ploéven et Plonévez-Porzay*

29720 Finistère **3** – **308** F7 – 4 619 h. – alt. 71.

**2** Syndicat d'Initiative, place Charles-de-Gaulle ℘ 02 98 82 70 10, Fax 02 98 82 70 19, *office.tourisme.
ploneour@wanadoo.fr*.

Paris 580 – Douarnenez 25 – Guilvinec 14 – Plouhinec 21 – Pont-l'Abbé 7 – Quimper 19.

△ **Municipal de Mariano** 15 juin-15 sept.
℘ 02 98 87 74 80, *mairie@ploneour-lanvern.fr*, Fax 02 98
82 66 09 – N : impasse du Plateau « Agréable décoration
arbustive » – **R** conseillée
1 ha (59 empl.) plat, herbeux
**Tarif :** *(Prix 2002)* 🔲 *2 pers.* 🔌 *12 – pers. suppl. 2*

À prox. : 🐎 (centre équestre)

## PLONÉVEZ-PORZAY

29550 Finistère **3** – **308** F6 – 1 663 h. – alt. 90.
**🛈** Syndicat d'Initiative, 10 place de l'Eglise ℘ 02 98 92 53 57.
Paris 582 – Châteaulin 16 – Douarnenez 11 – Quimper 21.

Schéma à Plomodiern

**à Kervel** SO : 5 km par rte de Douarnenez et rte à droite – ⊠ 29550 Plonévez-Porzay :

**⚠ International de Kervel** 12 avril-14 sept.
℘ 02 98 92 51 54, camping.kervel@wanadoo.fr, Fax 02 98 92 54 96 – **R** conseillée
7 ha (330 empl.) plat, herbeux
**Tarif :** 🗉 2 pers. 🔌 (10A) 25,60 – pers. suppl. 5,50 – frais de réservation 15,24
**Location :** 🏚 320 à 655 – 🏠 260 à 690
🚐

**à Ste-Anne-la-Palud** O : 3 km par D 61 – alt. 65 – ⊠ 29550 Plonévez-Porzay :

**⚠ Tréguer-Plage** 15 juin-15 sept.
℘ 02 98 92 53 52, camping-treguer-plage@wanadoo.fr, Fax 02 98 92 54 89 – N : 1,3 km « Agréable cadre sauvage au bord de la plage » – **R** conseillée
5,8 ha (272 empl.) plat, sablonneux, herbeux
**Tarif :** 🗉 2 pers. 🔌 (6A) 15,20 – pers. suppl. 3,30
**Location :** 🏚 155 à 360

## PLOUARZEL

29810 Finistère **3** – **308** C4 – 2 042 h. – alt. 89.
**🛈** Office du Tourisme, place Saint-Arel ℘ 02 98 89 69 46, Fax 02 98 89 69 22, omt.plouarel@wanadoo.fr.
Paris 613 – Brest 23 – Brignogan-Plages 52 – Ploudalmézeau 15.

**⚠ Municipal de Portsévigné** 15 mai-15 sept.
℘ 02 98 89 69 16, Fax 02 98 89 32 02 – O : 5,2 km par rte de Trezien et rte à droite (île Segal), à 100 m de la mer (plage) – **R** conseillée
1,9 ha (100 empl.) peu incliné, herbeux, sablonneux
**Tarif :** (Prix 2002) 🗉 1 à 5 pers. 🔌 (6A) 9,95/11,15 – frais de réservation 30

## PLOUDALMÉZEAU

29830 Finistère **3** – **308** D3 – 4 874 h. – alt. 57.
**🛈** Syndicat d'Initiative, 1 rue François Squiban ℘ 02 98 48 12 88, Fax 02 98 48 11 88, oct.pouldalmeeau@wanadoo.fr.
Paris 612 – Brest 26 – Landerneau 43 – Morlaix 75 – Quimper 95.

**⚠ Municipal Tréompan** 15 avril-sept.
℘ 02 98 48 09 85 – N : 3,5 km, rte de Portsall, à 200 m de la plage de Tréompan (accès direct)
2 ha (134 empl.) non clos, plat, herbeux, sablonneux, dunes
**Tarif :** 🗉 2 pers. 🔌 7,60

## PLOUÉZEC

22470 C.-d'Armor **3** – **309** E2 – 3 089 h. – alt. 100.
**🛈** Syndicat d'Initiative, ℘ 02 96 22 72 92, Fax 02 96 22 72 92.
Paris 489 – Guingamp 32 – Lannion 45 – Paimpol 6 – St-Brieuc 41.

**⚠ Domaine du Launay** 12 avril-oct.
℘ 02 96 20 63 15, Fax 02 96 16 43 86 – SO : 3,1 km par D 77, rte de Yvias et rte à droite « Belle décoration arbustive » – **R** conseillée
4 ha (90 empl.) peu incliné, herbeux
**Tarif :** 🗉 2 pers. 🔌 16,80 – pers. suppl. 4
**Location** (juin-15 sept.) : 🏚 200 à 320 – 🏚 250 à 460
🚐

**⚠ Le Cap Horn** 10 juin-8 sept.
℘ 02 96 20 64 28, lecaphorn@hotmail.com, Fax 02 96 20 63 88 – à Port-Lazo, NE : 2,3 km par D 77, accès direct à la plage « Situation dominant l'Anse de Paimpol et l'Ile de Bréhat » – **R** conseillée
4 ha (149 empl.) en terrasses et peu incliné, herbeux, pierreux
**Tarif :** 🗉 2 pers. 🔌 (6A) 18,75 – pers. suppl. 4,25
**Location :** 🏚 199 à 579

29630 Finistère **3** – **308** I2 G. Bretagne – 3 530 h. – alt. 55.
**i** Syndicat d'Initiative, place du Général Leclerc ℘ 02 98 67 31 88, Fax 02 98 67 35 41.
Paris 545 – Brest 76 – Guingamp 61 – Lannion 34 – Morlaix 22 – Quimper 95.

△ *Municipal des Étangs* juin-sept.
℘ 02 98 72 37 06, primel-tregastel.camping-de-la-mer@ wa
nadoo.fr, Fax 02 98 72 37 06 – S : 3,5 km par D 46, rte de
Morlaix puis 0,8 km par rte à gauche, à 100 m d'un plan d'eau
(accès direct) – **R**
16 ha/3 campables (100 empl.) plat, herbeux
**Tarif :** (Prix 2002) ▣ 2 pers. ▣ 15 – pers. suppl. 3,40

*à Primel-Trégastel* N : 1 km par D 46 – ⊠ 29630 Plougasnou

△ *Municipal de la Mer* fin juin-sept.
℘ 02 98 72 37 45, commune-de-plougasnou@ wanadoo.fr,
Fax 02 98 67 82 79 – N : 4 km par D 46 – **R**
1 ha (63 empl.) plat et peu incliné, terrasse, herbeux
**Tarif :** (Prix 2002) ▣ 2 pers. ▣ 10,30 – pers. suppl. 2,20

29470 Finistère **3** – **308** E4 – 11 139 h. – alt. 113.
**i** Office du Tourisme, 4 bis place du Calvaire ℘ 02 98 40 34 98, Fax 02 98 40 68 85.
Paris 596 – Brest 11 – Morlaix 60 – Quimper 63.

△ *St-Jean* Permanent
℘ 02 98 40 32 90, campingsaintjean@ wanadoo.fr, Fax
02 98 04 23 11 – NE : 4,6 km par D 29, au lieu-dit St-Jean,
par N 165 sortie Centre Commercial Leclerc « Site agréable
au bord de l'Estuaire de l'Elorn » – **R** conseillée
1,6 ha (125 empl.) plat, peu incliné, en terrasses, herbeux,
gravillons
**Tarif :** ▣ 2 pers. ▣ (10A) 17,50 – pers. suppl. 4,20
**Location :** ⌂ 210 à 490 – ⌂ 270 à 520
⌂ (8 empl.) – 14,50

29217 Finistère **3** – **308** C4 – 2 167 h. – alt. 44.
**i** Office du Tourisme, boulevard de la Mer ℘ 02 98 48 30 18, Fax 02 98 48 25 94, omt.plougonvelin@ wanadoo.fr.
Paris 617 – Brest 21 – Brignogan-Plages 62 – Quimper 96 – St-Pol-de-Léon 82.

△ *Parc St-Yves* (Location exclusive de mobile homes)
Permanent
℘ 02 98 48 32 11, tourisme.plougonvelin@ wanadoo.fr,
Fax 02 98 48 25 94 – NE : 1,6 km par rte de la plage de
Trez-Hir, à 300 m de la plage – **R** indispensable
0,8 ha (20 empl.) plat, herbeux
**Location :** ⌂ 250 à 473

## PLOUGOULM

29250 Finistère **🟦** – **🟦🟦🟦** G3 – 1 693 h. – alt. 60.
Paris 563 – Brest 58 – Brignogan-Plages 27 – Morlaix 27 – Roscoff 10.

△ **Municipal du Bois de la Palud** 15 juin-15 sept.
   *𝒫* 02 98 29 81 82, *mairie-de-plougoulu@wanadoo.fr*, Fax
02 98 29 92 26 – à 0,9 km à l'Ouest du carrefour D 10-
D 69 (croissant de Plougoulm), par rte de Plouescat et che-
min à droite – **R** conseillée
0,7 ha (34 empl.) en terrasses et peu incliné, herbeux
**Tarif :** 🔲 *2 pers.* 🔋 *12 – pers. suppl. 3*

## PLOUGOUMELEN

56400 Morbihan **🟦** – **🟦🟦🟦** N9 – 1 544 h. – alt. 27.
Paris 472 – Auray 9 – Lorient 55 – Quiberon 38 – Vannes 14.

△ **Municipal Kergouguec** 15 juin-15 sept.
   *𝒫* 02 97 57 88 74 – à 0,5 km au Sud du bourg, par rte de
Baden, au stade – **R** conseillée
1,5 ha (80 empl.) plat à peu incliné, herbeux
**Tarif :** (Prix 2002) 🔲 *2 pers.* 🔋 *7,25 – pers. suppl. 1,60.*

À prox. : golf

△ **La Fontaine du Hallate** avril-oct.
   *𝒫* 02 97 57 84 12, *cleglonic@campinghallate.com*
SE : 3,2 km vers Ploeren et rte de Baden à droite, au lieu-dit
Hallate – **R** conseillée
1 ha (45 empl.) peu incliné, plat, herbeux
**Tarif :** 🔲 *2 pers.* 🔋 *(4A) 9 – pers. suppl. 2*
**Location :** 🛏 *110 à 170 –* 🚐 *190 à 320*

À prox. : golf ✗

## PLOUGRESCANT

22820 C.-d'Armor **🟦** – **🟦🟦🟦** C1 – 1 471 h. – alt. 53.
Paris 518 – Lannion 26 – Perros-Guirec 22 – St-Brieuc 67 – Tréguier 8.

△△ **Le Varlen** Permanent
   *𝒫* 02 96 92 52 15, Fax 02 96 92 50 34 – NE : 2 km rte de
Porz-Hir, à 200 m de la mer – **R** conseillée
1 ha (65 empl.) plat, herbeux
**Tarif :** 🔲 *2 pers.* 🔋 *14,60 – pers. suppl. 3,20 – frais de réser-
vation 10*
**Location :** 🛏 *145 à 240 –* 🚐 *210 à 440 – studios*
🚐

À prox. : ✗

△ **Le Gouffre** mai-fin sept.
   *𝒫* 02 96 92 02 95, Fax 02 96 92 02 95 – N : 2,7 km par rte
de la pointe du château – Places limitées pour le passage –
**R** conseillée
3 ha (130 empl.) plat, peu incliné, herbeux
**Tarif :** 🔲 *2 pers.* 🔋 *13 – pers. suppl. 1*
🚐

À prox. : canoë ✗ 🔲 🦆 🐎 (centre
équestre)

△ **Municipal Beg-ar-Vilin** juin-14 sept.
   *𝒫* 02 96 92 56 15, *mairie.plougrescant@wanadoo.fr*, Fax
02 96 92 59 26 – NE : 2 km, bord de mer – **R**
3 ha (99 empl.) plat, sablonneux, herbeux
**Tarif :** (Prix 2002) 🔲 *2 pers.* 🔋 *10,60 – pers. suppl. 2*
**Location :** bungalows toilés

À prox. : canoë ✗ 🔲 🦆 🐎 (centre
équestre)

## PLOUGUERNEAU

29880 Finistère **🟦** – **🟦🟦🟦** D3 – 5 255 h. – alt. 60.
🅱 Office du Tourisme, place de l'Europe *𝒫* 02 98 04 70 93, Fax 02 98 04 58 75, *ot.plouguerneau@wanadoo.fr*.
Paris 604 – Brest 27 – Landerneau 35 – Morlaix 68 – Quimper 92.

△ **Le Vougot** Pâques-sept.
   *𝒫* 02 98 25 61 51, Fax 02 98 25 61 51 – NE : 7,4 km par D 13
et D 10 rte de Guisseny, puis D 52 grève du Vougot, à 250
m de la mer « Spacieux emplacements délimités dans un
cadre agréable » – **R** conseillée
2,5 ha (55 empl.) plat, peu incliné, sablonneux, herbeux
**Tarif :** 🔲 *2 pers.* 🔋 *(10A) 13,90 – pers. suppl. 3*
**Location :** 🚐 *305 à 412*

À prox. : centre nautique

△ **La Grève Blanche** juin-sept.
   *𝒫* 02 98 04 70 35, Fax 02 98 04 63 97 – N : 4 km par D 32, rte
du Mont-St-Michel à gauche, bord de plage – **R** conseillée
2,5 ha (100 empl.) non clos, plat, peu incliné, herbeux, rochers,
sablonneux
**Tarif :** 🔲 *2 pers.* 🔋 *(9A) 11,10 – pers. suppl. 2,50*
🚐

## PLOUGUERNÉVEL

22110 C.-d'Armor **3** – **309** C5 – 3 255 h. – alt. 219.
Paris 479 – Carhaix-Plouguer 27 – Guingamp 45 – Loudéac 42 – Pontivy 34 – St-Brieuc 54.

△ *Municipal Kermarc'h* avril-oct.
  *&* 02 96 29 10 95 – SO : 3,8 km, au Village de Vacances
  « Autour d'une ancienne ferme restaurée »
  3,5 ha/0,5 campable (24 empl.) en terrasses et peu incliné,
  herbeux
  **Tarif** : (Prix 2002) 🔲 *2 pers.* 🔋 *11 – pers. suppl. 3*
  **Location** : *gîte d'étape, gîtes*

## PLOUHA

22580 C.-d'Armor **3** – **309** E2 G. Bretagne – 4 197 h. – alt. 96.
🅱 Office du Tourisme, 9 avenue Laennec *&* 02 96 20 24 73, Fax 02 96 22 57 05.
Paris 479 – Guingamp 24 – Lannion 49 – St-Brieuc 31 – St-Quay-Portrieux 10.

⚠ *Domaine de Kéravel* 15 mai-sept.
  *&* 02 96 22 49 13, keravel@wanadoo.fr, Fax 02 96 22
  47 13 – NE : 2 km rte de la Trinité, près de la chapelle « Dans
  l'agréable parc d'un manoir » – **R** conseillée
  5 ha/2 campables (116 empl.) en terrasses et peu incliné,
  herbeux
  **Tarif** : 🔲 *2 pers.* 🔋 *(10A) 21,15 – pers. suppl. 5,15*
  **Location** *(permanent) : appartements*
  🚐 *(5 empl.) – 21,15*

*Pas de publicité payée dans ce guide.*

## PLOUHARNEL

56340 Morbihan **3** – **308** M9 – 1 653 h. – alt. 21.
🅱 Office du Tourisme, avenue de l'Océan *&* 02 97 52 32 93, Fax 02 97 52 49 87.
Paris 491 – Auray 13 – Lorient 41 – Quiberon 15 – Quimperlé 51 – Vannes 32.

⚠ *Kersily* avril-3 nov.
  *&* 02 97 52 39 65, Fax 02 97 52 44 76 – NO : 2,5 km par
  D 781 rte de Lorient et rte de Ste-Barbe, à gauche –
  **R** conseillée
  2,5 ha (120 empl.) plat et peu incliné, herbeux
  **Tarif** : 🔲 *2 pers.* 🔋 *(10A) 16,40 – pers. suppl. 3,80*
  **Location** : 🚐 *170 à 460*
  🚐

△ *Les Goélands* juin-15 sept.
  *&* 02 97 52 31 92, michelinealloux@aol.com
  E : 1,5 km par D 781 rte de Carnac puis 0,5 km par rte à
  gauche – **R** conseillée
  1,6 ha (80 empl.) plat, herbeux
  **Tarif** : 🔲 *2 pers.* 🔋 *(5A) 12,40 - pers. suppl. 3,20*

## PLOUHINEC

29780 Finistère **3** – **308** E6 – 4 524 h. – alt. 101.
🅱 Office du Tourisme, 2 rue du Général de Gaulle *&* 02 98 70 74 55, Fax 02 98 70 72 76, plouhinec29@
wanadoo.fr.
Paris 595 – Audierne 5 – Douarnenez 18 – Pont-l'Abbé 28 – Quimper 33.

△ *Kersiny* avril-sept.
  *&* 02 98 70 82 44, mail@camping-kersiny.com, Fax 02 98
  70 73 38 – sortie Ouest par D 784 rte d'Audierne puis Sud,
  à 1 km par rte de Kersiny, à 100 m de la plage (accès direct)
  « Agréable situation » – **R** conseillée
  2 ha (100 empl.) en terrasses, peu incliné, herbeux
  **Tarif** : (Prix 2002) 🔲 *2 pers.* 🔋 *(8A) 13,70 – pers. suppl. 3,40*

## PLOUHINEC

56680 Morbihan **3** – **308** L8 – 4 026 h. – alt. 10.
Paris 503 – Auray 22 – Lorient 26 – Quiberon 30 – Quimperlé 36.

⚠ *Moténo* 26 avril-13 sept.
  *&* 02 97 36 76 63, camping-moteno@wanadoo.fr, Fax
  02 97 85 81 84 – SE : 4,5 km par D 781 et à droite, rte du
  Magouër – **R** conseillée
  4 ha (230 empl.) plat, herbeux
  **Tarif** : (Prix 2002) 🔲 *2 pers.* 🔋 *(10A) 19,60 – pers. suppl. 3,95*
  **Location** : 🚐 *170 à 560* – 🏠 *215 à 575*

△△△ **La Lande du Bélier** (location de chalets et mobile homes) Permanent
  𝒫 02 97 85 80 98, *batering@aol.com*, Fax 02 97 85 84 59
  – 1,5 km par D 781 rte de Carnac
  5,5 ha plat, herbeux, pinède
  **Location :** ⊞ *180 à 530* – ⌂ *300 à 610*

⊶ ⚸ ⌁ ⚲ 🔲 ▼ snack 🏠 ⚔ ☒
🐎 poneys
À prox. : ✄ 🜄

△ **Municipal Kérabus** juil.-août
  𝒫 02 97 36 61 67, Fax 02 97 85 88 89 – SE : 3 km par D 781,
  rte de Carnac et à droite, rte du Magouër, au stade –
  **R** conseillée
  4 ha (100 empl.) non clos, plat, herbeux, pinède attenante
  **Tarif :** ▣ *1 ou 2 pers.* ⓖ *(10A) 8,60* – *pers. suppl. 2*

⚱ ⊶ juil.-août ⚸ ⌁ ⚒ 🛢 ↺ ⚘
🗑 ☺ 🔲 ↝ ✄ 🐎 poneys
À prox. : 🜄

## PLOUIGNEAU

29610 Finistère **3** – **308** I3 – 4 023 h. – alt. 156.
Paris 527 – Brest 72 – Carhaix-Plouguer 44 – Guingamp 43 – Lannion 32 – Morlaix 11.

△ **Aire Naturelle la Ferme de Croas Men** avril-oct.
  𝒫 02 98 79 11 50, *croasmen@wanadoo.fr*, Fax 02 98 79
  11 50 – NO : 2,5 km par D 712 et D 64, rte de Lanmeur puis
  4,7 km par rte de Lanleya à gauche et rte de Garlan « Sur
  le domaine d'une ferme en activité »
  1 ha (25 empl.) plat, herbeux, verger
  **Tarif :** (Prix 2002) ▣ *2 pers.* ⓖ *(10A) 11,50* – *pers. suppl. 2,50*

⚱ ⊶ ⚸ ⚒ ↺ 🗑 ↝ ☺ 🔲
🗑 ↝
À prox. : 🐎

## PLOUMANACH

22 C.-d'Armor – **309** B2 – rattaché à Perros-Guirec.

## PLOUNÉVEZ-LOCHRIST

29430 Finistère **3** – **308** F3 – 2 356 h. – alt. 70.
Paris 570 – Brest 41 – Landerneau 23 – Landivisiau 22 – St-Pol-de-Léon 22.

△△ **Municipal Odé-Vras** 14 juin-6 sept.
  𝒫 02 98 61 65 17 – à 4,5 km au Nord du bourg, par D 10,
  à 300 m de la baie de Kernic (accès direct) – **R**
  3 ha (135 empl.) plat, sablonneux, herbeux
  **Tarif :** ▣ *2 pers.* ⓖ *9,50* – *pers. suppl. 2,25*

⊶ ⚸ ⌁ ⚒ ↺ 🗑 ⚘ ☺ 🔲
🗑 ↝

**419**

## PLOZÉVET

29710 Finistère **3** – **308** E7 G. Bretagne – 2 838 h. – alt. 70.
🛈 Office du Tourisme, place de l'Eglise 𝒫 02 98 91 45 15, Fax 02 98 91 47 00, *otploevet@wanadoo.fr*.
Paris 590 – Audierne 11 – Douarnenez 19 – Pont-l'Abbé 22 – Quimper 27.

△△ **La Corniche** avril-sept.
  𝒫 02 98 91 33 94, *infos@campinglacorniche.com*, Fax
  02 98 91 41 53 – sortie Sud par rte de la mer –
  **R** conseillée
  2 ha (120 empl.) plat, herbeux
  **Tarif :** ▣ *2 pers.* ⓖ *(6A) 18,70* – *pers. suppl. 4,20* – *frais de*
  *réservation 8*
  **Location :** ⊞ *280 à 510* – ⌂ *280 à 530*
  ⊞

⚱ ⊶ GB ⚸ ⌁ ⚲ (0,7 ha) ⚒
↺ 🗑 ⚘ ☺ ⚘ ↝ 🔲 🗑 ↝
🜂
À prox. : 🛒

## PLURIEN

22240 C.-d'Armor **4** – **309** H3 – 1 289 h. – alt. 48.
🛈 Office du Tourisme, 𝒫 02 96 72 18 52, Fax 02 96 72 18 52, *otplurien@aol.com*.
Paris 456 – Dinard 34 – Lamballe 25 – Plancoët 23 – St-Brieuc 37 – St-Cast-le-Guildo 18.

△ **Municipal la Saline** juin-15 sept.
  𝒫 02 96 72 17 40 – NO : 1,2 km par D 34, rte de Sables-
  d'Or-les-Pins, à 500 m de la mer
  3 ha (150 empl.) plat, peu incliné et en terrasses, herbeux
  **Tarif :** (Prix 2002) ▣ *2 pers.* ⓖ *(6A) 10* – *pers. suppl. 2,50*
  ⊞

≼ ⚸ ⚲ (1 ha) ⚒ ↺ 🗑 ☺ 🔲
↝
À prox. : golf, école de plongée, canoë de
mer 🛒 ✄ 🔳 ♨ 🜄 🐎 (centre
équestre)

## Le POËT-CÉLARD

26 Drôme – **332** D6 – rattaché à Bourdeaux.

## Le POËT-LAVAL

26160 Drôme 🔟🔟 – 🔳🔳🔳 D6 G. Vallée du Rhône – 652 h. – alt. 311.
Paris 623 – Crest 34 – Montélimar 24 – Nyons 35 – Orange 77 – Pont-St-Esprit 65 – Valence 63.

△ **Municipal Lorette** mai-sept.
    ℘ 04 75 91 00 62, *mairie.poet.laval@ wanadoo.fr*, Fax 04 75
46 46 45 – E : 1 km par D 540, rte de Dieulefit « Au bord du
Jabron » – **R** conseillée
2 ha (60 empl.) peu incliné à incliné, herbeux
**Tarif :** 🔲 *2 pers.* 🔋 *(6A) 11,30 – pers. suppl. 3,20*

*La catégorie (1 à 5 tentes, **noires** ou **rouges**) que nous attribuons
aux terrains sélectionnés dans ce guide est une appréciation qui nous est propre.*

*Elle ne doit pas être confondue avec le classement (1 à 4 étoiles)
établi par les services officiels.*

## POITIERS

86000 Vienne 🔟🔟 – 🔳🔳🔳 H5 G. Poitou Vendée Charentes – 78 894 h. – alt. 116 – Base de loisirs.
🛈 Office du Tourisme, 45 place Charles de Gaulle ℘ 05 49 41 21 24, Fax 05 49 88 65 84, *accueil-tourisme@
interpc.fr*.
Paris 336 – Angers 134 – Angoulême 113 – Châteauroux 124 – Châtellerault 36 – Limoges 126 – Nantes 183
– Niort 76 – Tours 101.

**à Avanton**  N : 10 km par N 147 et D 757 – 1 164 h. – alt. 110 – ✉ 86170 Avanton

△△△ **Futur** 4 avril-28 sept.
    ℘ 05 49 54 09 67, *campingdufutur@ wanadoo.fr*, Fax
05 49 54 09 59 – SO : 1,3 km par D 757, rte de Poitiers
et rte à droite après le passage à niveau – **R** conseillée
4 ha/1,5 campable (68 empl.) plat, herbeux
**Tarif :** 🔲 *2 pers.* 🔋 *(10A) 14,90 – pers. suppl. 3,50*
**Location** ⚑ : 🏠 *230 à 409*
🚐 *(5 empl.) – 14,60*

**à Dissay**  N : 14,5 km par D 4 – 2 498 h. – alt. 69 – ✉ 86130 Dissay.
🛈 Syndicat d'Initiative, place du 8 Mai 1945 ℘ 05 49 52 34 56, Fax 05 49 62 58 72

△ **Municipal du Parc**
    ℘ 05 49 62 84 29 – O : 0,6 km par D 15, rte de Jaunay-Clan
et rue du Parc à gauche
1,5 ha (86 empl.) plat, herbeux

**à Jaunay-Clan**  N : 9 km par N 10 – 4 928 h. – alt. 80 – ✉ 86130 Jaunay-Clan.
🛈 Syndicat d'Initiative, place de la Fontaine ℘ 05 49 62 85 16, Fax 05 49 52 24 88

△△△ **La Croix du Sud** 29 mars-13 sept.
    ℘ 05 49 62 58 14, *camping@la-croix-du-sud.fr*, Fax 05 49
62 57 20 – O : 1 km par D 62, rte de Neuville et rte d'Avanton
à gauche, après le pont de l'A10 – **R** conseillée
4 ha (184 empl.) plat, peu incliné, herbeux, pierreux
**Tarif :** 🔲 *2 pers.* 🔋 *15,05 – pers. suppl. 3,35*
**Location :** 🏠 *320 à 426 – 🏡 266 à 320*
🚐

**à Neuville-de-Poitou**  NO : 17,5 km par N 147, rte de Loudun et D 62 à gauche – 3 840 h. – alt. 116
– ✉ 86170 Neuville-de-Poitou.
🛈 Office du Tourisme, 28 place Joffre ℘ 05 49 54 47 80, Fax 05 49 54 18 66, *OT.Neuville@ free.fr*

△ **Municipal de la Drouille** juin-août
    ℘ 05 49 51 11 81, *accueil-neuville@ cg86.fr*, Fax 05 49 54
85 09 – E : 1,5 km par D 62, rte de Jaunay-Clan et à l'entrée
du lieu-dit Mavault, rue à droite
0,8 ha (30 empl.) plat et peu incliné, herbeux, pierreux,
gravier
**Tarif :** 🔲 *2 pers.* 🔋 *7,60 – pers. suppl. 1,65*

**à St-Cyr**  NE : 19 km par N 10 et D 82 – 710 h. – alt. 62 – ✉ 86130 St-Cyr

△△△ **Parc de Loisirs de St-Cyr** avril-sept.
    ℘ 05 49 62 57 22, *contact@ parcdesaintcyr.com*, Fax 05 49
52 28 58 – NE : 1,5 km par D 4, D 82 rte de Bonneuil-Matours
et chemin à gauche, près d'un plan d'eau, Sur N 10, accès
depuis la Tricherie – **R** conseillée
5,4 ha (198 empl.) plat, herbeux
**Tarif :** 🔲 *2 pers.* 🔋 *22 – pers. suppl. 5*
**Location :** 🏠 *290 à 565*

420

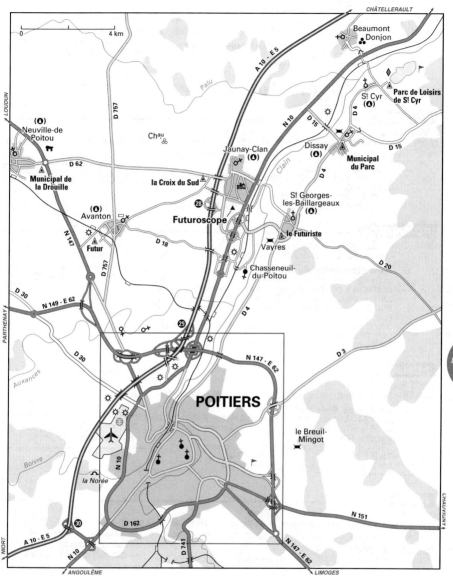

**à St-Georges-lès-Baillargeaux** NE : 11,5 km par D 4 – 2 858 h. – alt. 100 – ⊠ 86130 St-Georges-lès-Baillargeaux :

  ⚠ **Le Futuriste** Permanent
    ✆ 05 49 52 47 52, *d.Radet@libertysurf.fr*, Fax 05 49 52
47 52 – au Sud du bourg, accès par D 20 « Aux portes du
Futuroscope, quelques empl. offrent une vue sur le parc »
– **R** conseillée
2 ha (112 empl.) plat, peu incliné, herbeux, pierreux,
étang
**Tarif :** 🔲 *1 à 3 pers.* 🔌 *(16A) 20,10 – pers. suppl. 2,28*
**Location** 🚫 : 🏠 *252,40 à 453,20*
🚐

## POIX-DE-PICARDIE

80290 Somme **1** – **301** E9 G. Flandre Artois Picardie – 2 191 h. – alt. 106.

**8** Office du Tourisme, 6 rue St-Denis *£* 03 22 90 12 23, Fax 03 22 90 32 91, *Mairie.poix.de.picardie@wanadoo.fr*.

Paris 134 – Abbeville 44 – Amiens 31 – Beauvais 46 – Dieppe 86 – Forges-les-Eaux 42.

    ▲ **Municipal le Bois des Pêcheurs** avril-sept.
      *£* 03 22 90 11 71, mairie-poix-de-picardie@wanadoo.fr
      sortie Ouest par D 919, rte de Formerie, bord d'un ruisseau
      – **R** conseillée
      2 ha (135 empl.) plat, herbeux
      **Tarif :** (Prix 2002) *E* 2 pers. 13,50 – pers. suppl. 2

À prox. : (découverte l'été)

## POLIGNY

39800 Jura **12** – **321** E5 G. Jura – 4 714 h. – alt. 373.

**8** Office du Tourisme, rue Victor Hugo *£* 03 84 37 24 21, Fax 03 84 37 22 37, *tourisme.poligny@wanadoo.fr*.

Paris 398 – Besançon 57 – Dole 45 – Lons-le-Saunier 30 – Pontarlier 65.

    ▲ **Municipal** juin-sept.
      *£* 03 84 73 71 71 – SO : 1 km par N 83 direction Lons-le-
      Saunier – **R**
      1,5 ha (87 empl.) plat, herbeux
      **Tarif :** (Prix 2002) *E* 2 pers. [*] 10 – pers. suppl. 1,50

## POMMEROL

26470 Drôme **16** – **332** F7 – 14 h. – alt. 916.

Paris 661 – Carpentras 89 – Nyons 49 – Orange 91 – Sault 82 – Sisteron 69 – Valence 99.

    ▲ **Aire Naturelle du Moulin** 31 mars-oct.
      *£* 04 75 27 25 63, Fax 04 75 27 25 63 – E : 1 km par D 438
      et chemin à gauche, pour les caravanes, itinéraire conseillé
      par la Charce, D 338 et D 438 rte de Pommerol **« Au pied
      d'un beau village provençal accroché à la montagne »** –
      **R** conseillée
      1 ha (25 empl.) en terrasses, peu incliné à incliné, plat, pier-
      reux, herbeux
      **Tarif :** *E* 2 pers. [*] 12 – pers. suppl 3

## 422

## POMMEUSE

77515 S.-et-M. **6** – **312** H3 – 1 808 h. – alt. 67.

Paris 58 – Château-Thierry 49 – Créteil 54 – Meaux 23 – Melun 47 – Provins 43.

    ▲ **Le Chêne Gris** mars-nov.
      *£* 01 64 04 21 80, campinglecheneg@free.fr, Fax 01 64 20
      05 89 – SO : 2 km, derrière la gare de Faremoutiers-Pom-
      meuse – **R** conseillée
      5 ha (160 empl.) en terrasses, herbeux, gravier
      **Tarif :** *E* 2 pers. [*] (10A) 21 – pers. suppl. 4
      **Location** (avril-oct.) – *%* : 🛏 448 à 560
      🚐 (12 empl.) – 21

À prox. :

## PONCIN

01450 Ain **12** – **328** F4 – 1 229 h. – alt. 255.

**8** Office du Tourisme, 10 place Bichat *£* 04 74 37 23 14, Fax 04 74 37 23 14.

Paris 456 – Ambérieu-en-Bugey 20 – Bourg-en-Bresse 28 – Nantua 24 – Oyonnax 36 – Pont-d'Ain 8.

    ▲ **Municipal** 29 mars-12 oct.
      *£* 04 74 37 20 78, camping.vallee-de-lain@laposte.net, Fax
      04 74 37 20 78 – NO : 0,5 km par D 91 et D 81 rte de
      Meyriat, près de l'Ain – Places limitées pour le passage –
      **R** conseillée
      1,5 ha (89 empl.) plat, herbeux
      **Tarif :** *E* 2 pers. [*] (5A) 12 – pers. suppl. 3,05
      **Location** (9 mars-12 oct.) : 🛏 285 à 345

snack
À prox. :

## PONS

17800 Char.-Mar. **9** – **324** G6 G. Poitou Vendée Charentes – 4 412 h. – alt. 39.

**8** Syndicat d'Initiative, place de la République *£* 05 46 96 13 31, Fax 05 46 96 34 52, *syndicat-initiative.pons @wanadoo.fr*.

Paris 493 – Blaye 60 – Bordeaux 98 – Cognac 24 – La Rochelle 97 – Royan 43 – Saintes 23.

    ▲ **Municipal** mai-sept.
      *£* 05 46 91 36 72, ville.pons@smic17.fr, Fax 05 46 96
      14 15 – à l'Ouest de la ville – **R**
      1 ha (60 empl.) plat, herbeux
      **Tarif :** (Prix 2002) *E* 2 pers. [*] 11 – pers. suppl. 2,50

À prox. :

## PONS

12 Aveyron **15** – **338** H2 – ⊠ 12140 Entraygues-sur-Truyère.
Paris 591 – Aurillac 34 – Entraygues-sur-Truyère 11 – Montsalvy 12 – Mur-de-Barrez 24 – Rodez 52.

    ⚠ **Municipal de la Rivière** 15 juin-15 sept.
     ℘ 05 65 66 18 16, Fax 05 65 66 14 50 – à 1 km au Sud-Est
du bourg, sur D 526 rte d'Entraygues-sur-Truyère, bord du
Goul « Agréable cadre verdoyant dans une petite vallée, en
bordure de rivière » – **R** conseillée
0,9 ha (36 empl.) plat, herbeux
**Tarif** : (Prix 2002) ▣ *2 pers.* ⚡ *11 – pers. suppl. 2,50*
**Location** *(permanent)* : 🏠 *350*

## PONTARLIER

25300 Doubs **12** – **321** I5 G. Jura – 18 104 h. – alt. 838.
🛈 Office du Tourisme, 14 rue de la Gare ℘ 03 81 46 48 33, Fax 03 81 46 83 32, *office.de.pontarlier@wanadoo.fr.*
Paris 462 – Basel 179 – Beaune 162 – Belfort 125 – Besançon 58 – Dole 109 – Genève 115 – Lausanne 68
– Lons-le-Saunier 83 – Neuchâtel 56.

    ⚠ **Le Larmont** avril-10 nov.
     ℘ 03 81 46 23 33, *lelarmont-pontarlier@ffcc.assa.fr*, Fax
03 81 46 23 34 – au Sud-Est de la ville en direction de
Lausanne, près du centre équestre, alt. 880 – **R** conseillée
4 ha (75 empl.) en terrasses, herbeux, gravier
**Tarif** : (Prix 2002) ▣ *2 pers.* ⚡ *(10A) 15,25 – pers. suppl. 2,80*
**Location** *(permanent)* : 🏠 *275 à 366*
     🚐 *(20 empl.) – 9,65*

poneys
À prox. : parcours sportif

## PONT-AUTHOU

27290 Eure **5** – **304** E6 – 613 h. – alt. 49.
Paris 153 – Bernay 22 – Elbeuf 27 – Évreux 46 – Pont-Audemer 21.

    ⚠ **Municipal les Marronniers** Permanent
     ℘ 02 32 42 75 06, Fax 02 32 42 75 06 – au Sud du bourg,
par D 130 rte de Brionne, bord d'un ruisseau – Places limitées
pour le passage
2,5 ha (64 empl.) plat, herbeux
**Tarif** : (Prix 2002) ▣ *2 pers.* ⚡ *(10A) 11,13 – pers. suppl. 2,29*

## PONTCHÂTEAU

44160 Loire-Atl. **4** – **316** D3 G. Bretagne – 7 549 h. – alt. 7.
🛈 Office du Tourisme, 1 place du Marché ℘ 02 40 88 00 87, Fax 02 40 01 61 10.
Paris 426 – La Baule 40 – Nantes 52 – Redon 29 – La Roche-Bernard 20 – St-Nazaire 25.

    ⚠ **Le Bois de Beaumard** mars-1er oct.
     ℘ 02 40 88 03 36, *obocamp@aol.com*, Fax 02 40 88 03 36
– sortie Nord-Ouest par D 33 rte d'Herbignac puis à droite,
2 km par D 126 rte de Sévérac et rte de Beaumard à gauche
« Agréable cadre boisé et fleuri » – **R** conseillée
1 ha (25 empl.) plat, herbeux, bois attenant
**Tarif** : (Prix 2002) ▣ *2 pers.* ⚡ *(10A) 12 – pers. suppl. 2,50*

(0,3 ha)
À prox. : 🛒 ✂ 📺 (découverte l'été)

## Le PONT-CHRÉTIEN-CHABENET

36800 Indre **10** – **323** E7 – 879 h. – alt. 100.
Paris 300 – Argenton-sur-Creuse 6 – Le Blanc 33 – Châteauroux 34 – La Châtre 44.

    ⚠ **Municipal les Rives** 15 juin-15 sept.
     ℘ 02 54 25 81 40, Fax 02 54 25 87 50 – sortie vers St-Gaul-
tier et à gauche après le pont, bord de la Bouzanne « Cadre
ombragé au bord de la Bouzanne »
0,7 ha (52 empl.) plat, herbeux
**Tarif** : (Prix 2002) ▣ *1 ou 2 pers.* ⚡ *9,50 – pers. suppl. 2*

## PONT-DE-MENAT

63 P.-de-D. **11** – **326** E6 G. Auvergne – ⊠ 63560 Menat.
Paris 371 – Aubusson 82 – Clermont-Ferrand 51 – Gannat 27 – Montluçon 41 – Riom 34 – St-Pourçain-sur-Sioule 52.

    ⚠ **Municipal les Tarteaux** avril-sept.
     ℘ 04 73 85 52 47, *mairiemenat@wanadoo.fr*, Fax 04 73 85
50 22 – SO : 0,8 km, rive gauche de la Sioule « Agréable site
dans les gorges » – **R**
1,7 ha (100 empl.) plat et peu incliné, herbeux
**Tarif** : ▣ *2 pers.* ⚡ *10,10 – pers. suppl. 2,40*
**Location** : 🏠 *206 à 305*

À prox. : 🍷 ↗ ✂ 〰

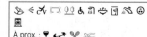

## Le PONT-DE-MONTVERT

48220 Lozère **16** – **330** K8 G. Languedoc Roussillon – 281 h. – alt. 875.
🛈 Office du Tourisme, rue le quai ℘ 04 66 45 81 94, Fax 04 66 45 81 94.
Paris 633 – Le Bleymard 22 – Florac 21 – Génolhac 28 – Mende 45 – Villefort 43.

▲ *Aire Naturelle la Barette* mai-15 sept.
℘ 04 66 45 82 16 – N : 6 km par D 20, rte de Bleymard, à Finiels, alt. 1 200 « Site agréable et sauvage » – **R** conseillée
1 ha (20 empl.) en terrasses, herbeux, pierreux, rochers
**Tarif** : 🔲 *2 pers.* 🔋 *11 – pers. suppl. 3,20*

---

## PONT-DE-POITTE

39130 Jura **12** – **321** E7 G. Jura – 638 h. – alt. 450.
Paris 424 – Champagnole 34 – Genève 93 – Lons-le-Saunier 17.

**à Mesnois** NO : 1,7 km par rte de Lons-le-Saunier et D 151 à droite – 171 h. – alt. 460 – ✉ 39130 Clairvaux-les-Lacs :

▲ *Beauregard* avril-sept.
℘ 03 84 48 32 51, *reception@juracampingbeauregard.c om*, Fax 03 84 48 32 51 – sortie Sud « Site verdoyant » – **R** conseillée
3 ha (148 empl.) peu incliné et en terrasses, herbeux
**Tarif** : 🔲 *2 pers.* 🔋 *(5A) 20,30 – pers. suppl. 3,30*
**Location** : 🛖 *228 à 510*

---

## PONT-DE-SALARS

12290 Aveyron **15** – **338** I5 – 1 422 h. – alt. 700.
🛈 Office du Tourisme, 34 avenue de Rode ℘ 05 65 46 89 90, Fax 05 65 46 81 16, *tourisme-leveou@wanadoo.fr*.
Paris 647 – Albi 87 – Millau 47 – Rodez 24 – St-Affrique 56 – Villefranche-de-Rouergue 70.

▲ *Les Terrasses du Lac* juin-sept.
℘ 05 65 46 88 18, *terrasses12@aol.com*, Fax 05 65 46 85 38 – N : 4 km par D 523 rte du Vibal, près du lac (accès direct) « Agréable situation dominante sur le lac » – **R** conseillée
6 ha (180 empl.) en terrasses, herbeux
**Tarif** : 🔲 *2 pers.* 🔋 *(6A) 21,30 – pers. suppl. 4 – frais de réservation 16*
**Location** : 🛖 *250 à 550 – bungalows toilés*

▲ *Le Lac* juin-15 sept.
℘ 05 65 46 84 86, *camping.du.lac@wanadoo.fr*, Fax 05 65 46 60 39 – N : 1,5 km par D 523 rte du Vibal « Au bord du lac » – **R** conseillée
4,8 ha (200 empl.) plat, peu incliné, en terrasses, herbeux, pierreux
**Tarif** : 🔲 *2 pers.* 🔋 *(6A) 16,50 – pers. suppl. 2 – frais de réservation 11*
**Location** *(4 avril-3 nov.)* : 🛖 *120 à 290 – bungalows toilés*

---

## PONT-DE-VAUX

01190 Ain **12** – **328** C2 G. Bourgogne – 1 913 h. – alt. 177.
🛈 Office du Tourisme, 2 rue de-Lattre-de-Tassigny ℘ 03 85 30 30 02, Fax 03 85 30 68 69, *pont.de.vaux.tou risme@wanadoo.fr*.
Paris 381 – Bourg-en-Bresse 40 – Lons-le-Saunier 68 – Mâcon 25.

▲ *Champ d'Été* mai-15 oct.
℘ 03 85 23 96 10, *PDV.AIN@wanadoo.fr*, Fax 03 85 23 99 12 – NO : 0,8 km par D 933 direction Mâcon et chemin à droite, près d'un plan d'eau
3,5 ha (150 empl.) plat, herbeux
**Tarif** : *(Prix 2002)* 🔲 *2 pers.* 🔋 *21 – pers. suppl. 4*
**Location** : 🏠 *305 à 473 –* 🚐 *– gîtes*

---

## PONT-DU-FOSSÉ

05 H.-Alpes – **334** F5 – rattaché à St-Jean-St-Nicolas.

🔲 ⏱ 🛁

*Douches, wastafels en washuizen met* **warm water.**

*Indien deze symbolen niet in de tekst voorkomen,*
*zijn bovengenoemde installaties wel aanwezig doch uitsluitend met koud water.*

## PONT-DU-NAVOY

39300 Jura **12** – **321** E6 – 230 h. – alt. 470.
Paris 421 – Arbois 26 – Champagnole 11 – Lons-le-Saunier 23 – Poligny 24.

▲▲ **Le Bivouac** Permanent
    &#x1F4DE; 03 84 51 26 95, bivouac.jura@laposte.net, Fax 03 84 51
29 70 – S : 0,5 km par D 27, rte de Montigny-sur-l'Ain, bord
de l'Ain – **R** conseillée
2,3 ha (90 empl.) plat, herbeux
**Tarif** : (Prix 2002) &#x1F4C7; 2 pers. &#x2463; 14,20 – pers. suppl. 3,60 –
frais de réservation 12
**Location** : &#x1F6D6; 408 à 510

## PONTENX-LES-FORGES

40200 Landes **13** – **335** E9 – 1 138 h. – alt. 15.
Paris 685 – Biscarrosse 91 – Labouheyre 18 – Mimizan 11 – Mont-de-Marsan 72 – Pissos 116.

▲ **Municipal le Guilleman** Permanent
    &#x1F4DE; 05 58 07 40 48, camping.guilleman@wanadoo.fr
sortie Sud-Est rte de Labouheyre puis rte de Ménéou et à
droite – **R** conseillée
3 ha (100 empl.) plat, herbeux, sablonneux
**Tarif** : &#x1F4C7; 2 pers. &#x2463; (10A) 11,60 – pers. suppl. 2,50

## Le PONTET

84 Vaucluse – **332** C10 – rattaché à Avignon.

## PONT-ET-MASSÈNE

21 Côte-d'Or – **320** G5 – rattaché à Semur-en-Auxois.

## PONT-FARCY

14380 Calvados **4** – **303** F6 – 487 h. – alt. 72.
Paris 294 – Caen 62 – St-Lô 30 – Villedieu-les-Poêles 21 – Villers-Bocage 34 – Vire 19.

▲▲ **Municipal** 19 avril-sept.
    &#x1F4DE; 02 31 68 32 06, Fax 02 31 68 32 06 – sortie Nord par
D 21, rte de Tessy-sur-Vire « Au bord de la Vire »
1,5 ha (60 empl.) plat, herbeux
**Tarif** : &#x1F4C7; 2 pers. &#x2463; 10,37 – pers. suppl. 2,13
À prox. : canoë, pédalos

## PONTGIBAUD

63230 P.-de-D. **11** – **326** E8 G. Auvergne – 801 h. – alt. 735.
&#x1F6C8; Office du Tourisme, rue du Commerce &#x1F4DE; 04 73 88 90 99, Fax 04 73 88 90 09.
Paris 435 – Aubusson 69 – Clermont-Ferrand 23 – Le Mont-Dore 37 – Riom 25 – Ussel 68.

▲ **Municipal** 15 avril-15 oct.
    &#x1F4DE; 04 73 88 96 99, Fax 04 73 88 77 77 – SO : 0,5 km par
D 986 rte de Rochefort-Montagne, bord de la Sioule –
**R** conseillée
4,5 ha (120 empl.) plat, herbeux
**Tarif** : &#x1F4C7; 2 pers. &#x2463; (10A) 10,80 – pers. suppl. 2,30
saison À prox. :

## PONT-L'ABBÉ-D'ARNOULT

17250 Char.-Mar. **9** – **324** E5 G. Poitou Vendée Charentes – 1 385 h. – alt. 20.
&#x1F6C8; Syndicat d'Initiative, place Gen. de Gaulle &#x1F4DE; 05 46 97 00 19, Fax 05 46 97 12 31, mairie.pont.labbe.darnoult :
@smic.fr.
Paris 488 – Marennes 23 – Rochefort 19 – La Rochelle 57 – Royan 28 – Saintes 22.

▲▲ **Municipal la Garenne** 19 avril-4 oct.
    &#x1F4DE; 05 46 97 01 46, info@lagarenne.net, Fax 05 46 95 52 78
– sortie Sud-Est par D 125, rte de Soulignonne « Cadre
agréable » – **R** conseillée
2,7 ha (111 empl.) plat, herbeux
**Tarif** : &#x1F4C7; 2 pers. &#x2463; (10A) 15 – pers. suppl. 4,10 – frais de
réservation 11
**Location** : &#x1F6D6; 207 à 486
À prox. :

*Nos* **guides hôteliers,** *nos* **guides touristiques** *et nos* **cartes routières**
*sont complémentaires. Utilisez-les ensemble.*

## PONT-L'ÉVÊQUE

14130 Calvados **5** – **303** N4 G. Normandie Vallée de la Seine – 3 843 h. – alt. 12 – Base de loisirs.
**🛈** Office du Tourisme, 16 bis rue St-Michel *℘* 02 31 64 12 77, Fax 02 31 64 76 96, *pont-leveque@fnotsi.net*.
Paris 191 – Caen 51 – Le Havre 67 – Rouen 80 – Trouville-sur-Mer 12.

⚠ **Le Stade** avril-sept.
*℘* 02 31 64 15 03 – sortie Sud-Ouest par N 175 rte de Caen
et D 118 à droite rte de Beaumont-en-Auge – **R** conseillée
1,7 ha (60 empl.) plat, herbeux
**Tarif :** 🔲 *2 pers.* 🔌 *11,90 – pers. suppl. 3,10*

juil.-août 🔲 ⚙ ☕ 🔲 🔲 ☺ 🔲
À prox. : golf, canoë ✖ 🐎

## PONTORSON

50170 Manche **4** – **303** C8 G. Normandie Cotentin – 4 376 h. – alt. 15.
**🛈** Office du Tourisme, place de l'Hôtel de Ville *℘* 02 33 60 20 65, Fax 02 33 60 85 67, *mont.st.michel.pontor son@wanadoo.fr*.
Paris 358 – Avranches 23 – Dinan 51 – Fougères 39 – Rennes 59 – St-Malo 45.

⚠ **Haliotis** avril-5 nov.
*℘* 02 33 68 11 59, Fax 02 33 68 11 59 – NO : par D 19, rte
de Dol-de-Bretagne, près du Couesnon – **R** conseillée
2 ha (110 empl.) non clos, plat, herbeux
**Tarif :** 🔲 *2 pers.* 🔌 *(6A) 14,70 – pers. suppl. 4,20*
**Location :** 🛖 *280 à 450*

◄ ⟵ GB 🔲 🔲 🔲 🔲 ☺ 🔲 🔲 ☺
🔲 ⟿ parcours de santé
À prox. : ✖ 🔲 🐎 (centre équestre)

## PONTRIEUX

22260 C.-d'Armor **3** – **309** D2 – 1 050 h. – alt. 13.
**🛈** Syndicat d'Initiative, Maison de la Tour Eiffel *℘* 02 96 95 14 03, Fax 02 96 95 14 03, *tourisme.pontrieux @wanadoo.fr*.
Paris 491 – Guingamp 18 – Lannion 27 – Morlaix 68 – St-Brieuc 44.

⚠ **Traou-Mélédern** Permanent
*℘* 02 96 95 68 72 – à 400 m au Sud du bourg, bord du
Trieux – **R** conseillée
1 ha (50 empl.) plat, herbeux
**Tarif :** (Prix 2002) 🔲 *2 pers.* 🔌 *10,55 – pers. suppl. 2,65*

juil.-août 🔲 🔲 🔲 🔲 ☺ 🔲 ☺
🔲 ⟿
À prox. : port de plaisance, canoë

## PONT-SCORFF

56620 Morbihan **3** – **308** K8 G. Bretagne – 2 312 h. – alt. 42.
**🛈** Office du Tourisme, rue de Lorient *℘* 02 97 32 50 27, Fax 02 97 32 59 96.
Paris 510 – Auray 46 – Lorient 13 – Quiberon 56 – Quimperlé 13.

⚠ **Ty Nenez** Permanent
*℘* 02 97 32 51 16, *camping-ty-nenez@wanadoo.fr*, Fax
02 97 32 43 77 – SO : 1,8 km par D 6 rte de Lorient –
**R** conseillée
1,5 ha (50 empl.) plat, peu incliné, herbeux
**Tarif :** 🔲 *2 pers.* 🔌 *(16A) 9,25 – pers. suppl. 2*

⟵ GB 🔲 🔲 🔲 🔲 ☺ 🔲 🔲 ☺ 🔲 🔲
À prox. : 🔲 ✖

## Les PONTS-DE-CÉ

49 M.-et-L. – **317** F4 – rattaché à Angers.

## PORDIC

22590 C.-d'Armor **3** – **309** F3 – 4 635 h. – alt. 97.
**🛈** Office du Tourisme, place du Général de Gaulle *℘* 02 96 79 00 35, Fax 02 96 79 17 08.
Paris 459 – Guingamp 32 – Lannion 63 – St-Brieuc 10 – St-Quay-Portrieux 12.

⚠⚠ **Les Madières** mai-sept.
*℘* 02 96 79 02 48, *campinglesmadieres@wanadoo.fr*, Fax
02 96 79 46 67 – NE : 2 km par rte de Binic et
à droite, rte de Vau Madec « Cadre agréable et fleuri » –
**R** conseillée
1,6 ha (83 empl.) plat et peu incliné, herbeux
**Tarif :** 🔲 *2 pers.* 🔌 *(10A) 19 – pers. suppl. 4*
**Location :** 🛖 *199 à 489*

🔲 ⟵ GB 🔲 🔲 🔲 🔲 ☺ 🔲 🔲
☺ 🔲 🔲 snack 🔲
À prox. : golf, canoë de mer 🔲 ✖ 🔲
🔲 🐎 poneys

⚠⚠ **Le Roc de l'Herviou** mai-sept.
*℘* 02 96 79 30 12, *le.roc.de.lherviou@wanadoo.fr*, Fax
02 96 79 30 12 – NE : 3 km par rte de la Pointe de Pordic
et chemin à droite – Places limitées pour le passage –
**R** conseillée
2,5 ha (179 empl.) plat, herbeux
**Tarif :** 🔲 *2 pers.* 🔌 *(10A) 14 – pers. suppl. 3*

🔲 ⟵ 🔲 🔲 🔲 🔲 🔲 ☺ 🔲 ☺
🔲 ⟿
À prox. : golf, canoë de mer 🔲 ✖ 🔲
🔲 🐎 poneys

## Le PORGE

33680 Gironde 🔟 – 🔠🔠🔠 E5 – 1 230 h. – alt. 8.

🅱 Office du Tourisme, 3 place Saint-Seurin ℘ 05 56 26 54 34, Fax 05 56 26 59 48, *leporge@wanadoo.fr*.
Paris 626 – Andernos-les-Bains 18 – Bordeaux 47 – Lacanau-Océan 21 – Lesparre-Médoc 54.

   ▲▲ **Municipal la Grigne**
     ℘ 05 56 26 54 88, Fax 05 56 26 52 07 – O : 9,5 km par
     D 107, à 1 km du Porge-Océan « Cadre agréable »
     30 ha (700 empl.) vallonné et accidenté, sablonneux
     **Location** :

## PORNIC

44210 Loire-Atl. 🔟 – 🔠🔠🔠 D5 G. Poitou Vendée Charentes – 9 815 h. – alt. 20.

🅱 Office du Tourisme, place de la Gare ℘ 02 40 82 04 40, Fax 02 40 82 90 12.
Paris 431 – Nantes 50 – La Roche-sur-Yon 84 – Les Sables-d'Olonne 93 – St-Nazaire 104.

   ▲▲▲ **La Boutinardière** avril-28 sept.
     ℘ 02 40 82 05 68, *info@laboutinardiere.com*, Fax 02 40 82
     49 01 – SE : 5 km par D 13 et rte à droite, à 200 m de la plage
     – **R** conseillée
     7,5 ha (400 empl.) peu incliné, herbeux
     **Tarif :** 🔳 *2 pers.* 🔋 *(10A) 29 – pers. suppl. 5,50*
     **Location :** *229 à 600 – 260 à 660*
     *(10 empl.) – 14*

   ▲ **La Chênaie** 21 juin-6 sept.
     ℘ 02 40 82 07 31, *la.chenaie@free.fr*, Fax 02 40 82 07 31
     – E : par D 751, rte de Nantes et rte à gauche – **R** conseillée
     4,5 ha (100 empl.) peu incliné, terrasses, herbeux
     **Tarif :** 🔳 *2 pers.* 🔋 *16 – pers. suppl. 3,20*
     *(5 empl.) – 11*

## PORT-CAMARGUE

30 Gard – 🔠🔠🔠 J7 – rattaché au Grau-du-Roi.

## Les PORTES-EN-RÉ

17 Char.-Mar. – 🔠🔠🔠 B2 – voir à Île de Ré.

## PORTICCIO

2A Corse-du-Sud – 🔠🔠🔠 B8 – voir à Corse.

## PORTIGLIOLO

2A Corse-du-Sud – 🔠🔠🔠 B9 – voir à Corse.

## PORTIRAGNES

34420 Hérault 🔠🔠 – 🔠🔠🔠 F9 – 1 770 h. – alt. 10.

🅱 Office du Tourisme, avenue Jean Moulin ℘ 04 67 90 84 31, Fax 04 67 90 88 07.
Paris 766 – Agde 13 – Béziers 13 – Narbonne 40 – Valras-Plage 14.

**à Portiragnes-Plage** S : 4 km par D 37 – ⊠ 34420 Portiragnes :

   ▲▲▲ **L'Émeraude** juin-2 sept.
     ℘ 04 67 90 93 76, Fax 04 67 09 91 18 – N : 1 km par rte
     de Portiragnes – **R** conseillée
     4,2 ha (280 empl.) plat, herbeux
     **Tarif :** (Prix 2002) 🔳 *2 pers.* 🔋 *(4A) 19,50 – pers. suppl. 3,40*
     *– frais de réservation 14*
     **Location** 🐾 : *165 à 300 – 225 à 500 – 255 à 525*

## PORT-MANECH

29 Finistère 🔠 – 🔠🔠🔠 I8 G. Bretagne – ⊠ 29920 Névez.
Paris 547 – Carhaix-Plouguer 74 – Concarneau 18 – Pont-Aven 12 – Quimper 43 – Quimperlé 30.

   ▲▲ **St-Nicolas** mai-14 sept.
     ℘ 02 98 06 89 75, *cpsn@club-internet.fr*, Fax 02 98 06
     74 61 – au Nord du bourg, à 200 m de la plage « Décoration
     arbustive et florale » – **R** conseillée
     3 ha (180 empl.) plat, incliné et en terrasses, herbeux
     **Tarif :** (Prix 2002) 🔳 *2 pers.* 🔋 *(10A) 17,95 – pers. suppl. 4,05*
     **Location** *(avril-fin sept.)* – 🐾 : *229 à 457*

## PORTO

2A Corse-du-Sud – 345 B6 – voir à Corse.

## PORTO-VECCHIO

2A Corse-du-Sud – 345 E10 – voir à Corse.

## POSES

27740 Eure 5 – 304 H6 – 1 024 h. – alt. 9 – Base de loisirs.
Paris 115 – Les Andelys 26 – Évreux 37 – Louviers 15 – Pont-de-l'Arche 9 – Rouen 26.

▲ **Les Étangs des 2 Amants** 29 mars-26 oct.
℘ 02 32 59 11 86, Fax 02 32 61 00 97 – SE : 1,5 km par rte
de St-Pierre-du-Vauvray, à la base de plein air et de loisirs,
à 250 m d'un plan d'eau – Places limitées pour le passage
« Au bord de la Seine » – **R** conseillée
4 ha (170 empl.) plat, herbeux
**Tarif :** (Prix 2002) 回 *2 pers.* 阱 *(10A) 12,03 – pers. suppl. 3,35*

À prox. : canoë, pédalos, golf ⵟ ✗
snack ✗ 🎯 🖩 🅓

## POUEYFERRÉ

65 H.-Pyr. – 342 L6 – rattaché à Lourdes.

## POUILLY-EN-AUXOIS

21320 Côte-d'Or 7 – 320 H6 G. Bourgogne – 1 372 h. – alt. 390.
🅑 Office du Tourisme, Le Colombier ℘ 03 80 90 74 24, Fax 03 80 90 74 24, ot.pouilly.en.auxois@wanadoo.fr.
Paris 271 – Avallon 66 – Beaune 42 – Dijon 44 – Montbard 60.

▲ **Municipal le Vert Auxois** 19 avril-5 oct.
℘ 03 80 90 71 89, vert.auxois@wanadoo.fr, Fax 03 80 90
77 58 – vers sortie Nord-Ouest et rue du 8-Mai à gauche
après l'église – **R** conseillée
1 ha (70 empl.) plat, herbeux
**Tarif :** 回 *2 pers.* 阱 *(10A) 10,50 – pers. suppl. 2,50*

## POUILLY-SOUS-CHARLIEU

42720 Loire 11 – 327 D3 – 2 834 h. – alt. 264.
Paris 379 – Charlieu 6 – Digoin 42 – Roanne 15 – Vichy 75.

▲ **Municipal les Ilots** mai-15 sept.
℘ 04 77 60 80 67, mairie.pouilly-sous-charlieu42@wana
doo.fr – sortie Nord par D 482 rte de Digoin et à droite, au
stade, bord du Sornin « Entrée fleurie » – **R**
1,5 ha (57 empl.) plat, herbeux
**Tarif :** (Prix 2002) 回 *2 pers.* 阱 *(10A) 8,60 – pers. suppl. 1,60*

À prox. : ✗ 🔗

## Le POULDU

29 Finistère 3 – 308 J8 G. Bretagne – ✉ 29360 Clohars-Carnoët.
Paris 522 – Concarneau 37 – Lorient 25 – Moëlan-sur-Mer 10 – Quimper 60 – Quimperlé 14.

▲▲▲ **Les Embruns** 6 avril-14 sept.
℘ 02 98 39 91 07, camping-les-embruns@wanadoo.fr, Fax
02 98 39 97 87 – au bourg, r. du Philosophe-Alain, à
350 m de la plage « Belle décoration arbustive et florale » –
**R** conseillée
4 ha (180 empl.) plat et peu incliné, herbeux, sablonneux
**Tarif :** 回 *2 pers.* 阱 *(6A) 23,90 – pers. suppl. 4,60 – frais de
réservation 20*
**Location :** 🏠 *209 à 579*
🛖

juil.-août 🖩 ✗ 🗋 ⵟ 🛗 🗃 🍽
🖩 🛁 🗃 ⵜ ☺ 🗻 ⵟ 🖥 🍽 🍴
🔗 🛏 ⛵ 🖩 🖼 (découverte l'été)
À prox. : ✗ 🅓 🐎

▲▲ **Keranquernat** juin-6 sept.
℘ 02 98 39 92 32, Fax 02 98 39 99 84 – sortie Nord-Est
« Belle Décoration arbustive et florale » – **R** conseillée
1,5 ha (100 empl.) plat et peu incliné, herbeux
**Tarif :** 回 *2 pers.* 阱 *(5A) 15,65 – pers. suppl. 3,20*
**Location** (mai-6 sept.) : 🏠 *199 à 473*

🔗 🖩 ✗ 🗋 ⵟ 🗃 🖥 🗃 🗻 ☺ 🖥
🛏 ⛵
À prox. : ✗ 🅓 🐎 poneys

▲ **Locouarn** juin-10 sept.
℘ 02 98 39 91 79, Fax 02 98 39 97 62 – N : 2 km par D 49
rte de Quimperlé « Cadre verdoyant, soigné » – **R** conseillée
2,5 ha (100 empl.) non clos, plat et peu incliné, herbeux
**Tarif :** 回 *2 pers.* 阱 *(5A) 14,30 – pers. suppl. 3*
**Location** (mai-15 sept.) : 🏠 *200 à 459*

✗ ⵟ 🛗 🗃 🖥 🗃 🗻 ☺ 🖥 🍽
À prox. : 🛝 ⵟ ✗ 🅓 🐎 poneys

⚠ **Les Grands Sables** 5 avril-14 sept.
    ℘ 02 98 39 94 43, *camping.grands-sables@libertysurf.fr*,
Fax 02 98 39 97 47 – au bourg, rue du Philosophe-Alain, à
200 m de la plage « Dans un cadre verdoyant et ombragé »
– **R** conseillée
2,4 ha (147 empl.) plat, peu incliné, terrasses, herbeux,
sablonneux
**Tarif :** 🔲 *2 pers.* 🔂 *(6A) 15,30 – pers. suppl. 3,70 – frais de
réservation 8*
**Location :** 🛏 *246,6*

    ⊶ 🐾 ⚲ 🎏 ⚘ 🗂 🏔 ☺ 📱
    À prox. : ✂ ⚖ 🐎 🏄

---

## POULE-LES-ÉCHARMEAUX

69870 Rhône 🔟 – 🔢 F3 – 838 h. – alt. 570.
Paris 447 – Chauffailles 15 – La Clayette 24 – Roanne 46 – Tarare 49 – Villefranche-sur-Saône 40.

  ⚠ **Municipal les Écharmeaux** 15 avril-15 oct.
    ℘ 04 74 03 64 48 – à l'Ouest du bourg « Terrasses indivi-
duelles surplombant un étang »
0,5 ha (24 empl.) en terrasses, gravillons, herbeux
**Tarif :** (Prix 2002) 🔲 *2 pers.* 🔂 *9 – pers. suppl. 1*

    🐾 ＜ 🔲 🎏 ⚘ 🗂 🏔 ☺ ✂

---

## POULLAN-SUR-MER

29 Finistère – 🔢 E6 – rattaché à Douarnenez.

---

## POUZAC

65 H.-Pyr. – 🔢 M6 – rattaché à Bagnères-de-Bigorre.

---

## POUZAUGES

85700 Vendée 🟨 – 🔢 K7 G. Poitou Vendée Charentes – 5 473 h. – alt. 225 – Base de loisirs.
🚺 Office du Tourisme, 28 place de l'Eglise ℘ 02 51 91 82 46, Fax 02 51 57 01 69.
Paris 390 – Bressuire 30 – Chantonnay 21 – Cholet 43 – Nantes 87 – La Roche-sur-Yon 56.

  ⚠ **Municipal le Lac** mai-sept.
    ℘ 02 51 91 37 55, *mairie@pouzauges.com*, Fax 02 51 57
07 69 – O : 1,5 km par D 960 bis, rte de Chantonnay et che-
min à droite, à 50 m du lac – **R** conseillée
1 ha (50 empl.) plat et terrasse, peu incliné, herbeux
**Tarif :** (Prix 2002) 🔲 *2 pers.* 🔂 *10,95 – pers. suppl. 2,35*

    🐾 ⚲ (0,2 ha) ♿ 🎏 ⚘ 🛏 ☺ ⚠
    À prox. : 🏊 🚣

---

## PRADES

66500 Pyr.-Or. 🔢 – 🔢 F7 G. Languedoc Roussillon – 6 009 h. – alt. 360.
🚺 Office du Tourisme, 4 rue Victor Hugo ℘ 04 68 05 41 02, Fax 04 68 05 21 79, *prades-tourisme@prades.com*.
Paris 898 – Font-Romeu-Odeillo-Via 45 – Perpignan 46 – Vernet-les-Bains 11.

  ⚠ **Municipal Plaine St-Martin** avril-sept.
    ℘ 04 68 96 29 83 – sortie Nord par D 619, rte de Molitg-
les-Bains et à droite avant la déviation – **R** conseillée
1,8 ha (60 empl.) plat, herbeux, sablonneux
**Tarif :** (Prix 2002) 🔲 *2 pers.* 🔂 *(10A) 10,54 – pers. suppl. 2,01*
**Location :** 🏠 *178,28 à 286,79*

    🏊 ⊶ 🅿 (locations) 🐾 🔲 ⚲⚲ ♿ 🎏
    🗂 ⚘ ☺ 🌲 ↝ 📱
    À prox. : ✂ 🚣

---

## PRADONS

07 Ardèche – 🔢 I7 – voir à Ardèche (Gorges de l').

---

## PRAILLES

79370 Deux-Sèvres 🟨 – 🔢 E7 – 584 h. – alt. 150 – Base de loisirs
Paris 396 – Melle 15 – Niort 23 – St-Maixent-l'École 13.

  ⚠ **Base Districale de Loisirs du Lambon** juin-28
sept.
    ℘ 05 49 79 90 41, *comcanton.celles@wanadoo.fr*, Fax
05 49 79 78 62 – SE : 2,8 km, à 200 m d'un plan d'eau –
**R**
1 ha (50 empl.) en terrasses, herbeux
**Tarif :** (Prix 2002) 🔲 *2 pers.* 🔂 *10 – pers. suppl. 3*
**Location** (permanent) : *pavillons*

    🏊 ⊶ juil.-août 🐾 ⚲ ♿ 🎏 ⚘ ☺ 📱
    À prox. : parcours sportif 🍽 ✂ 🚣 ✂
    ⛟ 🏊 (plage) ⚖

429

## PRALOGNAN-LA-VANOISE

73710 Savoie 12 – 333 N5 G. Alpes du Nord – 667 h. – alt. 1 425 – Sports d'hiver : 1 410/2 360 m ⚡ 1 ⚡ 13 ⚡.

🅱 Office du Tourisme, ℰ 04 79 08 79 08, Fax 04 79 08 76 74, info@pralognan.com.
Paris 666 – Albertville 55 – Chambéry 105 – Moûtiers 30.

   🏔 **Le Parc Isertan** 15 déc.-26 avril, 29 mai-13 sept.
     ℰ 04 79 08 75 24, isertan@pragnolan-la-vanoise.com,
     Fax 04 79 08 74 13 – au Sud du bourg « Site agréable au
     bord d'un torrent » – **R** conseillée
     4,5 ha (180 empl.) non clos, en terrasses, herbeux, pierreux
     **Tarif :** 🔲 2 pers. 🔋 18,60 (hiver 22,30) – pers. suppl. 4,70
     (hiver 4,90)
     **Location :** 🛏
     🚐 (20 empl.) – 13

| | |
|---|---|
| | ❄ ⛷ ⬅ ☀ hiver et été 🆒 ⚡ ▥ ♿ 🔥 ⚙ 🍴 🍽 pizzeria 🛒 🏪 À prox. : mur d'escalade patinoire ⛸ ⚙ ✂ m ⚗ ⚗ |

   🏔 **Municipal le Chamois**
     ℰ 04 79 08 71 54, Fax 04 79 08 78 77 – au Sud du bourg
     « Site agréable au bord d'un torrent »
     4 ha (200 empl.) non clos, plat, en terrasses, herbeux,
     pierreux

| | |
|---|---|
| | ⛷ ⬅ ▥ 🔥 ♿ ⚙ ⛸ À prox. : patinoire, mur d'escalade ⚙ ✂ m ⚗ ⚗ |

## Les PRAZ-DE-CHAMONIX

74 H.-Savoie – 328 O5 – rattaché à Chamonix-Mont-Blanc.

## PRÉCIGNÉ

72300 Sarthe 5 – 310 H8 – 2 299 h. – alt. 36.
Paris 257 – Angers 50 – Château-Gontier 32 – La Flèche 22 – Sablé-sur-Sarthe 10.

   🏔 **Municipal des Lices** juin-15 sept.
     ℰ 02 43 95 46 13, Fax 02 43 62 06 22 – sortie Nord rte de
     Sablé-sur-Sarthe et rue de la Piscine à gauche « Cadre ver-
     doyant et soigné »
     0,8 ha (50 empl.) plat et peu incliné, herbeux
     **Tarif :** (Prix 2002) 🔲 2 pers. 🔋 7,40 – pers. suppl. 2,20

| | |
|---|---|
| | 🔲 🔥 🔥 ♿ 🔥 ♿ ⚙ À prox. : ✂ ⚗ |

## PRÉCY-SOUS-THIL

21390 Côte-d'Or 7 – 320 F5 G. Bourgogne – 603 h. – alt. 323.
🅱 Syndicat d'Initiative, Salle Sainte-Auxile ℰ 03 80 64 40 97, Fax 03 80 64 43 37.
Paris 246 – Auxerre 87 – Avallon 36 – Beaune 77 – Dijon 65 – Montbard 34 – Saulieu 16.

   🏔 **Municipal** 19 avril-2 nov.
     ℰ 03 80 64 57 18, Fax 03 80 64 43 37 – accès direct au
     Serein « Dans le parc de l'Hôtel-de-Ville »
     1 ha (50 empl.) peu incliné et plat, herbeux
     **Tarif :** (Prix 2002) 🔲 2 pers. 🔋 11,40
     **Location :** gîte d'étape, huttes

| | |
|---|---|
| | ⚙ juil.-août 🔲 🔥 ♿ 🔥 🔥 ♿ ⚙ ⚗ ⚗ 🔥 ⚙ ✂ |

## PRÉMERY

58700 Nièvre 11 – 319 C8 G. Bourgogne – 2 377 h. – alt. 237.
🅱 Office du Tourisme, Tour du Château ℰ 03 86 68 99 07, Fax 03 86 37 98 72.
Paris 233 – La Charité-sur-Loire 28 – Château-Chinon 56 – Clamecy 40 – Cosne-sur-Loire 49 – Nevers 29.

   🏔 **Municipal** mai-sept.
     ℰ 03 86 37 99 42, mairiepremery@wanadoo.fr, Fax 03 86
     37 98 72 – sortie Nord-Est par D 977 rte de Clamecy et che-
     min à droite « Près de la Nièvre et d'un plan d'eau »
     1,6 ha (46 empl.) plat et peu incliné, herbeux, gravillons
     **Tarif :** (Prix 2002) 🔲 2 pers. 🔋 8,40 – pers. suppl. 2,80
     **Location** (permanent) : 🏠 157 à 365 – huttes

| | |
|---|---|
| | ⚙ juil.-août ⚡ ♿ 🔥 ♿ ⚙ 🔥 À prox. : ✂ 🏊 |

## PRÉSILLY

74160 H.-Savoie 12 – 328 J4 – 562 h. – alt. 683.
Paris 530 – Annecy 29 – Bellegarde-sur-Valserine 38 – Bonneville 39 – Genève 21.

   🏔 **Le Terroir** juin-sept.
     ℰ 04 50 04 44 12, camping.le.terroir@wanadoo.fr, Fax
     04 50 04 55 53 – NE : 2,3 km par D 218 et D 18 à gauche,
     rte de Viry « Décoration florale et arbustive » – **R** conseillée
     1 ha (38 empl.) plat, herbeux, bois attenant
     **Tarif :** 🔲 2 pers. 🔋 (5A) 12,30 – pers. suppl. 3,35
     🚐

| | |
|---|---|
| | ⛷ ⚙ 🆒 ⚡ ♿ ♿ 🔥 ♿ 🔥 🏪 ⚙ 🔥 🏪 🏪 ⚙ |

## PRESSIGNAC

16150 Charente 🔟 – 🖩🖩🖩 O5 – 477 h. – alt. 259.
Paris 437 – Angoulême 56 – Nontron 42 – Rochechouart 9 – La Rochefoucauld 35.

⚠ *La Guerlie*
    𝒫 05 45 89 35 82 – SO : 3,9 km par D 160, rte de Verneuil, à 500 m de la plage du plan d'eau de Lavaud (accès direct) « Site agréable »
0,7 ha (46 empl.) peu incliné, herbeux

     [icons] À prox. : [icons] (plage)

## PREUILLY-SUR-CLAISE

37290 I.-et-L. 🔟 – 🖩🖩🖩 O7 G. Poitou Vendée Charentes – 1 427 h. – alt. 80.
Paris 300 – Le Blanc 31 – Châteauroux 64 – Châtellerault 35 – Loches 37 – Tours 84.

⚠ *Municipal* mai-15 sept.
    𝒫 02 47 94 50 04 – au Sud-Ouest du bourg, près de la piscine, de la Claise et d'un étang « Cadre verdoyant au milieu d'un complexe de loisirs » – **R** conseillée
0,7 ha (37 empl.) plat, herbeux
**Tarif :** ▣ 2 pers. 🕅 6,70 – pers. suppl. 1,20

     [icons] À prox. : parcours sportif [icons]

## PRIMELIN

29770 Finistère 🖩 – 🖩🖩🖩 D6 – 931 h. – alt. 78.
Paris 606 – Audierne 7 – Douarnenez 27 – Quimper 43.

⚠ *Municipal de Kermalero* mars-1er déc.
    𝒫 02 98 74 84 75, Fax 02 98 74 84 75 – sortie Ouest vers le port – **R** conseillée
1 ha (75 empl.) plat et peu incliné, herbeux
**Tarif :** (Prix 2002) ▣ 2 pers. 🕅 (6A) 10,80 – pers. suppl. 2,50
**Location :** 🛏 137 à 177
🚐 (10 empl.)

     [icons] juil.-août [icons] À prox. : [icons]

## PRIMEL-TRÉGASTEL

29 Finistère – 🖩🖩🖩 I2 – rattaché à Plougasnou.

**431**

## PRISCHES

59550 Nord 🖩 – 🖩🖩🖩 K7 – 956 h. – alt. 173.
🅱 Syndicat d'Initiative, place Grand'Place 𝒫 03 27 77 28 31, Fax 03 27 77 28 31.
Paris 219 – Avesnes-sur-Helpe 14 – Le Cateau-Cambrésis 17 – Guise 29 – Hirson 34 – Lille 95 – St-Quentin 49.

⚠ *Municipal du Friset* avril-oct.
    𝒫 03 27 77 59 00 – par centre bourg, chemin du Friset, au stade – **R**
0,4 ha (23 empl.) plat, herbeux

     [icons]

## PRIVAS

07000 Ardèche 🔟 – 🖩🖩🖩 J5 G. Vallée du Rhône – 10 080 h. – alt. 300.
🅱 Office du Tourisme, 3 place du Général de Gaulle 𝒫 04 75 64 33 35, Fax 04 75 64 73 95, ot.privas.ardeche @en-france.com.
Paris 603 – Alès 106 – Mende 142 – Montélimar 35 – Le Puy-en-Velay 92 – Valence 40.

⚠ *Ardèche Camping* avril-sept.
    𝒫 04 75 64 05 80, Fax 04 75 64 59 68 – S : 1,5 km par D 2 rte de Montélimar et bd de Paste à droite, bord de l'Ouvèze – **R** conseillée
5 ha (166 empl.) plat, terrasses, peu incliné à incliné, herbeux
**Tarif :** ▣ 2 pers. 🕅 17,50 – pers. suppl. 4 – frais de réservation 15
**Location :** 🛏 200 à 510 – 🏠 240 à 600
🚐

     [icons] GB [icons] À prox. : [icons] (découverte l'été)

## PRIZIAC

56320 Morbihan 🖩 – 🖩🖩🖩 K6 – 1 074 h. – alt. 163.
Paris 501 – Concarneau 55 – Lorient 46 – Pontivy 39 – Rennes 148 – Saint-Brieuc 83 – Vannes 88.

⚠ *Municipal Bel Air* juin-15 sept.
    𝒫 02 97 34 63 55, mairie.priziac @ wanadoo.fr, Fax 02 97 34 64 67 – N : 0,5 km par D 109 et à gauche « Cadre verdoyant et ombragé près d'un plan d'eau »
1,5 ha (50 empl.) plat, herbeux
**Tarif :** (Prix 2002) ▣ 2 pers. 🕅 9,10 – pers. suppl. 2,30

     [icons] À prox. : pédalos [icons] (plage)

## PROPIÈRES

69790 Rhône **11** – **327** F2 – 404 h. – alt. 680.
Paris 449 – Chauffailles 15 – Lyon 72 – Mâcon 54 – Roanne 48 – Villefranche-sur-Saône 42.

△ *Municipal* 15 juin-15 sept.
℘ 04 74 03 60 08 – à 1 km au Sud du bourg par chemin, croisement peu facile « Près d'un étang et d'un petit plan d'eau »
2 ha/0,3 campable (16 empl.) plat, terrasse, herbeux
**Tarif :** 回 *2 pers.* 划 *8,40 – pers. suppl. 0,91*
**Location :** *gîtes*

⟨icons⟩ poneys
À prox. : 즈

## PRUILLÉ

49220 M.-et-L. **4** – **317** F3 – 422 h. – alt. 30.
Paris 309 – Angers 22 – Candé 34 – Château-Gontier 33 – La Flèche 65.

△ *Municipal le Port* juil.-août
℘ 02 41 32 67 29, Fax 02 41 32 40 28 – au Nord du bourg, bord de la Mayenne (halte nautique)
1,2 ha (41 empl.) plat, herbeux
**Tarif :** (Prix 2002) 回 *2 pers.* 划 *5 – pers. suppl. 1,15*

## PRUNIÈRES

05230 H.-Alpes **17** – **334** F5 – 175 h. – alt. 1 018 – Base de loisirs.
Paris 691 – Briançon 71 – Gap 22 – Grenoble 127.

△△ *Le Roustou* mai-sept.
℘ 04 92 50 62 63, info@ campingleroustou.com, Fax 04 92 50 62 63 – S : 4 km, sur N 94 « Site et cadre agréables entre lac et montagnes » – **R**
11 ha/6 campables (180 empl.) plat, incliné à peu incliné, terrasses, gravier, herbeux
**Tarif :** 回 *2 pers.* 划 *(4A) 20 – pers. suppl. 5,60*
**Location :** 🏠 *240,10 à 650*

## PUGET-SUR-ARGENS

83480 Var **17** – **340** P5 – 5 865 h. – alt. 17.
Paris 868 – Les Arcs 21 – Cannes 41 – Draguignan 26 – Fréjus 5 – Ste-Maxime 24.

Schéma à Fréjus

△△△ *La Bastiane* 9 mars-25 oct.
℘ 04 94 45 51 31, info@ labastiane.fr, Fax 04 94 81 50 55
– N : 2,5 km – **R** conseillée
4 ha (170 empl.) plat et terrasses, pierreux, herbeux
**Tarif :** 回 *2 pers.* 划 *(6A) 31,50 – pers. suppl. 6 – frais de réservation 25*
**Location :** 🏕 *150 à 455 –* 🏕 *210 à 650 –* 🏠 *230 à 620*

discothèque ⟨icons⟩

△△ *Les Aubrèdes* 5 avril-21 sept.
℘ 04 94 45 51 46, campingaubredes@ wanadoo.fr, Fax 04 94 45 28 92 – N : 1 km – **R** conseillée
3,8 ha (200 empl.) plat, peu incliné, herbeux
**Tarif :** 回 *2 pers.* 划 *(8A) 24,20 – pers suppl. 4,60 – frais de réservation 16*
**Location :** 🏕 *250 à 560*

pinède ⟨icons⟩ snack ⟨icons⟩

## PUIMICHEL

04700 Alpes-de-H.-Pr. **17** – **334** E9 – 203 h. – alt. 723.
Paris 737 – Avignon 140 – Grenoble 173 – Marseille 112 – Nice 176.

△ *Les Matherons* 20 avril-sept.
℘ 04 92 79 60 10, lesmatherons@ wanadoo.fr, Fax 04 92 79 60 10 – SO : 3 km par D 12 rte d'Oraison et chemin empierré à droite « Cadre sauvage et naturel » – **R** conseillée
70 ha/4 campables (25 empl.)
**Tarif :** 回 *2 pers.* 划 *(3A) 12,50 – pers. suppl. 2*

## PUIVERT

11230 Aude **15** – **344** D5 G. Languedoc Roussillon – 467 h. – alt. 438.
Paris 806 – Belcaire 22 – Carcassonne 58 – Lavelanet 20 – Quillan 17.

△ *Municipal de Font Claire* mai-sept.
℘ 04 68 20 00 58, Fax 04 68 20 82 29 – S : 0,5 km par D 16, rte de Lescale, bord d'un plan d'eau – **R** conseillée
1 ha (60 empl.) plat, terrasse, herbeux, pierreux
**Tarif :** (Prix 2002) 回 *2 pers.* 划 *10,55 – pers. suppl. 1,90*

À prox. : ⟨icons⟩

## PUYBRUN

46130 Lot 🔟 – 🖽🖽🖽 G2 – 672 h. – alt. 146.
Paris 521 – Beaulieu-sur-Dordogne 12 – Brive-la-Gaillarde 40 – Cahors 88 – St-Céré 13 – Souillac 33.

⚠ **La Sole** avril-sept.
  *𝒫* 05 65 38 52 37, *la-sole@wanadoo.fr*, Fax 05 65 10 91 09
– sortie Est, rte de Bretenoux et chemin à droite après la
station-service – **R** conseillée
2,3 ha (72 empl.) plat, herbeux
**Tarif :** 🔲 *2 pers.* 🔌 *15,77 – pers. suppl. 4,30 – frais de réservation 15,24*
**Location** 🏠 : 🚐 *183 à 442* – 🏠 *213 à 465 – bungalows toilés*

## Le PUY-EN-VELAY

43000 H.-Loire 🔟🔟 – 🖽🖽🖽 F3 G. Auvergne – 21 743 h. – alt. 629.
🅱 Office du Tourisme, place du Breuil *𝒫* 04 71 09 38 41, Fax 04 71 05 22 62, *info@ot-Lepuyenvelay.fr*.
Paris 543 – Aurillac 170 – Clermont-Ferrand 131 – Lyon 135 – Mende 89 – St-Étienne 77 – Valence 110.

⚠ **Camping du Puy-en-Velay** 13 avril-1er oct.
  *𝒫* 04 71 09 55 09 – NO : à Aiguilhe, bord de la Borme –
**R** conseillée
1 ha (80 empl.) plat, herbeux
**Tarif :** (Prix 2002) 🔲 *2 pers.* 🔌 *(6A) 10,70 – pers. suppl. 2,20*
🚐

**à Brives-Charensac** E : 4,5 km par rte de St-Julien-Chapteuil – 4 399 h. – alt. 607 – ✉ 43700 Brives-Charensac

⚠ **Municipal d'Audinet** 5 avril-15 sept.
  *𝒫* 04 71 09 10 18, Fax 04 71 09 10 18 – S : 0,5 km par D 15
et chemin à droite, près de la Loire, alt. 610 – **R** conseillée
3 ha (177 empl.) plat, herbeux
**Tarif :** (Prix 2002) 🔲 *2 pers.* 🔌 *13,20 – pers. suppl. 2,50*
**Location :** 🚐 *260 à 400*
🚐

## PUY-GUILLAUME

63290 P.-de-D. 🔟🔟 – 🖽🖽🖽 H7 – 2 634 h. – alt. 285.
Paris 377 – Clermont-Ferrand 51 – Lezoux 27 – Riom 34 – Thiers 15.

⚠ **Municipal de la Dore** mai-sept.
  *𝒫* 04 73 94 78 51, *mairie.puyguillaume@wanadoo.fr*, Fax
04 73 94 12 98 – sortie Ouest par D 63 rte de Randan et
à droite avant le pont, près de la rivière – **R**
3 ha (100 empl.) plat, herbeux
**Tarif :** (Prix 2002) 🔲 *2 pers.* 🔌 *12,50 – pers. suppl. 3*

## PUY-L'ÉVÊQUE

46700 Lot 🔟🔟 – 🖽🖽🖽 C4 G. Périgord Quercy – 2 209 h. – alt. 130.
🅱 Office du Tourisme, place de la Truffière *𝒫* 05 65 21 37 63, Fax 05 65 21 37 63, *office.de.tourisme.puy.l.eveque@wanadoo.fr*.
Paris 601 – Cahors 31 – Gourdon 41 – Sarlat-la-Canéda 52 – Villeneuve-sur-Lot 44.

⚠ **L'Évasion** avril-15 oct.
  *𝒫* 05 65 30 80 09, *evasion@wanadoo.fr*, Fax 05 65 30
81 12 – NO : 3 km par D 28 rte de Villefranche-du-Périgord
et chemin à droite « Chalets agréablement disposés dans
une chênaie » – **R** conseillée
4 ha/1 campable (50 empl.) en terrasses, pierreux, herbeux
**Tarif :** 🔲 *2 pers.* 🔌 *(5A) 19,80 – pers. suppl. 8,50*
**Location :** 🏠 *220 à 750*

## PUY-ST-VINCENT

05290 H.-Alpes 🔟🔟 – 🖽🖽🖽 G4 G. Alpes du Sud – 235 h. – alt. 1 325.
🅱 Office du Tourisme, Chapelle St-Jacques, Les Alberts *𝒫* 04 92 23 35 80, Fax 04 92 23 45 23.
Paris 702 – L'Argentière-la-Bessée 10 – Briançon 21 – Gap 84 – Guillestre 31 – Pelvoux 6.

⚠ **Municipal Croque Loisirs** 15 juin-15 sept.
  *𝒫* 04 92 23 44 22, *courrier@puysaintvincent.net*, Fax
04 92 23 45 23 – S : 1,8 km par rte de Puy-St-Vincent
1600 et chemin à gauche, alt. 1 400 « Site et cadre
agréables »
2 ha (60 empl.) en terrasses, herbeux, pierreux, bois attenant
**Tarif :** (Prix 2002) 🔲 *2 pers.* 🔌 *(10A) 11,43 – pers. suppl. 3,05*
🚐 *(31 empl.) – 9*

## PUYSSÉGUR

31480 H.-Gar. **14** – **343** E2 – 70 h. – alt. 265.
Paris 681 – Agen 82 – Auch 51 – Castelsarrasin 47 – Condom 72 – Montauban 45 – Toulouse 43.

▵▵▵ *Namasté* 18 avril-12 oct.
     𝒸 05 61 85 77 84, *camping.namaste@free.fr*, Fax 05 61 85
77 84 – sortie Nord par D 1, rte de Cox et chemin à droite,
mise en place des caravanes à la demande pour les empla-
cements à forte pente « Belle chênaie » – **R** conseillée
10 ha/2 campables (50 empl.) en terrasses, herbeux, gra-
villons, étang, bois attenant
**Tarif** : ▣ *2 pers.* ⚡ *(10A) 18,50 – pers. suppl. 4,50*
**Location** ��� : ▭ *280 à 420*

## PYLA-SUR-MER

33 Gironde – **335** D7 – voir à Arcachon (Bassin d').

## Les QUATRE-ROUTES-DU-LOT

46110 Lot **13** – **337** F2 – 588 h. – alt. 127.
Paris 505 – Beaulieu-sur-Dordogne 21 – Brive-la-Gaillarde 24 – Cahors 86 – Rocamadour 29 – Souillac 24.

▵ *Municipal le Vignon* mai-15 oct.
     𝒸 05 65 32 16 43 – SE : 0,6 km par D 32 rte de St-Denis-
lès-Martel, bord d'un ruisseau et près d'un étang –
**R** conseillée
1 ha (27 empl.) plat, herbeux
**Tarif** : ▣ *2 pers.* ⚡ *6,60 – pers. suppl. 2,20*

## QUEND

80120 Somme **1** – **301** C6 – 1 209 h. – alt. 5 – Base de loisirs.
Paris 220 – Abbeville 35 – Amiens 84 – Berck-sur-Mer 16 – Hesdin 34 – Montreuil 22.

▵▵▵ *Les Deux Plages* avril-oct.
     𝒸 03 22 23 48 96, Fax 03 22 23 48 69 – NO : 1,3 km par rte
de Quend-Plage-les-Pins et rte à droite – Places limitées pour
le passage – **R** conseillée
1,8 ha (100 empl.) plat, herbeux
**Tarif** : ▣ *2 pers.* ⚡ *(6A) 17,45 – pers. suppl. 4*
**Location** : ▭ *336 à 443*
▭

## QUIBERON (Presqu'île de)

56 Morbihan **3** – **308** G. Bretagne.

**Quiberon** – 4 623 h. – alt. 10 – ✉ 56170 Quiberon.
🄸 Office du Tourisme, 14 rue de Verdun 𝒸 02 97 50 07 84, Fax 02 97 30 58 22, *quiberon@quiberon.com*.
Paris 506 – Auray 28 – Concarneau 97 – Lorient 55 – Vannes 47.

▵▵▵▵ *Le Bois d'Amour* 6 avril-sept.
     𝒸 02 97 50 13 52, *info@homair-vacances.fr*, Fax 02 97 50
42 67 – SE : 1,5 km, à 300 m de la mer et du centre de
thalassothérapie « Cadre arbustif » – **R** conseillée
4,6 ha (290 empl.) plat, sablonneux, herbeux
**Tarif** : ▣ *2 pers.* ⚡ *35 – pers. suppl. 8*
**Location** : ▭ *170 à 480* – ▭ *202 à 625*
▭

▵▵ *Les Joncs du Roch* 5 avril-26 sept.
     𝒸 02 97 50 24 37, Fax 02 97 50 11 36 – SE : 2 km, r. de
l'aérodrome, à 500 m de la mer – **R** conseillée
2,3 ha (163 empl.) plat, herbeux
**Tarif** : ▣ *2 pers.* ⚡ *(10A) 23 – pers. suppl. 4,20 – frais de
réservation 27*
**Location** : ▭ *264 à 560*

**St-Julien** – ✉ 56170 Quiberon.
Paris 504 – Auray 27 – Lorient 54 – Quiberon 2 – Vannes 46.

▵▵ *Beauséjour* 15 mai-15 sept.
     𝒸 02 97 30 44 93, *info@campingbeausejour.com*, Fax 02 97
30 44 93 – N : 0,8 km, à 50 m de la mer – **R** conseillée
2,4 ha (160 empl.) plat et peu incliné, herbeux, sablonneux
**Tarif** : ▣ *2 pers.* ⚡ *(10A) 21,70 – pers. suppl. 3,35 – frais
de réservation 16*
▭

PRESQU'ILE

DE QUIBERON

Do.Mi.Si.La.Mi. avril-2 nov.
📞 02 97 50 22 52, camping@domisilami.com, Fax 02 97 50
26 69 – N : 0,6 km, à 50 m de la mer « Décoration arbustive »
– **R**
2,2 ha (170 empl.) plat et peu incliné, herbeux
**Tarif :** 🔲 2 pers. 🔌 (10A) 21,60 – pers. suppl. 3,70
**Location** ✿ : 🚐 270 à 570

À prox. : école de plongé, char à voile 🛒
🍴 snack 🛠 ✂ 🗺 m 🔽 🐎 terrain omnisports

La Plage avril-sept.
📞 02 97 30 46 23, Fax 02 97 30 46 23 – N : 0,5 km, à 150 m
de la mer – **R** conseillée
2,2 ha (179 empl.) plat et peu incliné, herbeux
**Tarif :** 🔲 2 pers. 🔌 (10A) 20,60 – pers. suppl. 3,90 – frais
de réservation 15,25
**Location :** 🚐 280 à 510
🚐

À prox. : école de plongée, char à voile
🛒 🍴 snack 🛠 ✂ 🗺 🔽 🐎

## QUIBERVILLE

76860 S.-Mar. **1** – 304 F2 – 429 h. – alt. 50.
🅱 Office du Tourisme, 1 rue de l'Eglise 📞 02 35 04 21 33, Fax 02 35 89 67 33.
Paris 198 – Dieppe 18 – Fécamp 50 – Rouen 67.

Municipal de la Plage avril-oct.
📞 02 35 83 01 04, campingplage@normandnet.fr, Fax
02 35 83 67 33 – à Quiberville-Plage, accès par D 127,
rte d'Ouville-la-Rivière – Places limitées pour le passage « A
100 m de la mer » – **R** conseillée
2,5 ha (202 empl.) plat, herbeux
**Tarif :** (Prix 2002) 🔲 2 pers. 🔌 (10A) 19,90 – pers. suppl. 3,70
🚐

À prox. : ✂ 🔽

*Benutzen Sie die Grünen MICHELIN-Reiseführer,
wenn Sie eine Stadt oder Region kennenlernen wollen.*

## QUILLAN

11500 Aude **15** – **344** E5 G. Languedoc Roussillon – 3 818 h. – alt. 291.

🛈 Office du Tourisme, square André Tricoire ℘ 04 68 20 07 78, Fax 04 68 20 04 91, *tourisme-quillan@wanadoo.fr*.

Paris 808 – Andorra-la-Vella 113 – Ax-les-Thermes 55 – Carcassonne 52 – Foix 64 – Font-Romeu-Odeillo-Via 78 – Perpignan 76.

⚠️ **La Sapinette** avril-oct.
℘ 04 68 20 13 52, Fax 04 68 20 27 80 – O : 0,8 km par D 79, rte de Ginoles – **R** conseillée
1,8 ha (82 empl.) plat, peu incliné, terrasses, herbeux, sapinière
**Tarif :** 🔲 *2 pers.* 🔌 *(6A) 13,09 – pers. suppl. 3,50 – frais de réservation 15,24*

À prox. : 🏊

## QUIMPER

29000 Finistère **3** – **308** G7 G. Bretagne – 59 437 h. – alt. 41 – Base de loisirs.

🛈 Office du Tourisme, place de la Résistance ℘ 02 98 53 04 05, Fax 02 98 53 31 33, *office.tourisme.quimper@wanadoo.fr*.

Paris 566 – Brest 72 – Lorient 68 – Rennes 217 – St-Brieuc 130 – Vannes 121.

⚠️ **L'Orangerie de Lanniron** 15 mai-15 sept.
℘ 02 98 90 62 02, *orangerie@lanniron.com*, Fax 02 98 52 15 56 – S : 3 km par bd périphérique puis sortie vers Bénodet et rte à droite, près de la zone de loisirs de Creac'h Gwen « Dans le parc d'un manoir du XVe siècle, au bord de l'Odet » – **R** conseillée
17 ha/4 campables (199 empl.) plat, herbeux
**Tarif :** 🔲 *2 pers.* 🔌 *(10A) 27,80 – pers. suppl. 5,50 – frais de réservation 19*
**Location** *(permanent)* – 🏠 : 🚐 *308 à 721 – gîtes*

À prox. : patinoire, parcours sportif, canoë 🛒 🎯 🏊 (centre aquatique)

## QUIMPERLÉ

29300 Finistère **3** – **308** J7 G. Bretagne – 10 748 h. – alt. 30.

🛈 Office du Tourisme, Le Bourgneuf ℘ 02 98 96 04 32, Fax 02 98 96 16 12, *ot.quimperle@wanadoo.fr*.

Paris 519 – Carhaix-Plouguer 56 – Concarneau 31 – Pontivy 75 – Quimper 49 – Rennes 170 – Saint Brieuc 110 – Vannes 75.

⚠️ **Municipal de Kerbertrand**
℘ 02 98 39 31 30, Fax 02 98 96 37 39 – O : 1,5 km par D 783, rte de Concarneau et chemin à droite, après le stade, face au centre Leclerc
1 ha (46 empl.) plat, herbeux

À prox. : canoë 🛒 🎯 🏊

## QUINGEY

25440 Doubs **12** – **321** F4 – 980 h. – alt. 275.

Paris 398 – Baume-les-Dames 39 – Besançon 23 – Morteau 78 – Pontarlier 72 – Salins-les-Bains 20.

⚠️ **Municipal les Promenades** mai-sept.
℘ 03 81 63 74 01, Fax 03 81 63 74 01 – vers sortie Sud, rte de Lons-le-Saunier et chemin à gauche après le pont – **R** conseillée
1,5 ha (61) empl. plat, herbeux, gravier
**Tarif :** 🔲 *2 pers.* 🔌 *(6A) 12,70 – pers. suppl. 3,40*

À prox. : canoë 🚣

## RADONVILLIERS

10500 Aube **7** – **313** H3 – 370 h. – alt. 130.

Paris 207 – Bar-sur-Aube 22 – Bar-sur-Seine 35 – Brienne-le-Château 6 – Troyes 35.

⚠️ **Municipal le Garillon** mai-15 sept.
℘ 03 25 92 21 46, Fax 03 25 92 21 34 – sortie Sud-Ouest par D 11 rte de Piney et à droite, bord d'un ruisseau et à 250 m du lac, (haut de la digue par escalier) – **R** conseillée
1 ha (55 empl.) plat, herbeux
**Tarif :** 🔲 *2 pers.* 🔌 *(10A) 11,60 – pers. suppl. 2,80*

À prox. : 🍴

## RAEDERSHEIM

68190 H.-Rhin **8** – **315** H9 – 807 h. – alt. 228.

Paris 475 – Colmar 26 – Guebwiller 7 – Mulhouse 20 – Thann 20.

⚠️ **Le Verger** avril-sept.
℘ 03 89 48 13 88, *campingleverger@free.fr*, Fax 03 89 48 82 71 – au bourg
1,1 ha (32 empl.) plat, herbeux
**Tarif :** 🔲 *2 pers.* 🔌 *(8A) 13,70 – pers. suppl. 3,45*
🚐 *(6 empl.) – 13,70*

29 Finistère **3** – **308** 18 G. Bretagne – ✉ 29920 Névez.
Paris 547 – Carhaix-Plouguer 74 – Concarneau 17 – Pont-Aven 12 – Quimper 38 – Quimperlé 30.

**Les Deux Fontaines** 17 mai-13 sept.
    ✆ 02 98 06 81 91, *les2fontaines@libertysurf.fr*, Fax 02 98
06 71 80 – N : 1,3 km par rte de Névez et rte de Trémor-
vezen – **R** conseillée
8 ha (293 empl.) plat, herbeux
**Tarif :** ▣ 2 pers. ⅃ (6A) 27,05 – pers. suppl. 5,30 – frais de
réservation 15
**Location :** ☎ 250 à 700
⌬

**Le Raguenès-Plage** 18 avril-sept.
    ✆ 02 98 06 80 69, Fax 02 98 06 89 05 « Agréable cadre
boisé, près de l'océan (accès direct) » – **R** conseillée
6 ha (287 empl.) plat, herbeux
**Tarif :** (Prix 2002) ▣ 2 pers. ⅃ (10A) 26,54 – pers. suppl.
5,10
**Location** (avril-15 oct.) – ✂ : ⌬ 245 à 560

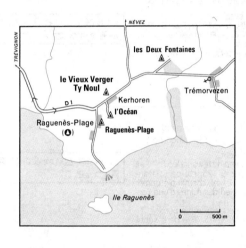

**L'Océan** 15 mai-15 sept.
    ✆ 02 98 06 87 13, Fax 02 98 06 78 26 – sortie Nord par rte
de Névez et à droite, à 350 m de la plage (accès direct)
« Décoration florale » – **R** conseillée
2,2 ha (150 empl.) plat, herbeux, sablonneux
**Tarif :** ▣ 2 pers. ⅃ 19,70 – pers. suppl. 4,30
⌬

**Le Vieux Verger-Ty Noul** Pâques-fin sept.
    ✆ 02 98 06 86 08, Fax 02 98 06 76 74 – sortie Nord rte de
Névez, en deux parties distinctes – **R** conseillée
2,5 ha (128 empl.) plat, herbeux
**Tarif :** ▣ 2 pers. ⅃ (10A) 15,70 – pers. suppl. 3,35

---

83350 Var **17** – **340** O6 G. Côte d'Azur – 1 945 h. – alt. 136.
**🛈** Office du Tourisme, place de l'Ormeau ✆ 04 98 12 64 00, Fax 04 94 79 12 66, *ot.ramatuelle@worl
donline.fr.*
Paris 876 – Fréjus 35 – Hyères 52 – Le Lavandou 34 – St-Tropez 10 – Ste-Maxime 16 – Toulon 71.

Schéma à Grimaud

**Les Tournels** fermé 11 janv.-24 fév.
    ✆ 04 94 55 90 90, *info@tournels.com*, Fax 04 94 55 90 99
– E : 3,5 km, rte du Cap Camarat – **R** conseillée
20 ha (975 empl.) accidenté, en terrasses, herbeux, pierreux
**Tarif :** ▣ 2 pers. ⅃ (10A) 29,60 – pers. suppl. 7 – frais de
réservation 20
**Location :** ⌬ 385 à 805 – ☎ 378 à 742
⌬

437

## RAMBOUILLET

78120 Yvelines **6** – **311** G4 G. Ile de France – 24 343 h. – alt. 160.

**7** Office du Tourisme, place de la Libération ✆ 01 34 83 21 21, Fax 01 34 83 21 31, *rambouillet.tourisme@ wanadoo.fr*.

Paris 53 – Chartres 41 – Étampes 43 – Mantes-la-Jolie 50 – Orléans 91 – Versailles 35.

**▲▲▲ *Municipal de l'Étang d'Or*** 25 janv.-21 déc.
✆ 01 30 41 07 34, *rambouillet.tourisme@wanadoo.fr*, Fax 01 30 41 00 17 – S : 4 km par N 10, rte de Chartres – Places limitées pour le passage « En bordure d'un étang au cœur de la forêt » – **R** conseillée
4,7 ha (220 empl.) plat, gravier, herbeux
**Tarif :** (Prix 2002) 🔲 *2 pers.* 🔌 *(10A) 16,50 – pers. suppl. 4,30*

À prox. : parc animalier

---

## RANSPACH

68470 H.-Rhin **8** – **315** G9 G. Alsace Lorraine – 907 h. – alt. 430.

Paris 459 – Belfort 53 – Bussang 15 – Gérardmer 38 – Thann 13.

**▲▲▲ *Les Bouleaux*** 29 mars-26 oct.
✆ 03 89 82 64 70, *simongabriel@wanadoo.fr*, Fax 03 89 39 14 17 – au Sud du bourg par N 66 – **R** conseillée
1,75 ha (100 empl.) plat, herbeux
**Tarif :** 🔲 *2 pers.* 🔌 *(4A) 14,15 – pers. suppl. 3,60*
**Location :** 📷 *260 à 399*

---

## RAUZAN

33420 Gironde **9** – **335** K6 – 978 h. – alt. 69.

**7** Syndicat d'Initiative, 12 rue de la Chapelle ✆ 05 57 84 03 88, Fax 05 57 84 05 09.

Paris 599 – Bergerac 57 – Bordeaux 39 – Langon 35 – Libourne 21.

**▲ *Le Vieux Château*** 15 avril-sept.
✆ 05 57 84 15 38, *hoekstra.camping@wanadoo.fr*, Fax 05 57 84 18 34 – sortie Nord par D 123, rte de St-Jean-de-Blaignac et chemin à gauche (1,2 km), chemin piétonnier reliant le camping au village « Au pied des ruines d'une forteresse du XIIᵉ s »
2,5 ha (61 empl.) non clos, plat, peu incliné, herbeux
**Tarif :** (Prix 2002) 🔲 *2 pers.* 🔌 *(10A) 15,76 – pers. suppl. 3,68*
**Location :** 📷 *132,28 à 411,31*

---

## RAVENOVILLE

50480 Manche **4** – **303** E3 – 251 h. – alt. 6.

Paris 328 – Barfleur 27 – Carentan 21 – Cherbourg 40 – St-Lô 49 – Valognes 19.

**▲▲▲ *Le Cormoran*** avril-21 sept.
✆ 02 33 41 33 94, *lecormoran@wanadoo.fr*, Fax 02 33 95 16 08 – NE : 3,5 km par D 421, rte d'Utah Beach, près de la plage – Places limitées pour le passage « Belle décoration florale et arbustive » – **R** conseillée
6,5 ha (256 empl.) plat, herbeux, sablonneux
**Tarif :** 🔲 *2 pers.* 🔌 *(6A) 23,70 – pers. suppl. 5,50 – frais de réservation 10*
**Location** 🐾 : 📷 *252 à 594*
📷 *(8 empl.) – 11*

À prox. :

---

## RAZÈS

87640 H.-Vienne **10** – **325** F4 – 919 h. – alt. 440.

**7** Syndicat d'Initiative, route du Lac ✆ 05 55 38 91 00, Fax 05 55 38 91 01.

Paris 366 – Argenton-sur-Creuse 68 – Bellac 32 – Guéret 64 – Limoges 28.

**▲▲▲ *Santrop*** 21 mai-21 sept.
✆ 05 55 71 08 08, *lacsaintpardoux@aol.com*, Fax 05 55 71 23 93 ✉ 87140 Compreignac – O : 4 km par D 44, bord du lac de St-Pardoux « Situation agréable » – **R** conseillée
5,5 ha (152 empl.) peu incliné à incliné, herbeux, gravier
**Tarif :** 🔲 *2 pers. 15,50 – pers. suppl. 4 – frais de réservation 16*
**Location :** 📷 *220 à 487 – huttes*

À prox. : ski nautique
(plage)

## RÉALLON

05160 H.-Alpes **17** – 334 G5 – 185 h. – alt. 1 380.
Paris 702 – Embrun 16 – Gap 33 – Mont-Dauphin 36 – Savines-le-Lac 13.

**Municipal de l'Iscle** fermé avril-14 juin et 16 sept.-14 déc.
*ℰ* 04 92 44 27 08, *infos@reallon-ski.com*
NO : 2 km par D 241, alt. 1 434 « Agréable site montagnard, près du Réallon »
0,8 ha (50 empl.) peu incliné, gravier, pierreux, herbeux
**Tarif :** ▣ *2 pers.* ⓖ *12,95 (hiver 15,25) – pers. suppl. 3,05*

*≤ montagnes* **GB** *(plan d'eau)*

## RÉAUP

47170 L.-et-G. **14** – 336 D5 – 491 h. – alt. 168 – Base de loisirs.
Paris 710 – Agen 45 – Aire-sur-l'Adour 65 – Condom 24 – Mont-de-Marsan 66 – Nérac 16.

**Lac de Lislebonne** juin-août
*ℰ* 05 53 65 65 28, Fax 05 53 97 15 28 – SE : 3,2 km par D 149, rte de Mézin, à la base de loisirs
15 ha/0,5 campable (20 empl.) plat, herbeux
**Tarif :** ▣ *2 pers.* ⓖ *19,06 – pers. suppl. 3,05*
**Location :** *229 à 382*

**GB** *(0,3 ha)*
À prox. : parcours de santé, poneys, canoë, pédalos *snack*

## REBECQUES

62120 P.-de-C. **1** – 301 G4 – 397 h. – alt. 33.
Paris 242 – Arras 63 – Béthune 36 – Boulogne-sur-Mer 62 – Hesdin 44 – St-Omer 15.

**Le Lac** avril-oct.
*ℰ* 03 21 39 58 58 – S : 1 km par D 189, rte de Thérouanne et chemin à gauche, bord d'un plan d'eau – Places limitées pour le passage « Autour d'un petit lac aménagé pour la pêche et les loisirs » – **R** conseillée
14 ha/3 campables (95 empl.) plat, herbeux, gravier
**Tarif :** ▣ *2 pers.* ⓖ *(3A) 12 – pers. suppl. 2*

## RECOUBEAU-JANSAC

26310 Drôme **16** – 332 F6 – 197 h. – alt. 500.
Paris 643 – La Chapelle-en-Vercors 55 – Crest 51 – Die 14 – Rémuzat 43 – Valence 81.

**Le Couriou** 15 mai-10 sept.
*ℰ* 04 75 21 33 23, *campinglecouriou@wanadoo.fr*, Fax 04 75 21 38 42 – NO : 0,7 km par D 93, rte de Die – **R** conseillée
7 ha/4,5 campables (112 empl.) non clos, en terrasses, peu incliné, herbeux, pierreux, gravier, bois
**Tarif :** ▣ *2 pers.* ⓖ *20,60 – pers. suppl. 4,95*
**Location** *(avril-oct.) :* *183 à 504 – 153 à 534*

*≤* **GB** *snack*

## REMOULINS

30210 Gard **16** – 339 M5 G. Provence – 1 771 h. – alt. 27.
*�* Office du Tourisme, place des Grands Jours *ℰ* 04 66 37 22 34, Fax 04 66 37 22 34.
Paris 689 – Alès 51 – Arles 37 – Avignon 23 – Nîmes 23 – Orange 34 – Pont-St-Esprit 40.

**La Sousta** mars-oct.
*ℰ* 04 66 37 12 80, *info@lasousta.com*, Fax 04 66 37 23 69 – NO : 2 km rte du Pont du Gard, rive droite « Agréable cadre boisé en bordure du Gardon, proche du Pont du Gard » – **R** conseillée
14 ha (300 empl.) plat et accidenté, herbeux, sablonneux
**Tarif :** ▣ *2 pers.* ⓖ *20 – pers. suppl. 5 – frais de réservation 13*
**Location :** *336 à 554*

**GB** *snack*

## RENAUCOURT

70120 H.-Saône **7** – 314 C7 – 114 h. – alt. 209.
Paris 339 – Besançon 58 – Bourbonne-les-Bains 51 – Épinal 98 – Langres 55.

**Municipal la Fontaine aux Fées** juin-1er oct.
*ℰ* 03 84 92 06 22, Fax 03 84 92 04 18 – SO : 1,3 km par rte de Volon « À la lisière d'un bois, près d'un étang »
2 ha (24 empl.) plat, herbeux
**Tarif :** ▣ *2 pers.* ⓖ *8,30 – pers. suppl. 2*

À prox. :

## RENNES

35000 I.-et-V. **4** – 𝟛𝟘𝟡 L6 G. Bretagne – 197 536 h. – alt. 40.
🛈 Office du Tourisme, 11 rue Saint-Yves ℰ 02 99 67 11 11, Fax 02 99 67 11 00, *infos@tourisme-rennes.com*.
Paris 349 – Angers 128 – Brest 246 – Caen 183 – Le Mans 155 – Nantes 109.

    ▲▲ ***Municipal des Gayeulles*** avril-oct.
       ℰ 02 99 36 91 22, Fax 02 23 20 06 34 – sortie Nord-Est vers N 12 rte de Fougères puis av. des Gayeulles et r. Maurice-Audin, près d'un étang « Dans l'agréable parc des Gayeulles »
       3 ha (179 empl.) plat, herbeux
       **Tarif :** 🔲 *2 pers.* 🔌 *14,80 – pers. suppl. 3,05*

       🚐

À prox. : patinoire, parc animalier 🏇 ⊸⦿
❊ 🖾 ⁿₘ ⊡ (découverte l'été)

---

## RENNES-LES-BAINS

11190 Aude **15** – 𝟛𝟜𝟜 E5 – 221 h. – alt. 310 – ♨ (mi-avril à mi-nov.).
🛈 Syndicat d'Initiative, Grand Rue des Thermes ℰ 04 68 69 88 04, Fax 04 68 69 88 04, *rennes-les-bains@fnotsi.net*.
Paris 804 – Axat 34 – Carcassonne 48 – Mouthoumet 26 – Perpignan 71.

    ▲ ***La Bernède*** 14 avril-oct.
       ℰ 04 68 69 86 49, Fax 04 68 69 86 49 – sortie Sud par D 14 rte de Bugarach et chemin à gauche, près de la Sals – **R** conseillée
       0,8 ha (34 empl.) plat et peu incliné, herbeux
       **Tarif :** 🔲 *2 pers.* 🔌 *(6A) 12,30 – pers. suppl. 3,20*

À prox. : 🛦 ❊ ⁿₘ ⊿ ≋

---

## RESSONS-LE-LONG

02290 Aisne **6** – 𝟛𝟘𝟨 A6 – 711 h. – alt. 72.
Paris 97 – Compiègne 26 – Laon 50 – Noyon 32 – Soissons 15.

    ▲▲ ***La Halte de Mainville*** Permanent
       ℰ 03 23 74 26 69, Fax 03 23 74 03 60 – sortie Nord-Est du bourg, rue du Routy – **R** conseillée
       5 ha (153 empl.) plat, herbeux, petit étang
       **Tarif :** 🔲 *2 pers.* 🔌 *(6A) 17 – pers. suppl. 5*

---

## REUGNY

37380 I.-et-L. **5** – 𝟛𝟙𝟟 O4 – 1 289 h. – alt. 66.
🛈 Syndicat d'Initiative, rue Nationale ℰ 02 47 52 94 32.
Paris 221 – Château-Renault 15 – Tours 23 – Vouvray 12.

    ▲ ***Municipal de la Grand'Prée*** 28 juin-7 sept.
       ℰ 02 47 52 29 51 – sortie Est par D 5, rte d'Amboise, au stade, à 100 m d'un étang et à 200 m de la Brenne – **R**
       0,6 ha (32 empl.) plat, herbeux
       **Tarif :** (Prix 2002) 🔲 *2 pers.* 🔌 *6,45 – pers. suppl. 1,50*

À prox. : ❊ ≋

---

## REUILLY

36260 Indre **10** – 𝟛𝟚𝟛 I4 G. Berry Limousin – 1 952 h. – alt. 116.
🛈 Office du Tourisme, 5 rue Rabelais ℰ 02 54 49 24 94, Fax 02 54 49 39 26.
Paris 228 – Blois 98 – Bourges 29 – Châteauroux 46 – Issoudun 17 – Vierzon 18.

    ▲ ***Municipal*** 15 mai-15 sept.
       ℰ 02 54 03 49 00, *mairie.reuilly@wanadoo.fr*, Fax 02 54 03 49 04 – sortie Est, près de l'Arnon – **R** conseillée
       1 ha (30 empl.) plat, herbeux
       **Tarif :** 🔲 *2 pers.* 🔌 *8,10 – pers. suppl. 1,70*
       **Location** *(permanent) :* 🏠 *135 à 230*

À prox. : ≋

---

## REVEL

31250 H.-Gar. **15** – 𝟛𝟜𝟛 K4 G. Midi Pyrénées – 7 520 h. – alt. 210.
🛈 Office du Tourisme, place Philippe VI de Valois ℰ 05 34 66 67 68, Fax 05 34 66 67 67, *tourisme-revel@revel-lauragais.com*.
Paris 739 – Carcassonne 46 – Castelnaudary 21 – Castres 28 – Gaillac 62 – Toulouse 54.

    ▲ ***Municipal du Moulin du Roy*** 16 juin-1ᵉʳ sept.
       ℰ 05 61 83 32 47, Fax 05 62 18 71 41 – sortie Sud-Est par D 1 rte de Dourgne et à droite « Décoration arbustive et florale des emplacements » – **R** conseillée
       1,2 ha (50 empl.) plat, herbeux
       **Tarif :** 🔲 *2 pers.* 🔌 *(5A) 8,60*

À prox. : ❊ 🖾 ⊿

## REVIGNY-SUR-ORNAIN

55800 Meuse **7** – **307** A6 – 3 528 h. – alt. 144.
**🛈** Office du Tourisme, rue du Stade 🖉 03 29 78 73 34, Fax 03 29 78 73 34.
Paris 216 – Bar-le-Duc 18 – St-Dizier 30 – Vitry-le-François 36.

⚠ ***Municipal du Moulin des Gravières*** mai-sept.
🖉 03 29 78 73 34, *contact@ot-revigny-ornain.fr*, Fax 03 29
78 73 34 – au bourg vers sortie Sud, rte de Vitry-le-François
et rue du stade, à droite, à 100 m de l'Ornain « Cadre agréable au bord d'un ruisseau » – **R** conseillée
1 ha (27 empl.) plat, herbeux
**Tarif :** 🔳 *2 pers.* 🔋 *10 (en mai 11) – pers. suppl. 2,10*

▢ ♀ (0,2 ha) ⛐ 🏕 ⇔ 🗓 ⇄ ☺ 🔳
🏚
À prox. : ✀ 🖾 🏕

## REYGADES

19430 Corrèze **10** – **329** M5 G. Berry Limousin – 172 h. – alt. 460.
Paris 516 – Aurillac 57 – Brive-la-Gaillarde 59 – St-Céré 30 – Tulle 42.

⚠ ***La Belle Etoile*** 15 juin-25 sept.
🖉 05 55 28 50 08, Fax 05 55 28 36 40 – N : 1 km par D 41,
rte de Beaulieu-sur-Dordogne, à Lestrade – **R** conseillée
5 ha/3 campables (25 empl.) terrasses, herbeux
**Tarif :** (Prix 2002) 🔳 *2 pers.* 🔋 *15 – pers. suppl. 3,75*
**Location** *(permanent)* : 🏚 *245 à 400 –* � *270 à 550*

Ⓜ 🐟 ⇜ ⚲ ▢ ♀ (0,5 ha) ⛐ 🏕 ⇔
🗓 ⇄ ☺ 🔳 🏊 🏂 ⚓ 🏊 parcours de
santé, quad, terrain omnisports

## RHINAU

67860 B.-Rhin **8** – **315** K7 G. Alsace Lorraine – 2 286 h. – alt. 158.
**🛈** Office du Tourisme, 35 rue du Rhin 🖉 03 88 74 68 96, Fax 03 88 74 83 28.
Paris 465 – Marckolsheim 27 – Molsheim 38 – Obernai 27 – Sélestat 27 – Strasbourg 40.

⚠ ***Ferme des Tuileries*** avril-sept.
🖉 03 88 74 60 45, Fax 03 88 74 85 35 – sortie Nord-Ouest
rte de Benfeld – **R**
4 ha (150 empl.) plat, herbeux
**Tarif :** 🔳 *2 pers.* 🔋 *(6A) 12,50 – pers. suppl. 3,10*

🐟 ⚲ ✀ ⚲ ♀ ▥ 🏕 ⇔ 🗓 ⇄ ☺
🔳 🏚 ✀ 🏕 🏊

## RIBEAUVILLÉ

68150 H.-Rhin **8** – **315** H7 G. Alsace Lorraine – 4 774 h. – alt. 240.
**🛈** Office du tourisme, 1 Grand' Rue 🖉 03 89 73 62 22, Fax 03 89 73 23 62, *info@ribeauville-riquewihr.com*.
Paris 437 – Colmar 15 – Gérardmer 57 – Mulhouse 59 – St-Dié 41 – Sélestat 14.

⚠ ***Municipal Pierre-de-Coubertin*** 15 mars-15 nov.
🖉 03 89 73 66 71, *camping.ribeauville@wanadoo.fr*, Fax
03 89 73 66 71 – sortie Est par D 106 puis rue de Landau
à gauche – **R**
3,5 ha (260 empl.) plat, herbeux
**Tarif :** (Prix 2002) 🔳 *2 pers.* 🔋 *(6A) 15,42 – pers. suppl. 3,80*

🐟 ⇜ ⚲ 🅶🅱 ⚲ ♀♀ ▥ ⛐ 🏕 ⇔ 🗓
🏚 ⇄ ☺ 🛆 🏂 🔳 🏊 🏚 ⚓
✀
À prox. : 🏊 🏊 🏊

## RIBÉRAC

24600 Dordogne **9** – **329** D4 G. Périgord Quercy – 4 118 h. – alt. 68.
**🛈** Office du Tourisme, place Charles de Gaulle 🖉 05 53 90 03 10, Fax 05 53 91 35 13, *o.t.riberac@perigord.tm.fr*.
Paris 506 – Angoulême 58 – Barbezieux 58 – Bergerac 53 – Libourne 66 – Nontron 50 – Périgueux 39.

⚠ ***Municipal de la Dronne*** juin-15 sept.
🖉 05 53 90 50 08, Fax 05 53 91 35 13 – sortie Nord par
D 708, rte d'Angoulême et à gauche après le pont, bord de
la rivière – **R** conseillée
2 ha (90 empl.) plat, herbeux, sablonneux
**Tarif :** 🔳 *2 pers.* 🔋 *7,85 – pers. suppl. 2*

⚲ ⚲ ▢ ♀ ⛐ 🏕 🗓 🏊 ☺ 🔳 🏚
⚓ 🛆
À prox. : 🛒 🚲 🏊

## RIBES

07260 Ardèche **16** – **331** H7 – 309 h. – alt. 380.
Paris 669 – Aubenas 29 – Largentière 19 – Privas 59 – St-Ambroix 39 – Vallon-Pont-d'Arc 28.

⚠ ***Les Cruses*** 19 avril-15 sept.
🖉 04 75 39 54 69, *les-cruses@wanadoo.fr*, Fax 04 75 39
42 00 – à 1 km au Sud-Est du bourg, par D 450 « Agréable
sous-bois » – **R** conseillée
0,7 ha (37 empl.) en terrasses
**Tarif :** (Prix 2002) 🔳 *1 ou 2 pers.* 🔋 *(6A) 20,73 – pers. suppl.
3,96 – frais de réservation 16*
**Location** : 🏚 *199 à 562,38 –* � *199 à 602*

🐟 ⇜ juil.-août ⚲ ⚳ 🏕 ⇔ 🗓 ⇄
🏊 ☺ 🛆 🏂 🔳 🏚 ⚓ 🚲 🏊
(petite piscine)
À prox. : ✀

**441**

⚠ **Les Châtaigniers** avril-sept.
  ℘ 04 75 39 50 73, *camping-les-chataigniers@wanadoo.fr*,
  Fax 04 75 39 50 73 – au Nord-Est du bourg, accès direct à
  la Beaume par chemin piétonnier « Belle situation dominante
  sur la vallée » – **R** conseillée
  0,35 ha (23 empl.) en terrasses, pierreux, herbeux
  **Tarif :** 📵 *2 pers.* 🔋 *11,79 – pers. suppl. 2,14*
  **Location :** 🏠 *130 – 244*

## La RICHARDAIS

35 I.-et-V. – 🔢 J3 – rattaché à Dinard.

## RICHELIEU

37120 I.-et-L. 🔟 – 🔢 K6 G. Poitou Vendée Charentes – 2 223 h. – alt. 40.
🅱 Office du Tourisme, 6 Grande Rue ℘ 02 47 58 13 62, Fax 02 47 58 29 86.
Paris 296 – Châtellerault 30 – Chinon 22 – Loudun 19 – Tours 62.

⚠ **Municipal** 15 mai-15 sept.
  ℘ 02 47 58 15 02, *commune-de-richelieu@wanadoo.fr*,
  Fax 02 47 58 16 42 – sortie Sud par D 749 rte de Châtel-
  lerault, à 100 m d'un étang
  1 ha (34 empl.) plat, herbeux
  **Tarif :** (Prix 2002) 📵 *2 pers.* 🔋 *(15A) 9,80 – pers. suppl. 2,20*

## RIEL-LES-EAUX

21570 Côte-d'Or 🔢 – 🔢 I2 – 94 h. – alt. 220.
Paris 234 – Bar-sur-Aube 42 – Bar-sur-Seine 36 – Châtillon-sur-Seine 18 – Chaumont 52 – Dijon 102.

⚠ **Le Plan d'Eau de Riel** 31 mars-2 nov.
  ℘ 03 80 93 72 76, Fax 03 80 93 72 76 – O : 2 km, sur D 13
  rte d'Autricourt « Près d'un plan d'eau » – **R** conseillée
  7 ha/0,4 campable (18 empl.) plat, herbeux, gravillons
  **Tarif :** 📵 *2 pers.* 🔋 *(10A) 9,25 – pers. suppl. 1,85*

## RIEUX

442

31310 H.-Gar. 🔢 – 🔢 F5 G. Midi Pyrénées – 1 721 h. – alt. 210 – Base de loisirs.
🅱 Office du Tourisme, 9 rue de l'Évêché ℘ 05 61 87 63 33, Fax 05 61 87 63 33, *otrieuxvolvestre@wanadoo.fr*.
Paris 735 – Auterive 36 – Foix 53 – St-Gaudens 55 – Toulouse 50.

⚠ **Municipal du Plan d'Eau** avril-oct.
  ℘ 05 61 87 49 64, *otrieuxvolvestre@wanadoo.fr*, Fax
  05 61 87 49 64 – NO : 3 km par D 627, rte de Toulouse
  et rte à gauche, bord de la Garonne – **R** conseillée
  3 ha (54 empl.) en terrasses, herbeux, gravillons
  **Tarif :** 📵 *2 pers.* 🔋 *(10A) 9,50 – pers. suppl. 3 – frais de
  réservation 9*
  **Location** (*permanent*) : 🏠 *119 – 🏠 175 à 252*
  🏠 *(7 empl.)*

## RIEUX-DE-PELLEPORT

09120 Ariège 🔢 – 🔢 H6 – 700 h. – alt. 333.
Paris 764 – Foix 13 – Pamiers 8 – St-Girons 47 – Toulouse 76.

⚠ **Les Mijeannes** mai-oct.
  ℘ 05 61 60 82 23, *lesmijeannes@wanadoo.fr*, Fax 05 61 67
  74 80 – NE : 1,4 km, accès sur D 311, rte de Ferries, bord
  d'un canal et près de l'Ariège – **R** conseillée
  10 ha/5 campables (88 empl.) plat, herbeux, pierreux
  **Tarif :** 📵 *2 pers.* 🔋 *(10A) 18,70 – pers. suppl. 3,70*
  **Location** (*permanent*) : 🏠 *183 à 274 – 🏠 250 à 449 –*
  🏠 *280 à 518*
  🏠

## RIGNAC

12390 Aveyron 🔢 – 🔢 F4 – 1 668 h. – alt. 500.
🅱 Office du Tourisme, place du Portail-Haut ℘ 05 65 80 26 04, Fax 05 65 64 45 45, *o.t.rignac@wanadoo.fr*.
Paris 619 – Aurillac 86 – Figeac 40 – Rodez 28 – Villefranche-de-Rouergue 30.

⚠ **Municipal la Peyrade**
  ℘ 05 65 64 44 64, Fax 05 65 80 26 09 – au Sud du bourg,
  pl. du Foirail, près d'un petit étang
  0,7 ha (36 empl.) en terrasses, peu incliné, herbeux

À prox. :

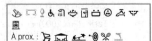

## RIQUEWIHR

68340 H.-Rhin 🎱 – 𝟛𝟙𝟝 H8 G. Alsace Lorraine – 1 075 h. – alt. 300.

🅱 Office du Tourisme, ☏ 08 20 36 09 22, Fax 03 89 49 08 49, *info@ribeauville-riquewihr.com*.

Paris 441 – Colmar 12 – Gérardmer 53 – Ribeauvillé 4 – St-Dié 45 – Sélestat 18.

   ▲ **Intercommunal** Pâques-fin oct.
     ☏ 03 89 47 90 08, Fax 03 89 49 05 63 – E : 2 km, près D 1B,
     accès par rond-point et chemin du stade « Dans le vignoble,
     au pied des Vosges » – **R** conseillée
     4 ha (150 empl.) plat et peu incliné, herbeux
     **Tarif :** (Prix 2002) 🅔 *2 pers.* 🅙 *(6A) 15,50 – pers. suppl. 3,70*
     🖾

     À prox. : ※

## RISCLE

32400 Gers 𝟙𝟜 – 𝟛𝟛𝟞 B8 – 1 778 h. – alt. 105.

🅱 Office du Tourisme, 6 place du foirail ☏ 05 62 69 74 01, Fax 05 62 69 86 07.

Paris 741 – Aire-sur-l'Adour 17 – Maubourguet 27 – Nogaro 14 – Plaisance 16.

   ▲ **Le Pont de l'Adour** avril-oct.
     ☏ 05 62 69 72 45 – sortie Nord-Est par D 935, rte de
     Nogaro et à droite avant le pont, bord de l'Adour –
     **R** conseillée
     2,5 ha (60 empl.) plat, herbeux
     **Tarif :** (Prix 2002) 🅔 *1 ou 2 pers.* 🅙 *(5A) 14,70 – pers. suppl.*
     *3,70*
     **Location :** 🛏 *165 à 290 –* 🏠 *290 à 420*

     À prox. : parcours de santé

## RIVESALTES

66600 Pyr.-Or. 𝟙𝟝 – 𝟛𝟜𝟜 I6 G. Languedoc Roussillon – 7 110 h. – alt. 13.

🅱 Office du Tourisme, avenue Ledru-Rollin ☏ 04 68 64 04 04, Fax 04 68 64 56 17, *rivesaltes.office.tourisme @wanadoo.fr*.

Paris 846 – Narbonne 58 – Perpignan 10 – Prades 55.

   ▲ **Soleil 2000** avril-2 nov.
     ☏ 04 68 38 53 54, *rivesaltes.camping@anas.asso.fr*, Fax
     04 68 38 54 64 – à l'Est de la ville, près du stade –
     **R** conseillée
     1 ha (60 empl.) plat, herbeux
     **Tarif :** 🅔 *1 à 3 pers.* 🅙 *(16A) 19 – pers. suppl. 3*

     À prox. : ※

## RIVIÈRES

81600 Tarn 𝟙𝟝 – 𝟛𝟛𝟠 D7 – 616 h. – alt. 125 – Base de loisirs.

Paris 669 – Albi 16 – Gaillac 7 – Graulhet 21 – St-Antonin-Noble-Val 42.

   ▲ **Les Pommiers d'Aiguelèze** 21 juin-août
     ☏ 05 63 41 50 50, *planete.obade@wanadoo.fr*, Fax 05 63
     41 50 45 ✉ 81600 Gaillac – à Aiguelèze, SE : 2,3 km, à 200 m
     du Tarn (port de plaisance et plan d'eau – **R** conseillée
     7 ha (74 empl.) plat, herbeux
     **Tarif :** 🅔 *2 pers.* 🅙 *(13A) 17,60 – pers. suppl. 6 – frais de*
     *réservation 14,50*
     **Location** (avril-oct.) : 🏠 *258 à 542 – bungalows toilés*

     À prox. : à la base de loisirs : golf
     (practice et compact)

## RIVIÈRE-SAAS-ET-GOURBY

40180 Landes – 𝟛𝟛𝟝 E12 – rattaché à Dax.

## RIVIÈRE-SUR-TARN

12640 Aveyron 𝟙𝟝 – 𝟛𝟛𝟠 K5 – 757 h. – alt. 380.

🅱 Office du Tourisme, route des Gorges du Tarn ☏ 05 65 59 74 28, Fax 05 65 59 74 28, *ot-gorgesdutarn @wanadoo.fr*.

Paris 631 – Mende 86 – Millau 14 – Rodez 65 – Sévérac-le-Château 26.

   ▲▲▲ **Peyrelade** 15 mai-15 sept.
     ☏ 05 65 62 62 54, *campingpeyrelade@wanadoo.fr*, Fax
     05 65 62 65 61 – E : 2 km par D 907 rte de Florac, bord
     du Tarn – **R** conseillée
     4 ha (190 empl.) plat et en terrasses, herbeux, pierreux
     **Tarif :** 🅔 *2 pers.* 🅙 *22 – pers. suppl. 4 – frais de réser-*
     *vation 16*
     **Location** ※ : 🏠 *250 à 610 – bungalows toilés*
     🖾

     À prox. : ※

**⚠ *Les Peupliers* mai-sept.**
℘ 05 65 59 85 17, Fax 05 65 61 09 03 – sortie Sud-Ouest
rte de Millau et chemin à gauche, bord du Tarn – **R** conseillée
1,5 ha (112 empl.) plat, herbeux
**Tarif :** ▣ 2 pers. (₺) (6A) 20 – pers. suppl. 6 – frais de réservation 25
**Location :** ⊡⊟ 200 à 500

Ⓜ Met dit teken worden bepaalde terreinen
met moderne uitrusting aangeduid, waarvan
de algemene indruk, stijl en de installaties praktisch en modern zijn.

## ROCAMADOUR

46500 Lot **13** – **337** F3 G. Périgord Quercy – 627 h. – alt. 279.
🄱 Office du Tourisme, Maison du Tourisme ℘ 05 65 33 22 00, Fax 05 65 33 22 01, *rocamadour@wanadoo.fr.*
Paris 532 – Brive-la-Gaillarde 55 – Cahors 60 – Figeac 47 – Gourdon 32 – St-Céré 31 – Sarlat-la-Canéda 52.

**à l'Hospitalet** NE : 1 km :

**⚠ *Les Cigales* 21 juin-août**
℘ 05 65 33 64 44, *camping.cigales@wanadoo.fr*, Fax 05 65 33 69 60 – sortie Est par D 36 rte de Gramat – **R** conseillée
3 ha (100 empl.) plat et peu incliné, pierreux, herbeux
**Tarif :** (Prix 2002) ▣ 2 pers. (₺) (6A) 17,20 – pers. suppl. 4,15 – frais de réservation 10
**Location** (avril-oct.) : ⊡⊟ 183 à 580
⊡⊟

**⚠ *Le Roc* avril-1er nov.**
℘ 05 65 33 68 50, *campingleroc@wanadoo.fr*, Fax 05 65 33 75 64 – NE : 3 km par D 673, rte d'Alvignac, à 200 m de la gare – **R** conseillée
2 ha/0,5 campable (36 empl.) peu incliné, herbeux, pierreux
**Tarif :** ▣ 2 pers. (₺) (5A) 13,80 – pers. suppl. 3,70
**Location** (permanent) : 🏠 153 à 460
⊡⊟

**⚠ *Le Relais du Campeur* avril-1er oct.**
℘ 05 65 33 63 28, Fax 05 65 10 68 21 – au bourg – **R** conseillée
1,7 ha (100 empl.) plat, herbeux, pierreux
**Tarif :** ▣ 2 pers. (₺) (6A) 13,30 – pers. suppl. 3,50 – frais de réservation 9,15
**Location :** ⊫ (hôtel)
⊡⊟

## La ROCHE-BERNARD

56130 Morbihan **4** – **308** R9 G. Bretagne – 766 h. – alt. 38.
🄱 Syndicat d'Initiative, 14 rue du Docteur-Cornudet ℘ 02 99 90 67 98, Fax 02 99 90 67 99.
Paris 445 – Nantes 70 – Ploërmel 57 – Redon 27 – St-Nazaire 37 – Vannes 41.

**⚠ *Municipal le Pâtis* avril-sept.**
℘ 02 99 90 60 13, Fax 02 99 90 88 28 – à l'Ouest du bourg vers le port de plaisance « Près de la Vilaine (accès direct) » – **R** conseillée
1 ha (58 empl.) plat, herbeux
**Tarif :** (Prix 2002) ▣ 2 pers. (₺) 13,50 – pers. suppl. 3 – frais de réservation 8

## La ROCHE-CHALAIS

24490 Dordogne **9** – **329** B5 – 2 860 h. – alt. 60.
🄱 Syndicat d'Initiative, 9 place du Puits qui Chante ℘ 05 53 90 18 95.
Paris 510 – Bergerac 63 – Blaye 65 – Bordeaux 72 – Périgueux 69.

**⚠ *Municipal de Gerbes* 15 avril-sept.**
℘ 05 53 91 40 65, *camping.la.roche.chalais@wanadoo.fr*, Fax 05 53 90 32 01 – à 1 km, à l'Ouest de la localité, par la rue de la Dronne, bord de la rivière – **R** conseillée
3 ha (100 empl.) plat et terrasses, herbeux, petit bois attenant
**Tarif :** (Prix 2002) ▣ 2 pers. (₺) (10A) 9,50 - pers. suppl. 2

## La ROCHE-DE-RAME

05310 H.-Alpes **17** – **334** H4 – 702 h. – alt. 1 000.
Paris 703 – Briançon 22 – Embrun 29 – Gap 69 – Mont-Dauphin 12 – Savines-le-Lac 40.

⚐ **Le Verger** Permanent
    ℘ 04 92 20 92 23, Fax 04 92 20 92 23 – NO : 1,2 km par
N 94, rte de Briançon et chemin des Gillis à droite « Cadre
agréable » – **R** conseillée
1,6 ha (50 empl.) peu incliné, en terrasses, herbeux, verger
**Tarif :** 🔲 *2 pers.* 🔌 *(10A) 14,05 – pers. suppl. 3,20*
**Location** *(mai-oct.) :* 🚐 *217,19 à 241,32*

⚐ **Municipal du Lac**
    ℘ 04 92 20 90 31, Fax 04 92 20 96 19 – sortie Sud « Au
bord du lac »
1 ha (85 empl.) plat, peu incliné, herbeux

## La ROCHE DES ARNAUDS

05400 H.-Alpes **17** – **334** D5 – 845 h. – alt. 945.
Paris 674 – Corps 53 – Gap 14 – St-Étienne-en-Dévoluy 33 – Serres 27.

⚑ **Au Blanc Manteau** Permanent
    ℘ 04 92 57 82 56 ✉ 05400 Manteyer – SO : 1,3 km par D 18
rte de Ceüze, bord d'un torrent, alt. 900 – **R** conseillée
4 ha (40 empl.) plat, pierreux, herbeux
**Tarif :** 🔲 *1 ou 2 pers.* 🔌 *(10A) 21,34 – pers. suppl. 3,81*

## ROCHEFORT

17300 Char.-Mar. **9** – **324** E4 G. Poitou Vendée Charentes – 25 561 h. – alt. 12 – ⚓ (début fév.-mi déc.).
Pont de Martrou Péage en 2002 : auto 3,50 (AR 6,00), voiture et caravane 6,00 (AR 10,00), P.L. 7,00 à 9,00
(AR 12,00 à 16,00) Renseignements : Régie d'Exploitation des Ponts ℘ 05 46 83 01 01, Fax 05 46 83 05 54.
🛈 Office du Tourisme, avenue Sadi-Carnot ℘ 05 46 99 08 60, Fax 05 46 99 52 64, *rochefort.tourisme@
wanadoo.fr.*
Paris 469 – Limoges 191 – Niort 62 – La Rochelle 36 – Royan 40 – Saintes 42.

⚑ **Le Bateau** Permanent
    ℘ 05 46 99 41 00, *lebateau@wanadoo.fr*, Fax 05 46 99
91 65 – par rocade Ouest (bd Bignon) et rte du Port Neuf,
près du centre nautique – **R** indispensable
1 ha (85 empl.) plat, pierreux, herbeux, petit plan d'eau
**Tarif :** (Prix 2002) 🔲 *1 ou 2 pers.* 🔌 *(8A) 14,50 – pers. suppl.
3,30*
**Location** *(mars-1ᵉʳ nov.) :* 🚐 *277 à 389*

## ROCHEFORT-EN-TERRE

56220 Morbihan **4** – **308** Q8 G. Bretagne – 645 h. – alt. 40.
🛈 Office du Tourisme, place des Halles ℘ 02 97 43 33 57, Fax 02 97 43 33 57.
Paris 431 – Ploërmel 34 – Redon 25 – Rennes 82 – La Roche-Bernard 27 – Vannes 35.

⚑ **Le Moulin Neuf** 17 mai-13 sept.
    ℘ 02 97 43 37 52, Fax 02 97 43 35 45 – SO : 1 km par D 774,
rte de Péaule et chemin à droite, à 500 m d'un plan d'eau
– **R** conseillée
2,5 ha (60 empl.) plat et incliné, herbeux
**Tarif :** 🔲 *2 pers.* 🔌 *21,50 – pers. suppl. 4,60*

## La ROCHELLE

17000 Char.-Mar. **9** – **324** D3 G. Poitou Vendée Charentes – 71 094 h. – alt. 1.
Pont de l'île de Ré par N 237. Péage en 2002 : auto (AR) 16,50 (saison) 9,00 (hors saison), auto et caravane
(AR) 27,00 (saison) 15,00 (hors saison), camion 18,00 à 45,00, moto 2,00, gratuit pour vélos et piétons. Ren-
seignements par Régie d'Exploitation des Ponts ℘ 05 46 00 51 10, Fax 05 46 43 04 71.
🛈 Office du Tourisme, place de la Petite Sirène ℘ 05 46 41 14 68, Fax 05 46 41 99 85, *tourisme.la.rochelle
@wanadoo.fr.*
Paris 473 – Angoulême 147 – Bordeaux 185 – Nantes 141 – Niort 66.

**à Angoulins** SE : 6 km par N 137 – 2 908 h. – alt. 15 – ✉ 17690 Angoulins.
🛈 Syndicat d'Initiative, 3 rue de Verdun ℘ 05 46 56 92 09, Fax 05 46 56 92 09

⚑ **Les Chirats – La Platère** (en deux parties) Permanent
    ℘ 05 46 56 94 16, Fax 05 46 56 65 95 – O : 1,7 km par rue
des Salines et rte de la douane, à 100 m de la plage –
**R** conseillée
4 ha (153 empl.) plat et peu incliné, herbeux, pierreux
**Tarif :** 🔲 *2 pers.* 🔌 *(6A) 21,50 – pers. suppl. 4 – frais de
réservation 16*
**Location :** 🏠 *404 à 465*

**à l'Houmeau**  NO : 3 km par D 104E2 – 2 486 h. – alt. 19 – ⊠ 17137 l'Houmeau

  ▲▲ **Au Petit Port de l'Houmeau** avril-oct.
     05 46 50 90 82, au.petit.port@ wanadoo.fr, Fax 05 46 50
    01 33 – sortie Nord-Est par D 106, rte de Nieul-sur-Mer, par
    le périphérique, direction île de Ré et sortie Lagord-l'Hou-
    meau – **R** conseillée
    2 ha (132 empl.) peu incliné, plat, herbeux
    **Tarif :** 🔲 2 pers. 🔌 (10A) 17 – pers. suppl. 3,50 – frais de
    réservation 16
    **Location :** 🛏 230 à 330 – 🏠 340 à 520

    ⊶ GB ⚲ 🔲 🎏 ⏚ 🛗 🛁 ☺ 🖲 ?
    snack 🍴 🔩
    À prox. : ✂ 🔲

**à Lagord**  N : 2 km par D 104 – 5 287 h. – alt. 23 – ⊠ 17140 Lagord

  ▲▲ **Municipal le Parc** juin-sept.
     05 46 67 61 54, contact@mairie-lagord.fr, Fax 05 46 00
    62 01 – sortie Ouest, r. du Parc, par le périphérique, direction
    Île de R et sortie Lagord – **R** conseillée
    2 ha (120 empl.) plat, herbeux
    **Tarif :** (Prix 2002) 🔲 2 pers. 🔌(10A) 11,30 – pers. suppl. 3
    **Location :** 🏠 350
    🛏

    ⚲ ⊶ ⚲ 🔲 ⏲ (0,5 ha) ♿ 🎏 ⏚
    🛗 🛁 ☺ 🖲 🔩 ⅿ
    À prox. : ✂ 🔲

## La ROCHE-POSAY

86270 Vienne 🔟 – ▓▓▓ K4 G. Poitou Vendée Charentes – 1 444 h. – alt. 112 – ♨.
🅱 Office du Tourisme, 14 boulevard Victor Hugo  05 49 19 13 00, Fax 05 49 86 27 94.
Paris 326 – Le Blanc 29 – Châteauroux 77 – Châtellerault 23 – Loches 49 – Poitiers 61 – Tours 92.

  ▲▲ **Municipal le Riveau** mars-oct.
     05 49 86 21 23, Fax 05 49 86 21 23 – N : 1,5 km par D 5,
    rte de Lésigny, près de l'hippodrome, bord de la Creuse –
    **R** conseillée
    5,5 ha (200 empl.) plat et peu incliné, herbeux
    **Tarif :** (Prix 2002) 🔲 1 pers. 🔌 7,20 – pers. suppl. 3,35

    ⚲ ⊶ ⚲ 🔲 ? (1 ha) 🎏 ♿ 🎏 ⏚
    🛗 🛁 ☺ 🖲 🍴 🔩
    À prox. : 🐎 poneys

446

## ROCHETAILLÉE

38 Isère – ▓▓▓ I7 – rattaché au Bourg-d'Oisans.

## La ROCHETTE

73110 Savoie 🔢 – ▓▓▓ J5 G. Alpes du Nord – 3 124 h. – alt. 360.
🅱 Office du Tourisme, Maison des Carmes  04 79 25 53 12, Fax 04 79 25 53 12.
Paris 590 – Albertville 41 – Allevard 9 – Chambéry 29 – Grenoble 48.

  ▲ **Le Lac St-Clair** mai-sept.
     04 79 25 73 55, Fax 04 79 25 78 25 – SO : 1,4 km par
    D 202 et rte de Détrier à gauche « Près du lac »
    2,2 ha (65 empl.) plat et peu incliné, herbeux
    **Tarif :** 🔲 2 pers. 🔌 15,85 – pers. suppl. 2,44

    ⇐ ⊶ ⚲ ? ♿ 🎏 🎏 ☺ 🏊 🚰 🖲
    À prox. : snack ⅿ

## ROCLES

48300 Lozère 🔢 – ▓▓▓ K6 – 192 h. – alt. 1 085.
Paris 585 – Grandrieu 20 – Langogne 8 – Mende 46 – Le Puy-en-Velay 59 – Thueyts 50.

  ▲▲ **Rondin des Bois** mai-sept.
     04 66 69 50 46, rondin.com@ wanadoo.fr, Fax 04 66 69
    53 83 – N : 3 km par rte de Bessettes et chemin de Vaysset,
    à droite, alt. 1 000 « Dans un site sauvage, à proximité du
    lac de Naussac » – **R** conseillée
    2 ha (78 empl.) en terrasses, plat et peu incliné, pierreux,
    rochers
    **Tarif :** 🔲 2 pers. 🔌 16 – pers. suppl. 4,50 – frais de réser-
    vation 14
    **Location :** 🛏 200 à 385 – 🏠 230 à 525

    ⚲ ⇐ ⊶ ⚲ 🔲 ♿ 🎏 ⏚ 🛗 🎏 ☺
    🖲 ? ✗ 🍴 🔩 🏕 🚲 🖲 ⅿ 🏊
    À prox. : ⚲ 🐎 (centre équestre)

*Sie suchen in einem bestimmten Gebiet*

  - *einen besonders angenehmen Campingplatz (* ▲ *...* ▲▲▲▲ *)*
  - *einfach einen Platz für einen mehr oder weniger langen Aufenthalt ...*

*In diesem Fall ist die nach Departementen geordnete Ortstabelle*
*im Kapitel « Erläuterungen » ein praktisches Hilfsmittel.*

## RODEZ

12000 Aveyron 🔟 – 🔳🔳🔳 H4 G. Midi Pyrénées – 24 701 h. – alt. 635.
🅱 Office du Tourisme, place Foch 🖉 05 65 68 02 27, Fax 05 65 68 78 15, Officetourismerode@wanadoo.fr.
Paris 657 – Albi 77 – Alès 188 – Aurillac 89 – Brive-la-Gaillarde 168 – Clermont-Ferrand 245 – Montauban 129 – Périgueux 221 – Toulouse 154.

△△△ **Village Vacances Campéole le Domaine de Combelles** (location exclusive de 113 bungalows toilés) saison
🖉 05 65 77 30 04, Fax 05 65 77 30 06 ✉ 12000 Le Monastère – SE : 2 km par D 12, rte de Ste-Radegonde, D 62, rte de Flavin à droite et chemin à gauche « Au coeur d'un centre équestre, nombreuses activités » – **R** conseillée
120 ha
**Location** : bungalows toilés (avec sanitaires) 382 à 587

△△ **Municipal de Layoule** juin-sept.
🖉 05 65 67 09 52, Fax 05 65 67 11 43 – au Nord-Est de la ville « Agréable cadre verdoyant et ombragé près de l'Aveyron » – **R** conseillée
3 ha (79 empl.) plat et en terrasses, herbeux, gravier
**Tarif** : (Prix 2002) 🔲 1 à 3 pers. 🔲 (6A) 15 – pers. suppl. 2

## ROÉZÉ-SUR-SARTHE

72210 Sarthe 🔟 – 🔳🔳🔳 J7 – 1 903 h. – alt. 33.
Paris 223 – La Flèche 29 – Le Mans 18 – Sablé-sur-Sarthe 36.

△ **Municipal** 25 mai-14 sept.
🖉 02 43 77 47 89, mairie-roeze@wanadoo.fr, Fax 02 43 77 42 51 – sortie Sud par D 251, rte de Parigné-le-Polen, à gauche après le pont « Plaisante situation au bord de la Sarthe » – **R** conseillée
0,8 ha (44 empl.) plat, herbeux
**Tarif** : (Prix 2002) 🔲 1 pers. 🔲 (6A) 4,60 – 3 pers. 6,45 – pers. suppl. 1,25

## ROHAN

56580 Morbihan 🔟 – 🔳🔳🔳 O6 G. Bretagne – 1 604 h. – alt. 55.
Paris 451 – Lorient 78 – Pontivy 17 – Quimperlé 88 – Vannes 53.

△ **Municipal le Val d'Oust** 15 juin-15 sept.
🖉 02 97 51 57 58 – sortie Nord-Ouest, rte de St-Gouvry « Au bord du canal de Nantes-à-Brest et près d'un plan d'eau » – **R** conseillée
1 ha (45 empl.) plat, herbeux
**Tarif** : (Prix 2002) 🔲 2 pers. 🔲 9,30 – pers. suppl. 2,60

## ROMANS-SUR-ISÈRE

26750 Drôme 🔟 – 🔳🔳🔳 D3 G. Vallée du Rhône – 32 734 h. – alt. 162.
🅱 Office du Tourisme, place Jean Jaurès 🖉 04 75 02 28 72, Fax 04 75 05 91 62.
Paris 563 – Die 77 – Grenoble 80 – St-Étienne 121 – Valence 20 – Vienne 73.

△ **Les Chasses** avril-30 oct.
🖉 04 75 72 35 27 – NE : 3,5 km par N 92 rte de St-Marcellin puis 0,9 km par rte à gauche, près de l'aérodrome
1 ha (40 empl.) plat, herbeux
**Tarif** : 🔲 2 pers. 🔲 8,30 – pers. suppl. 1,60

## ROMBACH-LE-FRANC

68660 H.-Rhin 🔟 – 🔳🔳🔳 H7 – 764 h. – alt. 290.
Paris 430 – Colmar 37 – Ribeauvillé 30 – St-Dié 34 – Sélestat 18.

△ **Municipal les Bouleaux** 15 avril-15 oct.
🖉 03 89 58 93 99, Fax 03 89 58 93 21 – NO : 1,5 km par rte de la Hingrie, croisement peu facile pour caravanes « Dans un vallon entouré de sapins et traversé par un ruisseau » – **R** conseillée
1,3 ha (50 empl.) non clos, plat et peu incliné, herbeux
**Tarif** : (Prix 2002) 🔲 2 pers. 🔲 (13A) 8,65/9,35 – pers. suppl. 2,15

## La ROMIEU

32480 Gers **14** – **336** E6 – 528 h. – alt. 188.

**i** Office du Tourisme, rue du Docteur Lucante ✆ 05 62 28 86 33, Fax 05 62 28 86 33.

Paris 693 – Agen 32 – Auch 48 – Condom 12 – Moissac 69 – Montauban 97.

**Camp de Florence** avril-12 oct.
✆ 05 62 28 15 58, info@campdeflorence.com, Fax 05 62 28 20 04 – sortie Est du bourg par D 41 – **R** conseillée
10ha/4 campables (183 empl.) non clos, plat, terrasses, herbeux
**Tarif :** 🔲 2 pers. 🔋 (6A) 26 – pers. suppl. 6 – frais de réservation 23
**Location :** 🛖 199 à 600
🚐 (7 empl.) – 26

---

## ROMORANTIN-LANTHENAY

41200 L.-et-Ch. **6** – **318** H7 G. Châteaux de la Loire – 17 865 h. – alt. 93.

**i** Office du Tourisme, place de la Paix ✆ 02 54 76 43 89, Fax 02 54 76 96 24, romorantin-lanthenay@fnotsi.net.

Paris 202 – Blois 42 – Bourges 74 – Châteauroux 71 – Orléans 67 – Tours 93 – Vierzon 37.

**Municipal de Tournefeuille** Rameaux-sept.
✆ 02 54 76 16 60, camping.romo@wanadoo.fr, Fax 02 54 76 00 34 – sortie Est rte de Salbris, r. de Long-Eaton, bord de la Sauldre – **R** conseillée
1,5 ha (103 empl.) plat, herbeux
**Tarif :** 🔲 2 pers. 🔋 (6A) 13,50 – frais de réservvation 16
🚐

---

## RONCE-LES-BAINS

17 Char.-Mar. **9** – **324** D5 G. Poitou Vendée Charentes – ✉ 17390 la Tremblade.

**i** Office du tourisme, place Brochard ✆ 05 46 36 06 02, Fax 05 46 36 38 17, ot@ronce-les-bains.com.

Paris 507 – Marennes 9 – Rochefort 31 – La Rochelle 65 – Royan 27.

Schéma aux Mathes

**La Pignade** 10 mai-19 sept.
✆ 05 46 36 15 35, Fax 05 46 85 52 92 – S : 1,5 km par av. du Monard – **R** conseillée
15 ha (448 empl.) plat, sablonneux
**Tarif :** 🔲 2 pers. 🔋 (6A) 33 – pers. suppl. 6
**Location :** 🛖

**La Clairière** mai-15 sept.
✆ 05 46 36 36 63, clairiere.la@wanadoo.fr, Fax 05 46 36 06 74 – S : 3,6 km par D 25, rte d'Arvert et rte à droite « Cadre boisé » – **R** conseillée
8 ha/4 campables (147 empl.) plat, herbeux, sablonneux
**Tarif :** 🔲 2 pers. 🔋 (6A) 22 – pers. suppl. 5 – frais de réservation 19
**Location :** 🛖 220 à 620 – 🛏

**Les Ombrages** 14 juin-14 sept.
✆ 05 46 36 08 41, Fax 05 46 36 08 41 – S : 1,2 km – **R**
4 ha (200 empl.) plat et peu accidenté, sablonneux
**Tarif :** 🔲 2 pers. 🔋 (6A) 18,20 – pers. suppl. 4,10

**Les Pins** 29 mars-4 oct.
✆ 05 46 36 07 75, contact@lespins.com, Fax 05 46 36 50 77 – S : 1 km – Places limitées pour le passage – **R** conseillée
1,5 ha (95 empl.) plat, sablonneux
**Tarif :** 🔲 3 pers. 🔋 (10A) 24,35 – pers. suppl. 4,15
**Location :** 🛖 140 à 429 – 🛖 215 à 570 – 🏠 260 à 603

---

## La RONDE

17170 Char.-Mar. **9** – **324** F2 – 703 h. – alt. 9.

Paris 441 – Fontenay-le-Comte 25 – Luçon 42 – Marans 19 – Niort 36 – La Rochelle 38.

**Le Port** mai-sept.
✆ 05 46 27 87 92 – au Nord du bourg par D 116 rte de Maillezais et chemin à droite – **R** conseillée
0,8 ha (25 empl.) plat, herbeux
**Tarif :** 🔲 2 pers. 🔋 (5A) 11,20 – pers. suppl. 2,20

448

06450 Alpes-Mar. **17** – **341** E3 G. Côte d'Azur – 1 539 h. – alt. 650.
**⧫** Office du Tourisme, 26 avenue Corniglion Molinier *℘* 04 93 03 51 60, Fax 04 93 03 51 60, *ot.roquebilliere @ worldonline.fr.*
Paris 894 – Lantosque 6 – L'Escarène 35 – Nice 58 – St-Martin-Vésubie 11.

⚠ **Les Templiers** Permanent
*℘* 04 93 03 40 28, *camping.templiers@libertysurf.fr*, Fax
04 93 03 40 28 – à 0,5 km au Sud du vieux village par D 69
et chemin à gauche (forte pente) « Cadre agréable, au bord
de la Vésubie » – **R** conseillée
1,3 ha (75 empl.) plat et terrasses, herbeux, pierreux
**Tarif :** ▣ *2 pers.* ⚡ *(10A) 21,90 – pers. suppl. 4,05 – frais
de réservation 8*
**Location :** ⛺ *280 à 329*

> ⛱ ≤ ⚓ ⚴ ⊡ 〇 (0,7 ha) �𝍫 ⟆ 🎿
> 🎣 ⟲ nov.-mars) ◉ 🔲 ⟱
> À prox. : ✗

83520 Var **17** – **340** O5 G. Côte d'Azur – 10 389 h. – alt. 13.
**⧫** Syndicat d'Initiative, 15 rue Grand André Cabasse *℘* 04 94 19 89 89, Fax 04 94 19 89 80.
Paris 867 – Les Arcs 18 – Cannes 49 – Draguignan 23 – Fréjus 14 – Ste-Maxime 21.

Schéma à Fréjus

🔺 **Domaine de la Bergerie** juin-15 sept.
*℘* 04 98 11 45 45, *info@domainelabergerie.com*, Fax 04 98
11 45 46 – SE : 8 km par D 7, rte de St-Aygulf et D 8 à droite,
rte du Col du Bougnon, bord d'étangs – Places limitées pour
le passage – **R** conseillée
60 ha (700 empl.) plat et en terrasses, herbeux, pierreux,
accidenté
**Tarif :** (Prix 2002) ▣ *2 pers.* ⚡ *(5A) 25 – pers. suppl.
6,50 – frais de réservation 20*
**Location** *(15 fév.-15 nov.) :* ⛺ *320 à 480 –* ⛺ *300
à 790*

> ⚓ ⚴ ⊡ 〇〇 ⟆ 🎿 ⟲ 🎣 🍴 ◉
> ⛱ ⟲ 🔲 ⚿ ❡ snack, pizzeria 🍴
> ⟱ 🎣 ⚽ 🏃 discothèque,
> théâtre de plein air 🚗 🚲 ⚙ ✗ 🎿
> ⬚ terrain omnisports

🔺 **Les Pêcheurs** avril-15 oct.
*℘* 04 94 45 71 25, *info@camping-les-pecheurs.com*, Fax
04 94 81 65 13 – NO : 0,7 km par D 7 (hors schéma)
« Agréable cadre boisé au bord de l'Argens et près d'un plan
d'eau » – **R** conseillée
3,3 ha (220 empl.) plat, herbeux
**Tarif :** (Prix 2002) ▣ ⚡ *(10A) 2 pers. 32 – 3 pers. 33,50 – pers.
suppl. 5,50 – frais de réservation 20*
**Location :** ⛺ *235 à 594*

> Ⓜ ⚓ GB ⚴ ⊡ 〇〇 🎿 ⟆ 🎣 ⟲
> ⛱ ⟲ ◉ 🔲 ⚿ snack 🍴 ⟱ 🏃
> 🚗 ⬚ ⬚
> À prox. : canoë ≅

🔺 **Lei Suves** avril-15 oct.
*℘* 04 94 45 43 95, *camping.lei.suves@wanadoo.fr*, Fax
04 94 81 63 13 – N : 4 km par D 7 et passage sous l'auto-
route A 8 (hors schéma) – **R** conseillée
7 ha (310 empl.) en terrasses, plat, pierreux, herbeux
**Tarif :** (Prix 2002) ▣ *2 pers.* ⚡ *(4A) 29,75 (3 pers. 30,25)
– pers. suppl. 6 – frais de réservation 15*
⛺

> ⛱ ⚓ GB ⚴ ⊡ 〇〇 🎿 ⟆ 🎣 ⟲
> ⛱ ◉ ⚓ ⚿ 🔲 ⚿ ❡ snack, pizzeria
> 🍴 🏃 🚗 ✗ ⬚ terrain
> omnisports, théâtre de plein air

🔺 **Moulin des Iscles** avril-sept.
*℘* 04 94 45 70 74, Fax 04 94 45 46 09 – E : 1,8 km par D 7,
rte de St-Aygulf et chemin à gauche (hors schéma) « Au bord
de l'Argens » – **R** conseillée
1,5 ha (90 empl.) plat, herbeux
**Tarif :** ▣ *2 pers.* ⚡ *(6A) 20,70 – pers. suppl. 3,20*
**Location :** ⛺ *210 à 385 – studios*

> ⛱ ⚓ GB ⚴ 〇〇 𝍫 🎿 ⟆ 🎣 ⛱
> ⟲ ◉ ⚓ ⚿ 🔲 ⚿ snack 🍴 ⟱
> 🏃

13640 B.-du-R. **16** – **340** G3 G. Provence – 3 923 h. – alt. 183.
**⧫** Office du Tourisme, 3 cours Foch *℘* 04 42 50 70 74, Fax 04 42 50 70 76, *omt@ville-la-roque-
d-antheron.fr.*
Paris 730 – Aix-en-Provence 28 – Cavaillon 33 – Manosque 60 – Marseille 58 – Salon-de-Provence 26.

🔺 **Domaine des Iscles** mars-15 oct.
*℘* 04 42 50 44 25, *campoclub@wanadoo.fr*, Fax 04 42 50
56 29 – N : 1,8 km par D 67ᶜ et chemin à droite après le
tunnel sous le canal, près d'un plan d'eau et à 200 m de la
Durance – **R** conseillée
10 ha/4 campables (270 empl.) plat, herbeux, pierreux
**Tarif :** ▣ *2 pers.* ⚡ *(10A) 21,50 – pers. suppl. 5 – frais
de réservation 20*
**Location :** *bungalows toilés*

> ⛱ ⚓ GB ⚴ 〇 (2ha) 𝍫 🎿 ⟆ ⛱
> 🎣 ⛱ ◉ 🔲 ⚿ pizzeria, snack 🍴
> ⟱ 🏃 🚲 ⚙ ✗ ⬚ ≅ ⟋
> practice de golf

△△△ **Silvacane en Provence** avril-1er oct.
    𝄞 04 42 50 40 54, *campoclub@wanadoo.fr*, Fax 04 42 50
43 75 – sortie Ouest par D 561, rte de Charleval, près du
canal – **R** conseillée
6 ha/4 campables (133 empl.) plat, peu incliné, en terrasses,
pierreux, herbeux
**Tarif :** ▣ *2 pers.* ⌘ *(10A) 20 – pers. suppl. 4,50 – frais de
réservation 20*

≤ ⌐ ◻ ⌐ 🏕 pinède 🏛 ⛵ 🏠
⌘ 🏬 ◻ ☺ 🗄 ▤ 🏠 ⛴ 🏊 mur
d'escalade
À prox. : 🛒

---

## ROQUEFORT

40120 Landes **13** – **335** J10 G. Aquitaine – 1 821 h. – alt. 69.
🇮 Syndicat d'Initiative, place du Soleil d'Or 𝄞 05 58 45 50 46, Fax 05 58 45 53 63.
Paris 686 – Barbotan-les-Thermes 30 – Captieux 30 – Labrit 20 – Mont-de-Marsan 23.

△ **Municipal de Nauton** juin-sept.
    𝄞 05 58 45 50 46, Fax 05 58 45 53 63 – N : 1,5 km par
D 932, rte de Bordeaux – **R**
1,5 ha (36 empl.) plat, herbeux, sablonneux
**Tarif :** (Prix 2002) ▣ *2 pers.* ⌘ *8,90 – pers. suppl. 2,20*

🏖 ⛵ 🗄 ⌘ ◻ ☺ 🏊 🗺
À prox. : 🍴

---

## La ROQUE-GAGEAC

24250 Dordogne **13** – **329** I7 G. Périgord Quercy – 447 h. – alt. 85.
🇮 Syndicat d'Initiative, Le Bourg 𝄞 05 53 29 17 01, Fax 05 53 31 24 48.
Paris 539 – Brive-la-Gaillarde 71 – Cahors 52 – Fumel 54 – Lalinde 45 – Périgueux 71 – Sarlat-la-Canéda 13.

Schéma à Domme

△△△ **Beau Rivage** mars-sept.
    𝄞  05 53 28 32 05,    *camping.beau.rivage@wanadoo.fr*,
Fax 05 53 29 63 56 – E : 4 km, au bord de la Dordogne –
**R** conseillée
8 ha (199 empl.) plat et en terrasses, herbeux, sablonneux
**Tarif :** ▣ *2 pers.* ⌘ *(6A) 21,50 – pers. suppl. 5,20 – frais de
réservation 18*
**Location** 🏡 : 🚐 *235 à 570*
🚐

⌐ ⌐ 🏕 🏛 ⛵ ⛵ ⌘ 🗄 ☺ ◻
☺ 🏊 🗺 ☕ 🍴 ✕ 🚿 🚐 🎣
🏋 ⛴ ☺ ⛱ 🏊 🏊 ⛴ canoë
À prox. : 🚴

---

## ROQUELAURE

32810 Gers **14** – **336** F7 – 464 h. – alt. 206.
Paris 704 – Agen 67 – Auch 10 – Condom 39.

△△△ **Le Talouch** avril-sept.
    𝄞 05 62 65 52 43, *info@camping-talouch.com*, Fax 05 62
65 53 68 – N : 3,5 km par D 272, rte de Mérens puis à gauche
D 148, rte d'Auch – **R** conseillée
9 ha/5 campables (147 empl) plat, herbeux, terrasse
**Tarif :** ▣ *2 pers.* ⌘ *(4A) 22,22 – pers. suppl. 5,89 – frais de
réservation 29*
**Location** (permanent) : 🏠 *215,05 à 646,14 – bungalows
toilés*

🏊 ⌐ ⌐ ⛵ ⌐ ⛵ ⛵ ⌘ 🗄 ☺
◻ ☺ 🏊 🗺 ▤ ✕ 🚿 🏋 ⛴
🚴 🍴 🏊 swin golf (9 trous)

---

## ROSANS

05150 H.-Alpes **16** – **334** A6 – 506 h. – alt. 708.
🇮 Syndicat d'initiative, Le Village 𝄞 04 92 66 66 66, Fax 04 92 66 64 33.
Paris 697 – Carpentras 81 – Nyons 43 – Orange 83 – Sault 71 – Sisteron 60 – Valence 138.

△△△ **Les Rosières** 28 avril-27 sept.
    𝄞  04 92 66 62 06,  *camping-des-rosieres@wanadoo.fr*,
Fax 04 92 66 68 90 – NO : 2,4 km par D 94, rte de Nyons
et chemin à gauche – **R** conseillée
9 ha/3 campables (50 empl.) plat, peu incliné, herbeux
**Tarif :** (Prix 2002) ▣ *2 pers.* ⌘ *(10A) 15,30 – pers. suppl. 3*
**Location :** 🚐 *200 à 457*

🏊 ≤ ⌐ ⛵ ⛵ ⌘ 🗄 ◻ ☺ 🏊
🗺 ▤ 🍸 snack 🏊 🏊 🐴 (centre
équestre)

---

*Om een reisroute uit te stippelen en te volgen,*
*om het aantal kilometers te berekenen,*
*om precies de ligging van een terrein te bepalen*
*(aan de hand van de inlichtingen in de tekst),*
*gebruikt u de **Michelinkaarten** schaal 1 : 200 000 ;*
*een onmisbare aanvulling op deze gids.*

## La ROSIÈRE 1850

73700 Savoie 🔢 – 🔳 O4 G. Alpes du Nord – Sports d'hiver : 1 100/2 600 m ⚡20 🎿.
🅱 Office de tourisme, ℰ 04 79 06 80 51, Fax 04 79 06 83 20, la.rosiere@wanadoo.fr.
Paris 688 – Albertville 77 – Bourg-St-Maurice 22 – Chambéry 126 – Chamonix-Mont-Blanc 140 – Val-d'Isère 32.

⚠ **La Forêt** 15 déc.-fin avril, 15 juin-15 sept.
ℰ 04 79 06 86 21, campinglaforet@free.fr, Fax 04 79 40 16 25 – S : 2 km par N 90, rte de Bourg-St-Maurice, chemin piétonnier reliant le camping au village, alt. 1 730 « Agréable situation surplombant la vallée » – **R** conseillée
1,5 ha (67 empl.) non clos, en terrasses, peu incliné, pierreux
**Tarif :** 🔲 2 pers. ⛽ (6A) 17,06 – pers. suppl. 4,13
**Location** ≋ : 🚐 390 à 622 – huttes

❄ 🐟 ≤ ⛬ GB ✂ 🔟 sapinière 🔳
♿ 🔥 🍴 🖼 💧 ☺ 🖼 🍽 ≋ (bassin)
À prox. : ✕

## ROSIÈRES

07260 Ardèche 🔢 – 🔳 H7 – 911 h. – alt. 175.
🅱 Office du Tourisme, place publique ℰ 04 75 39 51 98, Fax 04 75 39 51 12.
Paris 662 – Aubenas 21 – Largentière 11 – Privas 52 – St-Ambroix 34 – Vallon-Pont-d'Arc 21.

🔺🔺🔺 **Arleblanc** 15 mars-11 nov.
ℰ 04 75 39 53 11, info@arleblanc.com, Fax 04 75 39 93 98 – sortie Nord-Est rte d'Aubenas et 2,8 km par chemin à droite, longeant le centre commercial Intermarché, croisement difficile pour caravanes « Situation agréable au bord de la Beaume » – **R** conseillée
7 ha (167 empl.) plat, herbeux
**Tarif :** 🔲 2 pers. ⛽ (10A) 24,60 – pers. suppl. 3,30 – frais de réservation 10
**Location :** 🚐 315 à 512 – studios

⛬ GB ✂ 🔟 ♿ 🔥 🍴 🖼 🎮 🖼
🔥 ☺ 🍴 🖼 🖼 💧 🍽 ✕ pizzeria
🏊 🔥 ✕ 🍴 ≋
À prox. : 🐎

🔺🔺 **La Plaine** avril-20 sept.
ℰ 04 75 39 51 35, campinglaplaine@aol.com, Fax 04 75 39 96 46 – NE : 0,7 km par D 104 rte d'Aubenas – **R** conseillée
4 ha/2 campables (60 empl.) plat, peu incliné, herbeux
**Tarif :** 🔲 2 pers. ⛽ 21,50 – pers. suppl. 3,50
**Location :** 🚐 195 à 470

⛬ ✂ 🔟 ♿ 🔥 🍴 🖼 🎮 ☺ 🖼
🍽 🖼 🔥 ✕ 🍴 ≋
À prox. : 🛒

🔺🔺 **Les Platanes** 12 avril-sept.
ℰ 04 75 39 52 31, camping-les-platanes@hotmail.com, Fax 04 75 39 90 86 – sortie Nord-Est rte d'Aubenas et 3,7 km par chemin à droite longeant le centre commercial Intermarché, croisement difficile pour caravanes « Accès direct à la Beaume » – **R** conseillée
2 ha (90 empl.) plat, herbeux
**Tarif :** 🔲 2 pers. ⛽ (10A) 19,50 – pers. suppl. 3,60

🐟 ≤ ⛬ juil.-août GB ✂ 🔟 ♿ 🔟
🍴 🖼 🎮 ☺ 🖼 💧 🍽 🖼 🔥 🖼
🔥 ▲ ≋
À prox. : 🐎

⚠ **Les Acacias** 15 mars-15 sept.
ℰ 04 75 39 95 85, Fax 04 75 39 95 85 – NO : 1,5 km par D 104, rte de Joyeuse, D 303, rte de Vernon à droite et chemin à gauche, accès direct à Joyeuse par chemin piétonnier « Au bord de la Beaume » – **R** conseillée
1,2 ha (32 empl.) plat, herbeux
**Tarif :** 🔲 2 pers. ⛽ (8A) 10,59 – pers. suppl. 2,52

🐟 ⛬ ✂ 🍴 ♿ 🔟 🖼 🎮 ☺ 🖼
🔥 🖼 ≋ (plan d'eau)

⚠ **Le Moulinet** avril-sept.
ℰ 04 75 36 80 35, Fax 04 75 36 80 35 – N : 3 km par D 104 et par D 212, rte de Laurac, puis chemin à droite « Cadre sauvage et naturel » – **R** conseillée
5 ha/1,5 campable (22 empl.) en terrasses, peu incliné, pierreux, herbeux
**Tarif :** 🔲 2 pers. ⛽ (5A) 8,52 – pers. suppl. 3,50

🐟 ✂ 🔟 ♿ 🔟 🔥 🖼 🖼 ☺ 🖼

## Les ROSIERS-SUR-LOIRE

49350 M.-et-L. 🔢 – 🔳 H4 G. Châteaux de la Loire – 2 204 h. – alt. 22.
🅱 Office du Tourisme, place du Mail ℰ 02 41 51 90 22, Fax 02 41 51 90 22.
Paris 305 – Angers 32 – Baugé 27 – Bressuire 66 – Cholet 80 – La Flèche 45 – Saumur 18.

🔺🔺 **Intercommunal le Val de Loire** avril-15 oct.
ℰ 02 41 51 94 33, Fax 02 41 51 89 13 – sortie Nord par D 59 rte de Beaufort-en-Vallée, près du carrefour avec la D 79 – **R** conseillée
3,5 ha (110 empl.) plat, herbeux
**Tarif :** 🔲 2 pers. ⛽ (5A) 18 – pers. suppl. 4
**Location :** 🚐 214 à 343 – 🏠 230 à 370
🚐

⛬ GB ✂ 🍴 ♿ 🔟 🖼 🖼 ☺
🔥 🖼 🚲 ≋
À prox. : ✕ 🍴

## ROSNAY

36300 Indre **10** – **323** D6 – 537 h. – alt. 112.
Paris 308 – Argenton-sur-Creuse 31 – Le Blanc 16 – Châteauroux 45.

▲ **Municipal** Permanent
       *&* 02 54 37 80 17, *rosnay-mairie@wanadoo.fr*, Fax 02 54
37 02 86 – N : 0,5 km par D 44 rte de St-Michel-en-Brenne
« Bord d'un étang »
2 ha (18 empl.) plat, herbeux
**Tarif :** (Prix 2002) ⊞ *2 pers. (2) 8 (hiver 9,30) pers. suppl. 1,60*

## ROSPORDEN

29140 Finistère **3** – **308** I7 G. Bretagne – 6 485 h. – alt. 125.
🛈 Syndicat d'Initiative, rue Lebas *&* 02 98 59 27 26, Fax 02 98 59 92 00.
Paris 545 – Carhaix-Plouguer 51 – Châteaulin 47 – Concarneau 14 – Quimper 24 – Quimperlé 29.

▲ **Municipal Roz-an-Duc** 16 juin-7 sept.
       *&* 02 98 59 90 27, Fax 02 98 59 92 00 – N : 1 km par D 36
rte de Châteauneuf-du-Faou et à droite, à la piscine, à 100
m d'un étang « Agréable cadre boisé au bord de l'Aven » –
**R** conseillée
1 ha (49 empl.) non clos, plat et en terrasses, herbeux
**Tarif :** ⊞ *2 pers. (2) (6A) 9,65 – pers. suppl. 2,15*

À prox. : parcours sportif

## ROTHAU

67570 B.-Rhin **8** – **315** H6 – 1 583 h. – alt. 340.
Paris 416 – Barr 28 – St-Dié 92 – Saverne 55 – Sélestat 42 – Strasbourg 57.

▲ **Municipal** mai-sept.
       *&* 03 88 97 07 50 – sortie Sud-Ouest par N 420 rte de St-Dié
et chemin à droite, bord de la Bruche – **R** conseillée
1 ha (39 empl.) plat et terrasse, peu incliné, herbeux
**Tarif :** ⊞ *2 pers. (2) 8 – pers. suppl. 2*

juil.-août

**452**

## ROUFFACH

68250 H.-Rhin **8** – **315** H9 G. Alsace et Lorraine – 4 303 h. – alt. 204.
🛈 Office du Tourisme, place de la République *&* 03 89 78 53 15, Fax 03 89 49 75 30.
Paris 481 – Basel 61 – Belfort 56 – Colmar 15 – Guebwiller 10 – Mulhouse 28 – Thann 26.

▲ **Municipal** 26 mai-sept.
       *&* 03 89 49 78 13, Fax 03 89 78 03 09 – au Sud du bourg,
près du stade et de la piscine – **R** conseillée
0,4 ha (30 empl.) plat, herbeux
**Tarif :** (Prix 2002) ⊞ *2 pers. (2) 6,39 – pers. suppl. 1,52*

À prox. :

## ROUFFIGNAC

24 Dordogne **18** – **329** G5 G. Périgord Quercy – 1 465 h. – alt. 300 – ⊠ 24580 Rouffignac-St-Cernin.
🛈 Syndicat d'Initiative, Le Bourg *&* 05 53 05 39 03.
Paris 501 – Bergerac 58 – Brive-la-Gaillarde 57 – Périgueux 32 – Sarlat-la-Canéda 37.

▲▲ **La Nouvelle Croze** avril-Toussaint
       *&* 05 53 05 38 90, *nvlcroze@i-france.com*, Fax 05 53 46
61 71 – SE : 2,5 km par D 31, rte de Fleurac et chemin à droite
– **R** conseillée
1,3 ha (40 empl.) plat, herbeux
**Tarif :** ⊞ *2 pers. (2) (5A) 17,30 – pers. suppl. 4,50*
**Location :** 🛖 *147 à 460*

juil.-août

golf (9 trous)

▲▲ **La Ferme Offrerie** avril-1er nov.
       *&* 05 53 35 33 26, Fax 05 53 05 76 30 – S : 2 km par D 32,
rte des Grottes de Rouffignac et à droite – Places limitées
pour le passage – **R** conseillée
2 ha (28 empl.) plat, peu incliné, terrasses, herbeux
**Tarif :** ⊞ *2 pers. (2) 12,70 – pers. suppl. 3,50*
**Location :** 🛖 *275 à 407*

*Ne prenez pas la route au hasard !*

***Michelin** vous apporte à domicile*
*ses conseils routiers,*
*touristiques, hôteliers : www.ViaMichelin.fr !*

## ROUGEMONT

25680 Doubs 🎱 – 🄲🄶🄸 I2 – 1 200 h. – alt. 255.
Paris 388 – Baume-les-Dames 20 – Besançon 51 – Montbéliard 58 – Vesoul 27.

**à Bonnal** N : 3,5 km par D 18 – 25 h. – alt. 270 – ⊠ 25680 Bonnal :

⚠ **Le Val de Bonnal** 8 mai-7 sept.
℘ 03 81 86 90 87, val-de-bonnal@wanadoo.fr, Fax 03 81
86 03 92 « Situation agréable en bordure de l'Ognon et près
d'un plan d'eau » – **R** conseillée
120 ha/15 campables (320 empl.) plat, herbeux
**Tarif :** 🔲 2 pers. 🄐 (5A) 30 – pers. suppl. 7 – frais de réservation 20

---

## ROUQUIÉ

81 Tarn 🄸🄵 – 🄳🄳🄸 H9 – ⊠ 81260 Brassac.
Paris 728 – Anglès 11 – Brassac 17 – Lacaune 19 – St-Pons-de-Thomières 31 – La Salvetat-sur-Agout 9.

⚠ **Rouquié** 8 mars-2 nov.
℘ 05 63 70 98 06, camping.rouquie@wanadoo.fr, Fax
05 63 50 49 58 « Au bord du lac de la Raviège » –
**R** conseillée
3 ha (76 empl.) en terrasses, herbeux
**Tarif :** (Prix 2002) 🔲 1 ou 2 pers. 🄐 (6A) 15 – pers. suppl.
3,80
**Location :** 🏠 243 à 510

---

## ROUSSILLON

84220 Vaucluse 🄸🄶 – 🄳🄳🄶 E10 G. Provence – 1 165 h. – alt. 360.
🄱 Office du Tourisme, place de la poste ℘ 04 90 05 60 25, Fax 04 90 05 63 31, ot-roussillon@axit.fr.
Paris 725 – Apt 11 – Avignon 46 – Bonnieux 12 – Carpentras 41 – Cavaillon 25 – Sault 31.

⚠ **Arc-en-Ciel** 15 mars-oct.
℘ 04 90 05 73 96 – SO : 2,5 km par D 105 et D 104 rte de
Goult « Agréable site dans une pinède » – **R** conseillée
5 ha (70 empl.) accidenté et en terrasses
**Tarif :** 🔲 2 pers. 🄐 11,90 – pers. suppl. 2,90 – frais de réservation 8

453

---

## ROYAN

17200 Char.-Mar. 🄵 – 🄳🄶🄴 D6 G. Poitou Vendée Charentes – 16 837 h. – alt. 20.
🄱 Office du Tourisme, Palais des Congrès ℘ 05 46 23 00 00, Fax 05 46 38 52 01, info@ot-royan.fr.
Paris 503 – Bordeaux 122 – Périgueux 182 – Rochefort 40 – Saintes 37.

⚠ **Le Royan** avril-15 oct.
℘ 05 46 39 09 06, camping.le.royan@wanadoo.fr, Fax
05 46 38 12 05 – NO : 2,5 km – **R** conseillée
2,5 ha (180 empl.) peu incliné, herbeux
**Tarif :** 🔲 3 pers. 🄐 (10A) 26,20 – pers. suppl. 4,50 – frais
de réservation 13
**Location :** 🛏 199 à 590 – 🏠 244 à 622,50

⚠ **Clairefontaine** 28 mai-12 sept.
℘ 05 46 39 08 11, camping.clairefontaine@wanadoo.fr,
Fax 05 46 38 13 79 – à Pontaillac, allée des Peupliers à 400 m
de la plage « Cadre agréable » – **R** conseillée
5 ha (290 empl.) plat, herbeux
**Tarif :** (Prix 2002) 🔲 2 ou 3 pers. 🄐 (10A) 33 – pers. suppl.
9,50

⚠ **Le Chant des Oiseaux**
℘ 05 46 39 47 47 – NO : 2,3 km
2,5 ha (150 empl.) plat, herbeux

⚠ **Walmone** avril-15 sept.
℘ 05 46 39 15 81, campingwalmone@aol.com, Fax 05 46
39 15 81 – N : 4 km – **R** conseillée
1,5 ha (100 empl.) plat, herbeux
**Tarif :** 🔲 3 pers. 🄐 (4A) 16,85 – pers. suppl. 3,50
**Location :** 🛏 110 à 312

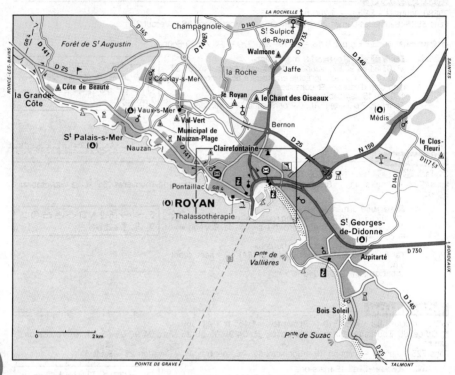

**à Vaux-sur-Mer** NO : 4,5 km – 3 054 h. – alt. 12 – ✉ 17640 Vaux-sur-Mer :.

🛈 Office du Tourisme, 53 rue de Verdun ☎ 05 46 38 79 05, Fax 05 46 38 11 46, ot@vaux-atlantique.com

**Municipal de Nauzan-Plage** fin avril-sept.
☎ 05 46 38 29 13, camping@vaux-atlantique.com, Fax
05 46 38 18 43 – av. de Nauzan, à 500 m de la plage –
**R** conseillée
3,9 ha (239 empl.) plat, herbeux
**Tarif :** ▣ 1 à 3 pers. [₫] 24,40 – pers. suppl. 4,60 – frais de
réservation 11

**Val-Vert** juin-15 sept.
☎ 05 46 38 25 51, camping-val-vert@wanadoo.fr, Fax
05 46 38 06 15 – au Sud-Ouest du bourg, 106 av.
F.-Garnier, bord d'un ruisseau – **R** conseillée
3 ha (157 empl.) plat et terrasse, herbeux, pierreux
**Tarif :** ▣ 2 pers. [₫] (10A) 21,40 – pers. suppl. 5 – frais de
réservation 10,65
**Location :** 🛏 154 à 330

**Voir aussi à Médis, St-Georges-de-Didonne, St-Palais-sur-Mer et Vaux-sur-Mer**

**ROYAT**

63130 P.-de-D. **10** – **32 6** F8 G. Auvergne – 3 950 h. – alt. 450 – ♨ (fin mars-fin oct.).
🛈 Office du Tourisme, avenue Auguste Rouaud ☎ 04 73 29 74 70, Fax 04 73 35 81 07, ot_royat@micro-assist.fr.
Paris 425 – Aubusson 89 – La Bourboule 47 – Clermont-Ferrand 5 – Le Mont-Dore 40.

**Indigo l'Oclède** 31 mars-2 nov.
☎ 04 73 35 97 05, oclede@camping-indigo.com, Fax 04 73
35 67 69 – SE : 2 km par D 941ᶜ, rte du Mont-Dore et à droite
D 5, rte de Charade **« Agréable cadre, verdoyant et
ombragé »** – **R** conseillée
7 ha (200 empl.) en terrasses, peu incliné, gravier, herbeux
**Tarif :** ▣ 2 pers. [₫] (10A) 18 – pers. suppl. 3,40 – frais de
réservation 20
**Location :** huttes
🛏 (12 empl.) – 19,50

## ROYBON

38940 Isère **12** – **333** E6 – 1 269 h. – alt. 518.
**🛈** Office du Tourisme, 114 rue Grand rue *℘* 04 76 36 25 86, Fax 04 76 36 32 49, *oftour.roybon@infonie.fr.*
Paris 543 – Beaurepaire 26 – Grenoble 58 – Romans-sur-Isère 37 – St-Marcellin 17 – Voiron 38.

⚠️ **Municipal Aigue-Noire** 15 avril-15 oct.
*℘* 04 76 36 23 67, *roybon.campingaiguenoire@wanadoo. fr*, Fax 04 76 36 33 02 – S : 1,5 km par D 20, rte de St-Antoine – Places limitées pour le passage « Au bord d'un plan d'eau et d'un ruisseau » – **R** conseillée
2 ha (100 empl.) plat et peu incliné, terrasses, gravier, herbeux
**Tarif :** 🔲 2 pers. (½) (6A) 13,90 – pers. suppl. 2,60

---

## ROYÈRE-DE-VASSIVIÈRE

23460 Creuse **10** – **325** I5 – 670 h. – alt. 735.
**🛈** Office du Tourisme, Le bourg *℘* 05 55 64 75 11, Fax 05 55 64 75 40, *office-de-tourisme-royere@wanadoo.fr.*
Paris 412 – Bourganeuf 22 – Eymoutiers 25 – Felletin 29 – Gentioux 12 – Limoges 68.

⚠️⚠️ **Centre de Vacances de Masgrangeas** juil.-août.
*℘* 05 55 64 71 65, *escapade.vacances@wanadoo.fr*, Fax 05 55 64 75 09 – SO : 4,8 km par D 3 et D 3ᴬ à droite, alt. 659 – **R** conseillée
22 ha/2 campables (110 empl.) plat et peu incliné, herbeux
**Tarif :** 🔲 2 pers. (½) 14,50 – pers. suppl. 3,90
🛖 (8 empl.)

⚠️⚠️ **Les Terrasses du Lac**
*℘* 05 55 64 78 36, Fax 05 55 64 75 40 – à Vauveix, au Sud-Ouest 10 km par D 3 et D 35, rte d'Eymoutiers, au port (accès direct) « Cadre et site agréables, face au lac »
4 ha (142 empl.) en terrasses, plat et peu incliné, herbeux, gravier, pierreux
**Location :** 🏠 – 🛖

---

## Le ROZEL

50340 Manche **4** – **303** B3 – 251 h. – alt. 21.
Paris 369 – Caen 136 – Cherbourg 26 – Rennes 195.

⚠️⚠️ **Le Ranch** avril-oct.
*℘* 02 33 10 07 10, *contact@camping.leranch.com*, Fax 02 33 10 07 11 – SO : 2 km par D 117 et D 62 à droite « En bordure de plage » – **R**
4 ha (130 empl.) plat, terrasse, vallonné, sablonneux, herbeux
**Tarif :** 🔲 2 pers. (½) 20,80 – pers. suppl. 4
**Location :** 🛖 307 à 609

---

## Le ROZIER

48150 Lozère **15** – **330** H9 G. Languedoc Roussillon – 157 h. – alt. 400.
Paris 634 – Florac 57 – Mende 64 – Millau 23 – Sévérac-le-Château 23 – Le Vigan 72.

⚠️⚠️⚠️ **Les Prades** juin-15 sept.
*℘* 05 65 62 62 09, *lesprades@wanadoo.fr*, Fax 05 65 62 62 09 ✉️ 12720 Peyreleau – O : 4 km par Peyreleau et D 187 à droite, rte de la Cresse, bord du Tarn – **R** conseillée
3,5 ha (150 empl.) plat, herbeux, sablonneux
**Tarif :** 🔲 1 ou 2 pers. (½) (6A) 17,85 – pers. suppl. 3,50 – frais de réservation 10
**Location** 🏡 : 🛖 223 à 475 – bungalows toilés

⚠️⚠️ **Le St Pal** 8 mai-sept.
*℘* 05 65 62 64 46, *saintpal@wanadoo.fr*, Fax 05 65 62 64 46 ✉️ 12720 Peyreleau – NO : 1 km par D 907, rte de Millau, bord du Tarn – **R** conseillée
1,5 ha (75 empl.) plat, herbeux
**Tarif :** 🔲 1 ou 2 pers. (½) 16 – pers. suppl. 3,70 – frais de réservation 15
**Location :** 🛖 186 à 509

---

🚿 🔥 🚰
Duschen und Waschbecken mit **Warmwasser.**

*Wenn diese Zeichen im Text nicht aufgeführt sind, sind die obengenannten Einrichtungen nur mit Kaltwasser vorhanden.*

## RUE

80120 Somme **1** – **301** D6 G. Picardie Flandres Artois – 2 942 h. – alt. 9.
**🛈** Office du Tourisme, 54 rue Porte de Bécray *℘* 03 22 25 69 94, Fax 03 22 25 76 26.
Paris 213 – Abbeville 29 – Amiens 77 – Berck-Plage 23 – Le Crotoy 8.

    ⚠ **Les Oiseaux** avril-15 sept.
        *℘* 03 22 25 71 82 – S : 3,2 km par D 940, rte du Crotoy et
        chemin de Favières à gauche, près d'un ruisseau – Places
        limitées pour le passage – **R**
        1,2 ha (71 empl.) plat, herbeux
        **Tarif :** ▣ 2 pers. ⚡ (6A) 12,50 – pers. suppl. 3

## RUFFEC

16700 Charente **9** – **324** L3 – 3 893 h. – alt. 101.
**🛈** Office du Tourisme, 18 place du Marché *℘* 05 45 31 05 42, Fax 05 45 89 09 81, *ruffec@fnotsi.net*.
Paris 403 – Angoulême 44 – Confolens 43 – St-Jean-d'Angély 66.

    ⚠ **Le Réjallant**
        *℘* 05 45 31 29 06, Fax 05 45 31 34 76 – sortie Sud par
        D 911 puis 1,4 km par rte à gauche, à 250 m de la Charente
        1 ha (56 empl.) plat et peu incliné, herbeux

    À prox. : 🍸 ✗

## RUFFIEUX

73310 Savoie **12** – **333** I2 – 540 h. – alt. 282.
**🛈** Office du Tourisme, *℘* 04 79 54 54 72, Fax 04 79 54 54 72.
Paris 518 – Aix-les-Bains 20 – Ambérieu-en-Bugey 59 – Annecy 51 – Bellegarde-sur-Valserine 36.

    ⚠⚠ **Saumont** 19 avril-28 sept.
        *℘* 04 79 54 26 26, *camping.saumont@wanadoo.fr*, Fax
        04 79 54 24 74 – O : 1,2 km accès sur D 991, près du
        carrefour du Saumont, vers Aix-les-Bains et chemin à droite,
        bord d'un ruisseau – **R** conseillée
        1,6 ha (66 empl.) non clos, plat, herbeux, gravier
        **Tarif :** ▣ 2 pers. ⚡ (10A) 15,30 – pers. suppl. 4,20 – frais
        de réservation 12
        **Location :** 🛖 220 à 510

## RUILLÉ-SUR-LOIR

72340 Sarthe **5** – **310** M8 – 1 287 h. – alt. 56.
Paris 214 – La Chartre-sur-le-Loir 6 – Le Grand-Lucé 63 – Le Mans 51 – Tours 47.

    ⚠ **Municipal les Chaintres** mai-sept.
        *℘* 02 43 44 44 25, *mairieruillesurloir@wanadoo.fr*, Fax
        02 43 44 29 63 – au Sud du bourg, rue de l'Industrie « Cadre
        agréable au bord du Loir »
        0,5 ha (30 empl.) plat, herbeux
        **Tarif :** (Prix 2002) ▣ 2 pers. ⚡ 5,76 – pers. suppl. 1,60

## RUMILLY

74150 H.-Savoie **12** – **328** I5 G. Alpes du Nord – 9 991 h. – alt. 334 – Base de loisirs.
**🛈** Office du Tourisme, 4 place de l'hôtel de ville *℘* 04 50 64 58 32, Fax 04 50 01 03 53, *albanais@ot-albana is74.fr*.
Paris 530 – Aix-les-Bains 21 – Annecy 19 – Bellegarde-sur-Valserine 37 – Belley 44 – Genève 64.

    ⚠⚠⚠ **Le Madrid** juin-sept.
        *℘* 04 50 01 12 57, *contact@camping-le-madrid.com*, Fax
        04 50 01 29 49 – SE : 3 km par D 910 rte d'Aix-les-Bains
        puis D 3 à gauche et D 53 à droite rte de St-Félix, à 500 m
        d'un plan d'eau – **R** conseillée
        3,2 ha (109 empl.) plat, herbeux, pierreux
        **Tarif :** ▣ 2 pers. ⚡ (10A) 17 – pers. suppl. 3,50 – frais de
        réservation 15
        **Location** (permanent) – ✗ juin-sept. : 🛖 300 – 🏠 440 à
        550 – studios
        🛖

    cases réfrigérées 🛖 📶
    À prox. : ≊

## RUOMS

07 Ardèche – **331** I7 – voir à Ardèche (Gorges de l').

## RUPPIONE (PLAGE DE)

2A Corse-du-Sud – **345** B9 – voir à Corse.

## Les SABLES-D'OLONNE

85100 Vendée **9** – **316** F8 G. Poitou Vendée Charentes – 15 830 h. – alt. 4.
**B** Office du Tourisme, 1 Promenade Joffre ℘ 02 51 96 85 85, Fax 02 51 96 85 71, *info@ot-lessables dolonne.fr.*
Paris 461 – Cholet 106 – Nantes 104 – Niort 115 – La Rochelle 94 – La Roche-sur-Yon 37.

**La Dune des Sables** avril-sept.
℘ 02 51 32 31 21, *camping-chadotel@wanadoo.fr*, Fax
02 51 33 94 04 – NO : 4 km, près de la plage –
**R** conseillée
7,5 ha (290 empl.) plat, en terrasses, sablonneux, herbeux
Tarif : 🔲 2 pers. 💧 25,20 – pers. suppl. 5,30 – frais de réservation 25
Location : 🛏 175 à 640

**Le Puits Rochais** 29 mars-sept.
℘ 02 51 21 09 69, *bhjmp@wanadoo.fr*, Fax 02 51 23 62 20
✉ 85180 le Château-d'Olonne – SE : 3,5 km – **R** conseillée
3,9 ha (220 empl.) plat, peu incliné, herbeux
Tarif : 🔲 2 pers. 💧 (6A) 24,50 – pers. suppl. 5,20 – frais de réservation 23
Location (29 mars-26 oct.) : 🛏 190 à 685

**Les Roses** avril-2 nov.
℘ 02 51 95 10 42, *chadotel@wanadoo.fr*, Fax 02 51 33
10 42 – r. des Roses, à 400 m de la plage – **R** conseillée
3,3 ha (200 empl.) plat et peu incliné, en terrasses, herbeux
Tarif : 🔲 2 pers. 💧 25,20 – pers. suppl. 5,30 – frais de réservation 25
Location : 🛏 190 à 640 – 🏠 175 à 710

**Le Petit Paris** avril-sept.
℘ 02 51 22 04 44, *petitparis@wanadoo.fr*, Fax 02 51 33
17 04 ✉ 85180 le Château d'Olonne – SE : 5,5 km –
**R** conseillée
3 ha (154 empl.) plat, herbeux
Tarif : (Prix 2002) 🔲 1 ou 2 pers. 💧 (10A) 18,50 – 3 pers.
20,50 – pers. suppl. 4 – frais de réservation 12
Location : 🛏 155 à 580 – bungalows toilés

**Les Fosses Rouges** 5 avril-sept.
℘ 02 51 95 17 95 – SE : 3 km, à la Pironnière – **R** indispensable
3,5 ha (255 empl.) plat, herbeux
Tarif : 🔲 1 ou 2 pers. 💧 (10A) 16 – pers. suppl. 3 – frais de réservation 8
Location : 🛏 275 à 450

À prox. : 🍷 ⛽

À prox. : aéro-club

457

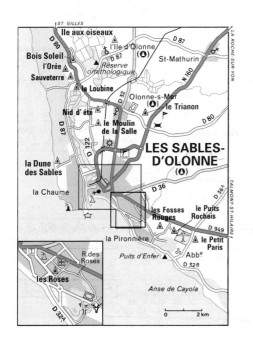

**à Ile d'Olonne**   N : 6,5 km par D 32 puis D 38 – 1 457 h. – alt. 5 – ⊠ 85340 Ile d'Olonne :

⚠ **Ile aux Oiseaux** 15 mai-15 sept.
    &#x1F4DE; 02 51 90 89 96, Fax 02 51 20 12 74 – NE : 0,8 km par D 87, rte de St-Mathurin et rue du Pré Neuf à gauche – **R** conseillée
2 ha (115 empl.) plat, herbeux
**Tarif :** ▣ *2 pers.* ⚡ *(6A) 15,20 – pers. suppl. 2,70 – frais de réservation 12,50*

**à Olonne-sur-Mer**   N : 5 km par D 32 – 8 546 h. – alt. 40 – ⊠ 85340 Olonne-sur-Mer :.
🅱 Office du Tourisme, place de la Mairie &#x1F4DE; 02 51 90 75 45, Fax 02 51 90 77 30, *mairieolonne@ altern.org*

⚠⚠ **La Loubine** 4 avril-28 sept.
    &#x1F4DE; 02 51 33 12 92, *camping.la.loubine@ wanadoo.fr*, Fax 02 51 33 12 71 – O : 3 km « Ferme vendéenne du 16ᵉ siècle » – **R** conseillée
8 ha (368 empl.) plat, herbeux
**Tarif :** ▣ *2 pers.* ⚡ *(6A) 24 – pers. suppl. 4,60 – frais de réservation 20*
**Location :** ⛺ *344 à 793 – 🏠 260 à 724*

⚠⚠ **Le Trianon** avril-sept.
    &#x1F4DE; 02 51 23 61 61, *campingletrianon@ free.fr*, Fax 02 51 90 77 70 – E : 1 km « chalets implantés dans un cadre agréable et verdoyant » – **R** indispensable
12 ha (515 empl.) plat, herbeux, petit étang
**Tarif :** ▣ *2 pers.* ⚡ *(10A) 28,30 – pers. suppl. 4,60 – frais de réservation 25*
**Location :** ⛺ *250 à 634 – 🏠 289 à 699 – bungalows toilés*

⚠⚠ **Le Moulin de la Salle** 15 mai-15 sept.
    &#x1F4DE; 02 51 95 99 10, Fax 02 51 96 96 13 – O : 2,7 km – **R** conseillée
2,7 ha (178 empl.) plat, herbeux
**Tarif :** ▣ *2 pers.* ⚡ *(6A) 20,50 – pers. suppl. 4 – frais de réservation 20*
**Location** *(avril-oct.) –* ❄ *:* ⛺ *335 à 520 –* 🏠 *(gîtes)*

⚠⚠ **L'Orée** 29 mars-28 sept.
    &#x1F4DE; 02 51 33 10 59, Fax 02 51 33 15 16 – O : 3 km – **R** conseillée
6 ha (320 empl.) plat, herbeux
**Tarif :** ▣ *2 pers.* ⚡ *(5A) 23,50 – pers. suppl. 4,60 – frais de réservation 19,50*
**Location :** ⛺ *196 à 595 – 🏠 196 à 595 – gîtes, bungalows toilés*

⚠ **Nid d'Été** 4 avril-27 sept.
    &#x1F4DE; 02 51 95 34 38, *info@ leniddete.com*, Fax 02 51 95 34 38 – O : 2,5 km – **R** conseillée
2 ha (125 empl.) plat, herbeux
**Tarif :** *(Prix 2002)* ▣ *2 pers.* ⚡ *(6A) 17,80 – pers. suppl. 3,65 – frais de réservation 13*
**Location :** ⛺ *220 à 500*

⚠ **Bois Soleil** 5 avril-28 sept.
    &#x1F4DE; 02 51 33 11 97, *camping.boissoleil@ wanadoo.fr*, Fax 02 51 33 14 85 – NO : 4,1 km par D 80, D 87 rte de l'Ile d'Olonne, près de la réserve ornithologique « Au bord des marais salants » – **R** conseillée
3,1 ha (160 empl.) plat et peu incliné, herbeux, pierreux
**Tarif :** ▣ *2 pers.* ⚡ *(6A) 20 – pers. suppl. 3,50 – frais de réservation 18*
**Location :** ⛺ *175 à 465 –* ⛺ *220 à 550 – bungalows toilés*

⚠ **Sauveterre** avril-sept.
    &#x1F4DE; 02 51 33 10 58, Fax 02 51 21 33 97 – O : 3 km – **R** conseillée
3,2 ha (234 empl.) plat, herbeux
**Tarif :** ▣ *2 pers.* ⚡ *(6A) 16,30 – pers. suppl. 3,70 – frais de réservation 9*

⚠ **Le Havre de la Gachère**
    &#x1F4DE; 02 51 90 59 85, Fax 02 51 20 11 92 – NO : 8,7 km par D 80, rte de Brem-sur-Mer et D 54 à gauche, au lieu-dit les Granges (hors schéma)
5 ha (200 empl.) plat et accidenté, sablonneux

## SABLÉ-SUR-SARTHE

72300 Sarthe 🖪 – 🕮 G7 G. Châteaux de la Loire – 12 178 h. – alt. 29.
🛈 Office de tourisme, rue Raphaël-Élié 🖉 02 43 95 00 60, Fax 02 43 92 60 77.
Paris 252 – Angers 64 – La Flèche 27 – Laval 44 – Le Mans 61 – Mayenne 59.

⚠ **Municipal de l'Hippodrome** avril-sept.
🖉 02 43 95 42 61, camping.sable@dial.oleane.com,
Fax 02 43 92 74 82 – S : sortie vers Angers et à gauche,
attenant à l'hippodrome « Belle décoration arbustive au bord
de la Sarthe » – **R** conseillée
2 ha (84 empl.) plat, herbeux
**Tarif :** (Prix 2002) 🖂 2 pers. 🚰 10,15 – pers. suppl. 2,05

À prox. : canoë, golf ⚅ ⊠ 🏇 🐎
(centre équestre)

## SABLIÈRES

07260 Ardèche 🔢 – 🕮 G6 – 149 h. – alt. 450.
Paris 632 – Aubenas 47 – Langogne 55 – Largentière 37 – Les Vans 24.

⚠ **La Drobie** fermé déc.
🖉 04 75 36 95 22, Fax 04 75 36 95 68 – O : 3 km par D 220
et rte à droite, bord de rivière, pour caravanes : itinéraire
conseillé depuis Lablachère par D 4 – **R** conseillée
1,5 ha (80 empl.) incliné, en terrasses, herbeux, pierreux
**Tarif :** 🖂 2 pers. 🚰 12 – pers. suppl. 3,10
**Location :** 🚐 265 – 🏠 367,50 à 510

## SABRES

40630 Landes 🔢 – 🕮 G10 G. Aquitaine – 1 096 h. – alt. 78.
Paris 679 – Arcachon 93 – Bayonne 110 – Bordeaux 95 – Mimizan 41 – Mont-de-Marsan 36.

⚠ **Domaine de Peyricat** 15 juin-15 sept.
🖉 05 58 07 51 88, Fax 05 58 07 51 86 – sortie Sud, rte de
Luglon « Nombreuses activités sportives » – **R** conseillée
20 ha/2 campables (69 empl.) plat, sablonneux, herbeux
**Tarif :** 🖂 2 pers. 🚰 16,10 – pers. suppl. 3
**Location** (avril-oct.) – ⚅ : 🏠 399 à 651

-Au Village
Vacances : 🍴 🗙 🏕 🚐 🚲
-⊙ terrain omnisports
À prox. : golf (3 trous) 🎿 ⛷ ⚅ 🛶
🏇

## SAGONE

2A Corse-du-Sud – 🕮 B7 – voir à Corse.

## SAHUNE

26510 Drôme 🔢 – 🕮 E7 – 290 h. – alt. 330.
🛈 Syndicat d'Initiative 🖉 04 75 27 45 35, Fax 04 75 27 45 35.
Paris 673 – Buis-les-Baronnies 27 – La Motte-Chalancon 21 – Nyons 15 – Rosans 25 – Vaison-la-Romaine 31.

⚠ **Vallée Bleue** avril-sept.
🖉 04 75 27 44 42, Fax 04 75 27 44 42 – sortie Sud-Ouest
par D 94, rte de Nyons, bord de l'Eygues – **R** conseillée
3 ha (45 empl.) plat, pierreux, herbeux
**Tarif :** 🖂 2 pers. 🚰 (6A) 16 – pers. suppl. 4

verger 🚲 🗙 snack

## SAIGNES

15240 Cantal 🔢 – 🕮 C2 G. Auvergne – 1 009 h. – alt. 480.
🛈 Office de tourisme, 🖉 04 71 40 62 41, Fax 04 71 40 62 80.
Paris 485 – Aurillac 77 – Clermont-Ferrand 93 – Mauriac 26 – Le Mont-Dore 57 – Ussel 39.

⚠ **Municipal Bellevue** juil.-août
🖉 04 71 40 68 40, saignes.mairie@wanadoo.fr, Fax 04 71
40 61 65 – sortie Nord-Ouest du bourg, au stade –
**R** conseillée
1 ha (42 empl.) plat, herbeux
**Tarif :** (Prix 2002) 🖂 2 pers. 🚰 7,26 – pers. suppl. 1,74

*La catégorie (1 à 5 tentes, **noires** ou **rouges**) que nous attribuons
aux terrains sélectionnés dans ce guide est une appréciation qui nous est propre.*

*Elle ne doit pas être confondue avec le classement (1 à 4 étoiles)
établi par les services officiels.*

## SAILLAGOUSE

66800 Pyr.-Or. **15** – **344** D8 G. Languedoc Roussillon – 825 h. – alt. 1 309.
**🏢** Office du Tourisme, ℰ 04 68 04 72 89, Fax 04 68 04 72 89.
Paris 866 – Bourg-Madame 9 – Font-Romeu-Odeillo-Via 12 – Mont-Louis 12 – Perpignan 93.

**à Estavar** O : 4 km par D 33 – 358 h. – alt. 1 200 – ⊠ 66800 Estavar :

**L'Enclave** fermé oct.
ℰ 04 68 04 72 27, camping.lenclave@wanadoo.fr, Fax
04 68 04 07 15 – sortie Est par D 33, bord de l'Angoust
– **R** conseillée
1 ha (25 empl.) plat et peu incliné, en terrasses, pierreux,
herbeux
**Tarif :** 🔲 2 pers. 🚰 (6A) 20,50 – pers. suppl. 5
**Location :** 🏠 192 à 488 – appartements
🚐

## ST-AGRÈVE

07320 Ardèche **11** – **331** I3 – 2 762 h. – alt. 1 050.
**🏢** Office du Tourisme, Hôtel de ville ℰ 04 75 30 15 06, Fax 04 75 30 60 93, ot-stagr@inforoutes-ardeche.fr.
Paris 588 – Aubenas 69 – Lamastre 21 – Privas 66 – Le Puy-en-Velay 51 – St-Étienne 71 – Yssingeaux 34.

**Riou la Selle** mai-sept.
ℰ 04 75 30 29 28, jmc-rolin@wanadoo.fr, Fax 04 75 30
29 28 – SE : 2,8 km par D 120, rte de Cheylard, D 21, rte
de Nonières à gauche et chemin de la Roche, à droite –
**R** conseillée
1 ha (29 empl.) plat et peu incliné, terrasses, herbeux
**Tarif :** 🔲 2 pers. 🚰 (16A) 16,90 – pers. suppl. 4
**Location** ✸ : 🏠 252 à 285 – 🏡 300 à 490

## ST-AIGNAN

41110 L.-et-Ch. **13** – **318** F8 G. Châteaux de la Loire – 3 672 h. – alt. 115.
**🏢** Office de tourisme, place Wilson ℰ 02 54 75 22 85, Fax 02 54 75 50 26.
Paris 222 – Blois 41 – Châteauroux 65 – Romorantin-Lanthenay 35 – Tours 62 – Vierzon 56.

**Les Cochards** avril-15 oct.
ℰ 02 54 75 15 59, camping@lescochards.com, Fax 02 54
75 44 72 ⊠ 41110 Seigy – SE : 1 km par D 17, rte de Couffi,
bord du Cher – **R** conseillée
4 ha (140 empl.) plat, herbeux
**Tarif :** 🔲 2 pers. 🚰 (5A) 16 – pers. suppl. 3
**Location :** 🏠 173 à 370 – bungalows toilés

## ST-ALBAN

22400 C.-d'Armor **4** – **309** G3 – 1 662 h. – alt. 95.
Paris 442 – Dinan 53 – Lamballe 11 – Plancoët 28 – St-Brieuc 23 – St-Cast-le-Guildo 28.

**Municipal les Jonquilles** 15 juin-15 sept.
ℰ 02 96 32 96 05, mairie-saint-alban@wanadoo.fr, Fax
02 96 32 98 22 – sortie Nord par D 58 rte de Pléneuf
1 ha (77 empl.) en terrasses, plat et peu incliné, herbeux
**Tarif :** 🔲 2 pers. 🚰 10,20 – pers. suppl. 3,04

## ST-ALBAN-AURIOLLES

07 Ardèche – **331** H7 – voir à Ardèche (Gorges de l').

## ST-ALBAN-DE-MONTBEL

73 Savoie – **333** H4 – Voir à Lac d'Aiguebelette.

## ST-AMAND-LES-EAUX

59230 Nord **2** – **302** I5 G. Picardie Flandres Artois – 16 776 h. – alt. 18 – ♣ (début mars-fin nov.).
**🏢** Office du Tourisme, 91 place Grand'place ℰ 03 27 22 24 47, Fax 03 27 22 24 99, saintamand@tourisme.
norsys.fr.
Paris 217 – Denain 21 – Douai 34 – Lille 44 – Tournai 20 – Valenciennes 15.

**Mont des Bruyères** mars-nov.
ℰ 03 27 48 56 87, Fax 03 27 48 56 87 – SE : 3,5 km, en
forêt de St-Amand, accès conseillé par D 169 (déviation) « Au
coeur de la forêt » – **R** conseillée
3,5 ha (94 empl.) plat et en terrasses, sablonneux, herbeux,
gravier
**Tarif :** (Prix 2002) 🔲 2 pers. 🚰 (10A) 12,50 – pers. suppl. 3,40

460

## ST-AMAND-MONTROND

18200 Cher 10 – 323 L6 G. Berry Limousin – 11 937 h. – alt. 160.
Office du Tourisme, place de la République ✆ 02 48 96 16 86, Fax 02 48 96 46 64.
Paris 285 – Bourges 44 – Châteauroux 66 – Montluçon 55 – Moulins 78 – Nevers 70.

**Municipal de la Roche** avril-sept.
✆ 02 48 96 09 36, Fax 02 48 96 09 36 – sortie Sud-Est par N 144, rte de Montluçon et chemin de la Roche à droite avant le canal, près du Cher – R
4 ha (120 empl.) plat, peu incliné, herbeux
**Tarif** : (Prix 2002) *2 pers. 10,10 – pers. suppl. 2,30*

À prox. :

***Toutes les insertions dans ce guide sont entièrement gratuites et ne peuvent en aucun cas être dues à une prime ou à une faveur.***

## ST-AMANS-DES-COTS

12460 Aveyron 15 – 338 H2 – 859 h. – alt. 735.
Office du Tourisme, rue Principale ✆ 05 65 44 81 61, Fax 05 65 44 81 61, *ot-stamansdecots@wanadoo.fr.*
Paris 591 – Aurillac 54 – Entraygues-sur-Truyère 16 – Espalion 31 – Chaudes-Aigues 48.

**Les Tours** 17 mai-7 sept.
✆ 05 65 44 88 10, *camping-les-tours@wanadoo.fr*, Fax 05 65 44 83 07 – SE : 6 km par D 97 et D 599 à gauche, bord du lac de la Selves, alt. 600 – **R** conseillée
30 ha/10 campables (250 empl.) en terrasses, peu incliné, herbeux, pierreux
**Tarif :** *2 pers. (6A) 29 – pers. suppl. 5,50 – frais de réservation 10,50*
**Location :** *198 à 626*

(3,5 ha) practice de golf

**La Romiguière** 3 mai-12 oct.
✆ 05 65 44 44 64, *laromiguiere@wanadoo.fr*, Fax 05 65 44 86 37 ✉ 12210 Laguiole – SE : 8,5 km par D 97 et D 599 à gauche, bord du lac de la Selves, alt. 600 « Dans un site agréable » – **R** conseillée
2 ha (62 empl.) en terrasses, pierreux, herbeux
**Tarif** : (Prix 2002) *2 pers. (10A) 20 - pers. suppl. 5*
**Location :** *230 à 500*

snack
À prox. : ski nautique, golf (18 trous)

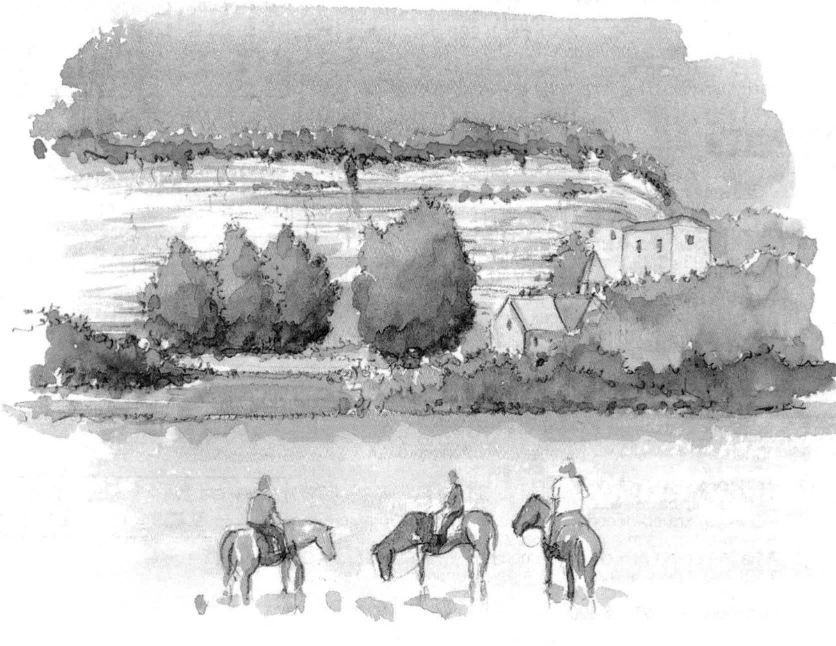

## ST-AMANT-ROCHE-SAVINE

63890 P.-de-D. **11** – **326** I9 – 500 h. – alt. 950.
🛈 Syndicat d'initiative, 𝒫 04 73 95 70 22.
Paris 477 – Ambert 13 – La Chaise-Dieu 39 – Clermont-Ferrand 66 – Issoire 45 – Thiers 48.

   ▲ **Municipal Saviloisirs** mai-sept.
     𝒫 04 73 95 73 60, Fax 04 73 95 73 60 – à l'Est du bourg – ℝ
     1,3 ha (15 empl.) en terrasses, herbeux
     **Tarif** : (Prix 2002) 🔳 2 pers. 🔌 7,50 – pers. suppl. 2,40

## ST-AMBROIX

30500 Gard **16** – **339** K3 – 3 517 h. – alt. 142.
🛈 Office du Tourisme, place de l'Ancien Temple 𝒫 04 66 24 33 36, Fax 04 66 24 05 83.
Paris 691 – Alès 20 – Aubenas 55 – Mende 114.

   ▲▲ **Le Clos** avril-oct.
     𝒫 04 66 24 10 08, Fax 04 66 60 25 62 – accès par centre ville en direction d'Aubenas puis rue à gauche par place de l'église, bord de la Cèze – ℝ conseillée
     1,5 ha (46 empl.) plat, herbeux
     **Tarif** : 🔳 2 pers. 🔌 (10A) 15,60 – pers. suppl. 3,20
     **Location** : 🛖 380 à 460

## ST-ANDRÉ-DE-SANGONIS

34725 Hérault **15** – **339** G7 – 3 472 h. – alt. 65.
Paris 720 – Béziers 53 – Clermont-l'Hérault 8 – Gignac 5 – Montpellier 35 – Sète 48.

   ▲ **Le Septimanien** avril-sept.
     𝒫 04 67 57 84 23, leseptimanien@aol.com, Fax 04 67 57 54 78 – SO : 1 km par D 4, rte de Brignac, bord d'un ruisseau – ℝ conseillée
     2,6 ha (86 empl.) plat et en terrasses, pierreux
     **Tarif** : (Prix 2002) 🔳 2 pers. 🔌 (6A) 17 – pers. suppl. 3,20 – frais de réservation 8
     **Location** : 🛖 201 à 412 – 🏠 283 à 490

462

## ST-ANDRÉ-LES-ALPES

04170 Alpes de H.-Pr. **17** – **334** H9 G. Alpes du Sud – 794 h. – alt. 914.
🛈 Syndicat d'Initiative, pl. Marcel-Pastorelli 𝒫 04 92 89 02 39, Fax 04 92 89 19 23, info@ot-st-andre-les-alpes.fr.
Paris 790 – Castellane 20 – Colmars 28 – Digne-les-Bains 44 – Manosque 84 – Puget-Théniers 45.

   ▲ **Municipal les Iscles** mai-sept.
     𝒫 04 92 89 02 29, mairie.st-andre.les.alpes@wanadoo.fr, Fax 04 92 89 02 56 – S : 1 km par N 202 rte d'Annot et à gauche, à 300 m du Verdon, alt. 894 – ℝ
     2,5 ha (200 empl.) plat, pierreux, herbeux
     **Tarif** : (Prix 2002) 🔳 2 pers. 🔌 (4A) 11,10 – pers. suppl. 3,65

## ST-ANTHÈME

63660 P.-de-D. **11** – **326** K9 G. Vallée du Rhône – 880 h. – alt. 950.
🛈 Office du Tourisme, pl. de l'Aubépin 𝒫 04 73 95 47 06, Fax 04 73 95 41 06.
Paris 465 – Ambert 23 – Feurs 47 – Montbrison 24 – St-Bonnet-le-Château 24 – St-Étienne 57.

   ▲ **Municipal de Rambaud** 31 mars-3 nov.
     𝒫 04 73 95 48 79, Fax 04 73 95 81 79 – S : 0,6 km entre D 996 et D 261, près d'un plan d'eau et à 100 m de l'Ance – ℝ conseillée
     0,5 ha (30 empl.) plat, herbeux
     **Tarif** : 🔳 2 pers. 🔌 (18A) 9 – pers. suppl. 2
     🛖

## ST-ANTOINE-D'AUBEROCHE

24330 Dordogne **10** – **329** G5 – 115 h. – alt. 152.
Paris 486 – Brive-la-Gaillarde 90 – Limoges 95 – Périgueux 24.

   ▲▲ **La Pelonie** 18 avril-27 sept.
     𝒫 05 53 07 55 78, lapelonie@aol.com, Fax 05 53 03 74 27 – SO : 1,8 km en direction de Milhac-Gare, à la Bourgie, de Fossemagne, 6 km par RN 89 et chemin à droite
     3 ha (60 empl.) non clos, plat, herbeux
     **Tarif** : 🔳 2 pers. 🔌 (6A) 18,35 – pers. suppl. 4,35 – frais de réservation 15
     **Location** : 🛖 235 à 500

## ST-ANTOINE-DE-BREUILH

24230 Dordogne ⑨ – 🎇329 B6 – 1 756 h. – alt. 18.
Paris 555 – Bergerac 30 – Duras 29 – Libourne 34 – Montpon-Ménestérol 23.

**La Rivière Fleurie** avril-14 sept.
    ℘ 05 53 24 82 80, info@la-riviere-fleurie.com, Fax 05 53
24 82 80 – SO : 3 km, à St-Aulaye, à 100 m de la Dordogne
« Décoration arbustive et florale autour de la piscine » –
**R** conseillée
2,5 ha/1,6 ha (60 empl.) plat, herbeux
**Tarif :** 🔲 2 pers. 🔌 (10A) 16 – pers. suppl. 3,80
**Location :** 🛖 140 à 305 – 🚐 305 à 590 – studios

À prox. : canoë ✗

## ST-ANTONIN-NOBLE-VAL

82140 T.-et-G. ⑭ – 🎇337 G7 G. Périgord Quercy – 1 881 h. – alt. 125.
🛈 Office du Tourisme ℘ 05 63 30 63 47, Fax 05 63 30 66 33, ot@saint-antonin-noble-val.com.
Paris 630 – Cahors 55 – Caussade 19 – Caylus 11 – Cordes-sur-Ciel 31 – Montauban 43.

**Les Trois Cantons** 15 avril-sept.
    ℘ 05 63 31 98 57, info@3cantons.fr, Fax 05 63 31 25 93
– NO : 7,7 km par D 19, rte de Caylus et chemin à gauche,
après le petit pont sur la Bonnette, entre le lieu-dit Tarau
et la D 926, entre Septfonds (6 km) et Caylus (9 km) –
**R** conseillée
20 ha/4 campables (99 empl.) plat, peu incliné, pierreux, her-
beux
**Tarif :** (Prix 2002) 🔲 2 pers. 🔌 (5A) 19,75 – pers. suppl. 5
– frais de réservation 12
**Location :** 🛖 244 à 375 – 🚐 322 à 498

(couverte hors-saison)

## ST-APOLLINAIRE

05160 H.-Alpes ⑰ – 🎇334 G5 – 99 h. – alt. 1 285.
Paris 694 – Embrun 19 – Gap 26 – Mont-Dauphin 39 – Savines-le-Lac 8.

**Municipal le Clos du Lac** fin mai-mi sept.
    ℘ 04 92 44 27 43, closdulac@wanadoo.fr, Fax 04 92 44
27 43 – NO : 2,3 km par D 509, à 50 m du lac de St-Apollinaire,
alt. 1 450 « Belle situation dominante » – **R**
2 ha (77 empl.) en terrasses et peu incliné, herbeux
**Tarif :** (Prix 2002) 🔲 2 pers. 🔌 (4A) 11,50 – pers. suppl. 2,70

≤ lac de Serre-Ponçon et
montagnes 🔓 10 juil.-20 août
À prox. : 🍷 snack

## ST-ARNOULT

14 Calvados – 🎇303 M3 – rattaché à Deauville.

## ST-ASTIER

24110 Dordogne ⑩ – 🎇329 E5 G. Périgord Quercy – 4 780 h. – alt. 70.
🛈 Office du Tourisme, pl. de la République ℘ 05 53 54 13 85, Fax 05 53 08 77 85, otsi.stastier@perigord.
tm.fr.
Paris 508 – Brantôme 36 – Mussidan 20 – Périgueux 22 – Ribérac 24.

**Municipal du Pontet** avril-sept.
    ℘ 05 53 54 14 22, info@ville-saint-astier.fr, Fax 05 53 04
39 36 – sortie Est par D 41, rte de Montanceix, bord de l'Isle
– **R** conseillée
3,5 ha (150 empl.) plat, herbeux
**Tarif :** 🔲 2 pers. 🔌 (6A) 13,85 – pers. suppl. 3,50 – frais de
réservation 8
**Location :** bungalows toilés avec sanitaires

(petite piscine)

## ST-AUBIN-SUR-MER

76740 S.-Mar. ① – 🎇304 F2 G. Normandie Cotentin – 281 h. – alt. 15.
🛈 Syndicat d'initiative – Mairie, ℘ 02 35 83 54 64, Fax 02 35 83 54 64.
Paris 190 – Dieppe 21 – Fécamp 46 – Rouen 59 – Yvetot 36.

**Municipal le Mesnil** avril-oct.
    ℘ 02 35 83 02 83 – O : 2 km par D 68, rte de Veules-les-
Roses « Dans une ancienne ferme normande » – **R** conseillée
2,2 ha (115 empl.) plat et en terrasses, herbeux
**Tarif :** (Prix 2002) 🔲 2 pers. 🔌 (10A) 15,45 – pers. suppl. 4,80
🚐 (4 empl.) – 15,85

463

## ST-AUBIN-SUR-MER

14750 Calvados **5** – **303** J4 G. Normandie Cotentin – 1 526 h.

**i** Office du Tourisme, r. Pasteur et Digue Favreau ℘ 02 31 97 30 41,.

Paris 251 – Arromanches-les-Bains 19 – Bayeux 29 – Cabourg 33 – Caen 20.

⚠ *La Côte de Nacre* avril-sept.
℘ 02 31 97 14 45, camping-cote-de-nacre@wanadoo.fr,
Fax 02 31 97 22 11 – au Sud du bourg par D 7b – Places
limitées pour le passage – **R** indispensable
8 ha (440 empl.) plat, herbeux
**Tarif :** 🔲 2 pers. 👪 (10A) 29,50 – pers. suppl. 7 – frais de
réservation 16
**Location :** 🚐 300 à 670

---

## ST-AUGUSTIN-SUR-MER

17570 Char.-Mar. **9** – **324** D5 – 742 h. – alt. 10.

Paris 513 – Marennes 23 – Rochefort 44 – La Rochelle 79 – Royan 11 – Saintes 47.

*Schéma aux Mathes*

⚠ *Le Logis du Breuil* 15 mai-15 sept.
℘ 05 46 23 23 45, camping.logis-du-breuil@wanadoo.fr,
Fax 05 46 23 43 33 – SE : par D 145 rte de Royan « A l'orée de
la forêt de St-Augustin, agréable sous-bois » – **R** conseillée
30 ha/8,5 campables (355 empl.) plat, terrasses, herbeux,
sablonneux
**Tarif :** 🔲 2 pers. 👪 (6A) 19,05 – pers. suppl. 4,45
**Location** (mai-sept.) : gîtes

⚠ *La Ferme de St-Augustin* mai-13 sept.
℘ 05 46 39 14 46, campinglaferme@aol.com, Fax 05 46 23
43 59 – au bourg – (en deux parties ) – **R** conseillée
5,3 ha (340 empl.) plat et peu incliné, herbeux, sablonneux
**Tarif :** 🔲 3 pers. 👪 (10A) 18,80 – pers. suppl. 4
**Location** (5 avril-13 sept.) : 🚐 172 à 566 – 🏠 227 à 523

⚠ *Les Côtes de Saintonge* avril-15 sept.
℘ 05 46 23 23 48, lescotesdesaintonge@libertysurf.fr,
Fax 05 46 39 48 37 – SE : par D 145 rte de Royan – **R** indis-
pensable
2 ha (82 empl.) accidenté, peu incliné et plat, terrasses,
sablonneux, herbeux
**Tarif :** 🔲 2 pers. 👪 (6A) 18,60 – pers. suppl. 3,80
**Location :** 🚐 255 à 530

---

## ST-AULAYE

24410 Dordogne **9** – **329** B4 G. Périgord Quercy – 1 531 h. – alt. 61.

**i** Syndicat d'Initiative, pl. Pasteur ℘ 05 53 90 63 74, Fax 05 53 90 63 74.

Paris 504 – Bergerac 56 – Blaye 78 – Bordeaux 85 – Périgueux 56.

⚠ *Municipal de la Plage* 14 juin-13 sept.
℘ 05 53 90 62 20, mairie-staulaye@voila.fr, Fax 05 53 90
59 89 – sortie Nord par D 38, rte de Aubeterre, bord de la
Dronne – **R** conseillée
1 ha (70 empl.) plat, herbeux
**Tarif :** 🔲 2 pers. 👪 8,50 – pers. suppl. 1,50
**Location :** 🚐 107 à 275 – 🏠 100 à 252

---

## ST-AVERTIN

37 I.-et-L. – **317** N4 – rattaché à Tours.

---

## ST-AVIT-DE-VIALARD

24260 Dordogne **13** – **329** G6 – 113 h. – alt. 210.

Paris 520 – Bergerac 39 – Le Bugue 7 – Les Eyzies-de-Tayac 17 – Périgueux 40.

⚠ *St-Avit Loisirs* 5 avril-27 sept.
℘ 05 53 02 64 00, contact@saint-avit-loisirs.com, Fax
05 53 02 64 39 – NO : 1,8 km, rte de St-Alvère – Places
limitées pour le passage « Vaste domaine vallonné et boisé,
bel espace aquatique » – **R** conseillée
40 ha/6 campables (350 empl.) plat, peu incliné, herbeux
**Tarif :** 🔲 2 pers. 👪 (6A) 29,50 – pers. suppl. 7,20 – frais de
réservation 15
**Location** (fermé 15 déc.-15 janv.) : 🏠 655 à 867 – 🛏 appar-
tements

## ST-AVIT-SÉNIEUR

24440 Dordogne **13** – **329** F7 G. Périgord-Quercy – 365 h. – alt. 164.
Paris 545 – Bergerac 33 – Cahors 77 – Périgueux 65 – Villeneuve-sur-Lot 53.

△△△ **Le Hameau des Laurières** (Location exclusive de
9 chalets) Permanent
𝄞 05 53 23 76 99, *efeyfant@club-internet.fr*, Fax 05 53 23
77 02 – SE : 1 km direction Montferrand, au lieu-dit les Gau-
dounes
1 ha incliné, herbeux
**Location :** 🏠 *220 à 755*

## ST-AVOLD

57500 Moselle **8** – **307** L4 G. Alsace Lorraine – 16 533 h. – alt. 260.
**2** Office du Tourisme, 28 r. des Américains 𝄞 03 87 91 30 19, Fax 03 87 92 98 02, *otsi.sta@wanadoo.fr*.
Paris 380 – Haguenau 118 – Lunéville 79 – Metz 47 – Nancy 88 – Saarbrücken 32 – Sarreguemines 32.

△△ **Le Felsberg** Permanent
𝄞 03 87 92 75 05, *cis.stavold@free.fr*, Fax 03 87 92 20 69
– au Nord du centre ville, près rue en Verrerie,
face à la station service Record, par A 4 : sortie St-Avold
Carling « Sur les hauteurs agréablement boisées de la ville »
– **R** conseillée
1,2 ha (33 empl.) plat et peu incliné, terrasses, herbeux,
pierreux
**Tarif :** 🔲 *2 pers.* [*ₓ*] *(10A) 16,70 – pers. suppl. 3,10*
**Location :** 🛏️

## ST-AYGULF

83370 Var **17** – **340** P5 G. Côte d'Azur.
**2** Office du Tourisme, pl. de la Poste 𝄞 04 94 81 22 09, Fax 04 94 81 23 04.
Paris 878 – Brignoles 70 – Draguignan 33 – Fréjus 6 – St-Raphaël 9 – Ste-Maxime 15.

Schéma à Fréjus

△△△ **L'Étoile d'Argens** avril-sept.
𝄞 04 94 81 01 41, *letoiledargens@wanadoo.fr*, Fax 04 94
81 21 45 – NO : 5 km par D 7, rte de Roquebrune-sur-Argens
et D 8 à droite, bord de l'Argens, navette fluviale pour les
plages (30mn) « Beaux emplacements spacieux et ombragés,
ponton privatif » – **R** conseillée
11 ha (493 empl.) plat, herbeux
**Tarif :** 🔲 *3 pers.* [*ₓ*] *(10A) 40 – pers. suppl. 7 – frais de réser-
vation 25*
**Location :** 🛖 *300 à 740*

△△△ **Au Paradis des Campeurs** Pâques-15 oct.
𝄞 04 94 96 93 55, Fax 04 94 49 62 99 ✉ 83380 Les Issam-
bres – S : 2,5 km par N 98, rte de Ste-Maxime, à la Gaillarde,
accès direct à la plage (hors schéma) – **R**
6 ha/3 campables (175 empl.) plat, herbeux
**Tarif :** 🔲 *2 pers.* [*ₓ*] *(6A) 22,90 ou 27 – pers. suppl. 5*
**Location :** 🛖 *350 à 550*
🛖

△△△ **Résidence du Campeur** 29 mars-sept.
𝄞 04 94 81 01 59, *info@residence-campeur.com*, Fax
04 94 81 01 64 – NO : 3 km par D 7, rte de Roquebrune-
sur-Argens – Places limitées pour le passage « Cadre agréa-
ble et fleuri » – **R** conseillée
10 ha (451 empl.) plat, gravier
**Tarif :** (Prix 2002) 🔲 *3 pers.* [*ₓ*] *(12A) 37 – pers. suppl. 6,30
– frais de réservation 26*
**Location :** 🛖 *195 à 725*

△△ **Les Lauriers Roses** 12 avril-4 oct.
𝄞 04 94 81 24 46, *lauriersroses@cs.com*, Fax 04 94 81
79 63 – NO : 3 km par D 7, rte de Roquebrune-sur-Argens,
certains emplacements difficiles d'accès (forte pente), mise
en place et sortie des caravanes à la demande – **R** conseillée
2 ha (95 empl.) plat, peu incliné, fort dénivelé, en terrasses,
pierreux
**Tarif :** 🔲 *2 pers.* [*ₓ*] *(6A) 20,60 – pers. suppl. 6,50 – frais de
réservation 9*
**Location** ✂️ : 🛖 *350 à 565*

△ **La Barque** avril-sept.
𝄞 04 94 81 31 86, Fax 04 94 81 49 22 – NO : 5,2 km par D 7,
rte de Roquebrune-sur-Argens et D 8 à droite, au bord de
l'Argens – **R** conseillée
3 ha (150 empl.) plat, herbeux
**Tarif :** (Prix 2002) 🔲 *2 pers.* [*ₓ*] *(6A) 22,10 – pers. suppl. 4,50*

⚠ **Vaudois** mai-sept.
  ℰ 04 94 81 37 70, *camping.vaudois@wanadoo.fr*, Fax
  04 94 81 37 70 ✉ 83520 Roquebrune-sur-Argens – NO :
  4,5 km par D 7, rte de Roquebrune-sur-Argens, à 300 m d'un
  plan d'eau – **R** conseillée
  3 ha (50 empl.) plat, herbeux
  **Tarif :** ▣ *2 pers.* ⚡ *(5A) 18 – pers. suppl. 3,70*
  🖫

## ST-BAUZILE

48000 Lozère **15** – **330** J8 – 472 h. – alt. 750.
Paris 602 – Chanac 19 – Florac 29 – Marvejols 33 – Mende 13 – Ste-Enimie 25.

⚠ **Municipal les Berges de Bramont** 28 juin-14
  sept.
  ℰ 04 66 47 05 97, Fax 04 66 47 00 45 – SO : 1,5 km par
  D 41, N 106 rte de Mende et à Rouffiac chemin à gauche,
  près du Bramont et du complexe sportif – **R**
  1,5 ha (50 empl.) plat, terrasse, herbeux
  **Tarif :** ▣ *2 pers.* ⚡ *(10A) 12 - pers. suppl. 2,30*

## ST-BENOÎT-DES-ONDES

35114 I.-et-V. **4** – **309** K3 – 775 h. – alt. 1.
Paris 390 – Cancale 9 – Dinard 20 – Dol-de-Bretagne 13 – Le Mont-St-Michel 33 – Rennes 70 – St-Malo 15.

⚠ **L'Île Verte** 31 mai-12 sept.
  ℰ 02 99 58 62 55 – au Sud du bourg, près de l'église, à 400
  m du bord de mer « Agréable cadre fleuri » – **R** conseillée
  1,2 ha (43 empl.) plat, herbeux
  **Tarif :** ▣ *2 pers.* ⚡ *(6A) 18,80 – pers. suppl. 2,90*
  🖫

## ST-BERTHEVIN

53 Mayenne – **310** E6 – rattaché à Laval.

**466**

## ST-BERTRAND-DE-COMMINGES

31510 H.-Gar. **14** – **343** B6 G. Midi Pyrénées – 217 h. – alt. 581.
🛈 Syndicat d'initiative – Mairie, ℰ 05 61 88 37 07, Fax 05 61 95 56 16.
Paris 795 – Bagnères-de-Luchon 33 – Lannemezan 24 – St-Gaudens 17 – Tarbes 68 – Toulouse 110.

⚠ **Es Pibous** 15 mars-oct.
  ℰ 05 61 94 98 20, Fax 05 61 95 63 83 – SE : 0,8 km par D 26
  A, rte de St-Béat et chemin à gauche – **R** conseillée
  2 ha (80 empl.) plat, herbeux
  **Tarif :** ▣ *2 pers.* ⚡ *(6A) 13 – pers. suppl. 3*
  🖫

## ST-BLANCARD

32140 Gers **14** – **336** F9 – 205 h. – alt. 332.
Paris 745 – Auch 39 – Miélan 39 – Rieux 65 – Tarbes 63 – Toulouse 87.

⚠⚠ **Les Cledelles du lac de la Gimone** (location exclusive de
  10 chalets)
  ℰ 05 62 65 52 43 – S : 2 km par D 139, rte de Lalanne-Arque
  et à gauche au bord du lac
  20 ha/1 campable plat, herbeux
  **Location :** 🏠

## ST-BONNET-EN-CHAMPSAUR

05500 H.-Alpes **17** – **334** E4 G. Alpes du Nord – 1 371 h. – alt. 1 025.
🛈 Office du Tourisme, place Grenette ℰ 04 92 50 02 57.
Paris 657 – Gap 16 – Grenoble 93 – La Mure 51.

⚠⚠ **Camp V.V.F.** 26 mai-21 sept.
  ℰ 04 92 50 01 86, Fax 04 92 50 11 85 – SE : 0,8 km par
  D 43, rte de St-Michel-de-Chaillol et à droite – Adhésion V.V.F.
  obligatoire
  0,4 ha (28 empl.) peu incliné, herbeux
  **Tarif :** (Prix 2002) ▣ *2 pers.* ⚡ *(6A) 14,20 – pers. suppl. 3,20*
  *– frais de réservation 23,50 pour plus de 4 nuits*

## ST-BONNET-TRONÇAIS

03360 Allier **11** – **326** D3 G. Auvergne – 913 h. – alt. 224.
Paris 304 – Bourges 58 – Cérilly 12 – Montluçon 42 – St-Amand-Montrond 20 – Sancoins 31.

**Champ Fossé** avril-sept.
      04 70 06 11 30, Fax 04 70 06 15 01 – SO : 0,7 km « Belle situation au bord de l'étang de St-Bonnet » – **R** conseillée
3 ha (110 empl.) peu incliné, herbeux
**Tarif** : (Prix 2002) 2 pers. 9,70 – pers. suppl. 2,70 – frais de réservation 11
**Location** : gîtes

---

## ST-BRÉVIN-LES-PINS

44250 Loire-Atl. **4** – **316** C4 – 8 688 h. – alt. 9.
Pont de St-Nazaire : 3 km – voir à St-Nazaire.
Office du Tourisme, 10 r. de l'Église  02 40 27 24 32, Fax 02 40 39 10 34, infotourisme@mairie-saint-brevin.fr.
Paris 438 – Challans 62 – Nantes 57 – Noirmoutier-en-l'Ile 77 – Pornic 18 – St-Nazaire 111.

**Le Fief** avril-15 oct.
      02 40 27 23 86, camping@lefief.com, Fax 02 40 64 46 19 – S : 2,4 km par rte de Saint-Brévin-l'Océan et à gauche, chemin du Fief – **R** indispensable
7 ha (413 empl.) plat, herbeux
**Tarif** : 2 pers. 28,50 – pers. suppl. 6 – frais de réservation 20
**Location** : 300 à 640 – 300 à 485 – bungalows toilés

**Les Pierres Couchées** avril-12 oct.
      02 40 27 85 64, contact@pierres-couchees.com, Fax 02 40 64 97 03 – S : 5 km par D 213, au lieu-dit l'Ermitage, à 450 m de la plage « Agréable cadre boisé » – **R** conseillée
14 ha/9 campables (473 empl.) plat et accidenté, sablonneux, herbeux
**Tarif** : 2 pers. (6A) 28 – pers. suppl. 5,50 – frais de réservation 15
**Location** : 275 à 640

**Mindin** Permanent
      02 40 27 46 41, info@camping-de-mindin.com, Fax 02 40 39 20 53 – N : 2 km, près de l'Océan (accès direct) – **R** conseillée
1,7 ha (87 empl.) plat, sablonneux, herbeux
**Tarif** : 2 pers. (6A) 15,65 – pers. suppl. 4 – frais de réservation 16,65
**Location** : 215 à 520

---

## ST-BRIAC-SUR-MER

35800 I.-et-V. **4** – **309** J3 G. Bretagne – 1 825 h. – alt. 30.
Office du Tourisme, 49 Grande Rue  02 99 88 32 47.
Paris 410 – Dinan 24 – Dol-de-Bretagne 33 – Lamballe 41 – St-Brieuc 61 – St-Cast-le-Guildo 22 – St-Malo 16.

**Émeraude** 5 avril-28 sept.
      02 99 88 34 55, camping.emeraude@wanadoo.fr, Fax 02 99 88 34 55 – chemin de la Souris « Bel espace aquatique » – **R** conseillée
3,2 ha (199 empl.) plat et peu incliné, herbeux
**Tarif** : 2 pers. (6A) 24,30 – pers. suppl. 5 – frais de réservation 10
**Location** : 260 à 540

---

## ST-BRIEUC

22000 C.-d'Armor **4** – **309** F3 G. Bretagne – 44 752 h. – alt. 78.
Office du Tourisme, 7 r. St-Gouéno  02 96 33 32 50, Fax 02 96 61 42 16, tourisme@cybercom.fr.
Paris 451 – Brest 144 – Dinan 62 – Lorient 120 – Morlaix 84 – Quimper 129 – St-Malo 73.

**Les Vallées** Pâques-15 oct.
      02 96 94 05 05, campingdesvallees@wanadoo.fr, Fax 02 96 94 05 05 – boulevard Paul-Doumer, à proximité du Parc de Brézillet – **R** conseillée
4 ha (108 empl.) plat, terrasses, herbeux
**Tarif** : 2 pers. (10A) 16,80 – pers. suppl. 3,80
**Location** (permanent) : 253 à 336 – 376 à 548 – 329 à 548

**à Plérin** N : 3 km – 12 108 h. – alt. 106 – ⊠ 22190 Plérin :

  ▲▲ **Municipal le Surcouf** juin-sept.
    𝒫 02 96 73 06 22, Fax 02 96 79 82 09 – à St-Laurent-de-
    la-Mer, E : 4 km, rue Surcouf
    2,8 ha (134 empl.) plat et peu incliné, herbeux
    **Tarif :** ▣ *2 pers.* 🛉 *(6A) 11,35 – pers. suppl. 2,10 – frais de
    réservation 22,30*

## ST-CALAIS

72120 Sarthe **5** – **310** N7 G. Châteaux de la Loire – 4 063 h. – alt. 155.
🛈 Office du Tourisme, pl. de l'Hôtel-de-Ville 𝒫 02 43 35 82 95, Fax 02 43 35 15 13.
Paris 188 – Blois 66 – Chartres 102 – Châteaudun 58 – Le Mans 46 – Orléans 96.

  ▲▲ **Municipal du Lac** avril-15 oct.
    𝒫 02 43 35 04 81 – sortie Nord par D 249, rte de Montaillé
    « Près d'un plan d'eau »
    2 ha (85 empl.) plat, herbeux
    **Tarif :** (Prix 2002) ▣ *2 pers.* 🛉 *(6A) 8,93 – pers. suppl. 2,25*

## ST-CAST-LE-GUILDO

22380 C.-d'Armor **4** – **309** I3 G. Bretagne – 3 093 h. – alt. 52.
🛈 Office du Tourisme, pl. Charles-de-Gaulle 𝒫 02 96 41 81 52, Fax 02 96 41 76 19, *saint.cast.le.guildo@ wanadoo.fr*.
Paris 427 – Avranches 92 – Dinan 33 – St-Brieuc 49 – St-Malo 34.

  ▲▲▲ **Château de Galinée** 15 avril-8 sept.
    𝒫 02 96 41 10 56, *chateaugalinee@wanadoo.fr*, Fax 02 96
    41 03 72 – S : 7 km, accès par D 786, près du carrefour avec
    la rte de St-Cast-le-Guildo « Bel ensemble de piscines et
    plantations » – **R** conseillée
    12 ha (272 empl.) plat, herbeux
    **Tarif :** ▣ *2 pers.* 🛉 *29,30 – pers. suppl. 5,45 – frais de réser-
    vation 20*
    **Location** 🏠 : 🛖 *230 à 650 – bungalows toilés*

  ▲▲ **Le Châtelet** 8 mai-8 sept.
    𝒫 02 96 41 96 33, *chateletcp@aol.com*, Fax 02 96 41
    97 99 – O : 1 km, r. des Nouettes, à 250 m de la mer et de
    la plage (accès direct) « Agréable situation dominante » –
    **R** conseillée
    7,6 ha/3,9 campables (180 empl.) en terrasses, plat et peu
    incliné, herbeux, petit étang
    **Tarif :** ▣ *2 pers.* 🛉 *(10A) 31,50 – pers. suppl. 5,50 – frais
    de réservation 22*
    **Location :** 🛖 *330 à 590*
    🛖

  ▲▲ **Les Mielles** 15 mars-2 janv.
    𝒫 02 96 41 87 60, *info@campings-st-cast.com*, Fax 02 96
    81 04 77 – sortie Sud par D 19, rte de St-Malo, bd de la
    Vieuxville, attenant au stade et à 200 m de la plage –
    **R** conseillée
    3,5 ha (198 empl.) plat, herbeux
    **Tarif :** ▣ *2 pers.* 🛉 *20,90 – pers. suppl. 4,30 – frais de réser-
    vation 16*
    **Location :** 🛖 *244 à 504*
    🛖

  ▲ **La Crique** fermé 3 janv.-14 mars
    𝒫 02 96 41 89 19, *info@campings-st-cast.com*, Fax 02 96
    81 04 77 – à l'Isle, au Nord-Ouest de St-Cast-le-Guildo, près
    de la plage de la Mare et face au V.V.F. – **R** conseillée
    2,8 ha (160 empl.) en terrasses et peu incliné, herbeux
    **Tarif :** ▣ *2 pers.* 🛉 *16,70 – pers. suppl. 3,60 – frais de réser-
    vation 16*
    **Location :** 🛖 *244 à 504*

## ST-CÉRÉ

46400 Lot **10** – **337** H2 G. Périgord Quercy – 3 760 h. – alt. 152.
🛈 Office du Tourisme, pl. de la République 𝒫 05 65 38 11 85, Fax 05 65 38 38 71, *saint-cere@wanadoo.fr*.
Paris 531 – Aurillac 62 – Brive-la-Gaillarde 53 – Cahors 80 – Figeac 43 – Tulle 57.

  ▲▲ **Le Soulhol** 30 avril-20 sept.
    𝒫 05 65 38 12 37, Fax 05 65 10 61 75 – sortie Sud-Est par
    D 48, quai Auguste-Salesses, bord de la Bave
    3,5 ha (180 empl.) plat, herbeux
    **Tarif :** ▣ *2 pers.* 🛉 *(10A) 14,50 – pers. suppl. 3,90*
    **Location :** 🛖 *190 à 360 – gîtes*

## ST-CHÉRON

91530 Essonne **6** – **312** B4 – 4 082 h. – alt. 100.
**⚑** Syndicat d'Initiative, Mairie *℘* 01 69 14 13 00.
Paris 43 – Chartres 54 – Dourdan 10 – Étampes 21 – Fontainebleau 63 – Orléans 90 – Rambouillet 28 – Versailles 49.

ʌʌʌ **Le Parc des Roches** 15 mars-1er déc.
*℘* 01 64 56 65 50, *parc.des.roches@free.fr*, Fax 01 64 56
54 50 – à la Petite Beauce, SE : 3,4 km par D 132, rte d'Étre-
chy et chemin à gauche – Places limitées pour le passage
« Agréable site naturel, boisé et rocheux » – **R** conseillée
23 ha/15 campables (380 empl.) plat et accidenté, herbeux
**Tarif :** ⊞ *2 pers.* (ⱹ) *(5A) 21,30 – pers. suppl. 6*

salle d'animation

## ST-CHRISTOPHE

17220 Char.-Mar. **9** – **324** E3 – 827 h. – alt. 26.
Paris 455 – Niort 48 – Rochefort 26 – La Rochelle 21 – Surgères 19.

ʌ **Municipal la Garenne** mai-sept.
*℘* 05 46 35 16 15 – sortie Nord-Est par D 264, rte de la
Martinière « Cadre agréable, près d'un étang » – **R** conseillée
0,4 ha (30 empl.) plat, herbeux
**Tarif :** ⊞ *2 pers.* (ⱹ) *10,60 – pers. suppl. 2,40*

À prox. :

## ST-CHRISTOPHE-DE-DOUBLE

33230 Gironde **9** – **335** L4 – 564 h. – alt. 89.
Paris 519 – Bergerac 58 – Blaye 66 – Bordeaux 69 – Libourne 33 – Périgueux 74.

ʌ **Municipal du Centre Nautique et de Loisirs**
juin-sept.
*℘* 05 57 49 50 02, *stchristophe-de-double@wanadoo.fr*,
Fax 05 57 49 57 20 – S : 0,8 km par D 123, rte de St-Antoine-
sur-l'Isle et à droite, près d'un étang
0,7 ha (30 empl.) peu incliné, sablonneux, pierreux, herbeux
**Tarif :** (Prix 2002) ⊞ *2 pers.* (ⱹ) *9 – pers. suppl. 2*

À prox. : (plage)

## ST-CHRISTOPHE-EN-OISANS

38520 Isère **12** – **333** K8 G. Alpes du Nord – 103 h. – alt. 1 470.
**⚑** Office du Tourisme, la ville *℘* 04 76 80 50 01, Fax 04 76 80 59 39, *othv@magic.fr*.
Paris 637 – L'Alpe-d'Huez 31 – La Bérarde 12 – Le Bourg-d'Oisans 21 – Grenoble 73.

ʌ **Municipal la Bérarde** juin-sept.
*℘* 04 76 79 20 45, Fax 04 76 79 20 45 – SE : 10,5 km par
rte de la Bérarde, D 530 d'accès difficile aux caravanes (forte
pente), croisement parfois impossible hors garages de déga-
gement, alt. 1 738 « Très agréable site sauvage au bord du
Vénéon » – **R**
2 ha (165 empl.) non clos, peu incliné et plat, en terrasses,
pierreux, herbeux, rocher
**Tarif :** (Prix 2002) ⊞ *2 pers.* (ⱹ) *12,30 – 3 pers. 14,90 – pers.
suppl. 2,30*

Parc National des Écrins

borne internet

## ST-CHRISTOPHE-SUR-ROC

79220 Deux Sèvres **9** – **322** D6 – 472 h. – alt. 125.
Paris 397 – Fontenay-le-Comte 48 – Niort 21 – Parthenay 26 – St-Maixent-l'École 14.

ʌ **Intercommunal du Plan d'Eau** 15 avril-15 oct.
*℘* 05 49 05 21 38, *plandeaucherveux@aol.com*, Fax 05 49
75 86 60 – SO : 1,5 km par D 122, rte de Cherveux, à 100
m d'un plan d'eau – **R** conseillée
1,5 ha (35 empl.) peu incliné, herbeux
**Tarif :** ⊞ *2 pers.* (ⱹ) *(6A) 9,15 – pers. suppl. 2,20*

juil.-août

À prox. :

(plage)

## ST-CIRGUES-EN-MONTAGNE

07510 Ardèche **16** – **331** G5 G. Vallée du Rhône – 361 h. – alt. 1 044.
**⚑** Syndicat d'Initiative, place de l'église *℘* 04 75 38 96 37, Fax 04 75 38 94 95.
Paris 590 – Aubenas 40 – Langogne 31 – Privas 68 – Le Puy-en-Velay 56.

ʌ **Les Airelles** avril-15 oct.
*℘* 04 75 38 92 49 – sortie Nord par D 160, rte du Lac-
d'Issarlès, rive droite du Vernason – **R** conseillée
0,7 ha (50 empl.) en terrasses et peu incliné, pierreux,
herbeux
**Tarif :** ⊞ *2 pers.* (ⱹ) *9,90 – pers. suppl. 2,60*
**Location :** ⌂

snack, pizzeria

À prox. :

## ST-CIRQ

24260 Dordogne **13** – **329** G6 – 104 h. – alt. 50.
Paris 517 – Bergerac 53 – Le Bugue 6 – Les Eyzies-de-Tayac 6 – Périgueux 45.

⚠ **Brin d'Amour** avril-oct.
℘ 05 53 07 23 73, *brindamour2@wanadoo.fr*, Fax 05 53 07 23 73 – N : 3,3 km par D 31, rte de Manaurie et chemin à droite – **R** conseillée
4 ha (60 empl.) peu incliné et plat, en terrasses, herbeux, petit étang
**Tarif :** 🔲 2 pers. 🅟 (6A) 15,20 – pers. suppl. 3,95 – frais de réservation 12,20
**Location :** ⌂ 183 à 200 – 🏠 245 à 488

## ST-CIRQ-LAPOPIE

46330 Lot **14** – **337** G5 G. Périgord Quercy – 187 h. – alt. 320.
🛈 Office du Tourisme, pl. du Sombral ℘ 05 65 31 29 06, Fax 05 65 31 29 06, *saint-cirq.lapopie@wanadoo.fr*.
Paris 576 – Cahors 26 – Figeac 44 – Villefranche-de-Rouergue 37.

⚠ **La Truffière** avril-sept.
℘ 05 65 30 20 22, *contact@camping-truffiere.com*, Fax 05 65 30 20 27 – S : 3 km par D 42, rte de Concots – **R** conseillée
4 ha (96 empl.) en terrasses, herbeux, pierreux
**Tarif :** 🔲 2 pers. 🅟 16,80 – pers. suppl. 4,60 – frais de réservation 11,50
**Location :** ⌂ 170 à 315 – 🏠 270 à 580
🚐

⚠ **La Plage** Permanent
℘ 05 65 30 29 51, *camping-laplage@wanadoo.fr*, Fax 05 65 30 23 33 – NE : 1,4 km par D 8, rte de Tour-de-Faure, à gauche avant le pont « Bordé par le Lot, face à l'un des plus beaux villages de France » – **R** conseillée
3 ha (120 empl.) plat, herbeux, pierreux
**Tarif :** (Prix 2002) 🔲 2 pers. 🅟 (10A) 19 – pers. suppl. 5 – frais de réservation 10
**Location :** ⌂ 276 à 558
🚐

## ST-CLAIR

83 Var – **340** N7 – rattaché au Lavandou.

## ST-CLAIR-DU-RHÔNE

38370 Isère **12** – **333** B5 G. Vallée du Rhône – 3 360 h. – alt. 160.
Paris 504 – Annonay 35 – Givors 25 – Le Péage-de-Roussillon 10 – Rive-de-Gier 23 – Vienne 15.

⚠ **Le Daxia** avril-sept.
℘ 04 74 56 39 20, *camping-le-daxia@wanadoo.fr*, Fax 04 74 56 93 46 – S : 2,7 km par D 4 rte de Péage-du-Roussillon et chemin à gauche, accès conseillé par N 7 et D 37 « Beaux emplacements délimités, au bord de la Varèze » – **R** conseillée
7,5 ha (120 empl.) plat, herbeux
**Tarif :** (Prix 2002) 🔲 2 pers. 🅟 (6A) 15,40 – pers. suppl. 3,20 – frais de réservation 10
**Location** ⚲ : ⌂ 182,40 à 228
🚐

## ST-CLAUDE

39200 Jura **12** – **321** F8 G. Jura – 12 704 h. – alt. 450.
🛈 Office du Tourisme, 19 r. du Marché ℘ 03 84 45 34 24, Fax 03 84 41 02 72, *ot-st-claude-jura@en-france.com*.
Paris 465 – Annecy 89 – Bourg-en-Bresse 90 – Genève 59 – Lons-le-Saunier 59.

⚠ **Municipal du Martinet** mai-sept.
℘ 03 84 45 00 40, Fax 03 84 45 27 10 – SE : 2 km par rte de Genève et D 290 à droite, au confluent du Flumen et du Tacon « Blotti dans un agréable site montagneux » – **R** conseillée
2,9 ha (130 empl.) plat et incliné, herbeux
**Tarif :** (Prix 2002) 🔲 2 pers. 🅟 11,40 – pers. suppl. 2,70

## ST-CLÉMENT-DES-BALEINES

17 Char.-Mar. – **324** A2 – voir à Île de Ré.

## ST-CLÉMENT-DE-VALORGUE

63660 P.-de-D. **11** – **326** K10 – 237 h. – alt. 900.
Paris 469 – Ambert 27 – Clermont-Ferrand 105 – Montbrison 28 – St-Anthème 4 – Usson-en-Forez 15.

**Les Narcisses** juin-15 sept.
     ↗ 04 73 95 45 76 – NO : 1,2 km par rte de Mascortel, à proximité de l'Ance
1,4 ha (50 empl.) plat et terrasse, herbeux
**Tarif :** ▣ 2 pers. 🗲 9,30 – pers. suppl. 2,45
**Location :** ⚏ 190

À prox. : terrain omnisports, parcours sportif ✗ ♏ ≅ (plan d'eau)

## ST-CLÉMENT-SUR-DURANCE

05600 H.-Alpes **17** – **334** H5 – 191 h. – alt. 872.
Paris 718 – L'Argentière-la-Bessée 21 – Embrun 14 – Gap 54 – Mont-Dauphin 7 – Savines-le-Lac 26.

**Les Mille Vents** 15 juin-7 sept.
     ↗ 04 92 45 10 90 – E : 1 km par N 94, rte de Briançon et D 994<sup>D</sup> à droite après le pont « Au bord de la rivière » – **R** conseillée
3,5 ha (100 empl.) plat, terrasse, herbeux, pierreux
**Tarif :** (Prix 2002) ▣ 2 pers. 🗲 (5A) 14 – pers. suppl. 2,50

## ST-CONGARD

56140 Morbihan **4** – **308** R8 – 664 h. – alt. 20.
Paris 421 – Josselin 36 – Ploërmel 24 – Redon 26 – Vannes 42.

**Municipal du Halage** 15 juin-15 sept.
     ↗ 02 97 43 50 13, Fax 02 97 43 50 13 – au bourg, près de l'église et de l'Oust – **R**
0,8 ha (42 empl.) plat à peu incliné, herbeux
**Tarif :** (Prix 2002) ▣ 2 pers. 🗲 7,10 – pers. suppl. 1,30

## ST-COULOMB

35350 I.-et-V. **4** – **309** K2 – 1 938 h. – alt. 35.
Paris 399 – Cancale 6 – Dinard 18 – Dol-de-Bretagne 22 – Rennes 74 – St-Malo 6.

**Du Guesclin** avril-sept.
     ↗ 02 99 89 03 24 – NE : 2,5 km par D 355, rte de Cancale et rte à gauche – **R** conseillée
0,9 ha (43 empl.) peu incliné, herbeux
**Tarif :** (Prix 2002) ▣ 2 pers. 🗲 (6A) 13,01 – pers. suppl. 2,90

## ST-CRÉPIN-ET-CARLUCET

24590 Dordogne **18** – **329** I6 G. Périgord Quercy – 372 h. – alt. 262.
Paris 515 – Brive-la-Gaillarde 40 – Les Eyzies-de-Tayac 32 – Montignac 22 – Périgueux 69 – Sarlat-la-Canéda 12.

**Les Peneyrals** 15 mai-13 sept.
     ↗ 05 53 28 85 71, camping.peneyrals@wanadoo.fr, Fax 05 53 28 80 99 – à St-Crépin, sur D 56, rte de Proissans « Cadre vallonné avec empl. en sous-bois ou au bord d'un étang » – **R** conseillée
12 ha/8 campables (199 empl.) en terrasses, herbeux, pierreux, étang
**Tarif :** ▣ 2 pers. 🗲 (10A) 25,40 - pers. suppl. 6,40 – frais de réservation 17
**Location :** ⚏ 220 à 630 – 🛖 260 à 650
⚏

**Le Pigeonnier – Club 24** juin-14 sept.
     ↗ 05 53 28 92 62, Fax 05 53 30 27 17 – NO : 1,3 km sur D 60 rte de Sarlat-la-Canéda – **R** conseillée
2,5 ha (100 empl.) peu incliné, herbeux
**Tarif :** ▣ 2 pers. 🗲 (6A) 21 – pers. suppl. 5,30 – frais de réservation 15,24
**Location** ✗ : ⚏ 450 à 470

À prox. : ✗

## ST-CYBRANET

24250 Dordogne **18** – **329** I7 – 310 h. – alt. 78.
Paris 543 – Cahors 50 – Les Eyzies-de-Tayac 29 – Gourdon 20 – Sarlat-la-Canéda 16.

Schéma à Domme

**Bel Ombrage** juin-4 sept.
     ↗ 05 53 28 34 14, belombrage@wanadoo.fr, Fax 05 53 59 64 64 – NO : 0,8 km, bord du Céou – **R** conseillée
6 ha (180 empl.) plat, herbeux
**Tarif :** ▣ 2 pers. 🗲 19,70 – pers. suppl. 4,90

⚠ **Les Cascades** 15 mai-15 sept.
    ℰ 05 53 28 32 26, *camping.les.cascadesgofornet.com*,
Fax 05 53 29 18 44 – SE : 2 km par D 50, rte de Domme et
chemin à droite, bord du Céou – **R** conseillée
2 ha (100 empl.) non clos, plat, peu incliné, herbeux
**Tarif :** ▣ *2 pers.* ⟨₰⟩ *(6A) 15,80 – pers. suppl. 4,10*
**Location :** ⊡ *288 à 427*

## ST-CYPRIEN

66750 Pyr.-Or. 🔟🟫 – 🅱🅱🅱 J7 G. Languedoc Roussillon – 6 892 h. – alt. 5.
🅱 Office du Tourisme, quai A. Rimbaud ℰ 04 68 21 01 33, Fax 04 68 21 98 33, *ot.stcyprien@wanadoo.fr*.
Paris 869 – Céret 31 – Perpignan 17 – Port-Vendres 20.

**à St-Cyprien-Plage** NE : 3 km – ⊠ 66750 St-Cyprien :

⛰ **Cala Gogo** 17 mai-20 sept.
    ℰ 04 68 21 07 12, Fax 04 68 21 02 19 – S : 4 km, aux Capel-
lans, bord de plage « Bel espace aquatique paysager » –
**R** conseillée
11 ha (659 empl.) plat, sablonneux, herbeux, pierreux
**Tarif :** ▣ *2 pers.* ⟨₰⟩ *(6A) 27 – pers. suppl. 7 – frais de réser-
vation 18,30*
**Location :** ⊡ *245 à 574*
⊡

## ST-CYR

86 Vienne – 🅱🅱🅱 I4 – rattaché à Poitiers.

## ST-CYR-SUR-MER

83270 Var 1️⃣7️⃣ – 🅱🅱🅱 J6 – 7 033 h. – alt. 10.
🅱 Office du Tourisme, pl. de l'Appel du 18 Juin, Les Lecques ℰ 04 94 26 73 73, Fax 04 94 26 73 74, *touris
me.st.cyr@wanadoo.fr*
Paris 814 – Bandol 8 – Brignoles 53 – La Ciotat 10 – Marseille 40 – Toulon 24.

⛰ **Le Clos Ste-Thérèse** avril-1er oct.
    ℰ 04 94 32 12 21, Fax 04 94 32 12 21 – SE : 3,5 km par
D 559 rte de Bandol, pour certains emplacements d'accès
peu facile (forte pente), mise en place et sortie des cara-
vanes à la demande – **R** conseillée
4 ha (123 empl.) accidenté et en terrasses, pierreux
**Tarif :** ▣ *2 pers.* ⟨₰⟩ *(10A) 22,30 – pers. suppl. 4,40 – frais
de réservation 19*
**Location :** ⊡ *280 à 580* – ☎ *280 à 580*

## ST-DENIS-D'OLÉRON

17 Char.-Mar. – 🅱🅱🅱 B3 – voir à Île d'Oléron.

## ST-DIDIER-EN-VELAY

43140 H.-Loire 1️⃣1️⃣ – 🅱🅱🅱 H2 – 2 723 h. – alt. 830.
🅱 Office du Tourisme, 5 r. de la république ℰ 04 71 66 25 72, Fax 04 71 61 25 83.
Paris 542 – Annonay 50 – Monistrol-sur-Loire 11 – Le Puy-en-Velay 61 – St-Étienne 25.

⚠ **La Fressange** 30 avril-août
    ℰ 04 71 66 25 28, *sogeval@wanadoo.fr*, Fax 04 73 34
70 94 – SE : 0,8 km par D 45 rte de St-Romain-Lachalm et
à gauche, bord d'un ruisseau – **R** conseillée
1,5 ha (104 empl.) incliné, peu incliné, en terrasses, herbeux
**Tarif :** ▣ *2 pers.* ⟨₰⟩ *(5A) 12,60 – pers. suppl. 2,50 – frais de
réservation 10*

## ST-DIÉ-DES-VOSGES

88100 Vosges 8️⃣ – 🅱🅱🅱 J3 G. Alsace Lorraine – 22 635 h. – alt. 350.
🅱 Office du Tourisme, 8 quai du Mar. de-Lattre-de-Tassigny ℰ 03 29 42 22 22, Fax 03 29 42 22 23, *tourisme
@ville-saintdie.fr*.
Paris 396 – Belfort 122 – Colmar 53 – Épinal 49 – Mulhouse 108 – Strasbourg 93.

⛰ **S.I. la Vanne de Pierre** Permanent
    ℰ 03 29 56 23 56, *tourisme@ville-saintdie.fr*, Fax 03 29 42
22 23 – à l'Est de la ville par le quai du Stade, près de la
Meurthe – **R** conseillée
3,5 ha (118 empl.) plat, herbeux
**Tarif :** ▣ *2 pers.* ⟨₰⟩ *(6A) 17,70 – pers. suppl. 4*

472

## ST-DONAT-SUR-L'HERBASSE

26260 Drôme 🔢 – 🔢 C3 G. Vallée du Rhône – 2 658 h. – alt. 202.
🅱 Office du Tourisme, 32 av. Georges-Bert ℘ 04 75 45 15 32, Fax 04 75 45 20 42.
Paris 550 – Grenoble 92 – Hauterives 20 – Romans-sur-Isère 13 – Tournon-sur-Rhône 16 – Valence 26.

⚠ **Les Ulèzes** 15 avril-sept.
℘ 04 75 45 10 91, *camping.ulezes@wanadoo.fr*, Fax 04 75 45 22 21 – sortie Sud-Est par D 53, rte de Romans et chemin à droite, près de l'Herbasse – **R** conseillée
2,5 ha/0,7 campable (40 empl.) plat, herbeux, petit étang
**Tarif :** (Prix 2002) 🔲 2 pers. 🔋 (10A) 20 – pers. suppl. 3

---

## SAINTE voir après la nomenclature des Saints

---

## ST-ÉLOY-LES-MINES

63700 P.-de-D. 🔢 – 🔢 E6 – 4 721 h. – alt. 490.
🅱 Syndicat d'Initiative, 8 r. Jean-Jaurès ℘ 04 73 85 48 10, Fax 04 73 85 92 17.
Paris 360 – Clermont-Ferrand 62 – Guéret 86 – Montluçon 30 – Moulins 71 – Vichy 57.

⚠ **Municipal la Poule d'Eau** juin-sept.
℘ 04 73 85 45 47, Fax 04 73 85 07 75 – sortie Sud par N 144 rte de Clermont puis à droite, 1,3 km par D 110, rte de Pionsat « Cadre verdoyant au bord de deux plans d'eau »
1,8 ha (50 empl.) peu incliné, herbeux
**Tarif :** 🔲 2 pers. 🔋 (6A) 7,34 – pers. suppl. 1,61

---

## ST-ÉMILION

33330 Gironde 🔢 – 🔢 K5 G. Aquitaine – 2 799 h. – alt. 30.
🅱 Office du Tourisme, pl. des Créneaux ℘ 05 57 55 28 28, Fax 05 57 55 28 29, *st-emilion.tourisme@wanadoo.fr*.
Paris 585 – Bergerac 58 – Bordeaux 42 – Langon 49 – Libourne 8 – Marmande 60.

⚠ **Domaine de la Barbanne** avril-22 sept.
℘ 05 57 24 75 80, *barbanne@wanadoo.fr*, Fax 05 57 24 69 68 – N : 3 km par D 122 rte de Lussac et rte à droite, navette gratuite pour St-Emilion, Traversée de St-Emilion interdite pour caravanes et camping-cars « Les vignes et un petit lac offrent un cadre pittoresque et charmant » – **R** conseillée
4,5 ha (160 empl.) plat, herbeux
**Tarif :** 🔲 1 ou 2 pers. 🔋 24 – pers. suppl. 6
**Location :** 🏠 290 à 610 – 🛏
🏠 (empl.12) – 20

---

## ST-ÉTIENNE

42000 Loire 🔢 – 🔢 F7 G. Vallée du Rhône – 199 396 h. – alt. 520.
🅱 Office du Tourisme, 16 av. de la Libération ℘ 04 77 49 39 00, Fax 04 77 49 39 03, *information@tourisme-st-etienne.com*.
Paris 521 – Clermont-Ferrand 146 – Grenoble 154 – Lyon 62 – Valence 122.

⚠ **Municipal de Chantegrillet** mars-oct.
℘ 04 77 33 18 62, Fax 04 77 34 01 43 – Centre ville 16 allée Chantegrillet, direction l'Esplanade – **R**
1 ha (55 empl.) en terrasses, gravillons, herbeux
**Tarif :** 🔲 2 pers. 🔋 (10A) 10,50 – pers. suppl. 2,20
🏠

---

## ST-ÉTIENNE-DE-BAIGORRY

64430 Pyr.-Atl. 🔢 – 🔢 D5 G. Aquitaine – 1 565 h. – alt. 163.
🅱 Office du Tourisme, pl. de l'Église ℘ 05 59 37 47 28, Fax 05 59 37 49 58.
Paris 817 – Biarritz 51 – Cambo-les-Bains 31 – Iruñea/Pamplona 71 – Pau 117 – St-Jean-Pied-de-Port 12.

⚠ **Municipal l'Irouleguy** mars-15 déc.
℘ 05 59 37 43 96, Fax 05 59 37 48 20 – sortie Nord-Est par D 15, rte de St-Jean-Pied-de-Port et chemin à gauche devant la piscine, bord de la Nive – **R** indispensable
1,5 ha (67 empl.) plat, herbeux
**Tarif :** 🔲 2 pers. 10 – pers. suppl. 2,50

## ST-ÉTIENNE-DE-LUGDARÈS

07590 Ardèche **16** – **331** F6 – 436 h. – alt. 1 037.
**🛈** Office du Tourisme, le village *ℰ* 04 66 46 65 36, Fax 04 66 46 65 95.
Paris 594 – Aubenas 50 – Langogne 17 – Largentière 53 – Mende 64.

⚠ ***Municipal les Aygues Douces*** 15 juin-15 sept.
*ℰ* 04 66 46 65 65, Fax 04 66 46 65 95 – SE : 2,5 km par
D 19, rte d'Aubenas et D 301 à droite, rte de la Borne « Au
bord du Masméjean » – **R** conseillée
0,6 ha (25 empl.) plat, herbeux, pierreux
**Tarif :** 🔲 *2 ou 3 pers.* 🔌 *10,36 – pers. suppl. 2,29*

## ST-ÉTIENNE-DE-MONTLUC

44360 Loire-Atl. **4** – **316** F4 – 5 759 h. – alt. 17.
**🛈** Office du Tourisme, 13 pl. de la Mairie *ℰ* 02 40 85 95 13, Fax 02 40 85 95 13.
Paris 398 – Nantes 21 – Nozay 42 – Pontchâteau 34 – St-Nazaire 41.

⚠ ***Municipal la Coletterie*** Permanent
*ℰ* 02 40 86 97 44, Fax 02 40 86 98 78 – en ville, sortie vers
Sautron – Places limitées pour le passage
0,75 ha (53 empl.) plat et peu incliné, herbeux (camping),
gravillons (caravaning)
**Tarif :** 🔲 *2 pers.* 🔌 *(20A) 9,40 – pers. suppl. 2*

## ST-ÉTIENNE-DE-TINÉE

06660 Alpes-Mar. **17** – **341** C2 – 1 783 h. – alt. 1 147.
Paris 795 – Grenoble 231 – Marseille 264 – Nice 91 – Valence 281.

⚠ ***Municipal du Plan d'Eau*** juin-sept.
*ℰ* 04 93 02 41 57, Fax 04 93 02 46 93 – réservé aux tentes,
au Nord du bourg « Dominant un joli petit plan d'eau » –
**R** indispensable
0,5 ha (29 empl.) terrasses, herbeux, pierreux
**Tarif :** 🔲 *2 pers. 8,50 – pers. suppl. 2,30*
🚐 *(6 empl.) – 11,60*

## ST-ÉTIENNE-DU-BOIS

85670 Vendée **9** – **316** G7 – 1 416 h. – alt. 38.
Paris 428 – Aizenay 13 – Challans 25 – Nantes 49 – La Roche-sur-Yon 27 – St-Gilles-Croix-de-Vie 38.

⚠ ***Municipal la Petite Boulogne*** mai-15 sept.
*ℰ* 02 51 34 54 51, *la.petiteboulogne@ wanadoo.fr*, Fax
02 51 34 54 10 – au Sud du bourg par D 81, rte de Poiré-
sur-Vie et chemin à droite, près de la rivière et à 250 m d'un
étang, chemin piétonnier reliant le camping au bourg –
**R** conseillée
1,5 ha (35 empl.) peu incliné et plat, terrasse, herbeux
**Tarif :** 🔲 *2 pers.* 🔌 *12 – pers. suppl. 3*
**Location :** 🛖 *230 à 336*

## ST-ÉTIENNE-DU-GRÈS

13103 B.-du-R. **16** – **340** D3 – 1 863 h. – alt. 7.
Paris 710 – Arles 17 – Avignon 24 – Les Baux-de-Provence 15 – St-Rémy-de-Provence 9 – Tarascon 8.

⚠ ***Municipal*** avril-sept.
*ℰ* 04 90 49 00 03 – sortie Nord-Ouest par D 99, rte de
Tarascon, près du stade, à 50 m de la Vigueira – **R** conseillée
0,6 ha (40 empl.) plat, herbeux, pierreux
**Tarif :** 🔲 *2 pers.* 🔌 *(5A) 10,20 – pers. suppl. 2,20*

## ST-ÉTIENNE-EN-DÉVOLUY

05250 H.-Alpes **17** – **334** D4 G. Alpes du Nord – 538 h. – alt. 1 273.
**🛈** Office du Tourisme *ℰ* 04 92 58 91 91, Fax 04 92 58 91 32, *devoluy @ wanadoo.fr*.
Paris 647 – Corps 25 – Gap 33 – Serres 61.

⚠ ***Les Auches*** Permanent
*ℰ* 04 92 58 84 71, *viletout@ aol.com*, Fax 04 92 58 84 71 –
SE : 1,3 km par D 17 rte du col du Noyer, bord de la Souloise
– Places limitées pour le passage
1,2 ha (45 empl.) plat, pierreux, gravier, herbeux
**Tarif :** 🔲 *2 pers.* 🔌 *(10A) 14,20 – pers. suppl. 2,30*

474

## ST-EVROULT-NOTRE-DAME-DU-BOIS

61550 Orne **5** – **310** L2 G. Normandie Vallée de la Seine – 383 h. – alt. 355.
Paris 153 – L'Aigle 14 – Alençon 61 – Argentan 42 – Bernay 41.

△ **Municipal des Saints-Pères** avril-sept.
  ℘ 02 33 24 18 86, Fax 02 33 34 93 12 – au Sud-Est du bourg « Agréable situation, au bord d'un plan d'eau » – **R**
  0,6 ha (27 empl.) plat et terrasse, herbeux, gravillons, bois attenant
  **Tarif :** ▣ 2 pers. ⚡ (10A) 8,50 – pers. suppl. 2

## ST-FARGEAU

89170 Yonne **6** – **319** B6 G. Bourgogne – 1 884 h. – alt. 175 – Base de loisirs.
🛈 Office du Tourisme, 3 pl. de la République ℘ 03 86 74 10 07, Fax 03 86 74 10 07, office.de.tourisme.saint-fargeau@wanadoo.fr.
Paris 182 – Auxerre 45 – Cosne-sur-Loire 37 – Gien 41 – Montargis 55.

△ **Municipal la Calanque** 13 avril-sept.
  ℘ 03 86 74 04 55, Fax 03 86 74 04 55 – SE : 6 km par D 85, D 185 à droite et rte à gauche, près du Réservoir du Bourdon « Cadre et site agréables » – **R** conseillée
  6 ha (225 empl.) plat et accidenté, sablonneux, herbeux

## ST-FERRÉOL

74210 H.-Savoie **12** – **328** K6 – 758 h. – alt. 516.
Paris 563 – Albertville 19 – Annecy 28 – La Clusaz 29 – Megève 34.

△ **Municipal les Pins** 15 juin-15 sept.
  ℘ 04 50 32 47 71, st.ferreol@wanadoo.fr, Fax 04 50 44 49 76 – à l'Est du bourg, près du stade – **R** conseillée
  1,5 ha (120 empl.) non clos, plat, herbeux
  **Tarif :** ▣ 2 pers. ⚡ 14 – pers. suppl. 2

## ST-FERRÉOL

31350 H.-Gar. **15** – **343** K4 G. Midi Pyrénées – Base de loisirs.
Paris 741 – Carcassonne 43 – Castelnaudary 19 – Castres 31 – Gaillac 65 – Toulouse 56.

△ **Las Prades** avril-oct.
  ℘ 05 61 83 43 20 – S : 1,5 km par D 79 D² et chemin à gauche, à 1 km du lac (haut de la digue) – Places limitées pour le passage – **R** conseillée
  1,2 ha (54 empl.) plat, herbeux
  **Tarif :** ▣ 2 pers. ⚡ (10A) 12,80 – pers. suppl. 2,65
  **Location :** ⌂ 229

△ **En Salvan** avril-oct.
  ℘ 05 61 83 55 95, lvt-en-salvan@wanadoo.fr, Fax 05 62 71 23 46 – SO : 1 km sur D 79D rte de Vaudreuille, près d'une cascade et à 500 m du lac (haut de la digue) – **R** conseillée – Adhésion F.F.C.C. obligatoire
  2 ha (150 empl.) plat et peu incliné, herbeux
  **Tarif :** ▣ 2 pers. ⚡ (10A) 12,80 – pers. suppl. 2,60
  **Location** ⚐ : ⌂ 228 à 488 – ⌂ 228 à 488

## ST-FERRÉOL-TRENTE-PAS

26110 Drôme **16** – **332** E7 – 191 h. – alt. 417.
Paris 639 – Buis-les-Baronnies 29 – La Motte-Chalancon 31 – Nyons 13 – Rémuzat 22 – Vaison-la-Romaine 28.

△△ **Le Pilat** avril-sept.
  ℘ 04 75 27 72 09, info@campinglepilat.com, Fax 04 75 27 72 34 – N : 1 km par D 70, rte de Bourdeaux, bord d'un ruisseau « Au milieu de la lavande » – **R** conseillée
  1 ha (70 empl.) plat, pierreux, herbeux
  **Tarif :** ▣ 2 pers. ⚡ (6A) 16 – pers. suppl. 4
  **Location** ⚐ : ⌂ 149 à 271

## ST-FIRMIN

05800 H.-Alpes **12** – **334** E4 G. Alpes du Nord – 408 h. – alt. 901.
Paris 641 – Corps 10 – Gap 32 – Grenoble 77 – La Mure 35 – St-Bonnet-en-Champsaur 18.

△ **La Villette** 15 juin-15 sept.
  ℘ 04 92 55 23 55 – NO : 0,5 km par D 58 rte des Reculas
  0,5 ha (33 empl.) en terrasses, peu incliné, herbeux, pierreux
  **Tarif :** ▣ 2 pers. ⚡ (5A) 10,50 – pers. suppl. 2,95

△ **La Pra** 15 juin-15 sept.
🔍 04 92 55 48 76 – 0,8 km au Nord-Est du bourg, pour cara-vanes accès conseillé par D 985ᴬ rte de St-Maurice en V. et D 58 à gauche
0,5 ha (32 empl.) non clos, en terrasses, pierreux, herbeux
**Tarif :** 🔲 *2 pers.* 🔋 *8,60 – pers. suppl. 2,30*

## ST-FLORENT

2B H.-Corse – 𝟑𝟒𝟓 E3 – voir à Corse.

## ST-FLOUR

15100 Cantal 𝟏𝟏 – 𝟑𝟑𝟎 G4 G. Auvergne – 7 417 h. – alt. 783.
🇮 Office du Tourisme, 17 bis place d'Armes 🔍 04 71 60 22 50, Fax 04 71 60 05 14, *info@saint-flour.com.*
Paris 516 – Aurillac 72 – Issoire 66 – Millau 131 – Le Puy-en-Velay 114 – Rodez 112.

△ **International Roche-Murat** avril-1ᵉʳ nov.
🔍 04 71 60 43 63, *courrier@international-roche-murat.com,* Fax 04 71 60 27 82 – NE : 4,7 km par D 921, N 9, rte de Clermont-Ferrand et avant l'échangeur de l'auto-route A 75, chemin à gauche, au rond-point, par A 75 sortie 28 – **R** conseillée en terrasses, herbeux, pinède attenante
**Tarif :** (Prix 2002) 🔲 *2 pers.* 🔋 *10,30 – pers. suppl. 2,20*

△ **Municipal les Orgues** 15 mai-15 sept.
🔍 04 71 60 44 01 – 19 av. Dr.-Mallet (Ville-haute)
1 ha (85 empl.) peu incliné, herbeux
**Tarif :** (Prix 2002) 🔲 *2 pers.* 🔋 *10,60 – pers. suppl. 2,35*
À prox. :

## ST-FORTUNAT-SUR-EYRIEUX

07360 Ardèche 𝟏𝟔 – 𝟑𝟑𝟏 K5 – 531 h. – alt. 145.
Paris 591 – Aubenas 52 – Le Cheylard 35 – Crest 38 – Lamastre 30 – Privas 22 – Valence 27.

△ **Municipal** avril-sept.
🔍 04 75 65 22 80, *st.fortuna@free.fr*
sortie Sud par D 265 rte de St-Vincent-de-Durfort, à gauche après le pont, à proximité de l'Eyrieux – **R** conseillée
0,7 ha (45 empl.) plat, et peu incliné, herbeux
**Tarif :** 🔲 *2 pers.* 🔋 *(6A) 13,30 – pers. suppl. 3,30*
À prox. :

## ST-GALMIER

42330 Loire 𝟏𝟏 – 𝟑𝟐𝟕 E6 G. Vallée du Rhône – 4 272 h. – alt. 400.
🇮 Office du Tourisme, bd du Sud 🔍 04 77 54 06 08, Fax 04 77 54 06 07.
Paris 461 – Lyon 84 – Montbrison 25 – Montrond-les-Bains 11 – Roanne 59 – St-Étienne 26.

△△ **Val de Coise** avril-sept.
🔍 04 77 54 14 82, Fax 04 77 54 02 45 – E : 2 km par D 6 rte de Chevrières et chemin à gauche, bord de la Coise – Places limitées pour le passage
3,5 ha (100 empl.) plat, en terrasses, peu incliné, herbeux
**Tarif :** 🔲 *2 pers.* 🔋 *14,90 – pers. suppl. 4,60*
**Location :** *bungalows toilés*
À prox. :

## ST-GAUDENS

31800 H.Gar. 𝟏𝟒 – 𝟑𝟒𝟑 C6 G. Midi-Pyrénées – 11 266 h. – alt. 405.
🇮 Office du Tourisme, 2 r. Thiers 🔍 05 61 94 77 61, Fax 05 61 94 77 50, *tourisme@stgaudens.com.*
Paris 778 – Bagnères-de-Luchon 46 – Tarbes 68 – Toulouse 94.

△ **Municipal Belvédère des Pyrénées** avril-oct.
🔍 05 62 00 16 03 – O : 1 km par N 117, direction Tarbes – **R**
1 ha (83 empl.) plat, herbeux, gravillons
**Tarif :** 🔲 *2 pers.* 🔋 *(13A) 15,55 – pers. suppl. 3*
À prox. : 🛒 🍽 pizzeria

476

42660 Loire ⑪ – ③②⑦ F7 – 2 384 h. – alt. 980.
🏠 Syndicat d'Initiative, 1 r. du Feuillage ℰ 04 77 51 23 84, Fax 04 77 51 23 85.
Paris 532 – Annonay 34 – St-Étienne 14 – Yssingeaux 46.

△ **Municipal de la Croix de Garry** avril-sept.
ℰ 04 77 51 25 84, gite.camping.st.genest.malifaux@wanad
oo.fr, Fax 04 77 51 26 71 – sortie Sud par D 501, rte de
Montfaucon-en-Velay, près d'un étang et à 150 m de la
Semène, alt. 928 – Places limitées pour le passage –
**R** conseillée
2 ha (85 empl.) plat, terrasses, peu incliné, herbeux
**Tarif :** (Prix 2002) 🔲 2 pers. [🔌] (6A) 13 – pers.
suppl. 3
**Location :** gîte d'étape

⇐ o━ 🐕 🏚 ⅙ 🍴 🍂 🗂 🛁 🏕 ☺
🚿
À prox. : 🍴 🎣

---

24590 Dordogne ⑱ – ③②⑨ I6 G. Périgord Quercy – 735 h. – alt. 232.
Paris 515 – Brive-la-Gaillarde 40 – Les Eyzies-de-Tayac 23 – Montignac 13 – Périgueux 60 – Sarlat-la-
Canéda 15.

△△△ **La Bouquerie** 5 avril-27 sept.
ℰ 05 53 28 98 22, labouquerie@wanadoo.fr, Fax 05 53 29
19 75 – NO : 1,5 km par D 704 rte de Montignac et chemin
à droite – Places limitées pour le passage « Beaux empla-
cements sous une chênaie » – **R** conseillée
8 ha/4 campables (183 empl.) plat, peu incliné et en ter-
rasses, herbeux, pierreux, étang
**Tarif :** 🔲 2 pers. [🔌] 23,80 – pers. suppl. 6,20 – frais de réser-
vation 15
**Location :** 🏚 210 à 790

🍸 o━ GB 🐕 🗂 ♒♒ 🏚 ⅙ 🍴 🍂
🗂 🛁 🏕 ☺ 🍂 🍶 ♨ 🍹 ✕ (dîner
seulement) snack 🍖 🏪 🍽 🎯 🛶
🍴 ⅃ ⅀ 🐬
À prox. : 🐎

---

12130 Aveyron ⑯ – ③③⑧ J4 G. Midi Pyrénées – 1 988 h. – alt. 410.
🏠 Office du Tourisme, 4 r. du Cours ℰ 05 65 70 43 42, Fax 05 65 70 47 05, office.tourisme.saintgenie@
wanadoo.
Paris 615 – Espalion 28 – Florac 80 – Mende 68 – Rodez 46 – Sévérac-le-Château 25.

**477**

△△△ **Marmotel** 7 mai-21 sept.
ℰ 05 65 70 46 51, info@marmotel.com, Fax 05 65 47
41 38 – O : 1,8 km par D 19 rte de Prades-d'Aubrac et chemin
à gauche, à l'extrémité du village artisanal, bord du Lot
« Cadre verdoyant et très ombragé » – **R** conseillée
4 ha (140 empl.) plat, herbeux
**Tarif :** 🔲 2 pers. [🔌] (10A) 22,50 – pers. suppl. 3,90 – frais
de réservation 15
**Location** 🏚 : 🏚 260 à 590 – 🏠 240 à 560
🏚 (6 empl.) – 15

🍸 ⇐ o━ GB 🐕 🗂 ♒♒ (2 ha) ⅙ 🍴
🍂 🗂 🛁 40 sanitaires individuels (🍴
🍂 🛁 wc) ☺ 🍶 🍽 🍹 grill (dîner)
🍽 🎯 🚌 salle d'animation 🛶 🎯
🍴 ⅃ ⅀ ⅄ tir à la carabine à air
comprimé
À prox. : 🍖 🐎

△△△ **La Boissière** 20 avril-sept.
ℰ 05 65 70 40 43, Fax 05 65 47 56 39 – NE : 1,2 km
par D 988, rte de St-Laurent-d'Olt et rte de Pomayrols
à gauche, bord du Lot « Agréable cadre boisé » –
**R** conseillée
5 ha (220 empl.) en terrasses et plat, peu incliné,
herbeux
**Tarif :** 🔲 2 pers. [🔌] (10A) 19,40 – pers. suppl. 5,20 – frais
de réservation 23
**Location :** 🏚 350 à 585 – bungalows toilés

🍸 o━ GB 🐕 🗂 ♒♒ ⅙ 🍴 🍂 🗂
🛁 🏕 ☺ 🍂 🍹 🍴 🏪 🎯 🛶 🍴 ⅃
⅀
À prox. : 🍖 🚲 🎯 🐎

---

66740 Pyr.-Or. ⑮ – ③④④ I7 G. Languedoc Roussillon – 1 744 h. – alt. 63.
🏠 Syndicat d'Initiative, Accueil du Cloître ℰ 04 68 89 84 33, Fax 04 68 89 66 22, mairie.st.genis.des.fontaines
@wanadoo.fr.
Paris 877 – Argelès-sur-Mer 11 – Le Boulou 10 – Collioure 18 – La Jonquera 24 – Perpignan 23.

△ **La Pinède** juin-août
ℰ 04 68 89 75 29, sarl.la.pinède@wanadoo.fr
au Sud du bourg par D 2, rte de Laroque-des-Albères –
**R** conseillée
1 ha (71 empl.) plat, herbeux
**Tarif :** 🔲 2 pers. [🔌] (5A) 16 – pers. suppl. 3,70 – frais de
réservation 19
**Location** 🏚 : 🏚 458

o━ 🐕 ♒♒ ⅙ 🍴 🍂 🗂 🛁 🏕 ☺ 🍂
🐎
À prox. : 🍴

## ST-GEORGES-DE-DIDONNE

17110 Char.-Mar. **9** – **324** D6 G. Poitou Vendée Charentes – 4 705 h. – alt. 7.
**🛈** Office du Tourisme *𝄞* 05 46 05 09 73, Fax 05 46 06 36 99, *omt@saintgeorgesdedidonne.com*.
Paris 505 – Blaye 81 – Bordeaux 119 – Jonzac 57 – La Rochelle 78 – Royan 4.

*Schéma à Royan*

▲▲▲ **Bois-Soleil** 4 avril-5 nov.
*𝄞* 05 46 05 05 94, *camping.bois.soleil@wanadoo.fr*, Fax
05 46 06 27 43 – Sud par D 25, rte de Meschers-sur-Gironde,
bord de plage, en deux parties distinctes de part et d'autre
du D 25 – **R** conseillée
8 ha (344 empl.) plat, accidenté et en terrasses, sablonneux
**Tarif :** ▣ *2 pers.* ⚡ *(6A) 29 – pers. suppl. 5,50 – frais de
réservation 26*
**Location :** 🛖 *180 à 620 –* 🏠 *160 à 820 – studios*
🛖

▲ **Azpitarté** Permanent
*𝄞* 05 46 05 26 24, *linette.besson@camping-azpitarte.
com*, Fax 05 46 05 26 24 – en ville, 35 r. Jean-Moulin –
**R** conseillée
1 ha (60 empl.) plat et peu incliné, herbeux, pierreux
**Tarif :** ▣ *1 à 3 pers.* ⚡ *(10A) 20,20 – pers. suppl. 4,35 – frais
de réservation 23*
**Location :** 🛖 *275 à 415 –* ▭

---

## ST-GEORGES-DE-LA-RIVIERE

50 Manche – **303** B3 – rattaché à Barneville-Carteret.

---

## ST-GEORGES-DE-LÉVÉJAC

48500 Lozère **15** – **330** H9 – 241 h. – alt. 900.
Paris 606 – Florac 54 – Mende 46 – Millau 49 – Sévérac-le-Château 20 – Le Vigan 94.

▲ **Cassaduc** 15 juin-15 sept.
*𝄞* 04 66 48 85 80 – SE : 1,4 km par rte du Point Sublime et
rte à gauche « A 500 m du Point Sublime » – **R**
2,2 ha (75 empl.) en terrasses et peu incliné, herbeux,
pierreux
**Tarif :** ▣ *2 pers.* ⚡ *(6A) 12,50 – pers. suppl. 3*

---

## ST-GEORGES-D'OLÉRON

17 Char.-Mar. – **324** C4 – voir à Île d'Oléron.

---

## ST-GEORGES-DU-VIÈVRE

27450 Eure **5** – **304** D6 – 573 h. – alt. 138.
**🛈** Office du Tourisme, pl. de la Mairie *𝄞* 02 32 56 34 29, Fax 02 32 57 52 90, *info@saintgeorgesdu
vievre.org*.
Paris 162 – Bernay 21 – Évreux 55 – Lisieux 36 – Pont-Audemer 15 – Rouen 51.

▲ **Municipal du Vièvre** avril-sept.
*𝄞* 02 32 42 76 79, Fax 02 32 42 80 42 – sortie Sud-Ouest
par D 38 rte de Noards – **R** conseillée
1,1 ha (50 empl.) plat, herbeux
**Tarif :** ▣ *2 pers.* ⚡ *(5A) 9 – pers. suppl. 2*

---

## ST-GEORGES-LÈS-BAILLARGEAUX

86 Vienne – **322** I4 – rattaché à Poitiers.

---

## ST-GEORGES-SUR-LAYON

49700 M.-et-L. **9** – **317** G5 – 585 h. – alt. 65.
Paris 330 – Angers 40 – Cholet 45 – Saumur 27 – Thouars 36.

▲▲▲ **Les Grésillons** 29 mars-sept.
*𝄞* 02 41 50 02 32, Fax 02 41 50 03 16 – S : 0,8 km par
D 178, rte de Concourson-sur-Layon et chemin à droite
1,5 ha (43 empl.) peu incliné, plat, herbeux
**Tarif :** ▣ *2 pers.* ⚡ *(10A) 10,80 – pers. suppl. 2,60*
**Location :** *huttes*

## ST-GERMAIN-DU-BEL-AIR

46310 Lot 🔟🛆 – ③③⑦ E4 – 422 h. – alt. 215.

🅱 Office du Tourisme, pl. des Potiers ℰ 05 65 31 09 10, Fax 05 65 31 09 10.

Paris 552 – Cahors 28 – Cazals 20 – Fumel 52 – Labastide-Murat 15 – Puy-l'Évêque 37.

⚠ **Municipal le Moulin Vieux** juin-15 sept.
ℰ 05 65 31 00 71, Fax 05 65 31 00 71 – au Nord-Ouest du bourg, bord du Céou – **R** conseillée
2 ha (90 empl.) plat, herbeux
**Tarif :** ▣ 2 pers. 🔌 (16A) 10,65 – pers. suppl. 2

## ST-GERMAIN-DU-BOIS

71330 S.-et-L. 🔟🔟 – ③②⓪ L9 – 1 856 h. – alt. 210.

Paris 367 – Chalon-sur-Saône 33 – Dole 58 – Lons-le-Saunier 29 – Mâcon 77 – Tournus 41.

⚠ **Municipal de l'Étang Titard** juin-sept.
ℰ 03 85 72 06 15, Fax 03 85 72 03 38 – sortie Sud par D 13 rte de Louhans « Près d'un étang »
1 ha (40 empl.) plat, terrasse, peu incliné, herbeux
**Tarif :** (Prix 2002) ▣ 2 pers. 🔌 7,60 – pers. suppl. 1,90

À prox. : ❊ 🔲 🔲 🏃 parcours sportif

## ST-GERMAIN-LES-BELLES

87380 H.-Vienne 🔟⓪ – ③②⑤ F7 G. Berry Limousin – 1 079 h. – alt. 432.

🅱 Office du Tourisme, av. du Remblai ℰ 05 55 71 88 65, Fax 05 55 71 82 85.

Paris 422 – Eymoutiers 32 – Limoges 34 – St-Léonard-de-Noblat 31 – Treignac 34.

⚠ **Municipal de Montréal** juin-14 sept.
ℰ 05 55 71 86 20, Fax 05 55 71 82 85 – sortie Sud-Est, rte de la Porcherie, bord d'un plan d'eau – **R** conseillée
1 ha (60 empl.) plat et terrasse, peu incliné à incliné, herbeux, gravier
**Tarif :** ▣ 2 pers. 🔌 9,25 – pers. suppl. 2,20

À prox. : snack ◢◣ ❊ 🔲 (plage)

## ST-GERMAIN-L'HERM

63630 P.-de-D. 🔟🔟 – ③②⑥ I10 G. Auvergne – 533 h. – alt. 1 050.

🅱 Office du Tourisme, rte de la Chaise-Dieu ℰ 04 73 72 05 95, Fax 04 73 72 05 95, officedetourisme@minitel.net.

Paris 480 – Ambert 28 – Brioude 33 – Clermont-Ferrand 68 – Le Puy-en-Velay 68 – St-Étienne 101.

⚠⚠ **St-Éloy** 31 mai-14 sept.
ℰ 04 73 72 05 13, sogeval@wanadoo.fr, Fax 04 73 34 70 94 – sortie Sud-Est, sur D 999, rte de la Chaise-Dieu – **R** conseillée
3 ha (63 empl.) plat, en terrasses et vallonné, herbeux
**Tarif :** ▣ 2 pers. 🔌 (8A) 12,50 – pers. suppl. 2,50 – frais de réservation 18
**Location** (permanent) : 🏠 209 à 399 – huttes

À prox. : ❊ 🔲

## ST-GERMAIN-SUR-AY

50430 Manche 🛆 – ③⓪③ C4 – 638 h. – alt. 5.

🅱 Syndicat d'Initiative, rte de la Mer ℰ 02 33 07 02 75.

Paris 346 – Barneville-Carteret 26 – Carentan 35 – Coutances 28 – St-Lô 43.

⚠⚠⚠ **Aux Grands Espaces** mai-15 sept.
ℰ 02 33 07 10 14, Fax 02 33 07 22 59 – O : 4 km par D 306, à St-Germain-Plage – Places limitées pour le passage – **R** conseillée
13 ha (580 empl.) plat et accidenté, sablonneux, herbeux
**Tarif :** ▣ 2 pers 🔌 17,50 – pers. suppl. 4,30
**Location** ❊ : 🚐 275 à 480 – bungalows toilés

À prox. : sentier pédestre, char à voile

## ST-GÉRONS

15150 Cantal 🔟⓪ – ③③⓪ B5 – 179 h. – alt. 526.

Paris 538 – Argentat 35 – Aurillac 25 – Maurs 32 – Sousceyrac 25.

⚠⚠ **La Presqu'île d'Espinet** juin-août
ℰ 04 71 62 28 90, camping.despinet@wanadoo.fr, Fax 04 71 62 28 90 – SE : 8,5 km par rte d'Espinet, à 300 m du lac de St-Etienne-Cantalès « Dans un site agréable » – **R** conseillée
3 ha (105 empl.) peu incliné, herbeux, bois
**Tarif :** ▣ 2 pers. 🔌 (10A) 13,60 – pers. suppl. 3
**Location :** 🚐 250 à 450

À prox. : 🍴 snack ❊ 🔲 (plage) 🏃

## ST-GERVAIS-D'AUVERGNE

63390 P.-de-D. **11** – **326** D6 G. Auvergne – 1 419 h. – alt. 725 – Base de loisirs.
**🛈** Office du Tourisme, r. E. Maison ℘ 04 73 85 80 94, *accueil@ot-stgervais-auvergne.fr.*
Paris 374 – Aubusson 72 – Clermont-Ferrand 54 – Gannat 41 – Montluçon 47 – Riom 39 – Ussel 88.

   ▲ **Municipal de l'Étang Philippe** Pâques-sept.
℘ 04 73 85 74 84, *camping.stgervais-auvergne@wanadoo
.fr*, Fax 04 73 85 85 26 – sortie Nord par D 987 rte de
St-Eloy-les-Mines, près d'un plan d'eau – **R** conseillée
3 ha (130 empl.) plat et peu incliné, herbeux
**Tarif :** ⊞ *1 à 3 pers.* ⁅₄⁆ *(10A) 8,50 – pers. suppl. 1,28 – frais
de réservation 15,24*
**Location** *(permanent) :* 🏠 *208 à 345*

## ST-GERVAIS-LES-BAINS

74170 H.-Savoie **12** – **328** N5 G. Alpes du Nord – 5 124 h. – alt. 820 – ⚒ – Sports d'hiver : 1 400/2 000 m
⬧2 ⬧25 ⬧.
**🛈** Office du Tourisme, 115 av. du Mt-Paccard ℘ 04 50 47 76 08, Fax 04 50 47 75 69, *welcome@st-gervais.net.*
Paris 597 – Annecy 83 – Bonneville 41 – Chamonix-Mont-Blanc 24 – Megève 12 – Morzine 54.

   ▲ **Les Dômes de Miage** 31 mai-14 sept.
℘ 04 50 93 45 96, *camping.st-gervais@wanadoo.fr,* Fax
04 50 78 10 75 – S : 2 km par D 902, rte des Contamines-
Montjoie, au lieu-dit les Bernards, alt. 890 – **R** conseillée
3 ha (150 empl.) plat, herbeux
**Tarif :** ⊞ *2 pers.* ⁅₄⁆ *(10A) 22,40 – pers. suppl. 3,90*
⚙

*Ask your bookseller for the catalogue of **MICHELIN** publications.*

## ST-GILDAS-DE-RHUYS

56730 Morbihan **3** – **308** N9 G. Bretagne – 1 141 h. – alt. 10.
Paris 485 – Arzon 9 – Auray 47 – Sarzeau 7 – Vannes 29.

*Schéma à Sarzeau*

   ▲▲▲ **Le Menhir** 24 mai-7 sept.
℘ 02 97 45 22 88, *campingmenhir@aol.com,* Fax 02 97 45
37 18 – N : 3,5 km, accès conseillé par D 780 rte de Port-
Navalo – **R** conseillée
5 ha/3 campables (180 empl.) plat et peu incliné, herbeux
**Tarif :** ⊞ *2 pers.* ⁅₄⁆ *(10A) 29,50 – pers. suppl. 5,50 – frais
de réservation 18,50*
**Location** ⚘ : 📦 *230 à 534*
⚙

   ▲ **Goh'Velin** Pâques-20 sept.
℘ 02 97 45 21 67, *camping.gohvelin@caramail.com,* Fax
02 97 45 21 67 – N : 1,5 km, à 300 m de la plage
1 ha (93 empl.) plat et peu incliné, herbeux
**Tarif :** ⊞ *2 pers.* ⁅₄⁆ *16,10 – pers. suppl. 3,80*
**Location :** 📦 *162 à 285 –* 📦 *195 à 465*

## ST-GILLES-CROIX-DE-VIE

85800 Vendée **9** – **316** E7 G. Poitou Vendée Charentes – 6 296 h. – alt. 12.
**🛈** Office du Tourisme, bd de l'Égalité ℘ 02 51 55 03 66, Fax 02 51 55 69 60, *ot@stgillescroixdevie.com.*
Paris 457 – Challans 20 – Cholet 110 – Nantes 79 – La Roche-sur-Yon 44 – Les Sables-d'Olonne 29.

*Schéma à St-Hilaire-de-Riez*

   ▲▲▲ **Domaine de Beaulieu** 5 avril-28 sept.
℘ 02 51 55 59 46, *chadotel@wanadoo.fr,* Fax 02 51 55
59 46 – SE : 4 km – **R** conseillée
8 ha (310 empl.) plat, herbeux
**Tarif :** ⊞ *2 pers.* ⁅₄⁆ *24,70 – pers. suppl. 5,30 – frais de réser-
vation 25*
**Location :** 📦 *150 à 640 –* 🏠 *175 à 710 – bungalows toilés*

   ▲▲ **Les Cyprès** avril-15 sept.
℘ 02 51 55 38 98, *campingc@free.fr,* Fax 02 51 54 98 94
– SE : 2,4 km par D 38 puis 0,8 km par chemin à droite, à
60 m de la Jaunay, accès direct à la mer « Belle piscine
d'intérieur » – **R** conseillée
4,6 ha (280 empl.) plat et peu accidenté, sablonneux
**Tarif :** (Prix 2002) ⊞ *2 pers.* ⁅₄⁆ *(10A) 21 – pers. suppl. 4,60*
**Location :** 📦 *298 à 580*
⚙

***au Fenouiller*** NE : 4 km par D 754 – 2 902 h. – alt. 10 – ⊠ 85800 le Fenouiller.
🛈 Office du Tourisme, rue du Centre ☎ 02 28 10 59 02

⚠ ***Aire Naturelle le Petit Beauregard*** avril-sept.
☎ 02 51 55 07 98 – sortie Sud-Ouest par D 754, rte de
St-Gilles-Croix-de-Vie et 0,6 km par chemin à gauche –
**R** conseillée
2 ha (50 empl.) en deux camps de 25 empl. – plat, herbeux
**Tarif :** 🔳 *2 pers.* 🔋 *(10A) 12,50 – pers. suppl. 3*

⚠ ***Le Chatelier*** avril-15 oct.
☎ 02 28 10 50 75, Fax 02 28 10 50 75 – SO : 1,4 km par
D 754 et chemin à droite – **R** conseillée
2,5 ha (80 empl.) plat, herbeux
**Tarif :** 🔳 *2 pers.* 🔋 *15 – pers. suppl. 3*

---

## ST-GIRONS

09200 Ariège **14** – **343** E7 – 6 596 h. – alt. 398.
🛈 Office du Tourisme, pl. Alphonse-Sentein ☎ 05 61 96 26 60, Fax 05 61 96 26 69, *otcouserans@ wanadoo.fr.*
Paris 786 – Auch 124 – Foix 44 – St-Gaudens 43 – Toulouse 102.

⚠⚠⚠ ***Audinac*** avril-sept.
☎ 05 61 66 44 50, *accueil@ audinac.com,* Fax 05 61 66
44 50 ⊠ 09200 Audinac-les-Bains – NE : 4,5 km par D 117,
rte de Foix et D 627, rte de Ste-Croix-Volvestre, à Audinac-
les-Bains « piscine devant un ancien bâtiment des thermes
du 19$^e$ s » – **R** conseillée
15 ha/6 campable (100 empl.) peu incliné et plat, en ter-
rasses, herbeux, petit étang
**Tarif :** 🔳 *2 pers.* 🔋 *(10A) 14,50 – pers. suppl. 4*
**Location :** 🏠 *151 à 449 – bungalows toilés*
🚐 *(10 empl.) – 11,50*

---

## ST-GIRONS-PLAGE

40 Landes – **335** C11 – rattaché à Vielle-St-Girons.

35430 I.-et-V. **4** – **309** K3 – 736 h. – alt. 25.
Paris 389 – Cancale 15 – Dinard 19 – Dol-de-Bretagne 12 – Rennes 64 – St-Malo 18.

▲ **Municipal le Bûlot** juil.-août
*℘* 02 99 58 88 56, Fax 02 99 58 23 53 – sortie Est par D 7
rte de la Fresnais – **R** conseillée
0,5 ha (45 empl.) plat, herbeux
**Tarif** : (Prix 2002) ▣ *2 pers.* [ł] *12,10 – pers. suppl. 3,50*

*Donnez-nous votre avis sur les terrains que nous recommandons.*
*Faites-nous connaître vos observations et vos découvertes.*

85270 Vendée **9** – **316** E7 G. Poitou Vendée Charentes – 7 416 h. – alt. 8.
**▯** Office du Tourisme, 21 pl. Gaston-Pateau *℘* 02 51 54 31 97, Fax 02 51 55 27 13, *otsthilairederie@ voil.fr.*
Paris 455 – Challans 18 – Noirmoutier-en-l'Île 48 – La Roche-sur-Yon 47 – Les Sables-d'Olonne 33.

▲▲▲▲ **Les Biches** 17 mai-14 sept.
*℘* 02 51 54 38 82, *campingdesbiches@ wanadoo.fr*, Fax
02 51 54 30 74 – N : 2 km – Places limitées pour le passage
« Agréable pinède » – **R** conseillée
13 ha/9 campables (400 empl.) plat, herbeux, sablonneux
**Tarif** : ▣ *3 pers.* [ł] *(10A) 39 – pers. suppl. 9 – frais de réservation 20*
**Location** ⚓ : ⟦⟧ *245 à 670 – studios*

▲▲▲ **La Puerta del Sol** avril-sept.
*℘* 02 51 49 10 10, *puerta-del-sol@ wanadoo.fr*, Fax 02 51
49 84 84 – N : 4,5 km « Cadre agréable » – **R** indispensable
4 ha (216 empl.) plat, herbeux
**Tarif** : ▣ *3 pers.* [ł] *(6A) 31,50 – pers. suppl. 6*
**Location** : ⟦⟧ *290 à 595*

▲▲▲ **Les Écureuils** 17 mai-13 sept.
*℘* 02 51 54 33 71, *info@ camping-aux-ecureuils.com*, Fax
02 51 55 69 08 – NO : 5,5 km, à 200 m de la plage – Places
limitées pour le passage – **R** conseillée
4 ha (230 empl.) plat, herbeux, sablonneux
**Tarif** : (Prix 2002) ▣ *2 pers.* [ł] *(6A) 29 – pers. suppl. 5 – frais de réservation 18*

▲▲▲ **Les Chouans** mai-10 sept.
*℘* 02 51 54 34 90, *infos@ sunmarina.com*, Fax 02 51 54
05 92 – NO : 2,5 km – **R** conseillée
4 ha (202 empl.) plat, herbeux, sablonneux
**Tarif** : ▣ *3 pers.* [ł] *(10A) 27 – pers. suppl. 6 – frais de réservation 23*
**Location** ⚓ : ⟦⟧ *280 à 600 – ⟦⟧ 340 à 660*

▲▲▲ **La Prairie** 15 mai-10 sept.
*℘* 02 51 54 08 56, *campinglaprairie@ campingscollinet.com*,
Fax 02 51 54 59 97 02 – NO : 5,5 km, à 500 m de la plage –
**R** conseillée
4 ha (250 empl.) plat, herbeux
**Tarif** : ▣ *3 pers.* [ł] *26 – pers. suppl. 4,30 – frais de réservation 15,50*

▲▲ **La Plage** 15 avril-15 sept.
*℘* 02 51 54 33 93, *campinglaplage@ campingscollinet.com*,
Fax 02 51 55 97 02 – NO : 5,7 km, à 200 m de la plage –
Places limitées pour le passage – **R** conseillée
5 ha (347 empl.) plat, herbeux, sablonneux
**Tarif** : ▣ *2 pers.* [ł] *(10A) 23,50 – pers. suppl. 4,70 – frais de réservation 15,50*
**Location** : ⟦⟧ *250 à 575*
⟦⟧

▲ **La Ningle** 24 mai-7 sept.
*℘* 02 51 54 07 11, Fax 02 51 54 99 39 – NO : 5,7 km
« Agréable partie campable disposée en îlots » – **R** conseillée
3,2 ha (150 empl.) plat, herbeux, petit étang
**Tarif** : (Prix 2002) ▣ *3 pers.* [ł] *(10A) 23,50 – pers. suppl. 3,70 – frais de réservation 15,25*

▲ **Le Bois Tordu** 17 mai-7 sept.
*℘* 02 51 54 33 78, *leboistordu@ wanadoo.fr*, Fax 02 51 54
08 29 – NO : 5,3 km, à 200 m de la plage
1,2 ha (84 empl.) plat, sablonneux, herbeux
**Tarif** : ▣ *3 pers.* [ł] *(6A) 29,50 – pers. suppl. 6 – frais de réservation 15*

**Riez à la Vie** avril-28 sept.
02 51 54 30 49, *camping@riezalavie.com*, Fax 02 51 55 86 58 – NO : 3 km – **R** conseillée
3 ha (187 empl.) plat, sablonneux, terrasses, herbeux
**Tarif :** *2 pers. (10A) 22,80 – pers. suppl. 3,50 – frais de réservation 13*
**Location :** *185 à 505 – 155 à 415 –*

GB snack terrain omnisports

**Le Clos des Pins** 15 mai-5 sept.
02 51 54 32 62, *campingleclos@campingscollinet.com*, Fax 02 51 55 97 02 – NO : 6,2 km – Places limitées pour le passage – **R** conseillée
4 ha (230 empl.) plat, terrasses, sablonneux, herbeux
**Tarif :** *3 pers. (10A) 26,20 – pers. suppl. 4,30 - frais de réservation 15,50*

pinède snack

**La Parée Préneau** mai-7 sept.
02 51 54 33 84, *camplapareepreneau@free.fr*, Fax 02 51 55 29 57 – NO : 3,5 km « Cadre agréable »
3,6 ha (206 empl.) plat, herbeux, sablonneux
**Tarif :** *2 pers. (6A) 19,50 – pers. suppl. 4,10 – frais de réservation 15*
**Location** : *210 à 520 – 220 à 550*

juil.-août GB terrain omnisports

**Le Bosquet** mai-15 sept.
02 51 54 34 61, *lebosquet@fr.st*, Fax 02 51 54 22 73 – NO : 5 km, à 250 m de la plage – R
2 ha (115 empl.) plat, herbeux, sablonneux
**Location** *(avril-sept.)* :

snack, pizzeria
À prox. :



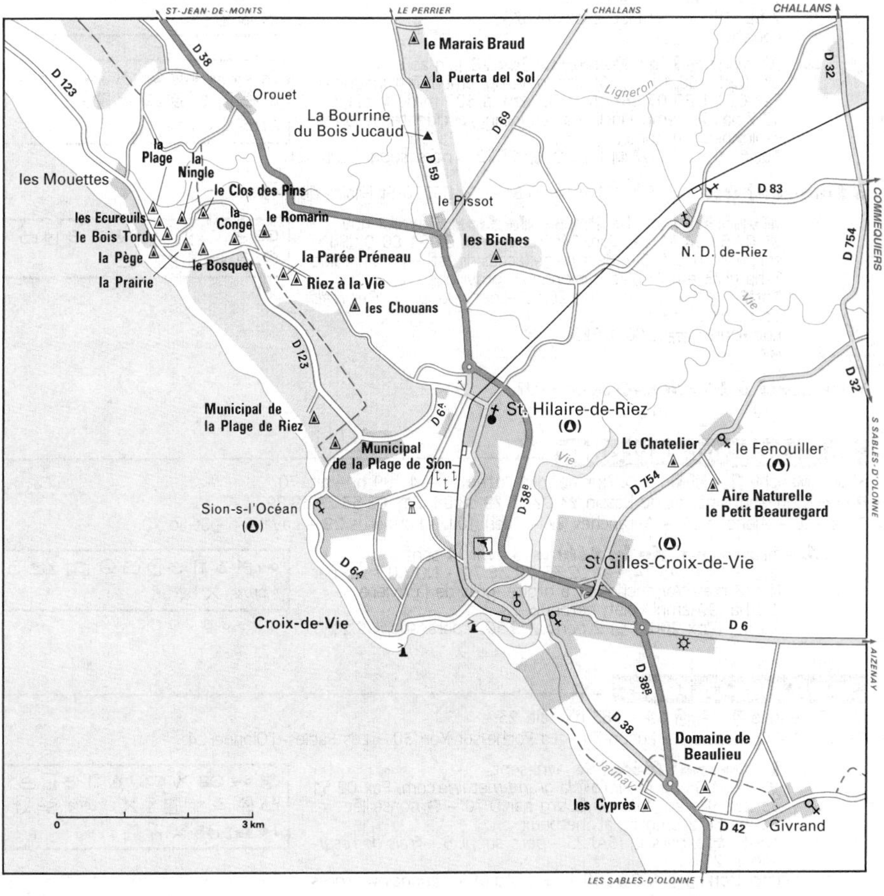

**▲ Municipal de la Plage de Riez** 30 avril-14 sept.
&#9742; 02 51 54 36 59, *riez85@free.fr*, Fax 02 51 60 07 88 –
O : 3 km, à 200 m de la plage (accès direct) – **R** conseillée
9 ha (602 empl.) plat, sablonneux
**Tarif :** 🔲 *2 pers.* 🔌 *(10A) 19 – pers. suppl. 3,30 – frais de
réservation 11*
**Location :** 🛖 *168 à 481*
🚐 *(6 empl.) – 14,50*

**▲ Le Romarin** avril-sept.
&#9742; 02 51 54 43 82, Fax 02 51 55 84 33 – NO : 3,8 km –
**R** conseillée
4 ha/1,5 campable (97 empl.) plat, vallonné, sablonneux, her-
beux
**Tarif :** 🔲 *3 pers.* 🔌 *(6A) 20,50 – pers. suppl. 3 – frais de
réservation 16*
**Location :** 🛖 *225 à 487*

**▲ La Pège** 15 juin-10 sept.
&#9742; 02 51 54 34 52, Fax 02 51 55 29 57 – NO : 5 km, à 150 m
de la plage (accès direct) – **R**
1,8 ha (100 empl.) plat, sablonneux, herbeux
**Tarif :** (Prix 2002) 🔲 *2 pers.* 🔌 *(6A) 18,40 – pers. suppl. 3,90*

**▲ Le Marais Braud** juin-15 sept.
&#9742; 02 51 68 33 71, Fax 02 51 35 25 32 – N : 6 km par D 38
et D 59, rte de Perrier – **R** conseillée
4 ha (150 empl.) plat, sablonneux, herbeux, étang
**Tarif :** 🔲 *2 pers.* 🔌 *17 – pers. suppl. 3,60 – frais de réser-
vation 16*
**Location** *(avril-fin sept.) :* 🛖 *170 à 460*

**▲ La Conge**
&#9742; 02 51 54 32 47 – NO : 4 km
2 ha (150 empl.) plat, sablonneux
**Location :** 🛖

**▲ Municipal les Demoiselles** 28 juin-août
&#9742; 02 51 58 10 71, *Sthilairedeveloppement@wanadoo.fr*,
Fax 02 51 60 07 84 – NO : 9,5 km, à 300 m de la plage
13,7 ha (581 empl.) incliné à peu incliné, accidenté, vallonné,
sablonneux, herbeux
**Tarif :** (Prix 2002) 🔲 *2 pers.* 🔌 *13,72 – pers. suppl. 3,09*

**à Sion-sur-l'Océan** SO : 3 km par D 6^A – ✉ 85270 St-Hilaire-de-Riez :

**▲ Municipal de la Plage de Sion** 5 avril-2 nov.
&#9742; 02 51 54 34 23, *sion85@free.fr*, Fax 02 51 60 07 84 –
sortie Nord, à 350 m de la plage (accès direct) – **R** conseillée
3 ha (173 empl.) plat, sablonneux, gravillons
**Tarif :** 🔲 *2 pers.* 🔌 *(10A) 20,10 – pers. suppl. 3,40 – frais
de réservation 11*
**Location :** 🛖 *200 à 525*
🚐

*Voir aussi à St-Gilles-Croix-de-Vie*

## ST-HILAIRE-DU-HARCOUËT

50600 Manche 🟦 – 🔢 F8 G. Normandie Cotentin – 4 489 h. – alt. 70.
🅱 Office du Tourisme, pl. du Bassin &#9742; 02 33 79 38 88, Fax 02 33 79 38 89.
Paris 288 – Alençon 99 – Avranches 27 – Caen 101 – Fougères 29 – Laval 67 – St-Lô 70.

**▲ Municipal de la Sélune** 5 avril-14 sept.
&#9742; 02 33 49 43 74, Fax 02 33 79 38 71 – NO : 0,7 km par
N 176 rte d'Avranches et à droite, près de la rivière
1,9 ha (90 empl.) plat, herbeux
**Tarif :** (Prix 2002) 🔲 *2 pers.* 🔌 *9,50 – pers. suppl. 2,20*

## ST-HILAIRE-LA-FORÊT

85440 Vendée 🟦 – 🔢 G9 – 363 h. – alt. 23.
Paris 452 – Challans 64 – Luçon 31 – La Roche-sur-Yon 30 – Les Sables-d'Olonne 24.

**▲ La Grand' Métairie** avril-sept.
&#9742; 02 51 33 32 38, *info@la-grand-metairie.com*, Fax 02 51
33 25 69 – au Nord du bourg par D 70 – **R** conseillée
3,8 ha (172 empl.) plat, herbeux
**Tarif :** 🔲 *2 pers.* 🔌 *(6A) 23 – pers. suppl. 6 – frais de réser-
vation 25*
**Location :** 🛖 *180 à 630 –* 🏠 *177 à 686 – bungalows toilés*

⚠ **Les Batardières** 27 juin-2 sept.
℘ 02 51 33 33 85 – à l'Ouest du bourg par D 70 et à gauche, rte du Poteau – **R** conseillée
1,6 ha (75 empl.) plat, herbeux
**Tarif :** ▣ 2 pers. ⁅4⁆ (5A) 17 – pers. suppl. 3

## ST-HILAIRE-LES-PLACES

87800 H.-Vienne ⑩ – ③②⑤ D7 – 785 h. – alt. 426.
🛈 Syndicat d'initiative, le lac Plaisance ℘ 05 55 58 27 72.
Paris 418 – Châlus 18 – Limoges 27 – Nontron 52 – Rochechouart 39 – St-Yrieix-la-Perche 22.

⚠ **Municipal du Lac** 15 juin-15 sept.
℘ 05 55 58 12 14, Fax 05 55 58 35 98 – à 1,2 km au Sud du bourg par D 15A et chemin à gauche, à 100 m du lac Plaisance – **R** conseillée
2,5 ha (85 empl.) en terrasses, herbeux
**Tarif :** ▣ 2 pers. ⁅4⁆ (6A) 12,03 – pers. suppl. 3,57 – frais de réservation 15,30
**Location** (permanent) : gîtes
🛖 (4 empl.)

À prox. : parcours de santé ⚽ 🅜 〰
(plage) ⛵ 🏄 🐎 (centre équestre)

## ST-HILAIRE-ST-FLORENT

49 M.-et-L. – ③①⑦ I5 – rattaché à Saumur.

## ST-HILAIRE-SOUS-ROMILLY

10100 Aube ⑥ – ③①③ B2 – 347 h. – alt. 78.
Paris 125 – Nogent-sur-Seine 12 – Romilly-sur-Seine 6 – Sézanne 30 – Troyes 46.

⚠ **La Noue des Rois** Permanent
℘ 03 25 24 41 60, michele.desmont@wanadoo.fr, Fax 03 25 24 34 18 – NE : 2 km – Places limitées pour le passage
« Au bord d'un ruisseau, dans un vaste domaine avec bois et étangs » – **R** conseillée
30 ha/5 campables (150 empl.) plat, herbeux, gravillons
**Tarif :** ▣ 2 pers. ⁅4⁆ (16A) 19,50 (hiver 22,50) – pers. suppl. 4,50
**Location :** 🏠 240 à 390

crêperie ⚽
piste de bi-cross, parcours de santé

*485*

## ST-HIPPOLYTE

63 P.-de-D. – ③②⑥ F7 – rattaché à Châtelguyon.

## ST-HIPPOLYTE

25190 Doubs ⑧ – ③②① K3 G. Jura – 1 128 h. – alt. 380.
🛈 Syndicat d'Initiative, pl. de l'Hôtel-de-Ville ℘ 03 81 96 58 00, Fax 03 81 96 59 37, tourisme@ville-saint-hippolyte.fr.
Paris 490 – Basel 93 – Belfort 47 – Besançon 89 – Montbéliard 32 – Pontarlier 72.

⚠ **Les Grands Champs** mai-15 sept.
℘ 03 81 96 54 53 – NE : 1 km par D 121, rte de Montécheroux et chemin à droite, près du Doubs (accès direct)
2,2 ha (65 empl.) en terrasses et peu incliné, herbeux, pierreux
**Tarif :** ▣ 2 pers. ⁅4⁆ 10,55 – pers. suppl. 2,50
**Location :** huttes

juil.-août

## ST-HIPPOLYTE-DU-FORT

30170 Gard ⑯ – ③③⑨ I5 – 3 515 h. – alt. 165.
🛈 Office du Tourisme, les Casernes ℘ 04 66 77 91 65, Fax 04 66 77 25 36.
Paris 759 – Alès 35 – Anduze 22 – Nîmes 48 – Quissac 15 – Le Vigan 31.

⚠ **Graniers** 15 juin-août
℘ 04 66 85 21 44, Fax 04 66 85 21 44 ✉ 30170 Monoblet – NE : 4 km par rte d'Uzès puis D 133, rte de Monoblet et chemin à droite, bord d'un ruisseau
2 ha (50 empl.) peu incliné, terrasses, herbeux, bois attenant
**Tarif :** ▣ 2 pers. ⁅4⁆ (6A) 17 – pers. suppl. 3,50 – frais de réservation 8
**Location** ⚽ : 🛖 300 à 370

## ST-HONORÉ-LES-BAINS

58360 Nièvre **11** – **319** G10 G. Bourgogne – 754 h. – alt. 300 – ⚓ (2 avril-13 oct.).

🛈 Office du Tourisme, 13 r. Henri-Renaud 🕿 03 86 30 71 70, Fax 03 86 30 71 70, *tourisme.sthonore@wanadoo.fr.*

Paris 304 – Château-Chinon 28 – Luzy 22 – Moulins 69 – Nevers 67 – St-Pierre-le-Moutier 68.

    🏕 **Les Bains** mai-15 oct.
      🕿 03 86 30 73 44, *camping-les-bains@wanadoo.fr,* Fax
      03 86 30 61 88 – sortie Ouest rte de Vandenesse –
      **R** conseillée
      4,5 ha (130 empl.) plat, herbeux
      **Tarif :** 🔲 *2 pers.* 🛉 *(6A) 17,50 – pers. suppl. 4,20 – frais de réservation 14*
      **Location :** *gîtes*

    🏕 **Municipal Plateau du Gué** avril-26 oct.
      🕿 03 86 30 76 00, *mairie-de-st-honore-les-bains@wanadoo.fr,* Fax 03 86 30 73 33 – au bourg, 13 rue Eugène Collin,
      à 150 m de la poste – **R** conseillée
      1,2 ha (73 empl.) peu incliné et plat, herbeux

## ST-JACQUES-DES-BLATS

15800 Cantal **11** – **330** E4 – 352 h. – alt. 990.

Paris 539 – Aurillac 34 – Brioude 76 – Issoire 89 – St-Flour 39.

    🏕 **Municipal** mai-sept.
      🕿 04 71 47 06 00, *i-tourisme-st-jacques@wanadoo.fr,* Fax
      04 71 47 07 09 – à l'Est du bourg par rte de Nierevèze, bord
      de la Cère – **R** conseillée
      1 ha (50 empl.) plat, herbeux
      **Tarif :** (Prix 2002) 🔲 *2 pers.* 🛉 *9,90 – pers. suppl. 2,40*

## ST-JACUT-DE-LA-MER

22750 C.-d'Armor **4** – **309** I3 G. Bretagne – 797 h. – alt. 31.

🛈 Office du Tourisme, lotissement du Chatelet 🕿 02 96 27 71 91, Fax 02 96 27 75 64.

Paris 418 – Dinan 25 – Dinard 16 – Lamballe 36 – St-Brieuc 56 – St-Cast-le-Guildo 15.

    🏕 **Municipal la Manchette** avril-sept.
      🕿 02 96 27 70 33 – au parc des Sports « Près de la plage »
      – **R**
      3 ha (327 empl.) plat, herbeux, sablonneux
      **Tarif :** (Prix 2002) 🔲 *2 pers.* 🛉 *(8A) 13,90 – pers. suppl. 3,50*
      🚐

À prox. : école de plongée, canoë de mer

## ST-JACUT-LES-PINS

56220 Morbihan **4** – **308** R8 – 1 570 h. – alt. 63.

Paris 420 – Ploërmel 38 – Redon 12 – La Roche-Bernard 26 – Vannes 46.

    🏕 **Municipal les Étangs de Bodéan** 15 juin-15 sept.
      🕿 02 99 91 28 65, Fax 02 99 91 30 44 – SO : 2,5 km par
      D 137 rte de St-Gorgon « Belle décoration arbustive, au bord
      d'un étang » – **R**
      1 ha (50 empl.) plat et peu incliné, herbeux
      **Tarif :** (Prix 2002) 🔲 *2 pers.* 🛉 *6,10 – pers. suppl. 1,60*

## ST-JEAN

06 Alpes-Mar. – **341** C6 – rattaché à Pégomas.

## ST-JEAN-D'ANGÉLY

17400 Char.-Mar. **9** – **324** G4 G. Poitou Vendée Charentes – 8 060 h. – alt. 25.

🛈 Office du Tourisme, 8 r. du Grosse-Horloge 🕿 05 46 32 04 72, Fax 05 46 32 20 80, *office.tourisme@angely.net*

Paris 445 – Angoulême 66 – Cognac 35 – Niort 48 – La Rochelle 71 – Royan 68 – Saintes 35.

    🏕 **Municipal du Val de Boutonne** 16 mai-sept.
      🕿 05 46 32 26 16, Fax 05 46 32 29 54 – sortie Nord-Ouest
      rte de la Rochelle, puis à gauche av. du Port (D 18) et à droite
      avant le pont, quai de Bernouet, près de la Boutonne (plan
      d'eau) – **R** conseillée
      1,8 ha (99 empl.) plat, herbeux
      **Tarif :** (Prix 2002) 🔲 *2 pers.* 🛉 *10,97 – pers. suppl. 2,74*
      **Location :** 🏠 *99,09 à 343,01*
      🚐

## ST-JEAN-D'AULPS

74430 H.-Savoie **12** – **328** M3 – 914 h. – alt. 810.
**⚑** Office du Tourisme, Chef Lieu 🖉 04 50 79 65 09, Fax 04 50 79 67 95, *ot-saintjean@vaalleedaulps.com*.
Paris 591 – Abondance 19 – Annecy 86 – Évian-les-Bains 33 – Morzine 8 – Thonon-les-Bains 25.

⚠ **Le Solerey**
🖉 04 50 79 64 69, *lesolerey@wanadoo.fr*, Fax 04 50 79 64 69 – sortie Sud-Est par D 902 rte de Morzine, bord de la Dranse
0,6 ha (35 empl.) peu incliné et en terrasses, gravillons, herbeux

À prox. : ✂

## ST-JEAN-DE-CEYRARGUES

30360 Gard **16** – **339** K4 – 155 h. – alt. 180.
Paris 704 – Alès 19 – Nîmes 33 – Uzès 21.

⚠ **Les Vistes** avril-oct.
🖉 04 66 83 28 09, *camping-les-vistes@wanadoo.fr*
S : 0,5 km par D 7 « Belle situation panoramique » – **R** conseillée
6 ha/3 campables (35 empl.) non clos, plat, peu incliné, pierreux, herbeux
**Tarif :** 🖾 2 pers. ⚡ (6A) 14,30 – pers. suppl. 3,50
**Location :** 🛏 235

pinède ... Aigoual ... juin-sept.

## ST-JEAN-DE-COUZ

73160 Savoie **12** – **333** H5 – 180 h. – alt. 630.
Paris 563 – Aix-les-Bains 31 – Chambéry 16 – Le Pont-de-Beauvoisin 24 – St-Laurent-du-Pont 14 – La Tour-du-Pin 45.

⚠ **La Bruyère** 15 avril-15 oct.
🖉 04 79 65 74 27, Fax 04 79 65 74 27 – S : 2 km par N 6 et rte de Côte Barrier « Au pied du Massif de la Chartreuse » – **R** conseillée
1 ha (60 empl.) plat, herbeux
**Tarif :** 🖾 2 pers. ⚡ 10,30 – pers. suppl. 2,70

## ST-JEAN-DE-LA-RIVIÈRE

50 Manche – **303** B3 – rattaché à Barneville-Carteret.

## ST-JEAN-DE-LUZ

64500 Pyr.-Atl. **13** – **342** C4 G. Aquitaine – 13 031 h. – alt. 3.
**⚑** Office du Tourisme, pl. du Mar. Foch 🖉 05 59 26 03 16, Fax 05 59 26 21 47, *www.saint-jean-de-luz.com*
Paris 789 – Bayonne 24 – Biarritz 18 – Pau 129 – San Sebastiàn 33.

⚠⚠ **Itsas-Mendi** Pâques-sept.
🖉 05 59 26 56 50, *itsas@wanadoo.fr*, Fax 05 59 26 54 44 – NE : 5 km, à 500 m de la plage « Bel espace aquatique » – **R** conseillée
8,5 ha (472 empl.) en terrasses et incliné, herbeux
**Tarif :** (Prix 2002) 🖾 2 pers. ⚡ (6A) 24,50 – pers. suppl. 4,80
**Location :** 🛏 183 à 534

GB ... (6 ha) ... cases réfrigérées

⚠⚠ **Atlantica** 15 mars-15 oct.
🖉 05 59 47 72 44, *camping.atlantica@wanadoo.fr*, Fax 05 59 54 72 27 – NE : 5 km, à 500 m de la plage « Décoration arbustive et florale » – **R** conseillée
3,5 ha (200 empl.) en terrasses, plat, herbeux
**Tarif :** 🖾 2 pers. ⚡ (6A) 25,70 – pers. suppl. 4,80 – frais de réservation 23
**Location** ✎ : 🛏 245 à 540

GB ... snack ... cases réfrigérées

⚠⚠ **Inter-Plages** avril-sept.
🖉 05 59 26 56 94 – NE : 5 km, à 150 m de la plage (accès direct) « Belle situation surplombant l'océan » – **R**
2,5 ha (100 empl.) plat, herbeux, incliné
**Tarif :** (Prix 2002) 🖾 2 pers. ⚡ (10A) 26,50 – pers. suppl. 6
**Location** ✎ : 🛏 270 à 490 – 🛖 305 à 580
🛏

M ... À prox. : ... snack

⚠⚠ **Iratzia** mai-sept.
🖉 05 59 26 14 89, Fax 05 59 26 69 69 – NE : 1,5 km, à 300 m de la plage – **R**
4,2 ha (280 empl.) plat, peu incliné et en terrasses, herbeux
**Tarif :** 🖾 2 pers. ⚡ (6A) 24,60 – pers. suppl. 5,50 – frais de réservation 16

GB ... snack

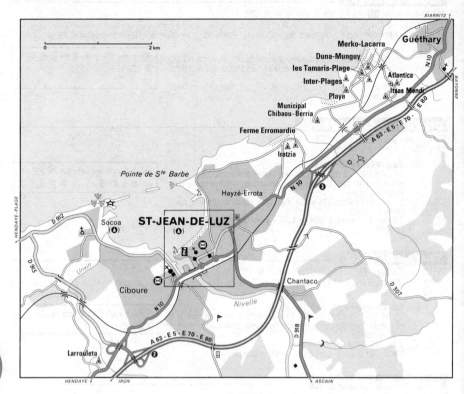

**La Ferme Erromardie** 15 mars-12 oct.
𝄞 05 59 26 34 26, Fax 05 59 51 26 02 – NE : 1,8 km, près de la plage – **R** conseillée
2 ha (176 empl.) plat, herbeux
**Tarif :** (Prix 2002) ▣ *1 ou 2 pers.* ⚡ *(6A) 20,73 – pers. suppl. 5,03*
**Location :** 🚐 *228,67 à 487,84*

**Les Tamaris-Plage** avril-sept.
𝄞 05 59 26 55 90, *tamaris1@wanadoo.fr*, Fax 05 59 47 70 15 – NE : 5 km, à 80 m de la plage – **R** indispensable
1,5 ha (79 empl.) plat et peu incliné, herbeux
**Tarif :** ▣ *2 pers.* ⚡ *(7A) 29,80 – pers. suppl. 5 – frais de réservation 18,30*
**Location :** 🚐 *229 à 670 – studios*
🚐

**Merko-Lacarra** 29 mars-oct.
𝄞 05 59 26 56 76, *camping-merko-lacarra@wanadoo.fr*, Fax 05 59 54 73 81 – NE : 5 km, à 150 m de la plage – **R** conseillée
2 ha (128 empl.) plat, peu incliné à incliné, herbeux
**Tarif :** ▣ *2 pers.* ⚡ *(16A) 24,50 – pers. suppl. 4,60 – frais de réservation 15,30*
**Location** ⚄ **:** 🚐 *230 à 580*
🚐

**Playa** avril-oct.
𝄞 05 59 26 55 85, Fax 05 59 26 55 85 – NE : 5 km, bord de plage « A la pointe de la crique, offre une vue imprenable sur l'océan » – **R**
2,5 ha (100 empl.) plat et en terrasses, herbeux
**Tarif :** ▣ *2 pers.* ⚡ *23,60 – pers. suppl. 5,35*
**Location :** 🚐 *270 à 530*

**à Socoa**   2 km – ⊠ 64122 Urrugne :

⚠ **Larrouleta** Permanent
  🖉 05 59 47 37 84, *larrouleta@free.fr*, Fax 05 59 47 42 54
  – S : 3 km, bord d'un plan d'eau et d'une rivière « Cadre
  agréable » – **R** conseillée
  5 ha (263 empl.) plat et peu incliné, herbeux
  **Tarif :** 🖃 *2 pers.* 🔌 *15,40 – pers. suppl. 4,60*
  🚐 *(14 empl.) – 10,80*

## ST-JEAN-DE-MONTS

85160 Vendée 🄖 – 🄱🄵🄶 D7 G. Poitou Vendée Charentes – 5 959 h. – alt. 16.
🄱 Office du Tourisme, 67 espl. de de la Mer 🖉 02 51 59 60 61, Fax 02 51 59 87 87, *Saint-Jean.Activites@
wanadoo.fr*.
Paris 453 – Cholet 121 – Nantes 74 – Noirmoutier-en-l'Ile 34 – La Roche-sur-Yon 58 – Les Sables-d'Olonne 46.

⚠ **Les Amiaux** 19 avril-sept.
  🖉 02 51 58 22 22, *accueil@amiaux.fr*, Fax 02 51 58 26 09
  – NO : 3,5 km – **R** conseillée
  12 ha (543 empl.) plat, herbeux, sablonneux
  **Tarif :** 🖃 *2 pers.* 🔌 *27,60 – pers. suppl. 3,30 – frais de réser-
  vation 16*
  **Location** 🏖 : 🚐 *290 à 670*

⚠ **L'Abri des Pins** 14 juin-13 sept.
  🖉 02 51 58 83 86, *abridespins@aol.com*, Fax 02 51 59
  30 47 – NO : 4 km – Places limitées pour le passage
  « Agréable cadre fleuri » – **R** indispensable
  3 ha (217 empl.) plat, herbeux, sablonneux
  **Tarif :** 🖃 *3 pers.* 🔌 *(6A) 28 – pers. suppl. 4,70*
  **Location** *(26 avril-13 sept.) :* 🚐 *197 à 672 –* 🏠 *197 à 672*

⚠ **Les Aventuriers de la Calypso** 5 avril-27 sept.
  🖉 02 51 59 79 66, *camping-apv@wanadoo.fr*, Fax 02 51 59
  79 67 – NO : 4,6 km – Places limitées pour le passage –
  **R** conseillée
  4 ha (250 empl.) plat, herbeux, sablonneux
  **Tarif :** 🖃 *2 pers.* 🔌 *24 – pers. suppl. 5 – frais de réservation 25*
  **Location :** 🚐 *145 à 480 –* 🚐 *175 à 690 –* 🏠 *310 à 770*

⚠ **La Yole** 8 mai-14 sept.
  🖉 02 51 58 67 17, *contact@la.yole.com*, Fax 02 51 59
  05 35 – SE : 7 km « Entrée fleurie, cadre agréable » – **R** indis-
  pensable
  5 ha (278 empl.) plat, sablonneux, herbeux, pinède attenante
  (2 ha)
  **Tarif :** 🖃 *2 pers.* 🔌 *(6A) 22,30 – pers. suppl. 5,80 – frais de
  réservation 28*
  **Location :** 🚐 *302 à 745*

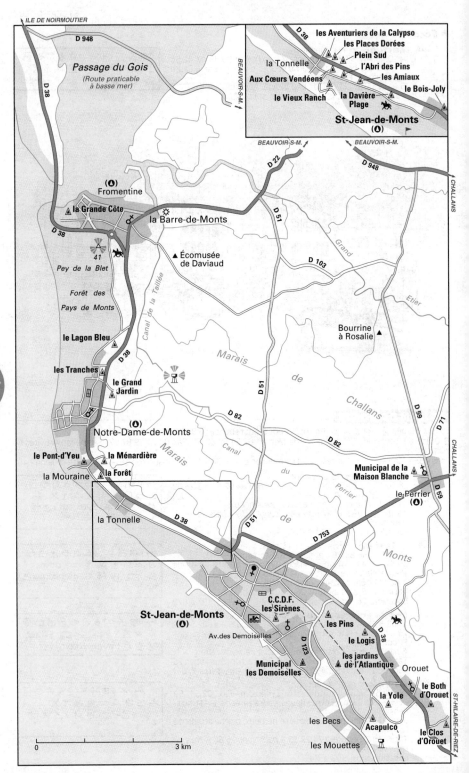

ILE DE NOIRMOUTIER

D 948

Passage du Gois
*(Route praticable
à basse mer)*

D 38

les Aventuriers de la Calypso
les Places Dorées
Plein Sud
la Tonnelle
l'Abri des Pins
Aux Cœurs Vendéens
les Amiaux
le Bois-Joly
le Vieux Ranch
la Davière
Plage
**St-Jean-de-Monts**

BEAUVOIR-S-M.

BEAUVOIR-S-M.

BEAUVOIR-S-M.

D 22

D 948

CHALLANS

Fromentine

la Grande Côte

la Barre-de-Monts

D 38

D 51

Pey de la Blet

41

Écomusée
de Daviaud

D 103

Grand

Forêt des
Pays de Monts

Canal de la Taillée

Etier

le Lagon Bleu

Bourrine
à Rosalie

D 38

Marais

les Tranches

le Grand
Jardin

D 51

de

Challans

D 59

D 11

D 82

Notre-Dame-de-Monts

Canal

D 82

le Pont-d'Yeu

la Ménardière

Marais

Municipal de la
Maison Blanche

la Mouraine

la Forêt

du

le Perrier

CHALLANS

Perrier

D 59

la Tonnelle

D 38

D 51

de

Monts

D 753

Monts

C.C.D.F.
les Sirènes

les Pins

D 38

**St-Jean-de-Monts**

Av.des Demoiselles

le Logis

D 123

les jardins
de l'Atlantique

Orouet

Municipal
les Demoiselles

la Yole

le Both
d'Orouet

les Becs

Acapulco

le Clos
d'Orouet

ST-HILAIRE-DE-RIEZ

les Mouettes

0                    3 km

**Le Bois Joly** avril-28 sept.
02 51 59 11 63, *boisjoly@compuserve.com*, Fax 02 51 59 11 06 – NO : 1 km – **R** conseillée
5 ha (291 empl.) plat, herbeux, sablonneux
**Tarif :** *2 pers. (6A) 23 – pers. suppl. 4 – frais de réservation 15*
**Location** : *155 à 550 – 170 à 580*
*(15 empl.) – 13 à 23*

juil.-août GB snack
À prox. :

**Acapulco** mai-10 sept.
02 51 59 20 64, *info@sunmarina.com*, Fax 02 51 59 53 12 – SE : 6,5 km, avenue des Epines – Places limitées pour le passage – **R** conseillée
7 ha (405 empl.) plat, sablonneux, pierreux, herbeux
**Tarif :** *3 pers. 27 – pers. suppl. 6 – frais de réservation 23*
**Location** : *280 à 600 – 340 à 660*

GB snack

**Le Vieux Ranch** avril-sept.
02 51 58 86 58, *levieuxranch@wanadoo.fr*, Fax 02 51 59 12 20 – NO : 4,3 km « Agréable situation à 200 m de la plage » – **R** conseillée
5 ha (242 empl.) plat, sablonneux, herbeux
**Tarif :** *2 pers. (10A) 19,40 – pers. suppl. 4,10*
**Location** : *210 à 520 – 270 à 520*

GB salle d'animation

**Aux Coeurs Vendéens** mai-sept.
02 51 58 84 91, *coeursvendeens@free.fr*, Fax 02 28 11 20 75 – NO : 4 km – **R** conseillée
2 ha (117 empl.) plat, herbeux, sablonneux
**Tarif :** *(6A) 2 pers. 23,50 – 3 pers. 25,50 – pers. suppl. 4 – frais de réservation 23*
**Location** *(avril-sept.) – 10 juil.-24 août : 175 à 540*

GB crêperie
À prox. :

**Les Places Dorées** 14 juin-août
02 51 59 02 93, Fax 02 51 59 30 47 – NO : 4 km – **R** indispensable
5 ha (243 empl.) plat, sablonneux, herbeux
**Tarif :** *3 pers. (6A) 28 – pers. suppl. 4,70*
**Location** : *236 à 672*

GB snack
À prox. :

**Le Both d'Orouet** 12 avril-15 oct.
02 51 58 60 37, *leboth.d.orouet@netcourrier.com*, Fax 02 51 59 37 03 – SE : 6,7 km, bord d'un ruisseau « Agréable cadre de verdure » – **R** conseillée
4,4 ha (206 empl.) plat, herbeux, sablonneux
**Tarif :** (Prix 2002) *2 pers. (6A) 19 – pers. suppl. 3,80 – frais de réservation 16*
**Location :** *250 à 328 – 165 à 500 – 200 à 560*

GB
À prox. :

**Plein Sud** mai-14 sept.
02 51 59 10 40, *camping-pleinsud@club-internet.fr*, Fax 02 51 58 92 29 – NO : 4 km – **R** conseillée
2 ha (110 empl.) plat, herbeux, sablonneux
**Tarif :** (Prix 2002) *3 pers. (4A) 22 – pers. suppl. 4 – frais de réservation 23*
**Location** : *145 à 530*

GB terrain omnisports

**La Forêt** 20 mai-sept.
02 51 58 84 63, Fax 02 51 58 84 63 – NO : 5,5 km (voir schéma de Notre-Dame-de-Monts) « Belle décoration arbustive » – **R** indispensable
1 ha (61 empl.) plat, herbeux, sablonneux
**Tarif :** *2 pers. (6A) 27,30 – pers. suppl. 4,5 – frais de réservation 16*
**Location** *(avril-sept.) : 242 à 630*

(petite piscine)

**La Davière-Plage** 18 avril-21 sept.
02 51 58 27 99, *daviereplage@wanadoo.fr*, Fax 02 51 58 27 99 – NO : 3 km – **R** conseillée
3 ha (200 empl.) plat, sablonneux, herbeux
**Tarif :** *2 pers. (10A) 19 – pers. suppl. 4,20 – frais de réservation 16*
**Location :** *153 à 335 – 220 à 450 – bungalows toilés*

GB snack
À prox. :

**Les Pins** 10 juin-15 sept.
02 51 58 17 42 – SE : 2,5 km – **R** conseillée
1,2 ha (118 empl.) plat et en terrasses, sablonneux
**Tarif :** (Prix 2002) *2 pers. (6A) 20,60 – pers. suppl. 4,50 – frais de réservation 16*
**Location :** *160 à 520*

À prox. :

**△△△ Les Jardins de l'Atlantique** avril-sept.
   📞 02 51 58 05 74,  *info@campingjardinsatlantique.com*,
Fax 02 51 58 01 67 – (en deux parties distinctes) SE : 5,5 km
– Places limitées pour le passage – **R** conseillée
5 ha (310 empl.) plat et peu incliné, accidenté, sablonneux
**Tarif :** 🔲 *2 pers.* 🔋 *18 – pers. suppl. 4,30*
**Location :** 🛏 *365 à 490 –* 🏠 *235 à 530*

**△ Le Logis** 12 avril-15 sept.
   📞 02 51 58 60 67, *camping-le-logis @ oreka.com*, Fax 02 28
11 67 41 – SE : 4,3 km – **R** conseillée
0,8 ha (40 empl.) plat et en terrasses, sablonneux, herbeux
**Tarif :** 🔲 *2 pers.* 🔋 *(10A) 18 – pers. suppl. 3,80 – frais de
réservation 14*
**Location :** 🛏 *200 à 559,20*
🖾

**△ C.C.D.F. les Sirènes** 28 mars-sept.
   📞 02 51 58 01 31,  *secretariat @ campingclub.asso.fr*,  Fax
02 51 59 03 67 – SE : av. des Demoiselles, à 500 m de la plage
– **R** conseillée
15 ha/5 campables (500 empl.) plat et accidenté, dunes,
pinède
**Tarif :** 🔲 *2 pers.* 🔋 *(10A) 18,40 – pers. suppl. 3,42*

**△ Le Clos d'Orouet** 5 avril-28 sept.
   📞 02 51 59 51 01, Fax 02 51 59 51 01 – SE : 8,7 km –
**R** indispensable
1,3 ha (75 empl.) plat, sablonneux
**Tarif :** (Prix 2002) 🔲 *2 pers.* 🔋 *15,75 – pers. suppl. 3,05 –
frais de réservation 15,24*
**Location :** 🛏 *182 à 289*

---

**à Fromentine**  NO : 15 km par D 38 – ✉ 85550 La Barre-de-Monts

**△△△ La Grande Côte** 5 avril-14 sept.
   📞 02 51 68 51 89, Fax 02 51 49 25 57 – à Fromentine, 2 km
par D 38B, rte de la Grande Côte « Au bord de la plage » –
**R** conseillée
21 ha (800 empl.) plat et accidenté, sablonneux
**Tarif :** 🔲 *2 pers.* 🔋 *20,50 – pers. suppl. 5 – frais de réser-
vation 23*
**Location :** 🛏 *252 à 620 – bungalows toilés*

---

**à Notre-Dame-de-Monts**  NO : 7 km par D 38 – 1 333 h. – alt. 6 – ✉ 85690 Notre-Dame-de-Monts.
🅾 Office du Tourisme, 6 r. de la Barre 📞 02 51 58 84 97, Fax 02 51 58 15 56

**△△△ Le Grand Jardin** fermé 5 janv.-7 fév.
   📞 02 28 11 21 75, Fax 02 51 59 56 66 – N : 0,6 km –
**R** conseillée
2,5 ha (90 empl.) plat, herbeux, sablonneux
**Tarif :** 🔲 *3 pers.* 🔋 *18,30 – pers. suppl. 3,40 – frais de réser-
vation 18*

**△△△ Le Lagon Bleu** avril-oct.
   📞 02 51 58 85 29, Fax 02 28 11 22 51 – N : 2,2 km (hors
schéma) – **R** conseillée
2 ha (150 empl.) plat, herbeux, sablonneux
**Tarif :** 🔲 *3 pers.* 🔋 *18,90 – pers. suppl. 3,60*
**Location :** 🛏 *228,67 à 457,35 –* 🏠 *228,67 à 442,10*

**△ Le Pont d'Yeu** avril-14 sept.
   📞 02 51 58 83 76, Fax 02 28 11 20 19 – S : 1 km –
**R** conseillée
1,3 ha (96 empl.) plat, sablonneux
**Tarif :** 🔲 *2 pers.* 🔋 *(6A) 17,40 – pers. suppl. 4 – frais de
réservation 10*
**Location :** 🛏 *183 à 351 –* 🛏 *230 à 488*

**△ La Ménardière** juin-28 sept.
   📞 02 51 58 86 92, Fax 02 51 58 86 92 ✉ 85160 St-Jean-
de-Monts – S : 1 km – **R** conseillée
0,8 ha (65 empl.) plat, sablonneux, herbeux
**Tarif :** 🔲 *2 pers.* 🔋 *(5A) 11,75 – pers. suppl. 3,20*

**△ Les Tranches** mai-14 sept.
   📞 02 51 58 85 37, *camping.lestranches@ free.fr*
N : 1,5 km – **R** indispensable
0,8 ha (70 empl.) plat, herbeux, sablonneux
**Tarif :** 🔲 *2 pers.* 🔋 *12 – pers. suppl. 3,30 – frais de réserva-
tion 9*
**Location** *(juil.-août) :* 🛏 *200 à 295*

*au Perrier* NE : 6 km par D 753, rte de Challans – 1 532 h. – alt. 4 – ⊠ 85300 Le Perrier

△ **Municipal de la Maison Blanche** 15 juin-15 sept.
 ℘ 02 51 49 39 23 – près de l'église – **R** conseillée
 3,2 ha (200 empl.) plat, herbeux
 **Tarif :** 🖾 2 pers. 🖄 10,10 – pers. suppl. 3,10

## ST-JEAN-DE-MUZOLS

07300 Ardèche 🔟 – 🗟🗟🗟 K3 – 2 315 h. – alt. 123.
Paris 546 – Annonay 34 – Beaurepaire 53 – Privas 58 – Romans-sur-Isère 22 – Tournon-sur-Rhône 4.

△ **Le Castelet** avril-28 sept.
 ℘ 04 75 08 09 48, courrier@ camping-lecastelet.com,
 Fax 04 75 08 49 60 – SO : 2,8 km par D 238, rte de Lamastre,
 bord du Doux – **R** conseillée
 3 ha (66 empl.) en terrasses, plat, herbeux, pierreux
 **Tarif :** 🖾 2 pers. 🖄 14,90 – pers. suppl. 3,20
 **Location :** 🛏 235 à 435

## ST-JEAN-DU-DOIGT

29630 Finistère 🖪 – 🗟🗟🗟 I2 G. Bretagne – 661 h. – alt. 15.
Paris 544 – Brest 77 – Guingamp 61 – Lannion 33 – Morlaix 22 – Quimper 96.

△ **Municipal du Pont Argler** 28 juin-août
 ℘ 02 98 67 32 15, st-du-doigt-mairie@ wanadoo.fr, Fax
 02 98 67 84 64 – au bourg, face à l'église
 1 ha (34 empl.) plat et en terrasses, herbeux
 **Tarif :** 🖾 2 pers. 🖄 10,60 – pers. suppl. 2,30

## ST-JEAN-DU-GARD

30270 Gard 🔟 – 🗟🗟🗟 I4 G. Languedoc Roussillon – 2 441 h. – alt. 183.
🅱 Office du Tourisme, pl. Rabaut-St-Étienne ℘ 04 66 85 32 11, Fax 04 66 85 16 28, otsistjean@ aol.com.
Paris 681 – Alès 28 – Florac 54 – Lodève 92 – Montpellier 74 – Nîmes 60 – Le Vigan 60.

△△△ **Le Mas de la Cam** 20 avril-22 sept.
 ℘ 04 66 85 12 02, camping@masdelacam.fr, Fax 04 66 85
 32 07 – NO : 3 km par D 907, rte de St-André-de-Valborgne,
 bord du Gardon de St-Jean « Site agréable dans une vallée
 verdoyante » – **R** conseillée
 6 ha (200 empl.) peu incliné, en terrasses, herbeux
 **Tarif :** (Prix 2002) 🖾 2 pers. 🖄 (6A) 20 – pers. suppl. 4
 **Location** ✂ : gîtes, bungalows toilés

△△△ **Les Sources** avril-sept.
 ℘ 04 66 85 38 03, camping-des-sources@ wanadoo.fr,
 Fax 04 66 85 16 09 – NE : 1 km par D 983 et D 50, rte de
 Mialet « Agréable cadre champêtre, ambiance familiale » –
 **R** conseillée
 3 ha (92 empl.) peu incliné et en terrasses, herbeux
 **Tarif :** 🖾 2 pers. 🖄 (10A) 18,40 – pers. suppl. 3,60 – frais
 de réservation 8
 **Location** (permanent) : 🏠 308 à 500
 🚐

△△△ **La Forêt** mai-15 sept.
 ℘ 04 66 85 37 00, laforet30@aol.com, Fax 04 66 85 07 05
 – N : 2 km par D 983, rte de St-Étienne-Vallée-Française puis
 2 km par D 333, rte de Falguières « A l'orée d'une vaste
 pinède » – **R** conseillée
 3 ha (60 empl.) plat et en terrasses, pierreux, herbeux
 **Tarif :** 🖾 2 pers. 🖄 21,10 – pers. suppl. 3,50
 **Location** (avril-sept.) : 🏠 160 à 430

## ST-JEAN-EN-ROYANS

26190 Drôme 🔟 – 🗟🗟🗟 E3 G. Alpes du Nord – 2 895 h. – alt. 250.
🅱 Office du Tourisme, pl. de l'Église ℘ 04 75 48 61 39, Fax 04 75 47 54 44, ot.royan@ wanadoo.fr.
Paris 591 – Die 62 – Romans-sur-Isère 27 – Grenoble 71 – St-Marcellin 20 – Valence 44 – Villard-de-Lans 34.

△ **Municipal** mai-sept.
 ℘ 04 75 47 74 60, Fax 04 75 48 66 40 – sortie Sud-Ouest
 par D 70, rte d'Oriol-en-Royans, bord de la Lyonne
 4 ha (135 empl.) plat, herbeux
 **Tarif :** (Prix 2002) 🖾 2 pers. 🖄 (10A) 9,30 – pers. suppl. 2,70
 🚐

493

## ST-JEAN-LE-CENTENIER

07580 Ardèche 🔟 – 🔢 J6 – 508 h. – alt. 350.
Paris 627 – Alès 83 – Aubenas 22 – Privas 24.

⚠ **Les Arches** Pâques-sept.
𝒫 04 75 36 75 45, pgaschet@club-internet.fr, Fax 04 75
36 75 45 – O : 1,2 km par D 458A et D 258, rte de Mirabel
puis chemin à droite – **R** conseillée
1,2 ha (47 empl.) en terrasses, plat, peu incliné, herbeux
**Tarif :** 🔲 2 pers. 🔋 (10A) 15,50 – pers. suppl. 3
**Location :** 🏠 183 à 490
🛋

## ST-JEAN-PIED-DE-PORT

64220 Pyr.-Atl. 🔢 – 🔢 E6 G. Aquitaine – 1 432 h. – alt. 159.
🅱 Office du Tourisme, pl. Charles-de-Gaulle 𝒫 05 59 37 03 57, Fax 05 59 37 34 91.
Paris 821 – Bayonne 54 – Biarritz 55 – Dax 105 – Oloron-Ste-Marie 70 – Pau 106 – San Sebastiàn 97.

⚠ **Europ'Camping** 21 avril-sept.
𝒫 05 59 37 12 78, Fax 05 59 37 29 82 – NO : 2 km par D 918
rte de Bayonne et chemin à gauche, à Ascarat – **R**
conseillée
1,8 ha (93 empl.) peu incliné, plat, herbeux
**Tarif :** 🔲 2 pers. 🔋 (6A) 22,10 – pers. suppl. 5,40 – frais de
réservation 21,35
**Location** 🏠 : 🛖 320 à 580

⚠ **Narbaïtz** 15 mars-sept.
𝒫 05 59 37 10 13, camping-narbaitz@wanadoo.fr, Fax
05 59 37 21 42 – NO : 2,5 km par D 918 rte de Bayonne
et à gauche, rte de Ascarat, à 50 m de la Nive et bord d'un
ruisseau
2,5 ha (133 empl.) plat et peu incliné, herbeux
**Tarif :** (Prix 2002) 🔲 2 pers. 🔋 (6A) 16 – pers. suppl. 3,50
– frais de réservation 10
**Location** 🏠 juil.-août : 🛖 170 à 490

## ST-JEAN-PLA-DE-CORTS

66490 Pyr.-Or. 🔢 – 🔢 H7 – 1 456 h. – alt. 116.
Paris 876 – Amélie-les-Bains-Palalda 14 – Argelès-sur-Mer 23 – Le Boulou 6 – La Jonquera 21 – Perpignan 28.

⚠ **Les Casteillets** Permanent
𝒫 04 68 83 26 83, jc@campinglescasteillets.com, Fax
04 68 83 39 67 – sortie vers Amélie-les-Bains par D 115
et chemin à gauche, près du Tech – **R** indispensable
5 ha (132 empl.) plat, pierreux, herbeux
**Tarif :** 🔲 2 pers. 🔋 (6A) 16,50 – pers. suppl. 4 – frais de
réservation 9
**Location :** 🛖 198 à 390

## ST-JEAN-ST-NICOLAS

05260 H.-Alpes 🔢 – 🔢 F5 – 865 h. – alt. 1 130.
🅱 Syndicat d'Initiative, Pont du Fossé 𝒫 04 92 55 95 71, Fax 04 92 55 97 32, hautchampsaur@wanadoo.fr
Paris 671 – Corps 41 – Gap 23 – Orcières 11 – Savines-le-Lac 39 – Serres 62.

**à Pont du Fossé** sur D 944 – ✉ 05260 St-Jean-St-Nicolas :

⚠ **Le Diamant** mai-sept.
𝒫 04 92 55 91 25, camping.diamant@libertysurf.fr, Fax
04 92 55 95 97 – SO : 0,8 km par D 944 rte de Gap « Au
bord du Drac » – **R** conseillée
4 ha (100 empl.) plat, herbeux, peu pierreux
**Tarif :** 🔲 2 pers. 🔋 17,50 – pers. suppl. 2,50 à 4
**Location :** 🛖 152 à 265 – 🛖 230 à 410

⚠ **Municipal le Châtelard** 15 juin-15 sept.
𝒫 04 92 55 94 31, Fax 04 92 55 95 29 – E : 1 km par D 944
et chemin à droite, chemin pour piétons reliant le camp au
village « Au bord du Drac » – **R** conseillée
2 ha (60 empl.) plat, herbeux, pierreux
**Tarif :** (Prix 2002) 🔲 2 pers. 🔋 12,40 – pers. suppl. 3,10

## ST-JORIOZ

74 H.-Savoie – 🔢 J5 – voir à Annecy (Lac d').

24800 Dordogne **10** – **329** G3 – 600 h. – alt. 260.
Paris 443 – Brantôme 31 – Châlus 22 – St-Yrieix-la-Perche 28 – Thiviers 13.

▲▲ *Maison Neuve* avril-oct.
    ✆ 05 53 55 10 63, *camping.maisonneuve@wanadoo.fr*,
Fax 05 53 55 10 63 – sortie Nord-Est par D 98, rte de Chaleix
et chemin à droite « Autour de bâtisses anciennes en pierres
du pays » – **R** conseillée
10 ha/3 campables (43 empl.) peu incliné et plat, herbeux,
petit étang
**Tarif :** 🔲 *2 pers.* 🔌 *(10A) 16 – pers. suppl. 4*

35 I.-et-V. – **309** K3 – rattaché à St-Malo.

56 Morbihan – **308** M10 – voir à Quiberon (Presqu'île de).

24 Dordogne **18** – **329** J6 – 586 h. – alt. 120 – ✉ 24370 Carlux.
Paris 529 – Brive-la-Gaillarde 52 – Gourdon 17 – Sarlat-la-Canéda 17 – Souillac 14.

▲ *Le Mondou* 26 avril-12 oct.
    ✆ 05 53 29 70 37, *lemondou@aol.com*, Fax 05 53 29 70 37
– E : 1 km par D 50 rte de Mareuil et chemin à droite –
**R** conseillée
1,2 ha (60 empl.) peu incliné, pierreux, herbeux
**Tarif :** 🔲 *2 pers.* 🔌 *14,45 - pers. suppl. 4*

85150 Vendée **9** – **316** F8 – 1 075 h. – alt. 59.
Paris 447 – Aizenay 17 – Challans 32 – La Roche-sur-Yon 24 – Les Sables-d'Olonne 19 – St-Gilles-Croix-de-Vie 21.

**495**

▲▲▲ *La Garangeoire* 5 avril-27 sept.
    ✆ 02 51 46 65 39, *garangeoire@wanadoo.fr*, Fax 02 51 46
69 85 – N : 2,8 km par D 21 « Agréable domaine : prairies,
étangs et bois » – **R** conseillée
200 ha/10 campables (325 empl.) plat et vallonné, terrasses,
herbeux
**Tarif :** 🔲 *2 pers.* 🔌 *28 – pers. suppl. 5,50 – frais de réser-
vation 25*
**Location :** 🛖 *260 à 668 –* 🏠 *275 à 700*

crêperie, pizzeria 🛒 cases réfrigérées

▲▲▲ *La Forêt* 15 mai-15 sept.
    ✆ 02 51 46 62 11, *camping@domainelaforet.com*, Fax
02 51 46 60 87 – sortie Nord-Est par D 55, rte de Martinet
« Dans les dépendances d'un château » – **R** conseillée
50 ha/5 campables (148 empl.) plat, herbeux, étangs et bois
**Tarif :** 🔲 *1 à 3 pers.* 🔌 *(6A) 31,30 – pers. suppl. 5,40 – frais
de réservation 20*
**Location** 🏠 *:* 🛖 *299 à 726*

discothèque

▲▲ *La Guyonnière* mai-sept.
    ✆ 02 51 46 62 59, *camping.guyonniere@wanadoo.fr*,
Fax 02 51 46 62 89 – NO : 2,4 km par D 12 rte de Landevieille
puis 1,2 km par chemin à droite à proximité du lac du Jaunay
– **R** conseillée
30 ha/6,5 campables (167 empl.) peu incliné, plat, herbeux,
étang
**Tarif :** (Prix 2002) 🔲 *2 pers.* 🔌 *23,75 – pers. suppl. 4,45 –
frais de réservation 15*
**Location** 🏠 *:* 🛖 *185 à 580 – bungalows toilés*

parcours de santé

*Avant de vous installer, consultez les tarifs en cours,
affichés obligatoirement à l'entrée du terrain,
et renseignez-vous sur les conditions particulières de séjour.*

*Les indications portées dans le guide ont pu être modifiées depuis la mise à jour.*

## ST-JULIEN-EN-BORN

40170 Landes **13** – **335** D10 – 1 285 h. – alt. 22.
**🛈** Office du Tourisme, r. des Écoles *℘* 05 58 42 89 80, Fax 05 58 42 42 45, *infos@contis-plage.net*.
Paris 711 – Castets 23 – Dax 44 – Mimizan 18 – Morcenx 31.

    ⚠ **Municipal la Lette Fleurie** avril-sept.
      *℘* 05 58 42 74 09, *mairie40170@wanadoo.fr*, Fax 05 58 42
      41 51 – NO : 4 km par rte de Mimizan et rte de Contis-Plage
      – **R** indispensable
      8,5 ha (457 empl.) plat et sablonneux
      **Tarif :** (Prix 2002) 🔲 *2 pers.* 🔌 *14,85 – pers. suppl. 3,35*

    ⚠ **Aire Naturelle le Très** juin-15 sept.
      *℘* 05 58 42 80 24 – NO : 3 km par D 652, rte de Mimizan
      et D 41, rte de Contis-Plage à gauche – **R** conseillée
      1,5 ha (25 empl.) non clos, plat, herbeux, sablonneux
      **Tarif :** 🔲 *2 pers.* 🔌 *7,24/10,09 – pers. suppl. 2,20*

## ST-JULIEN-EN-ST-ALBAN

07000 Ardèche **16** – **331** K5 – 924 h. – alt. 131.
Paris 595 – Aubenas 40 – Crest 37 – Montélimar 33 – Privas 9 – Valence 31.

    ⚠ **L'Albanou** 28 avril-20 sept.
      *℘* 04 75 66 00 97, Fax 04 75 66 00 97 – E : 1,4 km par
      N 104, rte de Pouzin et chemin de Celliers à droite, près de
      l'Ouvèze – **R** conseillée
      1,5 ha (30 empl.) plat, herbeux
      **Tarif :** 🔲 *2 pers.* 🔌 *14 – pers. suppl. 3*

---

*The classification (1 to 5 tents, **black** or red) that we award to*
*selected sites in this Guide is a system that is our own.*

*It should not be confused with the classification (1 to 4 stars) of official organisations.*

## ST-JUST

15320 Cantal **11** – **330** H5 – 248 h. – alt. 950.
Paris 537 – Chaudes-Aigues 28 – Ruynes-en-Margeride 22 – St-Chély-d'Apcher 15 – St-Flour 28.

    ⚠ **Municipal** Pâques-sept.
      *℘* 04 71 73 72 57, *commune.stjust@wanadoo.fr*, Fax 04 71
      73 71 44 – au Sud-Est du bourg, bord d'un ruisseau, par A
      75, sortie 32
      2 ha (60 empl.) plat et peu incliné, terrasse, herbeux
      **Tarif :** 🔲 *2 pers.* 🔌 *(10A) 10 – pers. suppl. 1,60*
      **Location** *(permanent) :* 🏠 *150 à 351 – gîtes*

## ST-JUST

07700 Ardèche **16** – **331** J8 – 1 078 h. – alt. 64.
Paris 641 – Montélimar 36 – Nyons 51 – Pont-St-Esprit 6 – Privas 65.

    ⚠ **La Plage** Pâques-fin sept.
      *℘* 04 75 04 69 46, *info@campingdelaplage.com*, Fax 04 75
      04 69 46 – S : 2,5 km par N 86, rte de Pont-St-Esprit et à
      droite avant le pont, à 100 m de l'Ardèche – **R** conseillée
      2,5 ha (117 empl.) plat, herbeux
      **Tarif :** 🔲 *2 pers.* 🔌 *(10A) 18,70 – pers. suppl. 2,60*
      **Location** 🚫 : 🛏 *170 à 280 –* 🚐 *225 à 430*

## ST-JUSTIN

40240 Landes **14** – **335** J11 – 917 h. – alt. 90.
**🛈** Office du Tourisme, pl. des Tilleuls *℘* 05 58 44 86 06, Fax 05 58 44 86 06, *saintjustin@aol.com*.
Paris 697 – Barbotan-les-Thermes 19 – Captieux 41 – Labrit 35 – Mont-de-Marsan 25 – Villeneuve-de-Marsan 16.

    ⚠ **Le Pin** avril-sept.
      *℘* 05 58 44 88 91, *camping.lepin@wanadoo.fr*, Fax 05 58
      44 88 91 – N : 2,3 km sur D 626 rte de Roquefort, bord d'un
      petit étang
      3 ha (70 empl.) plat, herbeux
      **Tarif :** (Prix 2002) 🔲 *2 pers.* 🔌 *(6A) 20 – pers. suppl. 4,50*
      **Location :** 🚐 *165 à 380 –* 🏠 *165 à 550*

## ST-JUST-LUZAC

17320 Char.-Mar. 🔟 – 📳📳 D5 G. Poitou Vendée Charentes – 1 432 h. – alt. 5.
Paris 501 – Rochefort 23 – La Rochelle 57 – Royan 26 – Saintes 35.

⏶⏶ **Séquoia Parc** 17 mai-7 sept.
  𝒸 05 46 85 55 55, sequoia.parc@ wanadoo.fr, Fax 05 46 85
  55 56 – NO : 2,7 km par D 728, rte de Marennes et chemin
  à droite « Dans les dépendances d'un château » –
  **R** conseillée
  49 ha/28 campables (426 empl.) plat, herbeux, pierreux,
  sablonneux, bois
  **Tarif :** 🔲 2 pers. 🔋 (6A) 33 - pers. suppl. 8 – frais de réser-
  vation 30
  **Location :** 🏚 160 à 690 – 🏠 210 à 790
  🚐

## ST-LAGER-BRESSAC

07210 Ardèche 🔟🔟 – 📳📳 K5 – 569 h. – alt. 180.
Paris 598 – Aubenas 44 – Montélimar 22 – Pont-St-Esprit 58 – Privas 14 – Valence 34.

⏶ **Municipal les Civelles d'Ozon** mai-sept.
  𝒸 04 75 65 01 86, Fax 04 75 65 13 02 – E : 0,5 km par
  D 322, rte de Baix, bord d'un ruisseau – **R** conseillée
  1,3 ha (40 empl.) plat, pierreux, herbeux
  **Tarif :** 🔲 2 pers. 🔋 (6A) 11,50 – pers. suppl. 3

## ST-LAMBERT-DU-LATTAY

49750 M.-et-L. 🔟 – 📳📳 F5 G. Châteaux de la Loire – 1 352 h. – alt. 63.
🅱 Office du Tourisme, Étang de la Coudray 𝒸 02 41 78 44 26.
Paris 316 – Ancenis 54 – Angers 26 – Cholet 38 – Doué-la-Fontaine 33.

⏶ **S.I. la Coudraye** 15 mars-oct.
  𝒸 02 41 78 44 26 – au Sud du bourg, près d'un étang –
  **R** conseillée
  0,5 ha (20 empl.) peu incliné, herbeux
  **Tarif :** 🔲 2 pers. 🔋 (10A) 7,95 – pers. suppl. 1,95
  **Location :** huttes

**497**

## ST-LARY-SOULAN

65170 H.-Pyr. 🔟🔟 – 📳📳 N8 G. Midi Pyrénées – 1 108 h. – alt. 820 – Sports d'hiver : 1 680/2 450 m 🎿2 🎿30 🎿.
🅱 Office du Tourisme, 37 r. Vincent-Mir 𝒸 05 62 39 50 81, Fax 05 62 39 50 06, st-lary@ wanadoo.fr.
Paris 842 – Arreau 12 – Auch 104 – Bagnères-de-Luchon 43 – St-Gaudens 66 – Tarbes 74.

⏶⏶ **Municipal** fermé 20 oct.-nov.
  𝒸 05 62 39 41 58, camping.stlary@ wanadoo.fr, Fax 05 62
  40 01 40 – au bourg, à l'Est du D 929 « Au centre du bourg,
  agréable îlot de verdure » – **R** conseillée
  1 ha (76 empl.) plat et peu incliné, herbeux, pierreux
  **Tarif :** 🔲 2 pers. 🔋 (10A) 19,40 – pers. suppl. 4,50
  **Location :** 🛏

**à Bourisp** NE : 1,7 km par D 929 et D 115 à droite – 103 h. – alt. 790 – ✉ 65170 Bourisp :

⏶⏶ **Le Rioumajou** Permanent
  𝒸 05 62 39 48 32, lerioumajou@ wanadoo.fr, Fax 05 62 39
  48 32 – NO : 1,3 km par D 929 rte d'Arreau et chemin à gau-
  che, bord de la Neste d'Aure – Places limitées pour le passage
  – **R** indispensable
  5 ha (240 empl.) plat, gravillons, pierreux, herbeux
  **Tarif :** (Prix 2002) 🔲 2 pers. 🔋 (10A) 20,50 – pers. suppl. 6,50
  – frais de réservation 14
  **Location** 🏚 juil.-août : 🏚 157 à 407 – bungalows toilés
  🚐

⏶ **La Mousquere** fév.-1ᵉʳ oct.
  𝒸 05 62 39 44 99 – à l'Ouest du bourg par D 116, à 50 m
  du D 929, près d'un ruisseau – places limitées pour le passage
  – **R** conseillée
  0,8 ha (45 empl.) incliné, pierreux, herbeux
  **Tarif :** 🔲 2 pers. 🔋 (6A) 13,70 – pers. suppl. 2,85
  **Location :** 🏚 153 à 305

*Les indications d'accès à un terrain sont généralement indiquées,*
*dans notre guide, à partir du centre de la localité.*

**à Vielle-Aure** N : 2 km par D 929 et D 115 à gauche – 285 h. – alt. 800 – ⊠ 65170 Vielle-Aure.
🄸 Office du Tourisme ℘ 05 62 39 50 00, Fax 05 62 40 00 04

  ⚎ **Le Lustou** Permanent
    ℘ 05 62 39 40 64, *campinglustou@libertysurf.fr*, Fax 05 62
    39 40 72 – NE : 2 km sur D 19, à Agos, près de la Neste d'Aure
    et d'un étang « Belle entrée ornée de plantes des Pyrénées »
    – **R** conseillée
    2,8 ha (65 empl.) plat, gravier, herbeux
    **Tarif :** 🄴 *2 pers.* 🄶 *(10A) 17 – pers. suppl. 3,60*
    **Location** ✹ : 📠 *260 à 370 – gîtes d'étape*
    🈵

**à Vignec** NO : 1 km – 135 h. – alt. 820 – ⊠ 65170 Vignec

  ⚠ **Artiguette-St-Jacques** Permanent
    ℘ 05 62 39 52 24, *francoisecarrere@wanadoo.fr*, Fax
    05 62 39 52 24 – sortie Nord par D 123, près d'une chapelle,
    bord d'un ruisseau – **R** conseillée
    1 ha (68 empl.) plat, peu incliné, terrasse, herbeux
    **Tarif :** 🄴 *2 pers.* 🄶 *(6A) 14,39 – pers. suppl. 2,62*

## ST-LAURENT-D'AIGOUZE

30220 Gard 🔳 – 🔳 K7 – 2 323 h. – alt. 3.
Paris 741 – Aigues-Mortes 8 – La Grande-Motte 83 – Montpellier 43 – Nîmes 35 – Sommières 23.

  ⚎ **Fleur de Camargue** 5 avril-11 oct.
    ℘ 04 66 88 15 42, Fax 04 66 88 10 21 – S : 2,8 km par D 46
    – **R** conseillée
    4 ha (160 empl.) plat, pierreux, herbeux
    **Tarif :** 🄴 *2 pers.* 🄶 *(6A) 23 – pers. suppl. 5*
    **Location** ✹ : 📠 *170 à 605*
    🈵

## ST-LAURENT-DE-CERDANS

66260 Pyr.-Or. 🔳 – 🔳 G8 G. Languedoc Roussillon – 1 489 h. – alt. 675.
🄸 Syndicat d'initiative, 7 r. Joseph-Nivert ℘ 04 68 39 55 75, Fax 04 68 39 59 59.
Paris 907 – Amélie-les-Bains-Palalda 19 – Perpignan 59 – Prats-de-Mollo-la-Preste 23.

  ⚠ **Municipal la Verte Rive** mai-oct.
    ℘ 04 68 39 54 64, *contact@ville-saint-laurent-de-cerdans.*
    *fr*, Fax 04 68 39 59 59 – sortie Nord-Ouest par D 3 rte
    d'Arles-sur-Tech, bord de la Quéra – **R** conseillée
    2,5 ha (74 empl.) peu incliné, herbeux
    **Tarif :** 🄴 *2 pers.* 🄶 *(5A) 9,54 – pers. suppl. 2,05*
    **Location** *(permanent)* : ☎ *180 à 361*

## ST-LAURENT-DE-LA-PRÉE

17450 Char.-Mar. 🔳 – 🔳 D4 – 1 256 h. – alt. 7.
Paris 484 – Rochefort 13 – La Rochelle 28.

  ⚎ **Les Charmilles** 5 avril-28 sept.
    ℘ 05 46 84 00 05, *camping-chadotel@wanadoo.fr*, Fax
    05 46 84 02 84 – NO : 2,2 km par D 214^E1, rte de Fouras
    et D 937 à droite, rte de la Rochelle – **R** conseillée
    5 ha (270 empl.) plat, herbeux
    **Tarif :** 🄴 *2 pers.* 🄶 *24,70 – pers. suppl. 5,30 – frais de réser-*
    *vation 25*
    **Location** : 📠 *150 à 640 – ☎ 175 à 710*

  ⚠ **Le Pré Vert** avril-sept.
    ℘ 05 46 84 89 40, Fax 05 46 84 89 40 – NE : 2,3 km par
    D 214, rte de la Rochelle, au lieu-dit St-Pierre, par voie rapide,
    sortie Fouras – **R** conseillée
    2 ha (67 empl.) plat, peu incliné, terrasse, herbeux
    **Tarif :** 🄴 *2 pers.* 🄶 *11 – pers. suppl. 3 – frais de réservation 8*
    **Location :** 📠 *122 à 260*

## ST-LAURENT-DU-PAPE

07800 Ardèche 🔳 – 🔳 K5 G. Vallée du Rhône – 1 206 h. – alt. 100.
Paris 582 – Aubenas 57 – Le Cheylard 43 – Crest 30 – Privas 26 – Valence 19.

  ⚎ **La Garenne** mars-oct.
    ℘ 04 75 62 24 62 – au Nord du bourg, accès près de la
    poste – **R** conseillée
    6 ha/4 campables (116 empl.) plat, en terrasses, pierreux,
    herbeux
    **Tarif :** 🄴 *1 ou 2 pers.* 🄶 *(4A) 27 – pers. suppl. 5,50*

## ST-LAURENT-DU-PONT

38380 Isère **12** – **333** H5 G. Alpes du Nord – 4 061 h. – alt. 410.

**B** Syndicat d'Initiative, pl. de la Mairie &#x1F4DE; 04 76 06 22 55, Fax 04 76 06 21 21, *tourisme.st-laurent-du-pont @ wanadoo.fr.*

Paris 562 – Chambéry 29 – Grenoble 34 – La Tour-du-Pin 42 – Voiron 15.

⚠ **Municipal les Berges du Guiers** 15 juin-15 sept.
&#x1F4DE; 04 76 55 20 63, *tourisme.st-laurent-du-pont @ wanadoo .fr,* Fax 04 76 06 21 21 – sortie Nord par D 520, rte de Chambéry et à gauche, bord du Guiers Mort, chemin et passerelle pour piétons reliant le camp au village – **R** indispensable
1 ha (45 empl.) plat, herbeux
**Tarif :** ▣ *2 pers.* ⓖ *(5A) 11,80 – pers. suppl. 3,20*

## ST-LAURENT-EN-BEAUMONT

38350 Isère **12** – **333** I8 – 282 h. – alt. 900.

Paris 616 – Le Bourg-d'Oisans 43 – Corps 17 – Grenoble 52 – Mens 22 – La Mure 10.

⚠ **Belvédère de l'Obiou** 15 avril-sept.
&#x1F4DE; 04 76 30 40 80, *info@ camping-obiou.com,* Fax 04 76 30 40 80 – SO : 1,3 km par N 85, au lieu-dit les Egats – **R** conseillée
1 ha (45 empl.) plat, peu incliné, terrasses, herbeux
**Tarif :** ▣ *2 pers.* ⓖ *(6A) 17,60 – pers. suppl. 3,80 – frais de réservation 10*
**Location :** 🚐 *215 à 456*
🚐

*(petite piscine découverte l'été)*
À prox. : ⚘

## ST-LAURENT-EN-GRANDVAUX

39150 Jura **12** – **321** F7 G. Jura – 1 781 h. – alt. 904.

**B** Office du Tourisme, 7 pl. Charles-Thevenin &#x1F4DE; 03 84 60 15 25, Fax 03 84 60 15 25.

Paris 443 – Champagnole 22 – Lons-le-Saunier 46 – Morez 11 – Pontarlier 57 – St-Claude 31.

⚠ **Municipal Champ de Mars** fermé oct.
&#x1F4DE; 03 84 60 19 30, Fax 03 84 60 19 72 – sortie Est par N 5 – **R** conseillée
3 ha (150 empl.) plat et peu incliné, herbeux
**Tarif :** ▣ *2 pers.* ⓖ *(6A) 8,76 (hiver 13,23) – pers. suppl. 2,44 (hiver 3,65)*

## ST-LAURENT-LES-BAINS

07590 Ardèche **16** – **331** F6 G. Vallée du Rhône – 136 h. – alt. 840.

Paris 606 – Aubenas 63 – Langogne 29 – Largentière 50 – Mende 58.

⚠ **Le Ceytrou** avril-oct.
&#x1F4DE; 04 66 46 02 03 – SE : 2,1 km par D4 « Agréable situation au coeur des montagnes du Vivarais Cévenol » – **R** conseillée
2,5 ha (60 empl.) plat et peu incliné, terrasses, pierreux, herbeux
**Tarif :** ▣ *2 pers.* ⓖ *(8A) 12,34 – pers. suppl. 3,20*

## ST-LAURENT-LES-ÉGLISES

87340 H.-Vienne **10** – **325** F5 – 636 h. – alt. 388.

Paris 385 – Bellac 56 – Bourganeuf 30 – Guéret 49 – Limoges 30 – La Souterraine 50.

⚠ **Municipal Pont du Dognon** 15 avril-15 oct.
&#x1F4DE; 05 55 56 57 25, Fax 05 55 56 55 17 – SE : 1,8 km par D 5 rte de St-Léonard-de-Noblat, bord du Taurion (plan d'eau) « Site agréable » – **R** conseillée
3 ha (90 empl.) en terrasses, herbeux, pierreux
**Tarif :** ▣ *2 pers.* ⓖ *(8A) 9,60 – pers. suppl. 3,40 – frais de réservation 15,25*
**Location :** *huttes*

parcours de santé
À prox. : ✕ 🍴

## ST-LAURENT-SUR-SÈVRE

85290 Vendée **9** – **316** K6 – 3 247 h. – alt. 121.

Paris 367 – Angers 77 – Bressuire 36 – Cholet 14 – Nantes 69 – La Roche-sur-Yon 59.

⚠ **Le Rouge Gorge** Permanent
&#x1F4DE; 02 51 67 86 39, *info@lerougegorge.com,* Fax 02 51 67 73 40 – NO : 1 km par D 111, rte de la Verrie – **R** conseillée
2 ha (93 empl.) peu incliné, plat, herbeux
**Tarif :** ▣ *2 pers.* ⓖ *(8A) 15,90 – pers. suppl. 3*
**Location** ✂ : 🏠 *230 à 425*

## ST-LÉGER-DE-FOUGERET

58 Nièvre – **319** G9 – rattaché à Château-Chinon.

## ST-LÉONARD-DE-NOBLAT

87400 H.-Vienne **10** – **325** F5 G. Berry Limousin – 5 024 h. – alt. 347.
**🛈** Office du Tourisme, pl. du Champ-de-Mars ℘ 05 55 56 25 06, Fax 05 55 56 36 97.
Paris 407 – Aubusson 68 – Brive-la-Gaillarde 99 – Guéret 62 – Limoges 20.

  **⚠** **Municipal de Beaufort** 15 juin-15 sept.
    ℘ 05 55 56 02 79 – du centre bourg : 1,7 km par N 141, rte
    de Limoges puis 1,5 km à gauche par rte de Masleon, bord
    de la Vienne – **R**
    2 ha (98 empl.) plat et peu incliné, herbeux
    **Tarif :** 🔲 *2 pers.* 🔋 *10,20 – pers. suppl. 2*

## ST-LÉON-SUR-VÉZÈRE

24290 Dordogne **13** – **329** H5 G. Périgord Quercy – 427 h. – alt. 70.
Paris 499 – Brive-la-Gaillarde 49 – Les Eyzies-de-Tayac 16 – Montignac 10 – Périgueux 48 – Sarlat-la-Canéda 25.

  **⚠** **Le Paradis** avril-25 oct.
    ℘ 05 53 50 72 64, *le-paradis@perigord.com*, Fax 05 53 50
    75 90 – SO : 4 km sur D 706 rte des Eyzies-de-Tayac, bord
    de la Vézère « Installations de qualité autour d'une ancienne
    ferme restaurée » – **R** conseillée
    7 ha (200 empl.) plat, herbeux
    **Tarif :** (Prix 2002) 🔲 *2 pers.* 🔋 *(10A) 26,20 – pers. suppl. 6,50*
    *– frais de réservation 20*
    **Location :** 🛖 *313 à 717*
    🚐

 borne internet 🛖 piste de bi-cross, canoë

## ST-LEU-D'ESSERENT

60340 Oise **6** – **305** F5 – 4 288 h. – alt. 50 – Base de loisirs.
**🛈** Office du Tourisme, r. de l'Église ℘ 03 44 56 38 10, Fax 03 44 56 25 23.
Paris 58 – Beauvais 37 – Chantilly 6 – Creil 9 – Pontoise 40.

  **⚠** **Campix** 7 mars-nov.
    ℘ 03 44 56 08 48, *campix@aol.com*, Fax 03 44 56 28 75 –
    sortie Nord par D 12 rte de Cramoisy puis 1,5 km par rue
    à droite et chemin « Dans une ancienne carrière ombragée,
    dominant le bourg et l'Oise »
    6 ha (160 empl.) plat, en terrasses, accidenté, herbeux,
    pierreux
    **Tarif :** 🔲 *2 pers* 🔋 *18,50 – pers. suppl. 5*
    🚐

35 I.-et-V. – 🔲🔲🔲 J3 – rattaché à Dinard.

35400 I.-et-V. 🔲 – 🔲🔲🔲 J3 G. Bretagne – 48 057 h. – alt. 5.
🔲 Office du Tourisme, espl. St-Vincent ✆ 02 99 56 64 48, Fax 02 99 56 67 00, *office.de.tourisme.saint-malo @ wanadoo.fr.*
Paris 403 – Alençon 180 – Avranches 68 – Dinan 32 – Rennes 72 – St-Brieuc 73.

**à Paramé**   NE : 5 km – ✉ 35400 St-Malo :

△ **Municipal les Îlots** 15 juin-10 sept.
✆ 02 99 56 98 72, *camping@ ville-saint-malo.fr*, Fax 02 99 21 92 62 – à Rothéneuf, av. de la Guimorais, près de la plage du Havre
2 ha (156 empl.) plat, herbeux
**Tarif :** 🔲 *2 pers.* 🔲 *14 – pers. suppl. 5*
🔲

| |
|---|
| ⚬━ juil.-août ⏣ 🐾 ⛴ 🔲🔲🔲🔲 |
| ☺ 🔲 |
| À prox. : 🔲🔲🔲🔲🔲 🔲 (centre équestre) |

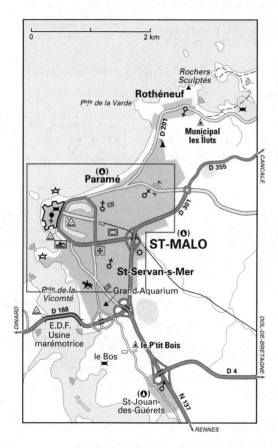

**à St-Jouan-des-Guérets**   SE : 5 km par N 137, rte de Rennes – 2 221 h. – alt. 31 – ✉ 35430 St-Jouan-des-Guérets :

⚠⚠ **Le P'tit Bois** 30 avril-12 sept.
✆ 02 99 21 14 30, *camping.ptitbois@ wanadoo.fr*, Fax 02 99 81 74 14 – accès par N 137 « Bel ensemble paysagé » – **R** conseillée
6 ha (274 empl.) plat, herbeux
**Tarif :** 🔲 *2 pers.* 🔲 *34 – pers. suppl. 7 – frais de réservation 20*
**Location :** 🔲 *300 à 700 – bungalows toilés*
🔲

| |
|---|
| ⚬━ ⏣ 🐾 🔲 🔲 (1 ha) 🔲🔲🔲🔲 |
| 🔲🔲☺🔲🔲🔲🔲🔲 🔲 pizzeria, |
| snack 🔲🔲🔲🔲 salle d'animation |
| 🔲🔲🔲🔲 m 🔲🔲 terrain |
| omnisports |
| À prox. : 🔲 🔲 poneys |

## ST-MALO-DE-BEIGNON

56380 Morbihan 🖪 – 🟦🟦🟦 S7 – 390 h. – alt. 119.
Paris 392 – Châteaubriant 77 – Maure-de-Bretagne 19 – Ploërmel 25 – Redon 39 – Rennes 43.

🔺 **Municipal l'Étang d'Aleth** 15 mars-15 sept.
    &#x260E; 02 97 22 50 74, Fax 02 97 22 50 85 – au Nord du bourg,
accès par D 773 « Parc ombragé près d'un agréable plan
d'eau » – **R** conseillée
2 ha (55 empl.) plat et peu incliné, herbeux
**Tarif :** 🔳 *2 pers.* 🔋 *(11A) 10 – pers. suppl. 2,50*

## ST-MAMET-LA-SALVETAT

15220 Cantal 🔟 – 🟦🟦🟦 B5 – 1 327 h. – alt. 680.
🅱 Office du Tourisme, le Bourg &#x260E; 04 71 49 33 00, Fax 04 71 49 33 00, *ot.saint-mamet@auvergne.net*.
Paris 556 – Argentat 53 – Aurillac 20 – Maurs 25 – Sousceyrac 29.

🔺 **Municipal** avril-oct.
    &#x260E; 04 71 64 75 21, Fax 04 71 46 92 58 – à l'Est du bourg,
accès par D 20, rte de Montsalvy et chemin du stade, à droite
– **R** conseillée
0,8 ha (41 empl.) peu incliné, herbeux
**Tarif :** (Prix 2002) 🔳 *2 pers.* 🔋 *(16A) 11,20 – pers. suppl. 2*
**Location** *(permanent) :* 🚐 *215 à 330 –* 🏚 *215 à 330*

## ST-MANDRIER-SUR-MER

83430 Var 🔟🟨 – 🟦🟦🟦 K7 G. Côte d'Azur – 5 175 h. – alt. 1.
🅱 Office du Tourisme, place des Resistants &#x260E; 04 94 63 61 69, Fax 04 94 63 57 97.
Paris 840 – Bandol 20 – Le Beausset 23 – Hyères 32 – Toulon 14.

🔺 **La Presqu'île** 15 mai-sept.
    &#x260E; 04 94 94 23 22 – O : 2,5 km, carrefour D 18 et rte de la
Pointe de Marégau, près du port de plaisance – **R**
2,5 ha (140 empl.) plat et en terrasses, pierreux
**Tarif :** 🔳 *2 pers.* 🔋 *(6A) 22,40 – pers. suppl. 3,80*

## ST-MARCAN

35120 I.-et-V. 🖪 – 🟦🟦🟦 M3 – 401 h. – alt. 60.
Paris 371 – Dinan 42 – Dol-de-Bretagne 13 – Le Mont-St-Michel 17 – Rennes 71 – St-Malo 32.

🔺 **Le Balcon de la Baie** avril-oct.
    &#x260E; 02 99 80 22 95, Fax 02 99 80 22 95 – SE : 0,5 km par D 89
rte de Pleine-Fougères et à gauche – **R** conseillée
2,8 ha (66 empl.) peu incliné, plat, herbeux
**Tarif :** 🔳 *2 pers.* 🔋 *(5A) 13,70 – pers. suppl. 3,50*
**Location :** 🚐 *275 à 412*

## St-MARTIAL

07310 Ardèche 🔟🟨 – 🟦🟦🟦 H4 – 266 h. – alt. 850.
Paris 595 – Aubenas 50 – Langogne 61 – Privas 55 – Le Puy-en-Velay 53.

🔺 **Municipal le Lac** mai-sept.
    &#x260E; 04 75 29 19 09 – NE : 1,5 km par D 215, rte de St-Martin-
de-Valamas et rte à gauche « Près d'un plan d'eau » –
**R** conseillée
13 ha/2 campables (50 empl.) plat, peu incliné, terrasse,
herbeux
**Tarif :** (Prix 2002) 🔳 *2 pers.* 🔋 *11,20 – pers. suppl. 4,60*

## ST-MARTIAL-DE-NABIRAT

24250 Dordogne 🔟🟥 – 🟦🟦🟦 I7 – 512 h. – alt. 175.
Paris 547 – Cahors 41 – Fumel 46 – Gourdon 11 – Périgueux 82 – Sarlat-la-Canéda 19.

🔺 **Calmésympa** 5 avril-2 nov.
    &#x260E; 05 53 28 43 15, Fax 05 53 30 23 65 – NO : 2,2 km par
D 46, rte de Domme et chemin à gauche, au lieu-dit la Grèze
– **R** indispensable
2,7 ha (25 empl.) en terrasses et peu incliné, herbeux
**Tarif :** 🔳 *2 pers.* 🔋 *(8A) 13 – pers. suppl. 3,25*
**Location :** 🚐 *110 à 250 – gîtes*

## ST-MARTIN-D'ARDÈCHE

07 Ardèche – 🟦🟦🟦 J8 – Voir à Ardèche (Gorges de l').

## ST-MARTIN-D'AUBIGNY

50190 Manche 4 – 303 D5 – 427 h. – alt. 50.
Paris 330 – Carentan 23 – Coutances 18 – Lessay 16 – St-Lô 23.

⚠ *Aire Naturelle Municipale* 15 avril-15 oct.
℘ 02 33 07 73 92, mairie-st-martin-daubigny@wanadoo.fr,
Fax 02 33 07 02 53 – au bourg, derrière l'église – **R** conseillée
0,4 ha (15 empl.) non clos, plat, herbeux
**Tarif :** 🏕 *2 pers.* 🔌 *7,40 – pers. suppl. 1,60*

🐾 🍳 🛁 😊 ✂

## ST-MARTIN-D'ENTRAUNES

06470 Alpes-Mar. 17 – 341 B3 – 113 h. – alt. 1 050.
🅱 Syndicat d'Initiative, Mairie ℘ 04 93 05 51 04, Fax 04 93 05 57 55.
Paris 785 – Annot 40 – Barcelonnette 51 – Puget-Théniers 44.

⚠⚠ *Le Prieuré* 15 mai-15 oct.
℘ 04 93 05 54 99, infos@le-prieure.com, Fax 04 93 05
53 74 – E : 1 km par D 2202, rte de Guillaumes puis 1,8 km
par chemin à gauche, après le pont du Var, alt. 1 070 –
**R** conseillée
12 ha/1,5 campable (35 empl.) peu incliné à incliné, terrasse,
herbeux, pierreux
**Tarif :** 🏕 *2 pers.* 🔌 *(6A) 17 – pers. suppl. 3,50 – frais de
réservation 9*
**Location :** 🏠 *230 à 400 – gîtes, bungalows toilés*

🐾 ◁ ⊶ GB 🐕 🍳 🛁 🚿 😊 🔷 ✗
snack (le soir uniquement) 🍴 🏠
🛵 ✂ 🏊 (petite piscine)

## ST-MARTIN-DE-RÉ

17 Char.-Mar. – 324 B2 – voir à Île de Ré.

## ST-MARTIN-DE-SEIGNANX

40390 Landes 18 – 335 C13 – 3 047 h. – alt. 57.
Paris 768 – Bayonne 11 – Capbreton 15 – Dax 42 – Hasparren 31 – Peyrehorade 26.

⚠⚠ *Lou P'tit Poun* juin-15 sept.
℘ 05 59 56 55 79, Fax 05 59 56 53 71 – SO : 4,7 km par
N 117 rte de Bayonne et chemin à gauche – **R** conseillée
6,5 ha (168 empl.) plat et peu incliné, en terrasses, herbeux
**Tarif :** 🏕 *2 pers.* 🔌 *24 – pers. suppl. 6 – frais de réservation 30*
**Location** ✗ *juil.-août :* 🏠 *255 à 640 –* 🏠 *245 à 670*
🚐

⊶ GB 🐕 🍳 ⏺ ♀ (2 ha) 👤 🍳 🛁 🔷
🚿 😊 🔶 🔽 🔲 🍴 🏠 🛝
🛵 🚲 🏊

**503**

## ST-MARTIN-D'URIAGE

38410 Isère 12 – 333 I7 G. Alpes du Nord – 3 678 h. – alt. 600.
🅱 Office du tourisme, 5 av. des Thermes ℘ 04 76 89 10 27, Fax 04 76 89 26 68, ot.uriage@wanadoo.fr.
Paris 580 – Le Bourg-d'Oisans 44 – Chamrousse 16 – Grenoble 14 – Vizille 13.

⚠ *Le Luiset* mai-sept.
℘ 04 76 89 77 98, camping@leluiset.com, Fax 04 76 59
70 91 – derrière l'église – **R** conseillée
1,5 ha (65 empl.) en terrasses, herbeux
**Tarif :** 🏕 *2 pers.* 🔌 *(6A) 11 – pers. suppl. 3,10*
**Location :** 🏠 *169,60 à 215,40*

🐾 ◁ ⊶ 🔘 👤 🍳 🔷 😊 🔲 🛵
À prox. : ✂ 🏊

## ST-MARTIN-EN-CAMPAGNE

76370 S.-Mar. 1 – 304 H2 – 1 104 h. – alt. 118.
Paris 208 – Dieppe 13 – Rouen 78 – Le Tréport 19.

⚠⚠ *Les Goélands* 30 mars-oct.
℘ 02 35 83 82 90, Fax 02 35 86 17 99 – NO : 2 km, à
St-Martin-Plage – Places limitées pour le passage « Belle salle
de billard »
3 ha (154 empl.) en terrasses, peu incliné, herbeux
**Tarif :** (Prix 2002) 🏕 *1 à 4 pers.* 🔌 *(16A) 21 – pers. suppl. 2,40*
**Location :** 🏠 *351,73 à 453,33*

◁ ⊶ GB 🐕 🔲 🔳 👤 🍳 🛁 🔲 🔷
😊 🔶 🔽 🔲 🏠 🛵 ✂ 🍴 m

## ST-MARTIN-EN-VERCORS

26420 Drôme 12 – 332 F3 G. Alpes du Nord – 275 h. – alt. 780.
Paris 603 – La Chapelle-en-Vercors 9 – Grenoble 51 – Romans-sur-Isère 45 – St-Marcellin 34 – Villard-de-Lans 19.

⚠ *Municipal* mai-sept.
℘ 04 75 45 51 10, michetdid@aol.com, Fax 04 75 45 51 10
– sortie Nord par D 103 – **R** conseillée
1,5 ha (66 empl.) plat et en terrasses, incliné, herbeux, gra-
vier, pierreux
**Tarif :** 🏕 *2 pers.* 🔌 *12 – pers. suppl. 3,20*

◁ ⊶ 🐕 👤 🍳 🛁 😊

## ST-MARTIN-LE-BEAU

37270 I.-et-L. **5** – **317** O4 G. Châteaux de la Loire – 2 427 h. – alt. 55.
Paris 232 – Amboise 9 – Château-Renault 33 – Chenonceaux 13 – Tours 19.

⚠ **Municipal la Grappe d'Or** saison
    &#x260E; 02 47 50 69 65 – S : 1,5 km par D 83, rte de Athée-sur-
    Cher et à droite avant le pont, près du Cher, Accès conseillé
    par la D 140 – **R**
    2 ha (50 empl.) plat, herbeux, sablonneux
    **Tarif :** ▣ *1 ou 2 pers. 6 – pers. suppl. 2*

À prox. : snack

## ST-MARTIN-TERRESSUS

87400 H.-Vienne **10** – **325** F5 G. Berry Limousin – 456 h. – alt. 280.
Paris 383 – Ambazac 7 – Bourganeuf 31 – Limoges 20 – St-Léonard-de-Noblat 12 – La Souterraine 48.

⚠ **Municipal Soleil Levant** 15 juin-15 sept.
    &#x260E; 05 55 39 61 29, Fax 05 55 39 64 25 – à l'Ouest du bourg
    par D 29 et chemin à droite, bord d'un plan d'eau – **R**
    0,5 ha (36 empl.) plat et terrasse, peu incliné, herbeux
    **Tarif :** ▣ *2 pers.* ⚡ *10,40 – pers. suppl. 2,70*

(plage)

## ST-MARTIN-VALMEROUX

15140 Cantal **10** – **330** C4 G. Auvergne – 1 012 h. – alt. 646.
🛈 Syndicat d'Initiative, le Bourg &#x260E; 04 71 69 27 62, Fax 04 71 69 24 52, *ot.saint-martin-valmeroux@
auvergne.net.*
Paris 512 – Aurillac 33 – Mauriac 21 – Murat 52 – Salers 10.

⚠⚠ **Municipal le Moulin du Teinturier** 19 mai-14 sept.
    &#x260E; 04 71 69 43 12, Fax 04 71 69 24 52 – à l'Ouest du bourg,
    sur D 37, rte de Ste-Eulalie-Nozières, bord de la Maronne –
    **R** conseillée
    3 ha (100 empl.) plat, herbeux
    **Tarif :** ▣ *2 pers.* ⚡ *9,95 – pers. suppl. 2*
    **Location** *(permanent) :* ☎ *183 à 426*

À prox. : poneys

**504**

## ST-MARTORY

31360 H.-Gar. **14** – **343** D6 G. Midi Pyrénées – 940 h. – alt. 268.
🛈 Syndicat d'Initiative, 7 av. Norbert-Casteret &#x260E; 05 61 97 40 48, Fax 05 61 97 40 48.
Paris 757 – Aurignac 12 – Bagnères-de-Luchon 65 – Cazères 16 – St-Gaudens 20 – Toulouse 73.

⚠ **Municipal** 15 juin-15 sept.
    &#x260E; 05 61 90 44 93, Fax 05 61 97 00 65 – S : 0,8 km par
    D 117, rte de St-Girons et chemin à droite, après le stade
    1,3 ha (50 empl.) plat, herbeux
    **Tarif :** ▣ *2 pers.* ⚡ *9 – pers. suppl. 2*

À prox. :

## ST-MAURICE-D'ARDÈCHE

07 Ardèche – **331** I6 – voir à Ardèche (Gorges de l').

## SAINT-MAURICE-D'IBIE

07 Ardèche – **331** I6 – voir à Ardèche (Gorges de l').

## ST-MAURICE-EN-VALGAUDEMARD

05800 H.-Alpes **12** – **334** E4 G. Alpes du Nord – 143 h. – alt. 988.
Paris 648 – La Chapelle-en-Valgaudémar 10 – Corps 17 – Gap 39 – La Mure 42.

⚠ **Le Bocage** juil.-août
    &#x260E; 04 92 55 31 11 – NE : 1,5 km, au lieu-dit le Roux « Cadre
    agréable, près de la Séveraisse »
    0,6 ha (50 empl.) plat, pierreux, herbeux
    **Tarif :** ▣ *2 pers.* ⚡ *(6A) 8,45 – pers. suppl. 1,70*

*Ne pas confondre :*

⚠ *... à ...* ⚠⚠⚠ *: appréciation* **MICHELIN**

*et*

★ *... à ...* ★★★★ *: classement officiel*

## ST-MAURICE-SUR-MOSELLE

88560 Vosges **8** – **314** I5 G. Alsace Lorraine – 1 615 h. – alt. 560 – Sports d'hiver : 550/1 250 m ⚡8 ⚡.
**B** Office du Tourisme, 28 bis r. de Lorraine ℘ 03 29 25 12 34, Fax 03 29 25 80 43.
Paris 441 – Belfort 41 – Bussang 4 – Épinal 56 – Mulhouse 51 – Thann 31 – Le Thillot 7.

    **Les Deux Ballons** 19 avril-sept.
      ℘ 03 29 25 17 14, verocamp@aol.com, Fax 03 29 25 27 51
      – sortie Sud-Ouest par N 66 rte du Thillot, bord d'un ruisseau
      – **R** conseillée
      4 ha (180 empl.) plat et en terrasses, herbeux
      **Tarif :** ▣ 2 pers. ⓖ (15A) 23,80 – pers. suppl. 4,15 – frais
      de réservation 12,50
      **Location** ✗ : 🏠 350 à 499
      🚐

## ST-MAXIMIN-LA-STE-BAUME

83470 Var **17** – **340** K5 G. Provence – 9 594 h. – alt. 289.
**B** Office du Tourisme, Hôtel-de-Ville ℘ 04 94 59 84 59, Fax 04 94 59 82 92.
Paris 797 – Aix-en-Provence 44 – Brignoles 21 – Draguignan 71 – Marseille 52 – Rians 23 – Toulon 56.

    **Provençal** Permanent
      ℘ 04 94 78 16 97, camping.provençal@wanadoo.fr, Fax
      04 94 78 00 22 – S : 2,5 km par D 64 rte de Mazaugues –
      **R** conseillée
      5 ha (100 empl.) en terrasses, pierreux, gravier
      **Tarif :** ▣ 2 pers. ⓖ (10A) 16,90 – pers. suppl. 4 – frais de
      réservation 10
      **Location :** 🏠 122 à 290
      🚐

## ST-MÉDARD-DE-GUIZIÈRES

33230 Gironde **9** – **335** K4 – 1 897 h. – alt. 15.
Paris 528 – Bergerac 58 – Bordeaux 58 – Chalais 33 – Périgueux 86 – Ste-Foy-la-Grande 41.

    **Municipal le Gua**
      ℘ 05 57 69 82 37, Fax 05 57 69 82 37 – N : 1,5 km par D 21
      et à gauche, au bord de la rivière
      1,5 ha (54 empl.) plat, herbeux

## ST-MICHEL-EN-GRÈVE

22300 C.-d'Armor **3** – **309** A2 G. Bretagne – 376 h. – alt. 12.
**B** Syndicat d'Initiative, Bourg ℘ 02 96 35 74 87.
Paris 527 – Guingamp 43 – Lannion 11 – Morlaix 31 – St-Brieuc 75.

    **Les Capucines** mai-7 sept.
      ℘ 02 96 35 72 28, les.capucines@wanadoo.fr, Fax 02 96 35
      78 98 – N : 1,5 km par rte de Lannion et chemin à gauche
      « Cadre agréable avec décoration arbustive soignée » –
      **R** conseillée
      4 ha (100 empl.) peu incliné, herbeux
      **Tarif :** ▣ 2 pers. ⓖ (7A) 24 – pers. suppl. 4,90
      **Location :** 🏠 341 à 590
      🚐

    **Le Dauphin** juin-15 sept.
      ℘ 02 96 35 44 56, camping.ledauphin@wanadoo.fr
      NE : 2 km par rte de Lannion – **R**
      1,8 ha (90 empl.) peu incliné et en terrasses, herbeux
      **Tarif :** ▣ 2 pers. ⓖ (6A) 14,20 – pers. suppl. 2,60
      **Location** (19 avril-13 sept.) : bungalows toilés

## ST-MICHEL-EN-L'HERM

85580 Vendée **9** – **316** I9 G. Poitou Vendée Charentes – 1 999 h. – alt. 9.
**B** Office du Tourisme, 5 pl. de l'Abbaye ℘ 02 51 30 21 89, Fax 02 51 30 21 89.
Paris 457 – Luçon 15 – La Rochelle 46 – La Roche-sur-Yon 47 – Les Sables-d'Olonne 52.

    **Les Mizottes** avril-sept.
      ℘ 02 51 30 23 63, accueil@campinglesmizottes.com,
      Fax 02 51 30 23 62 – SO : 0,8 km par D 746 rte de l'Aiguillon-
      sur-Mer – **R** conseillée
      2 ha (112 empl.) plat, herbeux
      **Tarif :** ▣ 2 pers. ⓖ 14 – pers. suppl. 3,50

## ST-NAZAIRE-EN-ROYANS

26190 Drôme **12** – **332** E3 G. Alpes du Nord – 531 h. – alt. 172.
Paris 582 – Grenoble 68 – Pont-en-Royans 9 – Romans-sur-Isère 18 – St-Marcellin 15 – Valence 35.

   ▲ **Municipal** mai-sept.
      🖋 04 75 48 41 18 – SE : 0,7 km rte de St-Jean-en-Royans
      « Au bord de la Bourne (plan d'eau) » – **R**
      1,5 ha (75 empl.) plat et peu incliné, herbeux
      **Tarif :** 🔲 *2 pers.* 🔌 *(6A) 11,10 – pers. suppl. 3,05*

*À prox. :* 🍴 🦅

## ST-NAZAIRE-LE-DÉSERT

26340 Drôme **11** – **332** E6 – 168 h. – alt. 552.
🛈 Office du Tourisme, pl. de la Mairie 🖋 04 75 27 53 10, Fax 04 75 27 53 10.
Paris 632 – Die 38 – Nyons 40 – Valence 70.

   ▲ **Le Désert** avril-15 sept.
      🖋 04 75 27 52 31, *campingledesert@online.fr*, Fax 04 75
      27 52 31 – SE : 1 km par D 135 rte de Volvent et à gauche
      – **R** conseillée
      0,85 ha (43 empl.) en terrasses et peu incliné, pierreux,
      herbeux
      **Tarif :** 🔲 *2 pers.* 🔌 *15 – pers. suppl. 4,50*

snack

## ST-NAZAIRE-SUR-CHARENTE

17780 Char.-Mar. **9** – **324** D4 – 834 h. – alt. 14.
Paris 481 – Fouras 26 – Rochefort 12 – La Rochelle 47 – Saintes 42.

   ▲▲ **L'Abri-Cotier** 29 mars-29 sept.
      🖋 05 46 84 81 65, *abri-cotier@wanadoo.fr*, Fax 05 46 84
      81 65 – SO : 1 km par D 125^E1 – **R** indispensable
      1,8 ha (90 empl.) plat, peu incliné, herbeux
      **Tarif :** 🔲 *2 pers.* 🔌 *(6A) 16,20 – pers. suppl. 3,40 – frais de*
      *réservation 18*
      **Location :** 🛖 *190 à 440*
      🚐

506

## ST-NECTAIRE

63710 P.-de-D. **11** – **326** E9 G. Auvergne – 664 h. – alt. 700 – ♨ (mi avril-mi oct.).
🛈 Office du Tourisme, les Grands-Thermes 🖋 04 73 88 50 86, Fax 04 73 88 40 48, *ot-saint-nectaire@micro*
*-assist.fr.*
Paris 456 – Clermont-Ferrand 37 – Issoire 27 – Le Mont-Dore 24.

   ▲▲ **le Viginet** 30 avril-28 sept.
      🖋 04 73 88 53 80, *sogeval@wanadoo.fr*, Fax 04 73 88
      41 93 – sortie Sud-Est par D 996 puis 0,6 km par chemin à
      gauche (face au garage Ford) « Situation dominante » –
      **R** conseillée
      2 ha (61 empl.) plat, peu incliné et incliné, herbeux, pierreux
      **Tarif :** 🔲 *2 pers.* 🔌 *(10A) 17 – pers. suppl. 3 – frais de réser-*
      *vation 18*
      **Location :** *huttes*
      🚐

*À prox. : parcours de santé* 🦅 🏇

   ▲▲ **La Clé des Champs** 29 mars-11 oct.
      🖋 04 73 88 52 33, *campingcledeschamps@free.fr*, Fax
      04 73 88 52 33 – sortie Sud-Est par D 996 et D 642, rte des
      Granges, bord d'un ruisseau et à 200 m de la Couze de Cham-
      bon
      1 ha (84 empl.) plat, peu incliné et en terrasses, herbeux
      **Tarif :** 🔲 *2 pers.* 🔌 *(6A) 15,40 – pers. suppl. 4*
      **Location :** 🛖 *180 à 575*

## ST-NICOLAS-DE-LA-GRAVE

82210 T.-et-G. **14** – **337** C7 – 2 024 h. – alt. 73 – Base de loisirs.
🛈 Office du Tourisme, pl. du Château 🖋 05 63 94 82 81.
Paris 648 – Agen 38 – Castelsarrasin 12 – Lavit-de-Lamagne 17 – Moissac 9 – Montauban 32.

   ▲ **Intercommunal du Plan d'Eau** 15 juin-15 sept.
      🖋 05 63 95 50 00, Fax 05 63 95 50 01 – N : 2,5 km par D 15
      rte de Moissac, à 100 m du plan d'eau du Tarn et de la
      Garonne (Base de Loisirs) – **R** conseillée
      1,6 ha (42 empl.) plat, herbeux
      **Tarif :** 🔲 *2 pers.* 🔌 *9,15 – pers. suppl. 3,30*

*À prox. : pizzeria* 🚲 🏇

## ST-OMER

62500 P.-de-C. **1** – **301** G3 G. Picardie Flandres Artois – 14 434 h. – alt. 23.
**①** Office du Tourisme, 4 r. du Lion-d'Or 📞 03 21 98 08 51, Fax 03 21 98 08 07.
Paris 257 – Arras 78 – Béthune 51 – Boulogne-sur-Mer 54 – Calais 47 – Dunkerque 45 – Ieper 59 – Lille 67.

    ▲▲▲ **Château du Ganspette** avril-sept.
       📞 03 21 93 43 93, contact@chateau-gandspette.com,
      Fax 03 21 95 74 98 ✉ 62910 Eperlecques – à Eperlecques-
      Ganspette, NO : 11, 5 km par N 43 et D 207 r. du Ganspette
      « Dans le parc boisé du château » – **R** conseillée
      11 ha/4 campables (150 empl.) peu incliné, herbeux
      **Tarif :** 🏠 2 pers. 🔌 23,50 – pers. suppl. 4
      🚐

## ST-PAIR-SUR-MER

50380 Manche **4** – **303** C7 G. Normandie Cotentin – 3 114 h. – alt. 30.
**①** Office du Tourisme, 3 r. Charles-Mathurin 📞 02 33 50 52 77, Fax 02 33 50 00 04, offitour.st.pair.s.mer@
wanadoo.fr.
Paris 340 – Avranches 24 – Granville 4 – Villedieu-les-Poêles 29.

Schéma à Jullouville

    ▲ **Angomesnil** 20 juin-10 sept.
      📞 02 33 51 64 33 – SE : 4,9 km par D 21 rte de St-Michel-des-
      Loups et D 154 à gauche, rte de St-Aubin-des-Préaux – **R**
      1,2 ha (45 empl.) plat, herbeux
      **Tarif :** 🏠 2 pers. 🔌 (3A) 12,65 – pers. suppl. 3,20
      🚐

    À prox. : parcours sportif, piste de roller

    ▲ **La Gicquelière** 15 juin-15 sept.
      📞 02 33 50 62 27 – SE : 3 km par D 21 et rte à droite
      1,5 ha (90 empl.) peu incliné et plat, herbeux
      **Tarif :** (Prix 2002) 🏠 2 pers. 🔌 10,60 – pers. suppl. 2,80

    À prox. : parcours sportif, piste de roller

**Voir aussi à Granville**

## ST-PALAIS-SUR-MER

17420 Char.-Mar. **9** – **324** D6 G. Poitou Vendée Charentes – 2 736 h. – alt. 5.
**①** Office du Tourisme, 1 av.de la République 📞 05 46 23 22 58, Fax 05 46 23 36 73, st.palais.tourisme@
wanadoo.fr.
Paris 511 – La Rochelle 80 – Royan 7.

Schéma à Royan

    ▲ **Côte de Beauté** 30 avril-sept.
      📞 05 46 23 20 59, phldct@aol.com, Fax 05 46 23 37 32 –
      NO : 2,5 km, à 50 m de la mer « Entrée fleurie » –
      **R** conseillée
      1,7 ha (115 empl.) plat, herbeux, sablonneux
      **Tarif :** (Prix 2002) 🏠 2 pers. 🔌 (6A) 22,50 – pers. suppl. 3
      – frais de réservation 23

    À prox. : 🍽 ☕ ✕ 🛒

## ST-PANTALÉON

46800 Lot **14** – **337** D5 – 160 h. – alt. 269.
Paris 598 – Cahors 22 – Castelnau-Montratier 18 – Montaigu-de-Quercy 28 – Montcuq 7 – Tournon-d'Agenais 28.

    ▲▲ **Les Arcades** 25 avril-20 sept.
      📞 05 65 22 92 27, info@des-arcades.com, Fax 05 65 31
      98 89 – E : 4,5 km sur D 653 rte de Cahors, au lieu-dit
      St-Martial, bord de la Barguelonnette « Salle de réunion et
      petit pub dans un moulin restauré » – **R** conseillée
      12 ha/2,6 campables (80 empl.) plat, herbeux, pierreux, petit
      étang
      **Tarif :** 🏠 2 pers. 🔌 22,30 – pers. suppl. 4,70 – frais de réser-
      vation 20
      **Location** 🛖 : 🚐 200 à 580 – bungalows toilés

## ST-PANTALÉON-DE-LAPLEAU

19160 Corrèze **10** – **329** O4 – 65 h. – alt. 600.
Paris 478 – Égletons 26 – Mauriac 25 – Meymac 41 – Neuvic 12 – Ussel 32.

    ▲ **Municipal les Combes** Permanent
      📞 05 55 27 56 90, Fax 05 55 27 51 58 – sortie Nord par
      D 55, rte de Lamazière-Basse – **R** conseillée
      0,7 ha (30 empl.) peu incliné, herbeux, bois attenant
      **Tarif :** 🏠 2 pers. 🔌 7,20 – pers. suppl. 1,80
      🚐 (4 empl.) – 5

    À prox. : 🍽 ☕ ✕ 🛒

## ST-PARDOUX

87250 H.-Vienne **10** – **325** E4 – 482 h. – alt. 370 – Base de loisirs.
**🛈** Office du Tourisme, le Bourg *𝒫* 05 55 76 56 80, Fax 05 55 76 56 80, *tourisme.st.pardoux@wanadoo.fr*.
Paris 366 – Bellac 25 – Limoges 33 – St-Junien 40 – La Souterraine 31.

⚠ **Le Freaudour** 7 juin-7 sept.
*𝒫* 05 55 76 57 22, *lacsaintpardoux@aol.com*, Fax 05 55 71
23 93 – S : 1,2 km bord du lac de St-Pardoux, à la base de
loisirs « Situation agréable » – **R** conseillée
4,5 ha (200 empl.) peu incliné, herbeux
**Tarif :** 回 *2 pers. 17 – pers. suppl. 4,50 – frais de réservation 16*
**Location** *(permanent) :* 🛖 *228 à 494* – 🚐 *185 à 494*

À prox. : ⛲ 🏊 (plage)

## ST-PARDOUX-CORBIER

19210 Corrèze **10** – **329** J3 – 374 h. – alt. 404.
Paris 446 – Arnac-Pompadour 8 – Brive-la-Gaillarde 44 – St-Yrieix-la-Perche 27 – Tulle 42 – Uzerche 16.

⚠ **Municipal du Plan d'Eau** mai-août
*𝒫* 05 55 73 69 49 – sortie Est par D 50, rte de Vigeois et
chemin à droite, près d'un étang – **R**
1 ha (40 empl.) en terrasses, pierreux, gravillons, herbeux
**Tarif :** *(Prix 2002)* 回 *2 pers.* 🅰 *7,50 – pers. suppl. 2*

À prox. : ✗

## ST-PAUL-DE-FENOUILLET

66220 Pyr.-Or. **15** – **344** G6 G. **Languedoc Roussillon** – 2 214 h. – alt. 260.
**🛈** Office du Tourisme, 26 bd de l'Agly *𝒫* 04 68 59 07 57, Fax 04 68 59 19 11, *stpaul66ot@aol.com*.
Paris 842 – Carcassonne 86 – Millas 32 – Mouthoumet 34 – Narbonne 95 – Perpignan 42.

⚠ **Municipal de l'Agly** mai-15 sept.
*𝒫* 04 68 59 09 09, Fax 04 68 59 11 04 – au Sud du bourg,
par D 619 « Décoration arbustive » – **R** conseillée
1 ha (42 empl.) plat, herbeux
**Tarif :** *(Prix 2002)* 回 *2 pers.* 🅰 *9,92 – pers. suppl. 2,29*

À prox. : 🚲 ✗

## ST-PAUL-DE-VARAX

01240 Ain **12** – **328** D4 G. **Vallée du Rhône** – 1 081 h. – alt. 240.
Paris 436 – Bourg-en-Bresse 15 – Châtillon-sur-Chalaronne 18 – Pont-d'Ain 22 – Villars-les-Dombes 15.

⚠ **Municipal Étang du Moulin** mai-1er sept.
*𝒫* 04 74 42 53 30, Fax 04 74 42 51 57 – à la base de plein
air, SE : 2 km par D 70B rte de St-Nizier-le-Désert puis 1,5 km
par rte à gauche, près d'un étang « Superbe piscine géante
dans un site agréable » – **R** conseillée
34 ha/4 campables (182 empl.) plat, herbeux, bois attenant
**Tarif :** 回 *2 pers.* 🅰 *16,85 – pers. suppl. 3,95*
**Location :** 🚐 *431,40*
🛻

(5 500 m²)

## ST-PAUL-DE-VÉZELIN

42590 Loire **11** – **327** D4 – 308 h. – alt. 431.
Paris 419 – Boën 19 – Feurs 30 – Roanne 27 – St-Just-en-Chevalet 27 – Tarare 40.

⚠ **Arpheuilles** mai-6 sept.
*𝒫* 04 77 63 43 43, *arpheuilles@wanadoo.fr*, Fax 04 77 63
48 83 – N : 4 km, à Port Piset, près du fleuve (plan d'eau),
possibilité d'amarrage de bâteaux, croisement peu facile
pour caravanes « Belle situation dans les gorges de la Loire »
– **R** conseillée
3,5 ha (80 empl.) peu incliné, en terrasses, herbeux
**Tarif :** 回 *2 pers.* 🅰 *(6A) 19,50 – pers. suppl. 4*

canoë, catamaran

## ST-PAUL-EN-FORÊT

83440 Var **17** – **340** P4 – 812 h. – alt. 310.
Paris 879 – Cannes 46 – Draguignan 27 – Fayence 10 – Fréjus 23 – Grasse 32.

⚠ **Le Parc** 29 mars-26 sept.
*𝒫* 04 94 76 15 35, *campingleparc@wanadoo.fr*, Fax 04 94
84 71 84 – N : 3 km par D 4 rte de Fayence puis chemin à
droite – **R** conseillée
5 ha (114 empl.) en terrasses, pierreux, herbeux
**Tarif :** 回 *2 pers.* 🅰 *(10A) 22 – pers. suppl. 5 - frais de réservation 14*
**Location** *(permanent) :* 🛖 *198 à 534* – 🚐 *198 à 534*

chenaie – snack

À prox. : poneys

## ST-PAULIEN

43350 H.-Loire **11** – **331** E3 – 1 872 h. – alt. 795.

**i** Office du Tourisme, pl. St-Georges ✆ 04 71 00 50 01, otourisme@es-conseil.com.
Paris 533 – La Chaise-Dieu 28 – Craponne-sur-Arzon 25 – Le Puy-en-Velay 14 – St-Étienne 91 – Saugues 44.

**La Rochelambert** avril-sept.
✆ 04 71 00 54 02, info@camping-rochelambert.com,
Fax 04 71 00 54 32 – SO : 2,7 km par D 13, rte d'Allègre et
D 25 à gauche, rte de Loudes, près de la Borne (accès direct)
– **R** conseillée
3 ha (100 empl.) en terrasses, plat, herbeux
**Tarif :** 🔲 2 pers. 🔌 14,40 – pers. suppl. 3,50 – frais de réservation 10
**Location** 🏕 : 🏠 206 à 396
🚐 (5 empl.) - 12,30

## ST-PAUL

04530 Alpes-de-H.-Pr. **17** – **334** I5 G. Alpes du Sud – 198 h. – alt. 1 470.
Paris 745 – Barcelonnette 24 – Briançon 64 – Guillestre 28.

**Municipal Bel Iscle** 8 mai-14 sept.
✆ 04 92 84 38 31, Fax 04 92 84 34 11 – au Nord-Est du
bourg, par D 25 et chemin à droite – **R** conseillée
1 ha (70 empl.) plat, pierreux, herbeux, peu vallonné
**Tarif :** (Prix 2002) 🔲 2 pers. 🔌 (6A) 14,60 – pers. suppl. 2,80

## ST-PÉE-SUR-NIVELLE

64310 Pyr.-Atl. **13** – **342** C4 G. Aquitaine – 3 463 h. – alt. 30.
**i** Office du Tourisme, près de la poste ✆ 05 59 54 11 69, Fax 05 59 54 17 81, office.de.tourisme@saint-pee-sur-nivelle.com.
Paris 789 – Bayonne 22 – Biarritz 17 – Cambo-les-Bains 17 – Pau 129 – St-Jean-de-Luz 14.

**à Ibarron** O : 2 km par D 918 rte de St-Jean-de-Luz – ✉ 64310 Ascain :

**Goyetchea** juin-21 sept.
✆ 05 59 54 19 59, c.goyetchea@wanadoo.fr
N : 0,8 km par D 855, rte d'Ahetze et à droite – **R** conseillée
3 ha (140 empl.) plat et peu incliné, herbeux
**Tarif :** 🔲 2 pers. 🔌 (6A) 20,50 – pers. suppl. 4 – frais de
réservation 11
**Location** (mai-25 sept.) – 🏕 : 🚐 183 à 500

## ST-PÈRE

35430 I.-et-V. **4** – **309** K3 – 1 516 h. – alt. 50.
Paris 393 – Cancale 14 – Dinard 15 – Dol-de-Bretagne 16 – Rennes 64 – St-Malo 16.

**Bel Évent**
✆ 02 99 58 83 79, Fax 02 99 58 82 24 – SE : 1,5 km par D 74
rte de Châteauneuf et chemin à droite
2,5 ha (109 empl.) plat, herbeux
**Location** 🏕 : 🚐 230 à 430

## ST-PÈRE-EN-RETZ

44320 Loire-Atl. **9** – **316** D4 – 3 250 h. – alt. 14.
Paris 425 – Challans 54 – Nantes 44 – Pornic 13 – St-Nazaire 99.

**Le Grand Fay**
✆ 02 40 21 77 57 – sortie Est par D 78 rte de Frossay puis
0,5 km par rue à droite, près du parc des sports
1,2 ha (91 empl.) plat et peu incliné, herbeux
**Location :** 🚐

## ST-PÈRE-SUR-LOIRE

45600 Loiret **6** – **318** L5 – 1 043 h. – alt. 115.
Paris 148 – Aubigny-sur-Nère 38 – Châteauneuf-sur-Loire 40 – Gien 25 – Montargis 39 – Orléans 48 – Sully-sur-Loire 2.

**Caravaning St-Père** 12 avril-sept.
✆ 02 38 36 35 94 – à l'Ouest du bourg, sur D 60 rte de
Châteauneuf-sur-Loire, près du fleuve – **R** conseillée
2,7 ha (80 empl.) plat, herbeux, pierreux, gravier
**Tarif :** 🔲 2 pers. 🔌 (10A) 12,06 – pers. suppl. 2,60
**Location :** 🚐 229
🚐

## ST-PÉREUSE

58110 Nièvre **11** – **319** F9 – 260 h. – alt. 355.
Paris 290 – Autun 55 – Château-Chinon 15 – Clamecy 57 – Nevers 53.

▲▲▲ **Manoir de Bezolle** 15 avril-27 sept.
     *&#x1F4DE;* 03 86 84 42 55, *info@bezolle.com*, Fax 03 86 84 43 77
– SE : sur D 11, à 300 m de la D 978 rte de Château-Chinon
« Parc » – **R** conseillée
8 ha/5 campables (140 empl.) en terrasses, plat, peu incliné,
herbeux, petits étangs
**Tarif :** ▣ *2 pers.* ⚡ *(10A) 25 – pers. suppl. 6*
**Location** *(avril-27 sept.) :* 🏠 *270 à 650*
🚐

## ST-PHILIBERT

56470 Morbihan **3** – **308** N9 – 1 187 h. – alt. 15.
Paris 487 – Auray 11 – Locmariaquer 7 – Quiberon 27 – La Trinité-sur-Mer 6.

*Schéma à Carnac*

▲▲ **Le Chat Noir** Pâques-20 sept.
     *&#x1F4DE;* 02 97 55 04 90, *chatnoir@camping-lechatnoir.com*,
Fax 02 97 55 04 90 – N : 1 km – **R** conseillée
1,7 ha (98 empl.) plat et peu incliné, herbeux
**Tarif :** (Prix 2002) ▣ *2 pers.* ⚡ *(6A) 17,90 – pers. suppl. 4,20*
*– frais de réservation 15*
**Location :** 🛖 *140 à 335* – 🚗 *175 à 535*

▲▲ **Au Vieux Logis** Permanent
     *&#x1F4DE;* 02 97 55 01 17, Fax 02 97 30 03 91 – O : 2 km, à 500 m
de la rivière de Crach (mer) « Ancienne ferme restaurée et
fleurie » – **R** conseillée
2 ha (92 empl.) plat et peu incliné, herbeux
**Tarif :** ▣ *2 pers.* ⚡ *17,70 – pers. suppl. 4 – frais de réser-*
*vation 16*
**Location** ✂ *:* 🚗 *259 à 472 –* ⊨

▲ **Domaine de Ker-Arno** avril-1er nov.
     *&#x1F4DE;* 02 97 55 08 90, *desmars.v@odalys-vacances.com*,
Fax 02 51 90 94 33 – S : 0,5 km – **R** conseillée
3 ha (206 empl.) plat, herbeux
**Tarif :** ▣ *2 pers.* ⚡ *20 – pers. suppl. 5*
🚐

## ST-PIERRE

67140 B.-Rhin **8** – **315** I6 – 460 h. – alt. 179.
Paris 506 – Barr 4 – Erstein 21 – Obernai 12 – Sélestat 15 – Strasbourg 42.

▲ **Municipal Beau Séjour** 17 mai-6 oct.
     *&#x1F4DE;* 03 88 08 52 24, *commune.saintpierre@wanadoo.fr*,
Fax 03 88 08 52 24 – au bourg, derrière l'église, bord du
Muttlbach
0,6 ha (47 empl.) plat, herbeux
**Tarif :** ▣ *2 pers.* ⚡ *(6A) 11,50 – pers. suppl. 2*

## ST-PIERRE-D'ALBIGNY

73250 Savoie **12** – **333** J4 – 3 151 h. – alt. 410.
🚩 Office du Tourisme, place de la Mairie *&#x1F4DE;* 04 79 71 44 07, Fax 04 79 71 44 55.
Paris 588 – Aix-les-Bains 43 – Albertville 28 – Annecy 52 – Chambéry 27 – Montmélian 13.

▲ **Le Carouge** 14 juin-6 sept.
     *&#x1F4DE;* 04 79 28 58 16 – S : 2,8 km par D 911 et chemin à gauche,
à 300 m de la N 6 « Au bord du lac »
1,6 ha (80 empl.) plat, herbeux
**Tarif :** ▣ *2 pers.* ⚡ *(10A) 15,50 – pers. suppl. 3,80*

## ST-PIERRE-DE-CHARTREUSE

38380 Isère **12** – **333** H5 G. Alpes du Nord – 650 h. – alt. 885 – Sports d'hiver : 900/1 800 m.
🚩 Office du Tourisme, place de la Mairie *&#x1F4DE;* 04 76 88 62 08, Fax 04 76 88 68 78, *ot.st-pierre-de-chartreuse*
*@wanadoo.fr.*
Paris 572 – Belley 62 – Chambéry 39 – Grenoble 27 – La Tour-du-Pin 52 – Voiron 25.

▲ **De Martinière** 15 mai-20 sept.
     *&#x1F4DE;* 04 76 88 60 36, *brice.gaude@wanadoo.fr*, Fax 04 76 88
69 10 – SO : 3 km par D 512, rte de Grenoble « Site agréable
au cœur de la Chartreuse » – **R** conseillée
1,5 ha (100 empl.) non clos, plat et peu incliné, herbeux
**Tarif :** ▣ *2 pers.* ⚡ *(6A) 17,90 – pers. suppl. 4,80 – frais de*
*réservation 8*
**Location** ✂ *:* 🚗 *243 à 440*

510

## ST-PIERRE-DE-MAILLÉ

86260 Vienne 🔟 – 3️⃣2️⃣2️⃣ L4 – 959 h. – alt. 79.
Paris 334 – Le Blanc 22 – Châtellerault 32 – Chauvigny 22 – Poitiers 47 – St-Savin 17.

⚠ **Municipal** 15 avril-15 oct.
    𝒫 05 49 48 64 11, *saint-pierre-de-maille@cg86.fr*,
Fax 05 49 48 43 85 – sortie Nord-Ouest par D 11 rte de Vicq,
bord de la Gartempe – **R**
3 ha (93 empl.) plat et peu incliné, herbeux
**Tarif** : (Prix 2002) 🔳 *2 pers.* 🔳 *8,10 – pers. suppl. 1,90*

## ST-PIERRE-D'OLÉRON

17 Char.-Mar. – 3️⃣2️⃣4️⃣ C4 – voir à Île d'Oléron.

## ST-PIERRE-LAFEUILLE

46090 Lot 1️⃣4️⃣ – 3️⃣3️⃣7️⃣ E4 – 217 h. – alt. 350.
Paris 566 – Cahors 10 – Catus 14 – Labastide-Murat 23 – St-Cirq-Lapopie 35.

⚠ **Quercy-Vacances** mai-sept.
    𝒫 05 65 36 87 15, *quercyvacances@wanadoo.fr*, Fax 05 65
36 02 39 – NE : 1,5 km par N 20, rte de Brive et chemin à
gauche – **R**
3 ha (80 empl.) peu incliné et plat, herbeux
**Tarif** : 🔳 *2 pers.* 🔳 *(6A) 20,95 – pers. suppl. 4,80*

## ST-PIERRE-QUIBERON

56 Morbihan – 6️⃣3️⃣ 111 – voir à Quiberon (Presqu'île de).

## ST-POINT

71520 S.-et-L 1️⃣1️⃣ – 3️⃣2️⃣0️⃣ H11 G. Bourgogne – 285 h. – alt. 335.
Paris 397 – Beaune 90 – Cluny 14 – Mâcon 26 – Paray-le-Monial 54.

⚠ **Intercommunal du Lac** avril-oct.
    𝒫 03 85 50 52 31, *camping.stpoint@wanadoo.fr*, Fax 03 85
50 51 92 – sortie Sud par D 22 rte de Tramayes, au bord
d'un lac – **R** conseillée
3 ha (102 empl.) plat et peu incliné, terrasses, herbeux
**Tarif** : 🔳 *2 pers.* 🔳 *(13A) 16 – pers. suppl. 1,50 – frais de
réservation 8*
À prox. : terrain omnisports ♈ snack

## ST-POINT-LAC

25160 Doubs 1️⃣2️⃣ – 3️⃣2️⃣1️⃣ H6 G. Jura – 134 h. – alt. 860 – Base de loisirs.
Paris 455 – Champagnole 40 – Pontarlier 13 – St-Laurent-en-Grandvaux 45 – Salins-les-Bains 43 – Yverdon-
les-Bains 44.

⚠ **Municipal** mai-sept.
    𝒫 03 81 69 61 64, *camping-saintpointlac@wanadoo.fr*,
Fax 03 81 69 65 74 – au bourg « Près du lac de St-Point »
– **R** conseillée
1 ha (84 empl.) plat, herbeux, gravillons
**Tarif** : 🔳 *2 pers.* 🔳 *13 – pers. suppl. 2,50*
À prox. : base nautique

## ST-POL-DE-LÉON

29250 Finistère 3️⃣ – 3️⃣0️⃣8️⃣ H2 G. Bretagne – 7 261 h. – alt. 60.
🄳 Office du Tourisme, place de l'Évêché 𝒫 02 98 69 05 69, Fax 02 98 69 01 20.
Paris 558 – Brest 62 – Brignogan-Plages 31 – Morlaix 22 – Roscoff 6.

⚠ **Ar Kleguer** 5 avril-27 sept.
    𝒫 02 98 69 18 81, *info@camping-ar-kleguer.com*,
Fax 02 98 29 12 84 – à l'Est de la ville, rte de Ste-Anne, près
de la plage – **R** conseillée
5 ha/4 campables (173 empl.) plat, peu incliné, accidenté,
herbeux, rochers
**Tarif** : 🔳 *2 pers.* 🔳 *(5A) 18,90 – pers. suppl. 4,20 – frais de
réservation 16*
**Location** : 🛖 *230 à 510* – 🏠 *290 à 530*
terrain omnisports couvert

⚠ **Le Trologot** 15 mai-sept.
    𝒫 02 98 69 06 26, *yrk@wanadoo.fr*, Fax 02 98 29 18 30 –
à l'Est de la ville, rte de l'îlot St-Anne, près de la plage –
**R** conseillée
2 ha (100 empl.) plat, herbeux
**Tarif** : (Prix 2002) 🔳 *2 pers.* 🔳 *(6A) 14,20 – pers. suppl. 3,40*
**Location** *(avril-sept.)* : 🛖 *229 à 427*

## ST-PONS-DE-THOMIÈRES

34220 Hérault 🔢 - 🔢 B8 G. Languedoc Roussillon – 2 566 h. – alt. 301.
🅸 Office du Tourisme, place du Foirail 🇪 04 67 97 06 65, Fax 04 67 97 39 30, vmarin@free.fr.
Paris 754 – Béziers 53 – Carcassonne 64 – Castres 54 – Lodève 73 – Narbonne 53.

△ **Municipal les Cerisiers du Jaur** Permanent
🇪 04 67 97 34 85, Fax 04 67 97 34 87 – E : 2,4 km par
N 112, rte de Béziers et D 908, à gauche, rte de Bédarieux,
à 50 m de la rivière (accès direct) – **R** conseillée
1 ha (43 empl.) plat et terrasse, herbeux, pierreux
**Tarif :** (Prix 2002) ▣ 2 pers. 🅿 14,30 – pers. suppl. 3

△ **Aire Naturelle la Borio de Roque** 15 mai-14 sept.
🇪 04 67 97 10 97, info@borioderogue.com, Fax 04 67 97
21 61 – NO : 3,9 km par D 907, rte de la Salvetat-sur-Agout,
puis à droite, 1,2 km par chemin empierré, bord d'un ruisseau
« Dans un site boisé de moyenne montagne » – **R** conseillée
100 ha/2,5 campables (25 empl.) en terrasses, herbeux
**Tarif :** ▣ 2 pers. 🅿 16,77 – pers. suppl. 3 – frais de réservation 15,25
**Location** (permanent) : gîtes

## ST-POURÇAIN-SUR-SIOULE

03500 Allier 🔢 - 🔢 G5 G. Auvergne – 5 159 h. – alt. 234.
🅸 Office du Tourisme, 13 place Maréchal Foch 🇪 04 70 45 32 73, Fax 04 70 45 60 27.
Paris 326 – Montluçon 65 – Moulins 32 – Riom 62 – Roanne 79 – Vichy 29.

△ **Municipal de l'Ile de la Ronde** juin-août
🇪 04 70 45 45 43 – quai de la Ronde « Dans un parc public,
agréable à côtoyer en bordure de la Sioule » – **R** conseillée
1,5 ha (50 empl.) plat, herbeux
**Tarif :** (Prix 2002) ▣ 2 pers. 🅿 8,85 – pers. suppl. 1,80

## ST-PRIM

38370 Isère 🔢 - 🔢 B5 – 733 h. – alt. 235.
Paris 505 – Annonay 37 – Givors 25 – Grenoble 104 – Rive-de-Gier 25 – Valence 65 – Vienne 14.

△ **Le Bois des Sources** avril-sept.
🇪 04 74 84 95 11, philippe.girard9@wanadoo.fr, Fax 04 74
84 95 11 – SE : 2,5 km par D 37 rte d'Auberives et chemin
à droite, accès conseillé par N 7 et D 37 – Places limitées
pour le passage « Cadre boisé au bord de la Varèze » –
**R** conseillée
4,5 ha (80 empl.) plat, herbeux, pierreux
**Tarif :** ▣ 2 pers. 🅿 (6A) 15,30 – pers. suppl. 2,75

## ST-PRIVAT

07 Ardèche – 🔢 I6 – rattaché à Aubenas.

## ST-QUENTIN-EN-TOURMONT

80120 Somme 🔢 - 🔢 C6 – 309 h..
Paris 220 – Abbeville 29 – Amiens 83 – Berck-sur-Mer 24 – Le Crotoy 9 – Hesdin 38.

△ **Les Crocs** avril-1er nov.
🇪 03 22 25 73 33, Fax 03 22 25 73 33 – S : 1 km par D 204,
rte de Rue et à droite – Places limitées pour le passage
« À proximité d'un parc ornithologique » – **R** conseillée
1,4 ha (100 empl.) plat, herbeux
**Tarif :** ▣ 2 pers. 🅿 12,50 – pers. suppl. 2,90

## ST-RAPHAËL

83700 Var 🔢 - 🔢 P5 G. Côte d'Azur – 26 616 h.
🅸 Office du Tourisme, rue Waldeck Rousseau 🇪 04 94 19 52 52, Fax 04 94 83 85 40, saint-raphael.information@wanadoo.fr.
Paris 876 – Aix-en-Provence 122 – Cannes 42 – Fréjus 4 – Toulon 94.

Schéma à Fréjus

△ **Douce Quiétude** 23 mars-5 oct.
🇪 04 94 44 30 00, sunelia@douce-quietude.com, Fax 04 94
44 30 30 – réservé aux caravanes, sortie Nord-Est vers
Valescure puis 3 km par bd Jacques-Baudino « Agréable
cadre boisé » – **R** conseillée
10 ha (420 empl.) plat, peu incliné, en terrasses, herbeux,
pierreux
**Tarif :** ▣ 3 pers. 🅿 (6A) 40 – pers. suppl. 7,50 – frais de réservation 38
**Location :** ▭ 400 à 870

## ST-REMÈZE

07 Ardèche – **331** J7 – voir à Ardèche (Gorges de l').

## ST-RÉMY

24700 Dordogne **9** – **329** C6 – 358 h. – alt. 80.
Paris 542 – Bergerac 33 – Libourne 46 – Montpon-Ménestérol 10 – Ste-Foy-la-Grande 16.

- **La Tuilière** 29 mai-14 sept.
  ℘ 05 53 82 47 29, *la-tuiliere@wanadoo.fr*, Fax 05 53 82
  47 29 – NO : 2,7 km par D 708, rte de Montpon-Ménesterol,
  bord d'un étang – **R** conseillée
  8 ha (100 empl.) peu incliné, plat, herbeux
  **Tarif :** 回 2 pers. 刻 13,80 – pers. suppl. 3,10 - frais de réservation 10
  **Location :** 🛖 210 à 300 – 🛖 273 à 420 – 🏠 315 à 450

## ST-RÉMY-DE-PROVENCE

13210 B.-du-R. **16** – **340** D3 G. Provence – 9 340 h. – alt. 59.
**🛈** Office du Tourisme, place Jean Jaurès ℘ 04 90 92 05 22, Fax 04 90 92 38 52.
Paris 707 – Arles 25 – Avignon 20 – Marseille 90 – Nîmes 46 – Salon-de-Provence 39.

- **Municipal Mas de Nicolas** 17 mars-14 oct.
  ℘ 04 90 92 27 05, *camping-mas-de-nicolas@wanadoo.fr*,
  Fax 04 90 92 36 83 – sortie Nord rte d'Avignon puis 1 km
  par D 99 (déviation) rte de Cavaillon, à droite et rue Théodore
  Aubanel à gauche – **R** conseillée
  4 ha (140 empl.) plat, peu incliné, herbeux, pierreux
  **Tarif :** (Prix 2002) 回 2 pers. 刻 (6A) 17,20 – pers. suppl. 4,30
  – frais de réservation 17

- **Monplaisir** mars-10 nov.
  ℘ 04 90 92 22 70, Fax 04 90 92 18 57 – NO : 0,8 km par D 5
  rte de Maillane et chemin à gauche **« Agréable cadre fleuri
  autour d'un mas provençal »** – **R** conseillée
  2,8 ha (130 empl.) plat, herbeux, pierreux
  **Tarif :** 回 2 pers. 刻 (6A) 17,70 – pers. suppl. 4,60 – frais de
  réservation 16
  **Location** ✺ : 🏠 300 à 530
  🛖

⚠️ **Pégomas** mars-oct.
    🖉 04 90 92 01 21, Fax 04 90 92 56 17 – sortie Est par D 99ᴬ
rte de Cavaillon et à gauche, à l'intersection du chemin de
Pégomas et av. Jean-Moulin (vers D 30, rte de Noves) –
**R** conseillée
2 ha (105 empl.) plat, herbeux
**Tarif :** (Prix 2002) 🅴 *2 pers.* 🔌 *(5A) 16 – pers. suppl. 4,30
– frais de réservation 15*
**Location** 🚲 : 🚐 *275 à 460*
🚐

## ST-RÉMY-SUR-AVRE

28380 E.-et-L. 🖬 – 🔲🔲🔲 D3 – 3 568 h. – alt. 98.
🅱 Syndicat d'Initiative, espace Rémois 🖉 02 37 62 52 00.
Paris 89 – Dreux 12 – Évreux 33 – Verneuil-sur-Avre 25.

🔺 **Municipal du Pré de l'Église** avril-sept.
    🖉 02 37 48 93 87, Fax 02 37 48 80 15 – au bourg **« Au bord
de l'Avre »** – **R** conseillée
0,7 ha (45 empl.) plat, herbeux
**Tarif :** (Prix 2002) 🅴 *2 pers.* 🔌 *10,43 – pers. suppl. 2,41*

*In deze « Guide » komt geen betaalde reclame voor.*

## ST-RÉMY-SUR-DUROLLE

63550 P.-de-D. 🔲🔲 – 🔲🔲🔲 I7 G. Auvergne – 2 033 h. – alt. 620.
Paris 398 – Chabreloche 13 – Clermont-Ferrand 54 – Thiers 7.

⚠️ **Municipal les Chanterelles** mai-sept.
    🖉 04 73 94 31 71, *mairie-saint-remy-sur-durolle@wanadoo
.fr*, Fax 04 73 94 31 71 – NE : 3 km par D 201 et che-
min à droite, par A 72, sortie 3 **« Situation agréable en
moyenne montagne et à proximité d'un plan d'eau »** –
**R** conseillée
5 ha (150 empl.) incliné et en terrasses, herbeux
**Tarif :** (Prix 2002) 🅴 *2 pers.* 🔌 *(5A) 10,60 – pers. suppl.
2,50*
🚐

⚠️ **Parc résidentiel de la Motte** (location exclusive de
25 chalets) 26 avril-27 sept.
    🖉 04 73 34 15 63, *contact@chalets-de-flore.com*,
Fax 04 73 93 71 00 – NE : 2,5 km par D 201 et chemin à
droite, Par A 72 sortie 3 – **R** conseillée
3 ha plat, herbeux, incliné
**Location :** 🏠 *130 à 441*

## ST-RENAN

29290 Finistère 🖬 – 🔲🔲🔲 D4 – 6 576 h. – alt. 50.
🅱 Office du Tourisme, place du Vieux Marché 🖉 02 98 84 23 78, Fax 02 98 32 60 18, *ot.saint-renan@wana
doo.fr*.
Paris 604 – Brest 14 – Brignogan-Plages 43 – Ploudalmézeau 14.

🔺 **Municipal de Lokournan** juin-15 sept.
    🖉 02 98 84 37 67, *camping.lokournan@wanadoo.fr*
Fax 02 98 32 43 20 – sortie Nord-Ouest
par D 27 et chemin à droite, près du stade **« Près d'un petit
lac »**
0,8 ha (30 empl.) plat, sablonneux, herbeux
**Tarif :** 🅴 *2 pers.* 🔌 *8,57 – pers. suppl. 2,22*

## ST-RÉVÉREND

85220 Vendée 🖬 – 🔲🔲🔲 F7 – 812 h. – alt. 19.
Paris 458 – Aizenay 19 – Challans 19 – La Roche-sur-Yon 36 – Les Sables-d'Olonne 26 – St-Gilles-Croix-
de-Vie 10.

🔺 **Municipal du Pont Rouge** avril-oct.
    🖉 02 51 54 68 50, *camping.pontrouge@wanadoo.fr*,
Fax 02 51 54 68 50 – sortie Sud-Ouest par D 94 et chemin
à droite, bord d'un ruisseau
2,2 ha (25 empl.) plat et peu incliné, herbeux
**Tarif :** (Prix 2002) 🅴 *2 pers.* 🔌 *15 – pers. suppl. 3,05*

## ST-ROME-DE-TARN

12490 Aveyron **15** – **338** J6 – 676 h. – alt. 360.

**🛈** Syndicat d'Initiative, place du Terral  ℘ 05 65 62 50 89.

Paris 659 – Millau 19 – Pont-de-Salars 42 – Rodez 65 – St-Affrique 15 – St-Beauzély 20.

    **⚠ La Cascade** Permanent
      ℘ 05 65 62 56 59, *campingdelacascade@wanadoo.fr*,
      Fax 05 65 62 58 62 – N : 0,3 km par D 993, rte de Rodez,
      bord du Tarn, mise en place des caravanes à la demande pour
      les empl. à forte pente « Terrasses à flanc de colline domi-
      nant le Tarn » – **R** conseillée
      4 ha (99 empl.) en terrasses, peu incliné, herbeux
      **Tarif :** (Prix 2002) 🔲 *2 pers.* 🔌 *22 – pers. suppl. 5*
      **Location** ❀ *juil.-août :* 🚐 *140 à 405 –* 🚐 *190 à 580 –*
      🏠 *200 à 650 – bungalows toilés*

À prox. : quad 🏇

---

## ST-SAMSON-SUR-RANCE

22 C.-d'Armor – **309** J4 – rattaché à Dinan.

---

## ST-SARDOS

82600 T.-et-G. **14** – **337** C8 – 563 h. – alt. 148 – Base de loisirs.

Paris 666 – Beaumont-de-Lomagne 13 – Castelsarrasin 20 – Grisolles 19 – Montauban 26 – Verdun-sur-Garonne 12.

    **⚠ Municipal la Tonere** 28 juin-août
      ℘ 05 63 02 63 78, *mairie-saint-sardos@info82.com*,
      Fax 05 63 02 64 28 – sortie Nord-Est par D 55ter, rte de
      Bourret, à 100 m du lac de Boulet et de la base de loisirs
      (accès direct) – **R** conseillée
      2 ha (65 empl.) en terrasses, plat, pierreux, herbeux
      **Tarif :** 🔲 *2 pers.* 🔌 *(6A) 11 – pers. suppl. 2,50*

peupleraie
À prox. : snack

---

## ST-SATUR

18300 Cher **6** – **323** N2 G. Berry Limousin – 1 805 h. – alt. 155.

**🛈** Office du Tourisme, place de la République  ℘ 02 48 54 01 30, Fax 02 48 54 01 30.

Paris 195 – Aubigny-sur-Nère 42 – Bourges 50 – Cosne-sur-Loire 12 – Gien 55 – Sancerre 4.

    **⚠ S.I. René Foltzer** mai-sept.
      ℘ 02 48 54 04 67, *otsi.saintsatur@wanadoo.fr*, Fax 02 48
      54 01 30 – à St-Thibault, E : 1 km par D 2 « Près de la Loire
      (accès direct) » – **R** conseillée
      1 ha (85 empl.) plat, herbeux
      **Tarif :** 🔲 *2 pers.* 🔌 *(10A) 10,40 – pers. suppl. 2*
      **Location :** 🚐 *85*

À prox. : golf, canoë

---

## ST-SAUD-LACOUSSIÈRE

24470 Dordogne **10** – **329** F2 – 951 h. – alt. 370.

Paris 443 – Brive-la-Gaillarde 105 – Châlus 23 – Limoges 55 – Nontron 16 – Périgueux 62.

    **⚠ Château Le Verdoyer** 18 avril-18 oct.
      ℘ 05 53 56 94 64, *chateau@verdoyer.fr*, Fax 05 53 56
      38 70 ✉ 24470 Champs-Romain – NO : 2,5 km par D 79, rte
      de Nontron et D 96, rte d'Abjat-sur-Bandiat, près d'étangs
      « Cadre et site agréables autour du château et de ses
      dépendances » – **R** conseillée
      15 ha/5 campables (150 empl.) peu incliné et en terrasses,
      herbeux, pierreux
      **Tarif :** 🔲 *2 pers.* 🔌 *(5A) 29 – pers. suppl. 6 – frais de réser-
      vation 15*
      **Location :** 🚐 *250 à 590 –* 🏠 *300 à 650 –* 🛏

(dîner seulement) snack 🔹 cases
réfrigérées
🍽 (découverte l'été)
À prox. :

---

## ST-SAUVEUR-DE-CRUZIÈRES

07460 Ardèche **16** – **331** H8 – 441 h. – alt. 150.

Paris 679 – Alès 29 – Barjac 9 – Privas 79 – St-Ambroix 9 – Vallon-Pont-d'Arc 22.

    **⚠ La Claysse** Pâques-sept.
      ℘ 04 75 39 30 61, Fax 04 75 39 30 61 – au Nord-Ouest du
      bourg, bord de la rivière – **R** conseillée
      5 ha/1 campable (60 empl.) plat et terrasses, herbeux
      **Tarif :** 🔲 *2 pers.* 🔌 *12,20 – pers. suppl. 2,30*
      **Location :** 🚐 *215 à 335*

## ST-SAUVEUR-DE-MONTAGUT

07190 Ardèche 🔟 – 🔢 J5 – 1 396 h. – alt. 218.
🅸 Syndicat d'Initiative, quartier de la tour ℰ 04 75 65 40 64.
Paris 602 – Le Cheylard 24 – Lamastre 29 – Privas 24 – Valence 38.

⏶⏶⏶ **L'Ardéchois** 18 avril-oct.
ℰ 04 75 66 61 87, ardechois.camping@ wanadoo.fr,
Fax 04 75 66 63 67 – O : 8,5 km par D102, rte d'Albon
« Au bord de la Glueyre » – **R** conseillée
37 ha/5 campables (107 empl.) en terrasses, herbeux
**Tarif :** 🖃 2 pers. 🔋 24 – pers. suppl. 4
**Location :** 🛏 260 à 610 – 🏠 315 à 610

mur d'escalade

## ST-SAUVEUR-EN-PUISAYE

89520 Yonne 🔟 – 🔢 C6 G. Bourgogne – 1 005 h. – alt. 259.
🅸 Office du Tourisme, place du Château ℰ 03 86 45 61 31.
Paris 174 – Dijon 184 – Moulins 147 – Tours 240 – Troyes 121.

⏶ **Parc des Joumiers** 15 mars-15 nov.
ℰ 03 86 45 66 28, campingmoteljoumiers@ wanadoo.fr,
Fax 03 86 45 60 27 – NO : 2,3 km par D 7, rte de Mézilles
et chemin à droite « Au bord d'un magnifique étang »
21 ha/7 campables (100 empl.) plat et peu incliné, herbeux,
étang
**Tarif :** 🖃 2 pers. 🔋 (10A) 15 – pers. suppl. 3,30
**Location :** 🛏 360 à 460 – 🛌 (motel)

crêperie

## ST-SAUVEUR-EN-RUE

42220 Loire 🔟 – 🔢 F8 – 1 053 h. – alt. 780.
Paris 545 – Annonay 22 – Condrieu 39 – Montfaucon-en-Velay 24 – St-Étienne 27 – Vienne 63.

⏶ **Municipal des Régnières** avril-sept.
ℰ 04 77 39 24 71 – SO : 0,8 km par D 503 rte de Monfaucon,
près de la Deôme – Places limitées pour le passage –
**R** conseillée
1 ha (40 empl.) en terrasses, plat, herbeux, pierreux
**Tarif :** (Prix 2002) 🖃 2 pers. 🔋 12,10 – pers. suppl. 2,65

snack (bassin)
À prox. :

## ST-SAUVEUR-LE-VICOMTE

50390 Manche 🔟 – 🔢 C3 G. Normandie Cotentin – 2 257 h. – alt. 30.
🅸 Office du Tourisme, le Vieux-Château ℰ 02 33 21 50 44, Fax 02 33 95 88 85.
Paris 336 – Barneville-Carteret 20 – Cherbourg 36 – St-Lô 57 – Valognes 16.

⏶ **Municipal du Vieux Château** juin-15 sept.
ℰ 02 33 41 72 04, ot.ssv@ wanadoo.fr, Fax 02 33 95 88 85
– au bourg, bord de la Douve « Au pied du château
médiéval »
1 ha (57 empl.) plat, herbeux
**Tarif :** 🖃 2 pers. 🔋 10,40 – pers. suppl. 2,60

À prox. : canoë

## ST-SAUVEUR-SUR-TINÉE

06420 Alpes-Mar. 🔟 – 🔢 D3 G. Alpes du Sud – 337 h. – alt. 500.
🅸 Syndicat d'Initiative ℰ 04 93 02 00 22, Fax 04 93 02 05 20.
Paris 821 – Auron 31 – Guillaumes 43 – Isola 2000 28 – Puget-Théniers 44 – St-Étienne-de-Tinée 28.

⏶ **Municipal** 15 juin-15 sept.
ℰ 04 93 02 03 20 – N : 0,8 km sur D 30 rte de Roubion,
avant le pont, au bord de la Tinée, chemin piétonnier direct
pour rejoindre le village
0,37 ha (20 empl.) plat et terrasses, pierreux, gravillons
**Tarif :** (Prix 2002) 🖃 2 pers. 🔋 15 – pers. suppl. 4
**Location :** gîte d'étape

(tentes)

## ST-SAVINIEN

17350 Char.-Mar. 🔟 – 🔢 F4 G. Poitou Vendée Charentes – 2 340 h. – alt. 18.
🅸 Office du Tourisme, rue Bel Air ℰ 05 46 90 21 07, Fax 05 46 90 19 45, stsavinien.tourisme@ wanadoo.fr.
Paris 458 – Rochefort 29 – La Rochelle 60 – St-Jean-d'Angély 15 – Saintes 16 – Surgères 30.

⏶ **L'Île aux Loisirs** 28 mars-28 sept.
ℰ 05 46 90 35 11, Fax 05 46 91 65 06 – O : 0,5 km par D 18
rte de Pont-l'Abbé-d'Arnoult, entre la Charente et le canal,
à 200 m d'un plan d'eau – **R** conseillée
1,8 ha (67 empl.) plat, herbeux
**Tarif :** 🖃 2 pers. 🔋 (6A) 13,30 – pers. suppl. 2,60
**Location :** 🛏 229 à 430

À prox. : parcours sportif

## ST-SERNIN

47120 L.-et-G. **14** – **336** D1 – 340 h. – alt. 120 – Base de loisirs.
**🛈** Office du Tourisme, le Bourg ℰ 05 53 94 76 94, Fax 05 53 94 77 63.
Paris 572 – Agen 97 – Bergerac 33 – Duras 7 – Marmande 30 – Ste-Foy-la-Grande 17.

**⛰ Lac de Castelgaillard**
ℰ 05 53 94 78 74, castelgaillard@worldonline.fr, Fax 05 53
94 78 74 – SO : 2,5 km par D 311 et rte à gauche, à la base
de loisirs, bord du lac
55 ha/2 campables (83 empl.) non clos, peu incliné et en
terrasses, herbeux, pierreux

| | saison 🏕 👥 ⛑ 🍳 ⇄ 🛒 ⛺ |
| --- | --- |
| 🕳 ☺ 📷 🍽 snack 🧺 🛒 ♨ 🚲 |
| 🏊 🛶 🎣 🐎 parcours de santé |

## ST-SEURIN D'UZET

17 Char.-Mar. **9** – **324** F6 – ✉ 17120 Cozes.
Paris 512 – Blaye 61 – La Rochelle 94 – Royan 24 – Saintes 39.

**⛰ Municipal le Port** juin-sept.
ℰ 05 46 90 67 23, chenac.saint.seurinduzet@mairie17.
com, Fax 05 46 90 40 02 – au bourg, près de l'église, bord
d'un chenal – **R** conseillée
1 ha (55 empl.) plat, herbeux
**Tarif** : (Prix 2002) 🎫 2 pers. 🔌 8,10 – pers. suppl. 2

| 🕳 🥨 ⛑ ♀ (0,3 ha) 🧺 🍳 ⇄ 🛒 ⛺ |
| --- |
| ☺ 📷 ♨ |

## ST-SORNIN

17600 Char.-Mar. **9** – **324** E5 G. Poitou Vendée Charentes – 322 h. – alt. 16.
Paris 495 – Marennes 13 – Rochefort 24 – La Rochelle 58 – Royan 21 – Saintes 29.

**⛰ Le Valerick** avril-sept.
ℰ 05 46 85 15 95, Fax 05 46 85 15 95 – NE : 1,3 km par
D 118, rte de Pont-l'Abbé – **R** conseillée
1,5 ha (50 empl.) plat, incliné, herbeux, petit bois
**Tarif** : 🎫 2 pers. 🔌 (6A) 12,30 – pers. suppl. 2,50

| 🕳 ⛑ 🥨 🧺 🍳 ⇄ ⛺ ☺ 📷 snack |
| --- |
| ♨ |

## ST-SYLVESTRE-SUR-LOT

47140 L.-et-G. **14** – **336** G3 – 2 040 h. – alt. 65.
Paris 616 – Agen 36 – Bergerac 66 – Bordeaux 154 – Cahors 62.

**⛰ Les Berges du Lot** 15 mai-sept.
ℰ 05 53 41 22 23 – dans le bourg, derrière la mairie, près
du Lot – **R** conseillée
0,4 ha (24 empl.) plat, herbeux
**Tarif** : (Prix 2002) 🎫 2 pers. 🔌 8 – pers. suppl. 2

| ⛑ saison 🥨 🏕 ♀ 🍳 ⇄ 🛒 ⛺ ☺ |
| --- |
| 📷 🏊 (petite piscine) ponton |
| d'amarrage |
| À prox. : 🍽 ♨ |

## ST-SYMPHORIEN-DE-THÉNIÈRES

12460 Aveyron **15** – **338** I2 – 251 h. – alt. 800.
Paris 586 – Chaudes-Aigues 43 – Entraygues-sur-Truyère 28 – Espalion 33 – Laguiole 16 – Rodez 63.

**⛰ Municipal St-Gervais** avril-1er nov.
ℰ 05 65 44 82 43, Fax 05 65 44 30 20 – à St-Gervais, O :
5 km par D 504 « Cadre verdoyant, près d'un plan d'eau et
à proximité d'un lac » – **R** conseillée
1 ha (41 empl.) peu incliné et en terrasses, plat, herbeux
**Tarif** : (Prix 2002) 🎫 1 ou 2 pers. 🔌 12,50 – pers. suppl. 5

| 🕳 ⬦ ⛑ 🥨 🏕 ♀ 🧺 🍳 ⇄ 🛒 ⛺ |
| --- |
| ☺ 🛶 🎣 📷 🎾 |
| À prox. : 🍽 snack 🏊 ♨ |

## ST-SYMPHORIEN-LE-VALOIS

50250 Manche **4** – **303** C4 – 600 h. – alt. 35.
Paris 335 – Barneville-Carteret 19 – Carentan 25 – Cherbourg 47 – Coutances 31 – St-Lô 46.

**⛰ L'Étang des Haizes** 10 avril-15 oct.
ℰ 02 33 46 01 16, etang.des.haizes@wanadoo.fr, Fax 02 33
47 23 80 – sortie Nord par D 900 rte de Valognes et D 136
à gauche vers le bourg « Piscine paysager et étang privé
agréablement aménagés » – **R** conseillée
3,5 ha (98 empl.) plat, et peu incliné, herbeux
**Tarif** : 🎫 2 pers. 🔌 (10A) 28 – pers. suppl. 4
**Location** 🏠 : 🏚 299 à 659 – 🏡 299 à 659

| ⛑ 🆖 🥨 🏕 🧺 🍳 ⇄ 🛒 ⛺ ☺ 📷 |
| --- |
| 🍽 snack 🏕 🚲 🎯 🏊 🛶 🎣 |
| À prox. : pédalos |

519

*En juillet et août, beaucoup de terrains sont saturés*
*et leurs emplacements retenus longtemps à l'avance.*

*N'attendez pas le dernier moment pour réserver.*

## ST-SYMPHORIEN-SUR-COISE

69590 Rhône **11** – **327** F6 G. Vallée du Rhône – 3 211 h. – alt. 558.
Paris 491 – Andrézieux-Bouthéon 27 – L'Arbresle 37 – Feurs 30 – Lyon 42 – St-Étienne 33.

**▲▲ Intercommunal Centre de Loisirs de Hurongues** 5 avril-6 oct.
𝄐 04 78 48 44 29, *camping.hurongues@wanadoo.fr*,
Fax 04 78 48 44 29 – O : 3,5 km par D 2 rte de Chazellessur-Lyon, à 400 m d'un plan d'eau « Agréable cadre boisé autour d'un parc de loisirs » – **R** conseillée
3,6 ha (120 empl.) peu incliné et en terrasses, pierreux
**Tarif** : (Prix 2002) ▣ *2 pers.* ⚡ *(8A) 14 – pers. suppl. 3,50*
⊞

## ST-THÉOFFREY

38119 Isère **12** – **333** H8 – 279 h. – alt. 936.
Paris 598 – Le Bourg-d'Oisans 43 – Grenoble 34 – La Mure 10 – Villars-de-Lans 63.

**▲ Les Mouettes** juil.-24 août
𝄐 04 76 83 02 49, *campmouettes@yahoo.fr*
SE : 2,8 km par N 85, rte de la Mure et D 115 à gauche, au lieu-dit les Théneaux, alt. 1 000 – **R** conseillée
1,5 ha (33 empl.) plat, peu incliné à incliné, herbeux
**Tarif** : ▣ *2 pers.* ⚡ *(6A) 12,50 – pers. suppl. 2,85 – frais de réservation 10*

## ST-THOMÉ

07220 Ardèche **16** – **331** J6 G. Vallée du Rhône – 285 h. – alt. 140.
Paris 624 – Montélimar 19 – Nyons 55 – Pont-St-Esprit 36 – Privas 45 – Vallon-Pont-d'Arc 33.

**▲ Le Médiéval** Pâques-12 sept.
𝄐 04 75 52 68 76, *contact@campinglemedieval.com*,
Fax 04 75 52 68 76 – N : 1,7 km par D 210, D 107, rte d'Alba-la-Romaine et chemin à gauche, bord de l'Escoutay, accès difficile en venant d'Alba-la-Romaine, faire demi-tour sur le parking des Crottes « Au bord de l'Escoutay » – **R** conseillée
3,3 ha (119 empl.) plat, peu incliné, herbeux
**Tarif** : (Prix 2002) ▣ *2 pers.* ⚡ *17,55 – pers. suppl. 3,80*
**Location** : 🛏 *229 à 282 –* 🛏 *365 à 472 –* 🏠 *519 – studios*

## ST-TROJAN-LES-BAINS

17 Char.-Mar. – **324** C4 – voir à Île d'Oléron.

## ST-VAAST-LA-HOUGUE

50550 Manche **4** – **303** E2 G. Normandie Cotentin – 2 134 h. – alt. 4.
🛈 Office du Tourisme, 1 place Gén.-de-Gaulle 𝄐 02 33 23 19 32, Fax 02 33 54 41 37, *office-de-tourisme @saint-vaast-reville.com.*
Paris 348 – Carentan 41 – Cherbourg 31 – St-Lô 69 – Valognes 19.

**▲▲ La Gallouette** avril-15 oct.
𝄐 02 33 54 20 57, *contact@camping.lagallouette.fr*,
Fax 02 33 54 16 71 – au Sud du bourg, à 500 m de la plage – **R** conseillée
2,3 ha (170 empl.) plat, herbeux
**Tarif** : ▣ *2 pers.* ⚡ *(6A) 18,60 – pers. suppl. 4,55*
**Location** : 🛏 *233 à 500*
⊞

## ST-VALERY-EN-CAUX

76460 S.-Mar. **1** – **304** E2 G. Normandie Vallée de la Seine – 4 595 h. – alt. 5.
🛈 Office du Tourisme, quai d'Aval 𝄐 02 35 97 00 63, Fax 02 35 97 32 65.
Paris 190 – Bolbec 46 – Dieppe 35 – Fécamp 33 – Rouen 60 – Yvetot 31.

**▲▲ Municipal Etennemare**
𝄐 02 35 97 15 79, Fax 02 35 97 15 79 – au Sud-Ouest de la ville, vers le hameau du bois d'Entennemare – Places limitées pour le passage
4 ha (116 empl.) peu incliné, plat, herbeux
**Location** : 🏠

## ST-VALERY-SUR-SOMME

80230 Somme **1** – **301** C6 G. Picardie Flandres Artois – 2 769 h. – alt. 27.
**2** Office du Tourisme, 2 place Guillaume-le-Conquérant ✆ 03 22 60 93 50, Fax 03 22 60 80 34, *otsi@wanadoo.fr*.
Paris 208 – Abbeville 18 – Amiens 71 – Blangy-sur-Bresle 44 – Le Tréport 25.

▲▲▲ **Domaine du Château de Drancourt** avril-sept.
✆ 03 22 26 93 45, *chateau.drancourt@wanadoo.fr*,
Fax 03 22 26 85 87 – S : 3,5 km par D 48 et rte à gauche
après avoir traversé le CD 940 – Places limitées pour le passage « Dans l'agréable parc du château » – **R** conseillée
5 ha (326 empl.) plat et peu incliné, herbeux
**Tarif** : 🔲 *2 pers.* 🔌 *(6A) 27 – pers. suppl. 6,10 – frais de réservation 18*

🅰 ↻ GB ☐ ⚡ ⬜ ᴥ 🔥 ☺ 🍴 🛒 🅰
☰ ☺ 🔳 🏊 ⚑ ✕ 🛒 ≈ 🚲 ✕
m ☐ 🏊 🏊 practice de golf, poneys

## ST-VALLIER

26240 Drôme **12** – **332** B2 G. Vallée du Rhône – 4 115 h. – alt. 135.
**2** Office du Tourisme, avenue Désiré Valette ✆ 04 75 23 45 33, Fax 04 75 23 44 19, *office.tourisme@saint vallier.com*.
Paris 531 – Annonay 21 – St-Étienne 60 – Tournon-sur-Rhône 16 – Valence 35 – Vienne 41.

▲ **Municipal Les Îsles de Silon** 15 mars-15 nov.
✆ 04 75 23 22 17 – Nord par av. de Québec (N7) et chemin
à gauche, près du Rhône – **R**
1,35 ha (92 empl.) plat, herbeux, pierreux
**Tarif** : (Prix 2002) 🔲 *2 pers.* 🔌 *(6A) 8,50 - pers. suppl. 2*

← ↻ GB ᴥ ☐ ⚡ ⬜ 🔥 ☺ 🔳 ☰
☺ 🔳
À prox. : parcours de santé ✕

---

*Pour choisir et suivre un itinéraire*
*Pour calculer un kilométrage*
*Pour situer exactement un terrain (en fonction des*
*indications fournies dans le texte) :*

*Utilisez les* **cartes MICHELIN** *détaillées à 1/200 000,*
*compléments indispensables de cet ouvrage.*

**519**

## ST-VAURY

23320 Creuse **10** – **325** H3 G. Berry Limousin – 2 059 h. – alt. 450.
Paris 372 – Aigurande 38 – Le Grand-Bourg 14 – Guéret 11 – La Souterraine 26.

▲ **Municipal la Valette** 15 juin-15 sept.
✆ 05 55 80 29 82 – N : 2 km par D 22, rte de Bussière-Dunoise, près de l'étang
1,6 ha (16 empl.) non clos, plat, terrasse, herbeux
**Tarif** : (Prix 2002) 🔲 *2 pers.* 🔌 *8,50 – pers. suppl. 2*

ᴥ ⚡ (0,5 ha) 🔥 ☺ 🔳 ☰ ☺ ≈ 🔳
À prox. : ≈ (plage)

## ST-VICTOR-DE-MALCAP

30500 Gard **16** – **339** K3 – 506 h. – alt. 140.
Paris 690 – Alès 24 – Barjac 15 – La Grand-Combe 25 – Lussan 27 – St-Ambroix 4.

▲▲▲ **Domaine de l'Abeiller** mai-sept.
✆ 04 66 24 15 27, Fax 04 66 24 14 08 – SE : 1 km, accès
par D 51, rte de St-Jean-de-Maruéjols et chemin à gauche
« Agréable chênaie autour d'un bel espace aquatique » –
**R** indispensable
3 ha (79 empl.) en terrasses, plat, pierreux, herbeux
**Tarif** : (Prix 2002) 🔲 *2 pers.* 🔌 *26 – pers. suppl. 4*
**Location** : 🏠 *240 à 600 – gîtes*

🅰 ↻ ᴥ ☐ ⬜ ᴥ 🔥 ☺ 🔳 🅰 ☰
☺ 🔳 ⚑ snack 🏊 ≈ 🏊
À prox. : ✕

## ST-VINCENT-DE-COSSE

24220 Dordogne **18** – **329** H6 – 302 h. – alt. 80.
Paris 540 – Bergerac 60 – Brive-la-Gaillarde 65 – Fumel 60 – Gourdon 30 – Périgueux 64 – Sarlat-la-Canéda 14.

Schéma à Domme

▲▲▲ **Le Tiradou** 5 avril-sept.
✆ 05 53 30 30 73, *contact@camping-le-tiradou.com*,
Fax 05 53 31 16 24 – à 0,5 km au Sud-Ouest du bourg, bord
d'un ruisseau – **R** conseillée
2 ha (60 empl.) plat, herbeux
**Tarif** : 🔲 *2 pers.* 🔌 *(6A) 16,60 – pers. suppl. 4,50*
**Location** : 🏠 *190 à 480 –* 🏠 *220 à 550*

↻ GB ᴥ ☐ ⚡ ᴥ 🔥 ☺ 🔳 ☰ ☺
🔳 🛒 🏊 ⚡

## ST-VINCENT-SUR-JARD

85520 Vendée **9** – **316** G9 G. Poitou Vendée Charentes – 658 h. – alt. 10.

**🛈** Office du Tourisme, place de l'Église *𝒫* 02 51 33 62 06, Fax 02 51 33 01 23, *otstvincent@aol.com*.

Paris 456 – Challans 68 – Luçon 34 – La Rochelle 71 – La Roche-sur-Yon 35 – Les Sables-d'Olonne 23.

*Schéma à Jard-sur-Mer*

**⚐ La Bolée d'Air** 5 avril-28 sept.
*𝒫* 02 51 90 36 05, *chadotel@wanadoo.fr*, Fax 02 51 33 94 04 – E : 2 km par D 21 et à droite – **R** conseillée
5,7 ha (280 empl.) plat, herbeux
**Tarif :** ⊡ 2 pers. 🅖 24,70 – pers. suppl. 5,30 – frais de réservation 25
**Location :** 🛖 150 à 640 – 🏠 175 à 710 – bungalows toilés

... , terrain omnisports

## ST-VINCENT-SUR-OUST

56350 Morbihan **4** – **308** S8 – 1 112 h. – alt. 54.

Paris 416 – Ploërmel 39 – Redon 8 – La Roche-Bernard 34 – Vannes 53.

**⚐ Municipal de Painfaut-Île-aux-Pies** avril-sept.
*𝒫* 02 99 91 37 77, Fax 02 99 91 23 09 – NE : 2,2 km par rte de l'Île-aux-Pies et chemin à gauche, à 250 m de l'Oust (canal)
1,5 ha (30 empl.) peu incliné à incliné, herbeux, bois attenant
**Tarif :** (Prix 2002) ⊡ 2 pers. 🅖 7,85 – pers. suppl. 2,15

(1 ha) ...
À prox. : ferme équestre

## ST-YORRE

03270 Allier **11** – **326** H6 G. Auvergne – 3 003 h. – alt. 275.

Paris 364 – Clermont-Ferrand 64 – Montluçon 106 – Moulins 65 – Roanne 67.

**⚐ Municipal la Gravière** fin mai-fin sept.
*𝒫* 04 70 59 21 00, *mairie.saint-yorre@wanadoo.fr*, Fax 04 70 59 21 00 – sortie Sud-Ouest par D 55ᴱ rte de Randan, près de l'Allier avec accès direct (rive gauche) – **R** conseillée
1,5 ha (80 empl.) plat, herbeux
**Tarif :** (Prix 2002) ⊡ 2 pers. 🅖 8,45 – pers. suppl. 2,10

À prox. : parcours sportif ...

## ST-YRIEIX-LA-PERCHE

87500 H.-Vienne **10** – **325** E7 G. Berry Limousin – 7 558 h. – alt. 360.

**🛈** Office du Tourisme, 58 boulevard de l'Hôtel de Ville *𝒫* 05 55 08 20 72, Fax 05 55 08 10 05, *otsistyrieix @free.fr*.

Paris 430 – Brive-la-Gaillarde 62 – Limoges 40 – Périgueux 63 – Rochechouart 52 – Tulle 75.

**⚐ Municipal d'Arfeuille** juin-15 sept.
*𝒫* 05 55 75 08 75, Fax 05 55 75 26 08 – N : 2,5 km par rte de Limoges et chemin à gauche, bord d'un étang « Cadre et situation agréables » – **R** conseillée
2 ha (100 empl.) en terrasses, herbeux, pierreux
**Tarif :** ⊡ 2 pers. 🅖 9,90 – pers. suppl. 2,80

(1 ha) ... (plage)
À prox. : ...

## STE-ANASTASIE-SUR-ISSOLE

83136 Var **17** – **340** L5 – 1 205 h. – alt. 300.

Paris 829 – Brignoles 15 – Draguignan 48 – Marseille 78 – Toulon 42.

**⚐ La Vidaresse** mars-15 oct.
*𝒫* 04 94 72 21 75, *lavidaresse@wanadoo.fr*, Fax 04 94 72 28 50 – au Sud du bourg par D 15 « Belle décoration arbustive » – **R** conseillée
1,8 ha (100 empl.) plat et terrasses, herbeux, gravillons
**Tarif :** ⊡ 2 pers. 🅖 (10A) 22,20 – pers. suppl. 4,30
**Location :** 🛖 188 à 425 – 🛖 171 à 663 – 🏠 357 à 621

(découverte l'été)

## STE-ANNE-D'AURAY

56400 Morbihan **3** – **308** N8 G. Bretagne – 1 630 h. – alt. 42.

**🛈** Office du Tourisme, 1 rue de Vannes *𝒫* 02 97 57 69 16, Fax 02 97 57 79 22.

Paris 476 – Auray 7 – Hennebont 34 – Locminé 27 – Lorient 49 – Quimperlé 59 – Vannes 17.

**⚐ Municipal du Motten** juin-sept.
*𝒫* 02 97 57 60 27, Fax 02 97 57 72 33 – SO : 1 km par D 17 rte d'Auray et r. du Parc à droite – **R** conseillée
1,5 ha (115 empl.) plat, herbeux
**Tarif :** ⊡ 2 pers. 🅖 (10A) 8,70 – pers. suppl. 1,90

À prox. : ...

## STE-ANNE-LA-PALUD

29 Finistère – **308** F6 – rattaché à Plonévez-Porzay.

## STE-CATHERINE

69440 Rhône **⑪** – **327** G6 – 770 h. – alt. 700.
Paris 492 – Andrézieux-Bouthéon 39 – L'Arbresle 41 – Feurs 43 – Lyon 39 – St-Étienne 38.

△ ***Municipal du Châtelard*** mars-nov.
  𝒫 04 78 81 80 60, *ste-catherine@coteaux-lyonnais.com*,
  Fax 04 78 81 87 73 – S : 2 km, au lieu-dit le Châtelard, alt.
  800 – Places limitées pour le passage – **R** conseillée
  4 ha (61 empl.) en terrasses, herbeux, gravier
  **Tarif :** 🔲 *2 pers.* 𝕘 *(6A) 7,75 – pers. suppl. 1,85*

  ⚲ ≤ Mont Pilat et Monts du Lyonnais
  ⊶ ⚲ 🖳 🗊 ⇔ 🖪 ⊟ ⊕ 🔲 🔄

## STE-CATHERINE-DE-FIERBOIS

37800 I.-et-L. **⑩** – **317** M6 G. Châteaux de la Loire – 539 h. – alt. 114.
🔲 Syndicat d'initiative – Mairie 𝒫 02 47 65 43 46.
Paris 265 – Azay-le-Rideau 25 – Chinon 37 – Ligueil 19 – Tours 31.

⚲ ***Parc de Fierbois*** 15 mai-14 sept.
  𝒫 02 47 65 43 35, *parc.fierbois@wanadoo.fr*, Fax 02 47 65
  53 75 – S : 1,2 km « Agréable et vaste domaine avec bois,
  lac et parc aquatique » – **R** conseillée
  30 ha/12 campables (320 empl.) plat et terrasses, herbeux
  **Tarif :** 🔲 *2 pers.* 𝕘 *31,70 – pers. suppl. 5*
  **Location :** 🛖 *672 –* 🏠 *700*
  🔄

  ⊶ GB 🖳 ⫶⫶⫶ (3 ha) & 🗊 ⇔ 🖪 △
  ⊟ ⊕ ⚲ ⤳ 🔲 ⚒ ❢ ✕ (dîner
  seulement) pizzeria ⤳ cases
  réfrigérées, borne internet 🔄 🕲 🕴
  ⬅➤ 🚲 ✕ ⌐ △ △ △ ⏟
  À prox. : canoë, pédalos

## STE-CROIX-DE-VERDON

04500 Alpes de H.-Pr. **⑰** – **334** E10 – 87 h. – alt. 530 – Base de loisirs.
🔲 Syndicat d'Initiative – Mairie 𝒫 04 92 77 85 29, Fax 04 92 77 76 23.
Paris 783 – Brignoles 61 – Castellane 59 – Digne-les-Bains 53 – Draguignan 54 – Manosque 45.

△ ***Municipal les Roches*** avril-15 oct.
  𝒫 04 92 77 78 99, Fax 04 92 77 76 23 – 1 km au Nord-Est
  du bourg, à 50 m du lac de Ste-Croix, Pour les caravanes, le
  passage par le village est interdit « Bel ombrage sous les
  oliviers et amandiers » – **R** conseillée
  6 ha (233 empl.) plat et en terrasses, vallonné, accidenté,
  herbeux, gravillons
  **Tarif :** (Prix 2002) 🔲 *2 pers* 𝕘 *12,40 – pers. suppl.2,50*
  **Location :** 🛖 *163,10 à 235,90*
  🔄 *(27 empl.) – 5*

  ≤ GB ⚲ ⫶⫶ & 🗊 ⇔ ⚲ ⊕ 🖪
  cases réfrigérées
  À prox. : canoë, pédalos ✕ ⚌ ◊

## STE-CROIX-EN-PLAINE

68127 H.-Rhin **⑧** – **315** I8 – 1 895 h. – alt. 192.
Paris 470 – Belfort 76 – Colmar 9 – Freiburg-im-Breisgau 49 – Guebwiller 22 – Mulhouse 37.

⚲ ***Clair Vacances*** Pâques-20 oct.
  𝒫 03 89 49 27 28, *clairvacances@wanadoo.fr*, Fax 03 89
  49 31 37 – NO : 2,7 km par D 1, rte d'Herrlisheim « Agréable
  décoration arbustive » – **R** conseillée
  4 ha (120 empl.) plat, herbeux
  **Tarif :** 🔲 *2 pers.* 𝕘 *(13A) 18 – pers. suppl. 5 – frais de réser-
  vation 15*
  **Location :** 🛖 *260 à 530*

  🅼 ⊶ ✀ GB ⚲ 🖳 ⫿ & 🗊 ⇔ 🖪
  △ ⊟ ⊕ 🖪 🔄 ⬅➤ ⌀ ◊ ⏟

## STE-ÉNIMIE

48210 Lozère **⑮** – **330** I8 G. Languedoc Roussillon – 473 h. – alt. 470.
🔲 Office de Tourisme 𝒫 04 66 48 53 44, Fax 04 66 48 47 70, *osi.gorgesdutarn@wanadoo.fr*.
Paris 614 – Florac 27 – Mende 28 – Meyrueis 30 – Millau 57 – Sévérac-le-Château 47 – Le Vigan 82.

⚲ ***Les Fayards*** 5 avril-22 sept.
  𝒫 04 66 48 57 36, *info@camping-les-fayards.com*
  SO : 3 km par D 907 bis, rte de Millau, bord du Tarn « Situation
  agréable dans les gorges du Tarn« – **R** conseillée
  2 ha (90 empl.) plat, herbeux, pierreux
  **Tarif :** 🔲 *2 pers.* 𝕘 *(5A) 14,20 – pers. suppl. 3,10*
  **Location :** 🏠 *210 à 430*

  ⚲ ⊶ ⚲ 🖳 ⫶⫶ & 🗊 ⇔ 🖪 ⊟ ⊕
  △ 🖪 ❢ ⚌

⚲ ***Couderc*** avril-29 sept.
  𝒫 04 66 48 50 53, *campingcouderc@wanadoo.fr*, Fax 04 66
  48 58 59 – SO : 2 km par D 907 bis, bord du
  Tarn « Dans les gorges du Tarn » – **R** conseillée
  2,5 ha (113 empl.) en terrasses, pierreux, herbeux
  **Location :** 🛖
  🔄

  ≤ ⊶ ⫶⫶ ⫿ & 🗊 ⇔ 🖪 △ ⊟ ⊕
  🖪 ❢ △ △

▲ *Le Site de Castelbouc* avril-sept.
   📞 04 66 48 58 08, *camping.lesite@wanadoo.fr*, Fax 04 66
48 58 08 – SE : 7 km par D 907ᴮ, rte d'Ispagnac puis 0,5 km
par rte de Castelbouc à droite, bord du Tarn « Site et situation agréables dans les gorges du Tarn » – **R** conseillée
1 ha (60 empl.) non clos, plat, peu incliné, herbeux
**Tarif :** 🔳 *2 pers.* ⚡ *(5A) 11 – pers. suppl. 2,90*

## STE-EULALIE-EN-BORN

40200 Landes **13** – **335** D9 – 773 h. – alt. 26.
Paris 674 – Arcachon 57 – Biscarrosse 96 – Mimizan 11 – Parentis-en-Born 15.

▲▲ *Les Bruyères* mai-sept.
   📞 05 58 09 73 36, *bonjour@camping-les-bruyeres.com*,
Fax 05 58 09 75 58 – N : 2,5 km par D 652 et rte de Lafont
– En deux parties distinctes « Produits régionaux maison à
déguster et à emporter » – **R** conseillée
3 ha (177 empl.) plat, sablonneux, herbeux
**Tarif :** 🔳 *1 ou 2 pers.* ⚡ *(10A) 18,30 – pers. suppl. 4,30 -
frais de réservation 16*
**Location :** 🛖 *245 à 421* – 🚐 *336 à 570*

## STE-FOY-LA-GRANDE

33220 Gironde **14** – **335** M5 G. Périgord Quercy – 2 745 h. – alt. 10.
🅱 Office du Tourisme, 102 rue de la République 📞 05 57 46 03 00, Fax 05 57 46 16 62, *ot.sainte-foy-la-grande@wanadoo.fr*.
Paris 555 – Bordeaux 72 – Langon 59 – Marmande 54 – Périgueux 67.

▲ *Municipal la Tuilerie* Pâques-15 oct.
   📞 05 57 46 13 84, Fax 05 57 46 13 84 – sortie Nord-Est par
D 130, bord de la Dordogne « Cadre fleuri » – **R** conseillée
1,2 ha (60 empl.) plat, herbeux
**Tarif :** 🔳 *2 pers.* ⚡ *(10A) 11,60 – pers. suppl. 2,40*

## STE-LIVRADE-SUR-LOT

47110 L.-et-G. **14** – **336** F3 – 5 938 h. – alt. 56.
🅱 Syndicat d'Initiative, rue Nationale 📞 05 53 01 45 88, Fax 05 53 01 23 84.
Paris 598 – Agen 27 – Marmande 42 – Villeneuve-sur-Lot 10.

▲ *Municipal Fonfrède* 28 juin-14 sept.
   📞 05 53 01 00 64 – E : 1 km par D 911ᴱ, rte de Villeneuve-
sur-Lot et chemin à gauche, derrière le stade
2 ha (75 empl.) plat, herbeux
**Tarif :** 🔳 *2 pers.* ⚡ *8,90 – pers. suppl. 1,90*

## STE-LUCE-SUR-LOIRE

44 Loire-Atl. – **316** H4 – rattaché à Nantes.

## STE-LUCIE-DE-PORTO-VECCHIO

2A Corse-du-Sud – **345** F9 – voir à Corse.

## STE-MARIE

66470 Pyr.-Or. **15** – **344** J6 – 2 171 h. – alt. 4.
Paris 850 – Argelès-sur-Mer 23 – Le Boulou 40 – Perpignan 14 – Rivesaltes 17 – St-Laurent-de-la-Salanque 7.

**à la Plage** E : 2 km – ✉ 66470 Ste-Marie :

▲▲▲ *Le Palais de la Mer* 15 mai-23 sept.
   📞 04 68 73 07 94, *contact@palaisdelamer.com*, Fax 04 68
73 57 83 – à 600 m au Nord de la station, à 150 m de la plage
(accès direct) « Agréable cadre arbustif et floral » –
**R** conseillée
2,6 ha (181 empl.) plat, sablonneux, herbeux
**Tarif :** 🔳 *2 pers.* ⚡ *(6A) 29,50 – pers. suppl. 6,50 – frais de
réservation 20*
**Location :** 🚐 *200 à 640 – bungalows toilés*
🚐

▲▲▲ **Municipal de la Plage** mars-oct.
    𝒫 04 68 80 68 59, *campinglaplage@sainte.marie.la.mer. com*, Fax 04 68 73 14 70 – à 600 m au Nord de la station, à 150 m de la plage, (accès direct) – **R** conseillée
7 ha (378 empl.) plat, sablonneux
**Tarif** : (Prix 2002) 🔲 *2 pers.* 🕯 *(6A) 22,50 – pers. suppl. 5,80*
**Location** *(mai-sept.)* : 🛖 *200 à 550* – 🚐 *160 à 515*

▲▲▲ **La Pergola** juin-15 sept.
    𝒫 04 68 73 03 07, *camping-la-pergola@wanadoo.fr*, Fax 04 68 73 04 67 – av. Frédéric-Mistral, en deux camps distincts, à 500 m de la plage – **R** conseillée
3,5 ha (181 empl.) plat, herbeux
**Tarif** : 🔲 *2 pers.* 🕯 *(10A) 24 – pers. suppl. 5,30 – frais de réservation 15,25*
**Location** : 🛖
🚐

---

## STE-MARIE-DE-CAMPAN

65 H.-Pyr. **14** – **342** N7 – ✉ 65710 Campan.
Paris 853 – Arreau 26 – Bagnères-de-Bigorre 13 – Luz-St-Sauveur 35 – Pau 77 – Tarbes 34.

▲ **L'Orée des Monts** Permanent
    𝒫 05 62 91 83 98, Fax 05 62 91 83 98 – SE : 3 km par D 918, rte du col d'Aspin, bord de l'Adour de Payolle, alt. 950 – **R** conseillée
1,8 ha (88 empl.) plat et peu incliné, herbeux
**Tarif** : 🔲 *2 pers.* 🕯 *(10A) 23,50 – pers. suppl. 4,20*
🚐

---

## STE-MARIE-DU-MONT

50480 Manche **4** – **303** E3 G. Normandie Cotentin – 779 h. – alt. 31.
🅱 Syndicat d'initiative – Mairie 𝒫 02 33 71 01 44.
Paris 317 – Barfleur 38 – Carentan 10 – Cherbourg 48 – St-Lô 38 – Valognes 27.

▲ **Utah-Beach** avril-sept.
    𝒫 02 33 71 53 69, *utah.beach@wanadoo.fr*, Fax 02 33 71 07 11 – NE : 6 km par D 913 et D 421, à 150 m de la plage – Places limitées pour le passage – **R** indispensable
4,2 ha (110 empl.) plat et peu incliné, herbeux
**Tarif** : 🔲 *2 pers.* 🕯 *(6A) 19 – pers. suppl. 4,20*
**Location** : 🛖 *250 à 475*
🚐

523

---

## STE-MAURE-DE-TOURAINE

37800 I.-et-L. **10** – **317** M6 G. Châteaux de la Loire – 3 983 h. – alt. 85.
🅱 Office du Tourisme, rue du Château 𝒫 02 47 65 66 20, Fax 02 47 34 04 28.
Paris 274 – Le Blanc 70 – Châtellerault 39 – Chinon 31 – Loches 31 – Thouars 73 – Tours 40.

▲ **Municipal de Marans** 10 avril-sept.
    𝒫 02 47 65 44 93 – SE : 1,5 km par D 760, rte de Loches, et à gauche, r. de Toizelet, à 150 m d'un plan d'eau
1 ha (66 empl.) plat et peu incliné, herbeux
**Tarif** : (Prix 2002) 🔲 *2 pers.* 🕯 *9,01 - pers. suppl. 2,31*
🚐

---

## STE-MÈRE-ÉGLISE

50480 Manche **4** – **303** E3 G. Normandie Cotentin – 1 556 h. – alt. 28.
🅱 Office du Tourisme, 6 rue Eisenhower 𝒫 02 33 21 00 33, Fax 02 33 21 53 91.
Paris 321 – Bayeux 58 – Cherbourg 39 – St-Lô 42.

▲ **Municipal** 15 mars-15 nov.
    𝒫 02 33 41 35 22 – sortie Est par D 17 et à droite, près du terrain de sports
1,3 ha (70 empl.) plat, herbeux, verger
**Tarif** : (Prix 2002) 🔲 *2 pers.* 🕯 *10,68 – pers. suppl. 2,29*

---

## STE-MONTAINE

18700 Cher **6** – **323** J2 – 206 h. – alt. 162.
Paris 185 – Bourges 52 – Cosne-sur-Loire 51 – Gien 34 – Orléans 66 – Salbris 26 – Vierzon 42.

▲ **Municipal** 5 avril-oct.
    au bourg, par D 79, rte de Ménétréol-sur-Sauldre – **R**
0,6 ha (33 empl.) plat, herbeux
**Tarif** : 🔲 *2 pers.* 🕯 *5,60 – (hiver : 7,90) – pers. suppl. 1,30*

## SAINTES

17100 Char.-Mar. **9** – **324** G5 G. Poitou Vendée Charentes – 25 874 h. – alt. 15.
**🛈** Office du Tourisme, 62 cours National ℰ 05 46 74 23 82, Fax 05 46 92 17 01, *saintongetour@wanadoo.fr*.
Paris 470 – Bordeaux 118 – Niort 73 – Poitiers 137 – Rochefort 42 – Royan 37.

    ⚏ **Au Fil de l'Eau** 16 mai-14 sept.
      ℰ 05 46 93 08 00, Fax 05 46 93 61 88 – N : 1 km par D 128,
rte de Courbiac, à la piscine, bord de la Charente –
**R** conseillée
4,7 ha (214 empl.) plat, herbeux
**Tarif :** ▣ *2 pers.* ⚡ *(5A) 15,40 – pers. suppl. 4,10*

## STE-SIGOLÈNE

43600 H.-Loire **11** – **331** H2 – 5 236 h. – alt. 808.
**🛈** Office du Tourisme, 28 rue Notre-Dame-des-Anges ℰ 04 71 66 13 07, Fax 04 71 66 13 07, *contatct@ot gorgesdunière.com*.
Paris 556 – Annonay 50 – Monistrol-sur-Loire 8 – Montfaucon-en-Velay 14 – Le Puy-en-Velay 55 – St-Étienne 39.

    ⚏ **Camping de Vaubarlet** mai-sept.
      ℰ 04 71 66 64 95, *vaubarlet@aol.com*, Fax 04 71 66 11 98
– SO : 6 km par D 43, rte de Grazac, bord de la Dunière, alt.
600 « Dans une vallée verdoyante traversée par la Dunière »
– **R** conseillée
15 ha/3 campables (131 empl.) plat, herbeux
**Tarif :** ▣ *2 pers.* ⚡ *(6A) 18 – pers. suppl. 3 – frais de réservation 30*
**Location :** ⛺ *160 à 450 – bungalows toilés*

## STES-MARIES-DE-LA-MER

13460 B.-du-R. **16** – **340** B5 G. Provence – 2 232 h. – alt. 1.
**🛈** Office du Tourisme, 5 avenue Van Gogh ℰ 04 90 97 82 55, Fax 04 90 97 71 15, *saintes-maries@en provence.com*.
Paris 761 – Aigues-Mortes 31 – Arles 40 – Marseille 132 – Montpellier 68 – Nîmes 55 – St-Gilles 36.

    ⚏ **Le Clos du Rhône**
      ℰ 04 90 97 85 99, Fax 04 90 97 78 85 ✉ BP 74 13460
Stes-Maries-de-la-M – O : 2 km par D 38 et à gauche « Près
du petit Rhône et de la plage » – **R** conseillée
7 ha (448 empl.) plat, sablonneux
**Location :** ⛺ – 🏠 – *bungalows toilés*
🚐

## SAISSAC

11310 Aude **15** – **344** E2 G. Languedoc Roussillon – 867 h. – alt. 467.
Paris 768 – Carcassonne 25 – Castelnaudary 24 – Foix 81 – Mazamet 37 – Revel 21.

    ⚏ **Val** 28 juin-août
      ℰ 04 68 24 44 89, Fax 04 68 24 44 95 – sortie Nord-Ouest
par D 629, rte de Revel et à gauche – **R** conseillée
1,9 ha (90 empl.) plat et peu incliné, herbeux
**Tarif :** ▣ *4 pers.* ⚡ *(6A) 28 – pers. suppl. 4,50 – Adhésion association V.A.L. obligatoire pour séjour supérieur à 4 nuits 26*

## SALAVAS

07 Ardèche – **331** I7 – voir à Ardèche (Gorges de l') – Vallon-Pont-d'Arc.

## SALBRIS

41300 L.-et-Ch. **6** – **318** J7 G. Châteaux de la Loire – 6 083 h. – alt. 104.
**🛈** Office du Tourisme, rue du Général Girault ℰ 02 54 97 22 27, Fax 02 54 97 22 27.
Paris 188 – Aubigny-sur-Nère 32 – Blois 65 – Lamotte-Beuvron 21 – Romorantin-Lanthenay 27 – Vierzon 24.

    ⚏ **Le Sologne** avril-sept.
      ℰ 02 54 97 06 38, *camping.de.sologne.salbris@ifrance.
com*, Fax 02 54 97 33 13 – sortie Nord-Est par D 55, rte de
Pierrefitte-sur-Sauldre, bord d'un plan d'eau et près de la
Sauldre, accès au centre ville par chemin piétonnier
2 ha (81 empl.) plat, herbeux
**Tarif :** (Prix 2002) ▣ *2 pers.* ⚡ *(10A) 13 – pers. suppl. 3,50
– frais de réservation 10*
**Location :** ⛺ *130 à 290*
🚐

## SALERNES

83690 Var **17** – **340** M4 G. Côte d'Azur – 3 012 h. – alt. 209.
**🛈** Office du Tourisme, place Gabriel-Péri ☎ 04 94 70 69 02, Fax 04 94 70 73 34.
Paris 835 – Aix-en-Provence 81 – Brignoles 32 – Draguignan 23 – Manosque 66.

   **▲▲ *Municipal des Arnauds*** 2 mai-sept.
     ☎ 04 94 67 51 95, *lesarnauds@ville-salernes.fr*, Fax 04 94 70 75 57 – sortie Nord-Ouest par D 560 rte de Sillans-la-Cascade et à gauche, près de la Bresque, accès au village par chemin piétonnier longeant la rivière « Belle décoration arbustive et florale, près de la Bresque » – **R** conseillée
     2 ha (52 empl.) plat, herbeux
     **Tarif :** 🔲 *2 pers.* ⚡ *(10A) 18,50 – pers. suppl. 5*
     **Location :** 🏠 *253 à 371 – studios, appartements*

                                                 cases réfrigérées
                                             (plan d'eau)

## SALERS

15140 Cantal **10** – **330** C4 G. Auvergne – 439 h. – alt. 950.
**🛈** Office du Tourisme, place Tyssandier d'Escous ☎ 04 71 40 70 68, Fax 04 71 40 70 94, *salers@wanadoo.fr*.
Paris 511 – Aurillac 42 – Brive-la-Gaillarde 101 – Mauriac 20 – Murat 43.

   **▲ *Municipal le Mouriol*** mai-15 oct.
     ☎ 04 71 40 73 09 – NE : 1 km par D 680 rte du Puy Mary – **R**
     1 ha (100 empl.) plat, peu incliné, herbeux
     **Tarif :** 🔲 *2 pers.* ⚡ *8,60*

                           (0,5 ha)
                           À prox. : escalade

## SALIES-DE-BÉARN

64270 Pyr.-Atl. **13** – **342** G4 G. Aquitaine – 4 974 h. – alt. 50 – ♨.
**🛈** Office du Tourisme, rue des Bains ☎ 05 59 38 00 33, Fax 05 59 38 02 95, *salies-de-bearn.tourisme@wanadoo.fr*.
Paris 766 – Bayonne 60 – Dax 36 – Orthez 17 – Pau 64 – Peyrehorade 26.

   **▲ *Municipal de Mosqueros*** avril-15 oct.
     ☎ 05 59 38 12 94 – sortie Ouest par D 17, rte de Bayonne, à la Base de Plein Air – **R** conseillée
     0,7 ha (67 empl.) en terrasses, plat, herbeux
     **Tarif :** (Prix 2002) 🔲 *2 pers.* ⚡ *12,30 – pers. suppl. 2,45 – frais de réservation 30,49*

                                           À prox. :

**525**

## SALIGNAC-EYVIGUES

24590 Dordogne **18** – **329** I6 G. Périgord Quercy – 964 h. – alt. 297.
**🛈** Syndicat d'Initiative, place du 19 Mars 1962 ☎ 05 53 28 81 93, Fax 05 53 28 81 93, *ot.salignac@perigord.tm.fr*.
Paris 509 – Brive-la-Gaillarde 33 – Cahors 83 – Périgueux 68 – Sarlat-la-Canéda 19.

   **▲▲ *Le Temps de Vivre*** avril-oct.
     ☎ 05 53 28 93 21, *camping.letempsdevivre@wanadoo.fr*, Fax 05 53 28 93 21 – S : 1,5 km par D 61, rte de Carlux et chemin à droite « Terrasses bordées de haies » – **R** conseillée
     1 ha (50 empl.) en terrasses et peu incliné, pierreux, herbeux, bois attenant
     **Tarif :** 🔲 *2 pers.* ⚡ *(10A) 16,10 – pers. suppl. 4,25 – frais de réservation 15,00*
     **Location :** 🚐 *215 à 460*

                                           snack

## SALINS-LES-BAINS

39110 Jura **12** – **321** F5 G. Jura – 3 629 h. – alt. 340 – ♨ (début mars-fin oct.).
**🛈** Office du Tourisme, place des Salines ☎ 03 84 73 01 34, Fax 03 84 37 92 85.
Paris 420 – Besançon 41 – Dole 44 – Lons-le-Saunier 52 – Poligny 24 – Pontarlier 46.

   **▲ *Municipal*** avril-15 oct.
     ☎ 03 84 37 92 70 – sortie Nord rte de Besançon, près de l'ancienne gare
     1 ha (46 empl.) plat, herbeux, gravillons
     **Tarif :** 🔲 *2 pers.* ⚡ *12,40 – pers. suppl. 2,60*

        **ATTENTION...**
        *ces éléments ne fonctionnent généralement qu'en saison,*
        *quelles que soient les dates d'ouverture du terrain.*

74700 H.-Savoie 🔟🔢 – 🔳🔳🔳 M5 G. Alpes du Nord – 12 767 h. – alt. 550.
🏢 Office du Tourisme, quai de l'Hôtel de Ville 🅿 04 50 58 04 25, Fax 04 50 58 38 47, ot.sallanches@wanadoo.fr.
Paris 585 – Annecy 70 – Bonneville 29 – Chamonix-Mont-Blanc 27 – Megève 14 – Morzine 42.

    **Municipal des Îles** juin-15 sept.
    🅿 04 50 58 45 36, Fax 04 50 58 45 36 ✉ 74190 Passy –
SE : 2 km, bord d'un ruisseau et à 250 m d'un plan d'eau –
**R** conseillée
4,6 ha (260 empl.) plat, herbeux, pierreux
**Tarif :** (Prix 2002) 🔳 *2 pers.* 🔋 *(8A) 14,90 – pers. suppl. 3,80*
**Location :** 🏠 *285 à 450*

38350 Isère 🔟🔢 – 🔳🔳🔳 I8 – 278 h. – alt. 756.
Paris 617 – Le Bourg-d'Oisans 44 – Gap 53 – Grenoble 54.

    **Le Champ Long** 5 avril-28 sept.
    🅿 04 76 30 41 81, champ.long@tiscali.fr, Fax 04 76 30
47 21 – SO : 2,7 km par N 85, rte de la Mure et chemin du
Bas-Beaumont à gauche, mise en place des caravanes pour
les empl. à forte pente **« Cadre sauvage »** – **R** conseillée
3,8 ha (50 empl.) non clos, en terrasses, plat, vallonné,
accidenté,
**Tarif :** 🔳 *2 pers.* 🔋 *(10A) 18 – pers. suppl. 3,80 – frais de
réservation 11*
**Location :** 🏠 *250 à 450*

33770 Gironde 🔟🔢 – 🔳🔳🔳 F7 – 3 957 h. – alt. 23.
Paris 633 – Arcachon 36 – Belin-Béliet 11 – Biscarrosse 123 – Bordeaux 49.

    **Le Val de l'Eyre** mars-oct.
    🅿 05 56 88 47 03, levaldeleyre@free.fr, Fax 05 56 88
47 27 – sortie Sud-Ouest par D 108ᴱˢ, rte de Lugos, bord de
l'Eyre et d'un étang – par A 63 : sortie 21 – **R** conseillée
13 ha/4 campables (150 empl.) plat, vallonné, sablonneux,
herbeux
**Tarif :** 🔳 *2 pers.* 🔋 *(10A) 31 – pers. suppl. 2 – frais de réser-
vation 15*
**Location :** 🏠 *183 à 540 –* 🏠 *183 à 550*

    **Le Bilos** Permanent
    🅿 05 56 88 45 14, Fax 05 56 88 45 14 – SO : 4 km par
D 108, rte de Lugos et rte à droite – Places limitées pour le
passage – **R** conseillée
1,5 ha (85 empl.) plat, herbeux, sablonneux
**Tarif :** (Prix 2002) 🔳 *2 pers.* 🔋 *(10A) 11,30 – pers. suppl. 2,20*
**Location** *(mai- sept.) –* ✂ *:* 🏠 *190 à 220*

47150 L.-et-G. 🔟🔢 – 🔳🔳🔳 H2 – 289 h. – alt. 120.
Paris 588 – Agen 59 – Fumel 12 – Monflanquin 11 – Villeneuve-sur-Lot 29 – Villeréal 18.

    **Des Bastides** 13 avril-sept.
    🅿 05 53 40 83 09, info@campingdesbastides.com,
Fax 05 53 40 81 76 – NE : 1 km rte de Fumel, au croisement
des D 150 et D 162 **« Cadre agréable »** – **R** conseillée
6 ha (96 empl.) en terrasses, herbeux
**Tarif :** 🔳 *2 pers.* 🔋 *(4A) 21 – pers. suppl. 5,25 – frais de
réservation 16*
**Location** ✂ *:* 🏠 *205 à 510 –* 🏠 *205 à 595*

12410 Aveyron 🔟🔢 – 🔳🔳🔳 I5 – 1 277 h. – alt. 887.
🏢 Office du Tourisme, place de la Vierge 🅿 05 65 46 31 73, Fax 05 65 46 31 73.
Paris 647 – Albi 78 – Millau 38 – Rodez 39 – St-Affrique 41.

    **Les Genêts** 31 mai-14 sept.
    🅿 05 65 46 35 34, contact@camping-les-genets.fr,
Fax 05 65 78 00 72 – NO : 5 km par D 993 puis à gauche par
D 577, rte d'Arvieu et 2 km par chemin à droite, alt. 1 000
**« Au bord du lac de Pareloup »** – **R** conseillée
3 ha (163 empl.) peu incliné, en terrasses, herbeux
**Tarif :** 🔳 *1 à 3 pers.* 🔋 *(6A) 24 – pers. suppl. 5 – frais de
réservation 29*
**Location** *(26 avril-13 sept.) :* 🏠 *215 à 600 –* 🏠 *305 à 670
– bungalows toilés*

⚠ *Parc du Charrouzech*
 ℘ 05 65 46 01 11, Fax 05 65 77 36 19 – NO : 5 km par D 993
 puis à gauche par D 577, rte d'Arvieu et 3,4 km par chemin
 à droite, près du lac de Pareloup (accès direct) « Situation
 dominante sur le lac »
 3 ha (104 empl.) en terrasses, peu incliné, herbeux
 **Location** : *bungalows toilés*

À prox. : ski nautique, jet-ski

⚠ *Beau Rivage* juin-15 sept.
 ℘ 05 65 46 33 32, *camping-beau-rivage@wanadoo.fr*,
 Fax 05 65 46 33 96 – N : 3,5 km par D 993, rte de Pont-
 de-Salars et D 243 à gauche, rte des Vernhes « Situation
 agréable au bord du lac de Pareloup » – **R** conseillée
 2 ha (80 empl.) en terrasses, herbeux
 **Tarif** : (Prix 2002) ▣ *2 pers.* ⚡ *(10A) 23,50 - 3 pers. 25,50*
 *– pers. suppl. 6 – frais de réservation 20*
 **Location** *(avril-oct.)* : ▭ *160 à 548 –* ▭ *198 à 594*

À prox. : ski nautique, jet-ski

---

## SALLES-ET-PRATVIEL

31 H.-Gar. – **343** B8 – rattaché à Bagnères-de-Luchon.

*Utilisez le guide de l'année.*

---

## Les SALLES-SUR-VERDON

83630 Var **17** – **340** M3 G. Alpes du Sud – 154 h. – alt. 440.
🛈 Office du Tourisme, place Font Freye ℘ 04 94 70 21 84, Fax 04 94 84 22 57, *verdon83@club-internet.fr.*
Paris 791 – Brignoles 57 – Digne-les-Bains 60 – Draguignan 49 – Manosque 63 – Moustiers-Ste-Marie 16.

⚠ *Les Pins* avril-20 oct.
 ℘ 04 98 10 23 80, *camping.les.pins@wanadoo.fr*, Fax 04 94
 84 23 27 – sortie Sud par D 71 puis 1,2 km par chemin à
 droite, à 100 m du lac de Ste-Croix, accès direct pour piétons
 du centre bourg « Cadre agréable, petite pinède attenante »
 – **R** conseillée
 3 ha/2 campables (104 empl.) plat et en terrasses, gravier,
 pierreux, herbeux
 **Tarif** : (Prix 2002) ▣ *2 pers.* ⚡ *(6A) 18,10 - pers. suppl. 4,30*
 ▭

cases réfrigérées
À prox. : parcours de santé, canoë

⚠ *La Source* 15 avril-15 oct.
 ℘ 04 94 70 20 40, Fax 04 94 70 20 74 – sortie Sud par D 71
 puis 1 km par chemin à droite, à 100 m du lac de Ste-Croix,
 accès direct pour piétons du centre bourg – **R** conseillée
 2 ha (89 empl.) plat et en terrasses, gravier, pierreux,
 herbeux
 **Tarif** : ▣ *2 pers.* ⚡ *(10A) 17,90 – frais de réservation 16*
 ▭

cases réfrigérées
À prox. : parcours de santé, canoë

**527**

---

## SALON-DE-PROVENCE

13300 B.-du-R. **16** – **340** F4 G. Provence – 34 054 h. – alt. 80.
🛈 Office du Tourisme, 56 cours Gimon ℘ 04 90 56 27 60, Fax 04 90 56 77 09, *ot.salon@visitprovence.com.*
Paris 724 – Aix-en-Provence 37 – Arles 46 – Avignon 50 – Marseille 55 – Nîmes 76.

△ *Nostradamus* mars-oct.
 ℘ 04 90 56 08 36, *gilles.nostra@wanadoo.fr*, Fax 04 90 56
 65 05 – NO : 5,8 km par D 17, rte d'Eyguière et D 72D à
 gauche « Au bord d'un canal » – **R** conseillée
 2,7 ha (83 empl.) plat, herbeux
 **Tarif** : ▣ *2 pers.* ⚡ *(6A) 18,80 – pers. suppl. 4,70 – frais de*
 *réservation 15*
 **Location** : ▭ *280 à 480*

---

## SALORNAY-SUR-GUYE

71250 S.-et-L. **11** – **320** H10 – 663 h. – alt. 210.
Paris 378 – Chalon-sur-Saône 50 – Cluny 12 – Paray-le-Monial 43 – Tournus 29.

△ *Municipal de la Clochette* 24 mai-7 sept.
 ℘ 03 85 59 90 11, Fax 03 85 59 47 52 – au bourg, accès par
 chemin devant la poste « Au bord de la Gande »
 1 ha (60 empl.) plat et terrasse, herbeux
 **Tarif** : ▣ *2 pers.* ⚡ *7,60 – pers. suppl. 1,60*
 ▭

À prox. :

## La SALVETAT-SUR-AGOUT

34330 Hérault **15** – **339** B7 G. Languedoc Roussillon – 1 153 h. – alt. 700.
🛈 Office du Tourisme, place des Archers 𝒫 04 67 97 64 44, Fax 04 67 97 64 44.
Paris 731 – Anglès 17 – Brassac 26 – Lacaune 20 – Olargues 27 – St-Pons-de-Thomières 22.

⚘ **La Blaquière** avril-août
𝒫 04 67 97 61 29 – sortie Nord rte de Lacaune, bord de
l'Agout – **R** conseillée
0,8 ha (60 empl.) plat, herbeux
**Tarif :** 🖾 2 pers. 🔋 10,90 – pers. suppl. 3,10

## SAMPZON

07 Ardèche – **331** I7 – voir à Ardèche (Gorges de l') – Ruoms.

## SANARY-SUR-MER

83110 Var **17** – **340** J7 G. Côte d'Azur – 14 730 h. – alt. 1.
🛈 Office de tourisme, jardins de la Ville 𝒫 04 94 74 01 04.
Paris 829 – Aix-en-Provence 75 – La Ciotat 22 – Marseille 55 – Toulon 14.

⛰ **Le Mas de Pierredon** 15 mars-15 oct.
𝒫 04 94 74 25 02, campasun@free.fr, Fax 04 94 74 61 42
– N : 3 km par rte d'Ollioules et à gauche après le pont de
l'autoroute (quartier Pierredon) – **R** conseillée
6 ha/2,5 campables (122 empl.) plat et en terrasses, pier-
reux, herbeux
**Tarif :** 🖾 2 pers. 🔋 27,15 – pers. suppl. 5,80 – frais de réser-
vation 23,40
**Location :** 🛏 230 à 561 – 🏠 270 à 708 – bungalows toilés
🚐

## SANCHEY

88 Vosges – **314** G3 – rattaché à Épinal.

## SANGUINET

40460 Landes **13** – **335** E8 G. Aquitaine – 1 695 h. – alt. 24.
🛈 Office du Tourisme, 1 place de la Mairie 𝒫 05 58 78 67 72, Fax 05 58 78 67 26.
Paris 644 – Arcachon 27 – Belin-Béliet 26 – Biscarrosse 115 – Bordeaux 60.

⛰ **Municipal Lou Broustaricq** Permanent
𝒫 05 58 82 74 82, loubrousta@wanadoo.fr, Fax 05 58 82
10 74 – NO : 2,8 km par rte de Bordeaux et chemin de
Langeot, à 300 m de l'étang de Cazaux – **R** conseillée
18,8 ha (555 empl.) plat, sablonneux
**Tarif :** 🖾 2 pers. 🔋 (10A) 26,30 – pers. suppl. 2,60 – frais
de réservation 23
**Location :** 🛏 198 à 615

## SANTEC

29250 Finistère **3** – **308** G2 – 2 208 h. – alt. 10.
Paris 562 – Brest 63 – Landivisiau 25 – Morlaix 26 – Plouescat 15 – Roscoff 5 – St-Pol-de-Léon 4.

⚘ **Municipal du Dossen** 15 juin-1er sept.
𝒫 02 98 29 75 34, Fax 02 98 29 79 12 – O : 2,6 km, près
de la plage du Dossen « Cadre sauvage près d'une belle plage
de sable blanc » – **R**
4 ha (100 empl.) plat, peu incliné, vallonné, herbeux, sablon-
neux, dunes, bois attenant
**Tarif :** 🖾 2 pers. 🔋 7,70 – pers. suppl. 2

## SANTENAY

21590 Côte-d'Or **11** – **320** I8 – 1 008 h. – alt. 225.
🛈 Office du Tourisme, gare SNCF 𝒫 03 80 20 63 15, Fax 03 80 20 65 98.
Paris 331 – Autun 39 – Beaune 18 – Chalon-sur-Saône 25 – Le Creusot 29 – Dijon 63 – Dole 83.

⛰ **Les Sources** 15 avril-oct.
𝒫 03 80 20 66 55, dessources.santenay@wanadoo.fr,
Fax 03 80 20 67 36 – SO : 1 km par rte de Cheilly-les-Ma-
ranges, près du centre thermal – **R** conseillée
2,5 ha (130 empl.) peu incliné et plat, herbeux
**Tarif :** 🖾 2 pers. 🔋 (6A) 18 – pers. suppl. 3,70
🚐

## SANT-JULIA-DE-LORIA

Principauté d'Andorre – 343 G10 – voir à Andorre.

## SARBAZAN

40120 Landes 13 – 335 J10 – 940 h. – alt. 90.
Paris 688 – Barbotan-les-Thermes 27 – Captieux 32 – Labrit 24 – Mont-de-Marsan 25.

⚠ **Municipal** avril-oct.
    &#x1F4DE; 05 58 45 64 93, Fax 05 58 45 69 91 – à l'Est du bourg
« Sous de grands pins, près d'un petit étang » – **R**
1 ha (50 empl.) non clos, plat, peu incliné, herbeux, sablon-
neux
**Tarif :** ⊟ 2 pers. ⓖ 8,80 – pers. suppl. 1,60
**Location :** ⌂ 122 à 260

                 juil.-août 🕘🕘 pinède                 À prox. : parcours de santé

## SARE

64310 Pyr.-Atl. 13 – 342 C5 G. Aquitaine – 2 054 h. – alt. 70.
🛈 Office du Tourisme &#x1F4DE; 05 59 54 20 14, Fax 05 59 54 29 15.
Paris 797 – Biarritz 26 – Cambo-les-Bains 19 – Pau 138 – St-Jean-de-Luz 14 – St-Pée-sur-Nivelle 9.

⚠⚠ **La Petite Rhune** mai-sept.
    &#x1F4DE; 05 59 54 23 97, Fax 05 59 54 23 42 – S : 2 km sur rte
reliant D 406 et D 306 – **R** conseillée
1,5 ha (56 empl.) peu incliné, herbeux
**Tarif :** ⊟ 2 pers. ⓖ (6A) 20 – pers. suppl. 4
**Location** (permanent) : ⌂ 200 à 520 – gîte d'étape,
appartements

           (petite piscine)
À prox. : 🍷 ✗

## SARLAT-LA-CANÉDA

24200 Dordogne 13 – 329 I6 G. Périgord Quercy – 9 909 h. – alt. 145.
🛈 Office du Tourisme, rue Tourny &#x1F4DE; 05 53 31 45 45, Fax 05 53 59 19 44, ot24.sarlat@perigord.tm.fr.
Paris 527 – Bergerac 74 – Brive-la-Gaillarde 52 – Cahors 59 – Périgueux 68.

⚠⚠⚠ **La Palombière** mai-21 sept.
    &#x1F4DE; 05 53 59 42 34, la.palombiere@wanadoo.fr, Fax 05 53
28 45 40 ✉ 24200 Ste-Nathalène – NE : 9 km – **R** conseillée
8,5 ha/4 campables (177 empl.) peu incliné et en terrasses,
pierreux, herbeux
**Tarif :** ⊟ 2 pers. ⓖ (10A) 24 – pers. suppl. 6,20 – Frais de
réservation 15
**Location :** ⌂ 230 à 700 – ⌂ 310 à 790

⚠⚠ **Le Moulin du Roch** mai-14 sept.
    &#x1F4DE; 05 53 59 20 27, moulin.du.roch@wanadoo.fr, Fax 05 53
59 20 95 ✉ 24200 St-André-d'Allas – NO : 10 km par D 47,
rte des Eyzies-de-Tayac, bord d'un ruisseau (hors schéma)
« Ancien moulin périgourdin » – **R** conseillée
8 ha (200 empl.) plat, peu incliné et en terrasses, herbeux,
petit étang
**Tarif :** ⊟ 2 pers. ⓖ (6A) 27 – pers. suppl. 7 - frais de réser-
vation 19
**Location :** ⌂ 200 à 730 – ⌂ (sans sanitaires) – bungalows
toilés

⚠⚠ **Les Grottes de Roffy** mai-20 sept.
    &#x1F4DE; 05 53 59 15 61, roffy@perigord.com, Fax 05 53 31
09 11 ✉ 24200 Ste-Nathalène – E : 8 km « Cadre agréable »
– **R** conseillée
5 ha (166 empl.) en terrasses, herbeux
**Tarif :** ⊟ 2 pers. ⓖ 24,50 – pers. suppl. 6,50 – frais de réser-
vation 12,50

⚠⚠ **Aqua Viva** Pâques-29 sept.
    &#x1F4DE; 05 53 31 46 00, aqua-viva@perigord.com, Fax 05 53 29
36 37 ✉ 24200 Carsac-Aillac – (en deux parties disctinctes)
SE : 7 km, bord de l'Enéa et d'un petit étang – **R** conseillée
11 ha (186 empl.) plat, accidenté et en terrasses, herbeux
**Tarif :** ⊟ 2 pers. ⓖ (10A) 26,15 – pers. suppl. 6,20 – frais
de réservation 20
**Location :** ⌂ 300 à 720

⚠⚠ **La Châtaigneraie** juin-15 sept.
    &#x1F4DE; 05 53 59 03 61, Fax 05 53 29 86 16 ✉ 24370 Prats-de-
Carlux – E : 10 km « Jolie piscine entourée de murets de
pierres du pays » – **R** conseillée
9 ha (140 empl.) en terrasses, plat, herbeux, sablonneux
**Tarif :** ⊟ 2 pers. ⓖ (6A) 24,15 – pers. suppl. 6 – frais de
réservation 10
**Location** ✎ : ⌂ 242 à 560

             (dîner seulement) snack             poneys

            (dîner seulement) snack

           snack            piste de
bi-cross, terrain omnisports, canoë

           snack            piste de
bi-cross, parcours sportif

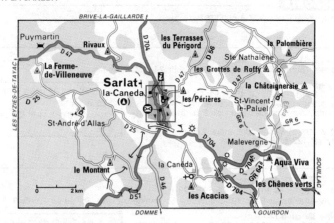

**Les Chênes Verts** mai-sept.
&#x1F4DE; 05 53 59 21 07, *chenes-verts@wanadoo.fr*, Fax 05 53
31 05 51 &#x2709; 24370 Calviac-en-Périgord – SE : 8,5 km –
**R** conseillée
8 ha (143 empl.) plat, peu incliné, en terrasses, herbeux
**Tarif :** &#x1F4BB; *2 pers.* &#x1F6BF; *(6A) 19,50 – pers. suppl. 4,50 – frais de réservation 15*
**Location** *(avril-sept.)* – &#x1F6C1; *juil.-août :* &#x1F698; *183 à 580 –* &#x1F3E0; *225 à 645*

**Le Montant** mai-20 sept.
&#x1F4DE; 05 53 59 18 50, *lemontant@wanadoo.fr*, Fax 05 53
59 37 73 – SO : 2 km par D 57, rte de Bergerac puis 2,3 km
par chemin à droite **« Cadre sauvage vallonné et boisé autour
de 2 gîtes aménagés dans d'anciennes bories » – R** conseillée
70 ha/5 campables (70 empl.) en terrasses, herbeux
**Tarif :** &#x1F4BB; *2 pers.* &#x1F6BF; *(10A) 19 – pers. suppl. 4,75*
**Location** *(permanent) :* &#x1F698; *195 à 305 –* &#x1F3E0; *275 à 610 – gîtes*

**Les Terrasses du Périgord** mai-21 sept.
&#x1F4DE; 05 53 59 02 25, *terrasses-du-perigord@wanadoo.fr*,
Fax 05 53 59 16 48 &#x2709; 24200 Proissans – NE : 2,8 km **« Coquet
camping disposé en terrasses fleuries » – R** conseillée
5 ha (85 empl.) en terrasses, plat, herbeux
**Tarif :** *(Prix 2002)* &#x1F4BB; *2 pers.* &#x1F6BF; *(16A) 18,50 – pers. suppl. 4,40*
**Location** &#x1F6C1; *juil.-août :* &#x1F698; *185 à 510 –* &#x1F3E0; *200 à 605 – gîte*
&#x1F698; *(5 empl.) – 7,50*

**Les Périères** Pâques-sept.
&#x1F4DE; 05 53 59 05 84, *les-perieres@wanadoo.fr*, Fax 05 53 28
57 51 &#x2709; 24203 Sarlat-la-Canéda Cedex – NE : 1 km, à la
sortie de la ville **« Beaux empl. en terrasses autour d'un
espace aquatique moderne » – R** conseillée
11 ha/4 campables (100 empl.) en terrasses, herbeux
**Tarif :** &#x1F4BB; *2 pers.* &#x1F6BF; *(6A) 28,50 – pers. suppl. 6 – frais de réservation 15*
**Location :** *maisonnettes*
&#x1F698;

**La Ferme de Villeneuve** 5 avril-oct.
&#x1F4DE; 05 53 30 30 90, *contact@fermedevilleneuve.com*,
Fax 05 53 30 24 44 &#x2709; 24200 St-André-d'Allas – NO : 8 km
par D 47, rte des Eyzies-de-Tayac et rte à gauche –
**R** conseillée
20 ha/ 2,5 campables (100 empl.) en terrasses, incliné, herbeux, étang
**Tarif :** &#x1F4BB; *2 pers.* &#x1F6BF; *15,40 – pers. suppl. 4,20*
**Location** &#x1F6C1; *:* &#x1F698; *130 à 260 –* &#x1F698; *260 à 445*

**Les Charmes** 5 avril-15 oct.
&#x1F4DE; 05 53 31 02 89, *les.charmes@wanadoo.fr*, Fax 05 53 31
06 32 &#x2709; 24200 St-André d'Allas – O : 10 km par D 47, rte
des Eyzies-de-Tayac puis 2,8 km par rte à gauche et D 25
à gauche *(hors schéma)* – **R** conseillée
5,5 ha/1,8 campable (100 empl.) plat et peu incliné, en
terrasses, herbeux
**Tarif :** &#x1F4BB; *2 pers.* &#x1F6BF; *(4A) 14,40 – pers. suppl. 3,85*
**Location :** &#x1F698; *140 à 329 –* &#x1F3E0; *(sans sanitaires)*

(découverte l'été)

terrain omnisports
À prox. : &#x2717;

snack
piste de bi-cross

parcours sportif

À prox. : salle d'animation

terrain omnisports

△ **Les Acacias** avril-7 oct.
℘ 05 53 31 08 50, *camping-acacias@wanadoo.fr*, Fax 05 53 59 29 30 ✉ 24200 La Canéda – SE : 6 km par D 704 et à droite à l'hypermarché Leclerc – **R** conseillée
4 ha/1,5 campable (89 empl.) plat, peu incliné, herbeux, terrasses
**Tarif :** 🔲 2 pers. 🅖 14,50 – pers. suppl. 4
**Location** 🛶 : 🚐 215 à 475
🚐

△ **Rivaux** avril-sept.
℘ 05 53 59 04 41 – NO : 3,5 km par D 47, rte des Eyzies-de-Tayac – **R** conseillée
4 ha (100 empl.) plat, peu incliné et terrasses, herbeux
**Tarif :** 🔲 2 pers. 🅖 (6A) 12,40 – pers. suppl. 3,20

*Si vous recherchez un terrain avec piscine,
consultez le tableau des localités citées, classées par départements.*

## SARZEAU

56370 Morbihan **3** – 🔳🔳🔳 09 G. Bretagne – 4 972 h. – alt. 30.
🏢 Office du Tourisme, rue Gén.-de-Gaulle ℘ 02 97 41 82 37, Fax 02 97 41 74 95, *office.de.tourisme.sarzeau @wanadoo.fr*.
Paris 479 – Nantes 112 – Redon 65 – Vannes 23.

△ **Le Bohat** 26 avril-16 sept.
℘ 02 97 41 78 68, *lebohat@campinglebohat.com*, Fax 02 97 41 70 97 – O : 2,8 km – **R** conseillée
4,5 ha (225 empl.) non clos, plat, herbeux
**Tarif :** 🔲 2 pers. 🅖 (10A) 20,70 – pers. suppl. 4,65
**Location** 🛶 : 🚐 204 à 582
🚐

À prox. : golf 🏇 ⛳ 🎱 ⛴ 🐴 (centre équestre)

△ **Le Treste** 26 avril-8 sept.
℘ 02 97 41 79 60, *letreste@campingletreste.com*, Fax 02 97 41 36 21 – S : 2,5 km, rte du Roaliguen – **R** conseillée
2,5 ha (185 empl.) plat, herbeux
**Tarif :** 🔲 2 pers. 🅖 (6A) 21 – pers. suppl. 4,80 – frais de réservation 10
**Location :** 🚐 244 à 490

À prox. : golf 🏇 ⛳ 🎱 ⛴ 🐴 (centre équestre)

△ **La Grée Penvins** avril-sept.
℘ 02 97 67 33 96, Fax 02 97 67 40 70 – SE : 9 km par D 198
« Accès direct à la plage de la Pointe de Penvins » – **R**
2,5 ha (125 empl.) plat, terrasse, herbeux, sablonneux
**Tarif :** 🔲 2 pers. 🅖 (6A) 12,95 – pers. suppl. 3

À prox. : 🍴 ⛳ 🎱 ⛴

**531**

**Voir aussi à Arzon et Surzur**

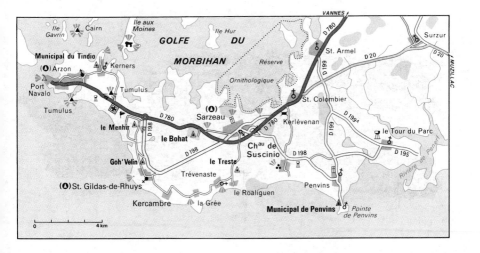

## SASSIS

65 H.-Pyr. – 342 L7 – rattaché à Luz-St-Sauveur.

## SATILLIEU

07290 Ardèche 11 – 331 J3 – 1 818 h. – alt. 485.
Paris 548 – Annonay 13 – Lamastre 36 – Privas 83 – St-Vallier 21 – Tournon-sur-Rhône 29 – Valence 46 – Yssingeaux 54.

⚠ **Municipal le Grangeon** juil.-août
  𝒫 04 75 34 96 41 – SO : 1,1 km par D 578ᴬ, rte de Lalouvesc
  et à gauche « Au bord de l'Ay » – **R** conseillée
  1 ha (52 empl.) en terrasses, herbeux
  **Tarif :** (Prix 2002) ⊡ 2 pers. ⊠ (5A) 10,65 – pers. suppl. 2,13

À prox. : ≋ (plan d'eau aménagé)

## SAUGUES

43170 H.-Loire 11 – 331 D4 G. Auvergne – 2 089 h. – alt. 960.
🛈 Office du Tourisme, cours Dr Gervais 𝒫 04 71 77 71 38, Fax 04 71 77 71 38.
Paris 532 – Brioude 51 – Mende 72 – Le Puy-en-Velay 43 – St-Chély-d'Apcher 43 – St-Flour 55.

⚠ **Municipal Sporting de la Seuge** 15 juin-15 sept.
  𝒫 04 71 77 80 62, Fax 04 71 77 66 40 – sortie Ouest par
  D 589, rte du Malzieu-Ville et à droite, bord de la Seuge et
  près de deux plans d'eau et d'une pinède – **R** conseillée
  3 ha (112 empl.) plat, herbeux, pierreux
  **Tarif :** ⊡ 2 pers. ⊠ 12,96 – pers. suppl. 2,74
  **Location** (permanent) : 🏠 – gîte d'étape

À prox. : parcours sportif

## SAULIEU

21210 Côte-d'Or 7 – 320 F6 G. Bourgogne – 2 917 h. – alt. 535.
🛈 Syndicat d'Initiative, 24 rue d'Argentine 𝒫 03 80 64 00 21, Fax 03 80 64 21 96, saulieu.tourisme@wanadoo.fr.
Paris 248 – Autun 40 – Avallon 39 – Beaune 65 – Clamecy 76 – Dijon 73.

⚠ **Municipal le Perron** mi-avril-27 sept.
  𝒫 03 80 64 16 19, saulieu.tourisme@wanadoo.fr, Fax 03 80
  64 16 19 – NO : 1 km par N 6, rte de Paris, près d'un étang
  – **R** conseillée
  8 ha (157 empl.) plat et peu incliné, herbeux
  **Tarif :** ⊡ 2 pers. ⊠ (10A) 14,55 – pers. suppl. 3
  **Location :** huttes

## SAULT

84390 Vaucluse 16 – 332 F9 G. Alpes du Sud – 1 206 h. – alt. 765.
🛈 Office du Tourisme, avenue de la Promenade 𝒫 04 90 64 01 21, Fax 04 90 64 15 03, ot-sault@axit.fr.
Paris 723 – Aix-en-Provence 85 – Apt 31 – Avignon 68 – Carpentras 42 – Digne-les-Bains 96 – Gap 100.

⚠ **Municipal du Deffends** mai-sept.
  𝒫 04 90 64 07 18, Fax 04 90 64 08 59 – NE : 1,7 km par
  D 950, rte de St-Trinit, au stade – **R**
  9 ha (100 empl.) plat et peu incliné, pierreux
  **Tarif :** ⊡ 2 pers. ⊠ 10,10 – pers. suppl. 2,90

À prox. :

## SAULXURES-SUR-MOSELOTTE

88290 Vosges 🎱 – 3|1|4 I5 – 3 211 h. – alt. 464 – Base de loisirs.
🛈 Office du Tourisme, 11 rue Pasteur ✆ 03 29 24 52 13, Fax 03 29 24 56 66, ot@ville-saulxuresthiefosse-mtte.fr.
Paris 430 – Épinal 45 – Gérardmer 24 – Luxeuil-les-Bains 53 – Remiremont 20 – Vesoul 86.

▲▲ **Lac de la Moselotte** Permanent
✆ 03 29 24 56 56, lac-moselotte@ville-saulxures-mtte.fr, Fax 03 29 24 58 31 – O : 1,5 km sur ancienne D 43 « Dans un site boisé au bord d'un lac et près d'une Base de Loisirs » – **R** indispensable
23 ha/3 campables (75 empl.) plat, herbeux, pierreux
**Tarif :** 🔲 2 pers. 🔌 (10A) 20 (hiver 21) – pers. suppl. 5
**Location :** 🏠 124 à 518 – huttes

⟨ ⛽ GB ⚲ ⊏ ▥ ⅃ 🗦 ⇶ 🔲 ⛱
☺ ⛵ ⚘ ▦ 🍽 🏠 ☒ salle d'animation ⛺
À prox. : ⇶ 🎣

---

## SAUMUR

49400 M.-et-L. 🎱 – 3|1|7 I5 G. Châteaux de la Loire – 30 131 h. – alt. 30.
🛈 Office du Tourisme, place de la Bilange ✆ 02 41 40 20 60, Fax 02 41 40 20 69, infos@ot-saumur.fr.
Paris 310 – Angers 67 – Châtellerault 77 – Cholet 70 – Le Mans 124 – Poitiers 93 – Tours 66.

▲▲▲ **L'Île d'Offard** mars-fin oct.
✆ 02 41 40 30 00, iledoffard@wanadoo.fr, Fax 02 41 67 37 81 – accès par centre ville, dans une île de la Loire « Situation agréable à la pointe de l'Île avec vue sur le château » – **R** conseillée
4,5 ha (258 empl.) plat, herbeux
**Tarif :** 🔲 1 ou 2 pers. 🔌 (10A) 21,50 – pers. suppl. 4 – frais de réservation 12
**Location :** 🏠
🚙 (20 empl.) – 21,50

⟨ ⛽ GB ⚲ ⊗ ▥ ⅃ 🗦 ⇶ 🔲 ⛱
⛵ ☺ ⚘ ▦ 🍽 🏠 ☒ 🍺 brasserie ⇶
🏠 ⇶ ⇶ 🚲 m ☒ ⅃
(olympique)
À prox. : ✂

**à St-Hilaire-St-Florent** NO : 2 km – ✉ 49400 Saumur :

▲▲▲ **Chantepie** 24 avril-13 sept.
✆ 02 41 67 95 34, info@campingchantepie.com, Fax 02 41 67 95 85 – NO : 5,5 km par D 751, rte de Gennes et chemin à gauche, à la Mimerolle – **R** indispensable
10 ha/5 campables (150 empl.) plat, herbeux
**Tarif :** 🔲 2 pers. 🔌 (6A) 23,30 – pers. suppl. 4,85 – frais de réservation 11
**Location :** 🏠 375 à 565 – bungalows toilés
🚙

🐎 ⟨ vallée de la Loire ⛽ GB ⚲ ⊏
🗦 ⅃ ⊗ 🔲 ⛱ 🔲 ⚘ ▦ ☒ 🍲 snack
⇶ 🏠 🗦 ⇶ ⇶ 🚲 m ⅃
poneys, piste de bi-cross

---

🚜 ✗ **ATTENTION :**
🐎    these facilities are not necessarily available throughout
🚜 🐎  the entire period that the camp is open – some are only
       available in the summer season.

---

## SAUVESSANGES

63840 P.-de-D. 🔢 – 3|2|6 K10 – 601 h. – alt. 910.
Paris 474 – Ambert 32 – La Chaise-Dieu 29 – Craponne-sur-Arzon 8 – Montbrison 45 – St-Étienne 55.

▲ **Municipal le Bandier** avril-oct.
✆ 04 73 95 34 66, sauvessanges.mairie@wanadoo.fr, Fax 04 73 95 33 95 – SE : 2 km par D 251, rte d'Usson-en-Forez, près du stade et à 100 m de l'Ance – Places limitées pour le passage – **R** conseillée
1,5 ha (23 empl.) plat, herbeux
**Tarif :** 🔲 2 pers. 🔌 7,46 – pers. suppl. 1,52

🐎 ⚲ ⊏ 🗦 ⅃ ⇶ 🔲 ☺ ⚘ ▦
🏠 ⇶

---

## SAUVETERRE-DE-BÉARN

64390 Pyr.-Atl. 🔢 – 3|4|2 G4 G. Aquitaine – 1 366 h. – alt. 69.
🛈 Office du Tourisme, place Royale-Herriko-Etrea ✆ 05 59 38 58 65, Fax 05 59 38 94 82.
Paris 777 – Bayonne 70 – Mauléon-Licharre 26 – Oloron-Ste-Marie 43 – Orthez 21 – Peyrehorade 27.

▲ **Le Gave** mai-15 oct.
✆ 05 59 38 53 30, Fax 05 59 38 94 82 – sortie Sud par D 933, rte de St-Palais puis chemin à gauche avant le pont, bord du Gave d'Oloron – **R** conseillée
1,5 ha (55 empl.) plat, herbeux
**Tarif :** 🔲 2 pers. 🔌 11 – pers. suppl. 1,80

🐎 ⛽ juil.-août ⚲ ⊗ ⅃ ⇶ 🔲 ☺
⚘ ▦
À prox. : canoë, sports en eaux vives

47500 L.-et-G. **14** – **336** I2 – 685 h. – alt. 100.
Paris 572 – Agen 69 – Fumel 16 – Monflanquin 27 – Puy-l'Évêque 17 – Villefranche-du-Périgord 10.

△△△ *Moulin du Périé* 3 mai-20 sept.
&#x1F4DE; 05 53 40 67 26, *moulinduperie@wanadoo.fr*, Fax 05 53
40 62 46 – E : 3 km par rte de Loubejac, bord d'un ruisseau
– **R** conseillée
4 ha (125 empl.) plat, herbeux
**Tarif :** ▥ *2 pers.* ⓖ *(6A) 23,25 – pers. suppl. 5,90 – frais de
réservation 20*
**Location** &#x267D; : ▦ *260 à 620 –* ⌂ *335 à 650*
▥

*peupleraie* (petit étang)

---

63490 P.-de-D. **11** – **326** H9 G. Auvergne – 1 109 h. – alt. 460.
Paris 459 – Ambert 47 – Clermont-Ferrand 47 – Issoire 13 – Thiers 45 – Vic-le-Comte 20.

△ *Les Prairies* 15 juin-15 sept.
&#x1F4DE; 04 73 96 86 26, *chateau@grangefort.com*, Fax 04 73 71
07 69 – sortie Ouest rte d'Issoire et à gauche, bord de l'Eau
Mère et à 100 m d'un étang – **R** conseillée
1,5 ha (72 empl.) plat, herbeux
**Tarif :** ▥ *2 pers.* ⓖ *(6A) 14,55 – pers. suppl. 3,90*

À prox. : *poneys, parcours sportif*

---

05160 H.-Alpes **17** – **334** F6 – 72 h. – alt. 1 052.
Paris 708 – Barcelonette 35 – Digne-les-Bains 72 – Gap 39 – Guillestre 43.

△ *La Palatrière* mai-28 sept.
&#x1F4DE; 04 92 44 20 98, *lapalatriere@wanadoo.fr*, Fax 04 92 44
20 98 – réservé aux tentes, S : 4,6 km par D 954 « Belle
situation dominant le lac de Serre-Ponçon » – **R** conseillée
3 ha (15 empl.) en terrasses, pierreux, herbeux
**Tarif :** ▥ *2 pers.* ⓖ *18 – pers. suppl. 5*
**Location** *(5 avril-2 nov.) :* ⌂ *240 à 600*

*snack*

---

44260 Loire-Atl. **4** – **316** E3 – 5 314 h. – alt. 49.
🅸 Office du Tourisme, place de l'Hôtel de Ville &#x1F4DE; 02 28 01 60 16, Fax 02 28 01 60 17.
Paris 413 – La Baule 40 – Nantes 38 – Redon 44 – St-Nazaire 25.

△ *Municipal du Lac* mai-sept.
&#x1F4DE; 02 40 58 31 76, *mairie.savenay@wanadoo.fr*, Fax 02 40
58 39 35 – E : 1,8 km par rte de Malville, près du lac et d'une
forêt
1 ha (91 empl.) en terrasses, herbeux
**Tarif :** *(Prix 2002)* ▥ *2 pers. 9,30 – pers. suppl. 3,10*

À prox. : *golf, parcours sportif*
*crêperie*

---

67700 B.-Rhin **8** – **315** I4 G. Alsace Lorraine – 10 278 h. – alt. 200.
🅸 Office du Tourisme, 37 Grand' Rue &#x1F4DE; 03 88 91 80 47, Fax 03 88 71 02 90, *info@ot-saverne.fr*.
Paris 453 – Lunéville 88 – St-Avold 81 – Sarreguemines 61 – Strasbourg 39.

△△△ *Municipal* avril-sept.
&#x1F4DE; 03 88 91 35 65, *camping.saverne@ffcc.asso.fr*, Fax 03 88
91 35 65 – SO : 1,3 km par D 171, rte du Haut-Barr et r.
Knoepffler à gauche – **R** conseillée
2,1 ha (144 empl.) peu incliné, plat, herbeux
**Tarif :** *(Prix 2002)* ▥ *2 pers.* ⓖ *12,35 – pers. suppl. 2,30*
▥ *(12 empl.) – 12,35*

À prox. : *poneys (centre
équestre)*

---

37420 I.-et-L. **9** – **317** J5 – 1 400 h. – alt. 40.
Paris 293 – Chinon 9 – Langeais 27 – Saumur 20 – Tours 54.

△△ *Municipal la Fritillaire* 15 avril-3 nov.
&#x1F4DE; 02 47 58 03 79, *camping@cc-veron.fr*, Fax 02 47 58
03 81 – à l'Ouest du centre bourg, à 100 m d'un étang
2,5 ha (100 empl.) plat, herbeux, bois attenant
**Tarif :** ▥ *2 pers.* ⓖ *(10A) 11,90 – pers. suppl. 2,30*
▥ *(23 empl.) – 13*

À prox. :

**534**

## SAVIGNY-LÈS-BEAUNE

21 Côte-d'Or – 320 I7 – rattaché à Beaune.

## SAZERET

03390 Allier 11 – 326 E4 – 153 h. – alt. 370.
Paris 351 – Gannat 44 – Montluçon 34 – Montmarault 4 – Moulins 48 – St-Pourçain-sur-Sioule 31.

⚠ **La Petite Valette** avril-15 oct.
🖉 04 70 07 64 57, *la.petite.valette@wanadoo.fr*, Fax 04 70 07 25 48 – NE : 5,5 km, accès par rte des Deux-Chaises longeant la N 79 et chemin des Prugnes à gauche, Par A 71 sortie 11 puis 1 km par D 46 et 4 km à gauche par rte des Deux-Chaises longeant la N 79, croisement difficile à certains endroits (chemin) « Décoration arbustive et florale autour d'une ancienne ferme » – **R** conseillée
4 ha (55 empl.) plat, peu incliné, herbeux, étang
**Tarif :** 🔲 *2 pers.* 🔌 *19,22 – pers. suppl. 4,55 – frais de réservation 15,90*

## SCAËR

29390 Finistère 3 – 308 I6 – 5 555 h. – alt. 190.
🛈 Syndicat d'Initiative, 6 rue Émile-Zola 🖉 02 98 59 49 37, Fax 02 98 57 66 89.
Paris 548 – Carhaix-Plouguer 38 – Concarneau 28 – Quimper 36 – Quimperlé 25 – Rosporden 14.

⚠ **Municipal de Kérisole** 15 juin-15 sept.
🖉 02 98 57 60 91, *mairie@ville-scaer.fr*
sortie Est par rte du Faouët
4 ha/2,3 campables (83 empl.) plat, peu incliné, herbeux
**Tarif :** (Prix 2002) 🔲 *2 pers.* 🔌 *10 – pers. suppl. 2*
**Location :** 274 à 396

## SCIEZ

74140 H.-Savoie 12 – 328 L3 – 3 371 h. – alt. 406.
🛈 Office du Tourisme, Port de Scie 🖉 04 50 72 64 57, Fax 04 50 72 63 08.
Paris 562 – Abondance 37 – Annecy 70 – Annemasse 25 – Genève 25 – Thonon-les-Bains 9.

⚠ **Le Chatelet** avril-oct.
🖉 04 50 72 52 60, *info@camping-chatelet.com*, Fax 04 50 72 37 67 – NE : 3 km par N 5, rte de Thonon-les-Bains et rte du port de Sciez-Plage à gauche, à 300 m de la plage – Places limitées pour le passage – **R** conseillée
2,5 ha (121 empl.) plat, herbeux, pierreux
**Tarif :** 🔲 *2 pers.* 🔌 *(6A) 17,50 – pers. suppl. 5*
**Location** *(permanent) :* 265 à 495

## SECONDIGNY

79130 Deux-Sèvres 9 – 322 D5 – 1 907 h. – alt. 177.
Paris 391 – Bressuire 27 – Champdeniers 15 – Coulonges-sur-l'Autize 22 – Niort 37 – Parthenay 14.

⚠ **Municipal du Moulin des Effres** juin-15 sept.
🖉 05 49 95 61 97, *secondigny@mairie-secondigny.fr*, Fax 05 49 63 55 48 – sortie Sud par D 748, rte de Niort et chemin à gauche, près d'un plan d'eau – **R**
2 ha (90 empl.) peu incliné, plat, herbeux
**Tarif :** 🔲 *2 pers.* 🔌 *10,30 – pers. suppl. 2,20*

## SEDAN

08200 Ardennes 2 – 306 L4 G. Champagne Ardenne – 21 667 h. – alt. 154.
🛈 Office du Tourisme, place du Château-Fort 🖉 03 24 27 73 73, Fax 03 24 29 03 28, *ot.sedan@wanadoo.fr*.
Paris 255 – Châlons-en-Champagne 121 – Charleville-Mézières 25 – Luxembourg 105 – Reims 103 – Verdun 83.

⚠ **Municipal** avril-sept.
🖉 03 24 27 13 05, Fax 03 24 27 13 05 – bd Fabert « Sur la prairie de Torcy, au bord de la Meuse (halte fluviale) » – **R**
3 ha (130 empl.) plat, herbeux
**Tarif :** (Prix 2002) 🔲 *2 pers.* 🔌 *(10A) 7,50 – pers. suppl. 2,40*

## SÉEZ

73700 Savoie **12** – **333** N4 – 1 662 h. – alt. 904.

**𝐢** Office du Tourisme, Maison de See ℰ 04 79 41 00 15, Fax 04 79 41 05 81.

Paris 669 – Albertville 59 – Bourg-St-Maurice 4 – Moûtiers 31.

⚠ **Le Reclus** fermé nov.
ℰ 04 79 41 01 05, campinglereclus@wanadoo.fr, Fax 04 79 41 04 79 – sortie Nord-Ouest par N 90, rte de Bourg-St-Maurice, bord du Reclus – **R** conseillée
1,5 ha (108 empl.) peu incliné et en terrasses, herbeux, pierreux
**Tarif :** ▣ 2 pers. ⚡ (10A) 13,70 (hiver 17,05) – pers. suppl. 3,50 (hiver 3,65)

---

## SEIGNOSSE

40510 Landes **13** – **335** C12 – 1 630 h. – alt. 15.

**𝐢** Office du Tourisme, avenue des Lacs ℰ 05 58 43 32 15, Fax 05 58 43 32 66, office.tourisme@seignosse.com.

Paris 750 – Biarritz 36 – Dax 31 – Mont-de-Marsan 84 – Soustons 11.

⚠ **La Pomme de Pin** avril-sept.
ℰ 05 58 77 00 71, info@camping-pommedepin.com, Fax 05 58 77 11 47 ⊠ 40230 Saubion – SE : 2 km par D 652 et D 337, rte de Saubion « Bel espace aquatique » – **R** conseillée
5 ha (229 empl.) plat, sablonneux
**Tarif :** ▣ 1 ou 2 pers. ⚡ 18,50 – pers. suppl. 4,50
**Location :** 🏠 230 à 550

⚠ **Le Motel de Seignosse** (location exclusive de 28 chalets et studios) Permanent
ℰ 05 58 72 87 81, Fax 05 58 72 83 79 – E : 2 km rte de Tyrosse – **R** conseillée
2 ha plat, herbeux, sablonneux
**Location :** 🏠 280 à 550 – studios

**au Penon**  O : 5 km – ⊠ 40510 Seignosse

⚠ **Campéole les Oyats** 10 mai-14 sept.
ℰ 05 58 43 37 94, cployats@atciat.com, Fax 05 58 43 23 29 – N : 4 km par D 79, rte du Vieux-Boucau-les-Bains et à gauche, à 200 m de la plage des Casernes – Places limitées pour le passage – **R** conseillée
15 ha (360 empl.) plat, peu incliné, vallonné, sablonneux
**Tarif :** (Prix 2002) ▣ 1 ou 2 pers. ⚡ (6A) 21,10 – pers. suppl. 6,10 – frais de réservation 23
**Location :** 🏠 488 à 633 – 🏠 440 – bungalows toilés

⚠ **Les Chevreuils** juin-15 sept.
ℰ 05 58 43 32 80, chevreuils@wanadoo.fr, Fax 05 58 43 32 80 – N : 3,5 km, sur D 79, rte de Vieux-Boucau-les-Bains – **R** indispensable
8 ha (240 empl.) plat, sablonneux
**Tarif :** ▣ 2 pers. ⚡ (12A) 20,60 – pers. suppl. 4,80 – frais de réservation 20
**Location** 🏠 10 juil-26 août : 🏠 252 à 644

⚠ **Municipal Hourn Naou** avril-sept.
ℰ 05 58 43 30 30, infos@hourn-naou.com, Fax 05 58 41 64 21 – sur D 79E, à 500 m de la plage – **R** conseillée
20 ha (450 empl.) plat, vallonné, sablonneux
**Tarif :** (Prix 2002) ▣ 2 pers. ⚡ 17,10 – pers. suppl. 4,60
**Location :** 🏠 255 à 570 – bungalows toilés

---

## SEILHAC

19700 Corrèze **10** – **329** L3 – 1 540 h. – alt. 500.

**𝐢** Office du Tourisme, place de l'Horloge ℰ 05 55 27 97 62, Fax 05 55 27 93 62.

Paris 461 – Aubusson 96 – Brive-la-Gaillarde 34 – Limoges 73 – Tulle 15 – Uzerche 16.

⚠ **Le lac de Bournazel** avril-sept.
ℰ 05 55 27 05 65 – NO : 1,5 km par N 120, rte d'Uzerche puis 1 km à droite, à 100 m du lac – **R** conseillée
6,5 ha (155 empl.) en terrasses, pierreux, herbeux
**Tarif :** ▣ 2 pers. ⚡ (10A) 14,60 – pers. suppl. 3,50
**Location :** 🏠 350 – 🏠 460 – 🏠 400

## SEILLAC

41150 L.-et-Ch. 5 – 318 D6 – 65 h. – alt. 115.
Paris 199 – Amboise 25 – Blois 17 – Montrichard 29 – Tours 50.

▲ **Aire Naturelle la Ferme de Prunay** 26 avril-sept
    𝄋 02 54 70 02 01, *ferme-de-prunay@wanadoo.fr*,
Fax 02 54 70 12 72 – NE : 2,5 km par D 131, rte de Chambon-
sur-Cisse – **R** conseillée
2 ha (25 empl.) plat, herbeux, pièce d'eau, verger
**Tarif :** ▣ 2 pers. ⚡ 16,50 – pers. suppl. 5,60
**Location :** ⌂ 180 à 290

## SEIX

09140 Ariège 14 – 343 F7 G. Midi Pyrénées – 806 h. – alt. 523.
🛈 Office du Tourisme, place de l'Allée 𝄋 05 61 96 52 90, Fax 05 61 96 52 90.
Paris 805 – Ax-les-Thermes 77 – Foix 61 – St-Girons 19.

▲ **Le Haut Salat**
    𝄋 05 61 66 81 78, *camping.le-haut-salat@wanadoo.fr*,
Fax 05 61 66 94 17 – NE : 0,8 km par D 3, rte de St-Girons,
bord du Salat
2,5 ha (135 empl.) plat, herbeux
**Location :** ⌂

## SÉLESTAT

67600 B.-Rhin 8 – 315 I7 G. Alsace Lorraine – 15 538 h. – alt. 170.
🛈 Office du Tourisme, boulevard Leclerc 𝄋 03 88 58 87 20, Fax 03 88 92 88 63, *accueil@selestat-tourisme.com*.
Paris 440 – Colmar 24 – Gérardmer 65 – St-Dié 44 – Strasbourg 51.

▲ **Municipal les Cigognes** mai-15 oct.
    𝄋 03 88 92 03 98 – rue de la 1ère D.F.L. – **R** conseillée
0,7 ha (48 empl.) plat, herbeux
**Tarif :** (Prix 2002) ▣ 1 à 3 pers. ⚡ 12,44 – pers. suppl. 3,11
☞

## La SELLE-CRAONNAISE

53800 Mayenne 4 – 310 C7 – 904 h. – alt. 71.
Paris 317 – Angers 67 – Châteaubriant 32 – Château-Gontier 30 – Laval 37 – Segré 26.

▲▲ **Base de Loisirs de la Rincerie** Permanent
    𝄋 02 43 06 17 52, *larincerie@m6net.fr*, Fax 02 43 07 50 20
– NO : 3,5 km par D 111, D 150, rte de Ballots et rte à gauche
« Près d'un plan d'eau, avec nombreuses activités nautiques »
120 ha/5 campables (50 empl.) plat, peu incliné, herbeux
**Tarif :** ▣ 2 pers. ⚡ 11,50 – pers. suppl. 2,50
**Location :** *bungalows toilés*

## La SELLE-GUERCHAISE

35130 I.-et-V. 4 – 309 O7 – 121 h. – alt. 80.
Paris 326 – Châteaubriant 36 – Craon 23 – La Guerche-de-Bretagne 6 – Laval 37 – Rennes 55.

▲ **Municipal** Permanent
au bourg, derrière la mairie, près d'un petit étang – **R**
0,4 ha (15 empl.) plat et peu incliné, herbeux
**Tarif :** ▣ 2 pers. ⚡ (4A) 6,40 (hiver 6,80) – pers. suppl. 1,60

## SELONGEY

21260 Côte-d'Or 7 – 320 L4 – 2 386 h. – alt. 295.
Paris 325 – Châtillon-sur-Seine 73 – Dijon 36 – Langres 38 – Gray 41.

▲ **Municipal les Courvelles** mai-sept.
    𝄋 03 80 75 52 38, *info@selongey.com*, Fax 03 80 75 56 65
– au Sud du bourg par rte de l'Is-sur-Tille, près du stade, rue
Henri-Jevain
0,3 ha (22 empl.) peu incliné, herbeux
**Tarif :** ▣ 2 pers. ⚡ 8,05
☞

## SEMBADEL-GARE

43160 H.-Loire 11 – 331 E2.
Paris 512 – Ambert 35 – Brioude 40 – La Chaise-Dieu 6 – Craponne-sur-Arzon 15 – Le Puy-en-Velay 55.

▲ **Municipal les Casses** 15 juin-sept.
    𝄋 04 71 00 90 62, Fax 04 71 00 91 79 – O : 1 km par D 22,
rte de Sembadel, alt. 1 000 – **R**
1 ha (24 empl.) peu incliné, pierreux, herbeux
**Tarif :** (Prix 2002) ▣ 2 pers. ⚡ (10A) 8,80 – pers. suppl. 2
☞

## SEMUR-EN-AUXOIS

21140 Côte-d'Or **7** – **320** G5 G. Bourgogne – 4 545 h. – alt. 286.

🛈 Office du Tourisme, 2 place Gaveau ℰ 03 80 97 05 96, Fax 03 80 97 08 85, *tourisme.pays.auxois@wanadoo.fr*.

Paris 247 – Auxerre 87 – Avallon 42 – Beaune 78 – Dijon 82 – Montbard 20.

**à Pont-et-Massène** SE : 3,5 km par D 103B – 137 h. – alt. 265 – ⊠ 21140 Pont-et-Massène :

⚠ **Municipal du Lac de Pont** mai-15 sept.
ℰ 03 80 97 01 26, *camping-lac@wanadoo.fr*
au bourg, accès par le pont, sur D 103² en direction de Précy-sous-Thil « Agréable site boisé, près d'un lac » – **R**
2,5 ha (150 empl.) plat, peu incliné, herbeux, bois attenant
**Tarif :** ▣ *2 pers.* ⛽ *(6A) 12,90 – pers. suppl. 3,50*

---

## SÉNAILLAC-LATRONQUIÈRE

46210 Lot **10** – **337** I3 – 169 h. – alt. 557 – Base de loisirs.

Paris 553 – Aurillac 46 – Cahors 86 – Figeac 32 – Lacapelle-Marival 24 – St-Céré 20 – Sousceyrac 9.

⚠ **Tolerme** 15 mai-15 sept.
ℰ 05 65 40 21 23 – à 1 km à l'Ouest du bourg par chemin, à 100 m du lac de Tolerme – **R** conseillée
0,8 ha (37 empl.) peu incliné et plat, herbeux
**Tarif :** ▣ *2 pers.* ⛽ *(8A) 11 – pers. suppl. 2,87*
**Location :** 🏠 *215 à 320*

---

## SÉNÉ

56 Morbihan – **308** O9 – rattaché à Vannes.

---

## SÉNERGUES

12320 Aveyron **15** – **338** G3 – 608 h. – alt. 525.

Paris 637 – Conques 11 – Entraygues-sur-Truyère 16 – Marcillac-Vallon 24 – Rodez 42.

⚠ **Intercommunal l'Étang du Camp** 15 juin-15 sept.
ℰ 05 65 79 62 25, *conques@conques.com*, Fax 05 65 69 84 69 – SO : 6 km par D 242, rte de St-Cyprien-sur-Dourdou, bord d'un étang « Cadre boisé et verdoyant au bord d'un étang » – **R** conseillée
3 ha (60 empl.) plat, peu incliné, herbeux
**Tarif :** ▣ *2 pers.* ⛽ *(6A) 12 – pers. suppl. 3*
**Location :** *bungalows toilés*

---

## SENONCHES

28250 E.-et-L. **5** – **311** C4 – 3 171 h. – alt. 223.

🛈 Syndicat d'Initiative, 34 place de l'Hôtel de Ville ℰ 02 37 37 80 11, Fax 02 37 37 80 11.

Paris 116 – Chartres 37 – Dreux 38 – Mortagne-au-Perche 42 – Nogent-le-Rotrou 36.

⚠ **Municipal du Lac** mai-sept.
ℰ 02 37 37 94 63, Fax 02 37 37 92 92 – sortie Sud vers Belhomert-Guéhouville, r. de la Tourbière « Entre deux plans d'eau » – **R** conseillée
0,8 ha (50 empl.) plat, herbeux
**Tarif :** ▣ *2 pers.* ⛽ *6,60 – pers. suppl. 1,35*

---

## SENS-DE-BRETAGNE

35490 I.-et-V. **4** – **309** M5 – 1 393 h. – alt. 85.

Paris 348 – Combourg 20 – Dinan 45 – Dol-de-Bretagne 35 – Rennes 32.

⚠ **Municipal la Petite Minardais** mai-sept.
ℰ 02 99 39 51 33 – sortie Est par D 794 et à droite avant le carrefour de la N 175, près d'un étang – **R**
0,6 ha (20 empl.) peu incliné, herbeux
**Tarif :** (Prix 2002) ▣ *2 pers.* ⛽ *8,39 – pers. suppl. 1,83*

---

## SEPPOIS-LE-BAS

68580 H.-Rhin **8** – **315** H11 – 836 h. – alt. 390.

Paris 455 – Altkirch 13 – Basel 42 – Belfort 37 – Montbéliard 33.

⚠ **Municipal les Lupins** avril-1er nov.
ℰ 03 89 25 65 37, *leslupins@wanadoo.fr*, Fax 03 89 07 63 34 – sortie Nord-Est par D 17II rte d'Altkirch et r. de la gare à droite « Sur le site verdoyant de l'ancienne gare »
3,5 ha (158 empl.) plat, terrasses, herbeux
**Tarif :** (Prix 2002) ▣ *2 pers.* ⛽ *(6A) 13,30 – pers. suppl. 3,40*
**Location** *(permanent) :* 🏠 *245 à 490*

## SERAUCOURT-LE-GRAND

02790 Aisne **2** – **306** B4 – 738 h. – alt. 102.
Paris 137 – Chauny 26 – Ham 16 – Péronne 28 – St-Quentin 13 – Soissons 56.

**Le Vivier aux Carpes** mars-oct.
🌐 03 23 60 50 10, camping.du.vivier@wanadoo.fr,
Fax 03 23 60 51 69 – au Nord du bourg, sur D 321, près de
la poste, à 200 m de la Somme « Situation agréable en bor-
dure d'étangs » – **R** conseillée
2 ha (60 empl.) plat, herbeux
**Tarif :** (Prix 2002) 📧 2 pers. ⚡ (6A) 15 – pers. suppl. 2,80
🚐 (4 empl.) – 15

À prox. : 🏊

## SÉRENT

56460 Morbihan **4** – **308** P8 – 2 686 h. – alt. 80.
Paris 432 – Josselin 17 – Locminé 30 – Ploërmel 19 – Redon 45 – Vannes 31.

**Municipal du Pont Salmon** mai-sept.
🌐 02 97 75 91 98, Fax 02 97 75 98 35 – au bourg, vers rte
de Ploërmel, au stade
1 ha (40 empl.) plat, herbeux
**Tarif :** (Prix 2002) 📧 2 pers. ⚡ (10A) 6,30 – pers. suppl. 1,20
🚐

À prox. : ✂

## SÉRIGNAC-PÉBOUDOU

47410 L.-et-G. **14** – **336** F2 – 190 h. – alt. 139.
Paris 568 – Agen 64 – Bergerac 35 – Marmande 40 – Périgueux 82.

**La Vallée de Gardeleau** juin-20 sept.
🌐 05 53 36 96 96, valleegardeleau@wanadoo.fr, Fax 05 53
36 96 96 – O : 2,2 km par rte de St-Nazaire et chemin à
gauche « Cadre boisé »
2 ha (33 empl.) plat, peu incliné, herbeux
**Tarif :** 📧 2 pers. ⚡ (5A) 15,90 – pers. suppl. 3,70 – frais de
réservation 10
**Location** ✂ : 🚐 215 à 290 – 🚐 220 à 556 – bungalows
toilés

chênaie ... brasserie ...

**539**

## SÉRIGNAN

34410 Hérault **15** – **339** E9 G. Languedoc Roussillon – 5 173 h. – alt. 7.
**🚹** Office du Tourisme, place de la Libération 🌐 04 67 32 42 21, Fax 04 67 32 37 97.
Paris 769 – Agde 22 – Béziers 11 – Narbonne 34 – Valras-Plage 4.

**Le Paradis** avril-29 sept.
🌐 04 67 32 24 03, Fax 04 67 32 24 03 – S : 1,5 km par rte
de Valras-Plage « Cadre agréable » – **R** conseillée
2,2 ha (129 empl.) plat, herbeux
**Tarif :** 📧 2 pers. ⚡ (6A) 21 – pers. suppl. 3 – frais de réser-
vation 16
**Location :** 🚐 160 à 496

À prox. : 🍴

**Les Vignes d'Or** Pâques-15 sept.
🌐 04 67 32 37 18, info@vignesdor.com, Fax 04 67 32
00 80 – S : 3,5 km, rte de Valras-Plage, Prendre la contre-allée
située derrière le garage Citroën – **R** indispensable
4 ha (250 empl.) plat, herbeux, pierreux
**Tarif :** 📧 2 pers. ⚡ (6A) 22,50 – pers. suppl. 4 – frais de
réservation 19
**Location :** 🚐 150 à 600 – 🏠 250 à 600 – bungalows toilés

snack, pizzeria ...

À prox. : 🍴 ✂ 🐎

**à Sérignan-Plage** SE : 5 km par D 37E – ✉ 34410 Sérignan :

**Le Grand Large et les Dunes** 26 avril-14 sept.
🌐 04 67 39 71 30, legrandlarge@wanadoo.fr, Fax 04 67 32
58 15 – en deux parties distinctes « En bordure de plage »
– **R** conseillée
9,5 ha (470 empl.) plat, herbeux, sablonneux
**Tarif :** 📧 1 ou 2 pers. ⚡ (10A) 34 – pers. suppl. 6
**Location :** 🚐 250 à 800 – 🏠 232 à 774 – bungalows toilés
🚐

(6 ha) ... pizzeria ... salle d'animation ...

À prox. : 🐎

**Le Clos Virgile** mai-15 sept.
🌐 04 67 32 20 64, le.clos.virgile@wanadoo.fr, Fax 04 67 32
05 42 – à 500 m de la plage – **R** conseillée
5 ha (300 empl.) plat, sablonneux, herbeux
**Tarif :** 📧 2 pers. ⚡ (6A) 29 – pers. suppl. 5 – frais de réser-
vation 20
**Location** ✂ : 🚐 220 à 640 – 🏠 250 à 640

À prox. : 🐎

⚠ **La Camargue**
📞 04 67 32 19 64, Fax 04 67 39 78 20 – bord de la Grande Maïre et près de la plage – Places limitées pour le passage 2,6 ha (162 empl.) plat, sablonneux, gravillons

🚐

⊶ 👤 🗑 👕 📅 🎱 🚽 ☺ 🪙 🖼 ⚡ 🍷
self 🛒 🚗 ⛱
À prox. : poneys 🐎

---

## SERRA-DI-FERRO

2A Corse-du-Sud – ③④⑤ B9 – voir à Corse.

---

## SERRES

05700 H.-Alpes ⑯ – ③③④ C6 G. Alpes du Sud – 1 106 h. – alt. 670.
🅱 Office du Tourisme, 📞 04 92 67 00 67, Fax 04 92 67 16 16, info@buech-serrois.com.
Paris 672 – Die 69 – Gap 40 – Manosque 88 – La Mure 75 – Nyons 65.

⚠ **Domaine des Deux Soleils** mai-sept.
📞 04 92 67 01 33, dom.2.soleils@wanadoo.fr, Fax 04 92 67 08 02 – SE : 0,8 km par N 75, rte de Sisteron puis 1 km par rte à gauche, à Super-Serres, alt. 800 « Belle situation – **R** conseillée
26 ha/12 campables (72 empl.) en terrasses, pierreux, herbeux
**Tarif :** 🖬 2 pers. 🔌 (6A) 20,05 à 23,95 – pers. suppl. 3,50 – frais de réservation 22,75
**Location :** 🛏 291 à 530 – 🏠 249 à 550

🔭 ≤ montagnes et vallée du Buëch, site agréable » ⊶ 🔆 🐎 🗑 👤 👤 🗑 🍷 🖼 ☺ 📖 snack 🛒
🚗 🔌 ⛱

---

## SERRIÈRES-DE-BRIORD

01470 Ain ⑫ – ③②⑧ F6 – 834 h. – alt. 218 – Base de loisirs.
Paris 481 – Belley 29 – Bourg-en-Bresse 57 – Crémieu 24 – Nantua 69 – La Tour-du-Pin 34.

⚠ **Le Point Vert de la Vallée Bleue** avril-sept.
📞 04 74 36 13 45, nelly@camping-ain-bugey.com, Fax 04 74 36 71 66 – O : 2,5 km, à la Base de Loisirs – Places limitées pour le passage « Au bord d'un plan d'eau » – **R** conseillée
1,9 ha (137 empl.) plat, herbeux
**Tarif :** 🖬 2 pers. 🔌 16,80 – pers. suppl. 4,40
**Location :** 🛏 305 à 485

≤ ⊶ 🔆 🐎 👤 👤 🗑 🍷 🖼 🚽 ☺
🚗 👕 🖼 ⚡ 🛋 △ ⛱ 🚿
À prox. : 🍷 🍴 🛒 🎿 🏊 (plage) 🎣

---

## SÈTE

34200 Hérault ⑮ – ③③⑨ H8 G. Languedoc Roussillon – 41 510 h. – alt. 4.
🅱 Office du Tourisme, 60 Grand' Rue Mario Roustan 📞 04 67 74 71 71, Fax 04 67 46 17 54, tourisme@ville-sete.fr.
Paris 791 – Béziers 57 – Lodève 72 – Montpellier 35.

⚠ **Le Castellas** 15 mai-13 sept.
📞 04 67 51 63 00, camping.lecastellas@wanadoo.fr, Fax 04 67 51 63 01 – SO : 11 km par N 112, rte d'Agde, près de la plage – **R** conseillée
23 ha (989 empl.) plat, sablonneux, gravillons
**Tarif :** 🖬 2 pers. 🔌 (6A) 30 – pers. suppl. 7 – Frais de dossier 24
**Location** 🎿 : 🛏 235 à 250 – 🏠 280 à 295 – bungalows toilés
🚐

⊶ 🔆 🐎 👤 👤 (8 ha) 👤 🗑 🍷 🗑
🎱 🚽 ☺ 🪙 🖼 🍷 🍷 cafétéria, pizzeria, snack 🛒 cases réfrigérées 🎮 🏃 🚗
🚲 🎿 ⛱
À prox. : terrain omnisports 🎣 🐎

---

## Les SETTONS

58 Nièvre ⑪ – ③①⑨ H8 G. Bourgogne – Base de loisirs – ✉ 58230 Montsauche-les-Settons.
Paris 259 – Autun 41 – Avallon 45 – Château-Chinon 25 – Clamecy 60 – Nevers 87 – Saulieu 23.

⚠ **Les Mésanges** mai-15 sept.
📞 03 86 84 55 77 – S : 4 km par D193, D 520, rte de Planchez et rte de Chevigny à gauche, à 200 m du lac « Situation agréable au bord d'un étang » – **R**
5 ha (100 empl.) peu incliné et en terrasses, herbeux, étang
**Tarif :** (Prix 2002) 🖬 2 pers. 🔌 (4A) 15,15 – pers. suppl. 3,60

🔭 ⊶ 👤 👤 (1 ha) 👤 🗑 🍷 🗑 🎱
🚽 ☺ 🚗 👕 🍷 🚗
À prox. : 🏊

⚠ **Plage du Midi** mai-12 oct.
📞 03 86 84 51 97, plagedumidi@aol.com, Fax 03 86 84 57 31 – SE : 2,5 km par D 193 et rte à droite « Au bord du lac » – **R** conseillée
4 ha (160 empl.) peu incliné, herbeux
**Tarif :** 🖬 2 pers. 🔌 16,43 – pers. suppl. 4,26
**Location** (permanent) : 🏠 396 à 457

≤ ⊶ 🔆 🐎 👤 (1 ha) 👤 🗑 🍷 🗑 🎱
🚽 ☺ 🪙 🖼 ⚡ 🍷 △ ⛱
À prox. : 🍴 🎿 🎣

⚠ **La Plage des Settons** mai-15 sept.
    𝒫 03 86 84 51 99, *jpbosset@aol.com*, Fax 03 86 84 54 81
– à 300 m au Sud du barrage « Agréables emplacements en terrasses face au lac »
2,6 ha (68 empl.) en terrasses, gravillons, herbeux
**Tarif :** (Prix 2002) ▤ *2 pers.* 🔌 *(5A) 11,70 – pers. suppl. 3,20*

⚠ **La Cabane Verte** avril-15 oct.
    𝒫 03 86 76 02 25, Fax 03 86 76 02 25 ✉ 58230 Moux-en-Morvan – S : 8 km par D 193, D 520, rte de Planchez puis à gauche, par Chevigny, rte de Gien-sur-Cure et D 501 à gauche « Près du lac » – **R** conseillée
3,8 ha (107 empl.) en terrasses, peu incliné, herbeux
**Tarif :** (Prix 2002) ▤ *2 pers.* 🔌 *13,60 – pers. suppl. 3,05*

## SÉVÉRAC-L'ÉGLISE

12310 Aveyron ⑮ – 𝟛𝟛𝟠 J4 G. Midi Pyrénées – 415 h. – alt. 630.
Paris 628 – Espalion 27 – Mende 83 – Millau 57 – Rodez 31 – Sévérac-le-Château 24.

⚠⚠⚠ **La Grange de Monteillac** 3 mai-15 sept.
    𝒫 05 65 70 21 00, *info@la-grange-de-monteillac.com*, Fax 05 65 70 21 01 – sortie Nord-Est par D 28, rte de Laissac, face au cimetière – **R** conseillée
4,5 ha (65 empl.) plat, en terrasses, peu incliné, herbeux
**Tarif :** ▤ *2 pers.* 🔌 *(6A) 20 – pers. suppl. 3,60 – frais de réservation 18*
**Location** *(permanent)* : 🏠 *174 à 685 – bungalows toilés*

## SÉVRIER

74 H.-Savoie – 𝟛𝟚𝟠 J5 – voir à Annecy (Lac d').

## SEYNE

04 Alpes-de-H.-Pr. ⑰ – 𝟛𝟛𝟜 G6 G. Alpes du Sud – 1 222 h. – alt. 1 200 – ✉ 04140 Seyne-les-Alpes.
🛈 Office de tourisme, place d'Armes 𝒫 04 92 35 11 00, Fax 04 92 35 28 88.
Paris 725 – Barcelonnette 43 – Digne-les-Bains 42 – Gap 55 – Guillestre 73.

⚠ **Les Prairies** 12 avril-14 sept.
    𝒫 04 92 35 10 21, *info@campinglesprairies.com*, Fax 04 92 35 26 96 – S : 1 km par D 7, rte d'Auzet et chemin à gauche, bord de la Blanche – **R** indispensable
3,6 ha (100 empl.) non clos, plat, pierreux, herbeux
**Tarif :** ▤ *2 pers.* 🔌 *20,60 – pers. suppl. 4,20 – frais de réservation 15,50*
**Location** *(permanent)* : 🛏 *240 à 530 –* 🏠 *260 à 620*

## SEYSSEL

74910 H.-Savoie ⑫ – 𝟛𝟚𝟠 I5 G. Jura – 1 630 h. – alt. 252.
🛈 Office du Tourisme, 2 chemin de la Fontaine 𝒫 04 50 59 26 56, Fax 04 50 56 21 94.
Paris 516 – Aix-les-Bains 32 – Annecy 40.

⚠ **Le Nant-Matraz**
    𝒫 04 50 59 03 68, Fax 04 50 59 03 68 – sortie Nord par D 992
1 ha (74 empl.) plat et peu incliné, herbeux

## SEYSSEL

01420 Ain ⑫ – 𝟛𝟚𝟠 H5 G. Jura – 817 h. – alt. 258.
Paris 517 – Aix-les-Bains 33 – Annecy 41 – Genève 52 – Nantua 48.

⚠⚠ **International** 15 juin-15 sept.
    𝒫 04 50 59 28 47, *camp.inter@wanadoo.fr*, Fax 04 50 59 28 47 – SO : 2,4 km par D 992, rte de Culoz et chemin à droite « Cadre verdoyant » – **R** conseillée
1,5 ha (45 empl.) en terrasses, herbeux
**Tarif :** ▤ *2 pers.* 🔌 *(10A) 16,25 – pers. suppl. 3,70 – frais de réservation 9,15*
**Location** *(avril-15 sept.)* : 🛏 *180 à 500*

## SÉZANNE

51120 Marne **7** – **306** E10 G. Champagne Ardenne – 5 829 h. – alt. 137.

**🛈** Office du Tourisme, place de la République *℘* 03 26 80 51 43, Fax 03 26 80 54 13, *office.de.tourisme. sezanne@wanadoo.fr.*

Paris 117 – Châlons-en-Champagne 60 – Meaux 78 – Melun 93 – Sens 79 – Troyes 61.

    ▲ **Municipal** avril-1er oct.
        *℘* 03 26 80 57 00, *campingdesezanne@wanadoo.fr*
        sortie Ouest par D 373, rte de Paris (près N 4) puis
        0,7 km par chemin à gauche et rte de Launat à droite –
        **R** conseillée
        1 ha (79 empl.) incliné, herbeux
        **Tarif :** (Prix 2002) ▣ 2 pers. ⊘ 8,60 – pers. suppl. 1,90

---

## SIGNY-L'ABBAYE

08460 Ardennes **2** – **306** I4 G. Champagne Ardenne – 1 422 h. – alt. 240.

**🛈** Syndicat d'Initiative, Cour Rogelet *℘* 03 24 53 10 10.

Paris 217 – Charleville-Mézières 30 – Hirson 41 – Laon 74 – Rethel 23 – Rocroi 30 – Sedan 49.

    ▲ **Municipal l'Abbaye** mai-sept.
        *℘* 03 24 52 87 73 – au Nord du bourg, près du stade, bord
        de la Vaux – **R** conseillée
        1,2 ha (60 empl.) plat, herbeux, gravillons
        **Tarif :** (Prix 2002) ▣ 2 pers. ⊘ 7,70 – pers. suppl. 1,50

---

## SIGOULÈS

24240 Dordogne **14** – **329** D7 – 603 h. – alt. 105 – Base de loisirs.

**🛈** Syndicat d'Initiative, 13 rue de la Mayade *℘* 05 53 58 48 16, Fax 05 53 73 02 39.

Paris 549 – Agen 86 – Bergerac 15 – Castillonnès 22 – Duras 25 – Ste-Foy-la-Grande 22.

    ▲▲ **La Gardonnette** avril-sept.
        *℘* 05 53 58 81 94, *campingdelagardonnette@wanadoo.fr,*
        Fax 05 53 58 81 94 – N : 1,4 km par D 17, rte de Pomport,
        bord de la Gardonnette et près d'un lac, à la Base de Loisirs
        – **R** conseillée
        14 ha/3 campables (90 empl.) plat et peu incliné, herbeux,
        bois attenant
        **Tarif :** ▣ 2 pers. ⊘ 13 – pers. suppl. 3,50 – frais de réser-
        vation 8
        **Location :** 214 à 442 – 🏠

## SILLÉ-LE-GUILLAUME

72140 Sarthe 🗗 – 🔟🔟🔟 I5 G. Normandie Cotentin – 2 583 h. – alt. 161.

🛈 Office du Tourisme, 13 place du Marché aux Bestiaux ✆ 02 43 20 10 32, Fax 02 43 20 01 23.

Paris 231 – Alençon 39 – Laval 55 – Le Mans 34 – Sablé-sur-Sarthe 42.

⚠ **Les Molières** juin-août
✆ 02 43 20 16 12, *campinglesmolieres@wanadoo.fr*, Fax 02 43 20 84 82 – N : 2,5 km par D 5, D 105, D 203 et chemin à droite « Dans la forêt près d'un plan d'eau et de deux étangs »
3,5 ha (133 empl.) plat, herbeux
**Tarif :** 🔲 2 pers. 🗓 11 – pers. suppl. 2,80

| |
|---|
| ◈ ⊶ GB ⚶ 🎱🎱 & 🕿 ⇄ 🖵 🛁 |
| ☺ 🔲 |
| À prox. : pédalos ☂ crêperie ✗ 🔔 🐞 |
| (centre équestre) |

## SILLÉ-LE-PHILIPPE

72460 Sarthe 🗗 – 🔟🔟🔟 L6 – 803 h. – alt. 35.

Paris 196 – Beaumont-sur-Sarthe 25 – Bonnétable 12 – Connerré 16 – Mamers 33 – Le Mans 19.

⚠ **Château de Chanteloup** 31 mai-6 sept.
✆ 02 43 27 51 07, *chanteloup.souffront@wanadoo.fr*, Fax 02 43 89 05 05 – SO : 2 km par D 301, rte du Mans – **R** conseillée
20 ha (100 empl.) plat, peu incliné, sablonneux, herbeux, étang, sous-bois
**Tarif :** 🔲 2 pers. 🗓 25 – pers. suppl. 6
**Location :** 🛏

| |
|---|
| ◈ ⊶ GB 🎱🎱 (2 ha) 🕿 ⇄ 🖵 🛁 🛁 |
| ☺ 🔲 ☂ snack 🍴 🖴 ⊙ ⚗ 🚲 |
| 🝳 |

Vermelding in deze gids gebeurt geheel
kosteloos en is in geen geval te danken aan het betalen van een premie of aan een
gunst.

## SINGLES

63690 P.-de-D. 🔟🔟 – 🔟🔟🔟 C9 – 214 h. – alt. 737.

Paris 487 – Bort-les-Orgues 27 – La Bourboule 24 – Bourg-Lastic 20 – Clermont-Ferrand 66.

⚠ **Le Moulin de Serre** 5 avril-29 sept
✆ 04 73 21 16 06, *moulin-de-serre@wanadoo.fr*, Fax 04 73 21 12 56 – à 1,7 km au Sud de la Guinguette, par D 73, rte de Bort-les-Orgues, bord de la Burande « Cadre verdoyant dans une petite vallée » – **R** conseillée
7 ha/2,6 campables (90 empl.) plat, herbeux
**Tarif :** 🔲 2 pers. 🗓 (10A) 17,45 – pers. suppl. 3,80 – frais de réservation 14
**Location** ✗ : 🚐 149 à 580 – bungalows toilés
🚐

| |
|---|
| ◈ ← ⊶ GB ⚶ 🝳 ⚗ 🍴 🕿 ⇄ |
| 🖵 🛁 🛁 ☺ 🔲 ☂ snack 🍴 🖴 ⊙ |
| 🏃 🚲 ✗ 🝳 🝳 |

## SION-SUR-L'OCÉAN

85 Vendée – 🔟🔟🔟 E7 – rattaché à St-Hilaire-de-Riez.

## SIORAC-EN-PÉRIGORD

24170 Dordogne 🔟🔟 – 🔟🔟🔟 G7 G. Périgord Quercy – 904 h. – alt. 77.

🛈 Syndicat d'Initiative, le bourg ✆ 05 53 31 63 51, Fax 05 53 31 63 51.

Paris 551 – Bergerac 45 – Cahors 68 – Périgueux 58 – Sarlat-la-Canéda 29.

⚠ **Municipal le Port** juin-sept.
✆ 05 53 31 63 81 – au Nord-Est du bourg, accès par D 25, rte de Buisson-Cussac et chemin devant Intermarché, bord de la Dordogne et de la Nauze – **R** conseillée
1,5 ha (66 empl.) plat, herbeux
**Tarif :** (Prix 2002) 🔲 2 pers. 🗓 10,80

| |
|---|
| ✗ ⚶ 🝳 🎱🎱 & 🕿 ⇄ 🖵 🛁 ☺ 🔲 |
| 🖴 ⇄ ☷ parcours de santé |
| À prox. : 🛒 cafétéria ✗ |

## SIOUVILLE-HAGUE

50340 Manche 🗗 – 🔟🔟🔟 A2 – 996 h. – alt. 76.

Paris 372 – Barneville-Carteret 145 – Cherbourg 23 – Valognes 35.

⚠ **Municipal** Permanent
✆ 02 33 52 42 73, Fax 02 33 87 60 04 – sortie NE par D 64$^{E3}$, à proximité de la mer – **R**
3,6 ha (100 empl.) plat, peu incliné, herbeux, sablonneux
**Tarif :** 🔲 2 pers. 🗓 6,23 – pers. suppl. 2,04

| |
|---|
| ◈ ⚶ ⚗ 🝳 & 🕿 ⇄ 🖵 ⊙ 🔲 🍴 |

## SIREUIL

16440 Charente **9** – **324** K6 – 1 121 h. – alt. 26.
Paris 462 – Angoulême 16 – Barbezieux 26 – Cognac 34 – Jarnac 20 – Rouillac 23.

  ▲ **Nizour** 15 mai-15 sept.
          *&* 05 45 90 56 27, Fax 05 45 90 92 67 – SE : 1,5 km par D 7,
          rte de Blanzac, à gauche avant le pont, à 120 m de la
          Charente (accès direct) – **R** conseillée
          1,6 ha (40 empl.) plat, herbeux
          **Tarif :** ▣ *2 pers.* ⚡ *(6A) 15,80 – pers. suppl. 3,40*
          **Location** ❄ : 🚐 *208 à 272*

À prox. : 🍴 ✕ ♨

## SISTERON

04200 Alpes-de-H.-P. **17** – **334** D7 G. Alpes du Sud – 6 594 h. – alt. 490.
🛈 Office du Tourisme – Hôtel-de-ville *&* 04 92 61 12 03, Fax 04 92 61 19 57, *office.de.tourisme-sisteron@wanadoo.fr.*
Paris 706 – Barcelonnette 101 – Digne-les-Bains 39 – Gap 52.

  ▲▲ **Municipal des Prés-Hauts** mars-oct.
          *&* 04 92 61 19 69, Fax 04 92 61 19 69 – N : 3 km par rte
          de Gap et D 951 à droite, rte de la Motte-du-Caire, près de
          la Durance **« Emplacements bien délimités dans un cadre
          verdoyant »** – **R** conseillée
          4 ha (141 empl.) plat et peu incliné, herbeux
          **Tarif :** (Prix 2002) ▣ *2 pers.* ⚡ *(6A) 14 – pers. suppl. 3 – frais
          de réservation 8*
          🚐 *(14 empl.)*

## SIX-FOURS-LES-PLAGES

83140 Var **17** – **340** K7 G. Côte d'Azur – 28 957 h. – alt. 20.
🛈 Office du Tourisme, 6 Promenade Charles de Gaulle 6 *&* 04 94 07 02 21, Fax 04 94 25 13 36, *tourisme@six-fours-les-plages.com.*
Paris 834 – Aix-en-Provence 81 – La Ciotat 32 – Marseille 61 – Toulon 12.

  ▲ **La Pinède** juin-sept.
          *&* 04 94 34 06 39, Fax 04 94 74 99 94 – S : 3,5 km par D 16,
          rte de Notre-Dame du Mai, au Brusc (hors schéma) –
          **R** conseillée
          10 ha/3,5 campables (200 empl.) plat, pierreux, herbeux
          **Tarif :** ▣ *2 pers.* ⚡ *(6A) 16 – pers. suppl. 4,50*
          **Location :** 🚐 *321*

pinède   pizzeria

*Voir aussi à la Seyne-sur-Mer*

## SIZUN

29450 Finistère **3** – **308** G4 G. Bretagne – 1 728 h. – alt. 112.
🛈 Office de tourisme, 3 rue de l'Argoat *&* 02 98 68 88 40, Fax 02 98 68 80 13.
Paris 573 – Brest 37 – Carhaix-Plouguer 44 – Châteaulin 35 – Landerneau 16 – Morlaix 36 – Quimper 58.

  ▲ **Municipal du Gollen** Pâques-sept.
          *&* 02 98 24 11 43, Fax 02 98 68 86 56 – S : 1 km par D 30,
          rte de St-Cadou et à gauche, bord de l'Elorn – Passerelle
          piétons pour rejoindre le centre du bourg – **R**
          0,6 ha (30 empl.) non clos, plat, herbeux
          **Tarif :** ▣ *2 pers.* ⚡ *11 – pers. suppl. 2,50*

À prox. : ✕ ♨

## SOCOA

64 Pyr.-Atl. – **342** B4 – rattaché à St-Jean-de-Luz.

## SOLENZARA

2A Corse-du-Sud – **345** F8 – voir à Corse.

## SOLLIÉRES-SARDIÈRES

73500 Savoie **12** – **333** N6 – 171 h. – alt. 1 350.
🛈 Office du Tourisme *&* 04 79 20 52 45, Fax 04 79 20 52 45.
Paris 679 – Bessans 21 – Chambéry 117 – Lanslebourg-Mont-Cenis 8 – Modane 16 – Susa 46.

  ▲ **Le Chenantier** 15 juin-15 sept.
          *&* 04 79 20 52 34, Fax 04 79 20 53 43 – à l'entrée de
          Solliéres-Envers, à 50 m de l'Arc et de la N 6 **« Situation
          panoramique »**
          1,5 ha (58 empl.) non clos, en terrasses, herbeux, pierreux,
          bois attenant
          **Tarif :** ▣ *2 pers.* ⚡ *9,50 – pers. suppl. 1,95*

## SOLLIÈS-TOUCAS

83210 Var **17** – **340** L6 – 3 439 h. – alt. 106.
Paris 833 – Brignoles 36 – Draguignan 65 – Marseille 1046 – Toulon 19.

**Les Oliviers** 15 juin-août
⌀ 04 98 01 00 49, Fax 04 98 01 02 13 – à l'Est du bourg
par D 554 « Au milieu des oliviers, terrasses offrant une vue
sur le village » – **R** conseillée
12 ha/4 campables (80 empl.) en terrasses, pierreux, herbeux, fort dénivelé
**Tarif :** 🔲 *2 pers.* 🔋 *(10A) 19,80 – pers. suppl. 3,90 – frais
de réservation 15,24*
**Location** *(30 mars-26 oct.) :* 🏠 *222 à 496 – bungalows toilés*

---

## SONZAY

37360 I.-et-L. **5** – **317** L3 – 1 085 h. – alt. 94.
Paris 257 – Château-la-Vallière 39 – Langeais 26 – Tours 24.

**L'Arada Parc** 29 mars-2 nov.
⌀ 02 47 24 72 69, *laraparc@free.fr*, Fax 02 47 24 72 69 –
sortie Ouest par D 68 rte de Souvigné et à droite –
**R** conseillée
1,7 ha (94 empl.) plat et peu incliné, herbeux
**Tarif :** 🔲 *2 pers.* 🔋 *(10A) 17,50 – pers. suppl. 4,50*
**Location :** 🚐 *200 à 500*

---

## SORDE-L'ABBAYE

40300 Landes **18** – **335** E13 G. Aquitaine – 569 h. – alt. 17.
Paris 761 – Bayonne 47 – Dax 27 – Oloron-Ste-Marie 64 – Orthez 30.

**Municipal la Galupe** 15 juin-15 sept.
⌀ 05 58 73 18 13, *sorde-labbaye@tiscali.fr*, Fax 05 58 73
16 41 – O : 1,3 km par D 29, rte de Peyrehorade, D 123 à
gauche et chemin avant le pont, près du Gave d'Oloron –
**R** conseillée
0,6 ha (28 empl.) plat, herbeux, pierreux
**Tarif :** 🔲 *2 pers.* 🔋 *(6A) 7,62 – pers. suppl. 1,52*

**545**

---

## SORE

40430 Landes **18** – **335** H9 – 883 h. – alt. 73.
Paris 647 – Bazas 39 – Belin-Béliet 32 – Labrit 29 – Mont-de-Marsan 56 – Pissos 100.

**Aire Naturelle Municipale** 15 juin-15 sept.
⌀ 05 58 07 60 06, Fax 05 58 07 64 72 – S : 1 km par D 651,
rte de Mont-de-Marsan et chemin à gauche, à 50 m de la
Petite Leyre
1 ha (16 empl.) plat, herbeux, sablonneux
**Tarif :** 🔲 *2 pers.* 🔋 *8,50 – pers. suppl. 2*

---

## SORÈZE

81540 Tarn **15** – **338** E10 G. Midi Pyrénées – 1 954 h. – alt. 272.
🏢 Office du Tourisme ⌀ 05 63 74 16 28, Fax 05 63 74 40 39.
Paris 744 – Castelnaudary 27 – Castres 27 – Puylaurens 19 – Toulouse 59.

**Municipal les Vigariès** juil.-août
⌀ 05 63 74 18 06, *tourisme@ville-soreze.fr*, Fax 05 63 74
40 39 – au Nord du bourg, accès par r. de la Mairie, au stade
– **R** conseillée
1 ha (47 empl.) plat, herbeux
**Tarif :** 🔲 *2 pers.* 🔋 *8 – pers. suppl. 2*

---

## SORGEAT

09110 Ariège **15** – **343** J8 – 81 h. – alt. 1 050.
Paris 820 – Ax-les-Thermes 6 – Axat 50 – Belcaire 23 – Foix 49 – Font-Romeu-Odeillo-Via 61.

**Municipal** Permanent
⌀ 05 61 64 36 34, *sorgeat@free.fr*, Fax 05 61 64 63 38 –
N : 0,8 km – Places limitées pour le passage « Situation agréable surplombant la vallée d'Ax-les-Thermes » – **R** conseillée
2 ha (40 empl.) non clos, en terrasses, plat, herbeux
**Tarif :** 🔲 *2 pers.* 🔋 *(10A) 14 – pers. suppl. 2,80*
**Location :** *appartements*

## SOSPEL

06380 Alpes-Mar. **17** – **341** F4 G. Côte d'Azur – 2 592 h. – alt. 360.
**🛈** Office du Tourisme, Pont Vieux *𝒫* 04 93 04 15 80, Fax 04 93 04 19 96.
Paris 973 – Breil-sur-Roya 22 – L'Escarène 22 – Lantosque 42 – Menton 19 – Nice 41.

▲ **Domaine Ste-Madeleine** 27 mars-sept.
*𝒫* 04 93 04 10 48, camp@domaine-sainte-madeleine.com,
Fax 04 93 04 18 37 – NO : 4,5 km par D 2566, rte du col de
Turini – **R** conseillée
3 ha (90 empl.) en terrasses, herbeux, pierreux
**Tarif :** 🔲 2 pers. 🅗 (10A) 18,80 – pers. suppl. 3,70
**Location** ⚞ 12 juil.-16 août : 🕾 210 à 550 – 🛏

## SOUBÈS

34 Hérault – **339** F6 – rattaché à Lodève.

*Pour visiter une ville ou une région : utilisez les* **Guides Verts MICHELIN.**

## SOUILLAC

46200 Lot **18** – **337** E2 G. Périgord Quercy – 3 459 h. – alt. 104.
**🛈** Office du Tourisme, boulevard Louis-Jean Malvy *𝒫* 05 65 37 81 56, Fax 05 65 27 11 45, souillac@wanadoo.fr.
Paris 516 – Brive-la-Gaillarde 39 – Cahors 67 – Figeac 72 – Gourdon 28 – Sarlat-la-Canéda 29.

▲▲▲ **Domaine de la Paille Basse** 15 mai-15 sept.
*𝒫* 05 65 37 85 48, info@lapaillebasse.com, Fax 05 65 37
09 58 – NO : 6,5 km par D 15, rte de Salignac-Eyvignes puis
2 km par chemin à droite « Vaste domaine accidenté autour
d'un vieux hameau restauré » – **R** conseillée
80 ha/12 campables (254 empl.) plat, accidenté et en ter-
rasses, pierreux, herbeux
**Tarif :** 🔲 2 pers. 🅗 (6A) 25,50 – pers. suppl. 5,60 – frais de
réservation 20
**Location** (Pâques-15 sept.) – ⚞ : 🕮 170 à 575

▲ **Le Pit** avril-2 nov.
*𝒫* 05 65 32 25 04, clepit@aol.com ✉ 46200 Mayrac – E :
9 km par D 703, rte de Martel puis 3 km par D 33, rte de
St-Sozy « Agréable situation autour d'anciens bâtiments
périgourdins restaurés » – **R** conseillée
3 ha (50 empl.) en terrasses, herbeux, bois attenant
**Tarif :** 🔲 2 pers. 🅗 (6A) 17,94 – pers. suppl. 4,60
**Location** (permanent) : 🕮 183 à 275 – gîtes

▲ **Municipal les Ondines** mai-sept.
*𝒫* 05 65 37 86 44, souillac@wanadoo.fr, Fax 05 65 27
11 45 – SO : 1 km par rte de Sarlat et chemin à gauche, près
de la Dordogne – **R** conseillée
4 ha (242 empl.) plat, herbeux
**Tarif :** 🔲 2 pers. 🅗 (5A) 10,50 – pers. suppl. 3 - frais de
réservation 8
**Location :** 🕮 190 à 390

## SOULAC-SUR-MER

33780 Gironde **9** – **335** E1 G. Aquitaine – 2 790 h. – alt. 7.
**🛈** Office du Tourisme, 68 rue de la plage *𝒫* 05 56 09 86 61, Fax 05 56 73 63 76, tourismesoulac@wanadoo.fr.
Paris 515 – Bordeaux 99 – Lesparre-Médoc 31 – Royan 12.

▲ **Les Sables d'Argent** avril-sept.
*𝒫* 05 56 09 82 87, camping.sables.d.argent@wanadoo.fr,
Fax 05 56 09 94 82 – SO : 1,5 km par rte de l'Amélie-sur-Mer,
bord de mer (accès direct à la plage) – **R** conseillée
2,6 ha (152 empl.) plat, sablonneux, dune
**Tarif :** (Prix 2002) 🔲 2 pers. 🅗 (10A) 20,75 – pers. suppl. 3,50
**Location :** 🕮 250 à 534 – 🕾 304 à 685
🕮 (10 empl.) – 13,60

à l'**Amélie-sur-Mer** SO : 4,5 km – ✉ 33780 Soulac-sur-Mer :

▲▲▲ **Les Lacs** 29 mars-2 nov..
*𝒫* 05 56 09 76 63, info@camping-les-lacs.com, Fax 05 56
09 98 02 – E : 3 km par D 101, rte des lacs – **R** conseillée
5 ha (187 empl.) plat, sablonneux, herbeux
**Tarif :** 🔲 2 pers. 🅗 (5A) 24,15 – pers. suppl. 4,20
**Location :** 🕮 170 à 400 – 🕮 160 à 585

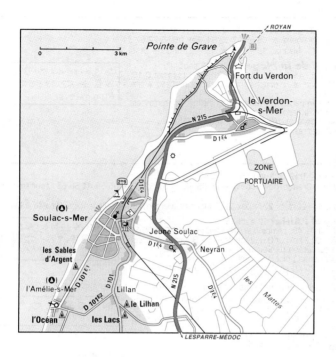

△△ **Le Lilhan** juin-15 sept.
⚲ 05 56 09 77 63, *michel.seurot@wanadoo.fr*, Fax 05 56
09 78 78 – E : 2,8 km par D 101ᴱ² et D 101 – **R** conseillée
4 ha (185 empl.) plat, sablonneux
**Tarif :** (Prix 2002) ▣ *2 pers.* ⚡ *(10A) 20,40 – pers. suppl. 3,50*
*– frais de réservation 12*
**Location :** 🚐 *225 à 500 – appartements*

△ **L'Océan** juin-15 sept.
⚲ 05 56 09 76 10, *camping.ocean@wanadoo.fr*, Fax 05 56
09 74 75 – sortie Est par D 101ᴱ² et D 101, à 300 m de la
plage – **R** conseillée
6 ha (300 empl.) plat, sablonneux, herbeux
**Tarif :** ▣ *2 pers.* ⚡ *(10A) 20,70 – pers. suppl. 3,60 – frais
de réservation 12*

## SOULAINES-DHUYS

10200 Aube **⁊** – ▮▮▮ **I3** – 254 h. – alt. 153.
Paris 229 – Bar-sur-Aube 18 – Brienne-le-Château 17 – Chaumont 47 – Troyes 58.

△ **Municipal de la Croix Badeau** mai-sept.
⚲ 03 25 92 16 03 – au Nord-Est du bourg, près de
l'église
1 ha (39 empl.) peu incliné, herbeux, gravier,
gravillons
**Tarif :** (Prix 2002) ▣ *2 pers.* ⚡ *9,13 – pers. suppl.
1,52*

À prox. : 

## SOULLANS

85300 Vendée **⍟** – ▮▮▮ **E7** – 3 045 h. – alt. 12.
🄱 Office du Tourisme, place de la Mairie ⚲ 02 51 35 28 68, Fax 02 51 35 24 26.
Paris 444 – Challans 7 – Noirmoutier-en-l'Île 46 – La Roche-sur-Yon 47 – Les Sables-d'Olonne 39 – St-Gilles-
Croix-de-Vie 14.

△ **Municipal le Moulin Neuf** 15 juin-15 sept.
⚲ 02 51 68 00 24 – sortie Nord par D 69, rte de Challans et
rue à droite – **R** conseillée
1,2 ha (80 empl.) plat, herbeux
**Tarif :** ▣ *2 pers.* ⚡ *(4A) 8,20 – pers. suppl. 2,20*

À prox. :

## SOURSAC

19550 Corrèze **10** – **329** O4 – 569 h. – alt. 532.
**🛈** Syndicat d'Initiative, le Bourg ℘ 05 55 27 52 61, Fax 05 55 27 67 31.
Paris 527 – Égletons 27 – Mauriac 19 – Neuvic 15 – Tulle 53 – Ussel 36.

    ▲ **Municipal de la Plage** 15 juin-15 sept.
      ℘ 05 55 27 55 43, Fax 05 55 27 67 31 – NE : 1 km par D 16,
      rte de Mauriac et à gauche, bord d'un plan d'eau « site
      boisé » – **R**
      10 ha/2,5 campables (90 empl.) peu incliné, en terrasses,
      herbeux, bois attenant
      **Tarif :** 🔲 *2 pers.* 🔋 *10,09 – pers. suppl. 2,78*
      **Location :** *huttes, gîtes*

---

## SOUSTONS

40140 Landes **13** – **335** D12 G. Aquitaine – 5 283 h. – alt. 9.
**🛈** Office du Tourisme, Grange de Labouyrie ℘ 05 58 41 52 62, Fax 05 58 41 30 63, *tourisme.soustons @wanadoo.fr.*
Paris 735 – Biarritz 53 – Castets 27 – Dax 28 – Mont-de-Marsan 78 – St-Vincent-de-Tyrosse 13.

    ▲▲ **Municipal l'Airial** 12 avril-15 oct.
      ℘ 05 58 41 12 48, *camping.airial@libertysurf.fr*, Fax 05 58
      41 53 83 – O : 2 km par D 652 rte de Vieux-Boucau-les-Bains,
      à 200 m de l'étang de Soustons – **R** indispensable
      16 ha (480 empl.) plat, vallonné, sablonneux
      **Tarif :** (Prix 2002) 🔲 *2 pers.* 🔋 *(5A) 15,65 – pers. suppl. 4
      – frais de réservation 18,30*
      **Location :** 🏚 *209 à 599 –* 🏠 *279 à 645 – studios*

    ▲ **Le Dunéa** (location exclusive de 22 chalets) avril-1ᵉʳ nov.
      ℘ 05 58 48 00 59, *clubdunea@libertysurf.fr*, Fax 05 58
      48 03 22 – à 200 m du lac, à Port-d'Albret-Sud – **R** indis-
      pensable
      0,5 ha plat, vallonné, sablonneux
      **Location** 🦮 **:** 🏠 *295 à 950*

---

## La SOUTERRAINE

23300 Creuse **10** – **325** F3 G. Berry Limousin – 5 459 h. – alt. 390.
**🛈** Office du Tourisme, place de la Gare ℘ 05 55 63 10 06, Fax 05 55 63 37 27, *ot.souterraine@wanadoo.fr.*
Paris 345 – Bellac 40 – Châteauroux 79 – Guéret 34 – Limoges 57.

    ▲▲ **Suisse-Océan** Permanent
      ℘ 05 55 63 33 32 – E : 1,8 km par D 912, rte de Dun-le-
      Palestel et chemin à gauche « Situation agréable au bord de
      l'étang de Cheix » – **R**
      2 ha (60 empl.) en terrasses, incliné à peu incliné, herbeux
      **Tarif :** 🔲 *2 pers.* 🔋 *(10A) 11 – pers. suppl. 2,60*
      🚐

---

## SUÈVRES

41500 L.-et-Ch. **5** – **318** F5 G. Châteaux de la Loire – 1 360 h. – alt. 83.
**🛈** Syndicat d'Initiative, place de la Mairie ℘ 02 54 87 85 27, Fax 02 54 87 85 27.
Paris 171 – Beaugency 18 – Blois 15 – Chambord 15 – Vendôme 45.

    ▲▲▲ **Château de la Grenouillère** 15 mai-10 sept.
      ℘ 02 54 87 80 37, *la.grenouillere@wanadoo.fr*, Fax 02 54
      87 84 21 – NE : 3 km sur rte d'Orléans « Parc boisé et verger
      agréable » – **R** indispensable
      11 ha (250 empl.) plat, herbeux
      **Tarif :** 🔲 *2 pers.* 🔋 *(5A) 31 – pers. suppl. 6*
      **Location** 🦮 **:** 🏠 *270 à 700*
      🚐

---

## SURRAIN

14710 Calvados **4** – **303** G4 – 123 h. – alt. 40.
Paris 278 – Cherbourg 83 – Rennes 184 – Rouen 167.

    ▲▲ **La Roseraie** avril-oct.
      ℘ 02 31 21 17 71, Fax 02 31 21 17 71 – sortie Sud par
      D 208 rte de Mandeville-en-Bessin « Plaisant cadre arbustif »
      – **R**
      1,8 ha (66 empl.) plat, peu incliné, incliné
      **Tarif :** 🔲 *2 pers.* 🔋 *17 – pers. suppl. 4,50*
      **Location** 🦮 **:** 🏚 *428 –* 🏠 *364*

## SURTAINVILLE

50270 Manche **4** – **303** B3 – 977 h. – alt. 12.
**🛈** Syndicat d'initiative – Mairie ✆ 02 33 04 30 46.
Paris 367 – Barneville-Carteret 12 – Cherbourg 29 – St-Lô 41 – Valognes 31.

⚠ **Municipal les Mielles** Permanent
✆ 02 33 04 31 04, Fax 02 33 04 31 04 – O : 1,5 km par D 66
et rte de la mer, à 80 m de la plage, accès direct –
**R** conseillée
1,6 ha (129 empl.) plat, herbeux, sablonneux, gravillons
**Tarif :** 🔲 *2 pers.* 🔌 *(6A) 10,96 – pers. suppl. 2,49*
**Location :** *gîtes*

À prox. : char à voile ✗

## TADEN

22 C.-d'Armor – **309** J4 – rattaché à Dinan.

## TAIN-L'HERMITAGE

26600 Drôme **12** – **332** C3 – 5 003 h. – alt. 124.
**🛈** Office du Tourisme, 70 avenue Jean Jaurès ✆ 04 75 08 06 81, Fax 04 75 08 34 59.
Paris 549 – Grenoble 99 – Le Puy-en-Velay 105 – St-Étienne 75 – Valence 17 – Vienne 60.

⚠ **Municipal les Lucs** 15 mars-oct.
✆ 04 75 08 32 82, *camping.tainlhermitage@wanadoo.fr*
sortie Sud-Est par N 7, rte de Valence, près du Rhône –
**R**
2 ha (98 empl.) plat, herbeux, pierreux
**Tarif :** 🔲 *2 pers.* 🔌 *(6A) 16 – pers. suppl. 2,10*

À prox. : 🛒 snack ✗ 🛶

## TALMONT-ST-HILAIRE

85440 Vendée **11** – **316** G9 **G. Poitou Vendée Charentes** – 4 409 h. – alt. 35.
**🛈** Office du Tourisme, place du Château ✆ 02 51 90 65 10, Fax 02 51 20 71 80.
Paris 451 – Challans 57 – Luçon 38 – La Roche-sur-Yon 29 – Les Sables-d'Olonne 14.

⚠ **Le Littoral** avril-sept.
✆ 02 51 22 04 64, *info@campinglelittoral.fr*, Fax 02 51 22
05 37 – SO : 9,5 km par D 949, D 4^A et après Querry-Pigeon,
à droite par D 129, rte côtière des Sables-d'Olonne, à 200 m
de l'océan – places limitées pour le passage – **R** conseillée
9 ha (458 empl.) plat et peu incliné, herbeux, sablonneux
**Tarif :** 🔲 *2 pers.* 🔌 *(10A) 28 – pers. suppl. 5,40 – frais de
réservation 24*
**Location :** 🚐 *210 à 650*

crêperie, pizzeria

⚠ **Les Cottages St-Martin** (location exclusive de mobile
homes) Permanent
✆ 02 51 21 90 00, *desmars.v@odalys-vacances.com*,
Fax 02 51 22 21 24 – SO : 9,5 km par D 949, D 4^A et après
Querry-Pigeon, à droite par D 129, rte Côtière des Sables-
d'Olonne, à 200 m de l'océan – **R** conseillée
3,5 ha (90 empl.) plat, herbeux
**Location :** 🚐 *230 à 740* – 🛏

À prox. : golf (18 trous)

⚠ **Le Paradis** avril-sept.
✆ 02 51 22 22 36, *campings.parfums.ete@wanadoo.fr*,
Fax 02 51 22 19 16 – O : 3,7 km par D 949, rte des Sables-
d'Olonne, D^4A à gauche, rte de Querry-Pigeon et chemin à
droite **« Calme et détente autour de l'étang »** – **R** conseillée
4,9 ha (148 empl.) plat et peu incliné, en terrasses, herbeux,
sablonneux
**Tarif :** 🔲 *2 pers.* 🔌 *(10A) 16,40 – pers. suppl. 3,70 – frais
de réservation 16*
**Location :** 🚐 *185 à 495 – bungalows toilés*

## TAMNIÈS

24620 Dordogne **18** – **329** H6 – 313 h. – alt. 200.
Paris 504 – Brive-la-Gaillarde 47 – Les Eyzies-de-Tayac 13 – Périgueux 59 – Sarlat-la-Canéda 14.

⚠ **Le Pont de Mazerat** mai-sept.
✆ 05 53 29 14 95, *le.pont.de.mazerat@wanadoo.fr*,
Fax 05 53 31 15 90 – E : 1,6 km par D 48, bord du Beune
et à proximité d'un plan d'eau – **R** conseillée
2,8 ha (83 empl.) plat et en terrasses, herbeux
**Tarif :** 🔲 *2 pers.* 🔌 *(6A) 17,20 - pers. suppl. 4,45 – frais de
réservation 8*
**Location :** 🛖 *219 à 295 –* 🚐 *287 à 475*

À prox. : 🍷 snack ✗ 🛶

74440 H.-Savoie 🔢 – 🔢 M4 G. Alpes du Nord – 2 791 h. – alt. 640.
🅱 Office du Tourisme, avenue des Théières ℰ 04 50 34 25 05, Fax 04 50 34 83 96, ot@taninges.com.
Paris 570 – Annecy 65 – Bonneville 24 – Chamonix-Mont-Blanc 51 – Cluses 10 – Genève 43 – Morzine 16.

⚠ **Municipal des Thézières** Permanent
ℰ 04 50 34 25 59, camping.taninges@wanadoo.fr,
Fax 04 50 34 39 78 – sortie Sud rte de Cluses, bord du Foron
et à 150 m du Giffre – **R** conseillée
2 ha (113 empl.) non clos, plat, herbeux, pierreux
**Tarif :** 🔲 2 pers. 🔋 (10A) 10 (hiver 13,10) – pers. suppl. 2
🚐

13150 B.-du-R. 🔢 – 🔢 C3 G. Provence – 10 826 h. – alt. 8.
🅱 Syndicat d'Initiative, 59 rue des Halles ℰ 04 90 91 03 52, Fax 04 90 91 22 96, tourisme@tarascon.org.
Paris 706 – Arles 18 – Avignon 23 – Marseille 102 – Nîmes 27.

⚠ **St-Gabriel** 15 mai-15 sept.
ℰ 04 90 91 19 83, Fax 04 90 91 19 83 – SE : 5 km par N 970,
rte d'Arles et D 32 à gauche, rte de St-Rémy-de-Provence,
près d'un canal « Autour d'un ancien relais de diligence » –
**R** conseillée
1 ha (75 empl.) plat, herbeux
**Tarif :** 🔲 2 pers. 🔋 (6A) 13,30 – pers. suppl. 3,50

09400 Ariège 🔢 – 🔢 H7 G. Midi Pyrénées – 3 533 h. – alt. 474.
🅱 Office du Tourisme, Centre Multimédia ℰ 05 61 05 94 94, Fax 05 61 05 57 79, pays.de.tarascon@wana doo.fr.
Paris 788 – Ax-les-Thermes 27 – Foix 16 – Lavelanet 30.

⚠ **Le Pré Lombard** fév.-1er nov.
ℰ 05 61 05 61 94, contact@camping-leprelombard.com,
Fax 05 61 05 78 93 – SE : 1,5 km par D 23, rte d'Ussat, bord
de l'Ariège – **R** indispensable
4 ha (180 empl.) plat, herbeux
**Tarif :** 🔲 2 pers. 🔋 (10A) 24 – pers. suppl. 7
**Location :** 🛏 140 à 410 – 🚐 220 à 580 – 🏠 235 à 610
– bungalows toilés
🚐 (50 empl.) – 22

⚠ **Le Sédour** mars-oct.
ℰ 05 61 05 87 28, info@campinglesedour.com, Fax 05 61
01 49 33 – NO : 1,8 km par D 618 direction Foix puis rte de
Massat, chemin à droite – **R** conseillée
1,5 ha (100 empl.) peu incliné et plat, herbeux, pierreux
**Tarif :** 🔲 2 pers. 🔋 (10A) 12,45 – pers. suppl. 2,90

56800 Morbihan 🔢 – 🔢 Q7 – 1 853 h. – alt. 81.
Paris 421 – Josselin 15 – Ploërmel 5 – Rohan 37 – Vannes 51.

⚠ **La Vallée du Ninian** mai-sept.
ℰ 02 97 93 53 01, infos@camping-ninian.com, Fax 02 97
93 57 27 – sortie Nord par D 8, rte de la Trinité-Phoët, puis
2,5 km par rte à gauche, accès direct à la rivière et au village
par passerelle « Entrée fleurie » – **R** conseillée
2,7 ha (75 empl.) plat, herbeux
**Tarif :** 🔲 2 pers. 🔋 (6A) 14,30 – pers. suppl. 3,10
**Location :** 🚐 350 à 398
🚐 (2 empl.) - 14,30

46130 Lot 🔢 – 🔢 G2 – 293 h. – alt. 128 – Base de loisirs.
Paris 522 – Brive-la-Gaillarde 41 – Cahors 83 – Rocamadour 27 – St-Céré 15 – Souillac 34.

⚠ **Le Mas de la Croux**
ℰ 05 65 39 74 99, Fax 05 65 39 74 99 – au Sud du bourg,
bord d'un bras de la Dordogne et près d'un plan d'eau
1,5 ha (89 empl.) plat, herbeux

550

*Demandez à votre libraire le catalogue des **publications MICHELIN**.*

## TAUVES

63690 P.-de-D. **11** – **326** C9 G. Auvergne – 940 h. – alt. 820.
Paris 473 – Bort-les-Orgues 27 – La Bourboule 13 – Bourg-Lastic 29 – Clermont-Ferrand 56.

▲▲ **Municipal les Aurandeix** 8 fév.-sept.
     ℘ 04 73 21 14 06, Fax 04 73 21 16 87 – à l'Est du bourg,
au stade – **R** conseillée
2 ha (90 empl.) plat, en terrasses, incliné, herbeux
**Tarif :** ▣ 2 pers. ⚡ (4A) 12 – pers. suppl. 2,80
**Location :** huttes

> juil.-août ⚙ ▭ ⚲ ⅃ ⚶ 🗑 ⚊
> 🛏 ☺ 🏠 🔄 ⚓ ⚡ ⚲ ⅃
> À prox. : parcours de santé – Au plan
> d'eau à la Tour d'Auvergne : ⚌ ▣ 🔥

## Le TEICH

33 Gironde – **335** E7 – voir à Arcachon (Bassin d').

## TEILLET

81120 Tarn **15** – **338** G7 – 606 h. – alt. 475.
🛈 Syndicat d'Initiative ℘ 05 63 55 70 08, Fax 05 63 55 76 17.
Paris 706 – Albi 22 – Castres 43 – Lacaune 49 – St-Affrique 68.

▲▲ **L'Entre Deux Lacs** Permanent
     ℘ 05 63 55 74 45, Fax 05 63 55 75 65 – sortie Sud par D 81,
rte de Lacaune « Agréable chataigneraie » – **R** conseillée
4 ha (65 empl.) en terrasses, pierreux, gravillons, herbeux
**Tarif :** (Prix 2002) ▣ 2 pers. ⚡ 16,50 – pers. suppl. 4 – frais
de réservation 15
**Location :** 🏠 276,50 à 518,25

> ⚘ ⊶ GB ⚙ ▭ ⚲⚲ ⅃ ⚶ 🗑
> 🛏 ☺ 🏠 ⚑ snack ⚓ ⚡ ⚲⚲ ⅃

## TELGRUC-SUR-MER

29560 Finistère **3** – **308** E5 – 1 811 h. – alt. 90.
🛈 Office du Tourisme, 6 rue du Méne-Hom ℘ 02 98 27 78 06, Fax 02 98 27 78 11.
Paris 600 – Châteaulin 25 – Douarnenez 28 – Quimper 39.

▲▲ **Armorique** 29 mars-15 sept.
     ℘ 02 98 27 77 33, contact@campingarmorique.com,
Fax 02 98 27 38 38 – SO : 1,2 km par rte de Trez-Bellec-Plage
– **R** conseillée
2,5 ha (100 empl.) en terrasses, plat à peu incliné, herbeux
**Tarif :** ▣ 2 pers. ⚡ 20,50 – pers. suppl. 4,60 – frais de réser-
vation 16
**Location :** 🚐 230 à 430
🚐

> ⚘ ⊶ GB ⚙ ⚲ (1 ha) pinède ⚶ ⅃
> ⚶ 🗑 🛏 ☺ 🏠 ⚑ ⚑ ✗ ⚓
> ⚡ ⅃

**551**

## TENNIE

72240 Sarthe **5** – **310** I6 – 850 h. – alt. 100.
Paris 225 – Alençon 49 – Laval 69 – Le Mans 26 – Sablé-sur-Sarthe 40 – Sillé-le-Guillaume 11.

▲▲ **Municipal de la Vègre** Permanent
     ℘ 02 43 20 59 44, camping.tennie@wanadoo.fr, Fax 02 43
20 30 49 – sortie Ouest par D 38, rte de Ste-Suzanne –
Places limitées pour le passage « Cadre agréable au bord
d'une rivière et d'un étang » – **R** conseillée
2 ha (83 empl.) plat, herbeux
**Tarif :** ▣ 2 pers. ⚡ (6A) 8,25 – pers. suppl. 1,75
🚐

> ⚘ ⊶ juil.-août ⚙ ▭ ⚲⚲ ⚶ ⅃ ⚑
> 🗑 🛏 ☺ 🏠 ⚑ ⚓ ⚡ ⚲⚲ 🔥
> À prox. : ✗ ⚲

## TERMIGNON

73500 Savoie **12** – **333** N6 G. Alpes du Nord – 367 h. – alt. 1 290.
🛈 Office du Tourisme ℘ 04 79 20 51 67, Fax 04 79 20 51 82.
Paris 680 – Bessans 18 – Chambéry 119 – Lanslebourg-Mont-Cenis 6 – Modane 18 – Susa 43.

▲ **La Fennaz** juil.-août.
     ℘ 04 79 20 51 41, campingvanoise@hotmail.com,
Fax 04 79 20 52 46 – à 0,8 km au Nord de la commune
« Situation panoramique » – **R** conseillée
1,5 (83 empl.) peu incliné et en terrasses, incliné, herbeux,
pierreux
**Tarif :** ▣ 2 pers. ⚡ (10A) 15,80 – pers. suppl. 2,60

> ⚘ ⩽ montagnes ⚙ ⚶ ⅃ ⚑ 🛏 ☺
> À prox. : ⚓ ⚲

▲ **Les Mélèzes** fév-4 oct.
     ℘ 04 79 20 51 41, campingvanoise@hotmail.com,
Fax 04 79 20 52 46 – au bourg, bord d'un torrent –
**R** conseillée
0,7 ha (66 empl.) plat, herbeux
**Tarif :** ▣ 2 pers. ⚡ (10A) 15,80 – pers. suppl. 2,60
**Location :** 🚐 240 à 300

> ⚘ ⚙ ⚲ ▥ ⅃ ⚶ 🛏 ☺ 🏠 ⚑

## TERRASSON-LAVILLEDIEU

24120 Dordogne **10** – **329** I5 G. Périgord Quercy – 6 004 h. – alt. 90.

**1** Office du Tourisme, rue Jean Rouby ℰ 05 53 50 37 56, Fax 05 53 51 01 22.

Paris 497 – Brive-la-Gaillarde 22 – Juillac 29 – Périgueux 53 – Sarlat-la-Canéda 32.

**La Salvinie** juil.-août
ℰ 05 53 50 06 11 – sortie Sud par D 63, rte de Chavagnac
puis 3,4 km par rte de Condat, à droite après le pont –
**R** conseillée
2,5 ha (70 empl.) plat, herbeux
**Tarif :** 🔲 2 pers. 🔋 11,70 – pers. suppl. 3,20

## La TESTE-DE-BUCH

33 Gironde – **335** E7 – voir à Arcachon (Bassin d').

## THÉGRA

46500 Lot **18** – **337** G3 – 432 h. – alt. 330.

Paris 536 – Brive-la-Gaillarde 59 – Cahors 64 – Rocamadour 15 – St-Céré 17 – Souillac 30.

**Dordogne Vacances** (location exclusive de 14 chalets)
Permanent
ℰ 05 65 10 98 73, contact@dordogne-vacances.fr,
Fax 05 65 38 61 38 – N : 0,5 km derrière la nouvelle école
– **R** conseillée
2,5 ha incliné, herbeux
**Location :** 🏠 270 à 680

**Le Ventoulou** 12 avril-6 sept.
ℰ 05 65 33 67 01, contact@leventoulou.com, Fax 05 65 33
73 20 – NE : 2,8 km par D 14, rte de Loubressac et D 60,
rte de Mayrinhac-Lentour à droite, au lieu-dit le Ventoulou
– **R** conseillée
2 ha (66 empl.) incliné à peu incliné, herbeux
**Tarif :** 🔲 2 pers. 🔋 (10A) 17,15 – pers. suppl. 4,70 – frais
de réservation 15,24
**Location :** 🛖 145 à 370 – 🏠 205 à 499

## THEIX

56450 Morbihan **4** – **308** P9 – 4 435 h. – alt. 5.

Paris 466 – Ploërmel 52 – Redon 57 – La Roche-Bernard 34 – Vannes 10.

**Rhuys** 15 avril-15 oct.
ℰ 02 97 54 14 77, campingderhuys@wanadoo.fr,
Fax 02 97 75 98 54 – à 3,5 km au Nord-Ouest du bourg.
Par N 165, venant de Vannes : sortie Sarzeau – **R** conseillée
2 ha (60 empl.) peu incliné, herbeux
**Tarif :** 🔲 2 pers. 🔋 (6A) 19,25 - pers. suppl. 4,50 – frais de
réservation 15
**Location** (5 avril-2 nov.) : 🏠 180 à 410
🏠

**La Peupleraie** 15 avril-15 oct.
ℰ 02 97 43 09 46, Fax 02 97 43 09 46 – N : 1,5 km par
D 116, rte de Trefléan puis 1,2 km par chemin à gauche –
**R** conseillée
3 ha (100 empl.) plat, herbeux
**Tarif :** 🔲 2 pers. 🔋 (5A) 12 – pers. suppl. 3
**Location :** 🏠 199 à 397

## THENON

24210 Dordogne **10** – **329** H5 – 1 339 h. – alt. 194.

**1** Syndicat d'Initiative, avenue de la IVème République ℰ 05 53 0 35 10.

Paris 485 – Brive-la-Gaillarde 41 – Excideuil 36 – Les Eyzies-de-Tayac 32 – Périgueux 34.

**Jarry Carrey** juin-15 sept.
ℰ 05 53 05 20 78, lejarrycarrey@wanadoo.fr, Fax 05 53 05
57 66 – SE : 4 km par D 67, rte de Montignac, près de deux
étangs – **R** conseillée
9 ha/3 campables (67 empl.) non clos, peu incliné et en ter-
rasses, incliné, herbeux
**Tarif :** 🔲 2 pers. 🔋 (10A) 15,20 – pers. suppl. 3,70 – frais
de réservation 10
**Location** (5 avril-18 oct.) : 🏠 198 à 447 – 🏠 176 à 425

552

## THEYS

38570 Isère **12** – **333** I6 G. Alpes du Nord – 1 321 h. – alt. 615.
**🛈** Syndicat d'Initiative ✆ 04 76 71 05 92.
Paris 599 – Allevard 18 – Le Bourg-d'Oisans 75 – Chambéry 38 – Grenoble 30.

**⚠️ *Les 7 Laux*** 15 juin-15 sept.
✆ 04 76 71 02 69, camping.les7laux@wanadoo.fr,
Fax 04 76 71 08 85 – S : 3,8 km, à 400 m du col des Ayes,
alt. 920 « Agréable structure fleurie et soignée » –
**R** conseillée
1 ha (61 empl.) non clos, plat, peu incliné, en terrasses, herbeux, pierreux
**Tarif :** (Prix 2002) 🔲 2 pers. [⚡] (10A) 16,70 – pers. suppl. 4,10
**Location** (juin-sept.) – 🗙 : 🚐 230 à 412

## THIERS

63300 P.-de-D. **11** – **326** I7 G. Auvergne – 14 832 h. – alt. 420 – Base de loisirs.
**🛈** Office du Tourisme, Maison du Pirou ✆ 04 73 80 65 65, Fax 04 73 80 01 32.
Paris 392 – Clermont-Ferrand 42 – Roanne 63 – St-Étienne 108 – Vichy 37.

**⚠️ *Base de Loisirs Iloa*** 15 avril-15 oct.
✆ 04 73 80 92 35, Fax 04 73 80 88 81 – O : 6,5 km par rte
de Vichy, D 94 à gauche et D 44, rte de Dorat, à 350 m d'un
plan d'eau (accès direct), Par A 72 : sortie Thiers-Ouest –
**R** conseillée
1 ha (49 empl.) plat, herbeux
**Tarif :** 🔲 2 pers. [⚡] (6A) 11,50/13 – pers. suppl. 3,20
🚐

- A la Base de
Loisirs aquatique
À prox. : 🏊 toboggan

**à Orléat** O : 13 km par N 89 et D 224 – 1 569 h. – alt. 380 – ☒ 63190 Orléat

**⚠️ *Municipal le Pont-Astier*** mai-sept.
✆ 04 73 53 64 40, Fax 04 73 73 10 32 – E : 5 km par D 85,
D 224 et chemin à gauche, à Pont-Astier, bord de la Dore –
**R** conseillée
2 ha (90 empl.) plat, herbeux
**Tarif :** 🔲 2 pers. [⚡] 11,73/12,49 – pers. suppl. 3,35
**Location :** 🚐 262,97 à 350,63

À prox. : 🏊

**553**

## THIÉZAC

15800 Cantal **11** – **330** E4 G. Auvergne – 693 h. – alt. 805.
**🛈** Office du Tourisme, le Bourg ✆ 04 71 47 03 50, Fax 04 71 47 03 83, ot.thieac@auvergne.net.
Paris 545 – Aurillac 27 – Murat 23 – Vic-sur-Cère 8.

**⚠️ *Municipal de la Bédisse*** 7 juin-6 sept.
✆ 04 71 47 00 41, otthiezac@wanadoo.fr, Fax 04 71 47
02 23 – sortie Sud-Est par D 59, rte de Raulhac et à gauche,
sur les deux rives de la Cère – **R** conseillée
1,5 ha (116 empl.) plat, herbeux
**Tarif :** (Prix 2002) 🔲 2 pers. [⚡] 9,60 – pers. suppl. 2,50 – frais
de réservation 8

À prox. : 🏊

## Le THILLOT

88160 Vosges **8** – **314** I5 G. Alsace Lorraine – 4 246 h. – alt. 495.
**🛈** Office du Tourisme, 11 avenue de Verdun ✆ 03 29 25 28 61, Fax 03 29 25 38 39.
Paris 434 – Belfort 47 – Colmar 74 – Épinal 49 – Mulhouse 58 – St-Dié 59 – Vesoul 65.

**à Fresse-sur-Moselle** E : 2 km par N 66 rte de Bussang – 2 242 h. – alt. 515 – ☒ 88160 Fresse-sur-Moselle :

**⚠️ *Municipal Bon Accueil*** avril-11 nov.
✆ 03 29 25 08 98, Fax 03 29 25 31 79 – sortie Nord-Ouest
par N 66, rte du Thillot, à 80 m de la Moselle – **R** conseillée
0,6 ha (50 empl.) plat, herbeux
**Tarif :** (Prix 2002) 🔲 2 pers. [⚡] 7,23 – pers. suppl. 2,01

À prox. : 🗙

*Des vacances réussies sont des vacances bien préparées !*

*Ce guide est fait pour vous y aider... mais :*
*– N'attendez pas le dernier moment pour réserver*
*– Évitez la période critique du 14 juillet au 15 août*

*Pensez aux ressources de l'arrière-pays,*
*à l'écart des lieux de grande fréquentation.*

## THIVIERS

24800 Dordogne **10** – **329** G3 G. Périgord Quercy – 3 590 h. – alt. 273.
**🛈** Office du Tourisme, place du Maréchal-Foch ℘ 05 53 55 12 50, Fax 05 53 55 12 50.
Paris 449 – Brive-la-Gaillarde 81 – Limoges 60 – Nontron 33 – Périgueux 34 – St-Yrieix-la-Perche 32.

**🏕** ***Municipal le Repaire*** mai-sept.
℘ 05 53 52 69 75, Fax 05 53 52 69 75 – SE : 2 km par D 707,
rte de Lanouaille et chemin à droite « Beaux emplacements
autour d'un petit étang »
10 ha/4,5 campables (100 empl.) plat, peu incliné, terrasses,
herbeux, bois attenants
**Tarif :** (Prix 2002) 🔲 *2 pers.* 🚐 *16,72 – pers. suppl. 4*
**Location** *(permanent) :* 🏠 *281 à 353*

---

## THOARD

04380 Alpes-de-H.-Provence **17** – **334** E8 – 564 h. – alt. 790.
Paris 749 – Digne-les-Bains 20 – Folcalquier 52 – Manosque 63 – Sisteron 42.

**🏕** ***Le Vieux Moulin*** avril-sept.
℘ 04 92 34 65 75 – N : 1 km par D 17, à droite avant le pont,
au lieu-dit le Planas, au bord du Duyes, pour les caravanes,
l'accès par le village est déconseillé, suivre D 3, rte de Mélan
– **℟**
0,5 ha (20 empl.) non clos, plat, herbeux
**Tarif :** 🔲 *2 pers.* 🚐 *(6A) 12,15 – pers. suppl. 3,80*
**Location :** 🚐 *110 à 137*

---

## Le THOLY

88530 Vosges **8** – **314** I4 G. Alsace-Lorraine – 1 541 h. – alt. 628.
**🛈** Syndicat d'Initiative, 3 rue Charles de Gaulle ℘ 03 29 61 81 82, Fax 03 29 61 89 83.
Paris 415 – Bruyères 21 – Épinal 30 – Gérardmer 11 – Remiremont 19 – St-Amé 12 – St-Dié 39.

**🏕** ***Noirrupt*** 15 avril-15 oct.
℘ 03 29 61 81 27, *info@jpvacances.com*, Fax 03 29 61
83 05 – NO : 1,3 km par D 11, rte d'Epinal et chemin à gauche
« Cadre agréable » – **℟** conseillée
2,9 ha (70 empl.) en terrasses, plat, herbeux, pierreux
**Tarif :** (Prix 2002) 🔲 *2 pers.* 🚐 *(6A) 22,90 – pers. suppl. 4,90*
*– frais de réservation 13*
**Location** *(permanent)* 🧹 *15 juil.-15 août :* 🏠 *200
à 530*

---

## THONNANCE-LES-MOULINS

52230 H.-Marne **7** – **313** L3 – 114 h. – alt. 282.
Paris 252 – Bar-le-Duc 64 – Chaumont 48 – Commercy 55 – Ligny-en-Barrois 38 – Neufchâteau 37 –
St-Dizier 42.

**🏕🏕** ***La Forge de Sainte Marie*** 26 avril-13 sept.
℘ 03 25 94 42 00, *la.forge.de.sainte.marie@wanadoo.fr*,
Fax 03 25 94 41 43 – O : 1,7 km par D 427, rte de Joinville,
bord du Rongeant « Cadre agréable autour d'une ancienne
forge restaurée » – **℟** conseillée
32 ha/3 campables (133 empl.) plat et en terrasses, peu
incliné, herbeux, étang
**Tarif :** 🔲 *2 pers.* 🚐 *(6A) 25 – pers. suppl. 6*
**Location :** 🚐 *220 à 550 – gîtes*

---

## Le THOR

84250 Vaucluse **16** – **332** C10 G. Provence – 5 941 h. – alt. 50.
**🛈** Office du Tourisme, place du 11 Novembre ℘ 04 90 33 92 31, Fax 04 90 33 92 31, *ot-lethor@axit.fr*.
Paris 693 – Avignon 18 – Carpentras 16 – Cavaillon 14 – L'Isle-sur-la-Sorgue 5 – Orange 30.

**🏕** ***Le Jantou*** 15 mars-1ᵉʳ oct.
℘ 04 90 33 90 07, *accueil@lejantou.com*, Fax 04 90 33
79 84 – O : 1,2 km par sortie Nord vers Bédarrides, accès
direct à la Sorgue, Accès conseillé par D 1 (contournement)
– **℟** conseillée
6 ha/4 campables (143 empl.) plat, herbeux
**Tarif :** 🔲 *2 pers.* 🚐 *(10A) 19,40 – pers. suppl. 4,60 – frais
de réservation 10*
**Location** *(permanent) :* 🚐 *215 à 390 –* 🚐 *245
à 495*
🚐

## THORÉ-LA-ROCHETTE

41100 L.-et-Cher **5** – **318** C5 – 863 h. – alt. 75.

**🛈** Office de tourisme – Mairie ℘ 02 54 72 80 82, Fax 02 54 72 73 38, *thoremairie@wanadoo.fr*.
Paris 179 – Blois 43 – Château-Renault 26 – La Ferté-Bernard 59 – Vendôme 9.

⚠ **Municipal la Bonne Aventure** 15 mai-sept.
℘ 02 54 72 00 59, *thoremairie@wanadoo.fr*, Fax 02 54 72 73 38 – N : 1,7 km par D 82, rte de Lunay et rte à droite, près du stade, bord du Loir – **R** conseillée
2 ha (60 empl.) plat, herbeux
**Tarif** : (Prix 2002) 🔲 *2 pers.* 🔌 *(5A)* 8 – *pers. suppl. 2,15*

## THORS

17160 Char.-Mar. **9** – **324** I5 – 456 h. – alt. 23.
Paris 467 – Angoulême 51 – Cognac 85 – Limoges 142 – Poitiers 112 – St-Jean-d'Angély 23.

⚠ **Le Relais de l'Étang** 15 mai-sept.
℘ 05 46 58 26 81, Fax 05 46 58 26 81 – sortie Nord par D 121, rte de Matha, près de l'étang – **R** conseillée
0,8 ha (25 empl.) plat, herbeux, gravillons
**Tarif** : 🔲 *2 pers.* 🔌 *(10A)* 8,30 – *pers. suppl. 1,90*

## THOUARCÉ

49380 M.-et-L. **5** – **317** G5 – 1 546 h. – alt. 35.
**🛈** Syndicat d'Initiative ℘ 02 41 54 14 36, Fax 02 41 54 09 11.
Paris 320 – Angers 30 – Cholet 43 – Saumur 37.

⚠ **Municipal de l'Écluse** 15 avril-15 oct.
℘ 02 41 54 14 36, *mairie.thouarce@wanadoo.fr*, Fax 02 41 54 09 11 – au Sud-Ouest du bourg par av. des Trois-Epis, bord du Layon
0,5 ha (35 empl.) plat, herbeux
**Tarif** : (Prix 2002) 🔲 *2 pers.* 🔌 5,40 – *pers. suppl. 1,30*

*Benutzen Sie immer die neuesten Ausgaben
der MICHELIN-Straßenkarten und -Reiseführer.*

555

## THOUX

32430 Gers **14** – **336** H7 – 136 h. – alt. 145 – Base de loisirs.
Paris 693 – Auch 39 – Cadours 13 – Gimont 14 – L'Isle-Jourdain 12 – Mauvezin 16.

⚠⚠ **Le Lac** 5 avril-19 oct.
℘ 05 62 65 71 29, *lacdethoux@cacg.fr*, Fax 05 62 65 74 81 – NE : sur D 654, bord du lac – **R** conseillée
3,5 ha (130 empl.) plat, peu incliné, herbeux
**Tarif** : 🔲 *2 pers.* 🔌 16,50 – *pers. suppl. 4,50*
**Location** *(permanent)* : 🛏 *250 à 475 – bungalows toilés*
🛏

## THURY-HARCOURT

14220 Calvados **5** – **303** J6 G. Normandie Cotentin – 1 803 h. – alt. 45 – Base de loisirs.
**🛈** Office du Tourisme, 2 place Saint-Sauveur ℘ 02 31 79 70 45, Fax 02 31 79 15 42, *otsi.thury@libertysurf.fr*.
Paris 256 – Caen 28 – Condé-sur-Noireau 20 – Falaise 28 – Flers 32 – St-Lô 64 – Vire 39.

⚠ **Vallée du Traspy** avril-15 oct.
℘ 02 31 79 61 80, Fax 02 31 79 61 80 – à l'Est du bourg par bd du 30-Juin-1944 et chemin à gauche « Au bord du Traspy et près d'un plan d'eau » – **R** conseillée
1,5 ha (92 empl.) plat et terrasse, herbeux
**Tarif** : (Prix 2002) 🔲 *2 pers.* 🔌 14,80 – *pers. suppl. 3,90*
🛏

## TIFFAUGES

85130 Vendée **9** – **316** J5 G. Poitou Vendée Charentes – 1 208 h. – alt. 77.
Paris 376 – Angers 86 – Cholet 21 – Clisson 19 – Montaigu 17 – Nantes 62 – La Roche-sur-Yon 56.

⚠ **Aire Naturelle la Vallée** avril-oct.
℘ 02 51 65 75 65, *camplavallee@free.fr*, Fax 02 51 65 75 65 – NO : 1,5 km par D 753, rte de Montaigu et rte à droite
1 ha (25 empl.) vallonné, herbeux
**Tarif** : 🔲 *2 pers.* 🔌 11,49 – *pers. suppl. 3,05*

## TINTÉNIAC

35190 I.-et-V. **4** – **309** K5 G. Bretagne – 2 163 h. – alt. 40.
**B** Syndicat d'Initiative, 19 rue de la Libération *&* 02 99 68 09 62.
Paris 378 – Avranches 63 – Dinan 26 – Dol-de-Bretagne 29 – Fougères 74 – Rennes 33 – St-Malo 42.

**Les Peupliers** mars-oct.
*&* 02 99 45 49 75, camping.les.peupliers@ wanadoo.fr,
Fax 02 99 45 52 98 – SE : 2 km par l'ancienne rte de Rennes,
à la Besnelais, bord d'étangs, Par N 137, sortie Tinténiac Sud
« En bordure d'étangs ombragés par des sapins et
peupliers » – **R** conseillée
4 ha (100 empl.) plat, herbeux
**Tarif :** 🔲 2 pers. 🔋 (5A) 17,15 – pers. suppl. 4,30
**Location :** 🚐 236 à 440
🛁

## TIUCCIA

2A Corse-du-Sud – **345** B7 – voir à Corse.

## TOCANE-ST-APRE

24350 Dordogne **10** – **329** D4 – 1 377 h. – alt. 95.
**B** Syndicat d'Initiative *&* 05 53 90 44 94, Fax 05 53 90 44 94.
Paris 498 – Brantôme 24 – Mussidan 32 – Périgueux 25 – Ribérac 14.

**Municipal le Pré Sec** juin-15 sept.
*&* 05 53 90 40 60, Fax 05 53 90 25 03 – au Nord du bourg
par D 103, rte de Montagrier, au stade, bord de la Dronne
– **R** conseillée
1,8 ha (80 empl.) non clos, plat, herbeux
**Tarif :** (Prix 2002) 🔲 2 pers. 🔋 (10A) 8,84 – pers. suppl. 1,68
**Location** (permanent) : 🏠 213,43 à 320,14

canoë

## TONNEINS

47400 L.-et-G. **14** – **336** D3 – 9 334 h. – alt. 26.
**B** Office du Tourisme, 3 boulevard Charles de Gaulle *&* 05 53 79 22 79, Fax 05 53 79 39 94, office-tourisme-
tonneins@ wanadoo.fr.
Paris 601 – Agen 44 – Nérac 38 – Villeneuve-sur-Lot 37.

**Municipal Robinson** juin-sept.
*&* 05 53 79 02 28 – sortie Sud par N 113, rte d'Agen, à
100 m de la Garonne
0,6 ha (38 empl.) plat, herbeux
**Tarif :** 🔲 2 pers. 🔋 10,25

## TONNERRE

89700 Yonne **7** – **319** G4 G. Bourgogne – 6 008 h. – alt. 156.
**B** Office du Tourisme, 12 rue François Mitterrand *&* 03 86 55 14 48, Fax 03 86 54 41 82, info@ tonnerre89.
com.
Paris 200 – Auxerre 38 – Montbard 47 – Troyes 62.

**Municipal de la Cascade** avril-12 oct.
*&* 03 86 55 15 44, Fax 03 86 55 30 64 – sortie Nord par
D 905, rte de Troyes et D 944, direction centre ville, au bord
du canal de l'Yonne – **R** conseillée
2,2 ha (133 empl.) plat, herbeux
**Tarif :** (Prix 2002) 🔲 2 pers. 🔋 (5A) 10,20 – pers. suppl. 2,35

À prox. : 🏊

## TORREILLES

66440 Pyr.-Or. **15** – **344** I6 – 1 775 h. – alt. 4.
**B** Office du Tourisme, 1 avenue la Méditerranée *&* 04 68 28 41 10, Fax 04 68 28 41 10, info@ torreilles.com.
Paris 852 – Argelès-sur-Mer 29 – Le Boulou 38 – Perpignan 13 – Port-Barcarès 11 – Rivesaltes 13.

**à la Plage** NE : 3 km par D 11ᴱ – ✉ 66440 Torreilles :

**Les Tropiques** 29 mars-11 oct.
*&* 04 68 28 05 09, camping.tropiques@ wanadoo.fr,
Fax 04 68 28 48 90 « Emplacements fleuris » – **R** conseillée
7 ha (450 empl.) plat, sablonneux, herbeux
**Tarif :** 🔲 2 pers. 🔋 (6A) 28 – pers. suppl. 6 – adhésion obli-
gatoire 7,50
**Location :** 🚐 294 à 710 – 🏠 224 à 645

discothèque

À prox. : 🏇

▲▲▲ **Le Calypso** avril-sept.
✆ 04 68 28 09 47, *camping.calypso@wanadoo.fr*, Fax 04 68 28 24 76 – **R** conseillée
6 ha (326 empl.) plat, sablonneux, herbeux
**Tarif :** ▤ *2 pers.* ⚡ *(5A) 24 – pers. suppl. 6,30 – frais de réservation 20*
**Location :** 🚐 *260 à 610* – 🏠 *260 à 610*

⊶ GB ✄ ⬚ 🌳 ♿ 🚿 ⌓ ⊡ 👶 ⊔ ♨ (9 sanitaires individuels 🚿 ⌓ wc) ⊛ ▣ 🍷 🍴 pizzeria, crêperie 🍲 cases réfrigérées ⌂ 🎭 🤸 🚲 🎠 🏊 terrain omnisports
À prox. : 🛒

▲▲▲ **Les Dunes de Torreilles-Plage** 15 mars-15 oct.
✆ 04 68 28 38 29, *lesdunes@lesdunes.net*, Fax 04 68 28 32 57 – à 150 m de la plage – **R** conseillée
16 ha (615 empl.) plat, sablonneux, pierreux
**Tarif :** ▤ *2 pers.* ⚡ *26,70 – frais de réservation 21*
**Location :** 🚐 *181,30 à 653,45*

⊶ GB ✄ ⬚ - Sanitaires individuels (🚿 ⌓ wc) ⊛ 🚰 ⩔ ▣ 🛒 🍷 🍴 pizzeria 🍲 ⌂ 🤸 🎾 ⛳ 🏊
À prox. : 🐎

▲▲▲ **Le Trivoly** 5 avril-28 sept.
✆ 04 68 28 20 28, *chadotel@wanadoo.fr*, Fax 04 68 28 16 48 « Entrée fleurie » – **R** conseillée
8 ha (270 empl.) plat, sablonneux, herbeux, gravillons
**Tarif :** ▤ *2 pers.* ⚡ *25,20 – pers. suppl. 5,30 – frais de réservation 25*
**Location :** 🚐 *175 à 660* – 🏠 *235 à 730*

⊶ GB ✄ ⬚ 🌳 ♿ 🚿 ⌓ ⊡ 👶 ⊔ ⊛ ▣ 🍷 snack 🍲 ⌂ 🎠 🎾 🏊 🛝

▲▲▲ **La Palmeraie** 24 mai-sept.
✆ 04 68 28 20 64, *camping.lapalmeraie@free.fr*, Fax 04 68 59 67 41 « Décoration arbustive et florale » – **R** conseillée
4,5 ha (242 empl.) plat, sablonneux, herbeux
**Tarif :** ▤ *2 pers.* ⚡ *(10A) 27,60 – pers. suppl. 6,30 – frais de réservation 23*
**Location :** 🏠 *260 à 600 – bungalows toilés*

⊶ GB ✄ ⬚ 🌳 ♿ 🚿 ⌓ ⊡ ⊔ ⊛ ▣ 🍷 snack 🍲 cases réfrigérées ⌂ 🎠 🏊
À prox. : 🛒 🎾 ⛳ 🐎

## TOUFFAILLES

82190 T.-et-G. **14** – 337 C6 – 359 h. – alt. 200.
Paris 623 – Agen 41 – Cahors 48 – Moissac 24 – Montaigu-de-Quercy 10 – Valence 28.

▲ **Municipal** mai-sept.
✆ 05 63 94 48 91, *mairie-touffailles@info82.com*, Fax 05 63 94 48 91 – par D 41, face à la mairie – R̸
0,3 ha (11 empl.) plat, herbeux
**Tarif :** (Prix 2002) ▤ *2 pers.* ⚡ *7 – pers. suppl. 1,50*

🌳 🚿 ⊔ ⊛
À prox. : 🎾

## TOUFFREVILLE-SUR-EU

76910 S.-Mar. **1** – 304 H2 – 175 h. – alt. 45.
Paris 172 – Abbeville 53 – Amiens 88 – Blangy-sur-Nesle 35 – Le Tréport 10.

▲ **Municipal les Acacias** Pâques-sept.
✆ 02 35 50 66 33, Fax 02 35 86 70 16 – SE : 1 km par D 226 et D 454, rte de Guilmecourt – R̸
1 ha (50 empl.) plat, herbeux
**Tarif :** ▤ *2 pers.* ⚡ *6,95 – pers. suppl. 1,55*

🐸 ⬚ 🚿 ⌓ ⊡ ♨ ⊛

## TOULON-SUR-ARROUX

71320 S.-et-L. **11** – 320 E9 – 1 867 h. – alt. 260.
ℹ Syndicat d'Initiative, rue Antoine-Garreau ✆ 03 85 79 41 13, Fax 03 85 79 52 76.
Paris 327 – Autun 40 – Bourbon-Lancy 39 – Gueugnon 12 – Montceau-les-Mines 22 – Paray-le-Monial 37.

▲ *Municipal du Val d'Arroux*
✆ 03 85 79 51 22, Fax 03 85 79 52 76 – sortie Ouest par D 985, rte de Luzy et chemin à gauche après le pont, bord de l'Arroux – Places limitées pour le passage
1,3 ha (68 empl.) plat, herbeux
🚌

🚿 ⌓ ⊡ ⊔ ♨ ⊛ ▣ ⛳ 🐟

## TOUQUES

14 Calvados – 303 M3 – rattaché à Deauville.

## TOUQUIN

77131 S.-et-M. **6** – 312 H3 – 872 h. – alt. 112.
Paris 58 – Coulommiers 12 – Melun 41 – Montereau-Fault-Yonne 49 – Provins 32.

▲▲ **Les Étangs Fleuris** mars-oct.
✆ 01 64 04 16 36, Fax 01 64 04 12 28 – E : 3 km, rte de la Boisserotte « Agréable cadre boisé » – **R** conseillée
5,5 ha (175 empl.) plat, peu incliné, herbeux
**Tarif :** ▤ *2 pers.* ⚡ *(10A) 13,20 – pers. suppl. 6,60*

🐸 ⊶ ✄ ⬚ 🌳 ▥ 🚿 ⌓ ⊡ ⊔ ⊛ 🚰 ⩔ ▣ 🍷 ⌂ 🎠 ⛳ 🏊
À prox. : 🎾 🐎 (centre équestre)

## La TOUR-D'AIGUES

84240 Vaucluse 🔟🄶 – 𝟯𝟯𝟮 G11 G. Provence – 3 328 h. – alt. 250.
🛈 Office du Tourisme, le Château ℘ 04 90 07 50 29, Fax 04 90 07 35 91.
Paris 756 – Aix-en-Provence 28 – Apt 35 – Avignon 81 – Digne-les-Bains 93.

   ⚠ **Municipal**    🏊 ♒♒ 🗟 🏐 ⊙
     ℘ 04 90 07 42 35, campingmunicipal@provence-luberon.    À prox. : terrain omnisports ✗
     net
     sortie Nord-Est par D 956, rte de Forcalquier et chemin à
     droite, bord de l'Eze
     1 ha (50 empl.) plat, herbeux

## La TOUR-D'AUVERGNE

63680 P.-de-D. 🔟🔢 – 𝟯𝟮𝟲 D9 G. Auvergne – 778 h. – alt. 1 000 – Sports d'hiver : 1 150/1 450 m ✦3 ✦.
🛈 Office du Tourisme, rue de la Pavade ℘ 04 73 21 79 78, Fax 04 73 21 79 70, otsa@sancy.artense.com.
Paris 476 – Besse-en-Chandesse 31 – Bort-les-Orgues 28 – La Bourboule 13 – Clermont-Ferrand 58 – Le Mont-Dore 18.

   ⚠ **La Chauderie** juil.-sept.    ⇇ ⊶ 🅶🅱 ✗ 🖵 🗟 🏐 ⏣ 🖫 🛆
     ℘ 04 73 21 55 01, camping-la-chauderie63680@club-inter    🗟 ⊙ 🅰 🍷 snack 🛒 m̲
     net.fr, Fax 04 73 21 55 01 – SE : 1,3 km par D 203, rte de    À prox. : ✗ ≃ ⚞ (centre
     Besse-en-Chandesse, bord de la Burande – **R** conseillée    équestre)
     1,5 ha (90 empl.) plat et en terrasses, peu incliné, herbeux,
     pierreux
     **Tarif :** 🗟 2 pers. 🅖 (10A) 12,50 – pers. suppl. 2,50
     **Location :** 🛖 275 – huttes

## La TOUR-DU-MEIX

39270 Jura 🔟🔢 – 𝟯𝟮𝟭 D7 – 167 h. – alt. 470.
Paris 430 – Champagnole 42 – Lons-le-Saunier 24 – St-Claude 36 – St-Laurent-en-Grandvaux 38.

   ⚠⚠ **Surchauffant** mai-15 sept.    🏊 ⇇ ⊶ 🅶🅱 ✗ 🖵 ♀ (1 ha) 🗟 🏐 ⏣
     ℘ 03 84 25 41 08, surchauffant@chalain.com, Fax 03 84    🖫 🛆 ⊙ 🅰 🅱 🛒 🛒
     35 56 88 – au Pont de la Pyle, Sud-Est : 1 km par D 470 et    À prox. : 🍷 ✗ ≃ ≃
     chemin à gauche, à 150 m du lac de Vouglans (accès direct)
     « Dans un site agréable » – **R** conseillée
     2,5 ha (180 empl.) plat, herbeux, pierreux
     **Tarif :** (Prix 2002) 🗟 2 pers. 🅖 (5A) 15,35 – pers. suppl. 3,15
     **Location** ✗ : 🏠 287 à 539

## Le TOUR-DU-PARC

56370 Morbihan 🄸 – 𝟯𝟬𝟴 P9 – 672 h..
Paris 479 – La Baule 63 – Redon 61 – St-Nazaire 83 – Vannes 23.

   ⚠⚠ **Le Cadran Solaire** avril-sept.    Ⓜ ⊶ juil.-août 🅶🅱 ✗ 🖵 ♒♒ 🗟 🏐
     ℘ 02 97 67 30 40, Fax 02 97 67 40 28 – S : 2 km par D 324,    ⏣ 🖫 🛆 🖫 ⊙ 🅰 🅱 🛒 🛒 ✗
     rte de Sarzeau – **R** conseillée    À prox. : ♒ ⚞ (centre équestre)
     2 ha (115 empl.) plat, herbeux
     **Tarif :** 🗟 2 pers. 🅖 (6A) 17,50 – pers.suppl. 4 – frais de
     réservation 8
     **Location** ✗ : 🛖 229 à 488

## TOURLAVILLE

50110 Manche 🄳 – 𝟯𝟬𝟯 C2 – 17 516 h. – alt. 27.
Paris 359 – Carentan 52 – Carteret 42 – Cherbourg 5 – Volognes 22.

   ⚠⚠ **Le Collignon**    ⊶ juil.-août 🖵 🗟 🏐 ⏣ 🖫 🛆 🖫
     ℘ 02 33 20 16 88, Fax 02 33 20 53 03 – N : 2 km par D 116,    ⊙ 🅰 🅱 🛒 🛒
     rte de Bretteville, près de la plage    À prox. : centre nautique, parcours de
     10 ha/2 campables (82 empl.) plat, herbeux, sablonneux    santé 🍷 🏊 ✗ 🏹 🏓

## TOURNEHEM-SUR-LA-HEM

62890 P.-de-C. 🄱 – 𝟯𝟬𝟭 F3 – 1 069 h. – alt. 39.
Paris 268 – Calais 28 – Cassel 39 – Dunkerque 43 – Lille 84 – St-Omer 19.

   ⚠⚠ **Bal Caravaning**    ⊶ 🏘 🗟 🏐 ⏣ 🖫 🖫 ⊙ 🅰 🐕 🅱
     ℘ 03 21 35 65 90, balparc@wanadoo.fr, Fax 03 21 35    ✗
     18 57 – sortie Est par D 218 – Places limitées pour le passage    À prox. : 🍷 ✗ self-service 🏊 🛒 m̲
     « Face à un parc d'attractions »
     2,5 ha (63 empl.) peu incliné, herbeux
     **Location :** 🛏 (hôtel)

## TOURNON-D'AGENAIS

47370 L.-et-G. **14** – **336** H3 G. Aquitaine – 839 h. – alt. 156.
**🛈** Syndicat d'Initiative, place de l'Hôtel-de-Ville ✆ 05 53 40 75 82, Fax 05 53 40 76 98.
Paris 621 – Agen 42 – Cahors 45 – Montauban 63 – Villeneuve-sur-Lot 26.

**à Courbiac** SE : 5,3 km par D 656, rte d'Agen et rte à gauche – 114 h. – alt. 145 – ⊠ 47370 Courbiac

⚠ **Aire Naturelle le Pouchou** mai-oct.
✆ 05 53 40 72 68, le.pouchou@wanadoo.fr, Fax 05 53 40 72 68 – O : 1,8 km par rte de Tournon-d'Agenais et chemin à gauche « Cadre agréable, vallonné autour d'un petit étang » – **R** conseillée
15 ha/2 campables (20 empl.) non clos, peu incliné, herbeux
**Tarif :** 🔲 2 pers. 🚰 (10A) 12,30 – pers. suppl. 3,20
**Location** (permanent) : 🛖 141 – 🏠 199 à 452
🚐

## TOURNON-SUR-RHÔNE

07300 Ardèche **11** – **331** L3 G. Vallée du Rhône – 9 546 h. – alt. 125.
**🛈** Office du Tourisme, Hôtel de la Tourette ✆ 04 75 08 10 23, Fax 04 75 08 41 28, ot.tournon.ardeche@en-france.com.
Paris 550 – Grenoble 100 – Le Puy-en-Velay 104 – St-Étienne 76 – Valence 18 – Vienne 60.

⚠ **Les Acacias** avril-sept.
✆ 04 75 08 83 90, acacias-camping@wanadoo.fr, Fax 04 75 08 22 21 – O : 2,6 km par D 532, rte de Lamastre, accès direct au Doux – **R** conseillée
2,7 ha (80 empl.) plat, herbeux
**Tarif :** 🔲 2 pers. 🚰 (6A) 16,60 – pers. suppl. 3,30
**Location :** 🛖 230 à 500

⚠ **Le Manoir** avril-sept.
✆ 04 75 08 02 50, info@lemanoir-ardeche.com, Fax 04 75 08 57 10 – O : 3 km par D 532, rte de Lamastre, bord du Doux – **R** conseillée
2 ha (80 empl.) plat, herbeux
**Tarif :** 🔲 2 pers. 🚰 (10A) 16 – pers. suppl. 3
**Location :** 🛖 240 à 520 – 🛏 (hôtel)

## TOURNUS

71700 S.-et-L. **12** – **320** J10 G. Bourgogne – 6 568 h. – alt. 193.
**🛈** Office du Tourisme, place Carnot ✆ 03 85 27 00 20, Fax 03 85 27 00 21, ot.tournus@wanadoo.fr.
Paris 361 – Bourg-en-Bresse 71 – Chalon-sur-Saône 28 – Lons-le-Saunier 58 – Louhans 31 – Mâcon 37 – Montceau-les-Mines 65.

⚠ **Municipal En Bagatelle** mai-sept.
✆ 03 85 51 16 58, Fax 03 85 27 03 39 – à 1 km au Nord de la localité par rue St-Laurent, en face de la gare, attenant à la piscine et à 150 m de la Saône (accès direct) – **R**
2 ha (90 empl.) plat, herbeux
**Tarif :** (Prix 2002) 🔲 2 pers. 🚰 (10A) 11,60 – pers. suppl. 2,35

## TOURS

37000 I.-et-L. **5** – **317** N4 G. Châteaux de la Loire – 129 509 h. – alt. 60.
**🛈** Office du Tourisme, 78-82 rue Bernard Palissy ✆ 02 47 70 37 37, Fax 02 47 61 14 22, info@ligeris.com.
Paris 238 – Angers 108 – Chartres 142 – Clermont-Ferrand 338 – Limoges 209 – Le Mans 84 – Orléans 116.

**à la Membrolle-sur-Choisille** NO : 7 km, rte du Mans – 2 644 h. – alt. 60 – ⊠ 37390 la Membrolle-sur-Choisille :

⚠ **Municipal** mai-sept.
✆ 02 47 41 20 40 – rte de Fondettes, au stade, bord de la Choisille – **R**
1,2 ha (94 empl.) plat, herbeux
**Tarif :** 🔲 2 pers. 🚰 8,60 – pers. suppl. 2,40

**à St-Avertin** SE : 5 km – 12 187 h. – alt. 49 – ⊠ 37550 St-Avertin.
**🛈** Office du Tourisme, 29 rue Rochepinard ✆ 02 47 27 01 72, Fax 02 47 27 04 86, otsi.st.avertin@wanadoo.fr

⚠ **Les Rives du Cher** avril-15 oct.
✆ 02 47 27 27 60, contact@camping-lesrivesducher.com, Fax 02 47 25 82 89 – au Nord par rive gauche du Cher « Près d'un plan d'eau » – **R** conseillée
2 ha (90 empl.) plat, herbeux
**Tarif :** 🔲 2 pers. 🚰 (10A) 15,50 – pers. suppl. 3
**Location :** 🛖 305 à 549

559

**à La Ville aux Dames** E : 6 km par D 751 – 4 193 h. – alt. 50 – ⊠ 37700 La Ville-aux-Dames

⚠ **Les Acacias** fermé les WE d'oct. au 1ᵉʳ avril
  𝄞 02 47 44 08 16, Fax 02 47 46 26 65 – au NE du bourg,
  près du D 751
  2,6 ha (90 empl.) plat, herbeux
  **Tarif :** ▣ 2 pers. ⚡ (10A) 12 – pers. suppl. 2,20
  **Location :** 🚐 119 à 179
  ⌂

*Voir aussi à Ballan-Miré*

## TOURTOIRAC

24390 Dordogne **10** – **329** H4 G. Périgord Quercy – 654 h. – alt. 140.
Paris 465 – Brive-la-Gaillarde 57 – Lanouaille 19 – Limoges 75 – Périgueux 36 – Uzerche 63.

⚠⚠⚠ **Les Tourterelles** 19 avril-27 sept.
  𝄞 05 53 51 11 17, *les-tourterelles@wanadoo.fr*, Fax 05 53
  50 53 44 – NO : 1,5 km par D 73, rte de Coulaures « Cadre
  boisé et fleuri » – **R** conseillée
  12 ha/ 3,5 campables (113 empl.) plat et peu incliné, en ter-
  rasses, herbeux
  **Tarif :** ▣ 2 pers. ⚡ (6A) 21,75 – pers. suppl. 3,80 – frais de
  réservation 16
  **Location :** 🚐 258,50 à 551,50 – ☎ 366,50 à 645
  ⌂

## TOUSSAINT

76400 S.-Mar. **1** – **304** C3 – 741 h. – alt. 105.
Paris 195 – Bolbec 25 – Fécamp 5 – Rouen 68 – St-Valery-en-Caux 34 – Yvetot 30.

⚠ **Municipal du Canada** 15 mars-19 oct.
  𝄞 02 35 29 78 34, *mairie-toussaint@normandnet.fr*,
  Fax 02 35 27 48 82 – NO : 0,5 km par D 926, rte de Fécamp
  et chemin à gauche – Places limitées pour le passage –
  **R** conseillée
  2,5 ha (100 empl.) plat et peu incliné, herbeux
  **Tarif :** (Prix 2002) ▣ 2 pers. ⚡ (6A) 9,25 – pers. suppl. 2,10

## La TOUSSUIRE

73 Savoie **12** – **333** K6 G. Alpes du Nord – – alt. 1 690 – ⊠ 73300 Fontcouverte-la-Toussuire.
Paris 651 – Albertville 77 – Chambéry 89 – St-Jean-de-Maurienne 16.

⚠ **Caravaneige du Col** 15 déc.-fin avril, juin-août
  𝄞 04 79 83 00 80, *campingducol@free.fr*, Fax 04 79 83
  03 67 – à 1 km à l'Est de la station, sur la rte de St-Jean-
  de-Maurienne, navette gratuite pour la station, alt. 1 640 –
  **R** conseillée
  0,8 ha (40 empl.) plat, herbeux
  **Tarif :** ▣ 2 pers. ⚡ (10A) 13,20 (hiver 16,55) – pers. suppl.
  3,20 (hiver 3,70)
  **Location :** 🚐 308,50 à 402 – appartements
  ⌂

## TOUTAINVILLE

27500 Eure **5** – **304** C5 – 960 h. – alt. 10.
Paris 167 – Caen 70 – Évreux 88 – Le Havre 46 – Lisieux 39 – Rouen 56.

⚠ **Municipal Risle-Seine** 15 mars-15 nov.
  𝄞 02 32 42 46 65, Fax 02 32 42 46 65 – E : 2,5 km, par rte
  des Étangs, à gauche avant le pont de l'autoroute, près de
  la base nautique – **R** conseillée
  2 ha (61 empl.) plat, herbeux
  **Tarif :** ▣ 2 pers. ⚡ (10A) 14,15 – pers. suppl. 2,65

## TOUZAC

46700 Lot **14** – **337** C5 – 412 h. – alt. 75.
Paris 603 – Cahors 39 – Gourdon 52 – Sarlat-la-Canéda 62 – Villeneuve-sur-Lot 34.

⚠⚠ **Le Ch'Timi** avril-sept.
  𝄞 05 65 36 52 36, Fax 05 65 36 53 23 – accès direct au Lot
  (par escalier abrupt) – **R** indispensable
  3,5 ha (70 empl.) peu incliné, plat, herbeux
  **Tarif :** ▣ 2 pers. ⚡ (5A) 16,95 – pers. suppl. 4,25 – frais de
  réservation 10
  **Location** ✄ : 🚐 250 à 600
  ⌂

## TRACY-SUR-MER

14117 Calvados **4** – **303** I3 – 252 h. – alt. 60.
Paris 267 – Bayeux 9 – Caen 37 – Saint-Lô 46.

   ▲ **Les Bas Carreaux** Pâques-15 sept.
       ✆ 02 31 92 54 33 – E : 0,5 km sur D 514, rte d'Arromanches
       0,5 ha (22 empl.) plat, herbeux
       **Tarif :** 🔲 *2 pers.* 🔌 *(6A) 11,30 – pers. suppl. 2,25*

> ⇐ ⊶ saison ⅃ 🏤 🗑 🛶 ☺
> À prox. : terrain omnisports ✕ 🖾 ♐
> ⌂ 🐎

## La TRANCHE-SUR-MER

85360 Vendée **9** – **316** H9 G. Poitou Vendée Charentes – 2 065 h. – alt. 4.
🛈 Office du Tourisme, place de la Liberté ✆ 02 51 30 33 96, Fax 02 51 27 78 71, *ot-latranchesurmer @wanadoo.fr*.
Paris 462 – Luçon 31 – Niort 100 – La Rochelle 63 – La Roche-sur-Yon 41 – Les Sables-d'Olonne 39.

   ▲▲▲ **Le Jard** 23 mai-15 sept.
       ✆ 02 51 27 43 79, *info@ camping-du-jard.fr*, Fax 02 51 27
       42 92 – à la Grière, 3,8 km, rte de l'Aiguillon – **R** conseillée
       6 ha (350 empl.) plat, herbeux
       **Tarif :** 🔲 *2 pers.* 🔌 *(10A) 26,15 – pers. suppl. 4,85 – frais de réservation 23*
       **Location :** 📦 *260 à 595*

> ⊶ ✕ GB ⚡ 🗔 ⅃ 🏤 ⌣ 🗑 ⅃
> 🍴 ☺ ⛱ 🚿 🖥 🏊 ♈ ✕ ⌂ 🛶
> 🗑 📻 ⚓ 🏌 🚲 ✕ ♐ 🖾 ☐ 🏊 🛷
> À prox. : 🏇

   ▲▲▲ **Le Sable d'Or** 5 avril-21 sept.
       ✆ 02 51 27 46 74, Fax 02 51 30 17 14 – NO : 2,5 km par
       D105, rte des Sables-d'Olonne et à droite, près de la D 105
       A – **R** conseillée
       4 ha (200 empl.) plat, sablonneux, herbeux
       **Tarif :** 🔲 *2 pers.* 🔌 *(4A) 24 – pers. suppl. 5,60 – frais de réservation 15,25*
       **Location** ✕ : 📦 *263 à 579 –* 🏠 *308 à 617*

> ⊶ GB ⚡ 🗔 ⅃ 🏤 ⌣ 🗑 ⅃ ☺
> ⛱ 🖥 🏊 ♈ 🚿 ⌂ 🏌 ⚓
> 🛶 ✕ ☐ 🏊 🛷

   ▲▲▲ **La Baie d'Aunis** 18 avril-20 sept.
       ✆ 02 51 27 47 36, *info@ camping-baiedaunis.com*,
       Fax 02 51 27 44 54 – sortie Est rte de l'Aiguillon, à 50 m de
       la plage – **R** conseillée
       2,5 ha (155 empl.) plat, sablonneux
       **Tarif :** 🔲 *2 pers.* 🔌 *(10A) 24,30 – pers. suppl. 5 – frais de réservation 16*
       **Location :** 📦 *290 à 590 –* 🏠 *340 à 650*
       📦

> ⊶ ✕ dans locations et juil.-août sur le
> camping GB ⚡ 🗔 ♀ 🎱 ⅃ 🏤 ⌣ 🗑
> ⅃ 🍴 ☺ 🖥 🏊 ♈ ✕ ⌂ 🛶 ⚓
> 🏊
> À prox. : ✕ 🖾 ⌂

   ▲▲▲ **Les Préveils** 5 avril-28 sept.
       ✆ 02 51 30 30 52, *jacques-clochard@ wanadoo.fr*,
       Fax 02 51 27 70 04 – à la Grière, 3,5 km rte de l'Aiguillon
       et à droite, à 300 m de la plage (accès direct) – **R** conseillée
       4 ha (180 empl.) peu vallonné, sablonneux, herbeux
       **Tarif :** 🔲 *2 pers.* 🔌 *24,50 – pers. suppl. 5,25 – frais de réservation 10*
       **Location :** 🛏 *– appartements, bungalows toilés*

> ⊶ GB ⚡ 🗔 ♀♀ pinède ⅃ 🏤 ⌣
> 🗑 ☺ ⛱ 🚿 🖥 snack ⌂ 🛶
> 🏊 ✕ 🏊
> À prox. : 🏇

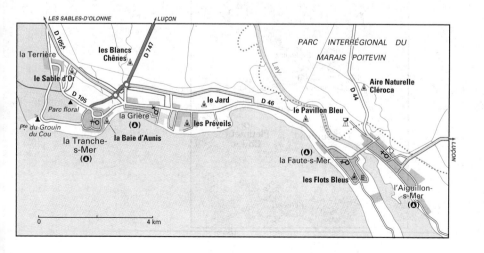

**▲▲▲ Les Blancs Chênes** 12 avril-21 sept.
℘ 02 51 30 41 70, *vaguesoceanes@wanadoo.fr*, Fax 02 51
28 84 09 – NE : 2,6 km par D 747, rte d'Angles – Places
limitées pour le passage – **R** conseillée
7 ha (375 empl.) plat, herbeux
**Tarif :** ▣ *2 pers.* ⚡ *(5A) 21 – frais de réservation 23*
**Location :** 🚐 *625 –* 🏠 *625 – bungalows toilés*

**Voir aussi à l'Aiguillon-sur-Mer et la Faute-sur-Mer**

## TRÈBES

11800 Aude **15** – **344** F3 – 5 575 h. – alt. 84.
🄱 Office du Tourisme, 1 rue Pierre-Loti ℘ 04 68 78 89 50, Fax 04 68 78 89 50, *trebes@fnotsi.net*.
Paris 788 – Carcassonne 8 – Conques-sur-Orbiel 9 – Lézignan-Corbières 28 – Olonzac 28.

**▲ Municipal** avril-sept.
℘ 04 68 78 61 75, *campingmunicipal.trebes@wanadoo.fr*,
Fax 04 68 78 88 77 – chemin de la Lande, bord de l'Aude –
**R** conseillée
1,5 ha (70 empl.) plat, sablonneux, herbeux
**Tarif :** ▣ *2 pers.* ⚡ *(10A) 12,50 – pers. suppl. 3*

À prox. : terrain omnisports 🛒 ✂ 🏊

## TRÉBEURDEN

22560 C.-d'Armor **3** – **309** A2 G. Bretagne – 3 094 h. – alt. 81.
🄱 Office du Tourisme, place de Crec'h-Héry ℘ 02 96 23 51 64, Fax 02 96 15 44 87, *tourisme.trebeurden*
*@wanadoo.fr*.
Paris 525 – Lannion 10 – Perros-Guirec 14 – St-Brieuc 74.

**▲ L'Espérance** Pâques-15 sept.
℘ 02 96 91 95 05 – NO : 5 km par D788, rte de Trégastel,
près de la mer – **R** conseillée
1 ha (70 empl.) non clos, plat, herbeux
**Tarif :** ▣ *2 pers.* ⚡ *(10A) 19,70 – pers. suppl. 4*

À prox. : golf 🛒 ⊙ ✂ 🔨 🏊 ♨ 🐎
(centre équestre)

**Voir aussi à Pleumeur-Bodou**

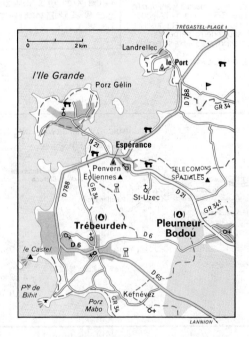

## TRÉBONS

65 H.-Pyr. – **342** M6 – rattaché à Bagnères-de-Bigorre.

## TRÉBOUL

29 Finistère – **308** E6 – rattaché à Douarnenez.

## TRÉDION

56250 Morbihan **4** – **308** P8 G. Bretagne – 875 h. – alt. 85.
Paris 442 – Josselin 23 – Locminé 26 – Ploërmel 28 – Redon 52 – Vannes 25.

  ▲ **Municipal l'Étang aux Biches** juil.-août
    &#x1F4DE; 02 97 67 14 06 – S : 1,3 km par D 1, rte d'Elven
    « Situation agréable au bord de deux étangs » – **R** conseillée
    10 ha/0,5 campable (34 empl.) Peu incliné et plat, herbeux,
    bois
    **Tarif :** (Prix 2002) 🔲 2 pers. 🔌 (3A) 7,30 – pers. suppl. 1,60

À prox. : parcours sportif

## TREFFIAGAT

29730 Finistère **3** – **308** F8 – 2 333 h. – alt. 20.
Paris 589 – Audierne 39 – Douarnenez 42 – Pont-l'Abbé 9 – Quimper 28.

  ▲ **Karreg Skividen** 15 juin-15 sept.
    &#x1F4DE; 02 98 58 22 78, Fax 02 98 87 35 54 – SE : 1,8 km par rte
    de Lesconil et à droite, à 400 m de la plage (accès direct) –
    **R** conseillée
    1 ha (95 empl.) plat, herbeux
    **Tarif :** 🔲 2 pers. 🔌 10,70 – pers. suppl. 2,90
    **Location :** 🛖 97 à 128

À prox. : 🦆

  ▲ **Les Ormes** mai-sept.
    &#x1F4DE; 02 98 58 21 27, campingdesormes@aol.com, Fax 02 98
    58 91 36 – S : 2 km, à Kerlay, à 400 m de la plage (accès
    direct) – **R** conseillée
    2 ha (76 empl.) plat, herbeux
    **Tarif :** (Prix 2002) 🔲 2 pers. 🔌 (3A) 11,35 – pers. suppl. 2,50

À prox. : 🦆

## TRÉGARVAN

29560 Finistère **3** – **308** F5 G. Bretagne – 164 h. – alt. 20.
Paris 563 – Brest 50 – Châteaulin 15 – Crozon 23 – Douarnenez 29 – Quimper 39.

  ▲▲ **Ker Beuz** mai-sept.
    &#x1F4DE; 02 98 26 08 08, kerbeuz@wanadoo.fr, Fax 02 98 26
    08 00 – S : 2 km à Kerbeuz, accès par D 60, rte de Châteaulin
    et chemin à droite – **R** conseillée
    5 ha (40 empl.) plat, herbeux
    **Tarif :** 🔲 2 pers. 🔌 18 – pers. suppl. 8
    **Location** ✗ : 🛖 320 à 473 – 🛏

snack salle
d'animation

## TRÉGASTEL

22730 C.-d'Armor **3** – **309** B2 G. Bretagne – 2 201 h. – alt. 58.
🛈 Office du Tourisme, place Ste-Anne &#x1F4DE; 02 96 15 38 38, Fax 02 96 23 85 97.
Paris 526 – Lannion 10 – Perros-Guirec 9 – St-Brieuc 75 – Trébeurden 11 – Tréguier 28.

  ▲▲ **Tourony-Camping** 5 avril-26 sept.
    &#x1F4DE; 02 96 23 86 61, contact@camping-tourony.com,
    Fax 02 96 15 97 84 – E : 1,8 km par D 788, rte de Perros-
    Guirec, à 500 m de la plage « Près de la mer et d'un étang »
    – **R** conseillée
    2 ha (100 empl.) plat, herbeux
    **Tarif :** 🔲 2 pers. 🔌 (10A) 17,20 – pers. suppl. 4
    **Location :** 🛖 257 à 432 – 🛖 226 à 417
    🚐

À prox. : golf (centre équestre)

## TRÉGUENNEC

29720 Finistère **3** – **308** F7 – 303 h. – alt. 31.
Paris 584 – Audierne 27 – Douarnenez 27 – Pont-l'Abbé 11 – Quimper 23.

  ▲▲ **Kerlaz** avril-sept.
    &#x1F4DE; 02 98 87 76 79, contact@kerlaz.com
    au bourg, par D 156 – **R** conseillée
    1,25 ha (80 empl.) plat, herbeux
    **Tarif :** 🔲 2 pers. 🔌 (6A) 14,40 – pers. suppl. 3,20 – frais de
    réservation 10
    **Location :** 🛖 185 à 290 – 🛖 245 à 470
    🚐

juil.-août (découverte l'été)
À prox. : crêperie (centre équestre)

## TRÉGUNC

29910 Finistère **3** – **308** H7 – 6 130 h. – alt. 45.

**i** Office du Tourisme, 16 rue de Pont-Aven ☏ 02 98 50 22 05, Fax 02 98 97 77 60, *tregunc@club-internet.fr*.
Paris 545 – Concarneau 7 – Pont-Aven 9 – Quimper 28 – Quimperlé 28.

   ▲▲▲ **La Pommeraie** mai-9 sept.
☏ 02 98 50 02 73, *pommeraie@club-internet.fr*, Fax 02 98
50 07 91 – S : 6 km par D 1, rte de la Pointe de Trévignon
et à gauche rte de St-Philibert – **R** conseillée
7 ha (198 empl.) plat, herbeux, verger
**Tarif :** 回 *2 pers.* (ij) (10A) *23,20 – pers. suppl. 5 – frais de
réservation 8*
**Location** *(avril-21 sept.) :* (ᴦ̄ᴅ) *155 à 570*

   ▲▲ **Le Pendruc** 24 mai-sept.
☏ 02 98 97 66 28, *domdependruc@wanadoo.fr*, Fax 02 98
50 24 30 – SO : 2,8 km rte de Pendruc et à gauche –
**R** conseillée
3,6 ha (170 empl.) plat, herbeux
**Tarif :** 回 *2 pers.* (ij) (6A) *20,80 – pers. suppl. 4,75 – frais de
réservation 8*
**Location** *(5 avril-oct.) :* (ᴦ̄ᴅ) *150 à 530 – bungalows toilés*

## TREIGNAC

19260 Corrèze **10** – **329** L2 G. Berry Limousin – 1 520 h. – alt. 500 – Base de loisirs.

**i** Office du Tourisme, place de la République ☏ 05 55 98 15 04, Fax 05 55 98 17 02, *ot-treignac@libertysurf.fr*.
Paris 463 – Égletons 32 – Eymoutiers 34 – Limoges 75 – Tulle 39 – Uzerche 30.

   ▲▲ **La Plage** avril-sept.
☏ 05 55 98 08 54, Fax 05 55 98 16 47 – N : 4,5 km par rte
d'Eymoutiers, à 50 m du lac des Barriousses – **R** conseillée
3,5 ha (130 empl.) en terrasses et peu incliné, pierreux, her-
beux, bois attenant
**Tarif :** 回 *2 pers.* (ij) (10A) *14,20 – pers. suppl. 3,80*
**Location :** (ᴦ̄ᴅ) *270 à 375*

## TREIGNAT

03380 Allier **10** – **326** B4 – 531 h. – alt. 450.
Paris 344 – Boussac 11 – Culan 27 – Gouzon 25 – Montluçon 24.

   ▲ **Municipal de l'Etang d'Herculat** 19 avril-sept.
☏ 04 70 07 03 89, Fax 04 70 07 00 14 – NE : 2,3 km, accès
par chemin à gauche, après l'église « Situation agréable au
bord de l'étang »
1,6 ha (35 empl.) incliné à peu incliné, plat, herbeux
**Tarif :** 回 *2 pers.* (ij) (10A) *8,73 – pers. suppl. 1,60*
**Location :** *huttes*

## Le TREIN-D'USTOU

09140 Ariège **14** – **334** F8 – 351 h. – alt. 739.
Paris 817 – Aulus-les-Bains 13 – Foix 73 – St-Girons 31 – Tarascon-sur-Ariège 62.

   ▲ **Le Montagnou** Permanent
☏ 05 61 66 94 97, *campinglemontagnou@wanadoo.fr*,
Fax 05 61 66 91 20 – sortie Nord-Ouest par D 8, rte de Seix,
près de l'Alet – **R** conseillée
1,2 ha (40 empl.) plat, herbeux
**Tarif :** 回 *2 pers.* (ij) (10A) *15 – pers. suppl. 4*
**Location :** (ᴦ̄ᴅ) *173 à 252*

## TRÉLÉVERN

22660 C.-d'Armor **3** – **309** B2 – 1 254 h. – alt. 76.
Paris 520 – Lannion 13 – Perros-Guirec 9 – St-Brieuc 68 – Trébeurden 20 – Tréguier 15.

   ▲▲▲ **Port-l'Épine** avril-sept.
☏ 02 96 23 71 94, *camping-de-port-lepine@wanadoo.fr*,
Fax 02 96 23 77 83 – NO : 1,5 km puis chemin à gauche, à
Port-l'Épine « Au calme entre plage de galets et collines » –
**R** conseillée
3 ha (160 empl.) plat, peu incliné, herbeux
**Tarif :** 回 *1 ou 2 pers.* (ij) (16A) *25 – pers. suppl. 5 – frais de
réservation 15*
**Location** ⚡ *:* (ᴦ̄ᴅ) *160 à 750 – bungalows toilés*

## TRÉMOLAT

24510 Dordogne **13** – **329** F6 G. Périgord Quercy – 625 h. – alt. 53 – Base de loisirs
**🛈** Syndicat d'Initiative, îlot Saint-Nicolas ℰ 05 53 22 89 33, Fax 05 53 22 89 38.
Paris 532 – Bergerac 34 – Brive-la-Gaillarde 88 – Périgueux 46 – Sarlat-la-Canéda 48.

**⚠ Centre Nautique** mai-sept.
ℰ 05 53 22 81 18, semitour@perigord.tm.fr, Fax 05 53 06
30 94 – NO : 0,7 km par D 30⁶, rte de Mauzac et chemin de
la Base Nautique, bord de la Dordogne (plan d'eau) « Site et
cadre agréables » – **R** conseillée
7 ha/2 campables (100 empl.) plat, herbeux
**Tarif :** 🔲 2 pers. 🔌 20 – pers. suppl. 5
**Location :** 🚐

- école ski nautique
À prox. : 🚲 ⛵

## TRENTELS

47140 L.-et-G. **14** – **336** H3 – 836 h. – alt. 50.
Paris 598 – Agen 43 – Bergerac 73 – Cahors 60 – Montauban 82 – Villeneuve-sur-Lot 15.

**⚠ Municipal de Lustrac** 15 juin-15 sept.
ℰ 05 53 70 77 22, Fax 05 53 40 03 41 – NE : 2,5 km par
D 911, rte de Fumel et chemin à droite, direction Lustrac,
bord du Lot – **R** conseillée
0,5 ha (23 empl.) plat, herbeux
**Tarif :** (Prix 2002) 🔲 2 pers. 🔌 12,55 – pers. suppl. 3,25
**Location** (permanent) : 🏠 144 à 423

- canoë
À prox. : ⛵

## Le TRÉPORT

76470 S.-Mar. **1** – **304** I1 G. Normandie Vallée de la Seine – 6 227 h. – alt. 12.
**🛈** Office du Tourisme, quai Sadi-Carnot ℰ 02 35 86 05 69, Fax 02 35 86 73 96, officetourismeletreport@wanadoo.fr.
Paris 181 – Abbeville 44 – Amiens 79 – Blangy-sur-Bresle 26 – Dieppe 31 – Rouen 95.

**⚠ Municipal les Boucaniers** avril-sept.
ℰ 02 35 86 35 47, Fax 02 35 86 55 82 – av. des Canadiens,
près du stade – **R**
5,5 ha (340 empl.) plat, herbeux
**Tarif :** (Prix 2002) 🔲 2 pers. 🔌 (6A) 13,20 – pers. suppl. 2,50
**Location** (permanent) : 🏠 169,50 à 363,70

À prox. : ⛵

**565**

## TREPT

38460 Isère **12** – **333** E3 – 1 164 h. – alt. 275 – Base de loisirs.
Paris 495 – Belley 41 – Bourgoin-Jallieu 13 – Lyon 47 – Pérouges 35 – La Tour-du-Pin 21.

**⚠ Les 3 lacs** mai-10 sept.
ℰ 04 74 92 92 06, les3lacs@free.fr, Fax 04 74 92 93 35 –
E : 2,7 km par D 517, rte de Morestel et chemin à droite, près
de deux plans d'eau
25 ha/3 campables (160 empl.) plat, herbeux
**Tarif :** 🔲 2 pers. 🔌 (6A) 20 – pers. suppl. 5
**Location** (permanent) : 🏠 260 à 490

À prox. : ⚓ (plage)

## TRÉVIÈRES

14710 Calvados **4** – **303** G4 – 889 h. – alt. 14.
**🛈** Syndicat d'Initiative ℰ 02 31 22 04 60, Fax 02 31 22 19 49.
Paris 282 – Bayeux 19 – Caen 48 – Carentan 32 – St-Lô 32.

**⚠ Municipal** avril-oct.
ℰ 02 31 92 89 24 – sortie Nord par D 30, rte de Formigny,
près d'un ruisseau « Emplacements sous les pommiers » –
**R**
1,2 ha (73 empl.) plat, herbeux
**Tarif :** 🔲 2 pers. 🔌 10,60 – pers. suppl. 2,50

À prox. :

## TRÉVOU-TRÉGUIGNEC

22660 C.-d'Armor **3** – **309** B2 – 1 210 h. – alt. 56.
**🛈** Syndicat d'Initiative ℰ 02 96 23 71 92.
Paris 519 – Guingamp 36 – Lannion 14 – Paimpol 38 – Perros-Guirec 11 – St-Brieuc 68 – Tréguier 12.

**⚠ Port le Goff** avril-sept.
ℰ 02 96 23 71 45 – sortie Nord rte de Port Blanc et à gau-
che, à 500 m de la mer – **R** conseillée
1 ha (45 empl.) plat, herbeux
**Tarif :** 🔲 2 pers. 🔌 13,90 – pers. suppl. 3,10 – frais de réser-
vation 8

À prox. : 🍴 discothèque ⛵
(centre équestre)

## TRIAIZE

85580 Vendée 🮈 – 🮖🮗🮘 I9 – 1 027 h. – alt. 3.
Paris 451 – Fontenay-le-Comte 40 – Luçon 8 – Niort 77 – La Rochelle 39 – La Roche-sur-Yon 41.

⚠ *Municipal* juil.-août
    📞 02 51 56 12 76, Fax 02 51 56 38 21 – au bourg, par r. du
    stade
    2,7 ha (70 empl.) plat, herbeux, pierreux, étang
    **Tarif** : (Prix 2002) 🬼 *2 pers.* 🬼 *9,20 - pers. suppl. 2,10*
    **Location** *(avril-sept.)* – 🮰 : 🬼 *155 à 290*

## La TRINITÉ-SUR-MER

56470 Morbihan 🮗 – 🮖🮗🮘 M9 G. Bretagne – 1 433 h. – alt. 20.
🮭 Office du Tourisme, môle Loûc-Caradec 📞 02 97 55 72 21, Fax 02 97 55 78 07, *tourisme@ot-trinite-sur
-mer.fr.*
Paris 490 – Auray 13 – Carnac 4 – Lorient 57 – Quiberon 23 – Quimperlé 67 – Vannes 31.

*Schéma à Carnac*

🮲🮲🮲 *La Baie* 24 mai-14 sept.
    📞 02 97 55 73 42, *camping@camping-la-baie.com,* Fax
    02 97 55 88 81 – S : 1,5 km, à 100 m de la plage de Kervilen
    – Places limitées pour le passage – **R** conseillée
    2,2 ha (170 empl.) plat, herbeux, sablonneux
    **Tarif** : (Prix 2002) 🬼 *2 pers.* 🬼 *(10A) 24,20 – pers. suppl. 5,25*
    *– frais de réservation 20*
    **Location** : 🬼 *280 à 616*
    À prox. : 🮲 🮲 🮲 crêperie 🮰 🮭 🮭

🮲🮲🮲 *La Plage* 8 mai-14 sept.
    📞 02 97 55 73 28, *laplage@club-internet.fr,* Fax 02 97 55
    88 31 – S : 1 km, accès direct à la plage de Kervilen –
    **R** conseillée
    3 ha (200 empl.) plat et peu incliné, herbeux, sablonneux
    **Tarif** : 🬼 *2 pers.* 🬼 *(10A) 32,30 – pers. suppl. 4 – frais de
    réservation 18*
    **Location** : 🬼 *219 à 635*
    À prox. : 🮲 🮲 🮲 crêperie 🮰 🮭 🮭

🮲🮲🮲 *Kervilor* 9 mai-15 sept.
    📞 02 97 55 76 75, *ebideau@camping-kervilor.com,* Fax
    02 97 55 87 26 – N : 1,6 km – **R** conseillée
    5 ha (230 empl.) plat et peu incliné, herbeux
    **Tarif** : 🬼 *2 pers.* 🬼 *(6A) 28,20 – pers. suppl. 4,50 – frais de
    réservation 18,30*
    **Location** : 🬼 *200 à 640*
    À prox. : golf 🮭

🮲🮲🮲 *Park-Plijadur* 26 mai-sept.
    📞 02 97 55 72 05, *parkplijadur@hotmail.com,* Fax 02 97 55
    83 83 – NO : 1,3 km sur D 781, rte de Carnac « Au bord d'un
    étang » – **R** conseillée
    5 ha (198 empl.) plat, herbeux, sablonneux
    **Tarif** : 🬼 *2 pers.* 🬼 *(10A) 21,95 – pers. suppl. 4 – frais de
    réservation 20*
    **Location** *(4 avril-sept.)* 🮰 : 🬼 *200 à 590*
    À prox. : 🮰 🮰 🮭 🮭

## TRIZAC

15400 Cantal 🮖🮗 – 🮖🮗🮘 D3 G. Auvergne – 754 h. – alt. 960.
Paris 520 – Aurillac 69 – Mauriac 24 – Murat 49.

⚠ *Municipal le Pioulat* 21 juin-6 sept.
    📞 04 71 78 64 20, Fax 04 71 78 65 40 – sortie Sud rte de
    Mauriac, bord d'un étang
    1,5 ha (60 empl.) plat, peu incliné et en terrasses, herbeux
    **Tarif** : (Prix 2002) 🬼 *2 pers.* 🬼 *(16A) 8,10 – pers. suppl. 1,60*
    **Location** : *huttes*
    À prox. : 🮰

## TROYES

10000 Aube 🮐 – 🮖🮗🮘 E4 G. Champagne Ardenne – 59 255 h. – alt. 113.
🮭 Office du Tourisme, 16 boulevard Carnot 📞 03 25 82 62 70, Fax 03 25 73 06 81, *troyes@club-internet.fr.*
Paris 170 – Dijon 185 – Nancy 186.

🮲🮲 *Municipal* 15 avril-15 oct.
    📞 03 25 81 02 64 ✉ 10150 Pont-Ste-Marie – NE : 2 km par
    rte de Nancy « Agréable décoration arbustive » – **R**
    3,8 ha (110 empl.) plat, herbeux
    **Tarif** : (Prix 2002) 🬼 *2 pers.* 🬼 *19,10 – pers. suppl. 4*
    🬼 *(20 empl.) – 19,10*

## Le TRUEL

12430 Aveyron **15** – **338** I6 – 384 h. – alt. 290.
Paris 681 – Millau 41 – Pont-de-Salars 37 – Rodez 52 – St-Affrique 23 – Salles-Curan 22.

ᐃ **Municipal la Prade** début juin-fin sept.
  𝒫 05 65 46 41 46 – à l'Est du bourg par D 31, à gauche
  après le pont, bord du Tarn (plan d'eau) « Situation
  agréable »
  0,6 ha (28 empl.) plat, pierreux, herbeux
  **Tarif :** 🔲 2 pers. 🔋 (6A) 10 – pers. suppl. 2
  **Location :** gîte d'étape

## TULETTE

26790 Drôme **16** – **332** C8 – 1 575 h. – alt. 147.
🛈 Syndicat d'Initiative, place des Tisserands 𝒫 04 75 98 34 53, Fax 04 75 98 36 16.
Paris 653 – Avignon 53 – Bollène 15 – Nyons 20 – Orange 23 – Vaison-la-Romaine 16.

ᐃ **Les Rives de l'Aygues** Pâques-sept.
  𝒫 04 75 98 37 50, camping@lesrivesdelaygues.com,
  Fax 04 75 98 36 70 – S : 3 km par D 193, rte de Cairanne
  et chemin à gauche « Cadre sauvage au milieu des vignes »
  – **R** conseillée
  3,6 ha (50 empl.) plat, pierreux, herbeux
  **Tarif :** 🔲 2 pers. 🔋 18,60 - pers. suppl. 4,30 – frais de réser-
  vation 8
  **Location** 🏠 : 🛏 145 à 320

## La TURBALLE

44420 Loire-Atl. **4** – **316** A3 G. Bretagne – 3 587 h. – alt. 6.
🛈 Office du Tourisme, place du Gén.-de-Gaulle 𝒫 02 40 23 39 87, Fax 02 40 23 32 01.
Paris 459 – La Baule 13 – Guérande 7 – Nantes 84 – La Roche-Bernard 31 – St-Nazaire 27.

ᐃ **Parc Ste-Brigitte** avril-sept.
  𝒫 02 40 24 88 91, saintebrigitte@wanadoo.fr, Fax 02 40
  23 30 42 – SE : 3 km rte de Guérande « Agréable domaine
  boisé » – **R** conseillée
  10 ha/4 campables (150 empl.) plat, peu incliné, herbeux,
  étang
  **Tarif :** 🔲 2 pers. 🔋 23,20 – pers. suppl. 5 – frais de réser-
  vation 15,25

ᐃ **Municipal les Chardons Bleus** fin avril-fin sept.
  𝒫 02 40 62 80 60, camping.les.chardons.bleus@wanadoo.
  fr, Fax 02 40 62 85 40 – S : 2,5 km, bd de la Grande Falaise,
  près de la plage (accès direct) – **R**
  5 ha (300 empl.) plat, sablonneux, herbeux
  **Tarif :** (Prix 2002) 🔲 2 pers. 🔋 17,40 – pers. suppl. 3,50
  🚐

**567**

## TURCKHEIM

68230 H.-Rhin **8** – **315** H8 G. Alsace Lorraine – 3 567 h. – alt. 225.
🛈 Office du Tourisme, Corps de Garde 𝒫 03 89 27 38 44, Fax 03 89 80 83 22.
Paris 446 – Colmar 6 – Gérardmer 46 – Munster 13 – St-Dié 51 – Le Thillot 67.

ᐃ **Municipal les Cigognes** 15 mars-oct.
  𝒫 03 89 27 02 00 – à l'Ouest du bourg, derrière le stade –
  accès par chemin entre le passage à niveau et le pont « Au
  bord d'un petit canal et près de la Fecht » – **R**
  2,5 ha (117 empl.) plat, herbeux
  **Tarif :** 🔲 2 pers. 🔋 13,20 – pers. suppl. 3,20
  🚐

## TURSAC

24 Dordogne – **329** H6 – rattaché aux Eyzies-de-Tayac.

Utilisez les **cartes MICHELIN** détaillées à 1/200 000,
complément indispensable de ce guide.

**o** Ce symbole signale la localité sélectionnée
dans le **guide Michelin « CAMPING CARAVANING FRANCE ».**

## UCEL

07200 Ardèche **16** – **331** I6 G. Vallée du Rhône – 1 677 h. – alt. 270.
Paris 633 – Aubenas 5 – Montélimar 45 – Privas 30 – Vals-les-Bains 3 – Villeneuve-de-Berg 20.

**Domaine de Gil** 12 avril-15 sept.
*04 75 94 63 63, raf.garcia@wanadoo.fr,* Fax 04 75 94
01 95 – sortie Nord-Ouest par D 578ᴮ, rte de Vals-les-Bains
« Au bord de l'Ardèche » – **R** conseillée
4,8 ha/2 campables (80 empl.) plat, herbeux, pierreux
**Tarif :** 🔲 *2 pers.* 🔌 *23,40 – pers. suppl. 5 – frais de réservation 12,50*
**Location** 🏖 : 🚐 *250 à 548,73*

**Les Pins** juin-sept.
*04 75 37 49 20, campinglespins-d-ucel@wanadoo.fr,*
Fax 04 75 37 49 20 – NE : 1,5 km par rte devant l'église,
croisement difficile pour caravanes à certains endroits, accès
aux emplacements par pente à 10% « Joli cadre boisé » –
**R** conseillée
1 ha (25 empl.) en terrasses, plat, herbeux
**Tarif :** 🔲 *2 pers.* 🔌 *(6A) 13,40 – pers. suppl. 3,10*
**Location :** 🚐 *222 à 366 –* 🏠 *275 à 412*

## URDOS

64490 Pyr.-Atl. **13** – **342** I7 G. Aquitaine – 162 h. – alt. 780.
Paris 865 – Jaca 37 – Oloron-Ste-Marie 41 – Pau 76.

**Le Gave d'Aspe** mai-15 sept.
*05 59 34 88 26, legavedaspe@aol.com*
NO : 1,5 km par N 134 et chemin devant l'ancienne gare, bord
du Gave d'Aspe – **R** conseillée
1,5 ha (80 empl.) non clos, plat et peu incliné, terrasse, herbeux, pierreux
**Tarif :** 🔲 *2 pers.* 🔌 *11,30 – pers. suppl. 2,75*

## URRUGNE

64122 Pyr.-Atl. **13** – **342** B4 G. Aquitaine – 6 098 h. – alt. 34.
🅸 Office du Tourisme, place René-Soubelet *05 59 54 60 80,* Fax 05 59 54 63 49.
Paris 794 – Bayonne 29 – Biarritz 23 – Hendaye 8 – San Sebastián 29.

**Col d'Ibardin** avril-15 oct.
*05 59 54 31 21, info@col-ibardin.com,* Fax 05 59 54
62 28 – S : 4 km par D 4, rte d'Ascain, bord d'un ruisseau « Au
milieu d'une forêt de chênes, emplacements bordés par un
ruisseau » – **R** conseillée
8 ha/4,5 empl. (220 empl.) peu incliné, herbeux
**Tarif :** 🔲 *2 pers.* 🔌 *(10A) 24 – pers. suppl. 4*
**Location** 🏖 : 🚐 *255 à 275*

## URT

64240 Pyr.-Atl. **13** – **342** E4 – 1 583 h. – alt. 41.
🅸 Office du Tourisme *05 59 56 20 33.*
Paris 760 – Bayonne 17 – Biarritz 24 – Cambo-les-Bains 28 – Pau 97.

**Etche Zahar** 15 mars-12 nov.
*05 59 56 27 36, camping.etche-zahar@wanadoo.fr,*
Fax 05 59 56 29 62 – O : 1 km par D 257 direction Urcuit
et à gauche, allée de Mesples « Bel ensemble de chalets entre
bois et cultures » – **R** conseillée
1,5 ha (43 empl.) non clos, plat, herbeux
**Tarif :** 🔲 *2 pers.* 🔌 *(10A) 18,30 – pers. suppl. 3,50 – frais
de réservation 10*
**Location** *(fermé janv.) :* 🚐 *230 à 479 –* 🏠 *220 à 529*

## UZERCHE

19140 Corrèze **10** – **329** K3 G. Berry Limousin – 2 813 h. – alt. 380.
🅸 Office du Tourisme, place de la Libération *05 55 73 15 71,* Fax 05 55 73 88 36, ot.uerche@wanadoo.fr.
Paris 444 – Aubusson 95 – Bourganeuf 90 – Brive-la-Gaillarde 38 – Limoges 56 – Périgueux 90 – Tulle 30.

**Municipal la Minoterie** 26 avril-28 sept
*05 55 73 12 75,* Fax 05 55 98 44 55 – au Sud-Ouest du
centre bourg, accès quai Julian-Grimau, entre la N 20 et le
pont Turgot (D 3), bord de la Vézère (rive gauche) – **R**
1,5 ha (65 empl.) plat, terrasse, herbeux, pierreux
**Tarif :** 🔲 *2 pers* 🔌 *(10A) 10,30 – pers. suppl. 2,30*
**Location :** *huttes*

## UZÈS

30700 Gard **16** – **339** L4 G. Provence – 7 649 h. – alt. 138.

**B** Office du Tourisme, place Albert 1er *P* 04 66 22 68 88, Fax 04 66 22 95 19, *otues@wanadoo.fr.*

Paris 686 – Alès 34 – Arles 52 – Avignon 39 – Montélimar 82 – Montpellier 83 – Nîmes 25.

**Le Moulin Neuf** 29 mars-28 sept.
*P* 04 66 22 17 21, *le.moulin.neuf@wanadoo.fr,* Fax 04 66 22 91 82 ⊠ 30700 St-Quentin-la-Poterie – NE : 4,5 km par D 982, rte de Bagnols-sur-Cèze et D 5 à gauche « Agréable cadre ombragé » – **R** conseillée
5 ha (131 empl.) plat, herbeux
**Tarif :** 🔲 2 pers. [劇] (5A) 17,90 – pers. suppl. 4,10 – frais de réservation 10
**Location** *(permanent)* : ☎ 220 à 459

**Le Mas de Rey** 7 avril-15 oct.
*P* 04 66 22 18 27, *masderey@hvtour.fr,* Fax 04 66 22 18 27 ⊠ 30700 Arpaillargues – SO : 3 km par D 982, rte d'Arpaillargues puis chemin à gauche « Emplacements fleuris » – **R** conseillée
5 ha/2,5 campables (60 empl.) plat, herbeux
**Tarif :** 🔲 2 pers. [劇] (10A) 20 – pers. suppl. 4,50 – frais de réservation 8
**Location :** ☎ *(sans sanitaires)*

*Ihre Meinung über die von uns empfohlenen Campingplätze interessiert uns.*
*Teilen Sie uns Ihre Erfahrungen mit und schreiben Sie uns auch,*
*wenn Sie eine gute Entdeckung gemacht haben.*

## VAGNAS

07 Ardèche – **331** I7 – voir à Ardèche (Gorges de l').

## VAIRÉ

85150 Vendée **9** – **316** F8 – 942 h. – alt. 49.
Paris 451 – Challans 31 – La Mothe-Achard 9 – La Roche-sur-Yon 27 – Les Sables-d'Olonne 13.

**Le Roc** mai-1er oct.
*P* 02 51 33 71 89 – NO : 1,5 km par D 32, rte de Landevieille et rte de Brem-sur-Mer à gauche – **R** conseillée
1,4 ha (24 empl.) peu incliné, herbeux
**Tarif :** 🔲 2 pers. [劇] (10A) 11,65 – pers. suppl. 2,30

## VAISON-LA-ROMAINE

84110 Vaucluse **16** – **332** D8 G. Provence – 5 663 h. – alt. 193.

**B** Office du Tourisme, place du Chanoine-Sautel *P* 04 90 36 02 11, Fax 04 90 28 76 04, *ot-vaison@axit.fr*

Paris 668 – Avignon 50 – Carpentras 27 – Montélimar 64 – Pont-St-Esprit 41.

**Carpe Diem** 30 mars-2 nov.
*P* 04 90 36 02 02, *contact@camping-carpe-diem.com,* Fax 04 90 36 36 90 – SE : 2 km à l'intersection du D 938, rte de Malaucène et du D 151, rte de St-Marcellin « Originale reconstitution d'un amphythéâtre autour de la piscine » – **R** indispensable
10 ha/6,5 campables (140 empl.) en terrasses, plat et peu incliné, herbeux
**Tarif :** 🔲 1 à 3 pers. [劇] (10A) 29,50 – pers. suppl. 5 – frais de réservation 15
**Location :** 🏠 378 à 560 – ☎ 434 à 630

**Le Soleil de Provence** 15 mars-oct.
*P* 04 90 46 46 00, *info@camping-soleil-de-provence.fr,* Fax 04 90 46 40 37 ⊠ 84110 St-Romain-en-Viennois – NE : 3,5 km par D 938, rte de Nyons
4 ha (80 empl.) plat et en terrasses, peu incliné
**Tarif :** 🔲 2 pers. [劇] (10A) 18,30 – pers. suppl. 4,90
🚐 (10 empl.) – 18,30

**Théâtre Romain** 15 mars-15 nov.
*P* 04 90 28 78 66, *camping.du.theatre.romain@wanadoo.fr,* Fax 04 90 28 78 76 – au Nord-Est de la ville, quartier des Arts, chemin du Brusquet, accès conseillé par rocade – **R** conseillée
1,2 ha (75 empl.) plat, herbeux, gravillons
**Tarif :** 🔲 2 pers. [劇] 20,90 – pers. suppl. 5,10 – frais de réservation 11
🚐

▲ **L'Ayguette** avril-sept.
&#8470; 04 90 46 40 35, *camping.ayguette@wanadoo.fr*, Fax 04 90 46 46 17 ⊠ 84110 Faucon – sortie Est par D 938, rte de Nyons et 4,1 km par D 71 à droite, rte de St-Romains-Viennois puis D 86, rte de Faucon « Cadre sauvage » – **R** conseillée
2,8 ha (100 empl.) plat, accidenté et en terrasses, herbeux, pierreux
**Tarif :** 🔲 *2 pers.* 🔋 *(6A) 18,70 – pers. suppl. 4,40 – frais de réservation 12*

## VAL-D'AJOL

88340 Vosges **8** – **314** G5 G. Alsace Lorraine – 4 877 h. – alt. 380.
**🛈** Office du Tourisme, 17 rue de Plombières &#8470; 03 29 30 56 78, Fax 03 29 30 61 55, *otsi-valdajol@wanadoo.fr*.
Paris 384 – Épinal 41 – Luxeuil-les-Bains 18 – Plombières-les-Bains 10 – St-Dié 70 – Vittel 83.

▲ **Municipal** 15 avril-sept.
&#8470; 03 29 66 55 17 – sortie Nord-Ouest par D 20, rte de Plombières-les-Bains et rue des Oeuvres à gauche – **R** conseillée
1 ha (50 empl.) plat, herbeux
**Tarif :** 🔲 *2 pers.* 🔋 *(6A) 8,35 – pers. suppl. 1,80*

## VALENÇAY

36600 Indre **10** – **323** F4 G. Châteaux de la Loire – 2 912 h. – alt. 140.
**🛈** Office du Tourisme, 2 avenue de la Résistance &#8470; 02 54 00 04 42, Fax 02 54 00 04 42, *otsi-valencay@wanadoo.fr*.
Paris 233 – Blois 60 – Bourges 94 – Châteauroux 42 – Loches 49 – Vierzon 51.

▲▲ **Municipal les Chênes** 27 avril-28 sept.
&#8470; 02 54 00 03 92, Fax 02 54 00 03 92 – O : 1 km sur D 960, rte de Luçay-le-Mâle « Agréable cadre de verdure en bordure d'étang » – **R** conseillée
5 ha (50 empl.) plat et peu incliné, herbeux
**Tarif :** *(Prix 2002)* 🔲 *2 pers.* 🔋 *(10A) 12,40 – pers. suppl. 3*

---

*Terrains agréables :*
*ces terrains sortent de l'ordinaire par leur situation,*
*leur tranquillité, leur cadre et le style de leurs aménagements.*

**Leur catégorie est indiquée dans le texte par les signes habituels**
*mais en rouge ( ▲▲▲ ... ▲ ).*

## VALENSOLE

04210 Alpes-de-H.-Pr. **17** – **334** D9 – 2 202 h. – alt. 566.
**B** Office du Tourisme, avenue Segond ℘ 04 92 74 90 02, Fax 04 92 74 93 77.
Paris 760 – Brignolles 65 – Castellane 72 – Digne-les-Bains 47 – Manosque 21 – Salernes 58.

**Oxygène** mi-avril-25 sept.
℘ 04 92 72 41 77, *sarloxygene@libertysurf.fr*, Fax 04 92
72 41 77 – SO : 19 km par D 6, rte de Manosque et D 4, rte
d'Oraison, au lieu-dit les Chabrands, à 300 m de la Durance
(accès direct), accès conseillé par D 4 – par A 51 sortie
n° 18 Manosque – **R** conseillée
2,5 ha (100 empl.) non clos, plat, pierreux, herbeux
**Tarif :** ▣ 2 pers. ▣ (10A) 18 – pers. suppl. 4,50
**Location** ⚡ : ▦ 300 à 676

## VALLABRÈGUES

30300 Gard **16** – **339** M5 – 1 016 h. – alt. 8.
Paris 702 – Arles 24 – Avignon 23 – Beaucaire 9 – Nîmes 33 – Pont-du-Gard 25.

**Lou Vincen** 24 mars-10 oct.
℘ 04 66 59 21 29, *campinglouvincen@minitelnet.com*,
Fax 04 66 59 07 41 – à l'Ouest du bourg, à 100 m du Rhône
et d'un petit lac – **R** conseillée
1,4 ha (75 empl.) plat, herbeux
**Tarif :** ▣ 2 pers. ▣ (6A) 15 – pers. suppl. 4 – frais de réservation 16
**Location** ⚡ : ▦ 280 à 476

À prox. : ⚡ ♞ ⚡

## VALLERAUGUE

30570 Gard **16** – **339** G4 G. Languedoc Roussillon – 1 091 h. – alt. 346.
**B** Office du Tourisme, route de l'Aigoual ℘ 04 67 82 25 10, Fax 04 67 82 21 16.
Paris 687 – Mende 101 – Millau 93 – Nîmes 86 – Le Vigan 22.

**Le Pied de l'Aigoual** 5 juin-15 sept.
℘ 04 67 82 24 40, Fax 04 67 82 24 23 – O : 2,2 km par
D 986, rte de l'Espérou, à 60 m de l'Hérault – **R** conseillée
2,7 ha (80 empl.) plat, herbeux
**Tarif :** ▣ 2 pers. ▣ (6A) 14 – pers. suppl. 3,20
**Location** (permanent) – ⚡ juil.-août : gîtes

571

## VALLOIRE

73450 Savoie **12** – **333** L7 G. Alpes du Nord – 1 012 h. – alt. 1 430 – Sports d'hiver : 1 430/2 600 m
≴2 ≴31 ≴.
**B** Office du Tourisme ℘ 04 79 59 03 96, Fax 04 79 59 09 66, *infos@valloire.net.*
Paris 665 – Albertville 91 – Briançon 52 – Chambéry 104 – Lanslebourg-Mont-Cenis 57 – Col du
Lautaret 25.

**Ste Thècle** 7 déc.-27 avril, juin-sept.
℘ 04 79 83 30 11, Fax 04 79 83 35 13 – au Nord de la localité, au confluent de deux torrents – **R** conseillée
1,5 ha (81 empl.) peu incliné et plat, pierreux, herbeux
terrasses
**Tarif :** ▣ 2 pers. ▣ (10A) 14 – pers. suppl. 4,40

À prox. : patinoire, bowling, terrain
omnisports ⚡ ⚡ ⚡

## VALLON-EN-SULLY

03190 Allier **11** – **326** C3 G. Auvergne – 1 809 h. – alt. 192.
Paris 315 – La Châtre 56 – Cosne-d'Allier 23 – Montluçon 25 – Moulins 88 – St-Amand-Montrond 28.

**Municipal les Soupirs** 16 juin-15 sept.
℘ 04 70 06 50 96, *mairie-vallonensully@wanadoo.fr*,
Fax 04 70 06 51 18 – SE : 1 km par D 11, entre le Cher et
le Canal du Berry, et chemin à droite
2 ha (50 empl.) plat, herbeux, étang
**Tarif :** ▣ 2 pers. ▣ (6A) 6,05 – pers. suppl. 1,40

À prox. : ⚡ snack ⚡ ⚡

## VALLON-PONT-D'ARC

07 Ardèche – **331** I7 – voir à Ardèche (Gorges de l').

## VALLORCINE

74660 H.-Savoie **12** – **328** O4 G. Alpes du Nord – 329 h. – alt. 1 260 – Sports d'hiver : 1 2600/1 400 m ⚡2 ⚲.
🛈 Office du Tourisme, Le Betté ℰ 04 50 54 60 71, Fax 04 50 54 61 73, *vallorcine@wanadoo.fr*.
Paris 628 – Annecy 114 – Chamonix-Mont-Blanc 19 – Thonon-les-Bains 117.

⚠ **Les Montets** juin-15 sept.
ℰ 04 50 54 60 45, *camping.des.montets@wanadoo.fr*,
Fax 04 50 54 60 45 – SO : 2,8 km par N 506, rte de Chamonix-
Mont-Blanc, au lieu-dit le Buet, accès par chemin de la gare,
alt. 1 300 « Site agréable au bord d'un ruisseau et près de
l'Eau Noire » – **R** conseillée
1,7 ha (75 empl.) non clos, plat, terrasse, peu incliné, herbeux,
pierreux
**Tarif :** ▣ *2 pers.* ⚡ *(6A) 15,40 – pers. suppl. 4*

> M ⚲ ⟨ ⛬ juil.-août 🅿 (tentes) ⚲
> ♀ (0,7 ha) & ⛏ ⇌ ⛲ snack (le soir
> uniquement)
> À prox. : ✕

## VALRAS-PLAGE

34350 Hérault **15** – **339** E9 G. Languedoc Roussillon – 3 043 h. – alt. 1.
🛈 Office du Tourisme, place René-Cassin ℰ 04 67 32 36 04, Fax 04 67 32 33 41.
Paris 773 – Agde 25 – Béziers 17 – Montpellier 77.

▲▲▲ **La Yole** 26 avril-20 sept.
ℰ 04 67 37 33 87, *layole34@aol.com*, Fax 04 67 37 44 89
– SO : 2 km, à 500 m de la plage – **R** conseillée
20 ha (1007 empl.) plat, peu incliné, herbeux, sablonneux
**Tarif :** ▣ *2 pers.* ⚡ *(5A) 31,20 – pers. suppl. 5,10 – frais de
réservation 25*
**Location :** 🚐 *206,50 à 757,05* – 🏠 *290,85 à 757,05*
🚌.

> ⛬ GB ⚲ ♀♀ & ⛏ ⇌ ⛲ ⛲ ⛲
> ⛰ ⊕ ⚲ ⛩ ▦ 🏊 ⛲ brasserie,
> pizzeria, self-service ⛱ ⛺ ⛴ ⛵
> ✕ m ⛲
> À prox. : ✦

▲▲▲ **Les Foulègues** juin-28 sept.
ℰ 04 67 37 33 65, *info@campinglesfoulegues.com*, Fax
04 67 37 54 75 – à Grau-de-Vendres, SO : 5 km, à 400 m de
la plage « Cadre boisé et fleuri » – **R** conseillée
5,3 ha (339 empl.) plat, herbeux, sablonneux
**Tarif :** (Prix 2002) ▣ *2 pers.* ⚡ *(5A) 28 – pers. suppl. 5 – frais
de réservation 15*
**Location :** 🚐 *260 à 600*

> ⛬ GB ⚲ ⛒ ♀♀ & ⛏ ⇌ ⛲ ⛲
> ⊕ ⛩ ⛩ ▦ 🏊 ⛲ ✕ ⛱ ⛺
> ⛴ ✕ m ⛲
> À prox. : 🍺 ✦

▲▲▲ **L'Occitanie** 24 mai-13 sept.
ℰ 04 67 39 59 06, *campingoccitanie@wanadoo.fr*, Fax
04 67 32 58 20 – par bd du Cdt-l'Herminier – **R** conseillée
6 ha (400 empl.) plat, herbeux
**Tarif :** ▣ *2 pers.* ⚡ *(5A) 21,50 – pers. suppl. 3 – frais de réser-
vation 15,25*
**Location :** 🚐 *161 à 525 – bungalows toilés*
🚌.

> ⛬ GB ⚲ ⛒ ♀♀ & ⛏ ⇌ ⛲ ⛲
> ⛲ ⊕ ▦ 🏊 ⛲ ✕ pizzeria ⛱ ⛺
> ⛴ ✕ m ⛲
> À prox. : ✕ ✦

▲▲▲ **Le Méditerranée** Pâques-15 sept.
ℰ 04 67 37 34 29, Fax 04 67 37 58 47 – SO : 1,5 km rte de
Vendres, à 200 m de la plage – **R** conseillée
4,5 ha (367 empl.) plat, sablonneux, herbeux
**Tarif :** ▣ *2 pers.* ⚡ *(5A) 26,80 – pers. suppl. 4,50 – frais de
réservation 23*
**Location** ✕ : 🚐 *229 à 572* – 🏠 *305 à 641*

> ⛬ GB ⚲ ♀♀ & ⛏ ⇌ ⛲ ⛰ ⊕
> ▦ 🏊 ✕ snack ⛱ ⛺ ⛲ ⛴
> À prox. : 🍺 ⛵ ✕ ✦ (centre
> équestre)

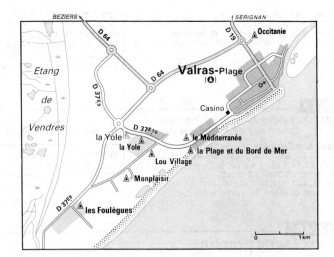

▲▲▲ **La Plage et du Bord de Mer** 25 mai-6 sept.
  *ℰ* 04 67 37 34 38 – SO : 1,5 km rte de Vendres, bord de mer
  « Au bord d'une belle plage de sable fin » – **R** conseillée
  13 ha (655 empl.) plat, herbeux, sablonneux
  **Tarif :** 🗐 *2 pers.* ⚡ *(6A) 25 – pers. suppl. 4*

▲▲▲ **Lou Village** 26 avril-14 sept.
  *ℰ* 04 67 37 33 79, *info@louvillage.com*, Fax 04 67 37 53 56
  – SO : 2 km, à 100 m de la plage (accès direct) « Bel espace
  aquatique » – **R** conseillée
  8 ha (600 empl.) plat, sablonneux, herbeux, étangs
  **Tarif :** 🗐 *2 pers.* ⚡ *(10A) 28 – pers. suppl. 5 – frais de réser-*
  *vation 30*
  **Location** ✁ : 🛏 *215 à 645 –* 🏠 *290 à 675*

---

## VANDENESSE-EN-AUXOIS

21320 Côte-d'Or ⏹⏹ – 🔳🔳🔳 H6 – 220 h. – alt. 360.
Paris 276 – Arnay-le-Duc 16 – Autun 42 – Châteauneuf 3 – Dijon 43.

▲▲▲ **Le Lac de Panthier** (en deux campings distincts) 18
  avril-sept.
  *ℰ* 03 80 49 21 94, *info@lac-de-panthier.com*, Fax 03 80 49
  25 80 – NE : 2,5 km par D 977 bis, rte de Commarin et rte
  à gauche, près du lac « Site agréable » – **R** conseillée
  5,2 ha (260 empl.) en terrasses, plat et peu incliné,
  herbeux
  **Tarif :** 🗐 *2 pers.* ⚡ *(6A) 23 – pers. suppl. 6,10 – frais de*
  *réservation 15*
  **Location :** 🛏 *205 à 700 –* 🏠 *225 à 624*

---

## VANNES

56000 Morbihan 🔳 – 🔳🔳🔳 O9 G. Bretagne – 45 644 h. – alt. 20.
🅱 Office du Tourisme, 1 rue Thiers *ℰ* 02 97 47 24 3, Fax 02 97 47 29 49, *tourisme@pays-de-vannes*.
Paris 460 – Quimper 121 – Rennes 111 – St-Brieuc 106 – St-Nazaire 86.

▲▲ **Municipal de Conleau** avril-sept.
  *ℰ* 02 97 63 13 88, Fax 02 97 40 38 82 – S : direction parc
  du Golfe par l'avenue du Mar.-Juin, à la pointe de Conleau
  « Site agréable » – **R** conseillée
  5 ha (260 empl.) incliné à peu incliné, herbeux
  **Tarif :** 🗐 *2 pers.* ⚡ *(4A) 19,50 – frais de réservation 18*
  🛏

**à Séné** S : 5 km par D 199 – 6 180 h. – alt. 16 – ✉ 56860 Séné :

▲ **Moulin de Cantizac** mai-15 oct.
  *ℰ* 02 97 66 90 26 – N : 1 km par D 199, rte de Vannes, bord
  de rivière – **R** conseillée
  2,8 ha (100 empl.) non clos, plat, herbeux
  **Tarif :** 🗐 *2 pers.* ⚡ *17 – pers. suppl. 4,50*
  **Location** ✁ : 🛏 *320 à 400*

---

## Les VANS

07140 Ardèche ⏹⏹ – 🔳🔳🔳 G7 G. Provence – 2 668 h. – alt. 170.
🅱 Office du Tourisme, place Ollier *ℰ* 07 75 37 24 48, Fax 07 75 37 27 46, *ot@les-vans.com*.
Paris 676 – Alès 44 – Aubenas 36 – Pont-St-Esprit 66 – Privas 66 – Villefort 24.

▲ **Le Pradal** avril-sept.
  *ℰ* 04 75 37 25 16 – O : 1,5 km par D 901, rte de Villefort
  – **R** conseillée
  1 ha (25 empl.) en terrasses, peu incliné, herbeux, pierreux
  **Tarif :** 🗐 *2 pers.* ⚡ *(6A) 13,50 – pers. suppl. 5,50*
  **Location :** 🛏 *170 à 244*

**à Chassagnes** E : 4 km par D 104A rte d'Aubenas et D 295 à droite – ✉ 07140 les Vans :

▲▲ **Les Chênes** avril-1er oct.
  *ℰ* 04 75 37 34 35, *reception@domaine-des-chenes.fr*,
  Fax 04 75 37 20 10 – **R** conseillée
  2,5 ha (100 empl.) en terrasses, herbeux, pierreux
  **Tarif :** 🗐 *2 pers.* ⚡ *(10A) 20,20 – pers. suppl. 3,70 – frais*
  *de réservation 10*
  **Location :** 🛏 *275 à 440*

▲ *Lou Rouchétou* avril-28 sept.
    04 75 37 33 13, *rouchetou@libertysurf.fr* « Au bord du Chassezac » – **R** conseillée
1,5 ha (100 empl.) plat et peu incliné, herbeux, pierreux
**Tarif :** (Prix 2002) 2 pers. (6A) 17,50 – pers. suppl. 3,90
**Location :** 275 à 430

**à Gravières**   NO : 4,5 km par D 901 rte de Villefort et D 113 à droite – 369 h. – alt. 220 – ☒ 07140 Gravières :

▲ *Le Mas du Serre* avril-1er oct.
    04 75 37 33 84 – SE : 1,3 km par D 113 et chemin à gauche, à 300 m du Chassezac « Belle situation autour d'un ancien mas » – **R** conseillée
1,5 ha (75 empl.) plat, peu incliné, terrasses, herbeux
**Tarif :** 2 pers. (5A) 17,50

## La VARENNE

49270 M.-et-L. 4 – 317 B5 – 1 278 h. – alt. 65.
🛈 Syndicat d'Initiative  02 40 98 51 04.
Paris 362 – Ancenis 15 – Clisson 33 – Nantes 26.

▲ *Municipal des Grenettes* juin-15 sept.
    02 40 98 58 92 – sortie Est rte de Champtoceaux puis à gauche 2 km par rte du bord de Loire
0,7 ha (20 empl.) plat, peu incliné, herbeux
**Tarif :** 2 pers. 7,67 – pers. suppl. 1,41

## VARENNES-SUR-ALLIER

03150 Allier 11 – 326 H5 – 4 413 h. – alt. 245.
🛈 Office du Tourisme, place de l'Hôtel-de-Ville  04 70 47 72 07, Fax 04 70 47 72 01.
Paris 330 – Digoin 59 – Lapalisse 20 – Moulins 31 – St-Pourçain-sur-Sioule 11 – Vichy 25.

▲ *Château de Chazeuil* 15 avril-15 oct.
    04 70 45 00 10, *camping-de-chazeuil@ifrance.com*, Fax 04 70 45 00 10 – NO : 2 km rte de Moulins, carrefour N 7 et D 46 « Agréable parc boisé »
12 ha/1,5 campable (60 empl.) plat, herbeux
**Tarif :** 2 pers. (6A) 19 – pers. suppl. 4,50 – frais de réservation 16

## VARENNES-SUR-LOIRE

49730 M.-et-L. 9 – 317 J5 – 1 847 h. – alt. 27.
Paris 302 – Bourgueil 15 – Chinon 22 – Loudun 30 – Saumur 11.

▲ *L'Étang de la Brèche* 23 mai-8 sept.
    02 41 51 22 92, *mail@etang-breche.com*, Fax 02 41 51 27 24 – O : 6 km par D 85, N 152, rte de Saumur, et chemin à droite, bord de l' étang « Cadre et situation agréables au bord d'un étang » – **R** conseillée
14 ha/7 campables (201 empl.) plat, herbeux, sablonneux
**Tarif :** 2 pers. (10A) 28 - pers. suppl. 5 – frais de réservation 15

## VARZY

58210 Nièvre 6 – 319 D7 G. Bourgogne – 1 455 h. – alt. 249.
🛈 Syndicat d'Initiative, le Bourg  03 86 29 43 73, Fax 03 86 29 72 73.
Paris 225 – La Charité-sur-Loire 37 – Clamecy 17 – Cosne-sur-Loire 43 – Nevers 53.

▲ *Municipal du Moulin Naudin* mai-sept.
    03 86 29 43 12, Fax 03 86 29 72 73 – N : 1,5 km par D 977 « Près d'un plan d'eau »
3 ha (50 empl.) plat, peu incliné et terrasse, herbeux
**Tarif :** (Prix 2002) 2 pers. (plus de 5A) 10,60 – pers. suppl. 2,50

## VASSIEUX-EN-VERCORS

26420 Drôme 12 – 332 F4 – 283 h. – alt. 1 040.
Paris 620 – Die 31 – Grenoble 70 – Romans-sur-Isère 56 – Valence 73.

▲ *Aire Naturelle les Pins* 15 juin-15 sept.
    04 75 48 28 82 – SE : 2 km par D 615, rte du Col de Vassieux et rte à gauche – **R**
2,5 ha (25 empl.) plat, peu incliné, herbeux
**Tarif :** 2 pers. (½) 9 – pers. suppl. 3

## VATAN

36150 Indre **10** – **323** G4 G. Berry Limousin – 2 022 h. – alt. 140.

**🅸** Office du Tourisme, place de la République ℰ 02 54 49 71 69, Fax 02 54 49 71 69, otsi *vatan@wanadoo.fr*.
Paris 235 – Blois 78 – Bourges 71 – Châteauroux 31 – Issoudun 21 – Vierzon 29.

    **⚠ *Municipal*** 26 avril-14 sept.
      ℰ 02 54 49 91 37, *mairie@vatan-en-berry.com*, Fax 02 54
      49 99 72 – sortie Ouest par D 2, rte de Guilly et rue du collège
      à gauche « Bord d'un étang d'agrément où pataugent les
      canards » – **R**
      2,4 ha (55 empl.) plat, herbeux, pierreux
      **Tarif :** 🔲 *2 pers.* 🔌 *10 – pers. suppl. 4*
      **Location** *(avril-sept.)* : 🚐 *140 à 230*
      🚐

## VAUX-SUR-MER

17 Char.-Mar. – **324** D6 – rattaché à Royan.

## VAYRAC

46110 Lot **18** – **337** G2 – 1 166 h. – alt. 139 – **Base de loisirs**.
Paris 513 – Beaulieu-sur-Dordogne 18 – Brive-la-Gaillarde 32 – Cahors 88 – St-Céré 22 – Souillac 26.

    **⚠ *Municipal la Palanquière*** mai-sept.
      ℰ 05 65 32 43 67, *mairie-vayrac@wanadoo.fr*
      S : 1 km par D 116, en direction de la base de loisirs – **R**
      1 ha (33 empl.) plat, herbeux
      **Tarif :** (Prix 2002) 🔲 *2 pers.* 🔌 *10,20 – pers. suppl. 2,60*
      **Location :** *huttes*

    **⚠ *Les Bungalows Mirandol*** (location exclusive de 22
    chalets) avril-oct.
      ℰ 05 65 32 57 12, *bungalows-mirandol@wanadoo.fr*,
      Fax 05 65 32 57 96 – S : 2,3 km par D 116, en direction de
      la base de loisirs – **R** conseillée
      2,6 ha non clos, plat, herbeux
      **Location :** 🚐 *270 à 590*

**575**

## VEDÈNE

84270 Vaucluse **16** – **332** C10 – 6 675 h. – alt. 34.
Paris 681 – Avignon 12 – Carpentras 17 – Cavaillon 23 – Orange 25 – Roquemaure 22.

    **⚠ *Flory*** 15 mars-15 oct.
      ℰ 04 90 31 00 51, *campingflory@wanadoo.fr*, Fax 04 90
      23 46 19 – NE : 1,5 km par D 53, rte d'Entraigues –
      **R** conseillée
      6 ha (136 empl.) plat, peu incliné, accidenté, herbeux, sablon-
      neux, rocheux
      **Tarif :** 🔲 *2 pers.* 🔌 *(10A) 15,60 – pers suppl. 4 – frais de*
      *réservation 8*
      **Location** 🗙 : 🚐 *385 à 505*

## VENAREY-LES-LAUMES

21150 Côte-d'Or **7** – **320** G4 G. Bourgogne – 3 544 h. – alt. 235.

**🅸** Office du Tourisme, place Bingerbrück ℰ 03 80 96 89 13, Fax 03 80 96 13 22, *alesia-tourisme@wanadoo.fr*.
Paris 260 – Avallon 54 – Dijon 67 – Montbard 15 – Saulieu 42 – Semur-en-Auxois 13 – Vitteaux 20.

    **⚠ *Municipal Alésia*** avril-15 oct.
      ℰ 03 80 96 07 76, *mairie.vll@worldonline.fr*, Fax 03 80 96
      07 76 – sortie Ouest par D 954, rte de Semur-en-Auxois et
      rue à droite, avant le pont, bord de la Brenne et près d'un
      plan d'eau
      1,5 ha (67 empl.) plat, herbeux, gravillons
      **Tarif :** 🔲 *2 pers.* 🔌 *(5A) 10,80 – pers. suppl. 2,30*

## VENCE

06140 Alpes-Mar. **17** – **341** D5 G. Côte d'Azur – 15 330 h. – alt. 325.
**🅸** Office du tourisme, place du Grand-Jardin ℰ 04 93 58 06 38, Fax 04 93 58 91 81.
Paris 928 – Antibes 19 – Cannes 30 – Grasse 23 – Nice 23.

    **⚠ *Domaine de la Bergerie*** 25 mars-15 oct.
      ℰ 04 93 58 09 36, Fax 04 93 59 80 44 – O : 4 km par
      D 2210, rte de Grasse et chemin à gauche « Ancienne ber-
      gerie joliement restaurée »
      30 ha/13 campables (450 empl.) plat et en terrasses,
      rocailleux, herbeux »
      **Tarif :** (Prix 2002) 🔲 *2 pers.* 🔌 *(5A) 19,50 – pers. suppl. 4,25*

## VENDAYS-MONTALIVET

33930 Gironde **9** – **335** E2 – 1 681 h. – alt. 9.
**🛈** Office du Tourisme, 62 avenue de l'Océan *𝒫* 05 56 09 30 12, Fax 05 56 09 36 11, *infos@ot-vendays-montalivet.fr.*
Paris 535 – Bordeaux 81 – Lesparre-Médoc 13 – Soulac-sur-Mer 21.

⚠ **Le Mérin** avril-1ᵉʳ nov.
*𝒫* 05 56 41 78 64, Fax 05 56 41 78 64 – NO : 3,7 km par D 102, rte de Montalivet et chemin à gauche – **R** conseillée
3,5 ha (165 empl.) plat, herbeux, sablonneux
**Tarif :** 🔲 *2 pers.* 🔌 *(6A) 11,70 – pers. suppl. 2,30*
**Location** ♒ : 🚐 *150 à 230 –* 🏠 *(sans sanitaires)*

## VENEUX-LES-SABLONS

77250 S.-et-M. **6** – **312** F5 – 4 298 h. – alt. 76.
Paris 73 – Fontainebleau 9 – Melun 26 – Montereau-Fault-Yonne 14 – Nemours 21 – Sens 45.

⚠ **Les Courtilles du Lido** 12 avril-28 sept.
*𝒫* 01 60 70 46 05, Fax 01 64 70 62 65 – NE : 1,5 km, chemin du Passeur – Places limitées pour le passage – **R** conseillée
5 ha (196 empl.) plat, herbeux
**Tarif :** 🔲 *2 pers.* 🔌 *(10A) 16,25 – pers. suppl. 3,50*

## VENSAC

33590 Gironde **9** – **335** E2 – 658 h. – alt. 5.
Paris 527 – Bordeaux 82 – Lesparre-Médoc 14 – Soulac-sur-Mer 18.

⚠ **Les Acacias** 31 mai-21 sept.
*𝒫* 05 56 09 58 81, *les.acacias.en.medoc@wanadoo.fr,*
Fax 05 56 09 50 67 – NE : 1,5 km par N 215, rte de Verdon-sur-Mer et chemin à droite – **R** conseillée
3,5 ha (175 empl.) plat, herbeux, sablonneux
**Tarif :** 🔲 *2 pers.* 🔌 *(4A) 17,50 – pers. suppl. 3 – frais de réservation 17*
**Location :** 🚐 *200 à 560*

**576**

## VENTHON

73 Savoie – **333** L3 – rattaché à Albertville.

## VERCHAIX

74440 H.-Savoie **12** – **328** N4 – 391 h. – alt. 800.
**🛈** Office du Tourisme, le Forum *𝒫* 04 50 90 10 08, Fax 04 50 90 10 26.
Paris 579 – Annecy 71 – Chamonix-Mont-Blanc 57 – Genève 51 – Megève 46 – Thonon-les-Bains 54.

⚠ **Municipal Lac et Montagne** Permanent
*𝒫* 04 50 90 10 12, Fax 04 50 90 73 99 – S : 1,8 km sur D 907, à Verchaix-Gare, bord du Giffre, alt. 660 – **R** conseillée
2 ha (107 empl.) non clos, plat, herbeux, pierreux
**Tarif :** 🔲 *2 pers.* 🔌 *(10A) 12,25 (hiver 13,80) – pers. suppl. 2*

## VERCHENY

26340 Drôme **16** – **332** E5 – 427 h. – alt. 400.
Paris 617 – Crest 25 – Die 18 – Dieulefit 50 – Valence 55.

⚠ **Du Gap** mai-15 sept.
*𝒫* 04 75 21 72 62, *campingdugap@net-up.com,* Fax 04 75 21 76 40 – NE : 1,2 km par D 93, rte de Die « Accès direct à la Drôme » – **R** conseillée
4 ha (90 empl.) plat, herbeux
**Tarif :** (Prix 2002) 🔲 *2 pers.* 🔌 *(6A) 16,60 – pers. suppl. 3,90*

⚠ **Les Acacias** 10 avril-sept.
*𝒫* 04 75 21 72 51, *infos@campinglesacacias.com,* Fax 04 75 21 73 98 – SO : 2 km sur D 93, rte de Crest « Cadre et situation agréables au bord de la Drôme » – **R** conseillée
3 ha (100 empl.) plat, en terrasses, pierreux, herbeux
**Tarif :** 🔲 *2 pers.* 🔌 *(6A) 14,80 – pers. suppl. 3,30*
**Location :** 🚐 *231 à 301*

## VERDELOT

77510 S.-et-M. **6** – **312** J2 G. Champagne Ardenne – 613 h. – alt. 115.
Paris 89 – Melun 75 – Reims 80 – Troyes 103.

**Ferme de la Fée** 15 fév.-15 déc.
℘ 01 64 04 80 19, Fax 01 64 04 81 84 – S : 0,5 km par rte
de St-Barthélémy et à droite – Places limitées pour le pas-
sage « Bord du Petit Morin et d'un étang » – **R** conseillée
5,8 ha (100 empl.) peu incliné, herbeux
**Tarif :** 🔲 2 pers. (ℐ) 20,50 – pers. suppl. 6,50

*(icon box)* 🦆 ⊶ 🏠 ♀ verger 🏢 ⅙ 🔟 ⇆ 🗒
🔥 ☺ 🎣 ⇘ 🍽 🔲 🛏 ⇆ ♒
À prox. : ✗ 🐎 (centre équestre)

## VERDUN

55100 Meuse **7** – **307** D4 G. Alsace Lorraine – 20 753 h. – alt. 198.
**🚹** Office du Tourisme, place de la Nation ℘ 03 29 86 14 18, Fax 03 29 84 22 42, verduntourisme@wanadoo.fr.
Paris 270 – Bar-le-Duc 57 – Châlons-en-Champagne 91 – Metz 80 – Nancy 96.

**Les Breuils** avril-sept.
℘ 03 29 86 15 31, camping.lesbreuils@wanadoo.fr, Fax
03 29 86 75 76 – sortie Sud-Ouest par rocade D S1 vers
rte de Paris et chemin à gauche « Cadre champêtre au bord
d'un étang » – **R** conseillée
5,5 ha (162 empl.) plat, peu incliné et en terrasses, herbeux,
gravier, sapinière
**Tarif :** (Prix 2002) 🔲 2 pers. (ℐ) (5A) 14,40 – pers. suppl. 3,85
🚐

*(icon box)* ⊶ 🇬🇧 🏠 ♀ 🏢 ⅙ 🔟 ⇆ 🗒 ⊿ 🛏
☺ 🔥 ⤴ 🍷 snack ⇆ ⟰ ⟊ ♒

## VERMENTON

89270 Yonne **7** – **319** F6 G. Bourgogne – 1 105 h. – alt. 125.
**🚹** Syndicat d'Initiative, rue Général-de-Gaulle ℘ 03 86 81 60 76, Fax 03 86 81 63 95, vermenton@wanadoo.fr.
Paris 191 – Auxerre 24 – Avallon 28 – Vézelay 29.

**Municipal les Coullemières** 10 avril-9 oct.
℘ 03 86 81 53 02, mairie.vermenton@free.fr, Fax 03 86 81
53 02 – au Sud-Ouest de la localité, derrière la gare « Cadre
agréable près de la Cure (plan d'eau) » – **R** conseillée
1 ha (50 empl.) plat, herbeux
**Tarif :** (Prix 2002) 🔲 2 pers. (ℐ) (6A) 11,70 – pers. suppl. 2,90
🚐 (4 empl.) – 11,35

*(icon box)* ⊶ 🇬🇧 🚴 ♀ 🏢 ⅙ 🔟 ⇆ 🗒 🛏 ☺
🔥 🛏 ⇆ 🚲 ✗ ⟰
À prox. : canoë ♒ (plage) parcours
sportif

**577**

## Le VERNET

04140 Alpes-de-H.-Pr. **17** – **334** G7 – 110 h. – alt. 1 200.
Paris 736 – Digne-les-Bains 31 – La Javie 16 – Seyne 11.

**Lou Passavous** avril-sept.
℘ 04 92 35 14 67, loupassavous@wanadoo.fr, Fax 04 92
35 09 35 – N : 0,8 km par rte de Roussimat, bord du Bès –
**R** conseillée
1,5 ha (60 empl.) peu incliné et plat, herbeux, pierreux
**Tarif :** 🔲 2 pers. (ℐ) (6A) 16 – pers. suppl. 3,65 – frais de
réservation 10

*(icon box)* 🦆 ∢ ⊶ 🇬🇧 🚴 🏢 ⅙ 🔟 ⇆ 🗒 🛏
☺ 🔥 pizzeria ⤵ ⟰
À prox. : ⟊

## VERNET-LES-BAINS

66820 Pyr.-Or. **15** – **344** F7 G. Languedoc Roussillon – 1 489 h. – alt. 650 – ⚕ (mi mars-fin nov.).
**🚹** Office du Tourisme, 6 place de l'Ancienne-Mairie ℘ 04 68 05 55 35, Fax 04 68 05 60 33.
Paris 908 – Mont-Louis 36 – Perpignan 57 – Prades 11.

**L'Eau Vive** mars-nov.
℘ 04 68 05 54 14, leauv@club-internet.fr, Fax 04 68 05
78 14 – sortie vers Sahorre puis, après le pont, 1,3 km par
av. St-Saturnin à droite, près du Cady « Dans un site
agréable »
1,7 ha (77 empl.) plat et peu incliné, herbeux
**Tarif :** 🔲 3 pers (ℐ) 22 – pers. suppl. 2,50 – frais de réser-
vation 15
**Location** (fermé nov.-14 déc.) : 🏠 165 à 555

*(icon box)* 🦆 ∢ ⊶ 🇬🇧 🚴 ⅙ 🔟 ⇆ 🗒 🛏 ☺
⊿ ⇘ 🔥 🍷 ♒ (petit plan d'eau)

**à Casteil** S : 2,5 km par D 116 – 102 h. – alt. 780 – ✉ 66820 Casteil.
**🚹** Syndicat d'Initiative, 1 rue du Canigou ℘ 04 68 05 67 63, Fax 04 68 05 61 34

**Domaine St-Martin** 30 mai-sept.
℘ 04 68 05 52 09, camping-stmartin@ifrance.com, Fax
04 68 05 52 09 – sortie Nord par D 116 et chemin à
droite, Accès aux emplacements par forte pente, mise en
place et sortie des caravanes à la demande « Cadre pitto-
resque au pied du Massif du Canigou, près d'une cascade »
– **R** conseillée
4,5 ha (45 empl.) en terrasses, pierreux, rochers
**Tarif :** 🔲 2 pers. (ℐ) 14,95 – pers. suppl. 3,65

*(icon box)* 🦆 ∢ ⊶ 🇬🇧 🚴 🏠 ♀♀ ⅙ 🔟 ⇆
🛏 ☺ 🔥 ✗ ⤵ 🛏 ⟰ ⟊
À prox. : ✗

## VERNIOZ

38150 Isère **12** – **333** C5 – 798 h. – alt. 250.
Paris 506 – Annonay 39 – Givors 26 – Le Péage-de-Roussillon 12 – Rive-de-Gier 42 – Vienne 15.

⚞ **Bontemps** avril-sept.
🕾 04 74 57 83 52, *info@ campinglebontemps.com*, Fax 04 74 57 83 70 – à St-Alban-de-Varèze, Est : 4,5 km par D 37 et chemin à droite, bord de la Varèze – **R** conseillée
6 ha (100 empl.) plat, herbeux, étangs
**Tarif :** ▣ *2 pers.* ⚡ *(6A) 21 – pers. suppl. 5*
🚐

salle d'animation 🏞 🎿 🏇 poneys
parc ornithologique 🐾 et poneys

## VERS

46090 Lot **14** – **337** F5 – 390 h. – alt. 132.
Paris 567 – Cahors 15 – Villefranche-de-Rouergue 54.

⚞ **La Chêneraie** 19 avril-13 sept.
🕾 05 65 31 40 29, *lachenerai@ free.fr*, Fax 05 65 31 41 70 – SO : 2,5 km par D 653, rte de Cahors et chemin à droite après le passage à niveau – **R** conseillée
2,6 ha/0,4 campable (25 empl.) plat, herbeux
**Tarif :** ▣ *2 pers.* ⚡ *(6A) 16 – pers. suppl. 3,50 – frais de réservation 8*
**Location :** 🛏 *170 à 360 –* 🛏 *183 à 520 –* 🛏 *183 à 520*

chênaie grill

## VERTEILLAC

24320 Dordogne **10** – **329** D3 – 706 h. – alt. 185.
🅱 Syndicat d'Initiative, avenue d'Aquitaine 🕾 05 53 90 37 78, *si.verteillac@ perigord.tm.fr*.
Paris 493 – Angoulême 46 – Brantôme 31 – Chalais 31 – Périgueux 50 – Ribérac 13.

⚞ **Municipal Pontis Sud-Est** 15 mai-sept.
🕾 05 53 90 37 74 – à 0,6 km au Nord-Est du bourg, près du stade
1 ha (24 empl.) peu incliné, herbeux
**Tarif :** ▣ *2 pers.* ⚡ *6,70 – pers. suppl. 1,40*

(0,3 ha)
À prox. : 🍴

**578**

## VERTOU

44 Loire-Atl. – **316** H4 – rattaché à Nantes.

## VESOUL

70000 H.-Saône **8** – **314** E7 G. Jura – 17 614 h. – alt. 221 – **Base de loisirs**.
🅱 Office du Tourisme, 6 rue des Bains 🕾 03 84 97 10 85, Fax 03 84 97 10 71, *otvesoul@ club-internet.fr*.
Paris 361 – Belfort 64 – Besançon 48 – Épinal 90 – Langres 77 – Vittel 87.

⚞ **International du Lac** mars-oct.
🕾 03 84 76 22 86, Fax 03 84 75 74 93 – O : 2,5 km « Près d'un vaste lac »
3 ha (160 empl.) plat, herbeux
**Tarif :** ▣ *2 pers.* ⚡ *13,20 – pers. suppl. 3*

À prox. : snack 🏞 🍴 🏊 (parc aquatique) 🏄

## VEULES-LES-ROSES

76980 S.-Mar. **1** – **304** E2 G. Normandie Vallée de la Seine – 753 h. – alt. 15.
🅱 Office du Tourisme, 12 rue du Marché 🕾 02 35 97 63 05, Fax 02 35 57 24 51, *mairie-veules-les-roses@ wanadoo.fr*.
Paris 188 – Dieppe 27 – Fontaine-le-Dun 8 – Rouen 57 – St-Valery-en-Caux 8.

⚞ **Municipal des Mouettes** 15 fév.-nov.
🕾 02 35 97 61 98, *campinglesmouettes@ wanadoo.fr*, Fax 02 35 97 33 44 – sortie Est par D 68, rte de Sotteville-sur-Mer, à 500 m de la plage – **R** conseillée
3,6 ha (150 empl.) plat, herbeux
**Tarif :** (Prix 2002) ▣ *1 pers.* ⚡ *15,40 (2 pers. 17,20) – pers. suppl. 3,60*
🚐

*Dieser Führer stellt kein vollständiges Verzeichnis aller Campingplätze dar, sondern nur eine Auswahl der besten Plätze jeder Kategorie.*

## VEYNES

05400 H.-Alpes **16** – **334** C5 – 3 148 h. – alt. 827.

**🛈** Office du Tourisme, avenue Commandant-Dumont *𝒫* 04 92 57 27 43, Fax 04 92 58 16 18, *tourisme.veyn ois@wanadoo.fr.*

Paris 663 – Aspres-sur-Buëch 9 – Gap 24 – Sisteron 51.

▲ **Les Prés** 15 avril-sept.
  *𝒫* 04 92 57 26 22 – NE : 3,4 km par D 994, rte de Gap puis
  5,5 km par D 937 rte du col de Festre et chemin à gauche,
  au lieu-dit le Petit Vaux, près de la Béoux, alt. 960 –
  **R** conseillée
  0,35 ha (25 empl.) plat et peu incliné, herbeux
  **Tarif :** ▣ *2 pers.* 🔌 *(6A) 11,60 – pers. suppl. 2,30*
  **Location :** 🏠 *170*

---

## VEYRINES-DE-DOMME

24250 Dordogne **18** – **329** H7 – 219 h. – alt. 180.
Paris 545 – Cahors 56 – Fumel 48 – Gourdon 26 – Périgueux 69 – Sarlat-la-Canéda 19.

▲ **Les Pastourels** 15 mars-15 nov.
  *𝒫* 05 53 29 52 49, *francis.vierge@free.fr*, Fax 05 53 29
  15 19 – à 2,7 km au Nord du bourg, au lieu-dit le Brouillet
  « Site dominant le château des Milandes et la vallée de la
  Dordogne » – **R** conseillée
  3,5 ha (55 empl.) plat et peu incliné, en terrasses, herbeux,
  pierreux
  **Tarif :** ▣ *2 pers.* 🔌 *(6A) 18,50 – pers. suppl. 4,50*
  **Location :** 🏠 *244 à 495*

---

## VÉZAC

24220 Dordogne **18** – **329** I6 – 620 h. – alt. 90.
Paris 536 – Bergerac 65 – Brive-la-Gaillarde 60 – Fumel 56 – Gourdon 26 – Périgueux 68 – Sarlat-la-Canéda 9.

Schéma à Domme

**579**

▲ **Les Deux Vallées** Permanent
  *𝒫* 05 53 29 53 55, *les2v@perigord.com*, Fax 05 53 31
  09 81 – O : derrière l'ancienne gare, bord d'un petit étang
  « De certains emplacements, vue imprenable sur le château
  de Beynac » – **R** conseillée
  2,5 ha (100 empl.) plat, herbeux
  **Tarif :** ▣ *2 pers.* 🔌 *(6A) 21 – pers. suppl. 5 – frais de réser-*
  *vation 15*
  **Location** *(avril-oct.)* – ✗ : 🏠 *175 à 350 –* 🏠 *250 à 500*

▲ **La Cabane** avril-oct.
  *𝒫* 05 53 29 52 28, *camping.la.cabane@wanadoo.fr*, Fax
  05 53 29 54 68 – SO : 1,5 km, bord de la Dordogne et
  d'un étang – **R** conseillée
  2,25 ha (98 empl.) non clos, plat, herbeux, sablonneux
  **Tarif :** ▣ *2 pers.* 🔌 *(10A) 12,20 – pers. suppl. 3*
  **Location** ✗ : 🛏 – *gîte d'étape*

---

## VIAM

19170 Corrèze **10** – **329** M2 – 133 h. – alt. 680.
Paris 457 – Bugeat 6 – Eymoutiers 24 – Guéret 86 – Limoges 69 – Treignac 18.

▲ **Municipal Puy de Veix** 15 juin-sept.
  *𝒫* 05 55 95 52 05, *viammairie@wanadoo.fr*, Fax 05 55 95
  21 86 – au Sud du bourg (accès direct) « Agréable cadre de
  verdure près d'un plan d'eau » – **R** conseillée
  2 ha (50 empl.) non clos, en terrasses et plat, herbeux, pier-
  reux, bois attenant
  **Tarif :** ▣ *2 pers.* 🔌 *6,90 – pers. suppl. 1,70*
  🏠

---

*Ne pas confondre :*

▲ ... à ... ▲▲▲▲ : *appréciation* **MICHELIN**

*et*

★ ... à ... ★★★★ : *classement officiel*

## VIAS

34450 Hérault **15** – **339** F9 G. Languedoc Roussillon – 3 517 h. – alt. 10.

**🛈** Office du Tourisme, avenue de la Méditerranée *𝒫* 04 67 21 68 78, Fax 04 67 21 55 46.

Paris 757 – Agde 5 – Béziers 19 – Narbonne 46 – Sète 30 – Valras-Plage 20.

**à la Plage** S : 2,5 km par D 137 – ⊠ 34450 Vias

▲▲▲ **Farret et la Plage** 10 avril-27 sept.
*𝒫* 04 67 21 64 45, *farret@wanadoo.fr*, Fax 04 67 21 70 49
– en deux camps distincts, bord de plage « Bel espace
aquatique » – **R**
7 ha (437 empl.) plat, sablonneux, herbeux
**Tarif :** 🔲 1 ou 2 pers. 🔌 (6A) 35 – pers. suppl. 6
**Location** 🏖 : 🚐 150 à 800 – 🏠 180 à 700
🚐

salle de spectacle et d'animation

À prox. : parc d'attractions, parcours
sportif 🐎 poneys

▲▲▲ **Le Napoléon** 18 avril-sept.
*𝒫* 04 67 01 07 80,  *reception@camping-napoleon.fr*,
Fax 04 67 01 07 85 – à 250 m de la plage – **R** indispensable
3 ha (250 empl.) plat, herbeux, sablonneux
**Tarif :** 🔲 2 pers. 🔌 (6A) 30 – pers. suppl. 5 – frais de réser-
vation 26
**Location :** 🚐 250 à 630 – 🏠 280 à 750 – appartements
🚐

pizzeria 🔌 cases
réfrigérées, discothèque

À prox. : parcours sportif, parc
d'attractions

▲▲▲ **Californie Plage** 5 avril-10 oct.
*𝒫* 04 67 21 64 69, *californie.plage@wanadoo.fr*, Fax 04 67
21 54 62 – au Sud-Ouest par D 137ᴱ et chemin à gauche,
bord de plage – **R** conseillée
5,8 ha (371 empl.) plat, herbeux, sablonneux
**Tarif :** 🔲 2 pers. 🔌 (10A) 30,60 – pers. suppl. 4,60 – frais
de réservation 23
**Location** 🏖 : 🚐 276 à 700

cases
réfrigérées

À prox. : parcours sportif, parc
d'attractions

▲▲▲ **Cap Soleil** Permanent
*𝒫* 04 67 21 64 77, *cap.soleil@wanadoo.fr*, Fax 04 67 21
70 66 – à 600 m de la plage « Bel ensemble aquatique » –
**R** conseillée
4,5 ha (288 empl.) plat, herbeux
**Tarif :** 🔲 2 pers. 🔌 (10A) 27,60 – pers. suppl. 3,80 – frais
de réservation 23
**Location** (avril-15 sept.) : 🚐 380 à 685
🚐

pizzeria, snack
🔌 cases réfrigérées

À prox. : 🐎

▲▲▲ **Méditerranée-Plage** 10 avril-22 sept.
*𝒫* 04 67 90 99 07, *camping.med@wanadoo.fr*, Fax 04 67
90 99 17 – SO : 6 km par D 137ᴱ², bord de plage (hors schéma)
– **R** conseillée
9,6 ha (490 empl.) plat, herbeux, sablonneux
**Tarif :** 🔲 2 pers. 🔌 (6A) 27 – pers. suppl. 4,80 – frais de
réservation 20
**Location** 🏖 : 🚐 210 à 630 – studios

pizzeria, crêperie

**580**

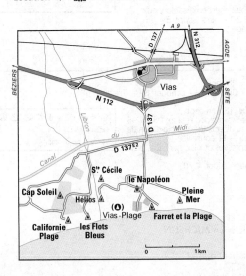

▲▲▲ **Les Flots Bleus** avril-sept.
  𝒫 04 67 21 64 80, *flots-bleus@free.fr*, Fax 04 67 01 78 12
– SO : bord de plage – **R** conseillée
5 ha (314 empl.) plat, herbeux, sablonneux
**Tarif :** 🔲 *2 pers.* (½) *(6A) 24,50 – pers. suppl. 4 – frais de réservation 22*
**Location** 🛇 : 🚐 *170 à 640 –* 🏠 *170 à 610*
🚲

*GB* ... snack, pizzeria ... terrain omnisports
À prox. : parcours sportif, parc d'attractions

▲▲▲ **Hélios** 8 mai-27 sept.
  𝒫 04 67 21 63 66, Fax 04 67 21 63 66 – près du Libron et
à 250 m de la plage – **R** conseillée
2,5 ha (190 empl.) plat, sablonneux, herbeux
**Tarif :** 🔲 *2 pers.* (½) *(4A) 18,30 – pers. suppl. 3,25 – frais de réservation 10*
**Location :** 🚐 *183 à 440 –* 🏠 *206 à 470*

... snack
À prox. : parcours sportif, parc d'attractions

▲▲▲ **Ste Cécile** 26 avril-26 sept.
  𝒫 04 67 21 63 70, Fax 04 67 21 48 71 – près du Libron, à
500 m de la plage – **R** conseillée
2 ha (105 empl.) plat, sablonneux, herbeux
**Tarif :** 🔲 *2 pers.* (½) *(3A) 23 – pers. suppl. 4 – frais de réservation 8*
**Location :** *gîtes ruraux*

À prox. : parc d'attractions, parcours sportif

▲▲▲ **Pleine Mer** 12 avril-28 sept.
  𝒫 04 67 21 63 83, *camping.pleinemer@wanadoo.fr*, Fax
04 67 21 91 93 – à 120 m de la plage, (accès direct)
1 ha (94 empl.) plat, sablonneux, herbeux
**Tarif :** 🔲 *1 ou 2 pers.* (½) *(10A) 23 – pers. suppl. 3*
**Location** 🛇 : 🚐 *190 à 488*

À prox. : parc d'attractions, parcours sportif

## VICHY

03200 Allier ⑪ – ③②⑥ H6 G. **Auvergne** – 27 714 h. – alt. 340 – ⚓ (mi fév.-début déc.) – Base de loisirs.
🅑 Office du Tourisme, 19 rue du Parc 𝒫 04 70 98 71 94, Fax 04 70 31 06 00, *tourisme@ville-vichy.fr*.
Paris 354 – Clermont-Ferrand 56 – Montluçon 97 – Moulins 56 – Roanne 74.

**à Abrest** S : 4 km par D 906 rte de Thiers – 2 544 h. – alt. 290 – ✉ 03200 Abrest

▲ **La Croix St-Martin** mai-sept.
  𝒫 04 70 32 67 74, *campabrest@worldonline.fr*, Fax 04 70
32 67 74 – Nord par avenue des Graviers et chemin, près de
l'Allier – **R** conseillée
3 ha (100 empl.) plat, herbeux
**Tarif :** 🔲 *2 pers.* (½) *(10A) 12,50 – pers. suppl. 3*
**Location :** 🚐 *231 à 392*

À prox. : golf, casino, canoë, swin golf

## VIC-SUR-CÈRE

15800 Cantal ⑪ – ③③⓪ D5 G. **Auvergne** – 1 968 h. – alt. 678.
🅑 Office du Tourisme, avenue André-Mercier 𝒫 04 71 47 50 68, Fax 04 71 47 58 56, *vic-sur-cere@wanadoo.fr*.
Paris 553 – Aurillac 19 – Murat 31.

▲▲▲ **La Pommeraie** avril-15 sept.
  𝒫 04 71 47 54 18, *pommeraie@wanadoo.fr*, Fax 04 71 49
63 30 – SE : 2,5 km par D 54, D 154 et chemin à droite, alt.
750 « Belle situation dominante » – **R** conseillée
2,8 ha (100 empl.) en terrasses, herbeux, pierreux
**Tarif :** 🔲 *2 pers.* (½) *(5A) 24 – pers. suppl. 6 – frais de réservation 16*
**Location :** 🚐 *210 à 487 – studios*

≤ les monts, la vallée et la ville

▲ **Municipal du Carladez** avril-sept.
  𝒫 04 71 47 51 04, *vicsurcere@wanadoo.fr*, Fax 04 71 47
50 59 – rte de Salvanhac, bord de la Cère – **R** conseillée
3 ha (250 empl.) plat, herbeux
**Tarif :** (Prix 2002) 🔲 *2 pers.* (½) *(6A) 10,90 – pers. suppl. 2,70
– frais de réservation 8*

À prox. :

## VIELLE-AURE

65 H.-Pyr. – ③④② N8 – rattaché à St-Lary-Soulan.

*Teneinde deze gids beter te kunnen gebruiken,*
**DIENT U DE VERKLARENDE TEKST AANDACHTIG TE LEZEN.**

40560 Landes **13** – **335** D11 – 859 h. – alt. 27.
**🛈** Office du Tourisme, route de Linxe *𝒫* 05 58 47 94 94, Fax 05 58 47 90 00, *vielle.st.girons@ wanadoo.fr.*
Paris 723 – Castets 16 – Dax 38 – Mimizan 32 – Soustons 28.

   ▲▲▲ **Le Col Vert** 5 avril-21 sept.
     *𝒫* 05 58 42 94 06, *contact@colvert.com,* Fax 05 58 42
91 88 – S : 5,5 km par D 652, bord de l'étang de Léon « Site
agréable » – **R** conseillée
24 ha (800 empl.) plat, sablonneux, herbeux
**Tarif :** 🔳 *2 pers.* 🔌 *(3A) 34,40 - pers. suppl. 5,50 – frais de
réservation 30*
**Location :** 🏠 *224 à 728 –* 🏠 *252 à 798 – bungalows
toilés*
🚐

   ▲▲▲ **L'Océane** (location de 27 mobile homes) 12 avril-sept.
     *𝒫* 05 58 42 94 37, Fax 05 58 42 00 48 – N : 1 km par rte
des lacs « Agréable pinède » – **R**
3 ha non clos, plat, sablonneux, herbeux
**Location :** 🏠 *250 à 530*

   ▲ **Le Parc du Bel Air** 28 juin-15 sept.
     *𝒫* 05 58 42 99 28, Fax 05 58 42 99 28 – SO : 5,2 km par
D 652, rte de Léon et D 328, rte de Pichelèbe à droite –
**R** conseillée
1 ha (50 empl.) plat, herbeux, sablonneux
**Tarif :** (Prix 2002) 🔳 *2 pers.* 🔌 *(6A) 13 – pers. suppl.
2,50*

**à St-Girons-Plage** NO : 5 km par D 42 – ✉ 40560 St-Girons-Plage :

   ▲▲▲ **Eurosol** 10 mai-20 sept.
     *𝒫* 05 58 47 90 14, *contact@camping-eurosol.com,*
Fax 05 58 47 76 74 – à 350 m de la plage – **R** indispensable
18 ha (590 empl.) vallonné, plat, incliné, sablonneux, herbeux
**Tarif :** 🔳 *2 pers.* 🔌 *(10A) 25 – pers. suppl. 4 – frais de réser-
vation 25*
**Location** ⚡ : 🏠 *250 à 650 –* 🏠 *250 à 650*
🚐 *(10 empl.) – 27*

   ▲ **Municipal les Tourterelles** 26 mai-sept.
     *𝒫* 05 58 47 93 12, *info@camping-les-tourterelles.com,*
Fax 05 58 47 92 03 – O : 5,2 km par D 42, à St-Girons-Plage,
à 300 m de l'océan (accès direct) – **R**
18 ha (822 empl.) plat, incliné, vallonné, sablonneux
**Tarif :** 🔳 *2 pers.* 🔌 *17,77 – pers. suppl. 3,35*
🚐

---

40480 Landes **13** – **335** C12 G. Aquitaine – 1 210 h. – alt. 5.
**🛈** Office du Tourisme, le Mail *𝒫* 05 58 48 13 47, Fax 05 58 48 15 37 *officedetourisme.vieux-boucau@ wanadoo.fr.*
Paris 743 – Bayonne 41 – Biarritz 48 – Castets 28 – Dax 36 – Mimizan 55 – Mont-de-Marsan 89.

   ▲▲▲ **Municipal les Sablères** avril-15 oct.
     *𝒫* 05 58 48 12 29, *camping.lessableres@wanadoo.fr,*
Fax 05 58 48 20 70 – au Nord-Ouest de la localité par bd du
Marensin, à 250 m de la plage (accès direct) – **R** indispensable
11 ha (560 empl.) plat et accidenté, sablonneux, herbeux
**Tarif :** (Prix 2002) 🔳 *2 pers.* 🔌 *(10A) 19,30 – pers. suppl. 2,50
– frais de réservation 15*
**Location** ⚡ : 🏠 *188 à 691*

---

30120 Gard **15** – **339** G5 G. Languedoc Roussillon – 4 523 h. – alt. 221.
**🛈** Office du Tourisme, place Triaire *𝒫* 04 67 81 01 72, Fax 04 67 81 86 79, *ot.le-vigan@wanadoo.fr.*
Paris 710 – Alès 66 – Lodève 51 – Mende 110 – Millau 72 – Montpellier 62 – Nîmes 77.

   ▲▲▲ **Le Val de l'Arre** avril-sept.
     *𝒫* 04 67 81 02 77, *valdelarre@wanadoo.fr,* Fax 04 67 81
71 23 – E : 2,5 km par D 999 rte de Ganges et chemin à
droite, bord de l'Arre – **R** conseillée
4 ha (180 empl.) plat, peu incliné et en terrasses, herbeux
**Tarif :** 🔳 *2 pers.* 🔌 *16,16 – pers. suppl. 3,96 – frais de réser-
vation 10,67*
**Location :** 🏠 *256,11 à 330,81 –* 🏠 *(sans sanitaires)*

## Le VIGAN

46300 Lot **13** – **337** E3 G. Périgord Quercy – 922 h. – alt. 224.
Paris 539 – Cahors 43 – Gourdon 6 – Labastide-Murat 19 – Payrac 8 – Rocamadour 27.

ΔΔ **Le Rêve** 26 avril-15 sept.
℘ 05 65 41 25 20, info@campinglereve.com, Fax 05 65 41
68 52 – N : 3,2 km par D 673, rte de Souillac puis 2,8 km par
chemin à gauche « Décoration florale et arbustive, quelques
emplacements en sous-bois » – **R** conseillée
8 ha/2,5 campables (60 empl.) en terrasses, peu incliné et
plat, bois attenant
**Tarif :** 🔲 2 pers. 🚰 (6A) 16,10 – pers. suppl. 3,80
**Location :** 🏠 226 à 425

## VIGNEC

65 H.-Pyr. – **342** N8 – rattaché à St-Lary-Soulan.

## Les VIGNES

48210 Lozère **15** – **330** H9 G. Languedoc Roussillon – 103 h. – alt. 410.
🛈 Office du tourisme ℘ 04 66 48 80 90.
Paris 618 – Mende 52 – Meyrueis 33 – Le Rozier 12 – Ste-Enimie 25 – Sévérac-le-Château 22.

Δ **La Blaquière** mai-14 sept.
℘ 04 66 48 54 93, camping.blaquiere@wanadoo.fr,
Fax 04 66 48 54 93 – NE : 6 km par D 907Bis, rte de Florac,
bord du Tarn « Agréable situation dans les gorges du Tarn »
– **R** conseillée
1 ha (72 empl.) plat et terrasse, herbeux, pierreux
**Tarif :** 🔲 2 pers. 🚰 13,50 – pers. suppl. 3,10 – frais de réservation 8

## VIGNOLES

21 Côte-d'Or – **320** J7 – rattaché à Beaune.

## VIHIERS

49310 M.-et-L. **9** – **317** F6 – 4 131 h. – alt. 100.
🛈 Office du Tourisme ℘ 02 41 75 51 31, Fax 02 41 75 51 31.
Paris 336 – Angers 46 – Cholet 28 – Saumur 40.

Δ **Municipal de la Vallée du Lys** 20 mai-14 sept.
℘ 02 41 75 00 14, Fax 02 41 75 00 14 – sortie Ouest par
D 960, rte de Cholet puis D 54 à droite rte de Valanjou, bord
du Lys – **R** conseillée
0,3 ha (30 empl.) plat, herbeux
**Tarif :** (Prix 2002) 🔲 2 pers. 🚰 (6A) 8,20 - pers. suppl. 1,90

## VILLARD-DE-LANS

38250 Isère **12** – **333** G7 G. Alpes du Nord – 3 346 h. – alt. 1 040 – Sports d'hiver : 1 160/2 170 m
🎿 2 🚡 27 🎿.
🛈 Office du Tourisme, 105 chemin de la patinoire ℘ 04 76 95 10 38, Fax 04 76 95 98 39, info@ot-villard-de-lans.fr.
Paris 586 – Die 67 – Grenoble 34 – Lyon 123 – Valence 68 – Voiron 44.

ΔΔ **L'Oursière** fermé oct. et nov.
℘ 04 76 95 14 77, info@camping-oursiere.fr, Fax 04 76 95
58 11 – sortie Nord par D 531, rte de Grenoble, chemin piétonnier reliant le camp au village
4 ha (200 empl.) plat, peu incliné, pierreux, gravier, herbeux
**Tarif :** 🔲 2 pers. 🚰 (10A) 19 – pers. suppl. 3,90
**Location** 🚿 : 🚐 202 à 437
🚐

## VILLAREMBERT

73300 Savoie **12** – **333** K6 – 209 h. – alt. 1 296.
Paris 648 – Aiguebelle 49 – Chambéry 87 – St-Jean-de-Maurienne 13 – La Toussuire 7.

Δ **Municipal la Tigny**
℘ 04 79 83 02 51 – sortie Sud par D 78 et chemin à gauche
« Cadre verdoyant près d'un ruisseau »
0,3 ha (27 empl.) non clos, plat et peu incliné, terrasses, gravier, herbeux

## VILLARD-LOUBIÈRE

05800 H.-Alpes **12** – **334** E4 – 59 h. – alt. 1 026.
Paris 653 – La Chapelle-en-Valgaudémar 5 – Corps 22 – Gap 44 – La Mure 47.

⚕ **Les Gravières** 14 juin-août
*P* 04 92 55 35 35, Fax 04 92 55 35 35 – E : 0,7 km par
rte de la Chapelle-en-Valgaudémar et chemin à droite
« Cadre et site agréables au bord de la Séveraisse » –
**R** conseillée
2 ha (50 empl.) plat, pierreux, herbeux, sous-bois
**Tarif :** 🔲 *2 pers.* 🔅 *(5A) 13,50 – pers. suppl. 3,20*

## VILLARS-COLMARS

04370 Alpes-de-H.-Pr. **17** – **334** H7 – 203 h. – alt. 1 225.
Paris 807 – Annot 37 – Barcelonnette 47 – Colmars 3 – St-André-les-Alpes 26.

⚕ **Le Haut-Verdon** mai-28 sept.
*P* 04 92 83 40 09, *campinglehautverdon@wanadoo.fr*, Fax
04 92 83 56 61 – par D 908, bord du Verdon, accès très
déconseillé par le col d'Allos – **R** conseillée
3,5 ha (130 empl.) plat, pierreux
**Tarif :** 🔲 *2 pers.* 🔅 *(10A) 21 – pers. suppl. 4 – frais de réser-
vation 15*
**Location** 🦌 : 🚐 *305 à 515 –* 🏠 *280 à 470*
🚐

## VILLARS-LES-DOMBES

01330 Ain **12** – **328** D4 G. Vallée du Rhône – 3 415 h. – alt. 281.
🅱 Office du Tourisme, 3 place de l'Hôtel-de-Ville *P* 04 74 98 06 29, Fax 04 74 98 12 77, *ot.villarslesdombes
@caramail.com.*
Paris 433 – Bourg-en-Bresse 29 – Lyon 38 – Villefranche-sur-Saône 28.

⚕ **Municipal les Autières** avril-22 sept.
*P* 04 74 98 00 21, *campingdesautieres@wanadoo.fr*
sortie Sud-Ouest, rte de Lyon et à gauche, avenue des
Nations, près de la piscine – Places limitées pour le passage
« Cadre agréable au bord de la Chalaronne » – **R** conseillée
5 ha (238 empl.) plat, peu incliné, herbeux
**Tarif :** 🔲 *2 pers.* 🔅 *(6A) 15,30 – pers. suppl. 3,10*

## La VILLE-AUX-DAMES

37 I.-et-L. – **317** N4 – rattaché à Tours.

## VILLECROZE

83690 Var **17** – **340** M4 G. Côte d'Azur – 1 029 h. – alt. 300.
🅱 Office du Tourisme, rue Amboise-Croiat *P* 04 94 67 50 00, Fax 04 94 67 50 00.
Paris 840 – Aups 8 – Brignoles 37 – Draguignan 21 – St-Maximin-la-Ste-Baume 47.

⚕ **Le Ruou** avril-oct.
*P* 04 94 70 67 70, *camping.leruou@wanadoo.fr*, Fax 04 94
70 64 65 – SE : 5,4 km par D 251, rte de Barbebelle et D 560,
rte de Flayosc, accès conseillé par D 560 « Beaux emplace-
ments en terrasses, au pied du ruisseau » – **R** conseillée
4,3 ha (100 empl.) en terrasses, plat, herbeux
**Tarif :** 🔲 *2 pers.* 🔅 *(6A) 21,50 – pers. suppl. 5 - frais de
réservation 25*
**Location :** 🚐 *200 à 610 –* 🏠 *220 à 670 – bungalows toilés*
🚐

## VILLEDIEU-LES-POÊLES

50800 Manche **4** – **303** E6 G. Normandie Cotentin – 4 356 h. – alt. 105.
🅱 Office du Tourisme, place des Costils *P* 02 33 61 05 69, Fax 02 33 91 71 79, *info@villedieu-les-poeles.com.*
Paris 313 – Alençon 122 – Avranches 25 – Caen 81 – Flers 59 – St-Lô 35.

⚕ **Municipal Jean-louis Bougourd** Pâques-sept.
*P* 02 33 61 02 44, *camping-bougourd@wanadoo.fr*,
Fax 02 33 61 18 58 – accès par centre ville, r. des Costils à
gauche de la poste « Cadre agréable et soigné au bord de
la Sienne » – **R** conseillée
1,2 ha (100 empl.) plat, herbeux, gravillons
**Tarif :** (Prix 2002) 🔲 *2 pers.* 🔅 *10,90 – pers. suppl. 2,50*

## VILLEFORT

48800 Lozère 16 – 330 L8 G. Languedoc Roussillon – 700 h. – alt. 600.
Office du Tourisme, rue de l'Église ✆ 04 66 46 87 30, Fax 04 66 46 85 33.
Paris 620 – Alès 52 – Aubenas 60 – Florac 63 – Mende 57 – Pont-St-Esprit 90 – Le Puy-en-Velay 86.

**Le Lac** juin-sept.
✆ 04 66 46 81 27, *jo.genti.le@libertysurf.fr*, Fax 04 66 69 77 49 – N : 3,4 km par D 901, rte de Mende, D 906, rte de Prévenchère et à gauche chemin de Pourcharesses « Agréable situation au bord du lac et d'une base nautique » – **R** conseillée
4 ha (75 empl.) en terrasses, herbeux, gravillons
**Tarif :** (Prix 2002) *2 pers. (6A) 13 – pers. suppl. 3*
**Location** *(permanent) : 107 à 198 – 168 à 442 – 152 à 518*

À prox. :

**La Palhère** mai-sept.
✆ 04 66 46 80 63 – SO : 4 km par D 66, rte du Mas-de-la-Barque, bord d'un torrent, alt. 750 – **R** conseillée
1,8 ha (45 empl.) en terrasses, herbeux, pierreux
**Tarif :** *2 pers. (5A) 11 - pers. suppl. 3,20*

snack
À prox. :

## VILLEFORT

11230 Aude 15 – 344 D5 – 80 h. – alt. 420.
Paris 802 – Belcaire 26 – Carcassonne 54 – Lavelanet 24 – Mirepoix 26 – Quillan 21.

**L'Eden II**
✆ 04 68 69 26 33, *eden2.villefort@libertysurf.fr*, Fax 04 68 69 29 95 – S : 1 km par D 12, rte de Puivert, bord du Bleau
50 ha/4 campables (75 empl.) plat, terrasses, herbeux
**Location :**

(8 sanitaires individuels : wc) snack practice de golf

## VILLEFRANCHE-DE-ROUERGUE

12200 Aveyron 15 – 338 E4 G. Midi Pyrénées – 12 291 h. – alt. 230.
Office du Tourisme, promenade du Guiraudet ✆ 05 65 45 13 18, Fax 05 65 45 55 58, *infos@villefranche.com.*
Paris 615 – Albi 71 – Cahors 61 – Montauban 76 – Rodez 60.

**Le Rouergue** 20 avril-sept.
✆ 05 65 45 16 24, *infos@villefranche.com*, Fax 05 65 45 55 58 – SO : 1,5 km par D 47, rte de Monteils – **R** conseillée
1,8 ha (70 empl.) plat, herbeux
**Tarif :** *2 pers. 16 – pers. suppl. 2,30*
**Location :** *bungalows toilés*

À prox. :



## VILLEFRANCHE-SUR-SAÔNE

69400 Rhône 11 – 327 H4 G. Vallée du Rhône – 29 542 h. – alt. 190.
Office du Tourisme, 96 rue de la sous-préfecture ✆ 04 74 07 27 40, Fax 04 74 07 27 47, *ot.villefranche-beaujolais@wanadoo.fr.*
Paris 433 – Bourg-en-Bresse 54 – Lyon 35 – Mâcon 47 – Roanne 74.

**Municipal** mai-28 sept.
✆ 04 74 65 33 48, Fax 04 74 60 68 18 – SE : 3,5 km « Emplacements agréablement ombragés, près de la Saône et d'un plan d'eau – **R** conseillée
2 ha (127 empl.) plat, herbeux
**Tarif :** (Prix 2002) *2 pers. (6A) 11,10 – pers. suppl. 2,50*

(plage)

## VILLEMOUSTAUSSOU

11 Aude – 344 F3 – rattaché à Carcassonne.

## VILLENEUVE-DE-LA-RAHO

66180 Pyr.-Or. 15 – 344 I7 – 3 189 h. – alt. 60.
Syndicat d'Initiative, plage touristique ✆ 04 68 55 86 90, Fax 04 68 55 86 90, *villeneuvetourisme@caramail.com.*
Paris 864 – Argelès-sur-Mer 15 – Céret 28 – Perpignan 9 – Port-Vendres 25 – Prades 53.

**Municipal les Rives du Lac** mars-nov.
✆ 04 68 55 83 51, *camping.villeneuve@worldonline.fr*, Fax 04 68 55 86 37 – O : 2,5 km par D 39, rte de Pallestres et chemin à gauche « Au bord du lac » – **R** conseillée
3 ha (158 empl.) plat, herbeux
**Tarif :** *2 pers. (6A) 15,20 – pers. suppl. 2,80 – frais de réservation 10,20*
**Location** : *233 à 400 – bungalows toilés*

snack
À prox. :

## VILLENEUVE-LÈS-AVIGNON

30400 Gard **16** – **339** N5 G. Provence – 10 730 h. – alt. 23.

**🛈** Office du Tourisme, place Charles-David 𝄞 04 90 25 61 33, Fax 04 90 25 91 55, *villeneuve.les.avignon.tou risme@wanadoo.fr.*

Paris 682 – Avignon 8 – Nîmes 46 – Orange 28 – Pont-St-Esprit 41.

⚠ **L'Île des Papes** 29 mars-19 oct.
𝄞 04 90 15 15 90, *ile.papes@wanadoo.fr*, Fax 04 90 15 15 91 – NE : 4,5 km par D 980, rte de Roquemaure et D 780 à droite, rte du barrage de Villeneuve, entre le Rhône et le canal – **R** conseillée
20 ha (348 empl.) plat, gravillons, herbeux, plan d'eau
**Tarif :** 🔲 2 pers. 🅹 (10A) 26,20 – pers. suppl. 5,10 – *frais de réservation 23*
**Location :** 🏠 343 à 560 – bungalows toilés

⚠ **Municipal de la Laune** avril-15 oct.
𝄞 04 90 25 76 06, Fax 04 90 25 91 55 – au Nord-Est de la ville, chemin St-Honoré, accès par D 980, près du stade et des piscines « Plantations décoratives » – **R** indispensable
2,3 ha (123 empl.) plat, herbeux
**Tarif :** (Prix 2002) 🔲 2 pers. 🅹 (6A) 13,57 – *pers. suppl. 3,35* 🞺

## VILLENEUVE-LES-GENÊTS

89350 Yonne **6** – **319** B5 – 230 h. – alt. 186.
Paris 162 – Auxerre 43 – Bléneau 14 – Joigny 42 – Montargis 47 – St-Fargeau 11.

⚠ **Le Bois Guillaume** Permanent
𝄞 03 86 45 45 41, *campingboisguillaume@minitel.net*, Fax 03 86 45 49 20 – NE : 2,7 km « Agréable cadre boisé » – **R**
8 ha/3 campables (80 empl.) plat, sous-bois, petit étang
**Tarif :** 🔲 2 pers. 🅹 (10A) 15 (hiver 15,80) – *pers. suppl. 3,30*
**Location** (avril-oct.) : 🛏 310 à 430 – 🏠 270 à 470

## VILLENEUVE-LOUBET

06270 Alpes-Mar. **17** – **341** D6 G. Côte d'Azur – 11 539 h. – alt. 10.

**🛈** Office du Tourisme, 16 avenue de la Mer 𝄞 04 92 02 66 16, Fax 04 92 02 66 19, *info@ot-villeneuveloub et.org.*

Paris 920 – Antibes 11 – Cagnes-sur-Mer 3 – Cannes 21 – Grasse 24 – Nice 15 – Vence 10.

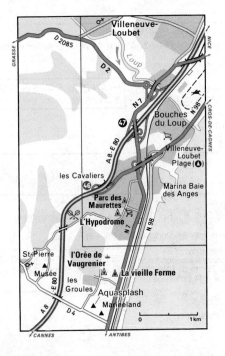

**à *Villeneuve-Loubet-Plage*** S : 5 km – ✉ 06270 Villeneuve-Loubet :

🏕 **La Vieille Ferme** Permanent
     📞 04 93 33 41 44, *camping.vieilleferme@wanadoo.fr*, Fax 04 93 33 37 28 – S : 2,8 km par N7, rte d'Antibes et à droite, bd des Groules – **R** conseillée
2,9 ha (153 empl.) en terrasses, plat, gravillons, herbeux
**Tarif :** 🔲 *3 pers.* ⚡ *(10A) 31,76 – pers. suppl. 4,50 – frais de réservation 20*
**Location :** 🏠 *290 à 600*
🚐

🏕 **Parc des Maurettes** 10 janv.-15 nov.
     📞 04 93 20 91 91, Fax 04 93 73 77 20 – 730 av. du Dr.-Lefebvre par N 7 – **R** conseillée
2 ha (140 empl.) en terrasses, pierreux, gravier
**Tarif :** 🔲 *2 pers.* ⚡ *(10A) 28 – pers. suppl. 4,40 – frais de réservation 20*
**Location :** 🏠 *500 à 550*
🚐

🏕 **L'Hippodrome** Permanent
     📞 04 93 20 02 00, *blsced@aol.com*, Fax 04 92 13 20 07 – 1 et 2 av. des Rives, à 400 m de la plage, derrière Géant Casino – En deux parties distinctes – **R** conseillée
0,8 ha (46 empl.) plat, gravillon
**Tarif :** 🔲 *2 pers.* ⚡ *26,80 – pers. suppl. 4,50 – frais de réservation 16*
**Location** 🏠 : *studios*
🚐

🏕 **L'Orée de Vaugrenier** Pâques-15 oct.
     📞 04 93 33 57 30, Fax 04 93 33 57 30 – réservé aux caravanes – S : 2 km, près du Parc « Cadre de verdure, à la lisière de la forêt » – **R** conseillée
0,9 ha (51 empl.) plat, herbeux, gravier
**Tarif :** (Prix 2002) 🔲 ⚡ *(10A) 3 pers. 19,70 – 4 pers. 23,20 ou 25,20 – pers. suppl. 3,50*

587

---

## VILLEPINTE

11150 Aude 🔵 – 🔲 D3 – 1 017 h. – alt. 130.
Paris 755 – Carcassonne 25 – Castelnaudary 12 – Montréal 14 – Revel 32.

🏕 **Municipal Champ de la Rize**
     📞 04 68 94 30 13, Fax 04 68 94 23 24 – sortie Nord-Est
« Agréable parc boisé »
1 ha (50 empl.) plat, herbeux

---

## VILLERÉAL

47210 L.-et-G. 🔲 – 🔲 G2 G. Aquitaine – 1 195 h. – alt. 103.
🎫 Office du Tourisme, place de la Halle 📞 05 53 36 09 65, Fax 05 53 36 63 58, *ot.villereal@wanadoo.fr*.
Paris 566 – Agen 62 – Bergerac 36 – Cahors 76 – Marmande 57 – Sarlat-la-Canéda 64 – Villeneuve-sur-Lot 31.

🏕 **Château de Fonrives** 15 avril-15 oct.
     📞 05 53 36 63 38, *chateau.de.fonrives@wanadoo.fr*, Fax 05 53 36 09 98 – NO : 2,2 km par D 207, rte d'Issigeac et à gauche, au château
20 ha/10 campables (200 empl.) plat, peu incliné, terrasses, herbeux, pierreux
**Tarif :** 🔲 *2 pers.* ⚡ *(4A) 27 – pers. suppl. 6 – frais de réservation 20*
**Location :** 🚐 *229 à 671 –* 🏠 *183 à 671 – bungalows toilés*

🏕 **Fontaine du Roc** avril-oct.
     📞 05 53 36 08 16, *fontaine.du.roc@wanadoo.fr* ✉ 47210 Devillac – SE : 7,5 km sur D 255 et à gauche – **R** conseillée
2 ha (50 empl.) plat, herbeux
**Tarif :** (Prix 2002) 🔲 *2 pers.* ⚡ *(10A) 16,70 – pers. suppl. 4*
**Location :** 🏠 *285 à 490*

*Donnez-nous votre avis sur les terrains que nous recommandons.*
*Faites-nous connaître vos observations et vos découvertes.*

## VILLERSEXEL

70110 H.-Saône 8 – 314 G7 – 1 460 h. – alt. 287.
Office du Tourisme, 33 rue des Cités ✆ 03 84 20 59 59, Fax 03 84 20 59 59, *tourisme.villersexel@wanadoo.fr*.
Paris 388 – Belfort 43 – Besançon 61 – Lure 18 – Montbéliard 35 – Vesoul 27.

**Le Chapeau Chinois** avril-sept.
✆ 03 84 63 40 60, Fax 03 84 63 40 60 – N : 1 km par D 486, rte de Lure et chemin à droite après le pont « Au bord de l'Ognon » – **R** conseillée
2 ha (80 empl.) plat, herbeux
**Tarif :** *2 pers. 12,80 – pers. suppl. 2,40*
**Location** : *(gîte d'étape)*

(0,5 ha)
À prox. : canoë

## VILLERS-SUR-AUTHIE

80120 Somme 1 – 301 D6 – 354 h. – alt. 5.
Paris 217 – Abbeville 31 – Amiens 80 – Berck-sur-Mer 17 – Le Crotoy 14 – Hesdin 29.

**Le Val d'Authie** avril-2 nov.
✆ 03 22 29 92 47, *camping@valdauthie.fr*, Fax 03 22 29 92 20 – sortie Sud, rte de Vercourt – Places limitées pour le passage « Agréables plantations arbustives » – **R** conseillée
7 ha (158 empl.) plat et peu incliné, herbeux
**Tarif :** *2 pers. (10A) 23,50 – pers. suppl. 6*
**Location :** *390 à 580*

salle d'animation terrain omnisports, parcours de santé, piste de bi-cross

## VILLERS-SUR-MER

14640 Calvados 5 – 303 L4 G. Normandie Vallée de la Seine – 2 019 h. – alt. 10.
Office du Tourisme, place Jean-Mermoz ✆ 02 31 87 01 18, Fax 02 31 87 46 20.
Paris 207 – Caen 42 – Deauville 7 – Le Havre 83 – Lisieux 36.

**Bellevue** avril-oct.
✆ 02 31 87 05 21, Fax 02 31 87 09 67 – SO : 2 km par D 513, rte de Cabourg – Places limitées pour le passage « Situation dominante sur la baie de Deauville » – **R** conseillée
5,5 ha (257 empl.) plat et en terrasses, peu incliné, herbeux
**Tarif :** *2 pers. (6A) 21,40 – pers. suppl. 5,65 – frais de réservation 15,20*
**Location** : *305 à 546*

À prox. : golf



## VILLES-SUR-AUZON

84570 Vaucluse 16 – 332 E9 G. Alpes du Sud – 915 h. – alt. 255.
Paris 699 – Avignon 44 – Carpentras 18 – Malaucène 24 – Orange 40 – Sault 24.

**Les Verguettes** avril-15 oct.
✆ 04 90 61 88 18, *info@provence-camping.com*, Fax 04 90 61 97 87 – sortie Ouest par D 942, rte de Carpentras « Cadre agréable » – **R** conseillée
1 ha (80 empl.) plat, peu incliné et terrasses, herbeux, pierreux
**Tarif :** *2 pers. (5A) 19,90 – pers. suppl. 5 – frais de réservation 23*
**Location :** *327,80 à 500*

Mont Ventoux grill (dîner seulement) cases réfrigérées

## VILLEVAUDÉ

77410 S.-et-M. – 312 E2 – 1 348 h. – alt. 131.
Paris 37 – Coulommiers 47 – Meaux 19 – Melun 50.

**à Montjay-la-Tour** SE : 1,7 km par D 105 – ✉ 77410 Villevaudé

**Le Parc** Permanent
✆ 01 60 26 20 79, *camping.leparc@club-internet.fr*, Fax 01 60 27 02 75 – sortie Est par D 105 vers la D 104 direction Annet – Places limitées pour le passage « Agréable cadre boisé »
10 ha (330 empl.) plat et en terrasses, peu incliné, gravier, herbeux
**Tarif :** (Prix 2002) *2 pers. (6A) 22 – pers. suppl. 5,20 – frais de réservation 10*
*(5 empl.) – 22*

snack
À prox. :

## VILLEY-LE-SEC

54840 M.-et-M. **7** – ▓▓▓ G7 G. Alsace Lorraine – 239 h. – alt. 324.
Paris 300 – Lunéville 55 – Nancy 21 – Pont-à-Mousson 47 – Toul 8.

    ▲ **Camping** 5 avril-sept.
       ℘ 03 83 63 64 28, Fax 03 83 63 64 28 – S : 2 km par D 909
       rte de Maron et rue de la gare à droite « Cadre agréable au
       bord de la Moselle » – **R** conseillé
       2,5 ha (100 empl.) plat, herbeux
       **Tarif** : (Prix 2002) ▣ *2 pers.* ⓰ *(6A) 10 – pers. suppl.*
       *2,30*
       🚐

## VILLIERS-CHARLEMAGNE

53170 Mayenne **4** – ▓▓▓ E7 – 761 h. – alt. 105.
Paris 277 – Angers 62 – Châteaubriant 61 – Château-Gontier 12 – Laval 20 – Sablé-sur-Sarthe 31.

    ▲▲ **Village Vacances Pêche** mai-sept.
       ℘ 02 43 07 71 68, *mairie.villiers.charlemagne@wanadoo.fr,*
       Fax 02 43 07 72 77 – sortie Ouest par D 4, rte de Cossé-
       le-Vivien et chemin à gauche près du stade « Agréable plan
       d'eau pour la pêche » – **R** conseillée
       9 ha/1 campable (20 empl.) plat, herbeux
       **Tarif** : (Prix 2002) ▣ *2 pers.* ⓰ *14 – pers. suppl. 7*
       **Location** *(permanent) :* 🏠 *140 à 460 – gîtes*
       🚐 *4 (empl.)*

*En juillet et août, beaucoup de terrains sont saturés
et leurs emplacements retenus longtemps à l'avance.*

*N'attendez pas le dernier moment pour réserver.*

## VILLIERS-SUR-ORGE

91700 Essonne **6** – ▓▓▓ C4 – 3 704 h. – alt. 75.
Paris 26 – Chartres 72 – Dreux 89 – Évry 15 – Melun 42 – Versailles 32.

    ▲▲ **Le Beau Village** Permanent
       ℘ 01 60 16 17 86, Fax 01 60 16 31 46 – SE : 0,6 km par le
       centre ville, bord de l'Orge, à 800 m de la gare de St-Ge-
       neviève-des-Bois – par A 6 sortie N° 6 – Places limitées pour
       le passage – **R** conseillée
       2,5 ha (100 empl.) plat, herbeux
       **Tarif** : ▣ *2 pers.* ⓰ *(10A) 18 – pers. suppl. 4,50*
       **Location** 🏕 : 🚃 *245 à 390*
       🚐 *(12 empl.)*

## VIMOUTIERS

61120 Orne **5** – ▓▓▓ K1 G. Normandie Vallée de la Seine – 4 723 h. – alt. 95.
**🄱** Office du Tourisme, 10 avenue du Gén.-de-Gaulle ℘ 02 33 39 30 29, Fax 02 33 67 66 11, *ot.vimoutiers@
wanadoo.fr.*
Paris 185 – L'Aigle 46 – Alençon 45 – Argentan 31 – Bernay 39 – Caen 60 – Falaise 36 – Lisieux 29.

    ▲▲ **Municipal la Campière** 2 mars-2 nov.
       ℘     02 33 39 18 86,    *mairie-vimoutiers@wanadoo.fr,*
       Fax 02 33 36 51 43 – N : 0,7 km vers rte de Lisieux, au stade,
       bord de la Vie « Bâtiments de style Normand dans un cadre
       verdoyant et fleuri »
       1 ha (40 empl.) plat, herbeux
       **Tarif** : ▣ *2 pers.* ⓰ *11,10 – pers. suppl. 2,70*

## VINCELLES

89290 Vincelles **7** – ▓▓▓ E5 – 826 h. – alt. 110.
Paris 181 – Auxerre 14 – Avallon 38 – Clamecy 39 – Cosne-sur-Loire 73.

    ▲ **Intercommunal les Ceriselles** avril-sept.
       ℘ 03 86 42 39 39, Fax 03 86 42 39 39 – au Nord du bourg,
       accès par D 38, rte de Vincelottes, près du canal du Nivernais
       (halte nautique) et à 150 m de l'Yonne – **R** conseillée
       1,5 ha (84 empl.) plat, herbeux
       **Tarif** : ▣ *2 pers.* ⓰ *(5A) 13,22 – pers. suppl. 2,07*

## VINSOBRES

26110 Drôme **16** – **332** D7 – 1 062 h. – alt. 247.
🛈 Syndicat d'Initiative 🞋 04 75 27 36 63, Fax 04 75 27 69 20.
Paris 666 – Bollène 29 – Grignan 23 – Nyons 9 – Vaison-la-Romaine 15 – Valence 106.

▲▲▲ **Sagittaire** Permanent
🞋 04 75 27 00 00, camping.sagittaire@wanadoo.fr, Fax 04 75 27 00 39 – au Pont-de-Mirabel, angle des D 94 et D 4, près de l'Eygues (accès direct) « Cadre agréable » – **R** indispensable
14 ha/8 campables (270 empl.) plat, herbeux, gravillons
**Tarif :** 🔳 1 à 3 pers. 🅜 (6A) 27,70 – pers. suppl. 6 – frais de réservation 20
**Location :** 🏠 329 à 728
🚐

▲ **Municipal** Rameaux-fin oct.
🞋 04 75 27 61 65, camping-municipal@club-internet.fr
au Sud du bourg par D 190, au stade – **R** conseillée
1,9 ha (70 empl.) plat, pierreux, herbeux
**Tarif :** 🔳 2 pers. 🅜 (8A) 9,40 – pers. suppl. 2,15

## VIOLÈS

84150 Vaucluse **16** – **332** C9 – 1 360 h. – alt. 94.
Paris 664 – Avignon 34 – Carpentras 20 – Nyons 33 – Orange 14 – Vaison-la-Romaine 17.

▲ **Domaine des Favards** 25 avril-sept.
🞋 04 90 70 90 93, Fax 04 90 70 97 28 – O : 1,2 km par D 67, rte d'Orange « Au milieu des vignes » – **R** conseillée
20 ha/0,5 campable (34 empl.) plat, herbeux
**Tarif :** 🔳 2 pers. 🅜 (10A) 16 ou 19 – pers. suppl. 4,50

## VION

07610 Ardèche **11** – **331** K3 G. Vallée du Rhône – 701 h. – alt. 128.
Paris 542 – Annonay 30 – Lamastre 35 – Tournon-sur-Rhône 7 – Valence 25.

▲▲ **L'Iserand** avril-sept.
🞋 04 75 08 01 73, camping-iserand@wanadoo.fr, Fax 04 75 08 55 82 – N : 1 km par N 86, rte de Lyon – **R** conseillée
1,3 ha (70 empl.) en terrasses, pierreux, herbeux
**Tarif :** 🔳 2 pers. 🅜 16 – pers. suppl. 4
**Location** 🞋 : 🚐 200 à 300 – 🏠 300 à 500

## VIRIEU-LE-GRAND

01510 Ain **12** – **328** G5 – 922 h. – alt. 267.
🛈 Syndicat d'Initiative, avenue de la Gare 🞋 04 79 87 83 50, Fax 04 79 87 86 63.
Paris 500 – Aix-les-Bains 39 – Ambérieu-en-Bugey 41 – Belley 13 – Bourg-en-Bresse 72 – Nantua 46.

▲ **Le Lac** mai-sept.
🞋 04 79 87 82 02, campingvirieu@aol.com, Fax 04 79 87 82 02 – S : 2,5 km par D 904, rte d'Ambérieu-en-Bugey et chemin à gauche « Au bord du lac » – **R** conseillée
1,7 ha (81 empl.) plat et en terrasses, pierreux, gravier, herbeux
**Tarif :** 🔳 2 pers. 🅜 (10A) 12,50 – pers. suppl. 3

## VIRONCHAUX

80150 Somme **1** – **301** D6 – 427 h. – alt. 45.
Paris 216 – Abbeville 26 – Amiens 79 – Berck-sur-Mer 26 – Hesdin 23 – Montreuil 26.

▲ **Les Peupliers** avril-sept.
🞋 03 22 23 54 27, les-peupliers2@wanadoo.fr, Fax 03 22 29 05 19 – au bourg, 221 r. du Cornet « Décoration arbustive et florale » – **R** conseillée
1,2 ha (49 empl.) plat, herbeux
**Tarif :** 🔳 2 pers. 🅜 (6A) 13,30 – pers. suppl. 2,80

*Les indications d'accès à un terrain sont généralement indiquées,*
*dans notre guide, à partir du centre de la localité.*

## VISAN

84820 Vaucluse 16 – 332 C8 – 1 514 h. – alt. 218.
Paris 656 – Avignon 57 – Bollène 19 – Nyons 20 – Orange 27 – Vaison-la-Romaine 16.

▲▲ **L'Hérein** 15 mars-15 oct.
    &#x1F3AF; 04 90 41 95 99, Fax 04 90 41 91 72 – O : 1 km par D 161,
rte de Bouchet, près d'un ruisseau – **R** conseillée
3,3 ha (75 empl.) plat, herbeux, pierreux
**Tarif** : (Prix 2002) 回 *2 pers.* 國 *(10A) 14,75 – pers. suppl. 3,10*
*– frais de réservation 10*

*Nos **guides hôteliers**, nos **guides touristiques** et nos **cartes routières**
sont complémentaires. Utilisez-les ensemble.*

## VITRAC

24200 Dordogne 18 – 329 I7 G. Périgord Quercy – 743 h. – alt. 150.
Pour les usagers venant de Beynac, prendre la direction Vitrac-Port.
Paris 534 – Brive-la-Gaillarde 65 – Cahors 53 – Gourdon 23 – Lalinde 51 – Périgueux 74 – Sarlat-la-Canéda 8.

Schéma à Domme

▲▲▲ **Soleil Plage** avril-28 sept.
    &#x1F3AF; 05 53 28 33 33, soleil.plage@wanadoo.fr, Fax 05 53 28
30 24 – E : 2,5 km, bord de la Dordogne « Nouvel espace
aquatique près du joli petit village de chalets » – **R** conseillée
8 ha/5 campables (199 empl.) plat, herbeux
**Tarif** : 回 *2 pers.* 國 *26,10 – pers. suppl. 6,20 – frais de réser-
vation 35*
**Location** : &#x1F3E0; *392 à 630*
&#x1F698; *(5 empl.)*

À prox. : golf
canoë

▲▲▲ **La Bouysse de Caudon** avril-sept.
    &#x1F3AF; 05 53 28 33 05, la-bouysse.24@wanadoo.fr, Fax 05 53
30 38 52 – E : 2,5 km, près de la Dordogne « Décoration
florale et arbustive » – **R** conseillée
6 ha/3 campables (160 empl.) plat, peu incliné, herbeux, petit
bois attenant
**Tarif** : 回 *2 pers.* 國 *25,40 – pers. suppl. 5,10*
**Location** ✂ : &#x1F3E0; *240 à 610 – appartements*

À prox. : golf, practice de golf
canoë

▲▲ **Perpetuum** mai-sept.
    &#x1F3AF; 05 53 28 35 18, Fax 05 53 29 63 64 ✉ 24250 Domme
– S : 2 km, bord de la Dordogne – **R** conseillée
4,5 ha (120 empl.) plat, herbeux
**Tarif** : 回 *2 pers.* 國 *(10A) 18 – pers. suppl. 5 – frais de réser-
vation 10*
**Location** ✂ : &#x1F3E0; *214 à 336 – &#x1F698; 214 à 504*
&#x1F698;

À prox. : salle
d'animation

▲ **Le Bosquet** avril-15 oct.
    &#x1F3AF; 05 53 28 37 39, info@lebosquet.com, Fax 05 53 29
41 95 ✉ 24250 Domme – S : 0,9 km de Vitrac-Port « Entrée
fleurie » – **R** conseillée
1,5 ha (60 empl.) plat, herbeux
**Tarif** : 回 *2 pers.* 國 *(6A) 13,60 – pers. suppl. 3,60*
**Location** : &#x1F3E0; *161 à 320 – &#x1F698; 213,50 à 465*

snack

▲ **La Rivière de Domme** mai-sept.
    &#x1F3AF; 05 53 28 33 46, camping-lariv-domme@wanadoo.fr, Fax
05 53 29 56 04 ✉ 24250 Domme – S : 1,6 km, à 300 m de
la Dordogne – **R** conseillée
1,5 ha (50 empl.) plat et peu incliné, herbeux
**Tarif** : 回 *2 pers.* 國 *(10A) 12,40 – pers. suppl. 3,30*
**Location** : &#x1F698; *200 à 490*

À prox. :

**591**

## VITRY-AUX-LOGES

45530 Loiret 6 – 318 K4 – 1 622 h. – alt. 120.
Paris 112 – Bellegarde 17 – Châteauneuf-sur-Loire 11 – Malesherbes 48 – Orléans 38 – Pithiviers 30.

▲▲ **Étang de la Vallée** avril-sept.
    &#x1F3AF; 02 38 59 35 77, Fax 02 38 46 82 92 – à 3,3 km au Nord-
Est du bourg, à 100 m de l'étang « Agréable cadre boisé à
proximité d'une base de loisirs » – **R** conseillée – Adhésion
FFCC obligatoire
3,7 ha (180 empl.) plat, herbeux
**Tarif** : 回 *2 pers.* 國 *(10A) 11 – pers. suppl. 2*

À prox. : pédalos &#x1F371; snack (plage)

## VITTEFLEUR

76450 S.-Mar. **1** – **304** D3 – 678 h. – alt. 9.
Paris 191 – Bolbec 39 – Dieppe 42 – Fécamp 26 – Rouen 60 – Yvetot 27.

⚠ **Municipal les Grands Prés** avril-sept.
𝒫 02 35 97 53 82 – N : 0,7 km par D 10, rte de Veulettes-sur-Mer – Places limitées pour le passage « Au bord de la Durdent » – **R** conseillée
2,6 ha (100 empl.) plat, herbeux
**Tarif :** ▣ *2 pers.* [⚡] *10,52 – pers. suppl. 2,47*

À prox. : squash, pédalos, luge, ski nautique, canë 🛒 ✗ 🖼 ≈ ⚓

## VITTEL

88800 Vosges **7** – **314** D3 G. Alsace Lorraine – 6 296 h. – alt. 347.
🅱 Office du Tourisme, 136 avenue Bouloumié 𝒫 03 29 08 08 88, Fax 03 29 08 37 99, vittel-tourisme@wanadoo.fr.
Paris 343 – Belfort 126 – Épinal 43 – Chaumont 84 – Langres 79 – Nancy 85.

⚠ **Municipal** 28 avril-sept.
𝒫 03 29 08 02 71 – sortie Nord-Est par D 68, rte de Authey-sous-Montfort – **R** conseillée
3,5 ha (120 empl.) plat, herbeux, gravillons
**Tarif :** (Prix 2002) ▣ *2 pers.* [⚡] *(10A) 7,92 – pers. suppl. 2,22*

## VIVARIO

2B H.-Corse – **345** E6 – voir à Corse.

## VIVEROLS

63840 P.-de-D. **11** – **326** K10 – 437 h. – alt. 860.
🅱 Office du tourisme – Mairie 𝒫 04 73 95 31 33.
Paris 467 – Ambert 25 – Clermont-Ferrand 103 – Montbrison 38 – St-Étienne 57.

⚠ **Municipal le Pradoux** avril-1er nov.
𝒫 04 73 95 34 31, Fax 04 73 95 33 07 – au Sud-Ouest du bourg par D 111, rte de Medeyrolles, près de la Ligonne – Places limitées pour le passage – **R** conseillée
1,2 ha (49 empl.) plat, herbeux
**Tarif :** ▣ *2 pers.* [⚡] *9,30 – pers. suppl. 1,60*

À prox. : ✗

## VIVIERS

07220 Ardèche **16** – **331** K7 G. Vallée du Rhône – 3 407 h. – alt. 65.
🅱 Office du Tourisme, 5 place Riquet 𝒫 04 75 52 77 00, Fax 04 75 52 81 63.
Paris 622 – Montélimar 12 – Nyons 48 – Pont-St-Esprit 30 – Privas 41 – Vallon-Pont-d'Arc 35.

⚠ **Rochecondrie** 10 avril-27 oct.
𝒫 04 75 52 74 66, Fax 04 75 52 74 66 – NO : 1,5 km par N 86, rte de Lyon, accès direct à l'Escoutay – **R** conseillée
1,5 ha (80 empl.) plat, herbeux
**Tarif :** ▣ *2 pers.* [⚡] *(6A) 20 – pers. suppl. 4,70*
**Location** ✗ 🚎 *230 à 490*

⚠ **Municipal de Valpeyrouse** Pâques-sept.
𝒫 04 75 52 82 95 – à l'Ouest du bourg, à proximité du centre culturel
1 ha (30 empl.) plat, terrasses, gravillons, herbeux
**Tarif :** ▣ *2 pers.* [⚡] *(16A) 12,50 – pers. suppl. 2,50*

À prox. : ✗ 🛶

## VIX

85770 Vendée **9** – **316** K9 – 1 670 h. – alt. 6.
Paris 449 – Fontenay-le-Comte 14 – Luçon 31 – Niort 43 – Marans 15 – La Rochelle 39.

⚠ **La Rivière** 15 mars-oct.
𝒫 02 51 00 65 96 – à 4,6 km au Sud du bourg, accès par rue de la Guilletrie, près de la Sèvre Niortaise – **R** conseillée
0,5 ha (25 empl.) plat, herbeux
**Tarif :** ▣ *2 pers.* [⚡] *8,38 – pers. suppl. 2,10*

À prox. : ≈

## VIZILLE

38220 Isère **12** – **333** H7 G. Alpes du Nord – 7 094 h. – alt. 270.
🅱 Office du Tourisme, place du Château 𝒫 04 76 68 15 16, Fax 04 76 78 94 49.
Paris 584 – Le Bourg-d'Oisans 32 – Grenoble 20 – La Mure 23 – Villard-de-Lans 49.

▲ **Municipal du Bois de Cornage** 26 avril-sept.
 &#8962; 04 76 68 12 39, *campingvizille@wanadoo.fr*, Fax 04 76
68 12 39 – sortie Nord vers N 85, rte de Grenoble et av. de
Venaria à droite – **R** conseillée
2,5 ha (128 empl.) peu incliné, en terrasses, herbeux
**Tarif :** ▦ *2 pers.* [⚡] *(10A) 12,45 – pers. suppl. 3,10*
**Location** *(permanent) :* ⌂ *230 à 350*

## VOGÜÉ

07200 Ardèche 🔟 – ⚏ I6 G. Vallée du Rhône – 631 h. – alt. 150.
🛈 Syndicat d'Initiative, quartier de la gare &#8962; 04 75 37 01 17, Fax 04 75 37 01 17.
Paris 642 – Aubenas 9 – Largentière 16 – Privas 39 – Vallon-Pont-d'Arc 26 – Viviers 35.

▲▲▲ **Domaine du Cros d'Auzon** 15 avril-15 sept.
 &#8962; 04 75 37 75 86, *cros.d.auzon@wanadoo.fr*, Fax 04 75 37
01 02 ✉ 07200 St-Maurice-d'Ardèche – S : 2,5 km par D 579
et chemin à droite à Vogüé-Gare « Site et cadre agréables,
au bord de l'Ardèche » – **R** conseillée
18 ha/3 campables (170 empl.) plat, pierreux, sablonneux,
herbeux
**Tarif :** ▦ *2 pers.* [⚡] *(10A) 24,70 – pers. suppl. 5 – frais de
réservation 25*
**Location :** ⌂ *200 à 630 –* ⛺ *(hôtel, motel)*

▲▲ **Les Roches** avril-sept.
 &#8962; 04 75 37 70 45, *hm07@free.fr*, Fax 04 75 37 70 45 – S :
1,5 km par D 579, à Vogüé-Gare, à 200 m de l'Auzon et de
l'Ardèche « Cadre sauvage » – **R** conseillée
2,5 ha (120 empl.) accidenté, plat, herbeux, rocheux
**Tarif :** *(Prix 2002)* ▦ *2 pers.* [⚡] *(6A) 18,55 – pers. suppl.
3,80 – frais de réservation 8*
**Location** ⚘ **:** ⌂ *350 à 550*

▲▲▲ **Les Peupliers** 19 avril-20 sept.
 &#8962; 04 75 37 71 47, *campingpeupliers@aol.com*, Fax 04 75
37 70 83 – S : 2 km par D 579 et chemin à droite, à Vogüé-
Gare « Au bord de l'Ardèche » – **R** conseillée
3 ha (100 empl.) plat, herbeux, sablonneux, pierreux
**Tarif :** ▦ *2 pers.* [⚡] *(6A) 19,02 – pers. suppl. 3,90 – frais de
réservation 10*
**Location :** ⌂ *183 à 336 –* ⌂ *244 à 443*

▲ **Les Chênes Verts** 29 mars-27 sept.
 &#8962; 04 75 37 71 54, *chenesverts@hotmail.com*, Fax 04 75
37 71 54 – SE : 1,7 km par D 103, rte de St-Germain, certains
emplacements difficiles d'accès (forte pente), mise en place
et sortie des caravanes à la demande « Cadre agréable » –
**R** indispensable
2,5 ha (42 empl.) en terrasses, pierreux, herbeux
**Tarif :** ▦ *2 pers.* [⚡] *(16A) 19,20 - pers. suppl. 4*
**Location :** ⌂ *290 à 580 –* ⌂ *275 à 610*

## VOLLORE-VILLE

63120 P.-de-D. ⑪ – ⚏ I8 – 697 h. – alt. 540.
Paris 409 – Ambert 46 – Clermont-Ferrand 56 – Issoire 59 – Lezoux 24 – Thiers 18.

▲ **Le Grun Chignore** Permanent
 &#8962; 04 73 53 73 37 – NE : 1 km par D 7, rte de Celles-sur-
Durolle, à 150 m d'un étang – **R** conseillée
1,5 ha (33 empl.) plat et terrasse, herbeux
**Tarif :** ▦ *2 pers.* [⚡] *(6A) 10,90 – pers. suppl. 2,10*

## VOLONNE

04290 Alpes-de-H.-Pr. ⑰ – ⚏ E8 G. Alpes du Sud – 1 387 h. – alt. 450.
🛈 Syndicat d'initiative – Mairie &#8962; 04 92 33 50 00, Fax 04 92 33 50 49.
Paris 720 – Château-Arnoux-St-Aubin 4 – Digne-les-Bains 28 – Forcalquier 33 – Les Mées 17 – Sisteron 14.

▲▲▲ **L'Hippocampe** avril-sept.
 &#8962; 04 92 33 50 00, *camping@l-hippocampe.com*, Fax 04 92
33 50 49 – SE : 0,5 km par D 4 « Cadre agréable, au bord du
lac » – **R** conseillée
8 ha (447 empl.) plat, herbeux, verger
**Tarif :** *(Prix 2002)* ▦ *2 pers.* [⚡] *(10A) 24,50 – pers. suppl. 5,50
– frais de réservation 25*
**Location :** ⌂ *196 à 685 –* ⌂ *273 à 716 – bungalows toilés*
⌂

593

## VOLX

04130 Alpes-de-H.-Pr. **17** – **334** D9 – 2 516 h. – alt. 350.
**🛈** Syndicat d'Initiative, place des Félibles 𝒫 04 92 78 53 03, Fax 04 92 79 32 27, *office-du-tourisme.volx@ wanadoo.fr.*
Paris 750 – Digne-les-Bains 51 – Forcalquier 15 – Gréoux-les-Bains 23 – Manosque 9 – Reillanne 23.

    ▲ ***Municipal la Vandelle*** juin-sept.
        𝒫 04 92 79 35 85, Fax 04 92 79 32 27 – à 1,3 km au Sud-Ouest du bourg
        2 ha (50 empl.) plat, peu incliné et terrasses, herbeux, bois attenant
        **Tarif** : (Prix 2002) ▣ *2 pers.* 🗲 *13,40 – pers. suppl. 2,80*

(juil.-août ... (petite piscine))

## VOREY

43800 H.-Loire **11** – **331** F2 – 1 315 h. – alt. 540.
Paris 548 – Ambert 53 – Craponne-sur-Arzon 18 – Le Puy en Velay 23 – St-Étienne 70 – Yssingeaux 28.

    ▲ ***Les Moulettes*** mai-15 sept.
        𝒫 04 71 03 70 48, *campinglesmoulettes@libertysurf.fr,*
        Fax 04 71 03 72 06 – à l'Ouest du centre bourg, bord de l'Arzon – **R** conseillée
        1,3 ha (45 empl.) plat, herbeux
        **Tarif** : ▣ *2 pers.* 🗲 *(10A) 14 – pers. suppl. 3,40*
        **Location** : 🛖 *250 à 380*

À prox. : ...

## VOUILLÉ

86190 Vienne **9** – **322** G5 – 2 574 h. – alt. 118.
Paris 345 – Châtellerault 46 – Parthenay 33 – Poitiers 18 – Saumur 85 – Thouars 57.

    ▲ ***Municipal*** mai-15 sept.
        𝒫 05 49 54 20 30, Fax 05 49 51 14 47 – au bourg, bord de l'Auxance – **R** conseillée
        0,5 ha (48 empl.) plat, herbeux
        **Tarif** : (Prix 2002) ▣ *2 pers.* 🗲 *8 – pers. suppl. 1,80*

À prox. : ...

## VOUNEUIL-SUR-VIENNE

86210 Vienne **10** – **322** J4 – 1 606 h. – alt. 58.
**🛈** Office du Tourisme, 34 bis place de la Libération 𝒫 05 49 85 11 99 Fax 05 49 85 06 44.
Paris 317 – Châtellerault 12 – Chauvigny 20 – Poitiers 26 – La Roche-Posay 26.

    ▲▲ ***Les Chalets de Moulière*** 15 juin-15 sept.
        𝒫 05 49 85 84 40, *sbergeron@fol86.org,* Fax 05 49 85 84 69 – sortie Est par D 15, rte de Monthoiron et rue à gauche, à 60 m de la Vienne (accès direct) – **R** conseillée
        1,5 ha (30 empl.) plat, herbeux
        **Tarif** : ▣ *2 pers.* 🗲 *12 – pers. suppl. 2,50*
        **Location** *(mars-1er nov.)* : 🛖 *272 à 474*

À prox. : ...

## VOUVRAY

37210 I.-et-L. **5** – **317** N4 G. **Châteaux de la Loire** – 2 933 h. – alt. 55.
**🛈** Office du Tourisme 𝒫 02 47 52 68 73, Fax 02 47 52 67 76.
Paris 241 – Amboise 18 – Château-Renault 26 – Chenonceaux 29 – Tours 10.

    ▲ ***Le Bec de Cisse*** mai-28 sept.
        𝒫 02 47 52 68 81, Fax 02 47 52 67 76 – au Sud du bourg, bord de la Cisse
        2 ha (33 empl.) plat, herbeux
        **Tarif** : ▣ *2 pers.* 🗲 *(10A) 12,50 – pers. suppl. 2,70*

À prox. : parc de loisirs de Rochecorbon ...

## WACQUINGHEN

62 P.-de-C. – **301** C3 – rattaché à Boulogne-sur-Mer.

## WASSELONNE

67310 B.-Rhin **8** – **315** I5 G. **Alsace Lorraine** – 4 916 h. – alt. 220.
**🛈** Syndicat d'Initiative, place du Gén.-Leclerc 𝒫 03 88 59 12 00, Fax 03 88 04 23 57.
Paris 472 – Haguenau 42 – Molsheim 15 – Saverne 15 – Sélestat 51 – Strasbourg 26.

    ▲▲ ***Municipal*** 15 avril-15 oct.
        𝒫 03 88 87 00 08, Fax 03 88 87 00 08 – O : 1 km par D 224 rte de Wangenbourg « Dans l'enceinte du centre de loisirs » – **R** conseillée
        1,5 ha (100 empl.) en terrasses, herbeux
        **Tarif** : ▣ *1 pers.* 🗲 *(10A) 12,70 – pers. suppl. 3,40*
        🛖 *(3 empl.)*

(découverte l'été)
À prox. : ...

## WATTEN

59143 Nord **1** – **302** B2 G. Picardie Flandres Artois – 3 030 h. – alt. 8.

**8** Office du Tourisme, 12 rue de Dunkerque ℰ 03 21 88 27 78, Fax 03 21 88 27 78, *watten@tourisme.norsys.fr*.
Paris 267 – Calais 38 – Cassel 21 – Dunkerque 33 – Lille 75 – St-Omer 14.

△ **Le Val Joly** avril-oct.
℘ 03 21 88 23 26 – à l'Ouest du bourg, près de l'Aa (canal) | ⚬₋ 🖩 saison) ☺
– Places limitées pour le passage – **R**
2,4 ha (136 empl.) plat, herbeux
**Tarif :** 🔲 *2 pers.* 🔌 *(3A) 10,45 – pers. suppl. 2,65*

## WIHR-AU-VAL

68230 H.-Rhin **8** – **315** H8 – 1 089 h. – alt. 330.
Paris 464 – Colmar 15 – Gérardmer 38 – Guebwiller 36 – St-Dié-des-Vosges 59.

△ **La Route Verte** mai-sept.
℘ 03 89 71 10 10, *info@camping-routeverte.com*
sortie Sud par D 43 rte de Soultzbach-les-Bains – **R** conseillée
1,2 ha (60 empl.) plat, peu incliné, herbeux
**Tarif :** 🔲 *2 pers.* 🔌 *(4A) 10,65 – pers. suppl. 2,50*
🚐

## WILLIES

59740 Nord **2** – **302** M7 – 128 h. – alt. 167 – Base de loisirs.
Paris 226 – Avesnes-sur-Helpe 16 – Cambrai 69 – Charleroi 48 – Charleville-Mézières 81 – Lille 115 – Vervins 45.

▲▲ **Départemental du Val Joly** 29 mars-28 sept.
℘ 03 27 61 83 76, *valjoly.com*, Fax 03 27 61
83 09 – E : 1,5 km par D 133 rte d'Eppe-Sauvage, à 300 m
du lac « Situation dominante sur le lac » – **R** conseillée
4 ha (160 empl.) plat, peu incliné, herbeux
**Tarif :** (Prix 2002) 🔲 *2 pers.* 🔌 *(5A) 13 – pers. suppl. 3,60*
**Location** *(10 fév.-2 nov.) :* 🏠 *167 à 410*

## XONRUPT-LONGEMER

88400 Vosges **8** – **314** J4 G. Alsace Lorraine – 1 415 h. – alt. 714 – Sports d'hiver : 750/1 300 m ⚡ 3 ⚡.
Paris 430 – Épinal 45 – Gérardmer 4 – Remiremont 32 – St-Dié 26.

▲▲ **Les Jonquilles** avril-10 oct.
℘ 03 29 63 34 01, Fax 03 29 60 09 28 – SE : 2,5 km
« Situation agréable au bord du lac » – **R** conseillée
4 ha (247 empl.) peu incliné, herbeux
**Tarif :** 🔲 *2 pers.* 🔌 *(6A) 13,50 – pers. suppl. 2,50 – frais de
réservation 8*
🚐

△ **La Vologne** 18 avril-sept.
℘ 03 29 60 87 23, *paulette@lavologne.com*, Fax 03 29 60
87 23 – SE : 4,5 km « Dans un site boisé, au bord de la
rivière »
2,5 ha (100 empl.) plat, herbeux
**Tarif :** 🔲 *2 pers.* 🔌 *10,75 – pers. suppl. 2,55*

## ZONZA

2A Corse-du-Sud – **345** E9 – Voir à Corse.

## YZEURES-SUR-CREUSE

37290 I.-et-L. **10** – **317** O8 – 1 747 h. – alt. 74.
Paris 319 – Châteauroux 72 – Châtellerault 28 – Poitiers 65 – Tours 84.

△ **Municipal Bords de Creuse** 15 juin-août
℘ 02 47 94 48 32, Fax 02 47 94 43 32 – sortie Sud par
D 104 rte de Vicq-sur-Gartempe, près de la Creuse – **R**
1,7 ha (130 empl.) plat et peu incliné, herbeux
**Tarif :** 🔲 *2 pers.* 🔌 *8,10 – pers. suppl. 1,65*

# Calendrier des vacances scolaires

Février 2004 parution de votre nouveau Guide

## School holidays calendar

February 2004 issue of your new Guide

596

### 2003 FÉVRIER

| | | |
|---|---|---|
| 1 | S | s° Ella |
| 2 | D | Prés. Seigneur |
| 3 | L | s Blaise |
| 4 | M | s° Véronique |
| 5 | M | s° Agathe |
| 6 | J | s Gaston |
| 7 | V | s° Eugénie |
| 8 | S | s° Jacqueline |
| 9 | D | s° Apolline |
| 10 | L | s Arnaud |
| 11 | M | N.D. de Lourdes |
| 12 | M | s Félix |
| 13 | J | s° Béatrice |
| 14 | V | s Valentin |
| 15 | S | s Claude |
| 16 | D | s° Julienne |
| 17 | L | s Alexis |
| 18 | M | s° Bernadette |
| 19 | M | s Gabin |
| 20 | J | s° Aimée |
| 21 | V | s Pierre Damien |
| 22 | S | s° Isabelle |
| 23 | D | s Lazare |
| 24 | L | s Modeste |
| 25 | M | s Roméo |
| 26 | M | s Nestor |
| 27 | J | s° Honorine |
| 28 | V | s Romain |

### MARS

| | | |
|---|---|---|
| 1 | S | s Aubin |
| 2 | D | s Charles le B. |
| 3 | L | s Guénolé |
| 4 | M | Mardis-Gras |
| 5 | M | Cendres |
| 6 | J | s° Colette |
| 7 | V | s° Félicité |
| 8 | S | s Jean de Dieu |
| 9 | D | Carême |
| 10 | L | s Vivien |
| 11 | M | s° Rosine |
| 12 | M | s° Justine |
| 13 | J | s Rodrigue |
| 14 | V | s° Mathilde |
| 15 | S | s° L. de Marillac |
| 16 | D | s° Bénédicte |
| 17 | L | s Patrice |
| 18 | M | s Cyrille |
| 19 | M | s Joseph |
| 20 | J | s Herbert |
| 21 | V | PRINTEMPS |
| 22 | S | s° Léa |
| 23 | D | s Victorien |
| 24 | L | s° Cath. de Suède |
| 25 | M | s Humbert |
| 26 | M | s° Larissa |
| 27 | J | Mi-Carême |
| 28 | V | s Gontran |
| 29 | S | s° Gwladys |
| 30 | D | s Amédée |
| 31 | L | s Benjamin |

### AVRIL

| | | |
|---|---|---|
| 1 | M | s Hugues |
| 2 | M | s° Sandrine |
| 3 | J | s Richard |
| 4 | V | s Isidore |
| 5 | S | s° Irène |
| 6 | D | s Marcellin |
| 7 | L | s J.-B. de la S. |
| 8 | M | s° Julie |
| 9 | M | s Gautier |
| 10 | J | s Fulbert |
| 11 | V | s Stanislas |
| 12 | S | s Jules |
| 13 | D | Rameaux |
| 14 | L | s Maxime |
| 15 | M | s Paterne |
| 16 | M | ss Benoît, José |
| 17 | J | s Étienne H. |
| 18 | V | s Parfait |
| 19 | S | s° Emma |
| 20 | D | Pâques |
| 21 | L | Lundi de Pâques |
| 22 | M | s Alexandre |
| 23 | M | s Georges |
| 24 | J | s Fidèle |
| 25 | V | s Marc |
| 26 | S | s° Alida |
| 27 | D | Jour du Souv. |
| 28 | L | s° Valérie |
| 29 | M | s° Catherine de S. |
| 30 | M | s Robert |

### MAI

| | | |
|---|---|---|
| 1 | J | FÊTE DU TR. |
| 2 | V | s Boris |
| 3 | S | ss Phil., Jacques |
| 4 | D | s Sylvain |
| 5 | L | s° Judith |
| 6 | M | s° Prudence |
| 7 | M | s° Gisèle |
| 8 | J | VICTOIRE 45 |
| 9 | V | s Pacôme |
| 10 | S | s° Solange |
| 11 | D | F. Jeanne d'Arc |
| 12 | L | s Achille |
| 13 | M | s° Rolande |
| 14 | M | s Matthias |
| 15 | J | s° Denise |
| 16 | V | s Honoré |
| 17 | S | s Pascal |
| 18 | D | s Éric |
| 19 | L | s Yves |
| 20 | M | s Bernardin |
| 21 | M | s Constantin |
| 22 | J | s Émile |
| 23 | V | s Didier |
| 24 | S | s Donatien |
| 25 | D | Fête des mères |
| 26 | L | s Bérenger |
| 27 | M | s Auguste de C. |
| 28 | M | s Germain |
| 29 | J | Ascension |
| 30 | V | s Ferdinand |
| 31 | S | Visitation |

### JUIN

| | | |
|---|---|---|
| 1 | D | s Justin |
| 2 | L | s° Blandine |
| 3 | M | s Kevin |
| 4 | M | s° Clotilde |
| 5 | J | s Igor |
| 6 | V | s Norbert |
| 7 | S | s Gilbert |
| 8 | D | Pentecôte |
| 9 | L | Lundi de Pent. |
| 10 | M | s Landry |
| 11 | M | s Barnabé |
| 12 | J | s Guy |
| 13 | V | s Antoine de P. |
| 14 | S | s° Élisée |
| 15 | D | Fête des Pères |
| 16 | L | s J.-Fr. Régis |
| 17 | M | s Hervé |
| 18 | M | s° Léonce |
| 19 | J | s Romuald |
| 20 | V | s Silvère |
| 21 | S | ÉTÉ |
| 22 | D | Fête Dieu |
| 23 | L | s° Audrey |
| 24 | M | s Jean-Bapt. |
| 25 | M | s Prosper |
| 26 | J | s Anthelme |
| 27 | V | Sacré Cœur |
| 28 | S | s Irénée |
| 29 | D | ss Pierre, Paul |
| 30 | L | s Martial |

### JUILLET

| | | |
|---|---|---|
| 1 | M | s Thierry |
| 2 | M | s Martinien |
| 3 | J | s Thomas |
| 4 | V | s Florent |
| 5 | S | s Antoine-Marie |
| 6 | D | s° Marietta G. |
| 7 | L | s Raoul |
| 8 | M | s Thibaut |
| 9 | M | s° Amandine |
| 10 | J | s Ulrich |
| 11 | V | s Benoît |
| 12 | S | s Olivier |
| 13 | D | ss Henri, Joël |
| 14 | L | FÊTE NAT. |
| 15 | M | s Donald |
| 16 | M | N.-D. Mt-Carmel |
| 17 | J | s° Charlotte |
| 18 | V | s Frédéric |
| 19 | S | s Arsène |
| 20 | D | s° Marina |
| 21 | L | s Victor |
| 22 | M | s° Marie-Mad. |
| 23 | M | s° Brigitte |
| 24 | J | s° Christine |
| 25 | V | s Jacques |
| 26 | S | s° Anne |
| 27 | D | s° Nathalie |
| 28 | L | s Samson |
| 29 | M | s° Marthe |
| 30 | M | s° Juliette |
| 31 | J | s Ignace de L. |

### AOÛT

| | | |
|---|---|---|
| 1 | V | s Rodolphe |
| 2 | S | s Julien-Eym. |
| 3 | D | s° Lydie |
| 4 | L | s J.-M. Vianney |
| 5 | M | s Abel |
| 6 | J | Transfiguration |
| 7 | V | s Gaétan |
| 8 | S | s Dominique |
| 9 | D | s Amour |
| 10 | L | s Laurent |
| 11 | L | s° Claire |
| 12 | M | s° Clarisse |
| 13 | M | s Hippolyte |
| 14 | J | s Evrard |
| 15 | V | ASSOMPTION |
| 16 | S | s Armel |
| 17 | D | s Hyacinthe |
| 18 | L | s° Hélène |
| 19 | M | s Jean-Eudes |
| 20 | M | s Bernard |
| 21 | J | s Christophe |
| 22 | V | s Fabrice |
| 23 | S | s° Rose |
| 24 | D | s Barthélemy |
| 25 | L | s Louis de F. |
| 26 | M | s° Natacha |
| 27 | M | s° Monique |
| 28 | J | s Augustin |
| 29 | V | s° Sabine |
| 30 | D | s Fiacre |
| 31 | D | s Aristide |

# Calendrier 2003–2004

## 2003 SEPTEMBRE

| | | |
|---|---|---|
| 1 | L | s Gilles |
| 2 | M | se Ingrid |
| 3 | M | s Grégoire |
| 4 | J | se Rosalie |
| 5 | V | se Raïssa |
| 6 | S | s Bertrand |
| 7 | D | se Reine |
| 8 | L | Nativité N.-D. |
| 9 | M | s Alain |
| 10 | M | se Inès |
| 11 | J | s Adelphe |
| 12 | V | s Apollinaire |
| 13 | S | s Aimé |
| 14 | D | La Se Croix |
| 15 | L | s Roland |
| 16 | M | se Édith |
| 17 | M | s Renaud |
| 18 | J | se Nadège |
| 19 | V | se Émilie |
| 20 | S | s Davy |
| 21 | D | s Matthieu |
| 22 | L | s Maurice |
| 23 | M | AUTOMNE |
| 24 | M | se Thècle |
| 25 | J | s Hermann |
| 26 | V | ss Côme, Dam. |
| 27 | S | s Vinc. de Paul |
| 28 | D | s Venceslas |
| 29 | L | s Michel |
| 30 | M | s Jérôme |

## OCTOBRE

| | | |
|---|---|---|
| 1 | M | se Th. de l'E.-J. |
| 2 | J | s Léger |
| 3 | V | s Gérard |
| 4 | S | s Fr. d'Assise |
| 5 | D | se Fleur |
| 6 | L | s Bruno |
| 7 | M | s Serge |
| 8 | M | se Pélagie |
| 9 | J | s Denis |
| 10 | V | s Ghislain |
| 11 | S | s Firmin |
| 12 | D | s Wilfried |
| 13 | L | s Géraud |
| 14 | M | s Juste |
| 15 | M | se Térésa |
| 16 | J | se Edwige |
| 17 | V | s Baudouin |
| 18 | S | s Luc |
| 19 | D | s René |
| 20 | L | se Adeline |
| 21 | M | se Céline |
| 22 | M | se Élodie |
| 23 | J | s Jean de C. |
| 24 | V | s Florentin |
| 25 | S | s Doria |
| 26 | D | s Dimitri |
| 27 | L | se Emeline |
| 28 | M | s Simon |
| 29 | M | s Narcisse |
| 30 | J | se Bienvenue |
| 31 | V | s Wolfgang |

## NOVEMBRE

| | | |
|---|---|---|
| 1 | S | TOUSSAINT |
| 2 | D | Défunts |
| 3 | L | s Hubert |
| 4 | M | s Charles |
| 5 | M | se Sylvie |
| 6 | J | se Bertille |
| 7 | V | se Carine |
| 8 | S | s Geoffroy |
| 9 | D | s Théodore |
| 10 | L | s Léon |
| 11 | M | ARMIST. 1918 |
| 12 | M | s Christian |
| 13 | J | s Brice |
| 14 | V | s Sidoine |
| 15 | S | s Albert |
| 16 | D | se Marguerite |
| 17 | L | se Élisabeth |
| 18 | M | se Aude |
| 19 | M | s Tanguy |
| 20 | J | s Edmond |
| 21 | V | Prés. de Marie |
| 22 | S | se Cécile |
| 23 | D | s Christ-Roi |
| 24 | L | se Flora |
| 25 | M | se Catherine L. |
| 26 | M | se Delphine |
| 27 | J | s Séverin |
| 28 | V | s Jacq. de la Marc. |
| 29 | S | s Saturnin |
| 30 | D | Avent |

## DÉCEMBRE

| | | |
|---|---|---|
| 1 | L | se Florence |
| 2 | M | se Viviane |
| 3 | M | s François-Xavier |
| 4 | J | se Barbara |
| 5 | V | s Gérald |
| 6 | S | s Nicolas |
| 7 | D | s Ambroise |
| 8 | L | Im. Conception |
| 9 | M | s P. Fourier |
| 10 | M | s Romaric |
| 11 | J | s Daniel |
| 12 | V | se Chantal |
| 13 | S | se Lucie |
| 14 | D | se Odile |
| 15 | L | se Ninon |
| 16 | M | se Alice |
| 17 | M | s Judicaël |
| 18 | J | s Gatien |
| 19 | V | s Urbain |
| 20 | S | s Théophile |
| 21 | D | s Pierre Canisius |
| 22 | L | HIVER |
| 23 | M | s Armand |
| 24 | M | se Adèle |
| 25 | J | NOËL |
| 26 | V | s Étienne |
| 27 | S | s Jean Apôtre |
| 28 | D | ss Innocents |
| 29 | L | s David |
| 30 | M | s Roger |
| 31 | M | s Sylvestre |

## 2004 JANVIER

| | | |
|---|---|---|
| 1 | J | J. DE L'AN |
| 2 | V | s Basile |
| 3 | S | se Geneviève |
| 4 | D | Épiphanie |
| 5 | L | s Edouard |
| 6 | M | s Melaine |
| 7 | M | s Raymond |
| 8 | J | s Lucien |
| 9 | V | se Alix de Ch. |
| 10 | S | s Guillaume |
| 11 | D | s Paulin |
| 12 | L | se Tatiana |
| 13 | M | se Yvette |
| 14 | M | se Nina |
| 15 | J | s Rémi |
| 16 | V | s Marcel |
| 17 | S | s Antoine |
| 18 | D | se Prisca |
| 19 | L | s Marius |
| 20 | M | s Sébastien |
| 21 | M | se Agnès |
| 22 | J | s Vincent |
| 23 | V | s Barnard |
| 24 | S | s Fr. de Sales |
| 25 | D | Conv. s Paul |
| 26 | L | se Paule |
| 27 | M | se Angèle |
| 28 | M | s Th. d'Aquin |
| 29 | J | s Gildas |
| 30 | V | se Martine |
| 31 | S | se Marcelle |

## FÉVRIER

| | | |
|---|---|---|
| 1 | D | se Ella |
| 2 | L | Prés. Seigneur |
| 3 | M | s Blaise |
| 4 | M | se Véronique |
| 5 | J | se Agathe |
| 6 | V | s Gaston |
| 7 | S | se Eugénie |
| 8 | D | se Jacqueline |
| 9 | L | se Apolline |
| 10 | M | s Arnaud |
| 11 | M | N.-D. Lourdes |
| 12 | J | s Félix |
| 13 | V | se Béatrice |
| 14 | S | s Valentin |
| 15 | D | s Claude |
| 16 | L | se Julienne |
| 17 | M | s Alexis |
| 18 | M | se Bernadette |
| 19 | J | s Gabin |
| 20 | V | se Aimée |
| 21 | S | s Pierre Dam. |
| 22 | D | se Isabelle |
| 23 | L | s Lazare |
| 24 | M | s Modeste |
| 25 | M | s Roméo |
| 26 | J | s Nestor |
| 27 | V | se Honorine |
| 28 | S | s Romain |
| 29 | D | s Auguste |

---

**ZONE A**

Caen (14-50-61) • Clermont-Ferrand (03-15-43-63) • Grenoble (07-26-38-73-74) • Lyon (01-42-69) • Montpellier (11-30-34-48-66) • Nancy-Metz (54-55-57-88) • Nantes (44-49-53-72-85) • Rennes (22-29-35-56) • Toulouse (09-12-31-32-46-65-81-82)

**ZONE B**

Aix-Marseille (04-05-13-84) • Amiens (02-60-80) • Besançon (25-39-70-90) • Dijon (21-58-71-89) • Lille (59-62) • Limoges (19-23-87) • Nice (06-83) • Orléans-Tours (18-28-36-37-41-45) • Poitiers (16-17-79-86) • Reims (08-10-51-52) • Rouen (27-76) • Strasbourg (67-68)

**ZONE C**

Bordeaux (24-33-40-47-64) • Créteil (79-94) • Paris-Versailles (75-78-91-92-95)

Nota : La Corse bénéficie d'un statut particulier

---

# Ferientermine
Februar 2004 Ihr neuer Campingführer erscheint

# Kalender van de schoolvakanties
Februari 2004 uw pas verschenen Gids

# Lexique  Lexicon  Lexikon  Woordenlijst

| Lexique | Lexicon | Lexikon | Woordenlijst |
|---|---|---|---|
| accès difficile | difficult approach | schwierige Zufahrt | moeilijke toegang |
| accès direct à | direct access to... | Zufahrt zu... | rechtstreekse toegang tot... |
| accidenté | uneven, hilly | uneben | heuvelachtig |
| adhésion | membership | Beitritt | lidmaatschap |
| août | August | August | augustus |
| après | after | nach | na |
| Ascension | Ascension Day | Himmelfahrt | Hemelvaartsdag |
| assurance obligatoire | insurance cover compulsory | Versicherungspflicht | verzekering verplicht |
| automne | autumn | Herbst | herfst |
| avant | before | vor | voor |
| avenue (av.) | avenue | Avenue | laan |
| avril | April | April | april |
| baie | bay | Bucht | baai |
| base de loisirs | leisure facilities | Freizeitanlagen | recreatiepark |
| bois, boisé | wood, wooded | Wald, bewaldet | bebost |
| bord de... | shore | Ufer, Rand | aan de oever van... |
| boulevard (bd) | boulevard | Boulevard | boulevard |
| au bourg | in the town | im Ort | in het dorp |
| «Cadre agréable» | pleasant setting | angenehme Umgebung | aangename omgeving |
| «Cadre sauvage» | wild setting | ursprüngliche Umgebung | woeste omgeving |
| carrefour | crossroads | Kreuzung | kruispunt |
| cases réfrigérées | refrigerated food storage facilities | Kühlboxen | Koelvakken |
| centre équestre | horseriding stables | Reitzentrum | manege |
| château | castle | Schloss, Burg | kasteel |
| chemin | path | Weg | weg |
| conseillé | advisable | empfohlen | aanbevolen |
| cotisation obligatoire | membership charge obligatory | ein Mitgliedsbeitrag wird verlangt | verplichte bijdrage |
| croisement difficile | difficult access | schwierige Überquerung | gevaarlijk Kruispunt |
| en cours d'aménagement, de transformations, | work in progress rebuilding | wird angelegt, wird umgebaut | in aanbouw, wordt verbouwd |
| crêperie | pancake restaurant, stall- | Pfannkuchen Restaurant | pannekoekenhuis |
| décembre (déc.) | December | Dezember | december |
| «Décoration florale» | floral decoration | Blumenschmuck | bloemversiering |
| derrière | behind | hinter | achter |
| discothèque | disco | Diskothek | discotheek |
| à droite | to the right | nach rechts | naar rechts |
| église | church | Kirche | kerk |
| électricité (élect.) | electricity | Elektrizität | elektriciteit |
| entrée | way in, entrance | Eingang | ingang |
| «Entrée fleurie» | flowered entrance | blumengeschmückter Eingang | door bloemen omgeven ingang |
| étang | pond, pool | Teich | vijver |
| été | summer | Sommer | zomer |
| exclusivement | exclusively | ausschließlich | uitsluitend |
| falaise | cliff | Steilküste | steile kust |
| famille | family | Familie | gezin |
| fermé | closed | geschlossen | gesloten |
| février (fév.) | February | Februar | februari |
| forêt | forest, wood | Wald | bos |
| garage | parking facilities | überdachter Abstellplatz | parkeergelegenheid |
| garage pour caravanes | garage for caravans | Unterstellmöglichkeit für Wohnwagen | garage voor caravanes |

| garderie (d'enfants) | children's crèche | Kindergarten | kinderdagverblijf |
|---|---|---|---|
| gare (S.N.C.F.) | railway station | Bahnhof | station |
| à gauche | to the left | nach links | naar links |
| gorges | gorges | Schlucht | bergengten |
| goudronné | surfaced road | geteert | geasfalteerd |
| gratuit | free, no charge made | kostenlos | kosteloos |
| gravier | gravel | Kies | grint |
| gravillons | fine gravel | Rollsplitt | steenslag |
| herbeux | grassy | mit Gras bewachsen | grasland |
| hiver | winter | Winter | winter |
| hors saison | out of season | Vor- und Nachsaison | buiten het seizoen |
| île | island | Insel | eiland |
| incliné | sloping | abfallend | hellend |
| indispensable | essential | unbedingt erforderlich | noodzakelijk, onmisbaar |
| intersection | crossroads | Kreuzung | kruispunt |
| janvier (janv.) | January | Januar | januari |
| juillet (juil.) | July | Juli | juli |
| juin | June | Juni | juni |
| lac | lake | (Binnen) See | meer |
| lande | heath | Heide | hei |
| licence obligatoire | camping licence or international camping carnet | Lizenz wird verlangt | vergunning verplicht |
| lieu-dit | spot, site | Flurname, Weiler | oord |
| mai | May | Mai | mei |
| mairie | town hall | Bürgermeisteramt | stadhuis |
| mars | March | März | maart |
| matin | morning | Morgen | morgen |
| mer | sea | Meer | zee |
| mineurs non accompagnés non admis | people under 18 must be accompanied by an adult | Minderjährige ohne Begleitung werden nicht zugelassen | minderjarigen zonder geleide niet toegelaten |
| montagne | mountain | Gebirge | gebergte |
| Noël | Christmas | Weihnachten | Kerstmis |
| non clos | open site | nicht eingefriedet | niet omheind |
| novembre (nov.) | November | November | november |
| océan | ocean | Ozean | oceaan |
| octobre (oct.) | October | Oktober | oktober |
| ouverture prévue | opening scheduled | Eröffnung vorgesehen | vermoedelijke opening |
| Pâques | Easter | Ostern | Pasen |
| parcours de santé | fitness trail | Fitness-Pgad | trimbaan |
| passage non admis | no touring pitches | kein kurzer Aufenthalt | niet toegankelijk voor kampeerders op doorreis |
| pente | slope | Steigung, Gefälle | helling |
| Pentecôte | Whitsun | Pfingsten | Pinksteren |
| personne (pers.) | person | Person | persoon |
| pierreux | stony | steinig | steenachtig |
| pinède | pine grove | Kiefernwäldchen | dennenbos |
| place (pl.) | square | Platz | plein |
| places limitées pour le passage | limited number of touring pitches | Plätze für kurzen Aufenthalt in begrenzter Zahl vorhanden- | beperkt aantal plaatsen voor kampeerders op doorreis |

| | | | |
|---|---|---|---|
| plage | beach | Strand | strand |
| plan d'eau | stretch of water | Wasserfläche | watervlakte |
| plat | flat | eben | vlak |
| poneys | ponies | Ponys | pony's |
| pont | bridge | Brücke | brug |
| port | port, harbour | Hafen | haven |
| prairie | grassland | Wiese | weide |
| près de... | near | nahe bei... | bij... |
| presqu'île | peninsula | Halbinsel | schiereiland |
| prévu | projected | geplant | verwacht, gepland |
| printemps | spring | Frühjahr | voorjaar |
| en priorité | giving priority to... | mit Vorrang | voorrangs... |
| à proximité | nearby | in der Nähe von | in de nabijheid |
| | | | |
| quartier | (town) quarter | Stadtteil | wijk |
| | | | |
| Rameaux | Palm Sunday | Palmsonntag | Palmzondag |
| réservé | reserved | reserviert | gereserveerd |
| rive droite, gauche | right, left bank | rechtes, linkes Ufer | rechter, linker oever |
| rivière | river | Fluss | rivier |
| rocailleux | stony | steinig | vol kleine steentjes |
| rocheux | rocky | felsig | rotsachtig |
| route (rte) | road | Landstraße | weg |
| rue (r.) | street | Straße | straat |
| ruisseau | stream | Bach | beek |
| | | | |
| sablonneux | sandy | sandig | zanderig |
| saison | (tourist) season | Reisesaison | seizoen |
| avec sanitaires individuels | with individual sanitary arrangements | mit sanitären Anlagen für jeden Stellplatz | met eigen sanitair |
| schéma | local map | Kartenskizze | schema |
| semaine | week | Woche | week |
| septembre (sept.) | September | September | september |
| site | site | Lage | landschap |
| situation | situation | Lage | ligging |
| sortie | way out, exit | Ausgang | uitgang |
| sous-bois | underwood | Unterholz | geboomte |
| à la station | at the filling station | an der Tankstelle | bij het benzinestation |
| supplémentaire (suppl.) | additional | zuzüglich | extra |
| | | | |
| en terrasses | terraced | in Terrassen | terrasvormig |
| toboggan aquatique | water slide | Rutschbahn in Wasser- rutschbahn Wildbach | waterglijbaan |
| torrent | torrent | torrent | bergstroom |
| Toussaint | All Saints' Day | Allerheiligen | Allerheiligen |
| tout compris | everything included | alles inbegriffen | alles inbegrepen |
| | | | |
| vacances scolaires | school holidays | Ferientermine | schoolvakanties |
| vallonné | undulating | hügelig | heuvelachtig |
| verger | orchard | Obstgarten | boomgaard |
| vers | in the direction of | nach (Richtung) | naar (richting) |
| voir | see | sehen, siehe | zien, zie |

600

*Manufacture française des pneumatiques Michelin*

*Société en commandite par actions au capital de 304 000 000 EUR.*
*Place des Carmes-Déchaux – 63 Clermont-Ferrand (France)*
*R.C.S. Clermont-Fd B 855 200 507*

© **Michelin et Cie, Propriétaires-Éditeurs, 2003**

*Dépôt légal Février 2003 – ISBN 2-06-100705-8*

*Printed in France 01-2003/1.1*

*Compogravure, impression, reliure : MAURY Imprimeur, Malesherbes*

*Illustrations : Henri Choimet*

*Photos de couverture : MICHELIN, Clermont-Ferrand – G. Magnin/MICHELIN, Paris*
*G. Magnin/MICHELIN, Paris – J. Demasse/MICHELIN, Paris*